תלמוד בבלי

— מהדורת נאה —

נזיר חלק ב

Steinsaltz Center

ירושלים

KOREN

Please note that the number ranges that appear at the bottom of each daf of the Vilna pages indicate the corresponding pages of the Koren Talmud Bavli translation and commentary.

תלמוד בבלי

הוצאת קורן ירושלים

מהדורת נאה

מסכת נזיר

דף כ: עד דף מז.

COMMENTARY BY

Rabbi Adin Even-Israel Steinsaltz

EDITOR-IN-CHIEF

Rabbi Dr Tzvi Hersh Weinreb

EXECUTIVE EDITOR

Rabbi Joshua Schreier

STEINSALTZ CENTER

KOREN PUBLISHERS JERUSALEM

עין משפט נר מצוה

א א מיי' פ"ב מהלכות נזירות הלכה ד:
ב ב מיי' פ"ד מהל' נדרים הלכה ט סמג לאוין רמב טוש"ע י"ד סי' רכט סעיף ג:
ג ג מיי' פ"ב מהלכות נזירות הלכה ד:
ד ד מיי' פי"ג מהל' נדרים הל' יא יב סמג לאוין רמב טוש"ע י"ד סימן רלד סעיף נג:
ה ה מיי' שם טוש"ע שם סעיף נב:
ו ו ז מיי' שם הל' יג יד טוש"ע שם סעיף נד:
ז ח מיי' פ"ב מהל' נזירות הלכה ד:
ח ט מיי' פ"ב מהל' שבועות הלכה יז:

אלא אחד אומר "אחת ושתים" ואחד אומר "שלש וארבע וחמש" ואינם מכחישים בפירוש זה את זה. וקמ"ל רב, דכיון דכל חד וחד נתת למניינא, שזה אינו אומר שתים בבת אחת, אלא אומר "אחת ושתים", וזה "ג' וארבע וה'" ולא "אחת ושתים" – כאילו אמר: לא אחת ושתים נדר, אלא של שלש וארבע וה'. וזה שאמר "אחת ושתים" – כאילו אומר: ולא נדר שלש וארבע וחמש.

הא לָמָּה לִי? הַשְׁתָּא יֵשׁ לוֹמַר חֲמִירְתָּא אֲמַר רַב, קִילְּתָא לָא אֲמַר?! אָמְרִי בְּמַעֲרָבָא: אֵין הַכְחָשָׁה בְּמוֹנֶה.§

הדרן עלך מי שאמר

מִי אשֶׁאָמַר "הֲרֵינִי נָזִיר", וְשָׁמַע חֲבֵירוֹ וְאָמַר "וַאֲנִי", "וַאֲנִי" — כּוּלָּם נְזִירִים. בהוּתַּר הָרִאשׁוֹן — הוּתְּרוּ כּוּלָּן. הוּתַּר הָאַחֲרוֹן — הָאַחֲרוֹן מוּתָּר, וְכוּלָּם אֲסוּרִין. אָמַר "הֲרֵינִי נָזִיר", וְשָׁמַע חֲבֵירוֹ וְאָמַר "פִּי כְּפִיו וּשְׂעָרִי כִּשְׂעָרוֹ" — גה"ז נָזִיר. ד"הֲרֵינִי נָזִיר", וְשָׁמְעָה אִשְׁתּוֹ וְאָמְרָה "וַאֲנִי" — מֵיפֵר אֶת שֶׁלָּהּ, וְשֶׁלּוֹ קַיָּים. *"הֲרֵינִי נְזִירָה", וְשָׁמַע בַּעְלָהּ וְאָמַר "וַאֲנִי" — האֵינוֹ יָכוֹל לְהָפֵר. "הֲרֵינִי נָזִיר וְאַתְּ", וְאָמְרָה "אָמֵן" — ומֵיפֵר אֶת שֶׁלָּהּ, וְשֶׁלּוֹ קַיָּים. "הֲרֵינִי נְזִירָה וְאַתָּה" וְאָמַר "אָמֵן" — זאֵינוֹ יָכוֹל לְהָפֵר.§

גמ' יָתֵיב ר"ל קַמֵּיהּ דר' יְהוּדָה נְשִׂיאָה, וְיָתֵיב וְקָאָמַר: חוְהוּא שֶׁהִתְפִּיסוּ כּוּלָּן בְּתוֹךְ כְּדֵי דִּיבּוּר. וְכַמָּה *תּוֹךְ כְּדֵי דִּיבּוּר — כְּדֵי שְׁאֵלַת שָׁלוֹם, וְכַמָּה כְּדֵי שְׁאֵלַת שָׁלוֹם — טכְּדֵי שֶׁאוֹמֵר שָׁלוֹם תַּלְמִיד לָרַב. א"ל: תּוּב לָא שָׁבְקַתְּ רַוְוחָא לְתַלְמִידָא. תַּנְיָא

ה"ג תו ל"ל השתא י"ל חמירתא אמר קילתא לא כ"ש. ולא גרסינן: אמר רב. וה"פ, דפריך: [אמאי] קאמר דהוי הכחשה – משום דאמרינן כיון דזה [אמר] "שלש ארבע חמש" ולא אמר גם "אחת ושתים" – הוי כאילו אומר בפירוש: ולא אחת ושתים נזר. אמאי? נימא דלא הוי הכחשה, ומה שלא הזכיר "אחת ושתים" – דמה לו להזכיר? חמירתא, דהיינו "שלש וארבע וחמש", אמר, קילתא לא אמר?! הא מלינו למימר ד"אחת ושתים" בכלל דבריו, ומוסיף הוא על האחד. אלא ודאי לא הוי הכחשה.

אמרי במערבא אין הכחשה במונה. דודאי כי אמר אידך "שלש וארבע וחמש" – לא מיעט שלא אמר הנודר "אחת ושתים". ובירושלמי דסנהדרין משמע דמונה הוי הכחשה אפילו טפי, א] כאילו אמר: [לא] אחת ושתים [אלא] שלש וארבע. דקאמר התם: אמר רב: מחלוקת בכלל, אבל בפרט לכ"ע נחלקה עדותן, ואין כאן נזירות. ורבי יוחנן אומר: בפרט נחלקו, אבל בכלל – לכ"ע יש בכלל חמש שתים.

הדרן עלך מי שאמר

הָא ל"ל. לְמֶיהֱדַר וּלְמִיתְנֵי. הַשְׁתָּא י"ל חֲמִירְתָּא אָמַר רַב. הֵיכָא דְּהָווּ ב' כִּתֵּי עֵדִים, וְאַחַת אוֹמֶרֶת "אַחַת שְׁתַּיִם", וּשְׁנִיָּה אוֹמֶרֶת "שָׁלֹשׁ אַרְבַּע חָמֵשׁ", שָׁמְעִינַן לֵיהּ לְרַב נֶחְלְקָה עֵדוּתָן. בְּקִילְּתָא, דְּלָא הָווּ אֶלָּא חַד וְחַד — לָא אָמַר דְּנֶחְלְקָה עֵדוּתָן?! פְּשִׁיטָא דְּוַדַּאי אָמַר! וְהֵיכָא שָׁמְעִינַן לֵיהּ לְרַב דְּאָמַר הָכִי — בְּמַסֶּ' סַנְהֶדְרִין יְרוּשַׁלְמִית (פ"ה), דְּקָתָנֵי הָתָם לְהָךְ מַתְנִי' דְּהָכָא, וּכְתִיבָא תַּמָּן: הָכִי תָּנֵינַן תַּמָּן, מִי שֶׁהָיוּ שְׁתֵּי כִּיתֵּי עֵדִים מְעִידִים אוֹתוֹ, אֵלּוּ מְעִידִים שֶׁנָּזַר שְׁתַּיִם וְאֵלּוּ מְעִידִים שֶׁנָּזַר חָמֵשׁ, ב"ש אוֹמְרִים: נֶחְלְקָה עֵדוּתָן, וְאֵין כָּאן א) נְזִירוּת כְּלָל. וּב"ה אוֹמְרִים: יֵשׁ בִּכְלַל חָמֵשׁ ב', שֶׁיְּהֵא נָזִיר שְׁתַּיִם. וְאָמַר רַב: בִּכְלָל נֶחְלְקוּ, אֲבָל בִּפְרָט — דִּבְרֵי הַכֹּל נֶחְלְקָה הָעֵדוּת. וְר' יוֹחָנָן אוֹמֵר: בִּפְרָט נֶחְלְקוּ, אֲבָל בִּכְלָל — יֵשׁ בִּכְלַל חָמֵשׁ שְׁתַּיִם, ב) יְהֵא נָזִיר שְׁתַּיִם. פְּרָט — כְּגוֹן שֶׁהָאַחַת אוֹמֶרֶת "אַחַת שְׁתַּיִם", וְהַשְּׁנִיָּה אוֹמֶרֶת "שָׁלֹשׁ אַרְבַּע חָמֵשׁ". כְּלָל — שֶׁהָאַחַת אוֹמֶרֶת שְׁתַּיִם, וְהַשְּׁנִיָּה אוֹמֶרֶת ג) ה'. אָמְרֵי בְּמַעֲרָבָא אֵין הַכְחָשָׁה בְּמוֹנֶה. שֶׁאִם אֶחָד אוֹמֵר "אַחַת שְׁתַּיִם" וְאֶחָד אוֹמֵר "שָׁלֹשׁ אַרְבַּע חָמֵשׁ" — אֵין זוֹ הַכְחָשָׁה, וְיֵשׁ בִּכְלַל חָמֵשׁ שְׁתַּיִם, וִיהֵא נָזִיר שְׁתַּיִם.

הדרן עלך מי שאמר

מִי שֶׁאָמַר הֲרֵינִי נָזִיר וְשָׁמַע חֲבֵירוֹ וְאָמַר וַאֲנִי כו'. וְכֵן חֲבֵירוֹ אָמַר "וַאֲנִי". הוּתַּר (א) רִאשׁוֹן. שֶׁנִּשְׁאַל עַל נְזִירוּתוֹ. הוּתְּרוּ כּוּלָּן — שֶׁכּוּלָּן תָּלוּ נְזִירוּתָן בָּרִאשׁוֹן. **גמ'** יָתֵיב ר"ל קַמֵּיהּ דְּר' יְהוּדָה נְשִׂיאָה וִיתֵיב וְקָאָמַר. כִּי תְּנַן בְּמַתְנִי' "וְכוּלָּן נְזִירִים" — כְּגוֹן שֶׁהִתְפִּיסוּ כּוּלָּן בְּתוֹךְ כְּדֵי דִּבּוּר שֶׁל רִאשׁוֹן, דְּבִכְדֵי שְׁאֵילַת תַּלְמִיד לָרַב, דְּאִית בֵּיהּ שָׁלֹשׁ תֵּיבוֹת "שָׁלוֹם עָלֶיךָ רַבִּי" הִתְפִּיסוּ כּוּלָּן. וּמַתְנִיתִין דְּקָתָנֵי: "וַאֲנִי" "וַאֲנִי", דְּלָא תָּנֵי אֶלָּא תְּרֵין — דַּוְקָא קָתָנֵי. דְּכִי שָׁקְלַתְּ לַחֲדָא תֵּיבָה מִקַּמָּא דְּאָמַר "הֲרֵינִי נָזִיר" וּמְצָרְפַתְּ לֵיהּ לְהָנָךְ דְּאָמְרֵי "וַאֲנִי" "וַאֲנִי", (ד) שֶׁכּוּלָּן שְׁלֹשָׁה נָדְרוּ בְּתוֹךְ כְּדֵי שְׁאֵילַת שָׁלוֹם תַּלְמִיד לָרַב, דְּהָוְויָין נַמִי שְׁלֹשָׁה תֵּיבוֹת. תּוּב לָא שָׁבְקַתְּ רַוְוחָא לְתַלְמִידָא. דְּלֵימָא לֵיהּ אֶלָּא הָנָךְ תְּלָת מִילֵּי. וְלָאו מִשּׁוּם דְּאִית לֵיהּ לְרַבִּי יְהוּדָה נְשִׂיאָה דְּלֵימָא לֵיהּ טְפֵי, אֶלָּא מִילְּתָא בְּעָלְמָא קמ"ל, (ג) ד) וּמְסַיֵּיעַ לֵיהּ לְרֵישׁ לָקִישׁ. תַּנְיָא

מי שאמר הריני נזיר ושמע חבירו ואמר ואני ואני. כלומר, שניס שמעו לראשון שקבל נזירות, והאחד אומר "ואני", וכן השני אומר "ואני" – כולם נזירים. הותר הראשון, אם הראשון בא לחכם והתיר לו נדרו – גם האחרונים הותרו, לפי שאמרו "ואני כמוהו", ותלו נדריהם בנדרו. הותר האחרון ע"י חכם – הוא מותר וכולן אסורים, אם לא יתירו גם הם נדריהם ע"י חכם. אבל בלא התרה – לא, שלא תלו נדריהם בנדר האחרון. **פי** כפיו שערי בשערו ה"ז נזיר. בגמרא מפרש. **הריני** נזיר ושמעה אשתו ואמרה ואני מיפר את שלה ושלו קיים. דלא תלה כלל נדרו בנדרה. אלא אדרבה, היא אמרה "ואני נזירה כמוך" אחר שהוא כבר נדר בנזיר. **הריני** נזירה ושמע בעלה ואמר ואני אינו יכול להפר. בגמרא בעי לאכותי מינה דבעל מיעקר קא עקר נדר אשתו מעיקרו. ולכך אינו יכול להפר, שאם מיפר לה – א"כ יתבטל גם את שלו, שנדרו תלוי בנדרה, וכדתנן לעיל: הותר הראשון – הותרו כולן שבאו מחמתיה דראשון, ואינו רשאי לגרום דבר להיות נדרו מבוטל, כדכתיב "לא יחל דברו", ודרשינן: הוא אינו מיחל, אבל אחרים מוחלין לו. ודחי בגמרא: לעולם מיגז גייז מהפרה ואילך מהשתא, ב] אבל כי נמי מיפר את שלה ג] ושלו קיים – מ"מ חל נדרה עד עתה, ונזירותיה אינו יכול להפר, דכיון דאמר "ואני" – קיים לה נדרה. **הריני** נזיר ואת. כלומר, וכי גם את רוצה לידור בנזיר? ואמרה "אמן". פי': קבלה עליה נזירות. מיפר את שלה, ושלו קיים – דלא תלה נדרו בנדרה. אבל אם לא אמרה "אמן" – היא מותרת, שאינו יכול להדירה בע"כ. ודאי מה דאמר לה "ואת" – לא הוי קיום, שאין הנדר חל עליה אלא כשאמרה "אמן", ועדיין אינו יודע אם תקבלנו אם לאו, ולכך לא הוי קיום. **הריני** נזירה ואתה. הכי גרס ר"ת: ושמע בעלה ואמר "אמן" – אינו יכול להפר. אי מיעקר [קא עקר] – ניחא, משום דא"כ יתבטל נזירותו. ואי מיגז גייז – משום דהוי קיום כי אמר "אמן", כמו "ואני" כדלעיל. (שייך לקמן דף כג ע"א) **הרי** זו סופגת את הארבעים. בגמ' (דף כא:) מסיק: שלא היפר לה בעלה. ופשיטא הוא, ומשום דקא בעי למיתני סיפא: ואינה סופגת וכו', דהוי חידושא, אע"ג דנתכוונה לאיסורא, כיון דבעלה בידה היתר – אינה סופגת, תנא נמי רישא וסופגת. **רבי** יהודה אומר אם אינה סופגת את הארבעים תספוג מכת מרדות. מדרבנן, שנתכוונה לאיסורא במזיד. ובפ' בתרא דמכות (דף כב.): מכות ארבעים מן התורה, אבל מכת מרדות בלי מנין, אלא מכין עד שתצא נפשו, או עד שמקבל עליו. ומספקא לרבי דהכא דלוקה על עבירה, דשמא דוקא מ' ותו לא. דדוקא כשאין רוצה לקיים אותה המצוה מכין אותו בלי מספר, אבל הכא שכבר עברה – למה תלקה יותר מדאורייתא אם לא ספרו? הג"ה גמ' **יתיב** ר"ש בן לקיש קמיה דר' יהודה נשיאה ויתיב וקאמר והוא שהתפיסו כולם בתוך כדי דיבור. כדמפרש והולך: כדי שאילת שלום תלמיד לרב, דהיינו "שלום עליך רבי" ג' תיבות. ה"נ יכולין שלשה אנשים להתפיס עצמן בראשון שנדר בנזיר, שכל אחד אמר "ואני" הם שלש תיבות, דאפילו האחרון תוך כדי דיבור מן הראשון. אבל הרביעי אינו יכול להתפיס עצמו בראשון אפילו אמר "ואני", שכבר שהה כדי דיבור מן הראשון, ולכך לא חייל נזירות ארביעי. **אמר** ליה תו לא שבקת רווחא לתלמידא. כלומר, תלמיד ששמע לאחד שנדר בנזיר, ובקש לומר "ואני" ובתוך כך עובר רבו לפניו, והוא חייב להקדים לו שלום ולומר "שלום עליך רבי" [והם שלש תיבות] – שוב לא יועיל להתפיס בנזיר אם יאמר "ואני", שכבר שהה כדי דיבור. ואין זו סברא, אלא ודאי גם הרביעי נתפס, הואיל ולא שהה כלל לאחר כדי דבור, אלא לאלתר אחר כדי דבור אמר "ואני". אבל החמישי ודאי אינו נתפס, ששהה קצת אחר כדי דיבור. תניא

פי' הרא"ש

וא"ז: ה"ג הא למה לי השתא חמירתא אמר קילתא לא כ"ש. ולא גר' חמירתא אמר רב וה"פ אמאי הויא הכחשה, הך דקאמר ג' וד' לא מכחיש כלל הא דקאמר א' וב' דמימר אמרי' א) הא למה לי להזכיר א' וב' מה שאמר חבירו בזה אני מודה לו המירתא שאני מוסיף ומחמיר עליו זה אומר קילתא שאמר חבירו לא כ"ש שהם אומרים בכלל דברי ומה לי להזכירם דבכלל דברי ישנו דבריו: במערבא אמרינן אין הכחשה במונה כאתקפת' דרמי בר חמא:

סליק פירקא

פ"ד מי שאמר הריני נזיר ושמע חבירו ואמר ואני ושמע חבירו ואמר ואני כולם נזירים הותר הא' ע"י חכם כולם מותרים שכולן תלויין בו: **והוא** שתפסו בתוך כדי דיבור דהיינו שלום עליך רבי כדמפ' כדי שאלת תלמיד שהם ג' תיבות. הילכך ג' מתפסה בראשון אבל ד' לא שכבר הפסיקו בג' ואני והוי יותר מכדי דיבור: **א"ל** תו לא שבקת רווחא לתלמודא שאם פגע בו רבו ונתן לו שלום לא יוכל להתפים באותו שנדר לפניו. הלכך נר' דגם הד' יכול להתפים דהמחובר לתוך כדי דיבור כתוך כדי דיבור דמי:

א) נראה דצ"ל הא דקאמר א' וב' דמימר אמרינן הא למ"ל להזכיר דהא חמירתא שאני מוסיף וכו' לא כ"ש שהם אומרים בכלל דברי.

הגהות מהר"ב רנשבורג

א] תוס' ד"ה אמרי במערבא וכו' דמונה הוי הכחשה אפילו טפי כאילו אמר לא אחת ושתים אלא שלש וארבע. מן תיבת כאילו עד וארבע נמחק. ונ"ב מאילו אמר אחד שתים ואחד שלש או ארבע כנ"ל א"מ: ב] ד"ה הריני נזירה וכו' מהפרה ואילך מהשתא אבל. תלה אבל נמחק. ונ"ב א"כ: ג] בא"ד כי נמי מיפר את שלה שלו קיים דמ"מ כל"ל. …

מסורת הש"ס

[לקמן כה:] נדרים ע.

[ב"ק עג: מכות ו. שבועות לב.]

נוסחת הריב"ן

א) עדות כלל ב) ויהא. ג) אומרת ג' ד' ה': ד) בכ"י כתוב כאן בזה"ל ע"א כדי שאילת תלמיד לרב ג' תיבות בלבד וכנגדן קתני מתניתין ולא ואני ב' פעמים בלבד ולא יותר שאם אמר השלישי נמי ואני השלישי מותר דלא התפיסו בתוך כדי דבור דלאחיבו ליה למימר כדי שאילת רב לתלמיד קאמר לתלמידו כלומר בלבד אלא משום דברייתא מיירי לקמן כדי שאילת תלמיד לרב וכי נקט הכי תני כדי שאילת תלמיד לרב ולטולם שאילת שלום עליך רבי רווחא לתלמידא כלומר דלא אין לו לתלמיד לומר לרב אלא ב' תיבות בלבד והלא י"ל ג' שלום עליך רבי והכי שכן ג' תיבות יכולין להתפיס כנגדן ג' נזירים ומתני' דקתני ואני ואני הכי נמי דקסבר ג' ואני כנגד ג' תיבות ואלא בעי למחשב וליזול הס"ד ואח"כ מה"ד מסייע ליה לר"ל תנ"ה כו'.

הגהות הב"ח

(א) רש"י ד"ה מי שאמר וכו' הותר הראשון. (ב) ד"ה יתיב וכו' ואני סלק שלשה וכו' שלש תיבות: (ג) ד"ה תוב לא שבקת וכו' קמ"ל הס"ד ואח"כ מ"ה תניא נמי הכי וכו' הרי זה נזיר כו' ומסייע ליה לר"ל הס"ד ואח"כ מ"ה לימא מסייע:

תַּנְיָא נַמִי הָכִי: *מִי שֶׁאָמַר "הֲרֵינִי נָזִיר" וְשָׁמַע חֲבֵירוֹ, וְשָׁהָה כְּדֵי דִּבּוּר, וְאָמַר "וַאֲנִי" — הוּא אָסוּר וַחֲבֵירוֹ מוּתָּר. *וְכַמָּה כְּדֵי דִּבּוּר — כְּדֵי שְׁאֵילַת שָׁלוֹם תַּלְמִיד לָרַב. לֵימָא מְסַיְּיעָא לֵיהּ: מִי שֶׁאָמַר "הֲרֵינִי נָזִיר" וְשָׁמַע חֲבֵירוֹ וְאָמַר "וַאֲנִי" "וַאֲנִי" וְתוּ לָא. *תַּנָּא כִּי רוֹכְלָא לִיחְשִׁיב וְלֵיזִיל! וְלִיתְנֵי חַד וְלַשְׁמְעִינַן (א) הָנֵי! ה"נ, וּמִשּׁוּם דְּקָתָנֵי סֵיפָא "הוּתַּר הָרִאשׁוֹן הוּתְּרוּ כּוּלָּן, הוּתַּר הָאַחֲרוֹן — הָאַחֲרוֹן מוּתָּר וְכוּלָּן אֲסוּרִין", מִכְּלָל דְּאִיכָּא אֶמְצָעִי — וּמִשּׁוּם הָכִי קָתָנֵי "וַאֲנִי" "וַאֲנִי". אִיבַּעְיָא לְהוּ: חַד בְּחַבְרֵיהּ מִיתְפִּים, אוֹ דִּלְמָא בְּקַמָּא מִיתְפְּסִי? לְמַאי נָפְקָא מִינָּהּ — לְאִתְפּוּסֵי וּמֵיזַל. אִי אָמְרַתְּ חַד בְּחַבְרֵיהּ מַתְפִּים — מִתְפַּסִין וְאָזְלִין לְעוֹלָם. וְאִי אָמְרַתְּ בְּקַמָּא מִתְפְּסִי — טְפֵי מִכְּדֵי דִּבּוּר לָא מִתְפְּסִין, מַאי? ת"ש: "הֲרֵינִי נָזִיר" וְשָׁמַע חֲבֵירוֹ וְאָמַר "וַאֲנִי" "וַאֲנִי" — וְתוּ לָא מִידֵּי. ש"מ: בְּקַמָּא הוּא דְּמִתְפְּסִי. דְּאִי ס"ד חַד בְּחַבְרֵיהּ מִיתְפִּים — לִיתְנֵי טוּבָא "וַאֲנִי". תַּנָּא כִּי רוֹכְלָא לִיחְשִׁיב וְלֵיזִיל?! וְלִיתְנֵי חַד, וְלַשְׁמְעִינַן כּוּלְּהוּן! אַיְּידֵי דְּקָתָנֵי: הוּתַּר הָרִאשׁוֹן — הוּתְּרוּ כּוּלָּן, הוּתַּר הָאַחֲרוֹן — הָאַחֲרוֹן מוּתָּר וְכוּלָּן אֲסוּרִין, מִכְּלָל דְּאִיכָּא אֶמְצָעִי — מִשּׁוּם הָכִי קָתָנֵי "וַאֲנִי" "וַאֲנִי". ת"ש: הוּתַּר הָרִאשׁוֹן — הוּתְּרוּ כּוּלָּן, רִאשׁוֹן הוּא דְּשָׁרוּ, הָא אֶמְצָעִי — לָא, ש"מ: בְּקַמָּא מִתְפַּסִין. אֵימָא לָךְ: לְעוֹלָם חַד בְּחַבְרֵיהּ מַתְפִּים, וְאַיְּידֵי דְּבָעֵי מִיתְנָא הוּתְּרוּ כּוּלָּן, דְּאִי תְּנָא אֶמְצָעִי אִיכָּא רִאשׁוֹן דְּלָא מִשְׁתְּרִי, מִשּׁוּם הָכִי קָתָנֵי רִאשׁוֹן. ת"ש: הוּתַּר הָאַחֲרוֹן — הָאַחֲרוֹן מוּתָּר וְכוּלָּן אֲסוּרִין, (ב) דְּלָא אִיכָּא אַחֲרִינָא בַּתְרֵיהּ. אֲבָל אֶמְצָעִי, דְּאִיכָּא אַחֲרִינָא בַּתְרֵיהּ — מִשְׁתְּרִי. ש"מ: חַד בְּחַבְרֵיהּ מַתְפִּים. לְעוֹלָם אֵימָא לָךְ בְּקַמָּא מִיתְפְּסִין, וּמַאי אַחֲרוֹן דְּקָתָנֵי — אֶמְצָעִי, וְאַיְּידֵי דִּתְנָא רִאשׁוֹן — תְּנָא אַחֲרוֹן. ת"ש, דְּתַנְיָא בְּהֶדְיָא: אהוּתַּר הָרִאשׁוֹן — הוּתְּרוּ כּוּלָּן, הוּתַּר הָאַחֲרוֹן — הָאַחֲרוֹן מוּתָּר וְכוּלָּן אֲסוּרִין, הוּתַּר אֶמְצָעִי — הֵימֶנּוּ וּלְמַטָּה מוּתָּר, הֵימֶנּוּ וּלְמַעְלָה אָסוּר. שְׁמַע מִינָּהּ: בחַד בְּחַבְרֵיהּ מַתְפִּים, שְׁמַע מִינָּהּ. § "הֲרֵינִי נָזִיר וְשָׁמַע חֲבֵירוֹ וְאָמַר פִּי כְּפִיו וּשְׂעָרִי כִּשְׂעָרוֹ" וכו'. § מִשּׁוּם דְּאָמַר "פִּי כְּפִיו וּשְׂעָרִי כִּשְׂעָרוֹ" הֲרֵי נָזִיר? וּרְמִינְהוּ

תַּנְיָא נַמִי הָכִי. דְּבָעֵינַן שֶׁיְּהוּ נִתְפָּסִין בְּתוֹךְ כְּדֵי דִּבּוּר. הוּא אָסוּר. הָרִאשׁוֹן שֶׁאָמַר "הֲרֵינִי נָזִיר". וְהַשֵּׁנִי שֶׁאָמַר "וַאֲנִי" — מוּתָּר, לְפִי שֶׁשָּׁהָה כְּדֵי דִּבּוּר. הָא אִם לֹא שָׁהָה — הֲרֵי זֶה נָזִיר כְּמוֹתוֹ. לֵימָא מְסַיַּיע לֵיהּ מִי שֶׁאָמַר הֲרֵינִי נָזִיר וְשָׁמַע חֲבֵירוֹ וְאָמַר וַאֲנִי וַאֲנִי. (ג) וּמִדְּלָא קָתָנֵי אֶלָּא הָנָךְ תְּרֵין — ש"מ דְּמִשּׁוּם דְּאִי קָתָנֵי טְפֵי לָא הָוֵי כְּדֵי דִּבּוּר שֶׁל רִאשׁוֹן, וַאֲנַן בָּעֵינַן א) דְּלֶיהֱוֵי תּוֹךְ כְּדֵי דִּיבּוּר, וְתוּ לָא. מֵהָכָא לָא תְּסַיַּיע לֵיהּ, דִּבְדִין הוּא דַּהֲוָה לֵיהּ לְמִיתְנֵי ב) עַד מֵאָה, אֶלָּא לָאו אוֹרְחֵיהּ. דְּתַנָּא כִּי רוֹכְלָא, דִּמְחַזֵּר עַל הָעֲיָירוֹת בִּפְרַגְמַטְיָא שֶׁלּוֹ, וְהוֹלֵךְ וּמַכְרִיז וּמוֹנֶה: יֵשׁ לִי מַחֲטִין וְכוֹסוֹת וּקְעָרוֹת, ה"נ לִיחֲשִׁיב וְלֵיזִיל. וְאִי לָאו מִשּׁוּם דַּוְוקָא, לִיתְנֵי חַד וְתוּ לָא, וְלַשְׁמְעִינַן (ד) ג) הָנֵי (*הָכִי נַמִי) א] לָאו דַּוְוקָא הָוֵי בְּתוֹךְ כְּדֵי דִּבּוּר. אִין ה"נ. אֶלָּא מִשּׁוּם דְּלָא מַשְׁכַּחַתְּ בָּהּ אֶמְצָעִי דְּאִיבָּעֵי לֵיהּ לְמִיתְנָא — מִשּׁוּם הָכִי נַמִי תָּנֵי "וַאֲנִי וַאֲנִי". אִיבַּעְיָא לְהוּ חַד בְּחַבְרֵיהּ מִיתְפִּים ד). (ה) ב] [וְלָא] כְּר"ל, וַאֲפִילּוּ עַד מֵאָה מִיתְפְּסִין וְאָזְלִין. ת"ש וַאֲנִי וַאֲנִי. מִדְּלָא קָתָנֵי טְפֵי — ש"מ דְּהַיְינוּ (ו) ה) טַעַם — דְּבְקַמָּא מִיתְפְּסִין. רִאשׁוֹן הוּא דְּשָׁרֵי. כְּלוֹמַר, מִשּׁוּם רִאשׁוֹן דְּאִישְׁתְּרֵי אִישְׁתְּרוּ נַמִי כּוּלְּהוּ. הָא אִם ו) הוּתַּר אֶמְצָעִי — לֹא יְהֵא מוּתָּר אַחֲרוֹן שֶׁלְּמַטָּה הֵימֶנּוּ. וש"מ דְּטַעְמָא הָוֵי מִשּׁוּם דִּבְקַמָּא מִיתְפְּסִין. לְעוֹלָם אֵימָא לָךְ חַד בְּחַבְרֵיהּ מִיתְפִּים. וְכִי הוּתַּר אֶמְצָעִי — הוּתַּר נַמִי אַחֲרוֹן. וְהָא דְּלָא קָתָנֵי לָהּ — מִשּׁוּם דְּלָא אֶפְשָׁר. דְּאַיְּידֵי דְּבָעֵי לְמִיתְנָא כִּי הוּתַּר רִאשׁוֹן הוּתְּרוּ כּוּלָּן, מִשּׁוּם שֶׁאִם אֵין רִאשׁוֹן — אֵין אֶמְצָעִי וְאֵין אַחֲרוֹן. וְאִי תָּנֵי אֶמְצָעִי — לָא מָצֵי לְמִיתְנָא הוּתְּרוּ כּוּלָּן, דְּהָא אִיכָּא רִאשׁוֹן דְּלָא מִשְׁתְּרֵי כו'. מִדְּקָאָמַר הָאַחֲרוֹן מוּתָּר וְכוּלָּן אֲסוּרִים. וַאֲפִילּוּ ז) אוֹתוֹ שֶׁהִתְפִּיסוֹ ג] לְאַחַר שְׁלִישִׁי — שְׁמַע מִינָּהּ דִּבְקַמָּא מִיתְפְּסִין, וּמִשּׁוּם הָכִי לָא מִישְׁתְּרוּ. א"ל: מֵהָכָא לֵיכָּא לְמִשְׁמַע מִידֵּי, דְּהָכָא ח) מַיְירֵי דְּלֵיכָּא אַחֲרִינָא — בַּהֲדֵיהּ וְהָא דְּקָאָמַר "וְכוּלָּן אֲסוּרִים" — אַאֶמְצָעִי וְאָרִאשׁוֹן קָאֵי. אֲבָל אֶמְצָעִי דְּאִיכָּא אַחֲרִינָא בַּהֲדֵיהּ. כְּלוֹמַר, דְּאִי לָא דָּיְיקַתְּ מִינָּהּ לְהַאי גִּיסָא — דּוּק מִינָּהּ לְאִידָךְ גִּיסָא. דְּמִדְּקָאָמַר הָאַחֲרוֹן מוּתָּר וְכוּלָּן אֲסוּרִין, דְּלֵיכָּא אַחֲרִינָא בַּהֲדֵיהּ — מִכְּלָל ט) דְּאִי הוּתַּר אֶמְצָעִי, דְּאִית לֵיהּ אַחֲרִינֵי בַּהֲדֵיהּ — דְּאִישְׁתְּרֵי נַמִי הַהוּא בַּתְרָא דְּמִיתְפִּים בֵּיהּ. וש"מ דְּחַד בְּחַבְרֵיהּ מַתְפִּים. לְעוֹלָם אֵימָא לָךְ בְּקַמָּא מִיתְפְּסִין וְהַאי אַחֲרוֹן דְּקָאָמַר הַיְינוּ אֶמְצָעִי. וְקָאָמַר לָךְ דַּאֲפִי' שֶׁל *) אַחֲרוֹן לֹא הוּתַּר, מִשּׁוּם דִּבְקַמָּא מִיתְפְּסִין. וְהַאי י) ד] דְּקָאָמְרִי לֵיהּ אַחֲרוֹן — לָאו דַּוְקָא, אֶלָּא אַיְּידֵי דִּתְנָא רִאשׁוֹן תְּנָא אַחֲרוֹן. ת"ש דְּתַנְיָא בְּהֶדְיָא כו' הוּתַּר הָאֶמְצָעִי הֵימֶנּוּ וּלְמַטָּה מוּתָּר. דְּהַיְינוּ אַחֲרוֹן, וש"מ דְּכָל חַד וְחַד בְּחַבְרֵיהּ מַתְפִּים, ש"מ. מִשּׁוּם דְּקָאָמַר פִּי כְּפִיו. דְּמַשְׁמַע כ) דְּקָאָמַר "פִּי נָזִיר וּשְׂעָרִי נָזִיר", מִי הָוֵי נָזִיר? וּרְמִינְהוּ

*) נ"ל אחריו

תניא נמי הכי. פירוש: כרבי שמעון בן לקיש. **מי** שאמר הריני נזיר ושמע חבירו ושהה כדי דבור. פי': כדי דבור דווקא ולא יותר, ואומר מיד "ואני" – הוא אסור, פירוש: הראשון שנדר בנזיר, וחבירו מותר. אלמא דלא מצי לאיתפוסי אלא שהן כולם תוך כדי דבור, אבל הרביעי ששהה אחר כדי דבור – לא, כר"ל. **לימא** מסייע ליה מי שאמר הריני נזיר. מתניתין היא וכו'. וקתני "ואני" ותו לא, לרבי יהודה נשיאה מצי למיתני "ואני" "ואני" ארבע פעמים. וא"ת: ולרשב"ל נמי ניתני "ואני" "ואני" שלש פעמים! וי"ל: דהכי קאמר: בשלמא לרשב"ל [לא] איצטריכא ליה למתני אלא ב' פעמים "ואני" – לאשמועינן דגם השני נתפס בראשון, שהוא תוך כדי דבור, ואע"ג דאמצעי מפסיק בדבורו בין ראשון לשלישי, והוא הדין דגם לשלישי שיאמר "ואני" יתפיס בראשון, דאין שום סברא לחלק בין שני לשלישי, ששניהם עומדים תוך כדי דבור. אבל לר' יהודה נשיאה, אי איתא דרביעי נמי נתפס בראשון – ליתני, דהא ודאי חדוש הוא, ואיצטריכא לי' לאשמועינן, אע"ג דשהו כבר תוך כדי דבור, כיון שהוא סמוך לאלתר לכדי דבורו! ומשני: אטו תנא כי רוכלא כו' כלומר, אה"נ דהוי מצי לאיתנויי ארבע פעמים "ואני", ולא חש למנות כל מה שהיה יכול למנות. **ומשני** אה"נ ומשום דקתני סיפא וכו' מכלל דאיכא אמצעי משום הכי קתני ואני ואני. וא"ת: דהיא גופא תיקשי, דליתני חד "ואני", וסיפא ליתני: הותר הראשון – הותר השני, הותר השני – לא הותר הראשון! וי"ל: דלמ"ד לקמן חד בחבריה מתפים, נקט למידק מיניה אחרון הוא דליכא אחריני בתריה. אבל אמצעי, דאיכא אחריני בתריה, ומישתרי אותו שאחריו, כדדייק לקמן. ולמ"ד דבקמא מיתפסו ותני אמצעי למידק כבסמוך: ראשון הוא דשרי של אחריו, הא אמצעי – לא הותר של אחריו, דבקמא מתפים. **חד** בחבריה מתפים. דהיינו כל אחד בסמוך לו, ובתוך כדי דבור לחבירו. או דלמא בקמא, שאמר "הריני נזיר" מיתפסו כולם. **מיתפסו** ואזלו לעולם. ואפי' מאה. ואי בקמא מיתפים – טפי מכדי דבור לא היה מיתפים, לרשב"ל כדאית ליה, ולרבי יהודה נשיאה אפי' ד', כיון דבסמוך לכדי דבור לאלתר. **ת"ש** מי שאמר הריני נזיר וכו' דאי ס"ד חד בחבריה מיתפים – ליתני "ואני" "ואני" טובא. **מכלל** דאיכא אמצעי מש"ה קתני ואני ואני.ה] ולדקדק [דאיכא] אמצעי, כמו שדקדק והולך לשתי פנים מתניתין. **ראשון** הוא דשרו. אותם שאחריו א) (יד נזירה) מתפים, מדלא קתני: הותר אמצעי הותר אחרון. **אחרון** הוא דליכא אחריני בתריה. הלכך, כשהותר הוא – כולן אסורין. אבל לאמצעי, דאיכא אחריני בתריה – לא מצי למיתני, הותר הוא כולן אסורים דשל ב) אחרון נמי הותר. **ש"מ** חד בחבריה מיתפים. מדלא תנא: הותר האמצעי הוא מותר וכולן אסורין. ומשני: דאחרון היינו אמצעי. ואיידי דתנא ראשון – תנא ליסנא דאחרון, והא נמי, דהוא אחרון לראשון. **תא** שמע דתניא בהדיא וכו' הותר אמצעי הימנו ולמטה מותר – אלמא חד בחבריה מיתפים.

ג) **דאמר** פי כפיו מיין. כלומר, במתניתין שאני, הואיל ושמע חבירו שנדר – ודאי קאמר הכי לענין איסור יין. אבל בברייתא דקאמר מעצמו, בלא שמיעה דחבירו נזיר – לאו כלום הוא, כיון דאין הנשמה [תלויה בו]. "ופי כפיו מיין" – מהני אפילו לרבי שמעון דאמר לעיל (דף ג.) עד שיזיר מכולן – הכא מודה, דלא גרע מידות, וכן מ"הריני מסלסל ומכלכל" דפ"ק (לעיל דף ב.), דהוי נזיר. וא"ת: כי אמר נמי "ידי ו) נזיר" [נימא] דה"ק: ידי כידו מלהטמאות למתים, ורגלי כרגלו מלהכנס בבית הקברות! וי"ל: דאה"נ, דאי שמע לחבירו שנדר בנזיר, ואמר "ידי כידו" – מהני. וה"נ תניא בתוספתא (פ"ג) ברישא דברייתא בהדיא: "ידי כידו", "רגלי כרגלו" – הרי זה נזיר.

ידי

א) נ"א דבדידיה ב) נ"ל אחריו ג) שייך לע"ב אחר ד"ה ידי

ט א מיי' פ"ד מהל' נדרים הלכה ט סמג לאוין רמב טוש"ע י"ד סימן רכט סעיף ג:
י ב מיי' פ"ב מהל' נזירות הלכה ז:

[תוספתא פ"ג]

[לעיל כ: וש"נ]

[גיטין לג. וש"נ]

נ"א אי

נוסחת הריב"ן

א) ואנן בעינן כדי דבור ותו לא: ב) למתני אפי' עד: ג) ולשמעינן הכי נמי דלאו דווקא הוי משום כדי דבור אין ה"נ כו': ד) מתפים כו' והא דר"ש בן לקיש דלמא לאו אסמכתא דדלמא חד בחבריה מתפים ואפילו עד מאה מתפסן ואזלין דלא כוותיה הס"ד: ה) טעמא: ו) אם יהא מותר: ז) אותן: ח) (מיירי) ליתא בכ"י: ט) דהאי: י) דקרי: כ) דמשמע כדקאמר:

הגהות הב"ח

(א) גמ' ולשמעינן הכי ה"נ ומשום: (ב) שם וכולן אסורין ש"מ בקמא מיתפסין דליכא אחרינא בתריה ת"ש הותר האחרון: (ג) רש"י ד"ה לימא מסייע וכו' ואני דמדלא קתני וכו' דאי קתני טפי טפי הוי מכדי דבור של ראשון: (ד) ד"ה ואי לאו וכו' ולשמעינן הכי דלאו דוקא: (ה) איבעיא להו חד בחבריה מתפים והא דלא כר"ל הס"ד ואח"כ מ"ה מיתפסין ואזלין לעולם אפילו עד מאה: (ו) ד"ה ת"ש ואני וכו' דהיינו טעמא דבקמא:

הגהות מהר"ב רנשבורג

א] רש"י ד"ה ואי לאו וכו' לאו דוקא הוי בתוך כדי דבור. נ"ב עי' א"מ: ב] ד"ה איבעיא להו וכו' ולא כר"ל. נ"ב עי' א"מ שהגיה תחת תיבות ולא כר"ל והא כר"ל פי' זהו כוונת ר"ל יעוש"ה: ג] ד"ה מדקאמר וכו' ואפי' אותו שהתפיסו וכו'. נ"ב עי' א"מ: ד] ד"ה לעולם וכו' דבקמא מיתפסין והאי דקאמרי. מלת דקאמרי נמחק. וצ"ב דקרי כצ"ל: ה] תוס' ד"ה מכלל וכו' ואני ואני ולדקדק באמצעי כצ"ל: ו] ד"ה דאמר פי' וכו' וא"ת כי אמר נמי ידי נזירה כצ"ל:

פי' הרא"ש

תניא נמי הכי מי שאמר הריני נזיר ושמע חבירו ושהה כדי דבור וכו' הוא אסור וחבירו מותר. אלמא כיון דשהה כ"ד אע"פ שאמר ואני סמוך לכדי דבור לא אמר כלום רק בתוך כדי דיבור כנ"ל: לימא מסייע ליה וכו' ואמר ואני ואני ותו לא אלמא דרביעי אינו יכול להתפיס כיון שהוא אחר כדי דיבור מדלא תנא ד' ואני. ולר"ל לא איצטר' למתני ג' דמילתא דפשיטא דתוך כדי דבור כדבור דמי וכיון דאשמועינן דב' מתפסי' בא' ומותרין בהתרתן ממילא ידעי' דה"ה ג' אבל לר' יהודה נשיאה הו"ל למתני ד' ולאשמועינן דמתפסים סמוך לכדי דבור בתוך כדי דבור דמי. כי רוכלא ליחשיב וליזיל אפי' אי הוה תני ד' לא שמעינן מיניה דסמוך לכ"ד כדיבור דמי דס"ל לתנא דמתני' דחד בחבריה מתפים ולא בראשון. וכיון דלא נפקא לן מידי מניה לא תני ליה: ופריך כיון דלא שמעינן מיניה מידי לא לתני אלא חד משום דקתני סיפא וכו' מכלל דאיכא אמצעי משום הכי קתני ואני ואני וא"ת ולא ליתני אלא חד ובסיפא ליתני הותר הב' [הב'] הותר (ה"ב) ולא הותר [הראשון] (ה"ג). וי"ל דנקט אחרון למידק אחרון הוא דליכא בהדיה אחרונה אבל אמצעי דאיכא בתריה אחרונה משתרי אותו שאחריו דכל חד בחבריה מתפים: כי רוכלא ליחשיב וליזיל אדרבה ס"ל דכל א' בחבריה מתפים וליכא חידוש בק' יותר מבשנים ובשנים איכא חדוש

למידק דוקא אחרון כדפרי' לעיל לאשמועינן דחד בחבריה מיתפים ומיהו הוכחה גמורה לא הוי דאיכא למימר דלא דק התנא כדאיתא לקמן: ת"ש הותר הראשון הותרו כולם ומדנקט א' ולא נקט אמצעי אלמא בקמא מתפים: *) ה"ק יעשה פיו כפיו מיין ושערי כשערו מלגוז. ומיירי מתני' שאמר הך בפי'. ובא' מהם שאמר הוי נזיר וה"ה נמי אם אמר רגלי כרגלו וידי כידו מלטמא למתים. ואפי' לר"ש דאמר עד שיזיר מכולן מודה הכא דלא גרע מידות כדאיתא לעיל פ"ק גבי מסלסל מכלכל. א"נ אפי' לא פי' כיון ששמע שאמר חבירו הריני נזיר ואמר איהו פי כפיו הוי כאילו אמר פי כפיו מיין אבל כשאמר מעצמו ידי או רגלי לא אמר

*) שייך לע"ב.

יא א מיי' פ"א מהל' נזירות הלכה טז:
יב ב מיי' שם פ"ב הלכה ז:
יג ג מיי' פ"ד מהל' פסולי מוקדשין הלכה א:

וּרְמִינְהוּ: *א"יָדַי נְזִירָה" וְ"רַגְלַי נְזִירָה" — לֹא אָמַר כְּלוּם, "רֹאשִׁי נְזִירָה" "כְּבֵדִי נְזִירָה" — ה"ז נָזִיר. זֶה הַכְּלָל: דָּבָר שֶׁהַנְּשָׁמָה תְּלוּיָה בּוֹ — ה"ז נָזִיר! אֲמַר רַב יְהוּדָה: דְּאָמַר הָכִי: ביֵעָשֶׂה פִּי כְּפִיו מִיַּיִן, וּשְׂעָרִי כִּשְׂעָרוֹ מִלָּגוֹז.§ "הֲרֵינִי נְזִירָה וְשָׁמַע בַּעְלָהּ וְאָמַר וַאֲנִי אֵינוֹ יָכוֹל לְהָפֵר".§ אִיבַּעְיָא לְהוּ: *בַּעַל מִיעֲקַר עָקַר, אוֹ דִּלְמָא מֵיגַז גָּיֵיז? לְמַאי נָפְקָא מִינָּהּ — לְאִשָּׁה שֶׁנָּדְרָה בְּנָזִיר, וְשָׁמְעָה חֲבֶרְתָּהּ וְאָמְרָה "וַאֲנִי", וְשָׁמַע בַּעְלָהּ שֶׁל רִאשׁוֹנָה וְהֵפֵר לָהּ; אִי אָמְרַתְּ מִיעֲקַר עָקַר — הַהִיא נַמִי אִישְׁתְּרַאי, וְאִי אָמְרַתְּ מֵיגַז גָּיֵיז — אִיהִי אִישְׁתְּרַאי, חֲבֶרְתָּהּ אֲסִירָא. מַאי? ת"ש: *"הֲרֵינִי נְזִירָה" וְשָׁמַע בַּעְלָהּ וְאָמַר "וַאֲנִי" — אֵינוֹ יָכוֹל לְהָפֵר. וְאִי ס"ד בַּעַל מֵיגַז גָּיֵיז — לֵיפֵר לְאִשְׁתּוֹ, וְהוּא לִיתַּסַר! אֶלָּא לָאו ש"מ — בַּעַל מִיעֲקַר עָקַר! לָא, לְעוֹלָם מֵיגַז גָּיֵיז. וּבְדִין הוּא דְּלֵיפֵר לָהּ, וְהַיְינוּ טַעְמָא דְּלָא מָצֵי מֵיפֵר: כֵּיוָן דַּאֲמַר לָהּ "וַאֲנִי" — כְּמַאן דַּאֲמַר "קַיָּים לִיכִי" דָּמֵי; אִי מִתְשִׁיל אַהֲקָמָתוֹ — מָצֵי מֵיפֵר, וְאִי לָא — לָא מָצֵי מֵיפֵר. ת"ש: *הָאִשָּׁה שֶׁנָּדְרָה בְּנָזִיר וְהִפְרִישָׁה אֶת בְּהֶמְתָּהּ, ואח"כ הֵפֵר לָהּ בַּעְלָהּ, אִם שֶׁלּוֹ הָיְתָה הַבְּהֵמָה — תֵּצֵא וְתִרְעֶה בָּעֵדֶר, וְאִם שֶׁלָּהּ הָיְתָה הַבְּהֵמָה, הַחַטָּאת — תָּמוּת. וְאִי ס"ד בַּעַל מִיעֲקַר עָקַר — תֵּיפּוּק לְחוּלִּין! אֶלָּא לָאו ש"מ — בַּעַל מֵיגַז גָּיֵיז. לְעוֹלָם אֵימָא לָךְ בַּעַל מִיעֲקַר עָקַר, וְהַיְינוּ טַעְמָא: כֵּיוָן (א) דְּלָא צְרִיכָה כַּפָּרָה — הֲוַת כְּחַטָּאת שֶׁמֵּתוּ בְּעָלֶיהָ, גוּגְמִירִי *דְּחַטָּאת שֶׁמֵּתוּ בְּעָלֶיהָ תָּמוּת. ת"ש: *הָאִשָּׁה שֶׁנָּדְרָה בְּנָזִיר, וְהָיְתָה שׁוֹתָה יַיִן וּמִטַּמְּאָה לַמֵּתִים — הֲרֵי זוֹ סוֹפֶגֶת אֶת הָאַרְבָּעִים. הֵיכִי דָּמֵי? אִילֵּימָא דְּלָא הֵיפֵר לָהּ בַּעַל — צְרִיכָא לְמֵימַר? אֶלָּא פְּשִׁיטָא — דְּהֵיפֵר לָהּ בַּעַל. וְאִי ס"ד בַּעַל מִיעֲקַר עָקַר — אַמַּאי סוֹפֶגֶת אַרְבָּעִים? אֶלָּא לָאו ש"מ — בַּעַל מֵיגַז גָּיֵיז. לְעוֹלָם אֵימָא לָךְ בַּעַל מִיעֲקַר עָקַר, וּמִשּׁוּם *דְּקָתָנֵי סֵיפָא: *הֵיפֵר לָהּ בַּעְלָהּ וְהִיא לֹא יָדְעָה, וְהָיְתָה שׁוֹתָה יַיִן וּמִטַּמְּאָה לַמֵּתִים — אֵינָהּ סוֹפֶגֶת אֶת הָאַרְבָּעִים, תְּנָא

ידי נזירה כו'. וה"ה במתניתין אי לא ב] "פי כפיו", אלא "פי נזיר" ו"שערי נזיר" — לא אמר כלום, דאין הנשמה תלויה בו.
בעל מיעקר קא עקר. הנדר מעיקרא כשמפר לאשתו, והוי כאילו לא חל מעולם, כמו חכם שעוקר הנדר מעיקרו. או מיגז גייז — מהפרה ואילך הוא דמתבטל הנדר, ועד ההפרה היה מקויים. **אי** אמרינן מיעקר עקר חבירתה נמי מישתראי, שהרי הוא כאילו לא חל הנדר מעולם. ואי אמרינן מיגז גייז — היא מישתראי וחבירתה אסורה, לפי שהיתה הראשונה בכל דין נזירות עד ההפרה, ושפיר מיתפיס בה שניה, והפרת הראשונה אינה מועלת לשניה. ונהי דלגבי חכם הותר הנדר הראשון הותרו כולם — היינו משום דחכם עוקר הנדר מעיקרו, ונמצא כאילו לא חל מעולם. אבל בעל שמיפר בלא חרטה — אינו עוקר הנדר מעיקרו, אלא מיגז גייז. וה"ה דמצי למימר דנפקא מינה אם שתתה ביין ונטמאה וגלחה במזיד ואח"כ היפר לה, דאי מיעקר עקר — אינה לוקה, ואי מיגז גייז — לוקה. וכן לענין אם נטמאה בשוגג ואח"כ היפר, אי מיעקר עקר — לא תביא עולת העוף ואשם, ואי מיגז גייז — מביאה עולת העוף ואשם, שהרי חל הנזירות עד עתה. **אלא** ש"מ בעל מיעקר עקר. ובהתרתה הוא מותר כמותה, דלא חל הנדר מעולם. ולכך אינו מיפר — דאינו מיפר לעצמו, אלא אחרים מוחלין לו. ול"ע, ג] דלא דמי לאחרים, דכיון דרשאי להפר לאשתו! ותירץ הר"ר אליהו דה"פ: אע"ג מיעקר עקר אינו יכול להפר, דפשיטא דקיים לה. שאם לא קיים לה — לא היה דיבורו שום דבר. אא"א מיגז גייז — א"כ אינו תלוי בדבורו, וכיון שאין תלוי בדבורו — ממילא הוי מופר. **כמאן** דאמר קיים ליכי דמי אי איתשיל אהקמתו מצי מיפר. [במאי] שאמר "קיים ליכי", דאמת הוא דנשאלין על ההקמה, דהכי אמר רבי יוחנן בנדרים (דף סט.).
האשה שנדרה בנזיר והפרישה בהמתה. חטאת עולה ושלמים. אם שלו היתה הבהמה, פי': מבהמות של בעלה — תלא ותרעה בעדר. כלומר, חולין היא, כיון שהיפר לה בעלה, וכדמפרש לקמן (דף כד.) דכי [מקנה] לה בעלה — מילתא דלריך לה, כלומר אם לא היפר לה, שלריכה לקרבנות נזיר. במילתא דלא לריכה, כגון שהיפר לה בעלה ואינה לריכה לקרבנות נזיר — לא מקני לה. **ואי** ס"ד בעל מיעקר קא עקר תיפוק לחולין. דעקר הנדר מעיקרו, ולא חל הנדר מעולם. והוי כאדם המפריש בהמתו לנזירות ונשאל לחכם והתירו, דתנן (לקמן דף לא.): דנפקא לחולין.
והיינו טעמא דכיון דצריכה כפרה. על שליערה עלמה מן היין, וכרבי אלעזר הקפר, דאמר דנזיר חוטא הוא — הוה ליה חטאת (העוף) שמתו בעליה. אע"ג דהפר לה, לענין ד] [איסור] על הבהמה דין חטאת, אם הבהמה [שלה] היא, דגמרה ומקדיש לה.
היכי דמי אילימא דלא היפר לה בעל. כלל, לריכא למימר דלוקה? דהא נזירה היא, ופשיטה הוא דלוקה! אלא פשיטא דהיפר לה הבעל אחר שנטמאה ואחר ששתתה, ואפילו הכי לוקה, דבההיא שעתא דשתתה ביין הוי נזירה, וש"מ הבעל מיגז גייז.
לעולם מיעקר עקר. ומיירי שלא היפר. ודקאמרת לריכא למימר — משום סיפא, דאילטריך ליה למיתני אינה סופגת, תני רישא אגב סיפא דסופגת. וסיפא אילטריכא ליה למיתני, לאפוקי מדרבי יהודה, דאמר דכי נמי היפר לה בעלה ושתתה יין — לוקה מכת מרדות. ואם תאמר: מאי איריא היפר לה ואחר כך היתה שותה? לאשמועינן שתתה ונטמאה ואח"כ (שתתה) היפר לה, [דאינה] סופגת כיון דמיעקר עקר! ה] וי"ל: דמשום רבי יהודה נקט הכי, דאפילו בהיפר ואח"כ שתתה סופגת מכת מרדות אע"ג דכבר היפר, כיון דלאיסורא נתכוונה.

וּרְמִינְהוּ כו' זֶה הַכְּלָל כו'. וּפֶה וְשֵׂיעָר לָא הָוֵי דָּבָר שֶׁהַנְּשָׁמָה תְּלוּיָה בּוֹ, דְּאִי גָּיֵיז לְשֵׂיעָר וְחָתֵיךְ לְנִיב שְׂפָתַיִם — לָא מָיֵית. אָמַר רַב יְהוּדָה דְּאָמַר א) הָכִי יֵעָשֶׂה פִּי כְּפִיו מִיַּיִן. דְּהוֹאִיל דְּפָרֵישׁ הָכִי — הָוֵי נָזִיר. אָמְרָה הֲרֵינִי נְזִירָה וְשָׁמַע בַּעְלָהּ וְאָמַר וַאֲנִי שְׁנֵיהֶם נְזִירִין וְאֵינוֹ יָכוֹל לְהָפֵר לָהּ. דְּכֵיוָן דַּאֲמַר ב) "וַאֲנִי" — גַּלֵּי אַדַּעְתֵּיהּ דְּנִיחָא לֵיהּ בְּמַאי דְּקָא נָדְרָה אִיהִי, וְהַשְׁתָּא מְקַיֵּים לָהּ. וְאִי אָמְרַתְּ מִיעֲקַר עָקַר. בַּעַל אֶת הַנֶּדֶר מֵעִיקָּרוֹ, אִישְׁתַּכַּח דִּבְהַהִיא שַׁעְתָּא דְּקָאָמְרָה חֲבֶירְתָּהּ "וַאֲנִי" דְּלָא חָיֵיל עֲלָהּ נְזִירוּת כְּלָל. וְאִי אָמְרַתְּ מֵיגַז גָּיֵיז. דְּמִכָּאן וּלְהַבָּא לָא חָיֵיל עֲלָהּ נְזִירוּת, ג) אֲבָל לְמַפְרֵעַ הֲוָות נְזִירָה. אִיהִי אִישְׁתְּרַאי וַחֲבֵירְתָּהּ אֲסִירָא. דִּלְכִי אָמְרָה "וַאֲנִי" — ד) הֲוָות חֲבֵירְתָּהּ נְזִירָה מְעַלְיָא. וְאִי ס"ד בַּעַל מֵיגַז גָּיֵיז. אֶת הַנֶּדֶר מִכָּאן וּלְהַבָּא, אַמַּאי אֵינוֹ יָכוֹל לְהָפֵר מִשּׁוּם דְּקָאָמַר "וַאֲנִי"? נֵימָא דְּהַאי דַּאֲמַר "וַאֲנִי", לְהָכִי הוּא דְּקָאָמַר הָכִי, דְּתֶהֱוֵי נְזִירָה לְפִי שָׁעָה עַד דְּלִיקַבֵּל עֲלֵיהּ נְזִירוּת, וְלִיגַזְיֵיהּ לִנְזִירוּת אִשְׁתּוֹ מִכָּאן וּלְהַבָּא, וּנְזִירוּת דִּידֵיהּ תֵּיחוֹל עֲלֵיהּ כִּדְמֵעִיקָּרָא, דְּהָא אֵינוֹ מֵיפֵר מִכָּאן וּלְמַפְרֵעַ! אֶלָּא לָאו שְׁמַע מִינָּהּ. ה) הַבַּעַל כִּי מֵיפֵר לִנְזִירוּת אִשְׁתּוֹ — מִיעֲקַר עָקַר לָהּ. וּמִשּׁוּם הָכִי אֵינוֹ יָכוֹל לְהָפֵר לָהּ, שֶׁאִם יְהֵא מֵיפֵר לָהּ — נִמְצָא מֵיפֵר אֶת שֶׁלּוֹ, ו) דְּמִיעֲקַר עָקַר. וְהַיְינוּ טַעְמָא דְּאֵינוֹ יָכוֹל לְהָפֵר אֶת שֶׁלָּהּ, מִשּׁוּם דִּבְהַהִיא שַׁעְתָּא דְּאָמַר "וַאֲנִי" — נִיחָא לֵיהּ דְּתֶהֱוֵי נְזִירָה ז) עַד דְּחָיֵיל עֲלֵיהּ נְזִירוּת, (ב) ח) דְּהָא קִיֵּים לָהּ לְפִי שָׁעָה, וּמֵהַהִיא שַׁעְתָּא וְאֵילָךְ לָא מָצֵי מֵיפֵר, מִשּׁוּם דְּבַעַל מִיעֲקַר עָקַר. ט) דִּלְעוֹלָם אֵינוֹ יָכוֹל לְהָפֵר י) מִכָּאן וּלְהַבָּא בְּלֹא מַפְרֵעַ, וְהָכָא לְמַפְרֵעַ לָא מָצֵי מֵיפֵר, דְּהָא קִיֵּים לָהּ לְפִי שָׁעָה. כ) לָא לְעוֹלָם מֵיגַז גָּיֵיז. אֶלָּא הַיְינוּ טַעְמָא דְּלָא מָצֵי מֵיפֵר לָהּ, דְּכֵיוָן דַּאֲמַר לָהּ "וַאֲנִי" — כְּמ"ד לָהּ קַיָּים נְזִירוּתֵיךְ ל) דָּמֵי, וְהִלְכָּךְ אִי מִיתְשִׁיל מ) אַהֲקָמָתוֹ, אַהָא דְּקָא מְקַיֵּים לָהּ בְּרֵישָׁא — מָצֵי מֵיפֵר, וְאִי לָא — לָא מָצֵי מֵיפֵר. וְאִם שֶׁלָּהּ הָיְתָה הַבְּהֵמָה. וּכְגוֹן שֶׁהִקְנָה לָהּ אַחֵר לִנְזִירוּתָהּ, וְאָמַר לָהּ "עַל מְנָת שֶׁאֵין לְבַעְלֵיךְ רְשׁוּת בָּהּ". וְהַיְינוּ טַעְמָא. דְּתָמוּת, דְּכֵיוָן שֶׁהִפְרִישָׁהּ לְשֵׁם חַטָּאת מֵעִיקָּרָא, וְהַשְׁתָּא לָא מִצְטָרְכָה לְכַפָּרָה, דְּהָא הֵיפֵר לָהּ בַּעְלָהּ וְעָקַר אֶת הַנֶּדֶר מֵעִיקָּרוֹ — הָוְיָא לָהּ כְּחַטָּאת שֶׁמֵּתוּ בְּעָלֶיהָ, דִּגְמִירִי דִּלְמִיתָה אָזְלָא, לְפִי שֶׁאֵין כַּפָּרָה לַמֵּתִים. וְאִית *דִּמְפָרְשֵׁי: כֵּיוָן דִּצְרִיכָה כַּפָּרָה עַל שֶׁצִּיעֲרָה עַצְמָהּ מִן הַיַּיִן, וְהַשְׁתָּא לָא צְרִיכָה, דְּהֵיפֵר לָהּ בַּעְלָהּ נ) מֵעִיקָּרָא — הָוְיָא לָהּ כְּחַטָּאת שֶׁמֵּתוּ בְּעָלֶיהָ, דִּגְמִירִי דִּלְמִיתָה אָזְלָא. דַּאֲפִילּוּ ר"א הַקַּפָּר מוֹדֶה דְּלָא קָרְבָה אֲפִי' עַל הַצַּעַר, מִשּׁוּם דְּהָוְיָא לָהּ כְּחַטָּאת שֶׁמֵּתוּ בְּעָלֶיהָ, (ג) מִשּׁוּם דִּבְחַטָּאת בְּהֵמָה גָּמְרִינַן דְּתָמוּת. א] אֲבָל בְּחַטָּאת הָעוֹף — לָא גָּמְרִינַן דְּתָמוּת. אֶלָּא פְּשִׁיטָא דְּהֵיפֵר לָהּ בַּעַל. וְקָתָנֵי דְּסוֹפֶגֶת אֶת הָאַרְבָּעִים עַל שֶׁהָיְתָה שׁוֹתָה יַיִן וּמִטַּמְּאָה לַמֵּתִים קוֹדֶם שֶׁהֵיפֵר לָהּ. לְעוֹלָם אֵימָא לָךְ מִיעֲקַר עָקַר לָהּ בַּעַל. וְהָכָא בְּמַאי עָסְקִינַן דְּסוֹפֶגֶת אֶת הָאַרְבָּעִים — כְּגוֹן דְּלָא הֵיפֵר לָהּ. וּדְקָאָמְרַתְּ: אִי לָא הֵיפֵר לָהּ בַּעַל צְרִיכָא לְמֵימַר — וַדַּאי לָא צְרִיכָא, אֶלָּא מִשּׁוּם דְּקָתָנֵי סֵיפָא כו'. אֵינָהּ סוֹפֶגֶת. דִּצְרִיכָא לְמֵימַר, דְּס"ד ס) דְּתִסְפּוֹג כֵּיוָן דְּנִתְכַּוְּונָה לְאִיסּוּרָא.
תְּנָא

הכי

דבע' על כפי הנזיר: היו מעות סתומים שיחדתן לקנות בהם קרבנותיה ולא פי' מאיזה מהן יקנו עולה או שלמים או חטאת יפלו לנדבה לעולת קיץ [המזבח] ובגמ' מפ' דהלכה למשה מסיני הוא מפורשים דמי חטאת ילכו לים המלח האיל ואילו קנה בהם בהמה היתה מתה גם המעות אסור בהנאה ואין בהם מעילה ג) דכיון דלא בודקה אצלה לא קרי' בהו קדשיה: איבעיא להו בעל מעקר עקר כמו שחכם עוקר הנדר מעיקרו או מגיז גייז דכיון דמפיר בלא פתח של חרטה חותך את הנדר מעיקרו ומבטלו מכאן ולהבא דוקא: ההיא נמי אישתראי מידי דהוה אם אמר הריני נזיר ושמע חבירו ואמר ואני דאמרי' הותר הראשון הותרו כלום אבל אי אמרת מיגז גייז מכאן ולהבא דוקא אז נדר השניה קיים וה"ה דהוה מצי למימר כגון ששתתה יין ונטמאת למתים ואח"כ הפר לה בעלה דאי מעיקרא עקר אינה לוקה ואי מיגז גייז לוקה כדאמרינן בסמוך: ואי ס"ד בעל מיגז גייז ליפר לאשתו והוא ליתסר שלא נתבטל גזרו בהפרתה. אי מתשיל אהקמתו מצי מפיר שישאל לחכם ויתיר לו מה שקיים לה ואז יוכל להפר לה כדאי' בנדרים נשאלין על ההקם ולא על ההפר. ואי ס"ד מעקר עקר תיפוק ליה דהוי כאילו לא נדרה כלל ומעיקרא הפרשה בטעות הואי: והיינו טעמא כיון דצריך (הפרה) [כפרה] כר"א הקפר כדמפרש בסמוך משום דלקמן קריבה הוצרך ליתן טעם יפה להקרבה אבל הכא דלמיתה אזלא לא חש להצריך: ואית דגרסי כיון דלא צריך כפרה דכבר הפיר לה בעלה הוי כחטאת [שמתו בעליה] אע"ג דבעל מיעקר קא עקר. מ"מ בשעה שהפרישתה היתה צריכה כפרה כלו' היתה מחויבת להביאתה ואע"ג דהפיר לה בעל ומיעקר קא עקר לא הוי הפרשה בטעות אלא כחטאת שמתו בעליה: ואי ס"ד מיעקר עקר אמאי סופגת מ' הא איגלאי מילתא למפרע דלא היתה נזירה מעולם ג) אין הכי נמי ור"א הקפר היא הלכך בקל מביאה חטאת העוף ובעלילה מועטת כיון דאשכחן
דחטאת

א) מכאן עד ד"ה איבעיא להו שייך למתני' לעיל ולמתני' דלקמן דף כ"ג וכ"ד: ב) אולי צ"ל כיון דליכא המלח אזלי לא קרינא בהו קדשי ה': ג) שייך לדף כ"ב ע"א:

הגהות הב"ח
(א) גמ' והיינו טעמא כיון (דלא צריכה כפרה) תא"מ ונ"ב ס"א דצריכה כפרה: (ב) רש"י ד"ה אלא לאו וכו' נזירות דידיה דהא קיים לה: (ג) ד"ה והיינו טעמא וכו' שמתו בעליה והא דנקט בהמה משום דבחטאת:

פי' הרא"ש
אמר כלום אם לא הזכיר אבר שהנשמה תלוי' בו. והכי תניא בתוספתא פי כפיו שערי כשערו ה"ז נזיר ידי כידו רגלי כרגלו ה"ז נזיר ידי נזירה רגלי נזירה לא אמר כלום הריני א) נזיר ושמעה אשתו ואמרה ואני מיפר לה ושלו קיים שאין נזרו תלוי בנזרה שהוא נזיר תחילה: הריני נזירה ושמע בעלה ואמר ואני אינו יכול להפר לה שאם הוה מיפר שלה היה גם נזרו בטל כדתני' בריש פירקין הותר הראשון הותרו כולם וכתיב לא יחל דברו הוא אינו מיחל לעצמו: הריני נזיר ואת ואמרה אמן שאל אותה אם גם היא תרצה להיות נזירה ואמרה אמן מיפר שלה ושלו קיים שאין נזרו תלוי בנזרה. הריני נזירה ואתה שאלה לו אם גם הוא רוצה להיות נזירה ואמר אמן אינו יכול להפר לפי שנזרו תלוי בנזרה. אינה סופגת ארבעים שכבר היפר נזרה. ר' יהודה או' אם אינה סופגת ארבעים מן התורה תפסוג מכת מרדות מדרבנן לפי שכיוונה לעבור על דברי תורה ובתוס' דמכות תניא מכות מ' מן התורה אבל מכת מרדות אינו כן אלא מכין אותו עד שתצא נפשו אבל הכא שעברה כבר לא עדיפה מאם לא הפיר לה: האשה שנדרה בנזיר והפרישה בהמתה ג' בהמות חטאת ועולה ושלמים אם משלו היתה הבהמ' תצא ותרעה בעדר דהפרשה בטעות היתה. דכי אקני לה מידי דצריך לה מידי דלא צריך לה לא אקני לה ואם משלה היתה החטאת שהקנה לה אחר ע"מ שאין לרינלה רשות רה תמות כדמפ' דהויא כמו חטאת שנתכפרו בעליה דלמיתה אזלא. ועולה ושלמים יקרבו כיון שהופרשו ונאכלים השלמים ליום א' כחומר שלמי נזיר ואינן טעונין לחם. ואפי' הפרישה הלחם אין שחיטת השלמים מקדשתן ומיהו פדיון צריך שכבר קדש קדושת דמים וכן אין חזה ושוק טעונים תנופה

(תוספתא פ"ג)
[לעיל יט. נדרים סח.]
לעיל כ: [נדרים ע.]
נדרים פג: לקמן כד.
[יומא נ. וש"נ] לקמן כג. נדרים פב:
[נדרים כח: וש"נ] לקמן כג. נדרים פג.
נ"א דגרסי

נוסחת הריב"ן
א) לאמר יעשה פיו כפיו: ב) לאמר איהו ואנו: ג) (אבל כו' נזירה) ליתא בכ"י: ד) הויא: ה) בעל המפר לנזירות: ו) בכ"י כתוב כאן גליון למיעקר כו': ז) נזירה לפי שעה: ח) נזירות ומיד חל עליה נזירות דהא כו': ט) ולעולם: י) במכאן: כ) (לא לעולם מיגז גייז אלא) ליתא בכ"י ומה"ד והיינו טעמא: ל) נזירותיך והלכך: מ) אקמייתא: נ) מעיקרו: ס) דסל"א:

הגהות מהר"ב רנשבורג
א] רש"י ד"ה והיינו טעמא וכו' משום דבחטאת בהמה גמרינן דתמות. נ"ב עי' לעיל דף יב ע"א רש"י ד"ה או שפרחה וכו' ובשער המלך פ"ד מהל' פסמ"ק הלכ' א': ב] תוס' ד"ה ידי נזירה וכו' וה"ה במתני' אי לא אמר כצ"ל. ג] ד"ה אלא וכו' ול"ע דלא דמי לאחרים. נ"ב ר"ל לאחרים שאינן יכולים להפר לעצמן. א"מ: ד] ד"ה והיינו טעמא וכו' אע"ג דהיפר לא לענין איסור מלת איסור נמחק. ונ"ב זה יש על כו' כצ"ל. א"מ: ה] ד"ה לעולם מיעקר עקר וכו' וי"ל דמשום ר' יהודה נקט הכי. נ"ב עי' א"מ.

תְּנָא נַמִּי רֵישָׁא סוֹפֶגֶת, ת"ש: *הָאִשָּׁה שֶׁנָּדְרָה בְּנָזִיר וְנִטְמֵאת, וְאַחַ"כ הֵפֵר לָהּ בַּעְלָהּ — מְבִיאָה חַטַּאת הָעוֹף, וְאֵינָהּ מְבִיאָה עוֹלַת הָעוֹף. וְאִי ס"ד בַּעַל מֵיגַז גָּיֵיז — תַּיְיתֵי נַמִּי עוֹלַת הָעוֹף! וְאֶלָּא מַאי — מִיעְקַר עָקַר? חַטַּאת הָעוֹף נַמִּי לָא תַּיְיתֵי! הָכִי נַמִּי, וְהָא מַנִּי — ר' אֶלְעָזָר הַקַּפָּר הִיא. *דְּתַנְיָא, ר"א* הַקַּפָּר (*בַּר רַבִּי) אוֹמֵר: מַה ת"ל °"מֵאֲשֶׁר חָטָא עַל הַנָּפֶשׁ", וְכִי בְּאֵיזוֹ נֶפֶשׁ חָטָא זֶה? אֶלָּא מִפְּנֵי שֶׁצִּיעֵר עַצְמוֹ מִן הַיַּיִן נִקְרָא חוֹטֵא. וַהֲלֹא דְּבָרִים ק"ו: וּמַה זֶּה שֶׁלֹּא צִיעֵר עַצְמוֹ אֶלָּא מִן הַיַּיִן — נִקְרָא חוֹטֵא, הַמְצַעֵר עַצְמוֹ מִכָּל דָּבָר — עַל אַחַת כַּמָּה וְכַמָּה. ת"ש, דְּתַנְיָא בְּהֶדְיָא: *[א]הָאִשָּׁה שֶׁנָּדְרָה בְּנָזִיר, וְשָׁמְעָה חֲבֶירְתָּהּ וְאָמְרָה "וַאֲנִי", וּבָא בַּעְלָהּ שֶׁל רִאשׁוֹנָה וְהֵפֵר לָהּ — הִיא מוּתֶּרֶת, וַחֲבֶירְתָּהּ אֲסוּרָה. (א) שְׁמַע מִינָּהּ: בַּעַל מֵיגַז גָּיֵיז. *רַבִּי שִׁמְעוֹן אוֹמֵר: אִם אָמְרָה לָהּ "הֲרֵינִי כְּמוֹתֵיךְ" — שְׁתֵּיהֶן מוּתָּרוֹת.

מָר

תורה אור: מאשר חטא על הנפש — במדבר ו

רש"י

תנא נמי רישא סופגת. את הארבעים, דאינה צריכה. א) **האשה שנדרה בנזיר ונטמאת ואח"כ הפר לה בעלה מביאה חטאת העוף.** דאפילו אמרינן דתיהוי כחטאת שמתו בעליה, כיון דבעל מיעקר עקר לה — לא אשכחן בה דתיזיל למיתה. (ב) **ניתי נמי עולת העוף.** ומאשם לא פריך דתייתי נמי אשם, דאין אשם בא אלא במקום שצריך ליכנס ג) בנזירות אחרת, כי היכי דתיחול עליו נזירות בטהרה. (ג) **הא מני.** דתני אע"ג דמיעקר ליה נזירות, מייתי ליה חטאת העוף. **רבי אלעזר הקפר היא.** דאמר דצריך כפרה על שציער עצמו מן היין. **היא מותרת וחבירתה אסורה.** דבעל מיגז גייז. ומסיים הברייתא: ר' שמעון אומר: אם אמרה "הריני כמותיך", דמשמע: אם ג) נתקיים נזירותיך עלי לקיים, ואם לאו — לא, וכיון שהפר לה בעלה לראשונה — שתיהן מותרות.

מר

תוספות

הכי גרסי' ואי ס"ד מיגז גייז תייתי עולת העוף. וה"ה דאשם נמי איבעי לה לאתויי, אלא נקט עולת העוף משום דחטאת העוף ועולת העוף בחד קרא כתיבי. **הא** מני ר"א הקפר בר רבי היא. פירוש: לעולם מיעקר עקר, ולכך אינה מביאה עולת העוף. וחטאת העוף מייתא — משום דאתיא על הספק. והכי איתא א] בפ"ק דנדרים (דף י.). והשתא מסקינן דבעל מיעקר עקר. וקשה: מאי שנא הכא מייתי כולה מילתא דר' אלעזר הקפר, ולעיל לא מייתי לה, דקאמר: לעולם מיעקר עקר, וכיון דצריכה כפרה הוה [וכו'? ע"כ נראה דגרסי'] הכי: וכיון דלא צריכה כפרה — הוה ליה כחטאת שמתו בעליה. והכי פירושו: לעולם [מיעקר] עקר, ומ"מ כיון שהקדישתה — לא נפקא לחולין, וכי היפר לה — הוה לה כחטאת שמתו בעליה. אי נמי לגירסת הספרים נמי ניחא, דלעיל לא עבדינן מכל וכל כר' אלעזר — דאין קרב. אבל הכא דקרב מייתי שפיר מילתא דרבי אלעזר, דהוי כוותיה מכל וכל. **תא** שמע דתניא בהדיא היא מותרת וחבירתה אסורה אלמא דבעל מיגז גייז. וקלת קשה: דלעיל פשיט מדמביאה חטאת ולא עולה — דמיעקר קעקר, ועתה מהדר למיפשט דבעל מיגז גייז, אין זה שיטת התלמוד! וי"ל: דההיא אוקימנא ליה כר' אלעזר הקפר, והך רבנן. ומייתי לזה דפלוגתא דתנאי היא, דר"ש אמר: אם אמרה "הריני כמותיך" — שתיהן מותרות, דמשמע: הריני כמותיך לכל דרכיך, ולכשתותר — אהיה גם אני מותרת. ותימה: כיון שקיבלה נזירות, וחל עליה, איך תהיה מותרת בהתרת חבירתה כיון דמיגז גייז? הא אין נזירות לחצאין. ואילו אמר "הריני נזיר היום ולמחר איני נזיר" — הוי נזיר שלשים יום, דאין נזירות פחות מל' יום, כדתנן בפרק קמא (לעיל ה.): ואומר ר"י: דהכי איתא בתוספתא (פ"ג): "ולא נתכוונתי להיות אלא כמותיך" — שתיהן מותרות אם אמרה הכי, משום דמשמע ליה לר"ש דהכי קאמרה לה: אם סופך שתהיה מותרת — לא יחול עלי נזירות כל עיקר. ור"ש לא בא לפלוגי על מלתא דת"ק, אלא להוסיף עליה. וגם ת"ק מודה ליה. ואומר מהר"ף נ"ע: דלר"ש אפי' "ואני" לבד מפרשינן למילתא הכי, כאילו אמרה בפי': לא [נתכוונתי] אלא להיות [כמותיך], ובהא פליגי רבנן ור"ש.

*__מר__ זוטרא בריה דרב מרי אמר היינו דרמי בר חמא דבעי רמי בר חמא הרי עלי כבשר זבחי שלמים מהו כי מתפיס איניש במעיקרא מתפיס או לא. בנדרים (דף יח:) משמע ליה דמיבעיא ליה לרמי בר חמא אחר שנזרקו הדמים, ואמר "ככר זה עלי כבשר זבחי שלמים", ובשר שלמים קודם זריקה אסור באכילה, ואחר זריקה מותר באכילה. ומיבעיא ליה כי אמר "ככר זה עלי כבשר זבחי שלמים" אם דעת הנודר לומר כמו שהיה בשר זבח שלמים מעיקרא, קודם זריקה, והככר אסור, או שמא דעתו כבשר שלמים השתא אחר זריקה, דשרי, וגם הככר יהיה מותר. ובשמעתין יש מפרשים דמר זוטרא בריה דרב מרי בעי למידחי הפשיטותא שפשט התלמוד מברייתא דתניא להדיא היא מותרת וחבירתה אסורה, ופשיט ב] *דנימא מיגז גייז. והשתא מר זוטרא דחי: לעולם מיעקר עקר, כדאסיקנא מההיא דמביאה חטאת העוף ואינה מביאה עולת העוף. וחבירתה דאסורה — היינו משום דבמעיקרא מיתפסה, כלומר, מיתפסה נפשה להיות כמותה עד שלא יפר לה בעלה, שהיא אסורה, ובאותו איסור דעתה לנדור ולעמוד אפי' יפר בעלה ויעקור נדרה למפרע. כדאשכחן דרמי בר חמא מבעיא ליה הכי, אי אמרינן כבמעיקרא מתפיס. ג] וקשה טובא להאי פירושא; חדא: דרמי בר חמא לא פשיט לי' דבמעיקרא קמתפיס. ועוד: דהתם בבעי' דרמי בר חמא הזריקה אינה מתרת הבשר אלא מזריקה ואילך, ולא למפרע. והתם ודאי אי אמר כבמעיקרא מתפיס — אסור. אבל גבי הפרה דבעל, אי מיעקר קעקר, אפי' אם אמרת כבמעיקרא מתפיס חבירתה — היה לה להיות מותרת, שהרי הנדר כאילו לא חל מעולם. ועוד: דמאי שנא ממתני', דקתני כי הותר הראשון הותרו נמי כולם, משום דחכם עוקר הנדר מעיקרו. [והכא] בעינן למימר אפי' אם הבעל עקר הנדר מעיקרו — חבירתה אסורה? [וזה] מלינן ליישב בדוחק, ולומר: כי החכם אינו מתיר אלא בפתח וחרטה, [ומשוה] ליה לנדר טעות מעיקרא. והלכך, כשהתיר הראשון הוי כאילו לא היה הנדר הזה מעולם כלל, הלכך הותרו כולם. אבל הבעל מיפר לאשתו בלא חרטה ופתח, מגזירת הכתוב, הלכך אפי' אי מיעקר קעקר לענין זה חשיב כאילו נשאר עליה נדר קצת, וחבירתה אסורה. ודוחק. ועוד קשה: דהשתא מר זוטרא בעי למימר אפי' אי בעל מיעקר קעקר תיתסר חבירתה. ולעיל קאמר התלמוד בפשיטותא למאי נפקא מינה — לאשה שנדרה בנזיר ושמעה חבירתה, ואמרה "ואני", אי אמרת מיעקר קא עקר — *(איהי) נמי אישתראי. נמצא מר זוטרא סותר ההיא סוגיא. ועוד קשה: דבתר הכי, כי דחי: מי דמי, התם כיון דאמר "הרי עלי כבשר זבחי שלמים" וכו' — ד] לא אתא הדחייה שפיר להאי פירושא, דהסברא הפוכה. ויש ליישב ולומר: דר"ל ומי דמי, וכולה מילתיה דמר זוטרא היא. ולשון נזיר משונה הוא. כלומר, אע"ג (דהכא) [דהתם] הבעיא אינה פשוטה — הכא ודאי יש לנו לומר בפשיטות דבמעיקרא קמתפיס (דמי). ודוחק. ועוד: מה לנו להביא הבעיא דרמי בר חמא? [דל] מהכא הבעיא, יש לנו לומר דבמעיקרא קמתפיס כדמפרש ואזיל! ויש ליישב בדוחק: דמשום הכי הביא הבעיא — להודיענו הסברא דבמעיקרא קמתפיס. דאי [לאו שמעינן] בעלמא הא סברא — לא נאמר לה הכא דבמעיקרא קמתפיס. ועוד קשה: דליסנא ד"תניא בהדיא" [משמע] הפשיטות קיימא, כדתניא לעיל (דף כא.) נמי "תניא בהדיא" וקאי. ולכן נראה להר"ם לפרש: דמר זוטרא לא דחי הפשיטות, אלא קיימא דבעל מיגז גייז. וקאמר: היינו דרמי בר חמא, כלומר: תפשוט מהך ברייתא בעי' דרמי בר חמא, דכי היכי דאמרי' דחבירתה אסורה כי אמרה "ואני" — אלמא במעיקרא מתפיס, אע"ג דחבירתה יודעת שזאת האשה יכולה לבא לידי היתר ע"י שיפר בעלה, אלא אמרי' "ואני" כמעיקרא, כמו ה] שאמרה אסורה עכשיו — אהיה גם אני. ה"נ נימא כשאמר "ככר זה כבשר זבח שלמים" דבעי למימר כקודם זריקה. אך קשה: דמי דמי? דודאי גבי אשה אמרי' דלדעתה אמעיקרא, משום דבשעת איסור חבירתה נדרה ואמרה "ואני". אבל דרמי בר חמא הנודר נודר בשעת היתר אחר זריקת דמים, ואמאי נימא דלדעתיה אמעיקרא? וצ"ל דסוגיא [דהכא] ס"ל דבעיא דרמי בר חמא נמי איירי בכה"ג, דקאמר "הרי ככר זה כבשר זבח שלמים קודם זריקה" ובהכי פליגי סוגיא דידן אסוגיא דנדרים התם, דקאמר "הרי עלי כבשר זבחי שלמים לאחר זריקת דמים". (הגה"ה) דליכא למימר דלאחר זריקת דמים דהתם בגמרא אינה מלישנא דרמי בר חמא. דרמי בר חמא לא אמר יותר, אלא: "הרי עלי כבשר זבחי שלמים" מהו? ו] וע"כ מפרש התלמוד: לאחר זריקה — שמתפיס אחר זריקה. ויכול להיות דלפני זריקה שאלה, וכן סובר סוגיא דהכא. וכן מפרש בבעיא דאומן קונה בשבח כלי, דמפרש לה התלמוד בפ' "המקבל" (ב"מ קיב.) לענין עובר בל תלין, ובפרק "הגוזל קמא" (ב"ק צט.) בע"א. וכן בפ"ב דב"ק (דף יט.) דיש שינוי לצרורות, התלמוד מפרש בכמה פנים הבעיא איך נשאלה ז] למלתא בבית המדרש בעת קדמונים (הגה"ה). ודחי התלמוד דלא תפשוט הא מהך ברייתא, דלא דמי. דהתם, כיון דאמר "הרי עלי כבשר זבחי שלמים" אע"ג דלאחר שנזרקו הדמים מאי אכיל ליה בחוץ — מיקדש קדיש, כלומר אכתי יש קדושה בבשר לענין דאסור לאכול חוץ לירושלים. וה"ה דמצי למימר דאית בה קדושה לענין טומאת הגוף, דאסור לאכול בשר שלמים בטומאת הגוף, וכן חוץ לזמנו, וחדא מנייהו נקט. כלומר: התם איכא למימר אם במעיקרא מתפיס — בקודם זריקה או לאחר זריקה, לפי שהאדם טועה — ח] לימא אחרי שיש בבשר קדושה גם אחר זריקה לענין חוץ, שייך לאתפוסי ביה — ולכך איכא לספוקי אם דעתו אמעיקרא או אחר. אבל הכא, זאת האשה שאמרה "ואני" יש לנו לומר דודאי ר"ל דדעתה אמעיקרא ליתפס וליאסר בקודם שיפר לה בעלה. דאי ס"ד בלייגא מתפיס — הא הפר לה בעלה. פי' לייגא — אחר ההפרה, אחר שנלטנן והלך לו האיסור. ע"כ י"ל דבמעיקרא קמתפיס, בקודם שהיפר לה בעלה. ט] ואי [בלייגא] לאיתפוסי — א"כ אין כאן איסור כלל, ובמה תיטעי להתפיס אחר ההפרה? אבל בשלמים טועה להתפיס גם אחר זריקה, לפי שיש קדושה גם בבשר אחר זריקה לענין חוץ וכמה מילי, דפרישית.

איכא

פי' הרא"ש

דחטאת העוף באה על הספק ת"ש דתניא בהדיא האשה שנדרה בנזיר וכו' היא מותרת וחברתה אסורה אלמא בעל מיגז גייז. ועפ"י שהוכחנו מהך ברייתא דלעיל דכיון שאינה מביאה עולת העוף דמיעקר עקר הך ברייתא פליג עליה. ונ"ל דאפשר ליישב דלא פליגי דאע"ג דמיגז גייז אינה מביאה עולת העוף דכתיב והזיר והביא אימתי והביא כשצריך להזיר. אבל זו שהופר נזרה אעפ"י שנטמאת תחילה אינה צריכה להביא. ר"ש אומר אם אמרה הריני כמותך שתיהן מותרות. דכיון שאמרה זה הלשון דעתה אם יתבטל נזרה שגם שלה יהא בטל

נוסחת הריב"ן

א) היכא דנדרה בנזיר כו': ב) לנזירות: ג) תתקיים:

הגהות הב"ח

(א) גמ' וחבירתה אסורה ר' שמעון אומר אם וכו' שתיהן מותרות שמע מינה בעל מיגז גייז מר זוטרא: (ב) רש"י ד"ה תייתי נמי עולת: (ג) ד"ה והא מני דתני אע"ג דמיעקר עקר ליה לנזירות מייתי:

הגהות מהר"ב רנשבורג

א] תוס' ד"ה הא מני וכו' והכי איתא בפ"ק דנדרים דף י מן בפ"ק עד י' נמחק. ונ"ב בפרק בתרא דנדרים דף פג כנ"ל יעו"ש דמשני הש"ס שם בכה"ג על קושיא אחרת לעולם אין קרבן לחצי נזירות וחטאת עוף דמייתי משום דחטאת עוף בא על הספק ופי' המפרשים שם כיון דקיל כולי האי דעל הספק נמי באה אתיא נמי לחצי נזירות וזהו ג"כ כוונת התוס' כאן אמאי לא מייתי נמי עולת העוף אם צריכה כפרה ותירצו משום דחטאת עוף מצינו דבאה על הספק ועי' לעיל ד' יט ע"א בתוס' ד"ה אמר רב חסדא פירשו ג"כ להדיא הכי ע"כ לשון האורח מישור: ב] ד"ה מר זוטרא וכו' דתניא להדיא היא מותרת וחברתה אסורה ופשיטא כנ"ל: ג] בא"ד וקשה טובא להאי פירושא חדא דרמי בר חמא לא פשיט ליה. נ"ב עי' א"מ: ד] בא"ד לא אתא הדחייה שפיר להאי פירושא דהסברה הפוכה. נ"ב ר"ל להאי פירושא מר זוטרא דחי דבמעיקרא מיתפיס וע"ז נ"ל מי דמי וכו' לדחות דא"א לומר במעיקרא אלא בלייגא והוא דחה איפכא עכ"ל א"מ: ה] בא"ד אלא אמרינן ואני כמעיקרא כמו שאמרה. מלת שאמרה נמחק. ונ"ב שחברתה: ו] בא"ד אלא הרי עלי כבשר זבחי שלמים מהו וע"כ. מלת וע"כ נמחק. ונ"ב וע"ז: ז] בא"ד הש"ס מפרש בכמה פנים הבעיא איך נשאלה למלתא. מלת למלתא נמחק. ונ"ב לתלמידים: ח] בא"ד לפי שהאדם טועה לימא. מלת לימא נמחק. ונ"ב לומר אחרי שיש בבשר קדושה כנ"ל: ט] בא"ד בקודם שהפר לה בעלה ואי בלייגא לאתפוסי א"כ. מן תיבת ואי עד א"כ נמחק ונ"ב דאי בעינן לאתפוסי א"כ כנ"ל. א"מ.

עין משפט נר מצוה

יד א מיי' פ"ג מהל' נדרים הלכ' טו סמג לאוין רמב טור ש"ע י"ד סי' רלד סעיף נה:

מסורת הש"ס

נדרים פג. לעיל יט. | שבועות ח. לעיל יט. ב"ק צא: נדרים י. תענית יא. [כריתות כו.] | [נ"ל בריבי פירוש גדול הדור] | [תוספתא פ"ג] | [שם ע"ש] | שייך לע"ב | נ"א דבעל | נ"ל ההיא

מר זוטרא בריה דרב מרי אמר: האי היינו דרמי בר חמא. *דבעי רמי בר חמא: "הרי עלי כבשר זבח שלמים" מהו? כי מתפים איניש — [א]בעיקרא מתפים, או דלמא בצננא מתפים? מי דמי?! התם כיון דאמר "הרי עלי כבשר זבח שלמים" אע"ג דלאחר שנזרק דמו מצי אכיל ליה בחוץ — מיקדש קדיש. אבל הכא, אי ס"ד בצננא קא מתפים — הא הפר לה בעלה! איכא דאמרי: היינו דרמי בר חמא ודאי.§ אמרה לה "הריני נזירה בעיקבך" מהו? הריני בעיקבך — בכולא מילתא, ושריא. או דלמא כמיקמי דליפר לה בעלה, ואסירא? ת"ש: האשה שנדרה בנזיר, ושמע בעלה ואמר "ואני" — אינו יכול להפר. ואי סלקא דעתך כי אמר לה "הריני בעיקבך" בעיקרא קא מתפים — ליפר לה לדידה, ולוקים דידיה! אלא לאו, ש"מ בכולא דמילתא מתפים. והלכך, הוא דלא מצי מיפר, הא אשה דאמרה "הריני בעיקבך" — היא נמי מותרת. לא, לעולם בעיקרא (א) מתפים, והכא, כיון דאמר לה "ואני" — כאומר "קיים ליכי" דמי, ואי מתשיל אהקמתו — מצי מיפר, ואי לא — לא.§ "הריני נזיר ואת" ואמרה "אמן" — מיפר את שלה, ושלו קיים".§ ורמינהו: *"הריני נזיר ואת" ואמרה "אמן" — שניהם אסורין, ואם לאו — שניהם מותרין, מפני שתלה נדרו בנדרה! אמר רב יהודה: תני "מיפר את שלה ושלו קיים". אביי אמר: [ב]אפי' תימא כדקתני, ברייתא — כגון דקאמר לה "הריני נזיר ואת", דקא תלי נדרו בנדרה, ומתניתין

מר זוטרא בריה דרב מרי אמר. הא דמיבעיא לן הכא אשה שנדרה בנזיר, ושמעה חבירתה ואמרה "ואני", ושמע בעלה של ראשונה והפר לה, אפילו למ"ד בעל מיגז גייז — היינו דבעי רמי בר חמא בפ"ק דמסכת נדרים (ב). הרי עלי כבשר זבחי שלמים. כגון שמונח לפניו בשר זבח שלמים, ומחית נמי דהיתרא קמיה, ואמר "זה כזה", מהו? כי מתפים איניש בעיקרא מתפים. כדהוין הני זבחי שלמים קודם זריקה, ואסירא. או דילמא א) בצננא מתפים. בהתירא דאית ביה, והיינו לאחר זריקה, שהותר בשר באכילה, ושריא. ב) בצננא — היינו לבסוף, דכל דבר שהוא חם מצטנן לבסוף. וה"נ לגבי הך איתתא, כי אמרה "ואני", אי אמרת דבעיקרא מתפים — הויא לה כקודם הפרה, ואסירא. ואי אמרת דמיתפסה בצננא — הויא לה כלאחר הפרה, ושריא. מי דמי התם כי אמר הרי עלי כבשר זבחי שלמים. אפי' אמרת דבצננא מיתפים, אפ"ה אסור. דזבחי שלמים לאחר זריקת דמים מיקדש קדיש, ג) דאינו נאכל אלא לשני ימים ולילה אחד. (ג) דאיכא למימר הכי איתפים בצינגא, דאם לא כן — מאי אהני דיבוריה? אבל הכא כו'. ולא דמי כלל, ומהכא לא תפשוט. איכא דאמרי היינו דרמי בר חמא. דאמר: אע"ג דלאחר זריקת דמים מיקדש קדיש, כיון דמצי אכיל ליה חוץ לחומת עזרה בכל העיר, אי אמרת ד) בצינגא תפים — ודאי שרי. אלא הכי איבעיא ה) לך, א] (ודאי) אמרה (ד) לו. הריני בעיקבך. וכא בעלה של ראשונה והפר לה, אליבא דמ"ד בעל מיגז גייז מהו? [מי] ו) אמרינן: הא דקאמרה לה "הריני בעיקבך" ז) בכולי מלתא משמע, אם לנזירות — לנזירות, אם ח) להיפר — היפר, וכיון דהיפר בעלה לראשונה — מישתריא נמי חבירתה. [והאי] "בעיקבך" משמע: בסוף. או דלמא כמיקמי דליפר לה בעלה. משמע. דמשמע כמו דאמרה "הריני נזירה כמותיך עד סוף נזירותיך", דהיינו סמוך להפרה דבעל, דנזירותה משכה ואזלה עד שהפר לה בעל. וכשהפר לה בעל — אזלה לה בסוף נזירותה. ולעולם מיקמי דליפר לה בעל קאמרה, וכי הפר לה בעלה לראשונה — אסורה חבירתה. ת"ש האשה שנדרה בנזיר ושמע בעלה ואמר ואני אינו יכול להפר ואי ס"ד דכי אמר לה הריני בעיקביך (ה) כמעיקרא. מקמי הפרה משמע, וקיימא לן נמי דבעל מיגז גייז. וכ"ש היכא דאמר "ואני" סתם, ולא אמר "בעיקביך", דמשמע דבעיקרא מיתפים — א"כ אשתכח דכי קאמר לה "ואני" משמע דניחא ליה דתתקיים עילויה נזירות עד דלימא איהו "ואני" ולקביל עילוי' נזירות. וליפר לה נזירות דידה, ולקיים נזירות דידיה. הא ט) לאו איתפים בנדרה אלא במקמי הפרה! אלא לאו ש"מ, מדאינו יכול להפר לה ב] — דבכולה מילתא מיתפים. והלכך, הוא לא מצי מיפר, דאי מיפר את שלה — נמצא מיפר את שלו. הא אשה אחרת דאמרה לה "הריני בעיקביך", כיון דהיפר בעל לראשונה — איהי נמי מותרת. לא לעולם. אימא לך דבעיקרא מתפים. והכא. טעמא מאי הוא דלא מצי מיפר לה, דכיון דאמר לה "ואני" — כאומר "קיים ליכי" דמי. הריני נזיר ואת ואמרה אמן מיפר את שלה. והאי דאמר לה "ואת" לא הוי קיום, לפי שאין אדם יכול להזיר את אשתו בנזיר. מפני שתלה נדרו בנדרה. דמשמע דקאמר: הריני נזיר אם את תהא נזירה, וכיון דלא אמרה "אמן" — שניהם מותרין. אביי אמר אפי' תימא (ו). שניהם י) מותרין, ולא קשיא. ובמאי עסקינן בברייתא — כגון דאמר לה "הריני נזיר ואת", דמשמע דקאמר לה: הריני נזיר אם תהא נזירה. והלכך, היכא דאמרה "אמן" — שניהם אסורין, וכי לא אמרה "אמן" — שניהם מותרין, שכן הוא תולה נזרו בנזרה. ומתני'

איכא דאמרי היינו דרמי בר חמא ודאי. איכא למיפשט בעיא דרמי מברייתא דלעיל, ואין לדחות דהיה זו שבא לחלק ביניהם, דודאי דמו אהדדי. **אמרה** לה הריני בעיקביך. פירוש: האשה שנדרה בנזיר, ושמעה חבירתה ואמרה לה "הריני בעיקביך". כאילו אמרה: הריני בסופך, לשון "ואתה תשופנו עקב" (בראשית ג), כלומר: בסוף דרכך, אם תותר את — גם אני אהיה מותרת, שלא אקבל עלי נזירות ולא יחול עלי. או דלמא כי מקמי דליפר לה בעלה, ואסורה, כי "בעיקביך" יש לפרשו כמו "עקב אשר שמע אברהם בקולי" וגו' (שם כו), ואפילו אם תותר הראשונה — השניה אסורה, דבדעתה להיות כמעיקרא קודם שיפר לה בעלה, וכשאמרה "בעיקביך" כאילו אמרה "ואני", דאמרינן לעיל בברייתא: היא מותרת וחבירתה אסורה. דכיון דחל עליה נזירות — לא פקע בהתרת הראשונה, דבעל מיגז גייז. **ואי** ס"ד כי אמר בעיקביך בעיקרא קמתפים. ואפילו תותר הראשונה השניה אסורה, א"כ במתניתין נמי, אמאי אינו מיפר לה? ליפר לה דידה, ולוקים דידיה! אלא ש"מ בכולה מלתא מיתפים, ואותה שאמרה "בעיקביך" — היא נמי מותרת, ואריכות לשון בעלמא הוא. וה"נ דעת הבעל כי אמר לה "ואני" — דעתיה אכולה מילתא, אם תותר היא — שגם הוא יהיה מותר, ולא יחול. הלכך לא מצי מיפר, דקאי ב"לא יחל דברו". ואם תאמר: והא במתניתין לא אמר כ"א "ואני"! וי"ל: דהכי מדמי ליה, דכי היכי דאשה דאמרה "הריני בעיקביך" — בכולה מילתא, ה"נ בעל — בכולה מילתא מיתפים. דנהי דודאי דאיניש בעלמא שאמר "ואני" דעתו כמעיקרא, מפני שאין בידו להתיר, ואינו נותן דעתו להתיר. אבל בעל שבידו להתירה — דעתו להתיר יותר משאר מתפיסים, והוי כאילו אמר "הריני בעיקביך". ודחי: לא, לעולם כמעיקרא מתפים. ומ"מ אינו יכול להפר הכא, כיון דאמר "ואני" כאומר "קיים ליכי" דמי, אי מיתשיל אהקמתו — מיפר, ואי לא — לא. **ורמינהו** הריני נזיר ואת ואמרה אמן שניהם אסורין ואי לאו שניהם מותרים מפני שתלה נדרו בנדרה. וסבירא ליה דבעל מיעקר קא עקר, ואי יפר לה — גם שלו יותר, [וקאי] ב"לא יחל". דסבירא ליה לתנא דברייתא דהכי קאמר: הריני נזיר אם את, ואפילו לא אמר "אם". ולכך, אם אמרה "אמן" — שניהן אסורין. והיינו דקפריך אמתני', דקתני כי אמר לה "הריני נזיר ואת" — דמיפר שלה ושלו קיים, ואם לאו, שלא אמרה "אמן" — שניהם מותרין, מפני שתלה נדרו בנדרה. ולא *) דינא להיות נזיר אם לא תהיה גם היא נזירה. **אמר** רב יהודה תני. ברישא: מיפר שלה ושלו קיים, כמתני', ג] ותני ברישא: שניהם אסורין עד שלא יפר. ולא כמו שהיינו סבורין מעיקרא שאינו יכול להפר את שלה. דנהי דסיפא משמע שתלה נדרו בנדרה, דקאמר: ואם לאו שניהם מותרין — אפ"ה יכול להפר שלה, משום דסבירא ליה להאי תנא דבעל מיגז גייז. וזהו החידוש דאתא לאשמועינן. אבל רישא דקתני: אסורים כל זמן שלא הפר — אין זה שום חידוש, דפשיטא דשניהם אסורין כל זמן שלא הפר. **אביי** אמר אפי' תימא כדקתני ברייתא כגון דאמר ואם את דקא תלי נדרו בנדרה מתני' דקתני הריני נזיר ואת משום הכי מיפר שלה ושלו קיים. [פי':] ברייתא כגון דאמר לה "הריני נזיר ואם את", שתלה נדרו בנדרה, כלומר: אם את נזירה — גם נזירותי יחול, [לפיכך] שניהם אסורין, ואינו יכול להפר, כדמשמע ליישנא ד"שניהם אסורין". והיינו טעמא — לפי שתלה נדרו בנדרה, ואם יפר את שלה — גם את שלו יתבטל, וקאי ב"לא יחל", דסבירא ליה דבעל מיעקר עקר. ומתני' דקתני "הריני נזיר ואת", פירוש: שאינו תולה נדרו בנדרה, אלא הוא מקבל אנפשיה ממה נפשך. ד] "ואת", פי' — שאינו תולה נדרו בנדרה, אלא הוא מקבל נזירות אנפשיה, "ואת" דקאמר — ששאל לה אם גם היא מניא לקבל נזירות אנפשה, "ואת" דקאמר — ששאל, בתמיה, בלשון שאלה קאמר לה, כלומר: רוצה את להיות נודרת כמו כן? באשה

*) נ"ל רצה

טו א מיי' פ"ח מהל' נדרים הלכה טו סמג לאוין רמב:

טז ב מיי' פי"ג מהל' נדרים הלכה יד סמג לאוין רמב טוש"ע י"ד סימן רלד סעיף נד:

נדרים יא: ע"ש

[תוספתא פ"ג]

פי' הרא"ש

רב זוטרא בריה דרב מארי אמר היינו דרמי בר חמא דבעי רמי בר חמא הרי עלי כבשר זבחי שלמים מהו פי' ר"ת דרב זוטרא בא ליישב דלא תקשי הנך תרתי ברייתות אהדדי ומתוך כך תפשוט בעיא דרמי בר חמא וס"ל לרב זוטרא דכולהו תנאי סברי בעל מיעקר עקר כדמוכח ברייתא קמייתא מדאינה מביאה עולת העוף ואם שתת יין ונטמאת למתים אינה סופגת את הארבעי' ואפ"ה סוברת בתרייתא דחברתה אסורה משום דבעיקרא קא מתפים דאע"פ שהפר לה בעלה. ותפשוט מהכא הא דבעי רמי בר חמא פ"ק דנדרים אם היה לפניו בשר זבחי שלמים לאחר זריקה ואמר פירות הללו כזה מהו. מי אמרי' בעיקר כמו שהיה לפני זריקה קא מתפים ואסיר או דלמא בצננא קא מתפים כמו שהיה עתה לאחר זריקה שנצטנן האיסור והלך לו קא מתפים. ומהכא תפשוט דבעיקר' קא מתפים. וא"ת אי מיעקר עקר מה בין זה לאומר הריני נזיר ואמר חבירו ואני דאמרינן הותר הראשון הותרו כולן. וי"ל דלא דמי דחכם דעוקר הנדר ע"י חרטה עשה הנדר טעות והוי כאילו לא נדר מעולם אבל בעל שמפר בלא חרטה כיון שאינו עושה הנדר טעות היה נדר באותה שעה ויכולה להתפים בה. אך גזירת הכתוב שיבטל לה בעלה ולא תספוג מ' על ששתת יין ונטמאת למתים. וא"ת היכא בעי למפשט מהכא בעיא דרמי בר חמא דהוויא לאחר זריקה כדמוכח סוגייא דהתם הלכך שייך למימר בה בדהשתא קא מתפים. אבל הכא אמר ואני קודם שהפר לה בעלה הלכך מסתבר למימר בעיקר קא מתפים. וי"ל כיון דמיעקר עקר איגלאי מלתא בשעה שאמר ואני היתה הראשונה מותרת והו"ל כמתפים בבשר זבחי שלמים לאחר זריקה. וא"ת השתא דאמרי' דבעיקרא קא מתפים א"כ אפי' אמרה ואני אחר שהפר לה בעלה תהא אסורה מידי דהוה מתפים בבשר זבחי שלמים לאחר זריקה דפשטי' מהכא דבעיקרא קא מתפים וי"ל דלא דמי דודאי בשלמים אפי' לאחר זריקה שם זבח עליהם ואיכא למי' דכוונתו להתפים בעיקרו אבל אשה לאחר הפרה אין שום נזירות עליה והוי כאדם שלא נדר מעולם ואמר חברו עליו ואני: מי דמי התם כיון דאמר הרי עלי כבשר זבחי שלמים ואע"ג דמצי אכיל ליה בחוץ מיקדש קדיש ואיכא למי' מטעי טעי האי נודר וסבור שיכול להתפים בשלמים לאחר זריקה ולכך אמר בצננא קא מתפים. אבל הכא ליכא למטעי ולמי' דבצננא קמתפים. והיה קשה להר"ם ע"ד פירוש שטה זו דבעי' למי' לי למר זוטרא דאע"ג דבעל מיעקר היה חברתה אסורה. דהיכא פשיטא ליה לתלמודא דאי מעקר עקר דחברתה שריא והיה מפרש דודאי מהך בריתא פשטי' דמיגז גייז ופליגא אברייתא דלעיל וה"ק מר זוטרא תפשוט מהכא בעיא דרמי בר חמא הרי עלי כבשר זבחי שלמים מהו. וס"ל דבעיא דרמי בר חמא הוי במתפים לפני זריקה ואח"ר זרק הדם כי מתפים איניש בעיקר מתפים כמו שהיה עתה. או דלמא בצננא מתפים כיון שיודע שהדם עומד ליזרק וכיון דהזייה הכא דאי מיגז גייז חברתה אסורה ש"מ בעיקר מתפים שגם היא יודעת שסופה ידי היתר ע"י הפרת הבעל. ומיהו קשה דבנדרים א) משמע דרמי בר חמא לאחר זריקה מהו וכל סוגייא דהתם מוכחא דלאחר זריקה (דמיא) [מיירי ומיהו י"ל] דאין זה מדברי רמי בר חמא דאיהו בסתם קא בעי אלא ס"ל דלאחר זריקה קא בעי. ולכך כתבו בבעיא דרמי בר חמא לאחר זריקה מהו וסוגיא דהכא סברה דלפני זריקה קא בעי. וכה"ג אשכחן בבעיא דאומן קונה בשבח כלי דמפ' לה תלמודא פ' המקבל לענין עובר בבל תלין ובפ' הגוזל קמא מפ' לה בענין אחר. וכן בעיא דיש שני לצרורות מפ' לה תלמודא פ' כצד הרגל בכמה אנפי'. איכא דאמרי היינו דרמי בר חמא ואין לחלק ביניהם ואי אמרינן הכא דבעיקר מתפים ה"ה ברמי בר חמא. אמרה לה ... אי אמרה הריני נזירה בעקבך מי אמרינן בעקבך בסופך משמע וכשהפר לה בעלה גם זאת משמע או דלמא בעקבך הוי כמו בעקרך ואסורה. תא שמע האשה שנדרה בנזיר ושמע הבעל ואמר ואני אינו יכול ... ס"ל כיון דביד הבעל להפר הוי כאילו אמר בעקבך כי בו תלוי סוף נדרה. ואי ס"ד בעיקרא ליפר לה דידה ולוקים דידיה כי בהפרתה לא יתבטל נדרו אלא ודאי בכולא מילתא מיתפים ואם יפיר לשלה גם ... נדרו בטל. ורמינהי הריני נזירה ואת ואמרה אמן שניהם אסורים ואם לאו שלא אמרה אמן שניהם מותרים שלא רצה להיות נזיר אם לא תהיה גם היא נזירה אמר רב יהודה תני ברישא מפר את שלה ושלו קיים. ... ואע"ג דסיפא משמע שתלה נדרו בנדרה דאם לא גמרה שניהם מותרים. איכא למי' בודאי תלה נזירותו בקבלת נזירותה הלכך אם לא קבלה עליה גם הוא אינו נזיר אבל אם קבלה עליה לא תלה הפקעת נדרו בהפרתה

א) ... לאחר זריקה מיירי דהא אמר שם בהדיא לאחר זריקה מהו וכל סוגיא וכו':

הגהות מהר"ב רנשבורג

א] רש"י ד"ה איכא דאמרי וכו' אלא הכי איבעי לך דאי אמרה לה כצ"ל: ב] ד"ה ת"ש וכו' אלא לאו ש"מ מדאינו יכול להפר לה. כאן הס"ד ואח"כ מה"ד דבכולה מילתא מיתפים והלכך הוא לא מצי מיפר לה וכו' כצ"ל: ג] תוס' ד"ה אמר ר"י תני וכו' כמתניתין ותני מלת ותני נמחק. ונ"ב ודקתני: ד] ד"ה אביי אמר וכו' אלא הוא מקבל אנפשיה ממה נפשך ואת פי' שאינו תולה נדרו בנדרה אלא הוא מקבל נזירות אנפשיה. תיבות אלו מן ואת עד אנפשיה נמחק. א"מ.

נוסחת הריב"ן

א) בסיפא: ב) ס"א בלינגא והיינו לבסוף כו': ג) בכ"י כתוב כאן גליון דאינו נאכל אלא לשני ימים ולילה אחד דליכא למימר להכי אתפים בלינגא שלא יהא נאכל אלא לשני ימים ולילה אחד אלא הכא ליכא למימר דאתפים בלינגא דא"כ מאי אהני דבוריה הס"ד ואח"כ מה"ד אבל הכא: ד) דבלינגא: ה) לן: ו) מהו דאמרינן האי דקאמרה: ז) בכולה: ח) להיתר להיתר: ט) לא: י) אסורין:

הגהות הב"ח

(א) גמ' לעולם בעיקרא קא מתפים והכא: (ב) רש"י ד"ה מר זוטרא וכו' דמס' נדרים נ"ב סוף דף יא ע"ב: (ג) ד"ה מי דמי וכו' ולילה אחד ואיכא למימר דהכי איתפים בלינגא דאם לא כן מאי אהני: (ד) ד"ה איכא דאמרי וכו' אמרה לה הריני וכו' נמי חבירתה דבעיקביך משמע נמי בסוף כצ"ל והד"א: (ה) ד"ה ת"ש האשה וכו' בעיקביך בעיקרא מקמי הפרה וכו' עלויה נזירות ליפר לה וכו' דידיה דהא לאו איתפים וכו' והלכך הוא דלא מצי מיפר לדיהוי מיפר את שלה דנמצא מיפר את שלו: (ו) ד"ה אביי אמר אפי' תימא כדקתני שניהם:

וּמַתְנִיתִין – כְּגוֹן דַּאֲמַר לָהּ "הֲרֵינִי נָזִיר, וְאַתְּ מַאי?" מִשּׁוּם הָכִי מֵיפֵר אֶת שֶׁלָּהּ, וְשֶׁלּוֹ קַיָּים.§

מתני' *[א]הָאִשָּׁה שֶׁנָּדְרָה בְּנָזִיר, וְהָיְתָה שׁוֹתָה בְּיַיִן וּמִטַּמְּאָה לְמֵתִים – *ה"ז סוֹפֶגֶת אֶת הָאַרְבָּעִים. *[ב]הֵיפֵר לָהּ בַּעְלָהּ, וְהִיא לֹא יָדְעָה שֶׁהֵפֵר לָהּ בַּעְלָהּ, וְהָיְתָה שׁוֹתָה בְּיַיִן וּמִטַּמְּאָה לְמֵתִים – אֵינָהּ סוֹפֶגֶת אֶת הָאַרְבָּעִים. רַבִּי יְהוּדָה אוֹמֵר: אִם אֵינָהּ סוֹפֶגֶת אֶת הָאַרְבָּעִים – [ג]תִּסְפּוֹג *מַכַּת מַרְדּוּת.§

גמ' *ת"ר: °"אִישָׁהּ הֲפֵרָם וַה' יִסְלַח לָהּ", (א) בְּאִשָּׁה שֶׁהֵפֵר לָהּ בַּעְלָהּ וְהִיא לֹא יָדְעָה הַכָּתוּב מְדַבֵּר, שֶׁהִיא צְרִיכָה כַּפָּרָה וּסְלִיחָה. *וּכְשֶׁהָיָה מַגִּיעַ ר"ע אֵצֶל פָּסוּק זֶה הָיָה בּוֹכֶה: וּמַה מִּי שֶׁנִּתְכַּוֵּין לַעֲלוֹת בְּיָדוֹ בְּשַׂר חֲזִיר, וְעָלָה בְּיָדוֹ בְּשַׂר טָלֶה – טָעוּן כַּפָּרָה וּסְלִיחָה, הַמִּתְכַּוֵּין לַעֲלוֹת בְּיָדוֹ בְּשַׂר חֲזִיר וְעָלָה בְּיָדוֹ בְּשַׂר חֲזִיר – עַל אַחַת כַּמָּה וְכַמָּה! כַּיּוֹצֵא בַּדָּבָר אַתָּה אוֹמֵר: °"וְלֹא יָדַע וְאָשֵׁם וְנָשָׂא עֲוֹנוֹ"; וּמַה מִּי שֶׁנִּתְכַּוֵּין לַעֲלוֹת בְּיָדוֹ בְּשַׂר טָלֶה וְעָלָה בְּיָדוֹ בְּשַׂר חֲזִיר, כְּגוֹן חֲתִיכָה סָפֵק שֶׁל שׁוּמָּן סָפֵק שֶׁל חֵלֶב – אָמַר קְרָא "וְנָשָׂא עֲוֹנוֹ", מִי שֶׁנִּתְכַּוֵּין לַעֲלוֹת בְּיָדוֹ בְּשַׂר חֲזִיר וְעָלָה בְּיָדוֹ בְּשַׂר חֲזִיר – עאכ"ו! אִיסִי בֶּן יְהוּדָה אוֹמֵר: "וְלֹא יָדַע וְאָשֵׁם וְנָשָׂא עֲוֹנוֹ"; וּמַה מִּי שֶׁנִּתְכַּוֵּין לַעֲלוֹת בְּיָדוֹ בְּשַׂר טָלֶה וְעָלָה בְּיָדוֹ בְּשַׂר חֲזִיר, כְּגוֹן שְׁתֵּי חֲתִיכוֹת אַחַת שֶׁל חֵלֶב וְאַחַת שֶׁל שׁוּמָּן (ב) – "וְנָשָׂא עֲוֹנוֹ", הַמִּתְכַּוֵּין לַעֲלוֹת בְּיָדוֹ בְּשַׂר חֲזִיר וְעָלָה בְּיָדוֹ בְּשַׂר חֲזִיר – עַל אַחַת כַּמָּה וְכַמָּה! עַל דָּבָר זֶה יִדְווּ הַדְּוָוִים. וְכָל הָנֵי לָמָּה לִי? צְרִיכִין; דְּאִי תְּנָא גַּבֵּי אִשָּׁה – הָתָם הוּא דְּבָעֲיָא כַּפָּרָה וּסְלִיחָה, מִשּׁוּם דְּמֵעִיקָּרָא לְאִיסּוּרָא אִיכַּוַּון. אֲבָל חֲתִיכָה סָפֵק שֶׁל חֵלֶב סָפֵק שֶׁל שׁוּמָּן, דְּלְהֶיתֵּרָא אִיכַּוַּין – לָא בָּעֵי כַּפָּרָה וּסְלִיחָה. וְאִי אִיתְּמַר הָדָא – דְּאִיכָּא אִיסּוּרָא, אֲבָל אִשָּׁה דְּהֵפֵר לָהּ בַּעְלָהּ, דְּהֶיתֵּרָא – לָא תִּיבָּעֵי כַּפָּרָה וּסְלִיחָה. וְאִי אִיתְּמַר הָנֵי תַּרְתֵּי – הֲוָה אָמִינָא: הָנֵי תַּרְתֵּי הוּא דְּסַגִּי לְהוֹן בְּכַפָּרָה וּסְלִיחָה, דְּלָא אִיקְּבַע אִיסּוּרָא, אֲבָל *שְׁתֵּי חֲתִיכוֹת אַחַת שֶׁל חֵלֶב וְאַחַת שֶׁל שׁוּמָּן, דְּאִיקְּבַע אִיסּוּרָא – לָא סַגִּי לֵיהּ בְּכַפָּרָה וּסְלִיחָה, קמ"ל דְּלָא שְׁנָא. *אָמַר רַבָּה בַּר בַּר חָנָה אָמַר רַבִּי יוֹחָנָן: מַאי דִּכְתִיב °"כִּי יְשָׁרִים דַּרְכֵי ה' (ג) וְצַדִּקִים יֵלְכוּ בָם וּפֹשְׁעִים יִכָּשְׁלוּ בָם"? מָשָׁל לִשְׁנֵי בְּנֵי אָדָם שֶׁצָּלוּ אֶת פִּסְחֵיהֶן, אֶחָד אֲכָלוֹ לְשׁוּם מִצְוָה וְאֶחָד אֲכָלוֹ לְשׁוּם אֲכִילָה גַּסָּה; זֶה שֶׁאֲכָלוֹ לְשׁוּם מִצְוָה – "וְצַדִּקִים יֵלְכוּ בָם", וְזֶה שֶׁאֲכָלוֹ לְשׁוּם אֲכִילָה גַּסָּה – "וּפֹשְׁעִים יִכָּשְׁלוּ בָם". אֲמַר לֵיהּ ר"ל: הַאי רָשָׁע קָרֵית לֵיהּ?! נְהִי דְּלָא קָא עָבֵיד מִצְוָה מִן הַמּוּבְחָר – פֶּסַח מִיהָא קָא עָבֵיד! אֶלָּא, מָשָׁל לִשְׁנֵי בְּנֵי אָדָם, זֶה אִשְׁתּוֹ וַאֲחוֹתוֹ עִמּוֹ, וְזֶה אִשְׁתּוֹ וַאֲחוֹתוֹ עִמּוֹ. לָזֶה נִזְדַּמְּנָה לוֹ אִשְׁתּוֹ, וְלָזֶה נִזְדַּמְּנָה לוֹ אֲחוֹתוֹ; זֶה שֶׁנִּזְדַּמְּנָה לוֹ אִשְׁתּוֹ – "צַדִּיקִים יֵלְכוּ בָם", וְזֶה שֶׁנִּזְדַּמְּנָה לוֹ אֲחוֹתוֹ – "וּפֹשְׁעִים יִכָּשְׁלוּ בָם". מִי דָּמֵי? אֲנַן קָאָמְרִינַן חֲדָא דֶּרֶךְ – הָכָא שְׁנֵי דְרָכִים! אֶלָּא, מָשָׁל לְלוֹט וּשְׁתֵּי בְנוֹתָיו עִמּוֹ. הֵן שֶׁנִּתְכַּוְּונוּ לְשֵׁם מִצְוָה – "וְצַדִּקִים יֵלְכוּ בָם", הוּא שֶׁנִּתְכַּוֵּין לְשֵׁם עֲבֵירָה – "וּפֹשְׁעִים יִכָּשְׁלוּ בָם". וְדִלְמָא הוּא נַמִי לְשׁוּם מִצְוָה אִיכַּוֵּין?[א] אָמַר רַבִּי יוֹחָנָן: כָּל הַפָּסוּק הַזֶּה עַל שֵׁם עֲבֵירָה נֶאֱמַר: °"וַיִּשָּׂא לוֹט" – °"וַתִּשָּׂא אֵשֶׁת אֲדֹנָיו אֶת עֵינֶיהָ", ["אֶת עֵינָיו"] – °"כִּי הִיא יָשְׁרָה בְעֵינָי", "וַיַּרְא" – °"וַיַּרְא אֹתָהּ שְׁכֶם בֶּן חֲמוֹר", "אֶת כָּל כִּכַּר הַיַּרְדֵּן" °"כִּי בְעַד אִשָּׁה זוֹנָה עַד כִּכַּר לָחֶם", "כִּי כֻלָּהּ מַשְׁקֶה" – °"אֵלְכָה אַחֲרֵי מְאַהֲבַי נֹתְנֵי לַחְמִי וּמֵימַי צַמְרִי וּפִשְׁתִּי שַׁמְנִי וְשִׁקּוּיָי". וְהָא מֵינָס אֲנִיס! תָּנָא מִשּׁוּם רַבִּי יוֹסֵי בַּר רַב חוֹנִי: לָמָּה נָקוּד עַל וי"ו °"וּבְקוּמָהּ" שֶׁל בְּכִירָה – לוֹמַר שֶׁבְּשִׁכְבָהּ לֹא יָדַע, אֲבָל בְּקוּמָהּ יָדַע. וּמַאי הֲוָה לֵיהּ לְמֶיעֱבַד? מַאי דַּהֲוָה הֲוָה! נָפְקָא מִינָּהּ, דִּלְפַנְיָא אַחֲרִינָא לָא אִיבָּעֵי לְמִישְׁתֵּי חַמְרָא.§ *דָּרֵשׁ רָבָא: מַאי דִּכְתִיב °"אָח נִפְשָׁע מִקִּרְיַת עֹז וּמִדְיָנִים

א) גי' ע"י לא ס"ד דאמר ר' יוחנן

רש"י

וּמַתְנִיתִין א) דַּאֲמַר הֲרֵינִי נָזִיר לְגַמְרֵי וְאַתְּ מַאי. כְּלוֹמַר, וְאַתְּ מִי הָוֵית נְזִירָה? וְהִלְכָּךְ, אִי אָמְרָה "אָמֵן", דְּנִיחָא לָהּ בִּנְזִירוּת – הֲרֵי בַּעַל יָכוֹל לְהָפֵר, לְפִי שֶׁלֹּא תָּלָה נִדְרוֹ בְּנִדְרָהּ. ב) (וּמַתְנִי' (ד) דְּקָתָנֵי דְּיָכוֹל לְהָפֵר אֶת שֶׁלָּהּ, וּבְבָרַיְיתָא ג) קָתָנֵי – דִּשְׁנֵיהֶן *יָכוֹל לְהָפֵר). **מתני'** הֲרֵי זוֹ סוֹפֶגֶת אֶת הָאַרְבָּעִים. מְפָרֵשׁ לָהּ לְעֵיל (כא:). רַבִּי יְהוּדָה אוֹמֵר תִּסְפּוֹג מַכַּת מַרְדּוּת. אִם לֹא נִתְחַיְּיבָה בְּמַלְקוֹת מִן הַתּוֹרָה – תְּהֵא לוֹקָה מַכּוֹת מִדְּרַבָּנַן, כְּדֵי לְהוֹכִיחָהּ, שֶׁלֹּא תְּהֵא מְזִידָה. **גמ'** ת"ר אִישָׁהּ הֲפֵרָם וַה' יִסְלַח לָהּ. בַּמֶּה הַכָּתוּב מְדַבֵּר? אִם בְּאִשָּׁה שֶׁנָּדְרָה וְהֵפֵר לָהּ בַּעְלָהּ – א] סְלִיחָה זוֹ לָמָּה? אֶלָּא כו' ד) ע"כ בְּאִשָּׁה שֶׁהֵפֵר לָהּ בַּעְלָהּ ה) וְהִיא לֹא יָדְעָה הַכָּתוּב מְדַבֵּר, דְּהָא כְּבָר כְּתִיב "וְאִם בְּיוֹם שְׁמוֹעַ אִישָׁהּ יָנִיא אוֹתָהּ" – דְּהַיְינוּ שֶׁהֵפֵר לָהּ בִּידִיעָתָהּ. מִי שֶׁנִּתְכַּוֵּין לֶאֱכוֹל בְּשַׂר חֲזִיר וְאָכַל בְּשַׂר טָלֶה גָּרְסִי'. הַמִּתְכַּוֵּין לֶאֱכוֹל בְּשַׂר חֲזִיר ו) גָּרְסִי'. דְּמֵעִיקָּרָא לְאִיסּוּרָא אִיכַּוַּון. דְּהָא לֹא יָדְעָה דְּהֵפֵר לָהּ בַּעְלָהּ, ז) וּמִשּׁוּם הָכִי צְרִיכָה כַּפָּרָה וּסְלִיחָה. אֲבָל אִשָּׁה דְּהֵפֵר לָהּ בַּעְלָהּ. דְּקָאֵי גַּבָּהּ, בְּהֶתֵּירָא – אֵימָא לָא תִּבָּעֵי סְלִיחָה. דְּלָא אִיקְּבַע אִיסּוּרָא. דְּהוּא סָבוּר דְּשׁוּמָּן הוּא. אֲבָל בִּשְׁתֵּי חֲתִיכוֹת. אַחַת שֶׁל חֵלֶב וְאַחַת שֶׁל שׁוּמָּן, כִּי הָהִיא דְּאִיסִי בֶּן יְהוּדָה. דְּאִיקְּבַע אִיסּוּרָא. דְּהָא מִיהָא הֲוָה יָדַע דַּחֲדָא מִינַּיְיהוּ שֶׁל חֵלֶב. אֵימָא לָא תִּסְגֵּי לֵיהּ בְּכַפָּרָה וּסְלִיחָה. דִּכְמֵזִיד דָּמֵי. קמ"ל דְּלָא שְׁנָא. יָדַע ח) כּוּלּוֹ, וְלָא שְׁנָא יָדַע ט) מִקְצָתוֹ – מֵבִיא אָשָׁם תָּלוּי וּמִתְכַּפֵּר לוֹ. וְאֶחָד אֲכָלוֹ לְשֵׁם אֲכִילָה גַּסָּה. ב] אוֹ מֵחֲמַת תַּאֲוָה, שֶׁאֲכָלוֹ בְּרַעֲבוֹן. מִי דָּמֵי אֲנַן אָמְרִינַן דִּבְחַד דֶּרֶךְ. הוֹלֵךְ אֶחָד, וְנִכְשָׁל אֶחָד. וְהָכָא שְׁנֵי דְרָכִים. אִשְׁתּוֹ וַאֲחוֹתוֹ, דְּלָזֶה נִזְדַּמְּנָה לוֹ אִשְׁתּוֹ וְלָזֶה אֲחוֹתוֹ. כָּל הַפָּסוּק הַזֶּה לְשׁוּם עֲבֵירָה נֶאֱמַר. וּלְכָךְ אִי אַתָּה יָכוֹל לְדוּנוֹ לְכַף זְכוּת. *אָח נִפְשָׁע זֶה לוֹט. שֶׁנִּקְרָא אָח לְאַבְרָהָם, כִּדְכְתִיב י) "אַל נָא תְהִי מְרִיבָה וגו' כִּי אֲנָשִׁים אַחִים אֲנָחְנוּ" (בראשית יג). מִקִּרְיַת עֹז זֶה אַבְרָהָם. דִּכְתִיב "הַבִּיטוּ אֶל צוּר חוּצַּבְתֶּם" (ישעיה נא). וּמִדְיָנִים

תוספות

באשה שהפר לה בעלה והיא לא ידעה הכתוב מדבר. דאי ידעה, אמאי צריכה סליחה וכפרה לכפר?

והוא לא ידע ואשם ונשא עונו. בקרא דאשם תלוי כתיב, ועלה בידו בשר חזיר, כגון חתיכה אחת, ספק היא של חלב וספק היא של שומן – דס"ל לת"ק דאשם תלוי אפילו אחתיכה אחת מחייב*. **איסי** בן יהודה אומר ג] [ולא ידע ואשם ונשא עונו]. ולא פי' קרא כדלעיל, אלא כגון ב' חתיכות, אחת של חלב ואחת של שומן. דס"ל לאיסי בן יהודה דלא מחייב אשם תלוי אלא אחתיכה אחת משתי חתיכות. **על** דבר זה ד] ידו"ו. דאשי התיבות "ידע ואשם ונשא", הכתוב מדבר באשם תלוי. **פסח** מיהא קעביד. משמע דאכילה גסה שמה אכילה. וקשה: דבפרק בתרא דיומא (דף פ:) קאמרי': האוכל אכילה גסה ביה"כ – פטור, דלא שמה אכילה! ואומר ר"ת: דתרי ענייני אכילות גסות יש, וההוא [דיומא] – כגון שנפשו קצה באכילה ה] מרוב שובעו, והכא – שאין נפשו קצה, אלא שאינו רעב לאכול לתיאבון*. **מי** דמי אנן חד דרך קאמרינן. שהצדיק הולך בו והרשע נכשל באותו דרך עצמו, [והכא] הם שני דרכים – שזה בא על אשתו וזה בא על אחותו. **ללוט** ושתי בנותיו הוא שנתכוון לעבירה ופושעים יכשלו בם. והיינו כמ"ד בפרק "ד' מיתות" (סנהדרין נח:): גוי אסור בבתו. ואפילו למ"ד מותר – כבר פירשו [האומות] מעצמן מעריות. **ודלמא** איהו נמי לשם שמים מכוון. שלא מצינו בו שהיה שטוף בזימה. ומשני: אדרבה, שטוף היה, שנאמר "וישא לוט", וכל הפסוק דרשינן לעבירה. **והא** מינס קאניס. שהרי השקוהו יין, ובהאי עובדא לא היה כוונתו לעבירה כלל, ואמאי קרית ליה פושע? **למה** נקוד על וי"ו דובקומה – לומר לך *דהרי הוא כמאן דליתיה, דבקומה ידע. *אח **נפשע** מקרית עוז זה לוט. שנקרא אח לאברהם, כדכתיב "כי אנשים אחים אנחנו", "מקרית עוז" – זה אברהם, כדכתיב "הביטו אל צור חוצבתם". ומדינים

*) שייך לע"ב

פי' הרא"ש

בהפרתה. אפי' תימא כדקתני ברייתא ומתני' כגון דאמר לה הריני נזיר ואת [מאי] בתמיה כלו' דרך שאלה שאל לה ואת מה בדעתיך ולא שתלה נדרו בנדרה: אשה הפרם וה' יסלח לה באשה שהפר לה בעלה וכו'. תימה אמאי שבק תנא תרי קראי קמאי וה' יסלח לה כי הניא אביה אותה ועוד קרא אחרינא והפר את נדרה אשר עליה ואת מבטא שפתיה אשר אסרה על נפשה ונקט האי קרא בתרא ועוד הני ג' קראי למה לי דהנך ג' קראי דמייתי בשמעתי' עביד להו צריכותא וצ"ע. ואיכא [למימר] דהא קרא עדיפא ליה לאתויי משום דאשתו כגופו דמיא וקצת ברור לה שהפר לה ביום שמעו ואפ"ה צריך כפרה. אבל בתו לא ברור לה כולי האי שאביה הפר לה. וקרא מציעאה נמי איירי בנערה המאורסה שאביה ובעלה מפירין נדריה ולא ברור לה כולי האי והשתא נמי ניחא דצריכי הני ג' קראי: כיוצא בדבר אתה אומר והוא לא ידע ואשם. גבי אשם תלוי כתי' ודריש לה ר' עקיבא בחתיכה אחת וקרא תניינא א) דריש ליה איסי בן יהודה לב' חתיכות ותרווייהו צריכי כדמפ': אבל ב' חתיכות דאיקבע איסורא. ולא הוצרך התלמוד לומר ואי אתמר ב' חתיכות דמשמע דקרא לא משתמע ב' חתיכות אלא מיתורא דרשי' ליה: נהי דלא עביד פסח מן המובחר מצוה מיהא קעביד. וא"ת והא משמע פ' הגוזל קמא דאכילה גסה לא שמה אכילה וא"כ איסור עביד שלא יצא ידי חובתו. וי"ל דהכי קאמר נהי דלא יצא ידי חובתו מאכילת פסח רשע קרי' ליה מה היה יכול לעשות אם הוא כבר שבע אין לו מלמנע מלאכול ואין ראוי לקרותו רשע אם אכלו. ור"ת תירץ דתרי גווני אכילה גסה הוו התם מיירי שהוא כבר שבע שהוא קץ באוכל ומה שהיה אוכל אינו נהנה ממנו כלל. ובההיא אמרי' האוכל אכילה גסה ביוה"כ פטור והכא מיירי שהוא שבע הרבה אבל אינו קץ במאכל: חדא דרך. שהצדיק הולך בו ואינו נכשל והרשע נכשל והכא ב' דרכים זה בא על אשתו וזה בא על אחותו: הוא שנתכוון לשם עבירה כמ"ד ביבמות גוי אסור בבתו ואפי' למ"ד מותר מדור המבול ואילך גדרו עליהם גדר עתה ופרשו מרוב עריות. שהרי אם לא פירשו לא הי' צריכים להשקותו יין: אח נפשע זה לוט שפירש מאברהם שנא' כי אנשים אחים אנחנו. מקרית עוז זה אברהם דכתיב ביה הביטו אל צור חוצבתם שע"י המריבה שפירש מאברהם גרם לו להיות שכן לאנשי סדום ועי'

א) נראה דלרבינו היה גורס בדברי איסי והוא לא ידע ונסלח לו ומה מי שנתכוון וכו' והוא קרא תניינא דכתיב נמי באשם תלוי בסוף הפרשה.

עין משפט נר מצוה

יז א מיי' פ"ב מהל' נדרים הל' יז ועי' סמג לאוין רמב:

יח ב ג מיי' שם הל' יח:

מסורת הש"ס

ס"א נמחק. ועי' א"מ מגיה דשניהם אסורים ואינו יכול להפר ושייך לעיל בקושיא. לעיל כא. נדרים פג. ג"ז שם. [שבת מ: וש"נ] [תוספתא פ"ג] [כריתות יז:] [התוספות ממשכה זו נמצאים לעיל כ:] קדושין פא. [וע"ע תוס' יבמות מ. ותוס' ב"ק קי. ד"ה אכילה ותוס' פסחים קז: ד"ה דלמא] [כריתות יח.] הוריות י: הושע יד. בראשית יג, בראשית לט, שופטים יד, בראשית לד, בראשית יג, משלי ו, הושע ב, בראשית יט. הוריות י: משלי יח.

נוסחת הריב"ן

א) ומתניתין כגון דאמר: ב) מתני': ג) דקתני דשניהן אין יכול: ד) ע"א: ה) (והיא לא ידעה) ליתא בכ"י: ו) ועלה בידו בשר חזיר גרסינן: ז) ואפילו הכי [וכו']: ח) כולו: ט) את מקצתו: י) כדכתיב כי אנשים אחים כו':

הגהות הב"ח

(א) גמ' וה' יסלח לה כמה הכתוב מדבר באשה שהפר: (ב) שם ואחת של שומן אמר קרא ונשא עונו: (ג) שם ישרים דרכי ה' לדיקים כצ"ל ואות ו' נמחק: (ד) רש"י ד"ה ומתני' וכו' ומתניתין קתני דיכול להפר את שלה ושלו קיים ובברייתא:

גליון הש"ס

גמ' אמר ליה ר"ל האי רשע קרית ליה. עיין מורי אבן ר"ה דף כח ע"א ד"ה אילימא:

הגהות מהר"ב רנשבורג א] רש"י ד"ה ת"ר וכו' סליחה זו וכו'. נ"ב עי' א"מ: ב] ד"ה ואחד אכלו לשם אכילה גסה מחמת תאוה שאכלו ברעבון כצ"ל. ונ"ב עי' א"מ דכוונת רש"י בזה לייסב קושית התוס' בד"ה פסח ודו"ק: ג] תוס' ד"ה איסי בן יהודה אומר ולא. הוי"ו מן ולא נמחק. ונ"ב והוא לא: ד] ד"ה על דבר וכו'. נ"ב עי' א"מ מ"ש על מהרש"א בקידושין ועל התוס' כאן: ה] ד"ה פסח כו' מרוב שובעו. נ"ב עי' א"מ:

עין משפט
נר מצוה

יט א מיי' פי"ב מהל' איסורי ביאה הלכה יח סמג לאוין קיד טוש"ע אה"ע סימן ד סעיף ב:
כ ב מיי' פ"י מהל' תשובה הלכה ה סמג עשין יב:

פי' הרא"ש

וע"י כך באו לידי מעשה ב' בנותיו ונולדו עמון ומואב האסורים לבוא בקהל: כבריח ארמון שנועלים בו הארמון שלא יכנוס בו חום: לתאוה יבקש נפרד הלך אחר תאות לבו כאמר' לעיל כל הפסוקים לשם עבירה נאמרו: בכל תושיה יתגלע. בתורה שבכתב ובתורה שבע"פ דתנן עמוני ומואבי אסורים לבא בקהל ואיסורן איסור עולם: תמר זנתה ויצאו ממנה מלכים ונביאים מלכים מדוד כדכתיב ואלה תולדות פרץ וגו' ונביאים דאמרינן אמוץ ואמציה אחי היו ולשם שמים נתכוונה לבנות מזרעו של יעקב כדכתיב כי ראתה כי גדל שלה: איני מדקאמרת גדולה עבירה לשמה ממצוה שלא לשמה מכלל דמצוה שלא לשמה גריעה ומדקאמר שמתוך שלא לשמה בא לשמה אלמא שממילא שמתוך כך בא לעשות מצוה לשמה. ומשני אימא גדולה עבירה לשמה כמצוה שלא לשמה דתרווייהו מעלי: מנשים באהל מברכת נשים שבאוהל תבורך גם היא. שנאמר בין רגליה כרע נפל ז' אינון כריעה נפילה ושכיבה: והא מתהניא מעבירה נהי נמי דלא קשה לן תהרג ואל תעבור משום דקרקע עולם היא ולא עבדה מעשה מ"מ היאך הפסוק משבחה כיון שנהנית מעבירה: שנא' השמר לך מדבר עם יעקב מטוב עד רע. ובפרק מצות חליצה מסיק בשלמא גבי יעקב משום דמדכר שמא דע"ז אלא גבי יעל מאי רעה איכא ומשני דשדי בה זוהמא: ארבעים ושתים קרבנות ג' פעמים ז' מזבחות ופר ואיל במזבח:

ב"ק לח: הוריות יא.

הגהות הב"ח

(א) גמ' אבל צעורי לצריה ואילו וכו' לא לצריה כלל:

הגהות מהר"ב רנשבורג

א] גמ' אלא אימא כמצוה שלא לשמה. כ"ב עי' א"מ: ב] רש"י ד"ה דכתיב כו' אשת חבר הקיני וכו'. כ"ב עי' א"מ: ג] תוס' ד"ה תמר זינתה וכו' דגמירי בכל מקום שהזכירה תורה שמו ושם אביו כצ"ל: ד] ד"ה שמתוך וכו' ליש בה עדיפא קצת. כ"ב עי' א"מ: ה] ד"ה ומאן וכו' ומנשים היינו דכתיב נשים. תיבת דכתיב נמחק. וג"ב ומנשים דכתיב היינו נשים שבאהל כצ"ל עי' א"מ: ו] ד"ה בת וכו' ואי בתו של עגלון היתה כו' כ"ב עי' א"מ:

ומדינים כבריח ארמון. (על שהעיר מדינים בינו לבין ישראל) כבריחים לארמון. ע"י ריב שהיה בין לוט ובין אברהם, כדכתיב "אל נא תהי מריבה" וגרמה לו מריבה להפרד מאברהם, וע"י כן נכשל בבנותיו, ונעשה כבריחים שנועלין את הארמון שאין החיצונים יכולין להיכנס לפנים – כך נעשו עמונים ומואבים שאסורין לבא בקהל. ובבראשית רבה דריש: לפי שאסורין בקהל ובעזרה כטמאים. **לתאוה** יבקש נפרד זה לוט. שביקש להפרד מאברהם, כדכתיב "ויפרדו", כדי למלאות תאותו בעבירה. **ובכל** תושיה יתגלע. בכל התורה יתגלע קלונו – בשתי תורות; בתורה שבכתב – "לא יבא עמוני ומואבי" היינו בבתי כנסיות, ובתורה שבע"פ – בבתי מדרשות, ששונים בהם: עמוני [ומואבי] אסורין ואיסורן איסור עולם. **תמר** זינתה. אבל נתכוונה לשם שמים, כדכתיב "כי ראתה כי גדל שלה", ויצאו ממנה מלכים, כדכתיב בסוף רות "ואלה תולדות פרץ" וכו' עד ישי. ונביאים, דאמר מר: אמוץ ואמציה אחים הוו, ואמציה המלך מזרע דוד. וישעיה ואמוץ נביאים היו, דגמירי: בכל מקום שהזכיר ג] (תורה) שם [אביו] בנביאות – גם אביו נמי היה נביא. **שמתוך** שלא לשמה בא לשמה. וא"ת: והא אמרינן בעלמא (ברכות דף יז.) העוסק במצוה שלא לשמה נוח לו שלא נברא! וי"ל: דהתם מיירי שעוסק בתורה שלא לשמה לקפח אחרים, והכא קאמר שעוסק בתורה שלא לשמה להתגדר ולקנות שם. **שמתוך** שלא לשמה בא לשמה. ואת אמרת דעבירה לשמה עדיפא ממצוה שלא לשמה, ד] דיש בה עדיפא קצת. **ומאן** אינון נשים באהל שרה ורבקה ורחל ולאה. בשרה כתיב "והנה היא באהל" (בראשית יח), ברבקה כתיב "ויביאה יצחק האהלה שרה אמו" (שם כד), ברחל ולאה כתיב "ויצא מאהל לאה ויבא באהל רחל" (שם לא), ומנשים – היינו ה] דכתיב נשים א). **שבע** בעילות בעל סיסרא. דז' פעמים כתיב כריעה נפילה ושכיבה. **והא** מתהניא מעבירה. ונהי נמי דלא קשה לו תהרג ולא תעבור, כדאמרינן שילהי פרק "בן סורר ומורה" (סנהדרין עד:) דאסתר קרקע עולם היתה, מ"מ למה משבחה הכתוב? והלא היא נהנית מן העבירה! ומשני: לא היתה לה הנאה, דטובתן של רשעים רעה, דכתיב "השמר לך מדבר עם יעקב מטוב ועד רע". ובפרק "מצות חליצה" (יבמות קג:) מסיק: בשלמא גבי לבן, דקמדכר שם דעבודה זרה, אלא גבי יעל – מאי רעה? ומשני: דשדא בה זוהמא. **ארבעים** ושתים קרבנות. שעשה בג' המקומות ז' מזבחות, ובכל מזבח ומזבח הקריב פר ואיל – הרי מ"ב קרבנות. והיינו שלא לשמה – דהקריבן כדי לקלל ישראל. **בת** בנו של עגלון. לאו דוקא נקט בת בנו. וכן [ב"חלק"] (סנהדרין קה:) דאמר: בתו של עגלון – לאו דוקא, אלא הרבה דורות היתה אחר עגלון דאמר פרק "החולץ" (יבמות מח:): מפני מה גרים מעונים בזה"ז – מפני שהיו עלמן לבא תחת כנפי שכינה, מאי קרא – "ישלם ה' פעלך ותהי משכורתך שלמה אשר באת לחסות תחת כנפיו", משמע שהיתה רות קטנה כשנתגיירה, והרי יש מעגלון ועד אבצן יותר ממאתים שנה, ודוק ותשכח, [ואמרי'] (ב"ב צא.) אבצן זה בועז, ו] ואי בתו של עגלון היתה – א"כ לא היתה קטנה.

א) [עי' בספר אורח מישור וגם פי' נכון ע"ז בס' מקום שמואל]

ארבעה

תורה אור

וּמִדְיָנִים כִּבְרִיחַ אַרְמוֹן"? "אָח נִפְשָׁע מִקִּרְיַת עֹז" – זֶה לוֹט שֶׁפֵּירַשׁ מֵאַבְרָהָם, "וּמִדְיָנִים כִּבְרִיחַ אַרְמוֹן" – שֶׁהִטִּיל מִדְיָנִים *כִּבְרִיחִין וְאַרְמוֹן – °"לֹא יָבֹא עַמּוֹנִי וּמוֹאָבִי בִּקְהַל ה'". *דָּרַשׁ רָבָא וְאִיתֵּימָא רַבִּי יִצְחָק: מַאי דִּכְתִיב °"לְתַאֲוָה יְבַקֵּשׁ נִפְרָד וּבְכָל תּוּשִׁיָּה יִתְגַּלָּע" "לְתַאֲוָה יְבַקֵּשׁ נִפְרָד" – זֶה לוֹט, "וּבְכָל תּוּשִׁיָּה יִתְגַּלָּע" – שֶׁנִּתְגַּלָּה קְלוֹנוֹ בְּבָתֵּי כְנֵסִיּוֹת וּבְבָתֵּי מִדְרָשׁוֹת, *דִּתְנַן: אעַמּוֹנִי וּמוֹאָבִי אֲסוּרִין, וְאִיסּוּרָן אִיסּוּר עוֹלָם. *אָמַר עוּלָּא: תָּמָר זִינְּתָה, זִמְרִי זִינָּה. תָּמָר זִינְּתָה – *יָצְאוּ מִמֶּנָּה מְלָכִים וּנְבִיאִים, זִמְרִי זִינָּה – נָפְלוּ עָלָיו כַּמָּה רְבָבוֹת מִיִּשְׂרָאֵל. *אָמַר ר"נ בַּר יִצְחָק: גְּדוֹלָה עֲבֵירָה לִשְׁמָהּ מִמִּצְוָה שֶׁלֹּא לִשְׁמָהּ. וְהָאָמַר רַב יְהוּדָה אָמַר רַב: בלְעוֹלָם יַעֲסוֹק אָדָם בְּתוֹרָה וּבְמִצְוֹת אֲפִי' שֶׁלֹּא לִשְׁמָן, שֶׁמִּתּוֹךְ שֶׁלֹּא לִשְׁמָן בָּא לִשְׁמָן! א] אֶלָּא אֵימָא: כְּמִצְוָה שֶׁלֹּא לִשְׁמָהּ, דִּכְתִיב °"תְּבֹרַךְ מִנָּשִׁים יָעֵל אֵשֶׁת חֶבֶר הַקֵּינִי מִנָּשִׁים בָּאֹהֶל תְּבֹרָךְ", מַאן נָשִׁים שֶׁבָּאֹהֶל – שָׂרָה רִבְקָה רָחֵל וְלֵאָה. *א"ר יוֹחָנָן: שֶׁבַע בְּעִילוֹת בָּעַל אוֹתוֹ רָשָׁע בְּאוֹתָהּ שָׁעָה, שֶׁנֶּאֱמַר °"בֵּין רַגְלֶיהָ כָּרַע נָפַל שָׁכָב" וגו'. וְהָא קָא מִתְהַנְיָא *מִבְּעִילָה דִּילֵיהּ! א"ר יוֹחָנָן: כָּל טוֹבָתָן שֶׁל רְשָׁעִים אֵינָהּ אֶלָּא רָעָה אֵצֶל צַדִּיקִים, שֶׁנֶּאֱמַר °"הִשָּׁמֶר לְךָ *מִדַּבֵּר עִם יַעֲקֹב מִטּוֹב וְעַד רָע", בִּשְׁלָמָא רַע – שַׁפִּיר, אֶלָּא טוֹב אַמַּאי לָא? אֶלָּא לָאו ש"מ: טוֹבָתוֹ רָעָה הִיא, ש"מ. § גּוּפָא, *אָמַר רַב יְהוּדָה אָמַר רַב: לְעוֹלָם יַעֲסוֹק אָדָם בַּתּוֹרָה וּבַמִּצְוֹת אֲפִי' שֶׁלֹּא לִשְׁמָן, שֶׁמִּתּוֹךְ שֶׁלֹּא לִשְׁמָן בָּא לִשְׁמָן. שֶׁבִּשְׂכַר מ"ב קָרְבָּנוֹת שֶׁהִקְרִיב בָּלָק הָרָשָׁע – זָכָה וְיָצְאָה מִמֶּנּוּ רוּת. *וא"ר יוֹסֵי בְּרַבִּי חֲנִינָא: רוּת בַּת בְּנוֹ שֶׁל עֶגְלוֹן *מֶלֶךְ מוֹאָב הָיְתָה. א)א"ר חִיָּיא בַּר אַבָּא א"ר יוֹחָנָן: מִנַּיִן שֶׁאֵין הקב"ה מְקַפֵּחַ אֲפִי' שְׂכַר שִׂיחָה נָאָה – דְּאִילּוּ בְּכִירָה דְּקָרִיתֵיהּ "מוֹאָב", א"ל רַחֲמָנָא °"אַל תָּצַר אֶת מוֹאָב וְאַל תִּתְגָּר בָּם מִלְחָמָה", מִלְחָמָה הוּא דְּלָא – אֲבָל צָעוּרֵי (א) צַעֲרִינָן. וְאִילּוּ צְעִירָה דְּקָרִיתֵיהּ "בֶּן עַמִּי", אֲמַר לֵיהּ °"אַל תְּצֻרֵם וְאַל תִּתְגָּר בָּם" – אֲפִילּוּ צָעוּרֵי לָא תְּצַעֲרִינָן כְּלָל. *א"ר חִיָּיא בַּר אָבִין א"ר יְהוֹשֻׁעַ בֶּן קָרְחָה: לְעוֹלָם יַקְדִּים אָדָם לִדְבַר מִצְוָה, שֶׁבִּשְׂכַר לַיְלָה אַחַת שֶׁקְּדָמַתָּהּ בְּכִירָה לַצְּעִירָה זָכְתָה

א) הוריות י: ב"ק לח:

דברים כג | משלי יח | שופטים ה | שם | בראשית לא | דברים ב | שם

וּמִדְיָנִים כִּבְרִיחַ אַרְמוֹן. בִּשְׁבִיל שֶׁהִטִּיל מְרִיבָה בֵּינוֹ וּבֵין אַבְרָהָם, כְּדִכְתִיב "אַל נָא תְהִי מְרִיבָה" – גָּרַם לוֹ שֶׁנִּפְרְדוּ זֶה מִזֶּה, וְנַעֲשׂוּ זֶה כְּנֶגֶד זֶה כִּבְרִיחִים שֶׁנּוֹעֲלִין לָאַרְמוֹן, שֶׁאֵין הַחִיצוֹנִים יְכוֹלִין לְהִיכָּנֵס בְּתוֹכוֹ – כֵּן נַעֲשׂוּ עַמּוֹנִים וּמוֹאָבִים, א) שֶׁאֵינָן מוּתָּרִין לָבֹא בִּקְהַל יִשְׂרָאֵל, כְּדִכְתִיב "לֹא יָבֹא עַמּוֹנִי וּמוֹאָבִי". לְתַאֲוָה יְבַקֵּשׁ נִפְרָד. לִדְבַר עֲבֵירָה יְבַקֵּשׁ מִי שֶׁנִּפְרָד, וְאֵיזֶה זֶה – לוֹט שֶׁנִּפְרָד מֵעַל אַבְרָהָם, כְּדִכְתִיב "וַיִּפָּרְדוּ אִישׁ מֵעַל אָחִיו" (בראשית יג), וּסְמִיךְ לֵיהּ "וַיִּסַּע לוֹט מִקֶּדֶם" – שֶׁהוּא נִפְרָד תְּחִילָּה. וּבְכָל תּוּשִׁיָּה יִתְגַּלָּע. "וּבְתוּשִׁיָּה" לֹא נֶאֱמַר ב) כָּאן, אֶלָּא "וּבְכָל תּוּשִׁיָּה", לוֹמַר לְךָ שֶׁנִּתְגַּלָּע קְלוֹנוֹ בִּשְׁתֵּי תוֹרוֹת, דְּתוֹרָה נִקְרֵאת תּוּשִׁיָּה, דִּכְתִיב "הִפְלִיא עֵצָה הִגְדִּיל תּוּשִׁיָּה" (ישעיה כח), תּוֹרָה שֶׁבִּכְתָב וְתוֹרָה שֶׁבְּעַל פֶּה. בַּתּוֹרָה שֶׁבִּכְתָב – בְּבָתֵּי כְנֵסִיּוֹת, כְּדִכְתִיב "לֹא יָבֹא עַמּוֹנִי וּמוֹאָבִי", ג) בַּתּוֹרָה שֶׁבְּעַל פֶּה – בְּבָתֵּי מִדְרָשׁוֹת, כְּדִתְנַן: עַמּוֹנִי וּמוֹאָבִי ד) כו'. יִתְגַּלָּע. כְּמוֹ "וְלִפְנֵי הִתְגַּלַּע הָרִיב נְטוֹשׁ" (משלי יז), שֶׁהוּא לְשׁוֹן גִּילּוּי, דְּגָרְסִינַן בְּמַסֶּכֶת סַנְהֶדְרִין (דף ו:): קוֹדֶם שֶׁנִּגְלָה לְךָ ה) הַדִּין כו'. תָּמָר שֶׁזִּינְּתָה. וְנִתְכַּוְּונָה לְשֵׁם מִצְוָה, כְּדֵי לְהַעֲמִיד זֶרַע, כְּדִכְתִיב "כִּי רָאֲתָה כִּי גָדַל שֵׁלָה" (בראשית לח). זִמְרִי זִינָּה. וְנִתְכַּוֵּון לְשֵׁם עֲבֵירָה. וְיָצְאוּ מִמֶּנָּה מְלָכִים וּנְבִיאִים. מְלָכִים מִדָּוִד. וּנְבִיאִים מִישַׁעְיָה, כִּדְאָמַר מָר (סוטה י:): אָמוֹץ וַאֲמַצְיָה אַחִים הֲווּ, וּגְמִירִי (מגילה טו.): כָּל מָקוֹם שֶׁהִזְכִּיר הַכָּתוּב נָבִיא וְשֵׁם אָבִיו בִּנְבִיאוּת – בְּיָדוּעַ שֶׁהוּא נָבִיא בֶּן נָבִיא. גְּדוֹלָה עֲבֵירָה לִשְׁמָהּ. כְּלוֹמַר, לְשֵׁם מִצְוָה. מִתּוֹךְ שֶׁלֹּא לִשְׁמָהּ בָּא לִשְׁמָהּ. אַלְמָא, דְּמִצְוָה שֶׁלֹּא לִשְׁמָהּ חֲשִׁיבָא, דְּלִידֵי מִצְוָה הִיא מְבִיאָה. וְאַתְּ אָמְרַתְּ דַּעֲבֵירָה לִשְׁמָהּ גְּדוֹלָה הֵימֶנָּה! אֶלָּא אֵימָא גְּדוֹלָה עֲבֵירָה לִשְׁמָהּ כְּמִצְוָה שֶׁלֹּא לִשְׁמָהּ. שֶׁשְּׁתֵּיהֶן שָׁווֹת. דִּכְתִיב תְּבוֹרַךְ מִנָּשִׁים יָעֵל ב] אֵשֶׁת חֶבֶר הַקֵּינִי. כְּלוֹמַר, כְּאוֹתָן נָשִׁים שֶׁמָּלֵינוּ בָּהֶן שֶׁעָשׂוּ מִצְוֹת שֶׁלֹּא לִשְׁמָהּ, וּבְכוּלָּן נֶאֱמַר בָּהֶן אֹהֶל. תְּבוֹרַךְ. עַל שֶׁעָשְׂתָה עֲבֵירָה לִשְׁמָהּ – כְּדֵי לְהַתִּישׁ כֹּחוֹ שֶׁל אוֹתוֹ רָשָׁע, כְּדֵי שֶׁתְּהֵא יְכוֹלָה לְהוֹרְגוֹ. שָׂרָה רָחֵל וְלֵאָה. שֶׁאָמְרוּ לְבַעְלֵיהֶן לָבֹא אֶל שִׁפְחָתָן, וְלֹא לְשֵׁם מִצְוָה נִתְכַּוְּונוּ, אֶלָּא כְּדֵי שֶׁמִּתְקַנְּאוֹת זוֹ בָּזוֹ – רָחֵל בַּאֲחוֹתָהּ, וְשָׂרָה וְלֵאָה בְּאִמָּהוֹת. וְכוּלָּן נֶאֱמַר בָּהֶן "אֹהֶל", כִּדְכְתִיבֵי קְרָאֵי. שֶׁבַע בְּעִילוֹת. בֵּין כְּרִיעָה וּנְפִילָה וּשְׁכִיבָה אִית בְּהוּ שֶׁבַע בְּהָאֵי קְרָא. אֶלָּא טוֹב אַמַּאי. מַזְהַר לֵיהּ שֶׁלֹּא לְדַבֵּר עִמּוֹ? אֶלָּא לָאו שְׁמַע מִינָּהּ טוֹבָתוֹ רָעָה הִיא. וּמַאי רָעָה אִיכָּא – דְּאִי מַפֵּישׁ בְּמִילֵּי בַּהֲדֵיהּ אָתֵי לְאִשְׁתַּבּוֹעֵי לֵיהּ בְּשֵׁם עֲבוֹדָה זָרָה שֶׁלּוֹ, וְהַתּוֹרָה אָמְרָה "לֹא יִשָּׁמַע עַל פִּיךָ" (שמות כג). וְגַבֵּי יָעֵל אֵשֶׁת חֶבֶר מַאי רָעָה אִיכָּא גַּבָּהּ – דְּהִטִּיל בָּהּ אוֹתוֹ רָשָׁע זוּהֲמָא, דְּאָמַר מָר: בְּשָׁעָה שֶׁבָּא נָחָשׁ ו) וכו' יִשְׂרָאֵל וכו' (יבמות קג:). וְיָצְאָה מִמֶּנּוּ רוּת. שֶׁיָּצָא מִמֶּנָּה דָּוִד, שֶׁרִיצָּהוּ לְהקב"ה בְּשִׁירוֹת וּבְתִשְׁבָּחוֹת. אַרְבָּעִים וּשְׁתַּיִם קָרְבָּנוֹת. מִשֶּׁבַע מִזְבְּחוֹת שֶׁעָרַךְ בְּג' מְקוֹמוֹת, וְעַל כָּל אֶחָד וְאֶחָד הֶעֱלָה פָּר וָאַיִל, שֶׁהֵם י"ד לְכָל מַעֲמָד וּמַעֲמָד, וְג' פְּעָמִים י"ד עוֹלִין מ"ב, וְקָרְבְּנוֹתָיו שֶׁל בָּלָק הֲווּ שֶׁלֹּא לְשֵׁם מִצְוָה. דְּקָרִיתֵיהּ מוֹאָב. ז) מַשְׁמַע מֵאָבִי. בֶּן עַמִּי. בְּלָשׁוֹן נְקִיָּה הוּא, דְּלֹא רָצְתָה לְהוֹדִיעַ דְּמֵאָבִיהָ נִתְעַבְּרָה. אַל תְּצוּרֵם וְאַל תִּתְגָּר בָּם. וּמִדְּלָא כְּתִיב בְּהוּ מִלְחָמָה, שְׁמַע מִינָּהּ דַּאֲפִי' צַעֲרָא לָא לִיעֲבִיד לְהוּ. וְלֹא עוֹד, ח) דַּאֲפִי' בְּכִירָה דְּקָרִיתֵיהּ ט) אָב – הַכָּתוּב פִּרְסְמָהּ, דִּכְתִיב "וַתִּשְׁכַּב אֶת אָבִיהָ", י) וּבַצְּעִירָה כְּתִיב "וַתִּשְׁכַּב עִמּוֹ".

זָכְתָה

מסורת הש"ס

[נ"ל בין ישראל לעמון כך איתא בהוריות]
הוריות י:

שם ויבמות עו:

הוריות י:

[מגילה י: סוטה י:]

הוריות שם

גליון הש"ס

רש"י בד"ה שרה רחל ולאה כו' אלא כדי וכו'. עי' יבמות דף קג ע"א תד"ה והא וסנהדרין דף עד ע"ב תד"ה והא:

הוריות י: יבמות קג.

נ"א מעבירה

[נ"ל פן תדברו כ"א ביבמות על נכון]

סנהדרין קה: פסחים נ: ערכין טז: סוטה כב: מז. ע"ש הוריות י:

[בהוריות י: איתא דאמר וע"ש וע"ע בסנהדרין קה: גם בסוטה מז. ע"ש]
[גי' ע"י בן בנו של בלק]

נוסחת הריב"ן

א) שאין עוד מותרין להתערב בישראל כדכתיב כו': ב) לא נאמר אלא: ג) ומואבי בקהל ה': ד) אסורין כו': ה) הריב: ו) על חוה כדכתיב הנחש השיאני לשם נשואין הטיל בה זוהמא הטיל בה ארס מחמת יצרו פסקה מהן זוהמתן הטינוף לפי שקבלו תורה טהורה גוים שלא עמדו בהר סיני לא פסקו מהן זוהמא והיינו דא"ל הקב"ה לנחש כי עשית זאת ארור אתה איזה מעשה עשה אלא שבא על חוה ובבעילתו הטיל בה זוהמא: ז) דמשמע מאב: ח) אלא אפי': ט) אם אביה ואילו לצעירה דקריתיה בן עמי אפ"ה חפה עליה דכתיב בה בדידה ותשכב עמו הס"ד:

זכתה וקדמה ארבעה דורות בישראל. עובד ישי דוד שלמה. ואילו צעירה לא חטת בישראל עד רחבעם, דהוה מנעמה העמונית. **מתני'** החטאת תמות. אותה הבהמה שהפרישה לשם חטאת תמות. וכי ההיא טעמא דפרשינן (ג) לעיל, א) דצריכה כפרה, והויא כחטאת שמתו בעליה, דגמירי דלמיתה אזלה. ונאכלין ליום אחד. כלומר: לכך יש עליהן עדיין תורת שלמים – דנאכלין ליום אחד, ולענין זה איניס כשלמי נזיר – דאינן טעונין לחם. מעות סתומין. שלא פירש "אלו לחטאת ואלו לעולה ואלו לשלמים" – הרי אלו יפלו לנדבה, ולוקחים בהן עולות, ב) הבשר למזבח והעורות לכהנים. (ד) שלמים יביאו שלמים. וא"ל דאין מועלים בהן, ג) וכדמפרש בפ"ק דמסכת מעילה (דף ו:). **גמ'** מאן תנא דלא משעבד לה. מאן הוא תנא דתני, דקסבר שאם היתה הבהמה שלו – לא חייל עליה קדושה כלל, דאמר: תצא ותרעה בעדר – משום דבעל לא משעבד לה להביא קרבנותיה כלל, וכי מפרישה לה היא לנזירות ד) – הרי הוא כמו שמקדיש דבר שאינו שלו, דאין בדבריו כלום. **אמר רב חסדא** רבנן היא דאי ס"ד ר' יהודה היא **אמאי תצא.** הא כיון דמשעבד בקרבנותיה איתפסא דכי הקדישה – שפיר הקדישה, דהא שמעינן ליה בב"מ בפ' ["המקבל"] (דף קד.) שהיה דורש לשון הדיוט. **דתניא** ר' יהודה **אומר אדם מביא** קרבן עשיר על **אשתו.** שאם היתה עניה ונתחייבה קרבן עני, ולא הספיקה להביא קרבן עני עד שניסת לו – ה"ז מביא קרבן עשיר על אשתו. וכן בכל קרבנות שהיא חייבת קודם לכן, ואפי' קרבן קבוע שאינו בעולה ויורד. שכך כתב לה בכתובתה כו'. והלכך ה) דהואיל ומשתעבד לה – אמאי לא הוי בהמה שלו כבהמה שלה, ואם היתה חטאת – תמות, ואם עולה – תקרב עולה. במילתא **דלא צריכא** לה. כגון הכא, דהיפר לה בעלה – לא משתעבד לה. ומש"ה לא קדשה, ותצא ותרעה בעדר. ו) **אמר רב חסדא** ר' יהודה **היא.** דאמר: אדם מביא קרבן אשתו. וקמשמע לן דכי משתעבד כו'. דאי לרבנן – לא מבעיא למימר דכי הפר לה דתצא ותרעה בעדר, אלא אפי' כי לא הפר לה – נמי תצא, דלדידהו לא משתעבד לה כלל. **ואלא** היכי דמי דמשעבד. ובעי לאוקמא כרבנן – כגון דאקנייה ניהלה לנזירותה – אכתי לא מיתוקמא כרבנן. דכיון דאקנייה לה – הוה דנפשה, וחטאת תמות, ואנן בעינן דתצא ותרעה בעדר, והלכך לא מיתוקמא כלל כרבנן. רבא

זכתה וקדמה ארבעה דורות בישראל למלכו'.§ **מתני'** *אהאשה שנדרה בנזיר והפרישה את בהמתה, ואח"כ היפר לה בעלה. אם שלו היתה הבהמה – תצא ותרעה בעדר. ואם שלה היתה הבהמה, בהחטאת – תמות, ועולה – תקרב עולה. (א) שלמים – תקרב שלמים, ונאכלין ליום אחד ואינן טעונין לחם. *גהיו לה מעות סתומין – יפלו לנדבה. גמעות מפורשין, דמי חטאת – ילכו לים המלח, דלא נהנין ולא מועלין בהן. הדמי עולה – יביאו עולה, ומועלין בהן. ודמי שלמים – יביאו שלמים, ונאכלין ליום אחד, ואין טעונין לחם.§ **גמ'** מאן תנא דבעל לא משתעבד לה? אמר רב חסדא: רבנן היא. דאי ס"ד רבי יהודה היא – אמאי תצא ותרעה בעדר? הא משתעבד לה! *דתניא, *ר' יהודה אומר: זאדם מביא קרבן עשיר על אשתו, וכן כל קרבנותיה שהיא חייבת, שכך כתב לה "כל אחריות דאית ליך עלי מן קדמת דנא". רבא אמר: אפי' תימא ר' יהודה, כי משעבד לה – במילתא דצריכא לה, במילתא דלא צריכא לה – לא. איכא דאמרי: מאן תנא? אמר רב חסדא: רבי יהודה היא, וכי משעבד לה – במילתא דצריכא לה, במילתא דלא צריכא לה – לא, דאי רבנן – לא משעבד לה כלל. (ב) אלא היכי דמי דמשעבד לה – כגון דאקנייה לה, וכיון דאקני לה – הוה דנפשה.
רבא

ארבעה דורות בישראל. עובד ישי דוד שלמה. ואילו צעירה לא הות בישראל עד רחבעם בן שלמה שבא מנעמה העמונית. **האשה** שנדרה בנזיר והפרישה בהמתה. שלשה בהמות: כבשה לחטאת, וכבש לעולה, ואיל לשלמים, שהן קרבן נזיר טהור, ואח"כ הפר לה בעלה. אם משלו היתה הבהמה תצא ותרעה בעדר. דכיון דהיפר לה בעלה – אין כאן נזירות כלל, והבהמה שהפריש דין חולין עליה, כדאמר בגמרא: כי אקני לה – מידי דצריכא לה, מידי דלא צריכא לה – לא אקני לה, ונמצא שלא היתה קודש כלל. **ואם** משלה הבהמה. ובגמרא מפרש מאין תבא לה שלא יהא לבעלה רשות בו. **החטאת** [תמות]. אע"ג דהפר לה, כדמפרש לה טעמא דמתניתין: כיון דבעיא כפרה – הויא כחטאת שמתו בעליה. **והעולה** תקרב עולה. וא"ת: ולר' ישמעאל דאמר לעיל (דף יט.*) דעולה לאו דורון הוא, ולא קריבה כי הפר לה בעלה – אטו פליג נמי אמתני' דהכא, דתני בהדיא דעולה קריבה עולה, אע"ג דהיפר לה בעלה? וי"ל: דאפי' רבי ישמעאל מודה בנזיר טהור דעולת בהמה דורון הוא. דדוקא גבי נזיר טמא דכתיב ביה "וכפר" וכתיב עולה בההיא קרא – משמע ליה דעולה נמי באה לכפרה. **שלמים** (נמי) יקרבו שלמים ונאכלין ליום אחד. כחומר שלמי נזיר. ואפי' למ"ד בעל מיעקר עקר, [כיון] א] שהיא קדשם לדין שלמי נזיר – יאכלו בכל החומר שבהן. והא דקאמר בגמרא: שלמי נזיר ששחטן שלא כמלותן (היינו) אין להם זרוע, ומדמה ליה להכי – היינו אין להם זרוע כמלותו, שיטעון בתנופה. אבל מ"מ הזרוע מיתסר, כחומר שלמי נזיר. ועוד אומר ר"ת: דאין להם זרוע – היינו דאין להם דין זרוע בשילה, שיתבשל עם האיל, אלא לבדו אסריניה. **ה"ג:** ואינם טעונין לחם. כשאר, דכתיב "על כפי הנזיר" ואין כאן כפי הנזיר, דהפר לה. ואם הקדישו כבר – טעון פדייה, ואפילו אי מיעקר עקר – גזירה שמא יאמרו הקדש יוצא בלא פדייה. ואי מיגז גייז – נמי מצי לפדות, דאין לו קדושת הגוף עד שישחט עליו הקרבן. **ה"ג:** היו לה מעות סתומים יפלו לנדבה. היכא דהפר לה. בגמרא מפרש דהנהו סתומים יפלו לנדבה ב] לחולין ולמזבח, דהיינו עולת נדבה, ונסכיה באין משל ציבור. וכן פי' בכל דוכתי דתנינא יפלו לנדבה, ולא חש למיתני הכא: אם שלו הן חולין, כדתני ברישא. מפורשים. ג] שפירש: אלו דמים לחטאת, ואלו לעולה, ואלו לשלמים. **דמי** חטאת ילכו לים המלח. כיון דאילו היתה הבהמה – הוה אזלה למיתה. ולא [נהנין] מאותן מעות – מדרבנן, ולא מועלין דכיון דלים המלח אזלו – לא קרינן ביה "קדשי [ה']". וה"ה דלעיל גבי בהמה מצי למיתני: לא נהנין ולא מועלין. **דמי** עולה יביאו עולה. דדורון הוא. ומועלין בהם, כיון דקריבין למזבח: דמי שלמים יביאו שלמים ונאכלין ליום אחד ואין טעונין לחם, כדפרישית. גמ' **מאן** תנא דלא משתעבד לה. ולכך יש סברא לחלק בין בהמה דידיה, דתני: תצא ותרעה בעדר, ואם [שלה] – חטאת תמות. דאי משתעבד לה – לא היה סברא לחלק בין בהמתו לבהמתה. **אמר** רב חסדא רבנן היא. וכדמפרש ואזיל. ומ"מ, אם לא הפר לה – היתה מקריבתה לחובתה, ד] כיון דאקני לה. וכדמפרש בסמוך (הפר לה לא אמר דהא הוו בהמות דידה, כדמפרש בסמוך). כי מקני לה – מידי דצריכא לה, במידי דלא צריכא לה, כגון דהיפר לה – לא אקני לה. **דאי** ס"ד רבי יהודה היא אמאי תצא ותרעה בעדר הא [משועבד לה בתנאי כתובה], כדמפרש ואזיל. וס"ד דתנאי כתובה עדיף, ואפי' במידי דלא צריכא לה נמי משועבד לה. **דתניא** ר' יהודה אומר מביא אדם קרבן עשיר על אשתו. פי': אם עשיר הוא ה] [והיא חייבת קרבן עולה ויורד] – צריך להביא קרבן עשיר עליה, ולא יוכל לומר: והלא אין לה כלום, ותביא קרבן עני. וכן כל קרבנותיה שהיא חייבת, להביא קרבן בעבורה. ודווקא חובות שהיא חייבת, כגון יולדת וזבה, אבל נדרים ונדבות – לאו כל כמינה לידור אלף עולה ליום. ואומר ר"י: דדוקא אותן שנתחייבה משנשאת ואילך, ולא שנתחייבה קודם שנשאת. **הכי** גרים רש"י: שכן כותבת [ליה] כל אחריות דאית לי עלך מקדמת דנא. והכי איתא [בתורת כהנים פרשת מצורע]. ופירוש: דאשה שגרשה בעלה לאחר שילם לה בעלה כתובתה, כותבת לו שובר "התקבלתי כתובתי וכל אחריות דאית לי עלך מן קדמת דנא" – הכל מחלתי, אלמא [דמשום] דמשועבד לה צריכה לפוטרו בשעת גירושין. **אפי'** תימא ר' יהודה כי משעבד לה במילתא דצריכא [לה במידי דלא צריכא]. כגון דהפר לה – לא משעבד לה כלל, ואע"ג דמשועבד לה בתנאי בית דין. הלכך בהמה שלו תצא ותרעה בעדר, דהוו חולין גמורין ולא הוו כבהמתה. **איכא** דאמרי מאן תנא רבי יהודה היא וכי משעבד לה בתנאי כתובה במילתא דצריכא לה כו'. דאי לרבנן – לא משעבד בתנאי כתובה. והיכי דמי שמשתעבד לה, שיכולה להקריב מבהמותיו אם לא הפר לה – כגון דאקני לה, שנתן לה במתנה מבהמותיו. ו] וכיון דאקני לה – הויא לה דנפשה, והוה לן למימר דחטאת תמות כמו [בשלה]! כי אקני לה – במילתא דצריכא לה, כגון אם לא הפר לה,
במילתא

פי' הרא"ש

ד' דורות לישראל עובד ישי דוד שלמה ואילו צעירה עד רחבעם בן שלמה שבא מנעמה העמונית: מאן תנא דבעל לא משעבד לה. אמר רב חסדא רבנן היא. הלכך כל זמן שלא הפר לה הקנה לה משלו ומביאה כפרתה. וכי הפר לה במלתא דלא צריכה לא אקני לה דאי ס"ד ר' יהודה היא כיון דמשתעבד לה בתנאי כתובה ה"ל כאילו הפרישה משלה: אדם מביא קרבן עשיר על אשתו אע"פ שהיא עניה כיון שהוא משועבד להביא קרבנות חובותיה והוא עשיר צריך להביא עליה קרבנות עשיר וכן כל קרבנות שהיא חייבת כגון חטאת ואשם וזבה ויולדת ומצורע' ונזירות אבל נדרים ונדבות לא והכי משמע בירושלמי דכתובות פ' נערה דקאמר התם ואפי' אכלה חלב או חללה שבת. דמשמע דוקא קרבן חובה. אבל נדרים ונדבות אינו חייב שמא תקניטנו ותדור בכל יום ואע"פ שיכול הבעל להפר משום דברים שבינו לבינה דאיכא הפסד ממון יש לחוש שמא תדור ותפרע קודם שישמע או זמנין דמטריד ולא מצי מיפר לה כדאיתא בנדרים פ' נערה. אבל בנזירות ליכא למיחש שמא תקניטנו כיון שהיא מצטערת בכך: שכן כותבת לו כל אחריות דאית לי עלך מן קדמת דנא ה"ג רש"י בפ' המקבל כשאדם מגרש לאשתו ופורע לה כתובה כותבת לו שובר וכתוב בו התקבלתי כתובתי וכל אחריות דאית לי עלך מן קדמת דנא. מכלל שכל אחריות שהיה עליה הוא הוה חייב לשלם ומזה פטרה אותו כשגרשה. וי"ם שכתוב בהם שכן כתב לה כל אחריות דאית לך עלי מן קדמת דנא. כשאדם נושא אשה הוא כותב זה הלשון ומקבל עליו כל אחריות שהיא חייבת. ודוקא קרבנות חובותיה. אבל נדרים ונדבות אפי' משנשאה אינו חייב כדפרישית וכן אם לותה ואכלה קודם שנשאה אינו חייב לשלם כדמוכח פ' יש נוחלין דטבא ליה עבדו ליה. ואפי' לר' חננאל שפסק שאם לותה ואכלה בעל יורש הוי ופורע היינו דוקא מאותן נכסים שהכניסה לו ומשום פסידא דלוקח אבל מנכסיו לא דדוקא קרבנות חובותיה קבל עליו דלא ניחא ליה לאיניש שתהיה אשה אצלו מחוסרת כפרה: אלא היכי דמי דמשעבד לה דאקני לה [וכיון דאקני לה] הוה לה דנפשה והוי כמו שהפריש משלה ולא מיירי שהקנה לה

עין משפט נר מצוה

כא א מיי' פ"ט מהל' נזירות הלכה ט:
כב ב ג מיי' שם הלכה י:
כג ד ה מיי' שם ופ"ד מהל' מעילה הל' ו:
כד ו מיי' פ"ט מהל' נזירות הלכה יב:
כה ז מיי' פ"ו מהלכות שגגות הלכ' ו סמג עשין ריז:

מסורת הש"ס

(נדרים פג) לעיל כח.
מנחות ד: מעילה יא.
[ועי' תוס' שם ד"ה אמר רב חסדא]
נגעים פי"ד מי"ב ב"מ קד. נדרים לה: [תוס' כתובות פ"ו]
[סוגיא דמלתא שכך כותב לה כו' ליתא במשנה דנגעים לכך שפיר גרסינן דתניא ועי' מה שנרשם על הגליון בהר"ן נדרים דף לה:]

נוסחת הריב"ן

א) דכיון דצריכה כפרה הויא: ב) והבשר לשם: ג) ככל לפני זריקת הדמים אין מועלין בהן וכדמפרש כו': ד) לנזירותה הרי הוא: ה) הואיל: ו) בכ"י כתוב כאן בזה"ל איכא דאמרי מאן תנא דמשעבד ליה למתני ואם היתה שלו תצא ותרעה בעדר אמר רב חסדא כו':

הגהות הב"ח

(א) במשנה והשלמים תקרב שלמים: (ב) גמ' ואלא היכי דמי: (ג) רש"י ד"ה חטאת וכו' דפרשינן לעיל כא: וע"ש: (ד) ד"ה דמי שלמים יביאו שלמים:

גליון הש"ס

מתני' החטאת תמות. עי' נדרים דף פג ע"א ובתוס' שם ד"ה ולאו אמרת. שם ועולה תקרב עולה. עי' יומא דף נ' ע"ב תד"ה והאי עולה:

הגהות מהר"ב רנשבורג א] תוס' ד"ה שלמים וכו' כיון שהיא. תיבת שהיא נמחק. ונ"ב שהוא: ב] ד"ה ה"ג היו וכו' יפלו לנדבה לחולין. תיבת לחולין נמחק. ונ"ב לעולות למזבח כצ"ל: ג] ד"ה מפורשים שפירש. תיבת שפירש נמחק. ונ"ב פירוש: ד] ד"ה אמר רב חסדא וכו' היתה מקריבתה לחובתה דהא הוי בהמות דידיה כיון וכו' כי מקני לה מידי דלריכה לה כגון אם לא הפר לה וכו' כצ"ל: א"מ: ה] ד"ה דתניא וכו' ואם עשיר הוא שהיא בקרבן עולה ויורד וצריך להביא וכו'

רָבָא אָמַר: אֲפִי' תֵּימָא רַבָּנַן; כִּי מַקְנֵי לָהּ נַמִי — בְּמִלְּתָא דִּצְרִיכָא לָהּ, בְּמִילְּתָא דְּלָא צְרִיכָא לָהּ — לָא מַקְנֵי לָהּ.§ "אִם שֶׁלָּהּ הָיְתָה בְּהֶמְתָּהּ חַטָּאת תָּמוּת וְעוֹלָה תִּקְרַב".§ הִיא מְנָא לָהּ? הָאָמַרְתְּ: *אמַה שֶּׁקָּנְתָה אִשָּׁה קָנָה בַּעְלָהּ! אֲמַר רַב פַּפָּא: שֶׁקִּמַּצְתָּהּ מֵעִיסָּתָהּ. אִיבָּעֵית אֵימָא: בדְּאַקְנֵי לָהּ אַחֵר, וַאֲמַר לָהּ "ע"מ שֶׁאֵין לְבַעֲלֵיךְ רְשׁוּת בָּהֶן".§ "הָעוֹלָה תִּקְרַב עוֹלָה וְהַשְּׁלָמִים תִּקְרַב" כו'.§ א"ל שְׁמוּאֵל לַאֲבוּהּ בַּר אִיהִי: *לָא תֵּיתִיב עַל כַּרְעֵיךְ עַד דַּאֲמַרְתְּ לִי הָדָא מִילְּתָא; וְאֵלּוּ הֵן אַרְבָּעָה אֵילִים שֶׁאֵינָן טְעוּנִין לֶחֶם: שֶׁלּוֹ, וְשֶׁלָּהּ, וְשֶׁלְּאַחַר הַמִּיתָה, וְשֶׁלְּאַחַר כַּפָּרָה. שֶׁלָּהּ — הָא דַּאֲמָרַן. שֶׁלּוֹ — דִּתְנַן: *הָאִישׁ מַדִּיר אֶת בְּנוֹ בְּנָזִיר, וְאֵין הָאִשָּׁה מַדֶּרֶת אֶת בְּנָהּ בְּנָזִיר. (א) גִּילַּח אוֹ שֶׁגִּילְּחוּהוּ קְרוֹבִים, מִיחָה אוֹ שֶׁמִּיחוּהוּ קְרוֹבִים; הָיוּ לוֹ מָעוֹת סְתוּמִין — יִפְּלוּ לִנְדָבָה. מָעוֹת מְפוֹרָשִׁין, דְּמֵי חַטָּאת — דיֵלְכוּ לְיַם הַמֶּלַח, דְּמֵי עוֹלָה — יָבִיאוּ עוֹלָה, וּמוֹעֲלִין בָּהֶן. דְּמֵי שְׁלָמִים — יָבִיאוּ שְׁלָמִים, וְנֶאֱכָלִין לְיוֹם אֶחָד, וְאֵינָן טְעוּנִין לֶחֶם. שֶׁלְּאַחַר מִיתָה מְנָלַן — *דְּתַנְיָא: *גהַמַּפְרִישׁ מָעוֹת לִנְזִירוּתוֹ — לֹא נֶהֱנִין וְלֹא מוֹעֲלִין בָּהֶן, מִפְּנֵי שֶׁהֵן רְאוּיִין לְהָבִיא בְּכוּלָּן שְׁלָמִים. דמֵת וְהָיוּ לוֹ מָעוֹת סְתוּמִים — יִפְּלוּ לִנְדָבָה. מָעוֹת מְפוֹרָשִׁין; דְּמֵי חַטָּאת — יוֹלִיךְ לְיַם הַמֶּלַח, לֹא נֶהֱנִין וְלֹא מוֹעֲלִין. דְּמֵי עוֹלָה — יָבִיאוּ עוֹלָה, וּמוֹעֲלִין בָּהֶן. דְּמֵי שְׁלָמִים — יָבִיאוּ שְׁלָמִים, וְנֶאֱכָלִין לְיוֹם אֶחָד, וְאֵינָן טְעוּנִין לֶחֶם. שֶׁלְּאַחַר כַּפָּרָה — סְבָרָא הוּא: שֶׁלְּאַחַר הַמִּיתָה מַאי טַעַם — דְּלָא חַזְיָא לְכַפָּרָה, שֶׁלְּאַחַר כַּפָּרָה נַמִי — הָא לָא חַזְיָא לְכַפָּרָה. וְתוּ לֵיכָּא? וְהָאִיכָּא: (ב) *הוּשְׁאָר כָּל שַׁלְמֵי נָזִיר הששְׁחָטָן שֶׁלֹּא כְּמִצְוָתָן — כְּשֵׁרִים, וְלֹא עוֹלִין לַבְּעָלִים לְשׁוּם חוֹבָה, וְנֶאֱכָלִין לְיוֹם אֶחָד, וְאֵינָן טְעוּנִין לֹא לֶחֶם וְלֹא זְרוֹעַ! כְּמִצְוָתָן קָא חָשֵׁיב, שֶׁלֹּא כְּמִצְוָתָן לָא קָא חָשֵׁיב.§ (ג) "הָיוּ לוֹ מָעוֹת סְתוּמִים יִפְּלוּ לִנְדָבָה".§ וַהֲלֹא

[רש"י]

רָבָא אָמַר אֲפִילּוּ תֵּימָא רַבָּנַן. וְהֵיכִי דָּמֵי דְּמִשְׁעְבַּד לָהּ — כְּגוֹן דְּאַקְנְיֵיהּ א) לָהּ נִיהֲלֵיהּ. וְהָא דְּאָמְרַתְּ כֵּיוָן דְּאַקְנְיֵיהּ לָהּ ב) הָוְיָא דְּנַפְשָׁהּ — הָא לָא ג) [קַשְׁיָא], דְּכִי מַקְנֵי לָהּ — בְּמִלְּתָא דִּצְרִיכָא לָהּ כו', דְּאָמַר לָהּ: אִם תְּהֵא צְרִיכָה לְשׁוּם כַּפָּרָה — תְּהֵא בְּהֵמָה שֶׁלָּךְ. וְכֵיוָן דְּלָא צְרִיכָה לָהּ, דְּהֵפֵר לָהּ בַּעְלָהּ — הָוְיָא שֶׁלּוֹ, וְתֵלֵא וְתִרְעֶה בָּעֵדֶר. הִיא מְנָא לָהּ. הָא בְּהֵמָה? הָא קַיְימָא לָן: מַה שֶּׁקָּנְתָה אִשָּׁה קָנָה בַּעְלָהּ! שֶׁקִּמַּצְתָּהּ מֵעִיסָּתָהּ. כְּגוֹן דְּהִשְׂכָּרָהּ לָהּ מְזוֹנוֹת עַל יְדֵי שָׁלִישׁ. וּתְנַן בְּפֶרֶק "אַף עַל פִּי" ד) (כתובות סד:) דְּלֹא יִפְחוֹת לָהּ בַּשָּׁבוּעַ מִשְּׁנֵי קַבִּין חִיטִּין. וְהָלְכָה זוֹ וְקִיפְּחָה מִמְּזוֹנוֹתֶיהָ עַל יָד, ה) (ד) עַד שֶׁלָּקְחָה בָּהֶן בְּהֵמָה זוֹ. אִיבָּעֵית אֵימָא דְּאַקְנֵי לָהּ אַחֵר. דְּאִי קִימַּלְתָּהּ מֵעִיסָּתָהּ אָמְרִינַן נַמִי: מַה שֶּׁקִּמַּלְתָּהּ אִשָּׁה קָנָה בַּעְלָהּ ו). א"ל שְׁמוּאֵל לַאֲבוּהּ בַּר אִיהִי כו' ז) (ה) שֶׁלָּהּ [הָא דַּאֲמַרַן] בְּמִשְׁנָתֵנוּ דְּאֵין טְעוּנִים לֶחֶם. גִּלֵּחַ ח). בְּתוֹךְ יְמֵי נְזִירוּתוֹ ט). אוֹ שֶׁגִּילְּחוּהוּ הַקְּרוֹבִים. בְּתוֹךְ יְמֵי נְזִירוּתוֹ. אוֹ שֶׁמִּיחָה, י) אע"פ שֶׁלֹּא נִתְגַּלֵּחַ — בָּטְלָה נְזִירוּת. וְאִם הָיוּ לוֹ מָעוֹת סְתוּמִין כ) יִפְּלוּ לִנְדָבָה. וְיָבִיאוּ מֵהֶן עוֹלוֹת לְקַיִץ הַמִּזְבֵּחַ, דְּאֵין חוֹשְׁשִׁין לִדְמֵי חַטָּאת שֶׁבָּהֶן, כִּדְלְקַמָּן, שֶׁהֲלָכָה הִיא בְּנָזִיר כָּךְ. וְאֵינָן טְעוּנִין לֶחֶם. שֶׁאֵין כָּאן נָזִיר, וְאֵין אֲנִי יָכוֹל לִקְרוֹת בּוֹ "עַל כַּפֵּי הַנָּזִיר". הַמַּפְרִישׁ מָעוֹת לִנְזִירוּתוֹ. וְהָיוּ סְתוּמִין. לֹא נֶהֱנִין וְלֹא מוֹעֲלִין בָּהֶן מִפְּנֵי שֶׁהֵן רְאוּיִין לְהָבִיא בְּכוּלָּן שְׁלָמִים. דְּבְכָל מָעָה וּמָעָה ל) שֶׁלָּהֶן יָכוֹל לְהָבִיא בָּהֶן שְׁלָמִים, וּבִשְׁלָמִים אָמְרִינַן (מעילה דף ו:) דְּלֵיכָּא מְעִילָה לִפְנֵי זְרִיקַת דָּמִים. מָעוֹת מְפוֹרָשִׁין דְּמֵי עוֹלָה יָבִיאוּ עוֹלָה. וְה"ה דַּהֲוָה לֵיהּ לְמִיתְנֵי דִּדְמֵי חַטָּאת א]יֵלְכוּ לְיָם הַמֶּלַח. שֶׁלְּאַחַר כַּפָּרָה. שֶׁאִם הִפְרִישׁ בְּהֶמְתּוֹ וְאָבְדָה, אוֹ מָעוֹת מ) וְאִבְּדָן, וְהִפְרִישׁ אֲחֵרִים תַּחְתֵּיהֶן וְאח"כ נִמְצְאוּ — חַטָּאת אוֹ דְּמֵי חַטָּאת נ) יוֹלִיךְ לְיָם הַמֶּלַח, וְהָעוֹלָה תִּקְרַב עוֹלָה, וְהַשְּׁלָמִים לִשְׁלָמִים, וְנֶאֱכָלִים לְיוֹם אֶחָד וְאֵינָן טְעוּנִין לֶחֶם. דִּסְבָרָא הוּא כו'. וְתוּ לֵיכָּא. אֶלָּא הָנֵי אַרְבָּעָה אֵילִים שֶׁלֹּא יְהוּ טְעוּנִין לֶחֶם? וְהָא אִיכָּא. דְּתָנֵי לֵוִי ס) בְּמַתְנִי', דְּאָמַר בְּמַסֶּ' מְנָחוֹת (מח:) וּבְתוֹסֶפְתָּא דְּנָזִיר (פ"ד). וּשְׁאָר כָּל שַׁלְמֵי נָזִיר. לְעֵיל אַיְירִי בִּשְׁלָמִים. שֶׁשְּׁחָטָן שֶׁלֹּא כְּמִצְוָתָן. דְּמִצְוָתָן (ו) לְהָבִיא בֶּן שְׁתֵּי שָׁנִים ע) לְשֵׁם שַׁלְמֵי נָזִיר. כְּמִצְוָתָן קָתָנֵי. דְּלָא הָווּ אֶלָּא אַרְבָּעָה. אָמַר

[תוספות]

במילתא דלא צריכא לה, כגון שהפר לה – לא אקני לה. ופי' הר"ס: דלא מיירי שנתן לה עתה לקרבנות נזירות – דא"כ קיים לה נדרה, ושוב לא יוכל להפר. אלא כגון דאמר לה קודם לכן ימים רבים: אם תצטרכי לקרבנות תקחי מבהמותי. [האמרת]. ל"ג "תנן", דהוי משמע כאילו בא להקשות, והוא לא בא אלא לפרש. והא אמרינן מה שקנתה אשה קנה בעלה – לאו דווקא, אלא כלומר: הכי קיימא לן בעלמא. שקימצה מעיסתה. וא"ת: והא אמר בפרק "אע"פ" (כתובות נט.) דמותר מזונות לבעל! וי"ל: דהכא מיירי שאמר לה "צאי מעשה ידיך במזונותיך", ונתרצת בכך, והותירה ממעשה ידיה. והא ודאי דידה הוא. ועוד תירץ הר"ס: דהא דאמרינן מותר מזונות לבעל – כגון שקצבו לה כך וכך דינרין לשבת, והוזלו המזונות, שדי לה באותה קצבה כדי שבעה והותר – אותו מותר לבעל. אבל הכא מיירי שקימצה מעיסתה, שלא הוזלו המזונות אלא קימצה ופיחתה מפיה שלא אכלה כדי שובע דההוא מותר הוי ודאי דידה. ואמר לה על מנת שאין לבעליך רשות בהן. ר"ת פסק כרב, דאמר פרק בתרא דנדרים (דף פח.): המודר הנאה מחתנו ורוצה ליתן מעות לבתו, אומר: הרי מעות נתונים ליך במתנה, ובלבד שלא יהא לבעליך רשות בהן, אלא מה שאת נושאת ונותנת בפיך. ואמר רב עלה: ל"ש אלא "מה שאת נושאת ונותנת לתוך פיך", אבל אמר לה "מה שתרצי תעשי" – קנה יתהון בעל. ואע"ג דשמואל פליג עליה התם, והלכתא כוותיה בדיני, מ"מ כי איתשיל – לענין איסורין איתשיל. ובשמעתין קיצר התלמוד, וי"ל שאמר לה "מה שאת נושאת ונותנת לפיך". אמר שמואל לאבוה בר איהי לא תיתיב. אלא עמוד. ב] על כרעיך – על רגליך, כמו "מתותי כרעיה דר' חנינא" בפרק קמא דחולין (דף ז:), עד דאמרת לי הדא מלתא. אלו הן אילים שלו ושלה ושל אחר מיתה ושל אחר כפרה. אע"ג דכולן משניות הס, שמא שלאחר כפרה דלא תנינא בהדיא קמיבעיא ליה. אי נמי, כל זה מדברי שמואל: "שלה הא דאמרן" עד [דפריך] ליה "ותו ליכא, והא איכא ושאר שלמי נזיר" – כל זה פריך שמואל לאבוה בר איהי. והשיב: שלא כמצותן לא קחשיב. שלה הא דאמרן. במתני' ג] (היינו בממונה). שלו דתנן האיש מדיר בנו בנזיר. מתני' היא בפירקין (לקמן כח:). ובשילהי פירקין מפרש ליה מר דהלכה היא דאיש מדיר בנו, [והלכה] נתקבל – דיכול למחות בין הוא בין קרוביו. לפיכך גלח הוא – ועשה מעשה בגופו לבטל נזירות אביו, או שמיחה – בדיבורו. שלאחר מיתה. "דתנן" גרסינן דמשנה היא פ"ג דמעילה (דף יא.): המפריש מעות לנזירותו – לא נהנין ולא מועלין. לא נהנין – מדרבנן. או שמא אפילו מדאורייתא אסור, אע"ג דקיימא לשלמים – מידי דהוה אשלמים מחיים, דנהי דמעילה ליכא – איסור דאורייתא איכא. מפני שראוין כולם לבא שלמים. דכיון שלא פירש כלום, אם [יתרמי לו בהמה] ד] שמינה – יביא בכולן שלמים אם ירצה, והשאר יביא מביתו, ולכך אין מועלין בהן. היו לו מעות סתומים יפלו לנדבה. נדבת צבור עולה הויא. ואין טעונין לחם. במנחות (דף ד: ד"ה ואין) פרשינן: דבעי על כפי נזיר לתנופה, וליכא. שלאחר מיתה מאי טעמא. לא בעי שלמים לחם – דלא חזיא לכפרה, ואין כאן כפי נזיר. שלאחר כפרה נמי, כגון שנדר והפריש קרבנותיו ואבדו – והביא אחרים ונתכפר בהן, ואח"כ נמצאו הראשונים – אותן שלמים נמי קרינן בלא לחם. ותו ליכא והאיכא ושאר שלמי נזיר ששחטן שלא כמצותן. פירש רש"י במנחות (דף מח:): ששחטן שלא לשמן. עוד פירש שם לישנא אחרינא: שלא כמצותן – דאיל כתיב ביה, בן שתי שנים, והביאם בני שנה – ה] [כשרים] לשלמי נדבה. ונאכלין ליום אחד. כחומר שלמי נזיר. דשאר שלמים נאכלין לשני ימים. דדינן כתודה, דאמר מר: "על זבח תודת שלמיו" – לרבות שלמי נזיר (מנחות דף יט.). ואין טעונין לא לחם ולא זרוע. הואיל ואין הנזיר ניתר בהן – לכך אין טעונין זרוע להתבשל עם האיל, ולעשות תנופה. וה"ה דבמתניתין הוה ליה למיתני: ולא זרוע. היו לו מעות סתומים. הכי גרסינן בספרים: והיו לו. ומשמע דקאי אמפריש מעות לנזירותו דמסכת מעילה, ולא אמתני' [דהכא] ו] דהיו לה מעות סתומים. ונראה דלכך לא קשיא ליה אמתני' [דהכא] – משום דאיכא לאוקומי דאמר "לנזירות", ולכך יפלו לנדבה, דאי בעי מייתי בכולן עולה. אבל אמתני' דהתם קשיא ליה, דע"כ מיירי היכא דאמר "לקרבנות נזירותי", דאם לא כן – אמאי תנא מעות סתומות? והא בסתומין איירי בהך דינא ז] (דלעיל). אבל במתני' דעד השתא איירי בבהמות, ועתה התחיל לשנות דין דמעות סתומין, ולהכי פריך אהא דהתם סתומים יפלו. הגה"ה יפלו לנדבה והלא דמי חטאת מעורבין בהן. ואיך יפלו לנדבה? והוא הדין דהוה מצי לאותובי: והלא דמי שלמים מעורבין, שאינן כליל, ואיך יפלו לנדבה לעולת קיץ למזבח דהוי כולה כליל? אלא דעדיפא פריך, מחטאת, שאינו כלל בר הקרבה לאחר המיתה, אלא ליס המלח אזיל. וא"ת: *)[וליתני]: מפני שראוין להביא בכולן [עולה], כדאמר לעיל: מפני שראוין להביא בכולן שלמים! וי"ל: **)דהכא משום כשהוא חי שייך למימר מימליך, אבל כשמת – לא שייך למימר מימליך, והרי הם כתחילת הפרשה, והרי הם כמפורשים גם לחטאת. ועי"ל: דהא דאמר שיכול לשנות להביאן כולן לשלמים – היינו דווקא היכא דאמר "אלו מעות לנזירותי" דמשמע: אם ארצה אביא בשליש עולה ובשליש חטאת ובשליש שלמים, או אם ארצה

*) נ"א וליתני **) נ"ל דהתם

[עין משפט נר מצוה]

כו א מיי' פ"ג מהל' זכייה ומתנה הלכה יב יג ופ"ז מהל' נדרים הלכה יז סמג עשין פב ולאוין רמב טוש"ע אה"ע סי' פה סעיף יא וטוש"ע י"ד סימן רכב:

כז ב מיי' שם ופ"ט מהל' נזירות הלכה ט סמג שם טוש"ע שם:

כח ג מיי' פ"ד מהל' מעילה הלכה ג:

כט ד מיי' פ"ה מהלכות פסולי המוקדשין הלכה א ופ"ט מהל' נזירות הלכה ג:

ל ה מיי' פ"ח מהל' נזירות הלכה יב ופט"ו מהל' פסולי המוקדשין הלכה כ:

פי' הרא"ש

לה קרבנותיה לצורך נזיר' זו דא"כ ניחא ליה כמו שנדרה וכמ"ד קיים ליכי ולא מצי תו למיפר. אלא מכבר אמר לה אם תצטרכי קרבנות קחי מעדרי: שקימצה מעיסתה צמצמה מזונותיה והותירה: לא תיתיב על כרעיך כלו' לא תשב אלא עמוד על רגליך כמו מתותיה כרעיה דר' חנינא פ"ק דחולין: שלה הא דאמרי' במתני'. האיש מדיר את בנו בנזיר לחנכו במצות או הלכה למשה מסיני כדמפ' לקמן ואם גלח או מיחה או קרוביו אחר שמת האב בטל' ואם הניח לו אביו מעות סתומים. מפני שראוין לבא כלם שלמים שמא ירצה יקנה בהם בהמה שמינה וגדולה לשלמים וממעות אחרים יקנה חטאת ועולה ואין מעילה אלא בדבר שהוא מבורר שהוא קדוש לדבר הראוי למעול בו: שלאחר כפרה נמי סברא הוה ומיירי דהוה לאחר מיתה. איכא לפ' הך דשמואל שאל לאבוה בר איהי הי נינהו ד' אילים שאינן טעונים לחם והשיב לו אלו הן ותלמודא קא בעי ותו ליכא א"נ שמואל א"ל לאבוה בר איהי אלו הן ד' אילים ומנה אותם ותו ליכא וכו' מדברי שמואל: ששחטן שלא כמצותן במנחות פרש"י שלא לשמן עוד פי' פירוש אחר שהביאן בני שנה ודרכן להיות בני שנתיים דכתיב בהו איל כשרים כדין שלמי נדבה דכל הזבחים שנזבחו שלא לשמן כשרים אלא שלא עלו לבעלים לשם חובה. וכן נמי אם הביאן בני שנה. ואינן טעונים לחם פרש"י הואיל ואין באין בתורת נזיר דבעי' על כפי הנזיר. ור"י פי' שאין טעונין לחם לתנופה. אבל לחם צריך להביא. ולא זרוע פר"י דהזרוע יתנו לכהנים דאין הבעלים יכולין לאוכלו ואין טעון תנופה. וה"ה במתני' ה"ל למתני ולא זרוע

גליון הש"ס

גמ' ילכו ליס המלח. לא נהנין ולא מועלין בהם:

[מסורת הש"ס]

[גיטין עז. סנהדרין עא.]

[קדושין לו: וש"נ]

לקמן כח:

מנחות ד: מעילה יח. תוספתא דמעילה פ"א

מנחות מח: ע"ש [תוס' פ"ד]

נוסחת הריב"ן

א) לאקנייה ניהלה: ב) הוי: ג) הוי: ד) אע"פ שאמרו: ה) על יד על יד: ו) בעלה מפי השמועה הס"ד: ז) אלו הן ד' אילים של שלמי נזיר כו' שלה הא דאמרן כו': ח) גילח אותו קטן שהזירו אביו בתוך כו': ט) ולא רצה להיות נזיר הס"ד: י) אף הוא וקרוביו מיחו שלא להיות נזיר אע"פ: כ) סתומין היינו שהפריש לו אביו מעות לצורך נזירותו יפלו לנדבה כו': ל) שבהן: מ) ואבדו: נ) ילכו: ס) במתניתיה: ע) בן שתי שנים והביא בן שנה או ששחטן לשום תודה כשרים כו': כמצותן בן שתי שנים לשם שלמי נזיר קתני דלא הוו אלא ד' הס"ד:

הגהות הב"ח

(א) גמ' את בנה בנזיר כילד גילח או שגילחוהו קרוביו מיחה או שמיחו קרוביו היו לו וכו' ליס המלח לא נהנין ולא מועלין דמי עולה: (ב) שם ותו ליכא והאיכא דתני לוי ושאר כל: (ג) שם לא קא חשיב מת והיו לו מעות סתומין: (ד) רש"י ד"ה שקמלתה וכו' ממזונותיה על יד על יד עד שלקחה: (ה) ד"ה אמר ליה שמואל לאבוה בר איהי כו' ואלו הם שלה דאמרינן במשנתנו: (ו) ד"ה ושאר וכו' דמצותן היא להביא כצ"ל והד"א:

הגהות מהר"ב רנשבורג א] רש"י ד"ה מעות וכו' ילכו ליס המלח. נ"ב עי' א"מ: ב] תוס' ד"ה אמר שמואל וכו' אלא עמוד. נ"ב עי' א"מ שכתב כאן הס"ד ואח"כ מה"ד על וכו': ג] ד"ה שלה הא וכו' היינו בממונה נמחק. ונ"ב היתה בהמתה שלה כצ"ל. א"מ: ד] ד"ה מפני וכו' אם יתרמי לו בהמה שלימה כצ"ל. א"מ: ה] ד"ה ותו ליכא וכו' והביאם בני שנה. נ"ב כאן הס"ד ואח"כ מה"ד כשרים לשלמי נדבה א"מ: ו] ד"ה היו לו וכו' דהיו לה מעות סתומים נ"ב עי' א"מ: ז] בא"ד והא בסתומין וכו' בהך דינא לעיל. תי' לדלעיל נמחק ונ"ב דלא פירש כצ"ל. א"מ:

והלא דמי חטאת מעורבין בהן! א"ר יוחנן: הלכה היא בנזיר. ר"ל אמר: °"לכל נדריהם (ויקרא כב) ולכל נדבותם", התורה אמרה: מותר נדר יהא לנדבה. בשלמא לר' יוחנן, דאמר: הלכה היא בנזיר — אמטו להכי, סתומין — אין, מפורשין — לא. אלא לר"ל, "לכל נדריהם ולכל נדבותם" — מאי איריא סתומין? אפילו מפורשין! אמר רבא: מפורשין לא מצית אמרת, כבר פסקה *תנא דבי ר' ישמעאל: °"רק קדשיך אשר יהיו לך (דברים יב) ונדריך" — בולדי קדשים ובתמורתם הכתוב מדבר; מה תקנתן — °"תשא ובאת אל המקום (שם) אשר יבחר ה'". יכול יעלם לבית הבחירה וימנע מהם מים ומזון בשביל שימותו — ת"ל °"ועשית עלתיך הבשר והדם" (שם), לומר לך: א כדרך שאתה נוהג בעולה — נהוג בתמורתה, ב כדרך שאתה נוהג בשלמים — נהוג בולדיהם. יכול אף ולד חטאת ותמורת אשם כן — ג ת"ל "רק", דברי ר' ישמעאל. א] ר"ע אומר: אינו צריך: הרי הוא אומר "אשם הוא" — בהווייתו יהא. קתני: יכול יעלם לבית הבחירה וימנע מהם מים ומזון בשביל שימותו — ת"ל "ועשית עלתיך". אמאי? הא ולד חטאת הוא דגמירין בה מיתה! אי לאו קרא ה"א: ולד חטאת בכל מקום, וולדי

א"ר יוחנן הלכה היא בנזיר. כך, דהואיל וסתומין הן, אע"פ שמעורבין הן – יפלו לנדבה. מותר נדר יהא לנדבה. והכא נמי, כיון דהני מעות לא צריכי, שכבר מת – א) הוו להו מותר, ויפלו לנדבה, ואין חוששין לדמי חטאת שבהן. אמטו להכי סתומין. תנן דיפלו לנדבה, דאין הלכה בידינו אלא מסתומין. אלא לר"ל. דמפיק ליה מן קרא, מאי איריא סתומין? אפילו מפורשין, כיון דמת – הוה ליה מותר, ואמאי ב) תני: דמי חטאת ילכו לים המלח? כבר פסקה תנא דבי ר"י. דלמיתה אזלא. רק קדשיך אשר יהיו לך וגו'. מי הן אותן קדשים שהן עכשיו, ועתידים להעמיד אחרים תחתיהם, שריבה הכתוב "אשר יהיו לך" – הוי אומר ולדי קדשים ותמורתן, ומה הן תקנתן – כמו שנאמר לאחריו. תשא ובאת אל המקום. שלא שינה בהן הכתוב משאר קדשים – שעולים אל המקום, כדכתיב בפרשת ויקרא "אם עולה קרבנו מן הבקר זכר תמים יקריבנו אל פתח אהל מועד", ג) וכך כתוב בזבחי שלמים. יכול יעלם לבית הבחירה וימנע מהם מים ומזון. שיכניסם לכיפה בשביל שימותו – ת"ל לאחריו "ועשית עולותיך (א) ד) הבשר והדם על מזבח וגו' ודם זבחיך ישפך על מזבח ה' אלהיך והבשר תאכל", לומר לך: כשם שאתה נוהג בעולה ה) – נהוג בתמורתה, כדרך שנוהג בשלמים – ו) נהוג בולדותיהם. ולדותיהן לגבי עולה לא חשיב, דאין עולה באה אלא זכר. אבל שלמים – "אם זכר אם נקבה" כתיב. וכן נמי באשם ליכא ולד, דאינו בא אלא זכר. ת"ל רק. שאין הכתוב מדבר אלא בתמורת עולה (ב) ולדות שלמים, ולא בולד חטאת ותמורת אשם. "ודם זבחיך ישפך" דכתיב בקרא – היינו שלמים. ר"ע אומר אינו צריך. למעט אשם, שהרי הוא אומר "אשם הוא" בהווייתו. ז) ולקמן מפרש מאי קאמר. קתני יכול יעלם. כמו: אמר מר יכול יעלם – ת"ל "ועשית עולותיך הבשר והדם". טעמא דכתב רחמנא "ועשית עולותיך" – משום הכי לא יומתו ולדי שלמים ותמורת עולה, הא אי לא כתב קרא – אזלי למיתה. אמאי הא גבי ולדות חטאת הוא דגמרי (ג) מיתה. בלבד, במס' תמורה (דף כא:), ולא גבי שאר ולדות קדשים ותמורותיהם. אי לאו קרא. "ועשית עולותיך" – הוה אמינא: ולדי חטאת מתים בכל מקום שהן. אבל

ארלה אעשה מכולן חטאת, או מכולן שלמים, ד"לנזירות" – משמע שפיר למקלת נזירותו. אבל היכא דמת והיו לו מעות סתומין דיפלו לנדבה, דאיירי בהפריש מעות ואמר "מעות הללו לקרבנות נזירותי" – לא יוכל להביא בכולן קרבן אחד, דהא "קרבנות" קאמר. הילכך, יש במעות הללו דמי חטאת. לכך פריך: איך יהא בכולן נדבה? והלא דמי חטאת מעורבין בהן. ובזה מתיישב לשון מתני' דמעילה (דף יא.): המפריש [מעות] לנזירות – אין מועלין בהן, מפני שראויין לבא בכולן שלמים, [ומיירי מתני']. ב] ובתר הכי תני: מת והיו לו מעות סתומין. והא בסתומין איירינן, והכי איבעי ליה למימר: מת יפלו לנדבה! אלא הכא [קא מיירי] דאמר דוקא "לנזירותי", דאז יכול להביא בכולן אחד מקרבנותיו, דמשמע ג] אכל קרבנותיו קאמר. ולכך קתני בסיפא: מת והיו לו מעות סתומין, ואפילו נמי אמר "אלו לקרבנות נזירותי" – כולן יפלו לנדבה. וכן מוכח מהסוא (דלרבא) [דלקמן] (דף כו:): "אלו לחטאתי והשאר לשאר נזירותי" ומת – דמי חטאת ילכו לים המלח, והשאר יביא בחציו עולה ובחציו שלמים. ומשמע משום דאמר "השאר לשאר נזירות", דחשבינן ליה כאומר "לקרבנות נזירותי", אבל אמר "והשאר לנזירותי", ולא "לשאר" – מכולן יעשה מהם עולה, או שלמים מכולן, כך פר"י. הגה"ה

הלכה היא בנזיר. הלכה למשה מסיני הוא [דסתומין] יפלו לנדבה, אע"פ שדמי חטאת מעורבין בהן. ואדרבה, לקמן מוכחא כשדמי חטאת דוקא מעורב בהן [אז] (נדר) ד] נתקבלה הלכה שיפלו לנדבה. אבל אם דמי עולה ושלמים לבד מעורבין יחד – לא נאמר בהן שיפלו לנדבה, אלא יביא חציין עולה וחציין שלמים. **רבי** שמעון בן לקיש אומר לכל נדריהם ולכל נדבותם התורה אמרה מותר נדר יהיה לנדבה. וכל קרבנות נזיר – בנדר הם באין, ע"י שנדר ה] בנזור, ואפילו החטאת. וסברא הוא לאוקומי במותר כי האי, דבשאר מותר לא משכחת לה, דאם הפריש [מעות] לעולה ונותרו, שהוזלו הבהמות – יכול להקריב מהם עולה, וכן שלמים כמו שהפריש מתחילה. וסברא להעמידם במותר סתום כי האי, חטאת עולה ושלמים מעורבין יחד.

בשלמא לר' יוחנן דאמר הלכה היא בנזיר אמטו להכי סתומין אין מפורשין לא. שכן נשנית הלכה למשה מסיני. אלא לרבי שמעון בן לקיש אפילו מפורשין, דנימא: מקרא מלא דבר הכתוב, ואמאי תני במתניתין: מפורשין לא? **מפורשין** לא מצית אמרת. דיפלו לנדבה, דכבר פסקה תנא דבי רבי ישמעאל דולד חטאת מתה, ולא לנדבה. וה"נ נימא במותר שלה דלאיבוד אזיל, ולא לנדבה. דהכל נקרא מותר חטאת, בין ולד חטאת בין תמורת חטאת, כי הכא דמפריש מפורשין והיפר לה בעלה, או ההיא דתנן במסכת מעילה (דף יא.) היכא דהפריש מעות לנזירותו ומת, והיו לו מעות מפורשין, כל אלה שאינן חטאת עצמן – הם מותרות עליהם. וה"ה דמלי למימר דהלכה גמירי לה חטאת מתה, אלא ניחא ליה לאתויי תנא דבי רבי ישמעאל, [דתנא] חטאת – מתה, עולה ושלמים – יקריבו שלמים כל אחד כדיניה, כמו במשנתינו, דקאמר: עולה תיקרב עולה. **רק** קדשיך אשר יהיו לך. בתמורה בריש פ' "אלו קדשים" דריש: "רק קדשיך" – אלו התמורות, "אשר יהיו לך" – אלו הוולדות. דלעולה ושלמים גופייהו לא איצטריך, שהרי כבר מפורש בויקרא "זאת תורת עולה ותורת שלמים". **ומאי** תקנתן תשא ובאת בירושלים יכול יעלם לבית הבחירה וימנע מהם מים ומזון כדי שימותו. כלומר, יכניסם כדרך שעושין בולד חטאת ובתמורת חטאת, דאזלו למיתה. **ת"ל** ועשית עולותיך הבשר והדם. סיפא דהאי קרא "ודם זבחיך ישפך והבשר תאכל" – והיינו שלמים, וסמיך ליה האי קרא "רק קדשיך", לומר לך: כדרך שאתה נוהג בעולה, כלומר שקריבין למזבח – נהוג בתמורתן, וכדרך שאתה נוהג בשלמים, דסיפיה דקרא איירי בשלמים, דכתיב "והבשר תאכל" – נהוג בולדה. ונקט תמורה לגבי עולה, דזכר לא שייך ביה ולד, וגבי שלמים דנקבה נקט ולד. **יכול** אף ולד חטאת ותמורת אשם וכו'. גבי חטאת נקט ולד, שהיא באה נקבה, וגבי אשם תמורה, שהוא בא זכר. והכי קאמר: יכול אף בולד חטאת תנהוג בו דין חטאת, ובתמורת אשם דין אשם, כלומר שיקרב לשם חטאת ולשם אשם – תלמוד לומר "רק" – למעוטי ולד חטאת ותמורת אשם, דאכין ורקין מיעוטין. **ר"ע** אומר [אינו צריך]. דאינו מביא לאשם אלא אשם עצמו. **קתני** יכול יעלם. כמו: אמר מר. **ואמאי** הא גבי ולד חטאת הוא דגמירי מיתה. דהילכתא גמירי לה דחמש חטאות מתות, ואלו הן: [ולד] חטאת, ותמורת חטאת, וחטאת שמתו בעליה, ושנתכפרו בעליה באחר, ושעברה שנתה. והואיל ולא איירי בשלמים ועולה – מהיכא תיתי שימותו? **אי** לאו קרא הוה אמינא ולד חטאת בב"מ. שירעה בגבולין, שימותו. אבל מעולה ומשלמים – יביאם לבית הבחירה. *)**קתני** יכול אף ולד חטאת ותמורת אשם כן ת"ל רק הא למה לי קרא [דלא] יקריבו כו' לאשם הוא דאתא – לומר שאינו קרב אשם, דאי לאו קרא – הוה אמינא תנהוג בתמורת אשם [כדין תמורת עולה. ופריך: הא נמי הילכתא] דכל שבחטאת מתה באשם רועה. לפי' ר"ת, דפירש כל שבחטאת מתה באשם עולה, פריך הכי: דמשמע [דאי לאו קרא ה"א ו] דדין תמורת אשם] כדין שנוהג בתמורת עולה דין עולה. וליתא, דהלכה דתמורת אשם לא קריבה אשם, אלא עולה! ומשני: דודאי לחטאת נמי צריך קרא, לומר [שאם קרב] חטאת ואשם – קאי עלה בעשה. דהכי משמע קרא: תמורת עולה וולד [שלמים] יקרב כל אחד במינו, האי לשם עולה והאי לשם שלמים, כדכתיב "תשא ובאת ועשית עולותיך הבשר", ז] [הא] ולד חטאת ותמורת אשם – לא תשא ותקריב לשם חטאת ותמורת אשם לשם ח] עולה. אלא ולד חטאת מתה מהילכתא, ותמורת אשם מהילכתא קריב לשם עולה, לפירוש רבינו תם דבסמוך, לאו הבא מכלל עשה עשה. דאי מהילכתא – הוה אמינא הילכתא שלא יקריב חטאת ואשם, דאי מקריב ליה – לא מיחייב, קא משמע לן קרא ואי

*) שייך לע"ב

לא א ב מיי' פ"ג ופ"ד מהל' תמורה הל"א:
לב ג מיי' שם פ"ג הל' א ופ"ד הל"ב:

תמורה יז: [ע"ש בכורות יז: ע"ש]

פי' הרא"ש

והלא דמי חטאת מעורבין וכו' ואיך יפלו לנדבה וה"ה דהוה מצי למפרך והלא דמי שלמים מעורבין בהן ואיך יביאו מדמי שלמים עולות: אמטו להכי סתומים אין מפורשים לא שכך קבלו הלכה למשה מסיני. מפורשים לא מצית אמרת כבר פסקה תנא דבי ר' ישמעאל דולד חטאת ותמורת חטאת למיתה אזלא. וה"ה מתו בעליה ונתכפרו בעליה א) דהלכה למשה מסיני דכולהו מתות אלא דניחא ליה לאתויי תנא דבי ר' ישמעאל דדריש להו מקראי. וכיון דהחטאת מתה גם המעות כיון דפי' לדמי חטאת ילכו לים המלח: רק קדשיך אשר יהיו לך. בתמורה פ' ואלו קדשים ה"ק קדשיך אלו התמורות. נ"ל מדכתיב והיה הוא ותמורתו יהיה קודש: אשר יהיו לך אלו הולדות. נ"ל משום דקדושים בהווייתן ונולדו קדשים ובתמורה הכתוב מדבר דאילו עולות ושלמים [גופייהו] כבר נתפרש כל דינם. יכול יעלם לבית הבחירה וימנע מהם מים ומזון בשביל שימותו כדרך שעושין בולד חטאת ובתמורת חטאת דלמיתה אזלא. תלמוד לומר ועשית עולותיך הבשר והדם. ובסיפיה דקרא נמי כתיב ודם זבחיך ישפך [והבשר] תאכל דהיינו שלמים: כדרך שאתה נוהג בעולה תנהוג בתמורתה וכדרך שאתה נוהג בשלמים תנהוג בולדן ותמורתן יכול אף ולד חטאת ותמורת אשם כן. לא הזכיר באשם ולד דאשם בא זכר ומשום דנקט באשם א' נקט בחטאת נמי א': תלמוד לומר רק למעוטי ולד חטאת ותמורת אשם ר"ע אומר אינו צריך מיעוט לאשם: ואמאי והא גבי ולד חטאת הוא דגמירי דהא חטאות מתות הלכה למשה מסיני אבל עולה ושלמים מדגלי הלכתא בחטאת אבל אינהו לא: הוה אמינא ולד חטאת בכל מקום וכו' אי הוה כתיב תשא ובאת ולא הוה כתיב ועשית עולותיך ה"א דהלכה היא בחטאת למות בכל מקום ומתשא ובאת הוה דרשי' דשאר ולדי קדשים ימותו בבית הבחירה:

א) נראה דחסר כאן וצ"ל וה"ה דהוי מצי למימר דהלמ"מ הוא דכולהו וכו'.

נוסחת הריב"ן

א) דהוו: ב) תנן: ג) יקריב אותו לרצונו לפני ה': ד) תמורת העולה הבשר והדם וגו' והדר ודם ולדי שלמים זבחיך ישפך כו': ה) כך נהוג: ו) כך נהוג: ז) בהווייתו יהא:

הגהות הב"ח

(א) רש"י ד"ה יכול יעלם וכו' ועשית עולותיך תמורת עולה הבשר והדם וכו' כדרך שאתה נוהג בשלמים: (ב) ד"ה ת"ל רק וכו' עולה וולדות שלמים: (ג) ד"ה אמאי וכו' דגמרי בה מיתה בלבד:

הגהות מהר"ב רנשבורג

א] גמ' רבי עקיבא וכו' בהווייתו יהא. נ"ב עי' א"מ ובתוס' ע"ב ד"ה ר"ע: ב] תוס' ד"ה (בדף הקודם) הגה"ה יפלו לנדבה וכו' מפני שראוין לבא בכולן שלמים ומיירי מתניתין בסתומין כצ"ל: ג] בא"ד לאמר דוקא לנזירותי דאז יכול להביא בכולן אחד מקרבנותיו דמשמע קצת מנזירותיו אבל אמר לקרבנות נזירותי לא דמשמע אכל וכו' כצ"ל. א"מ: ד] ד"ה הגה"ה הלכה היא וכו' אז נדר. תי' נדר נמחק ונ"ב נאמר: ה] ד"ה רשב"ל וכו' שנדר בנזור מלת בנזור נמחק. ונ"ב בנזיר א"מ: ו] ד"ה קתני וכו' דדין תמורת אשם. תי' דדין תמורת אשם נמחק. ונ"ב תנהוג בתמורת אשם דין אשם: ז] בא"ד כדכתיב תשא ובאת וכו' הבשר הא. תי' הא נמחק. ונ"ב והדם א"מ: ח] בא"ד ותמורת אשם לשם עולה. תי' עולה נמחק ונ"ב אשם. א"מ:

לג א מיי' פ"ד מהל' פסולי מוקדשין הל' א ופ"ד מהל' תמורה הל"ב:
לד ב מיי' פ"ד מהל' פסולי מוקדשין הלי"ד:
לה ג מיי' שם הלט"ו:
לו ד מיי' שם פ"ה הלי"א:

וְוָלָדֵי קָדָשִׁים בְּבֵית הַבְּחִירָה, קמ"ל דְּלָא. קָתָנֵי: יָכוֹל אַף וְלַד חַטָּאת וּתְמוּרַת אָשָׁם כֵּן – ת"ל "רַק". לָמָּה לִי קְרָא? אהִילְכְתָא גְּמִירִי לָהּ: וְלַד חַטָּאת לְמִיתָה אָזֵיל! הָכִי נַמִי, וּקְרָא לְאָשָׁם הוּא דְּאָתָא. *באָשָׁם נַמִי הִילְכְתָא גְּמִירִי לָהּ: כָּל שֶׁאִילּוּ בְּחַטָּאת מֵתָה – בְּאָשָׁם רוֹעֶה! א] אֶלָּא, אִי מֵהִילְכְתָא – הֲוָה אָמִינָא: הִילְכְתָא, וְאִי אַקְרִיבֵיהּ – לָא לִיחַיֵּיב עֲלֵיהּ וְלָא כְּלוּם, קמ"ל קְרָא דְּאִי מַקְרִיב לֵיהּ – קָאֵים עֲלֵיהּ בַּעֲשֵׂה.§ "ר"ע אוֹמֵר אֵינוֹ צָרִיךְ, הֲרֵי הוּא אוֹמֵר "אָשָׁם הוּא" – בַּהֲוָיָיתוֹ יְהֵא".§ לָמָּה לִי קְרָא? גְּמָרָא גְּמִירִין לָהּ: כָּל שֶׁבְּחַטָּאת מֵתָה – בְּאָשָׁם רוֹעֶה! הָכִי נַמִי, וְכִי אֲתָא קְרָא – לְדְרַב. *דְּאָמַר רַב הוּנָא אָמַר רַב: גאָשָׁם שֶׁנִּיתַּק לִרְעִיָּה, וּשְׁחָטוֹ לְשֵׁם עוֹלָה – כָּשֵׁר. טַעֲמָא – דְּנִיתַּק, הָא לָא נִיתַּק – לָא, דְּאָמַר קְרָא: "הוּא" – בַּהֲוָיָיתוֹ יְהֵא. אָמַר מָר: הֲלָכָה הִיא בְּנָזִיר. וְתוּ לֵיכָּא? וְהָתַנְיָא: דוּשְׁאָר חַיָּיבֵי קִינִּין שֶׁבַּתּוֹרָה שֶׁהִפְרִישׁוּ

ואי מקרא – ה"א לא יקריבה חטאת ואשם, אבל יקריבה עולה ושלמים אם ירצה, קמ"ל הילכתא: חטאת מתה, ותמורת אשם קריבה עולה דוקא. רבי עקיבא אומר אין צריך הרי הוא אומר אשם הוא הוא קרב ואין תמורתו קריבה הא ל"ל קרא. וא"ת: לישני ליה דאיצטריך קרא למיקם עליה בעשה, כדשני לעיל לרבי ישמעאל! וי"ל: ד"הוא" לא משמע עשה [כ"כ] כמו "רק" דהוי מיעוטא. וא"ת: ומאי קאמר ר"ע לר' ישמעאל אינו צריך? הא איצטריך שפיר קרא דר' ישמעאל לעשה, דלא משמע מ"הוא"! וי"ל: דר"ע מיטעא קטעי במילתיה דר' ישמעאל, דס"ד דלית ליה לר' ישמעאל הילכתא דחמש חטאות, ולא מייתי ר' ישמעאל קרא ד"רק" ללמד אעשה, אלא אמיעוטא, שאינו קרב. ומש"ה [אמר]: אינו צריך הרי הוא [אומר וכו'], דמשמע שפיר מיעוטא דאינו קרב. וא"ת: ואכתי, מאי קא"ל ר"ע אינו צריך? [הא] ר"ע גופיה לא דריש "הוא" להאי דרשא, אלא לכדרב הונא אמר רב ס"ל – א"כ גם לר' ישמעאל איצטריך ליה לכדרב הונא, ומאי קא"ל ר"ע דאינו צריך "רק"? הא צריך וצריך, כיון ד"הוא" אתא לדרשא אחרינא, כדרב הונא! וי"ל: דלמאי דפרישית אתי שפיר, דר"ע טעה בדברי ר' ישמעאל, וסבר דלית ליה הילכתא דחמש חטאות, ולא אייתי קרא ד"רק" אלא למעוטי מהקרבה, ולה"ק: ולדידך דלית לך ההלכה, ומצרכת "רק" לומר דלא קרב – אינו צריך "רק", דשפיר מצי למידרש מ"הוא" באשם גופיה. בשלמא לדידי דאית לי הילכתא בחמש חטאות מתות, ובאשם לא צריכא לי קרא ד"הוא" למעוטי אשם מהקרבה, דנפקא ליה מהילכתא דלא קרב אשם, ודרשינן "הוא" לכדרב הונא, וכי אתא קרא ד"רק" – לעשה. אלא לדידך דלית לך הילכתא, אלא דרשא מקרא ד"רק" לאיסור הקרבה – אינו צריך ל"רק", דטוב שתדרוש משפט תמורת אשם מ"הוא" הכתוב באשם גופיה, יותר משתדרוש לכדרב הונא. **וכי אתא** קרא לאשם שניתק לרעייה דקי"ל: חטאת שמתו בעליה, נתכפרו בעליה, עברה שנתה – תמות. וכל שבחטאת מתה – באשם רועה. והיינו ניתק לרעייה – שנמסר לרועה. כגון אשם [שנאבד] ונתכפרו בעליו באחר, ואחרי כן נמצא – רועה, ב]דאיצטריך שירעה עד שיסתאב, ויביא בדמיו עולה. [וקאמר] רב הונא דאם אחר שנתקו ונתנו למרעה הבהמות, לקחו ושחטו [סתם] – כשר, והוי עולה. כיון שלבסוף דמיו היו נופלין לעולה. **ניתק אין לא ניתק לא דאמר קרא הוא בהווייתו יהא.** והווייתו אשם, ופסול. פירוש: מ"הוא" משמע, ג] מדלא קאי להכי, אתא "הוא" לאשמועינן דבעי ניתוק. וקשה להאי גירסא: דלמה לי קרא ד"הוא"? הא הילכתא הוא דכל שבחטאת מתה, דהיינו נתכפרו בעליה – באשם רועה, אלמא דבעי ניתוק! ותו, דבפ"ק דשבועות (דף יב.) ד] קאמר: א"ה כי לא ניתק נמי! ומשני: גזירה לאחר כפרה אטו לפני כפרה. אלמא דניתוק לא הוי אלא מדרבנן בעלמא, והכא מפיק ליה מקרא ד"הוא"! ואהתם נמי קשה: והא הלכה היא דבעי ניתוק! ופי' ר"ת, [דהילכתא] נישנית: [כל שבחטאת מתה] – באשם עולה, בלא שום ניתוק. והא דקאמר התלמוד: באשם רועה – משום דגזרו רבנן דבעי [רעייה], משום גזירה דלאחר כפרה אטו לפני כפרה. והכא אומר ר"ת דלא גרסינן "ניתק אין לא ניתק לא", דודאי לא מקרא הוא דבעי ניתוק, אלא רבנן גזרו דבעי ניתוק לרעייה, כדמוכח בפ"ק דשבועות (שם), דקאמר: גזירה לאחר כפרה אטו לפני כפרה. ובפסחים פ' "אלו דברים" (דף עג: ושם.) איכא למ"ד דרב הונא בעי עקירה. ותני במילתיה דרב הונא: שחטו לשם עולה כשר. ה] וגרסינן: מ"ט, ולדידיה הכי פירושו: מ"ט בעי עקירה, שצריך שישחטנו לשם עולה בפירוש? והלא סוף סוף עומד דמיו לעולה כשיסתאב! אמר קרא "הוא" – בהווייתו יהא, הוויית אשם עד שיעקרנו בפירוש לשם עולה. הא מהלכתא ה"ה בלא עקירה נמי כשר לעולה ו] ואיכא למ"ד התם בפסחים דרב הונא לא בעי עקירה, ותנא במילתיה דרב הונא: שחטו סתם – כשר לעולה, ולדידיה נמי גרסינן: מ"ט, והכי פירושא: מ"ט לא בעי עקירה, הואיל והיה שם אשם עליו? דאי משום הילכתא דנישנית [דקרב] עולה – אימא דווקא ע"י עקירה! ומשני: (הוא) דאמר קרא "הוא" – בהווייתו יהא [שיהא לאחר כפרה עומד לעולה (והיה) אף לפני עקירה]. כמו שעתיד להיות כשיסתאב – היינו עולה – יהיה בלא שום עקירה. בין למר בין למר ניתוק לרעייה לא בעי אלא מדרבנן בעלמא, כדפרשינן*. **אמר** מר הלכה היא בנזיר. פירוש: דסתומים יפלו לנדבה. ותו ליכא? והתניא: ושאר חייבי קינין שבתורה, כגון מצורע שמביא לטהרתו חטאת העוף ועולת העוף, אם דל הוא והפריש מעות לקינו בעודו דל, והעשיר, [רצה] בכולן להביא חטאת בהמה – יביא, והעולה יביא מביתו! ז] וה"ג: וצריך לומר שבשעה שהפריש המעות תחילה אמר "הרי אלו לצרעתו", והיה בידו להביא בכולן פרידה אחת של חטאת או של עולה, ולכן כשהעשיר יביא בהן בכולן נמי אותו חטאת בהמה או עולת בהמה, כדפ"ל. אבל אמר "לקרבנות לצרעתו" בשעת הפרשה מיד חל מקצת דמיו לחטאת ומקצת לעולה, ולכשיעשיר לא יוכל להביא מכולן חטאת בהמה או עולת בהמה. דלא אמרינן מפני שראוי להביא בכולן שלמים אלא היכא דאמר "לנזירותו", אבל אמר "אלו לקרבנות נזירות" – אין בידו להביא בכולן שלמים. ובפ' "טרף בקלפי" (יומא דף מא.): מוסיף ומביא חובתו מדמי חטאתו ואין מוסיף ח]עולתו, משמע דאין יכול להביא מכולן חטאת – מיירי דאמר ["לקרבנות] לצרעתו", א"נ: שהפריש מקצת לחטאת ומקצת לעולה. ע"כ הגה"ה.

אֲבָל וּוְלָדֵי קֳדָשִׁים. יַעֲלוּ לְבֵית הַבְּחִירָה וְיָמוּתוּ, כִּדְכְתִיב "תִּשָּׂא וּבָאתָ". קמ"ל. "וְעָשִׂיתָ עוֹלוֹתֶיךָ" – דְּשָׁרוּ לְהוּ לְעוֹלָה א) וּשְׁלָמִים. אֶלָּא אִי מֵהִלְכְתָא. וְלָא קמ"ל מִקְּרָא, ה"א: הִילְכְתָא דִּלְמִיתָה אָזְלָה וְלַד חַטָּאת וְאָשָׁם רוֹעֶה, ב) אֲבָל ג) אִי אַקְרִיבֵיהּ – לָא לִיחַיֵּיב עֲלָהּ. קמ"ל קְרָא. דִּכְתִיב "רַק", וְאֵין "רַק" אֶלָּא לְמַעֵט, דְּהָנֵי הוּא דִּמְפָרֵשׁ בְּהוּ קְרָא "וְעָשִׂיתָ עוֹלוֹתֶיךָ" – מַקְרִיב אוֹתָהּ וְלָדוֹתֵיהֶן וּתְמוּרוֹתֵיהֶם, ד) אֲבָל וְלַד חַטָּאת וּתְמוּרַת אָשָׁם – ה) אִי מַקְרִיב לְהוּ קָאֵי עֲלַיְיהוּ בַּעֲשֵׂה, דְּלָאו הַבָּא מִכְּלַל עֲשֵׂה – עֲשֵׂה. אָשָׁם שֶׁנִּיתַּק לִרְעִיָּה. כְּגוֹן תְּמוּרַת אָשָׁם, אוֹ שֶׁעָבְרָה שְׁנָתוֹ, אוֹ שֶׁנִּתְכַּפְּרוּ בְּעָלָיו, אוֹ שֶׁמֵּתוּ. וְנִיתַּק לִרְעִיָּיה – שֶׁיֵּלֵךְ וְיִרְעֶה עַד שֶׁיִּסְתָּאֵב, וְיִמָּכֵר וְיִפְּלוּ דָּמָיו לִנְדָבָה, (א) ו) שֶׁהִקְדִּישׁ וּשְׁחָטוֹ לְשֵׁם עוֹלָה. כָּשֵׁר. הוֹאִיל וְסוֹפוֹ לִכְשֶׁיִּפּוֹל בּוֹ מוּם הוּא נִמְכָּר וּמְבִיאִין בְּדָמָיו עוֹלַת נְדָבָה. וְקמ"ל: טַעְמָא – דְּנִיתַּק, הָא לֹא נִיתַּק, ז) אַף שֶׁלֹּא שְׁחָטוֹ לְשֵׁם עוֹלָה, אֶלָּא שֶׁשְּׁחָטוֹ סְתָם – אֵינוֹ כָּשֵׁר. דְּאָמַר קְרָא הוּא בַּהֲוָיָיתוֹ יְהֵא. דְּכָל זְמַן שֶׁלֹּא נִיתַּק תּוֹרַת אָשָׁם (ב) ח) מֵעָלָיו – פָּסוּל. ע"א: אָשָׁם שֶׁנִּיתַּק – כְּגוֹן שֶׁהִפְרִישׁוֹ וְאָבַד וְהִפְרִישׁ אַחֵר תַּחְתָּיו, וְאַחַר כָּךְ ט) נִמְצָא, וּבָא גִּזְבָּר וְאָמַר: יִנָּתֵק זֶה לִרְעִיָּיה, וְעָבַר וּשְׁחָטוֹ לְשֵׁם עוֹלָה – כָּשֵׁר לִזְרוֹק דָּמוֹ לְשֵׁם עוֹלָה וְלַעֲשׂוֹתוֹ כָּלִיל כְּעוֹלָה אֲפִילּוּ לְכַתְּחִילָּה, מִשּׁוּם דְּזֶה זָכָר וְקָדְשֵׁי קֳדָשִׁים וְזֶה זָכָר וְקָדְשֵׁי קֳדָשִׁים, דִּבְאָשָׁם וְעוֹלָה לֵיכָּא נְקֵבָה. אֲבָל שְׁאָר קָדְשֵׁי קֳדָשִׁים שֶׁשְּׁחָטָן לְשֵׁם עוֹלָה – אָסוּר לִזְרוֹק דָּמָן לְשֵׁם עוֹלָה, וְאֵינָן כָּלִיל כְּעוֹלָה, דִּכְשֵׁרִין הֵן כִּי שְׁחָטָן לְשֵׁם עוֹלָה אֶלָּא שֶׁלֹּא עָלוּ לַבְּעָלִים לְשֵׁם חוֹבָה, אֲבָל אֵין יוֹצְאִין מִתּוֹרָתָן הָרִאשׁוֹנָה, אֶלָּא בְּחֶזְקָתָן קַיְימוּ. טַעְמָא דְּנִיתַּק הָא לָא נִיתַּק. לָא שָׁרֵי לִזְרוֹק דָּמוֹ וְלַעֲשׂוֹתוֹ כָּלִיל כְּעוֹלָה, דְּאָמַר קְרָא "הוּא" – בַּהֲוָיָיתוֹ יְהֵא. אֲבָל גַּבֵּי שְׁאָר זְבָחִים, דִּלְעוֹלָם אָסוּר לַעֲשׂוֹתָן י) עוֹלָה, שֶׁאַע"פ שֶׁשְּׁחָטָן לְשֵׁם עוֹלָה כ) – אָסוּר לְשַׁנּוֹת וְלִזְרוֹק דָּמָן לְשֵׁם עוֹלָה, כִּדְאָמַר בְּמַסֶּכֶת זְבָחִים (דף ג.): כָּל הָנֵי לִישַּׁנֵּי [וְלֵיזוּל] – הִילְכָּךְ לָא אִיצְטְרִיךְ לְמִיכְתַּב ל) "הוּא" בַּהֲוָיָיתוֹ יְהֵא. ע"א: נִיתַּק וּשְׁחָטוֹ לְשֵׁם עוֹלָה כָּשֵׁר לִזְרוֹק דָּמוֹ לְשֵׁם עוֹלָה, אֲבָל לֹא נִיתַּק – פָּסוּל, מִשּׁוּם דִּלְשֵׁם אָשָׁם לָא מָצֵי זָרֵיק לֵיהּ, שֶׁהֲרֵי נִתְכַּפְּרוּ בְּעָלָיו, וּלְשֵׁם עוֹלָה לָא – דְּאָמַר קְרָא "הוּא" – בַּהֲוָיָיתוֹ יְהֵא. דִּכְשֵׁם שֶׁקּוֹדֶם שֶׁנִּתְכַּפְּרוּ, אִם שְׁחָטוֹ לְשֵׁם עוֹלָה – אֵינוֹ אֶלָּא לְשֵׁם אָשָׁם, הָכִי נַמִי כִּי נִתְכַּפְּרוּ, הוֹאִיל וְלֹא נִיתַּק – אַכַּתִּי הָוֵי בְּחֶזְקַת אָשָׁם וְאֵינוֹ זוֹרֵק לְשֵׁם עוֹלָה. וּלְשֵׁם אָשָׁם נַמִי לָא, דְּהָא נִתְכַּפְּרוּ, אֶלָּא הַדָּם יִשָּׁפֵךְ וְהַבָּשָׂר יִשָּׂרֵף. אֲבָל שְׁאָר קֳדָשִׁים, כְּגוֹן פֶּסַח שֶׁנִּזְקַק לִרְעִיָּה, אֲפִילּוּ לֹא נִיתַּק מִפֶּסַח לְשֵׁם שְׁלָמִים – כָּשֵׁר לִזְרוֹק דָּמוֹ לְשֵׁם שְׁלָמִים וּלְהַקְטִירוֹ לְשֵׁם שְׁלָמִים. מ) וְאִי קַשְׁיָא: לְר"ע נַמִי אִיכָּא לְמֵימַר "אִי מֵהִילְכְתָא הֲוָה אָמֵינָא" כו', דְּנֵימָא נַמִי אָשָׁם הוּא (ג) נ) קָרֵב וְאֵין תְּמוּרָתוֹ קְרֵיבָה, ס) וְלָאו הַבָּא מִכְּלַל עֲשֵׂה עֲשֵׂה! ע) לְר"ע לֵיכָּא לְמֵימַר הָכִי, דִּבְשְׁלָמָא לְת"ק דְּקָא יָלֵיף מִ"וְעָשִׂיתָ עוֹלוֹתֶיךָ" דְּהָא כְּתִיב עֲשֵׂה בִּקְרָא "וְעָשִׂיתָ" – לְהָכִי אִיכָּא לְמִשְׁמַע פ) דְּקָאֵי עֲלֵיהּ בַּעֲשֵׂה, אֲבָל לְר"ע לֵיכָּא לְמֵימַר הָכִי, דְּהָא לָא כְּתִיב עֲשֵׂה בִּקְרָא, וְלָא כְּתִיב "הוּא קָרֵב" בִּקְרָא אֶלָּא "הוּא" לְחוּדָא. אָמַר מַר הֲלָכָה הִיא בְּנָזִיר. דְּאַע"פ שֶׁדְּמֵי חַטָּאת מְעוֹרָבִים בָּהֶן – יִפְּלוּ לִנְדָבָה. וְתוּ לֵיכָּא. אֶלָּא בְּנָזִיר? וְהָאִיכָּא הָא דְּתַנְיָא. צ) וּשְׁאָר חַיָּיבֵי קִינִּין שֶׁבַּתּוֹרָה. שֶׁהֵן בְּעוֹלֶה וְיוֹרֵד. שֶׁהִפְרִישׁוּ

פי' הרא"ש

למה לי קרא לחטאת ואשם למעוטי דאינן קרבין הא הלכתא גמירי לה דלמיתה אזלי: הלכתא גמירי לה כל שבחטאת מתה באשם רועה. תרעה עד שתסתאב ויביא בדמיה עולה אבל איהו גופא לא: אשם שניתק לרעיה שמסרו לרועה ואח"כ שחטו לשם עולה כשר. הלכה היא בנזיר כמו א) אמר מר. ותו ליכא דמשמע דוקא בנזיר היא הלכה אבל לא בשאר חיובי קרבנות: והתניא ושאר חייבי קינין שבתורה כגון זב וזבה ויולדת:

א) משמע דלפני רבינו לא היה הגירסא בגמ' אמר מר הלכה היא.

הגהות הב"ח

(א) רש"י ד"ה שניתק וכו' שהקדישו ושחטו כצ"ל והד"א עם ד"ה כשר: (ב) ד"ה דאמר קרא כו' תורת אשם עליו ופסול כו' ואינו כליל כעולה דלאע"ג דכשרים הן כצ"ל והד"א עם ד"ה טעמא דניתק וכו' לשם עולה כדאמרן הילכך לא איצטריך כצ"ל ותיבות כל הני לישני נמחק: (ג) ד"ה ע"א ניתק וכו' אשם הוא הוא קרב וכו' דלא כתיב הוא:

הגהות מהר"ב רנשבורג

א] גמ' אלא אי מהלכתא וכו'. נ"ב עי' א"מ: ב] תוס' ד"ה וכי אתא קרא וכו' נמצא רועה דאיצטריך. מלת דאצטריך נמחק. ונ"ב כשר לעולה מדאיצטריך כצ"ל א"מ: ג] ד"ה ניתק כו' מדלא קאי להכי. נ"ב עי' א"מ: ד] בא"ד דבפ"ק דשבועות דף יב קאמר גזירה לאחר כפרה אטו לפני כפרה ובפסחים פ' אלו דברים קאמר א"ה כצ"ל א"מ: ה] בא"ד ותני במילתיה דר"ה שחטו לשם עולה כשר דגרסינן כצ"ל: ו] בא"ד הא מהלכתא ה"ה בלא עקירה נמי כשר לעולה ולמ"ד כצ"ל: ז] ד"ה אמר מר הלכה היא בנזיר וכו' וה"ג. תי' וה"ג נמחק. ונ"ב הגה"ה כצ"ל. א"מ: ח] בא"ד ובפ' טרף בקלפי וכו' ואין מוסיף. תי' מוסיף בתרא נמחק. ונ"ב מביא מדמי עולתו:

[ב"ק קי: בכורות טז. תמורה יח.]

תמורה יח. זבחים ה: קיב. קטו: מנחות ז. פסחים עג.

נוסחת הריב"ן

א) (ושלמים) ליתא בכ"י: ב) (אבל) ליתא בכ"י: ג) ואי: ד) ולא ולד: ה) ואי: ו) שהקדישו: ז) (אף) ליתא בכ"י: ח) תורת אשם פסול עליו. גליון ע"א: ט) ובא גזבר: י) לשם עולה: כ) כדאמר כל הני לישני וכו' כנ"ל והשאר ליתא: ל) למכתב כהו: מ) ואי קשיא: נ) אשם הוא הוא קרב: ס) דלאו: ע) ומשני לר"ע כו': פ) מדקא: צ) וכן שאר חייבי:

[וע"ע תוס' פסחים עג. ד"ה אשם ותוס' שבועות יב. ד"ה אשם ותוס' זבחים ה: ד"ה אשם שניתק ותוס' מנחות ד. ד"ה אשם שניתק וכו' בא"ד ואיכות' תמורה יח. ד"ה ניתק]

מת

מְעוֹת סְתוּמִין יִפְּלוּ לִנְדָבָה, אִם נָפְלָה דְּמֵי חַטָּאת מִבֵּינֵיהֶן – הֲרֵי הֵן כִּמְפוֹרָשִׁין. תַּנְיָא

שֶׁהִפְרִישׁוּ מָעוֹת לְקִינֵּיהֶם, רָצָה לְהָבִיא בָּהֶן חַטָּאת בְּהֵמָה – יָבִיא, עוֹלַת בְּהֵמָה – יָבִיא. מֵת [א]וְהָיוּ לוֹ מָעוֹת סְתוּמִין – יִפְּלוּ לִנְדָבָה! תְּנָא נָזִיר וְחַיָּיבֵי קִינִּין דְּדָמוּ לֵיהּ. וּלְאַפּוּקֵי מֵהָא *דְּתַנְיָא: [ב]מִי שֶׁהָיָה מְחוּיָּיב חַטָּאת, וְאָמַר "הֲרֵי עָלַי עוֹלָה" וְהִפְרִישׁ מָעוֹת, וְאָמַר "הֲרֵי אֵלּוּ לְחוֹבָתִי", רָצָה לְהָבִיא בָּהֶן חַטָּאת בְּהֵמָה – לֹא יָבִיא, עוֹלַת בְּהֵמָה – לֹא יָבִיא. מֵת וְהָיוּ לוֹ מָעוֹת סְתוּמִים – יֵלְכוּ לְיָם הַמֶּלַח. אָמַר רַב אַשִׁי: הָא דְּאָמְרַתְּ מְפוֹרָשִׁין לָא – לָא תֵּימָא דְּאָמַר "אֵלּוּ לְחַטָּאתִי וְאֵלּוּ לְעוֹלָתִי וְאֵלּוּ לִשְׁלָמַי", אֶלָּא אֲפִי' אָמַר "אֵלּוּ לְחַטָּאתִי וּלְעוֹלָתִי וְלִשְׁלָמַי" – מְפוֹרָשִׁין הֵן. וְאִיכָּא דְּאָמְרִי, אָמַר רַב אַשִׁי: [ג]לָא תֵּימָא עַד דְּאָמַר "אֵלּוּ לְחַטָּאתִי וּלְעוֹלָתִי וְלִשְׁלָמַי", אֶלָּא אֲפִילּוּ אָמַר "אֵלּוּ לְחוֹבָתִי" – הֲרֵי הֵן כִּמְפוֹרָשִׁין. אָמַר רָבָא: הָא דַּאֲמָרַן: מָעוֹת סְתוּמִין יִפְּלוּ לִנְדָבָה, אִם נָפְלָה דְּמֵי חַטָּאת מִבֵּינֵיהֶן – הֲרֵי הֵן כִּמְפוֹרָשִׁין. תַּנְיָא

רש"י

שֶׁהִפְרִישׁוּ מָעוֹת לְקִינֵּיהֶן. וְאח"כ הֶעֱשִׁירוּ, א) כְּגוֹן מְצוֹרָע. אִם חַיָּיבֵי חַטָּאת וְעוֹלָה הֵן, אִם רָצָה לְהוֹסִיף עֲלֵיהֶן וּלְהָבִיא (א) מֵהֶן חַטַּאת בְּהֵמָה – יָבִיא. מֵת וְהָיוּ לוֹ מָעוֹת סְתוּמִין יִפְּלוּ לִנְדָבָה. וְאֵין חוֹשְׁשִׁין לִדְמֵי חַטָּאת שֶׁבָּהֶן ב). תְּנָא נָזִיר וְחַיָּיבֵי קִינִּין דְּדָמוּ לֵיהּ. דְּנָזִיר *טָמֵא מֵבִיא קִינִּין. וְהוֹאִיל דְּקי"ל גַּבֵּי נָזִיר טָמֵא הָכִי, אָמְרִי' נַמִי לְגַבֵּי נָזִיר טָהוֹר, שֶׁאִם מֵת וְהָיוּ לוֹ מָעוֹת סְתוּמִין – יִפְּלוּ לִנְדָבָה. וּלְאַפּוּקֵי מֵהָא דְּתַנְיָא מִי שֶׁהָיָה מְחוּיָּיב חַטָּאת וְאָמַר הֲרֵי עָלַי ג) עוֹלָה לִנְדָבָה וְהִפְרִישׁ מָעוֹת וְאָמַר אֵלּוּ לְחוֹבָתִי רָצָה לְהָבִיא בָּהֶן חַטָּאת בְּהֵמָה לֹא יָבִיא. לְפִי שֶׁיֵּשׁ לוֹמַר שֶׁמָּא שֵׁם עוֹלָה חָל עֲלֵיהֶן. וּלְהָבִיא עוֹלַת בְּהֵמָה אִי אֶפְשָׁר – שֶׁמָּא לְשֵׁם חַטָּאת הִפְרִישׁ אוֹתָן הַמָּעוֹת. וְלֵית לְהוּ תַּקָּנָה. וְקמ"ל דְּהָכִי הוּא גַּבֵּי נָזִיר וּדְדָמֵי לֵיהּ, דְּחַיָּיב בְּחַטָּאת וּבְעוֹלָה בְּבַת אַחַת, דְּהָתָם הוּא דְּאָמַר הֲלָכָה דְּיִפְּלוּ לִנְדָבָה, אֲבָל כָּל הֵיכָא דְּלֹא נִתְחַיֵּיב בְּחַטָּאת וּבְעוֹלָה ד) עַל מַעֲשֶׂה אֶחָד – לָא אָמְרִי' הָכִי, אֶלָּא יֵלְכוּ לְיָם הַמֶּלַח. ע"א: מִי שֶׁהָיָה מְחוּיָּיב חַטָּאת. דְּהַיְינוּ יוֹלֶדֶת עֲשִׁירָה, דִּמְבִיאָה חַטַּאת עוֹף וְלֹא עוֹלַת הָעוֹף. וְאָמְרָה "הֲרֵי עָלַי עוֹלַת הָעוֹף", וְהִפְרִישָׁה מָעוֹת וְאָמְרָה "אֵלּוּ לְחוֹבָתִי", רָצְתָה לְהוֹסִיף וּלְהָבִיא חַטַּאת בְּהֵמָה – לֹא תָּבִיא, דְּהָא אֵינָהּ מְחוּיֶּיבֶת חַטַּאת בְּהֵמָה. רָצְתָה לְהָבִיא עוֹלַת בְּהֵמָה – לֹא תָּבִיא, שֶׁהִיא לֹא נָדְרָה אֶלָּא עוֹלַת הָעוֹף. מֵת, כְּלוֹמַר מֵתָה, וְהָיוּ לָהּ מָעוֹת סְתוּמִים – יֵלְכוּ לְיָם הַמֶּלַח, מִשּׁוּם דְּאִיכָּא לְמֵימַר ה) שֶׁמָּא לְשֵׁם חַטָּאת בִּלְבַד הִפְרִישָׁתָן, שֶׁהֲרֵי לֹא הוּקְבְּעוּ כּוּלָּן בְּיַחַד לְחַטַּאת הָעוֹף וּלְעוֹלַת הָעוֹף. דְּעַל חַטַּאת הָעוֹף הָיָה ו) הַחִיּוּב בִּפְנֵי עַצְמוֹ, וְעַל עוֹלַת הָעוֹף הָיְתָה נְדוּרָה בִּפְנֵי עַצְמוֹ, (ב) דִּכְמְפוֹרָשׁ דָּמֵי. ז) וְהַאי לְאַפּוּקֵי מֵהַאי תַּנָּא דְּאָמַר יֵלְכוּ לְיָם הַמֶּלַח. אֲבָל גַּבֵּי שְׁאָר חַיָּיבֵי קִינִּין, דְּחַיָּיבִים לְהָבִיא חַטַּאת הָעוֹף וְעוֹלַת הָעוֹף, הוֹאִיל וְהוּקְבְּעוּ בְּיַחַד, דְּעַל שְׁנֵיהֶם נִתְחַיְּיבָה בְּבַת אַחַת, הִילְכָּךְ כִּי מֵתָה וְהָיוּ לָהּ מָעוֹת סְתוּמִין – יִפְּלוּ לִנְדָבָה, דְּהָוְיָין סְתוּמִין מֵעֲלֶיהָ. אָמַר רַב אַשִׁי הָא דְּאָמְרִי'. גַּבֵּי מָעוֹת, שֶׁאִם הָיוּ מְפוֹרָשִׁין דִּדְמֵי חַטָּאת יֵלְכוּ לְיָם הַמֶּלַח וּדְמֵי עוֹלָה יִקְרְבוּ עוֹלָה כו' – ח) לָא תֵּימָא דְּלָא הָווּ מְפוֹרָשִׁין ט) אִי לָאו דַּאֲמַר "אֵלּוּ לְחַטָּאתִי", אֶלָּא אֲפִילּוּ [אָמַר] "אֵלּוּ לְחוֹבָתִי" – הֲרֵי אֵלּוּ מְפוֹרָשִׁין, וּדְמֵי חַטָּאת יֵלְכוּ לְיָם הַמֶּלַח, וּדְמֵי עוֹלָה יִקְרְבוּ עוֹלָה וכו'. וְהֵיכִי דָּמֵי סְתוּמִים דַּאֲמַר יִפְּלוּ לִנְדָבָה – כְּגוֹן שֶׁהִפְרִישָׁן בְּיַחַד סְתָם, וְלֹא הוֹצִיא בִּשְׂפָתָיו כְּלוּם. אִם נָפְלָה דְּמֵי חַטָּאת מִבֵּינֵיהֶן. אִם נֶאֱבַד אוֹ נִפְרַד כְּשִׁיעוּר דְּמֵי חַטָּאת מִבֵּינֵיהֶן. הֲרֵי הֵן כִּמְפוֹרָשִׁין. וְהַשְּׁאָר לֹא יִפְּלוּ לִנְדָבָה, אֲבָל מֵבִיא בִּדְמֵי חֻלִּין עוֹלָה, וּבִדְמֵי חֻלִּין שְׁלָמִים בְּלֹא לֶחֶם. תַּנְיָא

תוספות

מת והיו לו מעות סתומין יפלו לנדבה. אע"פ שדמי חטאת מעורבין בהן. **תני** נזיר וכל דדמי ליה. י"מ דהלכה כך נשנית: נזיר וכל דדמי ליה. וא"ת: במאי דמי לנזיר – שמביאין על דבר אחד שני קרבנות, כמו נזיר על נזירותו, ויולדת ומצורע שמביאים גם הם על ד"א ב' קרבנות.

ולאפוקי מהאי תנא. כלומר, ר' יוחנן דקאמר: הלכה היא בנזיר, דמשמע: בנזיר ולא דבר אחר – לאפוקי מהאי תנא, דתניא: מי שמחוייב חטאת, שאכל חלב, ואמר "הרי עלי עולה", דהיינו נדבה – והרי הוא מחוייב חטאת. ועולה א] [וחטאת] לא [על] דבר אחד הן, שהחטאת בא על החלב, והעולה בנדר. והפריש מעות, ואמר (בשם) כשהפריש "אלו לחובתי", ומשמע – לכל מה שהיה חייב. לפיכך, אם רצה להביא בכולן חטאת בהמה – לא יביא, עולת בהמה – לא יביא, מפני שהן מעורבין. ואין לו תקנה עד שיביא ב' בהמות, ויאמר: כל מה שיש במעות אלו לקדושת חטאת – יחול על בהמה זו. ול"ע: דמאי שנא דלעיל, גבי הפריש מעות רצה להביא חטאת בהן – יביא, עולה – יביא, ולא אמרינן דהפרשה היתה לשניהם דוקא, אלא בידו להביא מכולן (אלא) או חטאת או עולה. וכן לעיל, כי מפריש מעות לנזירותו, אמר: מפני שראויין להביא בכולן שלמים! ושמא י"ל: כי אמר בלשון זה "לחובתי" – משמע לכל מה שהוא חייב. הילכך הפרשה היתה לשניהם, ולא יוכל להביא בכולן אחד מהם. אבל "לנזירותו" או "לצרעתו" – משמע שפיר למקצת נזירותו או למקצת צרעתו. ועוד יש לחלק: היכא דהפריש לנזירותו או לצרעתו, ב] וכל קרבנות נזיר ויולדת ומצורעת – בני חד בקתא *(יולאה), לכך יכול להביא מתחילה מכל דמי הקן פרידה אחת, או חטאת או עולה. הילכך, כשהעשיר – מביא מכולן או חטאת או עולה. אבל הכא, דמחוייב חטאת מחלב שאכל, ועולה נדורה – לאו בני חד בקתא אינון, וכשמפריש מעות ג] לשמם – אין יכול להביא מכולן אחת מהן. **מת** והיו לו מעות סתומים ילכו לים המלח וכו'. דכיון דלא מייתי חטאת ועולה אחד מילתא – לא גמירי בה הילכתא דיפלו לנדבה, אלא כשהחטאת והעולה באין בשביל דבר א'. אבל היכא שהחטאת באה על החלב, והעולה נדורה – לא גמירי בה דיפלו לנדבה. ולאפוקי מהאי תנא. פי': דלא דמי נזיר למלתיה דהאי תנא. ולא פליג ר' יוחנן אהאי תנא ולא האי תנא אר' יוחנן. **הא** דאמרת מפורשים לא. ששנינו במשניות: דמי חטאת ילכו לים המלח וכו', ולא אמרי' יפלו כולן לנדבה – לא תימא דוקא "אלו לחטאתי", כגון שהפריש ג' צבורין כל אחד בפני עצמו, אבל בצבור אחד – נדבה. אלא אפי' שהפריש בצבור אחד, ואמר "אלו יהא לחטאתי ולשלמי ולעולתי" ולא הפרידם כלל – מפורשין הן. פי': מפורשים בתערובות, ולא נישנית בהן ההלכה, דנימא כיון דדמי חטאת מעורבין בהם יפלו לנדבה. אלא אדרבה, כולן ילכו לים המלח. ולאו היינו דין דמפורשין דמתניתין, דקאמר דעולה תקרב עולה – דהתם מבוררין הן, מבוררין דמים הללו לחטאת, והללו לשלמים, כל אחד קרב כדינו, ודמי חטאת ליס המלח. ולהאי לישנא, כי גמירי דסתומים יפלו לנדבה – היינו כי אמר "אלו לחובתי". הגה"ה: יש לתת טעם בדבר כשאמר "לקרבנות נזירותי" הוו סתומין גמורין, שאין במשמעות לשונו חטאת יותר משאר קרבנות, ד]דכמו שהחטאת באה לחובה – כך עולה לחובה ולא לנדבה. הגה"ה: איכא דאמרי, כי אמר "לחובתי" – נמי כמפורשין בתערובות הן, וילכו ליס המלח, ד"לחובתי" – משמע לכל חובתי, בין לחטאת בין לעולה. וסתומים דיפלו לנדבה – ה] היינו כי אמר "לקרבנות נזירותי", שלא פירש חטאת בהן. ומ"מ משמע נמי דלכל קרבנות קאמר, ולא היה יכול להביא בכולן קרבן א'. אבל אמר "לנזירותי" גרידא, שלא הזכיר קרבנות – יוכל להביא בכולן קרבן א', דלמקצת נזירותו משמע, ואם מת – הלכה נתקבלה בנזיר יפלו לנדבה, *שהרי יכול להביא בכולן עולה. וקשה: דא"כ, כי אמר "לחובתי" דילכו ליס המלח, ואפי' בנזיר, וא"כ מאי האי דקאמר לעיל: ולאפוקי מהאי תנא כו'? וכיון דההוא תנא איירי כגון דקאמר "לחובתי" – ו]מהא מסייעו דילכו ליס המלח, והלא גם בנזירות נמי כי אמר "לחובתי" אמרי' להאי לישנא דילכו ליס המלח! בשלמא לפי' ז] ר"ת – ניחא, אלא לפי' רש"י – מאי מפקא? וי"ל: דסיפא דברייתא לעיל מפקא, דקתני: מת והיו לו מעות סתומין, שלא הזכיר עליהם "לחובתי", אלא אמר "אלו יהיו לקרבנותי" – ילכו ליס המלח. דאי ארישא דוקא קאי, היכא דאמר "לחובתי" – לימא: מת ילכו ליס המלח, דמאי האי דקאמר: מת והיו לו מעות סתומין – והא ברישא נמי בסתומין קיימי! אלא ודאי אתי למימר סתומים אחריני שלא הזכיר ברישא, דברישא איירי דאמר "לחובתי" וסיפא אתי למימר דאפילו כי אמר "לקרבנותי" – דילכו ליס המלח, וכה"ג כי אמר "לקרבנות נזירותי" – יפלו לנדבה. **אמר** רבא הא דאמרן סתומין יפלו לנדבה, אם נפלה דמי חטאת מביניהם – [הוה] כמו שהפריש מן קצת הצבור, ואמר "אלו לחטאת, והשאר לשאר נזירותי לעולה ולשלמים" ומת – הרי שאר המעות כמפורשין. ואף שהן סתומים – בהא לא אמרי' דיפלו כולן לנדבה, אלא יביא חליין לעולה וחליין לשלמים, והלכה לא נשנית אלא כשדמי חטאת מעורבין בהן. וא"ת: התינח לר' יוחנן דאמר: הלכה בנזיר, אומר דכך נתקבלה ההלכה. אלא ח]לר"ש בן לוי דדריש קרא דמותר נדר לנדבה, אפילו אין דמי חטאת מעורבין בהן – יפלו לנדבה, דהאי נמי מותר נדר הוא, דכל קרבנות נזיר בנדר הם באים! וי"ל: דסברא הוא להעמיד קרא כשדמי חטאת מעורבים בהן דוקא, דהכי משכחת בעלמא דמותר חטאת בא לנדבה, כדאמר בפ' "ולד חטאת" (תמורה דף כג:) ובזבחים בפרק "טבול יום" (דף קג.): זה מדרש דרש יהוידע הכהן "אשם הוא לכהן אשם הוא לה'" – להביא כל דבר הבא ממותר אשם ט] *ממותר חטאת – ילקח בהם בהמה, והבשר לבעלים, והעורות לכהנים. ולפי שמצינו בעלמא דמותר חטאת באין לנדבה – סברא להעמיד זה הפסוק היכא שהפריש מעות ודמי חטאת מעורבין בהן. תניא

עין משפט נר מצוה

לז א מיי' פ"ה מהל' פסולי מוקדשין הל' כ"ב:

לח ב מיי' שם הל' יג וע"ש בהשגות וכ"מ:

לט ג מיי' פ"ט מהל' נזירות הל"ד:

פי' הרא"ש

רצה להביא חטאת בהמה יביא וכו' [ולא] מבעיא שאם ירצה להביא בכל המעות חטאת העוף או עולת העוף [דמביא] דלשם עופות (לא) הופרשו אלא אפי' בהמה יכול להביא בהם אם העשיר: תנא נזיר וה"ה לחייבי קינין דדמי ליה שמחוייבים חטאת ועולה כמו נזיר: ולאפוקי מהא דתניא מי שהיה מחויב חטאת שעבר על א' מכל חייבי כריתות שמביאין על שגגתן חטאת ואמר הרי עלי עולה והפריש מעות ואמר אלו לחובתי משמע לכל מה שחייב והרי הוא מחוייב חטאת ועולה או דלמא לחובת חטאת קאמר או לחובת עולה קאמר או לשניהם קאמר. אינו יכול להביא בכולן חטאת ולא בכולן עולה אלא בחציין חטאת ובחציין עולה דמעורבי' הם דמי חטאת ודמי עולה. ואם רוצה להביא בהם חטאת יקח מעות אחרים ויאמר אם דמי חטאת הם הרי טוב. ואם דמי עולה הם הרי הם מחוללים על מעות הללו ויקח בראשון חטאת ובשניה עולה. וכן אם ירצה להביא מהם עולה יעשה כך ואם רוצה להביא בהם חטאת ועולה יביא ב' בהמות ויאמר מה שיש במעות הללו דמי חטאת יהיו מחוללים על בהמה. ודמי עולה על בהמה זו. ולא דמי להא דאמרי' לעיל רצה להביא חטאת בהמה יביא עולת העוף יביא דהתם בני חדא בקתא נינהו דשניהם על דבר א' באו. מת והיו לו מעות סתומים כלומר והניח מעות אלו סתומים ולא בירר אם לחטאת אם לעולה או לשניהם כדפרי' ילכו לים המלח דלא גמירי דיפלו לנדבה אלא היכא דבאין לחובת דבר אחר. ור"ת פי' ולאפוקי הא דתניא דהאי תנא פליג אמתני' ולית ליה א) הילכך הוא כחייבי קינין: אלא אפי' אמר אלו לחטאתי לעולתי ולשלמי מפורשי' הן כיון דהזכיר שם קרבן דלא גמירי סתומים יפלו בנדבה אלא בסתומים לגמרי כגון דאמר אלו לחובתי או לקרבנותי אלא אפי' אמר אלו לחובתי מפורשים הם ולא מקרי סתומים אלא באלו לקרבנותי אבל לחובתי יש במשמע לשון חטאת דאינה באה כי אם חובה וכל היכא שנתפרשה החטאת לא גמירי: אמר רבא אם נפלה דמי חטאת מביניהן כגון שאמר אלו לחטאתי:

א) נראה דל"ל ולית ליה הא דתניא בברייתא אלא הכי הוא כחייבי קינין:

מסורת הש"ס

כ"א נמי

תוספ' פ"א דמעילה [ע"ש]

נוסחת הריב"ן

א) אם מחייבי חטאת ועולה הן כגון מצורע שהביא חטאת בהמה ועולת בהמה אם רצה להוסיף עליהן ולהביא מהן חטאת יביא הס"ד: ב) בכ"י כתוב כאן הד"ה ע"א שכתוב לקמן אחר תיבות ילכו ליס המלח: ג) עולת נדבה: ד) ובעולה בב"א על מעשה אחד: ה) (שמא) ליתא בכ"י: ו) מחוייבת: ז) והיינו: ח) ה"ד סתומין דאמר יפלו לנדבה כגון שהפרישן ביחד סתם א"ד לא תימא: ט) אלא דאמר:

הגהות הב"ח

(א) רש"י ד"ה שהפרישו וכו' ולהביא בהן חטאת: (ב) ד"ה ולאפוקי וכו' נדורה בפני עצמו כמפורש דמי והיינו לאפוקי מהאי תנא:

גליון הש"ס

תוס' ד"ה הא דאמרת וכו' שהרי יכול להביא בכולן עולה. צריך למחוק התיבות שהרי יכול להביא בכולן עולה דהמה ט"ס: **תוס'** ד"ה אמר רבא וכו'. ממותר חטאת ילקח בהם בהמה והבשר לשם כנ"ל:

הגהות מהר"ב רנשבורג

א] תוס' ד"ה ולאפוקי מהאי תנא וכו' והרי הוא מחוייב חטאת ועולה וחטאת. תי' וחטאת נמחק: ב] בא"ד וכל קרבנות נזיר ויולדת וצרעת בני חד בקתא. נ"ב עי' כתובות דף קג: ג] בא"ד וכשמפריש מעות לשתים כנ"ל: ד] ד"ה הא דאמרת מפורשין לא וכו' הגה"ה יש לתת טעם בדבר וכו' דכמו שהחטאת באה לחובה כך עולה לחובה ולא לנדבה מן תי' דכמו עד לנדבה נמחקו. ונ"ב אבל לחובתי משמע חטאת יותר משאר קרבנות שהחטאת באה לעולם חובה כנ"ל א"מ. ודברים אלו שייכים לקמן אחר תי' היינו כי אמר לקרבנות נזירותי. א"מ: ה] בא"ד הינו כי אמר לקרבנות נזירותי. נ"ב כאן שייכא הגה"ה דלעיל: ו] בא"ד וכיון דההוא תנא איירי כגון דקאמר לחובתי מהא מסייעו. תיבות מהא מסייעו נמחקו ונ"ב מסו"ה מסיים. א"מ: ז] בא"ד בשלמא לפי' לאשון ניחא אלא לפי' השני כנ"ל. א"מ: ח] ד"ה אמר רבא וכו' אלא לרשב"ל כנ"ל: ט] בא"ד כל דבר הבא ממותר אשם ומותר כנ"ל:

מ א מיי' פ"ט מהל' נזירות הל' ו ופ"ד מהל' מעילה הל' ג סמג עשין רי:
מא ב מיי' פ"ד מהל' מעילה שם ופ"ט מהל' נזירות הל' ז:
מב ג ד מיי' פ"ט מהל' נזירות הל"ה:
מג ה מיי' פ"ה מהל' פסולי מוקדשין הל' יא ופ"ח שם הל"ח:

תַּנְיָא כְּווֹתֵיהּ דְּרָבָא: *א"אֵלּוּ לְחַטָּאתִי וְהַשְּׁאָר לִשְׁאָר נְזִירוּתִי", דְּמֵי חַטָּאת – יֵלְכוּ לְיָם הַמֶּלַח, וְהַשְּׁאָר – יָבִיא חֶצְיוֹ לְעוֹלָה וְחֶצְיוֹ לִשְׁלָמִים, וּמוֹעֲלִין בְּכוּלָּן וְאֵין מוֹעֲלִין בְּמִקְצָתָן. ב"אֵלּוּ לְעוֹלָתִי וְהַשְּׁאָר לִשְׁאָר נְזִירוּתִי", דְּמֵי עוֹלָה – יָבִיאוּ עוֹלָה וּמוֹעֲלִין בָּהֶן, וְהַשְּׁאָר יִפְּלוּ לִנְדָבָה, וּמוֹעֲלִין [א] בְּכוּלָּן וְאֵין מוֹעֲלִין בְּמִקְצָתָן. א"ר הוּנָא אָמַר רַב: לֹא שָׁנוּ אֶלָּא מָעוֹת, אֲבָל בְּהֵמָה הֲרֵי הִיא כִּמְפוֹרֶשֶׁת. אָמַר ר"נ: הָא דְּאָמְרִי בְּהֵמָה הֲרֵי הִיא כִּמְפוֹרֶשֶׁת – לֹא שָׁנוּ אֶלָּא תְּמִימָה, גאֲבָל בַּעֲלַת מוּם – הֲרֵי הִיא כִּסְתוּמָה, אֲבָל נַסְכָא – לָא. ור"נ בַּר יִצְחָק אָמַר: דאֲפִי' נַסְכָא, אֲבָל סְוָאר שֶׁל קוֹרוֹת – לָא. א"ל רַב שִׁימִי בַּר אַשִׁי לְרַב פַּפָּא: מַאי טַעֲמַיְיהוּ דְּרַבָּנַן – דְּאָמְרִי: מָעוֹת וְלֹא בְּהֵמָה, וְלֹא נַסְכָא, מָעוֹת וְלֹא סַוָּורָא? אֶלָּא מֵעַתָּה מָעוֹת וְלֹא עוֹפוֹת! וְכִי תֵּימָא ה"נ, אֶלָּא הָא *דְּאָמַר רַב חִסְדָּא: האֵין הַקִּינִּין מִתְפָּרְשׁוֹת אֶלָּא אִי בִּלְקִיחַת בְּעָלִים אִי בַּעֲשִׂיַּית כֹּהֵן, אַמַּאי? הָא מָעוֹת גְּמִירִין לָהּ!
אָמַר

תַּנְיָא כְּווֹתֵיהּ דְּרָבָא אֵלּוּ לְחַטָּאתִי וְהַשְּׁאָר לִשְׁאָר נְזִירוּתִי כו'. את השאר יביא חציו לעולה וחציו לשלמים. דכיון דאמר "אלו לחטאתי" – כמי שאבדו דמי, וכמי שנפרדו דמי, והשאר הוי להו כמפורשין. ומועלין בכולן. בכל השאר. דבשאר יש עולה, ובעולה איכא מעילה. ואין מועלין במקצתן. דאיכא למימר של שלמים הן, ובשלמים ליכא מעילה לפני זריקת דמים. דמי עולה יביא בהן עולה והשאר יפלו לנדבה. דכל היכא דמעורב חטאת ביניהן – כסתומין דמי. ומועלין בכולן. משום דמי חטאת שביניהם. ואי קשיא: והא אמרינן: דמי חטאת לא נהנין ולא מועלין! לא קשיא, דהא דתני מתני' לא נהנין ולא מועלין בדמי חטאת – משום דמת, ואין ראויין להקרבה. אבל כי לא מת – א] מועלין בדמים, שהרי ראויים להקרבה. ולא במקצתן. (א) [שמא] שלמים הן. אבל בהמה הרי היא כמפורשת. שאם מת והניח ג' בהמות הרי היא כמפורשת, משום דאית ביה (א) היכר, דהך דהויא נקבה – לצורך חטאת, והאי דהוי זכר – עולה, והאי דהוי איל בן ב' שנים – לצורך שלמים. וכיון דהויין להו כמפורשין – חטאת תמות, ב) ושלמים יקרבו, כדברי מתני'. ל"ש אלא ג) תמימים. וכה"ג דפרשינן. אבל בעלת מום. ד) אם מת, והניח ג' בהמות בעלי מומין, כיון דלאו להקרבה קיימי אלא לדמיהן, דסתמא דמילתא ה) לצורך דמים ו) הפרישו, וכמעות סתומין דמיין ויפלו כולן לנדבה. אבל נסכא. אם הניח ג' חתיכות כסף – הוו להו כמפורשין; הניח ג' חתיכות כסף כדי לקנות באחת מהן חטאת, ובאחת מהן עולה, ובאחת מהן שלמים – דמי חטאת ילכו לים המלח. ור"נ בר יצחק אמר אפילו נסכא. כסתומין דמי, הואיל וראויין לעשות מהן מעות. אבל ג' סואר של קורות – כמפורשין דמי, חד לחטאת וחד לעולה וחד לשלמים ז). מ"ט דרבנן. דרב [נחמן ורב] ח) (ב) יצחק, דאמרי מעות הוו כסתומין, ולא נסכא ולא סואר של קורות? אי משום דמעות גמירי לה דהוו כסתומין, אבל מידי אחרינא לא. אלא מעתה ולא עופות. מסתמא הוו להו כמפורשין. ט) וכ"ת ה"נ אלא הא דאמר רב חסדא אין הקינין מתפרשות כו' בלקיחת בעלים. מן השוק, שאם נאכל אחד מהם ב] או פרח לאויר העולם קודם עשיית כהן – יביא זוג לשני. אלא י) ש"מ מדעופות הויין להו כסתומין, וכדרב חסדא – בהמה וסואר של קורות נמי הויין להו כסתומין.
א"ל

תניא כוותיה דרבא אלו לחטאתי והשאר לשאר נזירותי דמי חטאת ילכו לים המלח. [ובמת] מיירי. ובתוספ' (פ"א דמעילה) גרסי' בהדיא: ומת. והשאר חציו לעולה וחציו לשלמים. דודאי עומדין לשניהם, דכיון דאמר "והשאר לשאר נזירותי" – הוי כאילו אמר "לקרבנות נזירותי" דאינו יכול [להביא מכל] המעות א' מהן או עולה או ג] חטאת, כדפרישית (לעיל עמוד א' ד"ה ולאפוקי), [ואין לו תקנה עד] שיביא [ב'] בהמות, ומחלל המעות עליהם, ואומר: בכל מקום שיש בהם דמי עולה – יהיו מחוללים על בהמה זו. וכי גמירי דיפלו לנדבה – היינו דוקא כשדמי חטאת מעורבים בהן. ומועלין בכולן – אם נשתמש בדמי עולה, שיש בהם מעילה. ולאו דוקא בכולן – דה"ה ברובן, דא"א (אי) דליכא בהן דמי עולה. ואין מועלין במקצתן – דשמא כל הנך מעות דשלמים נינהו, ובדמי שלמים אין מועלין, מידי דהוה אשלמים מחיים. והשאר יפלו לנדבה. שהרי דמי חטאת מעורבין בהן, והלכה היא בנזיר. ולר"ש בן לקיש כדאית ליה ד]. ומועלין בכולן. בשביל דמי חטאת המעורבין בהן, והן בני מעילה: ואין מועלים במקצתן. כי אותו מקצת ראוי לבוא כולו שלמים. והקשה הר"ס: [דלמה] לא ימעלו אפילו במקצת? כיון דנופלין כולן לנדבה – דהיינו עולת קיץ למזבח, משתמש לה בדמי עולה! וצריך לומר: דעד שעת הקרבה, שמקריבו לעולה, לא נפק מתם שלמים שהיו עליהם עד הנה. אבל בהמה הרי היא כמפורשת. ולכאורה איירי בבהמה דחזיא ליה לנזיר, כמו כבשה שקריבה חטאת, וכבש שקרב עולה, ואיל שקרב שלמים. ו"כמפורשין" דקאמר רב הונא – היינו שיקריב כל אחד קרבנו כדיניה. וקמ"ל רב הונא: נהי דלא פירש "זה לחטאת, זה לעולה, זה לשלמים" – מ"מ קריבי כל חד וחד כי דיניה. ולא נראה, דא"כ מאי קמ"ל רב הונא? והא מתני' היא, דמייתי בסמוך: רשב"ג אומר: הביא ג' בהמות ולא פירש כו'. ועוד: דמסתמא איירי רב הונא בהך מיעוטא דבהמה דממעט נמי ממעות, דהיינו נסכא וסואר קורות, דלא חזי להקרבה! לכ"נ, דאיירי בבהמה דלא חזיא לנזיר, כגון ג' פרים או ג' שעירים, דבנזיר איל וכבש וכבשה הוא דאיכא. והא דקאמר רב הונא "כמפורשת" – ר"ל כמפורש' בתערובת מאותן כולן, כמו שבמפורשין לעיל, ה] גבי: אלא אפילו "לחטאתו ולעולתו ולשלמיו" מפורשין הן, דהוי פירושו – מפורשים בתערובת דמיין, והולכין לאיבוד. וא"ת: כיון דמיירי בבהמה דלא חזיא לנזיר בהקרבה כדפרישי', אלא כגון שלשה פרים או שלשה שעירים – מה לי בעלי מומין מה לי בתמימים? כי היכי דבעלי מומין חשיב סתומין – הכי נמי בתמימים! וי"ל: דתמימים ודאי, אע"ג דלא חזיא להקרבה לנזיר, כ"א לדמי – מ"מ חל עליה קדושת הגוף, [דאינה] נפדית בלא מום, מידי דהוה אמקדיש זכר לדמיו, שלא הקדיש הדבר עצמו לעולה, אלא לקנות בדמיו לעולה דהיינו לדמי עולה, דקדוש קדושת הגוף. ואם תאמר: ומי דמי? התם בידו להקדישן קדושת הגוף לעולה גופה, אבל הכא – אין בידו להקדישן לנזירות, דהא לא חזיא, כדפרישית! וי"ל: דסבר לה כרבנן דתמורה (דף יט:) דאמרי: המפריש נקבה לאשם, אע"ג דלא חזיא לאשם שהוא בא זכר, מ"מ חל עליה קדושת הגוף, דבעי מום לפדות עליה. ואם תאמר: סוף סוף קשה, דמאי שנא תמימים דהכא ו] וההוא דתמורה, (דהני) דהמפריש נקבה לאשם מהמקדיש זכר *לידי נסכים, דלא נחתא ליה קדושת הגוף, כדאמרינן בשבועות (דף יא.) משום דגופיה לא חזיא לנסכים! וי"ל: דלא דמי, דהתם לא חזי כלל לשום נסכים שבעולם, אבל תמימים דהכא, ונקבה דתמורה, נהי דלא חזו לקדושת הגוף דהאי קרבן שהפריש עליו – מ"מ ראוי לקרבן אחר, ה"נ בבהמה. וא"ת: ונהי דנחתא עלייהו קדושת הגוף, ובעיא מום לפדות עליו – סוף סוף לדמי קיימי, א"כ מאי שנא תמימים? וי"ל: דשנא ושנא, דבעלת מום ראויה לימכר מיד ולקנות קרבנות נזיר ג' בהמות הצריכים לו, אבל תמימים – לא חזיא לימכר מיד, כדפרישית דבעי מום לפדות עליו, ואיכא שהייה. ופר"ת: כיון דשהה אלאו לזמן מרובה – חיישינן אולי נתן לבו להזכיר שם חטאת על אחת מהם, אך לא בירר, והוי כאומר "לחטאתו ולעולתו ולשלמיו" דהוו מעורבין בתערובת, *והוליכו לאבוד. ויש להוסיף ולתת טעם: דמעות ובעלת מום דחזו ליה לאלתר ולקנות בהן הקרבנות עצמן הצריכין לנזיר – לכך ליכא למיחש שמא נתן לבו לפרש בתערובת, דלמה יפרש בלבו בתערובת הואיל ובידו לפרש ולברר מיד כשיקנה הקרבנות ז] ענין הצריכין לנזיר. אבל היכא דאיכא שהייה – ליכא למימר הכי. אבל נסכא לא אבל סואר קורות לבנות. האי "אבל" קאי אמתני' דקתני: מעות סתומין יפלו לנדבה, ועלה קאי; דוקא המעות, אבל הפריש ג' נסכות או ג' קורות – אין להם דין סתומין, אלא דין מפורשין בתערובת, דהולכין כולן לאבוד. וטעמא משום שהייה, כדפרישית, דאין דרך למכור כספיו מיד עד שימצא אדם הצריך להם וימכרם ביוקר. *) לר"נ נסכא נמי חשיב סתומין, שפעמים שקונין מיד. אבל קורות – דרך להשהות עד שימצא אדם הצריך לקנותם לצורך הבנין. אלא [מעתה] מעות ולא עופות. לכאורה משמע דמיירי בעופות דלא חזי להקרבה, כגון אווזין ותרנגולין – דומיא דנסכא וסואר קורות, דממעט נמי לעיל ממעות. וא"א לומר כן, דאווזין ותרנגולין לשום קרבן לא חיילא קדושת הגוף עליהן, ויכול למוכרן לאלתר בלא מום, והוי להו בהמה בעלת מום דחשיב לעיל כמעות. ועוד, דההוא דרב חסדא דמייתי עלה מיירי בתורין ובני יונה, וה"נ יש לפרש הנך עופות בתורין ובני יונה. וא"ת: סוף סוף הא בנזיר קיימינן, ובנזיר לא חזו כלל, ואינהו נמי הוו להו לגבי נזיר כמו אווזין ותרנגולין! וי"ל: כיון דחזי לשום קרבן – חיילא קדושת הגוף עלייהו, מידי דהוה אפרים ואשעירים דפירשנו לעיל. ומיהו, אכתי קשה: דאי חיילא עלייהו קדושת הגוף תו לא מיפרקי (דמיו), דאין לעופות פדיון אפילו כשיפול בהם מום – א"כ אין ראוי לנזיר כלל, לא לימכר ולא להקריב קרבנותיו! ועוד: דההיא דרב חסדא דמייתי עלה מיירי בחייבי קינין, משמע דהאי פירכא נמי בחייבי קינין! לכך נ"ל: דמיירי ודאי קינין, כמו זב וזבה וכיולא בהן, וגם בחייבי קינין דשייך בהו דין סתומין כמו בנזיר, כדאמרינן לעיל: הילכתא האמור בנזיר וכל דדמי ליה, כמו בחייבי קינין. א"נ, מיתוקם נמי אפילו בנזיר, וכגון בנזיר טמא, שצריך שתי תורין, חד לחטאת וחד לעולה. דבטמא נמי הילכתא, כדמשמע בשילהי פירקין. וה"פ: מעות ולא עופות, כלומר אם חייבי קינין הפריש תורין ובני יונה ולא פירש בשעת לקיחה, ומת קודם הקרבה, או הפר לה בעלה – דלא יהבינן להו דין דסתומין לענין זה שיקריב הכהן אי זה שירצה חטאת ואי זה שירצה עולה, לפי דצריך שאתה אומר מעות דוקא הוו סתומין ולא בהמה,
דחשיב

*) נ"ל לרנב"י

פי' הרא"ש

והשאר לשאר נזירותי. דמי חטאת ילכו לים המלח. ובמת איירי ובתוס' תני בהדיא ומת: ומועלין בכולן ואין מועלין במקצתן. לי נראה לאו דוקא בכולן אלא ברובן: והשאר לנדבה. דדמי חטאת מעורבין בהן: ומועלין בכולן. משום דמי חטאת ואין מועלין במקצתן דאין מעילה בדמי שלמים: לא שנו אלא מעות. הא דאמר ר"י הלכה הוא בנזי' דיפלו לנדבה היינו דוקא במעות או בדבר העומד לימכר לאלתר במעות אבל בהמה לא. שאם הפרישה בהמה בין א' בין ג' ואמר אלו לקרבנות נזירותי לא אמרי' אם מת או הפר דיפלו לנדבה. אלא הוי כחטאת מפורשת שנתערבה בעולה ושלמי' דימותו ואם דמים ילכו לים המלח. דלא נתקבל הלכה אלא למעות [או] בדבר העומד לימכר לאלתר במעות. לא שנו אלא תמימה לא שנו דבהמה (א) הוי' כמפורשת אלא תמימה לא מיירי בבהמות הראויות לקרבנות נזיר כגון כבש וכבשה ואיל. דא"כ היכי בעי רב שימי בר אשי לפלוגי בהא ולמימר דבהמה לא הוי' כמפורשת דהא מילתא דפשיטא היא. דא"א להיות בהם תערובת דכבשה על כרחך חטאת היה וכבש עולה ואיל שלמים כדקאמר רשב"ג בסמוך הפריש ג' בהמות ולא פירש הראוי לחטאת תקרב חטאת. אלא מיירי בבהמה שאינה ראויה לקרבנות נזיר כגון ג' פרים או פר א' דכיון שאינה עומדת לימכר לאלתר שצריך לרעות עד שתסתאב כרבנן דר"ש דאמרי' בפ' ואלו קדשים המפריש נקבה לאשם תרעה עד שתסתאב וכו' ר"ש אומר דתמכר בלא מום לא הוי כמעות והוי כמפורש' שנתערבה וכי מת או הפר ב) לא תמות. אבל בעלת מום הוי' כמעות משום דעומדת לימכר מיד. והאי טעמא שייך לר"י דאית ליה הלכה היא בנזיר דאומר דוקא במעות נתקבלה ההלכה או בדבר העומד לימכר לאלתר במעות. ולר"ל דיליף לה מקרא איכא לפרושי בה טעמא דחיישי' שמא באריכות הזמן פירש אלו דמים לחטאת. וא"א שיקריבו מהם עולה הלכך ילכו לים המלח: אבל נסכא לא. לא הויא כסתומה לפי שאין מוכרים אותה במעות אלא לוקחים ממנה בהמה לפי [שאין] שומתה ידועה ולא דמיה למעות. ולר"ל אינה נמכרת מיד עד שיחקרו לידע שומתה וצריך שהות ואיכא למיחש שמא פי' מחצית' או שלישיתה לדמי חטאת: אפי' נסכא הוה כמעות משום דמוכרי' אותה לאלתר במעות או משום דהיא עצמה כמעות כיון שקונין בה ולר"ל נמי אין צריך שהות במכירתה אבל סואר של קורות לא קבוצת קורות לבנין ונמלך למוכרן אינו מוכרן לאלתר עד שיזדמן לו אדם שצריך לבנות ויקנם ביוקר או יחליפו לו בדבר אחר: מאי טעמא דרבנן הנהו אמוראי דאמרי מעות ולא בהמה ולא נסכא ולא סואר של קורות א"כ מעות ולא דבר אחר אלא מעתה מעות ולא עופות כלומר המפריש קן לחובתו ולא פירש איזו לעולה ואיזו לחטאת כדא' לעיל מי שהיה מחוייב חטאת ואמר הרי עלי עולה והפריש מעות ואמר אלו לחובתי רצה להביא בהם חטאת לא יביא עולה לא יביא משום דחשבינן להו כמפורש ואין ידוע למה הכא נמי כיון דחשביתו לכל דבר מפורש חוץ ממעות. א"כ כשהפריש קן לחובתו הוי כמפורש. ואין הדבר ידוע ולא יוכלו הבעלים או הכהן לברום שמא ישנה מעולה לחטאת ואם מת ימותו ולא אמרי' יקרבו עולות כדין סתומי' דאמרי' לעיל תנא נזיר וחייבי קינין דדמי ליה ואע"ג דאמרי' אין מקייצין בעופות היינו שלא יקחו עולת העוף משופר נדבה. אבל אם העוף קדוש כבר מקיצין בו והכי אמרי' פ' טרף בקלפי. אלא הא דאמר רב חסדא אין הקינין מתפרשות וכו'. ואמאי והא מעות גמירי ולא דבר אחר וכיון שהפרישו הבעלים ולא פירשו הוי כמפורש שנתערבו והיאך נתפרשו בעשיית הכהן אלא אי כהן יכול לברום כדכתיב ולקח ועשה אלמא עופות כסתומים. וה"ה נמי בהמה ונסכא וסואר של קורות ואם מת או הפר לה בעלה יפלו לנדבה. ולר"ל פרי' הכי כי היכי דאמר בבהמה ונסכא וסואר של קורות משום דרגיל לשהותם חיישי' שמא פירש. ה"נ במפריש לחטאת או לעולה מסתבר נמי למיחש שמא פירש ואם מת ימותו ולא אמר יפלו לנדבה וכן כל קן סתום לא יוכל להתחבר עוד. אלא הא דאמר רב חסדא אין הקינין וכו' כדפי'. אלא שמע מינה דלא חיישינן לשמא בירר וכן נמי בבהמה ונסכא וסואר. ג) וקשה אדפריך מדרבנן לפרוך מכמה משניות דתנן בהן קן סתומה. אלמא דמתבררי' אח"כ אע"פ שהפריש סתומים וכ"ת כגון שהבעלים אומרים שלא בררו א"כ הא דרב חסדא

א) מדברי רבינו נראה שלא הי' גורס מה דאיתא לפנינו בגמ' הא דאמרי בהמה הרי היא כמפורשת אלא ל"ש אלא תמימה: ב) לכאורה נ"ל וכי מת או הופר לא אמרינן דיפלו המעות לנדבה אלא ילכו כולן לים המלח:
ג) נראה דל"ל וקשה אדפריך מדרבנן ומדר"ח לפרוך מכמה:

תוספתא פ"א דמעילה ע"ש

כריתות כח. עירובין לז. יומא מא.

נוסחת הריב"ן

הגהות הב"ח

(א) רש"י ד"ה ולא במקצתן שהרי דמי שלמים ביניהן ואיכא למימר שלמים הן ... (ב) ד"ה מ"ט דרבנן דרב נחמן ורב נחמן בר יצחק דאמרי:

הגהות הגר"א

[א] גמ' והשאר יפלו לנדבה ומועלין בכלן ...

הגהות מהר"ב רנשבורג

א] רש"י ד"ה ומועלין בכולן וכו' מועלין בדמים ...

דחשיב בהמה כמפורש בתערובת אילו נתן דעתו על אחת מהן חטאת. וכן גבי עופות נמי ליחוש לכך, אם לא פירש בשעת לקיחה – שמא נתן דעתו בין לקיחה להקרבה לגדר בלבו חד לחטאת וחד לעולה, ולא יוכל הכהן להקריב אותה איזה שירצה לחטאת ואיזה שירצה לעולה! *וכי תימא ה"נ והא"ר חסדא כו'. וא"ת: [ומאי] פריך? והלא א] דאמרת מעות ולא בהמה – היינו משום דאיכא שהייה, משום דבעו מום, כדפרישית. אבל הני עופות חזו להקרבה, ואין צריך שהייה, ולכך אין לחוש שמא נתן דעתו לפרש בלבו האי לחטאת והאי לעולה דליהוו כמפורשין! וי"ל: (דנהי) דכיון דלא פירשו הבעלים בשעת לקיחה שוב אין בידם להפריש', דהא בעו להתפרש בעשיית כהן, ועשיית כהן אינו ביד הבעלים. הילכך איכא למימר דאחר לקיחה אולי נתן לבו לפרשם בתערובת. וא"ת: והא אין מועיל פירוש הבעלים אחר הלקיחה! וי"ל: נהי דאין מועיל פירוש הבעלים אחר לקיחה לברר איזה יקרב חטאת ואיזה יקרב עולה, מ"מ מהני פירש בתערובת. ואיכא למיחש דשמא נתן בדעתו לפרש אחר הלקיחה האי לחטאת והאי לעולה דהוי בתערובת, ומעתה לא יוכל הכהן להקריבם כרצונו איזה שירצה חטאת ואיזה שירצה עולה. ולהכי פריך: וכי תימא אין ה"נ והא"ר חסדא כו' אלא בעשיית הכהן, כלומר, הא בעשיית כהן מיפרש היכא דלא פירשו ובררו הבעלים בשעת הלקיחה, ב] [ואימא] דעתם לברר –והוו כמו מפורשין בתערובת, ואיך תמצא שיתפרשו בשעת עשיית כהן כשהבעלים קיימים? אדרבה, לא יהיה הכהן רשאי לעשות אחד לחטאת ואחד לעולה לפי דעתו, אם לא ישאל פי הבעלים אם נתנו דעתם על הגוזלות מעולם איזה לעולה ואיזה לחטאת. דאם אינו שואל את פיהם – שמא יעשה איפכא מנתינת דעת הבעלים! אלא ודאי מדקאמר רב חסדא דבעשיית הכהן מתפרשות – ש"מ דאין לנו לחוש שנתנו הבעלים עיניהם עליהם מעולם, או אפי' נתנו עיניהם עליהם – אותה נתינה לא מעלה ולא מורדת, כיון שלא הוציא הפירוש בפיו להדיא. וה"ה לבהמה וסואר של קורות, שיהיו כסתומין גמורים למילתייהו, שיפלו לנדבה. ולא נימא מעות דוקא, כי היכי דעופות הוו כסתומין למילתייהו, שהכהן עושה איזה שירצה חטאת ואיזה שירצה עולה. ע"כ שיטת התוס'. והקשה הר"מ: כיון דמעשיית הכהן פריך, כדפרישית, א"כ אדמקשינן מדרב חסדא – תיקשי ליה מכמה משניות דמס' קינין, דאיירי בקינין סתומין, פירוש: שלא פירשו הבעלים בשעת לקיחה, דמשמע שכהן מברר בעשייתו! וע"ק: מאי פריך? דהיכי ניחוש שהבעלים בירוש איפכא ממה שהכהן עושה? והלא הם מביאים אותם לכהן להקריבם בדעתו, איזה שירצה לעולה ואיזה שירצה לחטאת, וא"כ לא פירשום כלל. ולעולם אימא לך דהיכא דלא הביאום לבסוף לכהן – דהוו כמפורשים בתערובת, כמו נסכא וסואר של קורות, [ומאי] פריך? וע"ק: היאך יועיל [פרישת] הבעלים בתערובת אחר הלקיחה, דחיישינן אולי נתן בדעתו לפרש, שוב לא יוכל הכהן לשנותם, יותר מאילו אמר בהדיא זה חטאת וזה עולה, דאינו מועיל אחר הלקיחה, כדאמר: או בלקיחת בעלים או בעשיית הכהן! לכ"נ להר"ס דפריך אהא דאמר לעיל: מעות ולא בהמה, פי': משום דאיכא שהייה, ושמא נתן בדעתו לפרש בתערובת בימי השהייה, דהיינו בימים שבין שעת הפרשה לשעת הקרבה. ואפי' ג] בתערובת, כשמזכיר בפירוש איזו לחטאת ואיזו לעולה, דאהני פירושו לקבוע זה לחטאת וזה לעולה. פריך: והא"ר חסדא כו' – אלמא לא מהני פירוש הבעלים בין הלקיחה, דהיינו הפרשה, ובין שעת הקרבה גבי קינין, ומסתמא ה"ה גבי שאר קרבנות! ע"כ פי' הר"ס. וקשה: דהא דקאמר רב חסדא אין הקינין מתפרשות – משמע דוקא קינין, מדלא קאמר "אין הקרבנות". ועוד: אפי' את"ל דיליף שאר קרבנות מקינין – מ"מ אין סברא הוא לדמות לקינין אלא קרבן דחזי להקרבה הן עצמן, דומיא דקינין. אבל נסכא וסואר קורות – לא. וכן פריס ושעירים לגבי נזיר, דלא חזו להקרבה גופייהו, ליכא למילף להו מקינין! ועוד: מה לו להאריך בלשונו כ"כ, דקאמר: מאי טעמייהו דרבנן דקאמרי מעות ולא בהמה וכו' לעיל? לאלתר ה"ל לאקשויי ארב הונא, דאמר: אבל בהמה הרי היא כמפורשת – איני? והא"ר חסדא, ולאוכומי דלא מהני [פרישת] הבעלים בינו ובינו לפי שיטת הר"ס. וגם הלשון קשה, דמסיק ואמר: והא מעות גמירי, לפירושו. ועוד קשה לאותו טעם שפירשו התוס': דהא דאמר מעות ולא בהמה ולא נסכא, דכיון דאיכא שהייה חיישינן שמא נתן לבו לפרשם בתערובת באותו הזמן והשיהוי. וזהו דוחק גדול, שטעם זה אינו רמוז כלל בספר. לכך נראה בסוגיא לפרש הסוגיא כפי' הקונטרס, דהא דקאמר מעות ולא בהמה ולא נסכא וכו' ד] מ"ט – משום שהייה הוא. ומיהו, אין הטעם משום חששא [כי פירש] בתערובת בלבו, אלא משום דאין לך אלא בלשון ההלכה שנשנית: מעות סתומים יפלו לנדבה, בלשון המשנה. ועל זה קאמר: דוקא מעות גמירי ולא בהמה, פי': ולא בהמה תמימה דלא חזיא לנזיר להקרבה, כגון פריס או שעירים. וכן נסכא וסואר קורות. והיא היא, דרבותא משמיעין אותנו הנך אמוראי: שלא תאמר דהלכה נתקבלה בכל מילי דלא חזי להקרבה דומיא דמעות, כמו נסכא וסואר קורות ופריס לגבי נזיר – זה אין לך לומר, דדוקא מעות גמירי (תימא) שנופלין לנדבה, הילכך אין לך אלא ההלכה. ומיהו, בהמה בעלת מום בכלל מעות היא, כיון דחזי לדמי לאלתר כמו מעות. ואפי' נשנית הלכה בהדיא: מעות – בהמה בעלת מום בכלל, כיון דדמיא למעות לגמרי, ה] (דדמי מעות לאלתר) הך לדחזיא לדמי לאלתר. וכה"ג אמרי' לעיל: תנא בנזיר כל מילי דדמי ליה. אבל נסכא וסואר קורות דלא חזי לדמי לאלתר, כדפירש *בפרק ראשון – אותו ודאי נתמעט מכלל הלכה שנשנית מעות. והשתא פריך שפיר, דקאמר: מאי טעמא דרבנן דאמרי מעות ולא בהמה וכו', אלא מעתה דקאמר מעות דוקא גמירי, מעות ולא עופות? בתמיה. פי': אם אחד מחייבי קינין, או נזיר טמא שהפריש תורין ובני יונה סתומין, שלא פירש בשעת לקיחה ומת – ה"נ דלא יפלו לנדבה ולא נחשיבם כמעות סתומין? וכ"ת אין ה"נ – והא [אמר] רב חסדא כו', פי': דהיכא דלא פירשום הבעלים בשעת לקיחה, דאין מתפרשות אלא בעשיית הכהן. כלומר, דאין להם שום דין פירוש, אלא יש להם דין סתומים לכל מילי, בין לענין שכהן יעשה איזה שירצה חטאת ואיזה שירצה עולה, ובין לענין שיפלו לנדבה במעות סתומין, אם מתו הבעלים קודם הקרבה! כך יש לפרש הקושיא דפריך לדרב חסדא לפי' הקונטרס. ולא מעשיית הכהן קפריך, כמו לפי' ראשון, דלא היה מקשה אלא כדפרישית, דמשמע ליה דאם לא נתפרשו בלקיחה – תו לא חשיב כמפורשין, אלא כסתומין לכל מילי. ואף לענין זה הוו כסתומין דיפלו לנדבה. וא"ת: ואכתי, ומאי פריך מרב חסדא לפי' זה? ודילמא רב חסדא לא איירי אלא לענין זה שלא יוכלו הבעלים לפרש אחר הלקיחה איזה לחטאת ואיזה לעולה, [ולא] איירי לענין שיפלו לנדבה כלל! וי"ל: דמשמע ליה לכל מילי קאמר דהוו כסתומין. ועוד: דא"כ הוה ליה למימר "אין הקינין נקבעות", דהוי משמע דדוקא לענין קביעות קאמר, איזו לחטאת ואיזו לעולה לענין קביעות הבעלים, שאם לא קבעוהו בשעת לקיחה – שוב אינו יכול לקבעו. שגם בעלמא רגיל להזכיר לשון קביעות לגבי קרבנות. מדקאמר "מתפרשות" – משמע על כל מילי קאמר, אין להם דין פירוש אלא דין סתומין, בין לענין דחשיבי כסתומין ליפול לנדבה. והשתא הוי הלשון שפיר, דמסיק: והא מעות גמירי! אלא על כרחך לאו דוקא מעות, דה"ה עופות. וה"ה דלאו דוקא מעות, אלא אפילו בהמה ונסכא וסואר קורות. וא"ת: לפי הקונטרס, דמפרש הא דפריך מעות ולא עופות בעי למימר המקשה דעופות סתומים יפלו לנדבה – והא אמרי' פ"ק דשבועות (דף יב:) דאין מקילין המזבח בעולת העוף! וי"ל: דה"מ במותר נסכים ושאר מותרות, פי': שאם נשתיירו מעות שבאותם מעות – אינו יכול לקנות עופות לקיץ המזבח. אבל אם העופות עצמן נשתיירו, כמו שמתו הבעלים קודם הקרבת כהנים – עופות מקילין שפיר לגבי המזבח. א"נ, המקשה הכא לא ס"ל ההיא דשבועות, ששם היא מימרא דאמורא. **וליטעמיך** הא דתנן רבן שמעון בן גמליאל **אומר הביא** שלש בהמות ולא פירש הראוי לחטאת. כגון כבשה – תקריב חטאת, הראויה לעולה, כגון כבש – תקרב עולה, הראוי לשלמים – כגון איל הראוי לשלמים. **ואמאי** האמרת [בהמה] לאו כמפורשת דמיא. כלומר, לפי מאי דבעי לאוכוחי מרב חסדא דעופות כסתומין הם, וה"נ בהמה [נימא] כסתומין דמיא, ולא כמפורשין. וא"כ יקשה לך: אמאי חשיב להו רשב"ג כמפורשין? וא"ת: ומי דמי? והא בהמה דלעיל דחשיב כסתומים מיירי כגון דהוו ג' פריס, והנהו ודאי הוו כסתומים. אבל אלו בהמות דמיירי כאן רשב"ג מיירי בבהמה דחזו לנזיר, ולכך חשבינן להו כמפורשין! וי"ל דהכי פירושו: אי אמרת בשלמא כדקאמר רב הונא בבהמות, דהיינו ג' פריס חשיבי קצת כמפורשין, ולכל הפחות כמפורשין בתערובת – הכא דרשב"ג ניחא, דחושב ג' בהמות הראויים לנזיר כמפורשין לגמרי, כאילו פירש בפיו "זו לחטאת וזו לעולה וזו לשלמים". אלא אי אמרת הג' פריס כסתומין דמיין לגמרי – ה"נ, מחמת שהן ראוין לנזיר – לא הוה לן ו] למיחשב *(בינייהו) לגמרי כמפורשין. וא"ת: ואכתי מאי [פריך? דילמא] רשב"ג איירי כשחזר ופירש הנזיר בפירוש בשעת הקרבה הי לחטאת והי לעולה והי לשלמים! וי"ל: דמלא – לישנא לא משמע הכי, דקתני: הביא ג' בהמות ולא פירש וכו', ומשמע ליה: הראוי לעולה תקרב לעולה, ומעכשיו – אף קודם הקרבה, יש עליה

תורה אור

אֲמַר לֵיהּ: וְלִיטַעְמִיךְ, הָא *דִּתְנַן, רשב"ג אוֹמֵר: הֵבִיא שָׁלֹשׁ בְּהֵמוֹת וְלֹא פֵּירַשׁ, הָרְאוּיָה לְחַטָּאת – תִּקְרַב חַטָּאת, לְעוֹלָה – תִּקְרַב עוֹלָה, לִשְׁלָמִים – תִּקְרַב שְׁלָמִים. אַמַּאי? הָא אָמְרַתְּ בְּהֵמָה לָאו כִּמְפוֹרֶשֶׁת דָּמְיָא! אֲמַר לֵיהּ: הָתָם – °"וְלָקַח" °"וְעָשָׂה" אָמַר רַחֲמָנָא, אִי בִּלְקִיחַת בְּעָלִים אִי בַּעֲשִׂיַּית כֹּהֵן. הָכָא נַמִי
מִי

ויקרא יב | שם טו | לקמן מה.

נוסחת הריב"ן

א"ל וְלִיטַעְמִיךְ הָא דִּתְנַן רַבָּן שִׁמְעוֹן בֶּן גַּמְלִיאֵל אוֹמֵר כו'. לֵימָא נַמִי הָתָם דִּכְסְתוּמִין דָּמוּ, דְּהָא אָמְרַתְּ בְּהֵמָה נַסְכָא וְסוּאָר שֶׁל קוֹרוֹת לָאו כִּמְפוֹרָשִׁין דָּמוּ! אֲמַר לֵיהּ. לְעוֹלָם אֵימָא לָךְ דְּמָעוֹת וְלֹא נַסְכָא, מָעוֹת וְלֹא סוּאָר. וְהָא דְּאָמְרַתְּ מָעוֹת וְלֹא עוֹפוֹת – הָתָם לָא אֶפְשָׁר דְּלֶיהֱווּ כִּמְפוֹרָשִׁין, דְּהָא כְּתִיב בְּהוּ (א) "וְלָקַח" "וְעָשָׂה", דְּגַלֵּי לָךְ רַחֲמָנָא דְּלָא לֶיהֱווּ מְפוֹרָשִׁין אֶלָּא אִי בַּעֲשִׂיַּית כֹּהֵן אִי בִּלְקִיחַת בְּעָלִים. וְהָא נַמִי דְּמוֹתְבִינַן לָךְ מִבְּהֵמָה – הָתָם נַמִי לָא אֶפְשָׁר (א) דִּכְסְתוּמִין דָּמוּ, דְּמִינְכְּרָא מִילְּתָא דִּכְמְפוֹרָשִׁין דָּמוּ.
מִי

א) ולקחה:

פי' הרא"ש

חסדא נמי נוקי הכי: ועוד היאך ניחוש שמא בירדן כיון שהוא עצמו מביאן לכהן ולא א"ל זו חטאת וזו עולה. וי"ל דדעת המקשה דאין שום דבר מתפרש אלא בשעת הפרשה או בשעת עשיה ולא בנתיים. והכי פריך אלא מעתה ולא עופות אם הפריש עופות סתומים ומת נמי חיישת שמא אח"כ בירדן וימותו והא אמר רב חסדא וכו' אלמא דאין דבר מתפרש אלא או בשעת הפרשה או בשעת עשיה. וכן בהמה ונסכא וסואר נמי אין מועיל בירור אחר שהקדישו. וכן משמע בפ' טרף בקלפי דלאו דוקא בעופות קא' רב חסדא אלא בכל קרבנות. ובקוצר הוה מצי למיפרך למאי דקאמר דחייש בבהמה ונסכא שמא בירר אח"כ והא אמ' ר"ח וכו' אלא דניחא ליה למיפרך מעופות אעופות: א"ל רב פפא לשימי ולטעמיך דמותבת לי דבהמה ועופות הוו סתומים כמו מעות הא דתנן הביא ג' בהמות כבשה וכבש ואיל ולא פירש אלא אמר אלו לקרבנות נזירותי: הראוין לחטאת כבשה. לעולה כבש ואיל לשלמים ואמאי והא אמרי' בהמה לאו כמפורשת דמי' וכיון שלא פירש חטאת ועולה ושלמים היאך קריבין בלא קריאת שם. אלא ודאי כמופרש דמי כאילו פירש חטאת עולה ושלמים ונקבעת כל א' לשם מה שהיא ראויה. ולאידך פי' הכי קא"ל ולטעמיך דאמרת דאין ברירה מועלת אלא בשעת הפרשה או בשעת עשיה. הא תני רשב"ג דאם לקח סתם ולא פירש דהכהן מקריב הראוי לחטאת חטאת. וא"צ לפרש מדקאמר הראוי לחטאת חטאת משמע שבסתם הוא מקריב וא"צ לקרוא לו שם אלא דסמכי' אהא שהבעלים קראו להם שמות אחר ההפרשה. א"ל ולקח ועשה אמר רחמנא. כלומר אותיבית לך מעופות שכל א' מהם ראוי לחטאת או לעולה ואפ"ה אמר רחמנא ולקח ועשה שאם לא ברור הבעלים בשעת לקיחה יכול הכהן לברר בשעת עשיה אלמא הוו כסתומים אבל לא אותבת לי מידי מבהמה דאע"פ שלא פירש ע"כ כל אחד ואחד נקבעת לפי מה שהיה ראויה דמי מצי למימר הך דחטאת תקרב עולה

שייך לדף כו:

הגהות הב"ח

(א) רש"י ד"ה אמר ליה וכו' לא אפשר למימר דכסתומין:

גי' א"מ בפירוש ראשון

הגהות מהר"ב רנשבורג

א] תום' ד"ה וכ"ת וכו' וא"ת מאי פריך והלא הא דאמרת וכו' כצ"ל: ב] בא"ד ובררו הבעלים בשעת הלקיחה ואימא. תיבת ואימא נמחק וכ"ב ואמאי שמא כצ"ל. א"מ: ג] בא"ד ואפי' בתערובת כשמזכיר וכו'. תיבת בתערובת נמחק: ד] בא"ד ולא נסכא וכו' מאי טעמא. תיבת מאי נמחק וכ"ב נמי טעמא: ה] בא"ד כיון דדמיא למעות לגמרי דדמי למעות לאלתר הך לדחזיא. תיבות דדמי הך לדחזיא נמחק וכ"ב תחת דדמי [דמה] ותחת הך לדחזיא [והך חזיא]: ו] ד"ה ואמאי כו' הוה לן למחשב בינייהו תיבות למחשב בינייהו נמחקו וצ"ל למחשבינהו:

נ"א בגינייהו

מי מציית אמרת הדין דחטאת תקרב עולה? הכא נקבה, הכא זכר. מתיב רב המנונא: ומי אמרינן בהמה בעלת מום כסתומה דמיא? ת"ש: *כיצד אמרו האיש מגלח על נזירות אביו? בזמן שהיה (א) הוא ואביו נזירים, והפריש אביו מעות לנזירותו ומת, ואמר "הריני נזיר ע"מ שאגלח על מעות אבא"; (ב) היו לו מעות סתומות — יפלו לנדבה, היתה לו בהמה מופרשת; חטאת — תמות, עולה — תקרב עולה, ושלמים — יקרבו שלמים. מאי לאו אפי' בעלת מום? לא, תמימה. אבל בעלת מום כסתומה דמיא? מאי איריא מעות? לימא: היתה לו בהמה בעלת מום יפלו לנדבה! הכי נמי, בעלת מום למאי קדישא — לדמי, דמי — היינו מעות. מתיב רבא: *°"קרבנו" — בקרבנו (ויקרא ד) הוא יוצא, ואינו יוצא בקרבן אביו. יכול לא יצא בקרבנו של אביו שהפריש — מן הקלה על החמורה או מן החמורה על הקלה, אבל יוצא בקרבן שהפריש אביו — מן הקלה על הקלה או מן החמורה על החמורה? ת"ל °"קרבנו" "קרבנו" (שם) — אבקרבנו הוא יוצא, ואינו יוצא בקרבנו של אביו. יכול לא יצא בקרבן אביו בבהמה שהפריש — אפי' מן הקלה על הקלה, מן החמורה על החמורה — שהרי אין אדם מגלח על בהמת אביו בנזירות, אבל יוצא במעות שהפריש אביו אפי' מן החמורה על הקלה או מן הקלה על החמורה — שהרי אדם מגלח על מעות אביו בנזירות, בזמן

תורה אור

רש"י

מי מציית אמרת דהאיך דהויא חטאת תקרב עולה. הא היא דלשום חטאת הויא נקבה, והאי דעולה הוי זכר. מתיב רב המנונא. ומי אמרינן דבהמה בעלת מום כסתומה דמיא, והתניא כיצד אמרו האיש מגלח כו'. ה"ג. כיצד אמרו האיש מגלח על נזירות אביו בזמן שהיה אביו נזיר והפריש אביו מעות לנזירות ומת (ג) כו'. הריני נזיר ע"מ שאגלח על מעות אבא אין זה מגלח על מעות אביו היו לו מעות סתומין כו'. וסדר המשנה אינה (א) כן, דמעיקרא הוה ליה למיתני מגלח על נזירות (ב) אבא. אלא רב המנונא דבעי לאיתויי פירקא מיניה טריחא ליה מילתא למיתני כיצד הוא מגלח, ג) והוא מדלג בה, ונקיט בסיפא משום דבעי פרוכי מיניה: אין זה מגלח על מעות אביו, הואיל וכבר מת אביו קודם שקיבל עליו זה נזירות. אבל בסיפא דברייתא מפרש כיצד מגלח על נזירות אביו, ד) כדמפרש בסיפא דמתני'. היתה לו בהמה מופרשת. כלומר, שהפריש ג' בהמות, אבל לא פי' איזו לחטאת ואיזו לעולה. מאי לאו אפי' בעלת מום. שהן בעלי מומין, וקא חשיב להו כמפורשים, דקאמר: החטאת תמות והעולה תקרב, כלומר תמכר ויביא בדמיה עולה. וקשיא לר"נ דאמר: בעלת מום כסתומה דמיא, ויפלו דמיה לנדבה כדין מעות סתומין. לא תמימה. הראויה ליקרב, ומשום הכי הוין להו כמפורשין. מאי איריא. דתני מעות כסתומין דמיין? ליתני בהמה בעלת מום, ואנא אמינא: מדבהמה דמיא ה) כסתומה — כ"ש מעות! הכי נמי. קתני. דבהמה בעלת מום למאי קדישא — לדמי, ודמי — מעות נינהו, וכיון דקתני מעות — לא אילטריך ו) למיתני בעלת מום: מתיב רבא אשר נשיא יחטא וגו' ז) והביא את קרבנו בקרבנו הוא יוצא. יכול לא [יצא] בקרבן אביו. שהפריש אביו מן עבירה קלה שעבר, כגון שבועת העדות ושבועת ביטוי. על החמורה. שהבן חטא, כגון שאכל חלב ודם, או שנתחייב בחייבי מיתות בית דין. תלמוד לומר. "ואם נפש אחת תחטא והביא (את) קרבנו". שהרי אין אדם מגלח על בהמת אביו בנזירות. כדתנן (לקמן דף ל.): מי שהיה הוא ואביו נזירין והפריש אביו מעות סתומין כו'. מדקאמר מעות ולא אמר בהמה — שמע מינה דעל מעות הוא דמגלח, ולא על בהמה ח). בזמן

תוספות

עליה שם עולה אף למעול בה אף אם מתו הבעלים, דלמיתה אזלא. א] ועוד, אי במפורשין בפירוש בשעת הקרבה — צריך למימר? ומאי קמ"ל רשב"ג? וא"ת: ומאי קס"ד דרב פפא? והא מוכחא מדרב חסדא דבעופות כסתומין דמיין, וה"ה בבהמה! ויש דוחק לומר דרב פפא ס"ל דרב חסדא [בדותא]. וליתא, דבכמה דוכתי [מייתי] לדרב חסדא! וי"ל: דרב פפא ודאי ס"ל דאפילו את"ל דעופות כסתומים דמיין, ולא ממעטינן להו ממעות — היינו משום שאין לנו למעט אלא דבר הדומה למעות, דלא חזו להקרבה, כגון ב] לפרים דלא חזו לנזיר להקרבה. אבל עופות דחזו גופייהו להקרבה — אין למעטן מהלכה שנתפרש במעות סתומין יפלו לנדבה, והוא הדין דודאי סתומין הוו ג] מעלו לנדבה. ומשני ליה רב שימי וא"ל: "ולקח ועשה" אמר רחמנא, בלקיחת בעלים אומר כן. כלומר, ואם לא פירשו הבעלים בשעת הלקיחה — הוו כסתומין. והוא הדין דרב הונא דאמר ד] בבהמות דהוו כסתומין, לפי שאינו מוכיח מגוף התורים הי חטאת והי עולה. וכן כשהפריש שלשה פרים — אין מוכיח מגוף הבהמות כלום הי חטאת והי עולה, הילכך נוכל לומר דהוו כסתומין לגמרי. אבל הכא במתני' דרשב"ג, דקתני הביא שלש בהמות הראויות, דמוכיח מגוף הבהמה הי לחטאת והי לעולה והי לשלמים. דכבשה לחטאת, שחטאת באה נקבה, וליכא למימר דתקרב עולה, שהעולה בא זכר, דהיינו כבש. וכן איל מפורש ה]בפסחים להדיא דקרב שלמים, וכן כבשה לחטאת, וכן כבש לעולה. הילכך כמפורשין דמו, דאין מפורש גדול מזה. אבל ג' פרים כסתומין דמיין, ולא נאמר אי ג' פרים הוו כסתומים ה"נ הוו כסתומין. [כך] סבר המקשה. **מתיב** רב *הונא. אמרת בעלת מום כסתומים דמיא? לר"נ, דאמר לעיל הכי, פריך. והתניא: כילד האיש מגלח לנזירות אביו. ה"ג: בזמן שאביו היה נזיר והפריש מעות לנזירותו, פירוש: סתומין, ומת. ואמר הבן: הריני נזיר ע"מ שאני מגלח על מעות אבי — ו] דהוא שמגלח על מעות אביו. פירוש: אע"ג דלקמן מייתינן דאם אביו הפריש מעות לחטאתו, שאכל חלב ומת, ונתחייב הבן גם הוא חטאת חלב — אינו מביא חטאתו ממעות שהפריש אביו חטאת, ה"נ הלכה היא בנזיר שמגלח על מעות שהפריש אביו לנזירותו. ודוקא שלא נדר הבן בחיי אביו, כדמסיק והולך, אבל נדר בחיי אביו — לא, כדקתני: אבל מי שהיה הוא ואביו נזירים, והפריש אביו מעות, פירוש בסתמא, ומת, ואמר הבן: הריני מגלח על מעות אבי — אינו מגלח עליהם, אלא יפלו לנדבה, דכך היא הלכה. ואית ספרים דגרסי איפכא, וגירסא זו עיקר. **היתה** לו בהמה מופרשת [חטאת] תמות עולה תקרב עולה ושלמים תקרב שלמים מאי לאו אפילו בהמה בעלת מום. כלומר, מאי לאו אפי' הפריש אביו שלש בהמות בעלי מום ומת? דניתן להם דין מפורשות בתערובת – ימותו, ולא ניתן להם דין מעות סתומין לפדותם ולהביא בדמיהן נדבה, דבעלי מום [כמפורשין דמי]. **לא** תמימה. כלומר, לא משכחת דין מפורשת אלא בבהמה תמימה, אבל בעלת מום – כסתומין דמיין, במעורבין. **מאי** איריא דתני מעות כו'. [אמאי נקט ברישא מעות? ה"ל למיתני ברישא היתה לו בהמה בעלת מום, דהכי הוי שפיר טפי למיתני דין סתומים ומפורש הכל בבהמות]! וא"ת: ואמאי לא פריך ממתני', דקתני: מעות סתומין יפלו לנדבה. ואי בהמה בעלת מום כמעות סתומין — ליתני בהמה בעלת מום! וי"ל: דתברייתא פריך שפיר, דמשמע דכולה ברייתא בסתומין ז] איירי — וא"כ ליתני כולה בבהמה, וליפלוג וליתני בדידה הכל, בין בעלת מום בין תמימה. אבל במתני' קתני מעות מפורשין, להכי קתני בתר הכי מעות סתומין, ומחלק הכל במעות — להכי ליכא למיפרך: ליתני בהמה בעלת מום דהוי כסתומין א) במקום [מעות]. **מתיב** רבא קרבנו. בפרשת ב) "אם נשיא יחטא". ושלשה קרבנות כתיבי, חד בנשיא וחד בכבשה וחד בשעירה. **ואינו** יוצא בקרבן אביו. ל"ע: דמה אילטריך קרא? הא ודאי דחטאת שמתו בעליה למיתה אזלא, ומאי האי דקאמר נמי בתר הכי: "אבל יוצא הוא בקרבן אביו שהפריש מן הקלה על הקלה" וכו'. **שהרי** אין אדם מגלח על בהמת אביו בנזירות. כדאמרינן בשילהי פירקין שאינו מגלח על ג) אביו כי אם על מעות סתומין, דלא הוזכר בלשון המשנה אלא מעות סתומים, דהלכה נשנית במעות סתומין דוקא. ח] היה מדקדק הר"ס דאמר בפ"ק דזבחים (דף ט:): חטאת חלב ששחטו לשם חטאת דם — כשרה, והכא אמר דלא כיפר! ויש לחלק, דהתם מיירי שלא היה חייב שתיהם כי אם חטאת חלב, ולכך עדיף. אבל הכא, שנתחייב שתיהן — הוי עקירה יותר. ועוד יש לומר: דודאי לענין להתכפר בו בשביל חטאת חלב, שהיתה עומדת לכך — איכא מאן דאמר כשרה. אבל הכא איירי להתכפר בו משום חטאת דם, שרוצה לעוקרו ממה שהיה מתחילה, לכך לא כיפר. **ה"ג:** אבל יוצא במעות שכן מגלח על מעות אביו. ואע"ג שהמעות היו מפורשים לחטאת אביו, וכה"ג אינו מגלח על מעות של אביו — מ"מ, כיון דבשום דוכתא מגלח על מעות אביו: ד) **אבל** יוצא בקרבן שהפריש לעצמו. לעבירה זו, ויביאנו לעבירה אחרת. **ת"ל** קרבנו על חטאתו. בפרשת "אם נפש תחטא וגו'", והביא קרבנו שעירת עזים על חטאתו". ואע"פ שדרשנו כבר שלשה קרבנות, עתה בא לדרוש "על חטאתו" — עד שיהא קרבנו לשם ה) חטאת, ואפי' לדם אחד. **יכול** לא יצא. כשמפריש במזיד בהמה המפורשת *לעבודה זו, ומקריבה לחטאת אחר.

שהרי

א) נ"א כמעורבין. ב) נ"ל אשר. ג) נ"ל נזירות. ד) שייך לדף כ"ח. ה) נ"ל חטאתו.

נ"ל לעבירה

עין משפט נר מצוה

מד א מיי' פט"ו מהל' פסולי מוקדשין הל"ז ופ"ג מהל' שגגות הל' ג ופ"ד מהל' תמורה הלי"א:

פי' הרא"ש

הכא נקבה והכא זכר. ולאידך פי' בשעת הפרשה ודאי הוקבעו כל א' למה שהוא ראוי: ה"ג בזמן שהיה אביו נזיר והפריש מעות סתומים לנזירותו ואמר הבן הריני נזיר ע"מ שאגל' על מעות [אבא] ה"ז מגלח על מעות אביו. אבל אם היה הוא ואביו נזירים והפריש אביו מעות סתומים ומת ואמר הבן הריני מגלח על מעות אבא יפלו לנדבה. י"ס דגרסי איפכא. אבל גירסא זו עיקר דמסתברא למימר דנאמר הלכה היכא דתחלת קבלת נזירותו היתה על סמך מעות אביו. אבל אם בחיי אביו היה נזיר כבר הוזקק להביא קרבנות משלו: היתה לו בהמה מפורשת עליו וכו' מאי לאו אפי' בעלת מום אם הפריש אביו ג' בהמות בעלי מומין כמפורשות דמי. דאי כסתום דמי יפדו ויביא בדמיהם נדבה אלא ודאי כמפורשים דמי ולא חשבי' להו כמפורשי' ונתערב' וימותו כולם. דמסתמא דמי כבשה עומדים לחטאת ודמי כבש לעולה ודמי איל לשלמים: א"ה מאי איריא מעות כיון דחשבת בהמה בע"מ כסתומים. מאי איריא דתני ברישא מעות ליפלוג וליתני הכל בבהמה וליתני ברישא היתה לו בהמה בע"מ יפלו לנדבה. ומשני כיון דבע"מ קדושה לדמי היינו מעות. מתיב רבא קרבנו בקרבנו וכו' בפ' אשר נשיא יחטא כתיבי ג' קרבנות חד בנשיא וחד בהדיוט. אחד בכבשה ואחד בשעירה וקמא קא דריש בקרבנו הוא יוצא ואינו יוצא בקרבן אביו שאם הפריש אביו קרבן על חטאתו ומת והבן היה חייב אותו קרבן עצמו אין הבן יוצא באותו קרבן: מן הקלה חלב ודם ושאר חייבי חטאות שאין חייבין על זדונן סקילה. על החמורה שבת וע"ז וכיוצא בהן שחיובן על זדונן סקילה: תלמוד לומר קרבנו השני דאפי' מן הקלה על הקלה ומן החמורה על החמורה אינו יוצא: שהרי אין אדם מגלח על בהמת אביו בנזי' שאם הפריש בהמות לנזירותו ומת ואמר הבן הריני נזיר ע"מ שאגלח על נזי' אבא אינו מגלח עליהם דלא נאמר הלכה אלא על מעות סתומים שהפריש אביו:

מסורת הש"ס

לקמן ל:

הכל בכריתות כז:

נוסחת הריב"ן

א) כך: ב) אביו: ג) וקא: ד) ובדמפרש: ה) דמיא לה: ו) (למתני) ליתא בכי"נ: ז) (והביא את כו' בקרבן אביו) כ"י ליתא בכ"י: ח) על דבהמה ת"ל והביא את קרבנו שעירת עזים תמימה על חטאתו עד שיהא קרבנו לשם חטאתו:

הגהות הב"ח

(א) גמ' בזמן שהיה אביו נזיר והפריש אביו כצ"ל ותיבת הוא נמחק: (ב) שם ע"מ שאגלח על מעות אבא אין זה מגלח על מעות אביו היו לו מעות סתומות: (ג) רש"י ד"ה הכי גרסינן וכו' מעות לנזירותו ומת ואמר הריני נזיר וכו' על נזירות אביו אלא רב המנונא וכו' מגלח על מעות אביו מדלג בה ונקט סיפא משום דבעי כצ"ל והד"א:

הגהות מהר"ב רנשבורג

א] תוס' ד"ה (בעמוד הקודם) ולמאי וכו' דלמיתה אזלא. נ"ב כ"ל בהמות עולה תקרב. א"מ: ב] בא"ד דלא חזו להקרבה כגון פרים כצ"ל: ג] בא"ד וה"ה דודאי סתומין הוו מעלו לנדבה. נ"ב עיין א"מ ותיבת ממנו נמחק ונ"ב יפלו: ד] בא"ד וה"ה דאמר בבהמות. היכא נמחק ונ"ב כעופות. א"מ ויטוש וד"ק: ה] בא"ד וכן איל מפורש כצ"ל והוא בפ' גאה עי' א"מ: ו] ד"ה מתיב ר"ה וכו' על מעות אביו דהוא זהו: ז] ד"ה מאי וכו' דכולה ומפורשים כצ"ל: ח] ד"ה שהרי וכו' במעות סתומים דוקא. א"מ וכו' היה מדקדק הר"ס על סוף הדבור שייך לדף כ"ח ומן בסוף ד"ה שהרי. א"מ ויטוש:

תורה אור

בִּזְמַן שֶׁהֵן סְתוּמִין, וְלֹא בִּזְמַן שֶׁהֵן מְפוֹרָשִׁין? ויקרא ד ת"ל °"קָרְבָּנוֹ" — בְּקָרְבָּנוֹ הוּא יוֹצֵא, אוְאֵינוֹ יוֹצֵא בְּקָרְבַּן אָבִיו. יָכוֹל לֹא יֵצֵא בְּמָעוֹת שֶׁהִפְרִישׁ, (א) אֲפִי' מִן הַקַּלָּה עַל הַקַּלָּה מִן הַחֲמוּרָה עַל הַחֲמוּרָה, אֲבָל יוֹצֵא בְּקָרְבָּן שֶׁהִפְרִישׁ לְעַצְמוֹ, מִן הַקַּלָּה עַל הַחֲמוּרָה מִן הַחֲמוּרָה עַל הַקַּלָּה? שם ת"ל °"קָרְבָּנוֹ... עַל חַטָּאתוֹ" — עַד שֶׁיְּהֵא קָרְבָּנוֹ לְשׁוּם (ב) חֶטְאוֹ. יָכוֹל לֹא יֵצֵא בִּבְהֵמָה שֶׁהִפְרִישׁ לְעַצְמוֹ מִן הַקַּלָּה עַל הַקַּלָּה אוֹ מִן הַחֲמוּרָה עַל הַחֲמוּרָה, א] אֲפִי' מִן הַקַּלָּה עַל הַחֲמוּרָה אוֹ מִן הַחֲמוּרָה עַל הַקַּלָּה, שֶׁכֵּן אִם הִפְרִישׁ בְּהֵמָה עַל הַחֵלֶב וְהֵבִיא עַל הַדָּם אוֹ עַל הַדָּם וְהֵבִיא עַל הַחֵלֶב — בשֶׁהֲרֵי לֹא מָעַל וְלֹא כִּיפֵּר. אֲבָל יוֹצֵא בְּמָעוֹת שֶׁהִפְרִישׁ לְעַצְמוֹ מִן הַקַּלָּה לְקַלָּה וּמִן הַחֲמוּרָה לַחֲמוּרָה, מִן הַחֲמוּרָה לְקַלָּה וּמִן הַקַּלָּה לַחֲמוּרָה, שֶׁכֵּן אִם הִפְרִישׁ לְעַצְמוֹ מָעוֹת ב] מִן הַחֵלֶב וְהֵבִיא עַל הַדָּם, עַל הַדָּם וְהֵבִיא עַל הַחֵלֶב, גשֶׁהֲרֵי מָעַל וְכִיפֵּר — ת"ל "עַל חַטָּאתוֹ" — דעַד שֶׁיְּהֵא קָרְבָּנוֹ לְשֵׁם חֶטְאוֹ. קָתָנֵי מִיהַת בְּהֵמָה, מַאי לָאו אֲפִי' בַּעֲלַת מוּם? לָא, תְּמִימָה. אֲבָל בַּעֲלַת מוּם מַאי, כִּסְתוּמָה דָּמְיָא? מַאי אִירְיָא דְּקָתָנֵי מָעוֹת שֶׁהִפְרִישׁ אָבִיו, לִיתְנֵי בַּעֲלַת מוּם! הָכִי נַמִי, דִּלְמַאי חַזְיָא — לְדָמֵי, דְּמֵי — הַיְינוּ מָעוֹת.§ **מתני'** נִזְרַק עָלֶיהָ אֶחָד מִן הַדָּמִים — אֵינוֹ יָכוֹל לְהָפֵר. ר"ע אוֹמֵר: האֲפִילּוּ נִשְׁחֲטָה עָלֶיהָ אַחַת מִכָּל הַבְּהֵמוֹת אֵינוֹ יָכוֹל לְהָפֵר. בד"א — בְּתִגְלַחַת הַטָּהֳרָה, אֲבָל בְּתִגְלַחַת הַטּוּמְאָה — יָפֵר, שֶׁהוּא יָכוֹל לוֹמַר: אִי אֶפְשִׁי בְּאִשָּׁה מְנוּוֶּלֶת. רַבִּי (*מֵאִיר) אוֹמֵר: אַף בְּתִגְלַחַת הַטָּהֳרָה יָפֵר, שֶׁהוּא יָכוֹל לוֹמַר: אִי אֶפְשִׁי בְּאִשָּׁה מְגֻלַּחַת.§ **גמ'** מַתְנִי' דְּלָא כר' אֱלִיעֶזֶר, דְּאִי ר"א — *הָאָמַר תִּגְלַחַת מְעַכֶּבֶת, וְכֵיוָן דְּלָא גִּילְּחָה — אֲסִירָה בְּחַמְרָא, וְכֵיוָן דְּאִית לָהּ נִיוּוּל — מָצֵי מֵיפֵר. (וּבְהָא פְּלִיגִי); ס"א ל"ג

תַּנָּא

בִּזְמַן שֶׁהֵן סְתוּמִין. כִּדְתְנַן בְּשִׁילְהֵי מַתְנִי'. ת"ל. "וְאִם כֶּבֶשׂ יָבִיא קָרְבָּנוֹ" — בְּקָרְבָּנוֹ יוֹצֵא כו'. וְאִית דְּדָרְשֵׁי לֵיהּ מִ"קָּרְבָּנוֹ" קַמָּא. מִן הַקַּלָּה עַל הַקַּלָּה. מִשְּׁבוּעַת הָעֵדוּת לִשְׁבוּעַת הַפִּקָּדוֹן, אוֹ לִשְׁבוּעַת בִּיטּוּי. מִן הַחֲמוּרָה עַל הַחֲמוּרָה. מֵחֵלֶב לְדָם, מֵחַיָּיבֵי מִיתוֹת לְחַיָּיבֵי כָרֵיתוֹת בְּשׁוֹגֵג. שֶׁכֵּן אִם הִפְרִישׁ בְּהֵמָה עַל הַחֵלֶב. שֶׁאָכַל בְּשׁוֹגֵג, וֶהֱבִיאָהּ עַל הַדָּם שֶׁאָכַל בְּשׁוֹגֵג. שֶׁהֲרֵי לֹא מָעַל. לְפִי שֶׁהוּא קְדוּשַּׁת הַגּוּף, וְאִי אֶפְשָׁר לוֹ לְהוֹצִיאָהּ לְחוּלִּין — לְפִיכָךְ לֹא כִּיפֵּר, וּכְדְאָמְרִי' בְּפֶרֶק א) [בַּתְרָא] דִּכְרֵיתוֹת, דְּכֵיוָן דְּלָא מָצֵי מָעֵיל — כַּפּוּרֵי נַמִי לָא מְכַפֵּר. ב) שֶׁהֲרֵי מָעַל וְכִפֵּר. דְּכֵיוָן דְּלָקַח בָּהֶן חַטָּאת אַחֵר שֶׁלֹּא הוּפְרַשׁ לְשָׁמָן — הָוֵה לֵיהּ כְּמַפֵּיק לְהוּ לְחוּלִּין, וּמָעַל. וְכֵיוָן דְּמָעַל בּוֹ — אָמְרִי' "וְכִפֵּר", דְּהוּא קָרְבָּן מְעַלְיָא. ת"ל. "וְכִפֶּר עָלָיו הַכֹּהֵן ג) עַל חַטָּאתוֹ", דִּלְעוֹלָם לֹא כִּפֵּר עַד שֶׁיְּהֵא קָרְבָּנוֹ לְשׁוּם חֶטְאוֹ, שֶׁאע"פ שֶׁמָּעַל לֹא כִּיפֵּר. ג] שֶׁהֲרֵי מָעַל בַּמָּעוֹת. כָּל דָּבָר שֶׁיּוֹצֵא לְחוּלִּין אִית בֵּיהּ מְעִילָה, וְהוֹאִיל דְּאִית בֵּיהּ מְעִילָה כִּיפֵּר. קָתָנֵי מִיהַת בְּהֵמָה. שֶׁהֲרֵי אֵין אָדָם מְגַלֵּחַ עַל בֶּהֱמַת אָבִיו. מַאי טַעְמָא, לָאו מִשּׁוּם דִּכְמְפוֹרֶשֶׁת דָּמְיָא? מַאי לָאו אֲפִי' בַּעֲלַת מוּם? מַאי אִירְיָא דְּתָנֵי. אֲבָל יוֹצֵא בַּמָּעוֹת שֶׁהִפְרִישׁ כו'. **מתני'** בְּאִשָּׁה מְנוּוֶּלֶת. שֶׁאֵינָהּ שׁוֹתָה יַיִן. **גמ'** דְּאִי ר"א. כֵּיוָן דְּתִגְלַחַת מְעַכַּבְתָּהּ שֶׁלֹּא לִשְׁתּוֹת יַיִן, כִּדְאָמְרִינַן בְּפֶרֶק "שְׁלֹשָׁה מִינִין" (לקמן דף מו.): "וְאַחַר יִשְׁתֶּה הַנָּזִיר יַיִן" — אַחַר מַעֲשִׂים כּוּלָּן, דִּבְרֵי ר"א. הִילְכָּךְ, כֵּיוָן דְּלֹא גִילְּחָה — אֲסוּרָה בְּיַיִן, וַהֲוָה לָהּ נִיוּוּל, כִּדְכְתִיב (זכריה ט) "וְתִירוֹשׁ יְנוֹבֵב בְּתוּלוֹת", הִילְכָּךְ מָצֵי מֵפֵר, אע"פ שֶׁנִּזְרְקוּ עָלֶיהָ כָּל הַדָּמִים.

וְלַתַּנָּא

שהרי לא מעל. בשוגג, אם שגג והקריב קרבן על הדם קרבן של חלב, דאכתי בקדושתייהו קאי. כיון דבהמה קדושה קדושת הגוף, ולא נפק לחולין בהכי, כיון שלא נהנה ממנה — לא כיפר במזיד, דלא עשה כלום, שאינו יכול להתכפר בקרבן של דם כלל. ד] לא מעל — אם עשה (*בו) בשוגג, הואיל ואינו מוציאו מרשות הקדש אלא מהקדש זה להקדש אחר, ומתוך שלא מעל — לא כיפר. והכי מפרש ליה בפרק בתרא דכריתות (דף כז:). ואחרי שאנו רואין בשוגג דלא *כיפר — דין הוא כשנתכוון לעקר חטאת חלב ולעשות חטאת דם, דלא כיפר ה]. **על** חטאתו. "וכפר הכהן על חטאתו", בכבשה דיחיד כתיב, אלמא דבמזיד אינו יכול לשנות אפי' במעות. וכן תניא בתוספתא דכריתות [פ"ד]: הפריש מעות לחטאת חלב והביאום על חטאת דם, לחטאת דם והביאום לחטאת חלב — בשוגג מעל, לפיכך כיפר. במזיד — לא מעל, לפיכך לא כיפר. [אלמא] במזיד, אף במעות לא כיפר. וכ"ש בהמה, דלא מלי משנה. ו] ולפי' זו התוספתא משמע דנסיבא קרא אחרינא "על חטאתו", ולא פסוק ראשון שדרש כבר. ז] ה"ג: שהרי מעל וכפר. שהמעות אין בהם קדושת הגוף, ויוצאין מקדושתן בקל, וכשמשנה אותו לקרבן אחר — נפקי המעות לחולין, והרי הן חולין ביד מוכר הבהמה. דאי לא נפקא לחולין — לא מעל. ולכך נמי כפר בשוגג, ולכך במזיד נמי נימא דכפר, הואיל ושייך בהו שנוי, ח] בשוגג אמר ומעל וכיפר ולא במזיד. ומיהו, אי לא הוה ילפי' [קרא ה"א]: מזיד וכפר. אע"ג שדרשנו ט] "וכפר על חטאתו" עד שיהא קרבנו לשם חטאתו, תרתי שמעינן מיניה, כדאמרינן בעלמא (גיטין דף נב.): "אתם" — ולא שותפין "אתם" — ולא אפוטרופוסים "אתם" — ולא התורם את שאינו שלו, וכולהון דרשינן מחד "אתם". **קתני** מיהא. לעיל, דאינו מגלח על בהמת אביו. מאי לאו אפילו בעלת מוס? אלמא, כמפורשין דמיין. דאי כסתומין — לגלח כמו על מעות סתומין. ומדמי הילכתא, דה"ה דלענין אותה הלכה נתקבלה דמעות סתומין יפלו לנדבה — נימא דוקא מעות ולא בהמה, ואפילו בעלת מוס. וליכא למידחי דהא דקתני לעיל דאינו מגלח על בהמת אביו — היינו במפורשין. דאם כן היכי מסיק: אבל יוצא במעות אביו שהרי מגלח על מעות אביו? והא אין מגלח אלא על מעות סתומין של אביו, כדקתני בהדיא במתניתין (לקמן דף ל.). **לא** תמימים. עליהם אינו מגלח, דהויא כמפורשים. **נזרק** עליה אחד מן הדמים. כגון שגמרה נזירות בטהרה, והביאה קרבנות נזירות טהרה, שהן ג' בהמות: כבשה לחטאת, וכבש לעולה, ואיל לשלמים, ונזרק עליה אחד מן הדמים, חטאת או עולה או שלמים — אינו יכול להפר נדרה לענין שלא תצטרך לגלח ולהביא שאר קרבנות, דלפי שאין כאן עוד עינוי נפש, דיין מותרת. ואי משום שצריכה לגלח *ומטו עליה אשה מתגלחת — אפשר לה בפאה נכרית. הכי מפרש בגמרא. אבל אי לא נזרק הדם עדיין, דאסורה [ביין] — מיקרי שפיר עינוי נפש, אע"ג דלא מיתסרא אלא שעתא פורתא. **רבי** עקיבא אומר אפילו נשחט. ולא נזרק הדם — אינו יכול להפר. בגמרא מפרש: משום הפסד קדשים. ומסיק בגמרא: כשנשחטה החטאת, שאם יפר לה — נמצאת בהמה זו תלה לבית השריפה. שהיא אינה צריכה לחטאת, וגם לא יוכל לזרוק דמה לשם שלמים — דחטאת שלא לשמה פסולה. יש להסתפק אם היפר לה אם מופר, או שמא יש כח ביד חכמים לעקור דבר מן התורה בשב ואל תעשה. **בד"א**. שאינו יכול להפר אחר שנזרק אחד מן הדמים בתגלחת טהרה, כדפי': שגמרה נזירות בטהרה. אבל בתגלחת טומאה, כגון שנטמאת בנזירותה והביאה קרבנותיה בטומאה, אע"פ שנזרקו דמים — יכול להפר, מפני שאפשר לומר לה: אי אפשי באשה מנוולת, כלומר, שהיא צריכה למנות מעתה נזירות טהרה ותאסר ביין, ויש כאן עינוי נפש. וה"נ בגמרא מלינו לשון ניוול שר"ל עינוי. וקשה לישנא (דעינוי) ד"אי אפשי", דהוי ליה למימר: משום עינוי! ונ"ל: דקאי אדר"ע, דקאמר שנשחטה אחת מן הבהמות אינו יכול להפר מפני שאפשר י] [לבוא] להפסד קדשים. אע"ג דאסורה ביין עד שישחטו שאר הבהמות ויזרוק דמן, ויש כאן ענוי נפש פורתא — בשביל ההוא פורתא אינו יכול להפר בשביל הפסד קדשים. אבל בתגלחת דטומאה, דאיכא עינוי נפש גדול, שסותרת ובעי למימני נזירות אחרת — [מודה] שיכול לומר לה: אי אפשרי [בעינוי] גדול. א"נ, משום דר"מ קאמר האי לישנא "אי איפשי" — קאמר ת"ק נמי "אי אפשי". ה"ג: אי אפשי באשה מגלחת. שצריכה לגלח בסוף נזירות טהרה, כדכתיב בהדיא. ולת"ק אפשר בפאה נכרית, הכי מפרש בגמרא. **תגלחת** מעכבת. מלשתות ביין. וכיון דאי לא גילחה אסורה, ואית לה ניוול. פי': לצער עינוי נפש, שצריכה להיות מעונה מן היין עד שתגלח — מלי מיפר בעבור ההיא שעתא פורתא דאסירה ביין.

משום

מה א (מיי' פ"ה מהל' פסולי מוקדשין הל"ח):
מו ב מיי' פט"ו שם הל"ז ופ"ד מהל' מעילה הל"ה:
ג"ל כן
מז ג ד מיי' פ"ד מהל' מעילה הל"ה [ע"ש בכ"מ]:
מח ה מיי' פ"ד מהל' נזירות הל' יז:
גי' א"מ דלא מעל

פי' הרא"ש

ת"ל על חטאתו דכתיב קרבנו על חטאתו בפ' שעירה כתיב והביא קרבנו שעירת עזים על חטאתו: לא מעל ולא כיפר לא מעל בעושה כן בשוגג דאין מעילה אלא במשנה מרשות הקדש לרשות הדיוט בשוגג. והכא מהקדש להקדש קא משני ולא מעל הלכך לא כפר דלא יצא הקרבן מחזקתו. וכיון דבשוגג לא כפר דין הוא נמי במתכוין לעקור חטאת חלב ולעשותו חטאת דם דלא כיפר: שהרי מעל וכיפר. שהמעות אין בהם קדושת הגוף כשנתנן לקנות בהם בהמה לצורך קרבן אחר יצאו לחולין הילכך כיפר: תלמוד לומר על חטאתו [בשעירת עזים] לא כתיב אלא חד זימנא על חטאתו. אבל גבי כשבה כתי' יביא קרבנו לחטאת. וכתיב בסוף הפרשה וכפר עליו הכהן על חטאתו: קתני מיהת בהמה. שהרי אין אדם מגלח על בהמת אביו: [מתני'] נזרק עליה אחד מן הדמים אינו יכול להפר שלאחר זריקת אחד מהדמים היא מותרת ביין וליטמא למתים וליכא תו עינוי נפש הלכך לא מצי מפר. ור"ע סבר שאפי' שנשחט ולא נזרק אינו יכול להפר ומפרש בגמ' משום הפסד קדשים מ"מ אם הפיר מופר. ומי' משמע אינו יכול להפר דר"ע כמו אינו יכול להפר דת"ק. ותימה הוא דאם נטמאת שתביא קרבן טומאה: בד"א בתגלחת טהרה. דהוי סוף נזירותה אבל תגלחת טומאה יפר. שצריכה לחזור ולמנות נזי' טהרה: ויכול לומר אי אפשי באשה מנוולת. פי' מעונה ומנועה משתיית יין: ור"מ אומר דאף בתגלחת הטהרה יפר משום דגלוח לאשה נוול ויפר כדי שלא תצטרך להתנוול בגלוח. ונ"ל דאפי' נזרק [עליה] כל הדמים מיפר כל זמן שלא גלחה:

נוסחת הריב"ן

א) קמא: ב) (שהרי מעל וכיפר) ליתא בכ"י: ג) מחטאתו:

הגהות מהר"ב רנשבורג

א] גמ' או מן החמורה על החמורה אפי'. תיבת אפי' נמחק מכאן ומקומו בתר שהפריש לעצמו: ב] שם לעצמו מעות מן. תיבת מן נמחק וכ"ב על: ג] רש"י ד"ה ת"ל וכפר וכו' שהרי מעל וכו' על סופו. נ"ב על שהרי מעל וכו' על סופו זה נמחק לענ"ד: ד] תוס' ד"ה שהרי וכו' בקרבן של דם כלל. נ"ב כאן הס"ד ואח"כ מה"ד הגה"ה לא מעל. א"מ: ה] בא"ד ולעשות חטאת דם דלא כיפר. נ"ב כאן שייך היה מדקדק הר"ס הנאמר לעיל דף כז ע"ב בד"ה שהרי: ו] ד"ה על חטאתו וכו' ולפירוש זו התוספתא. נ"ב לפירוש אלו התוס'. כן כתב חכם אחד על דברי תוס' אלו. א"מ: ז] ד"ה ה"ג שהרי מעל וכפר. נמחק ה"ג וכ"ב הגה"ה כנ"ל. א"מ: ח] בא"ד הואיל ושייך בהו שנוי קמ"ל כנ"ל לענ"ד: ט] בא"ד אע"ג שדרשנו וכפר. תי' וכפר נמחק. וכ"ב ככר. א"מ יעו"ש: י] ד"ה בד"א וכו' אינו יכול להפר מפני שאפשר לבוא להפסד. תיבות שאפשר לבוא והלמ"ד מן להפסד נמחק:

[ס"א ל"ג וכן בתוס' פ"ג ליתא] לקמן דף מז.

כ"א ונמאסת

הגהות הב"ח

(א) גמ' במעות שהפריש אביו אפילו מן הקלה: (ב) שם קרבנו לשום חטאתו יכול לא יצא בבהמה שהפריש לעצמו אפילו מן הקלה על הקלה או מן החמורה על החמורה או מן הקלה:

מט א מיי' פט"ו מהל' פסולי מוקדשין הלי"ט:

נ"ל כדין

נ ב נ"ל היתר מכאן לשערות שהנשים נשואות נותנות בראשיהם. (יהושע בועז). [בתשו' באר שבע סי' יח דחה ראיה זו בשתי ידים והאריך בראיות לאיסור]:

נא ג מיי' פ"ב מהל' נזירות הלי"ג:

נב ד ה מיי' שם הל' טו ופ"ט שם הלי"ב:

נג ו מיי' פ"ג מהל' מעילה הל' ד ופ"ד שם הל"ג:

נד ז מיי' פ"ט מהל' נזירות הלי"ד:

נה ח מיי' שם פ"ב הלי"ד:

תַּנָּא דִּידָן סָבַר: כֵּיוָן דְּאִיזְדְּרִיק עֲלָהּ דָּם – לְאַלְתַּר שַׁרְיָא בְּחַמְרָא, וְהָא לֵית לָהּ נִיווּל. ור"ע סָבַר: אֲפִי' אִישְׁתְּחִיטַת בְּהֵמָה – אֵינוֹ יָכוֹל לְהָפֵר, מִשּׁוּם הֶפְסֵד קָדָשִׁים. מַתְקִיף לָהּ רַבִּי זֵירָא: וְאַמַּאי? לִזְרוֹק דָּמָן שֶׁלֹּא לִשְׁמָן, וְיַתִּיר בָּשָׂר בַּאֲכִילָה! מִי לָא *תַּנְיָא: אכִּבְשֵׂי עֲצֶרֶת שֶׁשְּׁחָטָן שֶׁלֹּא לִשְׁמָן, אוֹ שֶׁשְּׁחָטָן לִפְנֵי זְמַנָּן, אוֹ לְאַחַר זְמַנָּן – הַדָּם יִזָּרֵק, וְהַבָּשָׂר יֵאָכֵל. וְאִם הָיְתָה שַׁבָּת – לֹא יִזָּרֵק, וְאִם זָרַק – הוּרְצָה לְהַקְטִיר אֵימוּרִין לָעֶרֶב! אָמְרִי: אִי דְּשָׁחַט עוֹלָה אוֹ שְׁלָמִים – ה"נ. אֶלָּא הָכָא בְּמַאי עָסְקִינַן – כְּגוֹן שֶׁשָּׁחַט חַטָּאת בְּרֵישָׁא. כִּדְתְנַן: *אִם גִּילַּח עַל אַחַת מִשְּׁלָשְׁתָּן יָצָא.§ "בד"א – בְּתִגְלַחַת טָהֳרָה, אֲבָל בְּתִגְלַחַת טוּמְאָה יָפֵר, (מִפְּנֵי שֶׁיָּכוֹל לוֹמַר: אִי אֶפְשִׁי בְּאִשָּׁה מְנוּוֶּלֶת.) ור"מ אוֹמֵר: אֲפִי' בְּתִגְלַחַת טָהֳרָה יָפֵר, מִפְּנֵי שֶׁיָּכוֹל לוֹמַר: אִי אֶפְשִׁי בְּאִשָּׁה מְגֻלַּחַת".§ ות"ק אָמַר לָךְ: אֶפְשָׁר בבְּפֵאָה נָכְרִית. *ור"מ סָבַר: בְּפֵאָה נָכְרִית, אַיְּדֵי דְּזוּהֲמָא – לָא נִיחָא לֵיהּ.§ **מתני'** *גהָאִישׁ מַדִּיר אֶת בְּנוֹ בְּנָזִיר, וְאֵין הָאִשָּׁה מַדֶּרֶת אֶת בְּנָהּ בְּנָזִיר. כֵּיצַד? דגִּילַּח, אוֹ שֶׁגִּילְּחוּהוּ קְרוֹבָיו, מִיחָה אוֹ שֶׁמִּיחוּהוּ קְרוֹבָיו; ההָיְתָה לוֹ בְּהֵמָה מוּפְרֶשֶׁת – הַחַטָּאת תָּמוּת, וְהָעוֹלָה תִּקְרַב עוֹלָה, (א) וּשְׁלָמִים יִקְרְבוּ שְׁלָמִים, וְנֶאֱכָלִין לְיוֹם אֶחָד, וְאֵינָן טְעוּנִין לֶחֶם. הָיוּ לוֹ מָעוֹת סְתוּמִין – יִפְּלוּ לִנְדָבָה. מָעוֹת מְפוֹרָשִׁים; דְּמֵי חַטָּאת – יֵלְכוּ לְיָם הַמֶּלַח, ולֹא נֶהֱנִין וְלֹא מוֹעֲלִין. זדְּמֵי עוֹלָה – יָבִיאוּ עוֹלָה, וּמוֹעֲלִין בָּהֶן; דְּמֵי שְׁלָמִים – יָבִיאוּ שְׁלָמִים וְנֶאֱכָלִין לְיוֹם אֶחָד, וְאֵינָן טְעוּנִין לֶחֶם.§ **גמ'** אִישׁ – אִין, אֲבָל אִשָּׁה – לָא. מַאי טַעְמָא? ר' יוֹחָנָן אָמַר: *חהֲלָכָה הִיא בְּנָזִיר. *וְרַבִּי יוֹסֵי בְּרַבִּי חֲנִינָא אָמַר

ס"א ל"ג

(ב) וּלְתַנָּא דִּידָן. כֵּיוָן דְּאִיזְדְּרִיק עָלֶהָ אֶחָד מִן הַדָּמִים – לְאַלְתַּר אִשְׁתַּרְיָא בְּחַמְרָא, וְלֵית לָהּ נִיוּוּל. וְכֵיוָן דְּלֵית לָהּ נִיוּוּל – אֵינוֹ יָכוֹל לוֹמַר "אִי אֶפְשִׁי בְּאִשָּׁה מְנוּוֶּלֶת". אֵינוֹ יָכוֹל לְהָפֵר מִשּׁוּם בִּזְיוֹן קֳדָשִׁים. דְּהוֹאִיל וְאֵין הַבְּעָלִים מִתְכַּפְּרִים בּוֹ – אֵין הַבָּשָׂר נֶאֱכָל. מַתְקִיף לָהּ ר' זֵירָא אַמַּאי. הָוֵי בִּזְיוֹן קָדָשִׁים? לִזְרוֹק דָּמָן שֶׁלֹּא לִשְׁמָן, וְיַתִּיר בָּשָׂר בַּאֲכִילָה בִּזְרִיקַת דָּם שֶׁלֹּא לִשְׁמָן! מִי לָא תְּנַן הַדָּם יִזָּרֵק. שֶׁלֹּא לִשְׁמָן. וְאִם הָיְתָה שַׁבָּת לֹא יִזָּרֵק. לְפִי שֶׁאֵין הַבָּשָׂר נֶאֱכָל בַּשַּׁבָּת, שֶׁאֵין נְבֵילַת קָדָשִׁים דּוֹחָה אֶת הַשַּׁבָּת. וְאִם זָרַק הוּרְצָה. וּבִלְבַד שֶׁאֵימוּרִין מַקְטִיר לָעֶרֶב. אִי דְּשָׁחַט עוֹלָה וּשְׁלָמִים. בְּרֵישָׁא – ה"נ דְּאֶפְשָׁר לְמֶיהֱוֵי לְהוּ תַּקַּנְתָּא בִּזְרִיקָה. אֶלָּא הָכִי קָאָמֵינָא לָךְ – כְּגוֹן דְּשָׁחַט חַטָּאת בְּרֵישָׁא, דְּאִי מֵיפֵר לָהּ בַּעַל תּוּ לָא הָוֵי לֵיהּ תַּקַּנְתָּא, דְּהָוְיָא כְּחַטָּאת שֶׁנִּתְכַּפְּרוּ בְּעָלֶיהָ. וּמְנָא תֵּימְרָא דְּכָל מַאי דְּבָעֵי שָׁחֵיט בְּרֵישָׁא – כִּדְתְנַן: אִם גִּילַּח עַל אַחַת מִשְּׁלָשְׁתָּן יָצָא. בד"א. (ג) כֵּיוָן דְּנִזְרַק עָלֶיהָ אֶחָד מִן הַדָּמִים אֵינוֹ יָכוֹל לְהָפֵר – בְּתִגְלַחַת טָהֳרָה, הוֹאִיל וְשׁוֹתָה יַיִן בּוֹ בַּיּוֹם, וּכְדַאֲמַרַן. אֲבָל בְּתִגְלַחַת טוּמְאָה. אַע"פ שֶׁנִּזְרַק עָלֶיהָ אֶחָד מִן הַדָּמִים – יָפֵר. ר"מ אוֹמֵר: אֲפִי' בְּתִגְלַחַת טָהֳרָה כו'. וְת"ק אָמַר לָךְ. מִשּׁוּם תִּגְלַחַת לָא אֶפְשָׁר לְהָפֵר, דְּלָא הָוְיָא עֲלֵיהּ מְנוּוֶּלֶת מִשּׁוּם תִּגְלַחַת, דְּאֶפְשָׁר לָהּ בְּפֵאָה נָכְרִית, וּמִיתַּחְזְיָא כְּאֵינָהּ מְגַלַּחַת. וְר' מֵאִיר סָבַר בְּפֵאָה נָכְרִית אַיְּדֵי דְּזוּהֲמָא. דְּאִית לָהּ, לָא נִיחָא לֵיהּ. וּלְכָךְ יָכוֹל לְהָפֵר לָהּ, לְפִי שֶׁיָּכוֹל לוֹמַר "אִי אֶפְשִׁי בְּאִשָּׁה מְגוּלַּחַת".

מתני' גִּילַּח. בְּתוֹךְ יְמֵי נְזִירוּתוֹ, אוֹ שֶׁגִּילְּחוּהוּ קְרוֹבָיו בְּתוֹךְ יְמֵי נְזִירוּתוֹ, אוֹ שֶׁמִּיחָה הַבֵּן תּוֹךְ יְמֵי נְזִירוּתוֹ, וַאֲפִילּוּ בַּיּוֹם אַחֲרוֹן. (ד) אוֹ שֶׁמִּיחוּהוּ קְרוֹבָיו. הֲרֵי זֶה בָּטְלָה נְזִירוּתוֹ, וּדְמֵי חַטָּאת יֵלְכוּ לְיָם הַמֶּלַח. לֹא נֶהֱנִין וְלֹא מוֹעֲלִין. כִּדְאָמַר מָר: חַטָּאוֹת הַמֵּתוֹת וּדְמֵי חַטָּאת הַהוֹלְכִין לְיָם הַמֶּלַח, בְּכוּלָּן לֹא נֶהֱנִין וְלֹא מוֹעֲלִין; לֹא נֶהֱנִין – מִדְּרַבָּנַן, וְלֹא מוֹעֲלִין – מִשּׁוּם דְּלָאו בְּנֵי הַקְּרָבָה נִינְהוּ. **גמ'** הֲלָכָה הִיא בְּנָזִיר. שֶׁהָאִישׁ מַזִּיר וְלֹא הָאִשָּׁה.

וְרֵישׁ

משום הפסד קדשים. שאם יפר לה קודם זריקה ושוב אינה צריכה לקרבנות הללו, ואסור לזרוק דם. ופריך: אמאי איכא הפסד? יפר לה, ולזרוק דמו שלא לשמו, ויותר הבשר באכילה *מן הזבחים שנזבחו שלא לשמן! דכיון דהיפר לה, ואינה עוד נזירה – שוב אין עומדין לשמן, ואפילו יזרוק דמן סתם – כשרין, דסתמא [שלא] לשמן קיימי. וה"ק: יזרק דמו, דסתמא שלא לשמן קיימי אלא לשם שלמי נדבה, כיון דאינה עוד נזירה. **כבשי** עצרת ששחטן. שלא לשם עצרת. או ששחטן לפני עצרת בערב עצרת, או לאחר עצרת – הדם יזרק ביו"ט עצמו. וקאי ארישא, שלא לשמן (או) לשם שלמי נדבה, וע"י כן הותר הבשר באכילה. א] דאי לית ליה נדרים ונדבות קרבין ביו"ט – א"כ לא יקטיר אימורים עד הערב, ולא יאכל הבשר עד הערב, [דכל כמה] דלא מיקטרי אימורין – בשר לא מישתרי באכילה. ומ"מ, כי נמי אין נדרים ונדבות קרבין ביו"ט – מותר לזרוק הדם. ואם היתה שבת – לא יזרוק, דהוי כמו תיקונו מדרבנן, ואסור. אלמא: [מותר] לזרוק הדם שלא לשמן! וא"ת: אמאי לא מייתי מתני' (לעיל דף כד.): עולה תקרב עולה, ושלמים יקרבו לשלמים! וי"ל: דלא דמי, דהתם בשעת שחיטה היפר לה, ובין בזריקה ובין בשחיטה עומד שלא לשמן. אבל הכא, דבשעת שחיטה היה עומד לשמן, ועתה בשעת זריקה עומד שלא לשמן – לא מיתכשר שלא לשמן. ב] וצ"ל: דלהך כבשי עצרת נמי לא דמי, דהתם לא נשחטו לשמן, אבל הכא כיון דנשחטו לשמן – [שמא] כיון דנשחטו לשמן דלא מכשרי שלא לשמן! דבפ' "התכלת" (מנחות דף מז:) מיבעיא להתלמוד: הא כבשים ששחטן לשמן ואבד הלחם, מהו שנזרוק דמן של כבשים שלא לשמן כו'? וא"כ הא דקאמר יזרוק – מיירי שנשחטו שלא לשמן! וצ"ל דלא דמי, דהתם כבשים ג]מעיקרא בשחיטת זבח, ועיקר הזבח בלחם מתכשר, הילכך כי אבד לחם – נמצא הזבח מיפסיל, והוי כמו אבד. אבל הכא, כיון דסתמא כשר כמו לשמן, כדאמר בריש זבחים (דף ג:), השתא נמי דשחטן לשמן, ומשום תקנה – נעשה כאילו נעשה סתמא, לענין להתיר לזרוק דמן. [אי דשחט עולה או שלמים הכי נמי לר"ע דליכא הפסד]. אלא [הכ"ע] דשחט חטאת [ברישא], דאין לו תקנה לזרוק שלא לשמן, דחטאת מיפסל שלא לשמן, לשום שלמי נדבה, דחטאת אינו בא נדבה. **דתנן** אם גילח על אחת מהם יצא. כלומר, ולכך אמר ת"ק דכי נזרק אחד מן הדמים – אפילו חטאת דאיירי ביה ר"ע – דאינו מיפר, דמותר מיד לשתות יין, שהרי מגלח על אחת מהן – או חטאת או עולה או שלמים, וליכא ניוול. ולכך הוצרך לאיתויי ראיה לכך, [דלא תימא] דוקא ד] גלח על השלמים הוא דתנן במתניתין נזרק אחד מן הדמים, דדוקא ה] מן השלמים יצא, דכתיב "וגלח הנזיר פתח אהל מועד". וקאמר א) דבעל יצא על אחד משלשתן. ובפרק "איזהו מקומן" (זבחים דף נה.) מפרש לה, דמקים חטאת עולה ושלמים. ה"ג **איידי** דזוהמא. בהם זוהמא, ואינו מגופה – מגני לבעל, ולא ניחא ליה. מתני' **האיש** מדיר בנו בנזיר. שיאמר: יהא בני נזיר. ויתחילו מנין הימים מיד, אפי' אין הבן יודע שאביו הדירו בנזיר. א"נ: דמדיר בנו בנזיר – שילוה לבנו שיאמר "הריני נזיר". **ואין** האשה מדרת בנה בנזיר. כדמפרש בגמרא. כיצד ל"ג. גילח או שגלחוהו – דאין לך מחאה גדולה מזאת. ולא מיבעיא גילח או שגלחוהו, אלא אפי' מיחה או שמיחו בדברים, שאין רצונו שיעשה נזיר – מתבטל הנזירות. ובגמרא מפרש הטעמים. ודוקא כשמיחו מיד כששמעו, [אבל] אם לא מיחו, ושוב לימים מיחו – אין בכך כלום אחרי שהתחיל הנזירות. ובתוספתא (פ"ג) קתני בהדי הני: או שהביא ב' שערות. והא דלא תני במתני' – משום דשתי שערות מבטלות הנזירות אף אחר שהתחיל כבר למנות כמה ימים מנזיר. אבל הני דהכא, דגילח ומיחה – היינו בתחילת שמיעת הנזירות. ואפי' אם נאמר תגלחת ומחאה מבטלין [לאחר] שמיעה – אפי' [הכי] ניחא דלא תנא, דפלוגתא לא קמיירי, דבגמ' פליגי בה רבי ור' יוסי בר' יהודה. א"נ, דלא קתני אלא מידי דביד אדם לבטל הנזירות. **היתה** לו בהמה מופרשת. כדלעיל. **גמ' • אשה** לא. דקתני: אין האשה מדרת בנה בנזיר. **הלכה** • למשה מסיני בנזיר. (שייך לדף כט) **כדי** לחנכו. ומדרבנן. **בנו** אין בתו לא. דכך הלכה היא: בנו דשייך במצות לכשיגדל – מוטל על האב לחנכו, אבל בתו לא. תימה: הא דאמר בעלמא (יבמות דף קיד.): קטן אוכל נבילות אין ב"ד מצווין עליו להפרישו. והאמר [ריב"א]: אף לחנכו לעשות מצוה מוטל על האב! וי"ל: דחינוך לא שייך אלא להזהירו לעשות ולקיים מצוה, אבל להזהיר מלעבור – אין זה חינוך. וההוא דפרק בתרא דיומא (דף פב.) – היינו קיום מצוה "ועניתם". עוד אומר ר"י: דחינוך לא שייך אלא באב, אבל באיניש אחרינא – לא שייך. והכא אמרינן: בתו לא, והתם אמרינן: אחד תינוק ואחד תינוקת מחנכין אותם להתענות ביוה"כ. וצריך לחלק בדבר. **בנדרים** • לא אשכחן. דאינו מדיר בנו בנדרים, כגון להביא קרבן, או שקבל עליו לקיים מצות סוכה ולולב. **קסבר** כל חינוך דלא חשיב. כגון חינוך דנזירות בזיוני הוא דמגלח שערו, ולא ניחא ו] [ליה לבניה] הילכך יכול למחות. ויש גורסין: דלא חשיבא. וה"פ: כל חינוך הוא להחשיבו, וזה בזיונא הוא לו, ז] מש"ה מגלח. **ועביד** הקפה. כלומר: ושרי לעשות הקפה, דהלכה הוא. **הקפת** כל הראש מדרבנן. דמן התורה מותר. **והא** מייתי חולין בעזרה. כשמלאו ימי נזירות טהרתו, דמייתי חטאת דאינו בא בנדבה. דמעולה ושלמים לא קשיא, דבאים בנדבה.

קסבר

א) נ"ל דבגילח על אחד משלשתן יצא

פי' הרא"ש

ואמאי ולזרוק דם שלא לשמן ויתיר בשר באכילה. דתנן כל הזבחים שנזבחו שלא לשמן כשרים אלא שלא עלו לשם חובה ולאו דוקא שלא לשמן ה"ה אפי' בסתמא (מידי) [נמי] דאין סתמן עומדים לשמן אחר שהפר לה בעלה: כבשי עצרת ששחטן שלא לשמן. שלא לשם שלמי עצרת: או ששחטן לפני זמנן או לאחר זמנן. לפני עצרת או לאחר עצרת אפי' שחטן לשמן הדם יזרוק והבשר יאכל. אפי' בו ביום למ"ד נדרים ונדבות קרבים ביו"ט מקטיר האימורי' ביום ואח"כ יאכל בשר. ולמאן דלית ליה דנדרים ונדבות קרבים ביו"ט. יקטיר האימורים בלילה ואח"כ יאכל (האמורים) [הבשר] ומי' הדם צריך לזרוק ביום שלא יפסול בשקיעת החמה: ואם היתה שבת לא יזרוק ואע"ג דזריקת הדם אינה אסורה אלא מדרבנן כדאיתא פ' אלו דברים ואפ"ה החמירו חכמים משום דתקוני זיבחה הוא שמתקן האימורים להקטרה והבשר לאכילה ודמי לאין מגביהין תרומות ומעשרות [בשבת ויו"ט]. ואם זרק הורצה להקטיר אימורים לערב דהיום אינו יכול להקטיר. אלמא דזורקין דם כבשי עצרת בשביל דבר שלא היו עומדים לכן קודם שחיטה: הכא במאי עסקינן כגון דשחט חטאת שפסולה שלא לשמה. דתנן אם גילח על אחד משלשתן יצא אלמא על איזה מהן שגלח בטל נזירותו. ומיירי שהביא חטאת תחלה וטפי הו"ל לאתויי רישא דקתני היה מביא חטאת עולה ושלמים אלמא דחטאת באה תחלה. אלא דניחא ליה לאתויי הך מתני' שדברי חכמים מתפרשי' ממנה דבזריקה א' מן הדמים הותרה ביין: ות"ק אמר לך. אפשר לה בפאה נכרית הלכך לא הוי תגלחת נוול: ור' [מאיר] סבר דמזוהם בעיני הבעל שתתן אשתו על ראשה שער אשה נכרית: האיש מדיר את בנו בנזיר אע"פ שהוא קטן וכל דין נזיר עליו ומביא אביו קרבנותיו ואם נטמא מביא קרבן טומאה. והאי מדירו כגון שאו' תהא נזיר אי נמי שאומר לבנו שיקבל עליו נזירות. ה"ג גלח או שגלחוהו קרוביו. ול"ג כיצד דכיון שגלח אין לך מחאה גדולה מזו. וכל היכא שמוחה או מיחוהו קרוביו בטל הנזי' ובגמ' מפרש טעמא ומספקא לי אם שתה יין או שנטמא למתים אי מחאתו מחאה דמסתברא למימר הכא כיון שעשה דבר שהנזיר אסור בהם אין לך מחאה גדולה מזו. ומי' מדנקט גלח משמע דוקא שעשה מעשה בגופו. ונראה דוקא כשמיחו מיד כששמעו. ובתוס' קתני או שהביא ב' שערות והא דלא נקט ליה במתני' משום דהבאת [ב' שערות] מבטלת אף לאחר ששמע ונתרצה אבל הנך לא מהני אח"כ שכבר נתרצה וקבל עליו נזי': היתה לו בהמה מופרשת וכו' כדפרי' לעיל. מאי טעמא דאיש מדיר את בנו בנזי' וגם מ"ט דאשה לא: הלכה היא בנזי' כך נאמר הלכה למשה מסיני:

כדי

בילה כ: ע"ש מנחות מח.

גליון הש"ס

מתני' ואין האשה מדרת. עיין ברד"ק ריש שמואל א' בפסוק ותדור נדר:

לקמן מה. [זבחים נה. מנחות ה. ערכין כא. נדרים ז:]

[ס"א גרסי' ורבי וכן בערוך ערך פאה גרס כן]

לעיל דף כד: [סוטה כג.]

הגהות הב"ח

(א) במשנה והשלמים יקרבו שלמים: (ב) רש"י ד"ה תנא דידן סבר כיון דאיזדריק: (ג) ד"ה בד"א דכיון: (ד) ד"ה גילח הד"א עם ד"ה או שמיחו קרוביו:

סוטה כג: לקמן ל. סא: ס"א ור"ל אמר ריב"ח

הגהות מהר"ב רנשבורג

א] תוס' ד"ה כבשי וכו' הבשר באכילה לאו. תיבת לאו נמחק וכ"ב ולו: ב] בא"ד לא מתכשר שלא לשמן וכו' וצ"ל. תיבות וצ"ל נמחקו וצ"ע. א"מ: ג] בא"ד דהתם כבשים מעיקרא. תיבת מעיקרא נמחק. וכ"ב מיקבטי: ד] ד"ה דקא דוקא וכו' דלא תימא דוקא גלח. תיבת גלח נמחק: ה] בא"ד זורק אחד מן הדמים וכו' מן השלמים. נמחק תיבת מן השלמים וכ"ב גילח על. א"מ: ו] ד"ה קסבר וכו' ולא ניחא ליה לבניה. תיבות ליה לבניה נמחקו וכ"ב להו בזונת הלכך יכולים וכו' כל"ל. א"מ: ז] בא"ד כל חינוך הוא להחשיבו וזה בזיונא הוא לו. נ"ב כאן הס"ד ואח"כ מ"ה מגלח הכי מגלח ועביד הקפה. א"מ:

אָמַר רֵישׁ לָקִישׁ: כְּדֵי לְחַנְּכוֹ בְּמִצְוֹת. אִי הָכִי אֲפִי' אִשָּׁה נַמִּי! קָסָבַר: אִישׁ [א]חַיָּיב לְחַנֵּךְ בְּנוֹ בְּמִצְוֹת, וְאֵין הָאִשָּׁה חַיֶּיבֶת לְחַנֵּךְ אֶת בְּנָהּ. בִּשְׁלָמָא לְרַבִּי יוֹחָנָן, דְּאָמַר הֲלָכָה הִיא בְּנָזִיר – אַמְּטוּ לְהָכִי, בְּנוֹ – אִין, בִּתּוֹ – לָא. אֶלָּא לְרֵישׁ לָקִישׁ, אֲפִילּוּ בִּתּוֹ! קָסָבַר: בְּנוֹ – חַיָּיב לְחַנְּכוֹ, בִּתּוֹ – אֵינוֹ חַיָּיב לְחַנְּכָהּ. בִּשְׁלָמָא לְרַבִּי יוֹחָנָן, דְּאָמַר הֲלָכָה הִיא בְּנָזִיר – אַהָכִי בִּנְזִירוּת אִין, [ב]בִּנְדָרִים לָא. אֶלָּא לְרֵישׁ לָקִישׁ, אֲפִילּוּ נְדָרִים נַמִּי! לָא מִיבַּעְיָא קָאָמַר; לָא מִיבַּעְיָא בִּנְדָרִים דְּלֵית לֵיהּ נִיווּל, אֶלָּא אֲפִילּוּ בִּנְזִירוּת דְּאִית לֵיהּ נִיווּל – אֲפִילּוּ הָכִי חַיָּיב לְחַנְּכוֹ. בִּשְׁלָמָא לְרַבִּי יוֹחָנָן, דְּאָמַר הֲלָכָה הִיא בְּנָזִיר – הַיְינוּ דְּקָתָנֵי "מִיחָה אוֹ (א) שֶׁמִּיחוּהוּ קְרוֹבָיו", אֶלָּא לְרַבִּי יוֹסֵי בַּר' חֲנִינָא אָמַר רֵישׁ לָקִישׁ, כָּל כְּמִינַּיְהוּ קְרוֹבִים דְּאָמְרִין לֵיהּ: לָא תִּיגְמְרֵיהּ מִצְוֹת?! קָסָבַר: כָּל חִינּוּךְ דְּלָא חֲשִׁיב – לָא נִיחָא לֵיהּ. בִּשְׁלָמָא לְרַבִּי יוֹחָנָן, דְּאָמַר הֲלָכָה הִיא בְּנָזִיר – מִשּׁוּם הָכִי מְגַלֵּחַ וְעָבֵיד הַקָּפָה. אֶלָּא לר' יוֹסֵי בַּר' חֲנִינָא אָמַר ר"ל, כְּדֵי לְחַנְּכוֹ בְּמִצְוֹת – הָא קָעָבֵיד הַקָּפָה! קָסָבַר: הַקָּפַת כָּל הָרֹאשׁ מִדְּרַבָּנַן, וְחִינּוּךְ מִדְּרַבָּנַן, וְאָתֵי חִינּוּךְ דְּרַבָּנַן וְדָחֵי הַקָּפָה דְּרַבָּנַן. בִּשְׁלָמָא לְרַבִּי יוֹחָנָן, דְּאָמַר הֲלָכָה הִיא בְּנָזִיר – אַהָכִי מְגַלֵּחַ מַיְיתֵי קָרְבָּן. אֶלָּא לְרַבִּי יוֹסֵי בְּרַבִּי חֲנִינָא אָמַר רֵישׁ לָקִישׁ, כְּדֵי לְחַנְּכוֹ בְּמִצְוֹת, הָא קָא מַיְיתֵי חוּלִּין לָעֲזָרָה! קָסָבַר: *חוּלִּין בָּעֲזָרָה *[ג]לָאו דְּאוֹרָיְיתָא. בִּשְׁלָמָא לְרַבִּי יוֹחָנָן, דְּאָמַר הֲלָכָה הִיא בְּנָזִיר – אַהָכִי כִּי מִיטַּמֵּא מַיְיתֵי קָרְבַּן צִיפֳּרִין, וְאָכֵיל כֹּהֵן מְלִיקָה. אֶלָּא לְרַבִּי יוֹסֵי בְּרַבִּי חֲנִינָא אָמַר רֵישׁ לָקִישׁ – הָא קָאָכֵיל נְבֵילָה! קָסָבַר כְּרַבִּי יוֹסֵי בַּר' יְהוּדָה *דְּאֵין שְׁחִיטָה לָעוֹף מִן הַתּוֹרָה, וְחוּלִּין בָּעֲזָרָה לָאו דְּאוֹרָיְיתָא. וְסָבַר רַבִּי יוֹסֵי הָכִי? וְהָתַנְיָא, ר' יוֹסֵי בְּרַבִּי יְהוּדָה אוֹמֵר: מִנַּיִן לְחַטַּאת הָעוֹף שֶׁהִיא בָּאָה עַל הַסָּפֵק [ד]שֶׁאֵינָהּ נֶאֱכֶלֶת – תַּלְמוּד לוֹמַר °"וְהַזָּב אֶת זוֹבוֹ לַזָּכָר וְלַנְּקֵבָה" (ויקרא טו), מַקִּישׁ נְקֵבָה לְזָכָר; מַה זָּכָר [ה]מֵבִיא קָרְבָּן עַל הַוַּדַּאי – אַף נְקֵבָה [ו]מְבִיאָה קָרְבָּן עַל הַוַּדַּאי, וּמַה זָּכָר [ז]מֵבִיא עַל הַסָּפֵק – אַף נְקֵבָה [ח]מְבִיאָה עַל הַסָּפֵק, וּמַה זָּכָר [ט]מִמִּין שֶׁהוּא מֵבִיא עַל הַוַּדַּאי מֵבִיא עַל הַסָּפֵק – אַף נְקֵבָה [י]מִמִּין שֶׁהִיא מְבִיאָה עַל הַוַּדַּאי מְבִיאָה עַל הַסָּפֵק. אִי מַה זָּכָר מֵבִיא קָרְבָּן [כ]וְנֶאֱכָל – אַף נְקֵבָה מְבִיאָה קָרְבָּן וְנֶאֱכָל! אָמַרְתָּ: לֹא

רש"י

וְרֵישׁ לָקִישׁ אָמַר. טַעְמָא שֶׁהָאִישׁ מַדִּיר אֶת בְּנוֹ בְּנָזִיר – כְּדֵי לְחַנְּכוֹ בְּמִצְוֹת. וְאִי מִשּׁוּם חִינּוּךְ אֲפִילּוּ אִשָּׁה. תְּהֵא מַדֶּרֶת אֶת בְּנָהּ בְּנָזִיר! בִּשְׁלָמָא רַבִּי יוֹחָנָן דְּאָמַר הֲלָכָה הִיא בְּנָזִיר אַמְּטוּ לְהָכִי בְּנוֹ אִין בִּתּוֹ לָא. דְּהָכִי הִיא הֲלָכָה, וְאֵין מְשִׁיבִין כְּלָל. אֶלָּא לְרֵישׁ לָקִישׁ אֲפִילּוּ בִּתּוֹ. נַמִּי לֶיהֱוֵי א) נְזִירָה! בְּנָזִיר אִין. ב) לְשׁוֹן נְזִירוּת אָדָם יָכוֹל לְהַזִּירוֹ, כִּדְהָוְיָא הֲלָכָה לְמֹשֶׁה מִסִּינַי, וּבִלְשׁוֹן נְדָרִים לָא. לָא מִיבַּעְיָא בִּשְׁאָר נְדָרִים. כְּגוֹן לְהַדִּירוֹ לְהָבִיא קָרְבָּן, דְּלֵית לֵיהּ נִיווּל, דְּמוּתָּר לִשְׁתּוֹת בְּיַיִן, דְּיָכוֹל לְהַדִּירוֹ (ב). אֶלָּא אֲפִילּוּ בִּנְזִירוּת כו'. בְּכוּלָּהּ שְׁמַעְתָּא גָּרְסִינַן אֶלָּא דְּרֵישׁ לָקִישׁ, וּסְפָרִים שֶׁכָּתוּב בָּהֶן ר' יוֹסֵי בַּר' חֲנִינָא – שַׁבֶּשְׁתָּא הִיא. הַיְינוּ דְּקָתָנֵי מִיחָה אוֹ (ג) שֶׁמִּיחוּהוּ קְרוֹבָיו. דְּכִי הֵיכִי דַּהֲלָכָה הִיא שֶׁהָאִישׁ מַזִּיר אֶת בְּנוֹ, הָכִי נַמִּי הֲלָכָה שֶׁיְּכוֹלִין לִמְחוֹת. אֶלָּא לְרֵישׁ לָקִישׁ כָּל בְּמִינַּיְהוּ דִּקְרוֹבִין. דְּאָמְרִי לֵיהּ: לָא תִּיגְמְרֵיהּ מִצְוֹת? קָסָבַר. רֵישׁ לָקִישׁ: כָּל חִינּוּךְ דְּלָא ג) חֲשִׁיבִי לֵיהּ, כְּגוֹן חִינּוּךְ דִּנְזִירוּת, דְּבִזְיוֹנָא הוּא דְּקָא מְגַלֵּחַ רֹאשׁוֹ – לָא נִיחָא לֵיהּ לִבְרֵיהּ, וּמִשּׁוּם הָכִי יְכוֹלִים לִמְחוֹת. אַהָכִי. מוּתָּר לוֹ לְגַלֵּחַ, וְאַע"ג דְּעָבֵיד הַקָּפָה, וְקָעָבַר עַל לָאו דְּ"לֹא תַקִּיפוּ", דְּהָכִי הוּא הֲלָכָה לְמֹשֶׁה מִסִּינַי. אֶלָּא לְרֵישׁ לָקִישׁ. הֵיכִי עָבַר עַל הַקָּפָה, דַּהֲוֵי מִדְּאוֹרָיְיתָא, מִשּׁוּם חִינּוּךְ? קָסָבַר הַקָּפַת כָּל הָרֹאשׁ. לָא מִיתְּסַר אֶלָּא מִדְּרַבָּנַן, וְאָתֵי חִינּוּךְ כו'. אַהָכִי מְגַלֵּחַ וּמַיְיתֵי קָרְבָּן. וְלֵית בֵּיהּ מִשּׁוּם חוּלִּין בָּעֲזָרָה. אֶלָּא לְרֵישׁ לָקִישׁ. דְּאָמַר דְּלָא הֲוֵי ד) טַעַם אֶלָּא מִשּׁוּם חִינּוּךְ, כֵּיוָן דְּלָא חָל עֲלֵיהּ נְזִירוּת מִדְּאוֹרָיְיתָא אִשְׁתַּכַּח דְּקָא מַיְיתֵי חוּלִּין לָעֲזָרָה. כִּי קָא מִיטַּמֵּא מַיְיתֵי צִפֳּרִים וְאָכֵיל כֹּהֵן מְלִיקָה. וְלֵית בֵּיהּ לָא מִשּׁוּם חוּלִּין לָעֲזָרָה וְלָא מִשּׁוּם מְלִיקָה, דְּהָכִי הֲלָכָה לְמֹשֶׁה מִסִּינַי. אֶלָּא לְרֵישׁ לָקִישׁ. כֵּיוָן דְּמִדְּאוֹרָיְיתָא לָא מִיחַיַּיב בִּנְזִירוּת – אִשְׁתַּכַּח דְּקָמַיְיתֵי חוּלִּין לָעֲזָרָה, וְקָא אָכֵיל כֹּהֵן נְבֵילָה! ה"ג: סָבַר לָהּ כְּבַר' יוֹסֵי בְּרַבִּי יְהוּדָה דְּאָמַר אֵין שְׁחִיטָה לָעוֹף מִן הַתּוֹרָה וְחוּלִּין בָּעֲזָרָה לָאו דְּאוֹרָיְיתָא. וְהִילְכָּךְ, כֵּיוָן דְּמִדְּאוֹרָיְיתָא לָא בָּעֵי שְׁחִיטָה – לָא חֲשִׁיבָא נְבֵילָה, וְלָא מַיְיתֵי חוּלִּין לָעֲזָרָה. דְּאִיסּוּר חוּלִּין בָּעֲזָרָה לֵיתֵיהּ לְרַבִּי יוֹסֵי אֶלָּא מִדְּרַבָּנַן. וּלְמַאן דְּקָא מְתָרֵץ ה) יָדַע לֵיהּ הָכִי הֵיכָא אָמַר רַבִּי יוֹסֵי הָכִי. מִנַּיִן לְחַטַּאת הָעוֹף שֶׁבָּאָה עַל הַסָּפֵק. כְּגוֹן דְּלֵידָה, אוֹ דְּזִיבָה, שֶׁאֵינָהּ נֶאֱכֶלֶת. תַּלְמוּד לוֹמַר. "וְהַדָּוָה בְּנִדָּתָהּ וְהַזָּב אֶת זוֹבוֹ" (ד). לְהַקִּישׁ נְקֵבָה לְזָכָר מַה זָּכָר מֵבִיא קָרְבָּן. בְּהֵמָה עַל וַדַּאי אָכַל חֵלֶב בְּשׁוֹגֵג, וה"ה לְוַדַּאי זִיבָה. אַף נְקֵבָה מְבִיאָה קָרְבָּן עַל וַדַּאי לֵידָה – חַטַּאת הָעוֹף. מַה זָּכָר מֵבִיא. אָשָׁם תָּלוּי עַל סָפֵק, אַף נְקֵבָה מְבִיאָה קָרְבָּן עַל סְפֵק לֵידָה. אֲבָל עֲדַיִין לֹא שָׁמַעְנוּ אִם מִמִּין בְּהֵמָה אִם מִמִּין הָעוֹף, אֶלָּא מִתּוֹךְ מַה שֶּׁלָּמַדְנוּ שֶׁמֵּבִיא זָכָר עַל הַסָּפֵק מֵאוֹתוֹ מִין שֶׁמֵּבִיא עַל הַוַּדַּאי, שֶׁלְּעוֹלָם (ה) מְבִיאִין ו) בְּהֵמָה – אַף נְקֵבָה מִמִּין הָעוֹף שֶׁמְּבִיאָה עַל הַוַּדַּאי מְבִיאָה נַמִּי עַל סְפֵק לֵידָה וְזִיבָה. מַה זָּכָר מֵבִיא קָרְבָּן. עַל הַסָּפֵק וְנֶאֱכָל, שֶׁהֲרֵי אָשָׁם תָּלוּי נֶאֱכָל – אַף נְקֵבָה שֶׁמְּבִיאָה קָרְבָּן ז) מִן הָעוֹף עַל סָפֵק יְהֵא נֶאֱכָל! אָמַרְתָּ

תוספות

קסבר חולין שנשחטו בעזרה לאו דאורייתא. בין בהבאתן ובין דשרי לאוכלם. וכן מותר להביא א] [הלחם והזרוע בשלה] מן האיל ולהניף בעזרה, והאימורים של חטאת – איכא למימר יעלם לשם עצים, והדם יזרוק לשם ב] שמים, ועולה ושלמים יעשה לשם נדבה. **משום** הכי כי מיטמא מייתי קרבן ציפורין. דמשמע לי' מדיר בנו בנזיר, דכל תורת נזיר עליו, ואם מיטמא – מביא ציפורי', אחד לעולה ואחד לחטאת, ונאכל. **אלא** לרבי יוסי בר' חנינא קאכיל כהן נבילה. שהרי [מלותו] במליקה. והא לא קשיא ליה קאכיל טרפה – דמליקה מן העורף, וה"ל נשברה חוט השדרה! דאיכא למימר דסבר ליה כמ"ד: מחזיר הסימנין אחורי העורף (חולין דף יט:).

קסבר רבי יוסי בר' חנינא אין שחיטה לעוף מן התורה. ולא צריכא אלא נחירת סימנין, להוציא הדם דרך הסימנים, ומכי מולק והוציא הדם – תו לא צריך. ה"ג: וסבר רבי יוסי בר' חנינא הכי והתניא א"ר יוסי בר' חנינא וכו'. ולא גריס ר"ת, דרבי יוסי ברבי חנינא אמורא הוא, ולא תנא. וגרס (ר"ת) הכי: סבר לה כרבי יוסי בר' יהודה, דאמר: אין שחיטה לעוף, וחולין שנשחטו בעזרה – לאו דאורייתא. סבר כרבי יוסי ברבי יהודה דאמר לקמן. ומיהו לא אשכחנא בעלמא דאית ליה הכי אלא מהא דאמר לקמן: עד מתי מדיר בנו בנזיר – עד שיגיע לעונת נדרים. ואיכא חד לישנא בתלמוד דמפרש [טעמיה] דסבר כדי לחנכו במצות, וא"כ לדידי' זקוק לומר כל מה שאמרנו לרבי יוסי ברבי חנינא – דאין שחיטה לעוף מן התורה, וחולין שנשחטו בעזרה לאו דאורייתא. ורבינו תם מפרש דאין לשבש הספרים. דהא רבי יוסי בר' חנינא דשמעתין על כרחך תנא היה, ואינו אותו שבתלמוד שמוזכר באמורא, שהרי אמר רשב"ל משום ר' יוסי בר' חנינא, ור' יוסי בר' חנינא היה תלמיד דרבי יוחנן, דאמר בפרק שלישי דסנהדרין (דף ל:) דרבי יוחנן סמכיה, ואמר ליה: אמור מה ששמעת. ואיך אמר רשב"ל משמו? אלא ודאי תרין הוו. א) **וסבר** רבי יוסי ברבי חנינא הכי והתניא מנין לחטאת [העוף] הבאה על הספק. כגון זב וזבה מספק, ויולדת ואינה יודעת אם ולד הפילה אם רוח הפילה.

לזכר ולנקבה ומקיש נקבה לזכר. שהרי שוין הם בהך דינא, דזכר מביא קרבן על הודאי, כגון חטאת בהמה אם אכל חלב, והא הדין נקבה. דזה דבר פשוט בלא היקש, הילכך נקיש: מה זכר מביא על הספק אשם תלוי – אף נקבה מביאה על הספק. ג] ול"ע: דזה נמי דבר פשוט, [דפרשה] באשם תלוי כתיב (כגון) גבי איש וגבי אשה, דכל התורה כולה (ובע"א יש לפרש) בלשון זכר נאמרה! ונראה לר"י: דמיירי בזב שבא על הזבה, מה הזכר מביא חטאת – אף נקבה מביאה [חטאת], ומה הוא מביא נמי כשהוא ספק זב – אף היא נמי מביאה חטאת עוף ד] היכא שבא עליה כשהיא ספק זבה. ה] [והוא הדין דמצי למימר: מה זכר וכו'] אף נקבה מביאה על הספק, ספק זבה מביאה על הספק כמו בסמוך. ומה זכר ממין שהוא מביא קרבן על הודאי, דהיינו בהמה לחטאת – הוא מביא על הספק, דמביא בהמה לאשם תלוי. אף נקבה, ממין שמביאה על הודאי, דהיינו חטאת העוף – תביא על הספק עוף לחטאת. וה"ה דמצי למימר: כי היכי דמביא הוא אשם על [ספק] חלב – [היא נמי] מייתי לספק זיבה חטאת העוף על הספק. **אי** מה זכר מביא קרבן ונאכל. על ספיקו, דאשם תלוי נאכל, אף נקבה כשמביאה על הספק – יהיה נאכל. אמרת

א) [בסוכה מ: ובקידושין כ. (ובערכין ל:) דתניא ר' יוסי ברבי חנינא אומר כו' והיא תוס' בערכין פ"ה נראה להדיא שהיה תנא ובע"כ תרי ריב"ח הוו וע"ע תוס' בכורות לב: ד"ה פסק מתני' וכו' החליטו דר"י ב"ח דהכא תנא הוא וא"כ גרסת ס"א הנדפס לעיל כח: ריש לקיש אמר ריב"ח הוא עיקר וע' רשב"ס ב"ב קסו. ד"ה מביאה קרבן וכו' משמע ג"כ דגרס הכא ר' יוסי ברבי חנינא בברייתא וע"ע ברכות י: א"ר יוחנן א"ר יוסי ברבי חנינא].

פי' הרא"ש

כדי לחנכו במצות דנזי' סייג לפרישות. אמטול הכי בנו אין בתו לא דהכי נתקבלה הלכה: אפי' נדרים נמי דנדרים נמי סייג לפרישות: כל כמינהו דקרובים דאמרי לא תגמור מצות וכלום [יכולים] למונעו מחינוך המצות. קסבר כל חנוך דלא חשיב בזיונא הוה ולא ניחא ליה. כל חנוך שאין קרוביו מחשבי' אותו בזיון הוה ולא ניחא ליה לנער דלא רצו חכמים לתקן חנוך כזה שמא ישמע לקרוביו ויעבור על נזירותו: הקפת כל הראש לא שמה הקפה. דלא מקרי הקפה אלא המשוה צדעיו לאחורי אזניו: קסב' חולין שנשחטו בעזרה לאו דאורייתא. בין הקרבן ובין אכילתן. דמשמע דכל דין נזיר עליו וקרבנו נאכל חולין בעזרה לאו דאורייתא ועולה ושלמים יקרבו נדבה והחטאת חולין ויזרוק הדם לשם מים והאמורי' יקטיר לשם עצים. כר"א דאמר איברי חטאת שנתערבו באיברי עולה. יעלו לשם עצים ונתערב בדם חיה יותן לשם מים ולחם אכיל בפדיון: משום הכי כי נטמא מייתי צפורי' דכל משפט נזי' עליו: אין שחיט' לעוף מן התורה. וא"צ כי אם נחירה שיוצא הדם דרך סימנים: ה"ג (ר"ת) [ר"ח] וסבר לה כר"י בר יהודה. והתניא ר"י בר יהודה אומר והכין פי' ר' יוסי בר חנינא אשכחן תנא דסבר כותיה [ומיהו לא מצינו] דאית ליה לר' יוסי בר יהודה הכי אלא מדקאמר בסמוך דאיש מדיר בנו בנזיר עד שיגיע לעונת נדרים. ובתרי לישני אמרי' דאית ליה כדי לחנכו במצות וא"כ ס"ל ע"כ אין שחיטה לעוף מן התורה ונראה דאין צריך למחוק הספרים דר"י בר חנינא א) שהיה אמורא תלמידו של ר' יוחנן היה כדאיתא בסנהדרין דר' יוחנן סמכיה לר' יוסי בר חנינא והתניא ר"י בר חנינא מנין לחטאת העוף הבאה על הספק שאינה נאכלת. כגון ספק זבה ויולדת. וקצת קשה דמשמע דפשיטא ליה דבאה על הספק דמייתי קרא דאינה נאכלת וצריך לומר דסיפא דמילתא נקט וכולה אתיי' מהך קרא: אפי' נקבה מביאה קרבן על הודאי הא לא צריך קרא דהשוה הכתוב אשה לאיש לכל עונשי' שבתורה אלא משום סיומא דמלתא נקט: זכר מביא קרבן על הספק אשם תלוי: אפי' נקבה מביאה וכו' כלומר קרבן דשייך בנקבה ולא בזכר כגון יולדת על הספק מביאה: ממין שהוא מביא על הודאי שהוא מביא חטאת בהמה: מביא על הספק אשם

א) נראה דצ"ל דר"י בר חנינא דשמעתין תנא היה שהרי רשב"ל אמר משמו ור"י בר חנינא שהיה אמורא וכו' ועי' בתוס'.

עין משפט נר מצוה

נו א מיי' פ"ב מהל' נזירות הל' יו ופ"ד מהל' תפילין הל' יג ופ"ו מהל' ת"ת הל' ח ופ"ז מהל' לולב הל' יט ופ"ו מהלכות סוכה הלכה א ופ"ב מהלכות מגילה הלכה א ופ"ב מהלכות שביתת עשור הלכה י] סמג עשין כח כו וכב טוש"ע א"ח סי' יז סעי' ג וסי' קמח סי' רמה סעי' ה [וטוש"ע א"ח סי' תרמ סעיף ב וסי' תרנז סעיף א וסי' תרעו סעיף ג]:

נז ב מיי' פ"ב מהל' נזירות הל"ג:

נח ג מיי' פ"ב מהל' שחיטה הל"ב וע"ש בכ"מ:

נט ד מיי' פ"ב מהל' פסולי מוקדשין הל' י ופי"ט שם הל' ד ופ"א מהל' מחוסרי כפרה הל' ו והל' ז:

ס ה מיי' פ"א מהל' שגגות הל"א ופ"ח מהל' שגגות הל"ב סמג עשין ריג:

סא ו מיי' שם פ"ט הל' ה ופ"א מהל' מחוסרי כפרה הל"ג:

סב ז מיי' פ"ח מהל' שגגות הל"א:

סג ח מיי' פ"א מהל' מחוסרי כפרה הל"ז:

סד ט מיי' פ"א מהל' שגגות שם:

סה י מיי' פ"א מהל' מחוסרי כפרה שם:

סו כ מיי' פ"ט מהל' מעשה קרבנות הל"ח סמג עשין קפב:

[ע' תוס' פסחים כב. ד"ה חולין]

חולין כז: קדושין עח.

נוסחת הריב"ן

א) מזיר: ב) בלשון: ג) חשיבי: ד) טעמא: ה) דקא מתרך הכי: ו) מן הבהמה: ז) שמביאה קרבן העוף על הספק כו':

הגהות הב"ח

(א) גמ' מיחה או שמיחוהו קרוביו אלא לר' יוסי וכו' כל כמיניהון דקרובין: (ב) רש"י ד"ה לא מיבעיא וכו' הכ"מ עם ד"ה אלא וכו' אלא לריש לקיש: (ג) ד"ה היינו וכו' או שמיחו קרוביו: (ד) ד"ה תלמוד לומר וכו' את זובו לזכר ולנקבה להקיש: (ה) ד"ה מה זכר וכו' שלעולם מביא מן הבהמה:

גליון הש"ס

גמ' קסבר חולין בעזרה לאו דאורייתא. עי' תוס' זבחים דף עו ע"ב ד"ה כדם.

[פסחים כב. כג. קדושין דף נח.]

הגהות מהר"ב רנשבורג

א] תד"ה קסבר כו' וכן מותר להביא הלחם והזרוע בשלה. תיבות הלחם והזרוע בשלה נמחק וצ"ב לחם מן הסל וזרוע בכל"ל. א"מ: ב] בא"ד והדם יזרוק לשם שמים. תיבת שמים נמחק וצ"ב מים: ג] ד"ה לזכר וכו' ול"ע לזה נמי וכו' גבי איש וכו' ובעי"א יש לפרש בלשון זכר נאמרה. [illegible] א"מ ויעוש: ד] בא"ד אף היא נמי מביאה חטאת העוף היכא שבא עליה. [illegible]: ה] בא"ד וה"ה דמצי למימר מה זכר וכו' [illegible] א"מ ויעוש:

סז א מיי' פ"ב מהל' נזירות הלט"ו:

נ"ל דיש

סח ב מיי' פי"א מהל' נדרים הל"ד סמג לאוין רמב טוש"ע יו"ד סי' רלג:

לא, אם אמרת בזכר – שכן איסור אחד, תאמר בנקבה – ששני איסורין. מאי שני איסורין – לאו איסור נבילה וחולין בעזרה? מתקיף לה רב אחא בריה דרב איקא: ודילמא מיחייב עליה משום דמיתחזי כתרין איסורין מדרבנן! לימא כתנאי: עד מתי מדיר את בנו בנזיר – א עד שיביא שתי שערות, דברי רבי. רבי יוסי ברבי יהודה אומר: עד שיגיע לעונת נדרים. מאי לאו תנאי היא, דרבי סבר: הלכה היא בנזיר, ואע"ג דהגיע לעונת נדרים – מדיר ליה ואזיל עד דמייתי שתי שערות. ור' יוסי ברבי יהודה דאמר עד שיגיע לעונת נדרים, סבר: כדי לחנכו במצות, וכיון דנפיק מרשותיה – תו לא מיחייב? אמרי: לא, דכולי עלמא הלכה היא בנזיר, והכא במופלא הסמוך לאיש קמיפלגי; רבי סבר: *מופלא הסמוך לאיש דרבנן, ואתיא דאורייתא דחיא דרבנן, ור' יוסי בר' יהודה סבר: ב מופלא הסמוך לאיש דאורייתא. ואיבעית אימא: דכולי עלמא כדי לחנכו במצות, ומופלא הסמוך לאיש דרבנן היא; רבי סבר: אתי חינוך דרבנן ודחי מופלא הסמוך לאיש דרבנן, ור' יוסי בר' יהודה דאמר עד שיגיע לעונת נדרים, קסבר: לא אתי חינוך דרבנן ודחי מופלא הסמוך לאיש. • לימא הני תנאי כי הני תנאי, דתניא: *מעשה ברבי חנינא שהדירו אביו בנזיר והביאו לפני רבן גמליאל, והיה רבן גמליאל בודקו לידע אם הביא שתי שערות אם לא הביא. רבי יוסי אומר: לידע אם הגיע לעונת נדרים אם לאו. אמר לו: רבי, אל תצטער לבודקני, אם קטן אני – אהיה בשביל אבא, אם גדול אני – אהיה בשביל עצמי. עמד רבן גמליאל ונשקו על ראשו, אמר: מובטח אני בזה שמורה הלכה בישראל. אמרו: לא היו ימים מועטים עד שהורה הוראה בישראל. בשלמא לרבי יוסי (א) בר' יהודה, דאמר עד שיגיע לעונת נדרים – היינו דקאמר "אם קטן אני – אהיה בשביל אבא". (ב) אלא לרבי, דאמר עד שיביא שתי שערות, "ואם גדול אני אהיה בשביל עצמי", הא

רש"י

אמרת לא אם אמרת בזכר. לכך הוא נאכל. שכן. אין בו אלא איסור אחד – דדילמא שומן הוא מאי דאכל, והשתא קמייתי חולין לעזרה. תאמר בנקבה. דדילמא רוח הפילה, או דבר שלא נתחייבה עליה קרבן, וקא פגע בשני איסורין. מאי שני (ג). דקאמר – דקא משוי לה למליקה, ואית בה איסור נבילה וחולין בעזרה. אלמא דסבירא ליה לר' יוסי דשחיטת העוף מן התורה, וחולין בעזרה מן התורה. ה"ג: מתקיף לה רב אחא בר איקא דילמא. מאי שני איסורין א) – כתרין איסורין מדרבנן, דאיסור מליקה ואיסור חולין בעזרה ליתא אלא מדרבנן. עד שיביא שתי שערות. דהיינו (ד) עד בן ב) שלש עשרה שנה. דמבן י"ב שנה ועד י"ג שנה אם אדם יודע לשם מי נדר ולשם מי הקדיש – דבריו קיימין. והכי תנן במסכת נדה בפרק "יוצא דופן" (דף מה:). מאי לאו תנאי היא. ורבי דאמר עד שיביא שתי שערות קסבר דהלכה היא בנזיר שהאיש מדיר את בנו בנזיר, ומשום הכי ג) מדיר ליה עד שיביא שתי שערות, ואע"ג ד) שהגיע לעונת נדרים. ורבי יוסי בר' יהודה. סבר דטעמא לא הוי אלא כדי לחנכו במצות. והילכך, כיון דהגיע לעונת נדרים ונפיק ליה מרשותיה – תו לא מיחייב לחנכו במצות. והיינו דקאמר: עד שיגיע לעונת נדרים. מופלא הסמוך לאיש. קטן שיודע (ה) להפלות ולומר, בזמן שהוא סמוך לאיש ה) דהיינו בן י"ג, לשם מי נדר לשם מי ו) קידש. רבי סבר מופלא הסמוך לאיש מדרבנן הוא. דבודקין את נדריו, אם יודע למי נדר – שמקיים את דבריו. והילכך, הלכה למשה מסיני היא בנזיר דהאב מדיר את בנו בנזיר, אתי דאורייתא ודחי דרבנן. ור' יוסי ברבי יהודה סבר מופלא הסמוך לאיש מדאורייתא. נדרי מעליא הוו. וכיון דמדאורייתא נפיק ליה מרשותיה דאב – תו לא חיילי עלויה נדרי דאב. איש הוי מבן י"ג שנה ולא בפחות, שלא מצינו בכל התורה שיהא קרוי "איש" בפחות מבן י"ג. אבל בבן י"ג מצינו שקראו הכתוב איש, כדכתיב (בראשית לד) "ויקחו שני בני יעקב שמעון ולוי איש חרבו", וגמירי: שמעון ולוי בההיא שעתא בני י"ג שנה הוו, והרוצה לחשוב יצא ויחשוב*. ה"ג: ואיבעית אימא דכולי עלמא כדי לחנכו במצות ומופלא הסמוך לאיש דרבנן ורבי דאמר עד שיביא שתי שערות. ז) דקסבר אתי חינוך כו'. רבי יוסי אומר לידע וכו'. בשלמא לר' יוסי. דקאמר: האיש אינו מדיר את בנו אלא עד שיגיע לעונת נדרים. היינו דקאמר אם קטן אני. שלא הגעתי לעונת נדרים – אהא נזיר בשביל אבא. ואם גדול אני, שהגעתי לעונת נדרים – אהא בשביל עצמי. אלא לרבי. הא אע"ג דהוי גדול, דהגיע לעונת נדרים, ברשותיה דאבוה קאי להזירו! (ו) ח) דקאמר עד שיביא שתי שערות ביד האב להזיר את בנו. אלא

תוספות

אמרת לא. אמור מעצמך שלזה לא נקיסס. אם אמרת בזכר שבו [איסור] אחד, דחולין בעזרה קאכיל – תאמר בנקיבה שיש שני איסורין, חולין בעזרה ואיסור נבלה. לכך מביאה חטאת העוף ואינו נאכל. אלמא אית ליה *דין שחיטה לעוף מן התורה, וחולין שנשחטו בעזרה דאורייתא.

מתקיף לה רב אחא בריה דרב איקא דילמא תרין איסורין דרבנן. אבל דאורייתא לא הוין תרי איסורי, דאין שחיטה לעוף מן התורה, וחולין שנשחטו בעזרה לאו דאורייתא. וא"ע: אם ההיקשא דרשה גמורה – היכי קאמר: לא אם אמרת בזכר שכן איסור אחד, תאמר בנקבה שכן שני איסורין דרבנן? הא אין משיבים בהיקש! ויש לומר: דודאי ההיקש דרשה גמורה, לענין שיש תקנה לספק יולדת במה שמביאה חטאת העוף. אבל מה שאמר התנא שאינו נאכל – חומרא דרבנן הוא, ומן התורה הוא נאכל, דאין שחיטה לעוף, וחולין בעזרה אין דאורייתא, ורבנן החמירו. למ"ד דאית ליה בעלמא חולין שנשחטו בעזרה דאורייתא, וקיימא לן בכל דוכתי דחטאת העוף בא על הספק – ע"כ דרשה גמורה הוא, שהרי מליקת העוף הוי כשחיטת חולין, א] והכי מוכח כל הסוגיא. כך לשון רש"י (בכריתות דף ז:).

לימא כתנאי וכו' עד שיביא שתי שערות. דהיינו מיום י"ג שנה ויום אחד ואילך. רבי יוסי בר' יהודה אומר: עד שיגיע לעונת נדרים, היינו שנת י"ג, די"ב שנה נדריו נבדקין. **ואע"ג** דהגיע לעונת נדרים [מדיר] ליה. דמופלא סמוך לאיש דרבנן, דמן התורה הוא קטן, וברשות אביו הוא. **כיון** דנפק ליה מרשותיה. בעצמו מצי לידור בנזיר אם ירצה, תו לא מיחייב. וכ"ע מופלא סמוך לאיש מדרבנן. **אתיא** דאורייתא. נזירות דאביו, ודחי יציאתו מרשות אביו, דלא הוי אלא מדרבנן. ואפילו סמוך לאיש. כי בדקינן ליה דיודע להפלות. **ואיבעית** אימא כ"ע כדי לחנכו ומופלא סמוך לאיש דרבנן. וקשה: היכי מצי סבר ב] לחנכו, דבפרק שני דחולין (דף כח.) משמע דיש שחיטה לעוף מן התורה – וא"כ היכי אכיל מליקה? וצ"ל דלהך לישנא נימא דנייתי ולא יאכל, כמו חטאת העוף שבא על הספק ג] [בפ' "כל שעה"] (פסחים דף כח.).

לימא הני תנאי כי הני. דפליגי אם מדירו [עד] שתי שערות או עד שיגיע [לעונת נדרים ו"לימא"] – לאו דוקא, דבזה ליכא שום דחוי. וה"נ איכא ד] בפרק "כל שעה" (שם דף לה.). **והביאו** לפני ר"ג לבדקו. פי' ר"ת: באותו יום הביאו לפני רבן גמליאל, למר כדאית ליה ולמר כדאית ליה. וקאמר ת"ק: לידע אם הביא שתי שערות אם לא הביא, והיה יתר מבן י"ג שנה ויום אחד. **רבי** יוסי אומר. ובתוספתא* גרסינן: ר' יוסי ב"ר יהודה. לידע אם הגיע לעונת נדרים – שהיה יתר מי"ב שנה ויום אחד, דנדריו נבדקין. **אמר** לו רבי אל תצטער. אל תטרח לבדקני, שהריני נזיר ממה נפשך, אם קטן אני – אהא בשביל אבי, אם גדול אני – אהא בשביל עצמי. והשתא ס"ד דה"ק: אם קטן אני – לגבי קבלת נדרים, דהיינו לפני הגעתי לעונת נדרים, ואם גדול אני – לענין קבלת נדרים, דהיינו כשהגיע לעונת נדרים. ולכך קמייתי התלמוד: בשלמא לר' יוסי ב"ר יהודה, דאמר דאף מי שהגיע לעונת נדרים לא מצי אביו מדיר ליה – היינו דקאמר "אם קטן כו' ואם גדול אני אהא בשביל עצמי", דמשמע שאין אביו יכול להדירו. ואמאי

פי' הרא"ש

אשם תלוי בהמה: אף נקבה מביאה עוף על הספק כמו על הודאי: שכן אסור א' ספק חולין בעזרה ובנקבה איכא ספק שני איסורים חולין בעזרה ומליקת נבילה: דמיחזי כב' איסורי' דרבנן. תימה דלכאורה משמע דדרש' גמור' היא דהיקשא קא דריש וכן קי"ל בכולי תלמודא דחטאת העוף באה על ספק אפי' למאן דאית ליה יש שחיטה לעוף מן התורה והיכי פריך מאיסור דרבנן. וצ"ל דדרשה גמורה היא דחטאת העוף באה על הספק והא דאינה [נאכל] היינו מדרבנן: עד שיגיע לעונת נדרים היינו מופלא סמוך לאיש כל שנת י"ג: סבר הלכה הוי בנזיר. דאע"ג דהגיע לעונת נדרים מדיר ואזיל עד דמייתי ב' שערות ויצא מרשותו: וכיון דנפיק מרשותיה תו לא מחייב. דכל מצוה שהוא מחויב בה אין אביו מחויב לחנכו בה: קסבר מופלא סמוך לאיש דרבנן וקרא דכי יפליא אסמכתא בעלמא: ואתיא דאורייתא. דהא במדיר את בנו דהלכה היא: לימא הני תנאי כהני תנאי ואע"ג דלית ליה דחויה קאמר לימא. וכה"ג איכא בפ' כל שעה בתחלתו לימא מתני' דלא כר' יהודה ומסיק הכי דאתיה כר' יהודה: והביאו לפני ר"ג לבודקו ביום שהדירו אביו והיה יותר מבן י"ג והביאו לבודקו אם הביא ב' שערות: ר"י בר יהודה [אומר] לא כך היה המעשה אלא בשנת י"ג הדירו והביאו לבודקו אם היה יודע לשם מי נדר: אל תצטער לבודקני דממה נפשך אהיה נזיר או בשביל אבא או בשבילי והיינו ת"ק כרבי ור' יוסי כר"י בר יהודה ובתוספתא גרס' הכא ר"י בר יהודה. בשלמא לר' יוסי בר יהודה היינו דקאמר אם קטן אני אהיה בשביל אבא. כלומר אם קטן אני לענין נדרים שאיני יודע להפלות. ואם גדול אני לענין נדרים ויצאתי מרשות אבא: אלא לרבי דאמר וכו':

מסורת הש"ס

[לקמן סב. נדה מו:]

[תוספתא נדה פ"ה]

[ועי' בתוי"ט אבות פ"ה מכ"א ד"ה בן י"ג למצות]

[נדה פ"ה]

נוסחת הריב"ן

א) כתרין: ב) בן י"ב שנה: ג) מאי מדיר: ד) דהגיע: ה) דהוי: ו) הקדיש: ז) קא סבר: ח) דהא אמר רבי:

גליון הש"ס

גמ' לימא הני תנאי כהני תנאי. עי' לעיל דף כ ע"ב תד"ה לימא:

הגהות הב"ח

(א) גמ' בשלמא לר' יוסי דאמר עד שיגיע כצ"ל ותיבות בר' יהודה נמחק: (ב) שם אני אהיה בשביל אבא ואם גדול אני אהיה בשביל עצמי אלא לרבי דאמר עד שיביא שתי: (ג) רש"י ד"ה מאי שני איסורין דקאמר לאו דקא משוי לה מליקה ואית בה: (ד) ד"ה עד שיביא שתי שערות דהיינו בן י"ג שנים ויום אחד הס"ד ואח"כ מ"ה עד שיגיע לעונת נדרים דהיינו עד בן שנים עשר שנה למבן י"ב שנה ועד י"ג שנה אם הוא יודע לשם מי: (ה) ד"ה מופלא וכו' שיודע להפליא ולומר וכו' דהיינו בן י"ב לשם מי: (ו) ד"ה אלא לרבי וכו' להזירו דהאמר רבי עד שיביא:

הגהות מהר"ב רנשבורג

א] תד"ה מתקיף וכו' ורבנן וכו' והכי מוכח כל הסוגיא כך לשון רש"י. נ"ב עי' א"מ דמן ולמ"ד בעלמא וכו' עד לבסוף הוא לשון רש"י זהו כוונת התוס' אבל לפנינו לא נמצא הכי ברש"י דמ"ש כאן בכריתות טעות המגיהים הוא דהתם כתב רש"י בענין אחר אבל בפסחים דף כח נמצא קצת הכי בלשון רש"י ויעו"ש: ב] ד"ה ואי בעית אימא וכו' וקשה היכי מצי סבר רבי לחנכו ובפרק שני דחולין משמע דסבר וכו' כצ"ל: ג] בא"ד בפרק כל שעה (דף כח). מן בפרק עד כח נמחק. ונ"ב דבסמוך כצ"ל והוא בעמוד א'. א"מ: ד] ד"ה לימא וכו' בפרק כל שעה (דף לח). נ"ב והוא ריש פרק שם יעו"ש בתוס' ד"ה לימא והתוס' כאן לא ס"ל לתרץ מ"ש שם התוס' אלשון לימא ודלא כהגה' שלייטו דף לח דשם אמר ג"כ או דלמא וזהו הדחוי' ושפיר אמר לימא ועי' לעיל דף כ ע"ב בתוס' ד"ה לימא. א"מ:

סט א ב מיי' פ"ח מהל' נזירות הל' ט"ו:

הא ברשותיה דאבוה קאים! אלא, דאמר "אהא בשביל אבא, אהא בשביל עצמי". אי אייתי שתי שערות מעיקרא — קאים בנזירות דיליה, ולבסוף — קאים בנזירות דאבוה. ואי אייתי במצעי מאי? הניחא לר' יוסי בר' יהודה, דאמר עד שיגיע לעונת נדרים, אלא לרבי, דאמר עד שיביא שתי שערות, מאי איכא למימר? אמרי: לרבי ליכא תקנתא עד דיתיב דיליה ויתיב דאבוהי.§ **מתני'** *אהאיש מגלח על נזירות אביו, ואין האשה מגלחת על נזירות אביה. כיצד? מי שהיה אביו נזיר, והפריש מעות סתומים על נזירותו, ומת. ואמר "הריני נזיר על מנת שאגלח על מעות אבא". אמר ר' יוסי: הרי אלו יפלו לנדבה, אין זה מגלח על נזירות אביו. איזהו שמגלח על נזירות אביו? מי שהיה הוא ואביו נזירים, והפריש אביו מעות סתומים לנזירותו ומת — זה הוא שמגלח על נזירות אביו.§ **גמ'** מ"ט? *אמר ר' יוחנן: בהלכה היא בנזיר. פשיטא! מאי למימרא דבן יורש את אביו, בת לא?! לא צריכא, דלית ליה אלא בת. מהו דתימא: יורשין גמירין לה, קא

רש"י

אלא. אליבא דרבי, (א) כגון דאמר "אהא בשביל אבא אהא בשביל עצמי". **אי אייתי ב' שערות מעיקרא.** כלומר, הניחא דמתרלת מתני' כוותיה דרבי דלא מיחייב אלא בחדא נזירות – אילו אייתי ב' שערות מקמי א) הדירו אבוה. **קאים בנזירות דידיה.** כדקאמר איהו: אם אני גדול, שהבאתי שתי שערות, שאיני נתפס בשל אבא – אהא בשביל עצמי. ואי אייתי שתי שערות לבסוף דהדירו אביו – ב) קאי בנזירות דאבוה, ולא חייל עליה נזירות דידיה כלל, דהא לא קביל עליה נזירות אלא אם אינו נתפס בשביל אביו, וכיון דעדיין לא הביא ב' שערות – חל עליה נזירות דאבוה, ולא חייל עליה נזירות דידיה כלל. **ואי אייתי** ג) **באמצע.** (ב) לא ידעינן אי בההיא שעתא דהדירו אביו אייתי ב' שערות אי לא, מי ניחא? והא כיון דאמר: אהא בשביל אבא, אהא בשביל עצמי, אם ד) אינו נתפס בשביל ה) אביו, ואפשר דקאים בשתים עשרה והגיע לעונת נדרים ועדיין לא הביא ב' שערות, וחל עליו נזירות שלו ונזירות של אביו, כיצד אתה פוטרו בנזירות אחת? והא מיחייב למיקם בנזירות על שלו ועל של אביו! ה"ג: **הניחא לרבי יוסי ברבי יהודה דאמר עד שיגיע לעונת נדרים אלא לרבי דאמר עד שיביא ב' שערות מאי איכא למימר אמרי לרבי ליכא תקנתא עד דיתיב דידיה ויתיב דאבוה.** כלומר, לר' יוסי דאמר דאין האב מדירו אלא עד שמגיע לעונת נדרים – ניחא, דלא חייל עליה אלא נזירות אחת. אלא לרבי, דאמר עד שיביא ב' שערות, כיון דאמר "אהא בשביל אבא אהא בשביל עצמי" ושניהם יכולין להזיר, אמאי לא מיחייב בשתי נזירות? אמרי: לרבי לית ליה תקנתא עד דעביד דיליה ודאבוה. ו) [לישנא אחרינא]: אלא לרבי דאמר כו' – הא ברשותיה דאבוה קאים כל זמן שלא הביא שתי שערות, וב' נזירות קביל עילויה. דאפילו רבי מודה דלכשהגיע לעונת נדרים מצי מזיר עצמו, ואפי' לא הביא שתי שערות. (ג) ז) ואהדירו אבוה הוא דפליגי. ומשני: **אלא דאמר בלשון זה אהא בשביל אבא כו'.** כלומר, אי אבא מצי (ד) להדירני – אהא נזיר בנדר אבא, ואם לאו – אהא נזיר בשביל עצמי. וכיון דאביו יכול להדירו – חד נזירות קביל ח) לחודיה. **אי אייתי ב' שערות מעיקרא.** קודם (ה) שהדירו אביו – קאים בנזירות דיליה, ולא בנזירות דאביו, דיצא מרשות אביו. **ולבסוף.** לאחר שבא לב"ד – קאים בנזירות דאבוה, דהא יש לאביו רשות בו, וכיון דמצי אביו להדירו – לא קביל עליה נזירות דיליה. **ואי דאייתי במצעי.** ט) אחר שהדירו אביו קודם שבא לב"ד, ולא ידעינן אי הני ב' שערות הוו ביה כשהדירו אביו, אי לא הוו ביה עד השתא. י) הא השתא על כ) כרחיך ימנה ב' נזירות מספיקא, דדילמא לא הוו ביה שתי שערות מעיקרא עד השתא – ונמצא נדור בשביל אביו, וכשבא לפני ב"ד ואמר "אהא בשביל עצמי" – ל) ויהא נזיר נמי בשביל עצמו, דהא הביא ב' שערות במילעי. מ) ואי מייתי במילעי מאי – דודאי השתא אייתי ב' שערות, ונמצא דנדר אביו נדר, נ) וכשבא לב"ד ואמר נמי "אהא בשביל עצמי" – הוי נזיר בנדר דידיה, וימנה ב' נזירות. **מתני'** ה"ג במתניתין: **האיש מגלח על נזירות אביו כו' כיצד מי שהיה אביו נזיר והפריש מעות** ס) **על נזירותו ומת ואמר הריני נזיר ע"מ שאגלח על מעות אבא. אמר רבי יוסי הרי אלו יפלו לנדבה** ע) **ואינו מגלח על נזירות אביו. מי שהיה הוא ואביו נזירים והפריש מעות סתומין לנזירותו ומת זהו שמגלח כו'. גמ'** מ"ט. אין האשה מגלחת על נזירות אביה. **הלכה היא בנזיר.** שהבן מגלח, ואין לנו ללמוד הימנו אלא מה שמסורת הוא בידינו, בן ולא בת. **פשיטא.** שהבן מגלח ולא הבת, דאין לבת במקום הבן כלום, והלכה למה לי? **מהו דתימא יורשין** גמירי לה. שמגלחין על נזירות האב, ולא שנא בן, לא שנא בת במקום שאין בן. קמ"ל

לעיל כז: [סוטה כג.]

[לעיל כח: לקמן סא: סוטה כג:]

תוספות

ואמאי הא ברשותיה דאב קאים. [ואפי'] הוי גדול. דקס"ד ד"גדול אני" – היינו גדול לענין דנדרו נדר – דהיינו (לענין) משהגיע לעונת נדרים עד שיביא ב' שערות אבי מדיר ליה. ותנא קמא אמר: [לידע אם הביא] ב' שערות! אלא דאמר "אהא בשביל אבא אהא בשביל עצמי". כלומר, לא קאמר דאם קטן שאין נדרו נדר, ואם גדול שנדרו נדר. אלא, אם קטן אני – ברשות אבי עלי, דהיינו עד הבאת שתי שערות. והאי דקאמר "אם גדול" י"א דלא גרסינן ליה, או שמא ר"ל: ואם גדול, שהביא שתי שערות, וכרבי, דאמר למדיר בנו עד הבאת שתי שערות. **ה"ג:** אי אייתי ב' שערות מעיקרא קאי (ברשותיה) בנזירות דידיה ואי בסוף קאי בנזירות דאבוה כי אייתי במילעי מאי הניחא לרבי יוסי בר' יהודה דאמר לעונת נדרים אלא לרבי מאי ליכא תקנתא עד דיתיב דיליה ויתיב דאבוה. וכן הגיהו בפי' קדמונים. וה"פ רבינו חננאל: אי אייתי מעיקרא, כלומר אם בדקוהו באותה שעה שבא לפני רבן גמליאל ביום שהדירו אביו, ומצאו לו ב' שערות – קאי בנדרים דידיה, ונדרו בשביל עצמו. ואי לבסוף, כלומר עכשיו שלא נבדק באותו היום, אם לא יביא שתי שערות עד לבסוף ל' יום – דאישתכח דודאי אלו ל' יום היו בשביל נדר אביו. אלא אייתי במילעי, כלומר נראו בו סימנים תוך ל', היאך יצא ידי נזירות באותן שלשים יום? שהרי נזירות אביו מתבטל (עד) אחר הבאת סימנים, ואיך יביא קרבנותיו לסוף שלשים יום שהדירו אביו? וליכא למימר דדעתו היה שאפי' יביא סימנים שלא יפסיק נזירות אביו – מכל מקום אינו ראוי להביא קרבן בשביל נזירות אביו לבד וגם בשביל עצמו, כיון שלא פירש. וא"ת: ואמאי לא פריך הכי [למתניתין], א] דהיאך מדיר בנו בנזיר, כי מייתי במילעי מאי? וי"ל: דמתני' איכא לאוקמי בעודו בשנת י"ב, דאף אם מביא – הם שומא. אבל אהא קא קשיא ליה, דקאי ליה אחר שנת י"ג שנה, מדקמייתי לת"ק למיבדקיה אם הביא אם לאו, דקודם לכן שומא אינון. אי נמי יש לפרש: דאמתני' ליכא למיפרך, דודאי בדקינן במלאת ימי נזירותו, ואי מספקינן אי אייתי סימנים במילעי לא ב] (נבדיקיה). אבל אהא קשיא ליה, דקאמר דלא תלטער לבדקני, דבלא בדיקה תיקן הכל בתנאו, דאם קטן אני כאילו [לא] היה שם בדיקה נורך. ולכך פריך, דהא ודאי אי אייתי במילעי אינו מתוקן כלל. **הניחא** לר' יוסי בר' יהודה דאמר עד שיגיע לעונת נדרים. והוא עומד בשנת י"ב, ליכא למיחש, דהוי שומא. וא"ת: ניחוש שמא בא לעונת נדרים במילעי, וא"כ איך יצא בנזירות אביו לבד ל' יום? ופר"ת: דעונת נדרים אינה סותרת, דנהי דהאב אינו יכול להדירו מכאן ואילך, מכל מקום היכא דהדירו קודם לכן – משום עונת נדרים לא פקע, כיון דלא הוי כ"א דרבנן. אבל שערות, ד"איש" דאורייתא – פקע דאביו, וא"כ ניחוש לשערות במילעי! ג] י"ל: *דמיירי תחילת י"ג, דאכתי אי הוה ליה במילעי – ה"ל שומא בעלמא. ואף אם בא לכלל עונת נדרים באמצע נזירות – אין להקפיד לפירוש רבינו תם דעונת נדרים אינה סותרת. דנהי נמי דאין מדירו (אלא) כשהגיע לעונת נדרים – אכתי קאי בקטנותו, וכל כמה דלא הדר ביה – הוה בנדר אביו. וגם שמא לא יוכל למחות באמצע. אלא לרבי, דאמר עד שיביא שתי שערות, והביאו לבדקו בשנת י"ד, לידע אם הביא במילעי, מאי? **לרבי** ליכא תקנתא עד דיתיב דידיה. פירוש: שצריך שימתין ר' חנינא ד] (ל') יום אחר שהדירו אביו. דאז ממה נפשך איכא [שלשים], או לפני הבאת סימנים, או אחר הבאת סימנים ועלתה לו ה]נזירות אביו. **האיש** מגלח על נזירות אביו ואין אשה מגלחת כיצד מי שהיה הוא ואביו נזירים והפריש אביו מעות לנזירותו ומת. ר' יוסי אומר הרי אלו יפלו לנדבה. ואיזהו שמגלח על נזירות אביו – הרי שהיה אביו נזיר והיו לו מעות סתומין ומת ואמר הריני נזיר ע"מ שאגלח על מעות אבא זהו שמגלח על נזירות אביו. ה"ג בפירוש קדמונים, ובפירוש רבינו ברוך ובהרבה ספרים היא, דהוא ואביו נזיר – מגלח על מעות אביו, ואם ו] בחיי אביו – אינו מגלח. **מאי** טעמא. אין אשה מגלחת על מעות אביה. **פשיטא**. בלא הלכה ידעינן דאין בת מגלחת, ולמאי הוצרך מילתא דר' יוחנן? וא"כ הא דקאמר התלמוד "מ"ט", מאי קושיא? דהכא פשוט לן דבן ולא בת! וי"ל: דר' יוחנן גופיה אמרה, כי הך דבפ' "אלו מציאות" (ב"מ דף כא.) וכמה? אמר ר' יצחק קב בארבע אמות. (וע"ע תוספות פסחים לג: ד"ה תתן וכו' ומה שנרשם שם). את"ל

פי' הרא"ש

הא ברשותיה דאבוה [קאי] דס"ד דלר' נמי קטן וגדול לענין נדרים קאמר ולהכי פריך אפי' הגיע לעונת נדרים ברשות אבוה קאי. ומשני דאליבא דר' לאו קטן וגדול לענין נדרים קאמר אלא קטן וגדול ממש בהבאת שערות. והיינו אם בשביל אבא כגון שלא הבאתי ב' שערות אהיה בשביל אבא. ואם לאו שהבאתי ב' שערות אהא בשביל עצמי. ומילתא דפשיטא הוה דלר' הוי פי' הכי אלא דתלמודא שקיל וטרי לפ' דברי רבי משום דבעי לאקשויי עליה. אי אייתי ב' שערות. בשעה שאמר ר' חנינא תנאי זה קא מייתי בנזי' דידיה וניחא לר' שיביא קרבנותיו בשביל נזירותו: אי לבסוף קאי מייתי בנזירות אביו וניחא נמי אם לא הביא ב' שערות עד ששלמו ימי נזי' דמייתי בנזיר אביו: אלא אי אייתי במצעי. אם לא הביא ב' שערות ביום שהדירו אביו וטרם ימי נזירותו הביא ב' שערות אליבא דר' היאך יביא קרבנות נזי' דבהבאת שערות פסק נזי' אביו כדקתני בתום' (ובמתני' פריך לעיל) ובשביל עצמו לא הוי נזי' אא"כ הביא סימנים בשעת התנאי. ואפי' א"ת שהיתה כוונתו שאם יביא סימנים קודם שישלים נזי' אביו שיהא נזיר בשביל עצמו. מ"מ לא משכחת לה שיהא ראוי להביא קרבנו' בהשלמת נזירות אביו מיד. ובריתא משתמע (הרי טעו' תנאו יוכל להביא) [דמביא] קרבנותיו בהשלמת נזירות אביו בלא שום ספק: הניחא לר"י בר יהודה דאמר עד שיגיע לעונת נדרים ניחא. דאפי' אם הגיע לעונת נדרים במצעי לא בטלה נזי' אביו. ולהביא ב' שערות לא חיישי' דבשנת י"ג הוי קאי [עדיין] ואפי' אם הביא ב' שערות הוי (גדול) [קטן] דשומא נינהו. וקשה לי [הא] ר"י בר יהודה הוא דאמר פרק יוצא דופן דמשנת ט' ואילך אם הביא ב' שערות הוי גדול. ואיכא למימר כיון דמילתא דלא שכיחא היא שיביא סימנים קודם שיהא בן י"ג לא חיישינן שמא הביא. ה"ג האיש מגלח על נזי' אביו ואין האשה מגלחת על נזי' אביה. כיצד מי שהיה הוא ואביו נזי' והפריש אביו מעות סתומים לנזירותו א"ר יוסי הרי אלו יפלו לנדבה שאין זה מגלח על נזי' אביו דכיון דבחיי אביו נדר והיו שניהם חייבי' קרבן דכה"ג לא לית מידי הלכה: מי שהיה אביו נזיר והיו לו מעות סתומים ומת מאי למימרא וכו' וכיון דבת

ואמר הבן הריני נזי' ע"מ שאגלח על מעות אבא זהו שמגלח על מעות אביו: מאי טעמא מגלח על נזי' אביו מאי שנא משאר קרבנות דאמר לעיל דקרבנו הוא יוצא ואינו יוצא בקרבן אביו: פשיטא מאי

נוסחת הריב"ן

א) להדירו אביו: ב) קאים: ג) במלעי דלא ידעינן כו': ד) אני: ה) אבא: ו) בכ"י כתוב כאן גליון: ז) ב' שערות ומהדרת אבוה הוא דפליגי: ח) קביל עליה לחודיה: ט) לאחר: י) (הא השתא) ליתא בכ"י: כ) כרחו: ל) יהא: מ) במילעי. מפי המורה ומנאתי ואי מייתי כו': נ) נדר הוא: ס) מעות סתומים: ע) ואין זה:

הגהות הב"ח

(א) רש"י ד"ה אלא אליבא דרבי כגון דאמר אהא כל"ל והד"א עם ד"ה אי אייתי ב' שערות מעיקרא וכו' כלומר הניחא דמתרלת וכו' מקמי דהדירו אבוה: (ב) ד"ה ואי אייתי באמצע לא ידעינן: (ג) ד"ה הכי גרסינן וכו' דיליה ולהכא ליקנא אחריתא אלא לרבי וכו' ואהדירו לאבוה הוא דפליגי: (ד) ד"ה ומשני וכו' אי אבא מצי להדירני אהא נזיר וכו': (ה) ד"ה אי אייתי וכו' קודם שהדירו אביו וכו' דמצי אביו להדירו לא:

גליון הש"ס

תום' ד"ה הניחא וכו' דמיירי תחלת י"ג. י"ל דבדיבור הקודם כתבו דמכח מתני' ליכא למיפרך דאיכא לאוקמי בעודו בשנת שתים עשרה והיינו דיכלו ימי נזירות קודם התחלת שנת י"ג דליכא חשש שיגיע באמצע למופלא סמוך לאיש ולזה כת' דלר"ת יש לאוקמי תחלת י"ג דהיינו יום א' קודם תחלת שנת י"ג למופלא סמוך לאיש כיון דלאינו מפסיק וס"ל השערות הא יהיה שומא:

הגהות מהר"ב רנשבורג

א] תד"ה ה"ג וכו' וא"ת ואמאי לא פריך הכי למתני' דהאיך. נמחק תיבת דהאיך וכ"ב דהאיש: ב] בא"ד אי ... לא נבדיקי'. תיבת נבדיקי' נמחק. וכ"ב נקריבס. אבל הגהת לא נבדיקי' ליתא דהלא אינו רשאי להקריב ... ג] ד"ה הניחא וכו' לשערות במילעי. כ"ב הגה"ה כל"ל א"מ: ד] ד"ה לרבי וכו' ר' חנינא ל'. נמחק ל' ו... ה] בא"ד ועלתה לו נזירותו או נזירות אביו כל"ל: ו] ד"ה האיש וכו' ואם אינו בחיי אביו כל...

ע א ב ג ד מיי' פ"ח מהל' נזירות הלט"ו:
עא ה מיי' שם הלט"ז:
עב ו מיי' שם הלי"ז:

קָא מַשְׁמַע לָן – הֲלָכָה. אִיבַּעְיָא לְהוּ: פְּלִיגִי רַבָּנַן עֲלֵיהּ דר' יוֹסֵי אוֹ לָא פְּלִיגִי? וְאִם תִּימְצֵי לוֹמַר פְּלִיגִי, אַרֵישָׁא אוֹ אַסֵּיפָא? ת"ש: *אכֵּיצַד אָמְרוּ *הָאִישׁ מְגַלֵּחַ עַל נְזִירוּת אָבִיו? מִי שֶׁהָיָה אָבִיו נָזִיר, וְהִפְרִישׁ אָבִיו מָעוֹת לִנְזִירוּתוֹ, וּמֵת, וְאָמַר "הֲרֵינִי נָזִיר עַל מְנָת שֶׁאֲגַלֵּחַ עַל מְעוֹת אַבָּא" זֶהוּ שֶׁמְּגַלֵּחַ עַל מְעוֹת אָבִיו. אֲבָל מִי שֶׁהָיָה הוּא וְאָבִיו נְזִירִים, וְהִפְרִישׁ אָבִיו מָעוֹת לִנְזִירוּתוֹ, וּמֵת – הֲרֵי אֵלּוּ יִפְּלוּ לִנְדָבָה, דִּבְרֵי ר' יוֹסֵי. ר' אֱלִיעֶזֶר ור' מֵאִיר וְרַבִּי יְהוּדָה אָמְרוּ: בזֶה הוּא שֶׁמְּגַלֵּחַ עַל מְעוֹת אָבִיו. בָּעֵי רַבָּה: יֵשׁ לוֹ שְׁנֵי בָּנִים נְזִירִים, מַהוּ? הִילְכְתָא גְּמִירִין לָהּ, כָּל דְּקָדֵים (א) גָּלַח – גָּלַח, אוֹ דִילְמָא גירוּשָּׁה גְּמִירִין לָהּ, וּפַלְגָּא הָוֵי? בָּעֵי רָבָא: בְּכוֹר וּפָשׁוּט, מַאי? הִילְכְתָא גְּמִירִין לָהּ – וְהִילְכָּךְ לָא בָּעֵי גַּלּוּחֵי לְפוּם מַאי דְּשָׁקֵיל. אוֹ דִילְמָא יְרוּשָּׁה הִיא, וְכִי הֵיכִי דְּשָׁקֵיל פִּי שְׁנַיִם – הָכִי מְגַלֵּחַ? וְאִם תִּימְצֵי לוֹמַר יְרוּשָּׁה הִיא, דוּלְפוּם דְּשָׁקֵיל מְגַלֵּחַ, וּבְחוּלִּין הוּא דְּאִית לֵיהּ פִּי שְׁנַיִם, אֲבָל בְּהֶקְדֵּשׁ לָא. אוֹ דִילְמָא כֵּיוָן דְּקָנֵי לֵיהּ לְגַלּוּחַ – לָא שְׁנָא? אָבִיו נְזִיר עוֹלָם וְהוּא נָזִיר סְתָם, אָבִיו נָזִיר סְתָם וְהוּא נְזִיר עוֹלָם, מַאי? כִּי גְּמִירִין הִילְכְתָא – בִּסְתַם נְזִירוּת, אוֹ דִילְמָא הלָא שְׁנָא? וְאִם תִּימְצֵי לוֹמַר הָכָא אִידִי וְאִידִי נְזִירוּת טָהֳרָה, בָּעֵי רַב אַשִׁי: אָבִיו נָזִיר טָמֵא וְהוּא נָזִיר טָהוֹר, אָבִיו נָזִיר טָהוֹר וְהוּא נָזִיר טָמֵא, מַאי? יתֵּיקוּ.§

הדרן עלך מי שאמר

בֵּית *שַׁמַּאי אוֹמְרִים: הֶקְדֵּשׁ טָעוּת – הֶקְדֵּשׁ, וב"ה

אם תימצי לומר פליגי. רבנן עליה דר' יוסי. מדקתני במתני' ר' יוסי אומר – משמע דפליגי רבנן עליה. ואם תימצי לומר פליגי רבנן, ארישא – דקאמר ר' יוסי אם נדר בחיי אביו אינו מגלח, ואמרי רבנן דמגלח בכל ענין. [או] אסיפא – דקאמר דנדר לאחר מיתה מגלח על [נזירות] אביו, ואמרי רבנן אינו מגלח. תא שמע. דארישא פליגי. דתניא: כילד אמרו האיש מגלח על מעות אביו? מי שהיה אביו נזיר והפריש אביו מעות לנזירותו ומת, ואמר הריני נזיר ע"מ שאגלח על מעות ב] אביו. אבל מי שהיה הוא ואביו נזירים, והפריש אביו מעות לנזירותו ומת – הרי אלו יפלו לנדבה, דברי רבי יוסי. ר"א ור' מאיר ור' יהודה אומרים זהו שמגלח על נזירות אביו. וברוב ספרים היא משובשת. בעי רבה יש לו שני בנים נזירים. לרבי יוסי – שנדרו אחר מיתת אביהן, ולרבנן – גם בחיי אביהן. הילכתא גמירי לה. [ולא] כדין חלוקה בשוה. וכל דקדם גלח. וכל הקודם מהם זכה בהם. ופלגא הוי. פלגי, זה נוטל החצי וזה נוטל החצי, כמו בשאר ירושה. בעי [רבא], גרים ר"ת, והראשון [רבה. בכור] ופשוט נזירים מהו? הלכתא גמירי לה, ולא מן הדין. והכא לא בעי גלוחי לפום מאי דשקיל. דאע"פ דשני פשוטי פלגי מכל מקום אינו כשאר ירושה – ה"נ לענין שיטול הבכור פי שנים, [וה"נ] לא מצי להביא תגלחתו לפום מאי דשקיל כשאר נכסים. או דילמא ירושה גמירי, כי ג] היכי [דנוטל] פי שנים ממעות שהפריש אביו לקרבנות נזירותו, ד] [כן מגלח]. ואת"ל: בחולין הוא דאית ליה פי שנים. פי' ר"ת: בחולין – דאמר לשון חולין ולא לשון הקדש, דאמר "מעות אלו לנזירות". [אבל] בהקדש לא – אילו אמר "הרי אלו לקרבנות נזירותו". או דילמא כיון [דקני] ליה לגלוחי לא שנא. ואפילו אמר "לקרבנות נזירותו" דמוכח לשון הקדש. אביו נזיר עולם והוא נזיר סתם. או איפכא. כי גמירי הלכתא בסתם נזיר. ומאי למיבעי דאביו והוא נזיר עולם. או שמא הא פשיטא דמגלח, כיון ששמו האב והבן בחד גוונא לנזירות. ואת"ל הכא אידי ואידי בנזירות טהרה, ומגלח שפיר על מעות אביו. בעי רב אשי אביו נזיר טמא והוא נזיר טהור. אביו נזיר טמא – נטמא והפריש מעות לציפורים ואשם, מהו שיוסיף בנו על אותם מעות להביא חטאת עולה ושלמים לנזירות טהרה? אי נמי, אביו נזיר טמא וחזר והתחיל ומנה נזירות טהרה, הואיל ונטמא לא הוי דומיא דנזירות דבן דלא נטמא – לא מגלח. אביו נזיר טהור והפריש מעות, והוא נזיר טמא, מהו שיביא הבן לפורים [מן] המעות שהפריש אביו לנזירות טהרה?

הדרן עלך מי שאמר

בית שמאי אומרים הקדש טעות הוי הקדש. כדמפרש ואזיל. ומשום דבתר הכי איירי בנזירות בטעות, נקט הני פלוגתייהו במכילתין. וכן משום פלוגתא דבית שמאי ובית הלל דבסמוך גבי: מי שנדר ונשאל לחכמים כו', אמרו להם בית הלל לבית שמאי: אי אתם מודים בזה שהוא הקדש טעות, ותלא ותרעה בעדר. כלומר, אם כן [היאך] אומרים בהקדש טעות דפליגי עלן?
כילד

קמ"ל הֲלָכָה. בֵּן וְלֹא בַּת. וְאִם תִּימְצֵי לוֹמַר פְּלִיגֵי אַרֵישָׁא. הוּא דִפְלִיגִי א) רַבָּנַן, דְּאָמְרִי שֶׁאַף מְגַלֵּחַ עַל נְזִירוּת אָבִיו, ב) וְלָא שָׁנֵי לְהוּ לְרַבָּנַן בֵּין רֵישָׁא לְסֵיפָא, שֶׁבְּכוּלָּן הָאִישׁ מְגַלֵּחַ עַל נְזִירוּת אָבִיו. אוֹ אַסֵּיפָא פְּלִיגִי. דִּלְרַבָּנַן סְבִירָא לְהוּ אִיפְכָא. (ב) דִּלְמָא מַאי דִּשְׁמִיעַ לְהוּ מֵר' יוֹסֵי דַּאֲמַר בְּרֵישָׁא דְּאֵין זֶה מְגַלֵּחַ עַל נְזִירוּת אָבִיו, סְבִירָא לְהוּ לְרַבָּנַן הָוֵי מְגַלֵּחַ. וּמַאי דְּקָא"ר יוֹסֵי בְּסֵיפָא דְּהָוֵי מְגַלֵּחַ, סְבִירָא לְהוּ לְרַבָּנַן דְּאֵינוֹ מְגַלֵּחַ. ה"ג: ת"ש כֵּיצַד אָמְרוּ הָאִישׁ מְגַלֵּחַ עַל נְזִירוּת אָבִיו, מִי שֶׁהָיָה הוּא וְאָבִיו נְזִירִים וְהִפְרִישׁ אָבִיו מָעוֹת לִנְזִירוּת וּמֵת – זֶהוּ שֶׁמְּגַלֵּחַ עַל נְזִירוּת אָבִיו. אֲבָל מִי שֶׁהָיָה אָבִיו נָזִיר וְהִפְרִישׁ אָבִיו מָעוֹת לִנְזִירוּתוֹ וּמֵת, וְאָמַר: הֲרֵינִי נָזִיר עַל מְנָת שֶׁאֲגַלֵּחַ עַל מְעוֹת אַבָּא – הֲרֵי אֵלּוּ יִפְּלוּ לִנְדָבָה, דִּבְרֵי ר' יוֹסֵי. רַבִּי אֱלִיעֶזֶר וְר' מֵאִיר וְר' יְהוּדָה אוֹמְרִים זֶהוּ שֶׁמְּגַלֵּחַ עַל נְזִירוּת אָבִיו. כְּלוֹמַר, מִדְּקָאָמְרִי רַבִּי אֱלִיעֶזֶר וְרַבִּי יְהוּדָה בְּהָאֵיךְ בָּרַיְיתָא "זֶהוּ שֶׁמְּגַלֵּחַ", אַלְמָא דְּאַרֵישָׁא וְאַסֵּיפָא פְּלִיגִי, וְהָכִי מַשְׁמַע: זֶהוּ ג) שֶׁאָמְרוּ (ג) (ע"מ) שֶׁמְּגַלֵּחַ עַל נְזִירוּת אָבִיו; אֲבָל מִי שֶׁהָיָה נָזִיר בְּחַיֵּי הָאָב, שֶׁכְּבָר נִתְחַיֵּיב בְּקָרְבָּן ד) אֶחָד בִּפְנֵי עַצְמוֹ – אֵין מְגַלֵּחַ עַל נְזִירוּת אָבִיו. וּשְׁמַע מִינָּהּ דְּאַרֵישָׁא וְסֵיפָא פְּלִיגִי ש"מ. כָּל דְּקָדֵים. נְזִירוּתֵיהּ מְגַלֵּחַ עַל נְזִירוּת אָבִיו. אוֹ דִילְמָא יְרוּשָּׁה גְּמִירִי לָהּ, וְכָל מַאן דְּהָוֵי בַּר יְרוּשָּׁה גְּמִירִי לָהּ דְּזָכֵי בְּהוּ. וּפַלְגָּא הָוֵי א] כו'. וְחוֹלְקִין אוֹתוֹ בְּשָׁוֶה, זֶה יָבִיא חֶלְיוֹ וְזֶה ה) חֶלְיוֹ, וּמַיְיתוּ מִבֵּיתֵיהֶן כְּדֵי לְהַשְׁלִים קָרְבְּנוֹתֵיהֶן עִם מְעוֹת אֲבִיהֶן. בָּעֵי רָבָא. הָיוּ לוֹ ו) בָּנִים נְזִירִין בְּכוֹר וּפָשׁוּט, (ד) לְגַלֵּחַ עַל נְזִירוּת אָבִיו הֵיכִי שָׁקְלֵי בֵּיהּ? הִילְכְתָא גְּמִירִי לָהּ. שֶׁמְּגַלְּחִין עַל נְזִירוּת אֲבִיהֶן, וְלֹא מֵחֲמַת יְרוּשָּׁה. וְהִילְכָּךְ לָא בָּעֵי לְגַלּוּחֵי לְפוּם מַאי דְּשָׁקֵיל, אֶלָּא בְּפַלְגָּא. אוֹ דִילְמָא יְרוּשָּׁה הִיא שֶׁמְּגַלְּחִין בִּנְזִירוּת אֲבִיהֶן, וְכִי הֵיכִי דְּשָׁקֵיל הַאי בְּכוֹר פִּי שְׁנַיִם בְּכָל הַנְּכָסִים – הָכִי (ה) בְּהַאי נַמִי מְגַלֵּחַ פִּי שְׁנַיִם. ז) וּבְחוּלִּין הוּא דְּאִית לֵיהּ. לִבְכוֹר פִּי שְׁנַיִם. אֲבָל בְּהֶקְדֵּשׁ. לְאַחַר שֶׁנִּקְרַב הַקָּרְבָּן, וּמְבַקְּשִׁין לְאוֹכְלוֹ – לָא שָׁקֵיל פִּי שְׁנַיִם, ח) אֶלָּא חוֹלְקִין בֵּינֵיהֶם בְּשָׁוֶה. אוֹ דִילְמָא. כִּי הֵיכִי דְּקָנֵי לֵיהּ פִּי שְׁנַיִם לְגַלֵּחַ בָּהֶן, הָכִי נַמִי לְעִנְיַן חֲלוּקָה לְאַחַר שֶׁהִקְרִיבוּ קָרְבְּנוֹתֵיהֶן, אע"ג דְּמוּקְדָּשִׁין הֵן – שָׁקֵיל בְּהוּ פִּי שְׁנַיִם. כִּי גְּמִירִי הִילְכְתָא בִּסְתַם נְזִירוּת. הֵיכָא דְּתַרְוַיְיהוּ קָיְימִי בִּסְתָם נְזִירוּת. אֲבָל הֵיכָא דְּחַד מִנַּיְיהוּ נְזִיר עוֹלָם – לָא. אוֹ דִילְמָא לָא שְׁנָא. וְאת"ל הָכָא. כֵּיוָן דִּנְזִירוּת דְּאַבָּא וּנְזִירוּת דִּבְרָא נְזִירוּת דְּטָהֳרָה הוּא, מְגַלֵּחַ הַבֵּן עַל נְזִירוּת הָאָב. בָּעֵי רַב אַשִׁי הֵיכָא דְּאָבִיו נָזִיר טָמֵא וְהוּא נָזִיר טָהוֹר. מַהוּ לְהוֹסִיף עַל מְעוֹת לְפוֹרִין שֶׁהִפְרִישׁ אָבִיו לְהָבִיא בָּהֶן ט) קָרְבָּנוֹת. וְכֵן אִם אָבִיו טָהוֹר וְהוּא טָמֵא, מַהוּ לְהָבִיא לְפוֹרִים בְּאוֹתָן מָעוֹת שֶׁהִפְרִישׁ אָבִיו לִנְזִירוּת טָהֳרָתוֹ? י) תֵּיקוּ.

הדרן עלך מי שאמר

בֵּית שַׁמַּאי אוֹמְרִים הֶקְדֵּשׁ טָעוּת (ו). *כֵּיצַד אָמַר שׁוֹר שָׁחוֹר שֶׁיֵּצֵא מִבֵּיתִי רִאשׁוֹן. בְּשַׁחֲרִית, יְהֵא הֶקְדֵּשׁ, וְיָצָא לָבָן – הֲרֵי זֶה הֶקְדֵּשׁ. וְכֵן כְּשֶׁיַּעֲלֶה דִּינָר שֶׁל כֶּסֶף, אוֹ חָבִית שֶׁל שֶׁמֶן – כּוּלָּן הֶקְדֵּשׁ, הוֹאִיל וְיָצְאוּ בָּרִאשׁוֹנָה. וְאַף עַל גַּב שֶׁלֹּא נִתְקַיְּימוּ דְּבָרָיו, שֶׁהוּא סָבוּר שֶׁיֵּצֵא שָׁחוֹר, כ) וְיַעֲלֶה דִּינָר שֶׁל זָהָב, וְחָבִית שֶׁל יַיִן, תְּחִילָּה.
וּבֵית

סייך לדף לא

פי' הרא"ש

דבת אינה יורשת והבנים יורשים היאך תגלח על נזירות אביה: מהו דתימא ירושה גמירי לה דכל מי שהוא יורש מגלח: איבעיא להו פליגי רבנן עליה דר' יוסי ואת"ל פליגי ארישא דאפי' הוא ואביו נזירים יגלח על מעות אביו. או אסיפא דאפי' נזר אחר מיתת אביו אינו מגלח דלית להו הלכה: ת"ש דארישא פליגי. ה"ג דתניא כיצד אמרו האיש מגלח על נזי' אביו מי שהיה אביו נזיר והפריש אביו מעות על נזירותו ומת ואמר הריני נזיר ע"מ שאגלח על מעות אבא אבל מי שהיה הוא ואביו נזירים והפריש אביו מעות על נזירותו ומת הרי אלו יפלו לנדבה דברי ר' יוסי ר' אלעזר ור"מ ור' יהודה אמרו זהו שמגלח על נזי' אביו. בעי רבא יש לו ב' בנים. לר' יוסי שנדרו אחר מיתת אביהם ולרבנן אף בחיי אביהם הלכה גמירה לה כל דקדים מגלח מי שקדם לידור נזי' בתחילה או דילמא ירושה וגמירי ופליגי: בעי רבא גר' ולעיל גרס רבה דאי חד אמורא הוא לא הול"ל פעם שנית: בכור ופשוט מהו. נ"ל דאת"ל קאמר דאפי' אם ירושה גמירי ופליגי ה"מ (בכור) [פשוט] ופשוט אבל בכור ופשוט לא קרי' ביה בכל אשר ימצא לו או דילמא כל דין ירושה אית ליה: ואת"ל לפום מאי דשקיל מגלח בחולין הוא דאית ליה פי שנים כגון שאמר אביו אלו מעות לנזירותי ולא אמר לקרבנות נזירותי אבל בהקדש לא אם אמר לקרבנות נזירותי: וה"ה דמצי למבעי גם בפשוט אי גמירי הלכה במעות דהקדש. ופי' זר הוא. ויר' א) לפרי' דסיומא דמילתא היא ואת"ל ירושה היא ולפום מאי דשקיל מגלח בב' פשוטי' כל חד מגלח לפום מאי דשקיל ולא אמרי' כל דקדים מגלח: אתרי הכי בכור ופשוט לא מגלח לפום מאי דשקיל בשאר נכסים דבחולין הוא דשקיל פי שנים דקרינן ביה בכל אשר ימצא לו או דילמא לא שנא: אביו נזיר עולם וכו' כי גמירי הלכתא בסתם נזיר פי' כששניהם בסתם נזיר וה"ה דמצי למבעי אם שניהם נזיר עולם אלא שקצר התלמוד ואת"ל קאמר: אביו נזיר טמא נטמא והפריש מעות לצפורים ואשם ומת מהו שיוסיף הבן על אותן מעות להביא קרבנ' נזי' טהרה או להפך מאי. סליק פרקא
ב"ש אומרים הקדש טעות הוי הקדש. כדמפרש ואזיל כיצד אמר שור שחור שיצא מביתי ראשון הרי הוא הקדש. ב"ש אומרים הקדש פי' אף אם יצא לבן ראשון הוא קדוש. דינר זהב וכו' חבית של יין וכו' ובגמ' מפרש הני ג' בבי למה לי.
א) נ"ל ויש לפרש דסיומא דמילתא היא וכו' ולפום מאי דשקיל מגלח ה"מ ב"ב פשוטים וכל דקדים מגלח אבל בכור ופשוט וכו'.
מסוף

נ"א אימתי
[תוספתא פ"ג ע"ש]

ערכין כג. ב"ב קכ:

נוסחת הריב"ן

א) דרבנן אמרי: ב) דלא שני להו לרבנן: ג) שאמר: ד) אחר: ה) יביא חליו: ו) שני בנים: ז) בחולין: ח) פי שנים בו אלא: ט) קרבנותיו: י) טהרתו לא ידעינן תיקו: כ) שחור ראשון:

הגהות הב"ח

(א) גמ' כל דקדים מגלח או דילמא כצ"ל ותיבת גלח נמחק: (ב) רש"י ד"ה או אסיפא וכו' איפכא דלמאי דשמיע להו כצ"ל: (ג) ד"ה ה"ג ת"ש כילד וכו' והכי משמע זהו שאמרו כשנזר אחר מיתת אביו ואמר הריני נזיר על מנת שאגלח על מעות אבא מגלח על נזירות אביו אבל מי: (ד) ד"ה בעי רבא וכו' ופשוט ובאו לגלח: (ה) ד"ה הילכתא וכו' בכל הנכסים הכי נמי בהאי מגלח: (ו) ד"ה ב"ש כו' הקדש טעות הקדש כילד:

הגהות מהר"ב רנשבורג

א] רש"י ד"ה ופלגא הוי כלומר כצ"ל: ב] תד"ה ת"ש וכו' שאגלח על מעות אבי מגלח על מעות אביו אבל. כצ"ל א"מ: ג] ד"ה בעי רבא וכו' או דלמא ירושה גמירי כי היכי דנוטל. תיבות היכי דנוטל נמחק. וכ"ב מגלח יטול פי שנים ממעות כצ"ל: ד] בא"ד שהפריש אביו לקרבנות נזירותו כן מגלח. תיבות כן מגלח נמחק:

א א מיי' פ"ז מהלכות ערכין הלכה יז ופ"ט מהל' נזירות הלכה ח:
ב ב מיי' פ"א מהלכות תמורה הלכה ב:

וב"ה אומרים: (א) א אין הקדש. כיצד? אמר "שור שחור שיצא מביתי ראשון הרי הוא הקדש" ויצא לבן, בית שמאי אומרים: הקדש, ובית הלל אומרים: אינו הקדש. "דינר זהב שיעלה בידי ראשון הרי הוא הקדש" ועלה של כסף, בית שמאי אומרים: הקדש, ובית הלל אומרים: אינו הקדש. "חבית של יין שתעלה בידי ראשונה הרי היא הקדש" ועלתה של שמן, בש"א: הקדש, ובה"א: אינו הקדש.§ **גמ'** "בית שמאי אומרים הקדש" כו'.§ *מאי טעמייהו דבית שמאי – דילפינן תחלת הקדש מסוף הקדש; מה תמורה – ב אפי' בטעות, אף הקדש – אפי' בטעות. *ובה"א: הני מילי – תמורה, אבל אחותי הקדש בטעות – לא מחתינן. ולב"ש, מה אילו אמר "ה"ז תחת זה לחצי היום" מי הויא תמורה מההיא שעתא? אלא, עד דמטי חצי היום הוא דהויא תמורה. ה"נ, לכי מיגליא מילתא! *אמר רב פפא: לכך נאמר ראשון – לכשיצא ראשון. והא "שור שחור" קאמר, מי לא עסקינן דלית ליה אלא האי? לא צריכא, דאית ליה תרין תלתא. ובה"א: א"כ "שיצא בראשון" מיבעי ליה. א"ל רבא מברניש לרב אשי: האי הקדש בטעות הוא? הקדש בכוונה הוא! (ב) משום דאטעייה לדיבוריה קמא. וסברי ב"ש הקדש בטעות לא הוי הקדש? והתנן: *מי שנדר בנזיר ונשאל לחכמים והתירו, והיתה לו בהמה מופרשת – תצא ותרעה בעדר. אמרו ב"ה לב"ש: אי אתם מודים שהקדש בטעות הוא, ותצא ותרעה בעדר? מכלל דסברי ב"ש הקדש בטעות הוי הקדש! אלא, ב"ה הוא דקא טעו. סברי טעמייהו דב"ש משום דהקדש בטעות הוי הקדש, ואמרי להון ב"ש: לאו משום הקדש בטעות הוא, אלא משום דאטעייה לדיבוריה קמא. וסברי ב"ש הקדש בטעות לא הוי הקדש? תא שמע: *היו מהלכין בדרך, ואחד

לקמן לג:

ובית הלל אומרים. הואיל ולא נתקיימו דבריו – אין הקדשו קדוש. א) לישנא אחרינא: יצא לבן, בש"א: אותו שחור שיצא תחלה אחר הלבן – הראשון הוי הקדש. וכן דינר, וכן חבית של יין. **גמ'** הכא נמי גבי הקדש לכי מיגליא מילתא. דיצא שחור תחלה – להוי קדוש. ולא השתא כי נפק לבן בריש', דהא לא איגליא מילתא (ג) ג) כדקאמר. לכך נאמר ראשון. דהכי קאמר: שחור ראשון שיצא יהא הקדש. דמשמע דאית ליה שוורים שחורין הרבה, ועלייהו סמכא דעתיה. דהכי אמר: שור שחור לכשיצא ראשון מאחר שוורים שחורין – יהא הקדש. וכשיצא ג) שחור אחר הלבן – הרי יצא ראשון לשאר שוורים שחורין, ואיגלאי מילתא דעליה קאמר, ולא אלבן. והא שור שחור קאמר. דמשמע דשחור שיצא תחילה קודם ללבן. דמי לא עסקינן דלית ליה אלא חד שחור, ד) ומש"ה קאמר דאם יצא תחלה – יהא הקדש, אבל אם הקדימו לבן – לא יהא שחור הקדש. לא צריכא דאית ליה תרי ותלת. שחורין, ואיזה שיצא תחלה יהא הקדש, (ד) ה) ומש"ה לא חשיב כלוס יליאתו של לבן. וב"ה אומרים א"כ. כדקאמרת, דלא חשיב אלא איזה מן השחורים שיצא תחלה – ליתני: "שור שחור שיצא בראשון", תחלה לשחורין! אלא כיון דתני "שיצא ראשון" – משמע דבעי דליפוק שחור ראשון לכולהו ואפי' בריש לבן, וכיון דנפיק לבן תחלה – לא כלום הוי. א"ל אין ודאי הקדש בכוונה הוא. דודאי ו) להקדש שחור איכוין. (ה) ולהכי קרי ליה הקדש טעות – משום דאטעייה לדיבוריה קמא. דהכי הוה ליה למימר: "שחור שיצא מביתי ראשון", דהוה משמע שיצא תחלה לשאר שוורים. אבל כיון דאמר "שור שחור" – משמע דלא סמכא דעתיה אשחור, דלבן נמי בכלל שור הוא. להכי קרי ליה הקדש טעות, שהטעה דיבורו, שאמר שור. ז) ל"א: למאי דפרישית במתני' דבש"א דלבן הוי הקדש, ילפינן ליה תחלת הקדש, ח) כדמחית איניש מידי בקדושה, מסוף הקדש, דהיינו תמורה שהיא באה מכח הקדש אחר: מה תמורה אפי' בטעות, כדאמרינן במסכת תמורה בפרק "יש בקרבנות" (ד' יז.): "והיה הוא ותמורתו יהיה קודש" – "יהיה" לרבות שוגג כמזיד, שאם סבור לומר "זו תמורת עולה" ואמר "זו תמורת שלמים" או "תמורת שלמים" ואמר "זו תמורת עולה" – הרי זו תמורה. אף הקדש אפי' בטעות, שאם סבור להקדיש שחור והקדיש לבן, או לבן והקדיש אדום – הרי לבן ואדום מוקדשים. וב"ה אומרים: הני מילי תמורה – משום דאתיא מכח הקדש, אבל אחותי מידי בהקדש, דמעיקרא הוי חולין – בטעות לא מחתינן ליה בהקדש. ולב"ש אמאי הוי שור לבן שיצא עכשיו הקדש? ט) [מדאמר] "שור שחור שיצא ראשון ליהוי הקדש", לכשיצא ראשון לשאר שוורים שחורים שיצאו אחריו מן הרפת, מידי דהוה אתמורה, י) אילו לגבי תמורה כ) אמר "הרי זה תחת זה תמורה לחצי היום", מי הוי תמורה מההיא שעתא דקאמי בה? אלא, לא הוי תמורה עד ל) דמטי פלגא [דיומא] דאמר. הכא נמי לא איגליא מילתא עד דנפיק שחור מקמי הנך שחורים דקיימי ברפת, מ) ולא ליהוי קדוש לבן כלל. אמר רב פפא לכך נאמר ראשון. דכל מאן דיצא ראשון, בין שחור בין לבן, ליהוי קדוש. ה"ג: והא שור שחור קאמר, דמי לא עסקינן דאית(ו) נ) ביה תרין או תלת. לא צריכא דלית ליה אלא האי. והא שור שחור קאמר, ומדקאמר שור שחור ש"מ דלא ניחא ליה לקדושי אלא שחור, והאי דקאמר ראשון – משום דהוו ליה תרי תלתא שחורין, וקאמר דההוא שחור דנפק קמא מבינייהו ליהוי קדוש, ולא אחר: לא צריכא דלית ליה שחור אלא חד. והלכך, האי דאמר ראשון – משום דניחא ליה דכל מאן דנפיק ברישא, או שחור או לבן, ליהוי קדוש. וב"ה סברי: א"כ דניחא ליה דקדיש נמי לבן – לימא "שיצא בראשון". אלא מדאמר ראשון – ש"מ דאי נפיק [שחור] ראשון ניחא ליה לקדושי, אבל בלבן לא ניחא ליה והוה ליה טעות הקדש, וכל טעות בהקדש אינו הקדש. א"ל רב אחא מברניש לרב אשי האי הקדש בטעות הוא הקדש בכוונה הוא. דכיון דאמרת דלכך אמר ראשון, דדעתיה להקדיש כל מי שיצא ראשון תחלה, בין לבן בין שחור – הוה ס) הקדש בכוונה, ואמאי קרי ליה הקדש בטעות? ע) הכי נמי דהקדש בכוונה הוא. אלא להכי קרי ליה הקדש טעות – משום דאמר "שחור דיצא" ברישא דאטעייה פ) לההוא דיבורא קמא, דמיחזי כמאן דלא ניחא ליה לקדושי אלא שחור. וסברי ב"ש הקדש בטעות לא הוי הקדש. דמדקא מוקמת לה בכגון דאית ליה כוונה, אלמא דאית להו לב"ש דהקדש טעות לא הוי הקדש. והא תנן בהאי פירקא לקמן: מי שנדר בנזיר ונשאל לחכמים לפי שנדר צ) והתירו לו, אם היתה לו בהמה מופרשת – תצא ותרעה בעדר עם שאר בהמות חולין, לפי שאין בה ק) קדושה כלל. אמרו להם ב"ה לב"ש. עכשיו חזרתם להורות כדברינו דהקדש טעות אינו הקדש. כגון זו, שבשעה שהפרישה היה סבור שהוא נזיר, וטעה. ואתם אומרים שאינו הקדש ותצא ותרעה בעדר. ומדקאמרי להו ב"ה הכי – ש"מ דשמיע להו מינייהו דב"ש דאינהו אמרי דהקדש טעות הוי הקדש. לא לעולם ב"ש סברי דהקדש טעות אינו הקדש והכא ב"ה הוא דטעו. דאינהו סברי ר) דאמרי גבי שור שחור דהוי הקדש – משום דהקדש טעות הוי הקדש, וקאמרי להו ב"ש: לאו להכי ש) אמרי דהוי הקדש, דלדידן ס"ל דהקדש בטעות לא הוי הקדש. אלא הכא בכוונה (ו) דאטעייה ת) לדבוריה קמא, כדלעיל.
ואחד

כיצד אמר שור שחור שיצא מביתי ראשון הרי הוא הקדש ויצא לבן בש"א הקדש. אית דמפרשי בגמרא מילתא דב"ש דקאמרי הקדש אלבן קאי, משמע הקדש טעות הוי הקדש. דיש לומר דדעתו הוי להקדיש [מה] שיצא מביתו ראשון, ומה שאמר שחור – לפי שטעה, והיה סבור שהשחור יצא ראשון, הלכך טעותו לא ימנע את ההקדש מלחול על השור שיצא מביתו ראשון, ואפילו על הלבן חל ההקדש. ואית דמפרשי: דשור שחור שיצא אחר הלבן קדוש, ואע"ג דלא נפק ראשון מן הבית. ומיירי שיצא ראשון מן הבית לשאר שוורים שחורים. ובגמרא אפרש. וכן דינר וחבית יש לפרשו בשני פנים, וכי היכי דמפרשי רישא יש לפרש הנך בכי ה"ג. ובגמרא *מפרש למה לן הנך בבי, דינר זהב וחבית של *שמן. [התוספות השייכים כאן עומדים בדף ל"ג ע"א מד"ה מאי טעמא].

נ"ל אפרש | נ"ל יין | שייך לע"ב

מי שנדר בנזיר ונשאל לחכם א] מונה משעה שנדר. פירוש: מי שנדר בנזיר, ועבר ושתה יין בנזירותו, ונשאל לחכמים להתיר לו נדרו אפילו לב"ש דאמרי אין שאלה בהקדש – אין שאלה בנזירות, כדאמר בפרק "הריני נזיר מן הגרוגרות" (לעיל ט.) – אפילו הכי לב"ש צריך שיקבל הנזירות בלשון טוב ומשוב שראוי לקבל בו נזירות. אבל יש לשונות הרבה או כינויין דלא הוי קבלה, ואפילו ב"ש מודים שאם קבל בלשון גרוע – דלא הוי נדר. והשתא נשאל לחכם אם הלשון שקבל עליו הוי לשון נזירות, או [לשון] קבלה, או לא. ואסרו חכמים לומר שלשון קבלה, והוא עבר תחלה על נזירתו, ששתה ביין – מונה משעה שנדר, וכל הימים שעבר בהם עולין לו לימי נזירותו, ולא קנסינן ליה לחזור ולמנות כימים שמנה בעוד שהיה עובר על נזירותו. וע"כ מיירי בשעבר, דאל"כ – פשיטא הוא דמונה משעה שנדר. ב] פשטיה דמתני' משמע, דקתני מונה [משעה] שנדר על הימים שעבר בהן עלו לימי נזירותו. ומשום סיפא דקתני "והתירו" תני רישא "ואסרו", אע"פ שהם לא אסרו כלום, אלא שאמרו לו שבלשון טוב קיבל עליו נזירות*.
נשאל

[עי' תוס' לקמן לג. ד"ה אמר רב פפא וכן כל הסוגיא הכא מפרשי תוספת לקמן] | נ"ל קבלה הוא והוא. יעב"ץ [לקמן ע"ב] | גי' א"מ סגי

[עי' תוספות לקמן לג. ד"ה מ"ט דב"ש]
[עי' תוס' שם ד"ה וב"ה]

נוסחת הריב"ן

הגהות הב"ח
(א) במשנה וב"ה אומרים אינו הקדש: ...

הגהות מהר"ב רנשבורג
א] תוס' ד"ה מי שנדר בנזיר ונשאל לחכם ואסרו מונה כצ"ל: ב] בא"ד ... דמונה ... משעה שנדר ... פשטי' כצ"ל:

פי' הרא"ש
מסוף הקדש תמורה קרי סוף הקדש לפי שקדושתה בא מכח אחרת מה תמורה אפי' בטעות כדאמרי' בתמורה פ' יש בקרבנות יהיה לרבות שוגג כמזיד ומפרש ר' יוחנן התם כסבור לומר שור שחור ואמר לבן כסבור לומר תמורת עולה ואמר תמורת שלמים וה"ה נמי כסבור לומר שור שחור יהיה (הקדש) [תמורה] ואמר לבן קדוש וכן במתניתין נמי אי אמר שור שחור שיצא מביתי ראשון [יהיה הקדש] ויצא לבן קדוש: ולב"ש מה אילו אמר ה"ז תמורת זו לחצי היום מי הוה תמורה מההיא שעתא. אם אמר ה"ז תמורה כשיגיע חצי היום מלתא דפשיטא דאינה תמורה עד שיגיע הזמן שקבע ואז על פי דבורו למפרע חלה עליה קדושה מחצות ואילך ה"נ (מי) [לכי] איגלאי מילתא למפרע שיתקיימו דבריו שאמר שור שחור שיצא מביתי ראשון תחול קדושה עליו וכ"ז שלא נתקיימו דבריו אין כאן קדושה כלל. ולא דמי לתמורת טעות דהתם אני מקיים דבריו מה שהוציא בפיו ואע"ג דאין פיו ולבו שוין גזרת הכתוב הוא דהויא תמורה אבל לשנות מה שהוציא בפיו כי האי לא אשכחן דקדוש בתמורה. אמר ר"פ לכך נאמר ראשון לכשיצא ראשון כלומר ודאי מתמורה לא מצי ב"ש למילף לשנות מה שהוציא בפיו אלא טעמא דב"ש משום דמתרצי לדבוריה הכי שור שחור שיצא מביתי ראשון לשחורים קדוש והול"ל אלא אמר ר"פ אלא משום דלא הוזכר אמורא בתירוץ ראשון (הוא) לא קאמר אלא: לא צריכא דאית ליה תרין ותלת: ה"ג וב"ה א"כ שיצא ראשון מבעי ליה אבל מדקאמר מביתי משמע אם שור שחור יצא מן הבית תחילה. הא שור שחור קאמר ומי לא עסקי' דלית ליה אלא האי וכיון שאין בביתו אלא שור שחור א' לא מצית לפ' למילתיה ראשון לשחורים: האי הקדש בכוונה הוא ואמאי קרו ליה הקדש בטעות משום דאטעייה לדיבוריה שדיבורו אינו משמע כל כך להדיא כמו שב"ש מפרשים אותו ולהכי קרו ליה הקדש בטעות כלו' הקדש שדומה קצת לטעות אנו מפרשים דבריו דלא הוי טעות וקדוש. מי שנדר בנזיר ונשאל לחכם והתירו. לב"ש דאית להו דאין שאלה בנזיר לעולם גבי הריני נזיר מן הגרוגרת וכן בפרקין דהיו מהלכין בדרך וא' בא כנגדן סברי ב"ש דאפי' בטעות הוי נזיר א"כ לא שייך ביה התרה לדידהו מיירי שנדר ואינו יודע אם הוא לשון נזיר והתירו החכם וא"ל שאין בלשון הזה לשון נזירות: היתה לו בהמה מופרשת תצא ותרעה בעדר דהפרשה בטעות הוא ומדקאמר להו ב"ה לב"ש אי אתם מודים בזה שהוא הקדש בטעות מכלל דטעמיה דב"ש דהקדש בטעות הוי הקדש וילפי' מתמורה ואמרי' ליה ב"ש לאו הקדש בטעות הוא אלא דאטעייה לדיבוריה ומה שהשיבו ב"ש במתני' אי אתם מודים שאם קרא לט' עשירי וכו'. השיבו להם לפי טעמם וכה"ג אשכחן ריש מסכת נדה. ולמאי דקאמר טעות וקא מקשי'

ג א מיי' פ"ד מהלכות נזירות הלכה יג:
ד ב מיי' שם פרק ט הלכה ח:
ה ג ד מיי' פ"ח מהל' בכורות הלכה א סמג עשין ריג:

וְאֶחָד בָּא כְּנֶגְדָּן, וְאָמַר אֶחָד "הֲרֵינִי נָזִיר שֶׁזֶּה פְּלוֹנִי", וְאֶחָד אָמַר "הֲרֵינִי נָזִיר שֶׁאֵין זֶה פְּלוֹנִי", "הֲרֵינִי נָזִיר שֶׁאֶחָד מִכֶּם נָזִיר", "שֶׁאֵין אֶחָד מִכֶּם נָזִיר", "שֶׁשְּׁנֵיכֶם נְזִירִים", "שֶׁכּוּלְּכֶם נְזִירִים", בש"א: כּוּלָּם נְזִירִים. וְהָא הָכָא, הֶקְדֵּשׁ בְּטָעוּת הוּא, וְקָתָנֵי: כּוּלָּם נְזִירִים! אָמְרִי: סָבְרִי ב"ש הֶקְדֵּשׁ בְּטָעוּת הָוֵי הֶקְדֵּשׁ, (א) הָכָא לָא. אַבָּיֵי אָמַר: לָא קס"ד דְּקָאֵים בְּצַפְרָא, אֶלָּא הָכָא בְּמַאי עָסְקִינַן – דְּקָאֵים בְּטִיהֲרָא, וַאֲמַר: שׁוֹר שָׁחוֹר שֶׁיָּצָא מִבֵּיתִי רִאשׁוֹן – לֶיהֱוֵי הֶקְדֵּשׁ. וַאֲמַרוּ לֵיהּ: לָבָן נָפַק. וַאֲמַר לְהוֹן: אִי הֲוָה יָדַעְנָא דְּלָבָן נָפַק – לָא אֲמַרִי שָׁחוֹר. וּמִי מָצֵית אָמְרַתְּ דְּקָאֵים בְּטִיהֲרָא עָסֵיק? וְהָקָתָנֵי: "דִּינָר שֶׁל זָהָב שֶׁיַּעֲלֶה"! תְּנֵי "שֶׁעָלָה". "חָבִית שֶׁל יַיִן שֶׁתַּעֲלֶה"! תְּנֵי "שֶׁעָלְתָה". אָמַר רַב חִסְדָּא: *אוּכָּמָא בְּחִיוָּרָא – לַקְיָא. (ב) חִיוָּרָא בָּאוּכָּמָא – לַקְיָא. תְּנַן: (ג) "שָׁחוֹר שֶׁיֵּצֵא מִבֵּיתִי רִאשׁוֹן הֶקְדֵּשׁ". קס"ד: כִּי מַקְדִּישׁ – *בְּעַיִן רָעָה מַקְדִּישׁ, וְאָמְרִי ב"ש: הָוֵי הֶקְדֵּשׁ! וְאֶלָּא מַאי – *בְּעַיִן יָפָה מַקְדִּישׁ? "דִּינָר שֶׁל זָהָב שֶׁיַּעֲלֶה בְּיָדִי רִאשׁוֹן" וְעָלָה כֶּסֶף, בש"א: הֶקְדֵּשׁ! וְאֶלָּא מַאי – בְּעַיִן רָעָה מַקְדִּישׁ? "חָבִית שֶׁל יַיִן שֶׁתַּעֲלֶה בְּיָדִי רִאשׁוֹן" וְעָלָה שֶׁל שֶׁמֶן, בש"א: הֶקְדֵּשׁ. וְהָא שֶׁמֶן עָדִיף מִיַּיִן! אִי מִשּׁוּם הָא לָא קַשְׁיָא, בְּגָלִילָא שָׁנוּ, דְּחַמְרָא עָדִיף מִמִּשְׁחָא. רֵישָׁא קַשְׁיָא לְרַב חִסְדָּא! אָמַר לָךְ רַב חִסְדָּא: כִּי אֲמַרִי – בְּתוֹרָא דְּקַרְמָנָאֵי. וְאָמַר רַב חִסְדָּא: אוּכָּמָא – לְמַשְׁכֵיהּ, סוּמָּקָא – לְבִשְׂרֵיהּ, חִיוָּרָא – לְרִדְיָא. וְהָאֲמַר רַב חִסְדָּא: אוּכָּמָא בְּחִיוָּרָא לַקְיָא! כִּי אֲמַרִי בְּתוֹרָא דְּקַרְמוֹנָאֵי.§ **מתני'** אמִי שֶׁנָּדַר בְּנָזִיר, וְנִשְׁאַל לְחָכָם וַאֲסָרוֹ – מוֹנֶה מִשָּׁעָה שֶׁנָּדַר. בנִשְׁאַל לְחָכָם וְהִתִּירוֹ, הָיְתָה לוֹ בְּהֵמָה מוּפְרֶשֶׁת – תֵּצֵא וְתִרְעֶה בָּעֵדֶר. אָמְרוּ ב"ה לב"ש: אִי אַתֶּם מוֹדִים בָּזֶה שֶׁהוּא הֶקְדֵּשׁ טָעוּת, שֶׁתֵּצֵא וְתִרְעֶה בָּעֵדֶר? *אָמַר לָהֶן ב"ש: אִי אַתֶּם מוֹדִים בְּמִי שֶׁטָּעָה, גוְקָרָא לַתְּשִׁיעִי "עֲשִׂירִי", וְלָעֲשִׂירִי "תְּשִׁיעִי", וּלְאַחַד עָשָׂר "עֲשִׂירִי" – שֶׁהוּא מְקוּדָּשׁ? אָמְרוּ לָהֶם ב"ה: לֹא הַשֵּׁבֶט קִידְּשׁוֹ. וּמָה אִילּוּ טָעָה וְהִנִּיחַ אֶת הַשֵּׁבֶט עַל שְׁמִינִי וְעַל שְׁנֵים עָשָׂר, דשֶׁמָּא עָשָׂה כְּלוּם? אֶלָּא כָּתוּב שֶׁקִּידֵּשׁ הָעֲשִׂירִי – הוּא קִידֵּשׁ הַתְּשִׁיעִי. וְאֶת

נשאל לחכם והתירו. כלומר, שאמר לו שאותה קבלה לאו כלום היא, שלא נדר בלשון טוב לקבל נזירות, ונמצא שלא חל עליו נזירות אפילו רגע אחד. היתה לו בהמה מופרשת, שהפריש לנזירותו קודם שנשאל לחכמים – תלא ותרעה בעדר עם בהמותיו שהן חולין גמורין. דכיון דנזירות לא חל עליה – אין כאן הקדש טעות כלל, ואפי' ב"ש מודו. דדוקא כשאמר "שור שחור שילא ראשון יהא הקדש" וילא לבן, התם הלבן הקדש למ"ד בגמרא – משום שאין חושש, ורולה שיחול הקדש גם על הלבן, ומה שהזכיר שחור – טעה, שהיה סבור שהשחור ילא ראשון. אבל הכא, שנזירות לא חל עליו מעיקרא כלל, והבהמה לא הופרשה אלא לצורך הנזירות, וכאן הנזירות ליתא – הקדש נמי ליתא, וגרע זה מהקדש טעות, ולכך אפי' ב"ש מודו דתלא ותרעה בעדר, כיון דנעקר הנדר לגמרי. א]כדאמר לקרבנות נזירותו נזיר נזירותו – לא אמר כלום, והוי כאדם שאינו מחוייב והיה סבור שהוא מחוייב חטאת, ואמר "בהמה זו לחטאת" כו' – לא אמר כלום, אפי' לב"ש.

אמרו להם [ב"ה] לב"ש אי אתם מודים בזה שהרי הקדש טעות הוא ותצא ותרעה בעדר. אלמא: דהקדש בטעות לא הוי הקדש. וכי היכי דאתם מודים הכא – אודו לן נמי בשור שחור דפלגיתו עלן, ואמריתו דהוי הקדש. וב"ש היו יכולין להשיב דהכא גרע מהקדש טעות, כדפרישית. ולא חשו להשיבם אמיתות החילוק, והשיבו לפי דבריהם שהם מדמים פלוגתייהו, והשיבו להם ממעשר בהמה דחל בטעות והוי הקדש. וק"ק: מאי שנא מאשה שהפר לה בעלה, דאמר לעיל פרק "מי שאמר" (דף כד.): אם שלה היתה בהמה – חטאת תמות, והכא יולאה בעדר? י"ל: דבעל מיגז גייז. ואי נמי דמעקר קא עקר – מ"מ הא אוקמה (לעיל דף כב.) כרבי אלעזר הקפר, אבל לרבנן נפקי לחולין. ואפילו לרבי אלעזר נראה דלא דמי, דהתם הנדר חל רגע א' (מיפר) [בלא] חרטה *וטעות, אבל הכא – לא חל הנדר אפילו שעה אחת, כדפרישית.
[נ"ל ופתח]

אמרו ב"ש לבית הלל אי אתם מודים במי שקרא לעשירי תשיעי ולתשיעי עשירי ולאחד עשר עשירי ששלשתן מקודשים. דחל בטעות, ומינה

וְאֶחָד בָּא כְּנֶגְדָּן. וּפָתַח אֶחָד מֵהַלָּלוּ הַשְּׁנַיִם, וְאָמַר: הֲרֵינִי נָזִיר שֶׁזֶּה פְּלוֹנִי. כְּלוֹמַר, הֲרֵינִי נָזִיר אִם זֶה פְּלוֹנִי, דְּוַדַּאי אֵינוֹ אִישׁ פְּלוֹנִי. וְאֶחָד אוֹמֵר: הֲרֵינִי נָזִיר אִם אֵין זֶה פְּלוֹנִי. וּבָא (אוֹתוֹ) אֶחָד וְאָמַר: הֲרֵינִי נָזִיר אִם אֶחָד מִכֶּם נָזִיר. וּבָא הָרְבִיעִי וְאָמַר: הֲרֵינִי נָזִיר אִם אֵין אֶחָד מִכֶּם נָזִיר, דְּוַדַּאי יֵשׁ בָּכֶם אֶחָד שֶׁהוּא נָזִיר. וּבָא חֲמִישִׁי לְאוֹתָן שְׁנַיִם הָרִאשׁוֹנִים, וְאָמַר: הֲרֵינִי נָזִיר אִם שְׁנֵיכֶם נְזִירִים, דְּוַדַּאי אֵינְכֶם נְזִירִים. וּבָא שִׁשִּׁי וְאָמַר לְכוּלָּן: הֲרֵינִי נָזִיר אִם כּוּלְּכֶם נְזִירִים. בש"א כּוּלָּם נְזִירִים. הוֹאִיל וְאֵין לָךְ אֶחָד מֵהֶן שֶׁלֹּא אָמַר "הֲרֵינִי נָזִיר". וְאע"פ שֶׁכּוּלָּן טוֹעִין, שֶׁהָיוּ סְבוּרִין א) שֶׁאֵינוֹ כְּמוֹ שֶׁהֵן אוֹמְרִים. וְקָאָמְרִי ב"ש דְּכוּלָּן נְזִירִין. וְהָא הָכָא דְּהֶקְדֵּשׁ בְּטָעוּת כו'. מֵהָכָא אִיכָּא לְמִשְׁמַע מִינָּהּ דְּבֵית שַׁמַּאי סָבְרֵי דְּהֶקְדֵּשׁ בְּטָעוּת הָוֵי הֶקְדֵּשׁ, אֲבָל מֵהַהִיא דְּשׁוֹר שָׁחוֹר – לֵיכָּא לְמִשְׁמַע מִינָּהּ, דְּהַהִיא מַיְירֵי בְּהֶקְדֵּשׁ בְּכַוָּונָה, וּכְדְפָרִישִׁית. אַבָּיֵי אָמַר. ב) וּמַאי דְּקַשְׁיָא לָךְ לְב"ש: מָה אִילּוּ אָמַר "הֲרֵי זֶה תְּמוּרָה זֶה לַחֲצִי הַיּוֹם" מִי הָוֵי תְּמוּרָה כו', הָכָא נַמִי, לְכִי מִיגַּלֵּי מִילְּתָא בְּפַלְגָּא דְּיוֹמָא דְּנָפֵיק שָׁחוֹר, לֶיהֱוֵי אִיהוּ קָדוֹשׁ וְלֹא לָבָן – לָא תִּקְשֶׁה לָךְ וְלָא מִידֵּי, דְּלָא ס"ד דְּקָאֵים בְּצַפְרָא, ג) וּכְדִמְפָרֵשׁ לָהּ רַב פַּפָּא לְעֵיל. אֶלָּא הָכָא בְּמַאי עָסְקִינַן ד) דְּקָאֵים בְּטִיהֲרָא. בַּצָּהֳרַיִם. וַאֲמַר: שׁוֹר שָׁחוֹר שֶׁיָּצָא מִבֵּיתִי רִאשׁוֹן הַיּוֹם לֶיהֱוֵי קָדוֹשׁ. וַאֲמַרִי לֵיהּ הַהוּא דְּנָפַק לָבָן הֲוָה וְלֹא שָׁחוֹר ה) אֲמַר לְהוּ אִי הֲוָה יָדַעְנָא דְּלָבָן נָפַק לָא אֲמַרִי שָׁחוֹר. אֶלָּא לָבָן, וְהָוֵי טוֹעֶה בְּהֶקְדֵּשׁ, וּמִשּׁוּם הָכִי הָוֵי הִקְדִּישׁוֹ הֶקְדֵּשׁ, וְהָוֵי לָבָן הֶקְדֵּשׁ. וּב"ה סָבְרֵי: אֵינוֹ הֶקְדֵּשׁ, דְּטָעוּת ו) אֵינוֹ הֶקְדֵּשׁ. וְאִם נֶפֶשׁ אָדָם לוֹמַר: לוֹקְמָא אַבָּיֵי כְּגוֹן דְּקָאֵים בְּצַפְרָא, וַאֲמַר "שׁוֹר שָׁחוֹר שֶׁיָּצָא רִאשׁוֹן יְהֵא הֶקְדֵּשׁ", וְיָצָא לָבָן, וּכְמַתְנִי', וְאִתְרְמֵי דְּלָבָן נָפַק, וַאֲמַר לְהוּ: אִי הֲוָה יָדַעְנָא דְּלָבָן עָתִיד לְמֵיפַק לָא אֲמַרִי ז) שָׁחוֹר אֶלָּא לָבָן – הָא לָא קַשְׁיָא, דְּעַל הֶעָתִיד לָבֹא אֵין אָדָם נוֹתֵן דַּעְתּוֹ ח) לְהַקְדִּישׁוֹ. תְּנֵי שֶׁעָלָה. וְאח"כ נִזְכַּר לַדָּבָר, שֶׁהָיָה שֶׁל כֶּסֶף אוֹ חָבִית שֶׁל שֶׁמֶן. אָמַר רַב חִסְדָּא אוּכָּמָא בְּחִיוָּרָא לַקְיָא. שׁוֹר שָׁחוֹר בֵּין הַלְּבָנִים כָּחוּשׁ הוּא, דְּשׁוֹר לָבָן עָדִיף טְפֵי. חִיוָּרָא בְּאוּכָּמָא לָקֵי. כְּלוֹמַר, וְאע"ג דְּשׁוֹר לָבָן מַעֲלֵי, אֲפִילּוּ הָכִי, כִּי אִיכָּא כְּתָמִים חִיוְּרִין בְּמִשְׁכָא דְּתוֹרָא אוּכָּמָא – לְקוּתָא הִיא. תְּנַן שׁוֹר שָׁחוֹר שֶׁיֵּצֵא מִבֵּיתִי רִאשׁוֹן. ה"ג: כִּי מַקְדִּישׁ בְּעַיִן רָעָה מַקְדִּישׁ, וְקָאָמְרִי ב"ש דְּלָבָן הָוֵי הֶקְדֵּשׁ ט) – ש"מ דְּלָבָן הָוֵה גָּרוּעַ טְפֵי. וְאִם אִיתָא לְרַב חִסְדָּא דְּלָבָן עָדִיף טְפֵי – אַמַּאי הָוֵי הֶקְדֵּשׁ? וְהָא מַאן דְּמַקְדִּישׁ בְּעַיִן רָעָה מַקְדִּישׁ, וְשׁוֹר שָׁחוֹר הוּא שֶׁהִקְדִּישׁ וְלֹא לָבָן! אֶלָּא ש"מ דְּלֵיתָא לִדְרַב חִסְדָּא. וְאֶלָּא מַאי. קַשְׁיָא לְרַב חִסְדָּא, דְּמַקְדִּישׁ בְּעַיִן יָפֶה מַקְדִּישׁ, וּמִשּׁוּם הָכִי קָאָמְרֵי בֵּית שַׁמַּאי דְּלָבָן (ד) י) עָדִיף טְפֵי הָוֵי הֶקְדֵּשׁ? וְאֶלָּא הָא דְּקָתָנֵי דִּינָר שֶׁל זָהָב וכו'. וְעָלָה שֶׁל כֶּסֶף, בֵּית שַׁמַּאי אוֹמְרִים: שֶׁל כֶּסֶף הֶקְדֵּשׁ. וְאַמַּאי? הָא מַאן דְּמַקְדִּישׁ בְּעַיִן יָפֶה מַקְדִּישׁ. וְאֶלָּא מַאי בְּעַיִן רָעָה מַקְדִּישׁ. אִי הָכִי חָבִית שֶׁל שֶׁמֶן אַמַּאי הָוֵי הֶקְדֵּשׁ לְבֵית שַׁמַּאי, הוֹאִיל דְּהוּא יָפֶה מֵחָבִית שֶׁל יַיִן? הָא לָא קַשְׁיָא דִּבְגָלִילָא שָׁנוּ דְּחַמְרָא עָדִיף טְפֵי מִמִּשְׁחָא. דִּלְדִידְהוּ נָפִישׁ מִשְׁחָא, כִּדְגָרְסִינַן בְּ"הַמּוֹכֵר אֶת הַסְּפִינָה" *) (ב"ב דף צא.), וְנִיחָא לְהוּ טְפֵי בְּחַמְרָא, וְאֵין שׁוֹתִין אֶלָּא יַיִן. וְאַמְּטוּ לְהָכִי קָאָמְרֵי בֵּית שַׁמַּאי דְּשֶׁל שֶׁמֶן גָּרוּעַ מִשֶּׁל יַיִן, מִשּׁוּם הָכִי הָוְיָא הֶקְדֵּשׁ. וּמִיתּוֹקְמָא לְכוּלְּהוּ מַתְנִי' דִּבְעַיִן רָעָה מַקְדִּישׁ, וְקַשְׁיָא רֵישָׁא לְרַב חִסְדָּא. כִּי קָאָמַר. חִיוָּרָא מַעֲלֵי טְפֵי – בְּתוֹרָא דְּקַרְמָנָאֵי, שֶׁל חֲרִישָׁה, חִיוָּרָא מַעֲלֵי טְפֵי. אֲבָל לְבִישְׂרָא – אוּכָּמָא עָדִיף טְפֵי מֵחִיוָּרָא. וּמִשּׁוּם הָכִי אָמְרֵי ב"ש גַּבֵּי הֶקְדֵּשׁ דְּלָבָן הָוֵי הֶקְדֵּשׁ, דִּגְרִיעַ טְפֵי. אוּכָּמָא לְמַשְׁכָא. מַעֲלֵי טְפֵי, וְסוּמָּקָא לְבִישְׂרָא מַעֲלֵי, וְחִיוָּרָא מַעֲלֵי לְרַדְיָא = לַחֲרִישָׁה. וְהָאָמַר רַב חִסְדָּא אוּכָּמָא בְּחִיוָּרָא לַקְיָא. דְּמַשְׁמַע בֵּין לְמַשְׁכָא בֵּין לְרַדְיָא הָוֵי אוּכָּמָא גָּרוּעַ. כִּי קָאָמַר. רַב חִסְדָּא דְּאוּכָּמָא לַקְיָא – לְרַדְיָא, אֲבָל לְמַשְׁכֵיהּ – הָוֵי עָדִיף. **מתני'** מִי שֶׁנָּדַר בְּנָזִיר. (ה) וְנִזְכַּר שֶׁטָּעָה בִּנְזִירוּתוֹ, וְהִתְחִיל לְהִתְחָרֵט בּוֹ. וְהָלַךְ וְעָבַר עַל נְזִירוּתוֹ, וְשָׁתָה יַיִן וְנִטְמָא לְמֵתִים, וְאח"כ הָלַךְ וְנִשְׁאַל לַחֲכָמִים לְהַתִּיר נְזִירוּתוֹ. וַאֲסָרוּ. שֶׁהִכִּירוּ שֶׁנֶּדֶר גָּמוּר הוּא. מוֹנֶה נְזִירוּתוֹ מִשָּׁעָה שֶׁנָּדַר. כְּלוֹמַר, (ו) אוֹתָן [יָמִים] שֶׁזִּילְזֵל בִּנְזִירוּתוֹ עוֹלֶה לְמִנְיַן שְׁלֹשִׁים עִם אוֹתָן שֶׁנִּשְׁתַּיְּירוּ לוֹ מִשֶּׁאֲסָרוּ. וְאֵין צָרִיךְ לִמְנוֹת אִיסּוּר בְּמִנְיַן הַיָּמִים שֶׁזִּילְזֵל בִּנְזִירוּתוֹ, אֶלָּא עוֹלִין לוֹ לְהַשְׁלָמַת הַנְּזִירוּת כ). מִי שֶׁנָּזַר. וְשָׁמַר עַצְמוֹ בְּכָל דִּקְדּוּקֵי נְזִירוּת, וְאח"כ נִשְׁאַל לַחֲכָמִים וְהִתִּירוּ לוֹ, מִפְּנֵי שֶׁטָּעָה ל) בַּנְּזִירוּת. אִם הָיְתָה לוֹ בְּהֵמָה מוּפְרֶשֶׁת – תֵּלֵא וְתִרְעֶה בָּעֵדֶר כו'. **אָמְרוּ** לָהֶם בֵּית שַׁמַּאי מ) **אִי אַתֶּם מוֹדִים בְּמִי שֶׁטָּעָה וְקָרָא לַתְּשִׁיעִי עֲשִׂירִי כו'** **אָמְרוּ** לָהֶם בֵּית הִלֵּל לֹא הַשֵּׁבֶט קִידְּשׁוֹ. כְּלוֹמַר, לֹא לְכָךְ מְקוּדָּשׁ תְּשִׁיעִי וְאַחַד

*) [ע"ש ועי' תוס' שבת מז. ד"ה בגלילא]

פי' הרא"ש

מקשי' לי קופה לזו יש לה שוליים ולזו אין לה שוליים. ת"ש היו מהלכין בדרך ו' בני אדם וא' בא כנגדן אמר א' מן הו' הריני נזיר שזה איש פלוני. כלומר אם זה ההולך כנגדנו ראובן הריני נזיר והב' אמר אם אין זה ראובן הריני נזיר והג' אמר לב' הראשוני' הריני נזיר אם א' מכם נזיר. והד' אמר לב' הראשונים הריני נזיר אם אין א' מכם נזיר. והה' אמר לב' הראשונים הריני נזיר אם שניכם נזירים. והו' אמר לכל הה' הריני נזיר אם כולכם נזירים ב"ש אומרים כולם נזירים. כל הו' שהתפיסו כולם נזירים ואע"ג דנזיר טעות הוא ששנים הראשונים מכחישים זה את זה. שאם הא' נזיר אין הב' נזיר ודברי ה' וו' ודאי ליתנהו אפ"ה קאמר דכולם נזירים. וה"ה הקדש בטעות שור שחור שיצא מביתי ראשון ויצא לבן אע"ג דלא נתקיימו דבריו הוי קדוש. אמרי הכא בדברי ב"ש הקדש בטעות הוי הקדש התם לא. מההיא דנזירים ודאי איכא למשמע דסברי הכי דהתם ודאי נזיר בטעות הוא וקאמר דכולהו נזירים משום דכולהו לנזיר איכוון ואפשר דכל אחד היה טועה והיה סבור דאפשר להיות כדבריו והוציא בפיו קבלת נזיר ואזלינן בתר פיו ואע"ג דטועה הוא מידי דהוה אתמורה כסבור לומר שור שחור ואמר לבן אבל מתניתין ליכא לפרושי משום הקדש בטעות דלא דמי לתמורה כדמפרש לעיל אלא משום דמתרצי ב"ש למילתיה דראשון לשחורים אמר כדמתרץ רב פפא: הב"ע דקאי בטיהרא. בצהרים אחר שיצאו כבר כל השוורים. אמר שור שחור שיצא כבר מביתי ראשון יהא קודש. ואמרו ליה לבן נפק. ואמר אילו הייתי יודע שיצא לבן ראשון הייתי אומר לבן ואיכא למימר דדעתו היה על איזה מהן שור שיצא ראשון ומה שאמר שחור לפי שהיה מכיר בהשמעת קול של יציאת רגלי בהמותיו וטעה והיה סבור לפי הקול ששחור יצא ראשון ולכך אמר שחור והקדש בטעות הקדש דילפי' מתמורה אבל לא מצי למו' דקאי בצפרא ואמר שור שחור שעתיד לצאת ראשון ויצא לבן ואמרי ליה לבן נפק. ואמר אילו ידענא דלבן נפק הוה אמינא לבן דבהא הוו מודו ב"ש דלא הוי הקדש דודאי שקורי קא משקר דאי הוה בדעתיה להקדיש איזה מהן שיצא ראשון א"כ למה הזכיר שחור לימא בסתם שור שיצא מבית ראשון. וכי במה יש לו לידע ששחור יצא ראשון. והא קתני שיצא אימא שיצא כבר א). נ"ל שאין חלוק במסורת בין קראה להבא בין לשעבר אלא מסתמא שיצא להבא קרי' דומיא דדינר וחבית וכן ההיא דנזירים הא דקאמר ב"ש דכולם נזירים כגון דקאמר אותו שלא נמצא כדבריו אילו הוה ידענא דלאו הכי הוא לא הוה אמינא הכי אלא הכי: אימא שעלה. לאחר שנמצא של כסף אמר אילו הוה ידענא הוה אמינא של כסף ה"ג אמר רב חסדא אוכמא בחיוורא לקיא. מגרע אותם ונמכרים בפחות מפני גרועו של שחור שהוא גרוע מן הלבן. חיוורא באוכמא לקותא. כתם לבן שנמצא בשור שחור בידוע שכנגד אותו כתם היה נגע בבהמה ובריש מי שאחזו מייתי לה עליה דרב ששת דאמר לריש גלותא טעמי טעמא דחיוורא בדקו בדוכתא ומצאו בעור הבהמה כתם לבן וידעו שצרעת היתה במקום הכתם כדאמר רב חסדא חיוורא באוכמתא לקותא: קס"ד מקדיש בעין רעה מקדיש ואמרי ב"ש הוי הקדש הלבן שיצא ואי הוי שחור גרוע מלבן אית ליה למי' דדוקא שור שחור היה בדעתו להקדיש ולא לבן ולית כאן הקדש בטעות דודאי אין דעתו כלל ללבן: אלא מאי בעין יפה מקדיש. כלומר דבעי' למי' דלעולם שחור גרוע טפי והאי דלבן קדוש משום דמקדיש בעין יפה מקדיש. א"כ מציעתא דאמר דינר זהב ועלה בידו של כסף אמאי הוה קדוש היה לן למי' דוקא לדינר זהב איכוון ולא לשל כסף. אלא מאי בעין רעה מקדיש הפך אנו צריכים לאמר מכח מציעתא ומעתה קשיא לרב הונא מרישא. א"כ גבי חבית של יין אמאי אמרי ב"ש דשמן קדוש הא שמן עדיף מיין. ומשני דלעולם בעין רעה משום מציעתא וסיפא בגלילא שנו. ומעתה קשיא מרישא לרב חסדא. בתורא דקרמונאי שוורים של אותה מדינה. אוכמא למשכיה. עורו הוא משובח. סומקא לבשרא בשרו מוטעם וטוב. חיוורא לרידיא הוא טוב לחרישה והא אמר רב חסדא אוכמא בחיוורא לקותא וכיון

א) לפנינו ליתא גי' זו בגמ':

גיטין סח.
[ב"ב עב.]
[שם]
[נ"ל אמרו להם ב"ש]

נוסחת הריב"ן

א) שאינן: ב) מאי: ג) וכדמתרגם: ד) כגון דקאים כו' מביתי היום לאשון ליהוי: ה) ואמר: ו) דטעות בהקדש אינו: ז) שור שחור: ח) להקדיש: ט) ומדאמרי ב"ש דלבן הוי הקדש ש"מ דלבן גרוע הוא ואם איתא כו': י) דעדיף: כ) בכ"י כתוב כאן בזה"ל כדין וכדין שעו אלא אומרים לו מי שנזר כו' (והלוי הוא טעות המעתיק): ל) בנזירותו: מ) ולמה אין אתם מודים בטעות הקדש שיהיה הקדש אין אתם מודים במי שטעה כו':

הגהות הב"ח

(א) גמ' בטעות הוי הקדש מהכא מהסיפא לא אביי אמר לא קס"ד: (ב) שם בחיורא לקיא (חיורא באוכמא לקיא) נ"ב בגיטין דף סח ע"א כתבו התוספות דלא גרסינן כאן בבא זו: (ג) שם תנן שור שחור שיצא מביתי ראשון הקדש כי מקדיש כו' ותיבת קס"ד נמחק: (ד) רש"י ד"ה ולאו וכו' דלבן דעדיף טפי הוי הקדש הלא כנ"ל והד"א: (ה) ד"ה מי שנדר בנזיר וכו' ונזכר שטעה: (ו) ד"ה מונה וכו' כלומר אותו יום שזלזלו וכו' ואין צריך לנהוג איסור כמנין היומים:

הגהות מהר"ב רנשבורג

א] תוס' ד"ה נשאל לחכם וכו' כיון דנעקר הנדר לגמרי כיון דאמר לקרבנות נזירותו ואינו נזיר לא אמר כלום כל"ל:

גמ' מני מתני'? לא ר' יוסי ולא רבנן. *דתניא: מי שנדר ועבר על נזירותו – אאין נזקקין לו אלא א"כ (א) מונה בהן איסור כימים שנהג בהם היתר. ר' יוסי אומר: דיו שלשים יום. אי רבנן – קשיא נזירות מועטת, אי ר' יוסי – קשיא נזירות מרובה! איבעית תימא ר' יוסי, ואיבעית תימא רבנן. איבעית תימא ר' יוסי: כאן – בנזירות מרובה, כאן – בנזירות מועטת. ואיבעית תימא רבנן: לא תימא משעה שנזר, אלא אימא בכמשעה שנזר. "נשאל לחכמים והתירוהו" וכו'. א"ר ירמיה: מדב"ש נשמע לדבית הלל; לאו אמרי ב"ש הקדש בטעות הוי הקדש, כיון דאיגלאי מילתא דלאו שפיר נזר – תצא ותרעה בעדר. לב"ה נמי, אע"ג דאמרי תמורה בטעות הויא תמורה – ה"מ היכא דאיתיה לעיקר הקדש, אבל היכא דמיתעקר עיקר הקדש – איתעקר נמי תמורה. אמר מר: אי אתם מודים שאילו קרא לתשיעי עשירי כו'. איתמר: מעשר, רב נחמן אמר: טעותו ולא כוונתו, רב חסדא ורבה בר רב הונא אמרי: גטעותו, וכ"ש כוונתו. אמר ליה רבא לרב נחמן: לדידך, דאמרת טעותו ולא כוונתו, דקאמרי בית שמאי לבית הלל: אי אתם מודים שאילו קרא לתשיעי עשירי ולעשירי תשיעי ולאחד עשר עשירי ששלשתן מקודשין, ואישתיקו בית הלל. לימרו להון: מה למעשר – שכן אינו קדוש בכוונה! אמר רב שימי בר אשי: היינו טעמא דלא אמרי להון, דקל וחומר הוא: מה מעשר שאינו קדוש בכוונה – קדוש בטעות, הקדש שקדוש בכוונה – לא כל שכן?! ולא היא, דהקדש בדעתא דמריה תלי.

מתני' דמי שנדר בנזיר, והלך להביא את בהמתו ומצאה שנגנבה. אם עד שלא נגנבה בהמתו נזר – הרי זה נזיר, ואם

[רש"י]

ואחד עשר, שיהא מתקדש בשבט שעבר עליהן בטעות וקורא לו "עשירי". ותדע שאינו מתקדש בשביל השבט; מה אילו טעה והניח השבט על השמיני ועל שנים עשר וקראו בסיקרא – מי יש בהקדשו כלום? אלא מה טעם מקודשין תשיעי ואחד עשר – שאותו כתוב שקידש את העשירי קידש את התשיעי ואחד עשר, אבל לא שמיני ושנים עשר. דהכי אמרינן בפ' בתרא דמס' בכורות (דף ס:): ת"ר, מנין שאם קרא לתשיעי "עשירי" ולעשירי "תשיעי" ולאחד עשר "עשירי" ששלשתן מקודשים – ת"ל "וכל מעשר בקר וצאן וגו' העשירי יהיה קודש", (ב) עשירי – לרבות את כולן. יכול שאני מרבה אף ח' ושנים עשר – אמרת: מה (ג) עשרה – בסמוך לו, אף כל – בסמוך לו, יצאו ח' וי"ב.

גמ' אא"כ נוהג בהן איסור כימים שנהג בהן היתר. שאם קיבל א) נזירותו סתם, ועשה מהן בטהרה עשרה ימים ונטמא למתים, ושתה יין עשרה ימים אחרים, ואח"כ נשאל לחכם – אין אומרים שאותן ימי איסור עולין לו מן המנין, אלא עושה עוד כ' ימים בטהרה. וכן נמי בנזירות מרובה. רבי יוסי אומר דיו שלשים יום. א] מני מתניתין אי רבנן קשיא נזירות מועטת. דאילו במתני' תנן שימי איסור עולין ב) לו מן המנין, והכא תנינא דלא. והאי דקאמר נזירות מועטת – לאו דוקא, דה"ה נמי לנזירות מרובה, אלא איידי דלא מצי למיפרך מדרבי יוסי אלא מנזירות מרובה, נקיט נמי לגבי רבנן נזירות מועטת. אי רבי יוסי קשיא נזירות מרובה. דאילו במתני' תנן דאפי' קיבל עליו נזירות מרובה של מאה יום, ועשה מהן *(עשרה) בטהרה (ועשרה) באיסור, ואח"כ נשאל – צריך להשלים לה עד מאה, ואילו ר' יוסי אומר הכא דדיו ל' יום. איבעית תימא רבי יוסי. מתניתין בנזירות מרובה, וברייתא בנזירות מועטת. והכי קא"ל ר' יוסי לת"ק: את אמרת (ד) דמונה בהן איסור כימים שנהג בהן היתר, וימי איסור אין עולין לו מן המנין – אומר אני דיו שלשים יום, דימי איסור עולין לו מן המנין, ואינו צריך למנות אלא מששעה שנזר, דאית ליה כתנא דמתני'. ואיבעית תימא כרבנן. ותתרגם מתניתין כעין ברייתא, ואימא הכי: מאי "מששעה שנזר" דקתני – כמששעה שנזר יעשה בטהרה, דימי איסור אין עולין לו מן המנין. ג) [לישנא אחרינא], ב] והכי תניא בתוספתא: ר' יוסי אומר: בד"א דינהוג איסור כימים שנהג בהן היתר – בנזירות מועטת מיירי. אבל בנזירות מרובה, אם נזר מאה יום וקלקל כ' יום – דיו שינהוג איסור שלשים. וקיי"ל דכל "במה דברים אמורים" אינו אלא לפרש; כלומר, דת"ק נמי, דהיינו רבנן, בנזירות מועטת קמיירי דינהוג איסור. ומשום הכי קשיא להו נזירות מועטת ג] דמתני' מיירי בין בנזירות מרובה בין בנזירות מועטת, וקתני מששעה שנזר, ד] ואי רבי יוסי כו' (ה) כדמפרש. א"ר ירמיה מדבית שמאי נשמע לבית הלל. דהכי היכי דאמרי בית שמאי דהקדש בטעות הוי הקדש – ה"נ אמרי בית הלל דתמורה בטעות (ו) ד) דהויא תמורה. דאף על גב דאמרי בית שמאי דהקדש בטעות הוי הקדש, קאמרי נמי דהיכא דאיגלאי מילתא דלאו שפיר נדר, ונשאל על נזירותו והותר – ההיא בהמה שהפריש על אותו נזירות תצא ותרעה בעדר, הואיל דמיתעקר עיקר נזירות. ה) הני מילי. דסבר לומר "תמורת עולה" ואמר "תמורת שלמים". אבל אם הפריש בהמה לנורך תמורת עולה, וחזר ואמר "הרי זו תמורת שלמים", כיון דהפרישה ושוב טעה – אגלאי מילתא דלאו שפיר המיר, ולא הויא תמורה ו). אמר מר אי אתם מודים כו'. מתני' היא. ה] אבל לשון ירושלמי כך הוא. טעותו ולא כוונתו. כשטעה וקרא לתשיעי "עשירי" ולעשירי "תשיעי" – (ז) הוי הקדש. אבל אם נתכוין לכך – ז) לא הוי הקדש. ח) ו] (אבל מעשר דכתושבנא תליא מילתא, בין בכוונה – הוי קדוש). ואישתיקו בית הלל. דלא מהדרי להו מגופיה דמילתא, דלימרו להו: מה למעשר לכך הקדישו (ח) ט) בטעות דהוי הקדש. שכן אינו קדוש בכוונה. שאם נתכוין על שלשתן להחליף ולקרותן בכך – אינו הקדש, תאמר בהקדש שיהא י) טעות? הקדש, שכן עיקר מעשה שלו אינו אלא בכוונה, הואיל וכל מעשה שלו אינו אלא בכוונה – לכך אין טעותו הקדש. אלא מדלא קמהדרי להו הכי – ש"מ דאית להו לב"ה דטעותו וכ"ש כוונתו, וקשיא לרב נחמן. אמר רב שימי. לעולם טעותו ולא כוונתו, והאי דלא אמרו להון הכי – דא"כ יפה כח לב"ש, דקאמרי להו: מה מעשר שאינו קדוש בכוונה – קדוש בטעות, הקדש כו' לא כ"ש? ולא היא. דהאי ק"ו לא מצי למיהדר להו ב"ש (ט). דהקדש בדעתיה דמריה תלי. שאינו קדוש אלא בכוונה, לדעת בעלים, ולא בטעות בעלים. אבל ז] מעשר – בחושבנא תלי, קדוש אפי' בטעות. ולעולם אימא לך: מדלא מהדרי להו ב"ה לב"ש "מה למעשר שכן אינו בכוונה" – דאית להו לב"ה דטעותו וכ"ש כוונתו, כ) וקשיא לרב נחמן. **מתני'** והלך להביא את בהמתו. שהפריש לנזירותו, ומצאה שנגנבה. אם עד שלא נגנבה בהמה נזר. אע"פ שעכשיו נגנבה, ל) ובא לפני חכם לפתוח לו, ולומר: אילו היית יודע שתגנב בהמתך, מי היית נוזר? ואמר: לאו – ה"ז נזיר, שאין פותחין לאדם בנולד. ואם

נדרים כ. ע"ש וצע"ק

[תוספות]

ומינה נילף דהקדש בטעות אל. והא דשלשתן מקודשין – היינו טעמא, כדדרשי' בפ' בתרא דבכורות (דף ס:) מ"וכל מעשר בקר וצאן" – כל שהוא עשירי, או שקרא שם עשירי. אבל שמיני או י"ב – לא, דאין המעשר מקדש אלא הסמוך לו. ומיהו, אין זה טעם העיקר של ב"ש, שהרי דחויה ראיה זו. אלא טעמא דב"ש כדמפרש בגמרא, דיש לומר דילפינן מתמורה. **אמרו** להן לא השבט קדשו. כלומר, אין מתקדשות על ידי טעות [שהניח] השבט וקורא עליה שם מעשר. דמה אם הניח השבט על השמיני או על השנים עשר – לא עשה כלום. אלא, דמשום טעות לא כלום, אלא גזירת הכתוב היא, ולא משום טעות. דהא אינו מקדש אלא הסמוך לו, וגזירת הכתוב היא, ואין ללמוד משם לשאר הקדש. **מי** שנדר בנזיר והלך להביא בהמתו. פירוש: לקרבנותיו, ומלא שנגנבה בהמתו, ובא לחכם לשאול על נזירותו על ידי חרטה זו, שאמר: אילו הייתי יודע שבהמה עתידה ליגנב – לא הייתי נודר, שאין לי במה לקנות קרבנות אחרים. אם עד שלא נגנבה הבהמה נדר בנזיר, אע"פ שלסוף נגנבה – לא יתירנו החכם ע"י חרטה זו, לומר לו: אילו היית יודע שסוף בהמתך ליגנב מי היית נודר? שזהו נולד, שנגנבה אחר קבלת הנדר. ותנן בנדרים (דף סד.): ח] [או] שהיה [משיא כו'], וכן ההוא דחורבן בהמ"ק בסמוך דהוי נולד. ואם תאמר: והא מדחשבינן בכל דוכתי פתח כי אמר ליה אדעת מה שנדר, ואמאי? והא נולד הוא, שהרי לא היה בשעת נדר אותו פתח, כמו גבי נגנבה! ויש לומר: בעניינים שרגילין לבא אח"כ – שפיר מסיק ליה אדעתיה בשעת הנדר, וכי נדר – דעתו היה שאם יבא עליו אחד מאלו הדברים שיתבטל נדרו, וכדאמרינן בנדרים (דף כג.): רגילין אפיקורסים לצער רבנן. אבל בנגנבה, וכן חורבן – נולד דלא שכיח, ולא איבעי לאסוקי אדעתיה בשעת נדרו פן יחרב הבית, ולכך גמר ונדר בלבו בכל ענין שיהיה נזיר, ואפילו תגנב בהמתו, לפי שסבור בלבו שלא תגנב, ולכך אין פותחין לו בנולד זה. ואם

פי' הרא"ש

וכיון דעור השחור חשוב יותר אין גריעות דחרישה מגרעו כ"כ שיהיה חשוב (בשבט) [בשחרות] זו לקותה: מני מתני' דקתני מונה משעה שנדר ולא קנסינן ליה. אין נזקקין לו להתיר נדרו או להביא קרבנותיו אא"כ מונה איסור כימים שנהג בהם היתר: ר' יוסי אומר דיו ל' יום. כגון אם נזר ק' יום ושתה ס' יום יין דיו אם קונסין אותו שימנה מן הס' [שלשים יום] וישלים עליהם מ' יום ויביא קרבנותיו: ה"ג אי רבנן קשיא נזיר מרובה פי' אף נזיר מרובה דבין מרובה בין מועטת קאמרי דסותר הכל ואי ר' יוסי קשיא נזיר מועטת נהי דבנזיר מרובה איכא למימר דמתני' לא פליגא אר' יוסי דהא דקתני מונה משעה שנדר הכי קאמר מונה מקצת ממה שנדר ואינו סותר הכל אבל בנזיר מועטת איירי מתני' קשיא לר' יוסי: איבעי' אימא ר' יוסי כאן בנזיר מרובה מתני' א) וסותר מקצת מה שנדר כאן בנזיר מועטת קאמר [ר'] יוסי דסותר הכל: כמשעה שנדר דסותר הכל ומונה ימים אחרים כאותו שעה עליהם: (דקאמר) [לאו אמרי] בית שמאי הקדש בטעות הוי הקדש כדמסיק אביי לעיל דקאי בטיהרא [וכו'] (איכא) [כיון] דאיגלאי מלתא דטעות הוה מעיקרא ע"י התרת חכם או שאומר לו החכם דלאו נדר הואי תצא ותרעה בעדר ה"ה לב"ה בתמור' אם המיר בהמה בבהמה ואח"כ נשאל על הראשונ' פקעה [ממנה] קדושת תמורה: טעותו ולא כונתו אם היה יודע שהיה תשיעי וקראו עשירי לא קדש. ואישתיקו להו ב"ה לאו דוקא אלא שלא ידעו להשיב מיניה וביה אלא הביאו ראיה מח' וי"ב. מה למעשר שאינו קדוש בכוונה כשאר הקדשות. הלכך על כרחך גזרת הכתוב הוא וחדוש הוא ולא ילפי' מיניה. היינו טעמא דלא אמר וכו' לפי שאם היו ב"ה אומרים תשובה זה לא היו מקבלים אותה כי אם היו אומרים אדרבה ק"ו והוא: ולא היא [הקדש] ברעתיה דמריה תליא סומא דמילתא דרב שימי היא. כלו' ודאי אין זה ק"ו דבכל דוכתא הקדש ברעתיה דמאריה תלי כדכתיב כי יקדיש איש את ביתו דמשמע מדעתו ובמעשר דוקא גזירת הכתוב כמו שהראו ב"ה פנים לדבריהם מח' וי"ב: מי שנדר בנזיר ובשעה שנדר היו לו בהמות ואדעתא דהכי נדר שיקריב קרבנותיו מאותן בהמות והלך להביא בהמתו ונגנבה ומחמת זו מתחרט על

א) נראה דצ"ל מתני' בנזיר מרובה איירי ולפיכך אינו סותר רק מקצת וכו'.

עין משפט נר מצוה

ו א ב מיי' פ"ד מהל' נזירות הל' ד טו טוש"ע י"ד סי' רח סעיף ב:

ז ג מיי' פ"ח מהלכות בכורות הלכה א סמג עשין ריב:

ח ד מיי' פ"ב מהלכות נזירות הלכה ב:

נוסחת הריב"ן

א) נזירות: ב) (לו מן המנין) ליתא בכ"י: ג) בכ"י כתוב כאן בזה"ל גליון ל"א: ד) הויא: ה) בכ"י כתוב כאן בזה"ל גליון ע"א ה"מ כו': ו) בכ"י כתוב בכאן בזה"ל ע"א כמו שכתוב בספר לב"ה נמי הני מילי כו' אבל היכא דמיעקר עיקר הקדש כגון הכא דהיתה לו בהמה מופרשת מתעקר נמי תמורה דאתיא מכח הקדש טעות ולא הוי תמורה ה"ג לב"ה נמי אע"ג דאמרי תמורה בטעות הוי תמורה הני מילי היכא דאיתיה לעיקר הקדש אבל היכא דמתעקר עיקר הקדש מתעקרא נמי תמורה כלומר לב"ה נמי ה"ה לדברי הכל דכ"ע תמורה בטעות הויא תמורה הני מילי דהויא תמורה היכא דאיתא מקודשת להיא בהמה דקא אתיא תמורה מכחה אבל היכא דמתעקר עיקר הקדש שנתנדב בעולה והמיר בה בטעות שהיה לו לומר זו תמורת עולה ואמר תמורת שלמים ואח"כ נשאל על העולה והותרה לו ההיא תמורה דהמיר בה לאו תמורה הויא ותצא ותרעה בעדר: ז) אינו הקדש: ח) (אבל כו' הוי קודש) ליתא בכ"י: ט) הוי הקדש: י) טעותו: כ) מ"מ דמעשר בחושבנא תליא מלתא הלכך בין בטעות בין בכוונה קדוש וקשיא לר"נ: ל) נגנבה שיש לו לפתוח ולומר לו איל וכו':

הגהות הב"ח

(א) גמ' אלא א"כ נוהג בהן איסור: (ב) רש"י ד"ה (בכף הקודם) אמרו וכו' העשירי יהי' קודש לרבות כצ"ל ותיבת עשירי נמחק: (ג) בא"ד אמרת מה עשירי בסמוך: (ד) ד"ה איבעית תימא ר' יוסי כו' את אמרת דנוהג בהן: (ה) ד"ה ואי ר' יוסי כו' כדפי' הס"ד: (ו) ד"ה א"ר ירמיה וכו' דתמורה בטעות הויא תמורה ואע"ג דאמרי וכו' דמיתעקר עיקר נזירות לב"ה נמי אע"ג דאמרי תמורה בטעות הויא תמורה ה"מ דסבור לומר והד"א: (ז) ד"ה טעותו ולא כוונתו וכו' ולעשירי תשיעי הוא דהוי הקדש אבל אם נתכוין לכך לא הוי הקדש טעותו וכ"ש כוונתו דלא דמי להקדש דבדעתא דמריה תלי כדלקמן אבל מעשר דבחושבנא: (ח) ד"ה ואישתיקו וכו' בטעות הוא דהוי הקדש שכן וכו' והואיל וכל כצ"ל והד"א: (ט) ד"ה ולא היא וכו' ב"ש לב"ה דהקדש:

הגהות מהר"ב רנשבורג

א] רש"י ד"ה מני מתני' אי רבנן וכו' אלא מנזירות מרובה נקיט. נ"ב עי' א"מ: ב] ד"ה ל"א והכי תניא בתוספתא. נ"ב וכן הוא בנדרים דף כ ע"א. א"מ: ג] בא"ד ומש"ה קשיא להו נזירות מועטת דס"ד כצ"ל: ד] בא"ד ואי ר"י וכו' כדמפרש נ"ב עי' א"מ: ה] ד"ה אמר מר וכו' אבל לשון ירושלמי כך הוא. נ"ב עי' א"מ: ו] ד"ה טעותו וכו' אבל מעשר בין בטעות בין בכוונה הוי קודש. נ"ב עי' א"מ: ז] ד"ה להקדש וכו' אבל מעשר בחושבנא תלי קדוש אפי'. נ"ב תי' אפילו נמחק: ח] תוס' ד"ה מי שנדר וכו' ותנן בנדרים או שהיה משיא וכו'. נמחק. וצ"ב אין פותחים במה שהיה בשעה שהתיר ר"ל אלא במה שהיה בשעה שנדר. א"מ:

ט א מיי' פ"י מהלכות שבועות הל' יב ופ"ד מהל' נדרים הל"ה סמג לאוין רמב טוש"ע י"ד סימן רכח סעיף יב:
י ב (מיי' פ"ד מהלכות שבועות הל' יב) טוש"ע שם סעיף יג:
יא ג ד מיי' פ"ב מהל' נזירות הלכה ח:

ואם משנגנבה בהמתו נזר — אינו נזיר. וזו טעות טעה נחום המדי, כשעלו נזירים מן הגולה ומצאו בהמ"ק חרב, אמר להם נחום המדי: אילו הייתם יודעין שבהמ"ק חרב הייתם נוזרים? אמרו לו: לא. והתירן נחום המדי. וכשבא הדבר אצל חכמים אמרו: (א) כל שנזר עד שלא חרב בהמ"ק — נזיר, ומשחרב בהמ"ק — אינו נזיר.§ **גמ'** אמר רבה: שטפוהו רבנן לר' אליעזר ואוקמיה בשיטתייהו. דתנן: *פותחין בנולד, דברי ר"א*, וחכמים [א]אוסרין. ואמר רבא: אע"ג דאמור רבנן אין פותחין בנולד, [ב]אבל פותחין בתנאי נולד. ה"ד? אמרי להון: אילו אתא איניש ואמר לכון דחרב בהמ"ק, מי הוה נדריתון? אמר רב יוסף: אי הואי התם הוה אמינא להון: הכתיב "היכל ה' היכל ה' היכל ה' המה" (ירמיהו ז) — זה מקדש ראשון ומקדש שני! נהי דידעין להון דיחרוב, מי יודעין לאימתי? אמר אביי: ולא ידעין לאימת? והכתיב "שבועים שבעים נחתך על עמך ועל עיר קדשך" (דניאל ט). ואכתי, מי ידעינן בהי יומא?§ **מתני'** *היו מהלכין בדרך, ואחד בא כנגדן. אמר אחד מהן "הריני נזיר שזה פלוני", ואחד אמר "הריני נזיר שאין זה פלוני", "הריני נזיר שאחד מכם נזיר", "שאין אחד מכם נזיר", "ששניכם נזירים", "שכולכם נזירים", בית שמאי אומרים: כולן נזירין, וב"ה אומרים: [ג]אינו נזיר אלא מי שלא נתקיימו דבריו, ור"ט אומר: אין אחד מהם נזיר. [ד]הרתיע לאחוריו — אינו נזיר. ר"ש אומר: [ה]יאמר "אם היה כדברי — הריני נזיר חובה, ואם לאו — הריני נזיר נדבה".§ **גמ'** מי שלא נתקיימו דבריו אמאי הוי נזיר? א] אמר רב יהודה: אימא: מי שנתקיימו דבריו.
אביי

ואם לאו אינו נזיר. פי': ואם משנגנבה בהמה נדר, כלומר שבשעה שנדר כבר נגנבה הבהמה קודם לכן, אך שהוא לא ידע, וקיבל נזירות. ואמר: אילו הייתי יודע בשעת נדרי שכבר נגנבה לא הייתי נודר — אינו נזיר. כלומר, הוי חרטה מעלייתא, ומתיר לו החכם, שהרי הקבלה עצמה היתה בטעות, שאלמלי ידע שנגנבה לא הוי נודר, דאיגלאי מילתא למפרע דנדר בטעות הוה, ולא חל אפי' רגע א'. דכיון דלא נדר [אלא על] בהמה זו, והרי אינה בידו — נדר טעות הוא. ונראה דאפילו ב"ש מודו בהא דלא הוי נזיר. **וזו** טעות טעה נחום המדי כשעלו נזירים מן הגולה כו'. שהיה סבור שפותחין בנולד, ואפילו לא שכיח. כשעלו נזירים מן הגולה להביא קרבנותיהן ומצאו המקדש חרב, אמר להם נחום: אילו הייתם יודעין שבית המקדש עתיד ליחרב כלום הייתם נודרים כו'. וזהו נולד דלא שכיח, שבשעת הנדר עדיין היה קיים, והתירן נחום, וטעה, [שפתח] להם בנולד כזה, דלא שכיח. [וכשבא] הדבר אצל חכמים [אמרו]: כל שנדר עד שלא חרב הבית — הוי נדר. כלומר, אין מתירין לו בחרטה זו, דהוי נולד. אבל נזר משחרב בהמ"ק, והם לא ידעו שחרב, ונדרו — אינו נזיר, דנזירות בטעות הוה, שאלמלי ידעו שכבר חרב — לא היו נודרים, ולא חל מעיקרא נדר זה. **ששה** שהיו מהלכין בדרך וא' בא כנגדן ואין יודעין מי הוא, ואמר אחד מן הששה: הריני נזיר שזה הבא כנגדנו איש פלוני הוא. כלומר, שאכירהו מרחוק שהוא ראובן. ונדר בנזיר אם כדבריו הוא. והב' אומר: הריני נזיר שאינו הוא. לפי שנראה לו שאינו ראובן, ונודר בנזיר אם כדבריו, שאינו הוא כאשר נראה בעיניו. והג' אומר לשנים הראשונים: הריני נזיר שא' מכם נזיר, שסבור אני שא' מכם נזיר ולא השני, דהיינו אותו שימצא כדבריו. והד' אומר: הריני נזיר שאין א' מכם נזיר. פירוש: שסבור אני שא' משניכם אינו נזיר, דהיינו אותו שלא ימצא כדבריו. אלא, האחד שימצא כדבריו — הוא ראוי להיות נזיר. והיינו כדברי שלישי, שסבר שאחד מהם נזיר ואחד מהם אינו נזיר, אלא שהפכו דבריהם. והחמישי אמר לשנים הראשונים: הריני נזיר ששניכם נזירים. כלומר, לפי שכל אחד קיבל עליו נזירות לפי מה שהוא דומה בעיניו, [שכל] אחד סבור לומר אמת ולכך נתת לנזירות, ועל כן אני סבור שעל שניכם חל נזירות. והששי אמר: הריני נזיר שכולכם נזירים. כלומר, שסבור אני שכולכם נזירים. בש"א: כולן נזירים. וסברי ב"ש דנזירות בטעות הוי נזיר, משום דכולן לנזירות נתכוונו, וגמרו בדעתן להיות בכל ענין. ומה שאמר שראה איש פלוני — לפי שהוא סבור כדבריו. ומהך משנה מוכחא בגמרא דהקדש בטעות הוי הקדש וכו', כדאמר בגמרא. **וב"ה** אומרים אינו נזיר אלא מי שלא נתקיימו דבריו. ובגמרא פריך: הל"ל "מי שנתקיימו דבריו". ובגמרא מפרש. **ורבי** טרפון אומר אין אחד מהן נזיר. דלא ניתנה נזירות אלא להפלאה. דגבי נזיר כתיב "איש כי יפליא" — שצריך להפליא. ב]ולכך קבלת נזירות אפי' לאחד מן השנים שנמצא כדבריו — אין [ברור] לו בשעת נדרו שיהא [נזיר] עד שיבא אצלם ויכירוהו, וכיון שלא היה [ברור] להן באותה שעה — לא גמרו להיות נזירין. והשלישי שאומר: אחד מכם נזיר — הרי אין אחד מהם נזיר, והרביעי נמי שאומר: אין אחד מכם נזיר — משמע נמי שאין אחד מהם נזיר וחבירו מיהא הוי נזיר, *ולא שאין [בשנים] הראשונים שום נזיר — שהרי לא ניתנה נזירות אלא להפלאה. *אלא אי הוי אמר הרביעי לשנים הראשונים "הריני נזיר שאין שום אחד מכם נזיר" — הרביעי יהיה נזיר, ששנים הראשונים אינם נזירים לרבי טרפון, ושפיר הוה חשוב הפלאה. ומהאי טעמא ניחא אמאי לא תנא תו "שאין שניהם נזירין", "שאין כולכם נזירים", דאי אמר הכי — היה ודאי נזיר לרבי טרפון, לפי מה שהאמת הוא שאין שניהם נזירין, ולא כולם נזירין. ג] אלא מאי הרביעי שאמר שאין אחד מהם נזיר. **הרתיע** לאחוריו. פירוש: חזר לאחוריו, ולא נודע מי היה — אין נזיר שום אחד מן השנים הראשונים. דאע"פ שברור הוא כדברי האחד, מ"מ כיון שלא הוברר לנו דברי מי נתקיימו — אין אחד מהן נזיר. ובגמרא מוקי לה כרבי יהודה, דאמר דלא מחית איניש נפשיה לספיקא. **רבי** שמעון אומר יאמר אם כדברי הריני נזיר חובה ואם לאו הריני נזיר נדבה. ר"ש לטעמיה, דספק נזירות להחמיר, והוי כל אחד נזיר מספק, ואסור [ביין ובטומאה], ד] וגם אי אפשר לו לגלח בשביל ספק נזירות בלא הבאת קרבן, ואינו יכול להביא קרבן דשמא לא נזיר הוא ומייתי חולין בעזרה. לכך קנסו שיאמר כל אחד ואחד: אם כדברי הריני נזיר חובה, ואם לאו נזיר נדבה מעתה, ומקבל נזירות. ויביא קרבן ויצא ידי חובה ממה נפשך, ויהיה אסור ביין ובתגלחת. והני תנאי רבי יהודה ורבי [שמעון] נחלקו אליבא דבית הלל. רבי יהודה סבר: אף על גב דבית הלל סברי דמי שנתקיימו דבריו הוי נזיר, כדמפרש ואזיל בגמרא, הני מילי כשנודע לבסוף דברי מי נתקיימו. אבל הכא שהרתיע
לאחוריו

נ"א והלא אין
נ"א אבל

ואם משנגנבה בהמתו נזר. שבדעתו היה לקבל נזירותו על אותה בהמה, ובשעה שנזר לא היתה ברשותו — הרי זה אינו נזיר, דנזירות בטעות הואי. וזו טעות. של נולד, טעה נחום המדי, שהוא סבור שפותחין בנולד. ומצאו בית המקדש חרב. לאחר בית שני. כל שנזר עד שלא חרב. ואע"פ שלאחר כך חרב — הרי (ב) נזיר, דאין פותחין לו לאדם בנולד. ומשחרב בהמ"ק אינו נזיר. שיכול לומר (ג) לו: אילו הייתי יודע שכבר חרב לא הייתי נודר, וכה"ג לא הוי נולד שהרי כבר חרב. **גמ'** שטפוהו רבנן לרבי אליעזר. א) והעבירוהו מדעתו, כמו שטף מים (ב"מ ק:), והעמידוהו בשיטה שלהן דאין פותחין בנולד. דאילו במסכת נדרים תנן בפ' "רבי אליעזר": פותחין בנולד דברי ר"א, וחכמים אוסרין. ואילו כי הדר אתי להכא במסכת נזיר — אודויי אודי להו, מדקא חזינא דלא פליג עלייהו במתני' (ד) ב) כבמס' נדרים. דנדרים מקמי נזיר נשנית, וכדמפרש בריש דמסכתא, דאיידי דתני כתובות, דאית בה "המדיר" — תנא נדרים, ואיידי דתנא נדרים — תנא נזיר. פותחין בתנאי נולד. ואפילו להנהו דנדרו עד שלא חרב בה"מ. והיכי דמי כגון דאמרי להו אילו ג) דאתא איניש. בההיא שעתא דנדריתון, ואמור לכון דחרב כו'. אמר רב יוסף אי הואי ד) התם (ה). להנהו דאמרי דמי שנזר לאחר חורבן בהמ"ק אינו נזיר, משום דאינהו סבורין דאכתי הוה קאי, הוה אמינא להון: ואמאי לא ידעין דליחרב? הא כתיב היכל ה' היכל ה' המה. דקאמר להו נביא לישראל: אל תבטחו אל דברי הנביאים "היכל ה'", ה) כי מתנבאים לא תבא ו) עליכם רעה. "היכל ה'" — בשבועה, עוד היום לבוא שיאמרו "היכל ה' היכל ה' המה" שנים ז) הם, זה מקדש ראשון וזה מקדש שני. והא כתיב. בדניאל, כשהגלן נבוכדנצר בחורבן בית ראשון "שבועים שבעים נחתך על עמך ועל עיר קדשך *) לכלות פושעים ולהסיר חטאים". — שבועים שבעים = שמיטין עתידין לבא מכאן ועד חורבן בית שני, והם שבעים שנה שהיו בבבל, וארבע מאות ועשרים שהיו בבית שני — הרי שבעים שמיטין. אלמא ידעי לאימת חרב! אמרי לך רבנן: כיון דלא ידעי בהי יומא, מסתמא אדעתא דבנוי נדרו. **מתני'** ובית הלל אומרים אינו נזיר אלא מי שלא נתקיימו דבריו. ובגמרא מפרש מאי קאמרי. רבי טרפון אומר אין אחד מהם נזיר. שלא ניתנה נזירות אלא להפלאה — שיהא מבורר דבריו, ויאמר "הריני נזיר", ולא יהא תולה נזירותו בדבר אחר. הרתיע לאחוריו. ראה איש פלוני בא כנגדו, ואמר "הריני נזיר אם זה שמעון", וחזר זה לאחוריו, ואין ידוע אם שמעון הוא אם לאו — אינו נזיר דספק נזירות להקל. ר' שמעון אומר יאמר כו'. ורבי שמעון לטעמיה, דאמר: (ו) ספק נזירות להחמיר. ובגמרא מפרש.

*) [נ"ל לכלא הפשע ולהתם חטאות]

גמרא

תורה אור

פי' הרא"ש

על נזירות: אם עד שלא נגנבה בהמתו נדר ה"ז נזיר. ולא יתיר לו החכם בפתח זה דנולד הוי מה שנגנבה בהמתו אחר הנדר ואין פותחין בנולד: ואם לאחר שנגנבה נזר ואמר אילו הייתי יודע שנגנבו לא הייתי נודר ה"ז פתח ויתירנו החכם. ובזו טעה נחום המדי כשעלו נזירים מן הגולה ומצאו בהמ"ק שחרב והם נדרו קודם שחרב והתיר להם ואמרו לו חכמים דנולד הוא ואין פותחין בנולד א"ר שטפוה רבנן לרבי אלעזר לאוקמיה בשיטתייהו. שטפוהו והעבירוהו מסברתו והודה לדבריהם שהרי ר' אליעזר היה בשעת החורבן כדאיתא פ' הנזקין שר"א ור' יהושע נשאו מטתו של ריב"ז כשהוציאוהו מירושלים. נמצא שהיה באותו מנין כשאמרו חכמים לנחום שטעה דאין פותחים בנולד. ולא אמר דבר אלמא שחזר מסברתו והודה לדברי חכמים: אבל פותחין בתנאי נולד. דאמרי' להו אילו אתו אינשי דאמרי לכו דחרב ב"ה מי הוו נדריתו. אילו היו באין אנשים והיו נותנין לכם עצה שלא תדורו אולי יחרב ב"ה טרם כלות נזירותכם כלום הייתם נוזרים ואמרו כן היינו נמלכים ושומעים לעצתם פתח הוי אע"פ שעצתם תלויה בנולד דדמי להא דאמר פ"ד דנדרים אלו באו י' בני אדם ופייסוך שלא היית נודר כלום היית נודר דהוי פתח ה"נ כיון שתולה חרטתו בעצת אנשים פתח הוי. אע"פ שעצתם היתה מחמת דבר הנולד לא מיקרי נולד כיון שמחמת עצתם היה חוזר: אי הואי התם כשאמרו חכמים לנחום דחורבן ב"ה הוי נולד הוה אמינא להו דלאו נולד הוא לפי שיודעים היו שעתיד בהמ"ק לחרוב דכתיב היכל ה' היכל ה' זה מקדש ראשון ומקדש שני. מקרא הוא בירמיה ואל תבטחו אל דברי השקר לאמר היכל ה' היכל ה' היכל ה' המה ולא תבוא עלינו רעה. ומפ' ליה רבותינו שהיה מוכיח את הרשעים שהיו מתייאשים מן הפורענות ואומרים אם יחרב היכל ה' עוד יבנה לנו היכל בית שני. ואם יחרב גם אותו עוד יבנה לנו שלישי לימות המשיח אלמא יודעים היו שיחרב: ומשני נהי דידעי שיחרב לא ידעו אימת הלכך הוי נולד שלא היו נמנעים בשביל זה מלידור כיון שלא ידעו אימתי יחרב: ופריך אביי וכי לא ידעי אימת נחרב והא כתיב בספר דניאל שבועים שבעה נחתך על עמך ועל עיר קדשך פי' שמיטות ע' דהיינו ת"ץ שנה נגזר שיהיה בין חורבן הא' לחורבן הב' דהיינו ע' של גלות בבל ות"ך שעמד בית שני ומשני דאכתי לא ידעי באיזה יום אי בתחילת שנה או בסופה: היו מהלכין בדרך וכו' ב"ש אומרים כולם נזירים פירשתיה למעלה בפירקא: ב"ה אומרים אין נזיר אלא מי שלא נתקיימו דבריו ובגמ' מפ'

נדרים סד.

לעיל לא.

נוסחת הריב"ן

א) נלאוהו חכמים לר"א והעבירוהו כו': ב) במתני' דמס' נדרים מקמי מס' נזיר וכדמפרש כו': ג) אתא: ד) להתם: ה) ביותיתו לא תבא: ו) עלינו: ז) היו:

הגהות הב"ח

(א) במשנה אמרו לו כל שנזר: (ב) רש"י ד"ה כל שנזר וכו' הרי זה נזיר: (ג) ד"ה ומשחרב וכו' שיכול לומר אילו כנ"ל ותיבת לו נמחק: (ד) ד"ה שטפוהו וכו' במתני' דמס' נזיר לנדרים מקמי: (ה) ד"ה א"ר יוסף אי הואי התם ה"א להון להנהו: (ו) ד"ה ר' שמעון וכו' לטעמיה דאמר נ"ב פ"ק דף ח:

הגהות מהר"ב רנשבורג

א] גמ' אמר ר"י אימא מי שנתקיימו דבריו. נ"ב עי' א"מ: ב] תד"ה ור"ט אומר וכו' ולכך אין כאן קבלת וכו' עד שיבוא אצלם ויכירוהו דכיון שלא וכו' וחברו מיהא הוי נזיר ולא היא שאין כצ"ל: ג] בא"ד ולא כולם נזירים אלא מאי תיבות אלא מאי נמחק. ונ"ב אפי'. א"מ: ד] ד"ה ר"ש אומר וכו' ואסור ביין ובטומאה ובתגלחת כצ"ל:

לאחוריו ולא נודע דברי מי נתקיימו, מספק לא נחית לנזירות. ור"ש סבר אליבא דב"ה דמספיקא (לא) נחית לנזירות, כיון שברור שכדברי הא' הוא, ולכך בעי תנאי: *ראה את הכוי. שהוא ספק חיה ספק בהמה, ואמר האחד: הריני נזיר שזה חיה, והשני אמר: הריני נזיר שאין זה חיה, אלא בהמה משמע מדבריו. ושלישי אומר: הריני נזיר שזה בהמה ולא חיה, והרביעי אמר: הריני נזיר שאין זה בהמה אלא חיה. והוו כשנים הראשונים אלא שהפכו דבריהן. והחמישי אומר: הריני נזיר שזה חיה ובהמה, ודינו כחיה לכסוי, ודינו כבהמה לאסור חלבו. והששי אמר: הריני נזיר שאין זה לא חיה ולא בהמה, דמשמע בריה [בפ"ע], ואינו יכול להרביעו לא עם חיה ולא עם בהמה. והשביעי אמר: הריני נזיר שאחד מכם נזיר, כלומר שכוון לומר אמת. והשמיני אומר: הריני נזיר שאין אחד מכם נזיר, כלומר שיש אחד מכם שלא כוון לומר אמת. והתשיעי אומר: הריני נזיר שכולכם נזירים,

זה הדבור שייך לקמן לז.

גמ' אביי אמר. כגון דקאמר: אי נמי לאו פלוני הוא. א) וחבריה אמר: הריני נזיר ב] שזה פלוני, אי נמי לאו פלוני הוא אי הוי נמי נזיר. ומאי לא נתקיימו דבריו. דקאמרי ב"ה – הכי קאמרי: לא מיבעיא כי נתקיימו דבריו הראשונים ב) הוי נזיר, אלא אפילו ג) לא נתקיימו דבריו הראשונים – הרי זה נזיר משום דבריו האחרונים.

אביי אמר: כגון דאמר "אי נמי לאו פלוני הוא א] אי הוי נזיר". ומאי "לא נתקיימו דבריו" – לא נתקיימו דבריו הראשונים, אלא דבריו אחרונים.§ "הרתיע לאחוריו אינו נזיר" כו'.§ טעמא – משום דהרתיע לאחוריו, הא אתי לקמן – הוי נזיר. מני? אילימא

כלומר; שכולכם ספק נזירים. ולא גרסי' "שניכם נזירים", דמוכחא בגמרא דליכא אלא תשע בכוי. ג] הרי כולם נזירין. וא"ת: איכפל מני

תנא לאשמועינן כב"ש ולא כב"ה, דאמרי דמי [שלא נתקיימו] דבריו אינו נזיר? ויש לומר: דלב"ה נמי, נהי דנזירות ודאי לא הוו – נזירות מספק הוו. וכולה ר' שמעון אליבא דב"ה מסיק לה, דאמר גבי הרתיע לאחוריו דהוי נזיר מספק לב"ה, אע"ג דאין ספקו עומד להתברר. הכי נמי גבי כוי, אע"ג דאין ספיקו עומד להתברר, לר"ש אליבא דב"ה – הוו נזירין מספק. והששה הראשונים ודאי נזירין מספק, דמחית איניש לספיקא. דאע"ג דכוי ספק חיה, אותו שאומר ד] ספק חיה – הוי ספק נזיר, וכן כולן. ואיך תלתא בתראי מחתי נפשייהו לספיקא. ויש מפרשים: דשלשה האחרונים נזירים ודאי, שהאחד שאמר "שאחד מכם נזיר" – הוי נזיר ודאי לר"ש, שאמת הוא שאחד מהן יש עליו נזירות, דהיינו אותו שכוון לאמת. וגם השני שאמר "שאין אחד מכם" – גם זה נזיר ודאי, שכן משמע דיבורו: יש בכם אחד שאינו ודאי נזיר, והאמת הוא, כגון אותו שלא ה] בא לאמת. והשלישי שאומר "כולכם נזירין" – שעל כולכם ספק נזירות, גם זה אומר אמת. לכד שלשה האחרונים ודאי נזירים לר"ש, דאין צריכין תנאי. וי"מ: שגם [שלשה] האחרונים אינם נזירים אלא מספק, שהרי יש להסתפק בדבריהן, שאותו שאמר "שאחד מכם נזיר" – איכא לספוקי מילתא, שיש לפרש דבריו בשני פנים, ושמא ר"ל: אם יש לכם אחד מכם שיש עליו נזירות – וזהו אמת שאחד מהן ודאי נזיר. וגם יש לספוקי דשמא ר"ל: אם יש אחד מכם שיודע בעצמו שהוא ודאי נזיר – והרי אין מהן יודע, מש"ה נזיר מספק. וכן האחר שאומר "שאין אחד מכם נזיר" – משמע אם אין אחד מכם שאינו נזיר, דמשמע שידע בעצמו שאינו ודאי נזיר, והרי אין אחד מהם שיודע בברור שאינו ודאי נזיר. וכן השלישי שאמר "שכולכם", יש לפרש דבריו: שכולכם נזירין ודאין – לא אמר כלום. וגם יש לפרש דבריו שאמר בספק נזירות – לכך כולן נזירין מספק, וצריכין להתנות. ו] וצ"ע: אמאי לא [תני תו "שאין כולכם נזירין"]? ז] בשלמא לעיל לא מצי למתני בעבור פלוגתא דרבי טרפון – דא"כ לא הוה א"ר טרפון: אין אחד מהן נזיר, כדפי' לעיל, אבל הכא מצי למתני. *מאי טעמא דב"ש ילפי תחלת הקדש מסוף הקדש. סוף הקדש קרוי תמורה. מה תמורה אפי' בטעות, כדדרשי' בפ' שני דתמורה (דף יז.) *ר' יוסי בר' יהודה: "יהיה" – לרבות שוגג כמזיד, וקאי אקרא "והיה הוא ותמורתו יהיה קדש". ומפרש ר' יוחנן התם בתמורה: ח] לומר שתמורתו עולה שלמים. כמו עולה ושלמים עומדים לפניו, ורצה לומר על בהמת חולין שלפניו "הרי זו תמורת עולה", ואמר "שלמים". או (כשאמר) כסבור לומר "שחור יהיה תמורה" ואמר "לבן" – דחל תמורה על הלבן. והשתא ילפי ב"ש: מה תמורה בטעות – אף הקדש נמי יחול בטעות. ובמתני' נמי, כי אמר "שור שחור שיצא מביתי ראשון יהיה קדוש", ויצא הלבן ראשון – הלבן קדוש, דהכי בעי למימר: שור שיצא מביתי ראשון יהיה קדוש, לא שנא שחור ולא שנא לבן או אדום, והא דקאמר שחור – כסבור ששור שחור יצא תחלה. **וב"ה** הני מילי תמורה. דמכח הקדש קאתי, הוא דחיילא בטעות. אבל אאותי הקדש מעיקרא – לא אתינן בטעות, דלא גמרינן תחלת הקדש מסוף הקדש. ופריך לטעמא דב"ש: וב"ש, מה אילו אמר "הרי זו תחת זו תמורה לחצי היום" מי הויא תמורה מההיא שעתא? אלא דמטי חצי היום הוא דהוה תמורה, הכי נמי לכי מגליא מלתא. וה"פ: היכי ילפי ב"ש תחלת הקדש מתמורה? והא לא דמי לה, [דהתם] כשהיה סבור לומר "שור שחור יהיה תמורה" ואמר "לבן", דחל תמורה על הלבן – [א"כ] מקיימין מה שהוציא בפיו. אבל הכא, כשאמר בפיו "שור שחור שיצא מביתי יהיה קדש" – מנין לנו לשנות מה שהוציא מפיו? אדרבה, נאמר דאין דעת האיש להקדיש כ"א שחור, ופיו ולבו שוין, ואיך נאמר שיש במשמעות לשונו שרצה להקדיש הראשון ואפי' הוא לבן? דהא בתמורה נמי לא נוכל לשנות בדבריו. דאילו קאי בצפרא ואומר "הרי זו תמורת זו לחצי היום" כלומר חצי היום השני – אז יחול הקדש בתמורה, מי הוי תמורה מההיא שעתא שנדר, מן הבוקר, למעול בה? אלא עד חצי היום, אז איגליא מילתא למפרע דהוי תמורה, דבתמורה עצמה לא נוכל לשנות דבריו. הכי נמי ט] איגליא מילתא. כלומר, במשנתינו כמו כן לא נשנה דיבורו, אלא לכי מגליא מילתא מילתא כמו שהוציא בפיו – אותו יהיה קודש. והוא הוציא מפיו שור שחור, ואיך נשנה דיבורו להקריב הלבן? **אמר** [רב פפא] לבך נאמר ראשון לבשיצא ראשון. פי': [דרב פפא] ס"ל דב"ש לא גמרי הקדש מתמורה לומר דהקדש בטעות הוי הקדש, והלבן קדוש, דהא ודאי לא דמי לתמורה, דבתמורה אנו מקיימין דבריו וכאן אנו סותרין דבריו אם אנו מקדישין הלבן. אלא דקתני מתני' הקדש – אשחור קאי. ולכך אמר ראשון לכשיצא ראשון. כלומר, אע"פ שלא יצא ראשון מן הבית אלא הלבן – אפ"ה שפיר מתקיימין דבריו שאמר "שחור שיצא ראשון". ומיירי כגון שהיו לו שוורים שחורים הרבה, כדאמר בסמוך. והכי בעי למימר: שור שחור שיצא ראשון לשאר שחורים יהיה הקדש, דהוי השחור הקדש. דהשתא לא נסתר דבריו, אלא נפק ראשון דקאמר – ראשון לשחורים. דלא מיבעיא אי נפיק שחור ראשון מן הבית, דהשתא לגמרי נתקיימו דבריו דהוי הקדש, אלא אפילו נפיק לבן ברישא – אכתי נפרש דבריו שהשחור שיצא ראשון לשחורים יהיה הקדש, ואין הקדש בטעות. דס"ל [לרב פפא] דהקדש בטעות לא הוי הקדש. ופי' דמתני' לא כדס"ד מעיקרא דהלבן קדוש, אלא השחור. והא דלא קאמר "אלא אמר [רב פפא]" כיון שחוזר בו מסברת הגמרא – משום שלא הוזכר שום אמורא לפניו. והא דאמר ריש פרק ב' (לעיל ט.): לב"ש אין שאלה בהקדש, פי': משום דהקדש בטעות הוי הקדש – לא הוי כטעמא דרב פפא, אלא כטעמא דאביי דבסמוך. **והא** שור שחור קאמר מי לא עסקינן דלית ליה אלא האי. ופי': כיון דלית ליה אלא אחד לא שייך לקיים דבריו, ולומר ראשון לשחורין – דא"כ לא לימא "ראשון", אלא "שחור"! ומשני: לא צריכא, דאית בהו תלתא. **ה"ג**: וב"ה א"כ שיצא בראשון. וה"פ: וב"ה דאמרי אינו הקדש, דא"כ שכוונתו לומר ראשון לשחורים, ה"ל למימר "שיצא בראשון". דלא ה"ל למימר "שיצא מביתי ראשון", דמשמע שיצא מן הבית תחלה, אלא "שיצא בראשון", ומשמע בראשונה לשאר שחורים. **והא** הקדש בכוונה הוא. ואין כאן טעות לבית [שמאי], ואמאי קרי ליה במתני' הקדש בטעות? ומשני: משום [דאטעי] לישנא קמא. כלומר, להכי קרי ליה הקדש טעות – לפי שבתחלה יש לטעות בלשונו ולומר שלראשון שיצא מן הבית נתכוון, והיינו הלבן, אלא שאנו מפרשין דבריו, שרצה לומר ראשון לשחורין. **וסברי** ב"ש הקדש בטעות לא הוי הקדש. לרב פפא פריך. והתניא מי שנדר בנזיר, מתני' היא בפרקין, ומפרש במתני' תלא ותרעה בעדר. פירוש: י] בסיפא דמתני' קתני: אמרו להן ב"ה לב"ש: אי אתם מודים בזה שהקדש בטעות הוא ותלא ותרעה בעדר? כלומר, וכי היכי דמודית כ] לו לב"ה אודית לו נמי בההיא דשור שחור שלא יהיה הקדש! אלמא שמעי ב"ה לב"ש דטעמא דידהו בשור שחור משום דהקדש בטעות הוא דהוי הקדש, וקשה לר"פ. ומשני: ב"ה הוא דטעו, [דסברי] דטעמיה דב"ש משום דהקדש בטעות הוי הקדש, ולהכי אותבי להו מהא. וא"ת: ב"ש מהדרי להו לב"ה ממעשר בהמה ומוכחי דהקדש בטעות הוי הקדש? ויש לומר: בית שמאי קאמרי לב"ה: למאי דטעיתו וסבריתו דטעמא [דידן] משום הקדש בטעות. והכי נמי איתא בריש מסכת נדה (דף ג:): למאי דטעיתו נמי ואותביתו קופה. **ת"ש** ששה שהיו מהלכין בדרך. מתני' היא בפירקין, וכבר פירשתי במתני'. והא הכא דהקדש בטעות הוא והוי הקדש. והא נזירות דטעות הוא, שהרי אחד מן הראשונים לא נמצא כדבריו – ואפילו הכי הוי נזיר, לפי שהיה סבור שהיה פלוני, וטעה ככר, וחייל עליה נזירות אפי' בטעות. הכי נמי, אית ליה למימר דסבירא להו לבית [שמאי] דהקדש בטעות גמור הוי הקדש, דמתני' דשור שחור פי': והלבן קדוש. דיש לנו לפרש דבריו דמתחילה נתכוון להקדש, לא שנא שחור ולא שנא לבן שיצא מפתח ראשון, והא דקאמר שחור – לפי שטעה שזה יצא ראשונה. אבל לעולם הלבן קדוש. אף על גב דבתמורה לא הוי עד דמטי חצי היום ולא קודם לכן – הני מילי בתמורה, דקאמר בפירוש "זו תמורת זו לחצי יום" וליכא לפרושי מילתא בענין אחר כלל – אין לנו כח לסתור דבריו. אבל הכא, גבי הקדש, איכא לפרושי למילתא בהדיא כדבריו, דלא אתא לאפוקי לבן מהקדש: ***אמרי** הכא סברי בית שמאי הקדש בטעות הוי הקדש התם לא. כלומר, מהכא איכא לאוכוחי דסברי בית שמאי הקדש בטעות הוי הקדש, והוא הדין נמי גבי שור שחור דלא דמי לתמורה, כדפרישית. התם לא – כלומר: ממשנה ראשונה שבאת להוכיח לבית שמאי הקדש בטעות הוי הקדש – ליכא לאוכוחי מידי, [כדדחי] ליה לעיל. **אביי** אמר לא סלקא דעתך דקאי בצפרא אלא הב"ע דקאי בצהרים. שכבר יצאו הבהמות מן הבית לרעות במרעה, ואמר: שור שיצא כבר מביתי ראשון לכל השוורים, הן שחורים הן לבנים – ליהוי

מכאן עד ד"ה אמרי הכא שייך לדף לא ע"א. נ"ל ל

מכאן שייך לדף לא ע"ב

מפרש לה ר' טרפון אומר אין אחד מהם נזיר דסבר ר"ט לא נתנה נזירו' אלא להפלא' כלומר שיהיה ברור וידוע לו בשעת נדרו שהוא נזיר וכל הני לא היה ברור לשום אחד מהם בשעת נדרו אם הוה כדבריו. ומיהו נראה דמודה ר"ט בד' שאמר לב' הראשונים הריני נזיר שאין אחד מהם נזיר. כר"ט דבעי הפלאה. ולי נראה דר"ט אכולהו קאי וכ"ע לא בקיאי כדר"ט והיה סבור בודאי אחד מהם נזיר: הרתיע לאחוריו הבא כנגדו ולא נודע מי הוא אינו נזיר כלו' אין אחד מהם נזיר דלא מחית איניש לספקא. וכך היתה דעתו שאם לא יבוא הדבר לידי ברור שלא יהא בדבריו כלום: ר"ש אומר וכו' ר"ש לטעמיה דאמר ספק נזירות להחמיר והוי נזיר מספק ומה תקנתן לגלח ולהביא קרבן ולהפקיע ספק נזיר מהם שא"א להם לגלח ולהביא קרבן מספק. אלא צריכין להתנות אם אינו כדבריו שיהיה נזיר נדבה וממה נפשך יגלח ויביא קרבן: אימא מי שנתקיימו דבריו אותו שנמצא כדבריו הוי נזיר: כגון דאמר אי נמי לאו פלוני הוא איהוי נזיר ובתוך כדי דבור חזר בו ואמר כן לא נתקיימו דבריו הראשונים אלא האחרונים ואגב אורחיה קמ"ל דתוך כדי דבור כדבור דמי: הא אתא לקמן הוי נזיר. אותו שנטמא כדבריו:

הגהות מהר"ב רנשבורג

א] גמ' אי נמי לאו פלוני הוא אי הוי. תיבות אי הוי נמחק. וכ"ב אהוי נמי: ב] רש"י ד"ה אביי אמר וכו' וחבריה אמר הריני נזיר שאין זה פלוני א"נ פלוני הוא אהוי נמי נזיר כצ"ל: ג] תוס' ד"ה ראה וכו' דליכא אלא תשע בכוי כאן הס"ד ואח"כ מה"ד הרי כולם נזירים: ד] בא"ד דאע"ג דכוי ספק חיה אותו שאומר ספק חיה וכו' ספק בתרא נמחק: ה] בא"ד כגון אותו שלא בא. תי' בא נמחק. וכ"ב כוון: ו] בא"ד וצ"ע אמאי לא תני תו שאין כולכם נזירין נ"ב עי' בתוי"ט ובא"מ: ז] בא"ד בשלמא לעיל פירשתי ביותר ל"מ כצ"ל: ח] ד"ה מאי טעמא וכו' ומפרש ר"י התם בתמורה כסבור לומר שתמורתו עולה ואמר שלמים כצ"ל: ט] ד"ה וב"ה כו' לא נוכל לשנות דבריו ה"ג לכי כצ"ל: י] ד"ה וסברי וכו' תלא ותרעה בעדר פירוש כמו חולין ובסיפא כצ"ל: כ] בא"ד דמודית לו לב"ה. תיבות לו לב"ה נמחק וכ"ב לי בהא אודית לי כו':

נוסחת הריב"ן

א) לחד אמר הריני נזיר שזה פלוני וחבריה אמר כו': ב) דהוי: ג) כי לא:

(א) תוס' ד"ה א"ר יוסף אי הואי סתם:

ליהוי הקדש, ואמרו לו: לבן יצא תחילה, [ואמר: אי הוה ידענא דלבן נפק] – לא הוה אמרי שחור, אלא לבן. דהשתא יש לן למימר שהיה דעתו לכל מי שיצא ראשון, ומשו"ה הוי הקדש, אפי' הלבן. דילפינן מתמורה דהוי הקדש אפי' בטעות. ואביי ס"ל דאי קאי בצפרא ואמר: שור שחור שיצא ראשון, וא"ל: לבן נפק, ואמר: אי הוה ידענא דלבן נפק ה"א – דבהא אפילו ב"ש מודו דלא הוי הקדש, שהרי לא היה יודע שיצא השחור תחלה לכולן, ולמה הזכיר שחור אי דעתו היה להקדיש כל מי שיצא ראשון? ואנן סהדי לכתחלה כי אמר שור שחור – דוקא לשור שחור קמכוין, א] שאפילו אם דעתו שיצא השחור תחלה, אטו נביא הוא לידע העתידות? ובכה"ג ודאי לא נילף מתמורה. ולא דמי לששה שהיו מהלכין בדרך, דהתם הוי נזיר אפי' אותו שלא נמצא כדבריו – לפי שבכל ענין קביל עליה נזירות, ומה שאמר איש פלוני הוא – טעה בו כשראוהו מרחוק. אבל הכא, במה יש לו לטעות ולומר דשחור עתיד לצאת? הלכך יש לומר דשחור דוקא קאמר. אבל כי אמר בטיהרא שבהמות יצאו, יש לנו למימר שהיה דעתו לכל שיצא ראשון, ומה שהזכיר שחור – לפי ששמע פסיעות רגלי השור, שהוא בקי להכיר פסיעות רגלי שוריו. והשתא זה דומה שפיר להאי ששה שהיו מהלכין בדרך, דטעה נמי בראיית עיניו, לומר איש פלוני הוא, ודעתו להיות נזיר אפי' אינו הוא. וכן הכא דעתו היה להקדיש אפי' אינו שחור, אלא הלבן. וכה"ג ילפינן מתמורה. וב"ה סברי דאפי' כי האי לא ילפינן מתמורה,

מכאן עד ד"ה דתניא שייך לדף לא ע"ב

דלא הוי הקדש: ב] *דינר זהב שיעלה. א"כ משמע דמעיקרא הוה קאי. תני שעלה שכבר עלה בידו, ונתיישב בדבר, וניכר שעלה בידו של כסף ואמר: אילו ידענא דשל כסף עלה בראשון – לא אמרתי דינר זהב. וכן חבית שתעלה תני "שעלתה". אמר רב חסדא אוכמא בחיוורא לקיא. שור שחור שבין שוורים לבנים – לקיא, [מגרע] אותם, ונמכרים בפחות, ע"י שהשחור עמהן, ולבנים מעולין מן השחורים. חיורא באוכמא לקותא – כתם לבן בשור שחור לקותא, בידוע שכנגד אותו כתם היה נגע לרעת בבהמה. והכי איתא בריש "מי שאחזו" (גיטין סח.): טעם חיורא בבשרא, בדקו בדוכתיה ואשכחו. מלאו כתם לבן, וידעו כי לרעת היה במקום כתם. תנן שור שחור כו'. ומשמע דהלבן קדוש [כדתריץ] אביי, וקס"ד מקדיש איניש בעין רעה מקדיש. וקשה לרב חסדא: דכיון דהלבן עדיף משחור – בידוע שלא היה דעתו להקדיש הלבן, כיון דבעין רעה הקדיש. ונהי דאוקמינן דקאמר: אילו הוה ידענא דלבן נפק ה"א [הלבן ליהוי קדוש], כיון דלבן עדיף – הא ודאי משקר הוא. אלא ודאי לבן גרוע משחור, וכי אמר שחור – יהיה הקדש לבן דגרוע [ממנו], וקשה לרב חסדא! ומשני ליה: בעין יפה מקדיש, ומש"ה כי נפיק לבן, ואמר: אי ידעי כו' – מהימן ליה, משום דבעין יפה הוא מקדיש. דינר זהב שיעלה בידי ראשון ב"ש אומרים הקדש. אלמא בעין רעה הוא מקדיש. וטעמא דאמר "של זהב", דהוי עדיף – הלכך כשעלה של כסף – הוי הקדש, דגרוע מזהב. הא אם הוי אמר "של כסף" ועלה בידו זהב – לא הוי הקדש, כי בעין רעה הוא מקדיש. א"כ הכי נמי דברישא נמי אית לן למימר דשחור טוב ומעולה מן הלבן כדפרישית, וקשה לרב חסדא. אלא מאי בעין רעה הוא מקדיש חבית של יין שתעלה בידי ראשונה היא הקדש ועלתה של שמן ב"ש אומרים הקדש. והא יין דגרוע משמן, א"כ נימא דוקא יין הוא מקדיש! אי משום הא לא קשה בגלילא שנו. פירוש: דלעולם בעין רעה הוא מקדיש, ומתני' בגלילא שנו שהיה להם רוב שמן, והיין יקר להו משמן. והלכך, כי הקדיש יין – כ"ש שמן. ולעולם רישא קשה לרב חסדא. אמר לך רב חסדא כי אמר לך אנא בתורא קרמנאי. באותה מלכות כך שם

נ"א בבי

קרמונא. והשתא נראה שיש לעשות לריכותות בהנך תלתא. *בפירוש דדינר של זהב אילטריך לאשמועינן דבעין רעה הוא מקדיש. רישא דשור איכא למימר דאתי לאשמועינן דלא כרב חסדא. חבית של יין דאוקימנא בגלילא שנו – אשמועינן ג] דלא אזיל בתר רוב מקומות, וצ"ע. [ואמר] רב חסדא אוכמא למשכיה סומקא לבשרא חיורא לרדיא. נפקא מיניה למקח וממכר, [דאוכמא עורו] משובח, וסומקא בשרו משובחת, וחיורא מעלי לחרישה. והאמר רב חסדא אוכמא

נ"ל שוורים. יעב"ץ

בחיורא לקי. שנפחתו [חיוורי] *סלעים מן השחור שביניהן. וכיון דאוכמא עורו חשוב יותר משל לבן – ס"ל למקשה דאינו מעולה בשר הלבן מן השחור כולי האי, דיהא עדיף ממעלת עור שחור על של לבן. כי אמר רב חסדא למילתא קמייתא בתורא קרמונאה ד] שהלבן חשוב על השחור לכל דבר, ואידך מילתא דרב חסדא בשאר עלמא, דאז ודאי אוכמא עדיף למשכיה. ולכך נמי במתניתין שחור עדיף, דנהי דלבן חשוב לרדיא – מ"מ מעלת העור גדולה כ"כ דמקדיש הלבן בקל יותר כשהקדיש השחור, דבכלל זה הלבן. מתני' מי שנדר בנזיר. פי' המשנה לעיל. מונה משעה שנדר. דמשמע דכל הימים שעבר

מכאן עד ד"ה אמר רבא שייך לדף (לא ע"ב) [ל"ב ע"א]

על נזירותו עולין למנין: *דתניא מי שעבר על נזירותו כו'. כגון קיבל עליו נזירות מאה יום ושתה ביין [ס'] ימים, ובא להביא קרבנותיו – אין נזקקין לו להביא קרבנות נזירותו אלא א"כ מונה איסורן, כלומר, [ס'] יום כימים שנהג בהן היתר ששתה יין. רבי יוסי אומר: דיו בשלשים יום. פר"י: דהא דדיו [אם קנסי ליה] שלשים יום, שאם נדר ק' יום ועבר [ס'] ימים – לא קנסינן ליה לסתור הכל, רק ל' יום, ושלשים ימים יעלה למנין נזירות, אע"פ ששתה בהן יין. וה"ה בנזירות מועטת לרבי יוסי, כגון אם נדר ל' ושתה בכולן יין – יסתור הכל. ואם שותה שני ימים יין – צריך שימנה ימים אחרים בלא שתיית יין. וה"ג: אי רבנן קשיא נזירות מרובה. פירוש: אפי' מרובה, [דבין] נזירות מרובה כמו ק' ימים ושתה ה] [בהם] יין – סותר הכל, [ובין] נזירות מועטת, כגון ל' יום ושתה ו] ב' ימים – צריך למנות ב' ימים אחרים. ומתני' משמע דמונה [משעה] שנדר, כלומר מקצת ימים שנדר, שאינו סותר ז] הכל אלא רק ל' יום, ול' יום האחרים יעלו לו, והיינו נמי כר' יוסי. אבל בנזירות מועטת קשיא, שאפי' לר' יוסי סותר כולו, ובמתני' משמע שעולה לו למנין. איבעית אימא ר' יוסי ח] בנזירות מרובה. מתני' בנזירות מרובה ושלשים יום סותר, ול' יום יעלו לו למנין כמו בנזירות מועטת. והא דקאמר ר' יוסי שיסתור הכל – בנזירות מועטת, ושתה בכולן יין, דאז סותר כל שלשים יום. אבל בנזירות מרובה – מודה ר' יוסי דאין סותר הכל, מדקאמר ר' יוסי "דיו". ואי בעית אימא רבנן. מאי [משעה] שנדר כמשעה שנדר ה"פ: מונה ימים של איסור, דהיינו ט] מאה ימים, והוא שתה בכולן יין. [וכן] בנזירות מועטת. והכי משמע לישנא דמתני' "מונה משעה שנדר" – חוזר ומונה כך וכך ימים שהיו משעה שנדר ועבר עליהן, י] עתה [מונה] פעם אחרת משבא לפני חכמים, וינהוג בהן איסור שתיית יין. אבל ודאי אם קודם ששתה יין מנה מקצת נזירות – אותם ימים אינו סותר אפי' לרבנן, דשתיית יין *מדרבנן בעלמא כ]. מתני' נשאל

ר"ל פירוש הסתירה

עליה מתני' פירשתי לעיל. א"ר ירמיה מדב"ש נשמע לב"ה. דקאמרי ב"ש הקדש [טעות הקדש, וכיון] דמגליא מלתא דלאו שפיר נדר – תצא ותרעה בעדר, כדתנן במתניתין בהדיא: א"ל ב"ה לב"ש אי אתם מודים בזה שהוא הקדש בטעות, ותצא ותרעה בעדר. לפי שנשאל לחכמים והתירו, דלא הוי קבלה – הלכך הקרבנות שהפריש לנזירות חולין הן, כאדם שאומר זו לחטאת והוא אינו בר חטאת. הכי נמי לב"ה, אע"פ דאמרי דתמורה בטעות הוי תמורה, בהא מודו ב"ה, כדדרשינן מ"יהיה" – לרבות שוגג כמזיד. ה"ג: ה"מ כדאיתיה לעיקר אבל כי איתעקר לעיקר הקדש אתעקר נמי לתמורה ותצא התמורה לעדר. וה"פ: כגון אם הקדיש בהמה לעולה, והביא בהמה אחרת, ואומר "זו תמורת זו" ונשאל לחכם על הראשונה, והתירו החכם לומר שאינו עולה – תצא גם התמורה לעדר, והוי כאילו אומר "זו תמורת זו" על בהמת חולין. טעותו ולא כוונתו. דאי במתכוון קרא לתשיעי "עשירי" – אינו מקודש. רב חסדא אמר טעותו וכ"ש כוונתו. ומתני' דקתני מי שטעה כו' – רבותא קאמר, כ"ש כוונתו. ואשתיקו להו ב"ה. לאו דוקא אשתיקו, דהא השיבו להם גזירת הכתוב הוא. אלא כלומר – אשתיקו שלא השיבו להו סברא מיניה וביה, אלא הביאו משנים עשר ושמיני. לימא להו מהכא, שאינו קדוש בכוונה כשאר הקדשות, ולכך על כרחיה גזירת הכתוב היא! אמר רב שימי בר אשי. מה דלא אמרי להון ב"ה אותה תשובה – דא"כ הוו אמרי להון ב"ש לב"ה: ומה מעשר שאינו קדוש ל](בהן) כמו הקדש להיות קדוש בכוונה – אפ"ה חל בטעות, הקדש לא כ"ש? ולא היא, הקדש בדעתיה דמריה תליא. כל זה מדברי רב שימי, כלומר: אין זה ק"ו טוב לקפח ב"ה, דודאי הקדש בדעת ובכוונת הבעלים, ד"איש אשר יקדיש את ביתו" אמר רחמנא – מדעת ובכוונתו, הלכך בטעות לא הוי הקדש. [ומעשר] – מגזירת הכתוב, כמו שמראים ב"ה פנים במשנתנו מי"ב ושמיני. ולא קשה לרב נחמן אמאי לא השיבו ב"ה מיניה וביה – דאיכא למימר דב"ה חד מתרי טעמי נקט.

מכאן עד דף לב:

*אמר רבא שטפו רבנן לר"א ואוקמיה במילתייהו. כלומר, נלחוהו שחזר לדבריהם. ואוקמי' בשטתייהו, דאמרי: אין פותחין בנולד דלא שכיח, כמו חורבן הבית. דאילו ר"א היה בשעת חורבן, כדאמר ב"הניזקין" (גיטין נו.): נכנס ר"א מצד א' ור' יהושע מצד אחד לישא מטתו של ריב"ז בירושלים. ולא דבר כלום ולא חלק עליהן, לומר דשפיר הוי חרטה, כדתנן, ר"א אומר: פותחין בנולד. אלא הדר ביה ממילתיה, כיון שלא חלק על חכמי דורו. אבל פותחין בתנאי נולד דאמרינן להו אילו אתא איניש ואמר לכון דחרב ב"ה מי הוי נזר. ופי': אילו בא בן אדם אליך בשעה שנדרת, והיה מיעלך כי [אולין] חרב בית המקדש טרם כלות נזירותיך – כלום נדרת? וזה דומה לחרטה: אילו באו עשרה בני אדם שיפייסוך מי נדרת? שאין לחלק מאיזה טעם יהיה הפיוס, שאפילו טעם הפיוס משום דבר נולד – אין בכך כלום, דהוי חרטה. אמר רב (א) אסי אי הואי התם ה"א להו היכל ה' היכל ה' היכל ה' המה. כלומר: הייתי אומר לאותם הנזירים: לא כחכמים עשיתם שנדרתם, שהיה לכם ליראה פן יהרס, שהרי בפסוק מוזכר. ולא היה בא להתיר להו נדרים בפתח זה, אלא להוכיחם בא, למה לא זכרו על פסוק זה ולהמנע מלדור. והפסוק הוא סימן לדבר שהן שלשה, היכל והשנים עתידין ליחרב, והשלישי כסא יום הגדול והנורא לא ימוש לנצח. ורש"י פירש הפסוק בענין אחר בירמיה. נהי דידעי דחריב מי ידעינן אימתי ולא ידעינן לאימת והא כתיב בדניאל שבועים שבעים נחתך על עמך ועל עיר קדשך. דקאמר ליה המלאך לדניאל דלסוף שבעים שמיטות יחרב בית שני. וכשתמלא ע' של גלות בבל, וארבע מאות וכ' שנה של בית שני – יעלה לשבעים שמיטות, דהיינו שבע פעמים שבעים! ומשני: אכתי מי ידעי בהי יומא? כלומר, בתחלת שנה או באמצעיתה או בסופה, וסבורים הם שיכלה נזירות ויביאו קרבנות קודם לכן. מי שלא נתקיימו דבריו אמאי הוי נזיר. הא

לבית

הגהות מהר"ב רנשבורג

א] תוס' ד"ה (בעמוד הקודם) אביי אמר וכו' דוקא לשור שחור קא מיכוין שאפי' אם תיבות שאפילו אם נמחק. וצ"ב שאם: ב] ד"ה והקתני דינר זהב שיעלה כצ"ל: ג] ד"ה אמר לך וכו' דלא אזיל בתר רוב מקומות וצ"ע. נ"ב עי' בזה בא"מ: ד] ד"ה והאמר ר"ח אוכמא כו' בתורא קרמנאה. נ"ב עי' א"מ: ה] ד"ה דתניא מי שעבר וכו' כמו ק' ימים ושתה בהם. מלת בהם נמחק. וצ"ב קשיים: ו] בא"ד כגון שלשים יום ושתה כ' ימים צריך למנות כ' ימים כצ"ל: ז] בא"ד כלומר מקצת ימים שנדר שאינו סותר הכל. תי' הכל נמחק. וצ"ב כל הס': ח] ד"ה איבעית אימא ר"י כאן בנזירות מרובה וכו' למנין כאן בנזירות מועטת כצ"ל: ט] ד"ה ואי בעית אימא רבנן וכו' ה"פ מונה ימים של איסור דהיינו ק' אות ק' נמחק וצ"ב ס': י] בא"ד ועבר עליהן עתה. מלת עתה נמחק: כ] בא"ד אפילו לרבנן דשתיית יין מדרבנן בעלמא. נ"ב וכדלקמן דף מד: ל] ד"ה אמר רב שימי וכו' שאינו קדוש חל [בכן] כצ"ל:

אילימא ר' טרפון — מי הוי נזיר? כיון דבשעתא דקא נזר לא ידע אי פלוני הוא ואי לא, מי חלה עליה נזירות? *והתניא, ר' יהודה אומר משום ר' טרפון: אין אחד מהן נזיר, לפי שלא נתנה נזירות אלא להפלאה! אלא ר"י דברי הוא. דתניא: *"הריני נזיר על מנת שיהא בכרי הזה מאה כור" והלך ומצאו שנגנב או שאבד, ר"ש אוסר, ור' יהודה אמתיר. ר"ש סבר: כיון דאילו לא נגנב, דלמא הוו ביה מאה כור, והוי נזיר — השתא נמי הוי נזיר. והכא נמי, כיון דאי אתא לקמן וידעינן דפלוני הואי — הוי נזיר, השתא נמי הוי נזיר.§ **מתני'** בראה את הכוי, ואמר "הריני נזיר שזה חיה", "הריני נזיר שזה אינו חיה", "הריני נזיר שזה בהמה", "הריני נזיר שאין זה בהמה", "הריני נזיר שזה חיה ובהמה", "הריני נזיר שאין זה לא חיה ולא בהמה", "הריני נזיר שאחד מכם נזיר", "הריני נזיר שאין אחד מכם נזיר", "הריני נזיר שכולכם נזירין" — הרי כולן נזירין.§ **גמ'** תני חדא: תשעה נזירים, ותניא אידך: תשע נזיריות. בשלמא תשעה נזירין — כגון דהוי גברי טפי, דאיתפיס ואזיל ביה. אלא תשע נזיריות לחד גברא היכי משכחת לה? בשלמא שית משכחת לה כדתנן, אבל תלת היכי משכחת לה? אמר רב ששת: כגון דאמר [א] "הריני נזיר ונזירות הכל עלי".§

הדרן עלך בית שמאי

שלשה *גמינין אסורין בנזיר: הטומאה והתגלחת והיוצא מן הגפן. דוכל היוצא מן הגפן מצטרפין זה עם זה. הואין חייב עד שיאכל מן הענבים כזית.

משנה

רש"י

מני אילימא ר' טרפון. ור' יהודה דבר פלוגתיה דר"ש נקיט לה אליבא דר' טרפון. והאי דקאמר ר' טרפון — משום דסליק מיניה. הא אתא לקמן הוי נזיר? והתניא ר"י אומר משום ר' טרפון אין אחד. מכל אלו שבמשנתנו: היו שנים מהלכים בדרך כו' — אינו נזיר. אלא ר"י דברי הוא. דאמר: ספק נזירות להקל. וכיון א) דהכא ספק אם איש פלוני הוא, ב) דומיא דכרי דאינו יודע אם יש בו מאה כור אם לאו — אינו נזיר. ר"ש סבר כיון דאילו לא נגנב דלמא הוי ביה מאה כור והוי נזיר השתא נמי. דנגנב, חיישינן ג) שיהא בו מאה כור, וליהוי נזיר. והכי נמי בהאי דהרתיע לאחוריו, כיון דאילו אתי לקמן וידעינן ביה דהוא פלוני שזה נזר עליו, והוי נזיר ד) — והשתא נמי ליהוי נזיר, ואפילו לב"ה. הלכך אי אפשר לו לפטור את עצמו בלא נזירות, אלא דאמר "אם כדברי היה הריני נזיר" כו'. **מתני'** ראה את הכוי כו' כולן נזירין. ואליבא דב"ש, דאמרי: הקדש בטעות ה) דהוי הקדש, והוא הדין לנזיר בטעות. **גמ'** תני חדא. על מתני', דאית בה ט' נזירין. ותניא אידך ט' נזיריות. יש בו לאדם אחד. בשלמא ט' נזירים. משכחת לה, כגון דהוו גברי טפי דאיתפיסו ואזיל בהדי הדדי, דפתח חד ואמר "הריני נזיר שזו חיה", והב' אמר "הריני נזיר שאין זו חיה", והג' אמר "הריני נזיר שזו בהמה", והד' אמר "הריני נזיר שאין זו בהמה", והה' אמר "הריני נזיר שזו בהמה וחיה", והו' אמר "הריני נזיר שאין זו לא חיה ולא בהמה". ואיתפיסו השאר באלו שנדרו על הכוי, ואמר השביעי "הריני נזיר שא' מכם נזיר", והח' אמר "הריני נזיר שאין א' מכם נזיר", והט' אמר "הריני נזיר שכולכם נזירין" — הרי כולן נזירין, ויש כאן ט' נזירין. אלא ט' נזיריות לחד גברא היכי משכחת לה? בשלמא שית. קמייתא דכוי — מצי למימרינהו חד גברא. אלא אידך בבא ד"חד מנכון נזיר" "שאין אחד מכם נזיר" — לא משכחת לה אלא בגברי טובא! אמר רב ששת. משכחת לה ט' נזיריות, כגון דאמר "הריני נזיר ונזירות הכל עלי". דאמר: הריני נזיר שזו חיה, הריני נזיר שאין זו חיה, הריני נזיר שזו בהמה, הריני נזיר שאין זו בהמה, הריני נזיר שזו חיה ובהמה, הריני נזיר שאין זו לא חיה ולא בהמה — הרי שית. וחזר אמר: כל נזיריות ו) המתחלקות על כל בני אדם על הכוי — הרי הן עלי, א] וכגון ז) שמעכשיו מקבל אני עלי בין שזו חיה ובין שזו אינה חיה הריני נזיר, בין שזו בהמה ובין שאין זו בהמה הריני נזיר, בין שזו בהמה וחיה ובין שזו ח) לא בהמה ולא חיה — הרי כאן ט' נזיריות. לישנא אחרינא. בשלמא ט' נזירים משכחת לה, כגון דהוו גברי טפי דאיתפיסו ואזיל, דכי אמר חד "הריני נזיר שזו חיה", ובא השני ואמר "הריני נזיר שאין זו חיה", ובא השלישי ואמר "הריני נזיר אם הוא כדברי אחד מכם", וכי הדר ואמר רביעי "שזו בהמה", וחמישי "שאין זו בהמה", ובא הששי והתפיס ואמר "הריני נזיר אם הוא כדברי אחד מכם", וכי הדר אמר שביעי "הריני נזיר שזו חיה ובהמה", ושמיני אמר "שאין זו לא חיה ולא בהמה", ובא תשיעי ואמר "הריני נזיר אם הוא כדברי אחד מכם". אלא ט' נזיריות כו', כדלעיל. אמר רב ששת: כגון דאמר הריני נזיר וכל הנזיריות עלי. ואמר לנו המורה: דהך סתם מתני' דהכא מיתוקמא אפילו לב"ה. דעד כאן לא פליגי ב"ה עלייהו דב"ש לעיל אלא בטעות הקדש, אבל בספק הקדש, כגון הכא דאין ידוע אם כוי זה מין חיה או מין בהמה, כדאמר מר (חולין דף פ.): כוי לא הכריעו בו חכמים אי מין בהמה הוא או מין חיה הוא — אפילו ב"ה מודו דהוי נזיר. ודיקא נמי ט) סתמא דמתני' דכוי ב"ה היא, דאם איתא דלב"ה לא סבירא להו דספק נזיר הוי נזיר — מאי איריא דקא בעי (תנא): מני מתני' דתני הרתיע לאחוריו אינו נזיר, אילימא ר"ט כו'. הא איכא ליה למימר דב"ה היא! אלא מדקא מהדר לאוקמא אליבא דחד תנא — היינו טעמא משום דאליבא דב"ה לא מיתוקמא, דאילו לב"ה הוי נזיר גמור כי הרתיע לאחוריו, דקסברי ב"ה נזירות י) ספק הוי נזיר: **הדרן עלך בית שמאי**

שלשה מינין וכו' וכל היוצא מן הגפן. כגון חרצן וזין וחומץ, מצטרפין זה עם זה לכזית. כ) אינו חייב עד שיאכל מן הענבים כזית. ל) והא נמי מיחייב על זג וחרצן, אלא הא אתא לאשמועינן — דאינו חייב אלא בכזית. מ) והא דקתני "ענבים" — לאפוקי מרבי אלעזר, כדמפרש בגמ'. במשנה

תוספות

לבית הלל לא הוי נזירות בטעות! אימא: מי שנתקיימו דבריו. אביי אמר: כגון דאמר אי נמי לאו פלוני הוא — אהוי נזיר. ומאי לא נתקיימו דבריו — [הראשונים]. ומיירי שחזר בו תוך כדי דבור, ואגב אורחיה קמ"ל, דתוך כדי דבור כדבור דמי, ודבריו האחרונים עיקרים.

***הרתיע** לאחוריו אינו נזיר. הא אתא לקמן — הוי נזיר. מני? אי כב"ש — אפי' בהרתיע לאחוריו הוי נזיר. וכב"ה נמי לא, דלב"ה כיון דאילו אתא לקמן הוי נזיר, אותו שנתקיימו דבריו, כי נמי הרתיע — הוי ספק נזיר. אילימא ר' טרפון — מי הוי ספק נזיר, כיון דבשעה שנדר לא ידע אם פלוני או לא. **והתניא** כו'. ואי קשה: לייתי ממתני': אין אחד מהן נזיר? וי"ל: דשמא ניחא ליה לאיתויי הברייתא: דמפרש טעמא דקרא. **אלא** ר"י דברי הוא. דאמר דלא מחית איניש נפשיה לספיקא. אבל אי יודע מי הוה — הוי נזיר. ותימה: דהכא משמע דלר"י היכא שנודע מי היה — דהוי נזיר, אע"פ שלא הפליא נדרו. ובפ"ב דנדרים (דף יט.) קאמר רב אשי: ההיא ר"י דכרי הוי ר"י משום ר' טרפון, דאין אחד מהן נזיר, ובדין הוא דכי נמי לא נגנב לר"י דאינו נזיר, דאין הפלאה. והא דתניא נגנב — לרבותא דר"ש! וצריך לומר, דלרב אשי לא נשנית מתני' דהכא לר"י, אלא נשנית לתנא דפ"ב דלעיל (דף יג.), דאמר: הפילה אשתו אינו נזיר, אלא ה"ל בן הוי נזיר, ב] אע"ג דבשעת שנדר [לא] הוי הפלאה. הלכך, מתני' דהכא אתיא כוותיה. **תנא** חדא ט' [נזירים]. גבי כוי דמתני', ג] דכוי נתפסין בספיקות *(ראייה), כדתנן במתני'. ותני אידך ט' נזיריות, דמשמע: לאדם אחד חלים עליו ט' נזיריות מספיקא דכוי. **בשלמא** [ט' נזירים] משכחת לה כגון דהוו גברי טובא דאתפים ואזיל. לענין המפורש במשנה. אלא ט' נזיריות באדם אחד היכי משכחת לה? בשלמא שש — משכחת לה, כגון שאומר: הריני נזיר שזה חיה, ושאין זה חיה, שזה בהמה, ושאין זה בהמה, שזה חיה ובהמה, שאין זה לא חיה ולא בהמה. אלא אידך תלתא היכי משכחת לה? והא שאחד מכם נזיר (קאמר), שאין אחד מכם נזיר, שכולכם נזירין — לא שייכי בחד גברא! **כגון** דאמר הריני נזיר ונזירות הכל עלי. ראה ט' בני אדם שנתפסו עצמן בנזירים בכוי, ואמר: הרי עלי כל דין נזירות כולכם — הרי יש עליו תשעה ספיקות נזירות. ואם ירצה לתקן עצמו — יאמר: אם יש עלי ט' נזירות חובה — מוטב, ואם לאו — הרי עלי ט' נזירות נדבה.

הדרן עלך בית שמאי

שלשה מינין אסורין בנזיר הטומאה. דכתיב (במדבר ו) "על [נפש] מת לא יבא", והתגלחת — "קדוש יהיה גדל פרע", והיוצא מן הגפן — דכתיב "ענבים לחים ויבשים לא יאכל". **וכל** היוצא מן הגפן מצטרפין זה עם זה. כגון ענבים לחים ויבשים חרצנים וזגים, שאם יאכל כזית מכולן — לוקה משום דכתיב "מכל אשר יעשה מגפן היין מחרצנים" כו'. וחייב

פי' הרא"ש

והתניא ר"י אומר משום ר"ט וכו' תימה אמאי מייתי ברייתא ממתני' גופא ה"ל לאתויי דקתני ר"ט אומר אין אחד מהם נזיר. וי"ל דניחא ליה לאתויי ברייתא דמפרש טעמי דר"ט. ועוד דמתני' מצינו לפרושי ר"ט אומר אין אחד מהם נזיר ודאי אלא כולם ספק. [אבל בברייתא אין לפרש כן] דא"כ היינו ר"ט [דמתני'] הלכך משמע ליה לפרושי דאינן נזירין כלל הלכך מוקי לה כר' יהודה דכרי דסבר דלא מחית איניש נפשיה לספיקא ובדעתו שאם לא יתברר שלא יהא עליו שום נזיר: ראה את הכוי וכו' ששה אנשים ראו כוי אחד. אמר האחד הריני נזיר אם הוא זה חיה והב' אמר הריני נזיר אם אינו חיה והג' אמר הריני נזיר אם הוא בהמה והד' אמר הריני נזיר אם אינה בהמה והה' אמר הריני נזיר אם הוא חיה ובהמה והו' אמר הריני נזיר אם אינו לא חיה ולא בהמה. והיו עוד שלשה עמהם הא' אמר הריני נזיר אם אחד מכם נזיר. והב' אמר הריני נזיר אם אין אחד מכם נזיר. והג' אמר הריני נזיר אם כולכם נזירים. וא"ת איכפל תנא לסתום כב"ש דלב"ה מי שאינו כדבריו לא הוי נזיר. וי"ל אשמעינן נמי לב"ה דספק נזיר הוי דכוי הוי ספק חיה וספק בהמה וספק בריה ומחמירים ביה חומרת שניהם ואסור בהרבעה עם שניהם כדאיתא בשלהי מס' כלאים: בשלמא ט' נזירים כגון דהוי גברי טובא כדפריש במתני' אבל ט' נזירות לחד גברא היכי משכחת לה. בשלמא שית מ"ל כגון שאמר אדם אחד מה שאמרו הששה שזה חיה שאינו חיה שזה בהמה שאינו בהמה שהוא חיה ובהמה שאינו חיה ובהמה אבל מה שאמרו ג' האחרונים לא מ"ל בחד גברא. כגון דאמר הריני נזיר ונזירות הכל עלי דאם ט' שהתפיסו כדפריש במתני' ואמר האחד כל דין נזיר שעל כולכם עלי נמצא לב"ש ט' נזירות ישנו עליו ולב"ה ט' ספק נזיר: **סליק פרקא**

שלשה מינין אסורים בנזיר הטומאה דכתיב על כל נפשות מת לא יבוא והתגלחת דכתיב תער לא יעבור על ראשו. והיוצא מן הגפן דכתיב וענבים לחים ויבשים לא יאכל א) וחרצנים וזגין מצטרפין לכזית ללקות דכתיב מכל אשר

א) נ"ל וכל היוצא מן הגפן מצטרפין כגון ענבים לחים ויבשים וחרצנים וכו'.

עין משפט נר מצוה

יב א מיי' פ"ב מהלכות נזירות הלכה ט:
יג ב מיי' שם הל' י:
שייך לעיל לג.
א ג מיי' פ"ה מהלכות נזירות הלכה א סמג לאוין רמג:
ב ד מיי' שם הל' ג:
ג ה מיי' שם הלכה ב:

מסורת הש"ס

[תוספתא פ"ג] לקמן סב. עירובין פב. סנהדרין כה. חגיגה י. נדרים יט: כח.

[נדרים יט. ע"ש לעיל ח. תוספתא פ"ב]

[לקמן מז.]

נוסחת הריב"ן

א) דהוי: ב) כמו שנזר דומיא דכרי הוא: ג) שמא יש בו: ד) השתא: ה) הקדש בטעות הקדש: ו) עלי המתחלקות מבני אדם: ז) וכגון שאמר מעכשיו: ח) אינה: ט) דסתמא: י) בספק: כ) ד"ה אינו חייב כו' כלמפרש בגמרא ליתא בכ"י כאן רק נמצא בעמוד ב' אחר ד"ה אף כל פרי גמור כו': ל) וה"ה נמי שחייב על זג כו': מ) בכזית ולאי והא:

הגהות הגר"א

[א] גמ' כגון דאמר (הריני נזיר) תא"מ:

הגהות מהר"ב רנשבורג

א] רש"י ד"ה אמר רב ששת וכו' וכגון שמעכשיו. נ"ב עי' א"מ: ב] תוס' ד"ה אלא ר"י וכו' אע"ג דבשעת שנדר לא הוי הפלאה. נ"ב עי' א"מ: ג] ד"ה תנא חדא ט' נזירים גבי כוי. ע"ב דמתני' דכוי נמחק וכ"ב דבתשעה נתפסין עי' א"מ:

משנה ראשונה (א) אומרת עד שישתה רביעית יין. *רבי עקיבא אומר: אאפי' שרה פיתו ביין, ויש בה כדי לצרף כזית – חייב. בוחייב על היין בפני עצמו, ועל הענבים בפני עצמן, ועל החרצנים בפני עצמן, ועל הזגים בפני עצמן. ר' אלעזר בן עזריה אומר: אין חייב עד שיאכל שני חרצנים וזג. אלו הן חרצנים ואלו הן זגים? החרצנים – אלו החיצונים, הזגים – אלו הפנימים, דברי ר' יהודה. רבי יוסי אומר: גשלא תטעה, כזוג של בהמה; החיצון זוג, והפנימי עינבל.§

גמ' "שלשה מינין אסורין בנזיר הטומאה" כו'.§ היוצא מן הגפן – אין, דגפן עצמו – לא. מתני' דלא כר"א*, דתניא, רבי אלעזר אומר: אפילו עלין ולולבין במשמע. איכא דאמרי לה אסיפא: (ב) אינו חייב אלא עד שיאכל מן הענבים כזית. מן הענבים – אין, מהגפן עצמו – לא. מתני' דלא כרבי אליעזר*, דתניא, רבי אלעזר אומר: אפילו עלין ולולבין במשמע. במאי קמיפלגי? ר"א* דריש ריבויי ומיעוטי, רבנן דרשי כללי ופרטי. רבי אלעזר דריש ריבויי ומיעוטי: °"מיין ושכר יזיר" – מיעט, "מכל (במדבר ו) אשר יעשה מגפן היין" – ריבה, מיעט וריבה – ריבה הכל; מאי ריבה – ריבה כל מילי, מאי מיעט – מיעט שבישתא. ורבנן דרשי כללי ופרטי: "מיין ושכר יזיר" – פרט, "מכל אשר יעשה מגפן היין" – כלל, "מחרצנים ועד זג" – חזר ופרט, פרט וכלל ופרט – אי אתה דן אלא כעין הפרט, מה הפרט מפורש – פרי ופסולת פרי, אף כל – פרי ופסולת פרי. אי מה הפרט מפורש פרי גמור, אף כל פרי גמור! אמרת: א"כ מה הניח לך הכתוב במשמעו שלא אמרו? ענבים לחים ויבשים – הא כתיבי, יין וחומץ – הא כתיבי! הא אין עליך לדון כלשון אחרון אלא כלשון ראשון. ומאחר שסופינו לרבות כל דבר, מה תלמוד לומר "מחרצנים ועד זג"? לומר לך: כל מקום שאתה מוצא פרט וכלל – אי אתה רשאי למשכו ולדונו כעין הפרט, אלא נעשה כלל מוסף על הפרט, עד שיפרוט לך הכתוב כדרך שפרט לך בנזיר. אמר מר: מה הפרט מפורש – פרי ופסולת פרי, אף כל – פרי ופסולת פרי. פרי – עינבי, פסולת פרי מאי היא – החומץ, "אף כל פרי" מאי היא – וגוהרקי, "אף כל" דפסולת פרי מאי היא? אמר רב כהנא: לאיתויי עינבי א] *דכרין. "ועד זג", אמר רבינא, לאיתויי דבין הבינים. אמר מר: [אי] מה הפרט מפורש פרי גמור – אף כל פרי גמור! אמרת: א"כ מה הניח הכתוב במשמעו שלא אמרו, ענבים לחים ויבשים – הא כתיבי, יין וחומץ – הא כתיבי! הא אין עליך לדון כלשון אחרון אלא כלשון ראשון. ומאחר שסופינו לרבות כל דבר, מה ת"ל "מחרצנים ועד זג" – לומר לך: כל מקום שאתה מוצא פרט וכלל – אי אתה רשאי למושכו ולדונו כעין הפרט, אלא נעשה כלל מוסף על הפרט, עד שיפרוט לך הכתוב כדרך

תורה אור

במשנה ראשונה. היו שונין שאינו חייב עד שישתה רביעית יין, בא ר"ע ואמר: אפי' שרה פיתו ביין ויש יין מובלע בתוך הפת כדי זית – חייב. גמ' עלין ולולבין. של גפן, במשמע הכתוב שאמר "מכל אשר יעשה מגפן היין". לולבין – אלו חוטין רכין שבגפן. מיין ושכר יזיר מיעט. יין הראוי להשתכר בו אסור לו, א) אבל מידי אחרינא לא. כל מילי. ואפילו עלין ולולבין. שבישתא. זמורות כדמתרגמינן "שריגים" – שיבשין (בראשית מ). מה הפרט מפורש פרי ופסולת פרי. כגון ענבים ויין וחומץ. אף כל פרי ופסולת. להביא גוהרקי ועינבי דיכרין, כדלקמן בסמוך. אף כל פרי גמור. ולא דבר אחר, ולא גוהרקי, ולא עינבי דיכרין. ב) אם כן. שלא להביא בו אלא פרי גמור. מה הניח לך הכתוב במשמעו שלא אמר. שתהא למד מן הפרט? אם ענבים לחים ויבשים – הא כתיב כו' ג). אלא כלשון הראשון. אף כל פרי ופסולת פרי. ד) שאם אתה אומר אף כל פרי גמור – נמצא דאינו מרבה שום דבר בעולם. ומאחר שסופינו לרבות כל דבר. יין וחומץ (ענבים לחים ויבשים) ומרבה יין גוהרקי ה) ועינבין דיכרין מ"אף כל", והיינו דהניח הכתוב במשמעו שלא (ג ו) אמר (וענבים לחים ויבשים). מה ת"ל. פרט האחרון, דכתיב "מחרצנים ועד זג לא יאכל"? אי משום דרבי אלעזר בן עזריה – ליכתביה ז) לגבי פרטי, בתר כללא למה לי? אלא לומר לך כל מקום שאתה מוצא. בכל התורה, שיהא שם פרט וכלל בלבד – אי אתה רשאי למושכו ולדונו כעין הפרט, אלא שהכלל נעשה מוסף על הפרט, ואיתרבו להו כל מילי. עד שיפרוט לך הכתוב. שלא תהא ח) מרבה אלא כעין הפרט, ט) כדרך שפרט לך בנזיר, שלאחר שכתב את הכלל בא וכתב לך פרט "מחרצנים ועד זג". י) ור"א סבר כר"א בן עזריה דמוקים ליה להאי "מחרצנים ועד זג" – עד שיאכל שני חרצנים וזג. גוהרקי. ענבים דקין שגדלין בין שאר גרעינין גדולים. ענבי דכרין. ענבים שהתליעו. בין הבינים. אותו דבר הקרוש שבין הזג והחרצן, שממנו נעשין שמרים.

וחייב על היין בפני עצמו ועל הענבים בפני עצמן ועל הזגין בפני עצמן. ונראה דעיקר חידוש לת"ק בא, לומר: חייב על הזגין בפני עצמן ב] אם אכל לבד מן הזגין. ולהכי אתא לאפלוגי ר"א בן עזריה, ולומר דאינו חייב עד שיאכל שני חרצנים וזג. [דחרצנים הם] הגרעינין בענבין, וזגין הם הקליפה שלהן. ומרבה חרצנים בלשון רבים וזג בלשון יחיד, כדמפרש התלמוד. ור"א ג] סבר כר' יוסי דאמר חרצנים אלו הגרעינים ד]. [החרצנים אלו החיצונים]. קליפה שבחוץ, [והזגין אלו הם] מבפנים, ר' יוסי אומר. ולאפלוגי הוא דאתא, ופירש המקרא להיפך: אלו הקליפה החיצונה. וסימן שלא תטעה – כזוג של בהמה, החיצון נקרא זוג, כן בענבים החיצון נקרא ה] זוג. גפן עצמו לא. כגון עלין ולולבין, מדלא תנא [רבותא] גפן עצמו. אפי' עלין ולולבין במשמע. כדדרשינן בסמוך. איכא דאמרי אסיפא. אבל אדיוקא דרישא – לא, דמשמע שפיר בלישנא ד"היוצא מן הגפן" אפי' עלין ולולבין. מיין ושכר יזיר מיעט. אע"ג דדרשי' לי' בפ"ק (לעיל ד.) לאסור יין [של מצוה כיין של רשות], ושכר לילפי למקדש – מ"מ איכא מיעוטין טובא, דכתיב "מיין ושכר יזיר חומץ יין וחומץ שכר לא ישתה וענבים לחים ויבשים לא יאכל". "מכל אשר יעשה מגפן היין" ריבה. אבל "מחרצנים ועד זג" לא דריש ליה למעוטי כרבנן, דאיצטריך ליה לכדר' אלעזר בן עזריה דבסמוך, דאינו חייב עד שיאכל שני חרצנים וזג. מאי ריבה ריבה כל מילי ואפי' עלין ולולבין ומאי מיעט שבישתא. זמורה, כדמתרגמינן "שלשה שריגים" – תלתא שיבשין. מיין ושכר יזיר פרט. מדה זו ניתנה לידרש כעין כלל ופרט וכלל. ויש חילוק קצת בין המדות, כדכתב בסוף הסוגיא. מה פרט מפורש בנזיר ענבים פרי אף (על) כל פרי. מפרש בסמוך לאיתויי בוסר ופסולת פרי – ענבים שהתליעו, ולמעט עלין ולולבין שאינו כעין הפרט. ו] אי מה פרט מפורש פרי גמור אף כל פרי גמור. יש מפרשין דהכי פירושו: ונמעט גם בוסר גם ענבים שהתליעו, ולא נראה; חדא: דחומץ כתיב, דהוי פסולת פרי, ומאי שנא ענבים שהתליעו מחומץ? וע"ק: דאם נמעט תרוייהו – מה אנו מרויחין בכלל ופרט מה שלא נכתב בפירוש? וגם לשון פרי גמור משמע דאתי למעוטי פרי שאינו גמור, כמו בוסר. לכן נראה למורי דה"פ: אף כל פרי גמור, ולאפוקי בוסר. אבל ענבים שהתליעו – נרבה כעין הפרט! ומשני: א"כ מה הניח לך שלא אמרו? ענבים לחים ויבשים – הא כתיבי, יין וחומץ – [הא כתיבי], הא אין עליך לדון כלשון אחרון אלא כלשון ראשון.

פי': אם כן דנמעט בוסר – נמצא השאר מפורש, ומה נרויח שאנו דורשין פרט וכלל ופרט? ואם תאמר: והא איכא ענבים שהתליעו שלא נכתבו? ויש לומר: דתרי פרטי כתיבי, פרי – דהיינו ענבים, ופסולת פרי – דהיינו חומץ. ז] ואין לך לרבויי מכל פרט כעין הפרט, ולכך יש עליך לדון ולרבות גם בוסר מפרט ענבים, גם ענבים שהתליעו מפרט דחומץ, ולמעוטי עלין ולולבין שאינו כעין הפרט. ומאחר שסופינו לרבות כל דבר מה תלמוד לומר מחרצנים ועד זג. ואם תאמר: והא איצטריך לפרט אחרון! י"ל דהכי פירושו: לכתוב ליה קודם הכלל! ומשני: לומר לך כל מקום שאתה מוצא פרט וכלל. פירוש, בעלמא. וכן הכא גבי נזיר, לולא לא נכתב חרצן וזג שהוא פרט אחרון – אי אתה רשאי לדונו ח] ולישבו כעין הפרט, אלא נעשה כלל מוסף על הפרט, והיינו מרבינן עלין ולולבין נמי, עד שיפרוט לך הכתוב פרט אחר הכלל, כדרך שפרט לך בנזיר. גוהרקי. פי': בוסר. וחבירו בפ' "כל שעה" (פסחים ד' כה:) הוה שייף לברתיה בגוהרקי דערלה. עינבין דכרין. ענבים שהתליעו. מחרצנים ועד זג ל"ל. וא"ת: והא שפיר איצטריך, דאפי' חרצנים ט] וזג אסר רחמנא, דאע"פ שאינן ראויין לאכילה. וגם איצטריכו למלקות, כדאמר לקמן (ד' לח:): אכל חרצן לוקה שתים, זג – לוקה שתים! י] (ויש לומר) דהכי קאמר: ל"ל לכתביה מקמיה

ד א מיי' פ"ה מהל' נזירות הלכה ה סמג לאוין רמג:
ה ב מיי' שם הל' ח:
ו ג ד ה ו מיי' שם הלכה ב:

פי' הרא"ש

אשר יעשה מגפן היין: גפן עצמו לא כגון עלין ולולבין: ואיכא דאמרי ליה אסיפא וכו'. מן הענבים אין מן הגפן [לא] ודיוקא דרישא לא משמע ליה דעלין ולולבין בכלל יוצא מן הגפן נינהו דכתיב ובגפן ג' שריגים: מיין ושכר מיעט ואע"ג דדרשינן בפ"ק מיין לאסור יין מצוה כיין הרשות ושכר לג"ש למילף אמקדש. טובא מיעוטי כתיבי מיין ושכר יזיר חומץ יין וחומץ שכר לא ישתה וענבים לחים ויבשים לא יאכל: מכל אשר יעשה מגפן היין ריבה ומיעט וריבה ריבה כל מילי ומיעט שבשתא זמורות. שריגים מתרגם שבישתא ומחרצנים ועד זג לא דריש ליה למיעוטי דמוקים לה כראב"ע: אף כל פרי ופסולת פרי לקמן מפרש: אי מה הפרט מפורש פרי גמור פי' הוא דמפרש ואזיל דין כל כלל ופרט וכלל או פרט וכלל ופרט אמאי מרבינן כעין הפרט: ומאחר שסופינו לרבות כל דבר שהוא כעין הפרט מה ת"ל מחרצנים ועד זג. מפרט וכלל נמי נרבה כעין הפרט. והאי נמי פי' הוא דכל כללי ופרטי. כל פרי מאי היא גוהרקי בוסר כדאמר בפרק כל שעה הוה שייף לברתיה בגוהרקי דערלה ענבי ככרום א) שהתליעו: בין הבינים פר"ת ענבים קטנים שעומדים בין הגדולים ואינם ראויים לאכילה לפי שאינן רואים פני החמה ואינן מתבשלים:

א) נראה דצ"ל דכדום וכ"ה בכ"מ ק"ו ע"ב.

נ"ל דכדום פי' ענבים שלקו בגפן קודם בצירה [ועי' תוס' חולין נח: ד"ה הני תמרי ועי' לקמן לח: מה שנרשם על הגליון]

הגהות הב"ח

(א) במשנה משנה ראשונה אומרת עד כצ"ל ותיבת אומרת נמחק: (ב) גמ' איכא דאמרי לה אסיפא ואינו חייב עד כצ"ל ותיבת אלא נמחק: (ג) רש"י ד"ה ומאחר וכו' שלא אמרו ענבים לחים ויבשים וכו' הס"ד:

[לקמן לז. פסחים מד. שבועות כח:]

נוסחת הריב"ן

א) (לו) ליתא בכ"י: ב) כאן כתוב בכ"י הד"ה אינו חייב כו' הנדפס לעיל בע"א: ג) כתיב כו' נמצא זה שאתה אומר אף כל פרי גמור לאי' מרבה שום דבר בעולם הס"ד: ד) (שאם אתה כו' ענבים לחים ויבשים) כ"ז ליתא בכ"י: ה) ופסולת דברים: ו) שלא אמרו הס"ד ואחר כך מה"ד ומאחר שסופינו לרבות כל דבר יין וחומץ וענבים לחים ויבשים מה ת"ל פרט האחרון: ז) לבהדי: ח) כן בו: ט) עד שיפרוט לך הכתוב כדרך כו': י) שאינו צריך אלא כדי ללמד לך בשאר מקומות הס"ד ומ"ה גוהרקי והשאר ליתא:

הגהות מהר"ב רנשבורג

א] גמ' אמר רב כהנא לאתויי עינבי דכרין. כ"ב עי' א"מ: ב] תד"ה וחייב על היין וכו' אם אכל לבד מן הזגין. כ"ב דקשה להו אמאי אמר וחייב על היין וכו' פשיטא ותרנו דקמ"ל סיפא על הזגין וכו' א"מ לקמן בדף לט ע"א ועי' לקמן לח ע"ב רש"י ד"ה רבא אמר ודו"ק: ג] בא"ד ור"א ב"ע סבר כצ"ל א"מ: ד] בא"ד כר"י דאמר חרצנים אלו הגרעינים מבפנים וזגין קליפה שבחוץ כצ"ל והד"א א"מ שם ואח"כ מה"ד ר"י אומר וכו' ופירוש המקרא להיפך דזגים כצ"ל: ה] בא"ד כן בענבים החיצון נקרא זוג. תי' זוג נמחק. ונ"ב זג: ו] ד"ה מה פרט מפורש וכו' שאינו כעין הפרט כאן הס"ד ואח"כ מה"ד אי מה פרט מפורש: ז] בא"ד ופסולת פרי דהיינו חומץ ואין לך. תיבת ואין נמחק. ונ"ב ואית: ח] ד"ה ומאחר שסופינו וכו' אי אתה רשאי לדונו ולישבו. תי' ולישבו נמחק. ונ"ב ולמשכו: ט] ד"ה מחרצנים וכו' וזג אסר רחמנא. נ"ב עי' א"מ: י] בא"ד וא"ל דה"ק ל"ל דכתוב כאן לכתביה כצ"ל:

פרטא מנא ליה. מנא ליה דפרט וכלל ופרט אי אתה דן אלא כעין הפרט? סבר ליה כר' אלעזר דדריש ריבויי ומיעוטי. ולא משמע ליה מהאי "חרצנים ועד זג" פרט, וקא דריש ביה א) כי טעמיה, שלכך הוא בא, שאינו חייב עד שיאכל (א) כל שני חרצנים וזג. ואיבעית אימא דאית ליה כרבנן. דדרשי כללי ופרטי, ואף ע"ג דמשמע ליה מיניה (ב) דלפרטא הוא דאתא ב). למידייניה בכלל ופרט. ולא משום דר' אלעזר בן עזריה. ולר' אלעזר דדריש ביה ריבויי ומיעוטי פרט וכלל ופרט מנא ליה. דדייניגן ג) כעין הפרט. כי יתן איש אל רעהו חמור או שור או שה פרט וכל בהמה כלל. ואפילו דוכים ואריות, "לשמור" חזר ופרט – אי אתה דן אלא כעין הפרט, דאהני פרטא בתרא למידי דבר שמירה הוא, דנשבעין עליהן, כגון נמי עופות. יצאו דוכים ואריות דלאו בני שמירה נינהו, שאין להם תרבות. רבא אמר מהאי קרא. "ואם מן הצאן קרבנו מן הכשבים או מן העזים לעולה זכר תמים יקריבנו". מן פרט הצאן כלל. ואפי' רובע ונרבע מוקצה ונעבד ואתנן ומחיר, שכשרין לקרבן. מן הכשבים ומן העזים חזר ופרט. דלא משמע ד) ליה כללא כמו "צאן". ואימעיטו להו כל הני, ואיתרבו לה כגון נעבדה בהם עבירה, כגון החורש בשור ובחמור, ושחרש בו בשבת. ולילף מן הדין קרא. "מן הבהמה ומן הבקר ומן הצאן *יקריבנו". "מן" פרט, דמשמע מן הבהמה ולא כל בהמה, "הבהמה" כלל – אפילו חיה, דחיה בכלל בהמה כו'. אי אתה דן אלא כעין הפרט. ואימעיט ליה חיה, ואיתרבו להו בחור וזקן. דעולה בא בחור אע"פ שאין אשם בא בחור, ואשם בא זקן אע"פ שאין עולה (ג) באה זקנה.

גליון

תורה אור

כדרך שפרט לך בנזיר "מחרצנים ועד זג". ולר' אלעזר בן עזריה, דקא מוקים להאי "מחרצנים ועד זג" לומר שאינו חייב עד שיאכל ב' חרצנים וזג, פרטא מנא ליה? סבר לה כרבי אלעזר, דדריש מיעט וריבה. ואי בעית אימא: כרבנן. דאי סלקא דעתך כדאמר רבי אלעזר בן עזריה – ליכתביה רחמנא להאי "מחרצנים ועד זג" גבי פרטי, למאי הלכתא כתביה בתר כלל – שמע מינה למידייניה בכלל ופרט. ואימא כוליה להכי הוא דאתא! א"כ לכתוב או *שני חרצנים או שני זגים או חרצן וזג, למאי הלכתא כתב רחמנא "מחרצנים ועד זג" – שמע מינה למדרש ביה כלל ופרט, ואיכא נמי למדרש ביה: עד שיאכל שני חרצנים וזג. ורבי אלעזר, דדריש מיעט וריבה, פרט וכלל ופרט מנא ליה? א"ר אבהו: *נפקא ליה מהאי קרא: °"וכי יתן איש אל רעהו חמור או שור או שה" – פרט, "וכל בהמה" – כלל, "לשמור" – חזר ופרט, פרט וכלל ופרט – אי אתה דן אלא כעין הפרט. רבא אמר: נפקא ליה מהאי קרא °"ואם מן" – פרט, "הצאן" – כלל, "כבשים ועזים" – חזר ופרט, פרט וכלל ופרט – אי אתה דן אלא כעין הפרט. אמר ליה רב יהודה מדיסקרתא לרבא: ולילף מן הדין קרא: °"מן" – פרט, "הבהמה" – כלל, "בקר וצאן" – חזר ופרט, פרט וכלל ופרט – אי אתה דן אלא כעין הפרט. א"ל: מן האי ליכא למשמע מינה, דאי מהתם הוה אמינא: "הבהמה" חיה

שמות כב | ויקרא א | שם

מקמיה? א] וקשה: דהיאך סבור דלא יאמר נעשה כלל מוסיף על הפרט? לכך נראה דה"ק: לכתוב חרצן וזג. [*דבין הבינים] ב]. דהיינו גוף הענב. והכי משמע לישנא דקרא; "מחרצנים ועד זג" פירוש: מה שבין חרצן לזג. וקשה: דהיא גוף הענב, וכבר כתב "ענבים"! לכן פר"ת: דהיינו ענבים קטנים שבין הגדולים, שאינם רואין פני החמה, ואינם מתבשלין כל כך, ולא יהיו גדולים לעולם. וא"ת: אמאי אילטריך "ועד" לבין הביניים? והלא כבר מרבינן אפי' בוסר מכעין הפרט! ושמא י"ל: דה"נ גריעי מבוסר, לפי שבוסר יבא לכלל ענבים גדולים. ועוד י"ל, דאי לאו "ועד" מרבין בין הביניים הוו מרבים מכעין הפרט בין הביניים ולא בוסר. ועוד יש לקיים פירוש ראשון, והכי פירושו: אם ליקט האוכל שבין החרצן כדי כזית ואכלו – לוקה, ולא אמרי' דבטלה דעתו אצל כל אדם. והא לא שמעינן ליה מענבים דקרא. **שני** חרצנים שבאים בתוך הענב וזג [א']. מן הקליפה ג], החרצנים לאפוקי שאם אכל כזית מן החרצנים או כזית מן הזגין – אינו חייב עד שיאכל הגרעינין והקליפה החיצונה. **סבר** לה כר' אלעזר דדריש רבויי ומיעוטי. ורבי אלעזר נמי כר"א בן עזריה דריש, ולא למעוטי, כדפ"ל. **ואיבעית** אימא כרבנן. ושפיר אית ליה לר"א [ב"ע] מלתייהו דרבנן, ותרתי שמעי' מינה. דאי ס"ד לכדר"א [ב"ע] לחודיה – לכתוב רחמנא "מחרצנים ועד זג" לגבי פרטי קודם הכלל, ואי לדרשא דפרט וכלל ופרט כדרבנן לחודיה אתו – לכתוב או "חרצנים (או שני) וזגין" או "חרצן וזג", שניהם בלשון רבים או שניהם בלשון יחיד. אלא ש"מ כר' אלעזר ב"ע. **ורבי** אלעזר דדריש ריבה ומיעט פרט וכלל ופרט מנליה. וא"ת: ולמא לית ליה [המדה] ד] בשום מקום, כי היכי דרבנן לא דרשי מיעט וריבה! וי"ל: דא"כ הוה לו לחלוק בכ"מ שאנו דורשין בכלל ופרט וכלל ומרבינן מההוא ריבוי כעין הפרט, כמו קרא ד"וכי יתן" דבסמוך דרבנן דרשי ליה בכלל ופרט וכלל ב"הזהב" בב"מ (ד' מז:): לרבות כעין הפרט דבר שמיטלטל וגופו ממון, ולהוציא שטרות וקרקעות ועבדים. ולא מצינו שר' אלעזר חולק על מדות הללו וריבה יותר מריבה ומיעט, אלא גם הוא מודה שאין נשבעין על הקרקעות והשטרות ועבדים. ומש"ה פשיטא ליה לגמרא כי במקום שאנו דורשין כלל ופרט וכלל – ידרוש הוא פרט וכלל ופרט, אם יכול להפיל כלל הראשון, ואם אינו יכול – אז דורשו בריבה ומיעט וריבה, שכך קבל המדות. וכשהוא דורש פרט וכלל ופרט – מרבה כעין הפרט, כמו רבנן בכלל ופרט וכלל ה] (במשמע דרשא להאי קרא ר' יוסי אומר דבסמוך), אך קצת יש חילוק ביניהם לרבנן כדמפרש בסמוך. א"נ [אומר ר"י]: דע"כ אית ליה בעלמא פרט וכלל ופרט, דאי הוי דריש במיעט, וריבה ומיעט, ס"ל לגמרא דגם גבי נזיר הוה דריש ליה במיעט וריבה ומיעט, ולא הוה דריש מיעוט אחרון לכדר' אלעזר ב"ע, דהכי עדיף. אלא ודאי [כדפרישית] דמדה דמיעט וריבה ומיעט לא דריש ליה, ו] אלא דריש ליה בפרט וכלל, לפי דמדה דמיעט וריבה ומיעט אינו מדה בתורה לידרש. וכ"ת: אכתי כיון דבעלמא דריש פרט וכלל ופרט, ה"נ גבי נזיר לידרשיה כרבנן! ויש לומר: הואיל דבעלמא דריש כל התורה בריבה ומיעט, וכן במיעט וריבה, וכן בריבה ומיעט וריבה. ואף דפרט וכלל ופרט ניתן לידרש, הואיל דברוב מקומות לא ניתן כלל ופרט לידרש – נוח לו לדרוש פרט אחרון לכדר' אלעזר מלדרשו לפרט וכלל ופרט. אך כשאין לו מה לדרוש מפרט אחרון דרשא אחרינא – אז *דורשין בפרט וכלל ופרט. **וכי** יתן איש אל רעהו חמור או שור או שה פרט. ד"יתן" לא משמע כללא לר' אלעזר, דמה יתן, דהכתוב לא פירש בכלל כלום, על כן הוא מפיל כלל הראשון. ד"יתן" על חמור ושור ושה קאי, דהיינו פרט. "וכל" – כלל, דמשמע על כל דבר. "בהמה לשמור" – חזר ופרט. ורבנן דרשי ליה בפרק "הזהב" בכלל ופרט וכלל. וכן בכל דוכתי דאשכחן דרשא כלל ופרט וכלל דלא פליג ר"א, היינו משום דדריש ליה בפרט וכלל ופרט, וממעט מיניה ז] [דלאו] כעין הפרט, כמו רבנן מכלל ופרט וכלל. **רבא** אמר נפקא ליה מהאי. כלומר, גם בהאי קרא דריש רבי אלעזר פרט וכלל ופרט: "ואם מן הצאן קרבנו מן הכשבים או מן העזים לעולה זכר תמים יקריבנו". "מן" – פרט, דמשמע מקצת צאן ולא כל [צאן]. "צאן" – כלל, "כבשים ועזים" – חזר ופרט, ה"ל פרט וכלל ופרט. וי"מ דפרטא משמע למעוטי רובע ונרבע, ויש במשמע למעוטי חורש בשור וחמור, ותוסם פי פרה ודש בה. דהשתא נדרוש הכי: מה הפרט מפורש שלא נעבדה בהן עבירה בגופן – ויצא רובע ונרבע שפסולין לקרבן, ומכללא נרבי חורש בשור וחמור ותוסם פי פרה דלא נעבדה בהן עבירה בגופן. [ואדרבה] קשה: דהיכי משמע מן הפרט למעוטי נעבדה בהן עבירה בגופן? דהכי מקרי כבשים ועזים אי נרבעו כמו לא נרבעו! וע"ק: דרובע ונרבע נפקא לן מקרא אחרינא דפסולין להקרבה! לכך נראה: ד"מן" – הפרט משמע למעט שתי שנים, דסתם כבש משמע בן שנה, וסתם עז משמע בת שנתה, וכן בעל מום דכתיב בפ' "זכר תמים". והשתא שמעינן מכעין הפרט בעל מום, ונרבי מהכלל אפילו ב' שנים. **ולילף** מהאי קרא. שהיא פרשה ראשונה, ולמה לא אמר שר"א ידרוש שם פרט וכלל ופרט: "מן" פרט, דמשמע מקצת בהמה ולא כל בהמה – למעוטי חיה, ח] דבהמה בכלל חיה וחיה בכלל בהמה. "בקר וצאן" חזר ופרט, דחיה אינו בכלל בקר וצאן. (חזר ופרט) הרי אתה דן כעין הפרט: מה הפרט מפורש למעוטי חיה מקרבן. ותימה: [כלל] מה אהני? הא לא מרבינן מידי מכעין הפרט! ותירץ מהר"ף: דאהני כללא לרבויי שור [הבר] דבהמה הוא. אף על גב דרגיל בין החיות והוי כעין חיה, אפ"ה כשר לקרבן ט]. **א"ל** מהא ליכא למשמע. מיעוטא דחיה, ד"מן בהמה" לא משמע למעוטי חיה, שהרי חיה בכלל בהמה והוי כאילו כתיב מן הבהמה ומן החיה. ואף על גב ד"מן" משמע מיעוטא, לא ממעט חיה מינה. א"ל

ולראב"ע דמוקי וכו' עד שיאכל ב' חרצנים וזגים ב' חרצנים שהם בתוך הענבים וזג שהיא קליפה החיצונה סבר כר"א דדריש ריבויי ומיעוטי ולא דריש אלא מיעט וריבה ולא אצטריך למדרש מחרצנים ועד זג דא"כ לכתוב מחרצנים ועד זגים או מחרצן ועד זג: ור"א דדריש ריבויי ומיעוטי פרט וכלל ופרט מנא ליה. (והוא) [והוה מצי למימר] דדריש כולה אורייתא בריבויי ומיעוטי וסבר דכלל ופרט וכלל אינה מדה בתורה. ואמרי' דלא דריש נמי פרט וכלל ופרט וקא"ר אבהו אין דפרט וכלל ופרט דריש והאי קרא דוכי יתן איש אל רעהו דדרשי רבנן בפ' הזהב בכלל ופרט וכלל וממעטי מיניה עבדים ושטרות וקרקעות דריש ליה ר"א בפרט וכלל ופרט וממעטי מיניה כי היכי דממעטי רבנן מיניה: רבא אמר בהאי קרא נמי משכחת לה למדרש פרט וכלל ופרט דכתיב ואם מן הצאן קרבנו מן הכשבים ומן העזים לעולה מן פרט דמשמע מקצת צאן ולא כל צאן לאפוקי רובע ונרבע ויש במשמע אפי' חורש בשור ובחמור והרביע כלאים שהרי נעבדה בהן עבירה. הצאן כלל מן הכבשים פרט מה הפרט מפורש שנעבדה עבירה בגופו. ותימה היכי משתמע מן הפרט שנעבדה עבירה בגופו: מן פרט דמשמע מקצת בהמה ולא כל בהמה לאפוקי חיה: בהמה כלל. אף חיה דחיה בכלל בהמה: בקר וצאן חזר ופרט מה הפרט מפורש חיה לא תימא מאי אהני האי כללא הא לא מרבי מידי מכעין הפרט. אלא מה שכתוב בפי' בקר וצאן אלא מהאי קרא לא משמע דחיה בכלל בהמה. כלומר ולא מצית למימר מן פרט לאפוקי היה משום דמן קאי אבהמה וחיה בכלל בהמה. וממן תדרוש מקצת בהמה וחיה אבל לא מצית למעוטי לגמרי חיה כיון דחיה בכלל בהמה.

גי' א"מ חרצנים וזגים

ב"מ נז: [ועי' תוס' שם ד"ה כי יתן]

נ"ל תקריבו (וכ"ה בכ"י)

גי' א"מ דורש

נוסחת הריב"ן

א) דריש ביה שלכך הוא כו' עד שיאכל שני: ב) ואי ס"ד כדאמר ר"א ב"ע כלומר ואי ס"ד דלא אתא קרא אלא למדרש בו כראב"ע לכתביה רחמנא כו' הס"ד ואח"כ מה"ד ואימא דכולי' להכי הוא דאתא למדייניה בכלל כו': ג) בתורה הס"ד: ד) משמע כללא:

הגהות מהר"ב רנשבורג

א] תוד"ה (בדף הקודם) מחרצנים וכו' מקמיה וקשה דהאיך סבור דלא יאמר. מן וקשה עד יאמר נמחק. ונ"ב דקשה דהא כבר אמר דלא נעשה כנ"ל. ועי' א"מ ודוק: ב] ד"ה דבין הבינים. נ"ב מה שבין חרצן לזג. א"מ: ג] ד"ה שני וכו' וזג אחד מן הקליפה החרצנים. תיבת החרצנים נמחק. ונ"ב החיצונה. א"מ: ד] ד"ה ור"א וכו' ודלמא לית ליה המדה זו כנ"ל: ה] בא"ד וכשהוא דורש וכו' במשמע דרשה להאי קרא ר' יוסי אומר דבסמוך. מן תיבת במשמע עד תיבת דבסמוך נמחק. ונ"ב כדמשמע דרשה להאי קרא דוכי יתן דבסמוך כנ"ל א"מ: ו] בא"ד דמדה דמיעט כו' לא דריש ליה ר"א כנ"ל: ז] ד"ה וכי יתן וכו' היינו משום וכו' וממעט מיניה דלאו כנ"ל. ונ"ב ר"ל דצריך להיות דוקא כעין הפרט ומאי [דלאו] כעין הפרט ממעט א"מ: ח] ד"ה ולילף מהאי וכו' למעוטי חיה הבהמה כלל דבהמה כנ"ל א"מ. ט] בא"ד אפי' הכי כשר לקרבן. נ"ב עי' בר"ש משנה ו' פ"ח דכלאים. א"מ:

הגהות הב"ח

(א) רש"י ד"ה סבר ליה וכו' עד שיאכל שני כנ"ל ותיבת כל נמחק: (ב) ד"ה ואי בעית אימא וכו' דמשמע ליה מיניה עד שיאכל שני חרצנים וזג בעל כרחך דלפרטא נמי הוא דאתא למדייניה וכו' בן עזריה לחודיה הס"ד: (ג) ד"ה אי אתה דן וכו' בא זקן הס"ד:

ז א מיי' פ"ז מהלכות מעשר שני הלכה ג סמג עשין קלו:

א"ל חיה בכלל בהמה. בתמיה. כלומר, האי בהמה לא מגלית אמרת דחיה בכלל בהמה, דכתיב "בקר וצאן" בפרט בתרא, וכמו שפרטא בתרא ממעט חיה, פרטא קמא נמי מצי להוי דממעט חיה, דפרט אחרון מגלה על הראשון למעוטי חיה. ולעולם מהאי קרא נמי איכא למדרש בפרט וכלל ופרט.

ומנלן דהכי הוא. ארבנן קאי, דדרשי לעיל כלל ופרט וכלל ומרבה כעין הפרט, וקבעי: מנלן דמדה זו בתורה, היינו למדרש כעין הפרט. דתניא "ונתת הכסף". ולא קאי אר"א, דהוא דריש ליה ריש פ' "בכל מערכין" (ערכין כז:) בריבה ומיעט וריבה. **מה** פרט מפורש בקר וצאן פרי מפרי. דבהמות מתעברות זו מזו ויולדות, וגדולי קרקע שהן גדלין מן הארץ מעשב הארץ, אף כל – לאיתויי עופות, ולמעוטי דגים מים ומלח. ולר"א דדריש ליה בריבה ומיעט וריבה מרבינן אפי' דגים, ולא ממעט אלא מים ומלח. **מכדי** כלל ופרט וכלל כעין הפרט דיינינן ליה כללא בתרא מאי אהני. אגב גררא אתא לפרושי טעם המדות וחילוקיהם ומשפטיהם, ומפרש אותה בלשון קושיא ותירוץ. (ו) אהני לאוסופי כל דדמי לפרטא. דאי לא כתיב כלל – הוה כלל ופרט, ואין בכלל אלא מה שבפרט. ב] **א"ל אי** לאו פרטא [בתרא] הוה אמינא פרט וכלל ונעשה כלל מוסף על הפרט. והוה מרבינן גבי נזיר אפילו עלין ולולבין. **מכדי** תרי כללי ופרטא ותרין פרטי וכללא כעין הפרט דיינינן כדאמרן מאי איכא ביני וביני. כלומר יש חילוק בין אלו שתי מדות? ג] איכא: תרין כללי ופרטי אמרינן: כל דדמי ליה אפי' בחד צד מרבינן, ותרין פרטי וכללי – דדמי ליה משני צדדין מרבינן, מצד אחד לא מרבינן. והדין נותן, בב' כללות מרבינן יותר מכלל אחד. ורי"ף [מפרש] להך סוגיא דהכא אליבא דמ"ד כללא בתרא דוקא, וה"ל [כעין] פרט וכלל, להכי מרבינן דדמי ליה לפרטא אפי' בחד צד. [וכן] נמי תרי פרטי וכללא פרטא [בתרא] דוקא, וה"ל [כעין] כלל ופרט, ואהני כללא לרבות [מכעין] הדומה לו מב' צדדין. אבל למאן דאמר כללא קמא דוקא, וכן פרטא קמא דוקא הוה הדין להפך. ואם תאמר: ההוא קרא ד"כי יתן" וגו' דרשי ליה רבנן [בכלל] ופרט וכלל, ובעו דבר הדומה לו מב' צדדין דהוי דבר המיטלטל וגופו ממון, דהא ממעטי קרקעות אע"פ שגופן ממון, וכן שטרות אף על פי שמטלטלין הואיל ואין גופן ממון, אלמא אפילו בתרי [כללי] ופרטא בעינן שני צדדין. ור"א דריש לההוא קרא בפרט וכלל ופרט וכלל וממעט נמי קרקעות ושטרות, אלמא דהמדות הללו שוות! וי"ל: דלפי מה שפירשתי ניחא, דרבנן סברי כללא קמא דוקא, ודמי לכלל ופרט, ואהני כללא בתרא לאתויי הדומה לו משני צדדין. ור"א סבר: פרט [בתרא] דוקא, והוי כמו כלל ופרט, ואהני פרטא קמא לרבויי כל הדומה לו מב' צדדין. ועי"ל: דהני תרין צדדין דאיתנהו בקרקעות ושטרות – ומטלטלין וגופן ממון שקולין הן, וחשובין כחד צד. הלכך, בין לרבנן דדרשי תרי כללי ופרטא, בין ר"א דדריש תרי פרטי וכללא, בעי' הנך ב' צדדין, דכיון שהצדדין חשובין [כחד] הי מינייהו מפקת? וכן בשמעתא דסלעם וחרגול (חולין דף סו.) דבעינן ד' צדדין, דחשובין ושקולין הן זה כזה – כולהון כחד [צד הוו], הלכך בעיא כולהון, דדוקא ראשו ארוך הוי צד גרוע, אבל אינך כולן חשובין כחד. ודו"ק התם. **איכא** דאילו פרט וכלל מרבינן אפילו עלין [ולולבין] ואילו מיעט וריבה מרבינן לולבין אין עלין לא. תימה: הא ר"א דריש מיעט וריבה בתחילת שמעתא, ומרבה אפילו עלין! וי"ל: דלעיל איירי בעלין רכין דומיא דלולבין, והכא איירי דקשה קצת ודמי קצת לשבישתא. אך תימה: דמדת מיעט וריבה כמו מדת פרט וכלל, [ואמאי] במדת ריבה ומיעט וריבה מרבינן טפי מבמדת כלל ופרט וכלל, כדמשמע ריש פרק "בכל מערכין" ראייתו! והר"ף נ"ע היה נותן טעם לדבר, כמו שרגיל רש"י [לפרש] בכל מקום, דהיכא דאיכא כלל ופרט – הוי פרט פירושו של כלל, וסותר ומבטל הכלל לגמרי, כאילו לא היה. אבל ריבה ומיעט, דאין מיעוט פי' ריבוי לבטל [ריבה] לגמרי כאילו לא היה, אלא ריבה קצת ומיעט קצת. הלכך כשהפרט קודם לכלל – נעשה כלל מוסיף על הפרט, ומבטל הפרט לגמרי כאילו לא היה, שהרי אין לומר שהוא פירושו של כלל אחרי שקדמו, וגם במיעט לא דיינינן ליה, הלכך מרבינן מן הכלל שבא [אחריו]. אבל למאן דדריש במיעט וריבה יש לי לדרוש המיעוט במיעוט לומר גם שהוא לפני הריבוי כמו אם היה אחרי הריבוי, והשתא נמי כשהמיעוט קודם הוא ממעט קצת, דאין לו כח לריבוי של ד] אחרון [לרבות] כולי האי. וא"ת: כלל ופרט – אין בכלל אלא מה שבפרט, וא"כ כללא מאי אהני? ותי': דלא נילף מג"ש או במה מצינו טפי מן הפרטא. ה] ובהכי נמי [פרט וכלל דרבי] כל מילי, א"כ מאי אהני פרטא – אלא דלא נילף מג"ש או מק"ו [למעט]. וריבה ומיעט וריבה, ומיעט וריבה – חילוק ביניהן כדפ"ה בעלמא (סנהדרין דף מו.), דריבה ומיעט הוי כמו כלל ופרט ו] וכלל, לרבות כעין המיעוט ותו לא. ריבה ומיעט וריבה – ריבה כל מילי, ואהני מיעוטא למעוטי דבר אחד. ומיהו קשה: דריבה ומיעט וריבה, ריבה קמא למאי אהני? הא במיעט וריבה לחוד, דמרבינן כל מילי וממעטין דבר אחד, כדאמר בריש פרקין, דדריש מיעט וריבה – רבי כל מילי וממעט שבישתא! ואר"ת: דאין ה"נ, וריבה קמא אורחיה דקרא הוא, כמו "ולקחת את המרצע" דאיכא דדריש (קדושין דף כא:) בריבוי ומיעט וריבה, "ולקחת" אורחיה דקרא. ונראה דבהכי יש ליישב מאי דפר"ת דמיעט וריבה ומיעט אינה מדה בתורה, אפילו למאן דדריש ריבויי ומיעוטי. והיא גופיה תימה: מאי שנא מפרט וכלל ופרט, דדרשינן ליה למאן דדריש כללי ופרטי! ונראה דלא דמי, דבשלמא פרט וכלל ופרט – איכא למידרשיה כעין הפרט, כמו כלל ופרט וכלל, אלא דמעט יש חילוק כדקאמר בגמרא. והשתא אין להקשות פרטא בתרא למה לי, דהא אי לאו פרטא בתרא – הוי פרט וכלל, ואיתרבי כל מילי. אבל אי הוי דרשי מיעט וריבה ומיעט – ע"כ [כמו] ריבה ומיעט וריבה דרשי, דומיא דפרט וכלל ופרט דדיינינן ז] בכלל ופרט וכלל. והשתא הוה קשה דמיעט וריבה
ומיעט

— *חיה בכלל בהמה? א"ל: חיה בכלל בהמה? הא כתיב "בקר וצאן", והוה ליה פרט וכלל, (א) ואי אתה דן אלא כעין הפרט. ומנלן דהכי הוא — *דתניא: °"ונתת הכסף בכל אשר תאוה נפשך" (דברים יד) — כלל, "בבקר ובצאן וביין ובשכר" — פרט, "ובכל אשר תשאלך נפשך" — חזר וכלל. כלל ופרט וכלל אי אתה דן אלא כעין הפרט; א מה הפרט מפורש: פרי מפרי וגידולי קרקע — אף כל פרי מפרי וגידולי קרקע. מכדי, כלל ופרט וכלל — כעין פרטא דיינינן, כללא בתרא מאי אהני? אהני לאוסופי כל דדמי ליה. ותו: פרט וכלל ופרט — כעין הפרט דיינינן, פרטא בתראה מאי אהני? אי לאו פרטא בתראה ה"א נעשה כלל מוסף על הפרט. ומכדי, תרין כללי ופרטא, ותרין פרטי וכללא — (כללא) כעין פרטא דיינינן, מאי איכא ביני וביני? איכא, דאילו תרתין כללי ופרטא, אי איכא פרטא דדמי ליה אפילו בחד צד — מרבינן. תרי פרטי וכללא, אי איכא פרטא דדמי משני צדדין — מרבינן, בחד צד — לא מרבינן. מכדי פרט וכלל — נעשה כלל מוסף על הפרט, ואיתרבי כל מילי, ומיעט וריבה נמי — ריבה הכל ואיתרבי כל מילי, מאי איכא בין מיעט וריבה לפרט וכלל? איכא, דאילו פרט וכלל — מרבינן אפילו עלין ולולבין, ומיעט וריבה, לולבין — אין, עלין — לא.§ *א"ר אבהו אמר רבי יוחנן: כל איסורין שבתורה אין היתר מצטרף לאיסור, חוץ מאיסורי נזיר, שהרי אמרה תורה °"משרת". (במדבר ו)
זעירי

גליו"ן: חיה בכלל בהמה. דכתיב (דברים יד) "זאת הבהמה אשר תאכלו וגו' איל וצבי" וגו'. אמר ליה: ומי מגלית אמרת הכי, דחיה (ב) הוא בכלל בהמה בהאי פרט? הא כתיב באידך (ג) [פרטא] בקר וצאן. למעוטי חיה. אלא האי "מן הבהמה" נמי הוה ליה פרט וכלל ופרט, ומצי נמי למילף מהכא.

ומנלן דהכי הוא. דכעין פרטא דיינינן. דתניא ונתת הכסף וגו' אף כל פרי מפרי וגידולי קרקע. ואיתרבו להו עופות, ואימעיטו להו דגים שאין גדלין על הקרקע, כדמפרש במסכת עירובין בפרק "בכל מערכין". מכדי כלל ופרט וכלל כעין פרטא דיינינן כללא בתרא מאי אהני אהני לאוסופי ליה (ד). א) ואפילו מצד אחד, כגון דגים, דפרי מפרי הן, אבל אינן גידולי קרקע. דאי ליכא כללא בתרא – ה"א דאין בכלל אלא מה שבפרט. תרי [פרטי וכללא] אי איכא דדמי ליה משני צדדין. כגון עופות, דגידולי קרקע הן ופרי מפרי – מרבינן. אבל דגים, דבחד צד דמו ליה – לא מרבינן. ומיעט וריבה. א"א דלא ממעט מידי. והלכך, דלולבין – מרבי, אבל עלין – לא, דעלין ממעט. ואם תאמר: והא איכא רבי אלעזר דדריש מיעט וריבה, וקמייתי נמי עלין! הא לא תקשי לך, ר"א לא משמע ליה עלין אלא משום דכתיב "מכל אשר יעשה מגפן היין", דהאי "מכל" לישנא יתירא הוא. ואי משום מיעט וריבה – לא מיצטריך ליה למיכתב אלא "אשר יעשה מגפן היין", "מכל" למה לי – אלא לרבות ואפי' עלין. א] ואית דמפרש דהאי דאמר "אפילו עלין" – לאו דוקא, אלא קמ"ל דפורתא הוא דמיעט, או עלין או שבישתא, ובין מיעט וריבה לריבה [ומיעט] וריבה ליכא ולא מידי. שהרי אמרה תורה וכל משרת. לרבות (ה) שאילו לא הוי איסורי נזיר כשיעור, והיתר משלימו לכזית – שהוא חייב.
זעירי

[חולין נט. עח. וש"נ]

עירובין כז: ב"ק נד: סג.

פסחים מג:

פי' הרא"ש

א"ל הא כתיב בקר וצאן. וכי היכי דפרטא בתרא משמעו למעוטי חיה ה"ה פרטא קמא: ומנ"ל דהכי הוא. מנ"ל דמדה בתורה היא למדרש כעין הפרט וארבנן קאי ולא מייתי דומה בדומה דלעיל דרשינן פרט וכלל ופרט ומייתי כלל ופרט וכלל. אלא תלמודא ידע שדין א' להם: פרי מפרי בקר וצאן מתעברים זו מזה ויולדין. וגדולי קרקע שגדלים וניזונים מעשבי האדמה. אף כל לאתויי עופות ולמעוטי דגים ומים ומלח כדמפ' בריש בכל מערכין. כללא בתראה מאי אהני לאוסופי כל דדמי ליה. דאי לאו כללא בתרא הו"ל כלל ופרט ואין בכלל אלא מה שבפרט: תרי כללי ופרטי אפי' אי איכא דדמי ליה בחד צד מרבינן תרי פרטי וכללי עד דדמי ליה מב' צדדים דמסתמא דתרי כללי מרבינן טפי מחד כללא: דאילו פרט וכלל מרבינן אפי' עלין דנעשה כלל מוסיף על הפרט ורבי כל מילי. מיעט וריבה לולב אין עלין לא דמיעט וריבה הוי כמו ריבה ומיעט וריבה דממעט דבר אחד: כל איסורים שבתורה אין היתר מצטרף לאיסור. אם אכל חצי זית חלב וחצי זית שומן פטור. חוץ מאיסורי נזיר שאם אכל חצי זית ענבים וחצי זית לחם בבת אחת חייב שהרי אמרה תורה משרת ענבים לא יאכל. חייב על שריית פתו ביין ואי דאיכא כזית מיין לחודיה למה לי קרא. ל"ג משרת וכל משרת ואית דגרסי' לי' ומפרשים אפילו לרבנן דלא דרשי כל וכל דרשי. ולא היא דהא פרכינן לקמן והא מבעי ליה ליתן טעם כעיקר. ואם איתא אימא טעמא דידי מוכל אלא משמע דמשרת מיפק לה וכל לא דריש וכך פי' רש"י בפסחים:

נוסחת הריב"ן

א) כל דדמי ליה ואפילו מצד אחד כו':

הגהות הב"ח

(א) גמ' והוה ליה פרט וכלל ופרט ואי אתה: (ב) רש"י ד"ה א"ל ומי מגלית וכו' דחיה בכלל בהמה הוא בהאי: (ג) ד"ה הא כתיב באידך קרא בקר: (ד) ד"ה מכדי כלל וכו' לאוסופי ליה כל דדמי ליה ואפי' מצד אחד: (ה) ד"ה שהרי אמרה וכו' לרבות שאפי' לא הוי: (ו) תום' ד"ה מכדי וכו' קשיא ותירוץ הס"ד ואח"כ מ"ה אהני לאוסופי כל דדמי ליה לפרטא דאי לאו כללא בתרא הוה כלל ופרט ואין בכלל אלא מה שבפרט אי לאו פרטא בתרא הוה אמינא כו' כצ"ל:

הגהות מהר"ב רנשבורג

א] רש"י ד"ה ומיעט וכו' ואית דמפרש וכו' אפי' עלין לאו דוקא. נ"ב ר"ל וה"ה מה שאמר עלין לא לאו דוקא. א"מ: ב] תוד"ה א"ל אי לאו פרטא בתרא. נמחק תיבת א"ל: ג] ד"ה מכדי וכו' בין אלו שתי מדות כאן הס"ד ואח"כ מה"ד איכא תרין: ד] ד"ה איכא וכו' דאין לו וכו' של אחרון. תיבת אחרון נמחק ונ"ב אחריו: ה] בא"ד או במה מצינו וכו' ובהכי נמי פרט וכלל דרבי. מן תיבת ובהכי עד דרבי נמחק. ונ"ב וה"נ פרט וכלל הכלל מרבה: ו] בא"ד דריבה ומיעט הוי כמו כלל ופרט וכלל. תיבת וכלל נמחק. ונ"ב וכא: ז] בא"ד כמו ריבה וכו' דומיא דפרט וכלל ופרט דדיינינן ככלל כצ"ל:

זְעֵירִי אָמַר: אַף שְׂאוֹר בְּבַל תַּקְטִירוּ. כְּמַאן, כר' *אֱלִיעֶזֶר, דְּדָרֵישׁ "כָּל"? אִי הָכִי, לְעִנְיַן חָמֵץ נַמִי! אִין הָכִי נַמִי. אֶלָּא לְאַפּוּקֵי מֵאַבַּיֵי, *דְּאָמַר: יֵשׁ הַקְטָרָה בְּפָחוֹת מִכַּזַּיִת, קמ"ל: אאֵין הַקְטָרָה בְּפָחוֹת מִכַּזַּיִת. יָתֵיב רַב דִּימִי, וְקָאָמַר לָהּ לְהָא שְׁמַעְתָּא. אֵיתִיבֵיהּ אַבַּיֵי: *בהַמִּקְפָּה שֶׁל תְּרוּמָה, וְהַשּׁוּם וְהַשֶּׁמֶן שֶׁל חוּלִּין, וְנָגַע טְבוּל יוֹם בְּמִקְצָתָן — פָּסַל אֶת כּוּלָּן. גמִקְפָּה שֶׁל חוּלִּין, וְהַשּׁוּם וְהַשֶּׁמֶן שֶׁל תְּרוּמָה, וְנָגַע טְבוּל יוֹם בְּמִקְצָתָן — לֹא פָּסַל אֶלָּא מְקוֹם מַגָּעוֹ. וְהָוֵינַן בָּהּ: מְקוֹם מַגָּעוֹ אַמַּאי פָּסוּל? וְאָמַר רַבָּה בַּר בַּר חָנָה *אָמַר רַבִּי יוֹחָנָן: מַה טַּעַם — הוֹאִיל וְזָר לוֹקֶה עָלֶיהָ בְּכַזַּיִת. מַאי טַעְמֵיהּ — לָאו

טבול יום פ"ב משנה ג

זְעֵירִי אָמַר אַף שְׂאוֹר בְּבַל תַּקְטִירוּ. (א) שֶׁאִילּוּ אֵין בַּשְּׂאוֹר כַּזַּיִת, וְעִיסָּה מַשְׁלִימוֹ לְכַזַּיִת — שֶׁהוּא חַיָּיב, וְעוֹבֵר מִשּׁוּם שֶׁנֶּאֱמַר "כָּל שְׂאוֹר וְכָל דְּבַשׁ לֹא תַקְטִירוּ" (ויקרא ב). כְּמַאן כְּר"א דְּדָרֵישׁ כָּל. לְגַבֵּי חָמֵץ, בְּפֶ' "אֵלּוּ עוֹבְרִין בַּפֶּסַח", דְּקָתָנֵי: וְעַל עֵירוּבוֹ בְּלָאו, דִּבְרֵי ר' אֱלִיעֶזֶר. דִּכְתִיב "כָּל מַחְמֶצֶת לֹא תֹאכֵלוּ" (שמות יב). אִי הָכִי. לֵימָא (א) זְעֵירִי: וְכֵן נַמִי לְעִנְיַן חָמֵץ בְּפֶסַח יְהֵא חַיָּיב עַל עֵירוּבוֹ, מִשּׁוּם דִּכְתִיב בֵּיהּ "כָּל"! אִין הָכִי נַמִי. דִּלְעִנְיַן חָמֵץ בְּפֶסַח הֶיתֵּר מִצְטָרֵף לְאִיסּוּר, וּכְר"א. וְהַאי דְּקָאָמַר (ב) גַּבֵּי שְׂאוֹר — מִשּׁוּם לְאַפּוּקֵי דְּאַבַּיֵי, דְּאָמַר בְּמַסֶּכֶת מְנָחוֹת יֵשׁ הַקְטָרָה בְּפָחוֹת מִכַּזַּיִת. קמ"ל, מִדְּבָעֵינַן צֵירוּף דְּאֵין הַקְטָרָה בְּפָחוֹת מִכַּזַּיִת, וְאֵין חַיָּיב עָלֶיהָ אֶלָּא א"כ (ג) יְהֵא בּוֹ כַּזַּיִת, אוֹ שֶׁיְּהֵא הֶיתֵּר מַשְׁלִימוֹ לְכַזַּיִת. מִקְפָּה שֶׁל תְּרוּמָה. הָעֲשׂוּיָה מִיַּיִן שֶׁל תְּרוּמָה. מִקְפָּה = רוֹטֶב. וְהַשּׁוּם וְהַשֶּׁמֶן. שֶׁנּוֹתְנִין לְתוֹכוֹ מִשּׁוּם תַּבְלִין, הֵן שֶׁל (ד) חוּלִּין. וְנָגַע טְבוּל יוֹם בְּמִקְצָתָן. אִיכָּא דְּאָמְרִי: (ג) מִשּׁוּם וָשֶׁמֶן שֶׁל תְּרוּמָה, אֲבָל לֹא בְּמִקְפָּה (דְּחוּלִּין). דִּטְבוּל יוֹם שַׁוְיוּהוּ רַבָּנַן שֵׁנִי, וְאֵין שֵׁנִי עוֹשֶׂה שְׁלִישִׁי אֶלָּא בִּתְרוּמָה. וְאִית דְּאָמְרִי: מַאי "בְּמִקְצָתָן" — אֲפִילּוּ בְּמִקְפָּה שֶׁל חוּלִּין, דְּכֵיוָן דַּעֲרִיבֵי בַּחַד מָנָא — דָּמֵי לֵיהּ כְּמַאן דְּנָגַע בַּתְּרוּמָה עַצְמָהּ. וְהָוֵינַן בָּהּ אַמַּאי פָּסַל בִּמְקוֹם מַגָּעוֹ. ה) (ג) דְּאֵין טוּמְאַת אוֹכָלִין בְּפָחוֹת מִכַּבֵּיצָה. וּמַה טַּעַם. לוֹקֶה עָלָיו בְּכַזַּיִת? וְהָא לֵיכָּא שִׁיעוּרָא (ד) ו)! אֶלָּא

ומיעט, מיעט בתרא למאי אהני? הא במיעט וריבה לחוד — בריבה ומיעט וריבה דרשינן ליה, א] כדפי' ר"ת! ואע"פ דריבה ומיעט וריבה נמי אמר דריבה קמא לא מהני מידי, בשלמא התם איכא למימר: ריבה קמא — אורחיה דקרא להתחיל בו, כמו "ולקחת המרצע", אבל מיעט בתרא ליכא למימר הכי. הילכך נ"ל אינה מדה בתורה, אפי' למאן דדריש ליה בריבוי ומיעוטי — דרשינן ליה בפרט וכלל ופרט. עכ"ל מהר"ף נ"ע. *אין היתר מצטרף לאיסור. אם אכל חצי זית בשר, וחצי זית חלב — אינו חייב. [חוץ] מנזיר שהרי אמרה תורה וכל משרת ענבים לא ישתה. כלומר, שאם שרה פתו ביין ויש בו מפת ומיין כדי לצרף [כזית] — חייב. הכי דרשינן בסמוך. דאי איכא כזית מיין לחודיה — קרא למה לי? ומיתורא ד"משרת" דרשינן ליה הכי, ולא מ"כל". ואין לגרוס מה שכתוב בספרים: משרת וכל משרת, דהיה משמע ד"מכל" דרשינן ליה. דא"כ לפרוך אדר' אבהו נמי: כמאן — כר"א, דדריש "כל". ואפי' אם תימצי לומר דרבנן דרשי "וכל משרת" אע"ג דלא דרשי "כל" — מ"מ מאי פריך לקמן: ממאי דהאי משרת להיתר מצטרף לאיסור הוא דאתא? לימא טעמא דידיה משום "כל" "וכל"! אלא ודאי משמעות דידיה מ"משרת" ולא מ"וכל". זעירי אמר אף שאור בבל [תקטירו]. שאם הקטיר חצי זית משאור וחצי זית ממלה — מצטרף, משום "כל שאור לא תקטירו". כמאן כרבי אלעזר דדריש כל. בפ' "אלו עוברין" (פסחים מג.): "כל מחמצת לא תאכלו" — לרבות כותח הבבלי ושכר המדי. ופליגי רבנן עליו. ופי' רש"י בפ' "אלו עוברין" דזעירי מפרש הברייתא דפרק "כל המנחות באות מצה": (ה) "כי כל שאור וכל דבש לא תקטירו", [דתניא] התם: אין לי אלא כולו, מקצתו מניין — ת"ל "כל", עירובו מניין ת"ל "כי כל". פי': אין לי אלא כל זית, מקצתו (ו) מניין, חצי זית מניין — ת"ל "כל" והיינו היתר מצטרף לאיסור, ור"ל חצי זית משאור וחצי זית ממלה. וקשה לפירושו: דא"כ — מפרש זעירי לברייתא כמו שמפרש אביי (ז) (דבסמוך) בפ' "כל המנחות" (מנחות נח.), וה"ק: לאפוקי מדאביי! ועוד קשה, מאי פריך: כמאן כר"א? גם לרבנן יכול להיות. דנהי דרבנן לא דרשי "כל" — "כי כל" דרשי, והכי אמר ב"אלו עוברין" (פסחים מג.). וא"כ רבנן נמי ידרשו דרשא ראשונה "במקצתו מניין", דהוי פי' חצי זית שאור וחצי זית מלה מ"כי כל שאור"! דנהי (ח) דרבנן דרשא [אחרונה] לא דרשי ב] [מ"כי] כל" כר"א, מ"מ דרשא [ראשונה] הפשוטה יותר דדריש ר"א מ"כל", רבנן דרשי לה מ"כי כל"! לכך נראה דזעירי מפרש הברייתא בפרק "כל המנחות" כדפירש [רבא] התם: אין לי אלא כולו, פירוש כל הקומץ, דהיינו שני זיתים, דקסבר: אין קומץ פחות משני זיתים. מקצתו מניין, פירוש חצי הקומץ שהוא כזית — ת"ל "כל". עירובו מניין, דהיינו חצי זית דשאור וחצי זית דמלה, דהיינו היתר מצטרף לאיסור — ת"ל "כי כל". והשתא אתי שפיר, דאמר: כמאן כר"א דדריש "כל"; (ט) אמרי' שפיר ד"כל" אתא לחצי הקומץ דמייתי ליה, "כי כל" — לעירובו, דהיינו היתר מצטרף לאיסור, כדפרישית. אבל לרבנן דלא דרשי "כל" א) [רק "כי כל"] למקצתו, דהיינו לחצי הקומץ שהוא זית שלם, אבל עירובו, דהיינו היתר מצטרף לאיסור — (י) צירוף לא שמעי' כלל. וא"ת: לאביי דדריש מקצתו מנין היינו חצי זית, וס"ל הקטרה בפחות מכזית, מאי קאמר ג] עירובו מנין? והא לאביי א"ל עירובו לצרף היתר (מצטרף) לאיסור, דבאיסור לחודיה מחייב כדפרישית! וי"ל: דהוא יפרש "עירובו מניין" — דהיינו מחוי, דברישא דברייתא מרבה חצי זית בעיניה, ובסיפא אפי' אינו בעיניה אלא [מחוי], שאינו ניכר. וכן פה"ק במנחות. אי הכי לענין חמץ בפסח. דלר"א נמי היתר מצטרף לאיסור, דהתם נמי כתיב "כל מחמצת לא תאכלו". אה"נ אלא לאפוקי מדאביי. ה"ק: דשאור עדיפא לאשמועינן דלא כאביי, והא קמ"ל דאין הקטרה כו', ואי איכא צירוף — אין, ואי לא — לא. והכי מפרש ליה לברייתא דפרק "כל המנחות": אין לי אלא כולו — פי': כזית, מקצתו — פי': חצי זית, דהכי אית ליה. עירובו מניין — דהיינו מועט שאור מעורב, דס"ד אמינא הואיל ומעורב בהיתר יתבטל — ת"ל "כי כל". ולדידיה אין שייך צירוף, דאף בפחות מכזית שאור חייב. וא"ת: לאביי דדריש מ"כל שאור" לפחות מכזית, אמאי לא דריש נמי חמץ לחייב עליו בפחות מכזית לר' אלעזר? וי"ל: דשאני גבי חמץ, דכתיב ביה אכילה, ואין אכילה בפחות מכזית. להא שמעתא. דר' אבהו, דבשאר איסורין אין היתר מצטרף לאיסור. המקפה של תרומה. תבשיל עב וקפוי כעין דייסא, (כ) והשמן שנתון בו תבלין הוי חולין. שנגע טבול יום במקצת פסל את כולו, דהוא עיקר והיא של תרומה, וטבול יום פוסל התרומה. המקפה של חולין והשום והשמן של תרומה, ונגע טבול יום במקצתו — לא פסל אלא מקום מגעו בלבד. ה"ג רש"י: מקום מגעו אמאי (ל) פוסל. הא בטילתו תבלין! דקסבר דימוע מדרבנן הוא דאסור, כלומר, דמדאורייתא חד בתרי בטיל, והא דתרומה בחד ומאה — דרבנן הוא. אמר רבה בר בר חנה (מ) מדאורייתא הוא הואיל וזר לוקה עליו בכזית. משום דשם תרומה עליה, [הלכך לגבי טומאה נמי שם תרומה עלה]. ומיהו, לא חמירא כתרומה עצמה ליפסול כולן. לשון רש"י [בפסחים]. וקשה לרבינו תם: דמדפריך: ולבטיל ברובא, משמע שהשום והשמן אינו בעין, דדבר שהוא בעין אין מתבטל. ולא משמע הכי, [דקתני]: ונגע טבול יום במקצתו, משמע דאשום והשמן קאי, ולא אמקפה, מדלא קתני "במקצתה". אם כן משמע דמיירי שהשום והשמן בעין! ועוד: דסיפא דהך משנה במסכת טבול יום (פ"ב מ"ג) א"ר יהודה: אימתי בזמן שהם גוש בקערה. משמע דאיירי שהוא בעין. וע"ק לריב"א: דתנן התם עיסה שנדמעת בתרומה אינו נפסל בטבול יום, ר' יוסי ור"ש אומרים: נפסלת. אלמא בדמע המעורב ואינו ניכר לא מפליג בין מקום מגעו לשלא מקום מגעו, אלא מאן דאסר — אסר בכולה, ומאן דשרי — בכולה שרי! לכך פי' רבינו תם: דאיירי שהשום והשמן מפוזרין על המקפה ונכרין. ורישא במקפה של תרומה ושום ושמן כוליה חולין, י"ל דהשום והשמן הוי כידות לטומאה, דידות אוכלין אמרינן בעלמא (חולין דף קיח.) שהן מביאות את הטומאה. אבל מקפה של חולין ושום ושמן של תרומה — לא פסל אלא שום ושמן שנגע בו. וה"ג: והוינן בה מקום מגעו אמאי פסל? הא לא הוי כביצה! ובעיני רש"י לא ישרה זאת הגירסא, שבכמה מקומות פי' שאוכל מקבל טומאה אפי' בכל שהוא, כדדרשי' בת"כ: "אוכל יטמא" — מלמד שמטמא בכל שהוא, יכול אף לאחרים בכל שהוא — ת"ל "אשר יאכל", אוכל הנאכל בבת אחת, והיינו כביצה. ור"ת אומר דאסמכתא בעלמא הוא, דבמס' אהלות (פי"ג מ"ה) תנן: פחות מכביצה אוכלין. וקתני סיפא: זה הכלל הטמא אינו ממעט. והא דדייק: והא [לא] הוי כביצה — נ"ל דלאו אשמן דייק, דמשקין מטמאין בפחות מרביעית, אלא אשום פריך. וא"ת: ומאי פריך? והרי שום ושמן ג) אחת הוא, שאין מקבלין טומאה פחות מכביצה מדאורייתא, מ"מ ד] פסלי שפיר. ואע"ג דאין מקבלין טומאה מדאורייתא — מ"מ מדרבנן מטמאי, ומאי פריך? הא דפסיל ר"ל מדרבנן! וי"ל: דלישנא דפסל משמע מדאורייתא: ומשני: הואיל דזר לוקה עליו בכזית. ולאו דוקא נקט לוקה, דהא תרומת שום מדרבנן. אלא הכי קאמר: הואיל וזר לוקה עליו בכזית אילו היתה תרומה דאורייתא — דין הוא להחשיבה, ולא יתבטל אגב המקפה. ג)משום דהיתר מצטרף לאיסור. דאין נמלא ה] שיהא לוקה עליו בכזית. ואם תאמר: ולימא הואיל וזר לוקה עליו בכזית, אם היה מלקט ולובר ד) משם כזית! וא"י: דאין דרך אכילתו בכך, ומשום הך טעמא לית לן למימר שלא יתבטל אגב המקפה. מאי טעמא לאו משום דהיתר מצטרף לאיסור. אלמא אפי' בשאר איסורין נמי אית להו היתר מצטרף לאיסור, [ואת אמרת] דווקא בנזיר. אמר

א) נ"ל אוצטריכא כי כל. ב) בס"י הגירסא אמת. ג) שייך לע"ב. ד) גי' יעב"ץ משום.

ח א מיי' פ"ה מהלכות איסורי מזבח הל' ב סמג לאוין שיח:
ט ב מיי' פ"ח מהלכות טומאת אוכלין הל"ב:
י ג מיי' שם הלכה יג:

נ"א אליעזר
מנחות נח:
טבול יום פ"ב משנה ג פסחים מג. ע"ש
שייך לעיל לה:

פי' הרא"ש

אף שאור בבל תקטירו. נמי היתר מצטרף לאיסור אם הקטיר חצי זית חמץ וחצי זית מצה עמו ואינן מעורבין אלא כל אחד ניכר. כמאן כר"א דדריש כל בפ' כל המנחות תניא כי כל שאור וכל דבש לא תקטירו אין לי אלא כולו. פ' כל הקומץ דהיינו ב' זיתים דסבר אין קומץ פחות מב' זיתים מקצת מנין חצי קומץ דהיינו זית ת"ל כל. עירובו מנין. פי' חצי זית שאור וחצי זית מצה דהיינו היתר מצטרף לאיסור ת"ל כי כל. והיינו דקאמר כמאן כר"א דדריש כל גבי כל מחמצת לא תאכלו לרבות כותח הבבלי ושכר המדי. ופליגי רבנן פ' ואלו עוברין וכיון דדריש כל למקצתו אייתר ליה כי כל לרבות עירובו דהיינו היתר מצטרף לאיסור אבל לרבנן דלא דרשי כל איצטריך כי כל לרבות מקצתו והיתר מצטרף לאיסור לא שמעינן מיניה. אי הכי לענין חמץ בפסח נמי לר"א היתר מצטרף לאיסור דכתיב ביה כי כל אוכל מחמצת אה"נ אלא לאפוקי מאביי דאמר יש הקטרה בפחו' מכזית ומפרש ברייתא דפ' כל המנחות אין לי אלא כולו דהיינו כזית דס"ל לאביי יש הקטרה בפחות מב' זיתים מקצתו מנין פי' חצי זית ת"ל כל עירובו מנין פי' מעט שאור מעורב בהיתר דס"ד הואיל ומעורב יבטל ת"ל כי כל ולדידיה לא שייך למימר דשאור היתר מצטרף לאיסור דהא אין צריך צירוף דאפי' פחות מכזית מיחייב. ועדיפא ליה למנקט שאור לאפוקי מדאביי וא"ת ולאביי דדריש כל דשאור לפחות מכזית אמאי לא דריש נמי גבי חמץ לחייב עליו בפחות מכזית וי"ל דגבי חמץ שאני דכתיב ביה אכילה ואין אכילה בפחות מכזית: להא שמעתא דר' יוחנן. המקפה תבשיל עב וקפוי כגון דייסא וכיוצא בו. והשום והשמן הנתונים בו לתבלין הוי של חולין. פסל הכל דהמקפה עיקר וטבול יום פוסל את התרומה. והוינן בה מקום מגעו אמאי פסול הא בטילי להו תבלין ברובא דקס"ד דדימוע אסור מדרבנן. ואמר רבה בר בר חנה דדימוע דאורייתא והואיל וזר לוקה עליה בכזית משום דשם תרומה עליה נמי שם תרומה עליה ומי' לא החמירו בו כתרומה עצמה לפסול כולה כדפי' רש"י בפסחים: ומאי טעמא זר

נוסחת הריב"ן

א) נמי זעירי: ב) זעירי גבי: ג) יש בו כזית: ד) תרומה: ה) והא ליכא בתרומה במקום מגעו כבילה לאין כו': ו) ס"א והא ליכא בכדי אכילת פרס ממנו זית של תרומה:

הגהות הב"ח

(א) רש"י ד"ה זעירי וכו' תקטירו שאפי' אין בשאור כזית ועיסת מלה משלימו לכזית: (ב) ד"ה ונגע וכו' איכא דאמרי בשום ושמן: (ג) ד"ה והוינן וכו' במקום מגעו הא אין: (ד) ד"ה ומה טעם וכו' ליכא שיעורא לאו משום: (ה) תוד"ה כמאן וכו' באות מלה דתני התם כי כל שאור וכל דבש לא תקטירו אין לי כצ"ל ותיבות דתני' התם נמחק: (ו) בא"ד אלא כל זית מקצתו חצי זית מנין ת"ל כצ"ל ותיבת מנין נמחק: (ז) בא"ד כמו שמפרש אביי התם בפרק כל המנחות: (ח) בא"ד דנהי דרבנן דרשא אחרונה לא דרשי מכי כל כר' אלעזר מ"מ דרשא ראשונה הפשוטה יותר: (ט) בא"ד כמאן כר' אלעזר דדריש כל לכיון דכל אתא לחצי הקומץ אייתר ליה: (י) בא"ד דהיינו היתר מצטרף לאיסור לא שמעי' כצ"ל ותיבת צירוף נמחק: (כ) ד"ה המקפה וכו' כעין דייסא והשום והשמן שנתן בו לתבלין הוי חולין ונגע טבול יום במקצתו פסל את כולו דמקפה עיקר כצ"ל: (ל) ד"ה ה"ג וכו' אמאי פסול הא בטלי תבלין ברובה וקסבר דימוע: (מ) ד"ה אמר רבה בר בר חנה דימוע מדאורייתא:

הגהות מהר"ב רנשבורג

א] בד"ה (בעמוד הקודם) איכא וכו' דרשינן ליה כדפי' ר"ת. תיבות כדפי' ר"ת נמחק. ונ"ב כדפרישית א"מ ויעו"ש ודו"ק: ב] ד"ה כמאן וכו' לא דרשי מכי כל. תיבות מכי כל נמחק. ונ"ב מכל כצ"ל א"מ. ויעו"ש: ג] בא"ד מאי קאמר תו עירובו וכו' לצרף היתר לאיסור וכו' ובסיפא אפי' אינו בעיניה [אלא] מחוי כצ"ל: ד] ד"ה אמר רבב"ח וכו' מ"מ מדרבנן פסלי וכו' כצ"ל: ה] ד"ה משום דהיתר וכו' דאין נמלא. נ"ב ר"ל דאין נמלא משום כזית כשאוכל דרך אכילת המקפה. א"מ:

יא א מיי' פ"ד מהל' מאכלות אסורות הלכה ח:
יב ב מיי' פ"ב מהל' תרומות הלכה ו:
יג ג מיי' שם פ"י הלכה יד ופי"ג הלכה יד:

לָאו מִשּׁוּם דְּהֶיתֵּר מִצְטָרֵף לְאִיסּוּר? אֲמַר לֵיהּ: לָא, מַאי כַּזַּיִת – דְּאִיכָּא כַּזַּיִת בִּכְדֵי אֲכִילַת פְּרָס. וַאֲכִילַת פְּרָס דְּאוֹרַיְיתָא הִיא? א"ל: אאִין. אִי הָכִי, אַמַּאי פְּלִיגִי רַבָּנַן עֲלֵיהּ דְּרַבִּי אֶלְעָזָר בְּכוּתָּח הַבַּבְלִי? *א"ל: הַנַּח לְכוּתָּח הַבַּבְלִי, דְּלֵיכָּא כַּזַּיִת בִּכְדֵי אֲכִילַת פְּרָס; אִי דְּקָא שָׂרֵיף לֵיהּ מִישְׂרַף – בָּטְלָה דַּעְתּוֹ אֵצֶל כָּל אָדָם, אִי מִישְׁטַר קָא שָׁטַר – לָא מַשְׁכַּחַתְּ כַּזַּיִת בִּכְדֵי אֲכִילַת פְּרָס. אֵיתִיבֵיהּ: שְׁתֵּי מְדוֹכוֹת, אַחַת שֶׁל תְּרוּמָה וְאַחַת שֶׁל חוּלִּין, וּלְפָנָיו שְׁתֵּי קְדֵירוֹת אַחַת שֶׁל תְּרוּמָה וְאַחַת שֶׁל חוּלִּין, וְנָפְלוּ אֵלּוּ לְתוֹךְ אֵלּוּ – שְׁתֵּיהֶן מוּתָּרוֹת, שֶׁאֲנִי אוֹמֵר: חוּלִּין לְתוֹךְ חוּלִּין נָפְלוּ, וּתְרוּמָה לְתוֹךְ תְּרוּמָה נָפְלָה. וְאִי סָלְקָא דַּעְתָּךְ כַּזַּיִת בִּכְדֵי אֲכִילַת פְּרָס דְּאוֹרַיְיתָא – אַמַּאי אָמְרִינַן "שֶׁאֲנִי אוֹמֵר"? אֶלָּא מַאי, הֶיתֵּר מִצְטָרֵף לְאִיסּוּר – אַמַּאי אַמְרִי' "שֶׁאֲנִי אוֹמֵר"? באֶלָּא, הַנַּח לִתְרוּמַת תַּבְלִין, דְּרַבָּנַן הִיא. אֵיתִיבֵיהּ: *גשְׁתֵּי קוּפּוֹת, אַחַת שֶׁל תְּרוּמָה וְאַחַת שֶׁל חוּלִּין, וְלִפְנֵיהֶן שְׁתֵּי סְאִין אַחַת שֶׁל חוּלִּין וְאַחַת שֶׁל תְּרוּמָה, וְנָפְלוּ אֵלּוּ לְתוֹךְ אֵלּוּ – שְׁנֵיהֶן מוּתָּרִין, שֶׁאֲנִי אוֹמֵר: חוּלִּין לְתוֹךְ חוּלִּין נָפְלוּ, תְּרוּמָה לְתוֹךְ תְּרוּמָה נָפְלָה. וְאִי ס"ד כַּזַּיִת בִּכְדֵי אֲכִילַת פְּרָס (א) אָסוּר – אַמַּאי אָמְרִינַן "שֶׁאֲנִי אוֹמֵר"? בִּשְׁלָמָא

רש"י

אלא משום דאמרינן היתר מצטרף לאיסור. א"ל. הכא היינו טעמא (ב) הואיל וזר לוקה עליו בכזית, א) דאיכא תרומה כזית בכדי אכילת פרס – חשיב לה כאילו א] הויא תרומה, וכיון שנגע בו – פסל מקום מגעו. כזית בכדי אכילת פרס מי הוי לה ג) דאורייתא. דמיחייב עלה מלקות. א"ל אין אי הכי אמאי פליגי רבנן עליה דר' אלעזר בכותח הבבלי. דאית ביה קומניתא דנהמא, בפרק "ואלו עוברין" (פסחים דף מג.), דקאמר: ועל עירובו בולא כלום? הא לא אפשר דלא הוי בכדי אכילת פרס שיעור כזית! א"ל הנח לכותח הבבלי דלית ביה כזית בכדי אכילת פרם אי דקא שריף מישרף. שגומע ואוכל עד שגומע ממנו בכדי אכילת פרס. בטלה דעתו אצל כל אדם. שאין דרך אכילה בכך, שאין אדם רגיל לאוכלו בעיניה, לפי שהוא חריף ביותר, ולא חייבתו תורה אלא דרך אכילה. ואי משטר קא שטר. שטובל בה פיתו לשם לפתן ואוכל. אבל בשום ושמן של תרומה להכי לוקה (ג) בכזית, דאיכא ג) כזית בכדי אכילת פרס דאורייתא. מדוכות. שנידוכין לתוכו תבלין. ואי ס"ד כזית בכדי אכילת פרם הוי חשיב מדאורייתא. אמאי מקילין בהו כולי האי, דאמרת "שאני אומר תרומה לתוך תרומה נפלה ולא לתוך חולין"? והאיכא למיחש שמא נפלה בשל חולין, ואיכא כזית בכדי אכילת פרס! ואלא מאי אמרת היתר מצטרף לאיסור התם נמי אמאי אמרת שאני אומר. והאיכא למיחש דילמא איכא (ד) ד) [בקדירה] השני תרומה בכזית פחות משהו, והיתר משלימו לכזית! אלא הנח לתרומת תבלין דרבנן. ה) ולא דייקינן בהו בכזית בכדי אכילת פרס, דמדרבנן הן, ולא מחמרינן ביה כולי האי. בשלמא

תוספות

אמר ליה לא. מאי לוקה עליו דקאמר – כגון דאית כזית בכדי אכילת פרס, ומשום דאכילה מן האיסור בעצמו לוקה. וא"ת: הא ניחא לגירסת רש"י דגרס "וליבטיל", דהשתא משני: כיון דחזינא דלוקה על האיסור – אלמא לא בטיל לענין איסורא, וה"ה דלא ליבטל גבי טומאה. אבל לגי' ר"ת, דפריך: והא לא הויא כבילה מן התרומה, ואיך יפסלנה, מאי משני השתא: הואיל וזר לוקה על האיסור לחודיה בכדי אכילת פרס? מ"מ היכי פוסל לתרומה וההיתר [היאך] מצטרף לאיסור לענין מגע? והא לענין מלקות אין היתר מצטרף לאיסור! וי"ל: דלפר"ת ניחא, דה"ק: כיון דלענין מלקות מהני ההיתר מצטרף לאיסור ללקות עליו, שהרי אם היה מלקט (עליו) האיסור מתוך המקפה ואוכלו – לא היה לוקה עליו, שאין דרך אכילה בכך כדפירשנו, אלמא מהני ההיתר שאוכלו עם המקפה לצרפו לאיסור מלקות – ה"נ יועיל ההיתר להצטרף לאיסור לאפסולי, אע"פ שאין במקום מגעו כבילה. גמגום: לא דאיכא כזית בכדי אכילת פרס. שאם אוכל ממנו שיעור פרס, שהן ארבע ביצים – יש לו כזית תרומה, ולהכי חייב ולא בטיל. וכזית בכדי אכילת פרס דאורייתא היא. אמר הר"ס: דאע"ג דמתניתין היא בכריתות (דף יב:): כל אוכלים מצטרפים בכדי אכילת פרס – הני מילי ב] לפסול חלב שהוא בעיניה. אבל שבתערובות, הואיל ואין היתר מצטרף לאיסור – יתבטל, דגם אם היה מלקט האיסור מתוך ההיתר ואוכלו בעיניה בכדי אכילת פרס ג]מיחייב על האיסור לחודיה, ואע"פ שאין ההיתר מצטרף עמו. וע"כ מתמה: וכי כזית בכדי אכילת פרס דאורייתא אפי' בכה"ג? ומ"מ קשה לרשב"ס: מאי פריך? אפילו לא היה כזית בכדי אכילת פרס דאורייתא, תיפוק ליה משום טעם כעיקר. דהא איהו מייתי בסמוך "משרת" – ליתן טעם כעיקר, אלמא אוסר בנותן טעם ואינו מתבטל, וכ"ש הכא שהעיקר עצמו לא מתבטל! ותירץ: דהשתא ס"ל לאביי דטעם כעיקר אינו חייב אלא א"כ אוכל כזית מן הטעם בבת אחת, [כגון] שהבליע כזית יין בשני זיתים פת ואוכלו בבת אחת. וסברא הוא שלא יהיה טעם חמור מן העיקר, והעיקר עצמו ס"ל השתא שאינו חייב אלא אם אוכלו בבת אחת. אי הכי אמאי פליגי רבנן עליה דרבי אלעזר בכותח הבבלי. דס"ד אמינא דיש בו כזית בכדי אכילת פרס בכותח הבבלי. ולדידיה ודאי ניחא, דההיא מקפה משמע ליה מטעם דהיתר מצטרף לאיסור, והיינו לר"א דדריש "כל", אבל לרבנן דלא דרשי "כל" פשיטא ליה ד] (דלא) פליגי עליה. אבל אמר דלוקה דקאמר לר' יוחנן משום סברא, ובהא לא אשכחן דפליגי תנאי. וא"ת: ולימא דכי פליגי רבנן עליה דרבי אלעזר בכותח הבבלי – היינו כשאינו אוכל מן הכותח רק כזית מצומצם, שלא אכל כזית מן האיסור. ור' אלעזר מחייב דדריש "כל" – היתר מצטרף לאיסור, אבל אם אכל כל כך שהיה שם כזית בכדי אכילת פרס – מודו רבנן שפיר דמיחייב! וי"ל: דמדקאמר התם בפ' "אלו עוברין" (פסחים מג.): על חמץ דגן גמור ענוש כרת, על עירובו – בולא כלום, משמע אפי' אכל מן הכותח הרבה אמרינן דלא מיחייב. הנח לכותח הבבלי דליכא כזית בכדי אכילת פרס דאי מישרף שריף ליה. לשון גימוע, כמו שורפה חיה (ע"ז דף כט:). בטלה דעתו אצל כל אדם. בפסחים (דף מד.) פרש"י: *)ואי מתרמי הכי – מפטר, שאין זה דרך אכילה. [ונראה] מ"מ דאי מתרמי הכי דמודו דחייב, ובהכי לא איירי. ואי מישטר שטר ליה. מטבל בו [כדרכו] – ליכא כזית בכדי אכילת פרס. וכה"ג נמי גבי שכר המדי דמפליג נמי, התם אע"ג דדרך לשתותו ביחד – אין דרך לשתות הימנו כל כך כוסות רצופין בכדי אכילת פרס. דאי שתי להו רצופין – בטלה דעתו אצל כל אדם. שתי מדוכות. ויש בהן תבלין. ה] ואי ס"ד כזית בכדי אכילת פרס דאורייתא – אמאי אמר "שאני אומר"? כיון דאי תרומה נפלה לתוך של חולין מיחייב מיתה זה האוכלה – לא היה לנו לתלות להקל. שאין סברא להתלמוד לומר שאין בו כזית בכדי אכילת פרס. אית ספרים דגרסי: אלא מאי היתר מצטרף לאיסור אמאי אמר שאני אומר. [וא"ת]: לישני אביי: אף כי אמר בההיא דמקפה היתר מצטרף לאיסור – היינו כר' אלעזר, דדריש "כל", והך כרבנן דלא דרשי "כל"! וי"ל: דלא ניחא ליה לאפלוגי תרי בתרי ו] בהדי הדדי. דאי הך כר' אלעזר – הך נמי ז] כוותה. ובפרק "אלו עוברין" ליתא בספרים, ח] אלא: הנח לתרומת תבלין דרבנן, דדגן תירוש ויצהר כתיב, ולהכי תלינן לקולא. שתי קופות. ובהן תבואה ואי ס"ד כו'. ה"ג: בשלמא לדידי דאמרינן היתר מצטרף לאיסור, [לא אמרינן] אלא כשהאיסור רבה [עליו]. וקשה: והלא כותח הבבלי נפיש היתירא! ותו: גבי מדוכות דדייק: ואלא מאי היתר מצטרף לאיסור – אמאי אמר "שאני אומר"? לישני ליה: משום דנפישי חולין! ואומר רבי: דודאי במקום שיש נותן טעם, כגון בכותח הבבלי ובמדוכות, שהאיסור נותן טעם – אז יהיה ההיתר מצטרף לאיסור, [משא"כ הכא בב' קופות] ט] דכיון שהיתר רבה – מיד נתבטל [האיסור], והדין הוא לתלות להקל. וא"ת: אם כן מה אנו צריכין "שאני אומר"? תיפוק ליה דאף כי נפלה תרומה לתוך חולין בטלה מיד ברובו! ויש לומר: דהשתא ס"ד דתרומה בזמן הזה דאורייתא, ובדאורייתא לא תלינן לקולא אי לא תרי טעמי; חדא דרבה, ועוד ד"שאני אומר", וה"נ [פריך] אר' יוחנן בפ' "הערל" (יבמות פב.). אלא לדידך דאמרת משום דאיכא כזית בכדי אכילת פרס כי נפישי חולין מאי הוי. [תימה]: למאי דאוקמת י] לפרס דמיירי מין במינו ואין בו נותן טעם, מאי קשיא ליה? והא מין במינו דאורייתא ברובא בטיל, ושפיר איכא תרי טעמי להיתירא; רבייה, ו"שאני אומר"! [ותירץ]: דאם איתא דכזית בכדי אכילת פרס דאורייתא במין בשאינו מינו – גם מין במינו אין לתלות להקל על ידי סמך רבייה, דלין הוא שיחמירו בו חכמים כעין חומרא מין בשאינו מינו. והיה

*) [ברש"י שלפנינו דהתם אינו מבואר כל כך וברש"י דהכא ד"ה בטלה מבואר להדיא הכי]

פי' הרא"ש

זר לוקה עליה בכזית משום זרות הא לא אכיל כזית תרומה לאו משום דהיתר מצטרף לאיסור. ומשני האי לוקה בכזית דקאמר (לאו) [כגון] דאכל כזית איסור בכדי אכילת פרס שאם אכל פרס מן המקפה דהיינו ד' ביצים אכיל בגויה כזית וקי"ל דכל שיעור אכילת איסור כגון חלב ודם וככותבת ביוה"כ מצטרף אכילתן בכדי שיעור שהיה זו שאם אכל כחרדל חלב וחזר ואכל עד שהשלים לכזית אם אין מתחלת אכילה עד סופה יותר משהיית כדי אכילת פרס באכילה בינוני מצטרף והוי כאילו אכל בבת אחת וחייב. וכזית בכדי אכילת פרם מי הוי דאורייתא. בתמיהא. הא דאמור רבנן דכזית מצטרף כשיעור שהיית אכילת פרם מי הוי דאורייתא הלכה למשה מסיני כשאר שיעורים דקאמר לוקה אי הכי אמאי פליגי רבנן עליה דר"א בכותח. נהי נמי דלא דרשי כל לרבות עירובו. הא אכיל כזית בכדי אכילת פרס. א"ל הנה לכותח הבבלי דלא אכיל כזית מן החמץ כשיעור שהיית פרם דהא כותח אינו עשוי לאכול אלא לטבל ואי מתרמי ואכיל ליה ממש דהשתא איכא כזית בכדי א"פ בטלה דעתו ולאו אכילה היא לאיחיובי עלה כך פרש"י בפסחים. וי"מ דאי מתרמי דאכיל ליה ה"נ דחייב אבל לא איירי בהכי. אי משטר קא שטר מטבל בו כדרכו ליכא כזית בכדי א"פ: אלא מאי היתר מצטרף לאיסור אמאי אמרינן שאני אומר א) דת"ש דאינ' מחה אפי' בכזית לחודיה. אלא הנח לתרומת תבלין דרבנן. דראשית דגנך תירושך ויצהרך כתיב וכי מספקא לן תלי' לקולא. ב' קופות גדולות ובהן תבואה הויא תרומה דאורייתא:

א) נ"ל וש"מ דאינו חייב רק בכזית לחוד.

מסורת הש"ס

נ"א אלא מאי היתר מצטרף לאיסור סוף סוף אמאי פליגי רבנן עליה דר"א בכותח הבבלי אלא הנח כו'

(תרומות פ"ז משנה ה) פסחים ט: מד. יבמות פב. [תוספתא תרומות סוף פ"ו הא דלא מקשה ממשנה דתרומות פ"ז מ"ה עי' ר"ש שם]

נוסחת הריב"ן

א) ולאו זית ממש דלוקא אלא דאיכא מן התרומה כזית בכדי שקואה אדם כדי אכילת פרס חשיב לה כאילו כולה הויא תרומה וכיון: ב) מדאורייתא: ג) דאיכא בכדי: ד) בכזית התם תרומה בכזית כו': ה) דמדאורייתא לא מחייב בתרומה אלא דגן תירוש ויצהר ותבלין לא דייקינן כו':

הגהות הב"ח

(א) גמ' בכדי אכילת פרס דאורייתא אמאי אמרינן: (ב) רש"י ד"ה א"ל הכא היינו טעמא דהא דקאמר הואיל וזר וכו' דחשיב לה כאילו כולה הויא תרומה וכיון שנגע בו טבול יום פסל מקום: (ג) ד"ה ואי משטר וכו' להכי לוקה דאיכא כזית כנ"ל ותיבת בכזית נמחק: (ד) ד"ה ואלא מאי וכו' דלמא איכא במלוך השני:

הגהות מהר"ב רנשבורג

א] רש"י ד"ה א"ל כו' חשיב לה כאילו כולה וכו' כנ"ל: ב] תוד"ה וכזית וכו' ה"מ לפסול. תיבת לפסול נמחק ונ"ב לאכול: ג] בא"ד בעיניה בכדי אכילת פרם מחייב על האיסור לחודיה מן מחייב עד לחודיה נמחק ונ"ב האיסור לחודיה לא מחייב כנ"ל א"מ: ד] ד"ה אי הכי וכו' אבל לרבנן וכו' פשיטא ליה דפליגי עליה אבל אמה דלוקה כו' כנ"ל: ה] ד"ה שתי וכו' ויש בהן תבלין כאן הס"ד ואח"כ מה"ד ואי ס"ד: ו] ד"ה אית ספרים וכו' וי"ל דלא וכו' תרי בתרי תיבת בתרי נמחק. ונ"ב ברייתא א"מ: ז] בא"ד הך נמי כולה. תיבת כולה נמחק ונ"ב כוותיה. א"מ: ח] בא"ד ובפרק אלו עוברין ליתא בספרים. נ"ב כאן הס"ד ואח"כ מה"ד אלא הנח לתרומת תבלין: ט] ד"ה שתי וכו' משא"כ הכא בב' קופות דמיירי דשתיהן מין אחד אין היתר מצטרף לאיסור דכיון כנ"ל א"מ: י] ד"ה אלא וכו' תימה למאי דאוקמת לפרס. נמחק תיבת לפרס ונ"ב לעיל כנ"ל והוא בדבור הקודם וכפי הגהתנו שם א"מ:

בִּשְׁלָמָא לְדִידִי דְּאָמִינָא מִשּׁוּם דְּהֶיתֵּר מִצְטָרֵף לְאִיסּוּר — כְּגוֹן דִּנְפִישִׁי חוּלִּין, אֶלָּא לְדִידָךְ דְּאָמְרַתְּ מִשּׁוּם דְּאִיכָּא כַּזַּיִת בִּכְדֵי אֲכִילַת פְּרָס, כִּי נְפִישִׁי חוּלִּין מַאי הָוֵי? אֲמַר לֵיהּ: [א]הַנַּח לִתְרוּמָה בַּזְּמַן הַזֶּה דְּרַבָּנַן. אֲמַר לֵיהּ אַבָּיֵי: [ב]מִמַּאי דְּהַאי "מִשְׁרַת" לְהֶיתֵּר מִצְטָרֵף לְאִיסּוּר הוּא דְּאָתָא? דִּילְמָא לִיתֵּן טַעַם כְּעִיקָּר הוּא דְּאָתָא! וּלְאַבָּיֵי, מֵעִיקָּרָא קָא קַשְׁיָא לֵיהּ מַאי דְּקָאָמַר רַב דִּימִי, וְקָא מוֹתִיב לֵיהּ כָּל הָלֵין תְּיוּבְתָּא, הָדַר אָמַר לֵיהּ לִיתֵּן טַעַם כְּעִיקָּר? בָּתַר דְּשַׁנֵּי לֵיהּ אֲמַר לֵיהּ: דִּילְמָא לִיתֵּן טַעַם כְּעִיקָּר [ג]הוּא דְּאָתָא. *לִכְדְתַנְיָא: "מִשְׁרַת" — לִיתֵּן טַעַם כְּעִיקָּר, שֶׁאִם שָׁרָה עֲנָבִים בְּמַיִם וְיֵשׁ בָּהֶן טַעַם יַיִן — חַיָּיב. וּמִכָּאן אַתָּה דָּן (א) כָּל אִיסּוּרִין שֶׁבַּתּוֹרָה: וּמַה נָּזִיר שֶׁאֵין אִיסּוּרוֹ אִיסּוּר עוֹלָם, וְאֵין אִיסּוּרוֹ אִיסּוּר הֲנָאָה, וְיֵשׁ הֶיתֵּר לְאִיסּוּרוֹ — עָשָׂה בּוֹ טַעַם כְּעִיקָּר, כִּלְאֵי הַכֶּרֶם, שֶׁאִיסּוּרָן אִיסּוּר עוֹלָם, וְאִיסּוּרָן אִיסּוּר הֲנָיָה, וְאֵין הֶיתֵּר לְאִיסּוּרָן — אֵינוֹ דִּין שֶׁיַּעֲשֶׂה בּוֹ טַעַם כְּעִיקָּר? וְהוּא הַדִּין לְעׇרְלָה בִּשְׁתַּיִם. אֲמַר לֵיהּ *הַהוּא מֵרַבָּנַן: רַבִּי אַבָּהוּ, כִּי קָאָמַר לְר' עֲקִיבָא. הֵי ר' עֲקִיבָא? אִילֵימָא רַבִּי עֲקִיבָא דְּהָכָא, *דִּתְנַן: רַבִּי עֲקִיבָא אוֹמֵר: אֲפִילּוּ שָׁרָה פִּיתּוֹ בְּיַיִן, וְיֵשׁ בּוֹ כְּדֵי לְצָרֵף כַּזַּיִת — חַיָּיב. וּמִמַּאי? דִּילְמָא (ב) הוּא דְּאִיכָּא כַּזַּיִת בְּעֵינָא! וְכ"ת מַאי לְמֵימְרָא — לְאַפּוּקֵי מִת"ק, דְּאָמַר: עַד שֶׁיִּשְׁתֶּה רְבִיעִית יַיִן. אֶלָּא רַבִּי עֲקִיבָא דִּבְרַיְיתָא, דְּתַנְיָא, רַבִּי עֲקִיבָא אוֹמֵר: נָזִיר שֶׁשָּׁרָה פִּתּוֹ בְּיַיִן, וְאָכַל כַּזַּיִת מִפַּת וּמִיַּיִן — חַיָּיב. אֲמַר לֵיהּ רַב אַחָא בְּרֵיהּ דְּרַב אַוְיָא לְרַב אַשִׁי: לְרַבִּי עֲקִיבָא, דְּקָא מוֹקִים לֵיהּ לְהַאי "וְכׇל מִשְׁרַת" לְהֶיתֵּר מִצְטָרֵף לְאִיסּוּר, לִיתֵּן טַעַם כְּעִיקָּר מנ"ל? יָלֵיף מִבָּשָׂר בְּחָלָב; לָאו טַעַם בְּעָלְמָא הוּא [ד]וְאָסוּר — הָכָא נַמִי לָא שְׁנָא. וְרַבָּנַן: מִבָּשָׂר בְּחָלָב לָא גָּמְרִינַן, דְּחִידּוּשׁ הוּא. מַאי חִידּוּשֵׁיהּ? אִילֵימָא דְּהַאי לְחוּדֵיהּ וְהַאי לְחוּדֵיהּ שָׁרֵי, וּבַהֲדֵי הֲדָדֵי אָסוּר — כִּלְאַיִם נַמִי, הַאי לְחוּדֵיהּ שָׁרֵי וְהַאי לְחוּדֵיהּ שָׁרֵי, [ה]וּבַהֲדֵי הֲדָדֵי אָסוּר! אֶלָּא, [ו]דְּאִי תָּרוּ לֵיהּ כּוּלֵּי יוֹמָא בַּחֲלָבָא — שָׁרֵי, וּמְבַשֵּׁיל לֵיהּ בִּשּׁוּלֵי — אָסוּר. וְרַבִּי עֲקִיבָא נַמִי, בָּשָׂר בְּחָלָב חִידּוּשׁ הוּא! אֶלָּא יָלֵיף

רש"י

בשלמא לדידי דאמינא. דבכל איסורין שבתורה נמי היתר מצטרף לאיסור – הכא ליכא למימר הכי, דמשום דנפישי חולין, ואנן לא אמרינן דהיתר מצטרף לאיסור אלא היכא דנפישא מידי דאיסורא, וקא משלים ליה היתרא. והא דפרכינן לעיל ממקפה ומדוכה, אף על גב דנפישי חולין – תבלין שאני, הואיל ותבלין לטעמא וריחא הוא דעבידי – חשיבי להו ולא בטלי, והוי כמאן דנפישי א). אלא לדידך כו' כי נפישי חולין מאי הוי. הא איכא למיחש דאיכא כזית בכדי אכילת פרס דאורייתא! הנח לתרומה בזמן הזה דרבנן. דלא חיישינן ליה לכזית בכדי אכילת פרס. דילמא ליתן טעם כעיקר הוא דאתא. שאם שרה ענבים במים ויש בו טעם יין – יהא חייב על הטעם כמו על עיקר הפרי של ענבים. ומקמי דמסיים אביי למילתיה, מקדים ליה התלמוד לפרוכי. ולאביי מעיקרא קשיא ליה מאי דקאמר רב דימי. דבנזיר בלחוד הוא דאמרי דהיתר מצטרף לאיסור, וקא מותיב ליה אביי דבשאר איסורין שבתורה נמי אמרינן הכי, והדר אמר ליה דהכא לאו להיתר מצטרף לאיסור הוא דאתא, אלא ליתן טעם כעיקר. בתר דשני ליה. רב דימי דבשאר איסורין לא אמרינן היתר מצטרף לאיסור אלא באיסור נזיר בלבד, אמר ליה אביי: דילמא אפילו לגבי נזיר לא אתא אלא כדי ליתן טעם כעיקר, שאם שרה ענבים במים כו'. ומה נזיר שאין איסורו איסור עולם. ב) שיש היתר לאיסורו לאחר שלשים. ואין איסורו איסור הנאה. שמערבין לנזיר ביין. ויש היתר לאיסורו. ג) שהיין שנאסר לו עכשיו הותר ד) לאחר ל'. ה) שאין איסורו איסור עולם. אלא עד ל'. ו) היינו יש היתר לאיסורו. אלא שאין איסורו איסור עולם מיירי בגופו, ויש היתר לאיסורו – שיין זה שאסור לו עכשיו מותר לו לאחר זמן. כלאי הכרם. שעורה וחרצן, שאיסורן איסור עולם ז) ואיסור הנאה, דכתיב (דברים כב) "פן תקדש", ואמרינן (חולין דף קטו.): פן תוקד אש. וה"ה לערלה בשתים. שאיסורו איסור הנאה ואין היתר לאיסורו, אבל אין לומר בה דאיסורו איסור עולם, שהרי לאחר ג' שנים הותרה. אמר ליה ההוא מדרבנן. אין ה"נ, ד"משרת" כי אתא ליתן טעם כעיקר ואליבא דרבנן, ח) ורבי אבהו כי קאמר – אליבא דרבי עקיבא, דאמר: היתר מצטרף. ודילמא. מיין לחודיה הוא דקא בעי דליהוי ביה מובלע בפת כזית. וכי תימא אי איכא כזית מיין מאי למימרא. פשיטא דמיחייב! לאפוקי מדת"ק. דאמר: אינו חייב עד שישתה רביעית יין, אתא ר' עקיבא. אלא ר' עקיבא דברייתא דתניא כו'. *)[מגיעולי גוים]. דאמרה תורה בכלי מדין "כל דבר אשר יבא באש" וגו', ואמאי? והא ליכא בהו אלא טעם איסור שנתבשל בהן! אלא למימרא דאיסור דנותן טעם – כעיקר. דהא כל התורה כולה נותן טעם לפגם מותר. דגמרי' לה מנבילה, דאמר מר (ע"ז דף סז:): הראויה לגר – קרויה נבילה, ושאינה ראויה לגר – אינה קרויה נבילה, ומותרת, דכל דנותן טעם לפגם מותר. ולרבי

*) שייך לע"ב

תוספות

א] והיה קשה לר"י נמי: דהיתר מצטרף לאיסור כשאינו מינו, שיש להן לחכמים להחמיר! ואומר הרמ"ר: דלא דמי, דחיוב כזית בכדי אכילת פרס שייך קצת גם מין במינו, כיון שהוא אוכל קצת מן האיסור. דאם היה ניכר – היה חייב עליו מן התורה, כיון דכזית בכדי אכילת פרס דאורייתא. אבל היתר מצטרף לאיסור, דלא שייך לעולם בנפישי חולין, שאפילו אם היה ניכר לא היה חייב מן התורה.

*אלא הנח לתרומה בזמן הזה דרבנן. [*אלא] ממאי דהאי משרת להיתר מצטרף לאיסור? דילמא ליתן טעם כעיקר! [אבל] התלמוד הפסיק להקשות. ולאביי, מעיקרא קשה ליה האי דרב דימי ואותיב ליה כל הנך תיובתא – כלומר, דאפילו בשאר איסורי בעינן למימר דהיתר מצטרף לאיסור, [והדר] אמר ליה ליתן טעם כעיקר – כלומר, ועתה ר"ל דבשום מקום לא נאמר דהיתר מצטרף לאיסור! ומשני: לבתר דשני ליה ב] [ומייתי] ליה רב דימי ראיותיו, [אז] הודה לו, ומקשה לו: [מנא] ליה מנין לרב דימי לשום תנא דאתי משרת להיתר מצטרף לאיסור, דילמא ליתן טעם כעיקר!

שרה ענבים כו'. כאן אין כתובה בספרים "דתניא", אלא נראה שכל זה מדברי אביי שלא היה יודע הברייתא, כיון דקא מתמה לעיל: וכזית בכדי אכילת פרס דאורייתא? משמע דלדידיה הוי כזית בכדי אכילת פרס דרבנן, וכ"ש טעם כעיקר דרבנן. ומיהו, לפי מאי דפרישית ג] ניחא.

שאין איסורו איסור עולם. דסתם נזירות ל' יום. ואין איסורו איסור הנאה – דתניא (עירובין דף כו:): מערבין לנזיר ביין. ויש היתר לאיסורו – שיכול לשאול לחכם אפילו בימי נזרו. כלאי הכרם (כו') שאיסורן איסור עולם ואיסורן איסור הנאה – דכתיב "פן תקדש המלאה הזרע" ודרשינן: פן תוקד אש.

והוא הדין לערלה בשתים. פי' הקונטרס: שאיסורו איסור הנאה, ואין היתר לאיסורו – תוך שלש של ערלה לא יותרו לעולם. ונ"ל דודאי איסורו איסור עולם, אבל יש היתר לאיסורו כמו בשנה הרביעית דאחליה והדר אכליה, שיש לו תקנה לפירות ע"י פדיון כמעשר שני, שאע"פ שבאו מכרם ערלה. וה"ר יום טוב בן הרב ר' יהודה פירש: שיש היתר לאיסורו – שמותר לגרום איסורו, כגון לנטוע אילן אף אם יהיה ערלה, משא"כ בכלאי הכרם, וכן מותר לאדם לידור בנזיר.

הוא דאמר כר' עקיבא. דאית ליה היתר מצטרף לאיסור לנזיר מ"משרת", והיא דדריש מ"משרת" ליתן טעם כעיקר – רבנן היא.

ויש בו כדי לצרף כזית חייב. היה סבור הפירוש: לצרף מפת ומיין. ד]דילמא מיין לחודיה – ודוקא שיש בו כזית יין בלוע בתוך הפת וצריך לירוף לאוספו יחד לפי שהוא בלוע.

וכי תימא מאי למימרא. פירוש: דאי טעם כעיקר אתא לאשמועינן, בשאר איסור נמי! לאפוקי מת"ק דאמר עד שישתה רביעית יין. ור' עקיבא אשמועי' בנזיר, לומר דחייב בכזית.

אלא ר"ע דברייתא. דמפרש בה בהדיא מפת ומיין, מעתה גם במתני' פי' הכי.

טעם כעיקר מנליה. ואם תאמר: ודילמא לית ליה? ויש לומר: דודאי, אי לא דשמעינן מקרא אחרינא טעם כעיקר – לא הוה מוקי "משרת" להיתר מצטרף לאיסור, דטפי הוה מסתבר לאוקמי "משרת" ליתן טעם כעיקר, *)[כיון] דיש באיסור עצמו כזית, אלא שאינו בעין אלא טעמו משום הכי בעי מאיזה קרא נפקא ליה. מגיעולי

*) נ"א כרבנן

עין משפט נר מצוה

יד א מיי' פ"א מהלכות תרומות הל' כו ופי"ג שם הל' יד סמג עשין קלג טוש"ע י"ד סימן שלא סעיף ב:

טו ב מיי' פ"ה מהלכות נזירות הלכה ד:

טז ג מיי' שם הל' ה:

נ"ל א"ל

נ"א א"ל אביי

יז ד מיי' פ"ט מהלכות מאכלות אסורות הל' א סמג לאוין קמ קמא טוש"ע י"ד סי' פז סעיף א:

יח ה מיי' שם פ"י הל' ז סמג לאוין קמה טוש"ע י"ד סי' רצו סעיף א וסי' רצז סעיף א:

יט ו מיי' שם פ"ט הלכה יז סמג לאוין קמא טוש"ע י"ד סי' לא סעיף ד:

פי' הרא"ש

בשלמא לדידי דאמינא היתר מצטרף לאיסור א) אלא ברובן אסור או בשניהם שוין: הנח לתרומ' בזמן הזה דרבנן. ואפי' תבואת דגן הלכך תלינן לקולא: דלמא ליתן טעם כעיקר. ליתן טעמו של איסור כעקרו ממשו כדמפרש ואזיל. שרה פתו ביין ויש בו טעם יין אלא שהתלמוד הפסיק באמצע דבריו והקשה לו דאביי מעיקרא הוה קשיא ליה אהא דקאמר רב דימי דמשרת אתי להיתר מצטרף לאיסור ודוקא בנזיר אבל שאר אסורים שבתורה לא גמרי' מנזיר ומותיב לה הלין תיובתא ובעי לאוכוחי דבשאר אסורי' נמי היתר מצטרף לאיסור ב) אלא מוקמי' קרא לטעם כעיקר. ומשני בתר דשני ליה דרב דימי ודחה תשובותיו. חזר והקש' לו משום דלשון ג) תנא אתי משרת להיתר מצטרף לאיסור דילמא לטעם כעיקר ויש בו טעם יין חייב עליו בכזית ולא משום היתר מצטרף לאיסור לא ילפי' מיניה. שאין אסורו איסור עולם אלא כמו שפירש ואם סתם ל' יום ויין וענבים מותרים לו בהנאה דתנן מערבין לנזיר ביין. ויש היתר לאיסורן אפי' תוך זמנו ע"י התרת חכם. כלאים כלאי הכרם. אם זרע חטה ושעורה וחרצן אסורים בהנאה לעולם. וה"ה בערלה בשתים. בב' דרכים דאיסורו איסור הנאה ואין היתר לאיסורו בתוך ג' שנים ואיסור עולם ליכא למימר בה דלאחר ג' מותרת. רבי אבהו דאמר כר' עקיבא דשמעי' דהיתר מצטרף לאיסור. ודלמא מיין לחודיה דוקא בשיש כזית בלוע בתוך הפת וצירוף שייך למתני ביה משום דנבלע בתוך הפת אם יש בו כדי לצרף מפת ומיין חייב. אלמא שמעי' ליה צרוף בהדיא ורבנן פליגי עליה דלית להו היתר מצטרף לאיסור. דאילו פשט טעם היין בכל הפת לא הוו פליגי עליה רבנן דהא אית להו טעם כעיקר: מנא ליה היכא דליכא כזית עיקר אלא טעם דמסתבר דאי לאו דשמעי' ליה מקרא אחריתא טעם כעיקר הוה מוקי למשרת לטעם כעיקר ולא להיתר שאין בו טעם איסור שיצטרף עם האיסור:

מסורת הש"ס

פסחים מד.

ס"א הא מני רבנן

פסחים מד: שבועות כח:

נוסחת הריב"ן

א) דנפישי מידי דאיסורא: ב) לפי שיש: ג) שיין זה שאסור לו כו': ד) הותר לו: ה) בכ"י כתוב כאן גליון שאין: ו) (היינו יש כו' בגופו) ליתא בכ"י: ז) ואיסורן איסור הנאה: ח) וכי קאמר ר' אבהו דכי אתא ליה משרת להיתר מצטרף לאיסור אליבא דר"ע כו':

הגהות הב"ח

(א) גמ' שרה ענבים במים וכו' אתה דן לכל איסורין: (ב) שם דלמא והוא דאיכא כזית מיין לחודיה וכי תימא:

הגהות מהר"ב רנשבורג

א] תום' ד"ה (בעמוד הקודם) אלא לדידך וכו' והיה קשה לר"י. תיבות והיה קשה לר"י נמחקו ונ"ב וקשה לדידיה כצ"ל. א"מ: ב] ד"ה אלא וכו' דשני ליה ר"ד וכו' ומקשה ומנין וכו' כצ"ל: ג] ד"ה שרה ענבים וכו' ומיהו לפי מאי דפרישית. נ"ב לעיל דף לו ע"ב ד"ה וכזית. א"מ: ד] ד"ה ויש בו וכו' לצרף מפת ומיין כאן הס"ד ואח"כ מה"ד דלמא:

א) נראה דצ"ל היתר מצטרף לאיסור כגון דנפישי חולין דהיתר מצטרף לאיסור אינו אלא וכו': ב) אולי צ"ל והדר אמר דלאו להיתר מצטרף לאיסור הוא דאתא אלא מוקמינן וכו': ג) נראה דצ"ל ומקשה לו דמנין לו דלשום תנא דאתי משרת להיתר וכו':

עין משפט נר מצוה

כ א מיי' פי"ז מהלכות מאכלות אסורות הל' ב סמג לאוין קמא קמח טוש"ע י"ד סי' קכא סע"א:
נ"ל לאיסורו עי' א"מ

כא ב מיי' שם ופט"ו שם הל' כח סמג לאוין קמא טור ש"ע יו"ד סי' קג סעיף א וסי' קכב סע"א:

[ועי' תוס' פסחים מד: ד"ה אלא]

כב ג מיי' שם פי"ז הלכה ב סמג שם טור ש"ע י"ד שם סעיף ה וסי' קכב סעיף ב:

כג ד מיי' פ"ח מהלכות מעשה הקרבנות הלכה יז:

כד ה מיי' שם הל' טו:

כה ו ז מיי' פ"ה מהלכות נזירות הלכה ג:

מגיעולי גוים. ובפסחים (דף מד: ושם) יליף מבשר בחלב. ובכאן מקלר לומר מגיעולי גוים. והקשה ה"ר יוסי איש ירושלם: מה לגיעולי גוים שכן אין היתר *(מצטרף לאיסור)! ותירץ: דבכולהו כלי מדין הצריך הכתוב הגעלה, אף לאותן שנבלעין מיין, דנאסרו נזירי ישראל להשתמש בהן. דקרא בכולהו כלים כתיב, ואותן כלים שהמדיינים בשלו בהן יין הוי אסירי לנזירי ישראל, דאכולם אמר רחמנא תעבירו באש*.

נותן טעם לפגם מותר. כדאמרינן בפ' בתרא דע"ז (דף סז:): נבילה שאינה ראויה לגר אינה קרויה נבילה, והכא הכתוב אוסר.

דלאו נותן טעם לפגם הוא ולרבנן דאמרי חידוש הוא אי אפשר דלא פגמה [פורתא]. והוה ליה למימר כי היכי דפגמו מרובה שרי רחמנא – אפי' פגם מועט נמי שרי.

לר"ע נמי דמוקי להאי משרת להיתר מצטרף לאיסור, לימא מכאן אתה דן לכל [וכו']. ואמאי קאמר לעיל חוץ מאיסורי נזיר?

שאם פסולה היא תפסל. פירוש: שלמים שנגעו בחטאת, אם החטאת פסולה בפיגול בנותר – גם השלמים נפסלו. **תאכל.** זאת נבלעה כחומר שבה, דהיינו לזכרי כהונה, ולפנים מן הקלעים, וליום ולילה, כדין חטאת. ולספרים דגרסי "כחומר שבהן" משמע דיש חומרא בשלמים שאינה בחטאת, ותמצאם כגון שנשחטו השלמים מאתמול, דזמן השלמים עד [הלילה] ולא יותר, והחטאת שנשחטה היום זמנה כל הלילה, ועתה תאכל החטאת כחומר השלמים. הרי גלי רחמנא בחטאת דהיתר מצטרף לאיסור, דמי לא עסקינן דנבלע חצי זית שומן בתוך חצי זית דשלמים. שהרי להכי איצטריך, דלטעם כעיקר הא כבר ילפי' מגיעולי גוים בכל איסורים. ב] ה"ג: ורבנן מצרך צריכי כו'. אלא הא דתניא מכל אשר יעשה מגפן היין. ואע"ג דדרשינן ליה לעיל (דף לד:) בכלל ופרט, הכא דריש מדכתיב "מכל". אפי' למאן דלא דריש "כל", "מכל" דריש [אי נמי], אף ר"ע דריש ["מכל"].

היתר לאיסור. חצי זית חרצן וחצי זית מפת ביחד דוקא. אפילו בזה אחר זה. ובלבד שיהא בתוך כדי אכילת פרס.

דלית

תורה אור

יָלֵיף מִגִּיעוּלֵי גוֹיִם, דְּאָמַר רַחֲמָנָא °"כָּל דָּבָר אֲשֶׁר יָבֹא בָאֵשׁ" (במדבר לא) – לְמֵימְרָא דַּאֲסִירִי גִּיעוּלֵי גּוֹיִם; לָאו טַעֲמָא בְּעָלְמָא הוּא [א]וְאָסוּר – הָכָא נַמִי לָא שְׁנָא. וּלְרַבָּנַן נַמִי, תֵּיפוּק לְהוּ מִגִּיעוּלֵי גוֹיִם! אֲמַר לֵיהּ: הָתָם (א) חִידּוּשׁ הוּא, דְּהָא בְּכָל הַתּוֹרָה כּוּלָּהּ [ב]נוֹתֵן טַעַם לִפְגָם מוּתָּר, וְגַבֵּי גִּיעוּלֵי גוֹיִם אָסוּר. וּלְר"ע נַמִי, הָא חִידּוּשׁ הוּא! *אֲמַר רַב הוּנָא בַּר חִיָּיא: [ג]לֹא אָסְרָה תּוֹרָה אֶלָּא לִקְדֵירָה בַּת יוֹמָא, דְּלָאו נוֹתֵן טַעַם לִפְגָם הוּא. וְרַבָּנַן: קְדֵירָה בַּת יוֹמָא נַמִי, אִי אֶפְשָׁר דְּלָא פָּגְמָה פּוּרְתָּא. אֲמַר לֵיהּ רַב אַחָא בְּרֵיהּ דְּרַב אָוְיָא לְרַב אַשִׁי: מִדְּרַבָּנַן נִשְׁמַע לְרַבִּי עֲקִיבָא; לָאו אָמְרִי רַבָּנַן הַאי "מִשְׁרַת" לִיתֵּן טַעַם כְּעִיקָּר, וּמִכָּאן אַתָּה דָן לְכָל אִיסּוּרִין שֶׁבַּתּוֹרָה. לְרַבִּי עֲקִיבָא נַמִי, דְּקָא מוֹקִים לֵיהּ לְהַאי "מִשְׁרַת" לְהֶיתֵּר מִצְטָרֵף לְאִיסּוּר – לֵימָא: מִכָּאן אַתָּה דָן לְכָל אִיסּוּרִין שֶׁבַּתּוֹרָה! א"ל: מִשּׁוּם דְּהָוֵי נָזִיר וְחַטָּאת ב' כְּתוּבִין הַבָּאִין כְּאֶחָד, *וְכָל ב' כְּתוּבִין הַבָּאִין כְּאֶחָד אֵין מְלַמְּדִין. נָזִיר – הָא דַּאֲמַרַן, חַטָּאת מַאי הִיא? *דְּתַנְיָא: °"כֹּל אֲשֶׁר יִגַּע בִּבְשָׂרָהּ יִקְדָּשׁ" (ויקרא ו), יָכוֹל אֲפִי' שֶׁלֹּא בָּלַע – ת"ל "בִּבְשָׂרָהּ", [ד]עַד שֶׁיִּבְלַע בִּבְשָׂרָהּ. "יִקְדָּשׁ" [ה] – לִהְיוֹת כָּמוֹהָ, שֶׁאִם פְּסוּלָה הִיא – יִפָּסֵל, וְאִם כְּשֵׁרָה – תֵּאָכֵל כֶּחָמוּר שֶׁבָּהּ. וְרַבָּנַן: *צְרִיכִי, דְּאִי כְּתַב רַחֲמָנָא גַּבֵּי חַטָּאת, הֲוָה אָמִינָא: נָזִיר לָא אָתֵי מִינַּהּ, מִשּׁוּם דְּנָזִיר מִקֳּדָשִׁים לָא יָלְפִינַן. וְאִי כְּתַב רַחֲמָנָא גַּבֵּי נָזִיר – הֲוָה אָמִינָא: מִנָּזִיר לָא יָלְפִינַן, מִשּׁוּם דְּהֶחְמִיר אִיסּוּרֵיהּ, דַּאֲפִי' חַרְצָן אֲסִיר לֵיהּ, הִלְכָּךְ לָא אָתְיָא מִינֵּיהּ. ור"ע אָמַר לָךְ: לְמַאי צְרִיכִי? בִּשְׁלָמָא אִי כְּתַב רַחֲמָנָא חַטָּאת לָא גָּמַר נָזִיר מִינָּהּ, *דְּחוּלִּין מִקֳּדָשִׁים לָא גָּמְרִינַן. אֶלָּא לִכְתּוֹב רַחֲמָנָא בְּנָזִיר, וְתֵיתֵי חַטָּאת מִינֵּיהּ, דְּהָא כָּל אִיסּוּרִין שֶׁבַּתּוֹרָה קָא גָּמְרִי מִנָּזִיר. וְרַבָּנַן אָמְרִי לָךְ: חַטָּאת – לְהֶיתֵּר מִצְטָרֵף לְאִיסּוּר, וְחוּלִּין מִקֳּדָשִׁים לָא גָּמְרִינַן. וּ"מִשְׁרַת" – לִיתֵּן טַעַם כְּעִיקָּר, מִכָּאן אַתָּה דָן לְכָל אִיסּוּרִין שֶׁבַּתּוֹרָה. ור' עֲקִיבָא: תַּרְוַיְיהוּ לְהֶיתֵּר מִצְטָרֵף לְאִיסּוּר, וְהָווּ לְהוּ שְׁנֵי כְתוּבִין הַבָּאִין כְּאֶחָד, וְכָל שְׁנֵי כְתוּבִין הַבָּאִים כְּאֶחָד אֵין מְלַמְּדִין. א"ל רַב אַשִׁי לְרַב כָּהֲנָא: אֶלָּא הָא דְּתַנְיָא °"מִכֹּל אֲשֶׁר יֵעָשֶׂה מִגֶּפֶן הַיַּיִן" (במדבר ו) (ב) [ו]לִימֵּד עַל אִיסּוּרֵי נָזִיר שֶׁהֵן מִצְטָרְפִין זֶה עִם זֶה. לר"ע, הַשְׁתָּא י"ל הֶיתֵּר מִצְטָרֵף לְאִיסּוּר, אִיסּוּר לְאִיסּוּר מִבַּעְיָא? א"ל: הֶיתֵּר לְאִיסּוּר – בְּבַת אַחַת, אִיסּוּר לְאִיסּוּר – [ז]אֲפִילּוּ בָּזֶה אַחַר זֶה. ור"ש, דְּלֵית

וּלְרַבִּי עֲקִיבָא נַמִי הָא חִידּוּשׁ הוּא. וְהֵיכִי גָּמְרִינַן מִינֵּיהּ? אֲמַר רַב הוּנָא בַּר חִיָּיא. לֹא נִצְרְכָה לְר' עֲקִיבָא "כָּל דָּבָר אֲשֶׁר יָבֹא בָאֵשׁ" וגו' אֶלָּא לִקְדֵירָה בַּת יוֹמָא, דְּלָאו נ"ט לִפְגָם הוּא, וְלָאו חִידּוּשׁ הוּא. וְהוֹאִיל וְלָאו חִידּוּשׁ הוּא, וּמִיתַּסַּר בֵּיהּ טַעַם כְּעִיקָּר – גָּמְרִינַן מִינֵּיהּ לִשְׁאָר אִיסּוּרִין שֶׁבַּתּוֹרָה. וְרַבָּנַן. דְּלָא יָלְפִי מִינֵּיהּ, סָבְרִי: אִי אֶפְשָׁר דְּלָא פָּגְמָה פּוּרְתָּא, וְחִידּוּשׁ הוּא. אֲמַר לֵיהּ רַב אַחָא בְּרֵיהּ דְּרַב אָוְיָא לְרַב אַשִׁי. מ"ט אָמַרְתְּ א) לְר"ע לֵית לֵיהּ בִּשְׁאָר אִיסּוּרִין שֶׁבַּתּוֹרָה דְּהֶיתֵּר מִצְטָרֵף לְאִיסּוּר? מִדְּרַבָּנַן נִשְׁמַע לְר"ע כו'. חַטָּאת מַאי הִיא דְּתַנְיָא כָּל אֲשֶׁר יִגַּע בִּבְשָׂרָהּ יָכוֹל אֲפִילּוּ לֹא בָּלַע ת"ל בִּבְשָׂרָהּ יִקְדָּשׁ לִהְיוֹת כָּמוֹהָ שֶׁאִם פְּסוּלָה הִיא תִּפָּסֵל. שֶׁאִם הַחַטָּאת פְּסוּלָה, כְּגוֹן שֶׁעָבַר עָלָיו לַיְלָה וָיוֹם, וְנִתְבַּשֵּׁל בּוֹ בְּשַׂר שְׁלָמִים – יְהֵא בְּשַׂר שְׁלָמִים אָסוּר כָּמוֹהוּ. וְאִם כְּשֵׁרָה. שֶׁלֹּא עָבַר אוֹתוֹ הַיּוֹם – תֵּאָכֵל כֶּחָמוּר שֶׁבַּחַטָּאת, לִפְנִים מִן הַקְּלָעִים לְזִכְרֵי כְהוּנָּה לְיוֹם וְלַיְלָה בִּלְבָד ב). כָּתוּב בַּסְּפָרִים: לְרַבָּנַן תֵּיפוּק לְהוּ לְהֶיתֵּר מִצְטָרֵף לְאִיסּוּר מֵחַטָּאת. הָתָם נַמִי לְנ"ט א] לִפְגָם הוּא דְּאָתָא. וְאִבָּ"א לְנוֹתֵן טַעַם כְּעִיקָּר, וּמִיצְרַךְ צְרִיכִי לֵיהּ, דְּאִי כָּתַב רַחֲמָנָא כו'. וְהָכִי פֵּירוּשׁוֹ: וְרַבָּנַן תֵּיפוּק לְהוּ לִשְׁאָר אִיסּוּרִין שֶׁבַּתּוֹרָה שֶׁיְּהֵא הֶיתֵּר מִצְטָרֵף לְאִיסּוּר מֵחַטָּאת, דְּמָה מָּצִינוּ בְּחַטָּאת שֶׁהֶיתֵּר מִצְטָרֶפֶת לְאִיסּוּר, כִּדְאָמְרִינַן "בִּבְשָׂרָהּ" שֶׁבָּלַע הֵימֶנָּה, וה"ה נַמִי לִשְׁאָר אִיסּוּרִין שֶׁבַּתּוֹרָה! הָתָם נַמִי לְגַבֵּי חַטָּאת לְנוֹתֵן טַעַם לִפְגָם הוּא דְּאָתָא. וְאִי אָמְרַתְּ: אִי מִשּׁוּם נוֹתֵן טַעַם לִפְגָם – הָא כְּבָר שָׁמְעִינַן לֵיהּ מִנְּבֵילָה! חֲדָא בִּמְבוּשָּׁל, וַחֲדָא בְּחַי. דְּהַהוּא דִּנְבֵילָה אַשְׁמוּעִינַן בְּמִידֵי דִּמְבוּשָּׁל, שֶׁאִם בִּישֵּׁל בְּשַׂר שְׁחוּטָה בִּכְלִי שֶׁנִּתְבַּשֵּׁל בּוֹ בְּשַׂר [נְבֵילָה] וְנוֹתֵן טַעַם בּוֹ הוּא – מוּתָּר, דְּנוֹתֵן טַעַם לִפְגָם הוּא, וּמוּתָּר. *וְאַשְׁמוּעִינַן נַמִי גַּבֵּי חַטָּאת בִּבְשַׂר חַטָּאת מְבוּשֶּׁלֶת (ג) וּבְבָשָׂר חַי, דַּאֲפִילּוּ נָגַע בְּשַׂר שְׁלָמִים שֶׁאֵינוֹ מְבוּשָּׁל בִּכְלִי שֶׁנִּתְבַּשֵּׁל בּוֹ חַטָּאת (הוּא), אוֹ בִּבְשַׂר חַטָּאת מְבוּשֶּׁלֶת עַצְמָהּ, וְנוֹתֶנֶת בָּהּ טַעַם – יִקְדַּשׁ לִהְיוֹת כָּמוֹהָ. וְאִיבָּעֵית אֵימָא: אֲפִילּוּ הַהִיא דְּחַטָּאת לִיתֵּן טַעַם כְּעִיקָּר הוּא דְּאָתָא. וְאִי אָמְרַתְּ: אִם כֵּן הָווּ לְהוּ ב' כְּתוּבִין הַבָּאִין כְּאֶחָד, וְלֹא יִלְמוֹד מֵהֶן לִשְׁאָר אִיסּוּרִין ג) שֶׁכְּתוּבִין – הָנְהוּ מִיצְרַךְ צְרִיכִי לֵיהּ, דְּאִי כָּתַב רַחֲמָנָא גַּבֵּי חַטָּאת דְּנוֹתֵן טַעַם כְּעִיקָּר – לָא אָתֵי נָזִיר מִינֵּיהּ, מִשּׁוּם דְּנָזִיר כו'. וְאִית דְּלָא גָּרְסִי לְהַאי, ד) (ד) כְּלוֹמַר רַבָּנַן הוּא דְּקָמְהַדְרִי לְר"ע, דְּאָמַר נָזִיר וְחַטָּאת הָווּ לְהוּ ב' כְּתוּבִין הַבָּאִין כא', ה) וְאָמְרִי לֵיהּ: הָנָךְ וַדַּאי לָאו ב' כְּתוּבִין הַבָּאִין כְּאֶחָד נִינְהוּ, דְּמִיצְרַךְ צְרִיכִי; דְּאִי כָּתַב רַחֲמָנָא גַּבֵּי חַטָּאת דְּהֶיתֵּר מִצְטָרֵף לְאִיסּוּר – נָזִיר לָא אָתֵי מִינֵּיהּ, מִשּׁוּם דְּנָזִיר כו'. (ה) לִכְתּוֹב גַּבֵּי נָזִיר וְלֵיתֵי קֳדָשִׁים מִינֵּיהּ. דְּהַשְׁתָּא לְכָל אִיסּוּרִין שֶׁבַּתּוֹרָה בְּכַמָּה שִׁיעוּרִין גָּמְרִי' מִנָּזִיר כִּדְאָמְרִי' בְּפֶ' "גִּיד הַנָּשֶׁה" (חולין צח:): מַה זְּרוֹעַ בְּשֵׁלָה וכו', קֳדָשִׁים לֹא כ"ש. אֶלָּא מִדַּהֲדַר כָּתַב רַחֲמָנָא חַטָּאת – ש"מ מִשּׁוּם דְּהָוֵי שְׁנֵי כְתוּבִין הַבָּאִין כְּאֶחָד, לְתַרְתֵּי לִישָּׁנֵי, כִּדְפָרִישִׁית. א"ל הֶיתֵּר מִצְטָרֵף לְאִיסּוּר. כְּשֶׁנּוֹתְנוֹ בְּפִיו בְּבַת אַחַת. אֲבָל בָּזֶה אַחַר זֶה – לֹא. אֲבָל אִיסּוּר לְאִיסּוּר, אֲפִי' אָכַל חֲצִי זַיִת וּבְלָעוֹ, וְחָזַר וְאָכַל חֲצִי זַיִת שֶׁל אִיסּוּר אַחֵר – הֲרֵי זֶה מִצְטָרֵף.

וְרַבִּי

פי' הרא"ש

נפקא ליה מגעולי גוים. פליטת איסור כלי מדין דטעמא בעלמא ואמר רחמנא כל אשר יבא באש תעבירו במים. דבכל התורה נותן טעם לפגם מותר דבפ' בתרא דע"ז גמר' מנבלה הראויה לגר קרויה נבלה ושאינה ראויה לגר אינה קרויה נבלה. לקדרה בת יומא דלאו נ"ט לפגם הוא קדרה בת יומא נמי א"א דלא פגמה פורתא. וכי היכי דבפגם מרובה שריא רחמנא דגלי רחמנא בנבלה ה"ה במועטת הוא שחדש בו הכתוב. א"ל רב אחא בריה דרב אויא לרב אשי. מכדי לר"ע שמעי' ליה באיסור נזיר היתר מצטרף לאיסור ובשאר איסורי לא איירי מידי. לר' יוחנן פריך דאמר כל איסורי' שבתו' אין היתר מצטרף לאיסור חוץ מאיסור נזיר. מנ"ל הא. מדרבנן נשמע (לר"ע) [דר"ע] נמי (נימא) [ס"ל] הכי לענין היתר מצטרף לאיסור: משום דהוי חטאת ונזיר ב' כתובים הבאים כאחד ואין מלמדים. שאם פסולה היא החטאת כגון פגול או נותר. ואם כשרה היא תאכל כחמור שבהן. ה"ג ר"ח שלמי' ביום ראשון שנגעו בחטאת. ואם ביום שני נגעו בחטאת לא תאכל החטאת כי אם עד הלילה. ובהיתר מצטרף לאיסור איירי כגון שנדבק שומן בין זו לזו דלטעם כעיקר לא איצטריך דכבר ילפי' מגעולי גוים כל איסורים שבתורה ולא מוקמי' לה לבזית בכדי א"פ דלהא לא איצטריך קרא כל שיעורי איסורים הלכה למשה מסיני. ואי תקשי לך נוקמה לטעם כעיקר ויהיה חטאת וגעולי גוים ב' כתובים הבאים כאחד. והיתר מצטרף ניליף בכל איסורים מנזיר. וי"ל כיון שהדבר שקול מסתברא טפי לאסור טעם כעיקר מהיתר מצטרף לאיסור. וכן לעיל דאי לאו דשמע' ר"ע ממקום אחר טעם כעיקר הוה מוקי משרת לטעם כעיקר ולא להיתר מצטרף לאיסור. ורבנן תיפוק ליה היתר מצטרף לאיסור מחטאת דלדידהו לא הוי ב' כתובים הבאים כא'. ובספרים היה כתוב ורבנן לנ"ט לפגם הוא דאתא. וא"א ליישבו דלא מצינו שנאסר טעם לפגם בקדשים דאמרי' בזבחים פרק דם חטאת כל יום נעשה [גיעול] לחבירו אלמא דטעם לפגם שרי בקדשים וה"ג במקצת ספרים. ורבנן לטעם כעיקר הוא דאתא ומצרך צריכי דאי כ' רחמנא חטאת הוה אמינא נזיר לא אתי מניה. (נזיר) דחולין מקדשים לא ילפינן ואי כתב רחמנא נזיר ה"א חטאת מנזיר לא ילפינן משום דחמור איסוריה (שבתורה) דאפילו חרצן אסר רחמנא והא דאמרי' לעיל רבנן ילפי כל איסורים שבתורה מנזיר. ולא אמרי' שאני נזיר דהחמיר איסורי' אחטאת קא סמיך דאתי מכיניה. ור"ע אמר לך א"כ ליכתוב רחמנא גבי נזיר וליתו קדשים מניה. ולית ליה לר"ע הך סברא דנזיר חמור הלכך הוו להו ב' כתובים הבאים כא' ויש ספרים שכתוב בהן ורבנן לטעם כעיקר א) הוא דאתא וא' א' להיתר מצטרף לאיסור. פי' ומינה לא ילפי' בעלמא דחולין מקדשים לא ילפי': והא מצרך צריכי דאי כתב רחמנא גבי חטאת ה"א וכו'. ופריך לר"ע דאמר נזיר וחטאת ב' כתובים הבאים כא'. ומשני ר"ע אמר לך לכתוב רחמנא בנזיר וכו' ל"ג והא אלא ומצרך צריכי יש לפרש רבנן משיבין כן לר"ע ובפ' אלו עוברין גרס רבנן מצרך צריכי. ור"ע למאי צריכי בשלמא נזיר מחטאת לא גמרינן דחולין מקדשים לא גמרי' אלא חטאת ניליף מנזיר. ורבנן מצרך צריכי חטאת להיתר מצטרף לאיסור וחולין מקדשים לא ילפי' ומשרת ליתן טעם כעיקר ומכאן אתה דן לכל התורה כולה. ובפרק גיד הנשה משמע דחטאת ליתן טעם כעיקר והיינו כסוגיין דשמעתין ולא כהני דפרק אלו עוברין: אלא הא דתניא כל אשר יעשה מגפן היין וכו'. ואע"ג דדרשינן ליה בריש פרקן לכלל הכא דריש ליה כל מכל ואפי' מאן דלא דריש ליה כל מכל דרשינן ועוד דרבי עקיבא דריש כל בפסחים: היתר ואיסור בבת אחת אבל בזה אחר זה אפילו בכדי אכילת פרס לא:

א) אולי צ"ל ורבנן מצרכי לטעם כעיקר הוא דאתא וחטאת להיתר מצטרף לאיסור וכ"ה בפסחים מה:

מסורת הש"ס

הגהות הב"ח

(א) גמ' אמר ליה התם נמי חידוש הוא: (ב) שם מכל אשר יעשה מגפן היין מחרצנים ועד זג לימד על איסורי נזיר שהן מצטרפין זה עם זה השתא י"ל לר' עקיבא היתר מצטרף: (ג) רש"י ד"ה כתוב בספרים וכו' בבשר חטאת מבושלת בבשר שלמים חי דאפילו וכו' לשאר איסורין שבתורה הנהו מיצרך: (ד) ד"ה ואית דלא גרסי להאי אלא ורבנן צריכי וכו' כלומר רבנן: (ה) ד"ה אלא לכתוב גבי נזיר וליתי קדשים מיניה דהא כל איסורין:

ע"ז סז: עה: ע"ש פסחים מד: ע"ש

הגהות מהר"ב רנשבורג

א] רש"י ד"ה כתוב וכו' לפגם הוא דאתא כו' ונותנת בה טעם יקדש. נ"ב עי' א"מ: ב] תוד"ה ה"ג ורבנן וכו' א"נ אף ר"ע דריש מכל. נ"ב עי' א"מ:

[קדושין כז. וש"נ]

חולין צט. פסחים מה. זבחים צז.

[פסחים מה. ע"ש]

עיין א"מ

[שבועות כו:]

נוסחת הריב"ן

א) לר"ע: עקיבא: ב) בכ"י כתוב כאן גליון וז"ל ואמר לך כו' ודפרכת נזיר החמיר איסוריה לאסור בזג וחרצן ויש בו איסורים הרבה קדשים נמי איכא בהו איסורים הרבה כגון פיגול ונותר טמא בכהן לא כ"ש: ג) הכתובים: ד) להאי ורבנן תיפוק להו אלא ה"א ורבנן מצרך צריכי כלומר רבנן כו': ה) וקא אמרי ליה:

ור"ש

דְּלֵית לֵיהּ צֵירוּף, "מִכֹּל אֲשֶׁר יֵעָשֶׂה" מַאי דָּרֵישׁ בֵּיהּ? אָמַר לָךְ: הַהוּא מִיבְּעֵי לֵיהּ * — לְעוֹלָם אֵינוֹ נָזִיר עַד שֶׁיַּזִּיר מִכּוּלָּן. א"ר אַבָּהוּ א"ר אֶלְעָזָר: כָּל רְבִיעִיּוֹת שֶׁבַּתּוֹרָה אֵין הֶיתֵּר מִצְטָרֵף לְאִיסּוּר, חוּץ מֵרְבִיעִית שֶׁבְּנָזִיר, שֶׁהֲרֵי אָמְרָה תּוֹרָה "מִשְׁרַת". מַאי אִיכָּא בֵּין ר' יוֹחָנָן לר' אֶלְעָזָר? אִיכָּא בֵּינַיְיהוּ, דר' יוֹחָנָן מְרַבֵּי אֲפִי' אוֹכָלִין, ור"א, מַשְׁקִין — אִין, מִידֵי אַחֲרִינָא — לָא.§ א"ר אֶלְעָזָר: עֶשֶׂר רְבִיעִיּוֹת הֵן. וְנָקֵיט רַב כָּהֲנָא בִּידֵיהּ: חָמֵשׁ סוּמַּקְתָּא וְחָמֵשׁ חִיוַּורְתָּא. חָמֵשׁ סוּמַּקְתָּא: "נָזִיר וְעוֹשֵׂה פֶּסַח שֶׁהוֹרוּ בַּמִּקְדָּשׁ וּמֵתוּ". "נָזִיר" — [א]רְבִיעִית יַיִן לְנָזִיר. "עוֹשֵׂה פֶּסַח" — *דְּאָמַר רַב יְהוּדָה אָמַר שְׁמוּאֵל: [ב]אַרְבַּע כּוֹסוֹת הַלָּלוּ צָרִיךְ שֶׁיְּהֵא בָּהֶן כְּדֵי רְבִיעִית. "שֶׁהוֹרוּ" — *[ג]שָׁתָה רְבִיעִית יַיִן אַל יוֹרֶה. "בַּמִּקְדָּשׁ" — *[ד]שָׁתָה רְבִיעִית יַיִן, וְנִכְנַס לַמִּקְדָּשׁ — חַיָּיב מִיתָה. "וּמֵתוּ" — *דְּתַנְיָא: [ה]מִנַּיִן לִרְבִיעִית דָּם שֶׁיּוֹצְאָה מִשְּׁנֵי מֵתִים שֶׁהִיא מְטַמְּאָה בְּאֹהֶל — שֶׁנֶּאֱמַר °"וְעַל כָּל נַפְשֹׁת מֵת לֹא יָבֹא". וְחָמֵשׁ חִיוַּורְתָּא: "חַלַּת נָזִיר וּמְצוֹרָע שֶׁנִּפְסְלוּ בְּשַׁבָּת". "חַלַּת" — [ו]רְבִיעִית שֶׁמֶן לְחַלָּה, "נָזִיר" — [ז]רְבִיעִית שֶׁמֶן לְנָזִיר, "מְצוֹרָע" — [ח]רְבִיעִית מַיִם לִמְצוֹרָע, "שֶׁנִּפְסְלוּ" — דִּתְנַן: *וּשְׁאָר כָּל הַמַּשְׁקִין טְמֵאִין [ט]פּוֹסְלִין אֶת הַגְּוִיָּה בִּרְבִיעִית. "בְּשַׁבָּת" — *דִּתְנַן: [י]וּשְׁאָר כָּל הַמַּשְׁקִין בִּרְבִיעִית, (א) וּשְׁאָר כָּל הַשּׁוֹפְכִים בִּרְבִיעִית. וְתוּ לֵיכָּא? וְהָאִיכָּא: *[כ]מֵרְבִיעִית נוֹטְלִין לַיָּדַיִם, לְאֶחָד וַאֲפִילּוּ לִשְׁנַיִם! בִּפְלוּגְתָּא לָא קָא מַיְירֵי. וְהָא אִיכָּא: *[ל]הָיָה מֵבִיא פַּיְילֵי שֶׁל חֶרֶס וְנוֹתֵן לְתוֹכָהּ חֲצִי לוֹג מַיִם מִן הַכִּיּוֹר, ור' יְהוּדָה אוֹמֵר: רְבִיעִית! בִּפְלוּגְתָּא לָא קָא מַיְירֵי. וְהָאִיכָּא: *כַּמָּה מַיִם נוֹתֵן לְתוֹכָהּ — כָּל שֶׁהוּא, ר' זַכַּאי אוֹמֵר: [מ]רְבִיעִית! בִּפְלוּגְתָּא לָא קָא מַיְירֵי. וְהָאִיכָּא מִקְוֶה! בַּר מֵהַהִיא, דְּבַטְּלוּהָ רַבָּנַן.§ וְאֵינוֹ

רש"י

ורבי שמעון דלית ליה צירוף. (ב) אפי' בכל שהוא מיחייב, כדאמרי' בפירקין דלעיל (דף ד.) דקסבר ר"ש: כל שהוא למכות, ולא אמרו כזית אלא לענין קרבן. עד שיזיר מכולן. כגון דאמר "הריני נזיר סתם", ופרשינן לעיל (דף ג:) דמשמע מן הטומאה ומן התגלחת ומן היין. ואילו לרבנן, אפי' לא נזר אלא מאחת – חייב בכולן. כל רביעיות שבתורה. כגון רביעית דם שמטמא באהל, אין היתר מצטרף לאיסור – שאין אחד מכל המשקין מצטרף עמה א) לרביעית, חוץ מרביעית של נזיר כו'. ב) לרבי יוחנן. (ג) נמי מרבי ליה לאוכלים שבנזיר, כגון חרצן וזג וענב, שמצטרף דבר אחר עמהן בכזית. ור' אלעזר משקין אין. ג) מצטרפין, משום דבדידיה מפרש קרא. אבל במידי אחרינא, כגון באוכלין – אין היתר מצטרף עמהן. א"ר אלעזר עשר רביעיות הן. בעשרה מקומות נתנה בהן תורה שיעור רביעית. חמש סומקתא. יין ודם. וחמש חיוורתא. מים ושמן. סימנא לגירסא "נזיר ועושה פסח" כו' ד). ד' כוסות הללו. שתיקנו חכמים, צריך שיהא יין כולן רביעית לוג יין חי, דהיינו ביצה ומחצה, כדי שימזגנו ויעמוד ה) כל רובע רביעית שבו כדי רביעית, וכגון דדרי על חד תלתא מיא, כדמפרש התם. שהורו שתה רביעית יין אל יורה. כדכתיב "יין ושכר אל תשת", וסמיך ליה "ולהבדיל ולהורות" (ויקרא י), דמשמע דלענין הוראה נמי לא ישתה. ונכנס למקדש חייב. משום שנאמר "יין ושכר אל תשת" וגו'. ועל כל נפשות מת לא יבא. דמשמע: משני מתים רביעית. ו) קרי ליה ז) נפש, כדאמרי' התם (שבת דף לא:): רביעית דם נתתי בכם. ח) והא דמשמע ליה הכא רביעית דם היוצאה משני מתים – לאו דוקא (ד) ליה דהכי הוא, משום דבפלוגתא לא קמיירי. וכן אמרי' בסמוך. והא הכא ר"ע היא ולא רבנן, כדאמרי' בפ"ק דסנהדרין (דף ד.), דאילו לרבנן אינה מטמאה רביעית דם שיוצאה מן המת אלא כשיוצאה ממת אחד בלבד. והאי דקא נסיב לה התלמוד אליבא דר"ע – לאו דוקא, אלא איידי דאית ביה רביעית וקא דריש ביה קרא, נסיב ליה התלמוד, ולדברי הכל ברביעית הוי [שיעורא]. וחמש חיוורתא. סימנא לגירסא "חלת נזיר מצורע שנפסלו בשבת". וה"ג: חלת – רביעית שמן לחלה. וכדאמרי' התם במס' מנחות (דף פח.): יתיב רבי וקא קשיא ליה, רביעית במקדש למה נמשחה? אי משום מצורע – חוץ הוא, ואי משום נזיר – בשחיטת איל הוא דקדשי. א"ל ר' חייא: לחביתי כ"ג דמביא בכל יום, ועושה בו י"ב חלות מחליתה בבקר ומחליתה בערב, והיה מביא רביעית שמן. קרי עליה *) "איש מתרחק עלתי". ואית דגרסי: רביעית שמן של חלת תודה. כדאמרינן בפ' "שתי מדות" (שם דף פט.): מביא חצי לוג וחולהו, מחצה לחלות ורקיקין ומחצה לרבוכה. והאיך מחצה דרבוכה אית בה כדי רביעית. וטעות הוא, ואינו כן, דבהדיא אמרי' התם: א"ל ר"א בן עזריה: אפי' אתה דורש כל היום בשמן ט) לא הייתי שומע לך, אלא א] רביעית שמן לג' מינין שבתודה חלת מצה ורקיק ורבוכה, ואחד עשר יום שבין דם נדה לדם נדה כו'. נזיר רביעית שמן לנזיר. לרקיקי נזיר. מצורע רביעית מים למצורע. כדאמר במס' סוטה (דף טז:): "ושחט את הצפור האחת אל כלי חרש על מים חיים", ואמרי': כמה מים יהא נותן בו – כדי שיהא דם צפור ניכר בהן, וכמה – רביעית. כל משקין טמאין. מצטרפין לטמא משקין אחרים כשיהא בהן רביעית, ולפסול את הגויה ברביעית כששותה אותן בכדי אכילת פרס. כל השופכין. ששופכין אותן לרה"ר. ותו ליכא והא איכא. הא דתנן במס' ידים: נוטלין לידים י) מרביעית לאחד ואפי' לשנים, ואע"ג דלית בהו כדי רביעית לשני, הואיל ולראשון הוה ביה כדי שיעור נטילה. בפלוגתא לא קמיירי. דהא קמיפלגי עליה דרבי יוסי, ואמרי: לאחד ולא לשנים. והאיכא פיילי של חרס. כלי גרוע של חרס שבו היה נותן עפר מקרקעית המשכן, כדכתיב "ומן העפר אשר יהיה בקרקע המשכן", להשקות את הסוטה. ובמסכת סוטה (דף טו:) קאי. והאיכא הא דתנן. בברכות (דף כה:): כמה מים נותן לתוך עביט של מימי רגלים – כל שהוא. ר' זכאי אומר רביעית. והתם מפרש טעמא דמילתא. והאיכא מקוה. דתנן, ר' אליעזר אומר: רביעית מים שאובין פוסלין את המקוה. (ה) דבטלוה רבנן. ואמרו דפחות מג' לוגין לא פסלי. לישנא אחרינא: והאיכא מקוה, כ) דאמר: מקוה המחזיק רביעית ראוי להטביל בו מחטין וצנוריות, כדאמרינן במסכת פסחים בפרק קמא (דף יז:), אמר רב פפא: הא דאמרת בקרקע טהורין כו'. בר מינה דההיא דבטלוה רבנן, ואמרי דבעינן ארבעים סאה אפילו למחטין וצנוריות, כדאמרי' בחגיגה (דף כא:): גזירה שמא יטביל מחטין וצנוריות בכלי שאין בפיו כשפופרת הנוד. הלכך, לכל מילי בעינן ל) מקוה של מ' סאה. לישנא אחרינא: והאיכא מקוה, דתנן במסכת מקואות (פ"ו מ"י): וחכמים אומרים אם מקבלת מ) גומת האמבטי רביעית עד שלא נ) יגיעו לאדיק – כשר, (ו) אם לאו – פסול, ובטלוה רבנן. ס) מפי השמועה. וקשיא לי: היכא בטלוה רבנן? וי"ל: הא דקאמר בטלוה רבנן – אהא סמיך, דהא קתני עליה ר' אלעזר בר צדוק בפרקין: כל המעורב למקוה, אם מקבל האדיק כל שהוא – כשר. לישנא אחרינא: והא איכא מקוה, כדתנן שהשאיבה מטהרת ברביעיה והמשכה, שאם יש כאן כ' סאה ורביעית ממי גשמים – הולך וממלא מן המעיין כ' סאין חסר רביעית, וזורקן לפני אותו ב] מקום כדי שימשכו המים לתוך המקוה, דהא יש בהן ארבעים סאה. בר מההיא דבטלוה רבנן – דהא קתני רישא: שיש בה כ"א סאה ממי גשמים.

*) [נ"ל מארץ מרחק איש עצתי]

תוספות

דלית ליה צירוף. כלומר, לא בעי צירוף, דאית ליה כל שהוא [למכות]. וא"ת לר"ש, "משרת" למה ליה? לצירוף לא איצטריך! וכ"ת לטעם כעיקר – תיפוק ליה מגיעולי גוים לר"ש, דלאו חידוש, דאיהו אמר במס' ע"ז (דף סז:): לא אסרה תורה אלא קדרה בת יומא! וי"ל דיכול להיות דלדידיה נמי אי אפשר דלא פגמה פורתא, ואפ"ה אסרה הכתוב, ושפיר מקרי חידוש – שחלק הכתוב בין פגם מרובה לפגם מועט. ועוד תירץ נ"ע: דשפיר איצטריך לצירוף, דהא דקאמר כל שהוא – היינו כשהוא בעיניה, אבל כשהוא מעורב – לא ס"ד למיסר. וכי האי גוונא אמר אביי במנחות (דף נח.): ברייתא אין לי אלא כו', דבתר דמרבינן מקרא מקצתו דהיינו חצי זית – מצריך קרא לעירובו. אמר ר' אבהו אמר ר' אלעזר כל איסורין שבתורה כו'. [ואית דגרסי]: כל רביעיות כו'. ואיכא לפרש: כגון רביעית יין של ערלה, או של כלאי הכרם. אפילו אוכלין מרבי. משום ד"משרת" משמע מפת ומיין, וסבירא ליה לר' יוחנן דה"ה כל איסורי נזיר, כגון חרצן וזג. ור"א ס"ל ד"משרת" משמע דוקא יין, והיכא דגלי – גלי. נזיר רביעית יין לנזיר. והיינו למשנה ראשונה (לעיל דף לד:). אע"ג דקאמר לקמן בפלוגתא לא קמיירי – היינו גבי חיורתא. על כל נפשות מת לא יבא. "נפשות" משמע תרי, ו"מת" משמע שיעור אחד, והוא רביעית דם לנפש, שהנפש תלוי בו, כדאמר (שבת דף לא:): רביעית דם נתתי בכם כו'. חלת רביעית שמן. בחלות תודה מיירי, שהיו בו שלשה מינין ממצה, עשרה חלות ועשרה רבוכין ועשרה רקיקין, וטעונין חצי לוג. ואמר: וחוליהו חציו לרקיקין ולחלות וחציו לרבוכה, כדאמרי' בפרק "התודה" (מנחות דף עז. ושם). נזיר רביעית שמן לנזיר. שיש שני מינין, חלות ורקיקין, כדאמרינן בפרק "התודה" (שם דף עח.). מצורע רביעית מים למצורע. דכתיב "וטבל אותם ואת הצפור החיה בדם הצפור השחוטה על המים החיים", ואמר בסוטה בפ' "היה מביא" (דף טז:): "בדם" – שדם הצפור ניכר בהן, וכמה הן – רביעית. היה מביא פיילי. פירוש: כלי, ונותן בו חצי לוג מן הכיור להשקות את הסוטה. כמה מים נותן לתוכה. בעביט של מי רגלים, שיוכל להתפלל שם. והא רביעית דמקוה. דחזי בו להטביל מחטין וצנוריות, כדאמרינן בפסחים (דף יז:). בר מהוא דבטליה בטולי. פירוש: הצריכו ארבעים סאה אפי' למחטין וצנוריות. ובאדם לעולם בעיא מ' סאה למקוה.

ת"ק

פי' הרא"ש

ור"ש דלית ליה צרוף כלל. דאמר כל שהוא למכות וא"צ שיעור: מאי דריש ביה. אינו נזיר עד שיזיר מכולן מתגלחת ומטומאה ומיין כדאמר לעיל (פ"ב) [פ"ק]: אמר ר' אלעזר כל איסורין שבתורה אין היתר מצטרף לאיסור חוץ מרביעית שבנזיר ואית ספרים דגרסי כל רביעית שבתורה. משום דבנזיר גופיה כל איסורי' מצטרף. ור' אלעזר משקין אין מידי אחרינא לא. משום דמשרת כתיב דמשמע דוקא שרה פתו ביין דהיינו היתר מצטרף עם משקין דאיסור אבל פת בהדי זג וחרצן לא מצטרף. ור' יוחנן לא מפליג דסבר גלי רחמנא בחד מאיסור נזיר וה"ה לכל שאר איסורי נזיר: עשר רביעיות הן. בעשרה מקומות נתנה תורה שיעור ברביעית: ה' סומקתא. כגון דם או יין: וה' חיוורתא כגון מים או שמן והיה נותן סימן להם. סומקתא נזיר ועושה פסח שהורו במקדש ומתו. נזיר רביעית יין לנזיר כמשנה ראשונה. שתה רביעית יין אל יורה: שתה רביעית יין ונכנס למקדש חייב דכתיב יין ושכר אל תשת בבאכם אל אהל מועד וסמיך ליה להבדיל ולהורות: מנין לרביעית דם הבא מב' מתים וכו'. דכתיב ועל כל נפשות מת. ב' נפשות ושיעור א' דהיינו רביעית שהוא שיעור חיות אדם שא"א לו לחיות בפחות מרביעית דם כדאי' פ"ב דשבת רביעית דם נתתי בכם: וה' חיוורתא. סימן חלת נזיר ומצורע שנפסלו בשבת. חלת רביעית שמן לחלה בחלות תודה היו ג' מיני מצה חלות רקיקים ורבוכה. והיתה טעונה חצי לוג חציו לחלות ורקיקים וחציו לרבוכה. והיה חולק חצי לוג לב' רביעיות: רביעית שמן לנזיר. דנזיר לא היה מביא אלא חלות ורקיקים ולא רבוכה. מצורע רביעית מים למצורע דכתיב וטבל אותם ואת הצפור החיה בדם הצפור השחוטה אל המים החיים. ואמרי' בסוטה פרק היה מביא מים שדם צפור ניכר בהם ושיערו חכמים רביעית: שנפסלו דתנן כל משקים טמאי' מצטרף לפסול את הגויה ברביעית משנה היא במעילה פ' יש בקדשי מזבח. וגזרת חכמים היא מי"ח דבר פ"ק דשבת דהשותה משקים טמאים נפסל גופו מלאכול בתרומה. בשבת דתנן ושאר כל המשקים ברביעית וכל השופכים ברביעית. בפ' המוציא יין מפ' חלב ודבש שיעור ואח"כ כולל יחד כל שאר משקים דשיעורן ברביעית. מרביעית נוטלין לידים לא' ואפי' לב' א' הנוטל ידיו צריך רביעית וכן ב' יכולין ליטול ברביעית זה אחר זה הואיל ואתו משיורי טהרה: בפלוגתא לא מיירי בסיפא ואמר ובלבד שלא יפחות לאחרון שבהם מרביעית: פיילי של חרס. מקדה ונותן לתוכה חצי לוג מים של הכיור להשקאת סוטה. דמים קדושים כתיב: כמה מים יתן לתוכו בעביט של מימי רגלים שיוכל להתפלל אצלו: והא איכא רביעית דמקוה דחזי להטביל ביה מחטין וצינוריות כדאיתא פ"ק דפסחים: בר מינה דההיא דבטלוה רבנן ואמרו שאין מטבילין שום דבר בפחות ממ' סאה:

אינו

עין משפט נר מצוה

כו א מיי' פ"ה מהל' נזירות הלכה ב סמג לאוין רמג:
כז ב מיי' פ"ז מהלכות חמץ ומצה הלכה ט סמג עשין מא טוש"ע א"ח סי' תעב סעיף ט:
כח ג מיי' פ"א מהלכות ביאת מקדש הלכה ג סמג לאוין שם טוש"ע י"ד סי' רמב סעיף יג בהגה"ה [וכח"מ סי' ז סעיף ג]:
כט ד מיי' שם הל' א סמג שם:
ל ה (מיי' פ"ב מהלכות טומאת מת הל' יב ופ"ד שם הלכה ח):
לא ו מיי' פי"ג מהלכות מעשה קרבנות הל' ג:
לב ז מיי' פ"ח מהל' נזירות הלכה א סמג עשין קפז:
לג ח מיי' פי"א מהל' טומאת צרעת הל' א סמג עשין רלה רלו:
לד ט מיי' פ"ח מהלכות אבות הטומאות הלכה יא ופ"ד מהלכות טומאת אוכלין הלכה ג:
לה י מיי' פי"ח מהל' שבת הלכה ב:
לו כ מיי' פ"א מהל' מקואות הלכה ח סמג עשין כז טוש"ע א"ח סי' קס סעיף יג:
לז ל מיי' פ"ג מהלכות סוטה הל' ט סמג עשין נב:
לח מיי' פ"ג מהל' ק"ש הלכה י סמג עשין יח טוש"ע א"ח סי' פז סעיף א:

מסורת הש"ס

לעיל ג: וש"נ
פסחים קח:
כתובות י: עירובין סד.
חולין עב. סנהדרין ד. [לקמן מט: נג:]
כריתות יג:
ויקרא כא
מעילה יז: וע"ש
שבת עו:
גיטין טו: חולין קז. ידים פ"א מ"א
סוטה טו:
ברכות כה:

נוסחת הריב"ן

א) לא נגמרו לרביעית: ב) דר' יוחנן: ג) דמצטרפין: ד) נזיר ועושה פסח כו': ה) על רובע כו': ו) ליתא בכ"י: ז) (ליה) ליתא בכ"י: ח) ליתא דמשמע: ט) בשמן: י) מי (מקוה) ליתא בכ"י: כ) ליתא בכ"י: ל) (מקוה של) ליתא בכ"י: מ) גרים: נ) (יגיעו) ליתא בכ"י: ס) וכשלנו רבנן ואולי ידע היכא אבל לדידן לא שמיע לן הלכה וכו' לא כ"ל פירושה ל"א והא איכא מקוה דתנן שהשאיבה כו' והשאר ליתא:

הגהות מהר"ב רנשבורג

א] רש"י ד"ה וחמש חיוורתא סימנא וכו' אלא רביעית. תיבת רביעית נמחק וכ"ה בכ"י: ב] ד"ה דבטלוה רבנן וכו' לפני אותו מקום. תיבת מקום נמחק וכ"ב מקוה:

הגהות הב"ח

(א) גמ' ושאר כל המשקין ברביעית וכל השופכין כצ"ל ותיבת ושאר נמחק: (ב) רש"י ד"ה ור' שמעון דלית ליה צירוף אלא אפילו: (ג) ד"ה לר' יוחנן מרבי ליה נמי אוכלין: (ד) ד"ה ועל כל נפשות וכו' לאו דוקא נקט ליה דהכי הוא דהא בפלוגתא: (ה) ד"ה והאיכא וכו' המקוה הס"ד ואח"כ מ"ה בר מההיא דבטלוה רבנן וכו' לישנא אחרינא והאיכא מקוה דתנן במסכת מקואות בפרק כל המעורב למקוה וחכמים אומרים אם מקבלת האמבטי כצ"ל ותיבת גביה נמחק: (ו) בא"ד ואם לאו פסול וכו' ר"א בר צדוק אומר אם מקבל האדיק כל שהוא פסול לישנא אחרינא כ"כ פרק שני דמסכת מקואות מתחיל כל המעורב למקוה וע"ש:

עין משפט נר מצוה

לט א מיי' פ"ה מהל' נזירות הלכה ח:
מ ב מיי' פי"ח מהל' סנהדרין הל' ב ג:
מא ג ד מיי' פ"ה מהל' נזירות הלכה י סמג לאוין רנ:
מב ה ו מיי' שם הל' ח:

גמרא

"וְאֵינוֹ חַיָּיב אֶלָּא עַד שֶׁיֹּאכַל מִן הָעֲנָבִים כַּזַּיִת" וכו'.§ תַּנָּא קַמָּא *לָא מְדַמֵּי לְהוֹן לְכָל אִיסּוּרֵי נָזִיר לִשְׁתִיָּה. וְרַבִּי עֲקִיבָא: כֵּיוָן דִּכְתִיב °"וַעֲנָבִים לַחִים וִיבֵשִׁים לֹא יֹאכֵל", מָה אֲכִילָה כַּזַּיִת – אַף כָּל אִיסּוּרִין כַּזַּיִת.§ ["וְחַיָּיב עַל הַיַּיִן בִּפְנֵי עַצְמוֹ" כו'].§ תָּנוּ רַבָּנַן: "וַעֲנָבִים לַחִים וִיבֵשִׁים לֹא יֹאכֵל" – לְחַיֵּיב עַל זֶה בִּפְנֵי עַצְמוֹ, וְעַל זֶה בִּפְנֵי עַצְמוֹ. מִכָּאן אַתָּה דָּן לְכָל אִיסּוּרִין שֶׁבַּתּוֹרָה: מַה כָּאן, שֶׁהוּא מִין אֶחָד וְהֵן שְׁנֵי שֵׁמוֹת, וְחַיָּיב עַל זֶה בִּפְנֵי עַצְמוֹ וְעַל זֶה בִּפְנֵי עַצְמוֹ – אַף כָּל שֶׁהוּא מִין אֶחָד וְהֵן שְׁנֵי שֵׁמוֹת, חַיָּיב עַל זֶה בִּפְנֵי עַצְמוֹ וְעַל זֶה בִּפְנֵי עַצְמוֹ. לְאִיתוּיֵי חַמְרָא חַדְתָּא וְעִינְבֵי. *אָמַר אַבַּיֵי: אָכַל חַרְצָן – לוֹקֶה שְׁתַּיִם, אָכַל זָג – לוֹקֶה שְׁתַּיִם, אָכַל חַרְצָן וָזָג – לוֹקֶה שָׁלֹשׁ. רָבָא אָמַר: [א]אֵינוֹ לוֹקֶה אֶלָּא אַחַת, *[ב]שֶׁאֵינוֹ לוֹקֶה אַלָּאו שֶׁבִּכְלָלוֹת. מְתִיב רַב פַּפָּא: ר"א* אוֹמֵר: *[ג]נָזִיר שֶׁהָיָה שׁוֹתֶה יַיִן כָּל הַיּוֹם – אֵינוֹ חַיָּיב אֶלָּא אַחַת. [ד]אָמְרוּ לוֹ "אַל תִּשְׁתֶּה" "אַל תִּשְׁתֶּה" וְהוּא שׁוֹתֶה – חַיָּיב עַל כָּל אַחַת וְאַחַת. [ה]אָכַל עֲנָבִים לַחִים וִיבֵשִׁים, חַרְצַנִּים וְזַגִּים, וְסָחַט אֶשְׁכּוֹל שֶׁל עֲנָבִים וְשָׁתָה – לוֹקֶה חָמֵשׁ. אִי הָכִי – לִילְקֵי שֵׁשׁ, אַחַת עַל °"מִכֹּל אֲשֶׁר יֵעָשֶׂה"! *תְּנָא וְשַׁיֵּיר. מַאי שַׁיֵּיר דְּהַאי שַׁיֵּיר? [ו]שַׁיֵּיר °"לֹא יַחֵל דְּבָרוֹ". אִי מִשּׁוּם הַאי – לָאו שִׁיּוּרָא הוּא, כִּי קָתָנֵי מִידֵּי דְּלָא אִיתֵיהּ בְּדוּכְתָּ' אַחֲרִיתִי, "לֹא יַחֵל דְּבָרוֹ" אִיתֵיהּ בִּנְדָרִי'. *א"ל רָבִינָא מִפַּרְזַקְיָא לְרַב אַשִׁי: וְהָא שַׁיֵּיר דְּבֵין הַבֵּינַיִים! אֶלָּא אָמַר רַב פַּפָּא: לָא תַּנְיָא מִידֵּי חָמֵשׁ. וְהָא אוֹתְבֵיהּ

תורה אור: במדבר ו | שם | שם ל

רש"י

א) [*]ת"ק לא מדמי להו. לכל איסורי נזיר לשתיה, דאילו ענבים בכזית ויין ברביעית. כיון דכתיב ב) וענבים לא יאכל. לכל מלתא הוא דאתא, דכשם שבזמן שהן ענבים מיחייב עליהן ג) בכזית – אף כל איסור שבנזיר, בזמן שהן יין, בכזית. שהוא מין אחד. דאחד לחים ויבשים מין ענבים הן. (א) והוא שתי שמות. לח ויבש ואמרי להו: זג וחרצן. לאיתויי חמרא חדתא ועינבי. שאע"פ שהן מין אחד, (ב) שהיין חדש מתוק כענבים, הואיל ושני שמות יש להן – חייב על כל אחת ואחת. אמר אביי אכל זג וחרצן לוקה שלש. אחת "מכל אשר יעשה מגפן היין", ואחת על חרצנים, ואחת על זג, ד"לא יאכל" אכולהו קאי ד) (ג). רבא אמר אכל זג וחרצן אינו לוקה אלא אחת. אפילו כי אכל זג וחרצן. אביי מתרץ מתניתין לטעמיה, דתני: וחייב על החרצנים בפני עצמן, ועל הזגים, אפילו כשאוכל את שתיהן כיחד. וכן נמי למתניתא דתני לחייב על זה בפני עצמו, ועל זה בפני עצמו ואפי' כשאוכל זג וחרצן בבת אחת. ורבא מתרץ לטעמיה – כגון דלא אכל אלא אחד מהם. דלא תימא עד שיאכל לחים ויבשים בהדי הדדי, וחרצנים וזגים בהדדי, אלא אפי' לא אכל אלא לחים בלבד או יבשים בלבד – לוקה אחת. ולעולם אם אכל לחים ויבשים או זג וחרצן – אינו חייב אלא אחת. ולא לאתויי חמרא חדתא ועינבי. ומתני' נמי תני: וחייב על היין בפני עצמו כו', דלא תימא עד דאכיל ליה לכולהו, אלא ודאי אכל חד מנהון לוקה. ומיהו, כי אכיל נמי כולן יחד אינו חייב אלא אחת ה). ע"א: אינו לוקה אלא אחת – כשאוכל זג יחידי או חרצן, ואינו לוקה משום "כל אשר יעשה". ולא צריך לשנויי לכל הני כדשנינן לעיל. דאין לוקין על לאו שבכללות. כגון האי, דעל כמה איסורי לית בהו ב] אלא לאו חד. ואם איתא דלוקה משום "כל אשר יעשה מגפן היין" ליתני לוקה שש. שייר לא יחל דברו. דלקי נמי אדידיה. והא שייר דבין הבינים. כדאמרי' לעיל (דף לד:): "ועד זג" – לאיתויי בין הבינים. אלא אמר רב פפא לא תנא מידי חמש. אלא "לוקה" סתם. ואיכא לתרוצי לאביי כי טעמיה, ולרבא כי טעמיה, הואיל ולא נכתב ליה מניינא. וקמהדר הגמרא ומאחר דלא תניא, מ"ט אותביה חמש? אמר

תוספות

ואמר רבי: דמ"מ רביעית דמעיין לא בטלוה, ויכול להטביל מחטין במעיין אפי' כל שהוא, דתנן (ת"כ פ' שמיני): מקוה במ' סאה ומעיין בכל שהוא. ומדקתני מקוה במ' סאה – על כרחך בתר דבטלוה, דאי קודם לכן – גם המקוה טהור ברביעית. אלא בתר ביטול קאמר, וקאמר במעיין כל שהוא. וליכא למימר דקודם ביטול איירי ובאדם, דהא מקוה בעינן מ' סאה – [א"כ] גם המעיין לא מטהר אדם בכל שהוא, דבעינן מים שכל גופו יתכסה בהן. וה"נ אמר בפרק בתרא דחגיגה (דף כב.): דהא ארעא אלחולי מחלחלא, ובעינן ארבעים סאה. אלמא דמעיין בעינן מ' סאה, ולכל הפחות באדם איירי. ואין לתמוה: [אי לא] בטלו רביעית דמעיין לתנייה דאיכא! דה"ה בפחות מרביעית סגי במעיין*. *) ואינו חייב עד שיאכל מן הענבים כזית. וה"ה בשתיה, והיינו כמשנה אחרונה, וכר"ע דבסמוך. משנה ראשונה עד שישתה רביעית יין, פירוש: וה"ה לאכילה ברביעית. ושתיה בכזית כיצד משערין? מביאין זית אגורי ושוקעו בכוס מלא יין, [והיין שיוצא ממנו], אם שותה כיוצא בו – היינו כזית. ואכילה משערין דכמו שאכל מן הענבים נותנין בכוס מלא יין, אם יוצא מן היין רביעית – הרי אכל כרביעית. וקשה לר"ת [על] פירוש [זה], דאין דרך התנא בשום מקום להקדים משנה אחרונה למשנה ראשונ' בסדר. ועוד קשה: דמתחילה נקט כזית, דהיינו משנה אחרונה כר"ע, ומפסיק בה במשנה ראשונה, ושוב חוזר לומר דברי ר"ע שהוא כמשנה [אחרונה]! וע"ק: דלפי [זה] היה לו לשנות במשנה ראשונה עד שיאכל רביעית, כיון דבאכילה פליגי, דלישנא דמתניתין משמע דבאכילה לא פליגי! וע"ק: דכי היכי דבעי התלמוד טעמא לדברי ר' עקיבא, שמביא פסוק בגמרא שמדמה שתיה לאכילה – היה לו ליתן טעם למשנה ראשונה, אמאי מדמי (שתיה לאכילה) אכילה לשתיה! לכ"נ לר"ת: דמתני' דקתני ברישא עד שיאכל מן הענבים כזית – היינו אליבא ג] [דכ"ע], דבאכילה כ"ע מודו דבכזית. ולא פליגי אלא בשתיה, דמשנה ראשונה עד שישתה רביעית כדרך כל שתיה, ד] [בכריתות בפ' "אמרו לו"] (דף יג:). [מ"מ] שתיה לא גמר מיניה [דאכילה], ומצריך שתיה ברביעית. ור"ע, כיון דכתיב "ענבים לחים ויבשים לא יאכל" מה אכילה בכזית – אף כל איסורים בכזית. מ"וענבים" וי"ו קדריש, אף כל איסורי נזיר בכזית. דהיינו שתיה דכתיב לעיל מיניה "וכל משרת ענבים לא ישתה". והשתא וי"ו ד"וענבים" מוסף על דלעיל, דכי היכי דענבים בכזית – הכי נמי שתיה הכתוב לעיל בכזית. ולפירוש קמא גרסינן בגמרא: ת"ק מדמי כל איסורי דנזיר לשתיה, דתנא עד שישתה רביעית, ור"ע [מדמה] ה] כל איסורי נזיר לאכילה. פירוש: ויליף שתיה מאכילה, כדפרישית. **ועל** זה בעצמו. "לחים ויבשים" קרא יתירא הוא, ולכתוב ענבים ו] והוי לחים ויבשים במשמע. אלא לחייב על זה בעצמו, שאם אכל ענבים לחים ויבשים בהתראה אחת, שהתרו "אל תאכל ענבים" – לוקה שתים, ואפי' הן מין אחד וטעם [אחד], כיון שהם שני שמות. **ה"ג** בגמרא: ומכאן אתה דן לכל איסורי נזיר ז] חמרא חדתי ועינבי. אע"פ שטעמם שוה, הואיל שהוא שני שמות – לוקה שתים. וא"ת: תיפוק ליה דחמרא חדתי וענבי כתיב בהדיא בקרא בתרי לאוין, דכתיב "מיין ושכר יזיר" [ומתרגמינן]: מחמר [חדת] ועתיק. ו"ענבים" כתיב! וי"ל: דאי מ"יזיר" ה"א חדתא כגון ח] [ארבעה] יום, דאחר שלשה ימים שבגר אין טעמו כטעם ענבים. אבל יין [חדש] ממש – אימא לא מחייב אלא חדא, קמ"ל. **חרצן** לוקה שתים. משום "חרצן לא יאכל", ומשום "מכל אשר יעשה מגפן היין". **אין** לוקין על לאו שבכללות. ד"מכל אשר יעשה מגפן" כל מילי משמע, ואינו מפרש שום דבר. **אמרו** לו אל תשתה. שהתרו בו על כל פעם ופעם שהיה רוצה לשתות. **אכל** ענבים לחים ויבשים וחרצנים וזגין. כלומר, כזית מכל אחד. וגם בסחט אשכול ענבים ושותה לוקה ה', משום כזית ענבים לחים, וכזית יבשים, וכזית זגין, וכזית חרצנים, ומשום שותה יין. **ולילקי** שש משום מכל אשר וגו'. וא"ת: ולחשוב נמי התנא שכר ותומן! וי"ל: דהא לאו ט] שיורא הוא, אלא משייר מיניה. אבל בהנך דחשיב התנא יש למנות כל המלקיות שבשם. **שייר** בל יחל. דלילקי נמי משום "בל יחל". לאו שיורא. כי קתני מילתא דליתא בשאר איסורין אלא בנזיר, אבל "בל יחל" שייך בשאר נדרים נמי. וא"ת: וכי נאמר כן כדי להקשות לאביי? וי"ל: דקאמר הכי משום דלא תקשי לרבא מאי שייר דהאי שייר, דשייר בל יחל, אומר הגמ' כן. דומיא דהכי מפרש ר"י בפ"ק דב"ק (דף טו.) גבי אי משום חצי כופר לאו שיורא הוא. **והא** שייר בין הבינים. קושיא הוא, למ"ד ד"לא יחל" לא הוי שיור אמאי שייר בין הבינים? וא"ת: התינח לפי' ר"ת דפירש (לעיל דף לה.) דבין הבינים היינו ענבים קטנים, י] דתנא באכילה כדקתני, ואכל ענבים בין גדולים בין קטנים משמע, ושייר כ] [לאשכול] קטנים שלא מנאן, הלכך פריך שפיר. אלא לפירוש שני שפירש לעיל, דהביניים היינו [גוף] הענבים – הרי דתנא לא שייר כלום דקתני לוקה ה', היינו משום ענבים לאו אחד! וי"ל: דגם לאותו פי' שייר לאו דידיה, דלאו דחיוב ענבים – היינו כשאוכלן שלמים כדרך שאוכלים ענבים, אבל מלקט האוכל שביני וביני, שאין דרך לאכול כן – זהו לאו אחר של בין הביניים, והתנא שיירו. ואף על פי שמלשון התנא נמי משמע ששנה ואכל את הביניים דרך ליקוט, דאוכל ענבים משמע בכל ענין אפילו בליקוט – אפילו הכי לאו דידיה שייר, דאל"כ לילקי שש. **לא** תני מידי ה'. בלשון הברייתא ליכא ה', אלא לוקה סתם, ותוכל לפרש שש. והא

*) שייך למתני' לעיל לד.

*) כ"א מצאתי לשון רש"י ז"ל: ת"ק פי' משנה ראשונה מדמה לכל איסורי נזיר לשתיה ושתיה ברביעית דילפינן שכר-שכר ממקדש (כריתות דף יג:) והדר ילפי' כל איסורי נזיר משתיה ור"ע כיון דכתיב ענבים לחים ויבשים וכו' ויש אכילה בכזית דקי"ל בכל דוכתי שיעור אכילה בכזית אף איסורי נזיר בכזית: מוא"ו דוענבים קדריש לחייב על זה בפני עצמו ועל זה בפני עצמו אם אכל ענבים לחים ויבשים והתרו בו משום לחים לא יאכל ומשום יבשים לא יאכל חייב שתים אע"פ שטעמם שוה הואיל והם שני שמות: ה"ג מכאן אתה דן לכל איסורין כדמפרש ואזיל: א"ל אל תשתה. בהתראות מחלקות: אכל ענבים לחים ויבשים. מכל א' כזית: אמר רב פפא לא תני ה'. פי' התנא לא תנא מניינא אלא לוקה סתם: והא אותביה רב פפא ה'. ואי איתא לילקי ששה ואי לא תני תנא מניינא א"כ מאי אותביה ומשני רב פפא הגיד הברייתא כדי לידע אם אביי גמרא גמיר לה או מסבריה אמרה ניהליה דאי מסברא אמרה ליה כשהקשה לו מן הברייתא הוה הדר ביה:

פי' הרא"ש

אינו חייב עד שיאכל מן הענבים וה"ה לשתיה בכזית ואתיא כר' עקיבא דסיפא: משנה ראשונה עד שישתה רביעית יין. וה"ה לאכילת חרצנים וזגים דחייב ברביעית כדמפרש בגמ' ר"ע אומר אפי' שרה פתו ביין ויש לו לצרף כזית מפת ומיין חייב וכ"ש לחרצנים וזגים שחייב בכזית: ה"ג בספרים ת"ק פי' משנה ראשונה מדמה להו לכל איסורי נזיר לשתיה. ושתיה ברביעית דילפינן שכר שכר ממקדש והדר יליף כל איסור נזיר משתיה: ור"ע כיון דכתי' וענבים לחים ויבשים וכו' ומה אכילה בכזית דקי"ל בכל דוכתא שיעור אכילה בכזית אף כל איסור נזיר בכזית דוענבים קא דריש: לחייב ע"ז בפני עצמו וע"ז בפני עצמו. אם אכל ענבים לחים ויבשים והתרו בו משום לחים לא יאכל ויבשים לא יאכל חייב שתים אע"פ שטעמם שוה הואיל והם ב' שמות: חרצן לוקה ב' דמכל אשר יעשה מגפן היין קאי אכולהו ולקי עליה על כל מין ומין שיאכל: ה"ג ומכאן אתה דן לכל איסורי נזיר כדפריש ואזיל: חמרא חדתא וענבי. אע"פ שטעמם שוה הואיל והם ב' שמות: אמרו לו אל תשתה בהתראות מחלקות: אכל ענבים לחים ויבשים וכו' מכל א' כזית. גם סחט אשכול של ענבים ושתה: ואם איתא לילקי שש. חדא אכולהו מכל אשר יעשה מגפן היין: והא שייר דבין הבינים. היינו מה שיש בין החרצנים והזג כדפריש לעיל ולוקה עליו משום ועד. דכתיב מחרצנים ועד זג. ודלא כפירוש ר"ת שפי' בין הבינים ענבים קטנים הנמצאים באשכול ולא נגמר בשולם. אמר רב פפא לא תני ה'. פי' תנא לא תני מנינא אלא לוקה בסתם:

מסורת הש"ס

[עי' תוס' עירובין ז. ד"ה גפן]
פסחים מח: [עי' תוס' שם ד"ה אמר רבא]
[פסחים מח: וש"נ]
לקמן מב.
[סוכה נב. וש"נ]
נ"א א"ל רבא מפרוקיא לרב אשי והא שייר עינבי דכרא א"ל רבינא לרב אשי והא שייר כו' ועי' תוס' חולין נח: [ובערוך ערך כלס א']
[ועי' תוס' פסחים יז: ד"ה אלא]

נוסחת הריב"ן

א) פסקא וחייב על היין בפ"ע ועל הענבים בפ"ע ועל הזגים בפ"ע דלא יאכל אכולהו משמע מ"ק כו': ב) בענבים: ג) ואכילה בכזית: ד) בכי"י כתוב כאן בזה"ל ענין אחר אביי אמר אין לוקה אלא אחת כשאכל זג יחידי או חרצן ואינו לוקה משום אשר יעשה מגפן היין ולא צריך לשנויי להו לכל הני בברייתות כדשנינן להו לעיל אליבא דאביי אלא סתמא דאביי ניניהו רבא אמר אין לוקה אלא אחת אפילו כי אכל זג וחרצן אביי כו': ה) אלא אחת דאין לוקין על לאו שבכללות כגון האי כו' והשאר ליתא:

הגהות הב"ח

(א) רש"י ד"ה שהוא מין וכו' ענבים הן והן שתי שמות כצ"ל והד"א: (ב) ד"ה לאיתויי וכו' מין אחד שהיין חדש מתוק: (ג) ד"ה אמר אביי הד"א עם ד"ה רבא אמר וכו' ועל הזגים בפני עצמן אפילו כשאוכל וכו' אינו חייב אלא אחת ומתניתין נמי לחייב וכו' חד מנהון לוקה ולא לאתויי חמרא חדתא ועינבי ומיהו כי אכיל:

גליון הש"ס תוס' ד"ה ולילקי שש וכו' וי"ל דהא לאו שיורא הוא. כעין זה מכות ד' כב ע"א תוד"ה מתקיף: **ד"ה** והא שייר וכו'. קושיא הוא למ"ד. לא זכיתי להבין הסיכן מצינו מ"ד בל יחל לאו שיורא הוא דמאי דאמרי' אי משום בל יחל לאו שיורא היינו לתרץ לרבא דלא יקשה לחשוב בל יחל וכמ"ש תוס' וא"כ אדרבה אם בין הביניים הוי שיור נימא באמת דגם לרבא בל יחל הוי שיורא ושייריה משום דשייר ג"כ בין הביניים וצ"ע:

הגהות מהר"ב רנשבורג א] רש"י ד"ה ת"ק וכו'. נ"ב עי' א"מ דגרס בלשון רש"י. ת"ק שהוא משנה ראשונה מדמי לשתיה: ב] ד"ה דאין וכו' אלא לאו חד. נ"ב עי' א"מ: ג] תום' ד"ה ואינו חייב וכו' היינו אליבא דכ"ע. תי' דכ"ע נמחק. ונ"ב דר"ע. א"מ: ד] בא"ד כלדך כל שתיה ואע"ג דבאכילה בכזית כלאמרינן בפ' כל שעה דף לב ודף מה כל"ל. א"מ: ה] בא"ד ור"ע מדמה לכל וכו' כל"ל: ו] ד"ה ועל זה וכו' ולכתוב ענבים והוי. תיבת הוי נמחק ונ"ב וכן. א"מ: ז] ד"ה ה"ג בגמרא וכו' איסורי נזיר. נ"ב כאן הס"ד ואח"כ מה"ד חמרא חדתא ועינבי: ח] בא"ד ה"א חדתא כגון ארבעה יום וכו' חדש ממש. מן תיבת ארבעה עד ממש נמחק ונ"ב תוך מ' יום ואחר ג' יום שבגר (ס"א שבכבר) אין בעצמו כטעם ענבים אלא טעם יין ממש אבל קודם ג' ימים לטעמו כטעם ענבים ממש כל"ל ועי' ברכות דף כז ובנדה ד' ח ובסנהדרין דף ע ודו"ק. א"מ: ט] ד"ה ולילקי שש וכו' וי"ל דהא לאו קושיא הוא דלא חשיב הכל אלא משייר כל"ל. א"מ: י] ד"ה והא שייר וכו' היינו ענבים קטנים מנאן התנא באכילה כל"ל: כ] שם ושייר לאשכול. תי' לאשכול נמחק ונ"ב לאו של כל"ל. א"מ:

אוֹתְבֵיהּ חָמֵשׁ, וּמֵאַחַר דְּלָא תַּנְיָא חָמֵשׁ מ"ט אוֹתְבֵיהּ? אֲמַר רַב פַּפָּא: אֲנָא סָבְרִי לָאו גְּמָרָא הִיא בִּידֵיהּ וַהֲדַר בֵּיהּ, וְלָא יָדַעְנָא דִּגְמָרָא הִיא בִּידֵיהּ וְלָא הֲדַר בֵּיהּ.§ "רַבִּי אֶלְעָזָר בֶּן עֲזַרְיָה אוֹמֵר" כו'.§ אֲמַר רַב יוֹסֵף: כְּמַאן מְתַרְגְּמִינַן "מִפּוּרְצָנִין וְעַד עִיצּוּרִין" — כר' יוֹסֵי.§ **מתני'** *א סְתַם נְזִירוּת ל' יוֹם. ב גִּילֵּחַ אוֹ שֶׁגִּילְּחוּהוּ לִסְטִים — סוֹתֵר ל' יוֹם. ג נָזִיר שֶׁגִּילֵּחַ, בֵּין בְּזוּג בֵּין בְּתַעַר, אוֹ שֶׁסִּיפְסֵף כָּל שֶׁהוּא — חַיָּיב.§ **גמ'** אִיבַּעְיָא לְהוּ: הַאי (א) מַזְיָא, מִלְּתַחַת רָבֵי אוֹ מִלְּעֵיל? לְמַאי נָפְקָא מִינָּהּ — לְנָזִיר שֶׁגִּילְּחוּהוּ לִיסְטִים וְשִׁיְּירוּ בּוֹ כְּדֵי לָכוֹף רֹאשׁוֹ לְעִיקָּרוֹ; אִי אָמְרַתְּ מִלְּתַחַת רָבֵי — נְזִירוּת הָא שַׁקְלֵיהּ, אֶלָּא אִי אָמְרַתְּ מִלְּעֵיל רָבֵי — מַאי דְּאַקְדֵּישׁ הָא קָאֵים. ת"ש מֵהָא אִינְבָּא חַיָּה דְּקָאֵים בְּעִיקְבָא דְּבִינְתָא, וְאִי סָלְקָא דַּעְתָּךְ מִלְּתַחַת רָבֵי — בְּרֵישָׁא דְּבִינְתָא בָּעֵי לְמֵיקַם! לְעוֹלָם מִלְּתַחַת רָבֵי, וְאַגַּב חִיוּתָא נָחֵית וְאָזֵיל אִינְבָּא. ת"ש: אִינְבָּא מֵתָה בְּרֵישָׁא דְּבִינְתָא, וְאִי סָלְקָא דַּעְתָּךְ מִלְּעֵיל רָבֵי — בְּעִיקְבָא דְּבִינְתָא בָּעֵי לְמֵיקַם! [כ"א בכ'] הָתָם נַמִי, מִשּׁוּם דְּלֵית בָּהּ חֵילָא — שָׁרוּגֵי שָׁרִיגָא וְאָזֵיל. תָּא שְׁמַע מִבְּלוֹרִית דְּכוּשִׁיִּים, דְּבָתַר דִּמְגַדְּלִין לָהּ רַפְיָא מִלְּתַחַת. הָתָם נַמִי, אַיְּידֵי דְּקָמְטָא הִיא מֵשִׁיכְבָא דְּרַפְיָא. תָּא שְׁמַע מִסִּקְרְתָא, דְּרָפֵי עַמְרָא מִלְּתַחַת, *[נ"ל ותנן] וְתַנְיָא. וְתוּ, כַּד צָבְעֵי סָבַיָּא דִּיקְנְהוֹן חִוְּורָן עִיקְבֵי

רש"י

א"ר פפא אנא סברי. סברא הוא בידיה דכי אכיל חרצן חייב שתים – על חרצן, ועל "מכל אשר יעשה". וסברי: אותיב ליה תיובתא, משום דלא נהירא ליה מילתא, וליהדר ביה. ולא ידענא דגמרא היא בידיה. מרביה, ומש"ה לא הדר ביה. **רבי אלעזר בן עזריה.** אית ליה כרבי יוסי, מדקאמר שני חרצנים וזג – משמע דלזג א' איכא ב' חרצנים. **פורצנין.** דמשמע פנימי. כגון: אפי' פרצידא דתותי קלא, דאמר בריש פ"ק דמס' תענית (ד' ז.) דהיינו גרעינין. **עיצורין.** משמע קילופים שסוחט (א) מהמשקה, כדכתיב (בראשית מ) "ואשחט אותם" ומתרגמינן: ועצרית יתהון. **מתני' גילח או שגילחוהו ליסטין.** משמע: בין באונס בין ברצון, בתוך ימי נזירותו, בין בנזירות מרובה בין בנזירות מועטת. **סותר ל' יום.** לפי שאין גידול שיער בפחות מל' יום. **או שסיפסף כל שהוא.** שתלש קצת בראש השיער. **גמ' איבעיא להו בינתא מלתחת רבי.** האי שיער מלתחת רבי, בסמוך לבשר ב) יוצא מן הראש וגדל, וראשו כדקאי קאי. **או מלעיל רבי.** שראש השער מתגדל ויוצא מאליו (ב) ומתגדל, ג) ועיקרו כדקאי קאי. **למאי נפקא מינה** לנזיר שגילחוהו ליסטין ושיירו בו כדי לכוף ראשו לעיקרו. א"א דהאי בינתא מלתחת רבי, הילכך (ג) למאי דאקדיש – שקליה, וסותר ד) נזירותו. **ואי אמרת מלעיל רבי.** הואיל ושיירו בו כדי לכוף בו ראשו לעיקרו, דאיכא למימר ה) דמאי דאקדיש קאי, אכתי אית ליה למיעבד תגלחת מצוה, ואינו סותר. **ת"ש מהאי אינבא חיה.** ו) לינטרי"ש בלע"ז, דהוא מבילי כינים. **דקיימא בעיקבא דבינתא.** בעיקר השיער, סמוך לבשר. **ואי ס"ד** דהאי בינתא מלתחת רבי, אישתכח דכי נפיק ז) שערא נפיק אינבא לבר. ח) **ברישא דבינתא איבעי ליה למיקם.** אינבא. אלא לאו ש"מ מדקיימא אינבא בהדי בישרא – דמלעיל רבי, ואינבא בבינתא כדקאי קאי. **לעולם מלתחת רבי.** והא דלא קיימא ברישא דבינתא. ט) **ואגב חיותא.** דאית בה, נחתא ואזלה לתחת לבהדי בישרא. ת"ש י) **מדהאי אינבא מתה** כ) קיימא **ברישא דבינתא.** ואי ס"ד דהאי בינתא מלעיל רבי, אישתכח דכי היכי דמעיקרא קיימא ל) בעיקרא דבינתא – הכי נמי איבעי לה למיקם השתא בעיקרא דבינתא. **התם נמי משום דלית בה חילא.** שאין בה כח, דהא הויא מתה. **שרוגי קא משתרגא.** מתפשטא ואזלה כלפי רישא דבינתא, מש"ה קיימא לה התם, ולעולם מלעיל רבי. **ת"ש מבלורית של כושיים דבתר דגדלין לה.** שמקלעין את השיער זה בזה. **רפיא מלתחת.** סמוך לבשר. ומדרפיא לתחת לבהדי בישרא ולא מלעיל – ש"מ דמלתחת הנך השיער ויצא, (ד) מש"ה מרפו להני שערי מלתחת, ולא מקלעי באידך בינתא. לעולם מלעיל רבי, והתם נמי איידי דקמטא – (ה) שמהדק בלורית ודוחק מעצמו למטה מחמת מ) הגדל כששוכב עליה. **ומשיכבא הוא דרפיא.** מחמת שכיבה הוא, ששוכב על הבלורית, רפיא לה מלתחת. **מסקרתא דרפי עמרא מלתחת ותניא.** כלומר: עד השתא (ו) בעינן לפרושי לך מידי דסברא, דלא תליא במידי דתניא, אלא השתא איכא למישמע מהא *)דסוקרין על העשירי לשום מעשר, דמתקשר כל השיער ביחד מחמת הצבע של סיקרא, ולבתר הכי רפיא עמרא מלתחת. ומאי טעמא – לאו משום דההוא דרפי רבי ליה לבתר הכי, וש"מ

*) בכורות נח:

תוספות

והא אותביה חמש ומאחר דלא תניא מ"ט אותביה. כלומר, והלא רב פפא עצמו היה מקשה מיניה לאביי, ואי תנא לא תני ה', מ"ט אותביה הוא? **א"ר פפא אנא סברי** לאו גמרא הוה בידיה. לכך בדיתי מלבי והוספתי על לשון הברייתא חמש, ולהקשות לאביי, לראות אם מדעתו אמרה למימרא דידיה – דאז בקל יחזור מדבריו, ולא ידחוק לתרץ הברייתא לדבריו. ולא ידענא דגמרא הוה בידיה, ואותבינן ולא הדר ביה, ולכך בשנתי דגמרא הוה בידיה. א] **מחרצנים** מפורצנים. דהיינו הגרעינין. וכן במס' ע"ז (דף לד:): פורצנים דיין נסך. ועצורין – היינו הקליפה. "ואשחט" מתרגמי': ועצרית, ושחיטה היינו בקליפה, שיסחוט הקליפה החיצונה שיש בה לחלוחית קצת, ולא בגרעיניה. **סתם** נזירות ל' יום. כבר שנינו זה בפ"ק (דף ה.), ואיידי דבעי למתני גילח או שגלחוהו לסטים סותר ל' יום, תני נמי סתם [נזירות] שלשים יום. ב] וטעמא דסותר ל' יום – משום דבעיא נזירות שיעלה לו תגלחת של מצוה, כדי שיהא שערו גדל כפי שראוי לגדל בסתם נזירות, דהיינו שלשים יום. ומיירי שגלחוהו ביום מלאת, שהרי אם גלחוהו (בשנים) או יותר – למה יסתור את הכל? איך יחזור וימנה מה שמנה כבר? ואולי הכי נמי קאמר: סותר עד שיהו שערותיו כדי שלשים יום, כך נמצא בפירוש ה"ר יצחק. והלכך בנזירות של [ס'], אם גלחוהו ביום שלשים – אינו סותר כלום, דאיכא עדיין גידול שער קודם יום תגלחת, ואם גלחוהו אחר שכלו ימיו ג] [ואין] גידול שער – סותר [ל'] לרבנן, כדמוכח בגמרא.

נזיר שגילח בין ד] במספרים או שסיפסף. פירוש: תלש כל שהוא, אפי' שער אחד – לוקה עליו. מיירי שעוקר השיער מעיקרו ומשחית מן השורש כעין תער, דלוקה מקרא ד"תער לא יעבור על ראשו" דמרבינן בגמרא שאר המעבירין. **שער** מלתחת רבי. משרשו, מעיקרו הוא מגביה וגדל. מה שהשער גדל מתמר ועולה – הסמוך לראש אחר ימים יהיה ברחוק. או מלעיל רבי – מראש השער הולך וגדל, אבל סמוך לראש אין [זז] ממקומו. **ושיירו** בו כדי לכוף ראשו לעיקרו. בכל שער ושער. [שיעורא] בעלמא הוא, ובסמוך אמר ה] שבו ליגדל השער בז' ימים, ובכך יש חשיבות שער. **ואי** אמרת מלתחת רבי נזירותו הא שקליה. כלומר, השיער שהקדיש ביום נזרו זה נטלו וגלחו, וזה ששיירו בו כדי לכוף – אין זה משער שהיה לו משעת קבלת נזרו, אלא נמח בו אחר כן, וסותר, אחרי שלא נשתייר מאותו שער שהיה בקבלת נזרו. ואי אמרת מלעיל רבי – מאי דאקדיש קאי, דאותו ששיירו ודאי מאותו שיער שהקדיש, ובכך הוי שיעור חשוב ואינו סותר כלום. **ת"ש** מהאי אינבא. פירוש: בילי כינים. דקאי בעיקרא – פירוש: בעיקר השיער, סמוך לראש, ולא תלא משם בגידול שער. ש"מ דמלעיל רבי, ומש"ה השער שסמוך לראש כדקאי קאי. דאי מלתחת רבי – ברישא דבינתא בעי למיקם האינבא, ו] והשער הולך וגדל מעיקרו ולמעלה. **אגב** חיותא נחת ואזיל. אינבא הוא יורד למטה כשהשער גדל מלמעלה מרוס הראש. **ברישא** דבינתא. לאו ברישא, אלא ברחוק מן הראש קאמר. **ואי** ס"ד מלעיל רבי בעיקרא דבינתא בעי למיקם [במקום] שעמדה כשהיתה חיה, שהרי שם מתה. **התם** נמי משום דלית בה חילא. כלומר, בזו. שהרי מתה שמטה ואזלה – ז] מחוברת ויורדת לראש השער שהוא תלוי למטה לצד הארץ, ואין לה כח להאחז למעלה לצד הראש. **ת"ש** מבלורית של כושיים שמניחים בלוריות [בראשיהם] לשם ע"ז, ובשער אין מגלחין כל סביב ראשו, ומה שהיו מניחין הן גידלו אותה כקליעה סמוך לראש, ואינו מהודק כבראשונה. ואי מלעיל רבי אמאי? אלא ודאי מלתחת רבי, ונדחית הקליעה לפנים והלאה מן הראש, ונמצא כי בשער שסמוך לראש אינו קלוע ולכך הוי כפרוש. ומשני: איידי דקמטא היא משיכבא רפיא. ממה שהוא שוכב עליה נוסעת ממקומה ונרפית סמוך לראש.
עיקבי

עין משפט נר מצוה

מג א מיי' פ"ג מהל' נזירות הלכה א סמג לאוין רמג:
מד ב מיי' שם פ"ו הלכה א:
מה ג מיי' שם פ"ה הלכה יא:

פי' הרא"ש

והא אותביה רב פפא ה'. רב פפא הקשה מהך ברייתא לאביי ואי איתא ללקי שש ואי לא תנא תנא מנינא א"כ מאי אותביה ומשני דרב פפא הגיה ה' בברייתא כדי לידע אי אביי גמרא גמיר לה או מסברא אמרה ניהלה. דאי מסברא הוה אמר ניהלה כשהקשה לו מן הברייתא הוה הדר ביה: הזגים אילו הפנימיים. הגרעינים ר' יוסי היה נותן סימן כדי שלא תטעה זוג של בהמה דהחיצון קרוי זוג: סתם נזירות ל' יום. כבר תנינא לעיל ולא תני הכא אלא אגב דבעי למתני סיפא גילח או שגלחוהו לסטים סותר ל' יום. פי' סותר עד שיהיה לו גידול שער של ל' יום ביום תגלחת של מצוה כגון אם גלחוהו ביום מלאת [צריך למנות] ל' יום פעם אחרת ואם גלחוהו לאחר ח' מונה מקצת כאותן ימים ח' ומשלים עליהם נזירותו כדי שיהיה לו גידול שער של ל' יום ביום תגלחת של מצוה: ר"א בר יוסי ס"ל מדתקני ב' חרצנים וזגים. אלמא לב' חרצנים יש לה זג אחד. מפורצני' ועד עיצורין. משמע דזג (הוה) הוא החיצון שעוצרין אותו להוציא ממנו יין: האי ביניתיה. פי' שער מלתחת רבי מתחתיתו דהיינו מקום חבורו ממש הוא עולה וגדל: או מלעיל. היינו מצד החיצון. וקרי ליה מלעיל לפי שהוא זקוף למעלה כשהשער קטן: ושיירו בו כדי לכוף ראשו לעיקרו בכל שער ושער והיינו שיעור חשוב בשער כדאמרינן בשמעתין שכך דרכו להיות גדול בתוך ז' ימים: אי אמרת מלתחת רבי הרי לא שייר בו כדי לכוף ראשו לעיקרו משער שהיה בו בשעת קבלת נזרו וצריך לסתור: אלא א"א מלעיל רבי מאי דאקדיש הא קאי ונשאר בו שיעור חשוב משער שהיה בו בשעת קבלת נזרו ואינו צריך לסתור: ת"ש מאינבא חיה. לנטש בלע"ז דקאי בעיקר דביניתא תדיר הם נמצאים בשער סמוך לראש כי שם היא גדלה ואינה זזה משם: ואי ס"ד מלתחת רבי ברישא דביניתא בעי למיקם. לפי גדול השער היה לו להתרחק מן הראש עד שלבסוף תמצא בסוף השער אלא ודאי מלעיל רבי הלכך אינה זזה ממקומה: ומשני דלעולם מלתחת רבי אלא דאגב חיותיה נחית ואזיל ומתקרבת תמיד אצל הראש להתקיים מזיעת האדם ולחותו: ת"ש מאינבא מתה שנמצאת בסוף השער. אלמא מלתחת רבי. ולכך היא מתרחקת מן הראש כפי גידול שער. דאי מלעיל רבי לא תזוז ממקומה ותמצא תמיד אצל הראש: ומשני לעולם מלעיל רבי ומשום דלית בה חיותה (משתרש) [משתרבב] ויורדת למטה. ת"ש מבלורית של גוים שמגדילים בלורית לשם עבודת כוכבים. וכשהם מסתפרים מגלחים סביב ראשם ומה שהם מניחים עושים אותם כמין קליעה ובסוף הקליעה כלפי הראש עושים קשר כדי להיות הקליעה קיימא וכשהם גדלים והולכים רפה הקשר סמוך לשער ואינו מהודק כבתחילה: ומשני איידי דקמטא משכבא. ע"י השכבה ששוכב עליו נקמט והולך ורפה: ת"ש מסקרתא דרפי עמרא מלתחת. סקרתא. מין צבע אדום שצבעו בהן בהמות ובמקום הצבע מתרפה הצמר אצל הגוף הבהמה. ואח"כ מתרפה הצמר אצל מקום עיקרו ואי מלעיל רבי אמאי מתרפה: ומסביא דצבעין דקניהון. יש זקנים צובעין זקניהם שחורים כדי שיהיו נראים כבחורים. וחיוורין עיקרי נימהון וכשהשער גדל נראים
עיקרי

מסורת הש"ס

לעיל ה. נדרים ד: תענית יז. סנהדרין כב: מ"ק יט:

נוסחת הריב"ן

א) שסוחט מהם משקה: ב) וכגון שצומח ויוצא מן הראש וגדל מלמטה בצד הראש מלמעלה עד סופו הס"ד: ג) ומתגדל מלמעלה למטה ממקום שסופו עכשיו לעת גמר גידולו מתחיל לגדל ומתגדל עד עיקר הראש הס"ד: ד) וסותר כל: ה) דהאי: ו) לינדינ"ש: ז) (שערא נפיק) ליתא בכ"י: ח) דבריש: ט) דאגב: י) מהאי: כ) לעולם קיימא: ל) בעיקבא כו' השתא בעיקבא: מ) הגדיל:

הגהות הב"ח

(א) גמ' איבעיא להו האי (מזיא) תז"מ ונ"ב מדברי רש"י משמע דגרס בינתא: (ב) רש"י ד"ה או מלעיל וכו' מאליו ועיקרו כצ"ל ותיבת ומתגדל נמחק: (ג) ד"ה למאי נ"מ וכו' הלכך מאי דאקדיש: (ד) ד"ה רפיא מלתחת וכו' ומשום הכי מרפו להני שערי מלתחת דלא מקלעי: (ה) ד"ה לעולם וכו' דקמטא היא שמהדק בלורית ודוחק מעצמו למטה הגדל מחמת ששוכב עליה ומשיכבא כצ"ל והד"א: (ו) ד"ה מסקרתא וכו' עד השתא בעינא לפרושי וכו' כמידי דתניא אבל השתא:

הגהות מהר"ב רנשבורג

א] תוס' ד"ה מחרצנים מפורצנים. תיבת מחרצנים נמחק ונ"ב מתרגמינן: ב] ד"ה סתם נזירות וכו' שלשים יום לטעמא וכו' משום דבעינן כדי נזירות בשעת תגלחת של מצוה שיהא כצ"ל. א"מ: ג] בא"ד ואם גלחוהו וכו' ואין גידול שער סותר ל' לרבנן. מן ואין עד לרבנן נמחק. ונ"ב לגידול שער סותר לכ"ע מדרבנן. כצ"ל א"מ. ויעוש"ה: ד] ד"ה נזיר שגלח בין בזוג במספרים וכו' כצ"ל: ה] ד"ה ושיירו וכו' ובסמוך אמר שבו. תיבת שבו נמחק. ונ"ב שיעור: ו] ד"ה ת"ש וכו' בעי למיקם האינבא שהשער כצ"ל: ז] ד"ה התם וכו' שמטה ואזלה מחוברת. תיבת מחוברת נמחק. ונ"ב מעיקרא:

עִיקְּבֵי נִימְהוֹן, ש"מ מִלְּתַחַת רָבֵי, ש"מ. וְאֶלָּא הָא דְּתַנְיָא: אנָזִיר שֶׁגִּילְּחוּהוּ לִסְטִים וְשִׁיְּירוּ בּוֹ כְּדֵי לָכוֹף רֹאשׁוֹ לְעִיקָּרוֹ — אֵינוֹ סוֹתֵר. וְאִי סָלְקָא דַּעְתָּךְ מִלְּתַחַת רָבֵי, לִיסְתּוֹר! כְּגוֹן שֶׁגִּילְּחוּהוּ אַחַר מְלֹאת, וּמַנִּי — רַבִּי אֱלִיעֶזֶר הִיא, *דְּאָמַר: כָּל אַחַר מְלֹאת ז' סוֹתֵר. מ"ט דר"א — יָלֵיף תִּגְלַחַת טָהֳרָה מִתִּגְלַחַת טוּמְאָה, מַה תִּגְלַחַת טוּמְאָה שִׁבְעָה — אַף תִּגְלַחַת טָהֳרָה שִׁבְעָה. וְקִים לְהוּ לְרַבָּנַן: כָּל ז' יוֹמִין אָתְיָא מַזְיָא כְּדֵי לָכוֹף רֹאשׁוֹ לְעִיקָּרוֹ. § "נָזִיר שֶׁגִּילֵּחַ בֵּין בְּתַעַר בֵּין בְּזוּג אוֹ שֶׁסִּיפְסֵף כָּל שֶׁהוּא חַיָּיב". §

ת"ר: "תַּעַר", באֵין לִי אֶלָּא תַּעַר, בתָּלַשׁ מֵירֵט סִיפְסֵף כָּל שֶׁהוּא מִנַּיִן — ת"ל "קָדוֹשׁ יִהְיֶה גַּדֵּל פֶּרַע שְׂעַר רֹאשׁוֹ", דִּבְרֵי ר' יֹאשִׁיָּה. ר' יוֹנָתָן אוֹמֵר: "תַּעַר", אֵין לִי אֶלָּא תַּעַר, מֵירֵט תָּלַשׁ סִיפְסֵף כָּל שֶׁהוּא — פָּטוּר. וְהָכְתִיב "קָדוֹשׁ יִהְיֶה"! לְמֵימְרָא דְּאִם גִּילֵּחַ לֵיהּ בְּתַעַר קָאֵים עֲלֵיהּ בַּעֲשֵׂה ול"ת. תַּנְיָא אִידָךְ: "תַּעַר", אֵין לִי אֶלָּא תַּעַר, תָּלַשׁ מֵירֵט סִיפְסֵף כָּל שֶׁהוּא מִנַּיִן — ת"ל "לֹא יַעֲבוֹר עַל רֹאשׁוֹ". וּמֵאַחַר שֶׁסּוֹפֵינוּ לְרַבּוֹת כָּל דָּבָר, מַה ת"ל "תַּעַר לֹא יַעֲבוֹר עַל רֹאשׁוֹ"? לְפִי שֶׁלֹּא לָמַדְנוּ לְתִגְלַחַת הָאַחֲרוֹנָה (א) גשֶׁיִּהְיֶה בְּתַעַר; לְלָמְדוֹ מִמְּצוֹרָע אִי אֶפְשָׁר, שֶׁאֵין

(במדבר ו) (שם) (שם)

וש"מ מלתחת רבי והא סברא הויא במידי דתניא. *ותו מדצבעי סביא דיקניהון. כי היכי דליתחזו דרדקיא, ובתר הכי חיורי א) דיקניהון, מתלבנים עיקרי שערי זקנם. ש"מ דמלתחת רבי – ומאי דקא קדיש האי נזיר שקלוה מיניה, ואיבעי ליה למיספר ולמימני נזירות אחרת, כי היכי דליקדוש שיער. אלא הא דתניא נזיר שגילחוהו לסטים ושיירו בו כדי לכוף ראשו לעיקרו אינו סותר. ואמאי אינו סותר? ליסתור, דהא אמרינן דמלתחת רבי ושקלוה מיניה להההוא שיער דאקדיש ב) שלא לגלח עד סוף נזירותו! לעולם מלתחת רבי, והכא במאי עסקינן – כגון שגילחוהו אחר מלאת. ל' ג) לנזירותו קודם שהספיק לגלח, והא מני – ר' אליעזר היא, דאמר לעיל בפ' "מי שאמר הריני נזיר מגלח" (דף טז:) דכל אחר מלאת – ז' סותר. שאם נטמא יום ק"א, ר' אליעזר אומר אינו סותר אלא ז' לאחר תגלחת, כי היכי דבתוך אלו ז' ימים תירבי מזיא, כי היכי דתיהוי כדי לכוף ראשו לעיקרו. והכא נמי, הואיל דפשו ליה כדי לכוף ראשו לעיקרו – אינו צריך ליסתור כלום, אלא מיד מגלח. מ"ט דר' אליעזר. דאמר: כל לאחר מלאת ז' ימים סותר ותו לא? בשלמא כי נטמא לאחר מלאת, דסותר ז' כנגד ז' ימים שמונה בהן ג' וז' ומגלח בשביעי, כדתניא לקמן (דף מד:): תגלחת הטומאה כיצד? מזה בשלישי ובז' [ומגלח בז'], כדכתיב "וביום השביעי יגלחנו". מה תגלחת טומאה. לאחר שנטמא מגלח לאחר ז', וכדפרישית – אף תגלחת טהרה לאחר מלאת אינו צריך למנות אלא ז' לאחר תגלחת, כדי שיהא יכול לגדל קצת שיער בתגלחת טהרה. וקודם מלאת לא מיתוקמא, משום דקודם מלאת סותר ל', וכדפרשינן בפירקא לעיל (ד' ו:): לדברי ר' אליעזר התורה אמרה נטמא ביום מלאת – תן לו תורת נזיר. אלא כל אחר מלאת, נטמא או נתגלח לגמרי, שלא הניחו בו שיער כלל – סגי ליה בתגלחת כל דהו. ואמור רבנן, כיון דבהנך ז' ימים גדלא מזיא כדי לכוף ראשו לעיקרו – סגיא. ואילו הכא, כיון דשיירו בו כדי לכוף ראשו לעיקרו – אינו צריך ליסתור כלל, ומגלח לאלתר, ומביא קרבנותיו, ומותר ביין. תלש. שיער בסמוך לבשר, אבל לא עקרו לגמרי. וכגון שעיקרו נראה. מירטו. דעקרו לגמרי ממקום גידולו. סיפסף ד). כמו סוף. ת"ל קדוש יהיה. שלא ישירנו בשום דבר, ויניחנו לגדל פרע. והכתיב (אומר) קדוש יהיה גדל פרע. דמשמע קדוש יהיה – שלא ה) יסירנו בשום דבר, להכי כתב "קדוש" (ג). למימרא דכי גילח לו בתער קאי עליו בעשה ול"ת. דמשמע קדוש יהיה – שלא יעבירנו בתער, ולאו הבא מכלל עשה – עשה. תלש מירט סיפסף כל שהוא מנין ת"ל לא יעבור על ראשו. לרבות (ג) *) המעבירין. ומאחר שסופינו לרבות כל דבר. המעביר, כדכתיב "לא יעבור", מה ת"ל "תער"? לפי שלא למדנו לתגלחת האחרונה. של טהרה לאחר שלשים ימי נזירות שיהא בתער, לפי שלא כתב אלא "וגילח את (ד) שער ראש נזרו" – לכך כתב לך תער כאן, שאינו צריך, ו) ללמדך שאותה תגלחת לא תהא אלא בתער. (ה) ללמדו ממצורע אי אפשר דאין דנין קל מחמור להחמיר עליו. דמצורע הוי חמור, לפי שהוא צריך לגלח את כל שערו, כדי שיהא כל בשרו ז) בתגלחת, מה שאין בנזיר. ואין

*) גי' א"מ כל [וכ"ה בכ"י]

עיקבי נימהון. זקנס הסמוך לסנטר נראה לבן, אלמא מלתחת רבי. וה"ה דמסקרתא נמי הוה מצי לאוכוחי הכי, דכשגדל השער אין סוף השער א] הלבוע בבהמה לבוע. לסתור. דהא ס"ד מלתחת רבי. פירוש: דהא הוכחנו דמלתחת רבי, וא"כ לא נשאר משער שהיה בו משעת קבלת נזירות כדי לכוף ראשו לעיקרו. אלא ש"מ מלעיל רבי, ואותו שנשאר היינו אותו דמעיקרא. כגון שגלחוהו אחר מלאת. ביום ל'. ומני – ר' אליעזר היא, דאמר: כל אחר מלאת – ז' סותר, אם נטמא, עד שיזה ג' וז'. וכן אם גלחוהו ביום ל' סותר ז', שלא יכול לגלח תגלחת נזרו עד אחר ז'. ומ"ט דר"א. קאי ב] [אלעיל]. כלומר, מ"ט אמרת לר' אליעזר כי גלחוהו אחר מלאת דסגי בז'? והא אין גידול שיער פחות משלשים יום! יליף תגלחת טהרה. סתירה שהיא ע"י תגלחת שהיא טהורה, מסתירה הבאה ע"י טומאה. מה תגלחת כי נטמא ביום ל' ממתין ז' [ותו לא] – כך תגלחת טהרה, כשגלחוהו ולא שיירו בו כדי לכוף ראשו לעיקרו – ז' ותו לא. וקים להו לרבנן דכל ז' אין השערות גדלין אלא כדי לכוף. ג]אינו סותר כלום, דבגידול של סתירת ז' אינו גידול כי אם כדי לכוף – א"כ לא בעינן ז' לתגלחתו שיהיה בשער ראשו אלא כדי לכוף. ואם גלחוהו אחר מלאת נמי ושיירו בו כדי לכוף – אינו סותר. אבל ודאי תגלחת דתוך מלאת סותר, ד] כלדקמן, מטעם גידול שער. אבל כשגלחוהו אחר מלאת, כיון שהיה לפנינו גידול שער ביום שלשים הראוי לתגלחת, כדאמרן, מדאורייתא דיו בכך. ומיהו, ז' יש לו להמתין. וילפינן מתגלחת טומאה. ואע"ג דלא דמי לגמרי, דהתם צריך להמתין ז' כדי להביא קרבנותיו בטהרה – מ"מ שוו חכמים סתם סתירה לתגלחת דאחר מלאת לסתירת טומאה. אבל לרבנן, ודאי כיון ה] [דאם] נטמא [לאחר מלאת] סותר ל' יום, כדאמרינן בפ"ג (דף טז.), ה"נ הוו ילפי' כל תגלחת ו] (דטומאה) דלאחר מלאת לסתירת ל', כמו בטומאה, דבעינן בשעת תגלחת גידול שער של ל' יום, כי גלחוהו נמי אחר מלאת – יהיה סותר ל' יום, ולא הוה סגי כמו ששיירו בו כדי לכוף ראשו לעיקרו, כ"א שיירו בו מה שראוי ליגדל בל' יום. ולכך אוקמי' דוקא כר' אליעזר. אבל ודאי כרבנן נמי מצי לאוקמי, וכגון שגלחוהו ז] [ביום ל"ב או ל"ג] אמרו רבנן לר"א דנטמא ביום ל"ב דאינו סותר אלא ז', כדפ"ל. ושמא י"ל ח] דמודו כעין אחר מלאת שהביא קרבנו [דאינו סותר כלום], ודוקא לר' אליעזר דאמר תגלחת מעכבא, שאם גלחוהו לסטים ולא שיירו בו כדי לכוף סותר ל' יום כדי לגלח ולחזור ולהביא קרבנותיו, אבל לרבנן דאמרי דתגלחת ט] [דאחר מלאת] לא מעכבא – אינו סותר כלום, ומותר לשתות יין מיד אחר שהביא קרבנותיו. ונהי דלרבנן נמי טעון תגלחת למצוה וצריך להמתין ז' ימים, לישנא [ד"אינו] סותר" משמע דאם לא שיירו – בעיא סתירה, שיש שום איסור מכח נזירות עליו, או שאסור לשתות ביין או לשום דבר אחר, כל כמה דלא חזר וגילח. ולרבנן לא הוי שום איסור עליו. ת"ר אין לי אלא תער. דוקא שלוקה. תלש בה כל שהוא, פירוש: שלא בתער, בין שעקר השער מתחילתו סמוך לראשו, ומיהו, שלא כעין תער, ובין שלא עקרו לגמרי כ"א מקלתו, מנין דאסור? ת"ל "קדוש יהיה גדל פרע" – שמצוה לגדל שער, ועובר בעשה אי מגלח ממנו כלל, גם כי אינו קוצצו לגמרי מעיקרו. אבל בקוצץ מעיקרו לגמרי כעין תער – איכא לאו בכל המעבירין כדתני ברייתא, דלא פליגי אהדדי. אבל ניחא ליה להאי תנא למימר "קדוש יהיה גדל פרע", דמיניה שמעינן איסור אינו קוצץ לגמרי מעיקרו. רבי יונתן אמר אין כו' תלש סיפסף פטור. בין כי נמי תלש מעיקרו, בין אינו תלש מעיקרו – אינו עובר כלל, אפי' כעין תער, אלא בתער ולא בשאר מעבירין. וכן משמע הסוגיא דלקמן, דלר' אליעזר נזיר אינו חייב בשאר מעבירין, א"כ [אנו] זקוקין לומר דחד מהנך אית ליה הכי, ולכולהו שאר תנאי אמרי דמיחייב בשאר מעבירין – א"כ ר' יונתן הוא דסבר הכי. והכתיב קדוש יהיה גדל פרע. ומשמע דאיסור עשה מיהא איכא י] במעבירין. ומשני: דכי מגלח בתער ראשו – לאו ועשה, אבל שלא בתער, גם כי גילח הכל – ליכא לאו ולא עשה. כל שהוא. פירוש: אפי' שער [א'], ת"ל "לא יעבור על ראשו" – לרבות כל המעבירין, ובלבד שיהא כעין תער, מעיקרו מרשו לגמרי. ותנא דמתני' נמי ס"ל כהאי תנא, וכת"ק דר' יונתן. ומאחר שסופינו לרבות כל דבר אפילו שאר מעבירין כ] מה ת"ל תער. [תימה: לימא] לאשמועינן כעין תער, ל]לרבות משחית וכו'! לפי שלא למדנו תגלחת האחרונה שיהא בתער וללמדו ממצורע אי אפשר שאין לומדין קל מחמור להחמיר עליו. ולקמן ילפינן מהיכא פשיטא להאי תנא דתגלחת מצורע בתער, והא לא כתיב תער בפירוש. *שאין דנין קל מחמור. שהמצורע חמור, שטעון תגלחת כל שער גופו דכתיב (ויקרא יד) "והיה ביום השביעי יגלח את כל שערו את ראשו ואת זקנו" וגו' תאמר בנזיר שהוא קל, שאינו צריך לגלח אלא ראשו, כדכתיב בהדיא בקרא, ולכך לא יטעון תער. [לכך] כתיב "תער לא יעבור", ואם אינו ענין לאיסור העברה שבתוך נזירותו, דהא מ] [איהו] בכל המעבירין לקי – תניהו לענין תגלחת, למצות תגלחתו של סוף נזירותו, דאינו אלא בתער.

רבי

מז א מיי' פ"ו מהל' נזירות הלכה א ופ"ה שם הלכה יא:
מז ב מיי' פ"ה מהלכות נזירות הל' יא סמג לאוין רמג:
מח ג מיי' פ"ח שם הלכה ו:

פי' הרא"ש

עיקרי זקניהן לבנים ש"מ מלתחת רבי: ולסתור דהא סל"ד מלתחת רבי. כלומר דהא קי"ל מלתחת רבי דכך עלתה המסקנא: כל אחר מלאת ז' סותר. לאו דוקא סותר אלא צריך להמתין עד שיזו עליו ג' וז': אף תגלחת טהרה ז'. אם גלחוהו לסטים לאחר מלאת קודם הבאת קרבנותיו משהא תגלחתו ז' ימים: וקים להו לרבנן דכל ז' יומין אתיא מזיא לכוף ראשו לעיקרו כי גלחוהו אחר מלאת נמי כיון ששיירו בו לכוף אינו סותר אבל לרבנן דאם נטמא אחר מלאת סותר ל' יום כדאיתא לעיל פ"ג. א"כ בתגלחת דלאחר מלאת נמי אי הוה יליף מטומאה דאחר מלאת הוה בעי ל' יום. הלכך אוקמה כר' אליעזר. נזיר שגלח בין בזוג בין בתער או שסיפסף בידו (שפסוף) והשיר שערות חייב כדפ' בגמ' לא יעבור לרבות כל המעבירים: תלש מרט שפסף. תלש ביד מירט בסם שפסוף ביד והעביר השער. ת"ל קדוש יהיה גדל פרע שעבר על מצות עשה שצוה הכתוב לגדל שער ולא להעבירו: למימרא דכי גילח ליה בתער קאים עליה בעשה ולא תעשה. אבל בשאר נטילת שער אפי' עשה אין בו. ומתני' דמחייבה מלקות לכל המעבירים דלא [כחד] מהני תנאי דלר' יאשיה עשה הוא דאיכא בשאר מעבירים ולר' יונתן אפי' עשה ליכא. א"נ כבעין תער מודו דלקי בכל המעבירין והכא פליגי כששייר מן השער קצת ואין בהם כדי לכוף ראשו לעיקרו: מה ת"ל תער לכתוב לא יעבור שער ראשו: ללמדו ממצורע א"א. ולקמן מפרש מהיכן קים לן תער במצורע:

גליון הש"ס

גמ' אין לי אלא תער. עיין סוטה דף טז ע"א:

שייך לע"א

[לעיל טז: לקמן מז. סג:]

נוסחת הריב"ן

א) עיקר דיקניהון: ב) לאקדיש הס"ד: ג) ל' יום: ד) שחתך ראש השער כל שהוא ומשמע ספסף כמו סוף: ה) יסירנו: ו) (ללמדך) ליתא בכ"י: ז) כל בשרו כלעות מה שאין כן בנזיר:

הגהות הב"ח

(א) גמ' לתגלחת האחרונה שהיא בתער ללמדו: (ב) רש"י ד"ה והכתיב וכו' קדוש יהיה למימרא כצ"ל והד"א: (ג) ד"ה תלש וכו' לרבות שאר כל המעבירין: (ד) ד"ה לפי וכו' וגילח את ראש נזרו כצ"ל ותיבת שער נמחק: (ה) ד"ה ללמדו וכו' מה שאין כן בנזיר:

הגהות מהר"ב רנשבורג

א] תוד"ה עיקבי וכו' אין סוף השער הלבוע. תיבת הלבוע נמחק ונ"ב הסמוך לבהמה. א"מ: ב] ד"ה ומאי טעמא דר"א קאי אלעיל. תיבת אלעיל נמחק ונ"ב אגילחוהו: ג] ד"ה וקים להו וכו' אלא כדי לכוף לכך כצ"ל: ד] בא"ד דתוך מלאת סותר שלשים כצ"ל: ה] בא"ד אבל לרבנן ודאי כיון דנטמא סותרת כצ"ל ונ"ב עי' א"מ: ו] בא"ד הוו ילפינן כל תגלחת דטומאה. תיבת דטומאה נמחק ונ"ב דטהרה: ז] בא"ד וכגון שגלחוהו ביום ל"ב או ל"ג אמרו. מן תיבת ביום עד אמרו נמחק. ונ"ב ב' ימים או ג' ימים אחר מלאת דמודו רבנן כצ"ל. א"מ: ח] בא"ד ושמא י"ל דמודו כעין. תיבות דמודו כעין נמחק ונ"ב דמיירי כאן כצ"ל: ט] בא"ד אבל לרבנן דאמרי דתגלחת לא מעכבא. תיבות דאחר מלאת נמחק ונ"ב דלאחר מלאת כצ"ל: י] ד"ה והכתיב וכו' מיהא איכא בשאר מעבירין כצ"ל: כ] ד"ה ומאחר וכו' אפי' שאר מעבירין. כאן הס"ד ואח"כ מה"ד מה ת"ל תער: ל] בא"ד לאשמועי' כעין תער לרבות. תיבות לרבות נמחק. ונ"ב לכתוב משחית כצ"ל. ועי' מ"ו ודוק: מ] ד"ה שאין וכו' שבתוך נזירותו דהא איהו. תיבת איהו נמחק ונ"ב אפילו:

שייך לדף מ.

שֶׁאֵין דָּנִין קַל מֵחָמוּר לְהַחְמִיר עָלָיו. רַבִּי אוֹמֵר: אֵינוֹ צָרִיךְ, הֲרֵי הוּא אוֹמֵר "תַּעַר לֹא יַעֲבוֹר עַל רֹאשׁוֹ עַד מְלֹאת" הַתּוֹרָה אָמְרָה: אַחַר מְלֹאת לֹא תְּהֵא תִּגְלַחַת אֶלָּא בְּתַעַר. וְהָכְתִיב "תַּעַר לֹא יַעֲבוֹר עַל רֹאשׁוֹ"! לַעֲבוֹר עָלָיו בִּשְׁנֵי לָאוִין. אָמַר רַב חִסְדָּא: [א]לִלְקוֹת – בְּאַחַת, [ב]לְעַכֵּב – בִּשְׁתַּיִם, [ג]לִסְתּוֹר – אֵינוֹ סוֹתֵר אֶלָּא בְּרוֹב רֹאשׁוֹ, וּבְתַעַר. בְּתַעַר – אִין, בְּמִידֵּי אַחֲרִינָא – לָא? וְהָקָתָנֵי: מִנַּיִן לְרַבּוֹת אֶת כָּל הַמַּעֲבִירִין! אֶלָּא אֵימָא: [ד]כְּעֵין תַּעַר. תַּנְיָא נַמִּי הָכִי: נָזִיר שֶׁתָּלַשׁ, מֵירֵט, סִיפְסֵף כָּל שֶׁהוּא א] – אֵינוֹ סוֹתֵר אֶלָּא בְּרוֹב רֹאשׁוֹ, וּבְתַעַר. רַבִּי שִׁמְעוֹן בֶּן יְהוּדָה אוֹמֵר מִשּׁוּם ר"ש: כְּשֵׁם שֶׁשְּׁתֵּי שְׂעָרוֹת מְעַכְּבוֹת בּוֹ – כָּךְ שְׁתֵּי שְׂעָרוֹת סוֹתְרוֹת בּוֹ. *תְּנַן הָתָם: שְׁלֹשָׁה מְגַלְּחִין וְתִגְלַחְתָּן מִצְוָה: [ה]נָזִיר, [ו]וּמְצוֹרָע, וּלְוִיִּם. [ז]וְכוּלָּן שֶׁגִּילְּחוּ שֶׁלֹּא בְּתַעַר, אוֹ שֶׁשִּׁיְּירוּ שְׁתֵּי שְׂעָרוֹת – לֹא עָשׂוּ וְלֹא כְלוּם. אָמַר מָר: ב] שְׁלֹשָׁה מְגַלְּחִין וְתִגְלַחְתָּן מִצְוָה. פְּשִׁיטָא! מ"ד: מִשּׁוּם עֲבוּרֵי שֵׂעָר הוּא, וַאֲפִילּוּ סַךְ נָשָׁא – קמ"ל דְּלָא. קָתָנֵי: וְכוּלָּן שֶׁגִּילְּחוּ שֶׁלֹּא בְּתַעַר. בִּשְׁלָמָא גַּבֵּי נָזִיר כְּתִיב "תַּעַר לֹא יַעֲבוֹר עַל רֹאשׁוֹ", וְגַבֵּי לְוִיִּם כְּתִיב °"וְהֶעֱבִירוּ תַעַר עַל כָּל בְּשָׂרָם" (במדבר ח), אֶלָּא מְצוֹרָע בְּתַעַר מְנָלַן? וכ"ת: תֵּיתֵי מִלְּוִיִּם; מַה לְּוִיִּם שֶׁכֵּן טְעוּנִין תִּגְלַחַת וְאֵין תִּגְלַחְתָּן אֶלָּא בְּתַעַר, אַף אֲנִי אָבִיא אֶת הַמְּצוֹרָע, שֶׁהוּא טָעוּן תִּגְלַחַת וְאֵין תִּגְלַחְתּוֹ אֶלָּא בְּתַעַר – אִיכָּא לְמִיפְרַךְ: מַה לַּלְּוִיִּם, שֶׁכֵּן טְעוּנִין תְּנוּפָה בְּגוּפָם, תֹּאמַר בַּמְּצוֹרָע דְּלָא! אֶלָּא, תֵּיתֵי מִנָּזִיר. מַה לְּנָזִיר שֶׁכֵּן קָרְבָּנוֹ טָעוּן לֶחֶם, תֹּאמַר בַּמְּצוֹרָע דְּלָא! אֶלָּא, מֵחֲדָא לָא אָתְיָא, תֵּיתֵי מִתַּרְוַיְיהוּ; מֵהֵי תֵּיתֵי? תֵּיתֵי מִלְּוִיִּם – מַה לַּלְּוִיִּם שֶׁכֵּן טְעוּנִין תְּנוּפָה בְּגוּפָן, נָזִיר יוֹכִיחַ. מַה לְּנָזִיר שֶׁכֵּן קָרְבָּנוֹ טָעוּן לֶחֶם – לְוִיִּם יוֹכִיחוּ. *וְחָזַר הַדִּין; לֹא רְאִי זֶה כִּרְאִי זֶה, וְלֹא רְאִי זֶה כִּרְאִי זֶה, הַצַּד הַשָּׁוֶה שֶׁבָּהֶם – שֶׁהֵן טְעוּנִין תִּגְלַחַת וְתִגְלַחְתָּן בְּתַעַר, אַף אֲנִי אָבִיא אֶת הַמְּצוֹרָע שֶׁהוּא טָעוּן תִּגְלַחַת, וְתִגְלַחְתּוֹ בְּתַעַר. א"ל רָבָא מִבַּרְנִישׁ לְרַב אַשִׁי: וְלִיפְרוֹךְ מַה לְּהַצַּד הַשָּׁוֶה שֶׁבָּהֶן – שֶׁכֵּן אֵין

רש"י

וְאֵין דָּנִין קַל מֵחָמוּר לְהַחְמִיר. עַל הַקַּל, אֶלָּא לְהָקֵל עַל הַקַּל, וּלְהַחְמִיר עַל הֶחָמוּר. וְהָכָא דְּא"א לְלָמְדוֹ מִמְּצוֹרָע – אָתָא לֵיהּ "תַּעַר", דִּבְתַעַר הוּא דְּתֶיהֱוֵי תִּגְלַחַת אַחֲרוֹנָה, אֲבָל בְּמִידֵי אַחֲרִינָא – לָא. רַבִּי אוֹמֵר אֵינוֹ צָרִיךְ א). לְתִגְלַחַת אַחֲרוֹנָה, וּכְשֶׁכָּתַב לְךָ תַּעַר – לֹא בָּא אֶלָּא לוֹמַר לְךָ שֶׁאֵינוֹ חַיָּיב אֶלָּא בְּגִילּוּחַ תַּעַר. וּמַה שֶּׁאַתָּה אוֹמֵר: מִנַּיִן לָמַדְנוּ לְתִגְלַחַת אַחֲרוֹנָה ב) שֶׁהִיא בְּתַעַר – מִן דִּקְדּוּק הַכָּתוּב אַתָּה לָמֵד, שֶׁהֲרֵי הוּא אוֹמֵר "תַּעַר לֹא יַעֲבוֹר עַל רֹאשׁוֹ" (א) ג) דְּמַשְׁמַע: תַּעַר לֹא יַעֲבוֹר עַל רֹאשׁוֹ עַד יוֹם מְלֹאת, שֶׁהוּא צָרִיךְ גִּילּוּחַ בְּתַעַר. וְהָכְתִיב תַּעַר לֹא יַעֲבוֹר עַל רֹאשׁוֹ. כְּלוֹמַר, וְהֵיכִי אָמַר ת"ק דְּחַיָּיב עַל כָּל שְׁאָר מַעֲבִירִין, וְתַעַר לֹא בָּא אֶלָּא לְתִגְלַחַת הָאַחֲרוֹנָה? וְהָכְתִיב "תַּעַר (ב) לֹא יַעֲבוֹר עַל רֹאשׁוֹ", דְּמַשְׁמַע: בְּתַעַר הוּא דְּמִחַיַּיב, אֲבָל לֹא בִּשְׁאָר מַעֲבִירִין! לַעֲבוֹר עָלָיו בִּשְׁנֵי לָאוִין ד). עַל "תַּעַר לֹא יַעֲבוֹר", וְעַל "לֹא יַעֲבוֹר" – כָּל הַמַּעֲבִירִין. לִישָּׁנָא אַחֲרִינָא: וְהָכְתִיב "תַּעַר לֹא יַעֲבוֹר עַל רֹאשׁוֹ" ה) כְּלוֹמַר, הֵיכִי מַשְׁמַע לֵיהּ דְּאַחַר מְלֹאת לֹא תְּהֵא תִּגְלַחַת אֶלָּא בְּתַעַר? וְהָכְתִיב "תַּעַר לֹא יַעֲבוֹר עַל רֹאשׁוֹ [עַד מְלֹאת]" דְּאִיכָּא לְמֵידַק מִינָּהּ: דְּעַד מְלֹאת הוּא דְּלֹא ו) אֶלָּא בְּתַעַר, הָא לְאַחַר מְלֹאת – מְגַלֵּחַ בְּכָל דָּבָר, וַאֲפִי' בְּמַלְקֵט וּבִדְהִיטְנִי. לְעוֹלָם אֵימָא לָךְ דִּלְאַחַר מְלֹאת אֵינוֹ מְגַלֵּחַ אֶלָּא בְּתַעַר, וְהָא ז) [דִּכְתִיב] (ג) בְּסָמוּךְ "לֹא יַעֲבוֹר", וּמַשְׁמַע: לֹא יַעֲבוֹר תַּעַר. אָמַר רַב חִסְדָּא לִלְקוֹת בְּאַחַת. שֶׁאִם גִּילֵּחַ תּוֹךְ מְלֹאת שֵׂעָר אַחַת – לוֹקֶה. לְעַכֵּב בִּשְׁתַּיִם. שֶׁאִם גִּילֵּחַ כָּל שְׂעָרוֹ בְּתִגְלַחַת סוֹף יְמֵי נְזִירוּתוֹ, וְשִׁיֵּיר בּוֹ ב' שְׂעָרוֹת – לֹא עָשָׂה וְלֹא כְלוּם. וְלִסְתּוֹר אֵינוֹ סוֹתֵר. אִם גִּילֵּחַ בְּתוֹךְ יְמֵי נְזִירוּתוֹ, אֶלָּא אִם גִּילֵּחַ אֶת רוֹב רֹאשׁוֹ בְּתַעַר. וְהָקָתָנֵי מִנַּיִן לְרַבּוֹת כָּל הַמַּעֲבִירִין. ת"ל "לֹא יַעֲבוֹר". אֶלָּא כְּעֵין תַּעַר. כָּל הַמַּעֲבִירִין ח) (מעבירין) סָמוּךְ לְעִיקָּרָן. תַּנְיָא נַמִּי הָכִי. כִּדְאָמַר רַב חִסְדָּא, וּבְתַעַר דַּוְקָא. וְאָמְרִי לָהּ: כִּדְאוֹקִימְנָא לָהּ אַלִּיבָּא דְּרַב חִסְדָּא כְּעֵין תַּעַר, וּמַאי "בְּתַעַר" דְּקָתָנֵי בַּבָּרַיְיתָא – כְּעֵין תַּעַר. כְּשֵׁם שֶׁשְּׁתֵּי שְׂעָרוֹת מְעַכְּבוֹת בּוֹ. בְּתִגְלַחַת טָהֳרָה, כָּךְ שְׁתֵּי שְׂעָרוֹת סוֹתְרוֹת בּוֹ בְּתִגְלַחַת אִיסּוּר. ט) תְּנַן הָתָם גָּרְסִי', וְהִיא בְּסוֹף נְגָעִים גַּם בָּרַיְיתָא הִיא בַּסִּפְרָא י) *[בְּת"כ] ת"ר ג' מְגַלְּחִין כו' נָזִיר וּמְצוֹרָע וּלְוִיִּם. פְּשִׁיטָא. דִּמְגַלְּחִין. כ) בְּכוּלְּהוּ מְפָרְשִׁי בְּהוּ קְרָאֵי, בְּנָזִיר ל) כְּתִיב "וְגִילַּח הַנָּזִיר" (ד) וגו', בִּמְצוֹרָע מ) כְּתִיב (ויקרא יד) "וְגִילַּח אֶת כָּל שְׂעָרוֹ", בַּלְוִיִּם "וְהֶעֱבִירוּ תַעַר עַל כָּל בְּשָׂרָם". מ"ד עֲבוּרֵי שֵׂעָר שַׁפִּיר דָּמֵי וַאֲפִי' סַךְ נָשָׁא. סַם שֶׁמַּשִּׁיר אֶת הַשֵּׂעָר. קמ"ל. דְּלָא סַגֵּי לֵיהּ אֶלָּא בְּתִגְלַחַת, כִּדְקָתָנֵי, דְּתִגְלַחְתָּן מִצְוָה. בִּשְׁלָמָא גַּבֵּי נָזִיר כְּתִיב בֵּיהּ תַּעַר לֹא יַעֲבוֹר עַל רֹאשׁוֹ. לְרַבִּי כִּדְאִית לֵיהּ, וּלְתַנָּא קַמָּא כִּדְאִית לֵיהּ, וּכְדִלְעֵיל. מַה לַּלְוִיִּם שֶׁכֵּן טְעוּנִין תְּנוּפָה בְּגוּפָן. כִּדְכְתִיב "וְהֵנִיף אַהֲרֹן אֶת הַלְוִיִּם תְּנוּפָה לִפְנֵי ה'". וְהוֹאִיל וּטְעוּנִין תְּנוּפָה – מַחְמְרִינַן בְּהוּ כּוּלֵּי הַאי, דְּלָא הָוֵי תִּגְלַחְתָּן אֶלָּא בְּתַעַר. תֹּאמַר בִּמְצוֹרָע הַקַּל, שֶׁאֵין טָעוּן תְּנוּפָה בְּגוּפוֹ, וְהוֹאִיל וְאֵינוֹ טָעוּן תְּנוּפָה בְּגוּפוֹ – דִּין הוּא לְהָקֵל עָלָיו, שֶׁיְּהֵא תִּגְלַחְתּוֹ בְּכָל דָּבָר. אֶלָּא מֵחֲדָא לָא אַתְיָא. דְּמֵהֵי (ה) נֵיתֵי, וּכְדִלְעֵיל. הַאי

תוספות

רבי אומר אינו צריך. "תער" לאתויי לתגלחת אחרונה של נזיר, דכי נמי צריך לגופיה – אפ"ה ידעינן ממילא דתגלחת אחרונה בתער. ובהא פליג את"ק דידיה, דת"ק אייתי ל"תער" משום תגלחת אחרונה. ופריך: והא כתיב "תער לא יעבור" דמשמע שאר מעבירין נמי, והיכי קאמר רבי דאתי לגופיה, דמשמע דבתער דוקא מיחייב! דס"ל לגמרא דאין לנו לומר דרבי יסבור כר' יונתן, דלא אסר שאר מעבירין, דמדקאמר "אינו צריך" – משמע דלא אתי לאפלוגי על תנא קמא דידי', דמחייב על כל מעבירין. ומשני: לעבור עליו בב' לאוין. לכך כתב "תער" – דמגלח בתער עובר בשני לאוין, משום תער ומשום מעבירין, דהלאו קאי אתער וקאי נמי אשאר מעבירין, והוי כאילו כתב תער לא יעבור, *דאותו לשון [קאי] לפניו ולאחריו. והשתא נפקי תרוייהו מ"תער" לרבי, דאי לא נכתב "תער" אלא לתגלחת מצוה, כדקאמר ת"ק – מ"מ לכתביה ל"תער" בפירוש גבי תגלחת של מצוה, למאי הילכתא כתבו גבי איסורא – לומר [לך] שלוקה שתים. ואם כוליה להכי הוא אתא – אמאי סמיך "עד מלאת" אל "תער לא יעבור"? אלא רצה לומר: עד מלאת לא יעבור תער, הא לאחר מלאת – לא יעביר שער ראשו אלא בתער.

אמר רב חסדא ללקות באחת. על שער אחד הוא לוקה, אם התרו בו על תגלחת וגלח שער אחד – הוא לוקה. **לעכב** בשתים. בכלות ימי נזירותו, שמצוה עליו לגלח ראשו, אם גילח כל ראשו ושייר שתי שערות – לא עלתה לו תגלחת.

לסתור אינו סותר אא"כ מגלח רוב ראשו. וכולן הן הלכה בנזיר, שלא מצינו בהן טעם.

ובתער. [ונראה] (פי') דקאי ארישא, דאינו לוקה אלא בתער. אבל הוא סותר כי נמי אינו כעין תער, אלא [ברוב] ראשו סותר [היכא] דלא שיירו בו כדי לכוף, אע"ג דלא הוי כעין תער. ופריך: בתער אין. דוקא לוקה, בשאר מעבירין לא? הא תנן: נזיר שגילח בין בתער בין בזוג בין בשפשוף כל שהוא חייב! ג] אלא אימא: כעין תער – שעוקר השער ומשחיתו מעיקרו. **תניא** נמי הכי. שלוקה ד] [וסותר] ברוב ראשו.

נזיר שתלש ומרט ושפשף כל שהוא חייב. לוקה. ואינו סותר אלא ברוב ראשו ובתער. פירוש: כעין תער.

כשם ששתי שערות [מעכבות ה] כך] סותרות. אם גלח ב' שערות תוך ימי נזירותו. **תנן** התם. ו] פירוש: בת"כ דנגעים. שלשה מגלחים: נזיר – דכתיב "וגלח את ראש נזרו", מצורע – דכתיב "וגלח את כל שערו", ולוים – דכתיב "והעבירו תער על כל בשרם". **פשיטא**. דתגלחתן מצוה, דהא קראי כתיבי. **מהו** דתימא משום עבורי שער הוא. פירוש: ותער לא מעכב בהן, ואפי' סך נשא, קמ"ל [דלא], דתגלחתן מצוה. **נשא**. מין המשיחה שמשרת השער. ותימה: דהא מסיפא שמעינן לה בהדיא, דהא קתני סיפא: וכולן שגילחו שלא בתער – לא עשו ולא כלום! וצריך לומר: דאי מההיא הוה אמינא: מאי שלא בתער – שלא כעין תער, ואפי' סך נשא נמי. **בשלמא** גבי נזיר כתיב תער לא יעבור על ראשו. לת"ק – באם אינו ענין למלקות תניהו ענין לתגלחתו, ולרבי – מדסמכו ל"עד מלאת" אצל "תער לא יעבור".

תנופה בגופן. דכתיב "והניף אהרן את הלוים תנופה לפני ה'" (במדבר ח), תאמר במצורע שאינו טעון תנופה בגופו אלא [בקרבנו], ולכך לא יטעון חומרא דתער, דזוג נמי יועיל.

אין

פי' הרא"ש

שאין דנין קל מחמור. שהמצורע חמור שצריך לגלח כל שער גופו והנזיר אינו [מגלח אלא] ראשו הלכך כתיב ביה תער דאם אינו ענין להעברת תער תוך ימי נזירותו דהא אפי' בשאר מעבירי' לקי. תנהו ענין לתגלחת מצוה בהשלמת נזירותו: רבי אומר אינו צריך. לאתויי תער לתגלחת מצוה דכי אתי לגופיה אפי' הכי ממילא ידענא דתגלחת אחרונה בתער דהכי משמע פשטיה תער לא יעבור על ראשו עד מלאת הא ביום מלאת עבור: ופריך והא כתיב תער לא יעבור על ראשו דדרשי' מניה לרבות כל המעבירים. וא"כ היכי דריש ליה לגופיה. הא לא אצטריך לגופיה כיון דרבי' כל המעבירים: ולא בעי למימר דרבי ס"ל כר' יאשיה ור' יונתן דלא מרבי שאר מעבירים דמדקאמר רבי אומר אינו צריך משמע דלא אתא לאיפלוגי על מאי דקאמר ת"ק לענין איסור העברה: לעבור עליו בשני לאוין. שאם העביר בתער והתרו בו משום תער ומשום לא יעבור לוקה ב' מידי דהוה אוכל ענבים לחים ויבשים לוקה ב' כיון דמפרשי בקרא אע"ג דכתיב בחד לאו: אמר רב חסדא ללקות לוקה בא' אם גלח שער הא' לוקה אם התרו בו. בב' ביום תגלחתו אם שייר ב' שערות לא קיים מצות תגלחת: לסתור אינו סותר אלא ברוב ראשו. אם גלח רוב ראשו סותר נזירות עד מלאת לו שלשים יום לתגלחתו: ובתער אכולהו קאי וכל אלו הלכות הם וטעם אין בהם: אימא כעין תער שהעביר כל השער: תניא נמי הכי. דלוקה בא' וסותר ברוב ראשו: תלש מירט שפשף כל שהו חייב ואינו סותר אלא ברוב ראשו. ובתער בעין תער. ואית ספרים דגרסי תלש מירט שפשף כל שהוא אינו סותר אלא ברוב ראשו. אבל בתוס' גרסי בהדיא חייב: תנן התם [בפ'] בתרא דנגעים ג' מגלחים נזיר דכתיב וגלח את ראש נזרו. מצורע דכתיב וגלח את כל שערו. לוים דכתיב והעבירו תער על כל בשרם: פשיטא דתגלחתן מצוה דהא קראי כתיב. מהו דתימא קרא אעיבור שער קפיד ואפי' סך נשא נמי. הוא סם המעביר השער. וכי תימא מסיפא שמעינן לה וכולן שגלחו שלא בתער תריץ דמצינן לפרושי אלא כעין תער: שכן טעונים תנופה בגופם דכתיב והניף אהרן את הלוים תנופה: שכן קרבנו טעון לחם. חלות ורקיקי' תאמר במצורע שכן קרבנו בא בדלות אם אין ידו משגת מביא תורים

עין משפט נר מצוה

מט א מיי' פ"ה מהל' נזירות הלכה יא:
נ ב מיי' שם פ"ח הלכה ו:
נא ג ד מיי' פ"ו שם הלכה ה:
נב ה מיי' שם פרק ח הלכה ו:
נג ו מיי' פי"א מהל' טומאת לרעת הל' א סמג עשין רלו:
נד ז מיי' שם הלכה ג ופ"ח מהלכות נזירות הלכה ו:

גי' א"מ לא יעבור ולא יעבור

מסורת הש"ס

נגעים פ' י"ד מ"ד
[קדושין כה. וש"נ]

נוסחת הריב"ן

א) לריך תער: ב) שיהא: ג) על ראשו עד יום מלאת שיהא לריך: ד) לעולם חייב על שאר מעבירין ולא הוא דכתיב תער לא יעבור דכי קא עביד בתער עובר בשני לאוין על תער וכו': ה) יש מפרשים דקא פריך בין לרבי בין לת"ק כלומר לרבי היכי משמע: ו) מגלח בתער: ז) והא דכתיבה בסמוך לא יעבור דאם גילח בתוך ימי נזרו בתער חייב עליו משום תער ולא יעבור ומשום לא יעבור סתם והכי כתיב תער קודם מלאת ולא לאחר מלאת הס"ד: ח) שמעבירין: ט) בכ"י כתוב כאן תוספות: י) בכ"י כתוב כאן תוספות: כ) דבכולהו: ל) דכתיב: מ) דכתיב:

הגהות הב"ח

(א) רש"י ד"ה רבי אומר וכו' על ראשו עד יום מלאת דמשמע וכו' האחרונה והכתיב תער. נ"ב פי' הא דסמוך לא יעבור לא יעבור תער לעבור על ראשו בשני לאוין על תער ועל לא יעבור וכו' המעבירין וכך לריך לפרש לגירסא אחרינא כדמסיק בפי' להדיא: (ג) ד"ה לישנא אחרינא וכו' והא דכתיב תער בסמוך לא יעבור ומשמע לא יעבור תער לעבור עליו בשני לאוין הס"ד: (ד) ד"ה פשיטא וכו' כנזיר כתיב וגילח הנזיר את ראש נזרו במצורע כתיב וגילח: (ה) ד"ה אלא וכו' דמהי תיתי וכדלעיל:

הגהות מהר"ב רנשבורג

א] גמ' תניא נמי הכי וכו' סיפסף כל שהוא ואינו כו'. ע"ל. א"מ: ב] שם אמר מר. נ"ב עי' לעיל לב ע"א וברש"י שם ד"ה אמר מר וכו' א"מ שם: ג] תוד"ה ובתער וכו' בין בזוג בין בשפשוף כל שהוא חייב. כאן הס"ד ואח"כ מה"ד אלא אימא וכו': ד] ד"ה תניא נמי הכי שלוקה באחת כצ"ל: ה] ד"ה כשם וכו' מעכבות בו כך שתי שערות סותרות כצ"ל. א"מ: ו] ד"ה תנן התם פי' בת"כ. תיבות פי' בת"כ נמחק ונ"ב פרק בתרא דנגעים. א"מ:

נה א מיי' פי"ב מהל' ע"ז הל' ו ז סמג לאוין נח טוש"ע יו"ד סי' קפא סעיף ג:

נו ב מיי' פ"א מהל' טומאת צרעת הל' א סמג עשין רלה:

נז ג ד מיי' פי"ב מהל' ע"ז הלכה ז סמג לאוין נח טוש"ע יו"ד סי' קפא סעיף י:

אין קרבנו בדלות, תאמר במצורע שקרבנו בדלות! אמר ליה רבא בר משרשיא לרבא: האי תנא, מעיקרא אמר: ללמדו ממצורע אי אפשר שאין דנין קל מחמור להחמיר עליו, והדר אמר: נילף מדינא, ומדינא נמי לא יליף! אמר ליה: ההוא — אליבא דרבנן, הא — אליבא דר' אליעזר. *דתנן: אואינו חייב עד שילקטנו בתער, ר' אליעזר אומר: אפילו ליקטו במלקט וברהיטני חייב. מאי טעמייהו דרבנן? *דתניא: (ויקרא יד) "זקנו" מה ת"ל? לפי שנאמר (ויקרא כא) "ופאת זקנם לא יגלחו". יכול אפילו מצורע כן — בת"ל "זקנו". ומנלן דבתער — *דתניא: "ופאת זקנם לא יגלחו", יכול אפילו גילחו במספרים יהא חייב — ת"ל (שם יט) "ולא גתשחית". (א) יכול ליקטו במלקט וברהיטני יהא חייב — ת"ל "ופאת זקנם לא יגלחו". הא כיצד? דאיזהו גילוח שיש בו השחתה — הוי אומר זה תער. הממאי? דילמא לעולם אפילו ליקטו במלקט וברהיטני נמי מצוה קעביד, והא קאתי לאשמועינן דאפילו בתער לא מיחייב עליה! אמרי: אי ס"ד כי עביד נמי במלקט וברהיטני שפיר דמי — לישתוק קרא מיניה, ואנא אמינא: ומה גבי נזיר, דאיסורא קא עביד — אפ"ה מחייב, הכא דמצוה — לא כל שכן?

ותו

רש"י

אין קרבנו בדלות. אלא קרבן קבוע, בין עניים בין עשירים. תאמר במצורע שאם עני הוא מביא לפורים — וא"כ גם לא נחמיר עליו להטעינו תער. ואין להקשות: לפי מה שמסקינן דיליף מצורע מקרא אחרינא שלא בנזיר ב] דהיינו בנזיר דבסמוך, ולייתי נזיר במה ג]הצד! דאיכא למיפרך: שכן אינו בשאלה, או שכן שכל גופו טעון תגלחת.

והאי תנא מעיקרא. בברייתא דלעיל, קאמר: ללמדו ממצורע אי אפשר כו'. אלמא דקים ליה לתנא [תער] במצורע בלא נזיר, שהרי בא נזיר ממצורע. והכך ברייתא בעי למילף מצורע דבעי תער מדינא דנזיר ולוים, אלמא מצורע גופיה לא יליף אלא מנזיר. ומדינא נמי לא ד] אייתי [דקאמר]: מה להצד כו' וסוף לומדו מ"ראשו" דכתיב בנזיר. ומ"מ, רבי אליעזר לא ידע תער במצורע אלא מנזיר, כדמפרש והולך: דתנן בפרק בתרא דמכות (דף כ.): אינו חייב כו'. לגבי פיאות דזקן תניא, דאין חייבין בהשחתת פאת זקן בין כהנים בין ישראלים עד שיטלנו בתער, ור"א אמר: אפי' ליקטו במלקט ורהיטני מיחייב.

ומאי טעמייהו דרבנן. כלומר, מהיכא נפקא לן דפשיטא להו דמצורע בתער, אפילו בלא נזיר כדס"ל — דתניא: "זקנו" מה ת"ל. במצורע כתיב "והיה ביום השביעי יגלח את כל שערו את ראשו ואת זקנו" וכו'. והלא בכלל כל שערו הוא, ולמה פרט זקנו? לפי שנא' גבי כהנים "ופאת זקנם לא יגלחו", יכול אף מצורע, כלומר כהן והוא מצורע כן, שלא יכול לגלח זקנו? והא דכתיב "וגלח את כל שערו" ע"כ לבר מזקנו, א"נ בנמרט זקנו, שאין עשה דגילוח דוחה לאו דהשחתת זקן הכהנים ועשה ד"קדושים" דכהנים — ת"ל "זקנו" מיותר שנכתב במצורע לאשמועינן: ה] עשה ד"זקנו" דחי לאו ד"לא יגלחו" בכהנים, ועשה ד"קדושים יהיו". ואע"פ שאין עשה דוחה לא תעשה ועשה בעלמא — הכא דחי, כדאמר בריש יבמות (דף ה.) דהאי לאו ועשה שאינו שוה [בכל] הוא, דהשחתת זקן אינו בנשים, כדאמר פ"ק דקדושין (דף לה:). וא"ת: ולמא אתי למישרי לאו גרידא ד"לא תשחית פאת זקנך"? וי"ל: ו] (דמשער) דאיכא למימר קרא סתמא כתיב בה בישראל ככהנים. ועי"ל, והוא העיקר: דע"כ לרבנן ללאו גרידא דישראל לא איצטריך קרא, דנפקא להו מ"ראשו" מקרא קמא דדחי עשה דמצורע לאו דהקפה, דסבירא להו דהקפת כל הראש שמה הקפה, כדאיתא בסמוך. א"כ "זקנו" לא איצטריך קרא אלא לכהנים, ולאשמועינן דעשה דמצורע דחי לאו ועשה דהשחתת זקן הכהנים (גרידא), ומדאתא קרא ד"זקנו" למישרי לו לאו דהשחתת זקן, והשחתת זקן לא מחייב אלא בתער — מכלל דמצורע תגלחתו אינו אלא בתער, דאם לא כן "זקנו" למה לי? דבתער. כלומר חיוב השחתת זקן, מנא להו לרבנן דלא הוי אלא בתער, דמינה ילפינן תער למצורע? דתניא ופאת זקנם לא יגלחו. בכהנים כתיב. יכול אפי' במספרים יהא חייב — ת"ל "ולא תשחית פאת זקנך". בישראל כתיב, ובמספרים ליכא השחתה, שאינו נוטל השער מעיקרו ושרשו. אי לא תשחית, יכול אפי' במלקט ורהיטני יהא חייב, שאף הם משחיתים השער מעיקרו — ת"ל "ופאת זקנם לא יגלחו" והם אינם קרויים גילוח, שאינם רגילים לגלח בהם. הא כיצד גילוח שיש בו השחתה הוי אומר זה תער. והאי שרא רחמנא במצורע. ז] אי נמי, בקידושין גמרינן "פאה פאה" כהנים מישראלים. ופריך: ממאי דתגלחת מצורע ליכא אלא בתער? דילמא אפי' במלקט ורהיטני קיים המצורע מצות גילוח, וקרא ד"זקנו" אתא לאשמועינן דאם בא לגלח [בתער] הרשות בידו, שהוא [מוזהר] עליו בעלמא בפאה דזקן, הכא שרי ולא מיחייב! ומשני: אמרי. כלומר [על כרחך] "זקנו" דכתיב — ח] שזקוק לגלח ולעשות בתער ולא בדבר אחר. דאי ס"ד כי עביד נמי במלקט ורהיטני שפיר דמי — לשתוק קרא מיניה. דאם בא [למימר] שהרשות בידו לגלח בתער פאת זקנו — להא לא בעי קרא, דזקנו דרשות ידעינן מק"ו. ה"ג: ומה נזיר כו'. הוה מצי למפרך דכהן מצורע לא אתי, שכן ריבה הכתוב [בהן] מצות יתירות. וכה"ג פריך בכל דוכתי, ולכך לא לידחי עשה דמצורע לאו דכהנים. ועוד: מה לנזיר שכן לאו גרידא — דדחי לאו דהקפה, תאמר בכהנים דאיכא לאו ועשה — לאו דהשחתת זקן ועשה. לכ"נ דעיקר אפירכא אחרונה סמיך, דפריך מרשב"ל. ה"ג: ומה נזיר דאיסורא קעביד. ואפילו נזיר טהור חוטא קרית, כדאיתא פ"ק דנדרים (דף י.) ולעיל בפ' שלישי (דף יט.). ועוד: דמנזיר טמא קא יליף, שגם הוא תגלחתו כתוב בתער, כדמשמע בסמוך דגמרינן טהור מטמא וטמא מטהור, ואפ"ה תגלחת מצוה דידיה דחי לאו דהקפה, ט] דסבירא ליה דהקפת כל הראש שמה הקפה. ולעולם מיחייב — פי': מיחייב לגלח כל ראשו ולדחות לאו דהקפה, מצורע דמצוה לא כל שכן. דמצוה. מצות המקרא תגלחת, ולא באה לו ע"י שום איסור — לכ"ש שתגלחתו דמצוה תדחה לאו דהשחתה. ואי קשה: מה לנזיר — שכן קרבנו טעון לחם כדפ"ל! וי"ל: דלא דמי, דודאי לעיל דבעינן להטעין תער למצורע ולא שאר משחיתים, פריך שפיר י] דמ"ה בנזיר דין הוא שיהא טעון תער לתגלחתו, שכמו כן חומרא אחרת בו שקרבנו טעון לחם. אבל הכא, דלא בעינן למילף להטעין תער במצורע מתגלחת דנזיר, רק שהרשות יהיה בידו להעבירו בתער כמו בשאר משחיתין, ולא שייכא כלל הסיא פירכא, דלא בעינן למילף חומרא מנזיר. אלא מכל מקום תימה הוא: והא הך סוגיא לרבנן, כ] [והרי] מוכח דלרבנן פשיטא להו תער מתגלחת דמצורע מקמי דידעינן ליה בנזיר, דקאמר בברייתא דלעיל: ללמדו ממצורע אי אפשר כו', אלמא במצורע פשיטא להו לרבנן

תוספות

האי תנא מעיקרא אמר ללמוד נזיר ממצורע אי אפשר שאין דנין כו'. אלמא דפשיטא ליה מילתא דמצורע הוי בתער. והדר אמר ניליף מדינא. מנזיר ומלוים בהצד השוה שבהן. ומדינא נמי לא מצי למילף, משום דאית בה פירכא דרבא מברניש: שכן אין קרבנו בדלות, תאמר במצורע שכן קרבנו בדלות בעולה ויורד, דכתיב ביה "ואם דל הוא". א"ל ההיא. דקתני דללמדו ממצורע אי אפשר, דמשמע דפשיטא ליה דמצורע הוי בתער — אליבא דרבנן היא, דגמרי לה מ"זקנו" א) ו"פאת" (ב) כדמסיק. והאי דקא בעי מדינא לא אפשר משום דאית ביה למפרך כדפריכנא — אליבא דר' אליעזר, דגמיר לה מנזיר דלקמן. דתנן. במסכת מכות. ואינו חייב. על הקפת הראש, עד שילקטנו בתער. ר' אליעזר אומר אפי' במלקט וברהיטני. ואמרינן מ"ט דרבנן. דלא מחייבי בהקפה אלא בתער. דתניא זקנו. האמור לגבי מצורע, מה ת"ל? והלא כל שערו (ג) במשמע, וזקנו בכלל שערו! אלא, לפי שנאמר לגבי כהנים "ופאת זקנם לא יגלחו", יכול אפי' כהן מצורע המתגלח לא יגלח פאת זקנו — ת"ל "וגילח זקנו". ומנלן. דהך גילוח בתער קאי, דתניא: ופאת זקנם (ד). ת"ל. גבי ישראל "לא תשחית פאת זקנך", אי לא תשחית, יכול ליקטו ב) במלקט וברהיטני יהא חייב — ת"ל "ופאת זקנם לא יגלחו". הא כיצד? גילוח שיש בו השחתה דיבר הכתוב, ואיזו — הוי אומר בתער. ג) מהו גילוח דקאסר ליה רחמנא גבי הקפת הראש והשחתת פאת זקן, ואישתרי ליה גבי מצורע, דמותר הוא בו — היינו תער. א] מאי משמע לן מהכא דמצורע לא הוי אלא בתער? דלמא לעולם אימא לך דאפי' ליקטו במלקט וברהיטני שפיר דמי, והאי דקתני: "זקנו" מה ת"ל — דאתא לאשמועי' דאפי' גילחו בתער לא מיחייב עליה משום "פאת זקנם לא יגלחו". ד) אי ס"ד דכי ליקטו במלקט וברהיטני שפיר דמי. ומצוה קעביד, לישתוק קרא מיניה ולא ליכתוב "זקנו", ואמינא: ליקטו במלקט וברהיטני שפיר דמי, דמייתינן לה מדינא. ומה גבי נזיר דאיסורא קעביד. כי מגלח בתער בתוך ימי נזירות. אפילו הכי מיחייב. כי ליקטן במלקט וברהיטני, כדאמרינן לעיל: לרבות כל המעבירין. הכא. דכי מגלח מצוה קעביד, כדכתיב "וגילח את כל שערו". לא כל שכן. שבכל דבר מותר לגלח, ואפילו בתער.

ותו

פי' הרא"ש

תורים או בני יונה: תנא [מעיקרא] אמר ללמדו ממצורע אי אפשר. אלמא מקמי דפשיטא ליה דנזיר בעי תער פשיטא ליה במצורע ובעי למילף נזיר ממצורע: והדר אמר ניליף מדינא מצורע מנזיר ובדינא גופה לא קיים ליה אליבא דרבנן: ברייתא דלעיל דפשיטא ליה תער במצורע רבנן היא וכדמפרש ואזיל. והא דבעי למילף הכא מצורע מנזיר ולא קם ליה דינא ר"א היא דתנן ואינו חייב עד שילקטנו בתער. גבי השחתת פאת זקן מיתניא במכות: במלקט. כלי אומנות שקורים פלייאנה שמחליקין בהם התריסין: מ"ט דרבנן בהא כלומר אכתי מנא ידעי' דלרבנן גילוח מצורע בתער: דתניא זקנו מה ת"ל. דבמצורע כתיב וגילח את כל שערו ואת זקנו וכיון דכתיב כל שערו למה הוצרך ליפרוט זקנו. לפי שנאמר ופאת זקנם לא יגלחו גבי כהנים יכול אף כהן מצורע כן לא יגלח זקנו ת"ל זקנו דאתי עשה דמצורע ודחה לא יגלחו ועשה דקדושים תהיו. ואע"ג דאין עשה דוחה לא תעשה ועשה בעלמא הכא דחי כדאמר בריש יבמות דשאני הכא דהוי לא תעשה ועשה שאינו שוה בכל דהשחתת זקן לא שייך בנשים. ומדאיצטרך זקנו לומר דדוחה לאו דהשחתת זקן דאינו חייב עליו אלא בתער מכלל דגלוח מצורע נמי אינו אלא בתער: ומנ"ל דבתער חייב בפאת זקן לרבנן: ת"ל לא תשחית פאת זקנך. גבי ישראל כתיב וילפינן כהנים וישראל מהדדי בפאת פאת. ובמספרים לא מקרי השחתה דאין השער ניטל מעיקרו: יכול אף במלקט וברהיטני שמשחיתין הזקן מעיקרו ת"ל לא יגלחו והאי לא מקרי גילוח. ודילמא אפילו לקטו במלקט והיטני מצוה קא עביד ומקיים מצות תגלחת מצורע. וזקנו אתא לאשמועינן שאפי' בתער שהוא מוזהר בעלמא משום השחתת זקן במצורע לא מיחייב עליה. אמאי אי ס"ד אי עביד במלקט והיטני שפיר דמי וקרא לא אתי אלא למימר דדחי תגלחת מצורע איסור השחתת זקן: א"כ לשתוק קרא מיניה ואנא אמינא ומה נזיר דאיסור קא עביד. דאפי' נזיר טהור חוטא כדמפרש פ"ק דנדרים כנדרי רשעים נדר בנזיר. וי"מ דמנזיר טמא יליף שגם תגלחתו בתער דלקמן בשמעתין ותגלחתו בא ע"י איסור ואפ"ה מיחייב לגלח ראשו בתער ודחי לאו דהקפה דסבירא לן השתא הקפת כל הראש שמה הקפה: הכא דמצוה קא עביד שאין שום איסור בתגלחת מצורע לא כל שכן. שתגלחת מצורע תרחה לאו דהשחתת זקן: ואע"ג דגבי נזיר א"א בלא דחייה. ובמצורע אפשר לא משמע ליה לפלוגי:

ותו

נוסחת הריב"ן

א) בהקפה כדבסמוך והאי דקא בעי לאתויי מדינא ולא אפשר כו' כדפריכנא רבי אליעזר היא דגמיר לה מנזיר כדלקמן: ב) להקפת ראש: ג) ומהו: ד) ואמרינן אי ס"ד:

הגהות הב"ח

(א) גמ' יהא חייב ת"ל ולא תשחית פאת זקנך יכול ליקטו: (ב) רש"י ד"ה א"ל ההיא וכו' מזקנו ופאת זקנך כדמסיק וכו' לא אפשר למילף משום דאית וכו' דרבי אליעזר היא דגמיר: (ג) ד"ה דתניא וכו' והלא כל שערו כתיב וזקנו בכלל כל שערו במשמע אלא לפי: (ד) ד"ה ומנלן וכו' ופאת זקנם לא יגלחו יכול אפילו במספרים ת"ל גבי ישראל וכו' הוי אומר בתער והכוא גילוח וכו' זקן איסתרי גבי מצורע דמותר הוא בו והיינו תער משמע לן וכו' אלא בתער הס"ד ואח"כ מ"ה ממאי דלמא:

גליון הש"ס

גמ' ממאי דלמא כו' במלקט ורהיטני. תמוה לי הא עתה דקיימינן לרבנן דמלקט ורהיטני אינו דרך גילוח דמהאי טעמא אינו חייב אלא בהקפה. ממילא במצורע דכתיב וגלח אינו במלקט ורהיטני וכמ"ש תוס' להדיא ריש שבועות דף ב' ע"ב והוא ליה למיפרך דלמא מגלח במספרים נמי מצוה קעביד וצ"ע:

מכות כ: | יבמות ה. [לקמן נח.] | מכות כא. קדושין לה: לקמן נח:

הגהות מהר"ב רנשבורג

א] רש"י ד"ה ממאי משמע לן מהכא וכו' כצ"ל: ב] תוד"ה אין וכו' שלא בנזיר דהיינו בנזיר. תיבת בנזיר נמחק וכ"ב מזקנו או מנזיר. א"מ: ג] בא"ד ולייתי נזיר במה הצד. תיבת הצד נמחק וכ"ב מלינו ועיין א"מ: ד] ד"ה והאי וכו' ומדינא נמי לא אייתי. תיבת אייתי נמחק וכ"ב אתיא: ה] ד"ה ומאי וכו' ת"ל זקנו מיותר שנכתב במצורע לאשמועינן דאתי עשה דזקנו כצ"ל: ו] בא"ד וא"ת וכו' דלא תשחית פאת זקנך וי"ל דמשער. תיבת דמשער נמחק. וכ"ב דמיסתברא דאיכא למימר קרא סתמא כתיב בין בישראל בין בכהנים כצ"ל: ז] ד"ה הא כיצד וכו' והאי שרא רחמנא במצורע א"נ בקדושין. תיבות אי נמי בקדושין נמחק. וכ"ב כהן נמי דבקדושין. א"מ: ח] בא"ד ומשני אמרי כלומר על כרחך זקנו דכתיב בא כצ"ל: ט] בא"ד ואפ"ה תגלחת וכו' דחי לאו דהקפה מצורע כצ"ל: י] ד"ה דמצוה וכו' פריך שפיר ומה לנזיר וכו' כצ"ל: כ] בא"ד והא הך סוגיא לרבנן והרי. תיבת והרי נמחק וכ"ב היכי מוכח דלרבנן פשיטא להו תער בתגלחת כצ"ל:

ותו אי ס"ד דכי עביד. מצורע במלקט ובדהיטני שפיר דמי, ו"זקנו" להתיר תער הוא דאתא. אדרבה, מדלא כתב ביה תער (א) הוה אמינא דבתער לא מישתרי כלל, מדלא כתיב תער במצורע, ואמינא לך כר"ל, דאמר: כל מקום שאתה מוצא כו'. ה"נ במצורע, ליגלח במלקט ובדהיטני, וליהוי מקיים "וגילח את כל שערו", וקא (א) מוקים ללא תעשה ד"ופאת זקנם לא יגלחו" בתער, דלא אסרה תורה *הקפת הראש אלא בתער. שמע מינה דלהכי אילטריך "זקנו" – למישרי תער במצורע, ולמימרא דבתער אין, במידי אחרינא לא, דומיא *דהקפת ראש, דקאתי ליה עשה ד"וגילח את כל שערו" ודחי ליה לאו *דהקפה, לפי שאינו יכול לקיים את שניהם. ור"א אית ליה ג"ש, וקסבר מלקט ורהיטני נמי עבדי גילוח, והוי נמי גילוח שיש בו השחתה, ומש"ה, כי ליקטו במלקט ורהיטני גבי *הקפה חייב. וה"נ מפרש במסכת מכות בפרק "אלו הן הלוקין". **ור"א מאי טעמא.** כלומר, הואיל ומוקמית להא דתני לעיל דמצורע יליף מדינא כר"א, דבתער – אין, במידי אחרינא – לא, מאי טעמא? אי מדינא – הא איכא למיפרך כדלעיל: מה להצד השוה שבהן כו'. יליף מראשו. דכתיב לגבי מצורע "וגילח את כל שערו ואת ראשו". ראשו מה ת"ל. והלא כתיב "שערו", וראשו בכלל שערו הוא! אלא לפי שנאמר גבי נזיר "תער לא יעבור על ראשו" ב) – ת"ל "וגילח את ראשו" בתער, כמו שאמרתי לך גבי נזיר. ור"א סבר לה כרבי יונתן, דאמר לעיל (דף לט:) דגבי נזיר לא מיחייב אלא בתער, ובמידי אחרינא לא. (ב) ה"נ האי דאסירי גבי נזיר מישתרי גבי מצורע, ומאי דלא מיחייב ליה גבי נזיר, כגון מלקט ורהיטני – לא שרי במצורע. וב"ת תער למה לי. וכי תימא: למה לי למיכתב במצורע "ראשו", ליליף מ"תער לא יעבור על ראשו" האמור לגבי נזיר, למישרייה במצורע ואפילו בתער. סד"א הואיל וגבי נזיר כו'. לא, לעולם אימא לך דמצורע בתער – אין, במלקט ורהיטני – לא. דאי ס"ד דכי עביד במלקט ורהיטני מצוה קעביד, (ג) הוה אמינא דבתער כלל לא, משום דלא כתיב ביה תער, וכדר"ל כו'. והכא (ד) כיון דאפשר לו לקיים את שניהם – עביד במלקט ורהיטני לקיים מצות עשה ד"וגילח את כל שערו", וליקיים נמי לא תעשה ד"לא יעבור תער", דלא אסרה תורה א] הקפת הראש אלא בתער, ואימא דבתער כלל לא, קמ"ל. אלא לאו שמע מינה ג) דאילטריך ליה "ראשו" למישרי תער בנזיר מצורע, למימרא דבתער – אין, מלקט ורהיטני – לא. ומש"ה אתי עשה ד"וגילח את כל שערו" ודחי לאו ד"תער לא יעבור על ראשו", לפי שאין אתה יכול לקיים את שניהם, דמצורע שגילח במלקט ורהיטני לא עשה ולא כלום. (ה) ר"א לא מצי יליף במצורע בתער ולא במלקט ורהיטני מ"זקנו" דהקפה, משום דקסבר ר"א גבי הקפה דאפילו ליקטו במלקט ורהיטני חייב, דכתער דמי. ורבנן נמי לא מצו ילפי מצורע בתער ולא במלקט ורהיטני מ"ראשו" דנזיר, משום דקסברי גבי נזיר כי גילח במלקט ורהיטני חייב, דכתער דמי, כדאמרינן לעיל: לרבות כל המעבירין. להכי כתב רחמנא ראשו. לאשמועינן דאפילו הקפת כל הראש שמה הקפה. ואי

תורה אור: ויקרא יד; במדבר ו; ויקרא יט; שם יד

ותו, אי ס"ד כי עביד במלקט וברהיטני מצוה קא עביד, מדלא כתיב תער – בכר"ל, *דאמר: אכל מקום שאתה מוצא עשה ולא תעשה, אם אתה יכול לקיים את שניהם – מוטב, ואם לאו – יבא עשה וידחה את לא תעשה. ור"א*, מאי טעמא? יליף מ"ראשו". *דתניא: "ראשו" מה ת"ל? לפי שנאמר גבי נזיר "תער לא יעבור על ראשו", יכול אף נזיר מצורע כן – בת"ל "ראשו". ממאי? דלמא לעולם אפילו ליקטו במלקט וברהיטני מצוה קעביד. וכי תימא: תער למה לי – למימרא דאפילו בתער; ס"ד אמינא: הואיל וגבי נזיר כי עביד בתער מיחייב, גבי מצורע נמי ליחייב – קמ"ל דלא! אי סלקא דעתך כי עביד במלקט וברהיטני מצוה קעביד – מדלא כתב תער, כר"ל. ורבנן, האי "ראשו" מאי דרשי ביה? מיבעי להו למידחי לאו דהקפה. דתניא: "לא תקיפו פאת ראשכם", יכול אף מצורע כן – גת"ל "ראשו". למה לי למכתב "ראשו"? ותיפוק ליה מ"זקנו"! דתניא: "זקנו" מה ת"ל? לפי שנאמר "ופאת זקנם לא יגלחו", יכול אף מצורע כן – ת"ל "זקנו". למה לי למכתב "ראשו" ולמה לי למכתב "זקנו"? צריכי, דאי כתב רחמנא "זקנו" ולא כתב "ראשו" הוה אמינא: *הקפת כל הראש לא שמה הקפה, להכי כתב רחמנא "ראשו". ואי

לרבנן דטעון תער לתגלחתו ב] (נזיר). והכא, אי לאו ק"ו דמנזיר לא אתי [להו] תער במצורע! וי"ל: דאפילו לא קים לו דמצות נזיר בתער, מ"מ שפיר ילפינן ק"ו מנזיר, דדחי תגלחת דידיה פיאות דהקפת הראש, דאיכא בהו לאו במקיף במספרים, כדמשמע בסמוך. מצורע לא כל שכן שיהא מותר לגלח אף בתער, וידחה לאו דהשחתת זקן! אלא ע"כ קרא ד"זקנו" אתא להטעינו תער, ולא משחיתים אחרים. **ותו** אי ס"ד כי עביד במלקט ורהיטני. דקיים מצות גילוח, ע"כ קרא ד"זקנו" לא אתא למימר דמצי עביד בתער. מדלא כתיב תער, פירוש: בהדיא. דמבעי לן למימר כדרשב"ל דאסור לעשות ולגלח בתער, הואיל ויכול לקיים שניהם – שיגלח במלקט ורהיטני או במספרים ולא ידחה לאו ג] דהשחתת זקן. והיה להתלמוד לומר: לא שרינן תער מדלא כתב תער. אלא התלמוד קצר הלישנא. דנזיר לישנא קלילא, ורגיל בכמה מקומות לקצר לשונו. אלא ע"כ קרא ד"זקנו" אתא לקובעו חובה, ולהטעין תער למצורע, דלא יצא ידי תגלחתו אלא בתער. **ורבי** אליעזר. דאמר: אפילו ליקטו במלקט ורהיטני חייב [בפאת] דזקן, ומחייב בפאת דזקן אפילו בשאר משחיתין. ושפיר אצטריך "זקנו" דמצורע דדחי לאו דהשחתת זקן, והיינו נמי בשאר משחיתין – מנא ליה תגלחת דמצורע דדוקא בתער? יליף לה מ"ראשו". **ראשו** מת"ל. "ראשו" דכתיב במצורע? והלא כבר כתיב ברישא דקרא "יגלח את כל שערו", "את ראשו ואת זקנו" מת"ל? לפי שנאמר גבי נזיר "תער לא יעבור על ראשו" תוך ימי נזירותיו, יכול אף נזיר [מצורע] כך יהא אסור לגלח, ו"כל שער" דקרא – בשאר גופו ע"כ? דאין לומר דעשה ד"וגילח" דמצורע דחי לא תעשה דנזיר ד"תער לא יעבור על ראשו" ועשה ד"גדל פרע שער ראשו"! ת"ל: (שער) "ראשו" מיותר, דאף נזיר ומצורע חייב לגלח בתער. והאי דלא מוקי ר"א "ראשו" בראשו דכל אדם, ולא בנזיר, ולמדחי [לאו] דהקפה [גרידא] – אי משום דס"ל הקפת כל הראש [לא] שמה הקפה, אי משום דעשה דחי לא תעשה [גרידא] נפקא לר"א מגדילים, כדבסמוך. א"כ "ראשו" לא איצטריך אלא לראשו דנזיר; אע"ג דאיכא לאו ד"תער לא יעבור" ועשה ד"גדל פרע" – דחי להו עשה ד"וגילח" מיתורא ד"ראשו" דכתיב במצורע. והשתא נפקא ליה לר"א תער במצורע מנזיר, דמידי דאסר בנזיר להעביר תער על ראשו, הטעין במצורע לגלח בתער. והיינו דקא מהדר בברייתא דלעיל (דף מ:) למילף תער במצורע מלוים, ונזיר מן דינא, ולא אתי ליה, וצריך הוא ללומדה מ"ראשו" [דנזיר], ולעולם מנזיר ילפינן למצורע דטעון תער. וס"ל לר"א דנזיר לא לקי אלא בתער דוקא כר' יונתן דלעיל, הילכך, מידי דאסור בנזיר – דהיינו תער, הטעין *לאו במצורע, כדמשמע, [דאי] על שאר מעבירין נמי לילקי בנזיר – אכתי לא ידעינן תער במצורע, דאיכא למימר קרא ד"ראשו" – לשאר מעבירין. **ופריך** כדלעיל, דלמא אפילו במלקט ורהיטני נמי מצוה קעביד במצורע! וכ"ת: למה לי למישרי דאפילו בתער – דסד"א כו' גבי מצורע נמי ליחייב, כלומר, גם כשיהיה הנזיר מצורע, ד] קמ"ל. ומשני: אי ס"ד כי עביד במלקט ורהיטני מצוה קעביד במצורע, מדלא כתיב היתר תער בפירוש – לא לדחי עשה דמצורע לא תעשה דנזיר, שהרי אפשר לקיים שניהם. וק"ק: אמאי לא מסיק נמי הכא לשינויא דלעיל: לשתוק קרא מיניה, ואנא אמינא: ומה נזיר לאיסורא קעביד כו'! וי"ל: דהכא איכא למימר דשאני נזיר דליכא אלא חד, לאו דהקפת ראש, ולכך דחי ליה תגלחתו דנזיר. אבל נזיר מצורע אית ביה תרין לאוין – לאו דנזיר ד"תער לא יעבור" ולאו דהקפת הראש, ולכך לא ידחה עשה דמצורע להנך תרי לאוין, ועוד עשה דגידול פרע. ועוד תירץ הר"ס: דלמאי דבעי למימר פרק "ב' נזירין" (לקמן דף נח.) אהך ברייתא ד"ראשו" דהקפת כל הראש לא שמה הקפה – אפילו חד איסורא ליכא בנזיר במקום פאת הראש. וליכא למימר ק"ו מנזיר – דהתם ליכא תו שום דחיה. **ורבנן**. דנפקא להו דתגלחת דמצורע בתער מ"זקנו" כדלעיל, "ראשו" למה לי? דבשלמא לר"א איצטריך "ראשו" למילף מיניה דתגלחת דמצורע בתער, אלא לרבנן למה להו "ראשו"? **מיבעיא** להו למדחי לאו דהקפה אף במצורע שאין נזיר, דאיצטריך קרא לומר דדחי לאו דהקפה. דתניא "לא תקיפו פאת ראשכם", יכול אף מצורע כן, והא דכתב "וגילח את כל שערו" – [חוץ] מפאת הראש, או כשמירט פאת ראשו? ת"ל "ראשו" מיותר דכתיב במצורע, לאשמועינן

עין משפט נר מצוה

נח א מיי' פ"ג מהל' גילות הל' ו ופ"ז מהל' נזירות הלכה טו:
נט ב מיי' פ"ז מהל' נזירות שם:
ס ג מיי' פי"א מהל' טומאת צרעת הל' א סמג עשין רלו רלז:

מסורת הש"ס

שבת קלג. לקמן נח. יבמות ה: מנחות מ.
גי' א"מ להשחתת זקן
גי' א"מ להשחתה
גי' א"מ להשחתה
לקמן נח. יבמות ה.

פי' הרא"ש

ותו אי ס"ד אי עביד במלקט וברהיטני מצוה קא עביד מדלא כתיב תער כר"ל. כלומר אי לאו עיקר מצוה בתער לא דחי לאו דהשחתת זקן כיון דאפשר לקיים שניהם כדר"ל דאמר כל מקום שאתה מוצא עשה ול"ת אם אתה יכול לקיים שניהם מוטב ואם לאו יבוא עשה וידחה את ל"ת. אלא ע"כ מדאצט' זקנו לומר דדחי א"א לקיים מצות תגלחת מצורע אלא בתער. ור' אליעזר מאי טעמא מהיכא יליף דתגלחת מצורע בתער דמזקנו לא מצי למילף דהשחתת זקן שייכא אף בשאר מעבירים: ראשו מה ת"ל מאחר דכתיב במצורע כל שערו מה הוצרך לפרוט ראשו: יכול אף בנזיר מצורע כן. לא יגלח ראשו: ת"ל ראשו ולק' ריש פ' ב' נזירים דייק תלמודא אמאי לא מוקמינן ראשו למדחי לאו דהקפת ראש כל אדם דלית ביה אלא לאו גרידא ומנ"ל לאוקומי לנזי' דאיכא תרי לאוי. ומדאצטריך ראשו למדחי לאו דנזיר אלמא תגלחת מצורע דוקא בתער דר"א לא מיחייב בנזי' בשאר מעבירי': למימרא אפילו בתער. אם ירצה: מצורע נמי מיחייב. אם הוא נזי': ומשני אם איתא דאין תגלחת מצורע דוקא בתער לא דחי כיון דאפשר במלקט ורהיטני ולקיים שניהם כדר"ל: ורבנן האי ראשו מאי דרשי ביה. כיון דמזקנו ידעינן דתגלחת מצורע בתער: מבעי להו למדחי לאו דהקפה. יכול אף מצורע כן ונקיים קרא דכל שערו היכ' דנמרטו פאות ראשו. ותיפוק לי מזקנו דשמעינן מיניה דעשה דוחה את ל"ת: צריכי דאי כתיב זקנו ולא כתיב ראשו ה"א הקפת כל הראש לאו שמה הקפה. דעיקר איסור הקפה בנוטל פאות הראש ומניח שאר דהיינו משוה צדעיו לאחורי אזניו להכי כתב רחמנא ראשו למידק דהקפת

נוסחת הריב"ן

א) מקיים נמי: ב) יכול אפילו לנזיר מצורע כן שלא יעבור תער על ראשו ת"ל כו': ג) מדאצטריך:

גליון הש"ס

גמ' כר"ל דאמר. עיין תשובת שאגת אריה סי' לו:
[לקמן נז: נח.]

הגהות הב"ח

(א) רש"י ד"ה ותו אי וכו' מדלא כתב ביה תער אמינא כצ"ל ותיבת הוה נמחק: (ב) ד"ה ראשו וכו' וה"נ ההוא גילוח דאסירי גבי נזיר: (ג) ד"ה סד"א וכו' מצוה קעביד אמינא כצ"ל ותיבת הוה נמחק: (ד) בא"ד והכא נמי כיון דאפשר וכו' דלא אסרה תורה בנזיר אלא בתער ואימא דבתער כלל לא אלא לאו כצ"ל ותיבת קמ"ל נמחק: (ה) בא"ד ור' אליעזר לא מצי יליף למצורע וכו' המעבירין הס"ד ואח"כ מ"ה ורבנן האי ראשו וכו' מן המורה הס"ד ואח"כ מ"ה להכי כתב וכו' הקפה הס"ד:

הגהות מהר"ב רנשבורג

א] רש"י ד"ה סד"א וכו' דלא אסרה תורה הקפת. תי' הקפת נמחק ונ"ב גילות. א"מ ויעו"ש: ב] תוס' ד"ה (דף הקודם) למצוה דטעון תער לתגלחתו בלא נזיר כצ"ל: ג] ד"ה ותו אי ס"ד וכו' ולא ידחה לאו בהשחתת זקן ומשו"ה היה כצ"ל: ד] ד"ה ופריך כדלעיל וכו' קמ"ל. כאן הס"ד ואח"כ מה"ד ומשני וכו' מלתא כתיב היתר תער כצ"ל. נ"ב עי' א"מ:

וְאִי כְּתַב "רֹאשׁוֹ" וְלָא כְּתַב "זְקָנוֹ" — הֲוָה אָמֵינָא מַשְׁמַע תַּרְתֵּי; דְּאָתֵי עֲשֵׂה וְדָחֵי אֶת לֹא תַעֲשֶׂה, וּמַשְׁמַע *דְּהַקָּפַת כָּל הָרֹאשׁ שְׁמָהּ הַקָּפָה, וְאַכַּתִּי בְּתַעַר מְנָלַן? לְהָכִי כְּתַב רַחֲמָנָא "זְקָנוֹ". ור"א*, אדְּאָתֵי עֲשֵׂה וְדָחֵי אֶת לֹא תַעֲשֶׂה מְנָלֵיהּ? יָלֵיף מִגְּדִילִים. דְּתַנְיָא: °"לֹא תִלְבַּשׁ שַׁעַטְנֵז", (א) דברים כב

הָא

וְאִי כְּתַב רַחֲמָנָא רֹאשׁוֹ וְלָא כְּתַב זְקָנוֹ ה"א. דְּהַאי דִּכְתִיב "רֹאשׁוֹ" — תַּרְתֵּי מַשְׁמַע, דְּאָתֵי עֲשֵׂה דִּמְצוֹרָע דִּכְתִיב "וְגִילַּח אֶת כָּל שְׂעָרוֹ" וְדָחֵי לֹא תַעֲשֶׂה דְּ"לֹא תַקִּיפוּ (ב) אֶת פְּאַת רֹאשְׁכֶם", וּמַשְׁמַע נַמִי מִדִּכְתִיב "לֹא תַקִּיפוּ פְּאַת רֹאשְׁכֶם" דְּהַקָּפַת כָּל הָרֹאשׁ שְׁמָהּ הַקָּפָה. אֲבָל עֲדַיִין לֹא מָצִינוּ דִּבְתַעַר הָוֵי, לְהָכִי כְּתַב רַחֲמָנָא "זְקָנוֹ" — לְמֵילַף לֵיהּ מִ"פְּאַת זְקָנָם לֹא יְגַלֵּחוּ" דִּכְתִיב בֵּיהּ הַשְׁחָתָה [וְגִילּוּחַ], דְּהַיְינוּ תַּעַר. א) וְרַבָּנַן הַאי רֹאשׁוֹ מַאי דָּרְשִׁי בֵּיהּ. וְאִי קַשְׁיָא: ר"א נַמִי "זְקָנוֹ" מַאי דָּרֵישׁ בֵּיהּ? יֵשׁ לְהָשִׁיב, דְּאַע"ג דְּדָרֵישׁ ר"א "רֹאשׁוֹ" וְגָמַר א] [גְּזֵירָה שָׁוָה] מִנָּזִיר לוֹמַר דַּעֲשֵׂה דָּחֵי אֶת לֹא תַעֲשֶׂה, "זְקָנוֹ" נַמִי אִיצְטְרִיךְ לְמִיגְמַר מִכֹּהֲנִים, דְּאִי מִנָּזִיר לְחוּדֵיהּ — ה"א: בְּדִין הוּא שֶׁדּוֹחֶה אֶת לֹא תַעֲשֶׂה דְּנָזִיר, שֶׁכֵּן יֶשְׁנוֹ בִּשְׁאֵלָה, אֲבָל לָאו דְּכֹהֲנִים — (ג) לָא, הִילְכָּךְ אִיצְטְרִיךְ נַמִי ["זְקָנוֹ"] לְאַגְמוּרֵי גַּבֵּי כֹּהֲנִים. וּמִסְתַּבְּרָא דְּהָכִי הוּא, דְּגָרְסִינַן לְקַמָּן: ור"א דְּאָתֵי עֲשֵׂה וְדָחֵי לֹא תַעֲשֶׂה מְנָא לֵיהּ? וְהָא מִנָּזִיר יָלֵיף! אֶלָּא וַדַּאי מִנָּזִיר לָא יָלְפִינַן, דְּאִיכָּא לְמִיפְרַךְ מַה לְּנָזִיר כו', וּמַה לְּכֹהֲנִים כו', ב) כִּדְמְפָרֵשׁ לְקַמָּן בְּפֶרֶק "שְׁנֵי נְזִירִים" (דף נח:). מִן הַמּוֹרֶה. ור"א דְּאָתֵי עֲשֵׂה וְדָחֵי לֹא תַעֲשֶׂה מְנָלֵיהּ. בִּשְׁלָמָא לְרַבָּנַן דְּיָלְפִי מְצוֹרָע מִ"זְּקָנוֹ", דִּבְהַשְׁחָתַת זָקָן אָתָא לֵיהּ עֲשֵׂה דְּ"וְגִילַּח אֶת כָּל שְׂעָרוֹ" וְדָחֵי לֵיהּ לְלָאו דְּהַשְׁחָתַת זָקָן. אֶלָּא לְר"א, מְנָא לֵיהּ? אִי מֵהַשְׁחָתַת זָקָן כְּרַבָּנַן, כֵּיוָן דִּלְר"א לָא אָתֵי לֵיהּ עֲשֵׂה דְּ"וְגִילַּח אֶת כָּל שְׂעָרוֹ" וְלִידְחֵי לְגַמְרֵי אֶת לֹא תַעֲשֶׂה דְּהַשְׁחָתַת זָקָן, דִּלְדִידֵיהּ בְּתַעַר הוּא דְּמִישְׁתְּרֵי מְצוֹרָע אֲבָל לֹא בְּמַלְקֵט וּרְהִיטְנֵי — לָא אָתְיָא לֵיהּ עֲשֵׂה בְּהֶדְיָא וְדָחֵי לֵיהּ לְכוּלֵּיהּ לֹא תַעֲשֶׂה אֶלָּא לְפַלְגָא, דִּבְתַעַר מִישְׁתְּרֵי אֲבָל לֹא בְּמַלְקֵט וּרְהִיטְנֵי. וְאִי מֵ"רֹאשׁוֹ" דִּמְצוֹרָע, דְּדָחֵי לֵיהּ "רֹאשׁוֹ" דִּבְנָזִיר — אִיכָּא לְמִיפְרַךְ: מַה לְּנָזִיר שֶׁכֵּן יֶשְׁנוֹ בִּשְׁאֵלָה. ב] וְאִי מִ"זְּקָנוֹ" דְּכֹהֵן מְצוֹרָע דְּמוּתָּר בְּתַעַר — אִיכָּא לְמִיפְרַךְ נַמִי, דְּמִכֹּהֵן לָא יָלְפִינַן, שֶׁכֵּן לָאו שֶׁאֵינוֹ שָׁוֶה בַּכֹּל, וְכִדְאָמַר לְקַמָּן בְּפֶרֶק "שְׁנֵי נְזִירִין" (דף נח:): נָפְקָא לֵיהּ מִדְּתַנְיָא כו'.

הָא

לאשמועינן דעשה דגילוח דמצורע דחי לאו דהקפת הראש.* ואיצטריך למיכתב זקנו [וראשו] דאי כתב רחמנא "זקנו" ולא כתב "ראשו" ה"א דהקפת כל הראש [לא שמיה] הקפה, דעיקר איסור הקפה דכתיב "לא תקיפו פאת" ה"א היינו דוקא כשנוטל הפאות לבד, כדאמר בעלמא: איזו היא הקפה — זה המשוה צדעיו לאחורי אזנו ופדחתו. פי': צידעא הוא השער הרבה וגדל סמוך לאזנים, ומאחורי אזניו חלק הוא, ואין שם שער, וכן בפדחתו אין שער. וכשנוטל אותם שבצדעיו, דהיינו פאת הראש ויהיה חלק שער — נמצא שהוא שוה לאחורי אזניו ופדחתו. והא כ"ע מודו שהוא בלאו. ופליגי במגלח כל הראש וגם הפאות, דאיכא למ"ד שמה הקפה, ואיכא למ"ד לא שמה הקפה.

להכי כתב רחמנא ראשו. לגלות לן דהקפת כל הראש שמה הקפה. כיון דדחי עשה ד"וגילח ראשו" ללאו דהקפה, ש"מ הקפה היא.

ואי כתב רחמנא ראשו ה"א משמע תרתי. כלומר, אף כי משמע תרתי, דמשמע דעשה דחי לא תעשה, ומשמע נמי דהקפת כל הראש שמה הקפה, [ואכתי] בתער לא ידעינן שיהא גילוח דמצורע דוקא בתער, שהרי אהקפת פאת ראש חייב אפילו במספרים שלא בתער, שלא הוזכר תער בקרא אלא "לא תקיפו" סתמא — כתב רחמנא "זקנו", מינה דרשי רבנן לעיל דתגלחת דמצורע דוקא בתער. הלכך צריכי תרתי "ראשו" ו"זקנו". ואי קשיא: לרבנן, היכא דהוא נזיר ומצורע, דאיכא בראשו דנזיר תרי לאוין ועשה, לאו ד"תער לא יעבור" ועשה דגידול פרע, ולאו דהקפה, מנא להו לרבנן דדחי עשה דגילוח דמצורע לכל הנהו? וי"ל: הכל נפקא להו מ"ראשו", דמקרא מלא דבר הכתוב, לא שנא הוא נזיר ולא שנא אינו נזיר. ועוד: כיון דגלי לן בזקנו דדחי עשה דגילוח לאו ועשה דכהנים — לאו דהשחתת זקן, ועשה ד"קדושים תהיו" — הוא הדין שידחה ב' לאוין ועשה, דאין סברא להם לחלק בין לאו אחד לשני לאוין. והכי איכא תנא לקמן ג] (דף נח.) [בגדילים], דלא מפליג בין לאו אחד לשני לאוין. ואע"ג דלאו ועשה [דכהנים] אינו שוה בכל — ה"נ לאו ועשה דנזיר ד] [ולאו] דהקפה אינו שוה בכל, אלא בנזירין ואנשים לאו דהקפה. ולקמן בפרק "שני נזירים" (שם) חשיב לאו דנזיר שוה בכל, ועביד צריכותא, ה] דנזיר מכהנים לא אתי שכן אינו שוה בכל, וכהנים מנזיר לא אתי שכן ישנו בשאלה. וא"ת: לר"א, כיון דמוקי "ראשו" לראשו דנזיר, ולמימר דעשה דגילוח דחי לאו ד"תער לא יעבור" [וגם] עשה דגידול פרע, מאי איצטריך תו ["זקנו"] לר"א דעשה דגילוח דחי לאו דכהנים דהשחתת זקן, [ועשה] ד"קדושים [תהיו]"? תיפוק ליה מ"ראשו"! דאיכא למיפרך: מה לראשו דנזיר שכן ישנו בשאלה. ועוד: מה לכהנים שכן ריבה בהן הכתוב מצות יתירות, ולכך לא ידחה עשה דגילוח לאו ועשה דכהנים. וכ"ת: לכתוב "זקנו" ולשתוק מ"ראשו"! ד"ראשו" איצטריך לר"א לאגמורי לן דמצות גילוח דמצורע הוי דוקא בתער, ולא בשאר משחיתים כדאמר לעיל.

השתא ו] (פ"ק) משמע הכא בסוגיא דידן דהקפת הראש הוי אפילו בלא תער וכן איתא בת"כ "זאת תהיה תורת המצורע": "ראשו" מה ת"ל? לפי שיש בזקן משא"כ בראש, ובראש משא"כ בזקן, שהראש אסור במספרים והזקן מותר. והא דתניא בתוספתא (דמכות פ"ג): חייב שתים אחת לצידעא מכאן ואחת לצידעא מכאן, ואינו חייב עד שיקיפנו בתער — היינו כעין תער. ובמכות (דף כ:) נמי, דקאמר: משוה צדעיו לאחורי אזנו ופדחתו — נמי היינו כעין תער, ואפילו במספרים. והיא דת"כ איכא למדחי, דע"כ לאו באיסור הקפת הראש איירי, אלא בנזיר, דאסור לגלח ראשו תוך ימי נזרו ואף במספרים, למ"ד לעיל לרבות כל מעבירין. והכי מוכחא סיפא דהתם, דתנא בו: והראש מותר לכל אדם, והזקן אסור לכל אדם. ואי בהקפת הראש איירי — איך מותר ראש בכל אדם? אלמא בנזיר איירי, וקאמר דתגלחת ז] אינו מותר בכל אדם שאינם נזירין. ומיהו, צריך ליזהר שלא ליטול פאת הראש אפילו במספרים, דשפיר איקרו כעין תער. וכן נהגו העולם כשמגלחין התינוקות לשייר בצדעיהן הרבה שערות.

ור"א דאתי עשה ודחי לא תעשה מנא ליה. וא"ת: וליתי מ"ראשו" ו"זקנו" דדחי עשה אפילו לאו ועשה! וכ"ת: דמה להנך שכן לאו שאינו שוה בכל הוא, דלאו ד"זקנו" ליתא בנשים, כדאמר פ"ק דקידושין (דף לה:) — א"כ גם לרבנן תיקשה: מנלן דבעלמא עשה דחי לא תעשה? ואומר הר"ף: דמש"ה פריך לר"א, דמוקי להאי "ראשו" משום נזיר דאיכא לאו ועשה. וא"כ ח] [צריך] מקרא אחרינא, דאל"כ לא מצי לאוקמי לקרא ד"ראשו" ללא תעשה ועשה אלא בלאו גרידא, וגראשו דאיש דעלמא למידחי לאו דהקפה, כמו שרבנן מעמידין אותו לאשמועינן דהקפת כל הראש שמה הקפה, ו"זקנו" לאשמועינן דאפילו לאו ועשה דחי. ואי לא הוה [כתיב "ראשו" לא הוי] ידעינן דהקפת כל הראש שמה הקפה, קמ"ל "ראשו". ובתוספות אחרינא מפרש הכי: לר"א, עשה דדחי לא תעשה מנא ליה? מדמוקי "זקנו" לעיל בכהן מצורע, ודחי עשה דגילוח לאו ועשה דכהנים — לאו דזקן ועשה ד"קדושים תהיו", אלמא פשיטא ליה לר"א בעלמא דעשה דחי לאו גרידא, דאל"כ — מנא ליה לאוקמיה בכהן? לוקמיה בזקן דישראל דמצורע, ולאשמועינן דעשה דגילוח דמצורע דחי לאו דהשחתה דישראל, אבל בכהן מצורע — דלמא לא דחי לאו ועשה דכהנים דקדושים! דבשלמא לרבנן דמוקמי "ראשו" דמצורע למימר דעשה דגילוח דחי לאו דהקפת הראש ט] — א"כ ה"ה דעשה דמצורע דחי לאו דפאת זקן, והלכך לישראל וכו'. והר"ם אמר: דלרבנן ניחא, דמצינו למימר ד"ראשו" אם אינו ענין לשאינו שוה בכל, דנפקא לן מ"זקנו" אפילו לאו ועשה שאינו שוה בכל — תניהו ענין ללאו השוה בכל. ואל תתמה: דהלא שפיר אצטריך "ראשו" לאשמועינן דהקפת כל הראש שמה הקפה! דאיכא למימר [מסברא] נפקא ליה. וכזה חלוקה הסוגיא חלוקה ריש "שני נזירין" (לקמן דף נח. ושם), דמעיקרא בעי התלמוד למימר דמוקי "ראשו" להקפת ראש גרידא, לאשמועינן דהקפת כל הראש שמה הקפה, ובתר הכי נ"ל בכלל הסוגיא דהקפת כל הראש שמה הקפה. לרווחא דמלתא אמרה התלמוד הכי: את"ל דשפיר נפקא לן דעשה דוחה לא תעשה מגדילים אכלאים [אתי, ואי] אתי גדילים לכדרבא כדאמר במסכת יבמות (דף ד:) שקיל התלמוד, י] דהא לרבנן שפיר נפקא דעשה דוחה לא תעשה ב"אם אינו ענין", ואז נאמר דהקפת כל הראש שמה הקפה, כדמסיק ריש פרק "שני נזירין", אבל לר"א דמוקי "ראשו" לנזיר מצורע, וגם "זקנו" אתא לכהן, אי גמרינן מנייהו — נאמר כ] דפליגי דעשה דוחה לא תעשה ועשה. אבל לר"א נ"ל ע"כ דנפקא ליה דעשה דוחה ל"ת גרידא בכל לאו כהאי, דאי לא — תער מנא ליה במצורע? דאי מ"ראשו" — דלמא לאו למדחי נזיר דאית ביה תרי לאוי *דהקפת דנזיר, אלא לאו דהקפה גרידא. *)אלא דס"ל השתא להתלמוד ר"א [ואמר] הקפת כל הראש לא שמה הקפה, אלא משום דאיכא למפרך, כדפרישית בריש מסכת יבמות (דף ה. ושם): מה לכהן שכן אינו שוה בכל — נזיר יוכיח, מה לנזיר — שכן ישנו בשאלה, ל] ואיצטריך תרוייהו. ואכתי דעשה דחי לא תעשה השוה בכל מנליה. **יליף** מגדילים. דסמכיה רחמנא ציצית לכלאים, למימר דעשה דציצית דחי לא תעשה דכלאים. ובהכי ניחא בריש מסכת דיבמות לא מצי התלמוד למיפשט דעשה דוחה לא תעשה גרידא השוה בכל מ"ראשו" ו"זקנו", והכא פשיטא לרבנן דדחי בלא גדילים. והשתא ניחא ליה, דסוגיא דשמעתין דיבמות דבעי למימר דאיצטריך קרא לראשו, דהקפת ראש שמה הקפה, ולהכי ליכא לאוכוחי דעשה דוחה לא תעשה ב"אם אינו ענין". [אבל] מ] ריש סוגיא דפרק "שני נזירין" סבר הקפת כל הראש שמה הקפה מסברא.

אמר

*) נ"ל ולא

נ"ל דהקפה ודנזיר

עין משפט נר מצוה

שייך לע"א

סא א מיי' פ"ז מהל' נזירות הלכה טו ופ"ג מהל' ציצית הל' ו ופ"ו מהל' יבום הל' י ופ"א מהל' מילה הל' ט ופ"י מהל' טומאת צרעת הל' ה סמג עשין כח טוש"ע י"ד סי' רסו סעיף א:

פי' הרא"ש

דהקפת כל הראש שמה הקפה: ואי כתב רחמנא ראשו ה"א משמע תרתי וכו' כלומר אף על גב דשמעינן מינה תרתי דאתי עשה ודחי ל"ת והקפת כל הראש שמה הקפה אכתי תער מנ"ל. דעל הקפת פאת הראש בין בתער בין שלא בתער מיחייב. להכי כתב רחמנא זקנו דשמעינן מינה דתגלחת מצורע בתער ומכאן יש ללמוד דאסור להקיף צדעיו אף במספרים. ומיהו דוקא כשנוטלן סמוך לראש דהכי משמע לישנא דאמר במכות המשוה צדעיו לאחורי אזניו. א) ובתוספתא נמי תניא חייב ב' א' לצדעיו מכאן וא' לצדעיו מכאן ואינו חייב עד שיקיפנו בתער והיינו כעין תער וע"כ הורגלו להניח צדעיו מלגלח: ור"א דאתי עשה ודחי ל"ת מנא ליה דראשו אצטריך לגלוח מצורע בתער. ומהיכן אתי ליה דחייה. מגדילים תעשה לך דאתי עשה דגדילים ודחי ל"ת דלא תלבש שעטנז וכו'

א) אולי צ"ל והא דתניא בתוספתא חייב שתים. וכ"ה בתוס' ד"ה השתא:

מסורת הש"ס

[לקמן נז: נח.]

נוסחת הריב"ן

א) בכ"י כתוב כאן גליון. ורבנן כו': ב) כדמפרש כו' מפי המורה:

הגהות הב"ח

(א) גמ' לא תלבש שעטנז גמר ופסקים יחדיו הא גדילים: (ב) רש"י ד"ה ואי כתב וכו' דלא תקיפו פאת כצ"ל ותיבת את נמחק דהייט תער הס"ד ואח"כ מ"ה ור"א וכו': (ג) ד"ה ורבנן וכו' לאו דכהנים נ"ב ואם תאמר למאי דמשני יליף מגדילים זקנו למה לי י"ל דאי מגדילים הוה אמינא דוקא גדילים אבל כהנים לא דכיון דריבה בהן הכתוב מצות יתירות חמור טפי דלא אתי עשה דגילוח מצורע וידחה ל"ת דכהנים:

הגהות מהר"ב רנשבורג

א] רש"י ד"ה ורבנן וכו' דדרש ר"א ראשו וגמר גזירה שוה. תי' גזרה שוה נמחק ונ"ב עי' א"מ: ב] ד"ה ור"א דאתי עשה וכו' מה לנזיר שכן ישנו בשאלה ועוד אי וכו' כצ"ל א"מ: ג] תוס' ד"ה ואי כתב רחמנא וכו' איכא תנא לקמן דף נח בגדילים. תי' דף נח בגדילים נמחק. ונ"ב דף מח ע"ב. א"מ: ד] בא"ד ה"נ לאו ועשה דנזיר והקפה אינו שוה בכל אלא דנזירין וכו' מיהו לקמן ריש פרק שני וכו' כצ"ל: ה] בא"ד ועביד צריכותא דנזיר מכהנים לא אתי. נ"ב עי' א"מ. ו] ד"ה השתא פ"ק. תי' פ"ק נמחק ונ"ב ע"כ. א"מ: ז] בא"ד אלמא בנזיר מיירי וקאמר דתגלחת אינו מותר. תי' אינו נמחק: ח] ד"ה ורבי אליעזר וכו' ואיכא לאו ועשה וא"כ צריך. תי' צריך נמחק. ונ"ב ע"כ לאו גרידא. א"מ: ט] בא"ד דחי לאו דהקפת הראש א"כ ה"ה דעשה דמצורע דחי לאו דפאת זקן והלכך לישראל וכו'. מן תי' א"כ עד וכו' נמחק. ונ"ב והלכך לישראל לא איצטריך א"כ משו"ה זקנו בא דעשה דמצורע דחי לאו דפאת זקן ועשה דקדושים כצ"ל. א"מ: י] בא"ד ואי אתי גדילים לכדרבא וכו' שקיל הש"ס דהא. תי' דהא נמחק ונ"ב לאו הכי וכו' דהקפת כל הראש שמה הקפה מסברא כצ"ל: כ] בא"ד אי גמרינן מינייהו נאמר דפליגי דעשה דוחה לא תעשה ועשה אבל לר"א נ"ל ע"כ דנפקא ליה דעשה דוחה לא תעשה גרידא בכל. מן תי' דפליגי עד בכל נמחק ונ"ב דבעלמא עשה דוחה לא תעשה ועשה ועשה נ"ל ע"כ דנפקא ליה דעשה דוחה לא תעשה גרידא כצ"ל א"מ ויעוש"ה: ל] בא"ד ואיצטריך תרוייהו. נ"ב עי' א"מ: מ] ד"ה יליף מגדילים וכו' באם אין ענין אבל ריש. תי' ריש נמחק ונ"ב הכא ומסקנת כצ"ל. א"מ:

אהא "גדילים תעשה לך" מהם.§ אמר מר: וכולם שגילחו שלא בתער, או ששיירו שתי שערות — לא עשו ולא כלום. אמר רב אחא בריה דרב איקא: זאת אומרת א] *רובו ככולו מדאורייתא. ממאי — מדגלי רחמנא גבי נזיר °"ביום השביעי יגלחנו"; הכא הוא דעד דאיכא כולו, בהא בעלמא — רובו ככולו. מתקיף לה ר' יוסי ברבי חנינא: האי בנזיר טמא כתיב! *מחכו עלה במערבא: גמכדי נזיר טמא דבתער מנלן — מנזיר טהור יליף, ליתי נזיר טהור ולילף מנזיר טמא: מה טמא כי שייר שתי שערות — ולא כלום עבד! הכא נמי, כי שייר שתי שערות — ולא כלום עבד. בעי אביי: בנזיר שגילח, ושייר שתי שערות, צמח ראשו וחזר וגילחן, מהו? מי מעכבי או לא? *בעי רבא: נזיר שגילח והניח שתי שערות, וגילח אחת ונשרה אחת, מהו? א"ל רב אחא מדיפתי לרבינא: גגילח שערה שערה קא מיבעיא ליה לרבא? אלא אימא: נשרה אחת וגילח אחת, מהו? א"ל: (א) גילוח אין כאן, שער אין כאן. אי שער אין כאן — גילוח יש כאן! ה"ק: אע"פ ששער אין כאן — דמצות גילוח אין כאן.§

במדבר ו

מתני' *הנזיר חופף ומפספס, אבל לא סורק.§ **גמ'** "חופף ומפספס" מני? ר"ש היא, *דאמר: ודבר שאין מתכוין מותר. ב] "אבל לא סורק" אתאן לרבנן. רישא ר"ש וסיפא רבנן?! אמר רבה: כולה ר"ש היא, כל הסורק — להסיר נימין מדולדלות מתכוין.§ **מתני'** *רבי ישמעאל אומר: זלא יחוף באדמה, מפני שמשרת את השער.§ **גמ'** איבעיא להו: "מפני שהיא משרת את השער" תנן, או דלמא "מפני המשרת" תנן? למאי נפקא מינה — כגון דאיכא אדמה דלא מתרא; אי אמרת ח"מפני שהיא משרת" תנן, היכא דידעינן דלא מתרא — שפיר. אלא אי אמרת מפני המשרת — כלל כלל לא. תיקו.§ **מתני'** *טנזיר שהיה שותה יין כל היום — אינו חייב אלא אחת. אמרו לו "אל תשתה" "אל תשתה", והוא שותה — חייב על כל אחת ואחת. יהיה מגלח כל היום — אינו חייב אלא אחת. אמרו לו "אל תגלח" "אל תגלח", והוא מגלח — חייב על כל אחת ואחת. כהיה מטמא למתים כל היום — אינו חייב אלא אחת. אמרו לו "אל תטמא" "אל תטמא", והוא מטמא — חייב על כל אחת ואחת.§

גמ'

הא גדילים תעשה לך. וקא דחי לאו ד"לא תלבש שעטנז". אמר רב אחא בריה דרב איקא. מדקתני: או ששיירו שתי שערות לא עשה (ג) כלום – זאת אומרת דרובו חשוב ככולו מדאורייתא. דמדכתב הכא "וגילח את ראשו ביום השביעי" ולא מילטריך ליה א) למיכתב "ביום השביעי יגלחנו" ב) לומר דלא חשיב גילוח עד דאיכא כולו שיער מגולח – מכלל מדאיצטריך ליה קרא לאשמועינן דליגלח כולו. דאי לאו האי קרא הוה אמינא דברובו סגי ליה, דרובו ככולו דאורייתא. האי. "ביום השביעי יגלחנו" בנזיר טמא הוא דכתיב, אבל בנזיר טהור – לא כתיב אלא "וגילח את ג) שער ראש נזרו", דלא משמע ליה הכי. מחכו עלה במערבא. אהא אתקפתא דר' יוסי בר' חנינא. ג] (ג) דמכדי נזיר טמא דבתער מנלן מנזיר טהור יליף. ד) מדכתיב ביה תער, אי לרבי כדאית ליה ולת"ק כדאית ליה וכדלעיל. וה"ה נמי דליתי נזיר טהור מנזיר טמא: מה נזיר טמא ה) כו'. והכא הוא דגלי רחמנא כולו, הא בעלמא – רובו ככולו, וכדרב אחא בריה דרב איקא. וא"ת: ליגמר מיניה! הא לא אפשר, משום דהוו להו נזיר ומצורע שני כתובין כאחד. וצמח ראשו וחזר וגילחן. נמי לאותן ב' שערות. מהו. מי אמרינן: כיון דמעיקרא כי שייר אותן שתי שערות לא עשה ולא כלום, השתא נמי כיון דהדר ולמח – לא עשה ולא כלום, (ד) דכמאן דמגלח שתי שערות ו) מעיקרן דמי, ומעכבי. או דלמא: כיון דהשתא קא מיגלח להו, להאי דהדר למח לא חיישינן, ולא מעכבי. גילח שערה (ה) קמיבעיא ליה לרבא. פשיטא דכיון דגילח את כל ראשו לבר מהנך ב' שערות, דכי הדר גילח אחת מהן ונשרה חבירתה – שפיר, ז) דקאזיל ומיגלח כי אורחיה כמאן דאזיל ומגלח ח) שערו, ולהכיא דנשרה – מאי הוה ליה למיעבד? אלא אימא נשרה אחת וגילח אחת קמבעיא ליה. מי אמרינן: כיון דכל שערו גילח חוץ משער אחת – שפיר דמי, דהא לא שייר שתי שערות בלא גילוח. או דלמא: כיון דמעיקרא שייר לו שתי שערות – לאו כלום עבד, וכי חזר וגילח אחת לאחר נשירתה דחבירתה – נמי לאו כלום עבד, דכיון דלא הוי השתא בראשו אלא שערה אחת – לא איקרי גילוח, וכנשרו שניהם דמי. דכי היכי דאם גילח ושייר שערה אחת שפיר גילח, דשערה כנטולה דמי, הכי נמי כי נשרה אחת – משעת נשירותה הויא חבירתה כנטולה, וכי חזר וגילחה – לאו כלום עבד, דכנטולה דמיא. א"ל. אי אמרת גילוח אין כאן – (ו) דדמי ליה כמי שיש שיעור בכאן ד]. [הכי] קאמינא [אף על פי] ששיער אין כאן מצות גילוח אין כאן. ומיהו בדיעבד שפיר דמי. מתני' נזיר חופף ומפספס. חופף = כמו "חופף עליו כל היום" (דברים לג), לשון מגרד, ובלע"ז פרי"ר. מפספס. שמפריד שערותיו זו מזו, אבל לא ט) במסרק. גמ' אתאן. לר"י דאמר: דבר שאין מתכוין אסור. להשיר נימין המדולדלים. מן הראש, אבל עדיין לא נעקרו לגמרי. וכיון דמתכוין להשיר, כי סורק במסרק הוה ליה דבר שמתכוין, ואסור. אי אמרת מפני המשרת תנן כלל כלל לא. דמשמע: לא יחוף בשום אדמה, גזירה שאינה משרת מפני המשרת.

מקרא

אמר מר וכו' או ששיירו שתי שערות לא עשו ולא כלום וכו' זאת אומרת דרובו ככולו דאורייתא. מדגלי רחמנא גבי נזיר "ביום השביעי יגלחנו" דלא איצטריך, דכבר כתיב "וגילח", אלא לאשמועינן דבעינן תגלחת מלוה שלימה, שלא שיירה כלום: הכא הוא דבעי כולו הא בעלמא רובו ככולו. אומר הר"ס: ה]דבעלמא קיימי. מיהו, פאת זקן אמר סוף פרק "המצניע" (שבת דף צד:) דמלא פי הזוג מיחייב, דמשמע פורתא. **מתקיף** לה ר' יוסי בר' חנינא האי בנזיר טמא כתיב. [דכתיב "ביום השביעי יגלחנו"] דמשמע כולו, וברייתא משתמעא אף בנזיר טהור שיהא שתי שערות מעכבות. **מחכו** עלה במערבא. בפ' קמא דסנהדרין (דף יז:) אמר: מחכו עלה במערבא ו] – היינו ר' יוסי בר' חנינא, והכא אשכחן מחכו על דבריו. **מכדי** נזיר טמא [דבתער מנלן] מנזיר טהור יליף (דבתער) וליתי נזיר טהור ולילף מנזיר טמא. דשתי שערות מעכבות. **נזיר** שגילח ושייר ב' שערות. ובאותה שעה לא ז]גילח יפה, ואח"כ המתין לגלח שתי שערות עד אשר [צמחו שער] ראשו, וחזר וגילחן לאותן שתי שערות לבד. מי אמרינן: אותו תגלחת שתי שערות לא כלום הוא, [הואיל] וכשגילחן ראשו מלא שער. **נזיר** שגילח והניח שתי שערות וגילח אחת ונשרה אחת. כלומר, השניה, מהו? מי אמרינן: כיון דלא גילח שתי שערות לאו גילוח הוא, ששתי שערות אית בהו שיעור גילוח. או דלמא: השתא מיהא לאו איכא שער כלל. **אמר** [ליה] רב אחא מדפתי לרבינא גילח שערה מבעיא ליה לרבא. בתמיה. כלומר, הא ודאי גילוח הוי, כיון שבא לגלח הוי שיעור גילוח. **אימא** נשרה אחת וגלח אחת. כשבא לגלח ח] שיער. ה"ג רש"י: מי אמרינן השתא מיהא שיער [אין כאן? ט] א"ל]: גילוח אין כאן, שיער אין כאן י]. **אי** שיער אין כאן יש כאן גילוח ה"ק אע"פ ששיער אין כאן מצות גילוח [אין] כאן. הואיל דבתגלחת ראשונה שייר ב' שערות, ובתגלחת זאת לא היה רק שער א'. מתני' **נזיר** חופף ומפספס. פרי"ר בלע"ז, שיחוף ראשו בנתר ובאדמה. אף כי פעמים שמשיר שיער – דבר שאין מתכוין הוא, ומותר לר' שמעון. ומפספס – שמבדיל שערות זו מזו, אף כי פעמים שמשיר. **אבל** לא סורק. בגמ' משמע דסתם סורק מתכוין להסיר השער. **ר"י** אומר לא יחוף. כדאמר בגמ'. **[כל** הסורק] להסיר נימין המדולדלות. שאינן מחוברות יפה ונוחין להנתק. **[מפני** שהיא] משרת תנן. לא יחוף *)אותו באדמה מין שמשרת דוקא. או דלמא מפני שמשרת – דכל אדמה גזרינן אטו אותה דמשרת. **נזיר** שהיה שותה יין כל היום אינו חייב אלא אחת אמרו לו אל תשתה אל תשתה. שהתרו בו על כל פעם ופעם שהוא שותה – חייב על כל אחת ואחת. וכמו כן תגלחת וכן טומאה, כדמפרש ואזיל.

*) נ"ל באדמה אותו

אמר

פי' הרא"ש

מדגלי רחמנא גבי נזי' ביום השביעי יגלחנו ולא איצטריך דכבר כתיב וגלח את ראשו אלא לאשמועינן דבעינן תגלחת שלימה שלא ישייר כלום הא בעלמא רובו ככולו. האי בנזיר טמא כתיב האי יגלחנו דמשמע כולו ומתני' קתני אף בנזיר טהור ב' שערות מעכבות: נזיר שגלח ושייר ב' שערות. ונמצא שלא קיים מצות גילוח דב' שערות מעכבות בו: צמח ראשו. אותן שערות חזרו וצמחו: וחזר וגלח אותן ב' שערות ששייר בגילוח הראשון מי אמרינן הרי גלח כל שערותיו באלו ב' התגלחות. או דלמא בפעם ראשונה לא גלח כיון דשייר ב' שערות והשתא נמי כיון דצמח שער ראשו לא מקרי גילוח מה שגלח ב' שערות: וגלח א' ונשרה א' מהו מי אמרינן כיון דלא גילח אלא א' לא קיים מצות גילוח. או דלמא כיון דבשעה שהתחיל לגלח היו לו ב' שערות קיים מצות גילוח: גלח שערה שערה מבעי' ליה. מלתא דפשיטא היא דקיים מצות גילוח כיון דבהתחלת התגלחת היה לו כדי גילוח: אלא אימא נשרה א' וגילח א' מהו דכשבא לגלח לא היה בו כדי שיעור גילוח: א"ל גילוח אין כאן שער אין כאן. אי שער אין כאן גילוח יש כאן. ה"ק אע"פ ששער אין כאן מצות גילוח אין כאן הואיל ובתגלחת הראשון שייר ב' שערות ועתה כשבא לגלח לא מצא ב' שערות לא קיים מצות גילוח: נזיר חופף פריי"ר בלע"ז חופף שערותיו בנתר ובאדמה. ואף אם הוא משיר שערות (דבק שערות) דבר שאין מתכוין הוה ומותר כר"ש: ומפספס מבדיל שערותיו זו מזו: אבל לא סורק דהוי פסיק רישיה כדמפרש בגמ' ורבי ישמעאל אומר אף לא יחוף באדמה דחשיב ליה פסיק רישיה: נימין מדולדלות. נימין שאינן מחוברות יפה ונוחין לינתק: מפני שמשרת את השער תנן. ולא אסר אלא אדמה המשרת: מפני המשרת תנן ואסר בכל מיני אדמה גזרה אטו אותה המשרת: נזיר שהיה שותה יין כל היום. ולא התרו בו אלא פעם א': אל תשתה אל תשתה שהתרו בו בין שתיה לשתיה: חייב על כל שתיה ושתיה

עין משפט נר מצוה

סב א מיי' פ"ג מהל' ציצית הלכה ו:

סג ב ג ד מיי' פ"ח מהל' נזירות הל' ז וע"ש בכ"מ:

סד ה מיי' פ"ה מהל' נזירות הלכה יד:

סה ו מיי' פ"א מהל' שבת הלכה ה סמג לאוין סה טוש"ע א"ח סימן שלז סעיף א:

סו ז ח מיי' פ"ה מהל' נזירות הלכה יד:

סז ט מיי' שם הלכה י סמג לאוין רמב:

סח י מיי' שם הלכה יג סמג שם:

סט כ מיי' שם הלכה טז ופ"ג מהל' אבל הל' ז:

מסורת הש"ס

תורה אור

הוריות ג: חולין יט. ע. נדה כט.

סנהדרין יז: וש"נ

שבת נ: פא:

[שם מח: וש"נ]

ביצה לה:

מכות כא. קדושין עז: חולין פב.

נוסחת הריב"ן

א) למיסדר ומכתב: ב) דהא אמר: ג) את כל שער: ד) דכתיב: ה) כלו: ו) מעיקרא: ז) שפיר דמי: ח) שערה שערה: ט) סורק:

גליון הש"ס

גמ' הא בעלמא רובו ככולו. עי' חולין דף יט ע"א ונדה דף כט ע"א: **שם** מכדי נזיר טמא דבתער מנלן. כדלקמן דף סא ע"א:

הגהות הב"ח

(א) גמ' אמר ליה (גילוח אין כאן שער אין כאן). תא"מ ונ"ב בפרק הגוזל קמא דף קה גרים שער אין כאן גילוח אין כאן: (ב) רש"י ד"ה אמר רב אחא וכו' עשה ולא כלום: (ג) ד"ה מחכו וכו' הד"א עם ד"ה למכדי וכו' כתובין כאחד: (ד) ד"ה מהו וכו' ולא כלום דלאו כמאן: (ה) ד"ה גילח שערה וכו' ומגלח שערה שערה ולהכיא: (ו) ד"ה א"ל אי אמרת גילוח אין כאן משמע דדמי ליה כמי שיש שיעור בכאן הא קאמרת שיעור אין כאן הס"ד:

הגהות מהר"ב רנשבורג א] גמ' זאת אומרת רובו ככולו מדאורייתא. דבכל התורה כולה רובו ככולו זולת היכא דגלי רחמנא להקפיד על כולו ועי' הוריות דף ג ע"ב אמר ר' יונתן מאה סיקבו וכו' ובחיבורי הורה גבר שם וצ"ע ודו"ק: ב] שם אבל לא סורק אתאן לרבנן. נ"ב עי' א"מ: ג] רש"י ד"ה למכדי נזיר טמא וכו' עד סופו. נ"ב עי' א"מ: ד] ד"ה אמר ליה וכו' כמי שיש שיעור בכאן. נ"ב הא קאמרת אין שיעור כאן כצ"ל א"מ: ה] תוס' ד"ה אמר מר וכו' דבעלמא קיימי מיהו פאת זקן. נ"ב עי' א"מ: ו] ד"ה מחכו עלה וכו' היינו ר' יוסי בר' חנינא. נ"ב עי' א"מ: ז] ד"ה נזיר שגילח וכו' לא גילחן יפה כצ"ל: ח] ד"ה אימא נשרה וכו' כשבא לגלח שיער ה"ג רש"י. תי' שיער ה"ג רש"י נמחק. ונ"ב ליכא שיעור גילוח כצ"ל א"מ: ט] בא"ד השתא מיהא שיער אין כאן. נ"ב כאן מתחיל הדיבור א"ל. א"מ: י] בא"ד בסופו שיער אין כאן. נ"ב זהו דיבור אחד עם שלאחריו. א"מ:

ע א מיי' פ"ב מהל' אבל הלכה ז:
עא ב ג מיי' פ"ה מהל' נזירות הל' יז ופ"ג מהל' אבל הלכה ד:
עב ד ה מיי' פ"ה מהל' טומאת מת הל' ב סמג עשין רלא:

גמ' איתמר, אמר רבה אמר רב הונא: מקרא מלא דבר הכתוב °"לא יטמא", כשהוא אומר °"לא יבא" — אלהזהירו על הטומאה, להזהירו על הביאה. אבל טומאה וטומאה — לא. ורב יוסף אמר: האלהים! אמר רב הונא באפילו טומאה וטומאה. דאמר רב הונא: נזיר שהיה עומד בבית הקברות, והושיטו לו מתו ומת אחר, ונגע בו — חייב. אמאי? הא מיטמא וקאים! אלא לאו ש"מ, אמר רב הונא אפילו טומאה וטומאה. איתיביה אביי: *כהן שהיה לו מת מונח על כתיפו, והושיטו לו מתו ומת אחר, ונגע בו, יכול יהא חייב — ת"ל [א] °"ולא יחלל" — במי שאינו מחולל, יצא זה שהוא מחולל ועומד! א"ל: ותיקשי לך מתני', דתנן: היה מיטמא למתים כל היום — אינו חייב אלא אחת, אמרו לו "אל תטמא" "אל תטמא" — חייב על כל אחת ואחת. ואמאי? הא מיטמא וקאים! אלא קשיא אהדדי! לא קשיא; גכאן בחיבורין, *כאן — שלא בחיבורין. — וטומאה בחיבורין דאורייתא? (א) הא אמר רב יצחק בר יוסף א"ר ינאי: דלא אמרו טומאה בחיבורין אלא לתרומה וקדשים, אבל לנזיר ועושה פסח — לא. ואי אמרת דאורייתא, מאי שנא? הכאן — בחיבורי אדם באדם, כאן — בחיבורי אדם במת. אבל טומאה וטומאה לא, דהא מיטמא וקאים. טומאה וביאה נמי, הא מיטמא וקאי! אמר רבי יוחנן: כאן בבית, כאן בשדה.
בבית

תורה אור: במדבר ו — שם; ויקרא כא

אמר רבה בר רב כהנא מקרא מלא דבר הכתוב לא יטמא כשהוא אומר לא יבא. גבי נזיר כתיבי הני קראי, להזהירו על הטומאה, להזהירו על הביאה. כדמפרש בסמוך כשנכנס לאהל המת, אם [התרו] בו משום "לא יטמא" ומשום "לא יבא" – לוקה שתים, ושתיהם היו בבת אחת. אבל טומאה לא משכחת לה שיתחייב שתים אם התרו בו "אל תטמא", ובסמוך מייתי מתני' לאותובי. דאמר רב הונא נזיר שעומד בבית הקברות והושיטו לו מתו. דעל ד] הקברות הוא מוזהר ככ"ג. או מת אחר, ונגע בו – חייב, ואמאי? הא מיטמא וקיימא! ש"מ אפילו טומאה וטומאה. איתיביה אביי ה] נזיר שהיה מת מונח לו על כתיפיו וכו' יכול יהא חייב ת"ל להחלו. ו] בספרי כתוב: ת"ל "לא יחלל". וי"א: דהא לא כתב גבי אזהרת טומאה. וגם בסמוך אמר בהדיא ד"להחלו" אתא לדרשא, ו"להחלו" בכהן כתיב. ומדמי נזיר לכ"ג, דלקמן פרק "כהן גדול" (דף מח.) למידין מהדדי *לג"ש מ"אמו" "אמו". א"ל רב יוסף: ותקשה לך מתניתין, דתנן: היה מטמא כל היום אינו חייב אלא אחת. אמרו לו "אל תטמא" "אל תטמא" חייב על כל אחת ואחת, אע"ג דמחולל ועומד. אלא קשיא. אלא ע"כ סמי הך ברייתא מקמי מתני'. לא קשיא. אביי בא לתרץ מתני' וברייתא: כאן שהוא מחובר למת [והתרו בו] ז] ומושיטים לו מת אחר – לא מיחייב, דה"ל [מחולל] ועומד. כאן שלא בחבורים – שפירש כבר מהמת, והושיטו לו מת אחר. שפירש מן הראשון ואמרו לו "אל תטמא" – אין כאן מחולל ועומד, ח] ותוספת אף בו ביום (בשעה) שנוגע במת הנוגע [בו] יטמא שבעת ימים, כדדרשינן בפרק "אין מעמידין" (ע"ז דף לז:): "כל אשר יגע בו הטמא יטמא שבעה" – ודיקרב ט] מיסאב, ואחרי שפירש – תוספת טומאה. וטומאה בחיבורין דאורייתא. כלומר, וכי בעלמא י] שאר נוגע, וכי יהיה הנוגע טמא משום דיקרב בדיקרב דאורייתא? והאמר ר' יצחק בר יוסי: [לא] אמרו טומאה בחיבורין, פירוש: דיקרב בדיקרב, אלא לענין תרומה וקדשים. בזה אמרינן טומאה שיהיה כנוגע במת – לטמא תרומה וקדשים, אבל לנזיר לסתור ולהביא קרבן טומאה, וכן לענין להמנע מעשות פסח – לא העמידו דבריהן. ואי דאורייתא מאי שנא? בחבורי אדם באדם. פי' ר"י: שהשלישי הנוגע כ]בנוגע במת, דההוא ודאי מדרבנן, טמא שבעה. דכי אמר דיקרב בדיקרב דאורייתא – דוקא דנגע בנוגע במת. ובפ' "אין מעמידין" (גז"ש) אמר: העיד יוסף בן יועזר דיקרב בדיקרב מסאב. ופריך: דאורייתא הוא "כל אשר יגע בו הטמא יטמא"! ומסיק: דאורייתא – בחיבורין טמא שבעה, שלא בחיבורין – טומאת ערב, ואתו אינהו וגזור אף שלא בחיבורין טמא שבעה, ואתא יוסף בן יועזר ושרא. ולפירוש ר"י [נפרש]: דאורייתא בחיבורין – היינו ל] נגע בנוגע במת. אבל רש"י פירש התם: ואתו אינהו וגזרו שלא בחיבורין, אף אם פירש לגמרי. מאי שנא טומאה וטומאה דלא דהא מיטמא וקאי. ואין כאן תוספת מ] [טומאה] קרינא ביה (טומאה), הא מיטמא וקאי, ודומיא דטומאה וטומאה דלא לקי, כגון מת על כתיפו והושיטו לו מת אחר קודם שפירש מן הראשון. טומאה [וביאה] נמי היכא דמת על כתיפו והלך לאהל המת, והתרו בו משום "לא יבא" ומשום "לא יטמא" – הא מיטמא וקאי, ואמאי לקי על הביאה? ואי בנוגע במת ופירש, ונכנס לאהל המת – הא אפילו טומאה וטומאה לוקה שתים, שהרי אין כאן מחולל ועומד. [כאן בבית]. נכנס בבית שבתוכו מת ולא נטמא קודם לכן – אז לקי שתים, על "לא יטמא" ועל "לא יבא", שבביאה אל הבית באו שתים עליו. כאן בשדה. כלומר, כל טומאה וטומאה בלא אהל לא משכחת שיתחייב שתים בבת אחת, שהרי אם נגע בב' מתים בבת אחת – כולה חדא התראה היא, דהתראה דלאו דטומאה דידיה היא, ואם היה טעון מת על כתיפו והתרו בו על הטומאה, והושיטו לו מת אחר – מחולל ועומד הוא, ואין כאן תוספת טומאה מן השני. מהר"ס. ופ"ה קשה להבין.

מקרא מלא דבר הכתוב. בנזיר "לא יטמא להם במותם" – להזהירו על הטומאה, וכשחזר ואמר "כל ימי הזירו לה' על כל א] נפשות מת לא יבא" – חזר והזהירו על ביאת אהל שבו מת, לומר לך: שאם ניטמא במת וחזר ונכנס באהל שיש בו מת – חייב שתים. אבל טומאה וטומאה. אבל אם נטמא במת, וחזר ונגע במת אחר בעוד שהוא נוגע במת ראשון, אע"פ שהתרו בו – אינו חייב אלא אחת, דהא מיטמא וקאי. דאמר רב הונא נזיר שהיה עומד בבית הקברות והושיטו לו מתו ומת אחר. כלומר, או מתו או מת אחר. והאי דקאמר "מתו" – לאו דוקא, שהוא אינו מותר ליטמא בשום קרוב שלו, לא באביו ולא באמו. חייב. מלקות אף על טומאות שניהן. איתיביה אביי כהן שהיה לו מת מונח על כתיפו כו' יכול יהא חייב ת"ל ומן המקדש לא יצא ולא יחלל. וה"ה לכהן הדיוט ונזיר נמי. שאינו מחולל. שעדיין לא נטמא – בו דיבר הכתוב "לא יטמא", ואם נטמא לוקה. יצא זה שנוגע במת אחר, שכבר הוא מחולל באותו מת שמונח על כתיפו. וש"מ: דאילו בטומאה וטומאה – אינו חייב, וקשיא לרב יוסף, דאחד נזיר ואחד כהן הדיוט ואחד כהן גדול כולן הוקשו לענין טומאה שלא ליטמא במת. א"ל ותיקשי לך מתניתין. אברייתא, דהא תנן דאפילו בטומאה וטומאה חייב על כל אחת ואחת. שלא בחיבורין. דנגע במת זה, והלך ונטמא במת אחר. ודכוותה נמי במתני' דמיחייב על כל אחת ואחת – כגון שנטמא בזה והלך ונגע במת אחר. וכי תניא הכא דאינו חייב אלא אחת – בטומאת חיבורין, שבעוד שמונח לו מת על כתיפו נגע במת אחר. וכדתני לה בהדיא, דהכא הוא דאינו חייב אלא אחת, דכטומאה אחת דמי, הואיל ולא נסתלק מטומאה ראשונה. (ב) וטומאת חיבורין. מי הויא לה דאורייתא כחדא טומאה? משום דהוי מחובר עדיין במת ראשון קאמרת לה דכי הדר נגע במת זה הויא לה לכולה חדא טומאה מדאורייתא? והא אמר רב יצחק בר יוסף לא אמרו טומאה בחיבורין. אם אדם נוגע ידו במת ואוחז בו, וידו אחרת נתונה ביד חבירו – לא אמרת שיהא גם אותו חבירו כמי שהוא מחובר ונוגע בטומאה זו אלא לענין קדשים ותרומה, שאינו יכול לאכול בהן עד שבעה. אבל לענין נזיר, לסתור נזירותו ולהביא קרבן על הטומאה, ולעושה פסח שלא לעשותו בשביל שהוא טמא – לא (ג) אמרינן שתהא טומאה בחיבורין. ואי אמרת דמדאורייתא. הוי חשוב טומאת חיבורין כטומאה אריכתא. מאי שנא. נזיר ועושה פסח מקדשים ותרומה? ה"ג. כאן בחיבורי אדם באדם כאן בחיבורי אדם במת. כלומר: מי דמי? ההוא בחיבורי אדם באדם, שזה נוגע במת והוא בחבירו, ומש"ה לא חשיבא ליה טומאת חיבורין לענין נזיר ועושה פסח. ב] אבל הכא – טומאת חיבורי [אדם] במת הויא, ומשום הכי הויא לה טומאת חיבור חשיבא כחדא, ואינו חייב אלא אחת, ג] דהא מיטמא וקאי, ואמר מר במי שאינו מחולל, יצא זה שהוא מחולל, והוקשו נזיר וכהנים כאחת לענין הפרשת טומאה. טומאה וביאה נמי הא מיטמא ליה. קודם שנאהל באהל, ואמאי מיחייב? ואי נמי מכיון דנכנס באהל שהמת שם הוה ליה טמא, וכי הדר נגע אמאי חייב? כאן בבית כאן בשדה. כי אמרינן תנן דחייב על הביאה ועל הטומאה – כגון דנכנס בבית שהמת לתוכו, דטומאה וביאה בהדי הדדי אתיין. ואידך דאמרן: יצא זה שמחולל ועומד – כגון שנגע במת שבשדה והדר נכנס באהל שמת תחתיו, דפטור, לפי שכבר הוא מחולל ועומד.
בבית

פי' הרא"ש
ושתיה דהתראות מחלקות: מקרא מלא דבר הכתוב לא יטמא. כלומר שממלא ומשלים הכל דגם ביאתו לבית שיש בו טומאה בכלל לא יטמא הוא. כשהוא אומר לא יבוא תרוייהו גבי נזיר כתיבי וקרא יתירא הוא להזהיר על הביאה ועל הטומאה כדמפרש בסמוך שאם נכנס באהל המת והתרו בו משום לא יבוא ומשום לא יטמא לוקה שתים הואיל והב' באו כא': אבל טומאה וטומאה לא מחייב ב' משום טומאה אי לא פשוט תוספת טומאה בשניה כדמפ' בסמוך: ורב יוסף אמר אפילו טומאה וטומאה אף בלא תוספת טומאה מתחייב שתים אי התרו בו אל תטמא אל תטמא: והושיטו לו מתו ומת אחר. מתו או מת אחר דנזיר מוזהר על הקרובים כמו כ"ג: ה"ג יכול יהא חייב ת"ל להחלו ולא גרסי' לא יחלל דהא לא כתיב גבי אזהרת טומאה ולהחלו גבי אזהרת טומאה דכהן כתיב ולקמן גמרינן נזיר מכהן מג"ש דאמו אמו: א"ל רב יוסף ותיקשי ליה מהה יא דתנן היה מטמא וכו'. אלא קשיין אהדדי וסמי הך בריית' מקמי מתני': לא קשיא כאן בחבורין כאן שלא בחבורין. אביי השיב לרב יוסף לתרץ הברייתא והמשנה דלא תקשי אהדדי ולקיים דברי רבה: כאן בחבורין בעודו מחובר למת אם הושיטו לו מת לא מחייב. דמחולל ועומד הוא ואינו מוסיף טומאה על טומאתו: כאן שלא בחבורי' אחר שפירש מן המת והושיטו לו מת אחר והתרו בו אל תטמא חייב ב' דבטומאה ב' יש תוספת טומאה דבעודו מחובר למת אדם הנוגע בו טמא ז' ואחר שפירש הנוגע בו אינו טמא כ"א טומאת ערב. כך פי' המפרשים שטה זו. וק' לי מדקאמר רבה טומאה וטומאה לא משמע דלית ליה כלל בטומאה ב' מלקיות דאם איתא דאית ליה אמורא הי"ל לפרש דבריו וע"ק דהל"ל א"ל ל"ק כאן בחבורין וכו'. הלכך נר' לפרש דרבה לית ליה כלל ב' מלקיות בטומאה ורב יוסף קאמר דמשכחת להו נמי בטומאה וכדמפרש בתוספת טומאה אלא קשיין אהדדי ל"ק כאן בחבורי' וכו' כל זה מדברי רב יוסף ולפ' דבריו דבחבורי' משכחת לה וטומאה בחבורים דאורייתא מה שהוא טמא ז' בעודו מחובר למת מן התורה הוא דקאמר דלוקה עליה: לא אמרו טומאה בחבורי' אלא לתרומה וקדשים. שלא יאכל תרומה וקדשים כל שבעה שהעמידו דבריהם במקום אכילת תרומה וקדשים שהיא מצות עשה: אבל לנזיר שיסתור ולעושה פסח שימנע מעשות פסח לא טמאוהו: ואי הוי דאורייתא היאך טיהרוהו חכמים: כאן בחיבורי אדם באדם כאן בחיבורי אדם במת. ראובן שנגע בשמעון בעוד שמעון נוגע במת טמא ז' מן התורה ובפ' אין מעמידין דריש ליה מכל אשר יגע בו הטמא. אבל ראובן שנגע בשמעון ושמעון בלוי ולוי במת טמא טומאת ערב מן התורה ומדרבנן טומאת ז'. טומאה וביאה נמי דומי' דטומאה וטומאה דלא לקי' כגון מת על כתפו והושיט לו מת אחר דלא לקי דאין כאן תוספת טומאה: טומאה וביאה נמי אם היה מת על כתפו ונכנס לאהל המת לא לקי דהא מחולל ועומד ואין כאן תוספת טומאה: כאן בבית. אדם טהור הנכנס לאהל המת והתרו בו משום לא יבוא ומשום לא יטמא לוקה ב' ששניהם באו כא' ולא היה מחולל ועומד. אבל בשדה דליכא אהל לא משכחת שילקה ב'.
דאם

הגהות הב"ח
(א) גמ' דאורייתא היא והא אמר ר' יצחק: (ב) רש"י ד"ה וטומאה בחיבורין מי הויא וכו' דמשום להוי: (ג) ד"ה והא אמר וכו' לא אמרו שיהא:

נ"א נזיר

[ע' תוס' שבועות יז. ד"ה נזיר]

הגהות הגר"א
[א] גמ' ולא יחלל נמחק ונ"ב להחלו (וכמ"ש התוס'):

גליון הש"ס
גמ' כאן שלא בחיבורין. ע' נדה ד' נז ע"א תד"ה ולמאי:

הגהות מהר"ב רנשבורג
א] רש"י ד"ה מקרא מלא וכו' על כל נפשות. תי' נפשות נמחק ונ"ב נפש. א"מ: ב] ד"ה ה"ג כאן בחיבורי אדם וכו' אבל הכא טומאת חיבורי אדם במת. נ"ב עי' א"מ: ג] בא"ד ואינו חייב אלא אחת. כאן הס"ד: ד] תוס' ד"ה דאמר רב הונא וכו' דעל הקברות. תי' הקברות נמחק ונ"ב הקרובים. א"מ: ה] ד"ה איתיביה אביי נזיר. תי' נזיר נמחק ונ"ב כהן. א"מ: ו] בא"ד בספרים כתוב ת"ל לא יחלל וי"א. נמחק וי"א ונ"ב וזה אינו: ז] ד"ה לא קשיא וכו' מחובר למת והתרו בו ומושיטים. תי' והתרו בו והוי"ו של ומושיטים נמחק ונ"ב ואז. א"מ: ח] בא"ד אין כאן מחולל ועומד ותוספת. תי' ותוספת נמחק ונ"ב אלא תוספת טומאה אף בו ביום שבשעה כצ"ל: ט] בא"ד בסופו ודיקרב מסאב ואחרי שפירש טומאת ערב כצ"ל: י] ד"ה וטומאה בחיבורין דאורייתא כלומר וכי בעלמא שאדם נוגע במת וכי יהיה הנוגע בו וכו' והאמר ר' יצחק בר יוסף וכו' בזה אמרינן טומאה. תי' טומאה נמחק ונ"ב הנוגע בזה הטמא שיהא כנוגע כצ"ל: כ] ד"ה בחיבורי אדם באדם וכו' שהשלישי הנוגע בנגע בנוגע כצ"ל. א"מ: ל] בא"ד ולפי' ר"י נפרש דאורייתא בחיבורין היינו נגע בנוגע במת. תי' נגע בנוגע במת נמחקו ונ"ב בנגע בנוגע במת. א"מ: מ] ד"ה מאי שנא טומאה וטומאה וכו' ואין כאן תוספת טומאה קרינא ביה טומאה. מן טומאה ועד טומאה נמחק ונ"ב ומחולל ועומד קרינא ביה טומאה וביאה נמי. א"מ:

בְּבַיִת נַמִי, כֵּיוָן דְּאָעֵיל יְדֵיהּ – אִיסְתַּאַב, כִּי עָיֵיל כּוּלֵּי הַאי טָמֵא הוּא! אֶלָּא אָמַר ר"א*: צֵירֵף יָדוֹ, מִשּׁוּם טוּמְאָה אִיכָּא, מִשּׁוּם בִּיאָה – לֵיכָּא. וְצֵירֵף גּוּפוֹ – טוּמְאָה וּבִיאָה בַּהֲדֵי הֲדָדֵי קָאָתוּ. הָא אִי אֶפְשָׁר דְּלָא עָיֵיל חוֹטְמוֹ בְּרֵישָׁא, וְנָחֵית לֵיהּ טוּמְאָה! אֶלָּא אָמַר רָבָא: הִכְנִיס יָדוֹ, מִשּׁוּם טוּמְאָה – אִיכָּא, מִשּׁוּם בִּיאָה – לֵיכָּא. הִכְנִיס גּוּפוֹ – טוּמְאָה וּבִיאָה בַּהֲדֵי הֲדָדֵי קָא אָתְיָין. וְהָא אִי אֶפְשָׁר דְּלָא עָיֵיל אֶצְבַּעְתָּא דְּכַרְעֵיהּ בְּרֵישָׁא, וְנָחֵית לְהוּ טוּמְאָה! אֶלָּא אָמַר רַב פַּפָּא: *אכְּגוֹן שֶׁנִּכְנַס בְּשִׁידָּה תֵּיבָה וּמִגְדָּל וּבָא חֲבֵירוֹ וּפָרַע עָלָיו אֶת הַמַּעֲזִיבָה, דְּטוּמְאָה וּבִיאָה בַּהֲדֵי הֲדָדֵי קָאָתְיָין. מָר בַּר רַב אַשִׁי אָמַר: א] בכְּגוֹן דְּעָיֵיל כְּשֶׁהוּא גּוֹסֵס, וּנְפַק נִשְׁמָתֵיהּ אַדְּיָתֵיב, דְּטוּמְאָה וּבִיאָה בַּהֲדֵי הֲדָדֵי קָאָתְיָין. ת"ר: ויקרא כא "לְהֵחַלּוֹ" – עַד שָׁעָה שֶׁיָּמוּת, רַבִּי אוֹמֵר: (א) "בְּמוֹתָם יִטַּמָּא" – עַד שֶׁיָּמוּת. במדבר ו מַאי בֵּינַיְיהוּ? אָמַר ר' יוֹחָנָן: מַשְׁמָעוּת דּוֹרְשִׁין אִיכָּא בֵּינַיְיהוּ. ר"ל אָמַר: גּוֹסֵס אִיכָּא בֵּינַיְיהוּ; לְמ"ד מִ"לְּהֵחַלּוֹ" – אֲפִילּוּ גּוֹסֵס, לְמ"ד "בְּמוֹתָם", עַד שֶׁיָּמוּת – אִין, גּוֹסֵס – לָא. וּלְמ"ד מִ"לְּהֵחַלּוֹ", הָכְתִיב "בְּמוֹתָם"! מִיבָּעֵי לֵיהּ לְכִדְרַבִּי. *דְּתַנְיָא, רַבִּי אוֹמֵר: בְּמוֹתָם אֵינוֹ מְטַמֵּא, גאֲבָל מְטַמֵּא בְּנִגְעָתָם וּבְזִיבָתָם. וּלְמ"ד "בְּמוֹתָם", הָא מִיבָּעֵי לֵיהּ לְהַאי סְבָרָא! א"כ לֵימָא קְרָא "בְּמוֹת", מַאי "בְּמוֹתָם" – שָׁמְעַתְּ מִינָּהּ תַּרְתֵּי. וּלְמ"ד "בְּמוֹתָם" הָכְתִיב "לְהֵחַלּוֹ"! "לְהֵחַלּוֹ" לְהָכִי הוּא דַּאֲתָא: בְּמִי שֶׁאֵינוֹ מְחוּלָּל, יָצָא זֶה שֶׁמְּחוּלָּל וְעוֹמֵד. וּלְמ"ד מִ"לְּהֵחַלּוֹ", הָא מִיבָּעֵי לֵיהּ לְהַאי סְבָרָא! א"כ לֵימָא קְרָא "לְהָחֵל", מַאי "לְהֵחַלּוֹ" – שָׁמְעַתְּ מִינָּהּ תַּרְתֵּי. מֵיתִיבֵי: *דאָדָם אֵינוֹ מְטַמֵּא אֶלָּא עַד שֶׁתֵּצֵא נַפְשׁוֹ, וַאֲפִילּוּ מְגוּיָּיד וַאֲפִילּוּ גּוֹסֵס. וּלְמ"ד מִ"לְּהֵחַלּוֹ" הָא קָתָנֵי דְּאֵינוֹ מְטַמֵּא! לְעִנְיַן טַמּוּיֵי – עַד דְּנָפְקָא נַפְשֵׁיהּ, הלְעִנְיַן אִתְחוּלֵי – הָא אִיתְחִיל.§ אָמַר

בְּבַיִת א). אַמַּאי חַיָּיב שְׁתַּיִם? הָא לָא אָתְיָין בַּהֲדָדֵי, דְּכֵיוָן דְּעָיֵיל יָדֵיהּ, דְּאוֹרְחֵיהּ דְּאִינִישׁ בְּהָכִי – אִיטַּמֵּי לֵיהּ, דִּכְמַאן דְּנָגַע בְּטוּמְאַת הַמֵּת שֶׁבִּפְנִים דָּמֵי, וּבִיאָה לָא הָוֵי עַד דְּעָיֵיל כּוּלֵּיהּ גּוּפֵיהּ. אֶלָּא אָמַר ר"א צֵירֵף יָדוֹ. כָּל הֵיכָא דְּהוֹשִׁיט יָדוֹ לִיכָּנֵס תְּחִלָּה. מִשּׁוּם טוּמְאָה אִיכָּא מִשּׁוּם בִּיאָה לֵיכָּא. וְלָא הָוֵי כְּמַאן דְּאָתְיָין טוּמְאָה וּבִיאָה בַּהֲדֵי הֲדָדֵי, וְאֵינוֹ חַיָּיב אֶלָּא אַחַת, שֶׁהֲרֵי כְּבָר מְחוּלָּל וְעוֹמֵד הוּא. אֶלָּא הָכָא בְּמַאי עַסְקִינַן – דְּצֵירֵף גּוּפוֹ, כְּלוֹמַר שֶׁהִכְנִיס כָּל גּוּפוֹ כְּאֶחָד, דְּטוּמְאָה וּבִיאָה בַּהֲדֵי הֲדָדֵי קָאָתְיָין. צֵירֵף גּוּפוֹ. לָאו דַּוְקָא. אֶלָּא אַיְּדֵי דְּאָמַר צֵירֵף יָדוֹ, קָאָמַר צֵירֵף גּוּפוֹ. וְהָא לָא אֶפְשָׁר דְּלָא עָיֵיל חוֹטְמוֹ בְּרֵישָׁא. מִשּׁוּם דְּבוֹלֵט מִן הַפַּרְצוּף, דְּאוֹרְחֵיהּ דְּאֵינָשׁ לְכִי עָיֵיל בְּבֵיתֵיהּ דְּשׁוֹחֶה רֹאשׁוֹ בְּרֵישָׁא, וְנָחֵית לֵיהּ טוּמְאָה, וְלָא הָוְיָא ב] [בִּיאָה] עַד דְּעָיֵיל לֵיהּ כּוּלֵּיהּ, וְכִי עָיֵיל כּוּלֵּיהּ גּוּפֵיהּ – הָא מִיטַּמֵּי וְקָאֵי. אֶלָּא אָמַר רָבָא הִכְנִיס יָדוֹ כו'. אֶלָּא הֵיכִי מַשְׁכַּחַתְּ לָהּ – כְּגוֹן דְּהִכְנִיס גּוּפוֹ, שֶׁנִּכְנַס כְּשֶׁהוּא זָקוּף, דְּאָתְיָין לְהוּ טוּמְאָה וּבִיאָה בַּהֲדָדֵי, וְחַיָּיב שְׁתַּיִם. וְאַכַּתִּי לָא אֶפְשָׁר דְּלָא עָיֵיל אֶצְבַּעְתָּא דְּכַרְעֵיהּ. כו'. כְּגוֹן שֶׁנִּכְנַס. לַבַּיִת שֶׁבְּתוֹכוֹ טוּמְאַת מֵת, בְּשִׁידָּה תֵּיבָה וּמִגְדָּל. ת"ר לֹא יִטַּמָּא בַּעַל בְּעַמָּיו לְהֵחַלּוֹ עַד שָׁעָה שֶׁיָּמוּת. מוּתָּר לַעֲסוֹק בּוֹ, וְאֵינוֹ עוֹבֵר עָלָיו מִשּׁוּם "לֹא יְחַלֵּל" עַד שָׁעָה שֶׁיָּמוּת. וְהַאי קְרָא קָאֵי בְּכֹהֵן, וְהוּא הַדִּין לְנָזִיר. רַבִּי אוֹמֵר לֹא יִטַּמָּא לָהֶם בְּמוֹתָם עַד שֶׁיָּמוּת. וְהַאי קְרָא בְּנָזִיר קָאֵי, וְהוּא הַדִּין בְּכֹהֵן. מַשְׁמָעוּת דּוֹרְשִׁין. דְּלָמָר מַשְׁמַע לֵיהּ מֵהַאי קְרָא דְּעַד שָׁעָה שֶׁיָּמוּת, אע"ג דְּעָסֵיק בֵּיהּ לָא הָוֵי מְחוּלָּל, (ג) וּלְמָר מֵהַאי קְרָא דִּ"לְהֵחַלּוֹ". וְר"ל אָמַר גּוֹסֵס אִיכָּא בֵּינַיְיהוּ. דְּלְמַאן דְּמַשְׁמַע לֵיהּ מִ"לְּהֵחַלּוֹ" – אֲפִילּוּ בְּגוֹסֵס קָאֵי בְּ"לֹא יְחַלֵּל", דְּכֵיוָן שֶׁהוּא גּוֹסֵס סוֹפוֹ לִהְיוֹת חָלָל, דְּקַיְ"ל (גיטין דף כח.): רוֹב גּוֹסְסִין לְמִיתָה, וְקָאָמַר דְּלֹא יְחַלֵּל כו'. וּלְמַאן דְּמַשְׁמַע לֵיהּ מִ"בְּמוֹתָם" – עַד שֶׁיָּמוּת אֵינוֹ עוֹבֵר בְּ"לֹא יִטַּמָּא" לֹא כֹּהֵן וְלֹא נָזִיר, אֲבָל בְּגוֹסֵס לֵית לָן בַּהּ. אֲבָל מִיטַּמֵּא. בֵּין נָזִיר בֵּין כֹּהֵן בְּנִגְעָם וּבְזִיבָתָם, וְאֵינָם עוֹבְרִים בְּמַגַּע הַזָּב לֹא מִשּׁוּם "לֹא יְחַלֵּל" וְלֹא מִשּׁוּם "לֹא יִטַּמָּא". הָא מִיבָּעֵי לֵיהּ לְהַאי סְבָרָא. בְּמוֹתָם אֵין מִטַּמְּאִין, אֲבָל מִטַּמְּאִין בְּנִגְעָם וּבְזִיבָתָם. וּלְמַאן דְּדָרֵישׁ לֵיהּ לְהֵחַלּוֹ. מִשּׁוּם גּוֹסֵס, הָא אֲתָא נַמִי לְהָכִי, לְמִי שֶׁאֵינוֹ מְחוּלָּל. א"כ. דְּלָא נִדְרוֹשׁ לֵיהּ אֶלָּא חַד טַעְמָא, נֵימָא קְרָא ב) "לְהָחֵל", דְּמַשְׁמַע לְעִנְיַן מִי שֶׁאֵינוֹ מְחוּלָּל, וּמִדְּקָאָמַר "לְהֵחַלּוֹ" – שְׁמַע מִינָּהּ תַּרְתֵּי. מֵיתִיבֵי אָדָם. הָכִי הָוְיָא רֵישָׁא דְּבָרַיְיתָא ג] בְּ"הָעוֹר וְהָרוֹטֵב". מְגוּיָּיד. חָתוּךְ לְאֵיבָרָיו, וַאֲפִילּוּ הָכִי אֵינוֹ מְטַמֵּא. וְקַשְׁיָא לְר"ל, דְּמַשְׁמַע לֵיהּ מִ"לְּהֵחַלּוֹ" דַּאֲפִילּוּ לְגוֹסֵס אָסוּר. לָא קַשְׁיָא לְעִנְיַן טַמּוּיֵי. הוּא דְּלָא מְטַמֵּא עַד שֶׁתֵּצֵא נַפְשׁוֹ וְלֹא כְּשֶׁהוּא גּוֹסֵס, אֲבָל לְעִנְיַן אִחוּלֵי, מִכֵּיוָן דְּהָוֵי גּוֹסֵס – קָאֵי בְּלָאו דְּלֹא יְחַלֵּל. אָמַר

בבית נמי כיון דאעיל ידיה אסתאב. דאהל המת כמלית טומאה דמי, ומיד שהושיט ידו מבפנים – כאילו נגע במת, ואכתי לא קרינן "לא יבא", וכי עייל כולי האי – טמא ומחולל ועומד הוא. ואתרי לא תמלא חיוב "לא יבא" עם "לא יטמא", [כיון] שהוא מחולל ועומד – לא היה לנו ד] לרבות "להחלו" למעט מחולל ועומד הוא, אלא לדרשה אחריתי, כדנסמוך*. **אלא** אמר ר"א צירף ידו לבית. כלומר, שהכניסה לבית קודם לגוף, משום טומאה – איכא, משום ביאה – ליכא, דמחולל ועומד. **צירף** גופו. כלומר, היו ידיו לרופות *ושטופו' לגופו, ולא הכניסן תחילה – טומאה וביאה בהדי הדדי קאתיין. ואומר הר"ש: אף ע"ג דבית המנוגע אמר בפר' "השוחט" (חולין דף לג:): ידיו טמאות דרבנן, אף כי מצורע מטמא באהל – מ"מ אינו כ"כ כמו *מילי טומאה, שכמו כן בבית המנוגע הנכנס שם טמא אפילו לא נגע, ואפ"ה נשנית במשניות דאם יש מחילה כל שהוא למצורע – לא יטמאנו. ואילו בטומאת מת – אף פותח טפח מביא הטומאה. **הא** א"א שלא עייל חוטמו ברישא ונחת ליה טומאה אלא אמר רבא הכנים ידו משום טומאה איכא. פירוש: משום דחוטמו עייל ברישא. **הכנים** גופו טומאה וביאה בהדי הדדי קאתיין. כלומר, שהיה כופה ראשו חוץ לבית. כמו "הלכוף כאגמון ראשו" (ישעיה נח). **והא** לא אפשר דלא עייל אצבעא דכרעיה תחלה. ולא מצי לאוקמי [בבוא לבית ה] אחורנית, דלא שמיה] ביאה, כדאמר בפרק ב' דשבועות (דף יז:) ובפ"ק דחולין (דף י:). ולכולהו מצי למיפרך: הא לא אפשר דלא עייל מיעוטא ברישא ומטמא ליה בטרם יכנס *כדרכו. **כגון** שנכנס בשידה תיבה ומגדל ובא אחר ופרע עליו המעזיבה, דטומאה וביאה בהדי הדדי קא אתיא. ונ"ל [דהוא] מסייע להסיר המעזיבה דהא בהתרו בו למלקות איירי. **מר** בר רב אשי אמר כגון דעייל [כשהוא גוסס] ונפק נשמתא אדיתיב התם, דטומאה וביאה בהדי הדדי קאתיא ו]. **מהכא** משמע דכהן אסור ז] [ליטמא לאחרים אף כשהוא מטומא כבר] לקרוביו, ואף כי מחולל ועומד הוא. דאף לפי דברי רבה אם פירש אסור ליטמא, שהרי אחר שיפרוש ממתו ח] ילקה על שאר מתים ט] [אם] מאהיל עליהן. וכן שמעתי מאשלי רברבי. י] לשון ר"י. שהנזיר יושב בבית והוא עת כזאת מת בבית שהוא שם. **להחלו.** בכהן הדיוט כתיב. **עד** שעה [שימות]. ולאפוקי מגוייד, ד"להחלו" משמע לאחר שנעשה חלל. רבי אומר במותם. בנזיר כתיב "לאביו ולאמו לא יטמא להם במותם". **אמר** רבי יוחנן משמעות [דורשין] איכא בינייהו. דהאי ממעט מגוייד וגוסס מ"להחלו", והאי מ"במותם". **במותם** אין מטמא אבל מטמא בנגעם. אפילו באחריני אינו מוזהר כ"א בטומאת מת, שכתוב "על כל נפשות מת לא יבא" [גליון. כ] בת"כ [כתב] "במותם לא יטמא", אבל יושב הוא בהספד ובשורה. **אם** כן נימא קרא להחל מאי להחלו מיתיבי האדם אינו מטמא עד שתצא נפשו ואפילו מגוייד. פירוש: לשון "גודו אילנא" (דניאל ד), מלא פלעים [ופגמים]. והתם בפ' "האשה" (יבמות דף קכ:) [דייק] מהך *) ברייתא דמגוייד לא חיי, ל] טמויי לא מטמא – הא מחייא לא, ופליגי ביה תנאי התם. **ולמ"ד** מלהחלו הא קתני ואינו מטמא עד שימות. מכל מקום נדרש לאו ד"לא יטמא" כאילו סמכו ל"החלו", להזהירו אף גוסס משום חילול. והוי מצי לשנויי דהך ט] *) ברייתא כו'. **ומהכא** שמעינן דכהן אינו מוזהר על הגוסס דקי"ל כר' יוחנן לגבי ר"ל. ומיהו, בה"ג גריס אביי במקום רבי יוחנן, ורבא במקום ר"ל. ולפ"ז הלכה כרבא לגבי דאביי. [ולרבא] פליגי רבי ורבנן, ואית לן **) הלכה כרבי מחבירו [ולא מחביריו, נמצא] יהא כהן מוזהר על גוסס.

*) [נ"ל מתני'] **) עירובין מו:

נקטע

עג א ב מיי' פ"ה מהל' נזירות הלכה יח ופ"ג מהל' אבל הל' ו:

עד ג מיי' פט"ז מהל' טומאת אוכלין הלכה ט:

עה ד מיי' פ"א מהל' טומאת המת הל' טו:

עי' א"מ

עו ה טוש"ע י"ד סי' שע:

נ"ל ופשוטות. יעב"ץ

נ"ל מליא

לעיל יז:

לקמן מח.

אהלות פ"א מ"ו [יבמות קכ:]

פי' הרא"ש

דאם נגע בב' מתים בבת א' והתרו בו על שניהם לא לקי אלא א' דשם נגיעה הכל אחד: ופריך בבית נמי היכי משכחת שיבואו שניהם כאחד דכיון שהכנים ידו לבית [אף דעדיין לא] נכנס כל גופו כאילו נגע באצבעו במת דביתא כמאן דמלייא טומאה דמי ומשום לא יבוא ליכא עד שיכנס רוב גופו ונמצא כבר מחולל ועומד הוא: ומשני דאי צרף ידו פירוש כשהכנים ידו תחלה לבית משום ביאה ליכא: צירוף גופו. פי' שהיו ידיו צרופות ותכופות לגופו חייב ב': והדר תו פריך אפילו צירף גופו אי אפשר דלא עייל חוטמו ברישא ונטמא כל גופו קודם שיכנוס רובו: ומשני הכנים ראשו ודאי ליכא משום ביאה הכנים גופו כגון שעקר ראשו לאחוריו ונכנס רוב גופו א) קודם שנכנס חייב ב'. והדר תו פריך אפילו הכנים גופו א"א דלא עייל אצבעותיו דכרעיה ברישא. ולא מצי לאוקומה כגון שנכנס דרך אחוריו שאין זה דרך ביאה כדאמר פ"ק דחולין ובפ"ב דשבועות ולכולהו הוה מצי למיפרך מדעייל מיעוט גופיה איטמי ליה ומשום ביאה ליכא עד דעייל רוביה: ובא חבירו ופרע עליו את המעזיבה. וצ"ל שהוא בעצמו סייע לו דאי לא עביד מעשה לא לקי וחייב דאמר היינו מלקות: דעייל כשהוא גוסס וכו' וצ"ל דס"ל דהתראת ספק שמה התראה. ולי נראה כיון דרוב גוססים למיתה לא הוי התראת ספק ולהכי נקט כשהוא גוסס ולא קאמר כשהוא חולה. ומכאן יש ללמוד דכהן אסור ליכנוס לבית הקברות אפילו לקרובים שמטמא להם שהרי אחר שפירש ממנו אמרינן הכא שהוא לוקה כשהוא נוגע או מאהיל על אחר: להחלו עד שעה שימות. לאפוקי מגוייד וגוסס דלהחלו משמע אחר שנעשה חלל: משמעות דורשים איכא בינייהו. תרוייהו סברי לאפוקי מגוייד וגוסס ומר דריש ליה מהאי קרא ומר מהאי קרא: מ"ד מלהחלו אפילו גוסס. דשפיר מקרי חלל כיון דרוב גוססים למיתה: אבל מטמא הוא בזיבה ובנגעים אם היה אביו זב או מצורע: א"כ לימא קרא להחל דשמעינן גוסס דחשיב חלל: ואפילו מגוייד. מחותך לאברי' ל' גודו אילנא: לענין אתחולי הוא דאתחיל. נהי דגלי במותם שאינו מטמא עד שימות ואינו לוקה משום לא יטמא מ"מ לוקה משום להחלו דכיון דסמוך ללא יטמא דרשינן נמי לאו אלהחלו כאילו כתיב לא יטמא בעל בעמו ולא להחלו דהיינו גוסס שאינו ראוי לחיות. ומהכא שמעינן דכהן אינו מוזהר על הגוסס דקי"ל כר"י לגבי ר"ל דאמר משמעות דורשים איכא בינייהו ובין לר' ובין לרבנן אינו מוזהר עליו עד שימות. ומיהו בה"ג גורס אביי במקום ר' יוחנן ג) ורבה במקום ר"ל ולפ"ז הלכה כרבה לגבי אביי ולרבה פליגי ר' ורבנן בגוסס ואין הלכה כר' מחביריו נמצא כהן מוזהר על

א) אולי נ"ל קודם שהכניס ראשו חייב ב' וכו' ונראה דרבינו גרס בדברי רבא הכניס ראשו משום טומאה וכו': ב) לפנינו הגירסא בבה"ג רבא וכ"ה בתוס' כאן ד"ה ומהכא וע"ש בבה"ג דפסק כרבי משום דסתם מתני' אתיא כוותיה ודברי רבינו והתוס' כאן צ"ע.

נוסחת הריב"ן

א) גמ': ב) לחלו דמשמע כיון לעניין מי שאינו מחולל פלה יגע גוסס דמשמע לחלו כמו חלל חרב ומדקאמר להחלו וכו':

הגהות הב"ח

(א) גמ' רבי אומר לא יטמא להם במותם עד שימות: (ב) רש"י ד"ה משמעות וכו' הוי מחולל ושומר מהאי קרא לכלהו ומר משמע ליה מהאיך קרא דעד שעה שימות הם ד"ד ואת מ"ה ור"ל אמר וכו' ולא נזיר עד שימות אבל בגוסס:

הגהות מהר"ב רנשבורג

א] גמ' כגון דעייל כשהוא גוסס. נ"ב עי' א"מ: ב] רש"י ד"ה והא וכו' ולא הויא טומאת ביאה כצ"ל: ג] ד"ה מיתיבי וכו' דברייתא בהעור והרוטב.

תיבות בהעור והרוטב נמחקו וכ"ב בפ' האשה ביבמות דף קכ ע"ב: ד] תוס' ד"ה בבית וכו' לא היה לנו לרבות. תי' לרבות נמחק וכ"ב לדרוש: ה] ד"ה והא וכו' לבית דרך אחורנית כצ"ל. נ"ב עי' א"מ: ו] ד"ה מר בר רב אשי וכו' הדדי קאתיא. נ"ב פי' שהנזיר יושב בבית והיה מת בעת הזאת מת בבית שהוא שם כצ"ל. א"מ: ז] ד"ה מהכא משמע דכהן אסור ליטמא וכו' כבר לקרוביו. מן תי' ליטמא עד לקרוביו נמחק ונ"ב ליכנס לבית הקברות אף לקרוביו שם לטמא בהו כצ"ל. א"מ: ח] באה"ד שהרי אחר שיפרוש ממתו ילקה. תי' ילקה נמחק ונ"ב ילך: ט] באה"ד על שאר מתים אם מאהיל. תי' אם נמחק ונ"ב ומאהיל וכו' וכן שמעתי מאשלי רברבי מן וכן עד רברבי נמחק ונ"ב וכן שניט באהל רבתי בפ"ה כצ"ל. א"מ: י] באה"ד לשון ר"י שהנזיר יושב בבית וכו' שהוא שם. נ"ב מן שהנזיר עד שם כל זה נמחק ומקומו לעיל בד"ה מר בר רב אשי וכאמור שם על הגליון: כ] ד"ה במותם וכו' גליון בת"כ כתב. תיבות בת"כ כתב נמחקו ונ"ב וכ"ה בספרי כתוב וכ"ה ג"כ ברבה פ' נשא. א"מ: ל] ד"ה א"כ וכו' מהך ברייתא דמגוייד לא חיי טמויי לא מטמא הא מחייא לא. מן תי' טמויי עד לא נמחק: מ] ד"ה ולמ"ד וכו' והוי מצי לשנויי דהך ברייתא כדאיך תנא א) כצ"ל. א"מ:

א) ויותר נראה דתיבת כו' נ"ל כרבי וא"ש עפי. הגהות מראה כהן להר"ב הכהן זצ"ל.

עז א מיי' פ"ב מהל' אבל הל' טו סמג לאוין רלה ועשין נח טוש"ע י"ד סי' שעג סעיף ט:

עח ב מיי' שם פ"ג הל' ח סמג לאוין רלו טוש"ע י"ד סי' שעג סעיף ג [וברב אלפס ריש הלכות טומאה דף סג.]:

עט ג מיי' פ"ג שם הל' ח סמג שם טוש"ע י"ד סימן שעג סעיף ד וסי' שעד סעיף ד:

פ ד מיי' פ"ב שם הל' יד סמג שם טוש"ע י"ד סימן שעג סעיף ט וע"ש:

אמר רב חסדא נקטע ראשו של אביו. אע"פ שהראש ככל הגוף, הואיל וכבר נקטע – אינו מיטמא, דאמר קרא "לנפש לא יטמא בעמיו, כי אם לשארו הקרוב אליו, לאמו ולאביו" – בזמן שהוא שלם, שלא נתפרדו אבריו זה מזה, ולא בזמן שהוא חסר, כגון זה שנקטע ראשו. בפקתא. בבקעה. דערבות. שגנבים ולסטין מצוין שם. ופסקו גנבי לרישיה ה"נ דלא יטמא. בשביל שהוא חסר? א"ל. ממת מצוה קא מייתית ליה? שאני התם כיון דלית בהדיה אלא הוא לחודיה קאי גביה – כמת מצוה דמי (ד). והשתא י"ל באחריני מיטמא. כדאמרינן לקמן: לאחותו הוא דאינו מטמא, אבל מטמא למת מצוה – אביו לא כל שכן. והא אית ליה ברא. ואילו הוה קורא ליה אב א) – הא עני ליה איהו, ולא הוי ליה מת מצוה! מיתיבי ולאחותו הבתולה וגו' לה יטמא. כשהיא שלימה. ואינו מיטמא לאבריה. שאם נפרד ממנה אבר, בין בחייה בין במותה – אינו מיטמא לה, לפי שאין אדם מיטמא לא לה ולא על א' משאר קרובין על אבר מן החי, לפי שאינו יכול להחזירו לכמות (ה) שהוא מתחילה. וה"ה נמי לאבר מן המת, שאין בין אבר מן המת לאבר מן החי אלא בשר הפורש. אבל מחזיר הוא על עצם כשעורה ה"ג. מאי מחזיר הוא על עצם כשעורה דאילו מחסר פורתא. כלומר, דבשעה שנגע בה בראשה הוה חסר להך עלם פורתא כשעורה, ואפ"ה היה מותר ליטמא לה. וה"ה לאביו, אע"ג דהוא חסר ואינו שלם. וקשיא לרב חסדא, דהא סתמא לדברי הכל היא. לא ההיא ר' יהודה היא. דסתם סיפרא רבי יהודה היא, ושמעינן ליה לרבי יהודה דאמר נמי [בכהאי גוונא]. דתניא, וה"ג: ר' יהודה אומר לה יטמא ואינו מיטמא לאבריה לפי שאין אדם מיטמא על עצם כשעורה מאביו אבל הוא חוזר על עצם כשעורה מאביו. כלומר, לאיבריו הוא דאינו מיטמא בין בחייו בין במותו, לפי שאין אדם מיטמא תחילה על עצם כשעורה מאביו, לפי שלא התירה תורה ליטמא אלא בדבר שעיקר הגוף בו. אבל מיטמא הוא לעיקר הגוף לכתחלה, ואם נחסר הוא הולך ובודק אחריו, ואפילו על עצם כשעורה. ואנא אמינא לה כרבנן דפליגי עליה דר' יהודה, דאמרי: כיון שנחסר במקצת – שוב אינו מותר ליטמא בו. וספרים שכתוב בהן "לפי שאינו מיטמא לאבר מן החי של אביו אבל מיטמא לאבר מן המת של אביו" – שבשתא היא, מדתני רב כהנא בסמוך: אף כל שכל גופו תלוי בו, כגון רוב בנינו ורוב מנינו הוא דמיטמא, אבל לא לאבר אחד, ומוקימנא לה להיא נמי כרבי יהודה. ועוד: לא אשכחן לה דנישנית משנה זו בשם ר' יהודה הכי, דהא לא קתני לה הכי, אלא כדגרסינן לה תנן: לפי שאין אדם מיטמא על עצם כשעורה כו'. והתני רב כהנא בר"א. כלומר, בברייתא דר' אליעזר בן יעקב. כזית נצל. נצל = ליחה היוצא מן המת שפורש ממנו. ואין נצל אלא לשון הפרשה, כמו שמתרגמינן "ויצל אלהים" (בראשית לא) = ואפרש ה'. מפי רבי אליקום, מפרש לקמן בשר המת שנקרש בפ' "כהן גדול ונזיר" (דף נ.). והתני רב כהנא. בברייתא דר"א בן יעקב: לה ג) מיטמא – בגופה שלם, ולא לאחד מאבריה, פרט לכזית מן המת כו' שאינו מיטמא לה. יכול לא יטמא לשדרה ולגולגולת כו'. הואיל ואתה אומר כן שאינו מיטמא לאברים. כשהוא אומר. "אמור אל הכהנים בני אהרן ואמרת אליהם" – הוסיף לך הכתוב טומאה אחרת, דבשדרה ורוב בנינה – כגון שתי שוקיים ירך אחת, וברוב מניינה – כגון קכ"ה איברים הימנה, שיכול ליטמא.

תורה אור

אמר רב חסדא אמר רב: אנקטע ראשו של אביו – אינו מטמא לו. מ"ט – אמר קרא "לאביו" (ויקרא כא) – בזמן שהוא שלם, ולא בזמן שהוא חסר. א"ל רב המנונא: אלא מעתה, קאזיל בפקתא דערבות ופסקוה גנבי לרישיה, הכי נמי דלא ליטמא ליה? אמר ליה: מת מצוה קאמרת? השתא יש לומר באחריני מיחייב – באביו לא כל שכן? והאי מת מצוה הוא? *והתניא: באיזהו מת מצוה – כל שאין לו קוברין. קורא ואחרים עונין אותו – אין זה מת מצוה. והא אית ליה ברא! כיון דקאזיל באורחא – כמי שאין לו קוברים דמי. מיתיבי: "לה יטמא" (שם) – *לה גהוא מטמא, דואינו מטמא לאיבריה, לפי שאינו מטמא לאבר מן החי של אביו. אבל מחזיר הוא על עצם כשעורה. מאי מחזיר הוא על עצם כשעורה? לאו למימרא דאי מיחסר פורתא? לא, ההיא ר' יהודה היא. דתניא, רבי יהודה אומר: לה (א) מיטמא ואינו מיטמא לאברי', שאינו מיטמא על אבר מן החי של אביו. אבל מיטמא הוא לאבר מן המת של אביו. והתניא רב כהנא בר"א* בן יעקב: לה (ב) מיטמא, ואינו מיטמא לאברים – פרט לכזית מן המת, וכזית נצל, ומלא תרווד רקב. יכול לא יטמא לשדרה ולגולגולת, ולרוב בניינה ולרוב מניינה? (ג) כתיב "ואמרת אליהם" (שם) הוסיף לך הכתוב טומאה אחרת. יכול

נקטע ראשו של אביו אינו מיטמא. בכהן הדיוט מיירי, שמותר ליטמא לאביו, ולא בכהן גדול ונזיר. אמר ליה רב המנונא ההוא דקא אזיל בפקתא דערבות. בקעה שמלויין בה גנבי, ופסקוה גנבי לרישיה דאבוה, ה"נ לא ליטמא ליה? א] נ"ל מה ר"ל: א"ל מת מצוה קאמרת השתא ב] [כהן] באחריני. שאינן קרובין, מיחייב, באביו לא כ"ש? והאי מת מצוה הוא, בתמיה. והתניא איזהו מת מצוה כל שקורא ואין אחרים עונין אותו. כלומר, שאם המת יכול לקרות ויש לו עונין קרובין – אין זה מת מצוה. והא יש לו לשכור אחרים מתעסקין בו! ג] כיון דקא אזיל באורחא – כמי שאין לו קוברין דמי. דלא שכיחי אינשי התם. פי' ר"י: הבא ליטפל במת מצוה, אם יש שם ישראל שיכול לטפל, אף כי אינן קרובין – לא ליטפל בהן [כהנים] קרובים. וראיה, דאמר בפ' "כ"ג" (לקמן דף מז.) גבי מת מצוה: כ"ג ונזיר – יטמא נזיר ואל יטמא כהן, וכ"ש כהן וישראל – יטמא ישראל ואל יטמא כהן. ול"ע [מהאי] דפ' ("האשה רבה" יבמות דף פט:) גבי אשתו קטנה יורשה ומיטמא לה, ד] ואין כח לעקור דבר מן התורה. ה] [ואמאי] יטמא? ומשני: כיון דקרובין לא [ירתי לה קרי ולא עני] לה קרינן בה. והשתא ה"ד? אי דליכא מתעסקים אחרים – מאי איריא מטעם אשתו? תיפוק ליה דאפילו אחריתי נמי, מת מצוה גמור היא! אלא דאיכא אחרים דיכולים להתעסק, וחשוב כמת מצוה – אלמא כהן ומת לפניו, ויש שם ישראל ואינו חושש ליטפל – חשיב מת מצוה! ואר"י: דודאי מן הדין לאו מת מצוה התם, רק לפי שקרוביה מתרשלים ממנה שויוה רבנן כמת מצוה. ואף כי אין כח ביד חכמים לעקור דבר מן התורה בקום ועשה, במקום שיש פנים וטעם בדבר – ודאי לכ"ע יש כח לעקור. תדע, דבכולי סוגיא דהתם (לא) מייתי מאשה שנאמנת לומר מת בעלי, דהרי עוקרה דבר תורה בקום ועשה, אלמא: ודאי במקום שיש פנים וטעם יש כח לעקור. ודייקא ומנסבא, מתוך חומר שמחמירין בסופה. מיתיבי לה יטמא גבי כהן הדיוט [כתיב]. ואינו מטמא לה ו] פרט לאבר מן החי של אחותו ואבר מן המת, שאינו רשאי להטמאות בהן: לפי שאינו מיטמא לאבר מן החי של אביו. כלומר, שאף באביו הקרוב יותר אינו רשאי לטמאות לאבר אביו. וצ"ע [דל"ל] "יטמא"? ⊕מ"לאביו" נפקא! אבל מחזיר הוא על עצם כשעורה. לקוברו, פי': אם נטמא כבר לשאר הגוף. מאי מחזיר [לאו] דחסר פורתא? ז] ה"נ כי אביו חסר בערכו – מיטמא לו. רבי יהודה היא דתניא רבי יהודה אומר לה מיטמא ואינו מיטמא לאברים לפי שאינו מיטמא לאבר מן החי של אביו אבל מיטמא הוא לאבר מן המת של אביו. ע"י [חזרה], אם נטמא אל שאר הגוף. אבל לכתחילה ודאי מודה רבי יהודה דלא יטמא, כברייתא דלעיל. ובסיפא דההיא דלעיל תניא בתורת כהנים: רבי א) אומר אינו מיטמא לעצם כשעורה מאביו, אבל מחזיר הוא על עצם כשעורה. ודבר תימה דאוקימנא כר' יהודה, והרי מיירי בסיפא, מכלל דרישא לאו ר' יהודה היא, אם לא נאמר כולה ר' יהודה היא. לה הוא מיטמא [ואינו מיטמא] לאבריה פרט לכזית מן המת וכזית נצל. ליחה היוצאה מן המת, ומלא תרווד רקב – מלא כף עפרורית ורקבון גוף המת. יכול לא יטמא לשדרה וגולגולת ולרוב מניינה. ח] לקמן פי' בהדיא, ומפרש לה: רוב מניינה – מנין [קכ"ה] אברים. כשהוא אומר אמור ואמרת. דכתיב "אמור אל הכהנים ואמרת" הוסיף הכתוב טומאה אחרת שתוכל ליטמא. וסברא הוא להעמיד "אמור ואמרת" אאחותו, דאיירי למעוטי אברים, ולהוסיף שיוכל לטמאות לרוב בניינה ורוב מניינה. ט] ג) יכול לא יטמא לשדרה וגולגולת ולרוב מניינו ולרוב בניינו של קרובים אחרים שבתורה, דכתיב ["לה יטמא"]? אמרת: מה אחותו מיוחדת שגופה תלוי בו – כלומר שהרי קרובתו ומוטלת עליו לקוברו. ומן הדין הוה ליה למימר: יכול יטמא למתים אחרים אף לאברים, אי לא גמרינן מאחותו דכתיב בה "לה". ומשני: הכא נמי י] כר"א ב"ר יהודה ורב חסדא דאמר כי האי תנא.

פי' הרא"ש

על הגוסס: נקטע ראשו של אביו של כהן הדיוט: בפקתא דערבות. בקעה שמצויין בה ליסטים: כל שאין לו קוברים. קורא ואחרים עונים אותו. פירוש שאם המת היה יכול לקרות היו לו קרובים עונים אותו. וי"מ קורא הכהן ואחרים עונים אותו לבא לקברו וחומרא גדולה היא דאם הכהן יכול לחזור ולמצוא לו קוברים לא יטמא לו. ולישנא [דגמ'] דפ' האשה רבה משמע כפי' קמא דבקורבה תלייה מלתא דגרס' התם כיון דאיהו לא קא ירית יתה קריא ולא עניה קרי ביה. כיון דקא אזיל באורחה כמו שאין לו קוברי' דמי והלכך נהי דמשום קורבא דאבא לא מטמא כיון דחסר משום מת מצוה מיהא מטמא מכאן משמע דאם יש שום ישראל שיטפל בה לא מקרי מת מצוה ולא יטפל בו הכהן דמשמע דוקא בפקתא דערבות דלא שכיחי אינשי כלל הא אי שכיחי אינשי אפילו אינם קרובי המת לא יטמא הכהן ועוד ראיה מהא דאמר לקמן פ' כ"ג כ"ג ונזיר יטמא נזיר ואל יטמא כ"ג א) וזהו שאמר כהן וישראל יטמא ישראל ואל יטמא כהן. מיתיבי לה יטמא גבי אחות כהן הדיוט כתיב לה יטמא משמע כשהיא בשלימותה: ולא לאבר מן המת של אביו. כלומר אפילו אביו הקרוב לו יותר אינו מטמא לאיבריו. וצ"ע מנ"ל דאינו מטמא לאיברי אביו. ושמא מלאביו נפקא: אבל מחזיר הוא על עצם כשעורה. כלומר אע"פ שאינו יכול ליטמא לא לאבר ולא לכעדשה. מ"מ אם נטמא כבר לאביו מחזר הוא על עצם כשעורה של אביו לקוברו: מאי מחזר לאו דקא חסר פורתא בשעה שנטמא לאביו וחסר ממנו עצם כשעורה ואפ"ה נטמא לו: האי תנא סבר לה כר' יהודה ורבנן פליגי עליה. ואנא כרבנן סבירא לי: אבל מטמא על אבר מן המת של אביו. פי' ע"י חזרה אם כבר נטמא לשאר הגוף אבל לכתחלה מודה ר' יהודה דאינו יכול לטמא כברייתא דלעיל דאל"כ מאי שנא לאבר מן החי דלא מטמא דלא מסתברא לחלק בין אבר מן החי לאבר מן המת אלא דלאבר מן המת מטמא ע"י חזרה. ובסיפא דההיא דלעיל תניא בת"כ ר' יהודה אומר אינו מטמא לעצם כשעורה מאביו אבל מחזיר הוא על עצם כשעורה. ותימה הוא היאך מוקי לה כר' יהודה הא מדקתני סיפא ר' יהודה אומר מכלל דרישא לאו ר' יהודה היא. וי"ל דכולה ר' יהודה היא: וכזית נצל. ליחה היוצאת מן המת: לרוב מנינו היינו (קמ) [קכ"ה] איברים רוב מנין האיברים שהם רמ"ח איברים: ולרוב בנינו מפ' לקמן ב' שוקים וירך או ב' ירכים ושוק א': כשהוא אומר אמור אל הכהנים בני אהרן הוסיף לך הכתוב טומאה אחרת שיוכל לטמא לה. ומסתברא דקאי אאחותו דדרשינן שאינו מטמא לאיבריה ואשמועינן דק קרא

א) נ"ל וכ"ש כהן וישראל וכ"ה בתוס' כאן ד"ה והאי.

יבמות פט: עירובין יז.

סוטה ג:

נוסחת הריב"ן

א) הוה: ב) יטמא:

הגהות הב"ח

(א) גמ' לה יטמא ואינו מיטמא לאבריה (שאינו מיטמא וכו' של אביו) תא"מ ונ"ב גי' רש"י שאין אדם מיטמא על עצם כשעורה מאביו אבל הוא חוזר על עצם כשעורה מאביו: (ב) שם כר"א בן יעקב לה יטמא: (ג) שם ולרוב מניינה כשהוא כתוב ואמרת: (ד) רש"י ד"ה א"ל ממת וכו' דמי השתא יש לומר כנ"ל והד"א: (ה) ד"ה ואינו וכו' להחזירו לכמות שהיה מתחלה כנ"ל והד"א:

גליון הש"ס

תום' ד"ה מיתיבי כו' מלאביו נפקא עי' סוטה דף ג ע"ב תד"ה ודע"ש:

הגהות מהר"ב רנשבורג

א] תום' ד"ה אמר ליה וכו' ה"נ לא ליטמא ליה נ"ל נמחק נ"ל ונ"ב כלומר. א"מ: ב] ד"ה א"ל וכו' מ"מ קאמרת השתא כהן. פי' כהן נמחק ונ"ב שאם. א"מ: ג] ד"ה והאי מ"מ וכו' אחרים מתעסקין בו. נ"ב כאן הס"ד ואח"כ מה"ד כיון דקאזיל

א) נ"ל ר' יהודה. ב) שייך לדף מד.

וכאו

באורחא: ד] בא"ד גבי אשתו קטנה יורשה ומטמאה לה פריך ואי אין כל"ל. א"מ: ה] בא"ד לעקור דבר מן התורה ואמאי יטמא. פי' ואמאי יטמא נמחקו ונ"ב אי מטמא כמו לא מטמא וכו' כל"ל. א"מ: ו] ד"ה מיתיבי וכו' ואינו מטמא לה נמחק ונ"ב לאברים. א"מ: ז] ד"ה אבל מחזיר וכו' לחסר פורתא ואפ"ה כי אביו חסר בנו מיטמא לו כל"ל: ח] ד"ה יכול וכו' ומפרש לה לקמן. א"מ: ט] ד"ה כשהוא וכו' ולרוב בנינו ולרוב מנינו. נ"ב כאן הס"ד ואח"כ מה"ד יכול לא יטמא וכו' כל"ל: י] בא"ד ומשני הכא נמי וכו' כר"א ב"ר יהודה ורב חסדא כל"ל.

תורה אור

יכול לא יטמא לשדרה ולגולגולת ולרוב בניינו ולרוב מניינו של אחרים? אמרת: מה אחותו מיוחדת, שגופה תלוי בו, ומיטמא לשדרה ולגולגולת ולרוב בניינה ולרוב מניינה — אף כל שגופו תלוי בו מיטמא לשדרה ולגולגולת ולרוב בניינו ולרוב מניינו! ההיא נמי רבי יהודה היא. ורב דאמר — כי האי תנא, דתניא: מעשה שמת אביו של רבי *יצחק בגינזק, ובאו והודיעוהו לאחר שלש שנים, ובא ושאל את ר' יהושע בן אלישע וד' זקנים [שעמו], ואמרו: א"לאביו" — בזמן שהוא שלם, ולא בזמן שהוא חסר.§ **מתני'** *שלשה מינין אסורין בנזיר: הטומאה, והתגלחת, והיוצא מן הגפן. חומר בטומאה ובתגלחת מביוצא מן הגפן, בשהטומאה גוהתגלחת — סותרין, והיוצא מן הגפן ד — אינו סותר. חומר ביוצא מן הגפן מבטומאה ובתגלחת, שהיוצא מן הגפן ה — לא הותר מכללו, וטומאה ותגלחת — הותרו מכללן, ובתגלחת מצוה ובמת מצוה. וחומר בטומאה מבתגלחת, זשהטומאה סותרת את הכל וחייבין עליה קרבן, חותגלחת אינה סותרת אלא שלשים, ואין חייבין עליה קרבן.§ **גמ'** *וטומאה לא תותר מכללה, ק"ו מיין; ומה יין שאינו סותר לא הותר מכללו, טומאה שסותרת — אינו דין שלא תותר מכללה? ת"ל (ויקרא כא) °"לאביו ולאמו... לא יטמא", לאביו ולאמו לא יטמא — אבל מיטמא הוא למת מצוה. ויין יותר מכללו, ק"ו מטומאה; מה טומאה שהיא סותרת הותרה מכללה, יין שאינו סותר — אינו דין שיותר מכללו? אמר קרא: (במדבר ו) °"מיין ושכר יזיר" — *לאסור יין מצוה כיין רשות. ויין יסתור את הכל, ק"ו מטומאה; מה טומאה שהותרה מכללה סותרת את הכל, יין שלא הותר מכללו לא כ"ש שיסתור? אמר קרא (שם) °"והימים הראשונים יפלו כי טמא נזרו", טומאה סותרת, ואין היין סותר. והתגלחת תסתור את הכל ק"ו מטומאה; ומה טומאה טשלא עשו בה מטמא כמיטמא סותרת את הכל, תגלחת ישעשו בה מגלח כמתגלח — אינו דין שתסתור את הכל? אמר קרא "והימים הראשונים יפלו כי טמא נזרו" — טומאה סותרת את הכל, ואין תגלחת סותרת את הכל. וטומאה נעשה בה מטמא כמיטמא, ק"ו מתגלחת; ומה תגלחת שאינה סותרת אלא שלשים עשה בה מגלח כמתגלח, טומאה שהיא סותרת את הכל — אינו דין שנעשה בה מטמא כמיטמא? אמר קרא (שם) °"וטמא ראש נזרו" — למטמא ראש נזרו. ותגלחת לא נעשה בה מגלח כמתגלח, ק"ו מטומאה; ומה טומאה שהיא סותרת את הכל לא עשו בה מטמא כמיטמא, תגלחת שאינה סותרת אלא שלשים יום — לא כל שכן שלא נעשה מגלח כמתגלח? אמר קרא (שם) °"תער לא יעבור על ראשו", קרי ביה: לא יעבור הוא, ולא *יעבור לאחר. ותגלחת לא תותר מכללה, ק"ו מיין; ומה יין שאינו סותר לא הותר מכללו, תגלחת שסותרת — אינו דין שלא תותר מכללה? אמר רחמנא "ראשו" ואמר רחמנא "זקנו". ותגלחת לא תסתור כלל, קל וחומר מיין; ומה יין שלא הותר מכללו אינו סותר, תגלחת שהותרה מכללה — אינו דין שלא תסתור? בעינן גידול שער, והא ליכא. ויין יסתור שלשים יום, ק"ו מתגלחת; ומה תגלחת שהותרה מכללה סותרת, יין שלא הותר מכללו — אינו דין שיסתור? מידי הוא טעמא אלא משום גידול שער, גבי יין — הא קאים שערו.§

מתני'

רש"י

ובאו והודיעוהו לאחר ג' שנים ושאל את ר' יהושע בן [אלישע] א]וזקנו, שהיה רוצה לקברו בקברי אבותיו. ואמר לו "לאביו" — בזמן שהוא שלם. **חומר** בטומאה ובתגלחת שסותרין. טומאה בהדיא כתיב "והימים הראשונים יפלו". ותגלחת שסותרת שלשים — כדאמרינן לקמן, משום דבעינן גידול שיער כדי גידול שיער סתם נזירות, ב]שיהא השער בשעת תגלחת מלוה. **והיוצא** מן הגפן אינו סותר. בהדיא ממעטינן ליה בגמ'. **חומר** ביוצא מן הגפן שלא הותר מכללו. ג] לאסור יין מלוה כיין הרשות, שאם נשבע "שאשתה" ואח"כ נדר בנזיר — אסור [ביין]. ותגלחת הותרה בתגלחת מלורע, [כדאמרינן לקמן] (דף נח.), מ"ראשו", וטומאה הותרה במת מלוה. **ויין** יותר מכללו. למי שנשבע "שאשתה". אמר קרא מיין ושכר. דמיותר, כדאמרינן בפ"ק (לעיל דף ג:). **כי טמא** ד] (מעיקרו סותר כי טמא) נזרו מיעוטא הוא. **שלא** עשה מטמא כמיטמא. מטמא הנזיר אינו לוקה. **שעשו** בה המגלח. את הנזיר, כמתגלח — כנזיר עצמו, וילקו שניהן, כדדרשינן בסמוך. **אמר** קרא ראשו. גבי מלורע, להתיר מלורע נזיר: **תגלחת** שהותרה מכללה אינו דין שלא תסתור. וא"ת: טומאה תוכיח! וי"ל: מה לטומאה שכן סותרת את הכל. **ומה** תגלחת שהותרה מכללה סותרת. וא"ת: מה לתגלחת שכן עשה בה מגלח כמתגלח, תאמר [ביין] שלא עשה משקה כשותה! וי"ל: דמהאי טעמא נעשה בו משקה [כשותה]. אבל בתר דמשני דיין [אינו סותר] — דין הוא דלא נעשה בו משקה כשותה, הואיל דלא סותר.

ומגלח

תוספות

יכול. באחותו שהוא מותר, אבל לא בשל אחרים — לא בשדרה ולא בגולגולת על שאר קרובים. שגופה תלוי בה. בשדרה וגולגולת, שבכך עיקר הגוף תלוי או בזה או בזה, אף כל בשאר קרובים יכול ליטמא או בשדרה או בגולגולת או ברוב בניינו או ברוב מניינו, ואע"פ שהוא חסר משאר הגוף? וש"מ דמותר ליטמא לאביו אע"פ שהוא חסר, ותיקשה דרב חסדא דהאיכא ר"א בן יעקב דקאמר נמי הכי. ושמע מינה דלכולי עלמא לית להו דרב חסדא, דאמר בזמן שהוא שלם ולא בזמן שהוא חסר! הא נמי ר"י היא. כלומר הוא דאמר כר"י, ורב (א) [חסדא] דאמר כי האי תנא. **דתניא** מעשה שמת אביו של רבי יצחק הכהן בגינזק ובאו והודיעוהו לאחר שלש שנים ובא ושאל את רבי יהושע בן אלישע וד' זקנים שעמו. מהו ליטמא ולהביאו בקברי אבותיו? **ואמרו** לו לאביו בזמן שהוא שלם **ולא** בזמן שהוא חסר. ולאחר שלש שנים אי אפשר לו שאינו חסר. **מתני'** וטומאה ותגלחת הותרו(ב). בתגלחת מצורע ובמת מצוה. שהטומאה סותרת את הכל. אפילו בנזירות מרובה. וחייבין עליה קרבן. אשם, ותורין או בני יונה. ותגלחת אינה סותרת אלא שלשים יום. ואפילו בנזירות מרובה. **גמ'** ת"ל לאביו ולאמו לא יטמא. מכדי כתיב "על כל נפשות מת", "לאביו" למה לי? אלא להכי הוא דאתא: דלאביו לא יטמא, אבל מיטמא הוא למת מצוה. ויין יותר מכללו. כגון גבי יין מצוה (ג) שנשבע עליו לשתותו, מק"ו: ומה טומאה כו'. לאסור יין מצוה. שנשבע עליו, כיין רשות, א) וכדר"ש בפ"ק דמסכתין (דף ג:). והאי דמותר בקידושא ואבדלתא, ב) דלא חשיב ליה הותר מכללו — משום דלא חל עליו מעולם נזירות, משום (ד) ג) דנשבע ועומד מהר סיני הוא. ומותר מכללו לא קחשיב ליה אלא היכא דחייל ואח"כ מישתרי בהו. ומה טומאה שלא עשה מטמא כמיטמא. שהמטמא את הנזיר אינו עובר ד) עליו, וכדמוכח בסמוך. תגלחת שעשה בה מגלח כמתגלח. שהמגלח את הנזיר עובר בלאו כדלקמן, "תער לא יעבור על ראשו", קרי ביה: לא יעביר ליה אחר. **אמר** קרא וטמא ראש נזרו למטמא ה) ראש נזרו. מדלא כתיב "וטמא לו ראש נזרו". **אמר** רחמנא ראשו וזקנו. דמיתרי, ו) כדאמרינן לעיל, להתיר למצורע נזיר לגלח. בעינן גידול שיער. כדי לקיים בו מצות גילוח ביום הבאת קרבנותיו, וליכא. מידי **הוא** טעמא. דתגלחת, דסותר — אלא משום דבעינן דתיהוי ליה גידול שיער, ואילו הכא גבי יין למה ליה למיסתר? הא קאי שערו דחזי לגילוח.

מתני'

מסורת הש"ס

נ"א צדוק הכהן

לעיל לד.

[ע' תוס' זבחים טז: ד"ה כל חלא ותוס' חולין כג: ד"ה ותהא]

[לעיל ג: ה.]

[נ"ל יעביר ליה אחר עי' ברש"י ד"ה תגלחת שעשה וכו']

עין משפט נר מצוה

פא א מיי' פ"ב מהל' אבל הל' טו סמג לאוין רלו טוש"ע י"ד סימן שמג סעיף ט:

פב ב מיי' פ"ו מהל' נזירות הלכה ג:

פג ג מיי' שם הל' א ב:

פד ד מיי' שם הל' א:

פה ה ו מיי' שם פ"ז הלכה יא:

פו ז מיי' שם פ"ו ה"ג:

פז ח מיי' שם הל' א ב:

פח ט מיי' שם פ"ה הל' כ ופ"ג מהל' אבל הלכה ה:

פט י מיי' פ"ה מהל' נזירות הל' יא סמג לאוין רב:

פי' הרא"ש

קרא אע"פ שאינו מטמא לאיבריה מטמא הוא לשדרה ולגולגלת. דא"כ לשתוק קרא מיניה דממילא נתמעטו כל האיברים. מה אחותו מיוחדת שגופה תלוי בו. פי' שמוטלת עליו לקוברה אף אני אביא שאר קרובים שמוטלין עליו לקוברו: כולה ר' יהודה היא. הנך ג' ברייתות כולן כרבי יהודה: ובא ושאל את ר' ישמעאל בן אלישע ואסר עליו משום דא"א שלא חסר ממנו כלום: שהטומאה והתגלחת סותרים דכתיב והימים הראשונים יפלו. ותגלחת סותרת ל' כדאמר לעיל דבעי' גידול שער של סתם נזי': שהיוצא מן הגפן לא הותר מכללו. כגון לשתות יין מצוה וטומאה ותגלחת הותרו מכללן. טומאה למת מצוה ותגלחת לנזיר מצורע כדדרשינן לעיל מראשו: ת"ל לאביו ולאמו לא יטמ' וקרא יתירה הוא דהא כבר כתיב על כל נפשות מת לא יבא לא יטמא להם [במותם ל"ל]: ומה טומאה שלא עשה בה מטמא כמיטמא שהמטמא את הנזיר אינו לוקה. אבל תגלחת אחר שגלחו לוקה כדדריש בשמעתי' מקרא: אמר וטמא ראש נזרו למטמא ראש נזרו אזהר רחמנא ולא למטמא ראש נזי' אחר: תער לא יעבור על ראשו. דמשמע לא יעבור כלל בין הוא עצמו בין אחר:

נוסחת הריב"ן

א) וכדרבא: ב) לא: ג) דמושבע: ד) בלאו: ה) למטמא את ראש נזרו הוא דהוזהר ולא לאחרים מדלא כתיב ביה וטמאו לו ראש נזרו: ו) דלא לריכי כדאמרינן:

הגהות הב"ח

(א) רש"י ד"ה הא נמי וכו' כר"י ורב הוא דאמר כי האי תנא: (ב) ד"ה וטומאה ותגלחת הותרו מכללן בתגלחת: (ג) ד"ה ויין יותר וכו' יין מצוה. נ"ב עיין פ"ק דף ד: (ד) ד"ה לאסור וכו' משום דמושבע ועומד:

הגהות מהר"ב רנשבורג

א] תוס' ד"ה ובאו וכו' ושאל את רבי יהושע בן אלישע וזקנים. כצ"ל: ב] ד"ה חומר וכו' סתם נזירות בעינן כצ"ל: ג] ד"ה חומר ביוצא כו' מכללו כגון לאסור כו' כצ"ל: ד] ד"ה כי טמא נזרו וכו' טומאה סותר כי טמא נזרו מיעוטא הוא. כצ"ל:

צ א מיי' פ"ו מהל' נזירות הלכה יא סמג עשין קכז:
צא ב מיי' שם פ"ח הל' ה:
צב ג מיי' פ"א מהל' טומאת צרעת הל' ד וע"ש בהשגות ובכ"מ:
צג ד מיי' פ"ו מהל' נזירות הלכה יג:

מתני' אתִּגְלַחַת טוּמְאָה כֵּיצַד? הָיָה מַזֶּה בַּשְּׁלִישִׁי וּבַשְּׁבִיעִי, וּמְגַלֵּחַ בַּשְּׁבִיעִי, וּמֵבִיא קָרְבְּנוֹתָיו בַּשְּׁמִינִי. וְאִם גִּילַּח בַּשְּׁמִינִי — מֵבִיא קָרְבְּנוֹתָיו בּוֹ בַּיּוֹם, דִּבְרֵי ר"ע. א"ל ר' טַרְפוֹן: מַה בֵּין זֶה לִמְצוֹרָע? א"ל: בזֶה — טָהֳרָתוֹ תְּלוּיָה בְּיָמָיו, גוּמְצוֹרָע טָהֳרָתוֹ תְּלוּיָה בְּתִגְלַחְתּוֹ, דוְאֵינוֹ מֵבִיא קָרְבָּן אא"כ הָיָה מְעוֹרַב שֶׁמֶשׁ.§ גמ' קִיבְּלָהּ מִינֵּיהּ אוֹ לָא? ת"ש, דְּתָנֵי הִלֵּל: גִּילַּח בַּשְּׁמִינִי — מֵבִיא קָרְבְּנוֹתָיו בַּתְּשִׁיעִי. וְאִי ס"ד קִיבְּלָהּ מִינֵּיהּ לֵיתֵי קָרְבְּנוֹתָיו בַּשְּׁמִינִי! אֲמַר רָבָא: לָא קַשְׁיָא: הָא — דִּטְבַל בַּשְּׁבִיעִי, הָא — דְּלָא טְבַל בַּשְּׁבִיעִי. אֲמַר אַבַּיֵי: אַשְׁכַּחְתִּינְהוּ לְחַבְרֵיהּ דְּרַב נָתָן בַּר הוֹשַׁעְיָא דְּיָתְבִין וְקָאָמְרִין: (ויקרא טו) °"וּבָא לִפְנֵי ה' אֶל פֶּתַח אֹהֶל מוֹעֵד וּנְתָנָם אֶל הַכֹּהֵן", אֵימָתַי הוּא [בָּא]? בִּזְמַן שֶׁהוּא טָבַל וְעָשָׂה הֶעֱרֵב שֶׁמֶשׁ — אִין, לֹא טָבַל וְעָשָׂה הֶעֱרֵב שֶׁמֶשׁ — לָא. אַלְמָא קָסָבַר: *טְבוּל יוֹם שֶׁל זָב כְּזָב דָּמֵי. אָמִינָא לְהוֹן אֲנָא: אֶלָּא מֵעַתָּה, גַּבֵּי נָזִיר טָמֵא נַמִי, דִּכְתִיב *"(°וְהֵבִיא אוֹתָם) (במדבר ו) אֶל הַכֹּהֵן אֶל פֶּתַח אֹהֶל מוֹעֵד" אֵימָתַי הוּא [בָּא] — בִּזְמַן שֶׁטָּבַל וְעָשָׂה הֶעֱרֵב שֶׁמֶשׁ; מִכְּדִי

נוסחת הריב"ן

מתני' תִּגְלַחַת טוּמְאָה כֵּיצַד הָיָה מַזֶּה בַּשְּׁלִישִׁי וּבַשְּׁבִיעִי. וְאִם"כ הָיָה טוֹבֵל, שֶׁכָּךְ חוֹבָה עַל הַמַּזֶּה מֵי חַטָּאת, כִּדְמְפָרֵשׁ בְּהוּ קְרָא בְּ"זֹאת חוּקַּת הַתּוֹרָה", שֶׁלְּאַחַר הַזָּאָה טְעוּנִין טְבִילָה. וְהָיָה מְגַלֵּחַ בּוֹ בַּיּוֹם, דְּהַיְינוּ (א) שְׁבִיעִי, כִּדְכְתִיב בֵּיהּ "וְגִלַּח רֹאשׁוֹ בְּיוֹם טָהֳרָתוֹ בַּיּוֹם הַשְּׁבִיעִי יְגַלְּחֶנּוּ, וּבַיּוֹם הַשְּׁמִינִי יָבִיא שְׁתֵּי תוֹרִים". (תורה אור) וְאִם גִּילֵּחַ בַּשְּׁמִינִי מֵבִיא קָרְבְּנוֹתָיו בּוֹ בַּיּוֹם. (ב) הַשְּׁמִינִי עַצְמוֹ. אָמַר לוֹ רַבִּי טַרְפוֹן מַה בֵּין זֶה לִמְצוֹרָע. שֶׁאַף כֵּן שָׁנִינוּ בִּמְצוֹרָע, (ג) שֶׁאַף הוּא תִּגְלַחַת שְׁנִיָּה בַּשְּׁבִיעִי, כִּדְמְפָרֵשׁ בֵּיהּ קְרָא (ויקרא יד) "וְגִלַּח אֶת כָּל שְׂעָרוֹ וְרָחַץ בַּמַּיִם וְטָהֵר וְיָשַׁב מִחוּץ לְאָהֳלוֹ שִׁבְעַת יָמִים, וּבַיּוֹם הַשְּׁבִיעִי יְגַלַּח אֶת כָּל שְׂעָרוֹ" וּמֵבִיא קָרְבְּנוֹתָיו בַּשְּׁמִינִי. בַּת"כ: וְאִם גִּילֵּחַ בַּשְּׁמִינִי מֵבִיא קָרְבְּנוֹתָיו א) בַּשְּׁמִינִי. אָמַר לוֹ. אֵין בֵּינֵיהֶן כְּלוּם לְעִנְיַן הֲבָאַת קָרְבָּן. אֶלָּא שֶׁזֶּה. הַנָּזִיר, טָהֳרָתוֹ תְּלוּיָה בְּיָמָיו, ב) בַּשְּׁבִיעִי כֵּיוָן שֶׁהוּזָּה וְטָבַל הָוֵי טָהוֹר, כִּדְכְתִיב (ויקרא טו) "וְגִלַּח רֹאשׁוֹ בְּיוֹם טָהֳרָתוֹ" — דְּמַשְׁמַע שֶׁכְּבָר הוּא טָהוֹר וְעוֹמֵד כְּשֶׁהוּא מְגַלֵּחַ, וַאֲפִילּוּ אִם אֵינוֹ מְגַלֵּחַ בּוֹ בַּיּוֹם. וּמְצוֹרָע טָהֳרָתוֹ תְּלוּיָה בְּתִגְלַחְתּוֹ. שֶׁאִם טָבַל קוֹדֶם שֶׁמְּגַלֵּחַ עֲדַיִין אֵינוֹ טָהוֹר עַד שֶׁמְּגַלֵּחַ, דִּכְתִיב "וְהָיָה בַּיּוֹם הַשְּׁבִיעִי יְגַלַּח אֶת כָּל שְׂעָרוֹ" וַהֲדַר "וְרָחַץ אֶת בְּשָׂרוֹ בַּמַּיִם וְטָהֵר". (במדבר ו) וְנָזִיר אֵינוֹ מֵבִיא קָרְבְּנוֹתָיו אֶלָּא א"כ הָיָה מְעוֹרַב שֶׁמֶשׁ. שֶׁטּוֹבֵל בַּשְּׁבִיעִי וּמֵבִיא קָרְבְּנוֹתָיו בַּשְּׁמִינִי, וְהֵן אִם לֹא טָבַל בַּשְּׁבִיעִי עַד לַשְּׁמִינִי — אֵינוֹ יָכוֹל לְהָבִיא קָרְבְּנוֹתָיו בּוֹ בַּיּוֹם עַד הַתְּשִׁיעִי. אֲבָל מְצוֹרָע הַמְגַלֵּחַ וְטוֹבֵל בְּיוֹם שְׁמִינִי שֶׁלּוֹ — יָכוֹל לְהָבִיא קָרְבְּנוֹתָיו בּוֹ בַּיּוֹם, וְאֵינוֹ צָרִיךְ הֶעֱרֵב שֶׁמֶשׁ, לְפִי שֶׁהוּא טָהוֹר וְעוֹמֵד מִשְּׁעַת טְבִילָה רִאשׁוֹנָה שֶׁטָּבַל בְּתִגְלַחַת הָרִאשׁוֹנָה, דְּהָא כְּתִיב בֵּיהּ "וְטָהֵר". גמ' קִיבְּלָהּ מִינֵּיהּ. רַבִּי טַרְפוֹן, שֶׁאִם גִּילֵּחַ נָזִיר בַּשְּׁמִינִי שֶׁיָּכוֹל לְהָבִיא קָרְבְּנוֹתָיו בּוֹ בַּיּוֹם, ג) וְאֵינוֹ צָרִיךְ הֶעֱרֵב שֶׁמֶשׁ [שְׁמִינִי עַצְמוֹ], וְאֵינוֹ צָרִיךְ לְהַמְתִּין עַד הַתְּשִׁיעִי? ת"ש דְּתָנֵי הִלֵּל גִּילַּח נָזִיר בַּשְּׁמִינִי מֵבִיא קָרְבְּנוֹתָיו בַּתְּשִׁיעִי. וּשְׁ"מ לָא קִיבְּלָהּ מִינֵּיהּ. אֲמַר רָבָא. לְעוֹלָם קִיבְּלָהּ, וְהָא דְּאָמְרַתְּ אִם אִיתָא דְּקִיבְּלָהּ מִינֵּיהּ לַיְיתֵי בַּשְּׁמִינִי — לָא קַשְׁיָא, דְּכִי אָמְרִי אִם גִּילֵּחַ בַּשְּׁמִינִי מֵבִיא קָרְבְּנוֹתָיו בַּשְּׁמִינִי. (ד) ד) דִּטְבַל בַּשְּׁבִיעִי. שֶׁהָיָה לוֹ הֶעֱרֵב שֶׁמֶשׁ. וְהָא דְּתָנֵי הִלֵּל מֵבִיא קָרְבְּנוֹתָיו בַּתְּשִׁיעִי — כְּגוֹן דְּלֹא טָבַל בַּשְּׁבִיעִי עַד שְׁמִינִי. וְר"ע לְטַעְמֵיהּ, דְּאָמַר: נָזִיר אֵינוֹ מֵבִיא קָרְבְּנוֹתָיו אֶלָּא בִּמְעוֹרַב שֶׁמֶשׁ. וְאִיכָּא דִּמְפָרְשִׁי אַלִּיבָּא דְּר"ע בְּמַתְנִי' דִּמְצוֹרָע שֶׁגִּילֵּחַ בַּשְּׁמִינִי אֵינוֹ מֵבִיא קָרְבְּנוֹתָיו עַד הַתְּשִׁיעִי, לְפִי שֶׁאֵינוֹ מֵבִיא אֶלָּא בִּמְעוֹרַב שֶׁמֶשׁ בַּתְּשִׁיעִי. וּשְׁבַשְׁתָּא הִיא, דִּבְהֶדְיָא קָתָנֵי לָהּ בַּת"כ דְּאִם גִּילֵּחַ בַּשְּׁמִינִי מֵבִיא קָרְבְּנוֹתָיו בַּשְּׁמִינִי, וְהָכִי נַמִי א"ל רַבִּי טַרְפוֹן לְהָתָם: מַה בֵּין זֶה לְנָזִיר. אֲמַר אַבַּיֵי אַשְׁכַּחְתִּינְהוּ לְחַבְרֵיהּ דְּרַב נָתָן בַּר הוֹשַׁעְיָא דְּיָתְבִי וְקָאָמְרִי וּבָא לִפְנֵי ה' וגו' בִּזְמַן שֶׁטָּבַל וְעָשָׂה הֶעֱרֵב שֶׁמֶשׁ. (ה) מִדִּכְתִיב "וְכִי יִטְהַר הַזָּב מִזּוֹבוֹ וְסָפַר לוֹ שִׁבְעַת יָמִים", וּכְתִיב בַּתְרֵיהּ "וּבַיּוֹם הַשְּׁמִינִי יָבִיא שְׁתֵּי תוֹרִים אוֹ שְׁנֵי בְּנֵי יוֹנָה וּבָא לִפְנֵי ה' אֶל פֶּתַח אֹהֶל מוֹעֵד וּנְתָנָם אֶל הַכֹּהֵן", דְּמַשְׁמַע: אֵימָתַי הוּא בָּא לִפְנֵי ה' לְהָבִיא — כִּדְאָמְרִינַן הָתָם "וּבָא לִפְנֵי ה'", מְלַמֵּד שֶׁהוּא חַיָּיב בְּטִיפּוּל הֲבָאָתָן, וְהַיְינוּ בַּיּוֹם הַשְּׁמִינִי, דְּהַיְינוּ לְאַחַר שֶׁטָּבַל וְהֶעֱרִיב שִׁמְשׁוֹ. אַלְמָא דְּכִי עָשָׂה הֶעֱרֵב שֶׁמֶשׁ — אִין, דְּמוּתָּר לִיכָּנֵס לָעֲזָרָה. לֹא עָשָׂה הֶעֱרֵב שֶׁמֶשׁ — לָא ה). אַלְמָא קָסָבַר טְבוּל יוֹם שֶׁל זָב כְּזָב דָּמֵי. דְּכִי הֵיכִי דְּזָב אָסוּר לִיכָּנֵס בְּמַחֲנֵה לְוִיָּה, דְּהַיְינוּ בָּעֲזָרָה, הָכִי נַמִי טְבוּל יוֹם שֶׁל זָב. אֶלָּא מֵעַתָּה גַּבֵּי נָזִיר. דִּכְתִיב "וְגִלַּח (ו) אֶת רֹאשׁוֹ בְּיוֹם טָהֳרָתוֹ בַּיּוֹם הַשְּׁבִיעִי יְגַלְּחֶנּוּ", וּכְתִיב בַּתְרֵיהּ "וּבַיּוֹם הַשְּׁמִינִי יָבִיא שְׁתֵּי תוֹרִים" וגו', נֵימָא נַמִי הָכִי: אֵימָתַי הוּא בָּא — בִּזְמַן שֶׁטָּבַל וְהֶעֱרִיב שִׁמְשׁוֹ, אֲבָל מִקַּמֵּי הָכִי — לָא. מִכְּדִי

פירוש (תוס')

ומגלח בשביעי ויביא קרבנו בשמיני. כדכתיב בפרשה "וגלח (את) ראשו ביום טהרתו ביום השביעי יגלחנו וביום השמיני יביא שתי תורים וכבש לאשם". א"ל ר' טרפון מה בין זה למצורע. שמעתי ממך. שנאמר בפרשת מצורע בתגלחת שניה "והיה ביום [השביעי] יגלח את כל שערו וכבס בגדיו במים וטהר וביום [השמיני] יקח שני כבשים וכבשה אחת" וגו', שמעתי ממך דמצורע א] יגלח בשמיני ויביא קרבנו בתשיעי. א"ל: שזה טהרתו תלויה בימיו אחר [הזיית] ג' וז', ומצורע טהרתו תלויה בתגלחת, אף כי טבל בז' — צריך לטבול פעם אחרת אחר גילות. ואם כן, הוי טבול יום לגלח. עד ח' נקרא טבול יום, ואינו מביא קרבנותיו אלא א"כ היה מעורב שמש, שהרי הקפיד הכתוב שיטהר מטומאת מצורע בהבאת קרבנותיו, ב] [אם כן] אין בידו לשלח קרבנות.

קיבלה מיניה. רבי טרפון מר' עקיבא, נזיר שגילח בשמיני מביא קרבנותיו [בשמיני] או לא? דתני הלל גילח בשמיני מביא קרבנותיו בתשיעי. וקים ליה להתלמוד דגבי נזיר מתנייא. והשתא, מדתניא, בשלמא אי לא קבלה מיניה, הא מני ר"ע היא. אלא אי ס"ד דקבלה — לכ"ע ליתי קרבנותיו בשמיני! הא דלא טבל בשביעי. הא דתני הלל שהמתין לטבול עד בשמיני, הואיל וקפיד רחמנא שיביא נזיר קרבנו בטהרה, ובעודו טבול יום לא יביא קרבנות גם לא ישלח קרבנות. אמר אביי. הא דתניא גבי זב, כתיב בפרשת מצורע "וכי יטהר הזב מזובו וספר לו שבעת ימים וכבס בגדיו ורחץ במים חיים וטהר וביום השמיני יקח לו שתי תורים ובא לפני ה' אל פתח אהל מועד ונתנם אל הכהן וכפר עליו הכהן וטהר" וגו', אימתי הוא בא — כשטבל מבעוד יום ועשה הערב שמש. ג] (ובת"כ) מצאתי כך: יכול יטבול בו ביום שמיני, פי': שיוכל להמתין מלטבול עד יום השמיני — ת"ל "ובא לפני ה'". כילד הוא בא? אלא טבל מבעוד יום ועשה הערב שמש. ואל תתמה: היכי פשיטא ליה לתנא דטבול יום אסור ליכנס למחנה לויה, דקאמר כילד נכנס אלא אם כן טבל מבעוד יום, הלא טבול יום דמת מותר ליכנס במחנה לויה, וכן משמע בסמוך! דיש לומר דמשמע ליה קרא הכי "ובא לפני ה' ביום השמיני" — מכלל דקודם יום השמיני אסור ליכנס ד].

אלמא קסבר טבול יום כזב דמי. כך היו אומרים חברייהו דרב נתן ברבי הושעיא: אחרי שאנו רואין דס"ל לתנא דטבול יום דאסור ליכנס במחנה לויה, אף כי טבול יום דמת ושרץ מותרין — מכלל דסבירא ליה לתנא דטבול יום דזב כזב (דבפרק קמא) לענין דאין שוחטין וזורקין עליו, ואם המתין וטבל עד יום השמיני — לא יוכל לשלוח קרבנות, דאין שוחטין וזורקין עליו. דהכי איתא בפ' שני דכריתות (דף י.) דלמ"ד טבול יום דזב כזב דמי — אין שוחטין וזורקין עליו. ואני שמעתי: שמאי לדקדק טבול יום כזב, הואיל דטומאה יוצאה עליו מגופו — אפילו בבעל שתי ראיות, שאינו מחוסר כפורים, דאסור ליכנס במחנה לויה. ואמינא להו אנא אלא מעתה. כלומר, לפי מה שסתמו דבריהן ולא פירשו, מהיכא מוכיח התנא דטבול יום דזב אסור ליכנס במחנה לויה? ואתם סוברים שמוכיח, [מדכתיב] "ובא ביום השמיני" — מכלל דאם טבל [בשמיני] הואיל והוא טבול יום אסור ליכנס. דכתיב. בפרשת נשא, גבי נזיר טמא "וגילח ראשו ביום טהרתו ביום השביעי יגלחנו וביום השמיני יביא שתי תורים או שני בני יונה אל הכהן פתח אהל מועד וגו' והביא כבש בן שנתו לאשם" וגו', ה"נ, אימתי הוא מביא — כשטבל ועשה הערב שמש. שער

פי' הרא"ש

תגלחת הטומאה כיצד. נזיר שנטמא כיצד הוא מגלח. מגלח בז' ומביא קרבן בח' כדכתיב וגלח ראשו ביום טהרתו ביום הז' יגלחנו. וביום הח' יביא ב' תורים וכבש לאשם: מה בין זה למצורע דכתיב בפ' מצורע בתגלחת ב' והיה ביום הז' יגלח את כל שערו וכבס בגדיו ורחץ את בשרו במים וטהר וביום הח' יביא ב' תורים וכבשה. וקי"ל במצורע דאם גלח בח' מביא קרבנותיו בט': א"ל שזה טהרתו תלויה ביומו. נזיר טהרתו תלויה בהזאת ג' וז' ובטבילה. הלכך כיון שנטהר בז' אע"פ שלא גילח עד יום הח' מביא קרבנותיו בו ביום: אבל מצורע טהרתו תלויה בתגלחתו. כדכתיב ביום הז' יגלח את כל שערו. והדר כתיב ורחץ בשרו במים וטהר ואם טבל עד שלא גילח לא עלתה לו טבילה הלכך אם גילח בח' אכתי צריך הערב שמש. הלכך אינו יכול להביא קרבנותיו עד תשיעי: קבל מניה ר"ט מר"ע. ת"ש דתני הלל גלח בח' מביא קרבנותיו בט'. ואי ס"ד קבל מניה הך ברייתא דלא כמאן. וקים ליה לתלמודא דגבי נזיר מתניא וגם קים ליה דאחר המשנה נשנית לפי שהמשניות נשנו קודם הברייתות: הא דלא טבל בז' עד יום הח' ובעודו טבול יום לא יוכל להביא קרבנותיו. ותמיה לי אמאי נקט גלח בח' אף אם גלח בז' נמי דבטבילה תליא מילתא. אלא דאורחא דמלתא נקט שדרכו לגלח ביום טהרתו: הא דתניא ובא לפני ה' וגו' גבי זב כתיב בפ' תורת המצורע וכי יטהר הזב מזובו וספר ז' ימים לטהרתו וכבס בגדיו ורחץ בשרו במים וביום הח' יקח לו ב' תורים ובא (לו) לפני ה' אל פתח אהל מועד (ונתן אותם) [ונתנם] אל הכהן: כיצד הוא בא כשטבל מבע"י ועשה לו הערב שמש. ובת"כ היא כתובה כך. יכול יטבול בו ביום. כלומר שיוכל להמתין עד יום הח' ת"ל ובא לפני ה' זה שער ניקנור. כיצד הוא בא אלא א"כ טבל מבע"י והעריב השמש. שער ניקנור הוא שער שנכנסים בו מעזרת נשים למחנה שכינה. ושער ניקנור לא נתקדש כדין מחנה שכינה ויש לו דין מחנה לויה כדאמר בפסחים פ' אלו דברים. וע"כ האי לפני ה' היינו שער ניקנור דאין לומר לפני ה' בעזרה ממש שהרי מחוסר כפורים הוא. ואמרינן בשמעתין עוד טומאתו בו לרבות מחוסר כפורים שחייב כרת אם נכנס למחנה שכינה. והאי דפשיטא ליה לתנא דהאי טבול יום אינו נכנס למחנה לויה אע"ג דטבול יום דמת ודשרץ נכנס כדמשמע בסמוך משום דמשמעותיה דקרא משמע הכי ובא לפני ה' ביום הח' אבל קודם לכן לא: אלמא טבילה דזב כזב דמי. ואפילו טבול יום דזב בעל ב' ראיות הואיל וטומאתו יוצאת עליו מגופו דכיון דלא אסיק אדעתיה דחמיר האי טבול יום משום דהוי גם מחוסר כפרה א"כ אין חלוק בין טבול יום דזב בעל ב' ראיות לבעל ג' ראיות. ובהאי קרא נמי כתיב מזובו דדרשינן מקצת זובו דהיינו זב בעל ב' ראיות: ואמינא להון אנא אלא מעתה. לפי סברתכם דמה שאומר בברייתא כיצד הוא בא אא"כ טבל מבע"י ועשה הערב שמש היינו משום דכתיב ובא לפני ה' בתר וכי יטהר. גבי נזיר נמי דכתיב בפ' נשא גבי נזיר טמא ביום הז' יגלחנו וביום הח' יביא ב' תורים או ב' בני יונה אל הכהן אל פתח אהל מועד

הגהות הב"ח

(א) רש"י ד"ה תגלחת וכו' דהיינו בשביעי וכו' שתי תורים וכבש לאשם הס"ד: (ב) ד"ה ואם גילח וכו' בו ביום ביום השמיני: (ג) ד"ה אמר לו וכו' שנינו במצורע בת"כ שאף הוא בתגלחת שניה שמגלח בשביעי כדמפרש וכו' שבעת ימים והיה ביום השביעי יגלח וכו' קרבנותיו בשמיני אם גילח בשמיני כצ"ל: (ד) ד"ה אמר רבא הד"א עם ד"ה דטבל וכו' במעורב שמש דשמיני ושבשתא: (ה) ד"ה אמר אביי וכו' הערב שמש דכתיב וכו' וביום השמיני יקח לו שתי תורים: (ו) ד"ה אלא וכו' וגילח ראשו כצ"ל ותיבת את נמחק:

א) בו ביום: ב) דבשביעי שלו: ג) קרבנותיו בו ביום בשמיני עצמו ואינו כו': ד) והוא דטבל: ה) וה"ק עשה הערב שמש אין לא עשה הערב שמש לא הס"ד:

[כריתות י.]

[נ"ל יביא שתי תורים וגו']

הגהות מהר"ב רנשבורג

א] תוס' ד"ה א"ל ר"ט וכו' שמעתי ממך דמצורע שגלח כו'. נ"ב בא"ד בהבאת קרבנותיו א"כ. נמחק תיבת א"כ וצ"ל אחר כך וכו'. א"מ: ג] ד"ה ובת"כ מצאתי כך. תיבת ובת"כ נמחק ונ"ב וכספרי. א"מ: ד] בא"ד מכלל דקודם יום השמיני אסור ליכנס. נ"ב עי' א"מ דעושה מכל אלה דיבור אחד.

מִכְּדִי שַׁעֲרֵי נִיקָנוֹר הֵיכָא קַיְימִין – בְּשַׁעֲרֵי לְוִיָּה, *וְהָתַנְיָא: אטְמֵא מֵת מוּתָּר לִיכָּנֵס בְּמַחֲנֵה לְוִיָּה, וְלֹא טְמֵא מֵת בִּלְבַד אֶלָּא באֲפִי' מֵת עַצְמוֹ, שֶׁנֶּאֱמַר °"וַיִּקַּח מֹשֶׁה אֶת עַצְמוֹת יוֹסֵף עִמּוֹ" מַאי "עִמּוֹ" – עִמּוֹ בִּמְחִיצָתוֹ, עִמּוֹ בְּמַחֲנֵה לְוִיָּה! אֶלָּא (אָמַר אַבַּיֵי:) טְבוּל יוֹם שֶׁל זָב כְּזָב דָּמֵי, ואפ"ה, כֵּיוָן דִּמְחוּסַּר כַּפָּרָה לָא עָיֵיל. וְאִי בְּמַחֲנֵה לְוִיָּה קָאֵי, אַמַּאי קָא קָרֵי לֵיהּ "אֹהֶל מוֹעֵד"? לְמֵימְרָא: מָה הָתָם מְחוּסַּר כַּפָּרָה לָא עָיֵיל, אַף לְמַחֲנֵה לְוִיָּה נַמִי – מְחוּסַּר כַּפָּרָה לָא עָיֵיל. וְהָתָם מְנָלַן? *דְּתַנְיָא: °"טָמֵא יִהְיֶה" – גלְרַבּוֹת טְבוּל יוֹם, "עוֹד טוּמְאָתוֹ בוֹ" – דלְרַבּוֹת מְחוּסַּר כַּפָּרָה.§

מתני' תִּגְלַחַת הַטָּהֳרָה הכֵּיצַד? הָיָה מֵבִיא ג' בְּהֵמוֹת, חַטָּאת עוֹלָה וּשְׁלָמִים, וְשׁוֹחֵט אֶת הַשְּׁלָמִים וּמְגַלֵּחַ עֲלֵיהֶם, דִּבְרֵי רַבִּי יְהוּדָה. רַבִּי אֶלְעָזָר אוֹמֵר: לֹא הָיָה מְגַלֵּחַ אֶלָּא עַל הַחַטָּאת, ושֶׁהַחַטָּאת קוֹדֶמֶת בְּכָל מָקוֹם. *זוְאִם גִּלַּח עַל (א) אַחַת מִשְּׁלָשְׁתָּן – יָצָא. *רשב"ג אוֹמֵר: חהֵבִיא ג' בְּהֵמוֹת וְלֹא פֵּירֵשׁ, הָרְאוּיָה לְחַטָּאת – תִּקְרַב חַטָּאת, לְעוֹלָה – תִּקְרַב עוֹלָה, לִשְׁלָמִים – תִּקְרַב שְׁלָמִים.§

גמ' ת"ר: °"וְגִלַּח הַנָּזִיר פֶּתַח אֹהֶל מוֹעֵד" וגו' – בִּשְׁלָמִים הַכָּתוּב מְדַבֵּר, שֶׁנֶּאֱמַר °"וּשְׁחָטוֹ פֶּתַח אֹהֶל מוֹעֵד". אַתָּה אוֹמֵר בִּשְׁלָמִים הַכָּתוּב מְדַבֵּר, אוֹ אֵינוֹ אֶלָּא פֶּתַח אֹהֶל מוֹעֵד מַמָּשׁ? טאָמַרְתָּ: א"כ דֶּרֶךְ בִּזָּיוֹן הוּא.[א] רַבִּי יֹאשִׁיָּה אוֹמֵר: אֵינוֹ צָרִיךְ, הֲרֵי אָמְרָה תּוֹרָה °"לֹא תַעֲלֶה בְמַעֲלוֹת עַל מִזְבְּחִי" ק"ו לְדֶרֶךְ בִּזָּיוֹן. (א) [נ"א בְּמִדְרָשׁ בְּפָרָשָׁה נָשֹׂא (ד' רמ"ב): "וְגִלַּח הַנָּזִיר", רַבִּי יֹאשִׁיָּה אוֹמֵר: בִּשְׁלָמִים הַכָּתוּב מְדַבֵּר, אוֹ אֵינוֹ וכו', אִם כָּךְ אָמְרָה תּוֹרָה "לֹא תַעֲלֶה" וכו', ק"ו לְדָבָר שֶׁלֹּא יְגַלֵּחַ פֶּתַח אֹהֶל מוֹעֵד. אֶלָּא בִּשְׁלָמִים הַכָּתוּב מְדַבֵּר]. ר' יִצְחָק אוֹמֵר: אֵינוֹ צָרִיךְ, הֲרֵי הוּא אוֹמֵר °"וְלָקַח אֶת שְׂעַר רֹאשׁ נִזְרוֹ וְנָתַן עַל הָאֵשׁ" וגו' – מִי שֶׁאֵינוֹ מְחוּסָּר אֶלָּא לְקִיחָה וּנְתִינָה, יָצָא זֶה שֶׁהוּא מְחוּסָּר לְקִיחָה הֲבָאָה וּנְתִינָה. [ב] אִיכָּא דְּאָמְרִי: רַבִּי יִצְחָק אוֹמֵר: בִּשְׁלָמִים הַכָּתוּב מְדַבֵּר. אַתָּה אוֹמֵר בִּשְׁלָמִים הַכָּתוּב מְדַבֵּר, אוֹ אֵינוֹ אֶלָּא פֶּתַח אֹהֶל מוֹעֵד מַמָּשׁ? ת"ל "וְלָקַח אֶת שְׂעַר רֹאשׁ נִזְרוֹ" – מָקוֹם שֶׁהָיָה מְבַשֵּׁל שָׁם הָיָה מְגַלֵּחַ. אַבָּא חָנָן אוֹמֵר מִשּׁוּם רַבִּי אֱלִיעֶזֶר: "וְגִלַּח הַנָּזִיר פֶּתַח אֹהֶל מוֹעֵד" – יכָּל זְמַן שֶׁאֵין פֶּתַח אֹהֶל מוֹעֵד פָּתוּחַ אֵינוֹ מְגַלֵּחַ. ר"ש שְׁזוּרִי אוֹמֵר: "וְגִלַּח הַנָּזִיר פֶּתַח אֹהֶל מוֹעֵד" – וְלֹא נְזִירָה שֶׁמָּא

א) בדפוס ישן משנת ת"ע ליתא עד ר' יצחק

מִכְּדִי שַׁעֲרֵי נִיקָנוֹר. שֶׁשָּׁם עוֹלִין כָּל מְחוּסְּרֵי כַּפָּרָה, כִּדְגָרְסִינַן בְּמַסֶּכֶת סוֹטָה בְּפֶרֶק קַמָּא (דף ז.): מַעֲלִין אוֹתָהּ לְשַׁעֲרֵי מִזְרָח, לְשַׁעַר נִיקָנוֹר, שֶׁשָּׁם מַשְׁקִין אֶת הַסּוֹטוֹת, וּמְטַהֲרִין אֶת הַיּוֹלְדוֹת, וּמְטַהֲרִין אֶת הַמְּצוֹרָעִים. וְה"ה לִשְׁאָר מְחוּסְּרֵי כַּפָּרָה, כְּגוֹן זָבִין וְזָבוֹת, כִּדְמְפָרֵשׁ הָתָם בַּגְּמָ'. [הֵיכָא] הָווּ קָיְימִי בְּשַׁעֲרֵי לְוִיָּה. וְאִילּוּ בְּמַחֲנֵה לְוִיָּה אֲפִי' מֵת עַצְמוֹ הָיָה יָכוֹל לִיכָּנֵס. וְהַאי נָזִיר טְמֵא מֵת הֲוָה, וְאַמַּאי אֵינוֹ יָכוֹל לִיכָּנֵס עַד דְּעָבִיד הֶעֱרֵב שֶׁמֶשׁ? אֶלָּא מִדְּקָא לָאו דַּוְוקָא – הָתָם נַמִי לָאו דַּוְוקָא לְגַבֵּי זָב, וַאֲפִילּוּ לֹא הֶעֱרִיב שִׁמְשׁוֹ, כֵּיוָן דְּטָבַל – יָכוֹל לִיכָּנֵס לְשָׁם. ה"ג: לְעוֹלָם טְבוּל יוֹם שֶׁל זָב כְּזָב דָּמֵי וְאַפ"ה כֵּיוָן דִּמְחוּסַּר כַּפָּרָה לָא עָיֵיל וְאִי בְּמַחֲנֵה לְוִיָּה קָאֵי אַמַּאי קָרֵי לֵיהּ כו'. כְּלוֹמַר, דַּחֲבֵרֵיהּ דְּרַבִּי נָתָן בְּרַבִּי אוֹשַׁעְיָא קָא מְהַדְּרִי לֵיהּ לְאַבַּיֵי: לְעוֹלָם טְבוּל יוֹם שֶׁל זָב כְּזָב דָּמֵי, וְלָא הָווּ דּוּקְיָא דְּשַׁמַעְתָּא דְּבִטְבִילָה וְהֶעֱרֵב שֶׁמֶשׁ קָאֵי, אֶלָּא בְּכַפָּרָה תַּלְיָא מִילְּתָא. וְהַאי דְּקָא מוֹתְבִית לָךְ מִנָּזִיר טְמֵא מֵת שֶׁנִּטְמָא דְּאֵינוֹ יָכוֹל לִיכָּנֵס שָׁם, וַהֲרֵי מֵת עַצְמוֹ יָכוֹל לִיכָּנֵס – א) הָא לָא קַשְׁיָא; אַע"ג דִּשְׁאָר טְמֵאֵי מֵתִים יְכוֹלִים לִיכָּנֵס בְּמַחֲנֵה לְוִיָּה – הַאי נָזִיר טְמֵא מֵת אֵינוֹ יָכוֹל לִיכָּנֵס, מִשּׁוּם מְחוּסַּר כַּפָּרָה. וְהָא נַמִי דְּקָאָמְרַתְּ (ב) [דִּכְתִיב] "אֶל פֶּתַח אֹהֶל מוֹעֵד" דְּאַתָּה סָבוּר דְּבָעֲזָרָה מִשְׁתָּעֵי קְרָא, דְּהַיְינוּ מַחֲנֵה לְוִיָּה, מִשּׁוּם הָכִי קָא פָּרְכַתְּ "מִכְּדִי שַׁעַר נִיקָנוֹר" כו' – הָא לָא הֲוֵי, דְּאִי בְּמַחֲנֵה לְוִיָּה קָא מִשְׁתָּעֵי קְרָא ב) מַאי קָרֵי לֵיהּ "אֹהֶל מוֹעֵד"? הָא תַּנְיָא (יומא דף סא.): "אֹהֶל מוֹעֵד" – זֶה הֵיכָל! אֶלָּא לְהָכִי כָּתַב "אֹהֶל מוֹעֵד" – לְמֵימְרָא: מַה הָתָם בַּהֵיכָל מְחוּסַּר כַּפָּרָה לָא עָיֵיל. וְהָכִי מַשְׁמַע: אֵימָתַי "וּבָא לִפְנֵי ה'" דְּהַיְינוּ בְּמַחֲנֵה לְוִיָּה – בִּזְמַן שֶׁהוּא רָאוּי לָבֹא אֶל ג) אֹהֶל מוֹעֵד, דְּהֵבִיא כַּפָּרָתוֹ. הָא אִם לֹא הֵבִיא כַּפָּרָתוֹ – לֹא. וְא"ת: וְהָא מְצוֹרָעִין נִכְנָסִין בְּשַׁעֲרֵי נִיקָנוֹר, שֶׁשָּׁם מַזִּין עַל הַבְּהֵמוֹת! הָא לָא קַשְׁיָא, דְּבִיאָה בְּמִקְצָת לָאו שְׁמָהּ בִּיאָה. מְנָלַן. דִּמְחוּסַּר כַּפָּרָה לָא עָיֵיל. דְּתַנְיָ' טָמֵא יִהְיֶה לְרַבּוֹת טְבוּל יוֹם. שֶׁאֵינוֹ צָרִיךְ לְהָבִיא כַּפָּרָה ד). לְרַבּוֹת מְחוּסַּר כַּפָּרָה. ה) וְאַע"ג דְּהֶעֱרִיב שִׁמְשׁוֹ אֵינוֹ יָכוֹל לִיכָּנֵס עַד שֶׁיָּבִיא כַּפָּרָתוֹ. **מתני'** שֶׁהַחַטָּאת קוֹדֶמֶ' בְּכָל מָקוֹם. כִּדְכְתִיב (ויקרא ה) "וְהִקְרִיב אֶת אֲשֶׁר לַחַטָּאת רִאשׁוֹנָה", וְקַיְימָא לָן (זבחים דף צ:) דַּאֲפִילּוּ חַטַּאת הָעוֹף קוֹדֶמֶת אַף לְעוֹלַת בְּהֵמָה. הוֹאִיל וּבִשְׁאָר מְקוֹמוֹת מָצִינוּ שֶׁהִיא קוֹדֶמֶת – אַף כָּאן בְּנָזִיר תְּהֵא קוֹדֶמֶת, כְּדֵי שֶׁיְּהֵא נָזִיר מְגַלֵּחַ עָלֶיהָ. וְלֹא פֵּירֵשׁ. אֵיזֶה מֵהֶן לַחַטָּאת. הָרְאוּיָה לְחַטָּאת. כְּגוֹן כִּבְשָׂה נְקֵבָה בַּת שְׁנָתָהּ. הָרְאוּיָה לְעוֹלָה. כֶּבֶשׂ זָכָר בֶּן שְׁנָתוֹ. וְהָרְאוּיָה לִשְׁלָמִים. אַיִל בֶּן שְׁתֵּי שָׁנִים. **גמ'** ת"ר וְגִלַּח הַנָּזִיר פֶּתַח אֹהֶל מוֹעֵד בִּשְׁלָמִים הַכָּתוּב מְדַבֵּר. עַל הַשְּׁלָמִים הוּא אוֹמֵר שֶׁיְּהֵא מְגַלֵּחַ, שֶׁהֲרֵי נֶאֱמַר כָּאן "פֶּתַח אֹהֶל מוֹעֵד" וְלֹא מָצִינוּ שְׁאָר קֳדָשִׁים טְעוּנִין פֶּתַח אֹהֶל מוֹעֵד אֶלָּא ו) לִשְׁלָמִים בִּלְבַד, בִּשְׁבִיל שֶׁהֵן דּוֹרוֹן. וְכִדְרַב יְהוּדָה אָמַר שְׁמוּאֵל: "וּשְׁחָטוֹ פֶּתַח אֹהֶל מוֹעֵד" – בִּזְמַן שֶׁהוּא פָּתוּחַ וְלֹא בִּזְמַן שֶׁהוּא נָעוּל, מִכָּאן לִשְׁלָמִים שֶׁשְּׁחָטָן קוֹדֶם פְּתִיחַת דַּלְתוֹת הַהֵיכָל שֶׁפְּסוּלִין (ערובין דף ב.). אוֹ אֵינוֹ אֶלָּא פֶּתַח אֹהֶל מוֹעֵד (ג). בְּפֶתַח הַהֵיכָל יְהֵא מְגַלֵּחַ, וְלֹא בְּמָקוֹם אַחֵר. אָמַרְתָּ אִם כֵּן. שֶׁלֹּא יְהֵא מְגַלֵּחַ אֶלָּא בְּפֶתַח הַהֵיכָל – זֶהוּ דֶּרֶךְ בִּזָּיוֹן, וְאִי אַתָּה רַשַּׁאי. רַבִּי יֹאשִׁיָּה אוֹמֵר אֵינוֹ צָרִיךְ. לוֹמַר מִכָּאן שֶׁאָסוּר דֶּרֶךְ בִּזָּיוֹן, דְּמִדּוּכְתָּא אַחֲרִיתִי נָפְקָא, כִּדְכְתִיב "לֹא תַעֲלֶה בְמַעֲלוֹת עַל מִזְבְּחִי" אֶלָּא דֶּרֶךְ כֶּבֶשׁ, שֶׁלֹּא לְגַלּוֹת בְּשַׂר עֶרְוָה עָלָיו, ק"ו שֶׁלֹּא יִנְהוֹג בּוֹ דֶּרֶךְ בִּזָּיוֹן. ר' יִצְחָק אוֹמֵר אֵינוֹ צָרִיךְ. לוֹמַר דְּמִשּׁוּם שֶׁהוּא בִּזָּיוֹן לֹא יְגַלֵּחַ ז) בְּפֶתַח הֵיכָל, שֶׁאֲפִי' לֹא יְהֵא בּוֹ בִּזָּיוֹן אֵינוֹ יָכוֹל לְגַלֵּחַ אֶלָּא מִבַּחוּץ, דִּכְתִיב "וְלָקַח אֶת שְׂעַר רֹאשׁ נִזְרוֹ" וגו'. יָצָא זֶה. שֶׁאִם יְהֵא מְגַלֵּחַ עַל פֶּתַח הֵיכָל – שֶׁמְּחוּסַּר לְקִיחָה וַהֲבָאָה לָעֲזָרָה וּנְתִינָה תַּחַת הַדּוּד, הִלְכָּךְ אֵינוֹ יָכוֹל לְגַלֵּחַ אֶלָּא כְּנֶגֶד הַדּוּד שֶׁל שְׁלָמִים. וְהַאי דִּכְתִיב "וְגִלַּח הַנָּזִיר פֶּתַח אֹהֶל מוֹעֵד" – בִּשְׁלָמִים הַכָּתוּב מְדַבֵּר. אַבָּא חָנָן אוֹמֵר. לְכָךְ נֶאֱמַר בּוֹ "פֶּתַח" – שֶׁאֵינוֹ יָכוֹל לְגַלֵּחַ כָּל זְמַן שֶׁאֵין פֶּתַח אֹהֶל מוֹעֵד פָּתוּחַ. נָזִיר וְלֹא נְזִירָה. שֶׁהָאִשָּׁה ח) לֹא מְגַלַּחַת בָּעֲזָרָה, אֶלָּא בַּמְּדִינָה. כְּדֵי

שער ניקנור. שהיא עזרת נשים, ועד שם מחנה לוייה, כדאמר בפסחים בפרק "כילד צולין" (דף פה:): שער ניקנור לא נתקדש [בקדושת] מחנה שכינה, ויש לו דין מחנה לוייה. ועל כרחך הא [דכתיב "ובא] לפני ה'" – שער ניקנור הוא, [דאין לומר] לפני ה' בעזרה ממש – שהרי מחוסר כפרה הוא, [ואמרינן] בסמוך "עוד טומאתו בו" – לרבות מחוסרי כפורים, שחייב כרת אם נכנס למחנה שכינה. **מכדי** שער ניקנור כו'. וכי היכי דהתם לא תוכל לדקדק מכלל דעד יום [השמיני] אסור ליכנס, דהא ליתא, כדמפרש ואזיל. אלא הא ודאי, כי נקיט קרא "וביום השמיני יביא" – להודיע לנו זמן הבאת קרבנות, ולא בא לאוסרו ליכנס שם קודם לכן. וגבי זב נמי, אכתי מנא ליה לתנא דאסור ליכנס? וה"ה [דאיכא] למימר "פתח אהל מועד", א] וי"ל פתח ההיכל כדאשכחן גבי שלמים "ושחטו פתח אהל מועד" ודרשינן בזבחים (דף נה:): [שיהיו] דלתות ההיכל פתוחין. ולעולם אימא לך דודאי טבול יום דמת אסור ליכנס שם, דהוא מחנה שכינה! וי"ל: דלהא לא איצטריך ב] (לטמא), דהא כתיב "טמא יהיה" – לרבות טבול יום, דנפקא לן בסמוך דכל טבול יום אסור ליכנס במחנה שכינה. אלא ודאי בא הכתוב לומר זמן הבאת קרבנות בשמיני ולא קודם לה, ולא לאוסרו ליכנס – ה"ג נימא הכי. ה"ג **אלא** אמר אביי טבול יום דזב לאו כזב דמי ואפ"ה כיון דמחוסר כפרה לא עייל. ג] אבל האי דס"ל (נאמר) לא כזב דמי לענין דשוחטין וזורקין עליו, ומ"מ אסור ליכנס, הואיל ומחוסר כפורים לא עייל ד] במחנה לויה. **ואי** [במחנה לוייה קאי]. כלומר, דאם מותר ליכנס במחנה לוייה אמאי ליקרי ליה "אהל מועד"! שהרי במחנה לוייה הכתוב מדבר. ע"כ במחנה שכינה הוא זה שאסור ליכנס כ"ז שהוא מחוסר כפורים, ואמאי קרי ליה "פתח אהל מועד", דמשמע תוך העזרה לפני ההיכל, כמו "ושחטו פתח אהל מועד" הכתוב בשלמים שנשחטו תוך העזרה, למימרא: מה אהל מועד מחוסר כפורים לא עייל, ואהל מועד מנלן – דכתיב "טמא יהיה" – לרבות טבול יום, שאסור ליכנס במחנה שכינהה]. הרי חוזר אביי ומשני דברי חביריו דרב נתן ממה שהיו [אומרים מסברת לבם], אלמא קסבר: טבול יום דזב כזב. ומה שלא פירשה היאך היה מוכיח דטבול יום כזב (אסור), דזב אסור ליכנס אל פתח אהל מועד ונזיר יכול ליכנס במחנה שכינה, שהרי לאו מחוסר כפורים הוא, דלא מקרי מחוסר כפורים אלא למי שטומאה יוצאה מגופו. **תגלחת** טהרה כיצד מביא חטאת עולה ושלמים ושוחט את השלמים ומגלח עליהם. ונראה דטעמא משום דדרשינן בגמ' "וגלח פתח אהל מועד" – [במה שנאמר בו] אהל מועד, דהיינו שלמים. אחרי שאמר הכתוב שעל השלמים יגלח – דין הוא שיקדימו. וקשה: א"כ למה הקדים חטאת ועולה לשלמים*? **רבי** אליעזר אומר לא היה מגלח אלא על החטאת שחטאת קודמת בכל מקום לעולה ושלמים. [כדאמרי'] בפרק "כל התדיר" (זבחים צ.). **הראויה** לחטאת. כשבה. לעולה – כבש. לשלמים – איל. בשלמים

פי' הרא"ש

מועד הכי נמי: אימתי הוא מביא. כשטבל או העריב שמשו: מכדי שער נקנור וכו' והתם ודאי א"א כלל לדקדק דעד יום הח' אסור ליכנס אלא הא דכתיב וביום הח' יביא לא לאוסרו ליכנס קודם אלא להודיע זמן הבאת קרבנות' ואפי' גבי זב מנ"ל לתנא דאסור לכנוס: אלא אמר אביי טבול [יום] דזב לאו כזב דמי וטבול יום דזב בעל ב' ראיות כיון דלאו מחוסר כפרה הוא לאחר שטבל מותר לכנוס למחנה לויה ובריית' לאו מייתורא דקרא דייק דאורחיה דקרא למכתב הכי ובא לפני ה': ואפ"ה. דטבול יום דזב בעל ב' ראיות מותר לכנוס האי טבול יום דבעל ג' ראיות אסור ליכנס: האי במחנה לויה קאי ואמאי קרי ליה פתח אהל מועד כלו' האי דפשיטא ליה לתנא דאסור ליכנס לשער ניקנור עד שיטביל ויעריב שמשו מקרא קא דייק. דמחוסר כפרה למחנה לויה קאי בשער ניקנור דמחוסר כפורים אסור לכנוס למחנה שכינה: ואמאי קרי ליה אהל מועד למימרא מה אהל מועד מחוסר כפרה לא עייל אע"ג דהעריב שמשו אף התם נמי פי' בשער ניקנור פי' האי מחוסר כפורים כיון דלא העריב שמשו דאיכא תרתי מחוסר כפרה וטבול יום לא עייל דתניא טמא יהיה בפ' זאת חוקת בפ' פרה כתיב לרבות טבול יום שאסור לכנוס למחנה שכינה עוד טומאתו בו לרבות מחוסר כפרה כגון זב ומצורע ויולדת שטומא' יוצאה מגופו: ושוחט השלמים ומגלח עליהם כדמפ' בגמ' משום דכתיב ושחטו פתח אהל מועד וכיון דמגלח על השלמים דין הוא שיקדמו ואע"ג דסדורא דקרא חטאת עולה ושלמים: שחטאת קודמת בכל מקום לעולה ושלמים כדתנן בזבחים פרק כל התדיר ודין הוא שיגלח על הראשון: ולא פירש אע"ג דכל הקרבנות צריך שיקרא להם הבעלים שם הכא לא צריך אלא אחר שאמר אלו לנזירותי הוי כאילו קרא שם לכל א' וא' דכבשה אינה ראויה אלא לחטאת וכבש לעולה ואיל לשלמים: ומשלח תחת הדוד של זבח השלמים: היה מגלח במדינה אע"ג דכתיב וגלח פתח אהל מועד לאו דוקא כדמפר' בגמ'.

לא היה משלח תחת הדוד כדדריש בגמ' משום דכתיב ולקח את שער ראש נזרו ונתן על האש מי שאינו מחוסר אלא לקיחה ונתינה יצא זה שמחוסר לקיחה והבאה מחוץ לירושלים ונתינה תחת הדוד אבל בתגלחת הטומאה לא היה משלח תחת הדוד של אשם [וחטאת] העוף דלא כתיב נתינת שער תחת הדוד אלא [בנזיר טהור]: הכל משלחים טהור במקדש ובמדינה וטמא במקדש חוץ מן הטמא שבמדינה כדמפ' בגמ' מפני ששערו נקבר כדאי' בשלהי תמורה: בשלמים הכתוב מדבר כלומר וגילח הנזיר על זבח שנאמר בו פתח אהל מועד ואליבא דר' יהודה דמתני': ר' יאשיה אומר אינו צריך. כלומר אינו צריך לאוסרו מסברא אלא מק"ו יש לדרוש שאין לנהוג מנהג בזיון שהרי אומר לא תעלה במעלות אפי' בשעת עבודה הזהירה תורה שלא תגלה ערותו לעצים ולאבנים כ"ש שלא יגלה פתח אהל מועד ובספרי אין כתוב בו ר' יאשיה או' אלא כולה מדברי ת"ק והכי איתא התם או אינו אלא פני אהל מועד אמרת דרך בזיון הוא או אינו אלא פתח אהל מועד ממש כלומר שאין להוציא הפסוק ממשמעותו בשביל סברא ת"ל ולא תעלה במעלות: ולא מי שמחוסר לקיחה הבאה ונתינה וזה מחוסר הבאה מפני אהל מועד עד מקום שהוא מבשל השלמים בלשכת הנזירים תמיה לי ומנלן שאינו מבשלו פני אהל מועד וכי תימא משום בזיון א"כ אפי' תגלחת נמי: וגלח הנזיר פתח אהל מועד בזמן שהוא פתוח דע"כ פני אהל מועד לאו דווקא שהוא מנהג בזיון. ונ"ל דס"ל דמגלח על החטאת הלכך לא אצטריך פני אהל מועד אלא לבזמן שהוא פתוח: וגלח הנזיר ולא נזירה סבירא ליה דלפני אהל מועד היה מגלח דאי לא דוקא פני אהל מועד (יתלה) [יכולה] לגלח במקום צנוע ופליג אמתני'

צד א ב מיי' פ"ז מהל' בית הבחירה הלכה טו ופ"ג מהל' ביאת מקדש הל' ז סמג לאוין ד:
צה ג ד מיי' פ"ג מהל' ביאת מקדש הל' ז ופ"ז מהל' בית הבחירה הל' יח:
צו ה מיי' פ"ח מהל' נזירות הל' א סמג עשין קכז:
צז ו מיי' שם הל' ב ועי' בכ"מ ומיי' פ"ט מהל' תמידין ומוספין הל' ו:
צח ז מיי' פ"ח מהל' נזירות הל' ב סמג עשין קכז:
צט ח מיי' שם הל' א סמג שם:
ק ט י מיי' שם הל' ג:

פסחים סז. סוטה כ: [תוספתא דכלים פ"א]

מכות ח:

לעיל כח: [ערכין כח. נדרים ל: זבחים נה.] מנחות ה.

נוסחת הריב"ן

א) יכול ליכנס למחנה לויה הא כו' משום דהוי מחוסר כפרה כו' דאמרת להתם אל פתח כו': ב) אמאי: ג) אל פתח אהל: ד) שאין יכול ליכנס עד שיעריב שמשו הס"ד: ה) דאע"ג: ו) שלמים: ז) בפתח היכל כו' ראש נזרו ונתן וגו': ח) שהאשה נזירה מגלחת במדינה ולא בעזרה:

הגהות הב"ח

(א) במשנה על אחד משלשתן: (ב) רש"י ד"ה ה"ג לעולם וכו' והא נמי דאמרת דהתם נמי כתיב אל פתח אהל וכו' משתעי קרא אמאי קרי: (ג) ד"ה או אינו וכו' מועד ממש בפתח ההיכל:

הגהות הגר"א

[א] גמ' א"כ לדרך בזיון הוא והרי אמרה תורה כו' ק"ו לדרך בזיון לדברי ר' יאשיה ר' יצחק אומר כצ"ל ושבינתיים ל"ג: [ב] שם (איכא דאמרי כו' עד היה מגלח) תא"מ (דהיינו נמי כלישנא קמא. ובספרי איתא כלישנא בתרא. ומצינו בכ"מ בש"ס תרי לישני שאין נ"מ ביניהם

שֶׁמָּא יִתְגָּרוּ בָּהּ פִּרְחֵי כְהוּנָּה. אָמַר לוֹ: לִדְבָרֶיךָ, סוֹטָה תוֹכִיחַ, דִּכְתִיב בָּהּ "וְהֶעֱמִידָהּ לִפְנֵי ה'" וְלָא חָיְישִׁינַן *שֶׁמָּא יִתְגָּרוּ בָּהּ פִּרְחֵי כְהוּנָּה! אָמַר לָהֶן זוֹ כּוֹחֶלֶת וּפוֹקֶסֶת, זוֹ אֵינָהּ כּוֹחֶלֶת וּפוֹקֶסֶת.§ **מתני'** הָיָה נוֹטֵל שְׂעַר רֹאשׁ נִזְרוֹ וּמְשַׁלֵּחַ תַּחַת הַדּוּד, וְאִם גִּילֵּחַ בַּמְּדִינָה — לֹא הָיָה מְשַׁלֵּחַ תַּחַת הַדּוּד. בַּמֶּה דְּבָרִים אֲמוּרִים — בְּתִגְלַחַת הַטָּהֳרָה, אֲבָל בְּתִגְלַחַת הַטּוּמְאָה לֹא הָיָה מְשַׁלֵּחַ תַּחַת הַדּוּד. ר"מ אוֹמֵר: הַכֹּל מְשַׁלְּחִין תַּחַת הַדּוּד, חוּץ מִן הַטָּמֵא שֶׁבַּמְּדִינָה בִּלְבַד.§ **גמ'** (א) "נוֹטֵל שְׂעַר רֹאשׁ נִזְרוֹ". ת"ר: [א]ואח"כ נוֹטֵל אֶת הָרוֹטֶב, וְנוֹתֵן עַל שְׂעַר רֹאשׁ נִזְרוֹ, וּמְשַׁלֵּחַ תַּחַת הַדּוּד שֶׁל שְׁלָמִים. [ב]וְאִם שִׁילַּח תַּחַת הַדּוּד שֶׁל חַטָּאת וְאָשָׁם — יָצָא. אָשָׁם בְּנָזִיר [טָהוֹר] מִי אִיכָּא? אֲמַר רָבָא: ה"ק: [ג]וְאִם נָזִיר טָמֵא מְשַׁלֵּחַ תַּחַת הַדּוּד שֶׁל אָשָׁם — יָצָא. מנה"מ? אֲמַר רָבָא: אָמַר קְרָא "אֲשֶׁר תַּחַת זֶבַח הַשְּׁלָמִים" — מִזִּבְחוֹ יְהֵא תַּחְתָּיו. וְאִם שִׁילַּח תַּחַת הַדּוּד שֶׁל חַטָּאת *יָצָא, מ"ט? אָמַר קְרָא *"זֶבַח" — לְרַבּוֹת אֶת הַחַטָּאת וְאָשָׁם. וְהָא אַפִּיקְתֵּיהּ לְהַאי "זֶבַח" מֵרוֹטֶב! א"כ לֵימָא קְרָא "מֵרוֹטֶב הַשְּׁלָמִים", מַאי "זֶבַח" — ש"מ לְרַבּוֹת חַטָּאת וְאָשָׁם. וְאֵימָא כּוּלָּהּ לְחַטָּאת וְאָשָׁם הוּא דְּאָתָא! א"כ לֵימָא "שְׁלָמִים וָזֶבַח", מַאי "זֶבַח הַשְּׁלָמִים" — שְׁמַע מִינָּהּ תַּרְתֵּי. תָּנוּ רַבָּנַן: *הַכֹּל הָיוּ מְשַׁלְּחִין תַּחַת הַדּוּד, חוּץ מִטָּמֵא שֶׁגִּילֵּחַ בַּמְּדִינָה, מִפְּנֵי שֶׁשְּׂעָרוֹ נִקְבָּר, דִּבְרֵי רַבִּי מֵאִיר. רַבִּי יְהוּדָה אוֹמֵר: [ד]טְהוֹרִים — כָּאן וְכָאן הָיוּ מְשַׁלְּחִין, [ה]טְמֵאִים — כָּאן וְכָאן לֹא הָיוּ מְשַׁלְּחִין. וחכ"א: הַכֹּל לֹא הָיוּ מְשַׁלְּחִין תַּחַת הַדּוּד, חוּץ מִן טָהוֹר שֶׁבַּמִּקְדָּשׁ, מִפְּנֵי שֶׁנַּעֲשָׂה כְּמִצְוָתוֹ.§ **מתני'** [ו]הָיָה מְבַשֵּׁל אֶת הַשְּׁלָמִים אוֹ *שׁוֹלְקָן. הַכֹּהֵן [ז]נוֹטֵל אֶת הַזְּרוֹעַ בְּשֵׁלָה מִן הָאַיִל, (ג) וְחַלַּת מַצָּה אַחַת מִן הַסַּל, וּרְקִיק מַצָּה אֶחָת, וְנוֹתֵן עַל כַּפֵּי הַנָּזִיר וּמְנִיפָן, וְאַחַר כָּךְ הוּתַּר הַנָּזִיר לִשְׁתּוֹת יַיִן וּלְהִטַּמֵּא לַמֵּתִים.

רַבִּי

תורה אור: [במדבר ה] "וְהֶעֱמִידָהּ"; [סס ו] "אֲשֶׁר תַּחַת"

א) **בשלמים** הכתוב מדבר. וכרבי יהודה דמתני', דאמר: על שלמים יגלח, שנאמר בהן "ושחטו פתח אהל מועד". **רבי** יאשיה אומר אינו צריך הרי הוא אומר לא תעלה במעלות. כי הולך לעבוד עבודה, ואינו כל כך דרך בזיון. וקשה: דמאי אינו צריך למדרש מסברא אלא מק"ו? ובסיפרי אין הגירסא "ר' יאשיה אומר", אלא כל זה מדברי ת"ק, והכי איתא התם: או אינו אלא פתח אהל מועד ממש? אמרת: א"כ דרך בזיון. או אינו אלא ממש — כלומר דאין להוציא מסברא הפסוק ממשמעו — הרי הוא אומר "לא תעלה", ק"ו לדבר בזיון. **ולא** במי שמחוסר הבאה ולקיחה ונתינה. שהרי שלמים נאכלין בכל העיר, ואם מגלח פתח אהל מועד ודוד שלמים *בעי — הרי מחוסר הבאה לקיחה ונתינה. **וגילח** (את) הנזיר פתח אהל מועד בזמן שהוא פתוח. כלומר, ע"כ לאו פתח אהל מועד ממש, דא"כ ה"ל דרך בזיון, אלא בזמן פתח א] [פתוח]. **ולא** נזירה. משמע שטעמא דקרא שמא יתגרו בה פרחי כהונה ב] אם תגלח פתח אהל מועד ממש. אלא במדינה מגלחת במקום צנוע, ולא יראוה פרחי כהונה. **אינה** כוחלת ופוקסת. הסוטה עומדת שם [בניוול], כדאמר בסוטה (דף ז:): היו קושרין חבל המצרי כו'. **ומשלח** תחת הדוד. שהשלמים בו. **אם** גילח במדינה. שיש לו רשות לגלח במקום שירצה. ואף על גב דכתיב "אל פתח אהל מועד" — לאו פתח אוהל מועד קאמר, כדדרשינן בגמ'. **לא** היה משלח תחת הדוד. נראה דמכל מקום פשיטא ליה לתנא דאהני פשטא דקרא, דמשמע דבירושלים הוא מגלח, ואם היה מגלח בגבולין לא היה ג] מגלח תחת הדוד, דכתיב בקרא "וגלח הנזיר פתח אהל מועד ולקח את שער ראש נזרו ונתן על האש אשר תחת זבח השלמים". ואיכא תנא דדריש בגמ': יצא זה שמחוסר לקיחה הבאה ונתינה, וה"נ מחוסר הבאת שערו מחוץ לירושלים לתתם תחת דוד השלמים בירושלים. **אבל** תגלחת טומאה לא היה משלח תחת הדוד. דוד של אשם נזיר טמא וחטאת העוף, שלא תלה הכתוב נתינת שער תחת הדוד אלא בטהור. **רבי** מאיר אומר [הכל משלחין תחת הדוד]. בין נזיר טהור ד] במדינה ובין נזיר טמא [במקדש]. חוץ מן הטמא שבמדינה. בגמ' אמרינן: מפני ששערו נקבר, וכן שלהי תמורה (דף לד.). אבל קשה: מנלן דנקבר וצ"ע. **נוטל** שער ראשו. כדאמר בברייתא, והוא נוטל מן הרוטב, כדמפרש ואזיל. **מנלן** אמר קרא תחת זבח השלמים מזבחו יהא תחתיו. מיתורא ד"זבח" דרשינן הכי: תחת השלמים יתן מזבחו. [חטאת] ואשם אמר קרא "זבח" לרבות חטאות ואשמות. **א"כ** לימא קרא שלמים וזבח מאי זבח השלמים. מדסמך "זבח", למדרש: תחת השלמים יהיה מן הזבח. **מפני** ששערו נקבר. לא נתפרש מנלן. **כאן** וכאן. במקדש ובמדינה. **או** שולקן. בישול ה] יותר [מדאי]. **ואח"כ** הותר הנזיר לשתות ביין. לכאורה נראה דהאי תנא כר"א, דאמר בגמ' דאסור לשתות יין עד אחר כל המעשים שמפרש. **ו)כיון** [שנזרק עליו] אחד מן הדמים. כדדרשינן בגמ': אחר מעשה יחידי.

א) מכאן עד ד"ה אינה כוחלת שייך לע"א. ב) שייך לדף מו.

כְּדֵי שֶׁלֹּא יִתְגָּרוּ בָּהּ פִּרְחֵי כְהוּנָּה. סוֹטָה אֵינָהּ כּוֹחֶלֶת וּפוֹקֶסֶת. דְּהָא לְנַוּוֹלָהּ קָא בָּעֵי, וְכֵיוָן דִּמְנַוְּולָהּ — לָא אָתוּ לְאִיגְרוּיֵי בָּהּ. **מתני'** וּמְשַׁלֵּחַ. וּמַנִּיחַ. ה"ג בְּמַתְנִי': הָיָה נוֹטֵל שְׂעַר רֹאשׁ נִזְרוֹ וּמְשַׁלֵּחַ תַּחַת הַדּוּד, וְאִם גִּילֵּחַ בַּמְּדִינָה לֹא הָיָה מְשַׁלֵּחַ תַּחַת הַדּוּד. בַּמֶּה דְּבָרִים אֲמוּרִי', בְּתִגְלַחַת הַטָּהֳרָה, אֲבָל בְּתִגְלַחַת הַטּוּמְאָה — לֹא הָיָה מְשַׁלֵּחַ תַּחַת הַדּוּד. ר' מֵאִיר אוֹמֵר: הַכֹּל מְשַׁלְּחִין תַּחַת הַדּוּד, חוּץ מִן הַטָּמֵא שֶׁבַּמְּדִינָה בִּלְבָד. וּסְפָרִים שֶׁכָּתוּב בָּהֶן בְּמִשְׁנָתֵנוּ "אִם שִׁילַּח תַּחַת הַדּוּד שֶׁל אָשָׁם יָצָא" — שִׁבּוּשׁ הוּא, דְּל"ג לֵיהּ בְּמַתְנִיתִין, אֶלָּא בַּגְּמָ': ת"ר וְאח"כ נוֹטֵל אֶת הָרוֹטֶב כו'. וְהָכִי פֵּירוּשָׁא דְּמַתְנִי': הָיָה נוֹטֵל שְׂעַר רֹאשׁ נִזְרוֹ וּמְשַׁלְּחוֹ תַּחַת הַדּוּד שֶׁל שְׁלָמִים, וְאִם גִּילֵּחַ בַּמְּדִינָה — לֹא הָיָה מְשַׁלְּחוֹ תַּחַת הַדּוּד שֶׁל שְׁלָמִים. בד"א בְּתִגְלַחַת הַטָּהֳרָה. א) אָמְרוּ שֶׁאִם גִּילֵּחַ בַּמִּקְדָּשׁ מְשַׁלֵּחַ תַּחַת הַדּוּד, אֲבָל לֹא בִּזְמַן שֶׁגִּילֵּחַ בַּמְּדִינָה. אֲבָל בְּתִגְלַחַת הַטּוּמְאָה, אֲפִי' בִּזְמַן שֶׁמְּגַלֵּחַ בַּמִּקְדָּשׁ — אֵינוֹ מְשַׁלֵּחַ תַּחַת הַדּוּד שֶׁל אָשָׁם, שֶׁאֵין לְךָ מְשַׁלֵּחַ תַּחַת הַדּוּד אֶלָּא הַטָּהוֹר שֶׁבַּמִּקְדָּשׁ, מִפְּנֵי שֶׁעָשָׂה נְזִירוּתוֹ כְּמִצְוָתוֹ. ר' מֵאִיר אוֹמֵר הַכֹּל מְשַׁלְּחִין תַּחַת הַדּוּד. בֵּין טָהוֹר שֶׁגִּילֵּחַ בַּמְּדִינָה בֵּין טָמֵא שֶׁגִּילֵּחַ בָּעֲזָרָה, וְאֵין לְךָ שֶׁאֵינוֹ מְשַׁלֵּחַ תַּחַת הַדּוּד אֶלָּא חוּץ מִן הַטָּמֵא ב) בַּמְּדִינָה בִּלְבָד. **גמ'** וּגְרֵישָׁא דִּגְמָ' ל"ג "אָשָׁם בְּנָזִיר מִי אִיכָּא", אֶלָּא ה"ג: ת"ר וְאח"כ נוֹטֵל אֶת הָרוֹטֶב וְנוֹתֵן עַל הַשֵּׂעָר שֶׁל רֹאשׁ נְזִירוּתוֹ וּמְשַׁלֵּחַ תַּחַת הַדּוּד שֶׁל שְׁלָמִים. וְאִם שִׁילַּח תַּחַת הַדּוּד שֶׁל אָשָׁם וְשֶׁל חַטָּאת יָצָא. אָשָׁם בְּנָזִיר טָהוֹר מִי אִיכָּא? אָמַר רָבָא, ה"ק: וְאִם נָזִיר טָמֵא מְשַׁלֵּחַ תַּחַת הַדּוּד שֶׁל אָשָׁם — יָצָא. מְנָא הָנֵי מִילֵּי אָמַר רָבָא ג) אָמַר קְרָא אֲשֶׁר תַּחַת זֶבַח הַשְּׁלָמִים. דְּמַשְׁמַע: אֲשֶׁר תַּחְתָּיו יְהֵא זֶבַח הַשְּׁלָמִים, לוֹמַר לְךָ: מִן הַזֶּבַח עַצְמוֹ יְהֵא תַּחְתָּיו. וְאִם שִׁילַּח תַּחַת הַדּוּד שֶׁל חַטָּאת וְשֶׁל אָשָׁם יָצָא מ"ט דִּכְתִיב זֶבַח לְרַבּוֹת חַטָּאת וְאָשָׁם ד). שֶׁהַטָּהוֹר שֶׁשּׁוֹלֵחַ תַּחַת זֶבַח שֶׁלּוֹ, דְּהַיְינוּ חַטָּאת — יָצָא, וְאִם טָמֵא הוּא — טָעוּן שִׁילּוּחַ תַּחַת זֶבַח שֶׁלּוֹ, דְּהַיְינוּ אָשָׁם. ה"ג: ת"ר הַכֹּל מְשַׁלְּחִין תַּחַת הַדּוּד חוּץ מִטָּמֵא שֶׁבַּמְּדִינָה מִפְּנֵי שֶׁשְּׂעָרוֹ נִקְבָּר דִּבְרֵי רַבִּי מֵאִיר ר' יְהוּדָה אוֹמֵר טְהוֹרִים כָּאן וְכָאן. בֵּין בַּמִּקְדָּשׁ בֵּין בַּמְּדִינָה הָיוּ מְשַׁלְּחִין, טְמֵאִים — כָּאן וְכָאן לֹא הָיוּ מְשַׁלְּחִין. וַחֲכָמִים אוֹמְרִים הַכֹּל לֹא הָיוּ מְשַׁלְּחִין תַּחַת הַדּוּד חוּץ מִטָּהוֹר שֶׁבַּמִּקְדָּשׁ מִפְּנֵי שֶׁנַּעֲשָׂה כְּמִצְוָתוֹ. וּסְתָם מַתְנִיתִין דִּידָן אַלִּיבָּא דַּחֲכָמִים, וּכְדְפָרְשִׁינַן לְעֵיל. שֶׁנַּעֲשָׂה כְּמִצְוָתוֹ. שֶׁגִּילֵּחַ בַּמִּקְדָּשׁ כְּמִצְוָתוֹ. **מתני'** אוֹ שׁוֹלְקָן. שֶׁאֵינוֹ מְבוּשָּׁל (ג) יָפֶה, וּשְׁקוּד"ר בְּלַעַ"ז. אֶת הַזְּרוֹעַ בְּשֵׁלָה. אִיכָּא לְמ"ד ה) שְׁלֵמָה, וְאִיכָּא לְמ"ד בִּזְרוֹעַ שֶׁנִּתְבַּשְּׁלָה עִם הָאַיִל, בְּמַסֶּכֶת חוּלִּין (דף לח:).

גמ'

אחר

קא א ב מיי' פ"ח מהל' נזירות הלכה ב:
קב ג מיי' פ"ז שם הל' יד:
קג ד מיי' פ"ח שם הל' ג:
קד ה מיי' פ"ז שם הל' יד:
קה ו מיי' פ"ח שם הל' ב:
קו ז מיי' שם הל' ד:

[נ"ל בעיר]

פי' הרא"ש

אמתני' דמס' מדות דקתני שהיה מגלח בלשכת נזירים: זו אינה כוחלת ופוקסת שהיתה עומדת בנוול כדאמר בסוטה שהיה קושר חבל המצרי למעלה מדדיה: ואח"כ נוטל את הרוטב סיומא דברייתא הוא: מזבחו יהיה תחתיו. מיתורא דזבח קא דריש תחת דוד השלמים יהיה מן הזבח דהיינו רוטב דמן הזבח עצמו א"א לשרוף כל זמן שהוא ראוי לאכילה: מאי זבח השלמים ש"מ תרתי מדסמך זבח לתחת דרשינן דתחת השלמים יתן מן הזבח: או שולקן בישול מרובה. ומניפן ואח"כ הותר הנזיר לשתות יין נראה דכרבי אליעזר ס"ל דאית ליה בגמ' דאסור לשתות יין עד לאחר כל המעשים האמורים

נוסחת הריב"ן

א) בתגלחת הטהרה בלבד אמרו: ב) שגלח במדינה: ג) אמר קרא זבח השלמים מן הזבח יהא תחתיו הס"ד והשאר ליתא: ד) ואשם וכו' הס"ד ואח"ז איתא בזה"ל ה"ג ת"ר ואחר שגלחו נוטל מן הרוטב שהשלמים מתבשלים בו ונותן על שער התגלחת ממנו ומשלחו תחת הדוד של שלמים ואם שילח תחת הדוד של חטאת ושל אשם יצא אשם בנזיר טהור מי איכא בשלמא חטאת בעלמא איכא אלא אשם מי איכא אמר רבא ואם כו' מנה"מ דנותן הרוטב על השער אמר רבא אמר קרא אשר תחת זבח השלמים דמשמע אשר תחתיו יהא זבח שלמים לומר לך מן הזבח עצמו יתן תחתיו ואם שילח תחת הדוד של חטאת ושל אשם יצא מאי טעמא דכתיב זבח לרבות חטאת ואשם שטהור ששילח תחת הרוטב שלו יצא ואם טמא הוא טעון שילוח תחת זבח שלו דהייתו אשם הס"ד ואח"כ מה"ד ה"ג ת"ר הכל כו': ה) של ימין ואיכא למ"ד הזרוע כו':

[סוטה ח.]

הגהות הב"ח

(א) גמ' היה נוטל שער ראש וכו' אפיקתיה להאי זבח לרוטב א"כ: (ב) שם במשנה מן האיל וחלת מצה אחת מן הסל: (ג) רש"י ד"ה או שולקן שאינו מבושל יפה נ"ב מחמת שהוא מבושל יותר מדאי ועיין בפרש"י בנדרים ריש דף מ"ט:

גי' א"מ ואשם

[מנחות לא: גם בזבחים לו:]

[תוספתא פ"ד ע"ש]

[עי' תוספת פסחים לט: ד"ה לא שלוקין וכו' ותוס' זבחים ל: ד"ה לנויין]

הגהות מהר"ב רנשבורג

א] תוד"ה וגלח וכו' אלא בזמן פתח. תיבת פתח נמחק וצ"ב פתוח: ב] ד"ה ולא וכו' אם תגלח. תיבות אם תגלח נמחק וצ"ב אינה מגלחת פתח אוהל מועד ממש א"כ ה"ה במדינה וכו' כצ"ל: ג] ד"ה לא וכו' לא היה מגלח. תיבת מגלח נמחק וצ"ב משלח: ד] ד"ה ר"מ וכו' בין נזיר טהור במקדש או במדינה כצ"ל: ה] ד"ה או שולקן בישול יותר מדאי. תיבות יותר מדאי נמחק. וצ"ב יתר ומרובה למעטו א"מ:

קז א ב מיי' פ"ח מהל' נזירות הל' ה וטוש"ע כל"מ:

נ"ל התגלחו

גמ' אַחַר מַעֲשִׂים כּוּלָּן. אַחַר קָרְבָּן וְאַחַר תִּגְלַחַת, (א) א) וְתִגְלַחַת מְעַכֶּבֶת, דִּבְרֵי ר' אֱלִיעֶזֶר. וַחכ"א אַחַר מַעֲשֶׂה יְחִידִי. אַחַר קָרְבָּן, וְאַף עַל גַּב שֶׁעֲדַיִין לֹא גִּילֵּחַ, דְּתִגְלַחַת לָא מְעַכְּבָא. מַה הָתָם אַחַר מַעֲשֶׂה יְחִידִי. דְּלְאַחַר גִּילּוּחַ עָבֵיד תְּנוּפָה, כְּדִכְתִיב "וְנָתַן עַל כַּפֵּי הַנָּזִיר אַחַר הִתְגַּלְּחוֹ אֶת נִזְרוֹ". וְאֵימָא עַד דְּאִיכָּא תַּרְוַיְיהוּ. תורה אור דְּמַה הָתָם אַחַר תִּגְלַחַת, כְּדִכְתִיב "אַחַר הִתְגַּלְּחוֹ" אַף כָּאן נַמִי אַחַר הִתְגַּלְּחוֹ. אָמַר ג) רַב תְּנוּפָה בְּנָזִיר מְעַכֶּבֶת. מִלִּשְׁתּוֹת יַיִן וְלִיטַּמֵּא לְמֵתִים. כֵּיוָן דִּלְעִנְיַן כַּפָּרָה שְׁיָרֵי מִצְוָה הִיא. וּכְדְאָמַר מָר (יומא ה.): "לִתְנוּפָה לְכַפֵּר", וְכִי תְּנוּפָה מְכַפֶּרֶת? וַהֲלֹא אֵין כַּפָּרָה אֶלָּא בַּדָּם, כְּדִכְתִיב "כִּי הַדָּם הוּא בַּנֶּפֶשׁ יְכַפֵּר"! אֶלָּא לוֹמַר לָךְ, שֶׁאִם עָשָׂה לִתְנוּפָה שְׁיָרֵי מִצְוָה – מַעֲלֶה עָלָיו הַכָּתוּב כְּאִילּוּ [לֹא] כִּיפֵּר, וְכִיפֵּר. הָכָא נָמֵי נָזִיר נַמִי לָא ג) מְעַכֵּב, קָא מַשְׁמַע לָן. וּמִי

רַבִּי שִׁמְעוֹן אוֹמֵר: כֵּיוָן שֶׁנִּזְרַק עָלָיו אֶחָד מִן הַדָּמִים – הוּתַּר הַנָּזִיר לִשְׁתּוֹת בַּיַּיִן וּלְהִיטַּמֵּא לְמֵתִים.§ גמ' ת"ר: °"וְאַחַר יִשְׁתֶּה הַנָּזִיר יָיִן" אַחַר הַמַּעֲשִׂים כּוּלָּן, *דִּבְרֵי רַבִּי אֱלִיעֶזֶר. וַחֲכָמִים אוֹמְרִים: אאַחַר מַעֲשֶׂה יְחִידִי. מַאי טַעֲמַיְיהוּ דְּרַבָּנַן? כְּתִיב הָכָא "וְאַחַר יִשְׁתֶּה הַנָּזִיר יָיִן" וּכְתִיב הָתָם °"אַחַר הִתְגַּלְּחוֹ אֶת נִזְרוֹ", מָה הָתָם אַחַר מַעֲשֶׂה יְחִידִי, אַף כָּאן – אַחַר מַעֲשֶׂה יְחִידִי. אֵימָא עַד דְּאִיכָּא תַּרְוַיְיהוּ! אִי הָכִי, ג"ש לָמָּה לִי?§ *אָמַר רַב: תְּנוּפָה בְּנָזִיר מְעַכֶּבֶת. אַלִּיבָּא דְּמַאן? אִילֵּימָא אַלִּיבָּא דְּרַבָּנַן – תִּגְלַחַת אָמְרִי רַבָּנַן לָא מְעַכְּבָא, בתְּנוּפָה מִיבָּעְיָא?! אֶלָּא אַלִּיבָּא דְּרַבִּי אֱלִיעֶזֶר – פְּשִׁיטָא, הָאָמַר רַבִּי אֱלִיעֶזֶר*: אַחַר מַעֲשִׂים כּוּלָּם! מַהוּ דְּתֵימָא: כֵּיוָן דִּלְעִנְיַן כַּפָּרָה שְׁיָרֵי מִצְוָה הִיא, הָכָא נַמִי לָא תְּעַכֵּב, קמ"ל. וּמִי

במדבר ו
שם

[לעיל יד: וש"נ]
מנחות יט.

אחר מעשה יחידי. אף אחד מן הדמים, כדמשמע במתניתין, וכדתני בפ' "מי שאמר ושמע חבירו" (לעיל כח.). **מה** התם אחר מעשה יחידי. שאותו "אחר" הכתוב סמוך לתגלחת, שהוא מעשה יחידי. **אימא** עד דאיכא תרווייהו. קרבנות ותגלחת, והא אחר *תגלחתו דאמר – אחר כל עבודות הקרבנות! א"כ ג"ש ד"אחר" "אחר" למה לי. **תנופה** בנזיר מעכבת. מלשתות יין. **השתא** תגלחת. שהיא בגוף הנזיר, לא מעכבת, תנופה שאין מעכבת בכל מקום – מבעיא? **שירי** מצוה היא. כדאמר בפ"ק דזבחים (דף ו:): שאם עשה לתנופה שירי מלוה, כלומר שלא עשאה – הרי כאילו לא כיפר, שלא קיים מלוה מן המובחר, וכיפר – דאין מעכב'. [כל זה שייך לע"ב]

והתניא זאת תורת הנזיר בין שיש לו כפים – בין שאין לו כפים. וקס"ד דה"פ: כשם שאין לו כפים ואינו בר תנופה דלא יניף, כך בא להשוות יש לו כפים שלא לעכב התנופה. וקס"ד ע"כ א] הכי פירושו לאו רבנן היא, דא"כ לשתוק מ"זאת תורת" ותיפוק ליה מגזירה שוה ד"אחר" "אחר", אלא [ר"א] היא, ש"מ דבתנופה מודה. **ואלא** הא דתניא וזאת תורת הנזיר בין שיש לו שער ובין אין לו שער דלא מעכב. ותפרש דכוון להשוות יש לו לאין לו, לומר שתגלחת לא מעכב. ולרבנן מג"ש ד"אחר" "אחר" נפקא, ולר"א ב] היא דאמר תגלחת מעכבת, וע"כ בא להשוות אין לו ליש לו, לומר: כשם שיש לו שער יעביר לו תער על [ראשו] וזה יעביר תער על [מורטו], וה"נ בא להשוות אין לו ליש לו, לומר שזקוק להניף על זרועו כשאין לו כפים. ואיידי דידע לברייתא דאיתא במורט בהדיא, ניחא ליה לאיתויי. והתניא נזיר ממורט ב"ש אומרים א"ל להעביר תער וב"ה אומרים לריך להעביר תער. ה"ג: מאי אינו לריך לב"ש – אין לו תקנה. כלומר, הממורט שהעביר תער על ראשו – לא יועיל כלום. ולר"א דאמר תגלחת מעכבת – יאסר לעולם ביין, ולרבנן דאמרי תגלחת למלוה ולא לעכב – לא קיים המלוה. הא לב"ה – יש לו תקנה לממורט בהעברת תער; לר"א יהא העברת תער במקום תגלחת להתירו ביין, ולרבנן לקיים המלוה. הרי [אי] אפשר ג] לב"ש הא דאמר "תורת נזיר" בין יש לו שער בין שאין לו, להשוות יש לו לאין לו בין לר"א בין לרבנן, בין לב"ש בין לב"ה. דאי לב"ש יש לו שער – יש לו תקנה, ובאין לו – אין לו תקנה. ואי לב"ה לענין מה [בא] להשוות יש לו? ד] ע"כ להא [דיש] לו שער בהדיא כתיב בהעברת תער, ה] דאין לו [נמי] לריך להעביר תער, וב"ה היא. ה"נ בא להביא אין לו ולהזקיקו תנופה על זרועו, וה"ה דיש לו. והיינו דרבי פדת – הא דאמר רבינא דלב"ש אין לו תקנה, דאמר: ו] ב"ש [ור"א] אמרו דבר אחד. **אין** לו בהן יד ורגל. המלורע, אין לו טהרה עולמית, דבעינן קרא כדכתיב. על מקומו. מקום הבהן. **אי** אליבא דר"א פשיטא דאף כי לא פירשו התלמוד אמת הוא כר"א. ז] מהו דתימא כיון לענין כפרה שירי מלוה כו', וכדתניא ללישנא קמא. **[ומי]** לא מעכבא. פירוש: לרבנן. והתניא: זאת תורת הנזיר בין יש לו [כפים] בין אין לו. ולהאי לישנא ס"ל דה"פ: כשם שבאין לו כפים דין הוא [שתעכב, דכל] שאינו ראוי לבילה בילה מעכבת – [ה"נ] תנופה מעכבת. ואי לר"א תיפוק ליה מ"אחר כל המעשים". אלא לרבנן דאמרי אחר מעשה יחידי – אחד מן הדמים קאמר, אבל תנופה מעכבא, דגלי "זאת תורת". ואלא הא דתניא בין יש לו בין אין לו שער – הכי נמי דמעכבא? והתניא: נזיר ממורט בית שמאי אומרים א"ל וכו' וב"ה אומרים לריך, ואמר רבינא מאי לריך לב"ה – דאין לו תקנה, דכל שאינו ראוי לבילה בילה מעכבת. הא לב"ש – [יש] לו תקנה. וס"ל להאי לישנא לב"ש מקיש אין לו ליש לו, "וזאת [תורת הנזיר"] בין יש לו ח] שער בין אין לו לב"ש להשוות אין לו ליש לו, שהממורט יעביר תער על ראשו. והכי נמי בא להשוות אין לו לשיש לו, לומר שיש לו תקנה להניף על זרועו. ט] ויש לתמוה: דלעולם בא להשוות יש לו לאין לו, י] ולב"ה אין לו [ליש לו להקשות] מברייתא דנזיר ממורט, דבלאו הכי היה יכול להקשות: דלרבנן תגלחת לא מעכבא, לר"א – מאחר כל המעשים נפקא.

ופליגא דרבי פדת. דאמר רבינא דנזיר ממורט לב"ש יש לו תקנה, פליגא דרבי פדת דאמר: ב"ש ור"א אומרים דבר אחד. [ל"א] (תרגס כ]ר' אבינא, ותירולא הוא, והכי פירושו: והתני' בין יש לו שיער כו', והתניא נזיר ממורט כו', וב"ה אומרים לריך. וקס"ד לריך ויש לו תקנה. ופי' הברייתא הכי: כשם דבשיש לו שיער להעביר או למלוה לרבנן או לעיכובא לר"א, ל] אין לו שיער – לריך להעביר ויש לו תקנה בכך או למלוה או לעכב, ה"נ אידך ברייתא, כשם שיש לו כפיס מניף למלוה – כך אין לו כפיס מניף בזרוע. ודחי רבינא: [מהכא] לא תוכיח דליכא עיכובא, דודאי לריך ואין לו תקנה מ] [יותר] לב"ה, והכי קאמר: כשם שאין לו שיער יש בה עיכובא. וצ"ע, דאם כן היינו כר"א, תיפוק ליה מ"אחר כל המעשים"! ואם באנו לומר כי אינו חושש [לקושיא זו] – אם כן גם [הא נ] דבפרק "הקומץ"] י"ל דלכ"ע אתא, וכר"א דקאמר בפרק "הקומץ רבה" (מנחות יט.): כל מקום שנאמרה תורה וחוקה – לעכב. קס"ד תרתי בעינן, והרי נזיר דכתיב "תורת נזיר", ואמר רב: תנופה בנזיר מעכבת! ומשני: כיון דכתיב "כן יעשה" כמאן דכתיב חוקה דמי. ס] והך שמעתא לוקמי לה כר"א, משום דכתיב "אחר" – אחר כל המעשים! ותו: הא דתנן (במנחות כז.) [ג' מינים שבנזיר] מעכבין זה את זה, ומפרש בגמ' דכתיב "כן יעשה", וכי אין זה לרבנן דרבי אליעזר? ויש ע] משני: דההיא כרבנן דודאי מעכבין זה את זה, אבל [מ"מ] אין מעכבין משמע. מיהו, אכתי קשה מעכבין דהתם. [ונראה] דסוגיא דהתם כלישנא בתרא, והכי פירושו: אמר רבא תנופה בנזיר מעכבת. לכאורה נראה דהכי פירושו: מעכבת לשתות יין, ופריך: אי אליבא דר"א – פשיטא, ואי אליבא דרבנן – השתא תגלחת לא מעכבא, פ] כלומר אף כי אין מעכבת הנזיר מלשתות היין לרבנן, צ] קשה דתגלחת מ"מ מעכבת השלמים לרבנן, וכדתניא במנחות: שני מינין שבנזיר מעכבים זה את זה, וההיא אף כרבנן. והתניא: [אף] "זאת תורת" – בין יש לו כפים, פירוש: "זאת תורת" לעכב, כדאמר ב"הקומץ רבה" (שם ד' יט.) דתורה משמע לעכב, או כדמשני התם ק](בסומכין אלל) יעשה, דנהי דאין מעכב מלשתות יין – מ"מ מעכב השלמים, ואילטריך לעשות שלמים אחרים. אלא הא דתניא: בין יש לו שיער בין אין לו – ה"נ תרלה לומר ר] [דלשון] תורה מעכבת, התנן נזיר ממורט ב"ה אומרים לריך להעביר תער, וס"ל השתא דלריך [ויש] לו תקנה, אלמא לב"ה דממורט לא מעכב ש] מגליה כתוב מקמי מלתיה דרב לעכב בקרבן כרבנן? ומשום "וכן יעשה", כי ההיא דפרק "הקומץ". ונמלא כלל מעלה עליו הכתוב כאילו לא כיפר וכפר פי' כאילו לא כפר שלא עשה מצוה מן המובחר וכפר שאינה מעכבת

נוסחת הריב"ן
א) לתגלחת: ב) רבא: ג) תעכב:

הגהות הב"ח
(א) רש"י ד"ה אחר וכו' לתגלחת מעכבת:

פי' הרא"ש

בפרשה [רש"א] כיון שנזרק עליו א' מן הדמים כדדרשי' בגמ' אחר מעשה יחידי: ונמצא פסול כגון שנשפך דמו או יוצא או טמא תגלחתו פסולה הואיל ונפסל הזבח שגילח עליו הו"ל כגלחוהו ליסטים וגלחוהו ליסטים אמרינן בגמ' לעיל פ"ק לר' אליעזר סותר ז' ולרבנן סותר ל' חבחיו לא עלו לו דכיון דצריך לסתור עד שיגדל שערו ובהקרבת שאר הזבחים לא היה ראוי לתגלחת חשבינן להו כאילו הקריבם קודם זמנם תוך מלאת: גילח על החטאת. שלא לשמה משנה שאינה צריכה הוא דהיינו שגילח על הזבח ונמצא פסול דחטאת שלא לשמה פסולה אלא אגב דבעי למתני גילח על העולה ועל השלמים פלוגתא דר"ש ורבנן נקט נמי על החטאת על העולה ועל השלמים שלא לשמן וכו' תגלחתו פסולה דהואיל ולא עלו לשם חובת שלמי נזיר ועולת נזיר הו"ל כמגלח על העולה ושלמי נדבה ור' שמעון סבר דאם גלח על שלמי נדבה יצא: ואם גלח על שלשתן אחרי הקריבו שלשתן ונמצא א' מהם כשר והאחרים פסולים תגלחתו כשרה דברי הכל היא: אחר מעשה יחידי. אפילו אחר א' מן הדמים: מה התם אחר מעשה יחידי. דהיינו גילוח דכתיב בקרא: ואימא עד דאיכא תרווייהו קרבנות ותגלחת דהא אחר תגלחתו היינו אחר כל עבודת הקרבנות: א"כ ג"ש דאחר אחר למה לי (דהשתא בתגלחת שהיא בגוף הנזיר אמרי רבנן דלא מעכבה תנופה) וא"ת אצטריך ג"ש למעוטי תנופה. וי"ל דממילא ידענא דכיון דתנופה הויא שיורי מצוה לא מעכבה: השתא תגלחת שהיא בגוף הנזיר אמרי רבנן דלא מעכבה תנופה שאינה מעכבת בשום מקום מיבעיא: כיון דלענין כפרה שיורי מצוה היא כדאיתא פ"ק דזבחים שאם עשאה לתנופה שירי מצוה פי' שלא עשאה

הגהות מהר"ב רנשבורג

א] תוס' ד"ה והתניא וכו' וקס"ד ע"כ הכי פירושו. תיבות הכי פירושו נמחקו ונ"ב האי ברייתא: ב] ד"ה ואלא וכו' ולר"א הא אמר כל"ל: ג] בא"ד הרי אי אפשר לב"ש. תיבת לב"ש נמחק ונ"ב לפרש כל"ל: ד] בא"ד לענין מה בא להשוות יש לו ע"כ להא תיבות ע"כ להא נמחקו. ונ"ב לאין לו הא ע"כ א"מ: ה] בא"ד בהדיא כתיב בהעברת תער ובא להשוות כל"ל. א"מ: ו] בא"ד דלב"ש אין לו תקנה דאמר ר' פדת ב"ש וכו' כל"ל: ז] ד"ה אי וכו' אמת הוא כר"א. כאן הוא הס"ד ואח"כ מה"ד מהו דתימא: ח] ד"ה ומי וכו' בין יש לו שער. תיבת שער נמחק: ט] בא"ד לומר וכו' להניף על זרועו ויש תיבת ויש נמחק. ונ"ב ואין א"מ ויעו"ש פי' התוס' בזה: י] בא"ד להשוות יש לו לאין לו ולב"ה דלב"ה אין להקשות מברייתא כל"ל: כ] ד"ה ופליגא וכו' ב"ש ור"א אומרים דבר אחד ל"א תרגם ר' אבינא. תיבות תרגם ר' אבינא נמחק. ונ"ב גרסינן א"ר אבינא. א"מ ויעוש"ה: ל] בא"ד או לעיכובא לר"א כך אין כו' כל"ל: מ] בא"ד דודאי לריך וכו' יותר לב"ה. תיבת יותר והל' מן לב"ה נמחק ונ"ב אומר ב"ה: נ] בא"ד ואם באנו וכו' גם הא דבפ' הקומץ. תיבות דבפרק הקומץ נמחק ונ"ב דתנופה. א"מ ויעוש"ה פירושו: ס] בא"ד כמאן דכתיב חוקה דמי והך שמעתא לוקמי. תיבות והך שמעתא לוקמי נמחקו. ונ"ב ובשמעתין מוקי. א"מ: ע] בא"ד וכי אין זה וכו' ויש משני. תיבת משני נמחק ונ"ב לייסב: פ] בא"ד ואי וכו' תגלחת לא מעכבא. נ"ב ר"ל קושית הש"ס ומי לא מעכבא. א"מ: צ] בא"ד אף כי וכו' מלשתות היין לרבנן קשה. תיבת קשה נמחק ונ"ב ק"ו א"מ: ק] בא"ד או כדמשני התם בסומכין אלל תיבות בסומכין אלל נמחקו נ"ב דסומך אכן א"מ: ר] בא"ד הכי נמי תרלה לומר דמשום תורת וכו' והתנן נזיר כל"ל א"מ: ש] בא"ד אלמא לב"ה וכו' מגליה כתוב מקמי ונ"ב ומשני לריך ואין לו תקנה א"כ להך לישנא בתרא מוקמי כל"ל א"מ ויעוש"ה היטב הפירוש:

קח א ב מיי' פ"ח מהל' נזירות הל' ה ועי' בכ"מ:
קט ג מיי' פ"ה מהל' מחוסרי כפרה הל' א סמג עשין רית ריט רכ רכא:
קי ד ה מיי' פ"ח מהל' נזירות הל' ח:
קיא ו מיי' שם הל' ט:
קיב ז מיי' שם הל' י:

פי' הרא"ש

מעכבת: ומי מעכבא. אפי' לר"א והתניא זאת תורת הנזיר בין שיש לו כפים בין שאין לו כפים. וקס"ד דהכי פירושו כמו שאין לו כפים דאינו מניף כן נמי יש לו כפים אין תנופה מעכבת. וע"כ לא אתיא כרבנן דא"כ קרא דזאת תורת הנזיר למה לי דמג"ש דא' א' נפקא. אלא ע"כ ר"א היא ולא שמעי' דבתנופה מודה: ואלא הא דתניא זאת תורת בין שיש לו שער בין שאין לו שער. הכי נמי שבא להשוות יש לו לאין לו לומר דתגלחת לא מעכבה והתניא נזיר ממורט וכו' והוה מצי למפרך דע"כ לא בא להשוות יש לו לאין לו לומר דתגלחת לא מעכבא [לרבנן] מג"ש דא' א' נפקא. ולר' אליעזר תגלחת מעכבא. אלא ע"כ בא להשוות אין לו ליש לו מה יש לו צריך להעביר תער למר למצוה ולמר לעכב גם אין לו צריך להעביר תער על ראשו. והכא נמי נימא שבא להשוות אין לו כפים ליש לו כפים לומר שזקוק להניף על זרועו כשאין לו כפים. אלא דניחא ליה לאוכוחי מברייתא דע"כ מקשי' אין לו ליש לו: והתניא נזיר ממורט ב"ש אומרים אינו צריך להעביר תער על ראשו. וב"ה אומרים צריך להעביר תער על ראשו. ה"ג ואמר ר' אבינא מאי אינו צריך לב"ש צריך ואין לו תקנה. וה"פ אינו צריך להעביר תער על ראשו כי לא תועיל לו ההעברה אחר שנמרטו שערותיו. ולר"א דאמר תגלחת מעכבת אסור ביין לעולם ולרבנן לא קיים מצות גילוח. ולב"ה יש לו תקנה בהעברת תער על ראשו. לר"א לשתות יין ולרבנן לקיים המצוה והכא א"א שבא להשוות יש לו לאין לו בין לב"ש בין לב"ה דלב"ש ביש לו שער יש לו תקנה ובאין לו שער אין לו תקנה ולב"ה לענין מה בא להשוות יש לו לאין לו הא ביש לו כתוב העברת שער בהדיא אלא ע"כ בא להשוות אין לו ליש לו ללמדך דאין לו צריך העברת תער וב"ה היא הכא נמי בא להשוות אין לו כפים ליש לו דצריך להניף בזרועו למר למצוה ולמר לעכב: והיינו דר' פדת הא דקאמר דלב"ש צריך ואין לו תקנה: אין לו טהרה עולמי' דבעי' קרא כדכתיב: על מקומו. על מקום הבהן. לישנא אחרינא אמרי לה אי אליבא

ונמצא פסול. ב] נשפך דמו, או יצא, או נטמא. תגלחתו פסולה. דהואיל ובשעת תגלחתו לא נזרק אפי' א' מן הדמים בהכשר – ה"ל כגלחוהו לסטים, וגילחו לסטים לאחר מלאת אמרינן ריש פירקין: לר"א סותר ז', לרבנן שלשים. **וזבחיו** לא עלו לו. שאר הזבחים שהקריב אחרי התגלחת פסולה לא עלו לו. דהואיל והיה צריך לשהות (לא מלי) עד שיגדל שערו, ובהקרבת שאר הזבחים לא היה ראוי לתגלחת – יש להחשיב הזבחים כאילו הקריב קודם, או תוך מלאת. **גילח** על החטאת שלא לשמה כו'. דקיימא לן [ריש זבחים]: כל הזבחים שנזבחו שלא לשמן – כשרים, אלא שלא עלו לבעלים לשם חובה, חוץ מן הפסח וחטאת. **גילח** על העולה שלא לשמה או על השלמים ואח"כ הקריב השאר לשמן תגלחתו פסולה. דהואיל ולא עלו לשם חובה עולה ושלמים דנזיר – ה"ל כגילח על עולה ושלמי נדבה, ולא יועיל. **ר"ש** אומר אותו הזבח. שנשחט שלא לשמה, לא עלה לו לשם חובה, וצריך להביא ג) [זבח אחר במקומו]. ושאר כל הזבחים עלו לו, כר"ש בגמ', דאמר: מגלח על שלמי נדבה יצא. ד] **אחר** עשותו שלשתן ונמצא אחד מהן כשר. והאחרים פסולים – תגלחתו כשרה לדברי הכל. **קסבר** ר"ש נזיר שגילח על שלמי נדבה יצא. שהרי עולה ושלמי נזיר ששחטן שלא לשמן הרי הן כנדבה. **מאי** טעמא דאמר קרא ה] [תחת זבח] השלמים (במדבר ו) ולא כתוב שלמיו. מדשני קרא [בזבחים] דרשינן בפרק "התודה" (מנחות עח.) לרבות שלמי נזיר, לאקשויי לשמן ולכמה דברים. וה"ה דמקשי להו [למימר] ותודה שהיא שלמים אם גילח עליו – יצא.

ומי מעכבא. בנזיר. והתניא זאת תורת הנזיר בין שיש לו כפים. לקיים מצות תנופה, ובין שאין לו כפים, שהתנופה אינה מעכבת. ותסברא דהא דתני בין שיש לו כפים כו' דקא בעי למימר דאינה מעכבת, ואלא הא דתניא זאת תורת הנזיר כו' ה"נ דכי אין לו שער לא מיעכבא? דהא דכתיב "וגלח את שער ראש נזרו" אע"פ שאין לו שיער יצא. ומי מצית אמרת הכי? והתניא: נזיר ממורט, שאין לו שיער, בית שמאי אומרים: אינו צריך להעביר תער על בשרו, וב"ה אומרים: צריך. ואמר רבינא. עלה דההיא מתני': "אינו צריך" דקאמרי ב"ש. אין לו תקנה. הואיל ואין יכולין לקיים בו מצות גילוח. אבל לב"ה דאמרי צריך – לדידהו יש לו תקנה בהעברת תער בעלמא, ואע"פ שאין שם שיער שיהא מגלח ממנו. והיינו דרבי פדת. דאמר במכילתא אחריתי, דבית שמאי דהכא ור' אליעזר אמרו דבר אחד. ב"ש – הא דאמרן, שאין לו תקנה, הואיל ואין יכול לקיים בו מצות גילוח (ב). ור' אליעזר דתני' אין למצורע בהן יד ובהן רגל אין לו טהרה עולמית. לפי שאין יכול לקיים בו מתן דם ושמן על בהן ידו. שמע מינה דמדקאמר ר' פדת דב"ש ור' אליעזר אמרו דבר אחד, ושמעינן להו לב"ש דאמרי דתגלחת שיער מעכבא, דרבי אליעזר נמי קאי כוותייהו – דאית להו דתנופה מעכבא. והאיך מתני' דתני: בין שאין לו כפים כו' – [ע"כ] דמעכבא משמע. ל"א: א) אמר רב תנופה בנזיר מעכבת. ותנופה מי מעכבא ואפילו לר"א? והא תניא: "זאת תורת הנזיר" כו' כדלעיל, אלמא דלא מעכבא. ותסברא דלא מעכבא? ואלא הא דתניא כו'. ואי מוקמת לה להאיא כגון דלא מעכבא, הא דתני': נזיר ממורט, ב"ש אומרים: א"צ כו', שאפי' בלא העברה מותר ביין, וב"ה אומרים: צריך להעביר תער, ומדאינו יכול לקיים בו מצות גילוח והוא צריך גילוח, דהא צריך לכך – אלמא דנזיר שאין לו שיער אין לו תקנה, דתגלחת שיער מעכבא. ומדהא מעכבא – תנופה נמי מעכבא, ג) וכדרב! א"ר אבינא: לעולם תנופה לא מעכבא, והאי דקא משמע לן דב"ש וב"ה – איפכא הויא, דמאי "אינו צריך" לב"ש דקאמר – דאין לו תקנה. והכי אמרי ב"ש: אינו צריך להעביר תער על ראשו – עדיין לא יהא מותר, מפני שאין שם העברת שער. אבל לב"ה יש לו תקנה. והכי משמע: צריך לזה להעביר תער על ראשו, ואף על פי שאין שם שיער – יצא ידי חובתו, ואף על גב דליכא גילוח. ולעולם לב"ה גילוח לא מעכבא, והוא הדין לתנופה, וקשיא ג) לרב. והיינו דר' פדת. וחכמים אומרים אין לו בהן ימין נותנו על בהן שמאל ויצא. לשון אחר אמרי לה, אמר (ג) ד) רב תנופה מעכבת בנזיר כו'. ומי לא מעכבא, ואפילו לרבנן? והא תניא "זאת תורת הנזיר" – בין שאין לו כפים, משמע דצריך תנופה, דתנופה מעכבא! ומי מעכבא? ואלא הא דתני' "זאת תורת הנזיר" – בין שאין לו שיער, והתניא: נזיר ממורט, ב"ה אומרים: צריך להעביר תער על ראשו, דמשמע דיעביר על ראשו ויצא, דלא מעכבא, דיש לו תקנה. אלמא, הא נמי דתני "בין שאין לו כפים" – ה"נ דלא מעכבא, וקשיא לרבא! אמר רבינא: לעולם אימא לך דמעכבא כרבא, מאי "צריך" לב"ה – צריך ואין לו תקנה, דמעכבא. הא לב"ש – יש לו תקנה, ופליגא דרבי פדת, דאמר דב"ש ור"א אמרו דבר אחד כו'. **מתני'** גילח על אחד מזבחיו. **ונמצא** פסול תגלחתו פסולה. וסותר שלשים, וזבחיו שהפריש עכשיו לא עלו, ה) וצריך להביא אחרים במקומן. **כיצד** גילח על חטאת שלא לשמה. כלומר, שנעשית שלא לשם חטאת. **ואח"כ הביא שאר** קרבנותיו. כגון עולה ושלמים, לשמן. וכן אם גילח על העולה או על השלמים שנעשו שלא לשמן. ו) וכולן תגלחתן פסולה וסותר שלשים, ומביא קרבנות אחרים במקום שלשתן. **ר"ש אומר**. אם גילח על העולה או על השלמים שלא לשמן, ושאר קרבנות הביא לשמן – תגלחתו כשרה, ושאר זבחים עלו לו. אבל אותו הזבח בלבד לא עלה לו, ויביא זבח אחר במקומו. והיינו טעמא דתגלחתו כשרה, דהואיל וזבח אחר בעלמא כשר הוא, דתנן [בריש זבחים]: כל הזבחים ששחטן שלא לשמן כשרין, אלא שלא עלו לבעלים לשם חובה – ס"ל כשרים לתגלחתו. אבל במקום שגילח על החטאת שנעשית שלא לשמה – מודה ר"ש דתגלחתו פסולה, לפי שזבחו פסול הוא, כדתנן: כל הזבחים כו' חוץ מן החטאת ששחטה שלא לשמה ז) פסולה. **ואם גילח על שלשתן**. סתם, ונמצא אחד מהן כשר – תגלחתו כשרה לדברי הכל, שהרי על זבח כשר נמי (ג) גילח, ויביא שאר זבחים במקום הפסולין. **גמ' אמר רב אדא בר אהבה**. מדקתני ר' שמעון כי גילח על זבח כשר, אע"ג דלא עלה לבעלים לשם חובה, תגלחתו כשרה. **זאת אומרת** דקסבר ר"ש נזיר שגילח על שלמי נדבה **יצא**. ובלבד שיביא קרבנותיו מושלם. דאילו כי גילח על השלמים שלא לשמן מאי הוו – נדבה, דאמר מר (שם): "כאשר נדרת לה' אלהיך נדבה", אם כמו שנדרת – יהא נדר, ואם לאו – יהא נדבה, ואמר ר"ש דתגלחתו כשרה. **דאמר קרא**. "וגלח הנזיר", וכתיב "ונתן על האש אשר תחת זבח השלמים", ולא כתיב ח) "על שלמיו", דאילו נאמר "שלמיו" הוה משמע שלמי נזיר ממש, והשתא דכתיב "השלמים" – אלמא אפילו על שלמי נדבה יצא.

מתני'

ומי מעכבא? והתניא: °"זאת תורת הנזיר" (במדבר ו) – *א בין שיש לו כפים בין שאין לו כפים! ואלא הא דתניא: "זאת תורת הנזיר" – בין שיש לו שער בין שאין לו שער, הכי נמי דלא מעכבא? *והתניא: נזיר ממורט, בש"א: ב אינו צריך להעביר תער על ראשו, וב"ה אומרים: צריך להעביר תער על ראשו. ואמר רבינא: מאי "אינו צריך" לב"ש – אינו צריך, *אין לו תקנה, הא לב"ה – יש לו תקנה! והיינו דרבי פדת. דאמר ר' פדת: ב"ש ורבי אליעזר אמרו דבר אחד. מאי ר' אליעזר – *דתניא (נ"ל דתנן): *ג אין לו בהן יד ורגל – אין לו טהרה עולמית, דברי *רבי אליעזר. רבי שמעון אומר: יניחנו על מקומו ויצא, וחכ"א: יניח על של שמאל ויצא. לישנא אחרינא אמרי לה, אמר (א) רב: תנופה בנזיר מעכבת. אליבא דמאן? אילימא אליבא דרבי אליעזר – פשיטא, האמר רבי אליעזר: אחר מעשים כולם! אלא אליבא דרבנן – השתא יש לומר תגלחת אמרי רבנן לא מעכבא, תנופה מיבעיא?! ומי לא מעכבא? והתניא: "זאת תורת הנזיר", בין שיש לו כפים ובין שאין לו כפים! ואלא הא דתניא: "זאת תורת הנזיר" – בין שיש לו שער ובין שאין לו שער, הכי נמי דמעכבא? והתניא: נזיר ממורט, בש"א: אינו צריך להעביר תער על ראשו, וב"ה אומרים: צריך! אמר רבי אבינא: מאי צריך לבית הלל – צריך ואין לו תקנה, לב"ש – יש לו תקנה. ופליגא דרבי פדת.§

מתני' ד גילח על הזבח ונמצא פסול – תגלחתו פסולה, וזבחיו לא עלו לו. ה גילח על החטאת שלא לשמה, ואח"כ הביא קרבנותיו לשמן – תגלחתו פסולה, וזבחיו לא עלו לו. ו גילח על העולה או על השלמים שלא לשמן, ואח"כ הביא קרבנותיו לשמן – תגלחתו פסולה, וזבחיו לא עלו לו. רבי שמעון אומר: אותו הזבח לא עלה לו, אבל שאר זבחים עלו. ז ואם גילח על שלשתן ונמצא אחד מהן כשר – תגלחתו כשרה, ויביא שאר זבחים.§ **גמ'** אמר רב אדא בר אהבה: זאת אומרת: קסבר ר"ש: נזיר שגילח על שלמי נדבה – יצא. מאי טעמ' – דאמר קרא א] °"ונתן על האש אשר תחת זבח השלמים" (שם) ולא כתב "על שלמיו".§

משנה

[תוספתא פ"א]

יומא סא: [שם סה: איתא בש"א צריך כו' וכ"ה בתוספתא ועי' תוס' במנחות נח: ד"ה ואילה דזה מסוגיות הפוכות וברכות ט: וש"נ]

סנהדרין מה: פח. יומא סא: נגעים פי"ד משנה ט

[וגם זה הוא מסוגיות הפוכות כדאיתא בתוס' מנחות נח: ד"ה ואילה]

נוסחת הריב"ן

הגהות הב"ח

וכו' משמע ל"א אמר רבה תנופה וכו' דלא מעכבא תקשי הא דתניא וכו' והא דקא קשיא לך דב"ש וב"ה איפכא וכו' על ראשו לעדיין: (ג) ד"ה ואם גילח וכו' על זבח כשר נמי נ"ב פי' ולעיל תנן אם גילח על אחד משלשתן יצא:

אחרינא אמרי לה אי אליבא דר' אליעזר פשיטא וכו' נראה אעפ"י שקצר התלמוד ולא פי' דכדר"א אתיא [ע"כ] צ"ל דכר"א אתיא כדלעיל אלא משום דקאמר ואי אליבא דרבנן השתא יש לומר תגלחת וכו' פרי א) לא לאלתר ולא מעכבא אפי' לרבנן והתניא זאת תורת הנזיר וכו' וס"ל דהכי פירושא כשם שבאין לו כפים דין הוא שמעכב (דתנופה) [דכל שאינו] ראוי לבילה בילה מעכבת הכי נמי ביש לו מעכבת וקס"ד דע"כ לאו כר"א דא"כ לשתוק קרא מזאת תורת. ותיפוק ליה מאחר כל המעשי' אלא לאו רבנן ובתנופה מודו דמעכבא והא דאמרי רבנן אחר מעשה יחידי אחר שנזרק אחד מן הדמים קאמר ולעולם כל עבודות הקרבן מעכבות ואפי' תנופה דשמעי' ליה מזאת תורת הנזיר ואלא הא דתניא בין יש לו שער בין אין לו הכי נמי דתגלחת מעכבת והתניא נזיר ממורט וכו' ואמר ר' אבינא מאי צריך לב"ה צריך ואין לו תקנה דכל שאינו ראוי לבילה מעכבת בו. וה"פ ב"ה או' צריך להעביר וכו' כלומר נזיר צריך להעביר תער ולגלח שער ראשו וזה שנמרטו שערותיו אין לו תקנה. הא לב"ש יש לו תקנה וה"פ בש"א אינו צריך להעביר תער ולגלח שער ראשו. אלא אף לממורט יש לו תקנה בהעברת תער. וצ"ל להאי לישנא דטעם דב"ש משום דמשוי אין לו ליש לו שגם הממורט צריך להעביר תער וברייתא דזאת תורת הנזיר אתיא כב"ש והכא נמי בא להשוות אין לו כפים ליש לו לומר שצריך להניף בזרוע למר למצוה ולמר לעכב ולא תדקדק מיניה דתנופה מעכבת. ותימה דלמא לעולם בא להשוות יש לו לאין לו וכב"ה דאמר צריך ואין לו תקנה ולאשמועינן דתגלחת מעכבת וי"ל דליכא לפרושי הכי דאי לרבנן הא אמרי תגלחת לא מעכבא מג"ש דאחר א' ואי לר"א מאחרי כל המעשים כולם נפקא ומיהו קשה קצת אהך סברא אמאי מייתי ברייתא דנזיר ממורט דבלא"ה היה יכול להקשות. דע"כ לא מצית להשוות יש לו לאין לו לומר שתגלחת מעכבא דאי לרבנן הא אמרינן תגלחת לא מעכבא ואי לר"א מאחר כל המעשים נפקא. ופליגא דר' פדת. הא דאמר ר' אבינא דלב"ש צריך ויש לו תקנה ואית דגרסי אמר ר' אבינא ותירוץ הוא. וה"פ והתניא נזיר ממורט וכו' ובה"א צריך קס"ד צריך ויש לו תקנה אלמא פי' הברייתא הכי כשם שיש לו שער צריך להעביר תער כך אין לו צריך להעביר תער ואידך ברייתא נמי מפרשי' הכי כשם שיש לו כפים מניף למצוה כך אין לו מניף בזרועו ודחי רבינא דמהכא לא תוכח דלא מעכבא דצריך ואין לו תקנה קאמר ב"ה וה"פ כשם שאין לו שער איכא עיכובא דאין ראוי לבילה כך יש לו איכא עיכובא ולעולם תיקשי לך ולא מעכבא תנופה לרבנן. וק"ק דא"כ הך דבין יש לו שער אתיא כר"א ותיפוק

א) נראה דל"ל פריטית לה לעיל.

גליון הש"ס תוס' ד"ה מ"ט. מדשני קרא בזבחים. נ"ל על זבח תודת שלמיו:

הגהות מהר"ב רנשבורג א] גמ' מ"ט דאמר קרא. נ"ב על זבח תודת שלמיו ולא כתיב שלמים. כך היתה גירסת התוס' וכ"ה בילקוט פ' נשא עכ"ל. א"מ יעוש"ה ודו"ק: ב] תוד"ה ונמצא פסול שנשפך כצ"ל: ג] ד"ה ר"ש אומר וכו' וצריך להביא אחר ושאר וכו' כצ"ל: ד] ד"ה ואם גלח אחר עשותו וכו' כצ"ל: ה] ד"ה מ"ט דאמר קרא על זבח תודת שלמיו ולא כתוב שלמים מדשני קרא בדיבוריה כצ"ל. א"מ:

מתני' מִי שֶׁנִּזְרַק עָלָיו אֶחָד מִן הַדָּמִים וְנִטְמָא, *רַבִּי אֱלִיעֶזֶר אוֹמֵר: סוֹתֵר אֶת הַכֹּל, וחכ"א: יָבִיא שְׁאָר קָרְבְּנוֹתָיו וְיִטְהַר. אָמְרוּ לוֹ: מַעֲשֶׂה בְּמִרְיָם הַתַּרְמוֹדִית שֶׁנִּזְרַק עָלֶיהָ אֶחָד מִן הַדָּמִים, וּבָאוּ וְאָמְרוּ לָהּ עַל בִּתָּהּ שֶׁהָיְתָה מְסוּכֶּנֶת, וְהָלְכָה וּמָצְאָה שֶׁמֵּתָה, וְאָמְרוּ חֲכָמִים: תָּבִיא שְׁאָר קָרְבְּנוֹתֶיהָ וְתִטְהַר.§ גמ' קָתָנֵי: ר' אֱלִיעֶזֶר אוֹמֵר סוֹתֵר אֶת הַכֹּל, *וְהָאָמַר ר' אֱלִיעֶזֶר: כָּל אַחַר מְלֹאת – שִׁבְעָה סוֹתֵר! אָמַר רַב: מַאי "סוֹתֵר" נַמִי דְּקָאָמַר ר' אֱלִיעֶזֶר – סוֹתֵר קָרְבְּנוֹתָיו. הָכִי נַמִי מִסְתַּבְּרָא, דְּקָתָנֵי: וחכ"א: (א) תָּבִיא שְׁאָר קָרְבְּנוֹתֶיהָ וְתִטְהַר, ש"מ. וּמַעֲשֶׂה נַמִי בְּמִרְיָם הַתַּרְמוֹדִית שֶׁנִּזְרַק עָלֶיהָ אֶחָד מִן הַדָּמִים וּבָאוּ וְהוֹדִיעוּהָ עַל בִּתָּהּ שֶׁהָיְתָה מְסוּכֶּנֶת, וְהָלְכָה וּמָצְאָה שֶׁמֵּתָה, וְאָמְרוּ חֲכָמִים: תָּבִיא שְׁאָר קָרְבְּנוֹתֶיהָ וְתִטְהַר, ש"מ.§

הדרן עלך שלשה מינין

כֹּהֵן גָּדוֹל וְנָזִיר (ב) באֵין מִיטַּמְּאִין לִקְרוֹבֵיהֶן, גאֲבָל מִיטַּמְּאִין לְמֵת מִצְוָה. הָיוּ מְהַלְּכִין בַּדֶּרֶךְ וּמָצְאוּ מֵת מִצְוָה, רַבִּי אֱלִיעֶזֶר אוֹמֵר: יִטַּמֵּא כֹּהֵן גָּדוֹל וְאַל יִטַּמֵּא נָזִיר. וַחֲכָמִים אוֹמְרִים: דיִטַּמֵּא נָזִיר, וְאַל יִטַּמֵּא כֹּהֵן *הֶדְיוֹט. אָמַר לָהֶם רַבִּי אֱלִיעֶזֶר: יִטַּמֵּא כֹּהֵן שֶׁאֵינוֹ מֵבִיא קָרְבָּן עַל טוּמְאָתוֹ, וְאַל יִטַּמֵּא נָזִיר שֶׁהוּא מֵבִיא קָרְבָּן עַל טוּמְאָתוֹ. אָמְרוּ לוֹ: היִטַּמֵּא נָזִיר שֶׁאֵין קְדוּשָּׁתוֹ קְדוּשַּׁת עוֹלָם, וְאַל יִטַּמֵּא כֹּהֵן שֶׁקְּדוּשָּׁתוֹ קְדוּשַּׁת עוֹלָם.§ גמ' בִּשְׁלָמָא כֹּהֵן גָּדוֹל וְנָזִיר – הַאי סָבַר: כֹּהֵן גָּדוֹל עֲדִיף, וְהַאי סָבַר נָזִיר עֲדִיף. מָשׁוּחַ בְּשֶׁמֶן הַמִּשְׁחָה וּמְרוּבֵּה

מתני' בְּמִרְיָם הַתַּרְמוֹדִית. מִתַּרְמוֹד, שֵׁם מָקוֹם. שֶׁהָיְתָה מְסוּכֶּנֶת וְהָלְכָה וּמָצְאָה שֶׁמֵּתָה. וְנִטְמֵאת עָלֶיהָ, וְאָמְרוּ חֲכָמִים כו' א). גמ' קָתָנֵי. בְּמַתְנִי', ר' אֱלִיעֶזֶר אוֹמֵר: סוֹתֵר אֶת הַכֹּל. וְהָא שָׁמְעִינַן לֵיהּ דַּאֲמַר דְּכָל אַחַר מְלֹאת שִׁבְעָה סוֹתֵר, וְתוּ לָא. וְהָא הָכָא אַחַר מְלֹאת הוּא! אָמַר רַב מַאי סוֹתֵר נַמִי דְּקָאָמַר ר"א סוֹתֵר קָרְבְּנוֹתָיו. וְהָכִי קָאָמַר: יָבִיא כָּל קָרְבְּנוֹתָיו לְאַחַר שֶׁיִּטְהַר, וְאוֹתוֹ זֶבַח רִאשׁוֹן שֶׁנִּזְרַק דָּמוֹ לֹא עָלָה לוֹ. וּלְעוֹלָם הַז' הוּא דְּסוֹתֵר וְתוּ לָא, לְדִבְרֵי הַכֹּל. וּבְהָא פְּלִיגֵי: ר' אֱלִיעֶזֶר סָבַר אוֹתוֹ זֶבַח רִאשׁוֹן לֹא עָלָה לוֹ, וְיָבִיא אַחֵר בִּמְקוֹמוֹ עִם שְׁאָר קָרְבְּנוֹתָיו שֶׁהִפְרִישׁ, לִכְשֶׁיִּטְהַר לְאַחַר ז'. וְהָכִי נַמִי מִסְתַּבְּרָא. דְּאַקָּרְבְּנוֹתָיו קָאֵי, מִדְּקָתָנֵי: וַחֲכָמִים אוֹמְרִים יָבִיא שְׁאָר קָרְבְּנוֹתָיו וְיִטְהַר – מִכְּלָל דְּלְרַבִּי אֱלִיעֶזֶר סְבִירָא לֵיהּ דְּאַף רִאשׁוֹן לֹא עָלָה לוֹ, וְצָרִיךְ לְהָבִיא אַחֵר ב): עִנְיָן אַחֵר: אָמַר רַב מַאי סוֹתֵר נַמִי דְּקָאָמַר ר' אֱלִיעֶזֶר – סוֹתֵר אֶת קָרְבְּנוֹתָיו. וְלָא מִיבַּעְיָא זֶבַח רִאשׁוֹן דְּאֵינוֹ עוֹלֶה לוֹ, אֶלָּא ג) אוֹתוֹ שֶׁהִפְרִישׁ תְּחִלָּה צָרִיךְ לְהַחֲלִיף, וְיָבִיא אַחֵר בִּמְקוֹמוֹ. וַחֲכָמִים אוֹמְרִים: אוֹתוֹ רִאשׁוֹן בִּלְבַד לֹא עָלָה לוֹ, וְצָרִיךְ לְהָבִיא אַחֵר בִּמְקוֹמוֹ. אֲבָל שְׁאָר קָרְבָּנוֹת שֶׁהִפְרִישׁ – אֵינוֹ צָרִיךְ לְהַחֲלִיף, אֶלָּא לִכְשֶׁיִּטְהַר יָבִיא אוֹתָם. ה"נ מִסְתַּבְּרָא דְּאַקָּרְבָּנוֹת פְּלִיגֵי, מִדְּקָאָמְרֵי רַבָּנַן דְּיָבִיא שְׁאָר קָרְבָּנוֹת וְיִטְהַר, אַלְמָא דְּשָׁמְעֵי מִינֵּיהּ דְּרַבִּי אֱלִיעֶזֶר דַּאֲפִי' אוֹתָן קָרְבָּנוֹת שֶׁהִפְרִישׁ תְּחִלָּה אֵינוֹ יָכוֹל לְהָבִיא לְקָרְבְּנוֹתָיו, וַאֲמַרוּ לֵיהּ רַבָּנַן: מֵבִיא, וּמַעֲשֶׂה נַמִי כו'.

הדרן עלך שלשה מינין

כֹּהֵן גָּדוֹל וְנָזִיר אֵין מִיטַּמְּאִין לִקְרוֹבֵיהֶן. וּכְדִמְפָרֵשׁ בְּהֶן קְרָאֵי לְטוּמְאָה, לְקַמָּן בַּגְּמָ'. גמ' בִּשְׁלָמָא כֹּהֵן וְנָזִיר. שָׁמְעִינַן ד) לְהוּ הֵי מִינַּיְיהוּ לִיטַּמָּא תְּחִילָּה, דְּרַבָּנַן סָבְרֵי כֹּהֵן גָּדוֹל (ג) שֶׁקְּדוּשָּׁתוֹ קְדוּשַּׁת עוֹלָם, וְרַבִּי אֱלִיעֶזֶר סָבַר נָזִיר עָדִיף, שֶׁכֵּן מֵבִיא קָרְבָּן עַל טוּמְאָתוֹ, וְיִטַּמֵּא כ"ג שֶׁאֵינוֹ מֵבִיא קָרְבָּן עַל טוּמְאָתוֹ וְאַל יִטַּמֵּא נָזִיר.

מָשׁוּחַ

ונטמא ר' אליעזר אומר סותר את הכל. ולא כל הימים, כדמפרש בגמ', דהא ר' אליעזר הוא דאמר [לעיל] בפ"ג (דף טז:) נטמא לאחר מלאת – סותר ז'. א] אלא סותר אקרבנות קאמר, ור' אליעזר לטעמיה, דאמר בגמ': אחר המעשים כולם מותר לשתות יין ב] ומגלח. הרי כשנזרק אחד מן הדמים עד [שיביא שאר הקרבנות – אינו ראוי] לתגלחת, והואיל ונטמא [קודם] שהקריב כולם – כנטמא שחרית לפני הקריבו אף אחד מהן דמי, ולא ראוי לתגלחת כל היום, והוי קרבן ראשון שהביא כאילו הביאו תוך מלאת, דימים שלא ראוי כלל לתגלחת דמי. וחכ"א יביא שאר קרבנותיו ויטהר. פי': לכשיטהר. כך מפרש בירושלמי: סתם מעשה ג] דטהרה, ואחר כך יביא קרבנות. ודאי אותו הזבח שהיה בהכשר לא יחזור ויביא. ורבנן לטעמייהו, דאמרי: אחר מעשה יחידי מותר לשתות יין ומגלח, הרי הוא קודם שנטמא [ראוי] לתגלחת, ולמה יסתור אותו? [אבל] הזבחים שהקריב משנטמא – יסתור, דהא קפיד קרא שיביא קרבנות נזיר בטהרה. ואח"כ כשיטהר ויהיה לו הזאת ג' וז' יביאם [למנין ספירה] ד].

במרים התרמודית. מתרמוד.

והאמר. לעיל בפ"ק (דף ו:) ובפ' ג' (דף טז:) דטומאה דלאחר מלאת סותר [ז'] ולרבנן [ל']. ובפ"ק פירשתי דמדרבנן הוא, דמן התורה בסתירה הבא מספק, דמשמע הואיל ובחדא ראוי לתגלחת, שנזרק א' מן הדמים – לרבנן [נמי דיו] בסתירת ז'. סותר קרבנות. כדפי' במתני', דייק נמי בברייתא דבקרבנות איירי, מדאייתו רבנן ראייה לדבריהם שאמרו חכמים "שאר קרבנות".

הדרן עלך שלשה מינין

כהן גדול ונזיר אינן מיטמאין לקרוביהם. ה] בספרי היא, אבל מיטמא למת מצוה, ולא גרסינן ליה כדמוכח בגמ'. כהן גדול הלכותיו בפרשת "אמור אל הכהנים" ונזיר בפרשת "נשא".

ואל יטמא נזיר. שקדושתו עדיפא, כיון שהזקיקתו תורה להביא קרבן על טומאתו. מה שאין כן בכהן, ו] למאן דאמר דיטמא נזיר ואל יטמא כהן ואפי' כהן הדיוט. יטמא כהן. ואפילו כהן גדול. נזיר קדושתו קדושת שעה. ואפי' אמר נזיר עולם, מכל מקום סתם נזירות הוי שלשים יום (לעיל ה.). בשלמא כהן גדול ונזיר האי סבר כהן גדול עדיף והאי סבר נזיר עדיף. וטעמא דמ"ד במתניתין. וכן משוח בשמן המשחה. כ"ג שנמשח בשמן המשחה ומרובה בגדים קרי משנגנז שמן המשחה. דיאשיהו גנז שמן המשחה שעשה משה, כדאיתא בפ' "הוציאו לו" (יומא נב:), ואחריו לא היה כהן משוח בשמן המשחה אלא מרובה בגדים בלא שמן, שהיו ממלאים ידיו בח' בגדים. ולא היו יכולין לעשות שמן המשחה אחר למשוח בו, כדכתיב (שמות ל) "שמן משחת קדש יהיה זה לי לדורותיכם", זה – ולא אחר, וכדאיתא בפ' קמא דכריתות (דף ה:): וכי נס א' בשמן המשחה היה? והלא הרבה נסים נעשו בו, שמתחלה לא היה אלא י"ב לוג, ובו נמשח המשכן וכל כליו ואהרן ובניו כל ז' ימי המלואים, ובו נמשחו כהנים גדולים ומלכים, וכולו קיים לעתיד לבא, שנאמר "משחת קדש יהיה זה לי לדורותיכם". והא דאמר התם (דף ה.): המפטם השמן ללמוד בו או למוסרו לצבור (ללמדם שידעו לעשותו) היינו בימי משה, אם עשאו פטור. אי נמי: למוסרו לצבור ללמדם שידעו לעשותו, ולא שימשחו ממנו. והשתא אחרי יאשיהו לא היה כהן נמשח בשמן המשחה אלא עובד בח' בגדים, וכשר בכך בלא משיחה. דת"ר בפ"ק דמגילה (דף ט:): "משוח" – אין לי אלא בשמן המשחה, מרובה בגדים מנלן? ת"ל "הכהן המשיח". והשתא משוח ומרובה בגדים משכחת לה בדור א', כגון שנמשח א' לכ"ג ובתוך כך נגנז שמן המשחה, ואירע בו קרי בכהן המשוח ומינו אחר תחתיו, מרובה בגדים, לעשות עבודה ביה"כ. ז] וקשה: דא"כ הל"ל משוח חזי לעבודה, ומרובה בגדים לא חזי לעבודה, דראשון חוזר לעבודתו, כדקאמר גבי משוח שעבר! ונראה לומר: כגון שכהן גדול גלה, ומינו אחר תחתיו ברבוי בגדים, כגון שנגנז השמן כבר, ושימש כמה שנים. שאם אף הראשון שב – אינו חוזר לעבודתו, שהרי שימש זה תחתיו כמה שנים. והרי שניהם מהלכין בדרך כו'.*) (ה"ג) דאילו משוח מביא פר הבא על כל המצות, כדכתיב "אם הכהן המשיח יחטא לאשמת העם והביא פר" וגו', ומרובה בגדים לא, דכתיב בפ' הכהן המשיח דוקא משוח. וליכא לפרושי: משוח מביא פר העלם דבר של צבור – כלומר שכהן משוח מקריבו ולא מרובה בגדים, כדכתיב גביה ח] "ולקח הכהן המשיח מדם הפר" – והא ליתא, דבתורת כהנים מוכח בהדיא דאף כהן הדיוט מקריבו. ט] (ה"ג) וא"ת: אי מיירי אחר יה"כ לא היה לו לקרותו לזה "מרובה בגדים" אלא "שעבר", ואי מצאו מת מצוה ביה"כ – והא קבורת מת מצוה, לא דחי י"ט, וכ"ש שבת ויה"כ! וי"ל: דלעולם ביה"כ עצמו איירי, ולא לקברו, אלא לטלטלו מחמה לצל, דשרי אפי' בשבת. והא קאמר דמשוח בשמן עדיף, ומטמא המרובה בגדים מחמה לצל. דמשוח עדיף, דמייתי פר הבא על כל המצות אם הכהן המשיח הורה וטעה בהוראתו. אבל מרובה בגדים אינו מביא פר על כל המצות, ד"משיח" דוקא כתיב, אלא מביא כשבה או שעירה כיחיד. ובהוריות (דף יא:) עיקר הדבר ופירושו. ופר הבא על כל המצות – היינו בפר שהוא עצמו מביא, שהורה בעצמו ועשה כהוראתו, שהוראת כהן משיח לעצמו כהוראת ב"ד לציבור.

מרובה

*) שייך לע"כ

קיג א מיי' פ"ז מהל' נזירות הלכה ד:

א ב מיי' פ"ג מהל' אבל הל' ו סמג לאוין רלו:

ב ג מיי' שם הלכה ח ופ"ז מהל' נזירות הל' יא יב:

ג ד ה מיי' פ"ז מהל' נזירות הל' יג ופ"ג מהל' אבל הל' ט:

[לעיל יד: וש"נ]

לעיל טז: לט: [לקמן סג:]

ס"א גדול

נוסחת הריב"ן

א) כו' ובגמ' מפרש לה: ב) אחר תחתיו: ג) אלא אף אותן שהפריש כו' ויביא אחרים במקומן: ד) שמעינן הי מינייהו כו' כה"ג עדיף ויטמא נזיר ואל יטמא כ"ג שקדושתו כו' שכן מביא קרבן על טומאתו ולא יטמא נזיר הס"ד:

הגהות הב"ח

(א) גמ' וחכ"א יביא שאר קרבנותיו ויטהר ומעשה נמי כנ"ל ותיבות שמע מינה נמחק: (ב) במשנה כהן גדול ונזיר אין מיטמאין: (ג) רש"י ד"ה בשלמא וכו' סברי כ"ג עדיף שקדושתו:

הגהות מהר"ב רנשבורג

א] תוד"ה ונטמא וכו' סותר ז' לבד אלא כנ"ל: ב] בא"ד מותר לשתות יין ולגלח וכו' מן הדמים עדיין [אינו ראוי] לתגלחת וכו' כנ"ל: ג] ד"ה וחכ"א וכו' מעשה לטהרה. תיבת לטהרה נמחק ונ"ב תטהר ואח"כ תביא קרבנותיה וכו': ד] בא"ד ואח"כ כשיטהר וכו' יביאם [למנין ספירה]. ונ"ב ותימה דהאמר לעיל בפ"ק דף ו' ופ"ג דף טז דטומאה דלאחר מלאת סותרת שלשים לרבנן ובפ"ק פירשתי דהוא מדרבנן גזירה אטו סתירה דמן התורה כסתירה הבא בסתם נזירות. ושמא הואיל וחזי לתגלחת שנזרק אחד מן הדמים די לרבנן נמי בסתירת ז' כנ"ל והד"א ודלא כדפוס פפד"מ שחלקוהו לשני דיבורים וטעות הוא. עכ"ל א"מ ויעוש"ה ודו"ק: ה] ד"ה כ"ג וכו' בספרים הוא וכו' כנ"ל: ו] ד"ה ואל וכו' מש"כ בכהן כאן הס"ד ואח"כ מה"ד למ"ד יטמא וכו' תיבת למ"ד נמחק ונ"ב וחכ"א יטמא כנ"ל. א"מ: ז] ד"ה וכן משוח וכו' עבודה ביוה"כ. נ"כ כאן שייך קושיית וא"ת וכו' האמורה בסוף הדיבור: ח] בא"ד ולא מרובה וכו' גביה ולקח תיבת ולקח נמחק ונ"ב והביא: ט] בא"ד דבפ"כ מוכח וכו' ה"ג. תי' ה"ג נמחק ונ"ב הגה"ה כנ"ל א"מ ויעוש"ה דקושיא זאת מקומה לעיל:

פי' הרא"ש

ותיפוק לי מאחר כל המעשים. ואם באנו לומר דאינו חושש מזאת א"כ גם ההיא דיש לו כפים אי' למי' דכר"א אתיא: זאת אומרת קסבר ר"ש נזיר שגלח על שלמי נדבה יצא השלמי נזיר ששחטן שלא לשמן לא עלה לשם חובה והרי הן כשלמי נדבה: דאמר קרא אשר תחת זבח השלמים ולא כתיב שלמיו משמע כל שלמים ויש"ג דאמר קרא (על) [ובשר] זבח תודת שלמיו ולא כתיב שלמים. ופי' הר' משה דמהאי קרא דרשי' בפ' התודה [דף ע"ח] לרבות שלמים נזיר ליום ולילה א). ומקשינן נמי שלמי תודה לשלמי נזיר שאם גילח עליהם יצא: מי שנזרק עליו א' מן הדמים ונטמא. ר"א או' סותר את הכל. לא כל הימים קאמר כדמפרש בגמ' דר"א סבר נטמא אחר מלאת סותר שבעה. אלא סותר כל הקרבנות קאמר. ר"א לטעמיה דאמר אחר כל המעשים כולם שאינו מותר לשתות יין עד אחר הבאת כל קרבנותיו. נמצא כשנזרק א' מן הדמים עדיין אינו ראוי לתגלחת וכיון דס"ל לר"א שאין א' מן הקרבנות מתירו בתגלחת עד שיקריב את כולם א"כ כל קרבנותיו חשובים כקרבן [אחד] וכשנטמא קודם שהקריב כולו הוי כאילו נטמא שחרית קודם שהקריב אפי' א' מהם והוי הקרבן שהביא כאילו הקריבו תוך מלאת. וחכ"א יביא שאר קרבנותיו ויטהר פי' לכשיטהר. וכן מפ' בירושלמי בהאי מתני' יטהר ואח"כ יביא קרבנותיו ואותו הזבח שהביא בטהרה לא יחזור ויביאנו. רבנן לטעמייהו דאמרי אחר מעשה יחידי מותר לגלח. הרי האדם שנטמא נראה לתגלחת ולמה יסתור אותו זבח אבל שאר זבחים שהקריב משנטמא ודאי סותר דהא קפיד קרא שיביא קרבנות נזיר בטהרה. ולעיל פ"ק פירשתי דהא דסותר ל' יום לרבנן היינו מדרבנן דמן התורה סגי בסתירת ז' לבר פרא. ואיכא לספוקי הכא הואיל ונראה לתגלחת משנזרק א' מן הדמים אולי די בסתירת ז'. ולי נראה דלרבנן אין כאן סתירה כלל דכיון שנזרק א' מן הדמים מותר לשתות יין וליטמא למתים ולגלח ויצא מכלל נזיר ולא שייך ביה סתירה. מרים התרמודית. מתמרוד היתה. הכי נמי מסתברא דסותר קרבנותיו קאמר מדמייתו

א) שם הובא כך הקושיא למלתא אחריתא אבל ליום ולילה הוא בזבחים (נ"ו) וכן מה שכ' התוס' כאן לענין לשמה הוא בזבחים (ה') ונראה דכתוס' כאן חסר איזה תיבות ונ"ל ויש גורסין ובשר זבח כו' וכמו שכ' הרא"ש כאן.

Koren Talmud Bavli
THE NOÉ EDITION

NAZIR

Steinsaltz Center

KOREN

תלמוד בבלי

KOREN TALMUD BAVLI

THE NOÉ EDITION

נזיר

NAZIR

Daf 20b through Daf 47a

COMMENTARY BY

Rabbi Adin Even-Israel Steinsaltz

EDITOR-IN-CHIEF

Rabbi Dr Tzvi Hersh Weinreb

SENIOR CONTENT EDITOR

Rabbi Dr Shalom Z Berger

EXECUTIVE EDITOR

Rabbi Joshua Schreier

•

STEINSALTZ CENTER

KOREN PUBLISHERS JERUSALEM

Supported by the Matanel Foundation

Koren Talmud Bavli, The Noe Edition
Vol. 17b: Tractate Nazir, Daf 20b through Daf 47a
Paperback, ISBN, 978-965-7765-81-4

First Hebrew/English paperback edition, 2021

Koren Publishers Jerusalem Ltd.
PO Box 4044, Jerusalem 91040, ISRAEL
PO Box 8531, New Milford, CT 06776, USA
www.korenpub.com

Steinsaltz Center

Steinsaltz Center is the parent organization of institutions established by Rabbi Adin Even-Israel Steinsaltz

PO Box 45187, Jerusalem 91450 ISRAEL
Telephone: +972 2 646 0900, Fax +972 2 624 9454
www.steinsaltz-center.org

This book was published in cooperation with the Israel Institute for Talmudic Publications.

הִנֵּה יָמִים בָּאִים, נְאֻם אֲדֹנָי יֱהֹוִה, וְהִשְׁלַחְתִּי רָעָב בָּאָרֶץ,
לֹא־רָעָב לַלֶּחֶם וְלֹא־צָמָא לַמַּיִם, כִּי אִם־לִשְׁמֹעַ אֵת דִּבְרֵי יהוה.

Behold, days are coming – says the Lord God – I will send a hunger to the land, not a hunger for bread nor a thirst for water, but to hear the words of the Lord. (AMOS 8:11)

The Noé edition of the Koren Talmud Bavli
with the commentary of Rabbi Adin Even-Israel Steinsaltz
is dedicated to all those who open its covers
to quench their thirst for Jewish Knowledge,
in our generation of Torah renaissance.

This beautiful edition is for the young, the aged,
the novice and the savant alike,
as it unites the depth of Torah knowledge
with the best of academic scholarship.

Within its exquisite and vibrant pages,
words become worlds.

It will claim its place in the library of classics,
in the bookcases of the Beit Midrash,
the classrooms of our schools,
and in the offices of professionals and business people
who carve out precious time to grapple with its timeless wisdom.

For the Student and the Scholar

DEDICATED BY LEO AND SUE NOÉ

Steinsaltz Center

Executive Director, Steinsaltz Center

Rabbi Meni Even-Israel

Managing Editor

Rabbi Jason Rappoport

Senior Content Editor

Rabbi Dr. Shalom Z. Berger

Editors

Rabbi Dr. Joshua Amaru, *Coordinating Editor*
Rabbi Avishai Magence, *Content Curator*
Menucha Chwat
Rabbi Yehoshua Duker
Betzalel Philip Edwards
Rabbi Yonatan Shai Freedman
Catriel Lev
Elisha Loewenstern
Adina Luber
Yedidya Naveh
Rabbi Eli Ozarowski
Noam Shapiro
Rabbi Michael Siev
Rabbi David Strauss
Rabbi Binyamin Zimmerman

Copy Editors

Aliza Israel, *Coordinator*
Bracha Hermon
Ita Olesker
Debbie Ismailoff
Shira Finson
Ilana Sobel
Deena Nataf
Eliana Kurlantzick Yorav
Erica Hirsch Edvi
Nava Wieder

Language Consultants

Dr. Stephanie E. Binder, *Greek & Latin*
Rabbi Yaakov Hoffman, *Arabic*
Dr. Shai Secunda, *Persian*
Shira Shmidman, *Aramaic*

KOREN

Design & Typesetting

Dena Landowne Bailey, *Typesetting*
Tani Bayer, *Jacket Design*
Raphaël Freeman, *Design & Typography*

Images

Eliahu Misgav, *Illustration & Image Acquisition*
Daniel Gdalevich, *Illustration & Image Acquisition*

Introduction by the Publisher

The Talmud has sustained and inspired Jews for thousands of years. Throughout Jewish history, an elite cadre of scholars has absorbed its learning and passed it on to succeeding generations. The Talmud has been the fundamental text of our people.

Beginning in the 1960s, Rabbi Adin Even-Israel Steinsaltz שליט״א created a revolution in the history of Talmud study. His translation of the Talmud, first into modern Hebrew and then into other languages, as well the practical learning aids he added to the text, have enabled millions of people around the world to access and master the complexity and context of the world of Talmud.

It is thus a privilege to present the *Koren Talmud Bavli*, an English translation of the talmudic text with the brilliant elucidation of Rabbi Steinsaltz. The depth and breadth of his knowledge are unique in our time. His rootedness in the tradition and his reach into the world beyond it are inspirational.

Working with Rabbi Steinsaltz on this remarkable project has been not only an honor, but a great pleasure. Never shy to express an opinion, with wisdom and humor, Rabbi Steinsaltz sparkles in conversation, demonstrating his knowledge (both sacred and worldly), sharing his wide-ranging interests, and, above all, radiating his passion. I am grateful for the unique opportunity to work closely with him, and I wish him many more years of writing and teaching.

Our intentions in publishing this new edition of the Talmud are threefold. First, we seek to fully clarify the talmudic page to the reader – textually, intellectually, and graphically. Second, we seek to utilize today's most sophisticated technologies, both in print and electronic formats, to provide the reader with a comprehensive set of study tools. And third, we seek to help readers advance in their process of Talmud study.

To achieve these goals, the *Koren Talmud Bavli* is unique in a number of ways:

- The classic *tzurat hadaf* of Vilna, used by scholars since the 1800s, has been reset for great clarity, and opens from the Hebrew "front" of the book. Full *nikkud* has been added to both the talmudic text and Rashi's commentary, allowing for a more fluent reading with the correct pronunciation; the commentaries of *Tosafot* have been punctuated. Upon the advice of many English-speaking teachers of Talmud, we have separated these core pages from the translation, thereby enabling the advanced student to approach the text without the distraction of the translation. This also reduces the number of volumes in the set. At the bottom of each *daf*, there is a reference to the corresponding English pages. In addition, the Vilna edition was read against other manuscripts and older print editions, so that texts which had been removed by non-Jewish censors have been restored to their rightful place.

- The English translation, which starts on the English "front" of the book, reproduces the *menukad* Talmud text alongside the English translation (in bold) and commentary and explanation (in a lighter font). The Hebrew and Aramaic text is presented in logical paragraphs. This allows for a fluent reading of the text for the non-Hebrew or non-Aramaic reader. It also allows for the Hebrew reader to refer easily to the text alongside. Where the original text features dialogue or poetry, the English text is laid out in a manner appropriate to the genre. Each page refers to the relevant *daf*.

- Critical contextual tools surround the text and translation: personality notes, providing short biographies of the Sages; language notes, explaining foreign terms borrowed from Greek, Latin, Persian, or Arabic; and background notes, giving information essential to the understanding of the text, including history, geography, botany, archaeology, zoology, astronomy, and aspects of daily life in the talmudic era.
- Halakhic summaries provide references to the authoritative legal decisions made over the centuries by the rabbis. They explain the reasons behind each halakhic decision as well as the ruling's close connection to the Talmud and its various interpreters.
- Photographs, drawings, and other illustrations have been added throughout the text – in full color in the Standard and Electronic editions, and in black and white in the Daf Yomi edition – to visually elucidate the text.

This is not an exhaustive list of features of this edition, it merely presents an overview for the English-speaking reader who may not be familiar with the "total approach" to Talmud pioneered by Rabbi Steinsaltz.

Several professionals have helped bring this vast collaborative project to fruition. My many colleagues are noted on the Acknowledgments page, and the leadership of this project has been exceptional.

RABBI MENACHEM EVEN-ISRAEL, DIRECTOR OF THE STEINSALTZ CENTER, was the driving force behind this enterprise. With enthusiasm and energy, he formed the happy alliance with Koren and established close relationships among all involved in the work.

RABBI DR. TZVI HERSH WEINREB שליט״א, EDITOR-IN-CHIEF, brought to this project his profound knowledge of Torah, intellectual literacy of Talmud, and erudition of Western literature. It is to him that the text owes its very high standard, both in form and content, and the logical manner in which the beauty of the Talmud is presented.

RABBI JOSHUA SCHREIER, EXECUTIVE EDITOR, assembled an outstanding group of scholars, translators, editors, and proofreaders, whose standards and discipline enabled this project to proceed in a timely and highly professional manner.

RABBI MEIR HANEGBI, EDITOR OF THE HEBREW EDITION OF THE STEINSALTZ TALMUD, lent his invaluable assistance throughout the work process, supervising the reproduction of the Vilna pages.

RAPHAËL FREEMAN, EXECUTIVE EDITOR OF KOREN, created this Talmud's unique typographic design which, true to the Koren approach, is both elegant and user friendly.

It has been an enriching experience for all of us at Koren Publishers Jerusalem to work with the Steinsaltz Center to develop and produce the *Koren Talmud Bavli*. We pray that this publication will be a source of great learning and, ultimately, greater *avodat Hashem* for all Jews.

Matthew Miller, Publisher
Koren Publishers Jerusalem
Jerusalem 5772

Contents

For the vocalized Vilna Shas layout, please open as a Hebrew book.

Introduction to **Perek IV**

Speak to the children of Israel, and say to them: When either man or woman shall clearly utter a vow, the vow of a nazirite, to consecrate himself to the Lord.

(Numbers 6:2)

This chapter deals with many, varied topics relating to naziriteship. Some of these are novel issues, while other matters have been addressed earlier in the tractate. The underlying theme of these disparate discussions is the naziriteship of women, as the analysis of women's naziriteship sheds light on the institution as a whole. There are two unique factors involved in the case of a woman who vows to become a nazirite. First, this vow shares a feature common to all vows of a woman, which is the right of her father or husband to nullify the vow. This nullification has further ramifications if another person linked his naziriteship vow to that of this woman before her father or husband nullified it. Additionally, it must be established what is to be done in the case of a woman who intentionally violates a vow that has been nullified without her knowledge, and what becomes of the animals that have been set aside as offerings for this vow. Finally, at what point during the term of naziriteship is the option to nullify a woman's vow no longer available to her father or husband?

A second dimension of a woman's naziriteship concerns two *halakhot* that are not explicitly stated in the Torah. A father has the right to establish his minor son as a nazirite and thereby obligate him in all of the restrictions of naziriteship. Furthermore, under certain circumstances, a son may make use of the animals his father set aside for his naziriteship offerings if the father dies and he and the son were both nazirites. The Sages determined that these *halakhot* apply to sons but not to daughters, and to fathers rather than mothers.

Despite the fact that most of the issues raised in this chapter are not limited to women, the applications of these *halakhot* to women serve as starting points for general discussions about naziriteship.

מתני׳ מִי שֶׁאָמַר ״הֲרֵינִי נָזִיר״. וְשָׁמַע חֲבֵירוֹ וְאָמַר ״וַאֲנִי״. ״וַאֲנִי״ – כּוּלָּם נְזִירִים. הוּתַּר הָרִאשׁוֹן – הוּתְּרוּ כּוּלָּן. הוּתַּר הָאַחֲרוֹן – הָאַחֲרוֹן מוּתָּר, וְכוּלָּם אֲסוּרִין. אָמַר ״הֲרֵינִי נָזִיר״. וְשָׁמַע חֲבֵירוֹ וְאָמַר ״פִּי כְּפִיו וּשְׂעָרִי כִּשְׂעָרוֹ״ – הֲרֵי זֶה נָזִיר.

MISHNA With regard to **one who said: I am hereby a nazirite, and another heard** this vow and **said: And I,**[H] and a third person added: **And I, they are all nazirites.** If the vow of **the first was dissolved** by a halakhic authority, **they are all dissolved.**[H] However, if the vow of **the last** individual **was dissolved** by a halakhic authority, the vow of **the last** individual alone **is dissolved, and all** the others remain **bound** by their nazirite vows. If someone **said: I am hereby a nazirite, and another heard and said: My mouth is like his mouth**[H] **and my hair is like his hair, he is a nazirite.**

״הֲרֵינִי נָזִיר״. וְשָׁמְעָה אִשְׁתּוֹ וְאָמְרָה ״וַאֲנִי״ – מֵיפֵר אֶת שֶׁלָּהּ, וְשֶׁלּוֹ קַיָּים. ״הֲרֵינִי נְזִירָה״. וְשָׁמַע בַּעְלָהּ וְאָמַר ״וַאֲנִי״ – אֵינוֹ יָכוֹל לְהָפֵר. ״הֲרֵינִי נָזִיר וָאַתְּ״. וְאָמְרָה ״אָמֵן״ – מֵיפֵר אֶת שֶׁלָּהּ, וְשֶׁלּוֹ קַיָּים. ״הֲרֵינִי נְזִירָה וְאַתָּה״ וְאָמַר ״אָמֵן״ – אֵינוֹ יָכוֹל לְהָפֵר.

If one said: **I am hereby a nazirite, and his wife heard** him **and said: And I,**[H] he can **nullify her** vow of naziriteship if he so chooses (see Numbers 30:7–16). **But his** vow remains **intact,** as his naziriteship is not dependent on hers. However, if the wife said: **I am hereby a nazirite, and her husband heard**[H] **and said: And I, he cannot nullify** her vow of naziriteship, as he would thereby be nullifying his own vow, which he made dependent on hers, and he does not have the ability to nullify his own vow. If he said to his wife: **I am hereby a nazirite, and you,**[NH] i.e., you shall be a nazirite as well, **and she said: Amen,** in acceptance of this vow, **he can nullify her** vow, **and his** vow remains **intact.** However, if the wife said: **I am hereby a nazirite, and you,**[H] **and he said: Amen, he cannot nullify** her vow.

NOTES

I am hereby a nazirite and you – הֲרֵינִי נָזִיר וָאַתְּ: In other words, he is saying: I am hereby a nazirite, and you, do you agree to be a nazirite? He must ask her permission, as one cannot bind one's wife by a vow against her will (*Tosafot*).

HALAKHA

And another heard this vow and said: And I – וְשָׁמַע חֲבֵירוֹ וְאָמַר וַאֲנִי: If one said: I am hereby a nazirite, and another heard him and added: And I, and a third person also said: And I, all within the time needed for speaking a short phrase, they are all nazirites. Even one hundred people can vow in this manner, in accordance with the conclusion of the Gemara (21a) that each must speak within the required measure of time from the previous person's statement, not that of the one who uttered the initial vow. The same *halakha* applies to vows in general (Rambam *Sefer Hafla'a, Hilkhot Nezirut* 2:4, and see *Hilkhot Nedarim* 3:3; *Shulḥan Arukh, Yoreh De'a* 204:3, 239:10).

If the vow of the first was dissolved by a halakhic authority, they are all dissolved, etc. – הוּתַּר הָרִאשׁוֹן הוּתְּרוּ כּוּלָּן וכו׳: In a case in which one person vowed, and another heard him and within the time needed for speaking a short phrase, said: And I, and a third individual did the same, if the vow of the first one was dissolved, all the vows are dissolved. If the second one had his vow dissolved, his vow and those of the people who came after him are dissolved. If the vow of the last one was dissolved, it alone is dissolved (Rambam *Sefer Hafla'a, Hilkhot Nedarim* 4:9; *Shulḥan Arukh, Yoreh De'a* 229:3).

And said, my mouth is like his mouth, etc. – וְאָמַר פִּי כְּפִיו וכו׳: If one took a vow of naziriteship and another heard him and said: My mouth is like his mouth with regard to wine, or: My hair is like his hair with regard to cutting, he is a nazirite (Rambam *Sefer Hafla'a, Hilkhot Nezirut* 2:4).

And his wife heard and said, and I – וְשָׁמְעָה אִשְׁתּוֹ וְאָמְרָה ״וַאֲנִי״: If a husband vowed and his wife also vowed by associating herself with his vow, he may nullify her vow while his remains intact (Rambam *Sefer Hafla'a, Hilkhot Nedarim* 13:11–12; *Shulḥan Arukh, Yoreh De'a* 234:53).

I am hereby a nazirite, and her husband heard, etc. – הֲרֵינִי נְזִירָה, וְשָׁמַע בַּעְלָהּ וכו׳: If a wife vowed and her husband vowed by associating himself with her vow, he can no longer nullify her vow, as he is considered to have upheld it (Rambam *Sefer Hafla'a, Hilkhot Nedarim* 4:11; *Shulḥan Arukh, Yoreh De'a* 229:52).

I am hereby a nazirite and you – הֲרֵינִי נָזִיר וָאַתְּ: If a man says to his wife: I am hereby a nazirite, and will you be a nazirite like me, and she says: Amen, he may nullify her vow. This ruling is in accordance with the mishna, as explained in the Jerusalem Talmud and elsewhere (Rambam *Sefer Hafla'a, Hilkhot Nedarim* 4:14; *Shulḥan Arukh, Yoreh De'a* 229:54).

I am hereby a nazirite and you – ״הֲרֵינִי נְזִירָה וְאַתָּה״: If a woman says to her husband: I am hereby a nazirite and you, and he replies: Amen, he can no longer nullify her vow (Rambam *Sefer Hafla'a, Hilkhot Nedarim* 4:14; *Shulḥan Arukh, Yoreh De'a* 229:54).

גמ׳ יְתֵיב רֵישׁ לָקִישׁ קַמֵּיהּ דְּרַבִּי יְהוּדָה נְשִׂיאָה, וִיתֵיב וְקָאָמַר: וְהוּא שֶׁהִתְפִּיסוּ כּוּלָּן בְּתוֹךְ כְּדֵי דִּיבּוּר. וְכַמָּה תּוֹךְ כְּדֵי דִּיבּוּר – כְּדֵי שְׁאֵלַת שָׁלוֹם, וְכַמָּה כְּדֵי שְׁאֵלַת שָׁלוֹם – כְּדֵי שֶׁאוֹמֵר שָׁלוֹם תַּלְמִיד לְרַב.

GEMARA **Reish Lakish sat before Rabbi Yehuda Nesia,**[P] **and he sat and said** in explanation of the mishna: **And this** *halakha*, that they are all nazirites, applies only **when they all** took a vow by **associating** themselves with the previous vow **within the time required for speaking** a short phrase. The Gemara asks: **And how much** time is included in the measure of: **Within the time required for speaking**[H] a short phrase?[N] The Gemara answers: It is the time necessary **for greeting** someone. The Gemara asks: **And how much is** the time necessary **for greeting** someone? The Gemara answers that it is the time necessary **for a student to say: Peace** upon you, my teacher, **to his rabbi.**

אֲמַר לֵיהּ: תּוּב לָא שָׁבְקַתְּ רַוְוחָא לְתַלְמִידָא.

Rabbi Yehuda Nesia **said to** Reish Lakish: **Once again you have provided no advantage to a student**[N] who wishes to associate himself with the naziriteship of another. If the student's rabbi was passing by at the precise moment that his colleague was vowing to be a nazirite, he would have to greet his rabbi first, and therefore he would not be able to respond to his colleague's vow in time.

PERSONALITIES

Rabbi Yehuda Nesia – רַבִּי יְהוּדָה נְשִׂיאָה: Rabbi Yehuda Nesia was the son of Rabban Gamliel, who was the son of Rabbi Yehuda HaNasi. He was called Nesia to differentiate him from his illustrious grandfather, the redactor of the Mishna. One of the earliest *amora'im* in Eretz Yisrael, he was a colleague of Rabbi Yehuda HaNasi's great students. His own students included Rabbi Yoḥanan and Reish Lakish.

Grave of Rabbi Yehuda Nesia, Tzippori

HALAKHA

How much is: Within the time required for speaking – כַּמָּה תּוֹךְ כְּדֵי דִּיבּוּר: How long is the time frame known as: Within the time required for speaking? It is the time it takes for a student to greet his rabbi with the phrase: *Shalom alekha rabbi*, meaning: Peace upon you, rabbi. In many areas of *halakha*, anything one says within this time frame is considered part of his initial statement (Rambam *Sefer Hafla'a*, *Hilkhot Shevuot* 2:17–19, and see *Sefer HaMadda*, *Hilkhot Talmud Torah* 5:5).

NOTES

Within the time required for speaking a short phrase – תּוֹךְ כְּדֵי דִּיבּוּר: Some maintain that the statement of the first person can be effectively followed with the phrase: And I, by only two more would-be nazirites, because any subsequent statements would be too far removed from the initial nazirite vow (Commentary on *Nazir*). Others add that in the opinion of Reish Lakish, all greetings, including that of a student to his rabbi, consist of the two words: *Shalom alekha*, peace upon you, which corresponds to two mentions of the single word: *Va'ani*, and I (Rid).

However, others contend that a greeting includes the three words that follow the initial declaration: I am hereby a nazirite, in accordance with the statement of the Gemara elsewhere that a student greets his rabbi with the three words: *Shalom alekha rabbi* (*Tosafot*). If so, Reish Lakish is of the opinion that three people can associate themselves with the naziriteship of the first one. Alternatively, Reish Lakish rules that even a fourth person can become a nazirite by saying: *Va'ani*, as the time needed for speaking is the period it takes for the student to return to his previous topic after saying: *Shalom alekha rabbi* (*Tosefot HaRosh*, citing Rabbeinu Tam; Rabbeinu Peretz).

You have provided no advantage to a student – לָא שָׁבְקַתְּ רַוְוחָא לְתַלְמִידָא: Some say that Rabbi Yehuda Nesia agrees with Reish Lakish but simply points out that a student cannot associate himself with the naziriteship of another if he has to greet his rabbi first (Commentary on *Nazir*). This explains why Reish Lakish does not reply to this comment. Other early commentaries maintain that not only is Rabbi Yehuda Nesia questioning Reish Lakish's opinion, he is actually presenting an opposing ruling. However, the precise meaning of his statement is a matter of dispute.

Some explain Rabbi Yehuda Nesia's opinion as follows: If only two words can be added, this is not enough for a student to honor his rabbi; rather, it must be that a student greets his rabbi with three words: *Shalom alekha rabbi*. Similarly, three people can associate themselves with the vow of the first one by saying the word *va'ani*, meaning: And I (*Nusḥat HaRivan*). Others state that Rabbi Yehuda Nesia contends that a student who greets his rabbi in the full manner must be given the chance to associate himself with the vow of another who took a nazirite vow as the rabbi walked by. Consequently, even four words are considered to be related to the initial vow, and therefore four people can link their vows to that of the first (*Tosafot*).

Alternatively, Rabbi Yehuda Nesia means that a student must be granted a certain pause to breathe before he says: And I, and one should not be too particular about the time this takes; he can vow by associating himself with the naziriteship of another even after a lengthier gap. This is no worse than intimations of naziriteship, e.g., when one says: I shall be, when a nazirite passes before him, in which case he becomes a nazirite (*Tosefot HaRosh*, citing Rabbeinu Tam; Rabbeinu Peretz). Yet others suggest that Rabbi Yehuda Nesia considers the time needed for speaking a short phrase to be significant only in that one may retract a statement within this time period.

With regard to other *halakhot*, such as association of vows, it is enough if they are still discussing the same issue (*Meromei Sadeh*). Another possibility is that Rabbi Yehuda Nesia maintains that each person refers to the vow of the person who precedes him, rather than that of the first one. Consequently, even one hundred people can all become nazirites in this manner, each by associating himself with the naziriteship of the previous one (Rid).

תַּנְיָא נַמִּי הָכִי: מִי שֶׁאָמַר ״הֲרֵינִי נָזִיר״ וְשָׁמַע חֲבֵירוֹ, וְשָׁהָה כְּדֵי דִּבּוּר, וְאָמַר ״וַאֲנִי״ – הוּא אָסוּר וַחֲבֵירוֹ מוּתָּר. וְכַמָּה כְּדֵי דִּבּוּר – כְּדֵי שְׁאֵילַת שָׁלוֹם תַּלְמִיד לְרַב.

This is also taught in a *baraita*: In the case of **one who said: I am hereby a nazirite, and another heard** him **and waited the time required for speaking** a short phrase **and** then **said: And I,** the first person **is bound** by his vow **and the other is permitted,** as too much time passed between their respective vows. **And how much** time is **the time required for speaking?** It is the time necessary **for a student** to inquire after **the welfare** of his **rabbi.**

לֵימָא מְסַיְּיעָא לֵיהּ: מִי שֶׁאָמַר ״הֲרֵינִי נָזִיר״ וְשָׁמַע חֲבֵירוֹ וְאָמַר ״וַאֲנִי״ ״וַאֲנִי״ וְתוּ לָא. תַּנָּא כִּי רוֹכְלָא לִיחְשִׁיב וְלֵיזִיל!

The Gemara suggests: **Shall we say that** the mishna **supports** Reish Lakish's opinion? As it is taught: In the case of **one who said: I am hereby a nazirite, and another heard him and said: And I,** and a third person heard him and said: **And I,** they are all nazirites. The mishna mentions: And I, twice **and no more,**[N] which indicates that only two people can associate themselves with the vow of the first one. The reason for this must be because too much time has passed since the first person spoke. The Gemara rejects this argument: This is no proof, as **should the *tanna* have continued reckoning** cases **like a peddler,** who announces his wares over and over again, by repeating: And I, and I, over and over again?

וְלִיתְנֵי חַד וְלַשְׁמְעִינַן הָנֵי! הָכָא נַמִּי, וּמִשּׁוּם דְּקָתָנֵי סֵיפָא ״הוּתַּר הָרִאשׁוֹן הוּתְּרוּ כּוּלָּן, הוּתַּר הָאַחֲרוֹן – הָאַחֲרוֹן מוּתָּר וְכוּלָּן אֲסוּרִין״. מִכְּלָל דְּאִיכָּא אֶמְצָעִי – וּמִשּׁוּם הָכִי קָתָנֵי ״וַאֲנִי״ ״וַאֲנִי״.

The Gemara raises a difficulty: **But** if the *tanna* wishes to be concise, **let him teach** only **one** example, **and teach us these** other cases of others who say: And I, by means of a single example. The Gemara answers: **Indeed,** this is in fact correct, **but because** the *tanna* **teaches in the latter clause:** If the vow of **the first was dissolved** by a halakhic authority then **they are all dissolved,** but if the vow of **the last** individual **was dissolved** by a halakhic authority then the vow of **the last** individual **is dissolved and all** the others remain **bound** by their vow, one may conclude **by inference that there is a middle** person between the first and the last. **And due to that** reason the *tanna* **teaches: And I, and I,** so that the case would include three people, but not because a fourth person is unable to associate himself with the vow of the first in the same manner.

אִיבַּעְיָא לְהוּ: חַד בְּחַבְרֵיהּ מִיתְפִּיס, אוֹ דִּלְמָא בְּקַמָּא מִיתְפְּסִי? לְמַאי נָפְקָא מִינָּהּ – לְאִתְפּוֹסֵי וּמֵיזַל. אִי אָמְרַתְּ חַד בְּחַבְרֵיהּ מִתְפִּיס – מִתְפְּסִין וְאָזְלִין לְעוֹלָם. וְאִי אָמְרַתְּ בְּקַמָּא מִתְפְּסִי – טְפֵי מִכְּדֵי דִּבּוּר לָא מִתְפְּסִין, מַאי?

With regard to the same issue, **a dilemma was raised before** the Sages: Does each **one** take a vow by **associating** himself **with** the vow of **the other,**[N] i.e., the individual who spoke immediately before him, **or perhaps they** all **associate** themselves **with** the vow of **the first** one? The Gemara asks: **What difference is there?** The Gemara answers that the difference is whether an unlimited number of people **can continue to associate** themselves with the vows. **If you say** that each **one associates** himself **with** the vow of **the other** who spoke immediately before him, others can **continue to associate** themselves with these vows **forever,** provided that they each do so immediately after the previous individual. **And if you say they** all **associate** themselves **with** the vow of **the first** one, **they may not associate** themselves with the vow if **more** time has elapsed **than** the time **required for speaking** a short phrase since the vow of the first individual. **What** is the answer to this dilemma?

תָּא שְׁמַע: ״הֲרֵינִי נָזִיר״ וְשָׁמַע חֲבֵירוֹ וְאָמַר ״וַאֲנִי״ ״וַאֲנִי״ – וְתוּ לָא מִידֵּי. שְׁמַע מִינָּהּ: בְּקַמָּא הוּא דְּמִתְפְּסִי. דְּאִי סָלְקָא דַּעְתָּךְ חַד בְּחַבְרֵיהּ מִיתְפִּיס – לִיתְנֵי טוּבָא ״וַאֲנִי״. תַּנָּא כִּי רוֹכְלָא לִיחְשִׁיב וְלֵיזִיל?!

The Gemara suggests: **Come** and **hear** a proof from the mishna: With regard to one who said: **I am hereby a nazirite, and another heard** this vow **and said: And I,** and a third person added: **And I,** they are all nazirites. The mishna mentions only two individuals who associated themselves with the initial vow, **and no more. Learn from this that they** all **associated** themselves **with** the vow of **the first** one, **as, if it should enter your mind** that each **one associates** himself **with** the vow of **the other** who came immediately before, **let** the mishna **teach: And I, many** times. The Gemara answers as before: This is no proof, as **should the *tanna* have continued reckoning** cases **like a peddler?** It was enough for him to state: And I, twice.

NOTES

And I, and I, and no more – **וַאֲנִי וַאֲנִי וְתוּ לָא**: Some commentaries infer from here that only two people can associate themselves with someone's vow (Commentary on *Nazir*). As stated previously, others maintain that up to three people can do so (*Tosafot*). They explain the Gemara as follows: Had the mishna mentioned: And I, three times, this would not have taught anything novel. There is no reason to differentiate between the second and third person, since they all spoke within the time needed for speaking of the first person. However, had the mishna been taught in accordance with the opinion of Rabbi Yehuda Nesia, it should have stated: And I, four times, as the fourth person responds slightly beyond the minimum time needed for speaking.

Some say that according to the explanation of Rabbeinu Tam the mishna should have stated: And I, five times, to stress that it is not necessary to respond within the time needed for speaking at all (*Tosefot HaRosh*; see Rabbeinu Peretz).

Does each one take a vow by associating himself with the vow of the other – **חַד בְּחַבְרֵיהּ מִיתְפִּיס**: The early commentaries disagree as to whether the Gemara's question applies to the opinion of Reish Lakish (*Tosefot HaRosh*, based on Rabbeinu Tam), or whether it does not apply to his opinion (Commentary on *Nazir*), or if the Gemara is attempting to decide whether the *halakha* is in accordance with his opinion (Rid).

וְלִיתְנֵי חַד, וְלַשְׁמָעִינַן כּוּלְּהוֹן! אַיְּידֵי דְּקָתָנֵי: הוּתַּר הָרִאשׁוֹן – הוּתְּרוּ כּוּלָּן, הוּתַּר הָאַחֲרוֹן – הָאַחֲרוֹן מוּתָּר וְכוּלָּן אֲסוּרִין, מִכְּלָל דְּאִיכָּא אֶמְצָעִי – מִשּׁוּם הָכִי קָתָנֵי ״וַאֲנִי״ ״וַאֲנִי״.

The Gemara asks: **But** if the *tanna* wished to avoid repeating: And I, so many times, **let him teach** it only **once, and we** would **learn** that **they** are **all** nazirites based on that example. The Gemara answers: **Since** the *tanna* **teaches** in the latter clause: If the vow of **the first was dissolved** by a halakhic authority then **they are all dissolved,** but if the vow of **the last** individual **was dissolved** by a halakhic authority then the vow of **the last** individual **is dissolved and all** the others remain **bound** by their vows, one may conclude **by inference that there is a middle** person between the first and the last. It is **due to that** reason that the *tanna* **teaches: And I, and I,** so that the case would include three people, but not because a fourth person is unable to associate himself with the vow of the first in the same manner.

תָּא שְׁמַע: הוּתַּר הָרִאשׁוֹן – הוּתְּרוּ כּוּלָּן, רִאשׁוֹן הוּא דְּשָׁרוּ, הָא אֶמְצָעִי – לָא, שְׁמַע מִינָּהּ: בְּקַמָּא מִתְפְּסִין.

The Gemara suggests: **Come** and **hear** a proof from the mishna: If the vow of **the first** individual **was dissolved, they are all dissolved.** This indicates that **it is** only if the **first** one was **dissolved** that they are all considered dissolved. **However,** if the vow of the **middle** person was dissolved, **no,** the vows of the individuals following him are not considered dissolved. **Learn from this** that they all **associated** themselves **with** the vow of **the first** one.

אֵימָא לָךְ: לְעוֹלָם חַד בְּחַבְרֵיהּ מִתְפִּיס, וְאַיְּידֵי דְּבָעֵי מִיתְנָא הוּתְּרוּ כּוּלָּן, דְּאִי תְּנָא אֶמְצָעִי אִיכָּא רִאשׁוֹן דְּלָא מִשְׁתְּרִי, מִשּׁוּם הָכִי קָתָנֵי רִאשׁוֹן.

The Gemara refutes this argument: **I** could **say to you** that **actually, each associates** himself **with** the vow of **the other** who immediately preceded him, and therefore if the vow of the middle person was dissolved, the vows of all those who came after him are also dissolved. **But since** the *tanna* **wanted to teach: They are all dissolved,** and **had he taught** the case where the vow of **the middle** individual was dissolved, he would have had to state that **there is** still the vow of the **first** individual **that is not dissolved,** because his vow is not dependent on that of the middle one. **Due to that** reason the *tanna* **teaches** the case where the vow of the **first one** was dissolved. Consequently, no proof can be brought from here.

תָּא שְׁמַע: הוּתַּר הָאַחֲרוֹן – הָאַחֲרוֹן מוּתָּר וְכוּלָּן אֲסוּרִין, דְּלָא אִיכָּא אַחֲרִינָא בַּתְרֵיהּ. אֲבָל אֶמְצָעִי, דְּאִיכָּא אַחֲרִינָא בַּתְרֵיהּ – מִשְׁתְּרִי. שְׁמַע מִינָּהּ: חַד בְּחַבְרֵיהּ מִתְפִּיס.

The Gemara suggests another proof from the mishna: **Come** and **hear:** If **the last was dissolved, the last is dissolved and they are all bound** by their vows. It can be inferred from here that only in that case is the vow of the last one alone dissolved, **as he is not followed by anyone. However,** if the dissolved vow was of the **middle one, who is followed by someone else,** the vow of the last one who comes after him **is** also **dissolved.** One can **learn from this** that each **one associates** himself **with** the vow of **the other** individual.

לְעוֹלָם אֵימָא לָךְ בְּקַמָּא מִיתְפְּסִין, וּמַאי אַחֲרוֹן דְּקָתָנֵי – אֶמְצָעִי, וְאַיְּידֵי דִּתְנָא רִאשׁוֹן – תְּנָא אַחֲרוֹן.

The Gemara rejects this claim as well: **Actually, I** could **say to you that they** all **associate** themselves **with** the vow of **the first** one, **and what is** the meaning of: The **last one, that** the mishna **teaches?** It means **the middle** one, the dissolution of whose vow does not cause the vow of the person who followed him to be dissolved. **And** why is the middle one called the last one? **Since** the *tanna* earlier **taught: First,** here **he taught: Last,** despite the fact that he is referring to the middle one.

תָּא שְׁמַע, דְּתַנְיָא בְּהֶדְיָא: הוּתַּר הָרִאשׁוֹן – הוּתְּרוּ כּוּלָּן, הוּתַּר הָאַחֲרוֹן – הָאַחֲרוֹן מוּתָּר וְכוּלָּן אֲסוּרִין, הוּתַּר אֶמְצָעִי – הֵימֶנּוּ וּלְמַטָּה מוּתָּר, הֵימֶנּוּ וּלְמַעְלָה אָסוּר. שְׁמַע מִינָּהּ: חַד בְּחַבְרֵיהּ מִתְפִּיס, שְׁמַע מִינָּהּ.

The Gemara further suggests: **Come** and **hear, as it is taught** in a *baraita* **explicitly:** If **the first** one **is dissolved, they are all dissolved;** if **the last** one **is dissolved, the last** one **is dissolved and they are all bound** by their vows. **If the middle** one **is dissolved,**[H] the vows of anyone **from him and after** him **are dissolved;** those who vowed **from him and before** him are **bound** by their vows. One can **learn from this** that **each associates** himself with the vow of **the other** individual.[H] The Gemara concludes: **Learn from this** that it is so.

״הֲרֵינִי נָזִיר וְשָׁמַע חֲבֵירוֹ וְאָמַר פִּי כְּפִיו וּשְׂעָרִי כִּשְׂעָרוֹ״ וכו׳. מִשּׁוּם דַּאֲמַר ״פִּי כְּפִיו וּשְׂעָרִי כִּשְׂעָרוֹ״ הֲרֵי נָזִיר?

§ The mishna taught that one stated: **I am hereby a nazirite, and** if **another heard and said, my mouth is like his mouth, and my hair is like his hair,** he is a nazirite. The Gemara asks: Just **because he said: My mouth is like his mouth and my hair is like his hair,** is **he a nazirite?**

HALAKHA

The middle one is dissolved, etc. – הוּתַּר אֶמְצָעִי וכו׳: In a case where one vowed, and another heard him and added: And I, within the time needed for speaking, and a third also said: And I, within the time needed for speaking of the second, if the vow of the first individual was nullified then all their vows are nullified. If the vow of the last one was nullified then only his vow is nullified and those of the others are valid. If the vow of the second person was nullified, then his and the vow of the last one are dissolved, while the first individual remains bound by his vow (Rambam *Sefer Hafla'a, Hilkhot Nedarim* 4:9; *Shulḥan Arukh, Yoreh De'a* 229:3).

Each associates himself with the vow of the other individual – חַד בְּחַבְרֵיהּ מִתְפִּיס: If one vowed to be a nazirite and another heard him and added: And I, within the time needed for speaking, and a third said the same statement within the time needed for speaking of the second, and likewise a fourth and a fifth, even as many as one hundred, they are all nazirites. This is in accordance with the conclusion of the Gemara that each individual associates himself with the vow of the other person (Rambam *Sefer Hafla'a, Hilkhot Nezirut* 2:4 and *Hilkhot Nedarim* 3:3).

וּרְמִינְהוּ: ״יָדִי נְזִירָה״ וְ״רַגְלִי נְזִירָה״ – לֹא אָמַר כְּלוּם: ״רֹאשִׁי נְזִירָה״ ״כְּבֵדִי נְזִירָה״ – הֲרֵי זֶה נָזִיר. זֶה הַכְּלָל: דָּבָר שֶׁהַנְּשָׁמָה תְּלוּיָה בּוֹ – הֲרֵי זֶה נָזִיר!

And the Gemara **raises a contradiction** against this. If one said: **My hand is a nazirite,**[H] and similarly, if he said: **My foot is a nazirite, he has not said anything** of consequence. However, if he said: **My head is a nazirite,** or: **My liver is a nazirite, he is a nazirite. This is the principle:** If one accepted naziriteship by means of **an entity upon which life depends,** i.e., a limb or a body part that he cannot survive without, **he is a nazirite.** Conversely, if he mentioned part of the body that is not essential for life, he is not a nazirite. In this case, as he referred to his hair, which is certainly not a vital part of him, he should not be a nazirite.

אֲמַר רַב יְהוּדָה: דְּאָמַר הָכִי: יֵעָשֶׂה פִּי כְּפִיו מִיַּיִן, וּשְׂעָרִי כִּשְׂעָרוֹ מִלָּגוֹז.

Rav Yehuda said that it means **that he said like this;** this is what he intended: **Let my mouth be like his mouth**[N] with regard to abstention **from wine,**[H] **and my hair** be **like his hair** with regard to abstention **from cutting** it.

״הֲרֵינִי נְזִירָה וְשָׁמַע בַּעְלָהּ וְאָמַר וַאֲנִי אֵינוֹ יָכוֹל לְהָפֵר״. אִיבַּעְיָא לְהוּ: בַּעַל מִיעֲקַר עָקַר, אוֹ דִּלְמָא מֵיגַז גָּיֵיז? לְמַאי נָפְקָא מִינָּהּ?

§ The mishna taught that if a woman said: **I am hereby a nazirite, and her husband heard and said: And I, he cannot nullify** her vow. **A dilemma was raised before** the Sages: When **a husband** nullifies the vow of his wife, does he **uproot** his wife's vow, making it as though she never vowed, **or perhaps** he merely **severs**[H] her vow from that point onward, but her vow was still in effect until he nullified it? The Gemara asks: **What difference is there**[N] resulting from this dilemma?

לְאִשָּׁה שֶׁנָּדְרָה בְּנָזִיר, וְשָׁמְעָה חֲבֶרְתָּהּ וְאָמְרָה ״וַאֲנִי״. וְשָׁמַע בַּעְלָהּ שֶׁל רִאשׁוֹנָה וְהֵפֵר לָהּ; אִי אָמְרַתְּ מִיעֲקַר עָקַר – הַהִיא נַמִּי אִישְׁתְּרַאי, וְאִי אָמְרַתְּ מֵיגַז גָּיֵיז – אִיהִי אִישְׁתְּרַאי, חֲבֶרְתָּהּ אֲסִירָא. מַאי?

The Gemara explains that the difference is **with regard to a woman who vowed to be a nazirite, and another** woman **heard and said: And I, and the husband of the first** woman **heard and nullified her** vow. **If you say** that the husband **uproots** the vow entirely, the vow of **that** second woman should **also be dissolved,** as she associated herself with a non-existent vow. **And if you say** he **severs** it from this point, the vow of his wife **is dissolved,** but the **other** woman remains **bound** by her vow, as the first vow was intact when she associated herself with it. **What,** then, is the answer to this dilemma?

תָּא שְׁמַע: ״הֲרֵינִי נְזִירָה״ וְשָׁמַע בַּעְלָהּ וְאָמַר ״וַאֲנִי״ – אֵינוֹ יָכוֹל לְהָפֵר. וְאִי סָלְקָא דַּעְתָּךְ בַּעַל מֵיגַז גָּיֵיז – לֵיפֵר לְאִשְׁתּוֹ, וְהוּא לִיתַּסַר! אֶלָּא לָאו שְׁמַע מִינָּהּ – בַּעַל מִיעֲקַר עָקַר!

The Gemara suggests: **Come** and **hear** the statement of the mishna: If she said: **I am hereby a nazirite, and her husband heard and said: And I, he cannot nullify** her vow. **And if it should enter your mind** that the **husband severs** the vow from that moment onward, **let him nullify** the vow **for his wife and he will** remain **bound** by his vow,[N] since if the vow is not nullified retroactively, her vow was intact when he associated himself with it. **Rather,** must one **not conclude from** the mishna that **the husband uproots** the vow entirely, which means he would also uproot his own vow by nullifying hers, and that is why he is unable do so?

HALAKHA

My hand is a nazirite, etc. – יָדִי נְזִירָה וכו׳: One who says: My hand is a nazirite, or: My foot is a nazirite, his statement is of no consequence. If he said: My head is a nazirite, or: My liver is a nazirite, he is a nazirite. This is the principle: If he mentions any limb whose removal would lead to his death, he is a nazirite (Rambam *Sefer Hafla'a*, *Hilkhot Nedarim* 1:16).

Let my mouth be like his mouth with regard to abstention from wine – פִּי כְּפִיו מִיַּיִן: If one vowed to be a nazirite and another said: My mouth is like his mouth with regard to wine, or: My hair is like his hair with regard to cutting, the second person is also a nazirite (Rambam *Sefer Hafla'a*, *Hilkhot Nezirut* 2:4).

He severs – מֵיגַז גָּיֵיז: When a husband or father nullifies the vow of a wife or daughter he does not uproot it retroactively but merely from that moment onward. Consequently, if a wife vowed and another person took a vow by associating himself with her vow, and her husband subsequently nullified her vow, her vow is dissolved but the second person remains bound by his vow. The *Shakh* explains the Rambam's opinion, as his wording indicates the opposite conclusion (Rambam *Sefer Hafla'a*, *Hilkhot Nezirut* 13:2; *Shulḥan Arukh*, *Yoreh De'a* 234:51, 37).

NOTES

Let my mouth be like his mouth – יֵעָשֶׂה פִּי כְּפִיו: Some commentaries explain that he explicitly adds: With regard to the prohibition of wine (Commentary on *Nazir*). The reason the vow takes effect is that he himself can vow by saying: Let my mouth be prohibited from wine, etc., and therefore he can associate himself with the vow of another in a similar manner (Rabbi Avraham min HaHar). Others maintain that even if he did not actually mention wine, as his friend has just vowed naziriteship he clearly intends to prohibit himself from consuming wine and shaving, like the other person (*Tosafot*). This is no worse than intimations of naziriteship (see Chapter One).

What difference is there – לְמַאי נָפְקָא מִינָּהּ: The commentaries point out that the Gemara could have added further differences, e.g., whether a woman is liable to receive lashes for drinking wine if her husband later nullifies her vow, and likewise whether she must bring the offerings of an impure nazirite if she became ritually impure before he nullifies the vow (*Tosafot*). Some commentaries explain that the Gemara stated this particular difference of one woman stating: And I, after hearing the vow of naziriteship of another woman because it involves the extension of a vow, and the Gemara wanted to cite a similar proof from the mishna (Rabbi Avraham min HaHar).

Let him nullify for his wife and he will remain bound by his vow – לֵיפֵר לְאִשְׁתּוֹ וְהוּא לִיתַּסַר: The plain meaning of this statement is that if the husband merely severs the vow from this point onward, since she was a nazirite beforehand he can nullify her vow without affecting his own. However, if the husband uproots the vow entirely he would thereby be attempting to uproot his own vow, which he made dependent on hers, and one cannot, or according to the opinion of *Tosafot* may not, nullify his own vow in any manner.

Some commentaries ask: This principle that one cannot nullify his own vows applies only to one who vows and then nullifies the vow himself. By contrast, in this case the husband did not nullify his vow but merely that of his wife. Although it is true that ultimately he nullifies his own vow as well, there is no reason why this should prevent him from nullifying his wife's vow or why this act should be prohibited (*Tosafot*). Consequently, they suggest a more complex interpretation: If the husband uproots the vow, his statement: And I, must be considered a confirmation of her vow, as otherwise he would nullify his own vow when he nullifies hers, which would mean that his statement was of no consequence. For this reason he cannot nullify her vow, as he has already upheld it.

Conversely, if the husband severs the vow only from this moment onward, his addition of: And I, is not an absolute confirmation of her vow, as his own vow would not be affected even if he were to nullify hers in respect to the future. Consequently, he has not upheld her vow and therefore he can nullify it later (*Tosafot*; Commentary on *Nazir*; see Meiri).

לָא, לְעוֹלָם מֵיגַז גָּיֵיז. וּבְדִין הוּא דְּלֵיפֵר לָהּ, וְהַיְינוּ טַעֲמָא דְּלָא מָצֵי מֵיפֵר: כֵּיוָן דַּאֲמַר לָהּ ״וַאֲנִי״ – כְּמַאן דַּאֲמַר ״קַיָּים לֵיכִי״ דָּמֵי; אִי מִתְשִׁיל אַהֲקָמָתוֹ – מָצֵי מֵיפֵר, וְאִי לָא – לָא מָצֵי מֵיפֵר.

The Gemara refutes this argument: No; **actually,** one can say that the husband **severs** the vow from that point onward. **And** if there were no other points to consider, **by right** the mishna should have taught **that he can nullify** her vow **for her; and this is the reason why he cannot nullify** it: **Since he said to her: And I,** he is **considered like one who said: It is upheld for you,** and once a husband has upheld his wife's vow he can no longer nullify it. Consequently, **if he requested** to have **his upholding** dissolved by a Sage, **he can nullify** her vow, **and if not, he cannot nullify** it. Consequently, the ruling of the mishna does not resolve the dilemma.

תָּא שְׁמַע: הָאִשָּׁה שֶׁנָּדְרָה בְּנָזִיר וְהִפְרִישָׁה אֶת בְּהֶמְתָּהּ, וְאַחַר כָּךְ הֵפֵר לָהּ בַּעְלָהּ, אִם שֶׁלּוֹ הָיְתָה הַבְּהֵמָה – תֵּצֵא וְתִרְעֶה בָּעֵדֶר, וְאִם שֶׁלָּהּ הָיְתָה הַבְּהֵמָה, הַחַטָּאת – תָּמוּת.

The Gemara cites another mishna (24a): **Come and hear:** With regard to **a woman who vowed to be a nazirite and separated her animal** for this purpose (see Numbers 6:13–14), **and afterward her husband nullified her** vow, which means that she is no longer obligated to bring an offering, **if the animal was his,**[N] which he had given to her, it is as though it were never consecrated at all, and **it shall go out and graze among** the **flock** like a regular, non-consecrated animal, until it becomes blemished. **And if the animal was hers,** and it was designated for **a sin-offering, it must** be placed in isolation for it to **die,** in accordance with the general *halakha* that a sin-offering that may not be sacrificed must be left to die.

וְאִי סָלְקָא דַּעְתָּךְ בַּעַל מִיעֲקַר עָקַר – תֵּיפּוֹק לְחוּלִּין! אֶלָּא לָאו שְׁמַע מִינָּהּ – בַּעַל מֵיגַז גָּיֵיז.

The Gemara explains the difficulty from this mishna: **And if it should enter your mind** that **the husband uproots** the vow, the sin-offering should **be released as a non-sacred** animal, in accordance with the *halakha* of a sin-offering of a nazirite whose vow was nullified (31a). **Rather,** must one **not conclude from** the mishna that **the husband** merely **severs** the vow, which means that she was a nazirite when she separated the animal, and therefore it is consecrated?

לְעוֹלָם אֵימָא לָךְ בַּעַל מִיעֲקַר עָקַר, וְהַיְינוּ טַעֲמָא: כֵּיוָן דְּלָא צְרִיכָה כַּפָּרָה – הֲוַת כְּחַטָּאת שֶׁמֵּתוּ בְּעָלֶיהָ, וּגְמִירִי דְּחַטָּאת שֶׁמֵּתוּ בְּעָלֶיהָ תָּמוּת.

The Gemara rejects this proof: **Actually, I** could **say to you** that the **husband uproots** the vow, **and this is the reason** for the above ruling: **Since she requires no atonement,**[N] as the vow is no longer in effect, this animal **is** treated **as a sin-offering whose owners have died,**[H] **and it is learned** as a tradition **that a sin-offering whose owners have died must** be left to **die.**

תָּא שְׁמַע: הָאִשָּׁה שֶׁנָּדְרָה בְּנָזִיר, וְהָיְתָה שׁוֹתָה יַיִן וּמִטַּמְּאָה לַמֵּתִים – הֲרֵי זוֹ סוֹפֶגֶת אֶת הָאַרְבָּעִים. הֵיכִי דָּמֵי? אִילֵימָא דְּלָא הֵיפֵר לָהּ בַּעַל – צְרִיכָא לְמֵימַר?

The Gemara continues to cite relevant sources. **Come and hear** the following mishna (23a): With regard to **a woman who vowed to be a nazirite and** nevertheless **was drinking wine and rendering herself ritually impure** by contact **with the dead, she incurs the forty** lashes for violating a Torah prohibition. The Gemara analyzes this mishna: **What are the circumstances** of this case? **If we say that** her **husband did not nullify her** vow, **need this be said** that she is liable to receive lashes? After all, every nazirite who transgresses their vow incurs lashes.

אֶלָּא פְּשִׁיטָא – דְּהֵיפֵר לָהּ בַּעַל. וְאִי סָלְקָא דַּעְתָּךְ בַּעַל מִיעֲקַר עָקַר – אַמַּאי סוֹפֶגֶת אַרְבָּעִים? אֶלָּא לָאו שְׁמַע מִינָּהּ – בַּעַל מֵיגַז גָּיֵיז.

Rather, it **is obvious** that the **husband nullified her** vow. **And if it should enter your mind** that the **husband uproots** his wife's vow, **why** does **she incur the forty** lashes? It is as though she never vowed at all. **Rather,** must one **not conclude from** the mishna that the **husband severs** the vow, and therefore she is liable for her earlier transgression?

לְעוֹלָם אֵימָא לָךְ בַּעַל מִיעֲקַר עָקַר, וּמִשּׁוּם דְּקָתָנֵי סֵיפָא: הֵיפֵר לָהּ בַּעְלָהּ וְהִיא לֹא יָדְעָה, וְהָיְתָה שׁוֹתָה יַיִן וּמִטַּמְּאָה לְמֵתִים – אֵינָהּ סוֹפֶגֶת אֶת הָאַרְבָּעִים,

The Gemara refutes this argument: **Actually, I** could **say to you** that the **husband uproots** the vow, **and** the reason that the mishna teaches in this manner is **due to** the fact **that** the *tanna* **teaches** in **the latter clause** of the mishna: If the **husband nullified her** vow **and she did not know, and she was drinking wine and rendering herself ritually impure** by contact **with the dead, she does not incur the forty** lashes, despite her intention to sin, as she did not commit a transgression in practice.

NOTES

If the animal was his – **אִם שֶׁלּוֹ הָיְתָה הַבְּהֵמָה**: Since the animal belonged to the husband, from the outset he gave it to her only to be used as an offering. Consequently, once it is established that she does not need the animal she no longer owns it, which means the sanctity of the animal is canceled as well (*Tosafot*, based on 24a). *Tosafot* add that even according to the opinion of Rabbi Yehuda that a husband is obligated to provide his wife with all the offerings she requires, this *halakha* applies only to her obligations, not to an animal that she does not need.

Since she requires no atonement – **דְּלָא צְרִיכָה כַּפָּרָה**: Once her husband has nullified her vow she is no longer in need of atonement, which means the animal is considered like a sin-offering whose owner has died, and therefore it is left to die (Commentary on *Nazir*). Some commentaries maintain that by right, no sanctity should apply to the animal at all, as she does not require atonement; however, as her act of consecration was valid at the time, the Sages decreed that the animal should not return to its initial state, and instead it should be considered like an offering whose owner has died. This decree was established to prevent people from treating consecrated objects lightly (Rid).

Other commentaries had a variant reading of the text: Since she requires atonement (*Tosafot*). They explain that her very acceptance of naziriteship is considered a sin due to her self-denial, in accordance with Rabbi Elazar HaKappar's dictum (19a) that a nazirite is called a sinner. Therefore, she still requires atonement, and consequently the animal is sacred. When her husband nullifies her vow, since in practice she can no longer bring the animal for her atonement, it is considered an animal whose owner has died without gaining atonement.

HALAKHA

A sin-offering whose owners have died – **חַטָּאת שֶׁמֵּתוּ בְּעָלֶיהָ**: A sin-offering whose owner has died must be left to die (Rambam *Sefer Avoda*, *Hilkhot Pesulei HaMukdashin* 4:1).

תְּנָא נַמִי רֵישָׁא סוֹפֶגֶת,

For this reason the *tanna* **also taught: She incurs,** in **the first clause,** despite the fact that this teaches no novelty.

תָּא שְׁמַע: הָאִשָּׁה שֶׁנָּדְרָה בְּנָזִיר וְנִטְמֵאת, וְאַחַר כָּךְ הֵפֵר לָהּ בַּעְלָהּ – מְבִיאָה חַטַּאת הָעוֹף, וְאֵינָהּ מְבִיאָה עוֹלַת הָעוֹף. וְאִי סָלְקָא דַּעְתָּךְ בַּעַל מֵיגַז גָּיֵיז – תַּיְיתֵי נַמִי עוֹלַת הָעוֹף!

The Gemara further suggests: **Come and hear** a proof from a *baraita*: With regard to **a woman who vowed to be a nazirite**[H] **and she became ritually impure, and afterward her husband nullified her** vow, **she brings the bird sin-offering,**[N] **and she does not bring the bird burnt-offering. And if it should enter your mind** that the **husband severs** her vow, **let her also bring the bird burnt-offering,** to complete the atonement for becoming ritually impure when she was a nazirite. This indicates that the husband uproots the vow, which is why she is not required to bring the bird burnt-offering.

וְאֶלָּא מַאי – מִיעְקַר עָקַר? חַטַּאת הָעוֹף נַמִי לָא תַּיְיתֵי! הָכִי נַמִי, וְהָא מַנִּי – רַבִּי אֶלְעָזָר הַקַּפָּר הִיא.

The Gemara refutes this proof: **Rather, what then?** Will you say that the husband **uproots** the vow entirely? If so, **she should also not bring the bird sin-offering.** The Gemara answers: **So too,** she should not have to bring the bird sin-offering either, **but** in accordance with **whose opinion is this** *baraita*? **It is** the opinion of **Rabbi Elazar HaKappar.**[N]

דְּתַנְיָא, רַבִּי אֶלְעָזָר הַקַּפָּר (בַּר רַבִּי) אוֹמֵר: מָה תַּלְמוּד לוֹמַר ״מֵאֲשֶׁר חָטָא עַל הַנָּפֶשׁ״. וְכִי בְּאֵיזוֹ נֶפֶשׁ חָטָא זֶה? אֶלָּא מִפְּנֵי שֶׁצִּיעֵר עַצְמוֹ מִן הַיַּיִן נִקְרָא חוֹטֵא. וַהֲלֹא דְּבָרִים קַל וָחוֹמֶר: וּמָה זֶה שֶׁלֹּא צִיעֵר עַצְמוֹ אֶלָּא מִן הַיַּיִן – נִקְרָא חוֹטֵא, הַמְצַעֵר עַצְמוֹ מִכָּל דָּבָר – עַל אַחַת כַּמָּה וְכַמָּה.

As it is taught in a *baraita* that **Rabbi Elazar HaKappar the esteemed says: What** is the meaning when **the verse states:** "And make atonement for him, **for that he sinned by reason of the soul"** (Numbers 6:11)? **And with which soul did this** nazirite **sin? Rather, because he deprived himself of wine he is** therefore **called a sinner. And are not** these **matters** inferred *a fortiori*: **And if this one, who deprived himself only of wine,** is nevertheless **called a sinner,** in the case of **one who deprives himself of everything** by fasting or other acts of mortification, **all the more so** is he labeled a sinner. According to this opinion, she brings a sin-offering to atone for uttering the vow itself, despite the fact that her husband later uprooted it entirely.

תָּא שְׁמַע, דְּתַנְיָא בְּהֶדְיָא: הָאִשָּׁה שֶׁנָּדְרָה בְּנָזִיר, וְשָׁמְעָה חֲבֶירְתָּהּ וְאָמְרָה ״וַאֲנִי״. וּבָא בַּעְלָהּ שֶׁל רִאשׁוֹנָה וְהֵפֵר לָהּ – הִיא מוּתֶּרֶת, וַחֲבֶירְתָּהּ אֲסוּרָה. שְׁמַע מִינַּהּ: בַּעַל מֵיגַז גָּיֵיז.

The Gemara suggests: **Come and hear** a resolution, **as it is taught** in a *baraita* (*Tosefta* 3:10) **explicitly:**[N] With regard to **a woman who vowed to be a nazirite, and another** woman **heard** her **and said: And I,**[H] and **the husband of the first one came and nullified her** vow, **she is permitted** and the **other** woman **is prohibited.** One can **learn from this** that the **husband severs** the vow rather than uproots it.

HALAKHA

A woman who vowed to be a nazirite, etc. – הָאִשָּׁה שֶׁנָּדְרָה בְּנָזִיר וכו׳: If a woman who took a vow of naziriteship became ritually impure during her term, and afterward her husband heard of her vow and nullified it, she must bring an offering for her impurity. Some commentaries maintain that this is in accordance with the opinion that a husband uproots his wife's vows (*Mishne LaMelekh*). According to the conclusion of the Gemara that he merely severs the vows from that point onward, she must also bring the burnt-offering, and apparently the guilt-offering as well. The Jerusalem Talmud indicates likewise (Rambam *Sefer Hafla'a*, *Hilkhot Nezirut* 9:11).

And another heard her and said, and I, etc. – וְשָׁמְעָה חֲבֵירְתָהּ וְאָמְרָה וַאֲנִי וכו׳: In a case of a woman who took a vow of naziriteship, and another heard her and associated himself with her vow by saying: And I, if the father or husband of the first woman later heard of her vow and nullified it, hers is nullified but the second woman remains bound by her vow. The reason is that the husband or father does not uproot the vow entirely, as opposed to a halakhic authority, who dissolves a vow. The *halakha* is in accordance with the opinion of the first *tanna* (Rambam *Sefer Hafla'a*, *Hilkhot Nedarim* 13:15 and *Mishne LaMelekh* there; *Shulḥan Arukh*, *Yoreh De'a* 234:51).

NOTES

She brings the bird sin-offering – מְבִיאָה חַטַּאת הָעוֹף: The commentaries explain that this is not considered a sin-offering whose owner has died, despite the cancelation of her naziriteship, as the tradition that a sin-offering of this kind must be left to die applies only to animals, not to birds (Commentary on *Nazir*).

It is Rabbi Elazar HaKappar – רַבִּי אֶלְעָזָר הַקַּפָּר הִיא: Although it was stated earlier (21a) that even according to the opinion of Rabbi Elazar HaKappar the sin-offering must be left to die, because it was consecrated to a certain extent and therefore it is considered like a sin-offering whose owner has died, there is a difference between the two cases. There, the Gemara was referring to the offerings of a pure nazirite, whose sin is not so severe, whereas here it is speaking of a nazirite who became impure. Since she has sinned twice (see 21a), the sin-offering is not considered as one whose owner has died (Rabbeinu Peretz, following Rosh, in *Shita Mekubbetzet*). Others explain that the Gemara there was referring to an animal sin-offering, whereas here it is dealing with a bird sin-offering (Commentary on *Nazir*).

Alternatively, this refers to a woman who had already separated her offerings, and therefore the sin-offering is brought and sacrificed (Rabbeinu Peretz, citing *Tosafot*). Yet others maintain that even if she had not set aside an offering, since she became impure and repeated her sin she requires atonement, and consequently she must set aside and bring a sin-offering.

Come and hear, as it is taught explicitly – תָּא שְׁמַע דְּתַנְיָא בְּהֶדְיָא: The commentaries note that whereas the conclusion of the Gemara's analysis of the previous *baraita* was that the husband uproots the vow, here the Gemara proceeds to resolve this difficulty in the opposite manner, without addressing the contradiction (*Tosafot*). They answer that there is in fact a difference of opinion between the *baraitot*, as the first *baraita* is in accordance with the opinion of Rabbi Elazar HaKappar, who maintains that the husband uproots the vow, whereas the unattributed opinion in the subsequent *baraita* states that he severs it. Others contend that the previous *baraita* can in fact be explained in accordance with the opinion that the husband severs the vow, and the reason why she does not bring the burnt-offering is that its purpose is to render her fit to observe naziriteship in purity, which is inapplicable in this case (Rosh).

Alternatively, she does not bring the burnt-offering, in accordance with the opinion of Rabbi Yishmael, son of Rabbi Yoḥanan ben Beroka, that the burnt-offering is an essential element of a nazirite's offerings (18b), and she is therefore exempt from it if she is not an actual nazirite. As for the sin-offering, she is required to bring it because it is a bird-offering, which is sacrificed even in cases of uncertainty, especially in light of Rabbi Elazar HaKappar's statement that she requires atonement (Rabbeinu Todros; Meiri). Yet others say that she must bring a sin-offering because she was still a nazirite when she became impure and she therefore requires atonement. By contrast, the burnt-offering is part of her naziriteship offerings, from which she is exempted by her husband's nullification of her vow (Rid).

רַבִּי שִׁמְעוֹן אוֹמֵר: אִם אָמְרָה לָהּ "הֲרֵינִי כְּמוֹתֵיךְ" – שְׁתֵּיהֶן מוּתָּרוֹת.

The *baraita* continues: **Rabbi Shimon says** that **if** the second woman **said to her,** after hearing her vow of naziriteship: **I am hereby like you,** in that case **they are both permitted.** Since the second woman made her naziriteship entirely dependent on that of the first, the nullification of the first woman's vow cancels the second naziriteship as well.

Perek **IV**
Daf **22** Amud **b**

מָר זוּטְרָא בְּרֵיהּ דְּרַב מָרִי אָמַר: הַאי הַיְינוּ דְּרָמִי בַּר חָמָא. דְּבָעֵי רָמִי בַּר חָמָא: "הֲרֵי עָלַי כִּבְשַׂר זֶבַח שְׁלָמִים" מַהוּ?

Mar Zutra, son of Rav Mari, said: This problem, with regard to one who associated himself with the vow of a woman whose naziriteship was later nullified, **is** in essence the same as the dilemma **of Rami bar Ḥama**[N] concerning a different issue. **As Rami bar Ḥama raises a dilemma:** If someone said about a certain object: **This is forbidden to me like the flesh of a peace-offering,**[BH] **what is the** *halakha*? Is this a vow or not?

כִּי מַתְפִּיס אִינִישׁ – בְּעִיקָּרָא מַתְפִּיס, אוֹ דִּלְמָא בִּצְנָנָא מַתְפִּיס?

The Gemara explains the two sides of the dilemma: **When a person associates** himself with a prohibition by means of another object, does he **associate** himself with it **by its fundamental state?** In this case, this would mean that he has associated himself with an article from which it is prohibited to benefit, as the flesh of a peace-offering is forbidden before its blood is sprinkled. Consequently, the vow would take effect. **Or perhaps** one **associates** himself with the item **by its** eventual **permitted state** [*bitzenana*],[N] and as the flesh of a peace-offering may be eaten after the sprinkling of its blood, the vow is ineffective. This question is apparently analogous to the issue of the second woman's vow: Is she referring to the fundamental, initial state of the first vow, before its nullification, or to its later, permitted state, after it is has been dissolved?

מִי דָּמֵי?! הָתָם כֵּיוָן דַּאֲמַר "הֲרֵי עָלַי כִּבְשַׂר זֶבַח שְׁלָמִים" אַף עַל גַּב דִּלְאַחַר שֶׁנִּזְרַק דָּמוֹ מָצֵי אָכֵיל לֵיהּ בַּחוּץ – מִיקְדָּשׁ קָדֵישׁ. אֲבָל הָכָא, אִי סָלְקָא דַּעְתָּךְ בִּצְנָנָא קָא מַתְפִּיס – הָא הֵפֵר לָהּ בַּעְלָהּ! אִיכָּא דְּאָמְרִי: הַיְינוּ דְּרָמִי בַּר חָמָא וַדַּאי.

The Gemara refutes this argument: **Are** the two cases **comparable?**[N] **There, since he said:** It is forbidden **to me like the flesh of a peace-offering, even though after its blood has been sprinkled it can be eaten outside** the courtyard, nevertheless it is **sacred**[N] to a certain extent, which means that his vow is referring to a forbidden object. **However, here, if it should enter your mind** that the second woman **associates** herself with the object's **permitted state, her husband has nullified her** vow, and therefore there is no vow at all, which renders the statement of the second woman meaningless. **Some say** that this last refutation is not accepted. In their opinion, the dilemma concerning two women who vowed **is certainly** similar to that **of Rami bar Ḥama.**

BACKGROUND

Peace-offering – **זֶבַח שְׁלָמִים:** Male and female cattle or sheep may be sacrificed as peace-offerings. As offerings of lesser sanctity, they may be slaughtered anywhere within the Temple courtyard. Their blood is sprinkled on the two opposite corners of the altar in such a manner that it will descend on each of the altar's four sides. Part of each peace-offering is burned on the altar, and part is given to the priests, namely the breast and the right hind leg. The remainder is eaten by the individual bringing the offering, with his family, anywhere in the city of Jerusalem. The time frame for consumption of the offering is either on the day the animal is sacrificed, the following day, or during the intervening night. With the exception of the Festival peace-offering and a few other cases, peace-offerings are brought voluntarily, i.e., they are gift offerings.

HALAKHA

This is forbidden to me like the flesh of a peace-offering – **הֲרֵי עָלַי כִּבְשַׂר זֶבַח שְׁלָמִים:** If one has sacred meat before him, even if it is the flesh of a peace-offering after its blood was sprinkled, and he says: This item is to me like this meat, then the item in question is forbidden, as he meant the fundamental, forbidden aspect of the meat. Although the dilemma of Rami bar Ḥama was left unresolved by the Gemara, the Rambam rules stringently, as this uncertainty involves a Torah prohibition. Conversely, the Ramban and many other authorities maintain that this man is referring to the permitted state of the meat (Rambam *Sefer Hafla'a, Hilkhot Nedarim* 1:15).

NOTES

This is the dilemma of Rami bar Ḥama – **הַאי הַיְינוּ דְּרָמִי בַּר חָמָא:** The early commentaries suggest two basic explanations of this issue. According to one opinion, Mar Zutra is referring to the discussion on the previous *amud* with regard to whether a husband uproots or severs a vow. He maintains that the previous explanation of the conflicting *baraitot*, including the conclusion that the husband severs the vow, is debatable, as the entire issue can be resolved in light of Rami bar Ḥama's dilemma (Rosh, citing Rabbeinu Tam; Ri, cited in *Shita Mekubbetzet*).

The resolution is as follows: Everyone agrees that the husband in fact uproots the vow, which means that his wife is not liable to receive lashes. However, one who associates himself with the vow of another does so with regard to the vow itself. Consequently, even if the first woman's vow is nullified, the second woman remains bound by her vow, as the question of the Gemara concerning the nature of a husband's nullification does not affect the case of a woman who associates herself with the vow of another. Others explain that even according to the opinion that a husband uproots the vows of his wife, this does not mean that it is as though the vow was never uttered, as is the case when a halakhic authority dissolves a vow. Rather, the husband uproots her obligation to fulfill the vow. Since the vow continues to exist it is possible that another person can vow by reference to it even afterward (*Beit HaLevi*).

Many commentaries question these interpretations and prefer the explanation of Rabbi Moshe of Evreux. In his opinion, Mar Zutra does not disagree with the conclusion that the husband severs the vow, as he is merely attempting to resolve Rami bar Ḥama's dilemma by citing a *baraita* which indicates that one associates himself with a vow by the fundamental status of the other person.

Its permitted state [*bitzenana*] – **בִּצְנָנָא:** The term *tzenana* literally means cold. In this context the reference is to an end state, just as a hot item eventually turns cold (Commentary on *Nazir*). Others explain that the prohibition has cooled and become permitted (*Shita Mekubbetzet*; Rosh).

Are they comparable – **מִי דָּמֵי:** In the case of one who vows by associating an item with the flesh of a peace-offering, even if he referred to its permitted state his statement is not devoid of meaning, as the meat retains a measure of sanctity even after the sprinkling of the blood. By contrast, with regard to two women who vowed naziriteship, if the second woman associated herself with the initial vow after it has been nullified, there is no vow to speak of at all, and therefore her statement is of no account (Commentary on *Nazir*). Consequently, even if she refers to the fundamental state of the vow, the *halakha* is unaffected by the resolution of Rami bar Ḥama's dilemma.

It is sacred – **מִיקְדָּשׁ קָדֵישׁ:** For example, the flesh of a peace-offering can be eaten only for two days and the intervening night (Commentary on *Nazir*), and may not be removed from Jerusalem (*Tosafot*). Similarly, it may not be eaten by ritually impure people or by gentiles. Maharatz Ḥayyut asks: Even if the flesh of a peace-offering does retain a certain measure of sanctity after the sprinkling, this is not the sanctity of a vow; rather, it stems from a prohibition, and one cannot associate himself with a vow by means of a prohibition. How, then, does the vow take effect?

Some commentaries explain that if one associates himself with the end state of the meat there is in fact no vow here at all, and the vow would not take effect. Consequently, it is likely that he is referring to the fundamental state of the meat. However, as he might mistakenly believe that one can take a vow and associate himself with a prohibition by referring to the meat of an offering after the sprinkling of its blood, it is necessary to inquire after his intention. By contrast, in the case of naziriteship, once the husband has nullified his wife's vow it no longer exists at all, and therefore no one would commit an error of this kind, and the other woman must certainly have been referring to the fundamental vow (*Tosafot*).

אָמְרָה לָהּ "הֲרֵינִי נְזִירָה בְּעִיקְבַיִךְ" מַהוּ? הֲרֵינִי בְּעִיקְבַיִךְ – בְּכוּלָּא מִילְּתָא, וְשַׁרְיָא. אוֹ דִּלְמָא כְּמִיקַּמֵּי דְּלֵיפַר לָהּ בַּעְלָהּ, וַאֲסִירָא?

The Gemara asks: If the second woman **said to** the first who vowed naziriteship: **I am hereby a nazirite in your footsteps,**[N] and the husband of the first woman subsequently nullified her vow, **what is the** *halakha* of the second woman? Again the Gemara clarifies the two sides of the question: Does the statement: **I am hereby** a nazirite **in your footsteps,** mean **in all matters, and** therefore her vow is **dissolved,** as the vow of the first woman was ultimately nullified; **or perhaps** this statement is referring **to** her status **before her husband nullified her** vow, **and** therefore the second woman is **bound** by her vow?

תָּא שְׁמַע: הָאִשָּׁה שֶׁנָּדְרָה בְּנָזִיר, וְשָׁמַע בַּעְלָהּ וְאָמַר "וַאֲנִי" – אֵינוֹ יָכוֹל לְהָפֵר. וְאִי סָלְקָא דַּעְתָּךְ כִּי אֲמַר לָהּ "הֲרֵינִי בְּעִיקְבַיִךְ" בְּעִיקָּרָא קָא מַתְפִּיס – לֵיפַר לָהּ לְדִידָהּ, וְלוֹקֵים דִּידֵיהּ!

The Gemara suggests: **Come** and **hear** an answer to this question from the mishna: With regard to **a woman who vowed to be a nazirite and her husband heard and said: And I,**[N] **he cannot nullify** her vow with which he associated himself, as he would thereby be canceling his own vow. **And if it should enter your mind** that **when he says to her: I am hereby** a nazirite **in your footsteps, he associates** himself with **the fundamental state** of the vow, and it does not mean that they should be linked throughout, in that case **let him nullify her** vow **and uphold his.** In this manner the husband remains bound by his own vow while nullifying his wife's vow.

אֶלָּא לָאו, שְׁמַע מִינָּהּ בְּכוּלָּא דְּמִילְּתָא מַתְפִּיס. וְהִלְכָּךְ, הוּא דְּלָא מָצֵי מֵיפֵר, הָא אִשָּׁה דְּאָמְרָה "הֲרֵינִי בְּעִיקְבַיִךְ" – הִיא נַמִּי מוּתֶּרֶת.

Rather, must one **not conclude from** it that he **associates** himself with **all matters** of the vow, **and therefore** in his case **he cannot nullify**[N] her vow, as he would thereby be nullifying his own, **but** with regard to **a woman who said: I am hereby** a nazirite **in your footsteps, she is also permitted** by the nullification of the first vow?

לָא, לְעוֹלָם בְּעִיקָּרָא מַתְפִּיס, וְהָכָא, כֵּיוָן דַּאֲמַר לָהּ "וַאֲנִי" – כְּאוֹמֵר "קַיָּים לֵיכִי" דָּמֵי, וְאִי מִתְשִׁיל אַהֲקָמָתוֹ – מָצֵי מֵיפֵר, וְאִי לָא – לָא.

The Gemara rejects this argument: **No; actually,** it is possible that one **associates** himself with **the fundamental state** of the vow, **and here,** in the case of a husband, there is a different reason that he cannot nullify the vow. **Since he says to her: And I, he is considered to have said:** It is **upheld for you,** as his own vow indicates his acceptance of hers. **And** therefore, **if** he **requests** from a halakhic authority the dissolution **of his upholding** of her vow, **he can nullify** her vow, **and if** he does **not** submit this request he **cannot** nullify his wife's vow.

"הֲרֵינִי נָזִיר וְאַתְּ" וְאָמְרָה "אָמֵן" – מֵיפֵר אֶת שֶׁלָּהּ, וְשֶׁלּוֹ קַיָּים". וּרְמִינְהוּ: "הֲרֵינִי נָזִיר וְאַתְּ" וְאָמְרָה "אָמֵן" – שְׁנֵיהֶם אֲסוּרִין, וְאִם לָאו – שְׁנֵיהֶם מוּתָּרִין, מִפְּנֵי שֶׁתָּלָה נִדְרוֹ בְּנִדְרָהּ!

§ The mishna teaches that if a husband said: **I am hereby a nazirite and you, and** his wife **said: Amen, he can nullify her** vow **and his** remains **intact. And** the Gemara **raises a contradiction** to this from a *baraita* (*Tosefta* 3:5): With regard to one who said to his wife: **I am hereby a nazirite and you, and she said: Amen, they are both bound** by their vows; **and if** she did **not** answer: Amen, **they are both permitted, because he made his vow dependent on her vow.** In other words, he meant that he would be a nazirite on the condition that she too accept naziriteship upon herself. This *baraita* teaches that if she says: Amen, he cannot nullify her vow, which apparently contradicts the ruling of the mishna.

אֲמַר רַב יְהוּדָה: תְּנֵי "מֵיפֵר אֶת שֶׁלָּהּ וְשֶׁלּוֹ קַיָּים". אַבַּיֵי אֲמַר: אֲפִילּוּ תֵּימָא כִּדְקָתָנֵי, בָּרַיְיתָא – כְּגוֹן דְּקָאָמַר לָהּ "הֲרֵינִי נָזִיר וְאַתְּ". דְּקָא תָּלֵי נִדְרוֹ בְּנִדְרָהּ,

Rav Yehuda said: Teach the *baraita* by emending it so that it reads: **He can nullify hers and his** remains **intact,** like the mishna, rather than: They are both bound by their vows. **Abaye said: You** can **even say** that the *baraita* should be read **as it teaches,** without emending it, as there is a difference between the two cases. The *baraita* is referring to a case **where he said to her** in a single clause: **I am hereby a nazirite and you,**[H] **as he makes his vow dependent on her vow.** Consequently, if she is not a nazirite, his vow is also canceled.

NOTES

In your footsteps [*be'ikvayikh*] – **בְּעִיקְבַיִךְ:** Some commentaries contend that this expression can be explained in two ways (*Tosafot*). On the one hand it can mean in your footsteps; following you, which indicates that her vow will be similar to that of the first woman. On the other hand it can also mean due to you, which would indicate a full acceptance of naziriteship. Others read *be'ikarayikh*, and explain the question of the Gemara as follows: Does this *ikar*, the fundamental, central aspect, refer to the prohibition that applies to the first woman, which means that the vow of the second one will lapse when that of the first one is nullified? Alternatively, perhaps this *ikar* refers to the main issue involved, i.e., the naziriteship itself; if so, the vow of the second woman is not dependent on that of the first (Meiri).

And said, and I – וְאָמַר וַאֲנִי: The phrase: And I, can more easily be explained as referring to the fundamental state of the vow than: In your footsteps, although this expression can also be explained in that manner (Commentary on *Nazir*). Others maintain that unlike the case of a second woman, when a husband says: And I, it is as though he explicitly said: And I am in your footsteps, as he knows that he has the power to nullify her vow (*Tosafot*).

In his case he cannot nullify – הוּא דְּלָא מָצֵי מֵיפֵר: The reason is either that he is prohibited from doing so, or that he cannot nullify it because he would thereby be desecrating his own vow. See NOTES on 21b.

HALAKHA

He said to her, I am hereby a nazirite and you – דְּקָאָמַר לָהּ הֲרֵינִי נָזִיר וְאַתְּ: If a husband vowed and applied the same vow to his wife, and she answered: Amen, he cannot nullify her vow, as stated in the *baraita*. However, if he said to her: I am hereby a nazirite, and would you like to be a nazirite like me, he can nullify her vow; and if he does so, his own vow is also canceled, as he made it dependent on hers. The *halakha* is in accordance with the opinion of Abaye, following his reading of the mishna: And his is nullified (Rambam *Sefer Hafla'a*, *Hilkhot Nedarim* 13:13–14 and *Leḥem Mishne* there; *Shulḥan Arukh*, *Yoreh De'a* 234:54).

וּמַתְנִיתִין – כְּגוֹן דַּאֲמַר לָהּ ״הֲרֵינִי נָזִיר, וְאַתְּ מַאי״? מִשּׁוּם הָכִי מֵיפֵר אֶת שֶׁלָּהּ, וְשֶׁלּוֹ קַיָּים.

And the mishna is referring to a case **where he said to her** in the form of a question: **I am hereby a nazirite, and what** about **you?** This indicates that he himself has completely accepted his naziriteship, and he is simply asking his wife if she would like to join him. **Due to that** reason, as he did not link his vow to hers, **he may nullify hers and his is intact.**

מתני׳ הָאִשָּׁה שֶׁנָּדְרָה בְּנָזִיר, וְהָיְתָה שׁוֹתָה בְּיַיִן וּמִטַּמְּאָה לְמֵתִים – הֲרֵי זֶה סוֹפֶגֶת אֶת הָאַרְבָּעִים. הֵפֵר לָהּ בַּעְלָהּ, וְהִיא לֹא יָדְעָה שֶׁהֵפֵר לָהּ בַּעְלָהּ, וְהָיְתָה שׁוֹתָה בְּיַיִן וּמִטַּמְּאָה לְמֵתִים – אֵינָהּ סוֹפֶגֶת אֶת הָאַרְבָּעִים. רַבִּי יְהוּדָה אוֹמֵר: אִם אֵינָהּ סוֹפֶגֶת אֶת הָאַרְבָּעִים – תִּסְפּוֹג מַכַּת מַרְדּוּת.

MISHNA With regard to **a woman who vowed to be a nazirite, and** she transgressed her vow since **she was drinking wine**[H] **and rendering herself ritually impure by** contact with **the dead, she incurs the forty** lashes for each of the Torah prohibitions she transgressed. If **her husband nullified her** vow, **and she did not know that her husband had nullified**[H] her vow, **and she was drinking wine and rendering herself impure by** contact with **the dead, she does not incur the forty** lashes, as she is no longer a nazirite. **Rabbi Yehuda says:** Even **if she does not incur the forty** lashes by Torah law, **she should incur lashes for rebelliousness** [***makat mardut***],[L] an extrajudicial punishment imposed by the Sages, for her intention to commit a transgression, since she believed that it was prohibited to her.

גמ׳ תָּנוּ רַבָּנַן: ״אִישָׁהּ הֲפֵרָם וַה׳ יִסְלַח לָהּ״. בְּאִשָּׁה שֶׁהֵפֵר לָהּ בַּעְלָהּ וְהִיא לֹא יָדְעָה הַכָּתוּב מְדַבֵּר, שֶׁהִיא צְרִיכָה כַּפָּרָה וּסְלִיחָה.

GEMARA **The Sages taught** with regard to a verse in the section discussing vows: **"Her husband has nullified them, and the Lord will forgive her"** (Numbers 30:13), that **the verse is speaking of a woman whose husband nullified her** vow **and she did not know** that he had done so. It teaches **that** if she performs the actions prohibited by the vow **she requires atonement and forgiveness.**

וּכְשֶׁהָיָה מַגִּיעַ רַבִּי עֲקִיבָא אֵצֶל פָּסוּק זֶה הָיָה בּוֹכֶה: וּמַה מִּי שֶׁנִּתְכַּוֵּין לַעֲלוֹת בְּיָדוֹ בְּשַׂר חֲזִיר, וְעָלָה בְּיָדוֹ בְּשַׂר טָלֶה – טָעוּן כַּפָּרָה וּסְלִיחָה, הַמִּתְכַּוֵּין לַעֲלוֹת בְּיָדוֹ בְּשַׂר חֲזִיר וְעָלָה בְּיָדוֹ בְּשַׂר חֲזִיר – עַל אַחַת כַּמָּה וְכַמָּה!

And when Rabbi Akiva[P] **would reach this verse he would cry,** saying: **And if one who intended to pick up pork in his hand** and eat it, **and** in fact **he picked up the meat of a lamb in his hand** and ate it, so that he did not in fact commit a transgression, like this woman who tried to sin and was unaware that her husband had nullified her vow, nevertheless **requires atonement and forgiveness,** then with regard to **one who intends to pick up pork in his hand and** in fact **picked up pork in his hand, all the more so** does he require atonement.

כַּיּוֹצֵא בַּדָּבָר אַתָּה אוֹמֵר: ״וְלֹא יָדַע וְאָשֵׁם וְנָשָׂא עֲוֹנוֹ״;

On a similar note, you can **say** and quote the following verse with regard to one who is liable to bring an uncertain guilt-offering, which is brought for a possible transgression: **"Though he does not know it yet he is guilty, and shall bear his iniquity"** (Leviticus 5:17).

וּמַה מִּי שֶׁנִּתְכַּוֵּין לַעֲלוֹת בְּיָדוֹ בְּשַׂר טָלֶה וְעָלָה בְּיָדוֹ בְּשַׂר חֲזִיר, כְּגוֹן חֲתִיכָה סָפֵק שֶׁל שׁוּמָּן סָפֵק שֶׁל חֵלֶב – אָמַר קְרָא ״וְנָשָׂא עֲוֹנוֹ״. מִי שֶׁנִּתְכַּוֵּין לַעֲלוֹת בְּיָדוֹ בְּשַׂר חֲזִיר וְעָלָה בְּיָדוֹ בְּשַׂר חֲזִיר – עַל אַחַת כַּמָּה וְכַמָּה!

This verse teaches: **And if** in a case similar to **one who intended to pick up the meat of a lamb in his hand** and eat it, which is permitted, **and he picked up pork in his hand** and ate it, thereby sinning unintentionally, **for example,** where one took **a piece**[N] of meat with regard to which it is **uncertain** whether it is permitted **fat and uncertain** whether it is forbidden **fat,**[B] and he ate it, rendering him liable to bring a provisional guilt-offering, **the verse states: "And shall bear his iniquity,"** indicating that he requires atonement via an offering; then with regard to **one who intends to pick up pork in his hand and** in fact **picked up pork in his hand, all the more so** he requires atonement.

HALAKHA

And she was drinking wine, etc. – וְהָיְתָה שׁוֹתָה בְּיַיִן וכו׳: If a woman who took a vow proceeded to transgress her vow before her father or husband nullified it, even if they later did so as soon as they heard of the vow, she is liable to receive lashes or bring an offering, as appropriate, for her previous actions. This follows the ruling of the mishna, in accordance with the Gemara's earlier conclusion that a husband severs his wife's vows from that moment onward (Rambam *Sefer Hafla'a*, *Hilkhot Nedarim* 12:19).

And she did not know that her husband had nullified, etc. – וְהִיא לֹא יָדְעָה שֶׁהֵפֵר לָהּ בַּעְלָהּ וכו׳: If a woman took a vow and her father or husband nullified her vow without her knowledge, and she purposely transgressed her vow or oath, she is exempt from lashes incurred for violating a Torah prohibition. However, the court administers lashes of rebelliousness for her intention to sin. The Rambam maintains that Rabbi Yehuda does not disagree with the first *tanna* but merely adds to his statement (Rambam *Sefer Hafla'a*, *Hilkhot Nedarim* 12:18 and *Kesef Mishne* there).

LANGUAGE

Lashes for rebelliousness [*makat mardut*] – מַכַּת מַרְדּוּת: There are several opinions as to the meaning of the term *mardut* in this context. Some understand it to be related to the term *mered*, meaning rebellion (see 1 Samuel 20:30), and accordingly, these are lashes administered to one who rebels against God. Others relate it to a term for punishment, and accordingly, these are lashes administered to punish a sinner.

PERSONALITIES

Rabbi Akiva – רַבִּי עֲקִיבָא: Akiva ben Yosef was one of the greatest of the *tanna'im*. He lived during the period just after the destruction of the Second Temple until the bar Kokheva revolt.

According to the Sages, Rabbi Akiva began his studies at the age of forty, when Rachel, the daughter of the wealthy Kalba Savua, agreed to marry him on the condition that he would go and study Torah. Rabbi Akiva became the student of Rabbi Eliezer ben Hyrcanus and Rabbi Yehoshua ben Ḥananya. Ultimately, he became a great scholar, with twenty-four thousand students of his own.

Rabbi Akiva's foremost students included Shimon ben Azzai and Shimon ben Zoma, with whom he studied esoteric elements of the Torah. Later, he taught Rabbi Meir and Rabbi Shimon bar Yoḥai, among others. He initially supported bar Kokheva's revolt against the Roman authorities, declaring him the Messiah. Even when Hadrian banned the study of Torah, Rabbi Akiva continued assembling Jews and teaching Torah. Finally, he was captured and executed. He is listed as one of the ten martyrs.

Rabbi Akiva collected early rabbinic teachings and strove to organize the Oral Torah systematically. The work done by Rabbi Akiva and his students served as the basis for the Mishna, later redacted by Rabbi Yehuda HaNasi and his disciples.

BACKGROUND

Forbidden fat and permitted fat – חֵלֶב וְשׁוּמָּן: The difference between permitted and forbidden fats is not in their physiological makeup, rather it is dependent upon where in the animal's body it is found. Therefore, it is not possible to determine whether a piece of fat no longer in the animal's body is permitted or forbidden, absent testimony from one who saw it being removed.

NOTES

For example, where a piece, etc. – כְּגוֹן חֲתִיכָה וכו׳: This dispute between Rabbi Akiva and Isi ben Yehuda concerns the precise definition of the transgression for which one is obligated to bring a provisional guilt-offering. The principle is that one must bring a provisional guilt-offering for the possible violation of a major transgression, for which one is liable to receive *karet* if performed on purpose. Even after one has brought his offering the matter remains uncertain until it becomes clear that he did sin, at which point he must bring a sin-offering. The Sages disagreed with regard to the nature of this uncertainty. According to the opinion of Rabbi Akiva, one must bring a provisional guilt-offering even if the uncertainty involved a single piece, i.e., it is unknown whether this particular piece or action was prohibited or permitted. Conversely, Isi ben Yehuda maintains that one is liable only if there were two pieces before him, one forbidden and the other permitted, and he did not know which of them he chose.

אִיסִי בֶּן יְהוּדָה אוֹמֵר: ״וְלֹא יָדַע וְאָשֵׁם וְנָשָׂא עֲוֹנוֹ״; וּמַה מִּי שֶׁנִּתְכַּוֵּין לַעֲלוֹת בְּיָדוֹ בְּשַׂר טָלֶה וְעָלָה בְּיָדוֹ בְּשַׂר חֲזִיר, כְּגוֹן שְׁתֵּי חֲתִיכוֹת אַחַת שֶׁל חֵלֶב וְאַחַת שֶׁל שׁוּמָּן – ״וְנָשָׂא עֲוֹנוֹ״. הַמִּתְכַּוֵּין לַעֲלוֹת בְּיָדוֹ בְּשַׂר חֲזִיר וְעָלָה בְּיָדוֹ בְּשַׂר חֲזִיר – עַל אַחַת כַּמָּה וְכַמָּה!

Isi ben Yehuda says that this verse: **"Though he does not know it yet he is guilty, and shall bear his iniquity"** (Leviticus 5:17), should be explained in a slightly different manner: **And if** in a case similar to **one who intended to pick up the meat of a lamb in his hand and he picked up pork in his hand, e.g.,** where there were **two pieces** before him, **one of** forbidden **fat and one of** permitted **fat,** and he picked up one and ate it without knowing which of them was forbidden, it states with regard to him: **"And shall bear his iniquity,"** i.e., he is obligated to bring an offering; then with regard to **one who intends to pick up pork in his hand and picked up pork in his hand, all the more so** is he in need of atonement.

עַל דָּבָר זֶה יִדְווּ הַדּוֹוִים.

The Gemara adds: **And with regard to this matter, those who suffer should suffer,** i.e., one can see from here the extent to which one requires atonement and forgiveness.

וְכָל הָנֵי לָמָּה לִי? צְרִיכִין; דְּאִי תְּנָא גַּבֵּי אִשָּׁה – הָתָם הוּא דְּבָעְיָא כַּפָּרָה וּסְלִיחָה, מִשּׁוּם דְּמֵעִיקָּרָא לְאִיסּוּרָא אִיכַּוַּון. אֲבָל חֲתִיכָה סָפֵק שֶׁל חֵלֶב סָפֵק שֶׁל שׁוּמָּן, דִּלְהֶיתֵּרָא אִיכַּוֵּין – לָא בָּעֵי כַּפָּרָה וּסְלִיחָה.

The Gemara asks: **And why do I** need **all these** examples for the same idea? The Gemara answers: All of them **are necessary, as had we taught** this idea only **with regard to** the case of **a woman,** one might have said that **it is there that she requires atonement and forgiveness because at the outset her intention was to sin. However,** in the case of one who took **a piece** with regard to which it was **uncertain** whether it was permitted **fat** and **uncertain** whether it was forbidden **fat, who intended** to eat **permitted** food, one might have said that **he does not require atonement and forgiveness.**

וְאִי אִיתְּמַר הָדָא – דְּאִיכָּא אִיסּוּרָא, אֲבָל אִשָּׁה דְּהֵפֵר לָהּ בַּעְלָהּ, דְּהֶיתֵּירָא – לָא תִּיבָּעֵי כַּפָּרָה וּסְלִיחָה.

And had this case concerning one who eats a piece that might be forbidden **been stated** alone, one could say that atonement is required in this situation, **as there is** possibly **a prohibition** present before him. **However,** with regard to **a woman whose husband nullified her** vow, **where** she was in fact **permitted** to perform the actions she performed, perhaps **she does not require atonement and forgiveness.**

וְאִי אִיתְּמַר הָנֵי תַּרְתֵּי – הֲוָה אָמִינָא: הָנֵי תַּרְתֵּי הוּא דְּסַגִּי לְהוֹן בְּכַפָּרָה וּסְלִיחָה, דְּלָא אִיקַּבַּע אִיסּוּרָא, אֲבָל שְׁתֵּי חֲתִיכוֹת אַחַת שֶׁל חֵלֶב וְאַחַת שֶׁל שׁוּמָּן, דְּאִיקַּבַּע אִיסּוּרָא – לָא סַגִּי לֵיהּ בְּכַפָּרָה וּסְלִיחָה, קָא מַשְׁמַע לָן דְּלָא שְׁנָא.

And had only **these two** cases **been stated, I would say: It is** in **these two** cases in **which atonement and forgiveness are enough for them, as the prohibition is not established;** even one who ate the piece that was possibly forbidden fat has not necessarily committed a sin. **However,** if there were **two pieces, one of** forbidden **fat and one of** permitted **fat, where the prohibition is established,** as there was definitely a forbidden piece before him and nevertheless he proceeded to eat one of them, one might have said that **atonement and forgiveness should not suffice for him.** Isi ben Yehuda therefore **teaches us that** there, it **is no different,** as even this individual is included in the verse: "And he shall be forgiven" (Leviticus 5:18).

אָמַר רַבָּה בַּר בַּר חָנָה אָמַר רַבִּי יוֹחָנָן: מַאי דִּכְתִיב ״כִּי יְשָׁרִים דַּרְכֵי ה׳ וְצַדִּקִים יֵלְכוּ בָם וּפֹשְׁעִים יִכָּשְׁלוּ בָם״? מָשָׁל לִשְׁנֵי בְּנֵי אָדָם שֶׁצָּלוּ אֶת פִּסְחֵיהֶן, אֶחָד אֲכָלוֹ לְשׁוּם מִצְוָה וְאֶחָד אֲכָלוֹ לְשׁוּם אֲכִילָה גַּסָּה; זֶה שֶׁאֲכָלוֹ לְשׁוּם מִצְוָה – ״וְצַדִּקִים יֵלְכוּ בָם״. וְזֶה שֶׁאֲכָלוֹ לְשׁוּם אֲכִילָה גַּסָּה – ״וּפֹשְׁעִים יִכָּשְׁלוּ בָם״.

§ **Rabba bar bar Ḥanna said** that **Rabbi Yoḥanan said: What is** the meaning of that **which is written: "For the paths of the Lord are right, and the just walk in them, but transgressors stumble over them"** (Hosea 14:10)? How can the same path lead to such different outcomes? This is **comparable to two people who roasted their Paschal offerings** on Passover eve, in the proper manner. **One ate it for the sake of the mitzva, and one ate it for the sake of excessive eating.**[H] **This one, who ate it for the sake of the mitzva,** has fulfilled: **"And the just walk in them,"** while that one, **who ate it for the sake of excessive eating,** is described by the end of the verse: **"But transgressors stumble over them."**

אָמַר לֵיהּ רֵישׁ לָקִישׁ: הַאי רָשָׁע קָרֵית לֵיהּ?! נְהִי דְּלָא קָא עָבֵיד מִצְוָה מִן הַמּוּבְחָר – פֶּסַח מִיהָא קָא עָבֵיד! אֶלָּא, מָשָׁל לִשְׁנֵי בְּנֵי אָדָם, זֶה אִשְׁתּוֹ וַאֲחוֹתוֹ עִמּוֹ, וְזֶה אִשְׁתּוֹ וַאֲחוֹתוֹ עִמּוֹ. לָזֶה נִזְדַּמְּנָה לוֹ אִשְׁתּוֹ, וְלָזֶה נִזְדַּמְּנָה לוֹ אֲחוֹתוֹ; זֶה שֶׁנִּזְדַּמְּנָה לוֹ אִשְׁתּוֹ – ״צַדִּקִים יֵלְכוּ בָם״. וְזֶה שֶׁנִּזְדַּמְּנָה לוֹ אֲחוֹתוֹ – ״וּפֹשְׁעִים יִכָּשְׁלוּ בָם״.

Reish Lakish said to Rabba bar bar Ḥanna: **You call this** individual **wicked?** Even **though he had not performed the mitzva in the optimal manner** when he eats this Paschal offering, **he has at least performed** the mitzva of the **Paschal offering. Rather,** this is **comparable to two people; this** one has **his wife and sister** in the same house **with him, and that** one has **his wife and sister with him.** Each husband arrives home and engages in sexual intercourse with one of the women. **This one happened upon his wife, and that** one **happened upon his sister. This** one, **who happened upon his wife,** is described by the phrase **"And the just walk in them,"** and that one, **who happened upon his sister,** is described by the phrase **"But transgressors stumble over them."**

HALAKHA

For the sake of excessive eating – לְשׁוּם אֲכִילָה גַּסָּה: The *Magen Avraham*, citing *Roke'aḥ*, comments that on the first night of Passover, it is prohibited to eat the *afikoman* in a forced manner when one is full, as this is a fulfillment of the verse "Transgressors stumble over them" (*Shulḥan Arukh, Oraḥ Ḥayyim* 476:1).

מִי דָּמֵי? אֲנַן קָאָמְרִינַן חֲדָא דֶּרֶךְ – הָכָא שְׁנֵי דְּרָכִים! אֶלָּא, מָשָׁל לְלוֹט וּשְׁתֵּי בְנוֹתָיו עִמּוֹ. הֵן שֶׁנִּתְכַּוְּונוּ לְשֵׁם מִצְוָה – ״וְצַדִּקִים יֵלְכוּ בָם״. הוּא שֶׁנִּתְכַּוֵּין לְשֵׁם עֲבֵירָה – ״וּפֹשְׁעִים יִכָּשְׁלוּ בָם״.

The Gemara raises a difficulty: **Is it comparable? We said one path;** i.e., two people follow the same path by performing the very same action with two different outcomes; whereas **here** there are **two paths.** Each person engaged in sexual intercourse with a different relative and therefore they cannot be said to have followed the same path. **Rather,** it is **comparable to Lot and his two daughters,** who were **with him. They, who intended** to engage in sexual intercourse with him **for the sake of a mitzva,** as they thought that the entire world was destroyed and wished to preserve the human race, are described in the first part of the verse: **"And the just walk in them." He who intended** to act **for the sake of a transgression** is described by the last part: **"But transgressors stumble over them."**

וְדִלְמָא הוּא נַמִי לְשׁוּם מִצְוָה אִיכַּוֵּין? אָמַר רַבִּי יוֹחָנָן: כׇּל הַפָּסוּק הַזֶּה עַל שֵׁם עֲבֵירָה נֶאֱמַר:

The Gemara asks: **And perhaps** Lot **too intended** that his actions should be **for the sake of a mitzva?** The Gemara answers: This was not the case, as **Rabbi Yoḥanan said** with regard to Lot: **This entire verse:** "And Lot lifted up his eyes, and saw all the plain of the Jordan, that it was well watered everywhere" (Genesis 13:10), **is stated with regard to** the **sin** of licentiousness. Since this verse teaches that Lot was a lustful man, it can therefore be assumed he meant to sin with his daughters as well.

״וַיִּשָּׂא לוֹט״ – ״וַתִּשָּׂא אֵשֶׁת אֲדֹנָיו אֶת עֵינֶיהָ״. [״אֶת עֵינָיו״] – ״כִּי הִיא יָשְׁרָה בְעֵינָי״.

Rabbi Yoḥanan explains: **"And Lot lifted up** his eyes" employs the same expression as a verse that refers to Joseph's temptation: **"That his master's wife lifted up her eyes"** (Genesis 39:7), which is clearly referring to sin. The phrase used in reference to Lot, **"his eyes,"** is stated similarly to Samson's appraisal of the Philistine girl he sought to marry: **"For she is pleasing in my eyes"** (Judges 14:3).

״וַיַּרְא״ – ״וַיַּרְא אֹתָהּ שְׁכֶם בֶּן חֲמוֹר״. ״אֶת כׇּל כִּכַּר הַיַּרְדֵּן״ ״כִּי בְעַד אִשָּׁה זוֹנָה עַד כִּכַּר לָחֶם״. ״כִּי כֻלָּהּ מַשְׁקֶה״ – ״אֵלְכָה אַחֲרֵי מְאַהֲבַי נֹתְנֵי לַחְמִי וּמֵימַי צַמְרִי וּפִשְׁתִּי שַׁמְנִי וְשִׁיקּוּיָי״.

Rabbi Yoḥanan continues to interpret the verse as a series of references to licentiousness. The phrase **"and saw"** is reminiscent of the verse dealing with Jacob's daughter Dinah: **"And Shechem, the son of Hamor the Hivite, saw her** and he took her, and lay with her" (Genesis 34:2). The verse continues: **"All the plain [*kikar*] of the Jordan,"** which alludes to the verse: **"For on account of a harlot a man is brought to a loaf [*kikar*] of bread"** (Proverbs 6:26). The last part of the verse: **"That it was well watered everywhere,"** recalls: **"I will go after my lovers, who give me my bread and my water, my wool and my flax, my oil and my drink"** (Hosea 2:7).

וְהָא מֵינַס אֲנִיס. תָּנָא מִשּׁוּם רַבִּי יוֹסֵי בַּר רַב חוֹנִי: לָמָּה נָקוּד עַל וי״ו ״וּבְקוּמָהּ״ שֶׁל בְּכִירָה – לוֹמַר שֶׁבְּשִׁכְבָהּ לֹא יָדַע, אֲבָל בְּקוּמָהּ יָדַע.

The Gemara asks: **But** Lot **was forced** to participate in the sexual intercourse, as he was asleep at the time; how can he be considered a sinner? The Gemara answers that this is as a Sage **taught in the name of Rabbi Yosei bar Rav Ḥoni: Why is there a dot**[N] in a Torah scroll **over** the letter ***vav*** of the word ***"uvekumah," with regard to*** Lot's **elder** daughter, in the verse: "And he did not know when she lay down and when she arose [*uvekumah*]" (Genesis 19:33)? This dot serves **to say that when she lay down he did not know; however, when she arose he knew** what she had done, as he later understood what had happened.

וּמַאי הֲוָה לֵיהּ לְמֶיעֱבַד? מַאי דַּהֲוָה הֲוָה. נָפְקָא מִינָּהּ, דִּלְפַנְיָא אַחֲרִינָא לָא אִיבָּעֵי לְמִישְׁתֵּי חַמְרָא.

The Gemara asks: **And what could he have done** about it? **What has happened has happened;** i.e., Lot could not change the past. The Gemara answers: The **difference** is **that on the other,** following, **night, he should not have drunk wine** again. By allowing himself to get drunk a second time, he showed that the end result, engaging in sexual intercourse with his younger daughter, was something he desired.

דָּרַשׁ רָבָא: מַאי דִּכְתִיב ״אָח נִפְשָׁע מִקִּרְיַת עֹז

§ **Rava interpreted** a verse **homiletically** with regard to Lot: **What is** the meaning of that **which is written: "A brother offended is harder to be won than a strong city,**

Dot over the *vav* of the phrase "and when she arose [*uvekumah*]" as it appears in a Torah scroll

NOTES

Why is there a dot – לָמָּה נָקוּד: The dots that traditionally appear over certain letters of the Torah are read as a sign of erasure, indicating a measure of uncertainty with regard to the word in question. In this case the phrase "and when she arose" is interpreted as though it were omitted, alluding to Lot's awareness when she got up (*Tosafot*). Others add that this does not mean that Lot had full knowledge of the event, as in that case the phrase would not have been written at all. Rather, he had a dim recollection of what had occurred. Consequently, he should have been more careful the following night (*Yefat To'ar*).

וּמִדְיָנִים כִּבְרִיחַ אַרְמוֹן״? ״אָח נִפְשָׁע מִקִּרְיַת עֹז״ – זֶה לוֹט שֶׁפֵּירַשׁ מֵאַבְרָהָם: ״וּמִדְיָנִים כִּבְרִיחַ אַרְמוֹן״ – שֶׁהֵטִיל מִדְיָנִים כִּבְרִיחִין וְאַרְמוֹן – ״לֹא יָבֹא עַמּוֹנִי וּמוֹאָבִי בִּקְהַל ה׳״.

and their contentions are like the bars of a castle" (Proverbs 18:19)? **"A brother offended is harder to be won than a strong city,"**[N] **this is Lot,** called Abraham's brother (see Genesis 14:14), **who separated from Abraham. "And their contentions are like the bars of a castle,"** this is **because** Lot **brought contention** between the Jewish people and his own descendants **like bars,** which lock the gates of **a castle.** Just as no one can enter a locked castle, so too Lot's descendants, Ammon and Moab, were prevented from joining the Jewish people, as it states: **"An Ammonite and a Moabite shall not enter into the assembly of the Lord"** (Deuteronomy 23:4).

דָּרַשׁ רָבָא וְאִיתֵּימָא רַבִּי יִצְחָק: מַאי דִּכְתִיב ״לְתַאֲוָה יְבַקֵּשׁ נִפְרָד וּבְכָל תּוּשִׁיָּה יִתְגַּלָּע״? ״לְתַאֲוָה יְבַקֵּשׁ נִפְרָד״ – זֶה לוֹט: ״וּבְכָל תּוּשִׁיָּה יִתְגַּלָּע״ – שֶׁנִּתְגַּלָּה קְלוֹנוֹ בְּבָתֵּי כְנֵסִיּוֹת וּבְבָתֵּי מִדְרָשׁוֹת, דִּתְנַן: עַמּוֹנִי וּמוֹאָבִי אֲסוּרִין, וְאִיסּוּרָן אִיסּוּר עוֹלָם.

On the same issue, **Rava expounded** a verse **homiletically, and some say** it was **Rabbi Yitzḥak: What is** the meaning of that **which is written: "He who separates himself seeks his own desire, and snarls against all sound wisdom"** (Proverbs 18:1)?[N] **"He who separates himself seeks his own desire," this is Lot,** who separated from Abraham. **"And snarls [*yitgala*] against all sound wisdom,"** this too describes Lot, **as his shame was** eventually **revealed [*nitgala*] in the synagogues,** when his actions recorded in the Torah are read in public, **and in the study halls,** where the *halakhot* of his descendants are taught. **As we learned** in a mishna: **An Ammonite and a Moabite are prohibited**[H] from entering the congregation by marrying a Jewish woman, **and their prohibition is permanent.**

אָמַר עוּלָּא: תָּמָר זִינְּתָה, זִמְרִי זִינָּה.

§ In relation to the preceding discussion with regard to the daughters of Lot, who acted in a wanton manner for the sake of a mitzva, the Gemara cites that which **Ulla said: Tamar engaged in licentious** sexual intercourse with her father-in-law, Judah (see Genesis, chapter 38), and **Zimri** ben Salu also **engaged in licentious** sexual intercourse with a Midianite woman (see Numbers, chapter 25).

תָּמָר זִינְּתָה – יָצְאוּ מִמֶּנָּה מְלָכִים וּנְבִיאִים, זִמְרִי זִינָּה – נָפְלוּ עָלָיו כַּמָּה רְבָבוֹת מִיִּשְׂרָאֵל.

Yet despite the similarity between their actions, **Tamar engaged in licentious** sexual intercourse for the sake of a mitzva, to have children, and therefore she merited that **kings** of the House of David **descended from her.** King David's lineage traces back to Tamar's son Peretz (see Ruth 4:18–22). **And** she also merited to be the ancestor of **prophets,** e.g., Isaiah, who was related to the royal family. Conversely, with regard to **Zimri,** who **engaged in licentious** sexual intercourse for the purpose of a transgression, **several multitudes of Israel fell due to him;** twenty-four thousand in a plague (see Numbers 25:9). This shows that a great deal depends on one's intentions.

אָמַר רַב נַחְמָן בַּר יִצְחָק: גְּדוֹלָה עֲבֵירָה לִשְׁמָהּ מִמִּצְוָה שֶׁלֹּא לִשְׁמָהּ. וְהָאָמַר רַב יְהוּדָה אָמַר רַב: לְעוֹלָם יַעֲסוֹק אָדָם בְּתוֹרָה וּבְמִצְוֹת אֲפִילּוּ שֶׁלֹּא לִשְׁמָן, שֶׁמִּתּוֹךְ שֶׁלֹּא לִשְׁמָן בָּא לִשְׁמָן!

§ **Rav Naḥman bar Yitzḥak said: Greater is a transgression** committed **for its own sake,** i.e., for the sake of Heaven, **than a mitzva** performed **not for its own sake.** The Gemara questions this comparison: **But didn't Rav Yehuda say** that **Rav said: A person should always occupy himself with Torah**[H] **and mitzvot even not for their own sake, as** it is **through** acts performed **not for their own sake** that good deeds **for their own sake come** about? How, then, can any transgression be considered greater than a mitzva not for the sake of Heaven?

אֶלָּא אֵימָא: כְּמִצְוָה שֶׁלֹּא לִשְׁמָהּ, דִּכְתִיב ״תְּבֹרַךְ מִנָּשִׁים יָעֵל אֵשֶׁת חֶבֶר הַקֵּינִי מִנָּשִׁים בָּאֹהֶל תְּבֹרָךְ״. מַאן נָשִׁים שֶׁבָּאֹהֶל – שָׂרָה רִבְקָה רָחֵל וְלֵאָה.

Rather, one must emend the above statement and **say** as follows: A transgression for the sake of Heaven is **equivalent to a mitzva not for its own sake.** The proof is **as it is written: "Blessed above women shall Yael be, the wife of Hever the Kenite, above women in the tent**[N] **she shall be blessed"** (Judges 5:24), and it is taught: **Who are these "women in the tent?"**[N] They are **Sarah, Rebecca, Rachel, and Leah.** Yael's forbidden intercourse with Sisera for the sake of Heaven is compared to the sexual intercourse in which the Matriarchs engaged.

NOTES

Than a strong city – מִקִּרְיַת עֹז: The early commentaries explain that the term "strong city" alludes to Abraham, who is described in similar terms: "Look to the rock from where you were hewn and to the hole of the pit from where you were dug; look to Abraham your father" (Isaiah 51:1–2).

Against all sound wisdom, etc. – וּבְכָל תּוּשִׁיָּה וכו׳: As mentioned in several places in Proverbs (see Proverbs 2:7), the Torah is called: "Sound wisdom." Consequently, the phrase "all sound wisdom" refers to all parts of the Torah, both the Written Law and the Oral Law. Therefore, the Gemara mentions synagogues, in which the Written Torah is read, as well as the study halls, where the Oral Law is studied (Commentary on *Nazir*).

Above women in the tent – מִנָּשִׁים בָּאֹהֶל: The Gemara in tractate *Sanhedrin* (105b) explains that the prefix *mem*, translated as "above," does not necessarily mean: Better than, as in the first version of Rav Naḥman bar Yitzḥak's statement. Rather, it can be interpreted as a kind of comparison: She is like the women in the tent. Alternatively, it means that she too will receive the blessing of the women in the tent (Rosh). According to this interpretation, the *mem* means: From (see *Birkat Rosh*).

Who are these women in the tent, etc. – מַאן נָשִׁים שֶׁבָּאֹהֶל וכו׳: The commentaries cite verses that mention each of the Matriarchs in connection to a tent (*Tosafot*). As for the basis of this comparison, some commentaries explain that three of the Matriarchs performed a mitzva not for its own sake, as each gave their maidservant to their husband out of jealousy, either of their sister or of other mothers (Commentary on *Nazir*). Others state that as the Matriarchs enjoyed sexual intercourse with their husbands, theirs was like a mitzva performed not for its own sake, whereas Yael derived no pleasure at all (*Tosafot* on *Yevamot* 103a). Several later commentaries explain at length that the Matriarchs cannot be seen as acting other than for the sake of the mitzva. Rather, the Gemara means that Yael's motivation was as pure as theirs.

HALAKHA

An Ammonite and Moabite are prohibited, etc. – עַמּוֹנִי וּמוֹאָבִי אֲסוּרִין וכו׳: All male Ammonites and Moabites are prohibited from entering into the Jewish people, i.e., they may not marry Jewish women. However, all females of these nations are permitted to marry Jews (Rambam *Sefer Kedusha, Hilkhot Issurei Bia* 12:18; *Shulḥan Arukh, Even HaEzer* 4:2).

A person should always occupy himself with Torah, etc. – לְעוֹלָם יַעֲסוֹק אָדָם בְּתוֹרָה וכו׳: One should always occupy himself with Torah, even not for its own sake, as by studying not for its own sake he will come to study for the sake of Heaven (Rambam *Sefer HaMadda, Hilkhot Teshuva* 10:5 and *Hilkhot Talmud Torah* 3:5; *Shulḥan Arukh, Yoreh De'a* 246:20).

אָמַר רַבִּי יוֹחָנָן: שֶׁבַע בְּעִילוֹת בָּעַל אוֹתוֹ רָשָׁע בְּאוֹתָהּ שָׁעָה, שֶׁנֶּאֱמַר ״בֵּין רַגְלֶיהָ כָּרַע נָפַל שָׁכָב״ וגו׳.

The Gemara asks: How is it derived that Yael engaged in sexual intercourse with Sisera? As **Rabbi Yoḥanan said: That wicked one,** Sisera, **engaged in seven acts of sexual intercourse** with Yael **at that time, as it is stated: "Between her feet he sunk, he fell, he lay;** between her feet he sunk, he fell; where he sunk, there he fell down dead" (Judges 5:27). Each mention of falling is referring to another act of intercourse.

וְהָא קָא מִתְהַנְּיָא מִבְּעִילָה דִּילֵיהּ! אָמַר רַבִּי יוֹחָנָן: כָּל טוֹבָתָן שֶׁל רְשָׁעִים אֵינָהּ אֶלָּא רָעָה אֵצֶל צַדִּיקִים,

The Gemara asks: **But** Yael at least **enjoyed the sexual intercourse** with **him;** why is the verse so effusive in her praise? **Rabbi Yoḥanan said: All the good of the wicked,** i.e., anything good received from wicked people, **is nothing other** than **evil for the righteous,** and therefore she certainly derived no pleasure from the act.

שֶׁנֶּאֱמַר ״הִשָּׁמֶר לְךָ מִדַּבֵּר עִם יַעֲקֹב מִטּוֹב וְעַד רָע״. בִּשְׁלָמָא רַע – שַׁפִּיר, אֶלָּא טוֹב אַמַּאי לָא? אֶלָּא לָאו שְׁמַע מִינָּהּ: טוֹבָתוֹ רָעָה הִיא, שְׁמַע מִינָּהּ.

The Gemara asks: From where is this principle derived? **As it is stated** in the verse that God warned Laban the Aramean, when he was chasing Jacob: **"Guard yourself from speaking to Jacob, from good to evil"** (Genesis 31:24). **Granted,** with regard to the warning against speaking **evil,** it is **fine** that Laban was warned not to harm Jacob. **However, why shouldn't** he say anything **good** to Jacob? **Rather,** must one **not conclude from** this verse that even Laban's **good is bad** in Jacob's eyes? The Gemara concludes: **Learn from this** that it is so.

גּוּפָא, אָמַר רַב יְהוּדָה אָמַר רַב: לְעוֹלָם יַעֲסוֹק אָדָם בַּתּוֹרָה וּבַמִּצְוֹת אֲפִילּוּ שֶׁלֹּא לִשְׁמָן, שֶׁמִּתּוֹךְ שֶׁלֹּא לִשְׁמָן בָּא לִשְׁמָן. שֶׁבִּשְׂכַר אַרְבָּעִים וּשְׁנַיִם קָרְבָּנוֹת שֶׁהִקְרִיב בָּלָק הָרָשָׁע – זָכָה וְיָצְאָה מִמֶּנּוּ רוּת. וְאָמַר רַבִּי יוֹסֵי בְּרַבִּי חֲנִינָא: רוּת בַּת בְּנוֹ שֶׁל עֶגְלוֹן מֶלֶךְ מוֹאָב הָיְתָה.

§ The Gemara returns to analyze in greater detail **the** above matter **itself. Rav Yehuda said** that **Rav said: A person should always occupy himself with Torah and mitzvot even not for their own sake, as through** these acts performed **not for their own sake,** good deeds **for their own sake come** about. The proof for this is **that in reward for the forty-two offerings**[N] **that the wicked Balak sacrificed** (see Numbers, chapter 23), although he did not do so for the sake of Heaven but to facilitate the cursing of the Jewish people, nevertheless **he merited that Ruth descended from him.** Not only was he the forebear of a righteous convert, but also of King David. **And** this is as **Rabbi Yosei, son of Rabbi Ḥanina, said: Ruth was the daughter of the son of Eglon,**[N] **king of Moab,** who descended from Balak, king of Moab.

אָמַר רַבִּי חִיָּיא בַּר אַבָּא אָמַר רַבִּי יוֹחָנָן: מִנַּיִן שֶׁאֵין הַקָּדוֹשׁ בָּרוּךְ הוּא מְקַפֵּחַ אֲפִילּוּ שְׂכַר שִׂיחָה נָאָה – דְּאִילּוּ בְּכִירָה דְּקָרְיתֵיהּ ״מוֹאָב״. אֲמַר לֵיהּ רַחֲמָנָא ״אַל תָּצַר אֶת מוֹאָב וְאַל תִּתְגָּר בָּם מִלְחָמָה״. מִלְחָמָה הוּא דְּלָא – אֲבָל צָעוּרֵי צַעֲרִינָן.

Rabbi Ḥiyya bar Abba said that **Rabbi Yoḥanan said: From where** is it derived **that the Holy One, Blessed be He, does not deprive** one of **even** the **reward for proper speech,** i.e., for speaking in a refined manner? **As while** there is the case of Lot's **elder** daughter, **who called** her son **Moab** [*mo'av*], which alludes to his shameful origins, as *me'av* means: From father, **and the Merciful One says to** Moses: **"Do not besiege Moab, nor contend with them in war"** (Deuteronomy 2:9), which indicates: It is **war that is not** permitted; **however,** with regard to **harassing,** the Jews were permitted **to harass them.**

וְאִילּוּ צְעִירָה דְּקָרְיתֵיהּ ״בֶּן עַמִּי״. אֲמַר לֵיהּ ״אַל תְּצֻרֵם וְאַל תִּתְגָּר בָּם״ – אֲפִילּוּ צָעוּרֵי לָא תְּצַעֲרִינָן כְּלָל.

And while there is the case of Lot's **younger** daughter, **who called** her son **Ben-Ami,** son of my people, without explicitly mentioning her father. With regard to her descendants, God **said to** Moses: **"Do not harass them, nor contend with them"** (Deuteronomy 2:19), which means **even** as far as **harassing** is concerned, **you may not harass them at all.**

אָמַר רַבִּי חִיָּיא בַּר אָבִין אָמַר רַבִּי יְהוֹשֻׁעַ בֶּן קָרְחָה: לְעוֹלָם יַקְדִּים אָדָם לִדְבַר מִצְוָה, שֶׁבִּשְׂכַר לַיְלָה אַחַת שֶׁקַּדַּמְתָּהּ בְּכִירָה לַצְּעִירָה

Rabbi Ḥiyya bar Avin said that **Rabbi Yehoshua ben Korḥa said: A person should always come first** with regard **to a matter of a mitzva, as in reward of** the **one night that the elder** daughter of Lot **preceded the younger** for the sake of a mitzva,

NOTES

Forty-two offerings – אַרְבָּעִים וּשְׁנַיִם קָרְבָּנוֹת: The Torah states that Balak built seven altars in three different places, on each of which he sacrificed two offerings, a cow and a ram.

The daughter of the son of Eglon – בַּת בְּנוֹ שֶׁל עֶגְלוֹן: This does not mean that she was actually the daughter of his son. Rather, she was a descendant of his, as they are separated by several generations (*Tosafot*). Eglon is mentioned here in light of the statement in tractate *Sanhedrin* (105b) that Balak was his ancestor. Alternatively, the reference to Eglon alludes to the fact that he too was rewarded and became an ancestor of Ruth's due to one good deed, as he arose in honor of the name of God upon Ehud ben Gera's arrival (see Judges 3:20).

זָכְתָה וְקָדְמָה אַרְבָּעָה דּוֹרוֹת בְּיִשְׂרָאֵל לַמַּלְכוּת.

she merited to precede the younger daughter by **four generations to the monarchy of the Jewish people.** The descendants of Ruth the Moabite ruled over the Jewish people for four generations: Obed, Yishai, David, and Solomon, before the reign of Solomon's son Rehoboam, whose mother was Naamah the Ammonite.

מתני׳ הָאִשָּׁה שֶׁנָּדְרָה בְּנָזִיר וְהִפְרִישָׁה אֶת בְּהֶמְתָּהּ, וְאַחַר כָּךְ הֵיפֵר לָהּ בַּעְלָהּ. אִם שֶׁלּוֹ הָיְתָה הַבְּהֵמָה – תֵּצֵא וְתִרְעֶה בָּעֵדֶר.

MISHNA With regard to **a woman who vowed**[H] **to be a nazirite and separated her animals** for her offerings of purity at the end of her term,[B] **and afterward her husband nullified her vow,** which means that she is not in fact a nazirite, what becomes of these animals? **If the animal was his, it shall go out and graze among the flock** until it becomes blemished, like regular non-consecrated animals.

וְאִם שֶׁלָּהּ הָיְתָה הַבְּהֵמָה, הַחַטָּאת – תָּמוּת, וְעוֹלָה – תִּקְרַב עוֹלָה. שְׁלָמִים – תִּקְרַב שְׁלָמִים, וְנֶאֱכָלִין לְיוֹם אֶחָד וְאֵינָן טְעוּנִין לֶחֶם.

And if the animal was hers, different *halakhot* apply to the various offerings: **The** animal she set aside as **a sin-offering must** be left to **die**[N] by being shut in an enclosed area and deprived of food and water, as will be explained in the Gemara. **And** the animal separated for **a burnt-offering is sacrificed** on the altar as **a burnt-offering,** as in any case one may bring a voluntary burnt-offering. As for the one designated for **a peace-offering,** it is **sacrificed** as a voluntary **peace-offering. And** this peace-offering **is eaten for** only **one day,** in accordance with the *halakha* of the nazirite's peace-offering, despite the fact that regular peace-offerings may be eaten for two days. **But** the offering **does not require bread,** i.e., loaves and wafers, unlike that of a nazirite.

הָיוּ לָהּ מָעוֹת סְתוּמִין – יִפְּלוּ לִנְדָבָה. מָעוֹת מְפוֹרָשִׁין, דְּמֵי חַטָּאת – יֵלְכוּ לְיָם הַמֶּלַח, לֹא נֶהֱנִין וְלֹא מוֹעֲלִין בָּהֶן.

If **she had unallocated funds,**[H] i.e., she had separated money for her offerings but had not stated which coins were designated for which offering, all the money **will be earmarked for** communal **gift** offerings.[N] If she had **allocated funds,** i.e., she had decided which coins were for the payment of each offering, even if she had not yet purchased the animals, **the money for the sin-offering** is **taken** and cast **into the Dead Sea,** i.e., it must be destroyed, either by being thrown into the sea or by some other means. One may **not benefit** from it, as it possesses a measure of sanctity, **but** one also does **not misuse** property consecrated to the Temple **with it.** In other words, if one did derive benefit from this money he is not liable to bring an offering for misusing consecrated property.

דְּמֵי עוֹלָה – יָבִיאוּ עוֹלָה, וּמוֹעֲלִין בָּהֶן. דְּמֵי שְׁלָמִים – יָבִיאוּ שְׁלָמִים, וְנֶאֱכָלִין לְיוֹם אֶחָד, וְאֵין טְעוּנִין לֶחֶם.

As for **the money for the burnt-offering, a burnt-offering is brought** with those coins, **and** one who benefits **from it** is liable for **misuse** of consecrated property, as it is sacred since it can be used toward the purchase of a gift offering. Similarly, with regard to **the money for a peace-offering, a peace-offering is brought** with those coins, **and it is eaten for one day and does not require bread.**

גמ׳ מַאן תַּנָּא דְּבַעַל לָא מִשְׁתַּעְבֵּד לַהּ? אָמַר רַב חִסְדָּא: רַבָּנַן הִיא. דְּאִי סָלְקָא דַּעְתָּךְ רַבִּי יְהוּדָה הִיא – אַמַּאי תֵּצֵא וְתִרְעֶה בָּעֵדֶר? הָא מִשְׁתַּעְבֵּד לַהּ!

GEMARA The Gemara inquires: **Who is the** *tanna* who **taught that a husband is not indebted to** his wife, i.e., he is not required to provide her with her obligatory offerings? It is evident that the *tanna* of the mishna maintains that this is the case, as he rules that the animal does not remain sacred if it belonged to her husband. **Rav Ḥisda said: It is** the opinion of **the Rabbis. As, if it should enter your mind** that **it is** the opinion of **Rabbi Yehuda, why** should an animal that belonged to the husband **go out and graze among** the **flock** until it becomes blemished? After all, the husband is **indebted** and required **to give her** the offerings she requires, which means that her consecration is valid even if she used his animals.

HALAKHA

A woman who vowed, etc. – הָאִשָּׁה שֶׁנָּדְרָה וכו׳: With regard to a woman who took a vow of naziriteship, set aside animals for this purpose, and afterward her husband nullified her vow, if the animals belonged to him they are set free to graze with the rest of the flock. If she had exclusive ownership of the animals, the sin-offering must be left to die, the burnt-offering is sacrificed as a burnt-offering, and the peace-offering is sacrificed as a peace-offering. However, this peace-offering must be eaten in one day and does not require bread, unlike standard peace-offerings (Rambam *Sefer Hafla'a, Hilkhot Nezirut* 9:9).

If she had unallocated funds, etc. – הָיוּ לָהּ מָעוֹת סְתוּמִין וכו׳: With regard to a woman who took a vow of naziriteship, set aside her own money to purchase the offerings, and then her husband proceeded to nullify her vow, if she had not specified which coins were for which animal, they are all used for the purchase of communal gift offerings. If she had specified, then the money for the sin-offering is cast into the Dead Sea, i.e., it is prohibited to benefit from it but one who does so has not misused sacred property. The money for the burnt-offering is used for the purchase of a burnt-offering. Lastly, the money for the peace-offering is used to buy a peace-offering, which is eaten for one day and does not require bread (Rambam *Sefer Hafla'a, Hilkhot Nezirut* 9:10 and *Sefer Avoda, Hilkhot Me'ila* 4:3).

BACKGROUND

A nazirite…separated her animals at the end of her term – נָזִיר וְהִפְרִישָׁה אֶת בְּהֶמְתָּהּ: A nazirite who completes the term of naziriteship must bring two lambs as offerings: One female as a sin-offering and one male as a burnt-offering, and a ram as a peace-offering (Numbers 6:13–21). The nazirite must be shorn of all hair of the head, which is burned beneath the pot in which the ram sacrificed as a peace-offering is cooked.

NOTES

The sin-offering must be left to die – הַחַטָּאת תָּמוּת: Although one might think that the animal should be considered entirely non-sacred, as it was consecrated in error, this is not the case, as explained by the Gemara earlier (21b), in accordance with the variant readings and interpretations of the discussion there. Some commentaries explain that this is in accordance with the opinion of Rabbi Elazar HaKappar that a nazirite sins through the very acceptance of naziriteship, and therefore the animal retains a measure of sanctity and does not revert to its earlier state (*Tosafot*). Others maintain that the animal is considered a sin-offering whose owner has gained atonement by means of another, as she is no longer in need of it (Commentary on *Nazir*). In the Jerusalem Talmud it is similarly stated that the reason is that the husband's nullification does not uproot the vow entirely. Consequently, although she need not observe naziriteship at this stage, because the consecration of the sin-offering was proper at the time it must now be left to die rather than be set free as a non-sacred animal.

Will be earmarked for communal gift offerings – יִפְּלוּ לִנְדָבָה: In other words, the money is placed in a special box in the Temple designated for this money (see *Shekalim* 6:5). The mishna there (6:6) explains that the money from this box was used for the purchase of burnt-offerings, whose hides went to the priests. Some commentaries maintain that in this case the woman herself must use the money for gift burnt-offerings (Meiri).

HALAKHA

A person brings the offering of a rich man, etc. – **אָדָם מֵבִיא קָרְבַּן עָשִׁיר וכו׳**: A husband must provide all the offerings that his wife is obligated to bring. If he is poor he supplies the offering of a poor man; if he is rich he gives her those of a rich person (Rambam *Sefer Korbanot*, *Hilkhot Shegagot* 10:6).

NOTES

Rather, what are the circumstances, etc. – **אֶלָּא הֵיכִי דָּמֵי וכו׳**: Some commentaries explain that this is the conclusion of the previous argument: The mishna cannot be in accordance with the opinion of the Rabbis because if he did not give her the animal it is not consecrated at all, and if he did transfer its ownership it is entirely hers, and therefore the sin-offering must be left to die. Consequently, there is no way to explain the mishna in accordance with the opinion of the Rabbis (Commentary on *Nazir*). According to this explanation, in this context the phrase: Obligated to her, means that the animal belongs to her. Other commentaries point out that according to the explanation of the Ran on *Nedarim* 83a, the Rabbis concede that the husband is obligated to fund his wife's offerings, and this is the meaning of this statement (*Keren Ora*). Others maintain that the Gemara there is referring to the opinion of Rabbi Yehuda (see *Tosafot*).

דְּתַנְיָא, רַבִּי יְהוּדָה אוֹמֵר: אָדָם מֵבִיא קָרְבַּן עָשִׁיר עַל אִשְׁתּוֹ,

The Gemara provides the source for the opinion of Rabbi Yehuda: **As it is taught** in a *baraita* that **Rabbi Yehuda says: A person brings the offering of a rich man**[H] **on behalf of his wife.** If a wife is obligated to bring an offering that is different depending on whether she is wealthy or poor, e.g., the offering of a childbearing woman, then even if she herself does not own enough to be considered wealthy, if her husband can afford it he must bring the offering of a rich person on her behalf.

וְכֵן כָּל קָרְבְּנוֹתֶיהָ שֶׁהִיא חַיֶּיבֶת, שֶׁכָּךְ כָּתַב לָהּ ״כָּל אַחְרָיוּת דְּאִית לִיךְ עֲלַי מִן קַדְמַת דְּנָא״.

And similarly, he brings **all her offerings that she is obligated** to bring, even those whose obligation preceded their marriage. The reason is **that he wrote to her** in her marriage contract **like this:** I accept upon myself **all** claims of **guarantee that you have upon me from beforehand.** These obligations include her offerings.

רָבָא אָמַר: אֲפִילּוּ תֵּימָא רַבִּי יְהוּדָה, כִּי מִשַּׁעְבַּד לָהּ – בְּמִילְּתָא דִּצְרִיכָא לָהּ, בְּמִילְּתָא דְּלָא צְרִיכָא לָהּ – לָא.

Rava said: You can **even say** that the mishna is in accordance with the opinion of **Rabbi Yehuda,** and nevertheless the husband is under no obligation if he nullified her vow. The reason is as follows: **When is he obligated** to bring **her** offerings? It is only **in** the case of **a matter that is necessary for her** to bring. However, **in** the case of **a matter that is not necessary for her** to bring, he is under **no** such obligation. Here, too, once he has nullified her naziriteship, she is no longer in need of this offering.

אִיכָּא דְּאָמְרִי: מַאן תַּנָּא? אָמַר רַב חִסְדָּא: רַבִּי יְהוּדָה הִיא, וְכִי מִשַּׁעְבַּד לָהּ – בְּמִילְּתָא דִּצְרִיכָא לָהּ, בְּמִילְּתָא דְּלָא צְרִיכָא לָהּ – לָא, דְּאִי רַבָּנַן – לָא מִשַּׁעְבַּד לָהּ כְּלָל.

Some say a different version of this discussion: **Who** is the *tanna* who **taught** that only a husband who nullified his wife's vow is exempt from providing her offerings? **Rav Ḥisda said** that **it is Rabbi Yehuda, and** his opinion is as follows: **When is he indebted** to fund **her** offerings? It is **in** the case of **a matter that is necessary for her** to bring, but **in** the case of **a matter that is not necessary for her** to bring, he is under **no** such obligation. **As,** if it is in accordance with the opinion of **the Rabbis, he is not mortgaged to her** in this regard **at all.**

אֶלָּא הֵיכִי דָּמֵי דְּמִשַּׁעְבַּד לָהּ – כְּגוֹן דְּאַקְנְיֵיהּ לָהּ, וְכֵיוָן דְּאַקְנֵי לָהּ – הָוֵה דְּנַפְשָׁהּ.

Rather, what are the circumstances[N] in which **he is obligated to** provide **her** offering, according to the opinion of the Rabbis? **For example, if he transferred** the animal **to her** possession. **But** in that case, **since he has transferred it to her, it is her own,** which means that she has effectively separated the offering from her own property. The mishna cannot be referring to this situation, as the animal does not revert to a non-sacred state in a case of this kind. Evidently, the mishna is in accordance with the opinion of Rabbi Yehuda.

Perek **IV**
Daf **24** Amud **b**

רָבָא אָמַר: אֲפִילּוּ תֵּימָא רַבָּנַן; כִּי מַקְנֵי לָהּ נַמִּי – בְּמִילְּתָא דִּצְרִיכָא לָהּ, בְּמִילְּתָא דְּלָא צְרִיכָא לָהּ – לָא מַקְנֵי לָהּ.

Rava said: You can **even say** that the mishna is in accordance with the opinion of **the Rabbis,** and the reason the animal loses its sanctity is that **even when he transfers it to her,**[N] he does so **for a matter that is necessary for her** to bring, but **for a matter** that is **not necessary for her** to bring, **he does not transfer it to her.**

NOTES

Even when he transfers it to her, etc. – **כִּי מַקְנֵי לָהּ נַמִּי וכו׳**: Some commentaries explain that the husband said to her that the animal is hers if she needs it for her atonement (Commentary on *Nazir*). Others claim that if he makes an explicit condition of this kind, it is obvious that the acquisition is repealed if she no longer requires atonement. Rather, the husband simply said to her that he is giving her this animal for the purpose of her atonement (*Keren Ora*). Rabbeinu Peretz, citing Rabbeinu Meir, asks: By saying that the animal is for his wife's naziriteship, the husband has effectively upheld her vow. How, then, can he later nullify it? And if he issued no stipulation at all, why isn't the animal considered hers in all regards, like any gift a man gives his wife? He answers that the husband said to his wife that if she requires any animal for an offering she may take one of his (see *Tosafot* and Rabbeinu Todros).

"אם שלה היתה בהמתה חטאת תמות ועולה תקרב". היא מנא לה? האמרת: מה שקנתה אשה קנה בעלה! אמר רב פפא: שקמצתה מעיסתה. איבעית אימא: דאקני לה אחר, ואמר לה "על מנת שאין לבעליך רשות בהן".

§ The mishna teaches: **If the animal was hers, the sin-offering** must be left to **die and the burnt-offering is sacrificed.** The Gemara asks: **She,** this married woman, **from where** does she have **her** own property? **Haven't you said** as a principle that with regard to any item **that a woman acquires, her husband** automatically **acquires**[H] it from her? **Rav Pappa said:** This is referring to a case **where she saved it from her dough,** i.e., she was able to buy the animal with the money she saved by eating less. And **if you wish, say** instead **that another** person **transferred** the property **to her, and** he **said to her** that he is doing so **on the condition that your husband has no**[H] **rights to it.** In that case the wife is the exclusive owner of the animal.

"העולה תקרב עולה והשלמים תקרב" כו'. אמר ליה שמואל לאבוה בר איהי: לא תיתיב על כרעיך עד דאמרת לי הדא מילתא; ואלו הן ארבעה אילים שאינן טעונין לחם: שלו, ושלה, ושלאחר המיתה, ושלאחר כפרה.

§ The mishna taught that **the burnt-offering is sacrificed as a** burnt-offering **and the peace-offering is sacrificed** as a peace-offering. **Shmuel said to Avuh bar Ihi: You shall not sit on your feet**[N] **until you say** and explain **to me this matter** taught in a *baraita*: **And these are** the **four rams** of the nazirite's offering **that do not require bread** to be brought with them, in contrast to the usual practice: **His, hers, the one** brought **after death, and the one** brought **after** the nazirite has gained **atonement** by means of a different offering.

שלה – הא דאמרן. שלו – דתנן: האיש מדיר את בנו בנזיר, ואין האשה מדרת את בנה בנזיר. גילח או שגילחוהו קרובים, מיחה או שמיחוהו קרובים;

The Gemara clarifies this statement: **Hers,** this is **that** which **we** just **said,** the offering of a woman who separated an animal of her own before her husband proceeded to nullify her vow. **His, as we learned** in a mishna (28b): **A man can vow his son to** become **a nazirite,** i.e., he can apply a vow of naziriteship to his minor son, **but a woman cannot vow her son to** become **a nazirite.** If the son objects, either of his own initiative or at the behest of others, his father's vow is canceled. Consequently, if the boy **shaved** his hair during the period of naziriteship, thereby demonstrating his desire not to be a nazirite, **or if relatives shaved him,** or even if the minor performed no action at all but simply **objected, or if** his **relatives made him object,** his naziriteship is canceled.

היו לו מעות סתומין – יפלו לנדבה. מעות מפורשין, דמי חטאת – ילכו לים המלח, דמי עולה – יביאו עולה, ומועלין בהן. דמי שלמים – יביאו שלמים, ונאכלין ליום אחד, ואינן טעונין לחם.

In that case, if **he had unallocated funds,** which had been consecrated for the child's offerings but not designated for any particular offering, all the money **will be earmarked for** communal **gift offerings.** If he had **allocated funds** designated for a particular offering, **the money for a sin-offering** is taken and cast **into the Dead Sea;**[B] **the money for a burnt-offering is brought as a burnt-offering,** and one who benefits **from it** is liable for **misuse** of consecrated property; and **the money for a peace-offering is brought** as a **peace-offering and it is eaten for one day and does not require bread.**

שלאחר מיתה מנלן – דתניא: המפריש מעות לנזירותו – לא נהנין ולא מועלין בהן, מפני שהן ראויין להביא בכולן שלמים.

With regard to a ram **that is after** its owner's **death, from where do we** derive that this offering requires no bread? **As it is taught** in a mishna (*Me'ila* 18a): With regard to **one who separates money for his naziriteship**[H] without specifying an offering, he may **not derive benefit** from them, **but** one who benefits **from it** is **not** liable for **misuse** of consecrated property. Why is he not liable to bring an offering for misuse of consecrated property? It is **because** the money **is fit to bring peace-offerings with all of it,** and no misuse is effected by deriving benefit from a peace-offering until after its blood has been sprinkled.

מת והיו לו מעות סתומים – יפלו לנדבה. מעות מפורשין; דמי חטאת – יוליך לים המלח לא נהנין ולא מועלין. דמי עולה – יביאו עולה, ומועלין בהן. דמי שלמים – יביאו שלמים, ונאכלין ליום אחד, ואינן טעונין לחם.

The mishna continues: If the one who set aside the money **died and** he **had unallocated funds, they are** all **allocated for** communal gift offerings. If he left behind **allocated funds,** with regard to **the money for a sin-offering,** one must **take** it and cast it **into the Dead Sea;** one may **not derive benefit** from it **but** one who benefits **from it is not** liable for **misuse** of consecrated property. **The money for a burnt-offering is brought** as **a burnt-offering, and** one who benefits **from it** is liable for **misuse** of consecrated property. **The money for a peace-offering is brought** as **a peace-offering, and it is eaten for one day and does not require bread.** This is the case of a ram after its owner's death that does not require bread.

HALAKHA

Any item that a woman acquires, her husband acquires – מה שקנתה אשה קנה בעלה: If one gives a gift to a married woman, the item itself belongs to the woman but any benefit derived from it goes to her husband. The same applies to any money that enters her possession, whether by way of inheritance, lost property, or if she was paid a fine. In all these cases the money belongs to her, but the profits belong to her husband (Rambam *Sefer Kinyan, Hilkhot Zekhiya UMattana* 3:12 and *Sefer Hafla'a, Hilkhot Nedarim* 7:17; *Shulḥan Arukh, Even HaEzer* 85:7).

On the condition that your husband has no, etc. – על מנת שאין לבעליך וכו': If one gives a gift to a married woman on the condition that her husband has no rights to it, the husband does not acquire the gift. Some authorities (Ra'avad; Rabbeinu Tam) maintain that if the giver did not specify what the gift was for, even if he said she may use it as she wishes, the husband acquires the profits notwithstanding the condition (Rambam *Sefer Kinyan, Hilkhot Zekhiya UMattana* 3:13 and *Sefer Hafla'a, Hilkhot Nedarim* 7:17; *Shulḥan Arukh, Yoreh De'a* 222:1).

One who separates money for his naziriteship – המפריש מעות לנזירותו: With regard to one who separates money for his naziriteship without specifying for which offering they are to be used, it is prohibited to derive benefit from them. However, one who did so has not misused consecrated property, as all of the money is fit to be used for peace-offerings, which are not subject to the *halakhot* of misuse until their blood has been sprinkled on the altar. If the owner died, all of the money goes toward gift offerings. If he designated specific coins for particular offerings, the money for the sin-offering is taken and cast into the Dead Sea, i.e., it is prohibited to benefit from it but one is not liable for misuse if one does so; the money of the burnt-offering is used for a burnt-offering and one who benefits from it is liable for misuse of consecrated property; while the money of the peace-offering goes toward a peace-offering, which is eaten for one day and does not require bread (Rambam *Sefer Hafla'a, Hilkhot Nezirut* 9:3 and *Sefer Avoda, Hilkhot Me'ila* 4:3).

NOTES

You shall not sit on your feet – לא תיתיב על כרעיך: The commentaries read this as a shortened form of: You shall not sit but instead you must stand on your feet and explain this matter to me. They interpret it in this fashion because the command: Sit on your feet, does not appear to make sense. Some suggest that it might have been the custom to sit on the ground cross-legged (*Oraḥ Mishor*).

BACKGROUND

The Dead Sea – ים המלח: The expression: Dead Sea, can sometimes refer to any of the saltwater seas, as opposed to freshwater lakes. However, it usually refers specifically to the Dead Sea, also referred to in talmudic sources as the Sea of Sodom. Any item from which it is prohibited to derive benefit may be thrown into the Dead Sea, as there are no fishermen or people who will come to retrieve items thrown there. It is also possible that due to the high concentration of salt in the Dead Sea, items cast into it will become rusty and decayed in a short period of time, rendering them useless, as all items placed in the Dead Sea quickly become covered with a thick layer of salt.

Salt-covered rock on the Dead Sea shore

HALAKHA

And all the other peace-offerings of a nazirite, etc. – **וּשְׁאָר כָּל שַׁלְמֵי נָזִיר וכו׳**: The peace-offerings of a nazirite that were slaughtered not in accordance with their mitzva or not for their sake are valid, but the owners have not fulfilled their obligation. These offerings are eaten for one day and one night, and they require neither bread, nor the priestly gifts, nor the foreleg (Rambam *Sefer Hafla'a, Hilkhot Nezirut* 8:12 and *Sefer Avoda, Hilkhot Pesulei HaMukdashin* 15:20).

NOTES

Not in accordance with their mitzva – **שֶׁלֹּא כְּמִצְוָתָן**: Some commentaries explain that this refers to offerings slaughtered not for their own sake (*Tosafot*, citing Rashi on *Menaḥot* 48b). In most cases, the fact that the slaughtering or the sprinkling of the blood was not performed for the sake of the appropriate offering does not invalidate it entirely. Rather, the offering is valid, but it does not count toward its owner's obligation, i.e., he does not gain atonement through it. Some commentaries accept this interpretation, despite the objection that the Gemara should have said this explicitly. Rashi on *Menaḥot* cites an alternative explanation, which is mentioned by the Commentary on *Nazir* here: One erred in the offering itself, e.g., he brought a sheep in its first year instead of one in its second year, as required. Alternatively, he slaughtered the peace-offering before he completed his term of naziriteship (Rabbeinu Azriel, cited in *Shita Mekubbetzet*).

שֶׁלְּאַחַר כַּפָּרָה – סְבָרָא הוּא: שֶׁלְּאַחַר הַמִּיתָה מַאי טַעַם – דְּלָא חַזְיָא לְכַפָּרָה, שֶׁלְּאַחַר כַּפָּרָה נַמִּי – הָא לָא חַזְיָא לְכַפָּרָה.

As for the ram **that is after atonement**, whose owner has used a different offering to achieve atonement, the *halakha* that this offering does not require bread is not taught explicitly. Rather, it **is** based on **logical reasoning: What is the reason** that no bread is brought in the case of a ram **that is** sacrificed **after the death** of its owner? It is that this offering is **not fit for atonement,** as no atonement is granted to the dead through offerings. With regard to a ram **that is** sacrificed **after atonement too, it is no** longer **fit for atonement,** as the owner has already gained atonement by means of a different animal.

וְתוּ לֵיכָּא? וְהָאִיכָּא: וּשְׁאָר כָּל שַׁלְמֵי נָזִיר שֶׁשְּׁחָטָן שֶׁלֹּא כְּמִצְוָתָן – כְּשֵׁרִים, וְלֹא עוֹלִין לַבְּעָלִים לְשׁוּם חוֹבָה, וְנֶאֱכָלִין לְיוֹם אֶחָד, וְאֵינָן טְעוּנִין לֹא לֶחֶם וְלֹא זְרוֹעַ.

The Gemara asks: **And is there nothing else?** Are there no other instances of a peace-offering of a nazirite that does not require bread, apart from the aforementioned cases? **But isn't there** the following *halakha*: **And** with regard to **all the other peace-offerings of a nazirite**[H] **that were slaughtered not in accordance with their mitzva,**[N] e.g., if the ram was not of the proper age, they are **fit** offerings and may be eaten, **but they do not count toward the owner's obligation,** i.e., he must bring another offering. The *baraita* continues: **And** these offerings **are eaten for one day,** like regular peace-offerings of a nazirite, **and they require neither bread nor** the **foreleg,** unlike the peace-offering of a nazirite. This is another example of a nazirite's peace-offering that does not require bread.

כְּמִצְוָתָן קָא חָשֵׁיב, שֶׁלֹּא כְּמִצְוָתָן לָא קָא חָשֵׁיב.

The Gemara answers: In the above list the *tanna* **includes** only offerings that were sacrificed **in accordance with their mitzva; he does not include** animals that were sacrificed **not in accordance with their mitzva.**

״הָיוּ לוֹ מָעוֹת סְתוּמִים יִפְּלוּ לִנְדָבָה״.

§ It was stated above, with regard to one who separated money for his naziriteship and then died, that if **he had unallocated funds, they are** all **allocated for** communal **gift** offerings.

Perek **IV**
Daf **25** Amud **a**

וַהֲלֹא דְּמֵי חַטָּאת מְעוֹרָבִין בָּהֶן! אָמַר רַבִּי יוֹחָנָן: הֲלָכָה הִיא בְּנָזִיר. רֵישׁ לָקִישׁ אָמַר: ״לְכָל נִדְרֵיהֶם וּלְכָל נִדְבוֹתָם״. הַתּוֹרָה אָמְרָה: מוֹתַר נֶדֶר יְהֵא לִנְדָבָה.

The Gemara asks: **But the money for the sin-offering is mingled with these** unallocated funds. How can it all be used for gift burnt-offerings? **Rabbi Yoḥanan said: It is** an accepted *halakha* **with regard to a nazirite** that his unallocated funds are used for gift offerings, despite the fact that they include the value of a sin-offering. **Reish Lakish said:** The verse states: "Whether **for any of their vows or for any of their gift offerings,** which are brought to the Lord as a burnt-offering" (Leviticus 22:18). In this verse, **the Torah states** that **the surplus of a vow shall be for a gift offering.** Here too, if the vow of naziriteship cannot be fulfilled, due to the death of the one who took the vow, the money is for a gift offering.

בִּשְׁלָמָא לְרַבִּי יוֹחָנָן, דְּאָמַר: הֲלָכָה הִיא בְּנָזִיר – אַמְטוּ לְהָכִי, סְתוּמִין – אִין, מְפוֹרָשִׁין – לָא. אֶלָּא לְרֵישׁ לָקִישׁ: ״לְכָל נִדְרֵיהֶם וּלְכָל נִדְבוֹתָם״ – מַאי אִירְיָא סְתוּמִין? אֲפִילּוּ מְפוֹרָשִׁין!

The Gemara asks: **Granted, according to** the opinion of **Rabbi Yoḥanan, who said** that **it is a** *halakha* **with regard to a nazirite,** it is **for this reason** that if the funds **were unallocated, yes,** the money is used for gift offerings, but if they were **allocated, no,** they may not be used for this purpose, as this is the *halakha* passed down by tradition. **However, according to** the opinion of **Reish Lakish,** who derives the *halakha* from the verse: **"For any of their vows or for any of their gift offerings,"** why state **specifically unallocated** funds; **even allocated** money should be used for gift offerings after the death of their owner.

אֲמַר רָבָא: מְפוֹרָשִׁין לָא מָצֵית אָמְרַתְּ, כְּבָר פְּסָקָהּ תַּנָּא דְּבֵי רַבִּי יִשְׁמָעֵאל: "רַק קָדָשֶׁיךָ אֲשֶׁר יִהְיוּ לְךָ וּנְדָרֶיךָ" – בִּוְלָדֵי קָדָשִׁים וּבִתְמוּרָתָם הַכָּתוּב מְדַבֵּר;

Rava said: You cannot say that this *halakha* should apply to **allocated** funds, as **the *tanna* of the school of Rabbi Yishmael has already ruled in this** regard. The *tanna* explained the following verse that deals with the obligation to bring consecrated animals to the Temple: **"Only your sacred things that you have,**[N] **and your vows"** (Deuteronomy 12:26). **The verse is speaking of the offspring of consecrated** female peace-offerings **and their substitutes,**[B] i.e., when one says a non-sacred animal should substitute for a sacred animal.

מַה תַּקָּנָתָן – "תִּשָּׂא וּבָאתָ אֶל הַמָּקוֹם אֲשֶׁר יִבְחַר ה'". יָכוֹל יַעֲלֵם לְבֵית הַבְּחִירָה וְיִמְנַע מֵהֶם מַיִם וּמָזוֹן בִּשְׁבִיל שֶׁיָּמוּתוּ – תַּלְמוּד לוֹמַר "וְעָשִׂיתָ עֹלֹתֶיךָ הַבָּשָׂר וְהַדָּם".

With regard to these animals, **what is their** means of **remedy? "You shall take and go to the place that the Lord shall choose"** (Deuteronomy 12:26). One **might** have thought that this means that **he must bring them up to the Temple, and** yet he does not sacrifice them but **withholds water and food from them so that they should die.** Therefore, **the verse states: "And you shall sacrifice your burnt-offerings, the flesh and the blood,** upon the altar of the Lord your God; and the blood of your offerings shall be poured out against the altar of the Lord your God, and you shall eat the flesh" (Deuteronomy 12:27).

לוֹמַר לְךָ: כְּדֶרֶךְ שֶׁאַתָּה נוֹהֵג בְּעוֹלָה – נְהוֹג בִּתְמוּרָתָהּ, כְּדֶרֶךְ שֶׁאַתָּה נוֹהֵג בִּשְׁלָמִים – נְהוֹג בִּוְלָדֵיהֶם. יָכוֹל אַף וְלַד חַטָּאת וּתְמוּרַת אָשָׁם כֵּן – תַּלְמוּד לוֹמַר "רַק". דִּבְרֵי רַבִּי יִשְׁמָעֵאל.

The *tanna* explains that this verse comes **to say to you: In the manner that you treat a burnt-offering**[H] **you must treat its substitute,** i.e., it should be sacrificed in its entirety; **in the manner that you treat a peace-offering**[H] **you must treat their offspring,** as its inner parts must be sacrificed on the altar, with the rest eaten by the owners. One **might** have thought that **the offspring of a sin-offering and the substitute of a guilt-offering**[H] should **also** be treated **so,** i.e., they too should be sacrificed on the altar like sin-offerings and guilt-offerings. Therefore **the verse states: "Only"** (Deuteronomy 12:26), which excludes these cases. This is **the statement of Rabbi Yishmael.**

רַבִּי עֲקִיבָא אוֹמֵר: אֵינוֹ צָרִיךְ: הֲרֵי הוּא אוֹמֵר "אָשָׁם הוּא" – בַּהֲוָיָיתוֹ יְהֵא.

Rabbi Akiva says: In the case of a guilt-offering this exposition is **not necessary, as it says: "It is a guilt-offering"** (Leviticus 5:19), from which it may be inferred: **It alone shall be** sacrificed **in its** current **state,** but not its substitute. This *baraita* explicitly teaches that the surplus money of a sin-offering cannot be used for another offering. Consequently, the money set aside for a nazirite's sin-offering must be cast into the Dead Sea upon the death of its owner rather than used for a gift offering, even according to the opinion of Reish Lakish.

קָתָנֵי: יָכוֹל יַעֲלֵם לְבֵית הַבְּחִירָה וְיִמְנַע מֵהֶם מַיִם וּמָזוֹן בִּשְׁבִיל שֶׁיָּמוּתוּ – תַּלְמוּד לוֹמַר "וְעָשִׂיתָ עֹלֹתֶיךָ". אַמַּאי? הָא וְלַד חַטָּאת הוּא דִּגְמִירִין בָּהּ מִיתָה! אִי לָאו קְרָא הֲוָה אָמִינָא: וְלַד חַטָּאת בְּכׇל מָקוֹם,

§ Since the Gemara has cited the above *baraita*, it analyzes it in detail. The *baraita* **teaches:**[N] One **might** have thought that **one must bring them up to the Temple and withhold water and food from them so that they should die. The verse states: "And you shall sacrifice your burnt-offerings."** The Gemara asks: **Why** would one think he should act in this manner? After all, **it is** only with regard to **the offspring of a sin-offering**[N] **that we learned** that it must be left to **die,** but not other offerings. Why, then, is it necessary to derive the exclusion of the offspring of other offerings and the substitution of other offerings from a verse? The Gemara answers: **If** it were **not** for the **verse, I would say that the offspring of a sin-offering** may be killed **anywhere,** i.e., it need not be brought to the Temple and left to die there,

BACKGROUND

Substitution – תְּמוּרָה: The possibility of substitution is mentioned in the Torah (Leviticus 27:10), and tractate *Temura* focuses on the *halakhot* of substitution. The main features of the concept of substitution are as follows: The Torah prohibits the substitution of any offering, whether whole or blemished, for another animal. One who does so violates a prohibition and incurs lashes. Nevertheless, despite the fact that this exchange is prohibited, if an act of substitution is performed, the second animal does acquire a measure of sanctity, while the initial animal also remains sacred. All animals can be used as substitutes, whether they are whole or blemished, and the animal designated as a substitute can never be used for labor or redeemed. The fate of the substitute varies with the particular type of offering. In some instances, e.g., a substitute for a sin-offering, the animal is left to die. In other cases, such as a guilt-offering, the animal is put out to graze until it becomes blemished. Additionally, some substitutes, e.g., that of a peace-offering, are consecrated for the altar in addition to the original animal.

HALAKHA

In the manner that you treat a burnt-offering, etc. – כְּדֶרֶךְ שֶׁאַתָּה נוֹהֵג בְּעוֹלָה וכו': The substitute of a burnt-offering is also sacrificed as a burnt-offering. If the substitute is female it is left to graze until it develops a blemish, at which point, like a blemished male, it is sold and the money used for the purchase of a burnt-offering (Rambam *Sefer Korbanot*, *Hilkhot Temura* 3:1).

In the manner that you treat a peace-offering, etc. – כְּדֶרֶךְ שֶׁאַתָּה נוֹהֵג בִּשְׁלָמִים וכו': The substitute of a peace-offering, the offspring of a peace-offering, and likewise the offspring of the substitute of a peace-offering, are all sacrificed as peace-offerings (Rambam *Sefer Korbanot*, *Hilkhot Temura* 3:1, 4:1).

The offspring of a sin-offering and the substitute of a guilt-offering – וְלַד חַטָּאת וּתְמוּרַת אָשָׁם: The offspring of a sin-offering and the substitute of a sin-offering, and similarly the offspring of the substitute of a sin-offering, are all left to die. The substitute of a guilt-offering is left to graze until it develops a blemish, with its value going toward gift offerings (Rambam *Sefer Korbanot*, *Hilkhot Temura* 3:1 and *Sefer Avoda*, *Hilkhot Pesulei HaMukdashin* 4:1).

NOTES

That you have – אֲשֶׁר יִהְיוּ לְךָ: The commentaries explain that the phrase "that you have" indicates that the verse is referring to consecrated animals that come from animals that are already sacred, either by means of substitution or through its offspring (Commentary on *Nazir*). Several early commentaries cite the version of this exposition that appears in tractate *Temura* (17b): "Only your sacred things" means substitutions, which are called "sacred" and "that you have" refers to the offspring. This is either because it can be read in the future tense as: That you will have, or because "have" alludes to birth (Rosh).

Teaches – קָתָנֵי: The commentaries note that in this context the term: Teaches, is equivalent to: It is stated above, or: The matter itself. All these expressions signify that the Gemara is no longer discussing the *baraita* in relation to the particular issue at hand, but on its own terms. As mentioned elsewhere, the language of tractate *Nazir* is unusual, and its phraseology is not always in line with that of other tractates.

The offspring of a sin-offering – הָא וְלַד חַטָּאת: This *halakha* transmitted to Moses from Sinai refers only to the offspring of a sin-offering, from which it may be inferred that the offspring of other offerings are not left to die (Commentary on *Nazir*).

וּוְלָדֵי קָדָשִׁים בְּבֵית הַבְּחִירָה, קָא מַשְׁמַע לַן דְּלָא.

but the offspring of other **sacred** animals, for peace-offerings, must be brought **to the Temple** and left to die there. The verse therefore **teaches us that** one does **not** leave the offspring of peace-offerings to die. Rather, they are sacrificed upon the altar.

קָתָנֵי: יָכוֹל אַף וְלַד חַטָּאת וּתְמוּרַת אָשָׁם כֵּן – תַּלְמוּד לוֹמַר ״רַק״. לָמָּה לִי קְרָא? הִילְכְתָא גְּמִירִי לַהּ: וְלַד חַטָּאת לְמִיתָה אָזֵיל! הָכִי נַמִי, וּקְרָא לְאָשָׁם הוּא דְּאָתָא.

§ The Gemara continues to discuss the *baraita*. The *baraita* **teaches:** One **might** have thought that **the offspring of a sin-offering and the substitute of a guilt-offering** should **also** be treated **so,** i.e., they too should be sacrificed on the altar like sin-offerings and guilt-offerings. Therefore, **the verse states: "Only"** (Deuteronomy 12:26). The Gemara asks: **Why do I** need **a verse** for this *halakha*? After all, **this *halakha* is learned** as a tradition that **the offspring of a sin-offering**[H] **goes to** its **death.** The Gemara answers: **So too,** this is correct as far as the offspring of a sin-offering is concerned, **and the verse comes** to teach that this *halakha* applies **to a guilt-offering** as well.

אָשָׁם נַמִי הִילְכְתָא גְּמִירִי לַהּ: כָּל שֶׁאִילּוּ בְּחַטָּאת מֵתָה – בְּאָשָׁם רוֹעָה!

The Gemara asks: With regard to **a guilt-offering as well, this *halakha* is learned** as a tradition: **Any** situation **that if it were** to occur **with a sin-offering** it would be left to **die,**[H] i.e., any offering that is invalid in such a manner that it would have to be left to die if it were a sin-offering, which includes a substitute, **if it** occurs **with a guilt-offering it** is left to **graze** until it develops a blemish so that it is no longer fit for the altar. Why, then, is a verse required to teach this *halakha*?

אֶלָּא, אִי מֵהִילְכְתָא – הֲוָה אָמֵינָא: הִילְכְתָא, וְאִי אַקְרְבֵיהּ – לָא לִיחַיַּיב עֲלֵיהּ וְלָא כְּלוּם, קָא מַשְׁמַע לַן קְרָא דְּאִי מַקְרִיב לֵיהּ – קָאֵים עֲלֵיהּ בַּעֲשֵׂה.

Rather, the argument is as follows: **If** one would have learned this ruling only **from the** aforementioned ***halakha*** transmitted to Moses from Sinai, **I would say:** It is admittedly **the *halakha*** that the offspring of a sin-offering must die and the substitute of a guilt-offering is left to graze, **but if he sacrificed it** regardless, **he would not be liable to** receive **any** punishment **for it. The verse** therefore **teaches us that if he sacrifices** the offspring or substitute of a guilt-offering, **he transgresses a positive mitzva by it,**[N] as derived from the verse: "Only your sacred things which you have, and your vows, you shall take and go to the place which the Lord shall choose" (Deuteronomy 12:26).

״רַבִּי עֲקִיבָא אוֹמֵר אֵינוֹ צָרִיךְ, הֲרֵי הוּא אוֹמֵר ״אָשָׁם הוּא״ – בַּהֲוָיָיתוֹ יְהֵא״. לָמָּה לִי קְרָא? גְּמָרָא גְּמִירִין לַהּ: כָּל שֶׁבְּחַטָּאת מֵתָה – בְּאָשָׁם רוֹעָה!

§ The same *baraita* teaches that **Rabbi Akiva says:** In the case of a guilt-offering this exposition is **not necessary, as it says: "It is a guilt-offering"** (Leviticus 5:19), which indicates: **It** alone **shall be** sacrificed **in its** current **state,** but not its substitute. The Gemara asks: **Why do I need a verse**[N] for this *halakha*? **We learned it** as a ***halakha*: Any** situation **that if it were** to occur **with a sin-offering** it would be left to **die, if it** occurs **with a guilt-offering it** is left to **graze.** If so, it is clear that this guilt-offering cannot be sacrificed.

הָכִי נַמִי, וְכִי אֲתָא קְרָא – לִדְרַב. דְּאָמַר רַב הוּנָא אָמַר רַב: אָשָׁם שֶׁנִּיתַּק לִרְעִיָּיה, וּשְׁחָטוֹ לְשֵׁם עוֹלָה – כָּשֵׁר.

The Gemara answers: **So too,** this is correct, **and when the verse comes** to teach a *halakha*, it comes **for** that which was said **by Rav. As Rav Huna said** that **Rav said:** With regard to **a guilt-offering that was consigned to grazing,**[NH] i.e., it had been ruled that the animal must be left to graze until it develops a blemish as it could not be sacrificed as a guilt-offering, at which point it was sold so that the proceeds could be used for voluntary burnt-offerings, **and** one transgressed and **slaughtered** the guilt-offering itself **for the sake of a burnt-offering** rather than using an animal purchased with the money of its sale, **it is valid.**

טַעְמָא – דְּנִיתַּק, הָא לָא נִיתַּק – לָא, דְּאָמַר קְרָא: ״הוּא״ – בַּהֲוָיָיתוֹ יְהֵא.

The Gemara infers from Rav's statement: **The reason** for this ruling is **that** it is a guilt-offering that was **consigned** to grazing, from which it may be inferred that **if** it were **not consigned** in this manner it is **not** valid as a burnt-offering. This is because **the verse states: "It** is a guilt-offering," which indicates that **it shall be in its** current **state,** and if it were sacrificed as a different offering it is invalid.

HALAKHA

The offspring of a sin-offering – וְלַד חַטָּאת: The offspring of a sin-offering, and certainly the offspring of its substitute, must be left to die (Rambam *Sefer Avoda, Hilkhot Pesulei HaMukdashin* 4:1 and *Sefer Korbanot, Hilkhot Temura* 4:2).

Any situation that if it were to occur with a sin-offering it would be left to die, etc. – כָּל שֶׁאִילּוּ בְּחַטָּאת מֵתָה וכו׳: If the owner of a guilt-offering died or gained atonement by another means, the animal designated as his guilt-offering must be left to graze until it develops a blemish, at which point it is sold and the proceeds are used for the purchase of gift burnt-offerings (Rambam *Sefer Avoda, Hilkhot Pesulei HaMukdashin* 4:14).

A guilt-offering that was consigned to grazing, etc. – אָשָׁם שֶׁנִּיתַּק לִרְעִיָּיה וכו׳: If a guilt-offering that was consigned to grazing was sacrificed as a burnt-offering, it is valid; however, one may not do so *ab initio*. This is a decree in case one confuses an animal in this situation with a guilt-offering before the owner's atonement, in accordance with the ruling of the Gemara in tractate *Pesaḥim* 73a (Rambam *Sefer Avoda, Hilkhot Pesulei HaMukdashin* 4:15).

NOTES

Transgresses a positive mitzva by it – קָאֵים עֲלֵיהּ בַּעֲשֵׂה: The same verse that states that the offspring of peace-offerings and the substitutes of burnt-offerings must be sacrificed adds: "Only your sacred things" (Deuteronomy 12:26), which excludes sin-offerings and guilt-offerings. Since this prohibited action is derived from the positive command of "You shall bring," it is classified as a prohibition that stems from a positive mitzva, which has the status of a positive mitzva. Consequently, one who sacrifices the offspring or substitute of a sin-offering violates a positive mitzva (Commentary on *Nazir*).

Why do I need a verse, etc. – לָמָּה לִי קְרָא וכו׳: The early commentaries ask: Isn't the verse required to render one liable for transgressing a positive mitzva by sacrificing the substitute of a guilt-offering, as the Gemara explained earlier, according to the opinion of Rabbi Yishmael? They answer that unlike the term "only," the word "it" does not indicate that sacrificing another animal constitutes the violation of a positive command. However, this answer leads to a further problem: If Rabbi Akiva maintains that the term "it" does not signify a positive mitzva, he too requires the term "only" for that purpose; therefore, how can he say this derivation is not necessary? One explanation is that Rabbi Akiva erred in his understanding of Rabbi Yishmael's opinion. He thought that Rabbi Yishmael did not accept this *halakha* of the five sin-offerings left to die, and that he maintains that the *halakha* that the offspring of a sin-offering and the substitute of a guilt-offering may not be sacrificed is itself derived from this verse. It is concerning this derivation that Rabbi Akiva said that the *halakha* of a guilt-offering need not be learned from this verse (*Tosafot*; Rabbeinu Peretz).

Consigned to grazing – שֶׁנִּיתַּק לִרְעִיָּיה: This means that it is not fit to be sacrificed, either because its owner has gained atonement with another animal or has died, or because it is the substitute of a guilt-offering, which must be left to graze until it develops a blemish so that it may be sold, with the proceeds being used for gift offerings (Commentary on *Nazir*). The commentaries cite two opinions as to when an animal is considered consigned to grazing. Some maintain that this stage applies when the Sanctuary treasurer says the animal must be left to graze. Alternatively, it is defined as such only when it is actually handed over to a shepherd (Meiri; *Tosafot*).

אָמַר מָר: הֲלָכָה הִיא בְּנָזִיר. וְתוּ לֵיכָּא? וְהָתַנְיָא: וּשְׁאָר חַיָּיבֵי קִינִּין שֶׁבַּתּוֹרָה

§ The Gemara returns to the issue of a nazirite's offerings: **The Master,** Rabbi Yoḥanan, **said** earlier: **It is a *halakha* with regard to a nazirite** that his unallocated funds, including the value of his sin-offering, are used for the purchase of gift offerings. The Gemara asks: This formulation indicates that this *halakha* pertains only to a nazirite, **but is there no other** case where the surplus goes toward the purchase of gift offerings? **But isn't it taught** in a *baraita*: **And the rest of those liable to bring nests**[B] **by Torah law,**[H] i.e., those paupers who are obligated to bring only a bird-offering, e.g., a poor leper, who must bring two turtledoves, one for a burnt-offering and one for a sin-offering, instead of a sheep or a ewe,

BACKGROUND

The rest of those liable to bring nests – שְׁאָר חַיָּיבֵי קִינִּין: There are various circumstances in which an individual is required to sacrifice two birds, either turtledoves or pigeons. One bird is always sacrificed as a burnt-offering while the other is a sin-offering. For example, a poor person who is required to bring a sliding-scale offering brings a pair of birds (Leviticus 5:7–10), as does a poor woman after giving birth (Leviticus 12:8), a poor leper (Leviticus 14:22), and a *zav* or *zava* following their ritual purification (Leviticus 15:29–30).

HALAKHA

Those liable to bring nests by Torah law – חַיָּיבֵי קִינִּין שֶׁבַּתּוֹרָה: All individuals obligated to bring bird-offerings by Torah law who have separated money for their nests may purchase either a bird sin-offering or a bird burnt-offering with all the money, if they so choose. The *halakha* is in accordance with the text of the *Tosefta*. *Likkutei Halakhot* teaches that according to the opinion of the Rambam one may use the money even for the purchase of animal sin-offerings or burnt-offerings if he becomes wealthy (Rambam *Sefer Avoda, Hilkhot Pesulei HaMukdashin* 5:11).

Perek **IV**
Daf **26** Amud **a**

שֶׁהִפְרִישׁוּ מָעוֹת לְקִינֵּיהֶם, רָצָה לְהָבִיא בָּהֶן חַטַּאת בְּהֵמָה – יָבִיא, עוֹלַת בְּהֵמָה – יָבִיא. מֵת וְהָיוּ לוֹ מָעוֹת סְתוּמִין – יִפְּלוּ לִנְדָבָה!

who separated money for their nests and then became wealthy, if the owner **wishes** to change their designation and **to bring an animal sin-offering with them, he may bring** a sin-offering with them. If he wishes to use them to buy **an animal burnt-offering he may bring** it, supplementing the required amount with other money. If the owner **died and he had unallocated funds,**[H] they all **will be allocated for** communal **gift** offerings, including the value of the sin-offering. This shows that the *halakha* that unallocated funds are used for gift offerings applies in cases other than that of a nazirite.

תְּנָא נָזִיר וְחַיָּיבֵי קִינִּין דְּדָמוּ לֵיהּ. וּלְאַפּוֹקֵי מֵהָא דְּתַנְיָא: מִי שֶׁהָיָה מְחוּיָּיב חַטָּאת, וְאָמַר ״הֲרֵי עָלַי עוֹלָה״ וְהִפְרִישׁ מָעוֹת, וְאָמַר ״הֲרֵי אֵלּוּ לְחוֹבָתִי״.

The Gemara answers: **He taught** the case of **a nazirite and** also the case of **those obligated to** bring **nests, which is similar to** that of a nazirite and is therefore treated identically with regard to its *halakha*. This serves **to exclude that** case **which is taught** in a *baraita*. The situation discussed in the *baraita* involves **one who was obligated to** bring **a sin-offering**[H] for a transgression he committed, **and he** also **said: It is** incumbent **upon me** to bring a gift **burnt-offering, and he separated money and said: These are hereby for my obligatory** offering. Since he might have meant either his obligation of the sin-offering or his burnt-offering for the new vow, the question arises as to what should be done with the money.

רָצָה לְהָבִיא בָּהֶן חַטַּאת בְּהֵמָה – לֹא יָבִיא, עוֹלַת בְּהֵמָה – לֹא יָבִיא. מֵת וְהָיוּ לוֹ מָעוֹת סְתוּמִים – יֵלְכוּ לְיָם הַמֶּלַח.

The *baraita* explains that if he **wishes to bring an animal sin-offering with it, he may not bring**[N] one; if he wishes to use it to purchase **an animal burnt-offering, he may not bring** it either. If he **died and had unallocated funds,** one must **take** them and cast them into **the Dead Sea.** Since the two offerings are not part of the same obligation, the unallocated funds may not be used for gift offerings.

NOTES

May not bring – לֹא יָבִיא: Rather, all the money is cast into the Dead Sea (Commentary on *Nazir*). Other early commentaries maintain that he must bring two animals and state that the money consecrated for a sin-offering should be redeemed by means of one animal, while the money for a burnt-offering should be redeemed through the other animal. He proceeds to sacrifice both animals, one as a sin-offering and the other as a burnt-offering (*Tosafot*; see Rabbeinu Azriel, cited in *Shita Mekubbetzet*).

HALAKHA

If he died and he had unallocated funds – מֵת וְהָיוּ לוֹ מָעוֹת סְתוּמִין: If one set aside money for his nest without specifying for which offering it would be used, upon his death all the money is used for gift burnt-offerings, as it is all fit for a burnt-offering (Rambam *Sefer Avoda, Hilkhot Pesulei HaMukdashin* 5:12).

One who was obligated to bring a sin-offering – מִי שֶׁהָיָה מְחוּיָּיב חַטָּאת: If one who was obligated to bring a sin-offering declared: I am hereby obligated to bring a burnt-offering, and he proceeded to separate money, saying: This is for my obligation, if he wishes to use it for a sin-offering he may do so, and if he prefers to purchase a burnt-offering with it he may likewise act accordingly. If he dies, the money is cast into the Dead Sea. Some commentaries point out that the wording of the *Tosefta* contradicts the ruling of the Rambam, as does the Gemara (Ra'avad). Others explain that Rambam may have had a variant reading of the text (Rambam *Sefer Avoda, Hilkhot Pesulei HaMukdashin* 5:13 and *Leḥem Mishne* there).

HALAKHA

Even if he said, these are for my obligation – אפילו אמר אלו לחובתי: Funds are considered unallocated in a case where, for example, one separated money for the purchase of offerings without saying anything. If he said: This is for my obligation, the money is considered allocated, and this is certainly the case if he said: This is for my burnt-offering, my sin-offering, and my peace-offering. This is in accordance with the principle of the Rambam that the *halakha* is in accordance with the last version of a statement, which in this case is that of Rav Ashi (Rambam *Sefer Hafla'a*, *Hilkhot Nezirut* 9:4).

אמר רב אשי: הא דאמרת מפורשין לא – לא תימא דאמר "אלו לחטאתי ואלו לעולתי ואלו לשלמי". אלא אפילו אמר "אלו לחטאתי ולעולתי ולשלמי" – מפורשין הן.

§ **Rav Ashi said: That** which **you said** with regard to a nazirite who had **allocated** money, that he may **not** use it all for gift offerings because the value of the sin-offering must be taken and cast into the Dead Sea, **do not say that** this is referring only to a case where he explicitly **said: These are for my sin-offering, and these are for my burnt-offering, and these are for my peace-offering,** each one separately. **Rather, even if he said: These are for my sin-offering and for my burnt-offering and for my peace-offering, they are** considered **allocated**[N] for the purposes of this *halakha*, despite the fact that he did not designate the money for particular offerings.

ואיכא דאמרי, אמר רב אשי: לא תימא עד דאמר "אלו לחטאתי ולעולתי ולשלמי". אלא אפילו אמר "אלו לחובתי" – הרי הן כמפורשין.

And some say a different version of this statement. **Rav Ashi said: Do not say** they are deemed allocated **only if he says: These are for my sin-offering and for my burnt-offering and for my peace-offering; rather, even if he said** it in broader terms: **These are for my obligation,**[NH] **they are** considered **as allocated.**

אמר רבא: הא דאמרן: מעות סתומין יפלו לנדבה, אם נפלה דמי חטאת מביניהן – הרי הן כמפורשין.

§ **Rava said: That** which **we said,** that if one had **unallocated funds** they **will be allocated for** communal **gift** offerings, applies only if the money for all of the offerings was mixed together. However, **if the money for the sin-offering fell**[N] and was separated **from** the others, all the remaining money **is** now considered **as allocated.** This means that instead of the entire sum being used for a gift burnt-offering, part of it is used for a peace-offering, which is eaten for one day and does not require bread.

NOTES

They are allocated – מפורשין הן: In other words, they are treated as allocated money that became mingled together (*Tosafot*), as the *halakha* that the money of a nazirite is used for gift offerings applies only to money that was entirely unallocated. As for the issue of what is done with this money, some commentaries maintain that he separates one third of the money and casts it into the Dead Sea, while half of the rest is used for a burnt-offering and half for a peace-offering (Commentary on *Nazir*; Rid). Conversely, most early commentaries rule that it all goes to the Dead Sea.

These are for my obligation – אלו לחובתי: The reason that the funds are considered allocated is because he meant: These are for my entire obligation, which includes the value of the sin-offering (*Tosafot*). Some commentaries claim that the phrase: My obligation, refers mainly to the sin-offering, which is fully obligatory, and therefore it is as though he specified a sin-offering (Rosh). Others note that according to this opinion the money is considered unallocated only if he set them aside without saying anything (Commentary on *Nazir*). Yet others contend that they are unallocated if he said: These are for my offerings (Rosh; *Tosafot*) or: These are for my naziriteship (Rid; Meiri).

If the money for the sin-offering fell, etc. – אם נפלה דמי חטאת וכו׳: The commentaries explain: If money worth the amount of a sin-offering was lost or otherwise separated from the rest, that money is treated as the money of the sin-offering (Commentary on *Nazir*). Some say it is considered as though he had separated the money himself and designated it for the sin-offering (*Tosafot*). An alternative version of the text reads: Money for the sin-offering was separated, i.e., the owner set aside money for the sin-offering in a special place but did not state anything specific with regard to the rest (Rid). Some explain the Gemara in this manner without emending the text (Rabbeinu Peretz; Meiri; *Sefat Emet*). The continuation of the discussion is easy to follow according to this interpretation.

Perek **IV**
Daf **26** Amud **b**

HALAKHA

This is for my sin-offering and the rest, etc. – אלו לחטאתי והשאר וכו׳: If a nazirite separated money and said: This is for my sin-offering and the rest is for my naziriteship, and subsequently he died, or if a woman's husband nullified her vow after she made a declaration to this effect, the money for the sin-offering is taken and cast into the Dead Sea. Half of the remainder is used for a burnt-offering and half for a peace-offering. With regard to the prohibition against misuse, if one derives benefit from the entire remainder of the money he has misused consecrated property, but not if he derives benefit from only part of it (Rambam *Sefer Hafla'a*, *Hilkhot Nezirut* 9:6 and *Sefer Avoda*, *Hilkhot Me'ila* 4:3).

תניא כוותיה דרבא: "אלו לחטאתי והשאר לשאר נזירותי". דמי חטאת – ילכו לים המלח, והשאר – יביא חציו לעולה וחציו לשלמים, ומועלין בכולן ואין מועלין במקצתן.

The Gemara notes that it **is taught** in a *baraita* **in accordance with** the opinion **of Rava:** If one said: **This** money **is for my sin-offering and the rest**[H] **is for the rest of my** obligations of **naziriteship,** and he died, **the money for the sin-offering is taken** and cast into the **Dead Sea, and** as for **the rest, he brings a burnt-offering with half of it, and half of it goes for a peace-offering. And** one who benefits **from all of it** is liable for **misuse** of consecrated property, due to the value of a burnt-offering that is included in the money. **But one is not** liable for **misuse of** consecrated property if he benefits from **some** of the money, as the money he took is possibly that of the peace-offering, to which the prohibition against misuse does not apply.

"אֵלּוּ לְעוֹלָתִי וְהַשְּׁאָר לִשְׁאָר נְזִירוּתִי". דְּמֵי עוֹלָה – יָבִיאוּ עוֹלָה וּמוֹעֲלִין בָּהֶן, וְהַשְּׁאָר יִפְּלוּ לִנְדָבָה, וּמוֹעֲלִין בְּכוּלָּן וְאֵין מוֹעֲלִין בְּמִקְצָתָן.

If one said: **This money is for my burnt-offering**[H] **and the rest is for the rest of my** obligations of **naziriteship, the money for the burnt-offering goes for a burnt-offering, and** one who benefits **from it** is liable for **misuse** of consecrated property. **And the rest is allocated for** communal **gift** offerings, as the sum includes the value of a sin-offering. **And** one who benefits **from all of it** is liable for **misuse** of consecrated property, due to the value of a sin-offering included in it, **but one is not** liable for **misuse of** consecrated property if he benefits from **some** of the money, as he might have taken the money for a peace-offering, as stated above.

אָמַר רַב הוּנָא אָמַר רַב: לֹא שָׁנוּ אֶלָּא מָעוֹת, אֲבָל בְּהֵמָה הֲרֵי הִיא כִּמְפוֹרֶשֶׁת.

§ **Rav Huna said** that **Rav said: They taught only** that there is a difference between unallocated and allocated money of a nazirite with regard to **money** designated for the purchase of offerings. **However,** if one designated **an animal it is** treated **as allocated.** A nazirite is obligated to bring three types of animals, a female sheep for a sin-offering, a male sheep for a burnt-offering, and a ram in its second year for a peace-offering. It is therefore evident which offering he had in mind when designating a particular animal. Consequently, if the owner died each offering is treated in the appropriate manner: The sin-offering must be left to die, like all sin-offerings whose owners have died; the burnt-offering is sacrificed as a burnt-offering; and the peace-offering is brought as a peace-offering, although it must be eaten in one day and does not require bread.

אָמַר רַב נַחְמָן: הָא דְּאָמְרִי בְּהֵמָה הֲרֵי הִיא כִּמְפוֹרֶשֶׁת – לֹא שָׁנוּ אֶלָּא תְּמִימָה, אֲבָל בַּעֲלַת מוּם – הֲרֵי הִיא כִּסְתוּמָה, אֲבָל נַסְכָא – לָא.

Rav Naḥman said: When they say that if one designates **an animal it is** considered **as allocated, they taught** this **only** if it is **unblemished**[H] and is fit to be sacrificed itself. **However,** if one separated a **blemished** animal, even if he set aside the three required types, a female sheep, a male sheep, and a ram in its second year, each one **is** considered **as unallocated.**[N] This is because one will not sacrifice the animals themselves but will sell them and use the money. **However,** this is **not** the case with regard to **a bar of silver** [*naskha*].[L] If one separated three silver bars they are considered allocated, as each is a distinct item, designated for a particular offering.

וְרַב נַחְמָן בַּר יִצְחָק אָמַר: אֲפִילּוּ נַסְכָא, אֲבָל סֵוָאר שֶׁל קוֹרוֹת – לָא. אֲמַר לֵיהּ רַב שִׁימִי בַּר אַשִׁי לְרַב פָּפָּא: מַאי טַעֲמַיְיהוּ דְּרַבָּנַן – דְּאָמְרִי: מָעוֹת וְלֹא בְּהֵמָה, וְלֹא נַסְכָא, מָעוֹת וְלֹא סֵוָארָא? אֶלָּא מֵעַתָּה מָעוֹת וְלֹא עוֹפוֹת!

And Rav Naḥman bar Yitzḥak said: Even a silver bar is considered unallocated; **however, a pile** [*sevar*][L] **of beams is not.** If he set aside three piles of construction beams for his offerings, they are treated as allocated money. **Rav Shimi bar Ashi said to Rav Pappa: What is the reasoning of the Rabbis,** i.e., Rav, Rav Naḥman, and Rav Naḥman bar Yitzḥak, **who say: Money and not an animal, and not a silver bar;** and similarly, **money and not a pile?** Do they maintain that the *halakha* of unallocated funds applies only to money and not to other items? **However, if that is so,** one should likewise say that it applies to **money and not birds.**

וְכִי תֵּימָא הָכִי נַמִּי, אֶלָּא הָא דַּאֲמַר רַב חִסְדָּא: אֵין הַקִּינִּין מִתְפָּרְשׁוֹת אֶלָּא אִי בִּלְקִיחַת בְּעָלִים אִי בַּעֲשִׂיַּית כֹּהֵן.

And if you would say: So too, this is in fact the case, and birds cannot be considered allocated, **but** what about **this** statement **that Rav Ḥisda said: Nests,** i.e., a pair of turtle doves or pigeons, one for a burnt-offering and the other for a sin-offering, **are** considered **allocated only**[H] **by either the acquisition of the owner,** if the owner designates each bird for a particular offering upon their purchase, **or by the actions of the priest** who decides which bird is for which offering when he sacrifices them. This clearly indicates that the birds are considered unallocated beforehand.

אַמַּאי? הָא מָעוֹת גְּמִירִין לַהּ!

Therefore, the question arises: **Why** is this so? Didn't **we learn this** *halakha* only with regard to **money,** whereas Rav Ḥisda's statement indicates that birds are also considered unallocated? If Rav Ḥisda's opinion is accepted, the same *halakhot* should also apply to animals, bars, and piles of beams.

HALAKHA

This is for my burnt-offering, etc. – **אֵלּוּ לְעוֹלָתִי וכו׳**: If a nazirite separated money and said: This is for my burnt-offering and the rest is for my naziriteship, and then died, the money allocated for a burnt-offering is used for a burnt-offering, while the rest is used for gift offerings. As for misuse of Temple property, one is liable only if he derived benefit from the entire sum (Rambam *Sefer Hafla'a*, *Hilkhot Nezirut* 9:7 and *Sefer Avoda*, *Hilkhot Me'ila* 4:3).

They taught only if it is unblemished – **לֹא שָׁנוּ אֶלָּא תְּמִימָה**: A blemished animal separated for naziriteship is considered like unallocated funds. Likewise, if one set aside a lump of silver or gold or any other vessel, even if he said: This is for my sin-offering, my burnt-offering, and my peace-offering, it has the status of unallocated funds. The *halakha* is in accordance with the ruling of Rav Naḥman bar Yitzḥak, as he was the later authority. Some commentaries (*Likkutei Halakhot*; Meiri) maintain that the same *halakha* applies to piles of beams, as the *halakha* is in accordance with the opinion of Rav Shimi bar Ashi (Rambam *Sefer Hafla'a*, *Hilkhot Nezirut* 9:5).

NOTES

It is as unallocated, etc. – **הֲרֵי הִיא כִּסְתוּמָה וכו׳**: The difference between an item consecrated in an unallocated manner, to which the *halakha* of unallocated funds applies, and other sacred items has been explained in two basic ways. According to the opinion of most commentaries, the case of unallocated funds is a *halakha* transmitted to Moses from Sinai that refers to money alone. Nevertheless, a blemished animal is included in this category, either because it is not set aside for its own sake but for its value (Commentary on *Nazir*), or because it is assigned for sale immediately after its consecration (*Tosafot*; Rabbeinu Peretz), and therefore it has the availability of money. Alternatively, with regard to any item that is not ready for immediate sale, it is likely that the owner will designate part of it, or one of its units, for a particular offering, and therefore it does not have the status of unallocated funds (Rabbeinu Tam, as explained in detail by Rosh). The choice of interpretation will have ramifications for the differences between blemished animals, silver bars, and piles of beams; the commentaries discuss the details of these *halakhot* at length.

LANGUAGE

Bar of silver [*naskha*] – **נַסְכָא**: The root of this word, *nun, samekh, kaf*, is equivalent to the root *nun, tav, kaf*, from which the word for metal, *matekhet*, is derived. It refers to lumps of silver with no particular shape. The Sages use this term specifically in reference to pieces of precious metals such as gold and silver.

Pile [*sevar*] – **סֵוָאר**: Similar to the Arabic سور, *sūr*, this term is apparently from the root *tzadi, vav, reish*. It means objects gathered together and piled on top of each other.

HALAKHA

Nests are allocated only – **אֵין הַקִּינִּין מִתְפָּרְשׁוֹת**: With regard to all those obligated to bring nests by Torah law who separated money for their nests, they may mix the money to purchase the sin-offering and burnt-offering. They may do so even if they declared: This is for my sin-offering and this is for my burnt-offering. They may even buy one of the offerings with all the money, as nests are designated only either at the hour of purchase or when the priest performs the sacrifice (Rambam *Sefer Avoda*, *Hilkhot Pesulei HaMukdashin* 5:11; 8:8).

אֲמַר לֵיהּ: וְלִיטַעֲמִיךְ, הָא דִּתְנַן, רַבָּן שִׁמְעוֹן בֶּן גַּמְלִיאֵל אוֹמֵר: הֵבִיא שָׁלֹשׁ בְּהֵמוֹת וְלֹא פֵּירַשׁ, הָרְאוּיָה לְחַטָּאת – תִּקְרַב חַטָּאת, לְעוֹלָה – תִּקְרַב עוֹלָה, לִשְׁלָמִים – תִּקְרַב שְׁלָמִים. אַמַּאי? הָא אָמְרַתְּ בְּהֵמָה לָאו כִּמְפוֹרֶשֶׁת דָּמְיָא!

Rav Pappa **said to him: And according to your reasoning,** which leads to the conclusion that all items can have the status of unallocated funds, consider **that which we learned** in a mishna (45a): **Rabban Shimon ben Gamliel says:** If one **brought three** different **animals** for his naziriteship **and did not specify** which was for which offering, **that which is fit for a sin-offering,** a ewe, **is sacrificed as a sin-offering;** the animal suitable **for a burnt-offering,** a male sheep or bull, **is sacrificed as a burnt-offering;** and the animal fit **for a peace-offering,** any other male or female, **is sacrificed as a peace-offering.** But according to your opinion, **why** is this so? **Didn't you say** that **an animal is not considered as allocated,** but is instead like unallocated funds; how can one decide which animal to use for each offering?

אֲמַר לֵיהּ: הָתָם – ״וְלָקַח״ ״וְעָשָׂה״

Rav Shimi bar Ashi **said to him:** As for the case of birds, this is an exception, as there is an explicit verse to this effect **there:** It states with regard to the owner of a bird offering: **"And he shall take** one he-lamb for a guilt-offering to be waved, to make atonement for him, and one tenth part of an ephah of fine flour mingled with oil for a meal-offering, and a *log* of oil; and two turtledoves or two young pigeons, such as his means suffice for, and the one shall be a sin-offering and the other a burnt-offering" (Leviticus 14:21–22), and it later states with regard to the priest: **"And he shall sacrifice** one of the turtledoves, or of the young pigeons, such as his means suffice for; even such as his means suffice for, the one for a sin-offering, and the other for a burnt-offering" (Leviticus 14:30–31).

אָמַר רַחֲמָנָא, אִי בִּלְקִיחַת בְּעָלִים אִי בַּעֲשִׂיַּית כֹּהֵן. הָכָא נַמִי

The Merciful One thereby **states** that the birds are allocated and designated for their offering **either by the acquisition of the owner,** by designating each bird for a particular offering upon their purchase, **or by the action of the priest.** With regard to the ruling of Rabban Shimon ben Gamliel, it presents no difficulty either, as it is a special case as well. **Here too,** when one separates these particular animals for his naziriteship offerings,

מִי מָצֵית אָמְרַתְּ הָדֵין דְּחַטָּאת תִּקְרַב עוֹלָה? הָכָא נְקֵבָה, הָכָא זָכָר.

how can you[N] say that **this** one **that is for the sin-offering shall be sacrificed** as **a burnt-offering? Here,** only **a female** may be sacrificed as a sin-offering, whereas **here,** in the case of a burnt-offering, it must be **male.** Therefore, it is as though he allocated each animal for a specific offering. Consequently, you cannot compare this case to that of items that are not inherently designated for a particular purpose, e.g., a blemished animal or a silver bar, as they have the status of unallocated funds.

NOTES

How can you, etc. – מִי מָצֵית וכו׳: The discussion indicates that Rav Shimi successfully dealt with Rav Pappa's attempt to refute this question, which means that the difficulty remains unresolved. Consequently, unblemished animals, bars, and piles of beams have the same status as unallocated funds, and some commentaries rule accordingly (Meiri). Others maintain that Rav Pappa himself is of the opinion that Rav Ḥisda's *halakha* is a special decree of the Torah with regard to that issue alone, and one cannot derive from it that birds, blemished animals, and silver bars are also considered like unallocated funds (Rabbeinu Azriel, cited in *Shita Mekubbetzet*).

מְתִיב רַב הַמְנוּנָא: וּמִי אָמְרִינַן בְּהֵמָה בַּעֲלַת מוּם כִּסְתוּמָה דָּמְיָא? תָּא שְׁמַע: כֵּיצַד אָמְרוּ הָאִישׁ מְגַלֵּחַ עַל נְזִירוּת אָבִיו? בִּזְמַן שֶׁהָיָה הוּא וְאָבִיו נְזִירִים, וְהִפְרִישׁ אָבִיו מָעוֹת לִנְזִירוּתוֹ וּמֵת, וְאָמַר ״הֲרֵינִי נָזִיר עַל מְנָת שֶׁאֲגַלַּח עַל מְעוֹת אַבָּא״;

§ **Rav Hamnuna raised an objection** against Rav Naḥman's statement: **And do we say that a blemished animal is considered like unallocated** funds? **Come and hear** a proof to the contrary from the following *baraita*, which begins: **How,** in what case, did the Sages **say that a man shaves,**[N] i.e., bring the offerings sacrificed at the end of a term of naziriteship, **for his father's naziriteship?** The Gemara cites a part of that *baraita* which records a case where the son does not bring the offerings for his father's naziriteship: **When he and his father were** both **nazirites, and his father separated money for** the offerings of **his naziriteship and died, and** the son **said: I am hereby a nazirite on the condition that I will shave,** i.e., bring my offerings, **through the money** my **father** set aside, in that case he cannot shave for his father's naziriteship.

הָיוּ לוֹ מָעוֹת סְתוּמוֹת – יִפְּלוּ לִנְדָבָה, הָיְתָה לוֹ בְּהֵמָה מוּפְרֶשֶׁת; חַטָּאת – תָּמוּת, עוֹלָה – תִּקְרַב עוֹלָה, וּשְׁלָמִים יִקְרְבוּ שְׁלָמִים. מַאי לָאו אֲפִילּוּ בַּעֲלַת מוּם?

Consequently, if the father **had unallocated funds, they are allocated for** communal **gift** offerings. If **he had allocated animals,** that which is for **a sin-offering must** be left to **die,** like any sin-offering whose owner has died; the animal for **a burnt-offering is sacrificed** as **a burnt-offering, and** the animal for **a peace-offering is sacrificed** as **a peace-offering. What, is it not** referring **even** to the case of **a blemished** animal, as the *baraita* differentiated only between money and animals? This indicates that a blemished animal is also considered allocated, which contradicts Rav Naḥman's ruling.

לָא, תְּמִימָה. אֲבָל בַּעֲלַת מוּם כִּסְתוּמָה דָּמְיָא? מַאי אִירְיָא מָעוֹת? לֵימָא: הָיְתָה לוֹ בְּהֵמָה בַּעֲלַת מוּם יִפְּלוּ לִנְדָבָה!

The Gemara rejects this suggestion: **No;** it is referring only to **an unblemished** animal, which is considered allocated because it is suitable for an offering itself. The Gemara asks: **However,** if that is so, is **a blemished** animal **considered like unallocated** funds? In that case, **why** does the *baraita* **specifically** distinguish between animals and unallocated **funds? Let** the *baraita* **say** as follows: If he **had a blemished animal** its money **is allocated for** communal **gift** offerings. The *baraita* would thereby distinguish between two similar cases that involve animals, from which one could infer the *halakha* of unallocated funds.

הָכִי נַמִי, בַּעֲלַת מוּם לְמַאי קַדִּישָׁא – לִדְמֵי, דְּמֵי – הַיְינוּ מָעוֹת.

The Gemara answers: **So too,** this is the meaning of the *baraita*, and there is no difference between a blemished animal and money. The Gemara clarifies this claim: **For what** purpose is **a blemished** animal **consecrated?** It is **for the value** of its sale, and this **value is** provided in **money.**[N] Consequently, this *baraita* does not refute Rav Naḥman's opinion that the *halakha* of a blemished animal is like that of unallocated funds.

מְתִיב רָבָא: ״קָרְבָּנוֹ״ – בְּקָרְבָּנוֹ הוּא יוֹצֵא, וְאֵינוֹ יוֹצֵא בְּקָרְבַּן אָבִיו. יָכוֹל לֹא יֵצֵא בְּקָרְבָּנוֹ שֶׁל אָבִיו שֶׁהִפְרִישׁ – מִן הַקַּלָּה עַל הַחֲמוּרָה אוֹ מִן הַחֲמוּרָה עַל הַקַּלָּה,

§ **Rava** also **raises an objection** against Rav Naḥman's opinion, from a *baraita* that deals with sin-offerings. The Torah states: "And he shall bring for **his offering**" (Leviticus 4:23), which indicates: **He fulfills** his obligation **with his own offering, but he does not fulfill** his obligation **with his father's offering,**[H] if his father was obligated to bring a sin-offering and died after separating an animal for this purpose. One **might** have thought that one **does not fulfill** his obligation **with an offering that his father separated** only in a case where the son's transgression is not equal in severity to that of his father's sin, e.g., sacrificing his offering **from** animals that his father designated to atone for **a minor** transgression to atone **for** his own **major** transgression, **or from** animals that his father designated to atone for **a major** transgression, to atone **for** his own **minor** transgression.

אֲבָל יוֹצֵא בְּקָרְבָּן שֶׁהִפְרִישׁ אָבִיו – מִן הַקַּלָּה עַל הַקַּלָּה אוֹ מִן הַחֲמוּרָה עַל הַחֲמוּרָה? תַּלְמוּד לוֹמַר ״קָרְבָּנוֹ״ ״קָרְבָּנוֹ״ – בְּקָרְבָּנוֹ הוּא יוֹצֵא, וְאֵינוֹ יוֹצֵא בְּקָרְבָּנוֹ שֶׁל אָבִיו.

However, one might have thought that **he does fulfill** his obligation **with an offering that his father separated** if it is **from** animals his father set aside to atone for **a minor** transgression and the son atones **for** his own **minor** one, **or from** animals the father set aside to atone for **a major** transgression and the son atones **for** his own **major** one. Therefore, **the verse states: "His offering"** (Leviticus 4:23), and it repeats: **"His offering"** (Leviticus 4:28), to emphasize that **he fulfills** his obligation **with his own offering, and he does not fulfill** his obligation **with his father's offering** even for similar transgressions.

NOTES

A man shaves, etc. – הָאִישׁ מְגַלֵּחַ וכו׳: There are two versions of this *halakha*, corresponding to the two versions of the mishna cited later (30a). According to one opinion, a son can purchase an offering with his father's money only if they were both nazirites, but he cannot do so if he became a nazirite after his father's death (Commentary on *Nazir*; Rabbeinu Azriel, cited in *Shita Mekubbetzet*). Rabbeinu Azriel explains that this is because the status of inheritance applies to money separated for the purpose of an offering only if the son had some connection to the money in his father's lifetime, i.e., if he too was a nazirite. However, many commentaries read the mishna in the opposite manner, i.e., that one may not use his father's money if he and his father were nazirites at the same time, whereas he may use the money if he became a nazirite after his father's passing. The commentaries explain that if the son took a vow of naziriteship during his father's lifetime he has already incurred his own monetary obligation, whereas he can purchase an offering with his father's money if he became a nazirite after the former's death, provided that he stipulated to do so (*Tosafot*; Rabbeinu Peretz; Rosh).

Value is money – דְּמֵי הַיְינוּ מָעוֹת: Some commentaries ask: If it is only the value of a blemished animal that is used for an offering, why did Rav Hamnuna seek to differentiate between blemished animals and money (Rabbeinu Peretz)? Rabbeinu Peretz answers that in the case of one who set aside three types of animals, it is reasonable to assume that each was separated for a different offering. No such claim applies in the case of money, however, and therefore it can be considered unallocated.

HALAKHA

But he does not fulfill his obligation with his father's offering – וְאֵינוֹ יוֹצֵא בְּקָרְבַּן אָבִיו: If one separated his sin-offering and subsequently died, his son may not use his offering even if he too was obligated to bring an offering for that same sin (Rambam *Sefer Korbanot, Hilkhot Shegagot* 3:3).

יָכוֹל לֹא יֵצֵא בְּקָרְבַּן אָבִיו בִּבְהֵמָה שֶׁהִפְרִישׁ – אֲפִילּוּ מִן הַקַּלָּה עַל הַקַּלָּה, מִן הַחֲמוּרָה עַל הַחֲמוּרָה – שֶׁהֲרֵי אֵין אָדָם מְגַלֵּחַ עַל בֶּהֱמַת אָבִיו בִּנְזִירוּת, אֲבָל יוֹצֵא בְּמָעוֹת שֶׁהִפְרִישׁ אָבִיו אֲפִילּוּ מִן הַחֲמוּרָה עַל הַקַּלָּה אוֹ מִן הַקַּלָּה עַל הַחֲמוּרָה – שֶׁהֲרֵי אָדָם מְגַלֵּחַ עַל מְעוֹת אָבִיו בִּנְזִירוּת,

The *baraita* continues: One **might** have thought that a son **does not fulfill** his obligation **with his father's offering,** i.e., **with an animal that** his father **separated, even from** animals that his father designated to atone for **a minor** transgression, to atone **for** the son's **minor** one, **or from** animals the father set aside to atone for **a major** transgression, to atone **for** the son's **major** one, as stated above, **as a person cannot shave,** i.e., bring an offering, **for naziriteship with his father's animal.** Consequently, the *halakhot* of inheritance do not apply to this animal. **However,** it is nevertheless possible that a son can **fulfill** his obligation by purchasing a sin-offering **with money that his father separated** for his own sin-offering, **even from** money the father set aside to atone for **a major** transgression in a case where the son is atoning **for a minor** transgression, **or from** money the father set aside to atone for **a minor** transgression in a case where the son is atoning **for a major** one, **as a person can shave,** i.e., purchase an offering, **with the money his father** set aside **for naziriteship,**

Perek **IV**
Daf **28** Amud **a**

HALAKHA

He separated an animal for eating forbidden fat, etc. – הִפְרִישׁ בְּהֵמָה עַל הַחֵלֶב וכו׳: If one separated an animal to be brought as a sin-offering to atone for eating forbidden fat, and instead slaughtered it for the sin of consuming blood, the offering is invalid. Even if he went ahead and sacrificed it he has not gained atonement, and therefore he has not misused Temple property (Rambam *Sefer Avoda, Hilkhot Pesulei HaMukdashin* 15:6 and *Sefer Avoda, Hilkhot Me'ila* 4:5).

בִּזְמַן שֶׁהֵן סְתוּמִין, וְלֹא בִּזְמַן שֶׁהֵן מְפוֹרָשִׁין? תַּלְמוּד לוֹמַר ״קָרְבָּנוֹ״ – בְּקָרְבָּנוֹ הוּא יוֹצֵא, וְאֵינוֹ יוֹצֵא בְּקָרְבַּן אָבִיו.

when they are unallocated and not when they are allocated. Consequently, the same should apply to one whose father separated money for a regular sin-offering, i.e., he should be able to use them for his own sin-offering. Therefore, **the verse states: "His offering"** (Leviticus 4:32), which serves to emphasize: **He fulfills** his obligation **with his own offering, but he does not fulfill** his obligation **with** the money separated for **his father's offering.**

יָכוֹל לֹא יֵצֵא בְּמָעוֹת שֶׁהִפְרִישׁ, אֲפִילּוּ מִן הַקַּלָּה עַל הַקַּלָּה מִן הַחֲמוּרָה עַל הַחֲמוּרָה, אֲבָל יוֹצֵא בְּקָרְבָּן שֶׁהִפְרִישׁ לְעַצְמוֹ, מִן הַקַּלָּה עַל הַחֲמוּרָה מִן הַחֲמוּרָה עַל הַקַּלָּה? תַּלְמוּד לוֹמַר ״קָרְבָּנוֹ...עַל חַטָּאתוֹ״ – עַד שֶׁיְּהֵא קָרְבָּנוֹ לְשׁוּם חֶטְאוֹ.

The *baraita* continues this line of argument: One **might** have thought that **he does not fulfill** his obligation **with the money that** his father **separated** if it is **from** money the father set aside to atone for **a minor** transgression and the son atones **for a minor** one, **or from** money the father set aside to atone for **a major** transgression and the son atones **for a major** one. **However,** the son may **fulfill** his obligation **with the offering he separated for himself. From** animals he set aside to atone for **a minor** transgression, he many atone **for a major** one, **or from** animals he set aside to atone for **a major** transgression he may atone **for a minor** one. Therefore, **the verse states:** "Then he shall bring for **his offering** a goat, a female without blemish, **for his sin**" (Leviticus 4:28), which indicates that he does not fulfill his obligation **unless his offering is for the sake of his** particular **sin,** not for some other transgression.

יָכוֹל לֹא יֵצֵא בִּבְהֵמָה שֶׁהִפְרִישׁ לְעַצְמוֹ מִן הַקַּלָּה עַל הַקַּלָּה אוֹ מִן הַחֲמוּרָה עַל הַחֲמוּרָה, אֲפִילּוּ מִן הַקַּלָּה עַל הַחֲמוּרָה אוֹ מִן הַחֲמוּרָה עַל הַקַּלָּה,

One **might** have thought that he **does not fulfill** his obligation **with the animal he separated for himself, from** animals he set aside to atone for a **minor** transgression to atone **for a minor** one; **or from** animals he set aside to atone for a **major** transgression, to atone **for a major** one; or **even** when **from** animals he set aside to atone for a **minor** transgression to atone **for a major** one; **or from** animals he set aside to atone for a **major** transgression to atone **for a minor** one.

שֶׁכֵּן אִם הִפְרִישׁ בְּהֵמָה עַל הַחֵלֶב וְהֵבִיא עַל הַדָּם אוֹ עַל הַדָּם וְהֵבִיא עַל הַחֵלֶב – שֶׁהֲרֵי לֹא מָעַל וְלֹא כִּיפֵּר.

The reason is **that if he separated an animal** to bring as an offering **for** unintentionally eating forbidden **fat**[H] **and he** instead **brought** that sin-offering **for** unintentionally consuming **blood, or** if he separated an animal to bring as an offering to atone **for blood and** instead **brought** it **for** eating forbidden **fat,** in that case he **has not misused** consecrated property, as the animal cannot lose its consecrated status. **And** just as it cannot lose its consecrated status, so too it cannot be redesignated to atone for a different sin, and therefore this animal also **does not atone** for him.

אֲבָל יוֹצֵא בְּמָעוֹת שֶׁהִפְרִישׁ לְעַצְמוֹ מִן הַקַּלָּה לְקַלָּה וּמִן הַחֲמוּרָה לַחֲמוּרָה, מִן הַחֲמוּרָה לְקַלָּה וּמִן הַקַּלָּה לַחֲמוּרָה,

However, one might think that he **fulfills** his obligation **with the money he separated for himself, from** money he set aside to atone for **a minor** transgression **to** atone for a different **minor** transgression; **or from** money he set aside to atone for **a major** transgression **to** atone for a different **major** transgression; or **from** money he set aside to atone for **a major** transgression **to** atone for **a minor one; or from** money he set aside to atone for **a minor** transgression **to** atone for **a major** one.

שֶׁכֵּן אִם הִפְרִישׁ לְעַצְמוֹ מָעוֹת מִן הַחֵלֶב וְהֵבִיא עַל הַדָּם עַל הַדָּם וְהֵבִיא עַל הַחֵלֶב, שֶׁהֲרֵי מָעַל וְכִיפֵּר.

The reason is **that if he separated money for himself** to purchase a sin-offering to atone **for** unintentionally eating forbidden **fat and he** instead **brought** a sin-offering with that money **for** unintentionally consuming **blood,**[H] **or** if he separated money to purchase a sin-offering to atone **for** consuming **blood and** with that money he instead **brought** a sin-offering **for** unintentionally eating forbidden **fat,** in that case he **has misused** consecrated property if he uses that money for a non-sacred purpose, as money can lose its sacred status when misappropriated. **And** just as it can lose its consecrated status, it can be redesignated to atone for a different sin; therefore this money **atones**[N] for him if it was used to purchase an offering for a different transgression.

תַּלְמוּד לוֹמַר ״עַל חַטָּאתוֹ״ – עַד שֶׁיְּהֵא קָרְבָּנוֹ לְשֵׁם חֶטְאוֹ.

Therefore, **the verse states: "For his sin"** (Leviticus 4:35), which indicates that he does not fulfill his obligation **unless his offering is for the sake of his** particular **sin,** and he is not permitted to use money he consecrated for one type of sin to atone for a different sin. This concludes the *baraita*.

קָתָנֵי מִיהַת בְּהֵמָה, מַאי לָאו אֲפִילּוּ בַּעֲלַת מוּם? לָא, תְּמִימָה.

Rava now asks his question: **In any event,** the *baraita* **teaches** that a son may not use **an animal** separated by his father for his naziriteship offering. **What, is it not** referring **even** to **a blemished** animal? The fact that the *baraita* does not differentiate between types of animals indicates that a blemished animal has the status of allocated funds, as opposed to Rav Naḥman's ruling that this animal is like his father's unallocated funds, which the son himself may use. The Gemara rejects this: **No;** the *baraita* refers solely to **an unblemished** animal that is fit to be sacrificed; only an animal of this kind is considered allocated.

אֲבָל בַּעֲלַת מוּם מַאי, כִּסְתוּמָה דָּמְיָא? מַאי אִירְיָא דְּקָתָנֵי מָעוֹת שֶׁהִפְרִישׁ אָבִיו, לִיתְנֵי בַּעֲלַת מוּם! הָכִי נַמִי, דִּלְמַאי חַזְיָא – לִדְמֵי, דְּמֵי – הַיְינוּ מָעוֹת.

The Gemara asks: **However,** according to this explanation, **what** is the *halakha* of a **blemished** animal? Is it **considered like an unallocated** animal? If so, **why** does the *baraita* **specifically teach** that one may purchase an offering with the unallocated **funds that his father separated? Let** the *baraita* **teach** this *halakha* with regard to **a blemished** animal, and one would infer that the same applies to money. The Gemara answers as above: **So too,** this is the case; there is no difference between the two. The reason is **that what is** a blemished animal **fit for?** It is fit **for its value,** and this **value is** essentially **money.** Consequently, this *baraita* does not contradict Rav Naḥman's opinion that a blemished animal has the status of unallocated funds.

HALAKHA

If he separated…for blood, etc. – **הִפְרִישׁ...עַל הַדָּם וכו׳:** With regard to one who separated money to purchase a sin-offering to atone for eating forbidden fat and instead purchased a sin-offering to atone for the consumption of blood, if he acted unintentionally he gains atonement and has misused Temple property. If he did so intentionally, the offering does not atone for him and he has not misused Temple property, as stated in the *Tosefta* in tractate *Karetot* (Rambam *Sefer Avoda, Hilkhot Me'ila* 4:5).

NOTES

He has misused consecrated property and it atones – **מָעַל וְכִיפֵּר:** When he misuses the money for another purpose, even for an offering for a different sin, it reverts to a non-consecrated state. This is because the sanctity of an item consecrated for its value is less severe and more easily released than an item consecrated for its own use (*Tosafot*). Rabbeinu Azriel, cited in *Shita Mekubbetzet*, states that this is referring to a full-fledged misuse of consecrated property, as this individual thought the money was non-sacred and therefore used it for other purposes. As for the second part of this statement, that the money atones for him, this is because it is considered as though he took non-consecrated money and acquired an animal for the purpose of his atonement (Commentary on *Nazir*).

מתני׳ נִזְרַק עָלֶיהָ אֶחָד מִן הַדָּמִים – אֵינוֹ יָכוֹל לְהָפֵר. רַבִּי עֲקִיבָא אוֹמֵר: אֲפִילּוּ נִשְׁחֲטָה עָלֶיהָ אַחַת מִכָּל הַבְּהֵמוֹת אֵינוֹ יָכוֹל לְהָפֵר.

MISHNA The previous mishna discussed the case of a husband who nullified his wife's vow after she separated her offerings of naziriteship. This mishna deals with a husband who nullified his wife's naziriteship after she had completed her term and brought her offerings to the Temple. If **the blood** from **one of** her naziriteship offerings **was sprinkled** on the altar **on her behalf,**[H] the husband **cannot nullify**[N] her vow at this point. **Rabbi Akiva says: Even** before the sprinkling of the blood, **he cannot nullify** the vow as soon as **any one of the animals** for her offerings **has been slaughtered on her behalf.**

בַּמֶּה דְּבָרִים אֲמוּרִים – בְּתִגְלַחַת הַטָּהֳרָה, אֲבָל בְּתִגְלַחַת הַטּוּמְאָה – יָפֵר, שֶׁהוּא יָכוֹל לוֹמַר: אִי אֶפְשִׁי בְּאִשָּׁה מְנוּוֶּלֶת. רַבִּי מֵאִיר אוֹמֵר: אַף בְּתִגְלַחַת הַטָּהֳרָה יָפֵר, שֶׁהוּא יָכוֹל לוֹמַר: אִי אֶפְשִׁי בְּאִשָּׁה מְגֻלַּחַת.

The mishna continues: **In what** case **is this statement,** that he can no longer nullify the vow, **said?** It is when she is bringing the offerings **for** her **shaving of ritual purity,** when she has completed her term of naziriteship without becoming ritually impure (see Numbers 6:18). **However,** if she is sacrificing the offerings **for** her **shaving of impurity,** when she became ritually impure during her term of naziriteship, after which she restarts her naziriteship (see Numbers 6:9), her husband **can nullify** her vow. The reason is **that he can say: I do not want a downcast** [*menuvvelet*][NL] **wife,** who does not drink wine. She would have to refrain from wine for a lengthy period if she were to begin her naziriteship anew. **Rabbi Meir says: He can nullify** her vow **even** at the stage **of** her **shaving of purity,**[N] after she has begun sacrificing her offerings, **as he can say: I do not want a shaven wife,** and a nazirite is obligated to shave after bringing his or her offerings.

גמ׳ מַתְנִיתִין דְּלָא כְּרַבִּי אֱלִיעֶזֶר, דְּאִי רַבִּי אֱלִיעֶזֶר – הָאָמַר תִּגְלַחַת מְעַכֶּבֶת, וְכֵיוָן דְּלָא גִּילְּחָה – אֲסִירָה בְּחַמְרָא, וְכֵיוָן דְּאִית לָהּ נִיוּוּל – מָצֵי מֵיפֵר. (וּבְהָא פְּלִיגִי;)

GEMARA The Gemara comments: **The mishna,** which rules that a husband cannot nullify his wife's naziriteship after the blood of her offering has been sprinkled at the end of the naziriteship term, **is not in accordance with** the opinion of **Rabbi Eliezer. As, if** it followed the ruling of **Rabbi Eliezer, didn't he say** that **shaving is indispensable** for the end of a nazirite's term, i.e., a nazirite at the end of his naziriteship is prohibited from drinking wine and becoming impure from the dead until he actually shaves? **And** in this case, **since she has not** yet **shaved, she** remains **prohibited from** drinking **wine. And since she becomes downcast**[H] through her abstinence from wine, evidently the husband **can nullify** her vow even after the sprinkling of the blood of her offerings of purity.

HALAKHA

If the blood from one of her offerings was sprinkled on her behalf, etc. – נִזְרַק עָלֶיהָ אֶחָד מִן הַדָּמִים וכו׳: If a female nazirite brought her offerings upon the completion of her term, and after one of the animals was slaughtered but before its blood was sprinkled her husband heard of her vow and nullified it, it is nullified. Once the blood has been sprinkled, he can no longer nullify the vow. This *halakha* applies only to her offerings of purity, whereas if she is bringing her offerings of impurity he may nullify her vow even after all the offerings have been sacrificed (Rambam *Sefer Hafla'a, Hilkhot Nezirut* 4:17).

Since she becomes downcast – כֵּיוָן דְּאִית לָהּ נִיוּוּל: If a woman made a vow that entails suffering, whether to a major or minor degree, for a lengthy or short period, her husband can nullify the vow (Rambam *Sefer Hafla'a, Hilkhot Nedarim* 12:4).

LANGUAGE

Downcast [*menuvvelet*] – מְנוּוֶּלֶת: The root *nun, vav, lamed*, is close in meaning to *nun, vet, lamed, naval*, meaning ugly, dirty, or despised. Accordingly, the term *menuvval* is used to describe the physical appearance of a person or item that is blemished or marred. It can also refer to emotional or ethical qualities. In this context, a woman who is *menuvvelet* is one who sulks when she does not drink wine, to the extent that she repulses her husband.

NOTES

He cannot nullify – אֵינוֹ יָכוֹל לְהָפֵר: The reason is that as soon as the blood has been sprinkled she is permitted to drink wine and shave, according to the unattributed opinion in the mishna. In the opinion of Rabbi Akiva, the short period of suffering she must endure until the offering is fully sacrificed is insufficient to allow the husband to nullify her vow, as that would invalidate the offerings that have already been slaughtered. With regard to the scope of his nullification, the first *tanna* of the mishna maintains that he is unable to nullify her vow at this stage, as it is not considered a vow of affliction, which a husband may nullify. However, according to the opinion of Rabbi Akiva, whose opinion is based on the loss of offerings that have already been slaughtered, the commentaries are unsure whether the phrase: Cannot nullify, means that he is enjoined from nullifying her naziriteship *ab initio*, or whether it means that he is unable to do so and that any attempt of this kind would be unsuccessful (*Tosafot*). It is possible that the nullification will not take effect despite the fact that it is only a decree of the Sages that he cannot do so, as they can establish their decrees in contradiction to a Torah command if the violation of the Torah command is passive.

Downcast [*menuvvelet*] – מְנוּוֶּלֶת: The commentaries explain that this refers to the distress that a woman suffers by having to refrain from wine, as wine gladdens the heart (Commentary on *Nazir*). In this context they cite a verse mentioned by the Gemara elsewhere (*Bava Batra* 12b): "New wine shall make the maids flourish" (Zechariah 9:17). Consequently, her abstinence from wine makes her anxious and uneasy (Meiri). There are differences of opinion with regard to the justification for this nullification. Many commentaries claim that the husband may nullify her vow due to the affliction involved; it has been pointed out that *menuvval* is sometimes used as an expression of pain and suffering (*Tosafot*). However, *Tosafot* themselves admit that the phrase: I do not want, does not suit this interpretation. Others indicate that the vow is considered to affect the intimate relations between the couple, as it will make her undesirable in his eyes (Commentary on *Nazir*; Rambam; Rabbeinu Azriel, cited in *Shita Mekubbetzet*).

Rabbi Meir says…even at the stage of her shaving of purity – רַבִּי מֵאִיר אוֹמֵר אַף בְּתִגְלַחַת הַטָּהֳרָה: Apparently, Rabbi Meir maintains that the husband can nullify her naziriteship even if the blood of all her offerings has been sprinkled, provided that she has yet to shave (Rosh).

תַּנָּא דִּידַן סָבַר: כֵּיוָן דְּאִיזְדְּרִיק עֲלַהּ דָּם – לְאַלְתַּר שָׁרְיָא בְּחַמְרָא, וְהָא לֵית לַהּ נִיוּוּל. וְרַבִּי עֲקִיבָא סָבַר אֲפִילּוּ אִישְׁתְּחִיטַת בְּהֵמָה – אֵינוֹ יָכוֹל לְהָפֵר, מִשּׁוּם הֶפְסֵד קָדָשִׁים.

The *tanna* **of our** mishna **holds: Once the blood has been sprinkled on her behalf** she is **immediately permitted** to drink **wine, and** therefore **she is not downcast.** Consequently, the husband has no right to nullify her naziriteship vow at that point, as her vow does not affect him. **And Rabbi Akiva holds: Even** if the blood has yet to be sprinkled and wine remains forbidden to her, as soon as **an animal is slaughtered** for one of her offerings the husband **can** no longer **nullify** the vow, **due to the loss of consecrated** property. If he were to nullify her vow she would have no further need of the offerings, and it is prohibited to waste Sanctuary property.

מַתְקִיף לַהּ רַבִּי זֵירָא: וְאַמַּאי? לִזְרוֹק דָּמָן שֶׁלֹּא לִשְׁמָן, וְיַתִּיר בָּשָׂר בַּאֲכִילָה! מִי לָא תַּנְיָא: כִּבְשֵׂי עֲצֶרֶת שֶׁשְּׁחָטָן שֶׁלֹּא לִשְׁמָן, אוֹ שֶׁשְּׁחָטָן לִפְנֵי זְמַנָּן, אוֹ לְאַחַר זְמַנָּן – הַדָּם יִזָּרֵק, וְהַבָּשָׂר יֵאָכֵל.

Rabbi Zeira objects to this: And why should the result be a loss to the Sanctuary? He can avoid this by **sprinkling their blood not for the sake** of the offerings[N] of a nazirite, **and he will** thereby **permit the meat** of the offering to **be eaten,** and the consecrated animal will not go to waste. **Isn't it taught** in a *baraita*: With regard to the communal peace-offering of two **sheep** that accompanies the two loaves on ***Shavuot*****, if one slaughtered them not for the sake** of that offering,[H] **or slaughtered them before their time,** on the eve of the Festival, **or after their time,** after the Festival, **the blood shall be sprinkled,** although not for the sake of that offering, as it is no longer fit for that purpose, **and the meat is eaten.**

וְאִם הָיְתָה שַׁבָּת – לֹא יִזָּרֵק, וְאִם זָרַק – הוּרְצָה לְהַקְטִיר אֵימוּרִין לָעֶרֶב!

And if it was a Shabbat, the blood **may not be sprinkled.** Since the meat cannot be eaten on that day, sprinkling the blood is considered a form of unnecessary labor on Shabbat. **And if he sprinkled** the blood on Shabbat anyway, the offering **is accepted,** and he must wait **to burn** its sacrificial **parts** on the altar **in the evening,** after the conclusion of Shabbat. In any case, this shows that it is permitted to sprinkle the blood of an offering not for its own sake *ab initio* so that its flesh can be eaten.

אָמְרִי: אִי דִּשְׁחַט עוֹלָה אוֹ שְׁלָמִים – הָכִי נַמִי. אֶלָּא הָכָא בְּמַאי עָסְקִינַן – כְּגוֹן שֶׁשָּׁחַט חַטָּאת בְּרֵישָׁא.

The Sages **say** in response: **If he had slaughtered** only the woman's naziriteship offerings of the **burnt-offering or** the **peace-offering, so too,** he may certainly proceed to sprinkle the blood not for the sake of that offering, to avoid the loss of a consecrated animal. In that case Rabbi Akiva would agree that the husband can still nullify her vow. **However, with what are we dealing here?** It is with a case **where he slaughtered the sin-offering first.** Since a sin-offering whose blood was sprinkled not for its sake is invalid, if the husband were to nullify her vow this would cause a loss of consecrated property.

כִּדְתְנַן: אִם גִּילַּח עַל אַחַת מִשְּׁלָשְׁתָּן יָצָא.

The Gemara cites the source that the order of a nazirite's offerings may be changed and the sin-offering may be sacrificed first. **As we learned** in a mishna (45a): **If he shaved** after the sacrifice **of one of the three** nazirite offerings, either the burnt-offering, the peace-offering, or the sin-offering, **he has fulfilled** his obligation.

"בַּמֶּה דְּבָרִים אֲמוּרִים – בְּתִגְלַחַת טׇהֳרָה, אֲבָל בְּתִגְלַחַת טוּמְאָה יָפֵר (מִפְּנֵי שֶׁיָּכוֹל לוֹמַר: אִי אֶפְשִׁי בְּאִשָּׁה מְנוּוֶּלֶת), וְרַבִּי מֵאִיר אוֹמֵר: אֲפִילּוּ בְּתִגְלַחַת טׇהֳרָה יָפֵר, מִפְּנֵי שֶׁיָּכוֹל לוֹמַר: אִי אֶפְשִׁי בְּאִשָּׁה מְגוּלַּחַת".

§ The mishna taught: **In what** case **is this statement,** that a husband cannot nullify his wife's vow, **said?** It is **with regard to a shaving of ritual purity; however, with regard to a shaving of impurity** the husband can **nullify** it if he wishes. **And Rabbi Meir says: He may even nullify** the vow **at** her **shaving of purity because he can say: I do not want a shaven wife.**

NOTES

Sprinkling their blood not for the sake of the offerings – לִזְרוֹק דָּמָן שֶׁלֹּא לִשְׁמָן: Offerings, with the exception of the Paschal offering and sin-offerings, are valid even if their blood was sprinkled not for their own sake, although their owners do not fulfill their obligation (Rosh). The *baraita* here adds that even if they were slaughtered for their own sake, and the owner cannot fulfill his obligation with them, it is permitted to sprinkle their blood for the sake of a different offering *ab initio*. Furthermore, even if the blood is sprinkled without any particular intention, since the nazirite does not gain atonement through the offering it is as though the blood was sprinkled not for its sake (*Tosafot*).

HALAKHA

The sheep on *Shavuot*, if one slaughtered them not for the sake of that offering – כִּבְשֵׂי עֲצֶרֶת שֶׁשְּׁחָטָן שֶׁלֹּא לִשְׁמָן: If the sheep of *Shavuot* were slaughtered not for the sake of their offering, or not in the appropriate time, the blood is sprinkled and the meat is eaten, but the community has not fulfilled its obligation. If this occurred on Shabbat, they may not sprinkle the blood. If they did so, the offering is accepted to the extent that its sacrificial parts may be burned and its flesh eaten in the evening (Rambam *Sefer Avoda*, *Hilkhot Pesulei HaMukdashin* 15:19).

BACKGROUND

Wig – פֵּאָה: Wearing a wig, usually made from human hair but sometimes from animal hair, is a very old practice, dating as far back as ancient Egypt. Women, and sometimes men, would usually wear wigs for beauty when the natural hair was shaved or in cases of baldness. Based on the Hebrew name, *pe'a*, meaning portion, one can assume that it was common to add only a portion of foreign hair to compensate for what was missing in one's natural hair. As the craftsmanship of attaching hair to the wig was not very advanced, women would refrain from strenuously washing the wigs, and at times these wigs became foul. Due to this, many women would place a cone with perfumed ointment on top of the wig to improve its smell. Furthermore, some women and men felt that wearing wigs was uncomfortable and distasteful.

Egyptian statue of a man wearing a wig

Egyptian wall painting of a woman wearing a wig and ointment cone

וְתַנָּא קַמָּא אָמַר לָךְ: אֶפְשָׁר בְּפֵאָה נָכְרִית. וְרַבִּי מֵאִיר סָבַר: בְּפֵאָה נָכְרִית, אַיְּידֵי דְּזוּהֲמָא – לָא נִיחָא לֵיהּ.

The Gemara analyzes these opinions: **And the first *tanna* could** have **said to you** in response to Rabbi Meir's argument: It is **possible** for her to compensate **by** wearing **a wig,**[B] and therefore she would not appear shaven, and her husband would have no cause for complaint. **And Rabbi Meir holds:** As for compensating **by** wearing **a wig, since** it is **dirty he is not amenable** to this solution, and he may therefore nullify her vow.

מתני׳ הָאִישׁ מַדִּיר אֶת בְּנוֹ בְּנָזִיר, וְאֵין הָאִשָּׁה מַדֶּרֶת אֶת בְּנָהּ בְּנָזִיר. כֵּיצַד? גִּילֵּחַ, אוֹ שֶׁגִּילְּחוּהוּ קְרוֹבָיו, מִיחָה אוֹ שֶׁמִּיחוּ קְרוֹבָיו;

MISHNA **A man can vow** that **his** minor **son should be a nazirite,**[H] i.e., a father can declare his son a nazirite, **but a woman cannot vow** that **her son should be a nazirite. How so;** what are the details of this naziriteship? If the son **shaved** his hair, thereby demonstrating his rejection of the vow imposed by his father; **or if his relatives shaved him;**[H] or if the son **objected** by saying that he has no desire for this naziriteship; **or if his relatives objected** on his behalf, the naziriteship is canceled.

הָיְתָה לוֹ בְּהֵמָה מוּפְרֶשֶׁת – הַחַטָּאת תָּמוּת, וְהָעוֹלָה תִּקְרַב עוֹלָה, וּשְׁלָמִים יִקְרְבוּ שְׁלָמִים, וְנֶאֱכָלִין לְיוֹם אֶחָד, וְאֵינָן טְעוּנִין לֶחֶם.

If this son who canceled the naziriteship **had animals separated**[H] for his offerings, the one set aside for **the sin-offering must die, and the burnt-offering is sacrificed as a burnt-offering, and the peace-offering is sacrificed as a peace-offering. And** the peace-offering **is eaten for one day,** like the peace-offering of a nazirite, rather than the two days of a regular peace-offering, **and it does not require bread,** i.e., the loaves that accompany a nazirite's peace-offering.

הָיוּ לוֹ מָעוֹת סְתוּמִין – יִפְּלוּ לִנְדָבָה. מָעוֹת מְפוֹרָשִׁים; דְּמֵי חַטָּאת – יֵלְכוּ לְיַם הַמֶּלַח, לֹא נֶהֱנִין וְלֹא מוֹעֲלִין. דְּמֵי עוֹלָה – יָבִיאוּ עוֹלָה, וּמוֹעֲלִין בָּהֶן; דְּמֵי שְׁלָמִים – יָבִיאוּ שְׁלָמִים וְנֶאֱכָלִין לְיוֹם אֶחָד, וְאֵינָן טְעוּנִין לֶחֶם.

If **he had unallocated funds,** they **will be allocated for** communal **gift** offerings. If he had **allocated funds** for his offerings, **the money for the sin-offering is taken** and cast **into the Dead Sea,** as one may **not benefit** from it *ab initio,* **but** if he benefits **from it,** he is **not** liable to bring an offering for **misuse** of consecrated property. With **the money for** the **burnt-offering they bring a burnt-offering;** it is prohibited to derive benefit from those coins **and** if he benefits **from it,** he is liable to bring an offering for **misuse** of consecrated property. With **the money for** the **peace-offering they bring a peace-offering, and** it **is eaten for one day and does not require bread.**

גמ׳ אִישׁ – אִין, אֲבָל אִשָּׁה – לָא. מַאי טַעֲמָא? רַבִּי יוֹחָנָן אָמַר: הֲלָכָה הִיא בְּנָזִיר. וְרַבִּי יוֹסֵי בְּרַבִּי חֲנִינָא

GEMARA The mishna taught that **a man** can vow that his son should be a nazirite, **but a woman cannot** do so. The Gemara asks: **What is the reason** for this? **Rabbi Yoḥanan said: It is a *halakha*** transmitted to Moses from Sinai **with regard to a nazirite.**[H] **And Rabbi Yosei, son of Rabbi Ḥanina,**

HALAKHA

A man can vow that his son should be a nazirite – הָאִישׁ מַדִּיר אֶת בְּנוֹ בְּנָזִיר: A man can vow that his minor son should be a nazirite, even if the son is too young to vow himself, but a woman cannot do so. How does this *halakha* work in practice? If a father says to his minor son: You are hereby a nazirite, or if he says: My son so-and-so is a nazirite, or: He is hereby a nazirite, and the son remained silent, he is a nazirite and the father must see to it that he observes all the *halakhot* of naziriteship. If he became ritually impure from a corpse he must bring the offerings of impurity, and he brings the offerings of purity upon the completion of his term (Rambam *Sefer Hafla'a, Hilkhot Nezirut* 2:13–14).

If he shaved or if his relatives shaved him, etc. – גִּילֵּחַ אוֹ שֶׁגִּילְּחוּהוּ קְרוֹבָיו וכו׳: If a son did not wish to accept the naziriteship imposed by his father, and he objected, or if his relatives objected, or if he shaved his hair, or if his relatives did so, thereby demonstrating rejection of the naziriteship, he is not a nazirite (Rambam *Sefer Hafla'a, Hilkhot Nezirut* 2:15).

If he had animals separated – הָיְתָה לוֹ בְּהֵמָה מוּפְרֶשֶׁת: In a case where a man vowed that his son should be a nazirite and separated animals for him, and then the son objected to the naziriteship, the sin-offering must be left to die, the burnt-offering is sacrificed as a burnt-offering, and the peace-offering is sacrificed as a peace-offering, which is eaten for one day and does not require bread. If the father set aside unallocated funds for these offerings, they are used for the purchase of gift offerings. If the funds were allocated, the money for the sin-offering is cast into the Dead Sea, i.e., it is prohibited to derive benefit from it, but one who does so is not liable for misuse of consecrated property. With the money for the burnt-offering he must bring a burnt-offering, and one who benefits from this money is liable for misuse of consecrated property. As for the money for the peace-offering, he uses it to bring a peace-offering that is eaten for one day and does not require bread (Rambam *Sefer Hafla'a, Hilkhot Nedarim* 9:12 and *Sefer Avoda, Hilkhot Me'ila* 4:3).

It is a *halakha* with regard to a nazirite – הֲלָכָה הִיא בְּנָזִיר: The ruling that a father can vow that his son should be a nazirite but a mother cannot do so is a *halakha* transmitted to Moses from Sinai, in accordance with the opinion of Rabbi Yoḥanan (Rambam *Sefer Hafla'a, Hilkhot Nezirut* 2:13).

אָמַר רֵישׁ לָקִישׁ: כְּדֵי לְחַנְּכוֹ בְּמִצְוֹת. אִי הָכִי אֲפִילּוּ אִשָּׁה נָמֵי! סָבַר: אִישׁ חַיָּיב לְחַנֵּךְ בְּנוֹ בְּמִצְוֹת, וְאֵין הָאִשָּׁה חַיֶּיבֶת לְחַנֵּךְ אֶת בְּנָהּ.

said that **Reish Lakish said:** The purpose is **in order to educate him in mitzvot,** to teach him how to observe the mitzva of naziriteship. The Gemara asks: **If so, even a woman as well** should be able to impose naziriteship on her son for educational purposes. The Gemara answers: Reish Lakish **holds** that **a man is obligated to educate**[H] **his son in mitzvot, but a woman is not obligated to educate**[NH] **her son** in mitzvot.

בִּשְׁלָמָא לְרַבִּי יוֹחָנָן, דְּאָמַר הֲלָכָה הִיא בְּנָזִיר – אַמְּטוּ לְהָכִי, בְּנוֹ – אִין, בִּתּוֹ – לָא. אֶלָּא לְרֵישׁ לָקִישׁ, אֲפִילּוּ בִּתּוֹ! קָסָבַר: בְּנוֹ – חַיָּיב לְחַנְּכוֹ, בִּתּוֹ – אֵינוֹ חַיָּיב לְחַנְּכָהּ.

The Gemara asks: **Granted, according to** the opinion of **Rabbi Yoḥanan,** who **said it is a** *halakha* transmitted to Moses from Sinai **with regard to a nazirite, for that reason** one can understand the ruling of the mishna, which indicates that for **his son, yes,** a father can vow that he should be a nazirite, but with regard to **his daughter, no,**[N] he cannot do so, as a *halakha* learned by tradition cannot be questioned. **However, according to** the opinion of **Reish Lakish,** a father should **even** be able to impose naziriteship upon **his daughter** for the sake of her education. Why does the mishna specify a son? The Gemara answers that Reish Lakish **holds:** A father **is obligated to educate his son,** whereas **he is not obligated to educate his daughter,**[H] and for this reason he cannot vow that she should be a nazirite.

בִּשְׁלָמָא לְרַבִּי יוֹחָנָן, דְּאָמַר הֲלָכָה הִיא בְּנָזִיר – אַהָכִי בִּנְזִירוּת אִין, בִּנְדָרִים לָא. אֶלָּא לְרֵישׁ לָקִישׁ, אֲפִילּוּ נְדָרִים נָמֵי!

The Gemara asks another question: **Granted, according to** the opinion of **Rabbi Yoḥanan,** who **said** that **it is a** *halakha* **with regard to a nazirite, this is why** the mishna indicates that **with regard to naziriteship, yes,** a father can impose a vow upon his son, but **with regard to** other **vows, no,**[H] he cannot do so. **However, according to** the opinion of **Reish Lakish,** who says it is for the son's education, a father should **even** be able to impose regular **vows** upon him **as well.** Why does the mishna specify naziriteship?

לָא מִיבַּעְיָא קָאָמַר; לָא מִיבַּעְיָא בִּנְדָרִים דְּלֵית לֵיהּ נִיוּוּל, אֶלָּא אֲפִילּוּ בִּנְזִירוּת דְּאִית לֵיהּ נִיוּוּל – אֲפִילּוּ הָכִי חַיָּיב לְחַנְּכוֹ.

The Gemara answers: According to Reish Lakish the *tanna* of this mishna **is speaking** utilizing the style of: **It is not necessary,** as follows: **It is not necessary** to ask whether a father can impose regular **vows** of a mitzva **where there is no deprivation** of the son when he fulfills his father's vow, **but even** with regard to **naziriteship, where there is deprivation** of his son, as the son must refrain from wine and shaving, **even so** the father **is obligated to educate him,** and therefore he can vow in this manner too.

בִּשְׁלָמָא לְרַבִּי יוֹחָנָן, דְּאָמַר הֲלָכָה הִיא בְּנָזִיר – הַיְינוּ דְּקָתָנֵי ״מִיחָה אוֹ שֶׁמִּיחוּהוּ קְרוֹבָיו״.

The Gemara asks another question: **Granted, according to** the opinion of **Rabbi Yoḥanan, who said it is a** *halakha* transmitted to Moses from Sinai **with regard to a nazirite, this** explanation **is** consistent with **that which** the mishna **teaches:** If **he objected, or his relatives objected for him,** the naziriteship is canceled, as the transmitted *halakha* may be that the acquiescence of the relatives is necessary.

אֶלָּא לְרַבִּי יוֹסֵי בְּרַבִּי חֲנִינָא אָמַר רֵישׁ לָקִישׁ, כָּל כְּמִינַּיְיהוּ קְרוֹבִים דְּאָמְרִין לֵיהּ: לָא תִּיגַמְרֵיהּ מִצְוֹת?! קָסָבַר: כָּל חִינּוּךְ דְּלָא חָשִׁיב – לָא נִיחָא לֵיהּ.

The Gemara continues its question: **However, according to** the opinion of **Rabbi Yosei, son of Rabbi Ḥanina,** who said that **Reish Lakish said** that this vow serves educational purposes, **is this** really **in the power of the relatives to say to** the father: **Do not teach him mitzvot?** The Gemara answers: Reish Lakish **holds** that with regard to **any education** that is **not important,** e.g., the optional mitzva of naziriteship, the son **is not amenable** to the suffering he must endure for this purpose, and therefore he or his relatives can object.

בִּשְׁלָמָא לְרַבִּי יוֹחָנָן, דְּאָמַר הֲלָכָה הִיא בְּנָזִיר – מִשּׁוּם הָכִי מְגַלַּח וְעָבֵיד הַקָּפָה.

The Gemara raises a further difficulty: **Granted, according to** the opinion of **Rabbi Yoḥanan, who said it is a** *halakha* **with regard to a nazirite,** it is **due to that** reason that the son must **shave** all of his hair at the conclusion of his naziriteship, despite the fact that **he** thereby **performs the rounding** of the corners of his head, in violation of the prohibition: "You shall not round the corners of your heads" (Leviticus 19:27). Since a *halakha* transmitted to Moses from Sinai has the status of Torah law, a minor nazirite shaves despite this prohibition.

HALAKHA

A man is obligated to educate, etc. – אִישׁ חַיָּיב לְחַנֵּךְ וכו׳: A man is obligated to educate his son in mitzvot (Rambam *Sefer HaMadda, Hilkhot Talmud Torah* 1:1; *Sefer Ahava, Hilkhot Tefillin* 4:13; and *Sefer Hafla'a, Hilkhot Shevuot* 12:8; *Shulḥan Arukh, Oraḥ Ḥayyim* 17:3, 37:3, 343:1, 657:1, and *Yoreh De'a* 245:1).

But a woman is not obligated to educate, etc. – וְאֵין הָאִשָּׁה חַיֶּיבֶת לְחַנֵּךְ וכו׳: The authorities dispute whether a woman is obligated to educate her son in mitzvot. The question is whether the statement of the Gemara here that she is exempt is in accordance with the opinion of Reish Lakish, whereas Rabbi Yoḥanan disagrees, or whether this opinion is unanimous (Rambam *Sefer HaMadda, Hilkhot Talmud Torah* 1:1; *Haggahot Maimoniyot* on Rambam *Sefer Zemanim, Hilkhot Shevitat Asor* 2:10; *Magen Avraham* and *Maḥatzit HaShekel* on *Shulḥan Arukh, Oraḥ Ḥayyim* 343:1).

He is not obligated to educate his daughter – בִּתּוֹ אֵינוֹ חַיָּיב לְחַנְּכָהּ: A man must educate his minor daughter in the mitzvot she will be obligated to perform upon her maturity, as the *halakha* is in accordance with the opinion of Rabbi Yoḥanan. Even Reish Lakish maintains that he is exempt only with regard to naziriteship and similar mitzvot (Rambam *Sefer Zemanim, Hilkhot Shevitat Asor* 2:10; *Shulḥan Arukh, Oraḥ Ḥayyim* 616:2; *Magen Avraham* on *Shulḥan Arukh, Oraḥ Ḥayyim* 343:1).

With regard to naziriteship, yes; with regard to vows, no – בִּנְזִירוּת אִין בִּנְדָרִים לָא: A man can vow that his minor son should be a nazirite, but he cannot impose any other kind of vow on him (Rambam *Sefer Hafla'a, Hilkhot Nezirut* 2:13).

NOTES

A woman is not obligated to educate – אֵין הָאִשָּׁה חַיֶּיבֶת לְחַנֵּךְ: Some commentaries note that according to the opinion of Rabbi Yoḥanan, whose ruling is accepted as *halakha*, a mother is obligated to educate her children in mitzvot (Meiri; *Oraḥ Mishor*; see *Keren Ora*).

His son yes, his daughter no – בְּנוֹ אִין בִּתּוֹ לָא: The early commentaries question this ruling, based on the statement in tractate *Yoma* (82a) that one educates minors, both boys and girls, to fast on Yom Kippur. One answer is that educating for a fast is easy, as it lasts only one day, unlike the lengthier period of naziriteship. Additionally, there is a difference between mitzvot that a girl will be obligated to perform and naziriteship, which is not an obligation at all (*Tosefot HaRosh*; Rabbeinu Peretz).

BACKGROUND

Pinching – מְלִיקָה:

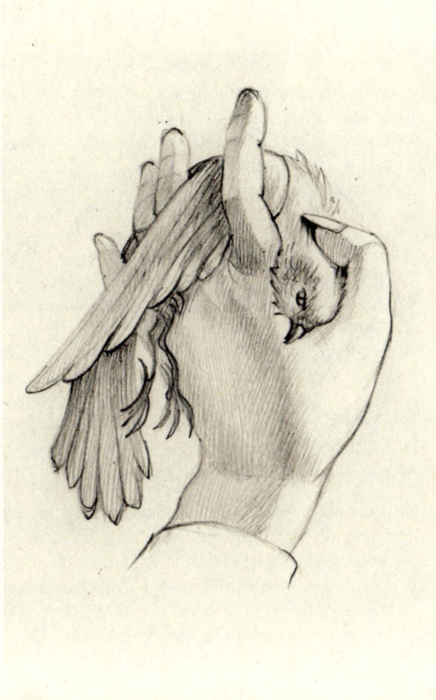

Sketch of priest pinching the neck of a bird

אֶלָּא לְרַבִּי יוֹסֵי בְּרַבִּי חֲנִינָא אָמַר רֵישׁ לָקִישׁ, כְּדֵי לְחַנְּכוֹ בְּמִצְוֹת – הָא קָעָבֵיד הַקָּפָה!

The Gemara continues its question: **However, according to** the opinion of **Rabbi Yosei, son of Rabbi Ḥanina,** who said that **Reish Lakish said** that the reason the vow of naziriteship takes effect is **in order to educate him in mitzvot,** and it applies only by rabbinic law, how does he explain the fact that this nazirite **performs the rounding** of the head? How does a naziriteship, which is by rabbinic law, override a Torah prohibition?

קָסָבַר: הַקָּפַת כָּל הָרֹאשׁ מִדְּרַבָּנַן, וְחִינּוּךְ מִדְּרַבָּנַן, וְאָתֵי חִינּוּךְ דְּרַבָּנַן וְדָחֵי הַקָּפָה דְּרַבָּנַן.

The Gemara answers: Reish Lakish **holds** that **the rounding of the entire head**[H] is prohibited only **by rabbinic law,** as the Torah itself prohibited shaving only the corners of the head, **and the mitzva of education** also applies **by rabbinic law. And** therefore the mitzva of **education,** which is **by rabbinic law, comes and overrides** the prohibition against **rounding** the head, which likewise applies **by rabbinic law.**

בִּשְׁלָמָא לְרַבִּי יוֹחָנָן, דְּאָמַר הֲלָכָה הִיא בְּנָזִיר – אַהָכִי מְגַלֵּחַ מַיְיתֵי קָרְבָּן.

The Gemara continues to ask along the same lines: **Granted, according to** the opinion of **Rabbi Yoḥanan, who said it is a *halakha* with regard to a nazirite, this is why** when he **shaves** at the conclusion of his naziriteship **he brings an offering,**[H] as the *halakha* is that the minor is a nazirite in all regards, which means his offering is obligatory, like that of an adult nazirite.

אֶלָּא לְרַבִּי יוֹסֵי בְּרַבִּי חֲנִינָא אָמַר רֵישׁ לָקִישׁ, כְּדֵי לְחַנְּכוֹ בְּמִצְוֹת, הָא קָא מַיְיתֵי חוּלִּין לָעֲזָרָה! קָסָבַר: חוּלִּין בָּעֲזָרָה לָאו דְּאוֹרַיְיתָא.

The Gemara continues its question: **However, according to** the opinion of **Rabbi Yosei, son of Rabbi Ḥanina,** who said that **Reish Lakish said** that the reason is **in order to educate him in mitzvot,** the minor's offering is not a Torah obligation, which means **that he brings non-sacred** animals **into the Temple courtyard** for slaughter. The Gemara answers: Reish Lakish **holds** that the prohibition against slaughtering **non-sacred** animals **in the Temple courtyard**[H] does **not** apply **by Torah law** but by rabbinic law, and therefore this prohibition is disregarded due to the importance of the son's education.

בִּשְׁלָמָא לְרַבִּי יוֹחָנָן, דְּאָמַר הֲלָכָה הִיא בְּנָזִיר – אַהָכִי כִּי מִיטַּמֵּא מַיְיתֵי קָרְבַּן צִיפֳּרִין, וְאָכֵיל כֹּהֵן מְלִיקָה.

The Gemara asks yet another question: **Granted, according to** the opinion of **Rabbi Yoḥanan, who said it is a *halakha* with regard to a nazirite, this is why when** the son **becomes ritually impure he brings an offering**[H] **of birds, and** the **priest** may **eat** the bird sin-offering that was killed by means of **pinching,**[B] nipping the neck of the bird, rather than by regular slaughter. This permits a bird to be eaten only in the case of a proper bird offering.

אֶלָּא לְרַבִּי יוֹסֵי בְּרַבִּי חֲנִינָא אָמַר רֵישׁ לָקִישׁ – הָא קָאָכֵיל נְבֵילָה!

The Gemara continues its question: **However, according to** the opinion of **Rabbi Yosei, son of Rabbi Ḥanina,** who said that **Reish Lakish said** that the reason the vow takes effect is to educate the son in mitzvot, in this case the priest **eats** an unslaughtered **animal carcass.** If the son is not obligated to bring the offering, the priest will be eating a bird that was killed in a manner that does not render it fit for consumption, which means it has the status of an unslaughtered carcass.

HALAKHA

The rounding of the entire head – הַקָּפַת כָּל הָרֹאשׁ: The Gemara later concludes (57b) that one who shaves only the corners of his head, and likewise one who shaves his entire head, are both liable to receive lashes for rounding the head (Rambam *Sefer HaMadda, Hilkhot Avoda Zara* 12:1 and *Kesef Mishne* there; *Shulḥan Arukh, Yoreh De'a* 181:2).

When he shaves he brings an offering – מְגַלֵּחַ מַיְיתֵי קָרְבָּן: If a father vowed that his son should become a nazirite, the son must bring the offerings of a regular nazirite upon the completion of his term (Rambam *Sefer Hafla'a, Hilkhot Nezirut* 2:14).

Non-sacred animals in the Temple courtyard – חוּלִּין בָּעֲזָרָה: It is prohibited to bring non-sacred animals into the Temple courtyard. One who slaughters non-sacred animals in the courtyard incurs lashes of rebelliousness from the Sages, and he may not derive benefit from the animal, although this is not a Torah prohibition. The *Kesef Mishne* maintains that according to the Rambam, the prohibition against slaughtering these animals in the courtyard does apply by Torah law. However, no punishment is inflicted on one who does so, and the Torah does not prohibit the consumption of its meat (Rambam *Sefer Kedusha, Hilkhot Sheḥita* 2:2–3; see *Sefer Kedusha, Hilkhot Ma'akhalot Assurot* 16:6 and *Sefer Nezikin, Hilkhot Geneiva* 2:8).

When he becomes ritually impure he brings an offering – כִּי מִיטַּמֵּא מַיְיתֵי קָרְבָּן: A father who vowed that his son should be a nazirite must ensure that the son observes all the *halakhot* of naziriteship. If he becomes ritually impure, the father must bring the offerings of impurity on his behalf (Rambam *Sefer Hafla'a, Hilkhot Nezirut* 2:14).

קָסָבַר כְּרַבִּי יוֹסֵי בְּרַבִּי יְהוּדָה דְּאֵין שְׁחִיטָה לָעוֹף מִן הַתּוֹרָה, וְחוּלִּין בָּעֲזָרָה לָאו דְּאוֹרָיְיתָא.

The Gemara answers: Reish Lakish **holds in accordance with** the opinion of **Rabbi Yosei, son of Rabbi Yehuda,** who holds **that slaughter of a bird**[H] **is not** obligatory **by Torah law.** Rather, by Torah law birds are fit to be eaten no matter how they are killed, and it was the Sages who decreed that they must be slaughtered. **And** he also maintains that the prohibition against bringing **non-sacred** animals for slaughter **in the Temple courtyard** does **not** apply **by Torah law.** Consequently the rabbinic mitzva of education overrides these prohibitions, as they too are rabbinic.

וְסָבַר רַבִּי יוֹסֵי הָכִי? וְהָתַנְיָא, רַבִּי יוֹסֵי בְּרַבִּי יְהוּדָה אוֹמֵר: מִנַּיִן לְחַטָּאת הָעוֹף שֶׁהִיא בָּאָה עַל הַסָּפֵק שֶׁאֵינָהּ נֶאֱכֶלֶת – תַּלְמוּד לוֹמַר ״וְהַזָּב אֶת זוֹבוֹ לַזָּכָר וְלַנְּקֵבָה״. מַקִּישׁ נְקֵבָה לְזָכָר; מַה זָּכָר מֵבִיא קׇרְבָּן עַל הַוַּדַּאי – אַף נְקֵבָה מְבִיאָה קׇרְבָּן עַל הַוַּדַּאי, וּמַה זָּכָר מֵבִיא עַל הַסָּפֵק – אַף נְקֵבָה מְבִיאָה עַל הַסָּפֵק,

The Gemara asks: **And does Rabbi Yosei hold this** opinion? **But isn't it taught** in a *baraita* that **Rabbi Yosei, son of Rabbi Yehuda, says: From where** is it derived **that the bird sin-offering that comes due to uncertainty**[NH] **is not eaten? The verse states: "And they who have an issue, whether a male or a female"** (Leviticus 15:33), which **juxtaposes a female to a male:**[N] **Just as a male brings an offering for a definite** sin,[H] i.e., for a transgression he is sure he committed inadvertently, **so too, a female brings an offering for a definite**[H] sin. **And just as a male brings** a provisional guilt-offering **for** his **uncertain** transgression,[H] **so too, a female brings** an offering **for** her case of **uncertainty.**[H]

וּמַה זָּכָר מִמִּין שֶׁהוּא מֵבִיא עַל הַוַּדַּאי מֵבִיא עַל הַסָּפֵק – אַף נְקֵבָה מִמִּין שֶׁהִיא מְבִיאָה עַל הַוַּדַּאי מְבִיאָה עַל הַסָּפֵק. אִי מַה זָּכָר מֵבִיא קׇרְבָּן וְנֶאֱכָל, אַף נְקֵבָה מְבִיאָה קׇרְבָּן וְנֶאֱכָל. אָמַרְתָּ:

And furthermore: **Just as a male brings** an animal **for** his **uncertain** transgression, a ram as a guilt-offering, **from** the same **type from** which **he brings a definite** sin-offering, an animal sin-offering, **so too, a female brings** the same type **for her** case of **uncertainty from** the same **type from** which **she brings for a definite** offering, i.e., a bird if she is a *zava* or gave birth. This leads to the following question: **If** so, one can continue this line of thought: **Just as a male brings an offering and it is eaten,**[H] **so too, a female brings an offering and** it should be **eaten** when she sacrifices an offering for uncertain childbirth. With regard to this case **you say:**

NOTES

The bird sin-offering that comes due to uncertainty – חַטָּאת הָעוֹף שֶׁהִיא בָּאָה עַל הַסָּפֵק: These uncertainties typically involve a *zav* or *zava*, who must bring a bird sin-offering, as there is sometimes a doubt as to whether they saw an emission of a *zav* or some other emission. Similarly, a doubt might arise with regard to the time of the emission. Likewise, a childbearing woman, who brings a bird sin-offering if she is poor, might be unsure whether her stillborn child renders her obligated to bring an offering. The early commentaries state that the obligation to bring the bird sin-offering in a case of uncertainty is derived from this very verse: "And they who have an issue, whether a male or a female" (Leviticus 15:33). Consequently, this should be read as a double question: From where is it derived that a sin-offering is brought in a case of uncertainty, and from where is it derived that it is not eaten (Rosh; *Shita Mekubbetzet*; Rabbeinu Peretz)?

Juxtaposes a female to a male – מַקִּישׁ נְקֵבָה לְזָכָר: The commentaries note that this juxtaposition is unnecessary with regard to obligatory offerings, as the Torah equates women to men with respect to all punishments. *Tosafot* note that additionally, the Torah generally uses neutral language in connection to offerings, for example: "When a person brings" (Leviticus 1:2). Other early commentaries add that the terms male and female are imprecise in this context. These terms are used because some offerings, e.g., a bird sin-offering, are typically sacrificed by females. The most common of these are the nest of a childbearing woman and the offering of a *zava*. Meanwhile, the provisional guilt-offering is stated only in the masculine form. Others contend that the term: Female, refers only to the offering of a woman who has given birth, as the *halakhot* of males and females are not entirely the same in the cases of a *zav* and a *zava* (Rabbeinu Peretz).

HALAKHA

Slaughter of bird – שְׁחִיטָה לָעוֹף: It is a positive mitzva that one who wishes to eat meat, including that of a bird, must slaughter it in the manner specified by the Oral Law (Rambam *Sefer Kedusha, Hilkhot Sheḥita* 1:1; 4; *Shulḥan Arukh, Yoreh De'a* 13:1).

The bird sin-offering that comes due to uncertainty – חַטָּאת הָעוֹף שֶׁהִיא בָּאָה עַל הַסָּפֵק: A bird sin-offering brought due to uncertainty, e.g., by a woman who might have been a *zava*, is not eaten after it has been slaughtered in the proper manner. Rather, it is burned like an invalid offering (Rambam *Sefer Avoda, Hilkhot Pesulei HaMukdashin* 7:10, 19:10 and *Sefer Korbanot, Hilkhot Meḥusrei Kappara* 1:6, 7).

A male brings an offering for a definite sin – זָכָר מֵבִיא קׇרְבָּן עַל הַוַּדַּאי: If one unwittingly transgresses a prohibition that entails *karet* when transgressed intentionally, he is obligated to bring a sin-offering (Rambam *Sefer Korbanot, Hilkhot Shegagot* 1:1).

A female brings an offering for a definite sin – נְקֵבָה מְבִיאָה קׇרְבָּן עַל הַוַּדַּאי: A *zava* and a woman after childbirth bring offerings upon their ritual purification. These consist of a pigeon or a turtledove for a sin-offering (Rambam *Sefer Korbanot, Hilkhot Meḥusrei Kappara* 1:3).

A male brings an offering for an uncertain transgression – זָכָר מֵבִיא עַל הַסָּפֵק: If one is uncertain as to whether he has committed a sin whose accidental performance renders him obligated to bring a fixed sin-offering, he must bring a provisional guilt-offering (Rambam *Sefer Korbanot, Hilkhot Shegagot* 8:1).

So too, a female brings an offering for her case of uncertainty – אַף נְקֵבָה מְבִיאָה עַל הַסָּפֵק: If a woman was an uncertain *zava* or if she miscarried and is unsure whether it is a case that is considered a birth, she is obligated to bring an offering due to uncertainty (Rambam *Sefer Korbanot, Hilkhot Meḥusrei Kappara* 1:6–7).

A male brings an offering and it is eaten – מֵבִיא קׇרְבָּן וְנֶאֱכָל: With regard to one who is unsure whether he has accidentally committed a transgression that warrants *karet* if committed intentionally, he must bring a provisional guilt-offering, which is eaten by priests in the Temple courtyard (Rambam *Sefer Avoda, Hilkhot Ma'aseh HaKorbanot* 9:1).

לֹא, אִם אָמַרְתָּ בְּזָכָר – שֶׁכֵּן אִיסּוּר אֶחָד, תֹּאמַר בִּנְקֵבָה – שֶׁשְּׁנֵי אִיסּוּרִין.

No, you cannot make this claim, because **if you say** that this is true **with regard to a male, when** bringing his offering involves only **one** uncertain **prohibition,** i.e., that he might be bringing non-sacred animals into the Temple courtyard, **shall you** also **say** that this is the case **with regard to a female, whose** case includes **two prohibitions?** This concludes the *baraita*.

מַאי שְׁנֵי אִיסּוּרִין – לָאו אִיסּוּר נְבֵילָה וְחוּלִּין בָּעֲזָרָה? מַתְקִיף לַהּ רַב אַחָא בְּרֵיהּ דְּרַב אִיקָא: וְדִילְמָא מִיחַיֵּיב עֲלֵיהּ מִשּׁוּם דְּמִיתְחֲזֵי כִּתְרֵין אִיסּוּרִין מִדְּרַבָּנַן!

The Gemara asks: **What** are these **two prohibitions?** Are they **not the prohibition** against consuming an unslaughtered **animal carcass** by eating a bird killed by pinching, **and** the prohibition against bringing **non-sacred** animals **into the** Temple **courtyard?** This shows that the prohibition against bringing non-sacred animals into the Temple courtyard applies by Torah law according to the opinion of Rabbi Yosei, son of Rabbi Yehuda. **Rav Aḥa, son of Rav Ika, objects to this: And perhaps** one is not liable for these prohibitions by Torah law, rather, the *baraita* means that one **is liable for this because it appears like two** Torah **prohibitions,** although they actually apply only **by rabbinic law.**

לֵימָא כְּתַנָּאֵי: עַד מָתַי מַדִּיר אֶת בְּנוֹ בְּנָזִיר – עַד שֶׁיָּבִיא שְׁתֵּי שְׂעָרוֹת, דִּבְרֵי רַבִּי. רַבִּי יוֹסֵי בְּרַבִּי יְהוּדָה אוֹמֵר: עַד שֶׁיַּגִּיעַ לְעוֹנַת נְדָרִים.

§ The Gemara returns to the question of whether the ruling that a man can impose naziriteship on his son is a *halakha* transmitted to Moses from Sinai or whether it is part of the boy's education. **Let us say** that this is **parallel to** a dispute between ***tanna'im*.** As it is taught: **Until when can** a father **vow** that **his son** should **be a nazirite?**[H] It is **until** the son **develops two** pubic **hairs;** this is **the statement of** Rabbi Yehuda HaNasi. **Rabbi Yosei, son of Rabbi Yehuda, says:** It is **until he reaches the age of vows,** usually approximately a year earlier, when he demonstrates an understanding of the nature of vows. If he vows at that age and comprehends the significance of his utterance, his vow is valid.

מַאי לָאו תַּנָּאֵי הִיא, דְּרַבִּי סָבַר: הֲלָכָה הִיא בְּנָזִיר, וְאַף עַל גַּב דְּהִגִּיעַ לְעוֹנַת נְדָרִים – מַדִּיר לֵיהּ וְאָזֵיל עַד דְּמַיְיתֵי שְׁתֵּי שְׂעָרוֹת. וְרַבִּי יוֹסֵי בְּרַבִּי יְהוּדָה דְּאָמַר עַד שֶׁיַּגִּיעַ לְעוֹנַת נְדָרִים, סָבַר: כְּדֵי לְחַנְּכוֹ בְּמִצְוֹת, וְכֵיוָן דְּנָפֵיק מֵרְשׁוּתֵיהּ – תּוּ לָא מִיחַיֵּיב?

What, is it not the case that this **is** a dispute between ***tanna'im*: As** Rabbi Yehuda HaNasi **holds** that **it is a *halakha*** transmitted to Moses from Sinai **with regard to a nazirite, and** therefore **even though** the son has already **reached the age of vows** and is capable of making his own decision with regard to the vow, this *halakha* states that the father **continues to vow for him until he develops two** pubic **hairs,** the sign of maturity. **And Rabbi Yosei, son of Rabbi Yehuda, who says** that the father can vow for the son only **until he reaches the age of vows, holds** that he imposes a vow on his son **in order to educate him in mitzvot, and since** the son **has left** the father's **supervision** to the degree that he can utter his own vows, the father **is no longer obligated** to educate him in this area of *halakha*.

אָמְרִי: לָא, דְּכוּלֵּי עָלְמָא הֲלָכָה הִיא בְּנָזִיר, וְהָכָא בְּמוּפְלָא הַסָּמוּךְ לְאִישׁ קָמִיפַּלְגִי;

The Gemara rejects this argument. The Sages **say** in response: **No;** this is not the correct explanation of that dispute, as one can say **that everyone,** both Rabbi Yehuda HaNasi and Rabbi Yosei, son of Rabbi Yehuda, agrees with Rabbi Yoḥanan that **it is a *halakha* with regard to a nazirite, and here they disagree with regard to** the issue of **a minor one year before** he or she **reaches majority.**[HN] In other words, they dispute the case of a child who utters a vow when he is almost mature, on the verge of puberty. It is an accepted *halakha* that the vow of this child is valid if he understands its meaning. The dispute concerns the source of this *halakha*.

רַבִּי סָבַר: מוּפְלָא הַסָּמוּךְ לְאִישׁ דְּרַבָּנַן, וְאָתְיָא דְּאוֹרָיְיתָא דָּחְיָא דְּרַבָּנַן, וְרַבִּי יוֹסֵי בְּרַבִּי יְהוּדָה סָבַר: מוּפְלָא הַסָּמוּךְ לְאִישׁ דְּאוֹרָיְיתָא.

Rabbi Yehuda HaNasi **holds** that the status of **a minor one year before** he or she **reaches majority** applies **by rabbinic law, and** therefore the *halakha* **by Torah law** that a father can vow on behalf of his son **comes and overrides** the decree that one who is near the age of maturity is considered an independent adult with regard to vows, which is **by rabbinic law. And Rabbi Yosei, son of Rabbi Yehuda, holds** that the status of **a minor one year before** he or she **reaches majority** applies **by Torah law.** Consequently, the *halakha* that a father can vow on behalf of his son does not apply to this case.

HALAKHA

Until when can he vow that his son should be a nazirite – עַד מָתַי מַדִּיר אֶת בְּנוֹ בְּנָזִיר: A man can vow that his son should be a nazirite until the son becomes a man, at the point when he grows two pubic hairs. The *halakha* is in accordance with the opinion of Rabbi Yehuda HaNasi (Rambam *Sefer Hafla'a, Hilkhot Nezirut* 2:15).

A minor one year before he or she reaches majority – מוּפְלָא הַסָּמוּךְ לְאִישׁ: If a boy or girl who are within a year of maturity, i.e., twelve years old for a boy and eleven years old for a girl, uttered a vow and demonstrated that they understood in Whose name they had vowed, their vows are valid by Torah law. Similarly, if they vowed when they reached the age of majority, i.e., thirteen for a boy and twelve for a girl, then even if they did not demonstrate this understanding, their vows are valid by Torah law. Likewise, their *teruma* is valid *teruma*, for the same reason. In tractate *Nidda* (46b) *amora'im* dispute this issue, with both Rabbi Yoḥanan and Reish Lakish maintaining that the status of a minor one year before he or she reaches majority applies by Torah law. However, if they transgressed their vows they are liable to receive lashes only if they have developed two pubic hairs, which is the minimum criterion for punishment (Rambam *Sefer Hafla'a, Hilkhot Nezirut* 11:4 and *Sefer Zera'im, Hilkhot Terumot* 4:5; *Shulḥan Arukh, Yoreh De'a* 233:1).

NOTES

A minor one year before he or she reaches majority [*mufla hasamukh le'ish*] – מוּפְלָא הַסָּמוּךְ לְאִישׁ: Most commentaries concur that the expression: *Mufla hasamukh le'ish*, which can be translated as: One who is almost a man who explicitly utters a statement, refers to the year before a boy's maturity, i.e., the age of twelve, when he is almost but not quite a man. As for the meaning of the term, *mufla*, it indicates a vow, as in the verse: "If a man clearly [*yafli*] utters a vow" (Leviticus 27:2); the use of the term is probably based on this verse. Before he reaches this age, the vows of a minor are of no account, but from the age of twelve onward the court examines his statements, and if it is clear that he understands the nature of a vow and in Whose name he took the vow, his vows are valid and binding like those of an adult in almost every respect.

ואיבעית אימא: דכולי עלמא כדי לחנכו במצות, ומופלא הסמוך לאיש דרבנן היא; רבי סבר: אתי חינוך דרבנן ודחי מופלא הסמוך לאיש דרבנן,

And if you wish, say instead **that everyone** agrees that a father vows for his son **in order to educate him in mitzvot,** which means it is by rabbinic law, **and** likewise the status of **a minor one year before** he or she **reaches majority is** also **by rabbinic law.** In that case, the *tanna'im* dispute the following: **Rabbi** Yehuda HaNasi **holds** that the mitzva of **education,** which applies **by rabbinic law, comes and overrides** the status of **a minor one year before** he or she **reaches majority,** which is also **by rabbinic law.**

ורבי יוסי ברבי יהודה דאמר עד שיגיע לעונת נדרים, קסבר: לא אתי חינוך דרבנן ודחי מופלא הסמוך לאיש.

And Rabbi Yosei, son of Rabbi Yehuda, who said that a father can vow for his son only **until he reaches the age of vows, holds** that the mitzva of **education by rabbinic law does not come and override** the status of a **minor one year before** he or she **reaches majority.** Consequently, there is no necessary connection between this dispute of *tanna'im* and the argument between Rabbi Yoḥanan and Reish Lakish as to whether the ruling that a father can impose naziriteship on his son is a *halakha* transmitted to Moses from Sinai or an educational tool.

לימא הני תנאי כי הני תנאי, דתניא: מעשה ברבי חנינא שהדירו אביו בנזיר והביאו לפני רבן גמליאל, והיה רבן גמליאל בודקו לידע אם הביא שתי שערות אם לא הביא.

With regard to the dispute concerning the time period for a father's vow on behalf of his son, the Gemara suggests: **Shall we say** that the dispute between **these** ***tanna'im*** **is like** the dispute between **those** other ***tanna'im*****, as it is taught** in a *baraita* (*Tosefta, Nidda* 5:9): **An incident** occurred **involving Rabbi Ḥanina**[P] **in which his father vowed** that he should **be a nazirite** when he was a minor, **and they brought him before Rabban Gamliel, and Rabban Gamliel examined him to discern if he had** already **developed two** pubic **hairs,** in which case the vow would not take effect, or **if he had not developed** them, which would mean that the vow was valid.

רבי יוסי אומר: לידע אם הגיע לעונת נדרים אם לאו. אמר לו: רבי, אל תצטער לבודקני, אם קטן אני – אהיה בשביל אבא, אם גדול אני – אהיה בשביל עצמי. עמד רבן גמליאל ונשקו על ראשו, אמר: מובטח אני בזה שמורה הלכה בישראל. אמרו: לא היו ימים מועטים עד שהורה הוראה בישראל.

Rabbi Yosei says that Rabban Gamliel examined him **to discern whether he had reached the age of vows or not,** which he maintains is the decisive factor. The child **said to** Rabban Gamliel: **My teacher, do not go to the trouble of examining me,** since **if I am a minor I shall be** a nazirite **due to** my **father's** vow, and **if I am an adult, I shall be** a nazirite **due to my own** vow. **Rabban Gamliel arose and kissed** the child **on his head. He said: I am certain of this** child **that** he will eventually become **an authority of** ***halakha*** **for the Jewish people. They said:** In fact, **it was only a few years** later **that** the child **issued rulings for the Jewish people.**

בשלמא לרבי יוסי ברבי יהודה, דאמר עד שיגיע לעונת נדרים – היינו דקאמר "אם קטן אני – אהיה בשביל אבא". אלא לרבי, דאמר עד שיביא שתי שערות: "ואם גדול אני אהיה בשביל עצמי".

The Gemara explains its suggestion: **Granted, according to** the opinion of **Rabbi Yosei, son of Rabbi Yehuda, who said** that a father can vow on behalf of his son only **until he reaches the age of vows, this is** why the child **said: If I am a minor I shall be** a nazirite **due to** my **father,** as he means: If I have not yet reached the age of vows. **However, according to** the opinion of **Rabbi** Yehuda HaNasi, **who said** that a father can vow naziriteship for his son **until he develops two** pubic **hairs,** despite the fact that he is already mature with regard to vows, what is the meaning of: **And if I am an adult, I shall be** a nazirite **due to my own vow?**

PERSONALITIES

Rabbi Ḥanina – רבי חנינא: This generally refers to Rabbi Ḥanina bar Ḥama, who lived in the intermediate generation between the *tanna'im* and the *amora'im*. Born in Babylonia, Rabbi Ḥanina bar Ḥama came to Eretz Yisrael at an early age and was fortunate enough to learn Torah from Rabbi Yehuda HaNasi. Rabbi Yehuda HaNasi was very fond of Rabbi Ḥanina, of whom he said: This is not a man but an angel. Rabbi Ḥanina also studied from the greatest of Rabbi Yehuda HaNasi's students, principally Rabbi Ḥiyya. Rabbi Ḥanina lived in the town of Tzippori and made his living selling honey. His business thrived, and he used his success to support many scholars. He was considered one of the most formidable intellects of his generation and was also known for his righteousness and piety. His contributions to *halakha* and *aggada* are found throughout both the Babylonian Talmud and Jerusalem Talmud. Rabbi Ḥanina led a long life in good health and had the privilege of raising disciples over several generations. He and Rabbi Yehoshua ben Levi were colleagues, and he was particularly pleased to see Rabbi Yoḥanan, who had been his student for many years, rise to greatness. The *amora* Rabbi Ḥama bar Ḥanina was possibly his son. Based on the context it is hard to accept that the story cited in the Gemara involves this Rabbi Ḥanina; rather, it is likely referring to another *tanna* of the same name.

הָא בִּרְשׁוּתֵיהּ דַּאֲבוּהּ קָאֵים! אֶלָּא, דְּאָמַר ״אֶהֱא בִּשְׁבִיל אַבָּא, אֶהֱא בִּשְׁבִיל עַצְמִי״.

After all, he still **remains under his father's authority**[N] with regard to naziriteship, as he has yet to develop two pubic hairs. **Rather,** one must explain **that he said** the following: **I shall be** a nazirite **due to my father; I shall be** a nazirite **due to my own** vow. In other words, he did not link his statement to the question of whether he was old enough to vow but to the issue of his father's authority with regard to naziriteship, i.e., whether he had developed two hairs.

אִי אַיְיתֵי שְׁתֵּי שְׂעָרוֹת מֵעִיקָּרָא – קָאֵים בִּנְזִירוּת דִּילֵיהּ, וּלְבַסּוֹף – קָאֵים בִּנְזִירוּת דַּאֲבוּהּ. וְאִי אַיְיתֵי בְּמִצְעֵי מַאי?

The Gemara asks: According to the opinion of Rabbi Yehuda HaNasi, **if he had developed two** pubic **hairs from the outset,** i.e., before his father vowed, he would **stand** bound **by his own naziriteship, and** if he reached physical maturity **at the end,** i.e., after the vow ended, he would **stand** bound **by his father's** vow of **naziriteship. But if he developed** two hairs **in the middle** of his naziriteship term, of **what** use would the son's vow be?

הָנִיחָא לְרַבִּי יוֹסֵי בְּרַבִּי יְהוּדָה, דְּאָמַר עַד שֶׁיַּגִּיעַ לְעוֹנַת נְדָרִים,

The Gemara clarifies: **This works out well according to** the opinion of **Rabbi Yosei, son of Rabbi Yehuda, who said** that a father can vow on behalf of his son **until he reaches the age of vows.** The reason is that this stage is by rabbinic law, and therefore the fact that the son has reached this stage does not automatically cancel the father's vow. The son would complete his term and bring his offerings.

אֶלָּא לְרַבִּי, דְּאָמַר עַד שֶׁיָּבִיא שְׁתֵּי שְׂעָרוֹת, מַאי אִיכָּא לְמֵימַר? אָמְרִי: לְרַבִּי לֵיכָּא תַּקַּנְתָּא עַד דְּיָתֵיב דִּילֵיהּ וְיָתֵיב דַּאֲבוּהִי.

However, according to the opinion of **Rabbi** Yehuda HaNasi, **who said** that a father can vow for his son only **until he develops two** pubic **hairs, what can be said?** If he grew two hairs during his father's naziriteship it is no longer in effect, as by Torah law he is no longer under his father's authority, so what is the *halakha* in that case? The Sages **say** in response: According **to the opinion of Rabbi** Yehuda HaNasi, this child **has no rectification until he sits for his** term of naziriteship **and also sits for** the naziriteship **of his father,** i.e., he must be a nazirite for sixty days, to ensure that he completes a full term of thirty days, either for his own naziriteship or for that of his father.

מתני׳ הָאִישׁ מְגַלֵּחַ עַל נְזִירוּת אָבִיו, וְאֵין הָאִשָּׁה מְגַלַּחַת עַל נְזִירוּת אָבִיהָ. כֵּיצַד? מִי שֶׁהָיָה אָבִיו נָזִיר, וְהִפְרִישׁ מָעוֹת סְתוּמִים עַל נְזִירוּתוֹ, וּמֵת. וְאָמַר ״הֲרֵינִי נָזִיר עַל מְנָת שֶׁאֲגַלֵּחַ עַל מְעוֹת אַבָּא״.

MISHNA A man can shave, i.e., bring the offerings at the close of his term of naziriteship, **by** using offerings originally designated for **his father's naziriteship,**[H] **but a woman cannot shave by** means of the offerings for **her father's naziriteship. How so;** how is this *halakha* applied? It applies to **one whose father was a nazirite**[NH] **and separated unallocated money for his naziriteship,** i.e., he did not state which coins were for which of his offerings, **and he died** before buying the animals, **and** the son **said** after his father's death: **I am hereby a nazirite on the condition that I will shave by** means of **the money** that my **father** set aside.

אָמַר רַבִּי יוֹסֵי: הֲרֵי אֵלּוּ יִפְּלוּ לִנְדָבָה, אֵין זֶה מְגַלֵּחַ עַל נְזִירוּת אָבִיו. אֵיזֶהוּ שֶׁמְּגַלֵּחַ עַל נְזִירוּת אָבִיו? מִי שֶׁהָיָה הוּא וְאָבִיו נְזִירִים, וְהִפְרִישׁ אָבִיו מָעוֹת סְתוּמִים לִנְזִירוּתוֹ וּמֵת – זֶה הוּא שֶׁמְּגַלֵּחַ עַל נְזִירוּת אָבִיו.

Rabbi Yosei said: In that case **these** coins are **allocated for** communal **gift** offerings, and the son may not use them, as **this is not** the case of the *halakha* that a son **can shave by** using **his father's naziriteship.** Rather, **who is** the son **who can shave by** using **his father's naziriteship?** This is referring to a son **and his father who were** both **nazirites**[H] during his father's lifetime, **and his father separated unallocated money for his naziriteship and died; this is the one who may shave by using his father's naziriteship.**

NOTES

He remains under his father's authority – הָא בִּרְשׁוּתֵיהּ דַּאֲבוּהּ קָאֵים: Most commentaries explain this question as follows: If the son's statement: If I am a minor I shall be a nazirite due to my father's vow, and if I am an adult, I shall be a nazirite due to my own vow, refers to the age of vows, Rabbi Yehuda HaNasi must account for the fact that he has not yet left his father's authority completely, which means that his father's vow should still apply. After all, a father can impose a vow on his son even during the son's thirteenth year, and after he has reached the age of vows. Why, then, does this son have to accept his own naziriteship when his father's is still in effect? See the alternative explanations of the Commentary on *Nazir*, and the Rid.

One whose father was a nazirite – מִי שֶׁהָיָה אָבִיו נָזִיר: There are two versions of this mishna. According to the alternative reading, which is the reverse of that of the standard text, everyone agrees that a son who became a nazirite after his father's death may use his unallocated money. They disagree only with regard to a father and son who were nazirites at the same time. According to the standard version, Rabbi Yosei's reasoning is that if the father died before the son became a nazirite there is no connection between their naziriteship terms, whereas if they were nazirites concurrently he has a claim to his father's naziriteship money. Those who accept the other version of the text explain that a son who was a nazirite in his father's lifetime must tend to his own obligation, and therefore he may not make use of his father's offerings. Conversely, if he vowed after his father's death he may stipulate the use of his money (see Commentary on *Nazir* and *Tosafot*).

HALAKHA

A man can shave by using his father's naziriteship, etc. – הָאִישׁ מְגַלֵּחַ עַל נְזִירוּת אָבִיו וכו׳: A man who vowed naziriteship is permitted to make use of his late father's offerings. However, a woman may not do so (Rambam *Sefer Hafla'a*, *Hilkhot Nezirut* 8:15).

One whose father was a nazirite, etc. – מִי שֶׁהָיָה אָבִיו נָזִיר וכו׳: If one's father was a nazirite who had separated unallocated money for his offerings before he died, the son may use that money for his own offerings if he said after his father's death: I am hereby a nazirite on the condition that I can bring my offerings from the money set aside by my father. This is in accordance with the unattributed opinion in the mishna (Rambam *Sefer Hafla'a*, *Hilkhot Nezirut* 8:15).

A son and his father who were both nazirites, etc. – מִי שֶׁהָיָה הוּא וְאָבִיו נְזִירִים וכו׳: In a case where both a man and his father were nazirites, and the father separated unallocated money before he died, the son may use the money if he stated after his father's death that he will shave by means of his father's money. If he did not declare this intention, the money is used for gift offerings (Rambam *Sefer Hafla'a*, *Hilkhot Nezirut* 8:15).

גמ׳ מאי טעמא? אמר רבי יוחנן: הלכה היא בנזיר. פשיטא! מאי למימרא דבן יורש את אביו, בת לא?!

GEMARA The Gemara asks: **What is the reason** for this difference between a man and a woman? **Rabbi Yoḥanan said: It is a *halakha*** transmitted to Moses from Sinai **with regard to a nazirite.**[H] The Gemara asks: It is **obvious** that this is so, even without this *halakha*. **What** is the purpose **of stating** this? Is Rabbi Yoḥanan coming to say **that a son inherits** from **his father** whereas **a daughter** does **not,** and therefore only a son who inherits from his father can use his animals, but not a daughter? This is obvious, as it is stated in the Torah that a daughter does not inherit from her father if he has a son (see Numbers 27:8).

לא צריכא, דלית ליה אלא בת. מהו דתימא: יורשין גמירין לה,

The Gemara answers: **No,** this *halakha* is **necessary** in a case **when he has only a daughter,** who does inherit from him. **Lest you say** that **we learned** this *halakha* with regard to **heirs,** i.e., that the *halakha* is that all heirs, including a daughter, can shave by means of their father's offerings,

HALAKHA

It is a *halakha* with regard to a nazirite – הלכה היא בנזיר: A man may shave by means of his father's offerings, but a woman may not do so. This is in accordance with a *halakha* learned by tradition, as stated by Rabbi Yoḥanan (Rambam *Sefer Hafla'a, Hilkhot Nezirut* 8:15).

Perek **IV**
Daf **30** Amud **b**

קא משמע לן – הלכה.

the mishna therefore **teaches us** that it is a ***halakha*** that is unrelated to inheritance; there is simply a tradition that a son can use the offerings for his father's naziriteship while a daughter cannot.

איבעיא להו: פליגי רבנן עליה דרבי יוסי או לא פליגי? ואם תימצי לומר פליגי, ארישא או אסיפא? תא שמע: כיצד אמרו האיש מגלח על נזירות אביו?

§ **A dilemma was raised before** the Sages: Do **the Rabbis disagree with Rabbi Yosei,**[N] **or do they not disagree? If you say** they **disagree,** do they take issue **with the first clause or with the latter clause** of his *halakha*? The Gemara suggests an answer: **Come** and **hear** the following *baraita*: **How did** the Sages **say** that **a man can shave**[H] by using **his father's naziriteship?**

מי שהיה אביו נזיר, והפריש אביו מעות לנזירותו, ומת, ואמר "הריני נזיר על מנת שאגלח על מעות אבא" – זהו שמגלח על מעות אביו. אבל מי שהיה הוא ואביו נזירים, והפריש אביו מעות לנזירותו, ומת – הרי אלו יפלו לנדבה, דברי רבי יוסי.

With regard to **one whose father was a nazirite and his father separated money for his naziriteship and died, and** the son **said: I am hereby a nazirite on the condition that I can shave by** using my **father's money, this is the one who can shave by** means of **his father's money. However,** if a son **and his father were** both **nazirites, and his father separated money for his** own **naziriteship and died, this** money is **allocated for** communal **gift** offerings. This is **the statement of Rabbi Yosei.**

רבי אליעזר ורבי מאיר ורבי יהודה אמרו: זה הוא שמגלח על מעות אביו.

Rabbi Eliezer, and Rabbi Meir, and Rabbi Yehuda said: This is the one who can shave[N] by using **his father's money.** Their emphasis of: This is the one, indicates that they disagree with Rabbi Yosei entirely. In other words, where Rabbi Yosei rules that one can use his father's money, they maintain that he cannot do so; and conversely, in a case where Rabbi Yosei says that one cannot spend his father's money for his nazirite offerings, the Rabbis rule that he can do so.

HALAKHA

How did they say a man can shave, etc. – כיצד אמרו האיש מגלח וכו׳: Whether he vowed naziriteship in his father's lifetime or after his death, a son can use the unallocated money his father left behind. The *halakha* is in accordance with the opinion of the Rabbis, who disagree with Rabbi Yosei only with regard to his latter clause (Rambam *Sefer Hafla'a, Hilkhot Nezirut* 8:15).

NOTES

Do the Rabbis disagree with Rabbi Yosei – פליגי רבנן עליה דרבי יוסי: On the one hand, as the mishna itself does not explicitly cite a dispute in this regard, the entire mishna is apparently part of the traditional *halakha*, especially as the phrase: Rabbi Yosei said, usually indicates that he does not take issue with the previous statement. On the other hand, the phrase: Who is the one who shaves, indicates the existence of an opposing opinion that does not appear in the mishna. Some commentaries explain that the Gemara is asking whether Rabbi Yosei's colleagues accept his ruling (Rabbeinu Peretz).

This is the one who can shave, etc. – זה הוא שמגלח וכו׳: Some commentaries say that the phrase: This is, means: This case and no other, which indicates that the Rabbis disagree with both the first and last rulings, i.e., they maintain the reverse of Rabbi Yosei's opinion (Commentary on *Nazir*). In the Jerusalem Talmud a similar explanation is accepted, and the *Tosefta* explicitly states likewise. Others claim that the first clause is unanimous, and the phrase: This is, refers only to the last clause. Consequently, the son can shave in both cases in the opinion of the Rabbis. Most commentaries accept this explanation, for various reasons.

בָּעֵי רַבָּה: יֵשׁ לוֹ שְׁנֵי בָנִים נְזִירִים, מַהוּ? הִילְכְתָא גְּמִירִין לָהּ, כׇּל דְּקָדֵים גָּלַח – גָּלַח, אוֹ דִּילְמָא יְרוּשָּׁה גְּמִירִין לָהּ, וּפַלְגָא הָוֵי?

§ **Rabba raised a dilemma:** If a father **has two nazirite sons,**[H] **what** is the *halakha*? The Gemara clarifies the sides of the dilemma: Does one say that **we learned it as a** ***halakha*** that a son can shave using money left for his father's naziriteship, and therefore **any** son **who precedes** his brother **and shaves** using his father's money has **shaved** and gained the entire sum? **Or perhaps we learned** this *halakha* from the case of **inheritance, and** consequently, each receives **a half?**

בָּעֵי רָבָא: בְּכוֹר וּפָשׁוּט, מַאי? הִילְכְתָא גְּמִירִין לָהּ – וְהִילְכָּךְ לָא בָּעֵי גַּלּוּחֵי לְפוּם מַאי דְּשָׁקֵיל. אוֹ דִּילְמָא יְרוּשָּׁה הִיא, וְכִי הֵיכִי דְּשָׁקֵיל פִּי שְׁנַיִם – הָכִי מְגַלֵּחַ?

Similarly, **Rava raised a dilemma:** If one has two nazirite sons, a **firstborn and a regular** son,[H] **what is** the *halakha*? Does one say that **we learned it as a** ***halakha*** that a son may shave using money left for his father's naziriteship, and this ruling is unconnected to inheritance, **and therefore he does not need to shave** only **in accordance with what he receives** as an inheritance? Instead, either each son receives half the money, or whoever precedes the other receives the entire sum. **Or perhaps it is an inheritance, and just as** the firstborn **takes a double portion** of the estate, **so too he shaves** with a double portion of this money?

וְאִם תִּימְצֵי לוֹמַר יְרוּשָּׁה הִיא, וּלְפוּם דְּשָׁקֵיל מְגַלֵּחַ, וּבְחוּלִּין הוּא דְּאִית לֵיהּ פִּי שְׁנַיִם, אֲבָל בְּהֶקְדֵּשׁ לָא. אוֹ דִּילְמָא כֵּיוָן דְּקָנֵי לֵיהּ לְגִלּוּחַ – לָא שְׁנָא?

And if you say it is an inheritance and he shaves in accordance with the portion **he receives, it is** still possible that it is only with regard **to non-sacred** matters **that** a firstborn **has**[N] **a double portion, but with regard to consecrated** property this *halakha* does **not** apply. **Or perhaps, since he acquires that** money, although he uses it **for** the purpose of **shaving** it **is no different,** i.e., it does not matter that the money is for a sacred matter.

אָבִיו נְזִיר עוֹלָם וְהוּא נְזִיר סְתָם, אָבִיו נְזִיר סְתָם וְהוּא נְזִיר עוֹלָם, מַאי? כִּי גְּמִירִין הִילְכְתָא – בִּסְתַם נְזִירוּת, אוֹ דִּילְמָא לָא שְׁנָא?

The Gemara raises another dilemma: If **his father** was **a permanent nazirite**[H] **and he was an unspecified nazirite,** or if **his father was an unspecified nazirite and he was a permanent nazirite, what is** the *halakha*? Can this son shave using money left for his father's naziriteship? Does one say that **when we learned the** ***halakha*** that a son can shave using money left for his father's naziriteship, this applies only **in** a case where they are both **unspecified nazirites, or perhaps** it **is no different,** and the same *halakha* applies even if their naziriteships are of two different kinds?

וְאִם תִּימְצֵי לוֹמַר הָכָא אִידִי וְאִידִי נְזִירוּת טָהֳרָה, בָּעֵי רַב אַשִׁי: אָבִיו נָזִיר טָמֵא וְהוּא נָזִיר טָהוֹר, אָבִיו נָזִיר טָהוֹר וְהוּא נָזִיר טָמֵא, מַאי? תֵּיקוּ.

And if you say: Here, both cases are at least similar in that they involve **ritually pure naziriteship,** and therefore the son can make use of his father's money, then **Rav Ashi raises** a different **dilemma:** If **his father** was **an impure nazirite**[H] **and he was a pure nazirite,** or if **his father was a pure nazirite and he was an impure nazirite, what** is the *halakha*? Can the son shave using money left for his father's naziriteship or not? No answer was found for any of these dilemmas, and the Gemara says that they **shall stand**[B] unresolved.

הדרן עלך מי שאמר

HALAKHA

Two nazirite sons – שְׁנֵי בָּנִים נְזִירִים: If a father died, leaving unallocated money for his naziriteship offerings, his sons divide the money between them, and each can shave with his share. In keeping with his general opinion, Rambam rules in accordance with the option accepted as the basis of the clause beginning with: If you say (Rambam *Sefer Hafla'a*, *Hilkhot Nezirut* 8:15).

A firstborn and a regular son – בְּכוֹר וּפָשׁוּט: If a father left behind unallocated money for his naziriteship, his firstborn son receives a double portion. Apparently, the Rambam maintains that Rava's unresolved question refers solely to consecrated property, whereas as far as the father's naziriteship is concerned, it is considered an inheritance (Rambam *Sefer Hafla'a*, *Hilkhot Nezirut* 8:15 and *Kesef Mishne* there).

His father was a permanent nazirite, etc. – אָבִיו נְזִיר עוֹלָם וכו׳: If a father was a permanent nazirite and his son was a nazirite for a limited period, or vice versa, the son may use his father's unallocated money, in accordance with the opinion accepted as the basis of the clause beginning with: If you say (Rambam *Sefer Hafla'a*, *Hilkhot Nezirut* 8:16).

His father was an impure nazirite – אָבִיו נָזִיר טָמֵא: If a father set aside money for the offerings of his impure naziriteship and died, his son cannot use them for his offerings of purity. Similarly, he cannot use money for pure offerings for his own naziriteship of impurity. Since this question was left unresolved by the Gemara, it is considered an uncertain case, and therefore the son does not fulfill his obligation if he uses the money in this manner (Rambam *Sefer Hafla'a*, *Hilkhot Nezirut* 8:17).

NOTES

It is with regard to non-sacred matters that he has – וּבְחוּלִּין הוּא דְּאִית לֵיהּ: According to the Commentary on *Nazir*, the Gemara is asking whether this *halakha* was stated concerning only consecrated money or concerning even fully consecrated items. For example, does a firstborn receive a double portion of sacrificial meat? Alternatively, the suggestion is that there is a difference between a father who uses an expression of consecration, such as: These are for the offerings of my naziriteship, and one who states: These are for my naziriteship. The second expression merely indicates the separation of money for this purpose rather than a full consecration (*Tosafot*; Rabbeinu Peretz). According to this explanation, this question is unrelated to the previous one, as it also applies to two sons who had an equal share in the inheritance. Others contend that this is a follow-up question to the earlier dilemma with regard to a firstborn and a regular son: Perhaps the advantage that a firstborn receives applies only to the inheritance of non-sacred items, as sacred objects are not included in the category of "All that he has" (Deuteronomy 21:17). This issue has ramifications for any case of a father who leaves behind consecrated items: Do all the sons divide the items equally between them or does the firstborn receive an extra share (see Rosh; *Shita Mekubbetzet*)?

BACKGROUND

Shall stand [*teiku*] – תֵּיקוּ: Various explanations have been suggested for the etymology of this term. One suggestion is that the word is an abbreviated version of *tikom*, let it stand. Another is that its source is *tik*, a case or pouch, whose contents are unknown. Likewise, the resolution of this matter is unknown as though it were hidden inside a case (*Arukh*). Although not the literal meaning, some raise the suggestion that the term alludes to a Hebrew acrostic: *Tishbi yetaretz kushyot ve'abayyot*: the Tishbite, i.e., Elijah the Prophet, will resolve questions and dilemmas (*Tosefot Yom Tov*).

Summary of **Perek IV**

The conclusion reached in this chapter is that one may take a vow by associating himself with the naziriteship of another. The exact language used by the second speaker determines his obligation in the event that the initial vow is nullified by a woman's father or husband, or uprooted altogether by an act of dissolution performed by a halakhic authority. In this chapter it was also stated that a father or husband is entitled to nullify the vow of his daughter or wife at any point during her term, but not once she begins to bring her sacrificial animals.

There is a difference between a case in which one states that certain animals or sums of money should serve as specific offerings and a case where no such specification is made. In the first situation an individual declares which animals should be the sin-offering, burnt-offering, guilt-offering, and peace-offering, or which sum of money should pay for each offering. In the second scenario the nazirite merely sets aside animals or the equivalent sums without specifying how they are to be used. The Gemara considers what happens in these cases if the naziriteship vow is canceled, e.g., it is nullified by a woman's husband, or the individual dies. The basic *halakha* is that each animal is treated differently when its use was determined beforehand, but other principles govern situations where no specifications were made. These rulings also apply when a nazirite wishes to use the animals his nazirite father set aside before dying. Despite the fact that in general one cannot achieve atonement with an animal designated for another person, a unique *halakha* permits this in the case of a nazirite who inherits animals from his father.

Another *halakha* of naziriteship concerns the power of a father to declare his son a nazirite. This option exists until the son reaches the age of maturity, and it is available only for a father and with the son's acquiescence. The vow does not take effect if the son rejects the naziriteship, either on his own accord or at the behest of his relatives. Animals set aside as offerings for a son's naziriteship are sacrificed if he completes the term, or are treated like the offerings of a nazirite who dies if the vow is not observed.

The chapter strays somewhat from its main topics to consider the case of a woman who does not observe her naziriteship properly. If a wife violates her naziriteship, unaware that her husband has in fact nullified it, she incurs lashes for rebelliousness by rabbinic law. This *halakha* shows that one's intentions are significant beyond the strict observance of the *halakha*. God holds an individual accountable if he attempts to sin, even if his attempt at transgression actually fails. Conversely, one is credited for trying to perform a mitzva even when his behavior is flawed in some way.

Introduction to **Perek V**

Speak to the children of Israel, and say to them: When either man or woman shall clearly utter a vow, the vow of a nazirite, to consecrate himself to the Lord.

(Numbers 6:2)

Speak to the children of Israel, and say to them: When a man shall clearly utter a vow of persons to the Lord, according to your evaluation.

(Leviticus 27:2)

And all the tithe of the herd or the flock, whatever passes under the rod, the tenth shall be sacred to the Lord.

(Leviticus 27:32)

This chapter will address several issues which all stem from the same basic problem: Does a consecration founded on error or uncertainty take effect?

The consecration of an item is considered not merely a promise, but a legal act in and of itself. Therefore, a consecration of an item to the Temple treasury is legally equivalent to transferring ownership of that item to another person. For this reason it can be argued that even if uttered in error, an act of consecration is binding. The same would be the case with regard to a vow of naziriteship or a vow of prohibition, as the phrase "to the Lord" is used in the Torah with regard to both of these. An error may occur if the individual was mistaken about the circumstances, or if he supposed that events in the future would unfold differently. Similarly, one might link his declaration to facts that cannot be verified.

Conversely, it is possible that the act of consecration depends on one's intention, and one's statement is merely a verbal confirmation of one's inner intention. The resolution of this dilemma has important ramifications: The dissolution of vows is based on the ability of a halakhic authority to detect a discrepancy between one's thoughts and his statements. Can a halakhic authority dissolve a vow of consecration by identifying extenuating circumstances or regret on the part of the individual who took the vow?

Although a vow of naziriteship is apparently just another type of vow, it is also similar to a consecration, as a nazirite is obligated to set aside offerings for the completion of his term.

A related topic which will be addressed in this chapter is whether a conditional vow results in an obligation with regard to situations where the stipulation was possibly unfulfilled.

מתני׳ בֵּית שַׁמַּאי אוֹמְרִים: הֶקְדֵּשׁ טָעוּת – הֶקְדֵּשׁ,

MISHNA **Beit Shammai say: Consecration** that one performs in **error** nevertheless renders property **consecrated,**

וּבֵית הִלֵּל אוֹמְרִים: אֵין הֶקְדֵּשׁ. כֵּיצַד? אָמַר ״שׁוֹר שָׁחוֹר שֶׁיֵּצֵא מִבֵּיתִי רִאשׁוֹן הֲרֵי הוּא הֶקְדֵּשׁ״ וְיָצָא לָבָן, בֵּית שַׁמַּאי אוֹמְרִים: הֶקְדֵּשׁ, וּבֵית הִלֵּל אוֹמְרִים: אֵינוֹ הֶקְדֵּשׁ. ״דִּינַר זָהָב שֶׁיַּעֲלֶה בְּיָדִי רִאשׁוֹן הֲרֵי הוּא הֶקְדֵּשׁ״ וְעָלָה שֶׁל כֶּסֶף, בֵּית שַׁמַּאי אוֹמְרִים: הֶקְדֵּשׁ, וּבֵית הִלֵּל אוֹמְרִים: אֵינוֹ הֶקְדֵּשׁ. ״חָבִית שֶׁל יַיִן שֶׁתַּעֲלֶה בְּיָדִי רִאשׁוֹנָה הֲרֵי הִיא הֶקְדֵּשׁ״ וְעָלְתָה שֶׁל שֶׁמֶן, בֵּית שַׁמַּאי אוֹמְרִים: הֶקְדֵּשׁ, וּבֵית הִלֵּל אוֹמְרִים: אֵינוֹ הֶקְדֵּשׁ.

and Beit Hillel[P] **say** it is **not consecrated.**[H] **How so;** what is considered an act of erroneous consecration? If one **said: A black bull that will emerge from my house first is consecrated, and a white** bull **emerged** first, **Beit Shammai say** it is **consecrated**[N] **and Beit Hillel say** it is **not consecrated.** Similarly, if one said: **A gold dinar that will come up first in my hand is consecrated, and** when he reached into his pocket a dinar **of silver came up, Beit Shammai say** it is **consecrated and Beit Hillel say** it is **not consecrated.** Likewise, if one said: **A barrel of wine that will come up first in my hand** when I enter the cellar **is consecrated, and** a barrel **of oil came up** in his hand instead, **Beit Shammai say** it is **consecrated and Beit Hillel say** it is **not consecrated.**

גמ׳ ״בֵּית שַׁמַּאי אוֹמְרִים הֶקְדֵּשׁ״ כו׳. מַאי טַעְמַיְיהוּ דְּבֵית שַׁמַּאי – דְּיָלְפִינַן תְּחִלַּת הֶקְדֵּשׁ מִסּוֹף הֶקְדֵּשׁ; מָה תְּמוּרָה – אֲפִילּוּ בְּטָעוּת, אַף הֶקְדֵּשׁ – אֲפִילּוּ בְּטָעוּת.

GEMARA The mishna taught that **Beit Shammai say** that **consecration** performed in error renders property consecrated, and Beit Hillel say it is not consecrated. The Gemara analyzes their dispute: **What is the reason of Beit Shammai?** They maintain **that we derive** the *halakha* of **the initial** stage **of consecration from the final** stage **of consecration.** The final stage of consecration is referring to substitution, when one attempts to substitute a non-consecrated animal for a consecrated one. **Just as** an act of **substitution** takes effect **even in error,**[H] i.e., if one meant to say that his black bull should be a substitute for his consecrated animal and he actually said: This white bull, the white bull is rendered consecrated, **so too,** the initial stage of **consecration** takes effect **even** when done **in error.**

וּבֵית הִלֵּל אוֹמְרִים: הָנֵי מִילֵּי – תְּמוּרָה, אֲבָל אַחוּתֵי הֶקְדֵּשׁ בְּטָעוּת – לָא מַחְתִּינַן.

And Beit Hillel say: This matter, i.e., the *halakha* that consecration takes effect even when done in error, applies only to **substitution,** where there is an animal that is already fully consecrated. **However, we do not have** the initial status of **consecration descend** upon an item **in error.**

HALAKHA

Consecration that one performs in error…is not consecrated – הֶקְדֵּשׁ טָעוּת...אֵין הֶקְדֵּשׁ: Any property which is consecrated in error is not considered consecrated. For example, if one said: A black bull that will emerge from my house first is consecrated, and a white one emerged first, it is not consecrated. Similarly, if one said: A gold dinar that will come up in my hand first is consecrated, and he drew out a silver one, it is not consecrated, in accordance with the opinion of Beit Hillel (Rambam *Sefer Hafla'a, Hilkhot Arakhin VaHaramim* 6:34; *Shulḥan Arukh, Yoreh De'a* 258:2, in the comment of Rema).

Substitution takes effect even in error – תְּמוּרָה אֲפִילּוּ בְּטָעוּת: If one substitutes an animal for an offering his action takes effect in that the animal becomes consecrated and he is liable to receive lashes. This is the *halakha* even if he erred in his statement, e.g., if he intended to say: This is the substitute of a burnt-offering, and he said: This is the substitute of a peace-offering (Rambam *Sefer Korbanot, Hilkhot Temura* 1:2).

NOTES

And a white bull emerged…consecrated – וְיָצָא לָבָן...הֶקְדֵּשׁ: There are two explanations for Beit Shammai's opinion, as cited in the Commentary on *Nazir* and *Tosafot*. According to one interpretation, the meaning is straightforward: Although the individual specified a black bull and a white one emerged, the white bull is consecrated. Likewise, if he spoke of a gold coin and he picked up a silver one, the silver coin is consecrated. Similarly, the barrel of oil is consecrated despite his mention of wine. The idea is that he intended to consecrate the first item to emerge or be picked up, and he merely anticipated that the black bull, gold coin, or barrel of wine would be first. Alternatively, the first black bull to emerge is consecrated, even if it emerges after a white one. The same applies with regard to coins and barrels (Rabbi Avraham min HaHar).

PERSONALITIES

Beit Shammai and Beit Hillel – בֵּית שַׁמַּאי וּבֵית הִלֵּל: These titles refer to the schools of thought carried on by the disciples of Hillel the Elder and Shammai the Elder. Although there are only three recorded matters of dispute between Hillel and Shammai themselves, their students were relentless adversaries who served together in the Sanhedrin at the end of the Second Temple period and after its destruction. Their students were known to differ in many areas of *halakha*. With regard to the disagreements of these two houses, a mishna states (*Avot* 5:20): Any controversy waged for the sake of Heaven shall ultimately be of lasting worth, but any that is not waged for the sake of Heaven shall ultimately lead to no permanent result. Which controversy serves as an example of one waged in the service of Heaven? The controversy of Hillel and Shammai. And which was not for the sake Heaven? The controversy of Korah and his companions.

Generally speaking, the disciples of Hillel and Shammai mirrored the personalities of their respective teachers: The open and tolerant Hillel, and the harsh, severe Shammai, although there are exceptions to this rule. A list of the cases in which the disciples of Shammai were more lenient than the disciples of Hillel appears in tractate *Eduyyot*. In almost all disputes between the two schools, the *halakha* is in accordance with the opinion of Beit Hillel.

וּלְבֵית שַׁמַּאי, מָה אִילּוּ אָמַר ״הֲרֵי זֶה תַּחַת זֶה לַחֲצִי הַיּוֹם״ מִי הָוְיָא תְּמוּרָה מֵהַהִיא שַׁעְתָּא? אֶלָּא, עַד דְּמָטֵי חֲצִי הַיּוֹם הוּא דְּהָוְיָא תְּמוּרָה. הָכִי נַמִי, לְכִי מִיגַּלְיָא מִילְּתָא!

The Gemara asks: **And according to** the opinion of **Beit Shammai,** who derive the *halakha* of the initial stage of consecration from substitution, **just as if one said,** at the start of the day: **This** animal **is** a substitute **in exchange for this** animal **in the middle of the day, would it become a substitute from that time** when he issued the statement, in opposition to his explicit statement? It would not. **Rather,** Beit Shammai certainly concede that the animal does not become a consecrated as a substitute **until the middle of the day arrives,** at which point **it becomes a substitution. So too,** in the case of the mishna, the consecration should take effect **when the situation is revealed** to be in accordance with his statement, i.e., only if a black bull emerges first. Only then should the animal be rendered consecrated, but not if a white bull emerges first. Why do Beit Shammai hold that in the case of the mishna the consecration takes effect in opposition to his explicit statement.

אָמַר רַב פַּפָּא: לְכָךְ נֶאֱמַר רִאשׁוֹן – לִכְשֶׁיֵּצֵא רִאשׁוֹן.

Rav Pappa said: Beit Shammai concede that consecration does not take effect in opposition to one's explicit statement. Rather, they maintain that it is **for this** reason that the man **states:** The black bull that will emerge from my house **first,**[N] as he means the following: **When** the **first** black bull of all the black bulls I possess **will emerge** from my house, it will be consecrated. When Beit Shammai ruled that the bull is consecrated, they were referring to the first black bull that emerged, even if it was not the first bull that emerged, as a white bull preceded it.

וְהָא ״שׁוֹר שָׁחוֹר״ קָאָמַר, מִי לָא עָסְקִינַן דְּלֵית לֵיהּ אֶלָּא הַאי? לָא צְרִיכָא, דְּאִית לֵיהּ תְּרֵין תְּלָתָא. וּבֵית הִלֵּל אוֹמְרִים: אִם כֵּן ״שֶׁיֵּצֵא בָּרִאשׁוֹן״ מִיבָּעֵי לֵיהּ.

The Gemara asks: **But he said: Black bull,**[N] and **are we not dealing** even with a case **where he only has this** one black bull? If so, the Gemara's initial interpretation of his statement is correct: The black bull is consecrated only if it is the first to emerge, but not if a white bull precedes it. The Gemara answers: **No;** it is **necessary** to state this *halakha* with regard to a case **where he has two** or **three**[N] black bulls. **And Beit Hillel say: If so,** i.e., if he intended to consecrate the first of his black bulls to emerge from the house, **he should have** said: The **first** black bull **that will emerge** from my house. Since he did not say this, he must have meant that the black bull should be consecrated only if it is the first bull of any kind to emerge.

אֲמַר לֵיהּ רָבָא מִבַּרְנִישׁ לְרַב אַשִׁי: הַאי הֶקְדֵּשׁ בְּטָעוּת הוּא? הֶקְדֵּשׁ בְּכַוָּונָה הוּא! מִשּׁוּם דְּאַטְעֲיֵיהּ לְדִיבּוּרֵיהּ קַמָּא.

Rava from Barnish said to Rav Ashi, with regard to the explanation of Rav Pappa: Is **this** case he mentioned one of **erroneous consecration? It is intentional consecration.** According to the interpretation of Rav Pappa, there is no error. He intended to consecrate the first black bull that emerged, and that is what was consecrated. The Gemara answers: Nevertheless, it is called an erroneous consecration **because he erred in his first statement.** His statement of consecration gave the mistaken impression that he desired to consecrate the first bull that emerges, even if it is white.

וְסָבְרִי בֵּית שַׁמַּאי הֶקְדֵּשׁ בְּטָעוּת לָא הָוֵי הֶקְדֵּשׁ? וְהָתְנַן: מִי שֶׁנָּדַר בְּנָזִיר וְנִשְׁאַל לַחֲכָמִים וְהִתִּירוּ, וְהָיְתָה לוֹ בְּהֵמָה מוּפְרֶשֶׁת – תֵּצֵא וְתִרְעֶה בָּעֵדֶר.

In any case, Rav Pappa indicates that even Beit Shammai hold that an erroneous act of consecration does not take effect. The Gemara questions this assumption: **And do Beit Shammai hold** that an indisputably **erroneous** act of **consecration is not** considered an act of **consecration? But didn't we learn** in the mishna (31b): With regard to **one who took a vow of naziriteship and** later **made a request to the halakhic authorities** to dissolve his vow, **and they dissolved** his vow, **and he had** already **separated an animal** for one of his nazirite offerings beforehand, **it shall go out and graze among the flock,** like any other non-sacred animal.

אָמְרוּ בֵּית הִלֵּל לְבֵית שַׁמַּאי: אִי אַתֶּם מוֹדִים שֶׁהֶקְדֵּשׁ בְּטָעוּת הוּא, וְתֵצֵא וְתִרְעֶה בָּעֵדֶר? מִכְּלַל דְּסָבְרִי בֵּית שַׁמַּאי הֶקְדֵּשׁ בְּטָעוּת הָוֵי הֶקְדֵּשׁ.

The mishna continues: **Beit Hillel said to Beit Shammai: Don't you concede that** the reason for this ruling is because **it is an erroneous** act of **consecration, and** that a consecration of this kind does not take effect, and that is the reason **it shall go out and graze among the flock?** The same *halakha* should apply to all erroneous acts of consecration. One can learn from here **by inference that Beit Shammai hold** that an entirely **erroneous** act of **consecration is** considered **consecration,** as is evident from Beit Hillel's question.

NOTES

For this reason he states first – לְכָךְ נֶאֱמַר רִאשׁוֹן: Some commentaries explain Rav Pappa's statement as follows: This case does not in fact involve the unintentional application of consecration. Rather, the one who stated the vow of consecration initially meant to consecrate the first black bull to emerge, whether or not it was preceded by a white one (*Tosafot*). According to the earlier explanation of the mishna, Rav Pappa disputes the initial understanding of the opinion of Beit Shammai, as he maintains that the white bull is not consecrated. Others contend that Rav Pappa maintains that the white bull is consecrated, as the term: First, refers to any bull that exits first. This individual specified a black bull merely because he thought a black one would emerge first (Commentary on *Nazir*). In any case, Rav Pappa apparently maintains that Beit Shammai do not derive their ruling from the case of substitution.

But he said, black bull – וְהָא שׁוֹר שָׁחוֹר קָאָמַר: As the case of the mishna discusses one who owned only a single black bull, the previous interpretation, that he is referring to the first of all his black bulls, cannot be correct. According to the explanation of Rabbi Avraham min HaHar, the Gemara is arguing the reverse: The fact that he specified the first black bull indicates that he owns several bulls of this kind, and he did not have a white one in mind at all. Rather, he was referring to the first of his black bulls to emerge. According to this explanation, the text of the Gemara must be emended, so that it reads: Are we not dealing with one who has two or three black bulls?

Where he has two or three – דְּאִית לֵיהּ תְּרֵין תְּלָתָא: If the individual owns several black bulls, it is therefore understood that he was referring to the first of his black bulls to emerge from the house. According to the explanation of Rabbi Avraham min HaHar, the text of the Gemara should be emended to read: Where he has only one black bull, and therefore he intended to consecrate the first bull to emerge, regardless of its color.

אלא, בית הלל הוא דקא טעו. סברי טעמייהו דבית שמאי משום דהקדש בטעות הוי הקדש, ואמרי להון בית שמאי: לאו משום הקדש בטעות הוא, אלא משום דאטעייה לדיבוריה קמא.

The Gemara answers: This is not the case; **rather, it is Beit Hillel who erred** in their understanding. **They thought** that **Beit Shammai's reasoning** was **because an erroneous** act of **consecration is** considered **consecration**, and therefore they raised a difficulty with regard to the case of a nazirite. **And Beit Shammai said to them:** Our reasoning in the case of the black bull is **not because** it is **an erroneous** act of **consecration. Rather,** it is merely called an erroneous consecration **because he erred in his first statement,** as he actually meant to consecrate the first of his black bulls to emerge from his house.

וסברי בית שמאי הקדש בטעות לא הוי הקדש? תא שמע: היו מהלכין בדרך,

The Gemara continues to ask: And do **Beit Shammai hold** that an indisputably **erroneous** act of **consecration is not** considered **consecration? Come** and **hear** proof from the mishna (32b) that they maintain that an erroneously consecrated item is considered consecrated: If there **were** several people **walking along the way,**

ואחד בא כנגדן, ואמר אחד "הריני נזיר שזה פלוני", ואחד אמר "הריני נזיר שאין זה פלוני", "הריני נזיר שאחד מכם נזיר", "שאין אחד מכם נזיר", "ששניכם נזירים", "שכולכם נזירים", בית שמאי אומרים: כולם נזירים.

and one other person was **approaching them, and one** of those walking **said: I am hereby a nazirite if this** person coming toward us **is so-and-so. And** another **one** of them **said: I am hereby a nazirite if this is not so-and-so,** while a third member of the group said: **I am hereby a nazirite if one of you** two **is a nazirite,** and a fourth said: I am hereby a nazirite **if neither of you is a nazirite,** and another added: I am hereby a nazirite **if both of you are nazirites.** Finally, the last person said: I am hereby a nazirite **if all you** who spoke before me **are nazirites. Beit Shammai say** that **they are all nazirites,** as by saying: I am hereby a nazirite, they have accepted naziriteship upon themselves even if their statement turns out to be incorrect.

והא הכא, הקדש בטעות הוא, וקתני: כולם נזירים! אמרי: סברי בית שמאי הקדש בטעות הוי הקדש, הכא לא.

The Gemara analyzes this mishna: **But here, it is** clearly a case of **an erroneous** act of **consecration,** as the statements of some of these individuals must have been incorrect, **and** yet the mishna **teaches** that Beit Shammai maintain that **they are all nazirites.** The Sages **say** in response: In fact, in general **Beit Shammai hold** that **an erroneous** act of **consecration is** considered **consecration,** as is evident from this *halakha* involving nazirites. However, the particular mishna **here,** concerning black and white bulls, is **not**[N] based on that *halakha*. Rather, Rav Pappa's explanation is the correct one.

אביי אמר: לא קא סלקא דעתך דקאים בצפרא, אלא הכא במאי עסקינן – דקאים בטיהרא, ואמר: שור שחור שיצא מביתי ראשון – ליהוי הקדש. ואמרו ליה: לבן נפק. ואמר להון: אי הוה ידענא דלבן נפק – לא אמרי שחור.

Abaye said a different explanation of the mishna: It should **not enter your mind** that the mishna is dealing with one **who was standing in the morning** and referred to a future event, i.e., that an animal will emerge from the house. **Rather, with what are we dealing here?** With one **who is standing at noon,**[N] after the bulls had already left the house, **and said:** The **black bull that emerged first from my house first shall be consecrated. And** people **said to him:** A **white** bull **emerged** first. **And he said to them: Had I known** that a **white** bull **emerged, I would not** have **said black.** Therefore, the consecration was erroneous.

ומי מצית אמרת דקאים בטיהרא עסיק? והקתני: "דינר של זהב שיעלה"! תני "שעלה". "חבית של יין שתעלה"! תני "שעלתה".

The Gemara asks: **How can you say** that the mishna **deals** with one **who is standing at noon** and is speaking of a past event? **But** in a subsequent example the mishna **teaches: A gold dinar that will come up** in my hand first shall be consecrated, which is clearly referring to a future event. The Gemara answers: You should emend the mishna and **teach:** A gold dinar **that came up,** in the past tense. The Gemara continues to ask: Didn't the mishna state: **A barrel of wine that will come up** in my hand first shall be consecrated, which is also referring to the future tense. The Gemara similarly answers that one should **teach** in the mishna: A barrel **that** already **came up.**

NOTES

Here not – הכא לא: Beit Shammai maintain that an erroneous act of consecration is considered consecration; however, this cannot be proven from this mishna, which is properly explained in accordance with the explanation of Rav Pappa (Commentary on *Nazir*). Alternatively, the Gemara intends to draw a distinction between the case of the mishna and the case of the nazirites. In the case of the mishna, where the one taking the vow of consecration specified a black bull, Beit Shammai may maintain that the white bull does not become consecrated, as that would be in contradistinction to his explicit statement. By contrast, in the case of the people walking along their way, each of them thought he was correct in his statement, and intended to accept naziriteship accordingly. In this type of case, even if one of them was found to have been in error, Beit Shammai maintain that this act of erroneous consecration, i.e., acceptance of naziriteship, does take effect.

With what are we dealing here, with one who is standing at noon – הכא במאי עסקינן דקאים בטיהרא: The early commentaries ask: If the case involves one who claims to have made an error, why is it necessary to emend the mishna so that it refers to the past rather than the future? One can simply say that the mishna is dealing with a person who in the morning said that the black bull that will emerge is consecrated, and afterward explains that he merely assumed that the black bull would emerge first. The answer is that since he had no way of knowing which bull would emerge first when he took the vow, his mention of a black bull demonstrates his intention, and therefore he cannot revise his statement after the fact. As he has no way of predicting future events, he must have meant a black bull, not a white one (*Tosafot*; see Commentary on *Nazir*).

אָמַר רַב חִסְדָּא: אוּכְּמָא בְּחִיוָּרָא – לַקְיָא. חִיוָּרָא בְּאוּכְּמָא – לַקְיָא. תְּנַן: ״שָׁחוֹר שֶׁיֵּצֵא מִבֵּיתִי רִאשׁוֹן הֶקְדֵּשׁ״. קָא סָלְקָא דַּעְתִּין: כִּי מַקְדִּישׁ – בְּעַיִן רָעָה מַקְדִּישׁ, וְאָמְרִי בֵּית שַׁמַּאי: הָוֵי הֶקְדֵּשׁ!

§ The Gemara quotes a statement related to the case in the mishna with regard to black and white bulls. **Rav Ḥisda said: A black** bull **among white ones is deficient**, as white bulls are superior in quality, and **a white** patch **on a black** bull **is a deficiency.**[B] Having stated these assessments, the Gemara returns to discuss the mishna. **We learned** in the mishna that if one said: The **black** bull **that will emerge from my house first is consecrated,** and a white one emerged. **It entered our minds** to assume that **when** one **consecrates**[N] property to the Temple treasury **he consecrates sparingly,** i.e., he does not give his property that is superior in quality or value, unless he expressly says so. **And** yet **Beit Shammai say** that the white bull in this case **is consecrated,** which indicates that the white one is inferior in quality, which contradicts the statement of Rav Ḥisda.

וְאֶלָּא מַאי – בְּעַיִן יָפָה מַקְדִּישׁ? ״דִּינָר שֶׁל זָהָב שֶׁיַּעֲלֶה בְּיָדִי רִאשׁוֹן״ וְעָלָה כֶּסֶף, בֵּית שַׁמַּאי אוֹמְרִים: הֶקְדֵּשׁ!

The Gemara examines this assumption: **Rather, what then?** Will you say that according to the opinion of Beit Shammai one typically **consecrates generously**[H] and donates his property that is superior? However, the continuation of the mishna states that if one said: The **gold dinar that will come up in my hand first, and a silver one came up, Beit Shammai say it is consecrated.** If Beit Shammai hold that one would have in mind to consecrate only the superior property, why would the inferior silver coin be consecrated?

וְאֶלָּא מַאי – בְּעַיִן רָעָה מַקְדִּישׁ? ״חָבִית שֶׁל יַיִן שֶׁתַּעֲלֶה בְּיָדִי רִאשׁוֹן״ וְעָלָה שֶׁל שֶׁמֶן, בֵּית שַׁמַּאי אוֹמְרִים: הֶקְדֵּשׁ. וְהָא שֶׁמֶן עָדִיף מִיַּיִן! אִי מִשּׁוּם הָא לָא קַשְׁיָא, בְּגָלִילָא שָׁנוּ, דְּחַמְרָא עָדִיף מִמִּשְׁחָא.

The Gemara counters: **Rather, what then?** Does a person **consecrate sparingly?** Yet the subsequent example of the mishna states that if one said: **A barrel of wine that will come up in my hand first, and one of oil came up, Beit Shammai say** it is **consecrated. But oil is preferable to wine,** so why is the oil consecrated? The Gemara answers: **If** the problem is **due to that, this is not difficult,** as this mishna **was taught in the Galilee, where wine is preferable to oil.** Olive trees are plentiful in the Galilee, and therefore oil is cheaper than wine. Therefore, the entire mishna can be explained in accordance with the opinion that people consecrate sparingly.

רֵישָׁא קַשְׁיָא לְרַב חִסְדָּא. אָמַר לָךְ רַב חִסְדָּא: כִּי אֲמַרִי – בְּתוֹרָא דְּקַרְמָנָאֵי.

The Gemara comments: In any case, **the first clause** of the mishna poses **a difficulty to** the opinion of **Rav Ḥisda,** as it indicates that a white bull is less valuable than a black one. The Gemara answers that **Rav Ḥisda** could have **said to you: When I said** that a white one is superior, I was referring only **to a Karmanian**[B] **bull,** a type of bull in which the white animals are superior in quality to the black ones. In all other cases black bulls considered superior, and the mishna was referring to standard bulls.

וְאָמַר רַב חִסְדָּא: אוּכְּמָא – לְמַשְׁכֵּיהּ, סוּמְקָא – לְבִשְׂרֵיהּ, חִיוָּרָא – לְרִדְיָא. וְהָאֲמַר רַב חִסְדָּא: אוּכְּמָא בְּחִיוָּרָא לַקְיָא. כִּי אֲמַרִי בְּתוֹרָא דְּקַרְמוֹנָאֵי.

The Gemara quotes another statement with regard to bulls: **And Rav Ḥisda said** with regard to bulls: **A black** bull is good **for its hide; a red one** is good **for its meat;** while **a white** bull is good **for plowing.**[B] The Gemara asks: **But didn't Rav Ḥisda say: A black** bull **among white ones is deficient,** which indicates that a black one is inferior in all regards? The Gemara again answers that Rav Ḥisda could reply: **When I said** that, I was referring only **to a Karmanian bull,** but not to other bulls.

מתני׳ מִי שֶׁנָּדַר בְּנָזִיר, וְנִשְׁאַל לֶחָכָם וַאֲסָרוֹ – מוֹנֶה מִשָּׁעָה שֶׁנָּדַר. נִשְׁאַל לֶחָכָם וְהִתִּירוֹ, הָיְתָה לוֹ בְּהֵמָה מוּפְרֶשֶׁת – תֵּצֵא וְתִרְעֶה בָּעֵדֶר.

MISHNA With regard to **one who took a vow of naziriteship,** who then regretted his vow and stopped observing the prohibition against drinking wine, **and** later **requested of a halakhic authority** to dissolve his vow, **and** the authority **ruled** that **he is bound** by his vow,[H] finding no reason to dissolve it, he **counts** the term of naziriteship **from the time that he vowed,** including the days when he acted as though the vow were dissolved. In a case where **he requested of a halakhic authority** to dissolve his vow **and** the authority **dissolved it,** if **he had an animal separated**[H] as a nazirite offering **it shall go out and graze among the flock.**

BACKGROUND

A white patch on a black bull is a deficiency – חִיוָּרָא בְּאוּכְּמָא לַקְיָא: If there is a breed of bull whose skin color is entirely black, a white spot on its skin is not the product of mixed breeding, but rather, is the result of a blemish. It is possible that a wound on that spot caused the roots of the hair to lose their natural pigment. Although the wound did not leave any other marks on the bull, nevertheless it can be assumed that there is a defect in the flesh beneath the white patch.

Karmanian – קַרְמָנָאֵי: This term apparently refers to a Persian province that was once known as Carmania and is now referred to as the Kerman Province. Its capital is the city of Kerman. This province is found in western Iran, just south of Kurdistan. For many generations it was an important agricultural center which exported fruits and vegetables to the rest of the country.

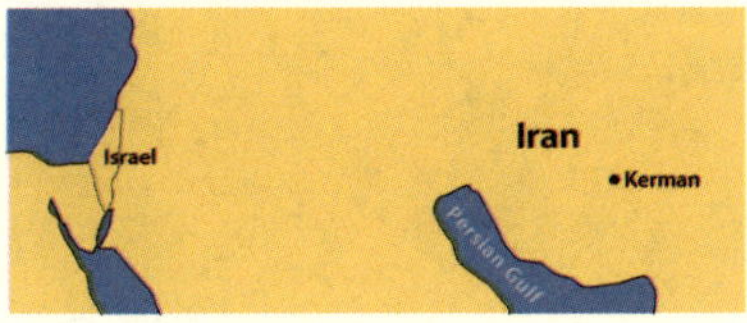

Kerman Province

Black, red, white – אוּכְּמָא, סוּמְקָא, חִיוָּרָא: It can be inferred from the Gemara that this does not refer to a single breed of bull comprised of animals of various colors. Rather, it is speaking of different breeds, each of which has a distinct color, as certain types of spotted cattle and other breeds have only one color. This helps clarify the Gemara's claim that a particular breed of bull is better for plowing, due to its strength and temperament, whereas another kind has finer skin. It is noteworthy that the black bull is described elsewhere in the Talmud as a highly dangerous animal.

NOTES

When one consecrates – כִּי מַקְדִּישׁ: Whenever one consecrates an item to the Temple by means of a vague formulation, his words are interpreted in a limited, restricted manner. Consequently, one who mentions a bull presumably has his most inferior quality bull in mind. In this case, the bull that emerged was of the superior white variety, and therefore it is assumed that this was not his initial intention (Commentary on *Nazir*). Even Beit Shammai agree that this kind of erroneous act of consecration is invalid, as he certainly did not intend to consecrate the animal in this manner (*Tosafot*).

HALAKHA

Consecrates generously – בְּעַיִן יָפָה מַקְדִּישׁ: If one consecrates a field full of trees to the Temple treasury, the trees themselves are also consecrated even if the individual did not say so explicitly, as it is presumed that one consecrates in a generous manner (Rambam *Sefer Hafla'a, Hilkhot Arakhin VaḤaramim* 4:15).

One who took a vow of naziriteship, and requested of a halakhic authority to dissolve it, and the authority ruled that he is bound by his vow – מִי שֶׁנָּדַר בְּנָזִיר וְנִשְׁאַל לֶחָכָם וַאֲסָרוֹ: If one vows to be a nazirite and, under the impression that his vow is invalid, proceeds to drink wine, if he later requests of a halakhic authority to dissolve his vow, yet that one rules that the vow is in force, he counts the duration of his naziriteship from the time he took the vow. However, the Sages decreed that he must add additional days to his term to compensate for the days during which he neglected to observe the *halakhot* of naziriteship (Rambam *Sefer Hafla'a, Hilkhot Nezirut* 4:13).

If he had an animal separated – הָיְתָה לוֹ בְּהֵמָה מוּפְרֶשֶׁת: If a nazirite set aside his offerings and later had his vow of naziriteship dissolved by a halakhic authority, the animals he separated are non-sacred and may rejoin the rest of his flock, as the consecration was in error (Rambam *Sefer Hafla'a, Hilkhot Nezirut* 9:8).

אָמְרוּ בֵּית הִלֵּל לְבֵית שַׁמַּאי: אִי אַתֶּם מוֹדִים בָּזֶה שֶׁהוּא הֶקְדֵּשׁ טָעוּת, שֶׁתֵּצֵא וְתִרְעֶה בָּעֵדֶר? אָמַר לָהֶן בֵּית שַׁמַּאי: אִי אַתֶּם מוֹדִים בְּמִי שֶׁטָּעָה, וְקָרָא לַתְּשִׁיעִי "עֲשִׂירִי", וְלָעֲשִׂירִי "תְּשִׁיעִי", וּלְאַחַד עָשָׂר "עֲשִׂירִי" – שֶׁהוּא מְקוּדָּשׁ?

On the basis of this *halakha*, and continuing their discussion in the previous mishna, **Beit Hillel said to Beit Shammai: Don't you concede with regard to this** case **that it is an erroneous** act of **consecration, and** yet the *halakha* is **that it shall go out and graze among the flock?** This shows that you too accept the principle that an erroneous act of consecration does not take effect. **Beit Shammai said to** Beit Hillel: **Don't you concede with regard to one** who was separating the animal tithe from his herd, i.e., passing his animals before him single file and consecrating every tenth one as a tithe, **that** if he **erred and called the ninth** animal: **Tenth;**[H] **and the tenth: Ninth; and the eleventh: Tenth, that** each of them **is consecrated?** This proves that an erroneous act of consecration does take effect.

אָמְרוּ לָהֶם בֵּית הִלֵּל: לֹא הַשֵּׁבֶט קִידְּשׁוֹ. וּמָה אִילּוּ טָעָה וְהִנִּיחַ אֶת הַשֵּׁבֶט עַל שְׁמִינִי וְעַל שְׁנֵים עָשָׂר, שֶׁמָּא עָשָׂה כְלוּם? אֶלָּא כָּתוּב שֶׁקִּידֵּשׁ הָעֲשִׂירִי – הוּא קִידֵּשׁ הַתְּשִׁיעִי

Beit Hillel said to them: It is **not the rod** that **consecrates it.** The touch of the rod does not consecrate the animal, nor does the fact that he said: Tenth, by mistake. Not all errors cause the tithe to be consecrated, and the proof is as follows: **And what** would be the *halakha* **if he had erred and placed the rod on the eighth or on the twelfth,** and labeled them: Tenth? Can it be suggested that **perhaps he performed anything** of consequence? The *halakha* is that the eighth or twelfth animal cannot be consecrated as tithe. **Rather,** why is the ninth or eleventh animal consecrated? There is a specific reason for this *halakha*, as the same **verse that consecrated the tenth** also **consecrated the ninth**

HALAKHA

Called the ninth tenth – קָרָא לַתְּשִׁיעִי עֲשִׂירִי: If one was tithing his flock by releasing them from their pen one by one and erred in his counting, if he called the eighth in line or any lower number, or the twelfth in line or any higher number: Tenth, they are not consecrated. This is the *halakha* regardless if he did so unwittingly or intentionally. However, if he called the ninth or the eleventh: Tenth, they are consecrated. This is a *halakha* learned by tradition (Rambam *Sefer Korbanot, Hilkhot Bekhorot* 8:1).

Perek **V**
Daf **32** Amud **a**

וְאֶת אַחַד עָשָׂר.

and the eleventh. It is a Torah edict that the consecration takes effect with regard to those two animals. Therefore, one cannot infer from this case that an erroneous act of consecration takes effect.

גמ׳ מַנִּי מַתְנִיתִין? לָא רַבִּי יוֹסֵי וְלָא רַבָּנַן.

GEMARA The Gemara asks: **Whose** opinion is expressed in **the mishna,** when it rules that one whose request to dissolve his vow was rejected by a halakhic authority counts the duration of his naziriteship from the moment he took the vow, including the days on which he did not observe the *halakhot* of naziriteship in practice? The Gemara responds: It is **neither** the opinion of **Rabbi Yosei, nor** that of **the Rabbis.**

דְּתַנְיָא: מִי שֶׁנָּדַר וְעָבַר עַל נְזִירוּתוֹ – אֵין נִזְקָקִין לוֹ אֶלָּא אִם כֵּן מוֹנֶה בָּהֶן אִיסּוּר כַּיָּמִים שֶׁנָּהַג בָּהֶם הֶיתֵּר. רַבִּי יוֹסֵי אוֹמֵר: דַּיּוֹ שְׁלֹשִׁים יוֹם.

As it is taught in a *baraita* (*Tosefta Nedarim* 1:6): With regard to **one who took a vow** of naziriteship **and** later **transgressed his** vow of **naziriteship**[H] by drinking wine, the halakhic authorities **do not attend to his** request to dissolve his vow, nor do they let him complete his term as a nazirite by sacrificing offerings, **unless he counted,** i.e., observed, days of the **prohibitions** of naziriteship **for the same** number of **days in which he behaved with permissiveness** concerning the restrictions of a nazirite. Only after he observes the prohibitions of naziriteship for the number of days that his observance lapsed will a halakhic authority hear his request for dissolution, or allow him to bring his offerings. **Rabbi Yosei says: Thirty days is enough for him.**[N] He is required to observe additional days of naziriteship only if he transgressed his vow of naziriteship for thirty days or more.

NOTES

Thirty days is enough for him – דַּיּוֹ שְׁלֹשִׁים יוֹם: According to Rabbeinu Tam, cited by Rabbeinu Peretz, the decisive factor is whether he transgressed his vow for at least thirty days. If he transgressed his vow for less than this period, the Sages do not obligate him to observe the missing days; rather, it is enough for him to complete his term of naziriteship. This explanation fits in well with the discussion in the Gemara that follows Rabbi Yosei's statement.

By contrast, most commentaries explain that Rabbi Yosei is referring to the number of days the individual must add to his naziriteship. According to some commentaries, Rabbi Yosei maintains that he is always required to observe extra days of naziriteship to compensate for the period he failed to observe, but this amounts to no more than thirty days (*Tosafot*). Others contend that Rabbi Yosei merely requires him to observe thirty days of naziriteship in accordance with *halakha*. For example, if he vowed to be a nazirite for a period of eighty days and for fifty days acted as though the vow were dissolved, he does not have to add anything, as he still has thirty days of naziriteship remaining (Rabbeinu Azriel, cited in *Shita Mekubbetzet*).

HALAKHA

One who took a vow and later transgressed his naziriteship – מִי שֶׁנָּדַר וְעָבַר עַל נְזִירוּתוֹ: If one took a vow of naziriteship, and for whatever reason thought the vow was not in effect, and as a result failed to observe the prohibitions of naziriteship, if he later requested of a halakhic authority to dissolve the vow and his vow was not dissolved, he counts the duration of his naziriteship from the time he took the vow. However, he must add days corresponding to the days he failed to observe naziriteship. For example, if he took a standard vow of naziriteship of thirty days, and then failed to observe the *halakhot* of a nazirite for ten of those days, he must keep an extra ten days. If he transgresses his vow of naziriteship during that ten-day period he is liable to receive lashes for rebelliousness from the Sages. This applies only to a short term of naziriteship.

If his naziriteship was lengthy, he is required to add only thirty days, as the *halakha* is in accordance with the opinion of Rabbi Yosei. The Rambam holds in accordance with Rabbi Yosei, as does the *Shulḥan Arukh* with regard to all other vows, with the exception of cases where this stringency might cause one to sin. By contrast, most early commentaries maintain that the *halakha* is in accordance with the opinion of Rabbi Yehuda, the *tanna* who disagrees with Rabbi Yosei (*Shakh*; Ra'avad; Rosh; Rabbeinu Yeruḥam). Consequently, this nazirite must make up the entire period he failed to observe, even if it amounts to more than thirty days. If he transgressed his vow and did not add to his term the number of days during which he violated his naziriteship, even if his naziriteship was lengthy the Sages penalize him by refusing to dissolve his vow until he completes the number of days of his initial vow (Rambam *Sefer Hafla'a, Hilkhot Arakhin VaḤaramim* 4:13–15; *Shulḥan Arukh, Yoreh De'a* 208:2–3).

אִי רַבָּנַן – קַשְׁיָא נְזִירוּת מוּעֶטֶת, אִי רַבִּי יוֹסֵי – קַשְׁיָא נְזִירוּת מְרוּבָּה!

The Gemara elaborates: Which of these opinions might correspond to that of the mishna? If it is that of **the Rabbis,** it is **difficult** with respect to **a short naziriteship,** i.e., a standard term of naziriteship, which lasts for thirty days. The Rabbis maintain that he cannot include all the days from the time he took the vow even if his naziriteship was short. They hold that he must add days corresponding to the days that he failed to observe the *halakhot* required of a nazirite. **If** it is that of **Rabbi Yosei,** although he agrees that one who transgresses his vow of naziriteship for a short period of less than thirty days need not add to his term, it is nevertheless **difficult** with regard to **a lengthy naziriteship,** as even Rabbi Yosei rules that in such a case the individual must observe naziriteship for additional days.

אִיבָּעֵית תֵּימָא רַבִּי יוֹסֵי, וְאִיבָּעֵית תֵּימָא רַבָּנַן. אִיבָּעֵית תֵּימָא רַבִּי יוֹסֵי: כָּאן – בִּנְזִירוּת מְרוּבָּה, כָּאן – בִּנְזִירוּת מוּעֶטֶת.

The Gemara answers: **If you wish,** you can **say** that the mishna is in accordance with the opinion of **Rabbi Yosei, and if you wish,** you can **say** it is in accordance with the opinion of **the Rabbis.** The Gemara explains: **If you wish,** you can **say** that the mishna is in accordance with **Rabbi Yosei: Here,** the *baraita* is speaking **of a lengthy naziriteship; there,** the mishna is referring **to a short naziriteship.** In other words, the mishna refers only to one who transgresses his vow of naziriteship for less than thirty days.

וְאִיבָּעֵית תֵּימָא רַבָּנַן: לָא תֵּימָא מִשָּׁעָה שֶׁנָּזַר, אֶלָּא אֵימָא כְּמִשָּׁעָה שֶׁנָּזַר.

And if you wish, you can **say** that the mishna follows the opinion of **the Rabbis,** by emending its wording: **Do not say** that he must observe naziriteship **from the time that he vowed; rather, say: Like from the time that he vowed.** That is, he must count his naziriteship corresponding to the time that has elapsed since he took his vow, exactly as stated by the Rabbis.

״נִשְׁאַל לַחֲכָמִים וְהִתִּירוּהוּ״ וכו׳. אָמַר רַבִּי יִרְמְיָה: מִדְּבֵית שַׁמַּאי נִשְׁמַע לְדְבֵית הִלֵּל; לָאו אָמְרִי בֵּית שַׁמַּאי הֶקְדֵּשׁ בְּטָעוּת הָוֵי הֶקְדֵּשׁ, כֵּיוָן דְּאִיגְּלַאי מִילְּתָא דְּלָאו שַׁפִּיר נְזַר – תֵּצֵא וְתִרְעֶה בָּעֵדֶר.

§ The mishna taught that with regard to one who **requested of the halakhic authorities and they dissolved** the vow **for him,** and he had already separated an animal for a nazirite offering, it shall go out and graze among the flock. **Rabbi Yirmeya said: From** the ruling **of Beit Shammai one can learn** a *halakha* with regard **to** the opinion **of Beit Hillel.** Is it **not** the case that **Beit Shammai say** that **an erroneous** act of **consecration is** considered **consecration,** and yet **once the matter is revealed that his vow of naziriteship** was **not right,** i.e., it has been dissolved, the animal is considered non-sacred and **shall go out and graze among** the **flock.**

לְבֵית הִלֵּל נַמִי, אַף עַל גַּב דְּאָמְרִי תְּמוּרָה בְּטָעוּת הָוְיָא תְּמוּרָה – הָנֵי מִילֵּי הֵיכָא דְּאִיתֵיהּ לְעִיקַּר הֶקְדֵּשׁ, אֲבָל הֵיכָא דְּמִיתְעֲקַר עִיקַּר הֶקְדֵּשׁ – אִיתְעֲקַר נַמִי תְּמוּרָה.

Rabbi Yirmeya continues: **According to** the opinion of **Beit Hillel as well, even though** they **say** that **a substitution** of a consecrated animal for another performed **in error is** a valid **substitute, this applies** only **when the initial consecration,** i.e., the consecration of the first animal, **is** in effect, in which case a substitution can take place. **However,** in a situation **where the initial consecration has been uprooted,**[N] i.e., a halakhic authority dissolved the vow pertaining to the first consecration, the first animal is no longer consecrated, and therefore the **substitute is also uprooted,** i.e., the animal remains non-sacred.

אָמַר מָר: אִי אַתֶּם מוֹדִים שֶׁאִילּוּ קָרָא לַתְּשִׁיעִי עֲשִׂירִי כו׳. אִיתְּמַר: מַעֲשֵׂר, רַב נַחְמָן אָמַר: טָעוּתוֹ וְלֹא כַּוָּונָתוֹ, רַב חִסְדָּא וְרַבָּה בַּר רַב הוּנָא אָמְרִי: טָעוּתוֹ, וְכׇל שֶׁכֵּן כַּוָּונָתוֹ.

§ **The Master said**[N] in the mishna: **Don't you concede with regard to one who called the ninth** animal: **Tenth,** that it is consecrated? It **was stated** that *amora'im* engaged in a dispute concerning this point. With regard to the animal **tithe,**[B] **Rav Naḥman said:** It is consecrated in the above manner only if it resulted from **his error, but not** from **his intentional** declaration. If the owner was aware that it was the ninth animal and called it: Tenth, on purpose, his consecration is ineffective. **Rav Ḥisda and Rabba bar Rav Huna say: His error** consecrates the animal, **and all the more so his intentional** declaration,[H] i.e., if he called the ninth or eleventh animals: Tenth, in full knowledge that they were not the tenth.

אֲמַר לֵיהּ רָבָא לְרַב נַחְמָן: לְדִידָךְ, דְּאָמְרַתְּ טָעוּתוֹ וְלֹא כַּוָּונָתוֹ, דְּקָאָמְרִי בֵּית שַׁמַּאי לְבֵית הִלֵּל: אִי אַתֶּם מוֹדִים שֶׁאִילּוּ קָרָא לַתְּשִׁיעִי עֲשִׂירִי וְלָעֲשִׂירִי תְּשִׁיעִי וּלְאַחַד עָשָׂר עֲשִׂירִי שֶׁשְּׁלׇשְׁתָּן מְקוּדָּשִׁין, וְאִישְׁתִּיקוּ בֵּית הִלֵּל.

Rava said to Rav Naḥman: According to your opinion, **that you say** it is only **his error** that consecrates the ninth animal **and not his intentional** declaration, consider **that Beit Shammai said** the following **to Beit Hillel** in the mishna as proof that erroneous consecration is valid: **Don't you concede that if he called the ninth: Tenth; the tenth: Ninth; and the eleventh: Tenth, that all three are consecrated? And Beit Hillel were silent** in face of this question.

NOTES

The initial consecration has been uprooted – דְּמִיתְעֲקַר עִיקַּר הֶקְדֵּשׁ: Most commentaries explain this as follows: Although substitution does apply in error, if the sanctity of the first animal was uprooted so that it became a non-sacred animal, the substitution is nullified. One does not say that the sanctity of a substitution took effect with regard to the second animal; rather, the dissolution of the vow pertaining to the first animal negates the sanctity of its substitute as well. This is exactly parallel to the case of a nazirite vow that was completely uprooted: Once the vow of naziriteship itself is dissolved, the sanctity of the animals separated for his naziriteship is also no longer in effect.

The Master said – אָמַר מָר: The commentaries point out that this is an example of the unusual language of *Nazir*, as the phrase: The Master said, generally introduces an external citation quoting *amora'im* or *tanna'im* from a source external to the Gemara's discussion, rather than a quote from the current mishna (Commentary on *Nazir*).

BACKGROUND

Animal tithe – מַעֲשַׂר בְּהֵמָה: On three occasions each year, the owner of a herd of kosher animals was required to gather all the animals born during the preceding period into an enclosure, and to let them out one by one. These animals were passed "under the rod" of the shepherd (Leviticus 27:32), and every tenth animal was marked with red paint, to indicate that it was consecrated. These animals were consecrated as animal tithe. If the animal was fit to be sacrificed, it was brought to the Temple and sacrificed in a manner similar to that of a peace-offering. Its blood was sprinkled on the altar, and its meat was eaten by its owner, but not by the priests. The details of the *halakhot* of animal tithe are elucidated in tractate *Bekhorot*.

HALAKHA

His error and all the more so his intentional declaration – טָעוּתוֹ וְכׇל שֶׁכֵּן כַּוָּונָתוֹ: If one was separating animal tithes and called the ninth or the eleventh animal: Tenth, the animal in question is consecrated whether he did so unwittingly or on purpose. This *halakha* is in accordance with the majority opinion of Rav Ḥisda and Rabba bar Rav Huna (Rambam *Sefer Korbanot*, *Hilkhot Bekhorot* 8:1).

לֵימְרוּ לְהוֹן: מָה לְמַעֲשֵׂר – שֶׁכֵּן אֵינוֹ קָדוֹשׁ בְּכַוָּונָה!

However, according to your opinion, **let** Beit Hillel **say to** Beit Shammai: While it is correct that an erroneous act of consecration takes effect with regard to animal tithe, one cannot learn the *halakha* of other types of consecration from there, as **what** is unique **about tithe is that it is not consecrated** if his declaration concerning the wrong animal was **intentional,** whereas other types of consecration are typically the result of a purposeful act. Since other types of consecration take effect with intent, an erroneous act of consecration is not considered consecration.

אָמַר רַב שִׁימִי בַּר אַשִׁי: הַיְינוּ טַעְמָא דְּלָא אָמְרִי לְהוֹן, דְּקַל וָחוֹמֶר הוּא: מָה מַעֲשֵׂר שֶׁאֵינוֹ קָדוֹשׁ בְּכַוָּונָה – קָדוֹשׁ בְּטָעוּת, הֶקְדֵּשׁ שֶׁקָּדוֹשׁ בְּכַוָּונָה – לֹא כׇּל שֶׁכֵּן?

Rav Shimi bar Ashi said: This is the reason that Beit Hillel **did not say** that answer **to** Beit Shammai, as one can argue in the opposite manner, by saying **that it is an** ***a fortiori*** inference: **If tithe, which is not consecrated** when he acts **intentionally,** is nevertheless **consecrated** if he acted **erroneously;** with regard to other types of **consecration, which are consecrated intentionally,** is it **not all the more so** that an act of erroneous consecration should render an item consecrated?

וְלָא הִיא, דְּהֶקְדֵּשׁ בְּדַעְתָּא דְּמָרֵיהּ תָּלֵי.

The Gemara rejects this argument: **And this is not so,** as this *a fortiori* inference is flawed, **as consecration depends on the intention of the owner,**[N] and therefore it cannot apply when done in error. By contrast, the animal tithe is not consecrated through the intention of its owner but merely by counting, as every tenth animal is consecrated.

מתני׳ מִי שֶׁנָּדַר בְּנָזִיר, וְהָלַךְ לְהָבִיא אֶת בְּהֶמְתּוֹ וּמְצָאָהּ שֶׁנִּגְנְבָה. אִם עַד שֶׁלֹּא נִגְנְבָה בְּהֶמְתּוֹ נָזַר – הֲרֵי זֶה נָזִיר,

MISHNA With regard to **one who took a vow of naziriteship and went to bring his animal** which he set aside for his nazirite offering **and discovered that it was stolen,** and due to the need to separate an additional animal now regrets having taken his vow, **if he took a vow of naziriteship before his animal was stolen,**[H] **he is a nazirite,** as a vow cannot be dissolved as the result of a later event.

NOTES

As consecration depends on the intention of the owner – **דְּהֶקְדֵּשׁ בְּדַעְתָּא דְּמָרֵיהּ תָּלֵי**: According to the explanation of Rav Shimi bar Ashi, the question posed to the opinion of Rav Naḥman from the answer of Beit Hillel stands (Commentary on *Nazir*). Other commentaries claim that this question does not disprove the opinion of Rav Naḥman, as one can explain that although Beit Hillel could have provided the answer suggested by Rava, they preferred an alternative response, as stated in the Jerusalem Talmud.

HALAKHA

If he took a vow of naziriteship before his animal was stolen – **אִם עַד שֶׁלֹּא נִגְנְבָה בְּהֶמְתּוֹ נָזַר**: With regard to one who took a vow of naziriteship and went to get the offerings he had set aside only to find they were lost or stolen, if he took his vow before the animal was stolen, he is a nazirite. If he took his vow after the animals were stolen he is not a nazirite, as it is considered an erroneous vow (Rambam *Sefer Hafla'a*, *Hilkhot Nezirut* 2:2).

Perek **V**
Daf **32** Amud **b**

וְאִם מִשֶּׁנִּגְנְבָה בְּהֶמְתּוֹ נָזַר – אֵינוֹ נָזִיר. וְזוֹ טָעוּת טָעָה נַחוּם הַמָּדִי, כְּשֶׁעָלוּ נְזִירִים מִן הַגּוֹלָה וּמָצְאוּ בֵּית הַמִּקְדָּשׁ חָרֵב, אָמַר לָהֶם נַחוּם הַמָּדִי: אִילּוּ הֱיִיתֶם יוֹדְעִין שֶׁבֵּית הַמִּקְדָּשׁ חָרֵב הֱיִיתֶם נוֹזְרִים? אָמְרוּ לוֹ: לָא. וְהִתִּירָן נַחוּם הַמָּדִי.

But if he took a vow of naziriteship after his animal was stolen, he is not a nazirite,[N] as it is retroactively established that his vow was taken in error from the outset, as he relied on an animal he did not possess. **And this** was the **error** that **Naḥum the Mede**[P] **erred** when he failed to distinguish between an event that occurred before the vow was taken and an event that occurred afterward. The incident in question was as follows: **When nazirites were ascending from the exile** to sacrifice their offerings, **and they found the Temple destroyed, Naḥum the Mede said to them: If you had known that the Temple** would be **destroyed, would you have taken a vow of naziriteship? They said to him:** Certainly **not,** as there is no remedy for a naziriteship in this case. **And Naḥum the Mede dissolved** the vow **for them.**

וּכְשֶׁבָּא הַדָּבָר אֵצֶל חֲכָמִים אָמְרוּ: כׇּל שֶׁנָּזַר עַד שֶׁלֹּא חָרַב בֵּית הַמִּקְדָּשׁ – נָזִיר, וּמִשֶּׁחָרַב בֵּית הַמִּקְדָּשׁ – אֵינוֹ נָזִיר.

And when the matter came before the Rabbis, they said: His ruling is incorrect. Rather, **whoever took a vow of naziriteship before the Temple was destroyed,** like these nazirites from the exile, he is **a nazirite,** as he committed no error at the time of his vow, and one cannot dissolve vows based a new situation. However, one who stated his vow **after the Temple was destroyed is not a nazirite,** as he vowed based on an erroneous assumption.

NOTES

He is not a nazirite – **אֵינוֹ נָזִיר**: The commentaries state that in this case it is evident that the vow was erroneous from the outset, as he took the vow based on the assumption that he had an animal ready to bring as an offering. Therefore, a halakhic authority can dissolve his vow (*Tosafot*). Others claim that the statement: He is not a nazirite, indicates that his vow does not require dissolution at all, as the vow is automatically void. Consequently, the earlier ruling: If the animal was stolen afterward he is a nazirite, does not mean that he cannot have the vow dissolved. Rather, it means that this vow requires dissolution by means of a halakhic authority (Rambam's Commentary on the Mishna; Rabbi Avraham min HaHar, citing Commentary on *Nedarim*).

PERSONALITIES

Naḥum the Mede – **נַחוּם הַמָּדִי**: Naḥum the Mede was a prominent Sage at the time of the destruction of the Second Temple. Based on his nickname (see *Avoda Zara* 7b) he apparently came from Media, although he likely immigrated to Eretz Yisrael at a young age in order to study Torah. He was among the so-called *Dayanei Gezeirot*, the Chief Judges in Jerusalem who were authorized to issue community-wide enactments. Several of his halakhic rulings are mentioned in the Mishna and in *baraitot*.

גמ׳ אֲמַר רַבָּה: שְׁטָפוּהוּ רַבָּנַן לְרַבִּי אֱלִיעֶזֶר וְאוֹקְמֵיהּ בְּשִׁיטָתַיְיהוּ. דִּתְנַן: פּוֹתְחִין בְּנוֹלָד, דִּבְרֵי רַבִּי אֱלִיעֶזֶר, וַחֲכָמִים אוֹסְרִין.

GEMARA In relation to the mishna's statement with regard to the dissolution of a vow of naziriteship due to a new situation, the Gemara cites a statement that **Rabba said: The Rabbis overwhelmed Rabbi Eliezer** until he retracted his ruling **and established** the *halakha* **in accordance with their opinion.** To what does this refer? **As we learned** in a mishna in *Nedarim* (64a): They **may broach** dissolution **by** asking about **a new situation,** i.e., a halakhic authority can dissolve a vow due to a new situation that the one who took the vow did not anticipate at the time he took his vow. This is **the statement of Rabbi Eliezer; but the Rabbis prohibit** this. Since Rabbi Eliezer does not disagree in the case of naziriteship in this mishna, he must have accepted the opinion of the Rabbis.

וַאֲמַר רָבָא: אַף עַל גַּב דַּאֲמוּר רַבָּנַן אֵין פּוֹתְחִין בְּנוֹלָד, אֲבָל פּוֹתְחִין בִּתְנַאי נוֹלָד. הֵיכִי דָּמֵי? אָמְרִי לְהוֹן: אִילּוּ אֲתָא אִינִישׁ וַאֲמַר לְכוֹן דְּחָרֵב בֵּית הַמִּקְדָּשׁ, מִי הֲוָה נְדַרִיתוּן?

And Rava said, with regard to the same issue: **Even though the Rabbis said** that they **may not broach** dissolution **by** asking about **a new situation,**[H] **however,** they **may broach** dissolution **by** asking about **the conditions of a new situation,**[H] i.e., with situations similar to a new situation. **What are the circumstances** of this type of broaching dissolution? The halakhic authorities **say to** the nazirites who took their vows before the destruction of the Temple: **If a person had come and said to you** before you took your vow **that the Temple** will be **destroyed, would you have vowed?** Although the destruction of the Temple itself is a new situation, its potential occurrence existed when they vowed, and therefore if they answered that they would not have vowed had they known this, their vows are dissolved.

אֲמַר רַב יוֹסֵף: אִי הֲוַאי הָתָם הֲוָה אָמֵינָא לְהוֹן: הָכְתִיב ״הֵיכַל ה׳ הֵיכַל ה׳ הֵיכַל ה׳ הֵמָּה״ – זֶה מִקְדָּשׁ רִאשׁוֹן וּמִקְדָּשׁ שֵׁנִי!

Rav Yosef said: If I had been there, when those nazirites arrived, **I would have said** the following **to them,** in order to dissolve their vows: **Isn't it written: "The Sanctuary of the Lord, the Sanctuary of the Lord, the Sanctuary of the Lord,**[N] **are these"** (Jeremiah 7:4). **This** thrice repetition of "Sanctuary of the Lord" is referring to the **First Temple and** the **Second Temple** which are destined to be destroyed, leading to a Third Temple. These nazirites should have considered the possibility of the Temple's destruction, and this can serve as a means of broaching the dissolution of their vows.

נְהִי דִּיָדְעִין לְהוֹן דְּיֶחֱרוּב, מִי יוֹדְעִין לְאֵימָתַי? אֲמַר אַבַּיֵי: וְלָא יָדְעִין לְאֵימַת? וְהָכְתִיב ״שָׁבֻעִים שִׁבְעִים נֶחְתַּךְ עַל עַמְּךָ וְעַל עִיר קָדְשֶׁךָ״. וְאַכַּתִּי, מִי יָדְעִינַן בְּהֵי יוֹמָא?

The Gemara responds: **Although they** might have **known** that the Second Temple **would be destroyed,** as the verse speaks of three Temples, **did they know when** it would be destroyed? Would they have considered that it might occur in their lifetimes, preventing them from sacrificing their offerings? **Abaye said: And did they not know when? But isn't it written: "Seventy sevens are decreed upon your people and upon your sacred city"** (Daniel 9:24), which indicates that the Second Temple would be destroyed seventy Sabbatical cycles of seven years after the destruction of the First Temple, which is 490 years. The Gemara answers: **And still, did we know on which day** it would be destroyed? It was therefore impossible to use this factor as a means to broach the dissolution of their vows.

HALAKHA

They may not broach dissolution by asking about a new situation – אֵין פּוֹתְחִין בְּנוֹלָד: A halakhic authority may not broach the dissolution of a vow by means of a new situation. For example, if someone vowed not to derive benefit from another, and that person became a great scholar who served the entire community, a halakhic authority may not say to the one who vowed: Would you have uttered your vow had you known that he would become a scholar? One may mention only an event that is very likely to occur. Some authorities (Rema; see *Shakh*) state that if he entirely regrets having taken the vow, as nothing positive for him resulted from his vow, it can be dissolved based on this regret, even a new situation contributed to his regret (Rambam *Sefer Hafla'a*, *Hilkhot Shevuot* 6:12; *Shulḥan Arukh*, *Yoreh De'a* 228:7, 12, and the comment of Rema on 228:13).

However, they may broach dissolution by asking about the conditions of a new situation – אֲבָל פּוֹתְחִין בִּתְנַאי נוֹלָד: Although dissolution is not broached by raising a new situation, a halakhic authority may reference the conditions of a new situation. In other words, a halakhic authority may ask the one who vowed whether he still would have vowed if someone had told him at the time that an event had occurred, despite the fact that the event actually happened later (*Shulḥan Arukh*, *Yoreh De'a* 228:13).

NOTES

The Sanctuary of the Lord, the Sanctuary of the Lord – הֵיכַל ה׳ הֵיכַל ה׳: Most commentaries explain that the repetition of "the Sanctuary of the Lord, the Sanctuary of the Lord, the Sanctuary of the Lord are these" indicates that two Temples would be destroyed before the completion of the everlasting Third Temple. Consequently, these nazirites must have known that the Second Temple was slated for destruction (see Rosh). Others maintain that the future destruction of the Temple is not derived from this repetition; rather, the very fact that the prophet states that one cannot rely on the Sanctuary of the Lord, as it is liable to be destroyed, indicates that the fate of the First Temple can befall the second one as well (Rabbi Avraham min HaHar; see Commentary on *Nazir*, *Tosafot*, *Shita Mekubbetzet*, and *Meromei Sadeh*).

מתני׳ הָיוּ מְהַלְּכִין בַּדֶּרֶךְ, וְאֶחָד בָּא כְּנֶגְדָּן. אָמַר אֶחָד מֵהֶן ״הֲרֵינִי נָזִיר שֶׁזֶּה פְּלוֹנִי״ וְאֶחָד אָמַר ״הֲרֵינִי נָזִיר שֶׁאֵין זֶה פְּלוֹנִי״, ״הֲרֵינִי נָזִיר שֶׁאֶחָד מִכֶּם נָזִיר״, ״שֶׁאֵין אֶחָד מִכֶּם נָזִיר״, ״שֶׁשְּׁנֵיכֶם נְזִירִים״, ״שֶׁכּוּלְּכֶם נְזִירִים״,

MISHNA If there were people **walking along the way, and one** other person was **approaching them, and one** of those walking **said: I am hereby a nazirite if this** person approaching us **is so-and-so.**[H] **And** another **one** of them **said: I am hereby a nazirite if this is not so-and-so,** while a third member of the group said: **I am hereby a nazirite if one of you** two **is a nazirite,**[N] and a fourth said: I am hereby a nazirite **if neither of you is a nazirite,**[N] and another added: I am hereby a nazirite **if both of you are nazirites.** Finally, the last person said: I am hereby a nazirite **if all you** who spoke before me **are nazirites.**

בֵּית שַׁמַּאי אוֹמְרִים: כּוּלָּן נְזִירִין, וּבֵית הִלֵּל אוֹמְרִים: אֵינוֹ נָזִיר אֶלָּא מִי שֶׁלֹּא נִתְקַיְּימוּ דְּבָרָיו, וְרַבִּי טַרְפוֹן אוֹמֵר: אֵין אֶחָד מֵהֶם נָזִיר.

Beit Shammai say that **they are all nazirites,** as by saying: I am hereby a nazirite, they have accepted naziriteship upon themselves even if their statements turn out to be incorrect. Beit Shammai maintain that a vow of naziriteship taken in error is considered a valid vow of naziriteship. **And Beit Hillel say: Only he whose statement was not fulfilled is a nazirite. And Rabbi Tarfon says: Not** a single **one of them is a nazirite,** including those whose statements were correct. Rabbi Tarfon maintains that a vow of naziriteship must be pronounced in an explicit manner, without any hint of uncertainty. In this case, none of them knew for sure the identity of the person coming toward them, and therefore they could not be certain they were nazirites at the time of their vows.

הִרְתִּיעַ לַאֲחוֹרָיו – אֵינוֹ נָזִיר. רַבִּי שִׁמְעוֹן אוֹמֵר: יֹאמַר ״אִם הָיָה כִּדְבָרַי – הֲרֵינִי נְזִיר חוֹבָה, וְאִם לָאו – הֲרֵינִי נְזִיר נְדָבָה״.

If the person approaching them **turned back**[H] so that his identity was never discovered, **not** one of them is **a nazirite.** The matter was never clarified, and the *halakha* is lenient in cases of uncertain naziriteship. **Rabbi Shimon says** that the *halakha* is stringent with regard to an uncertainty of this kind, and therefore they should proceed as follows in order to avoid any uncertainty: Each of those who took a vow **should say: If it was in accordance with my statement, I am hereby an obligatory nazirite,** as my condition was fulfilled, **and if not, I am hereby a voluntary nazirite,** and in this manner they are all nazirites either way.

גמ׳ מִי שֶׁלֹּא נִתְקַיְּימוּ דְּבָרָיו אַמַּאי הָוֵי נָזִיר? אָמַר רַב יְהוּדָה: אֵימָא: מִי שֶׁנִּתְקַיְּימוּ דְּבָרָיו.

GEMARA The Gemara questions the opinion of Beit Hillel: **Why is he whose statement was not fulfilled a nazirite? Rav Yehuda said:** One must emend the wording of the mishna so that it **says:** Only **he whose statement was fulfilled** becomes a nazirite.

HALAKHA

I am hereby a nazirite if this is so-and-so – הֲרֵינִי נָזִיר שֶׁזֶּה פְּלוֹנִי: With regard to two people who were walking together and disagreed with regard to the identity of the individual approaching them, and one said: I am hereby a nazirite if that person is Shimon, as you claim, and the other replied: I am hereby a nazirite if he is Reuven, as you claim, if he was in fact Reuven the second person is a nazirite. This interpretation (*Mishne LaMelekh*; see *Tosefot Yom Tov*) is in accordance with Abaye's explanation of the anonymous opinion in the mishna (Rambam *Sefer Hafla'a, Hilkhot Nezirut* 2:8).

Turned back – הִרְתִּיעַ לַאֲחוֹרָיו: If the person whose identity was subject to the above debate turned around, so that they never discovered his identity, neither of them is a nazirite (Rambam *Sefer Hafla'a, Hilkhot Nezirut* 2:8).

NOTES

I am hereby a nazirite if one of you is a nazirite – הֲרֵינִי נָזִיר שֶׁאֶחָד מִכֶּם נָזִיר: Most commentaries understand this as a continuation of the aforementioned statement in the mishna, i.e., the third one says to the first two people: If one of you is a nazirite, etc. The Meiri maintains that the mishna is now dealing with a different case, in which someone who sees a group of people approaching declares: I am hereby a nazirite if one of you is a nazirite. The following case would likewise be where someone states to an approaching group of people: I am hereby a nazirite if none of you are nazirites. *Keren Ora* claims that Rambam understands likewise.

If neither of you is a nazirite – שֶׁאֵין אֶחָד מִכֶּם נָזִיר: This translation follows the Rosh and the Meiri. Others explain that this means: I am hereby a nazirite if one of you is not a nazirite (*Tosafot*). According to this interpretation, this individual says the exact same thing as the previous person, only in negative form.

Perek **V**
Daf **33** Amud **a**

אַבָּיֵי אָמַר: כְּגוֹן דְּאָמַר ״אִי נַמִי לָאו פְּלוֹנִי הוּא אִי הָוֵי נָזִיר״. וּמַאי ״לֹא נִתְקַיְּימוּ דְּבָרָיו״ – לֹא נִתְקַיְּימוּ דְּבָרָיו הָרִאשׁוֹנִים, אֶלָּא דְּבָרָיו אַחֲרוֹנִים.

Abaye said: One must correct his understanding of the mishna, so that it deals with a situation **where** in addition to his first statement **he said:**[N] **Even if it is not so-and-so, I shall be a nazirite. And what is** the meaning of the phrase: Whose **statement was not fulfilled?** It means: **His first statement was not fulfilled,** as it was not that person; **rather,** he is a nazirite because **his last statement** was fulfilled.

״הִרְתִּיעַ לַאֲחוֹרָיו אֵינוֹ נָזִיר״ כּו׳. טַעְמָא – מִשּׁוּם דְּהִרְתִּיעַ לַאֲחוֹרָיו, הָא אָתֵי לְקַמָּן – הָוֵי נָזִיר. מַנִּי?

§ The mishna taught that if the individual walking toward them **turned back,** so that his identity remained unknown, **not** one of them is **a nazirite.** The Gemara clarifies: **The reason is** only **because he turned back,** from which it may be inferred that if that person **comes before us** and is identified, the one who said he would be a nazirite if it is so-and-so **is** considered to be **a nazirite.** The Gemara inquires: In accordance with **whose** opinion is this *halakha*?

NOTES

Where he said, etc. – כְּגוֹן דְּאָמַר וכו׳: Some commentaries explain that he first said: I am hereby a nazirite if it is so-and-so. Then he added: Even if it is not him, I will be a nazirite (Commentary on *Nazir*). Later authorities are puzzled by this interpretation, as no novel *halakha* is taught by this case (see *Mishne LaMelekh*). Therefore, some suggest that he said: If it is the individual you think it is, I am hereby a nazirite. Then he continued: Even if it is someone other than the person I think it is, I will be a nazirite (*Birkat Rosh*). Others similarly state that it refers to one who says: I am hereby a nazirite if this is Reuven and not Shimon, and the person in question was someone else entirely (Meiri). In this case, although the first part of his initial statement remained unfulfilled, his last clause was correct. Alternatively, Abaye means that he retracted his earlier statement, and is now saying that he is a nazirite if it is not that individual (*Tosafot*).

Perek **V**
Daf **33** Amud **b**

This *amud* has no Gemara text, as in the classic Vilna layout it is entirely filled with the commentary of *Tosafot*.

Perek **V**
Daf **34** Amud **a**

אִילֵימָא רַבִּי טַרְפוֹן – מִי הָוֵי נָזִיר? כֵּיוָן דִּבְשַׁעְתָּא דְּקָא נָדַר לָא יָדַע אִי פְּלוֹנִי הוּא וְאִי לָא, מִי חָלָה עֲלֵיהּ נְזִירוּת? וְהָתַנְיָא, רַבִּי יְהוּדָה אוֹמֵר מִשּׁוּם רַבִּי טַרְפוֹן: אֵין אֶחָד מֵהֶן נָזִיר, לְפִי שֶׁלֹּא נִתְּנָה נְזִירוּת אֶלָּא לְהַפְלָאָה!

If we say it is the opinion of **Rabbi Tarfon,** even in a case where the individual in question came before us and identified himself, **is** the one who claimed to know his identity **be a nazirite? Since at the time when he vowed he did not know whether** the subject of their debate **is so-and-so or not, does naziriteship take effect with regard to him? But isn't it taught** in a *baraita* (*Tosefta* 3:19) that **Rabbi Yehuda says in the name of Rabbi Tarfon:** In the case of the mishna **not one of** the six people **is a nazirite, since naziriteship is imposed** upon someone **only if** the vow is stated with **explicitness** [***hafla'a***][L] enunciated. The Torah says that a vow must be "clearly" pronounced, as the verse states: "When either man or woman shall clearly utter [*yafli*] a vow, the vow of a nazirite" (Numbers 6:2). This verse indicates that his vow is valid only if it is explicit.

אֶלָּא רַבִּי יְהוּדָה דִּכְרִי הוּא. דְּתַנְיָא: "הֲרֵינִי נָזִיר עַל מְנָת שֶׁיְּהֵא בִּכְרִי הַזֶּה מֵאָה כּוֹר" וְהָלַךְ וּמְצָאוֹ שֶׁנִּגְנַב אוֹ שֶׁאָבַד, רַבִּי שִׁמְעוֹן אוֹסֵר, וְרַבִּי יְהוּדָה מַתִּיר.

Rather, the mishna represents the opinion of **Rabbi Yehuda, as** stated with regard to **a heap** of grain. **As it is taught** in a *baraita* (*Tosefta* 2:9): If someone said: **I am hereby a nazirite on the condition that this heap** of grain **contains one hundred *kor*,**[HB] a measurement of volume, **and when he went** to measure it **he discovered that** the heap **was stolen or lost,** so that the amount it held cannot be determined, **Rabbi Shimon deems** him **prohibited** in all the *halakhot* of naziriteship, as the heap might have contained one hundred *kor*. **And Rabbi Yehuda deems him permitted,** as he maintains that the *halakha* is lenient in cases of uncertain naziriteship. Rabbi Yehuda's reasoning applies equally to the case of the mishna.

רַבִּי שִׁמְעוֹן סָבַר: כֵּיוָן דְּאִילּוּ לֹא נִגְנַב, דִּלְמָא הֲווּ בֵּיהּ מֵאָה כּוֹר, וְהָוֵי נָזִיר – הַשְׁתָּא נַמִּי הָוֵי נָזִיר. וְהָכָא נַמִּי, כֵּיוָן דְּאִי אֲתָא לְקַמָּן וְיָדְעִינַן דִּפְלוֹנִי הֲוַאי – הָוֵי נָזִיר, הַשְׁתָּא נַמִּי הָוֵי נָזִיר.

As for **Rabbi Shimon,** who disputes the ruling of the mishna, he **holds** with regard to the heap of grain: **Since if** the heap had **not been stolen perhaps it might have contained one hundred *kor* and he** would have been **a nazirite, now too, he is a nazirite** due to the uncertainty. **And here too,** in the case of the mishna, **since if** that person would have **come before us and we** would have **known that he was so-and-so,** the one who took the vow **would have been a nazirite,** consequently, **now too, he is a nazirite** as a result of the uncertainty cast by the unknown identity of the individual.

HALAKHA

On the condition that this heap contains one hundred *kor* – עַל מְנָת שֶׁיְּהֵא בִּכְרִי הַזֶּה מֵאָה כּוֹר: If one says: I am hereby a nazirite on the condition that this heap of grain contains one hundred *kor*, and when he went to measure the heap discovered that it was stolen or lost, he is not a nazirite. The *halakha* is lenient with regard to uncertain naziriteship, in accordance with the opinion of Rabbi Yehuda (Rambam *Sefer Hafla'a, Hilkhot Nezirut* 2:9).

BACKGROUND

***Kor* – כּוֹר:** The *kor* is the largest measurement of volume mentioned in the Talmud. The *kor* contains thirty *se'a*, which in modern measurements is somewhere between 240–480 ℓ. This significant variation is due to a fundamental dispute among the later halakhic authorities concerning halakhic measurements.

LANGUAGE

Explicitness [*hafla'a*] – הַפְלָאָה: The root *pele*, from which the term *hafla'a* is derived, is close both linguistically and conceptually to the root *pala*, which refers to a difference, distinction, or separation. The notion of distinction is apparent from the verse: "So that we are distinguished [*ve'niflinu*], I and Your people, from all the people that are on the face of the earth" (Exodus 33:16). The verse concerning the vows of a nazirite, which states: "When either man or woman shall clearly utter [*yafli*] a vow" (Numbers 6:2), can be explained in two ways. Some commentaries say this denotes wonder [*pele*]. In other words, someone performs a wondrous undertaking by abstaining from the delights of the world and becoming a nazirite. Alternatively, *yafli* means separation, i.e., he separates himself. It is for this reason that the Gemara says: A nazirite vow must be stated with explicitness, i.e., he must separate himself unambiguously, without any hint of doubt.

מתני׳ רָאָה אֶת הַכּוֹי, וְאָמַר ״הֲרֵינִי נָזִיר שֶׁזֶּה חַיָּה״, ״הֲרֵינִי נָזִיר שֶׁזֶּה אֵינוֹ חַיָּה״, ״הֲרֵינִי נָזִיר שֶׁזֶּה בְּהֵמָה״, ״הֲרֵינִי נָזִיר שֶׁאֵין זֶה בְּהֵמָה״,

MISHNA Someone **saw a kosher animal with characteristics of both a domesticated animal and a non-domesticated animal** [***koy***],[HB] **and said: I am hereby a nazirite if this is a non-domesticated animal;** and another individual said: **I am hereby a nazirite if this is not a non-domesticated animal;** and a third person said: **I am hereby a nazirite if this is a domesticated animal;** and a fourth said: **I am hereby a nazirite if this not a domesticated animal.**

״הֲרֵינִי נָזִיר שֶׁזֶּה חַיָּה וּבְהֵמָה״, ״הֲרֵינִי נָזִיר שֶׁאֵין זֶה לֹא חַיָּה וְלֹא בְּהֵמָה״, ״הֲרֵינִי נָזִיר שֶׁאֶחָד מִכֶּם נָזִיר״, ״הֲרֵינִי נָזִיר שֶׁאֵין אֶחָד מִכֶּם נָזִיר״, ״הֲרֵינִי נָזִיר שֶׁכּוּלְּכֶם נְזִירִין״ – הֲרֵי כּוּלָּן נְזִירִין.

The mishna continues: A fifth person added: **I am hereby a nazirite if this is a non-domesticated animal and a domesticated animal,** and a sixth person said: **I am hereby a nazirite if this is neither a non-domesticated animal nor a domesticated animal.** Someone who heard all the above statements said: **I am hereby a nazirite if one of you is a nazirite,** and another one stated: **I am hereby a nazirite if not one of you is a nazirite,** and a final person said: **I am hereby a nazirite if all of you are nazirites.** In this case, **they are all nazirites.**[N]

גמ׳ תָּנֵי חֲדָא: תִּשְׁעָה נְזִירִים, וְתַנְיָא אִידָךְ: תֵּשַׁע נְזִירִיּוֹת. בִּשְׁלָמָא תִּשְׁעָה נְזִירִין – כְּגוֹן דַּהֲוַי גַּבְרֵי טְפֵי, דְּאִיתְפִּיס וְאָזֵיל בֵּיהּ.

GEMARA With regard to the ruling of the mishna that they are all nazirites, it **is taught in one** *baraita* that this case involves a total of **nine nazirites, and** it **is taught in the other** *baraita* that there are **nine** sets of **naziriteship** here. The Gemara clarifies: **Granted,** one can understand the *baraita* that says that there are **nine nazirites, for example, if there were many people who associated** their naziriteship with the status of **this** *koy*, each with one of the statements listed above.

HALAKHA

Saw a *koy* – רָאָה אֶת הַכּוֹי: If several people walking along the way saw a *koy*, and one of them said: I am hereby a nazirite if this is a non-domesticated animal, and another declared: I am hereby a nazirite if it is a domesticated animal, and a third added: I am hereby a nazirite if it is not a non-domesticated animal, while the fourth said: I am hereby a nazirite if it is not a domesticated animal, and a fifth stated: I am hereby a nazirite if it is a non-domesticated animal and a domesticated animal, while the last one vowed: I am hereby a nazirite if it is neither a non-domesticated animal nor a domesticated animal, they are all nazirites. This is because a *koy* is like a non-domesticated animal with regard to certain *halakhot* and like a domesticated animal with regard to other *halakhot*, while it has the status of both with regard to other *halakhot*, and has the status of neither with regard to yet other *halakhot*. The same *halakha* applies if these people saw an androgynous person, and vowed in a similar manner with regard to the individual's identity as a male or female (Rambam *Sefer Hafla'a*, *Hilkhot Nezirut* 2:10).

NOTES

They are all nazirites – הֲרֵי כּוּלָּן נְזִירִין: This mishna is apparently the continuation of the previous one (Commentary on *Nazir*; *Tosafot*). As such, the naziriteship is effective even if the condition was unfulfilled, in accordance with the opinion of Beit Shammai. However, there is an opinion that this mishna can even be reconciled with the ruling of Beit Hillel, which would mean it is accepted as *halakha*. The reason for this is that although there is a structural similarity between this mishna and the previous one, there is also one crucial difference between them: The first case involves an uncertainty that is about to be clarified, as it will soon be discovered who is approaching them. Therefore, the naziriteship takes effect only if the condition was fulfilled. By contrast, with regard to the case of a *koy*, the uncertainty will not be resolved. Consequently, they are all considered nazirites, either definite nazirites according to some commentaries, or uncertain nazirites (see Commentary on *Nazir* and *Tosafot*).

Tosafot also cite an opinion that the first six individuals are uncertain nazirites while the last three are definite ones. Others state that although the mishna is essentially in accordance with the opinion of Beit Shammai, even Beit Hillel agree that one of the last three, i.e., the one whose condition is fulfilled, is a nazirite (Meiri). The Rambam has an entirely different opinion, both in his Commentary on the Mishna and in the *Mishne Torah*. He maintains that the statements of all those who vow with regard to a *koy* are partly accurate, as a *koy* is a non-domesticated animal with regard to some areas of *halakha* and a domesticated animal with regard to others. Therefore, they are all definite nazirites, even according to the opinion of Beit Hillel.

BACKGROUND

Koy – כּוֹי: Many problems arise in trying to identify the *koy*. It is mentioned numerous times in the Mishna and the Gemara, not because it is a common animal, but rather, because it is useful in discussions that explore the *halakhot* of domesticated animals versus wild animals. As early as the mishnaic period, the Sages disagreed on the identification of the *koy*. Some maintain that it is a hybrid born to a goat and a deer or another kosher wild animal.

According to many researchers, the *koy* is identified as the water buffalo. There are allusions to this identification in some medieval rabbinic sources. Others reject this idea and claim that water buffalo did not live in Eretz Yisrael during the time of the Mishna, when the *koy* was first mentioned. Others maintain that the *koy* is the mouflon, a subspecies of wild sheep, although there are a number of opinions as to which specific subspecies of mouflon it may be. There is also uncertainty with regard to both the origin of the term *koy* and its proper vocalization.

Top: Water buffalo
Bottom: Mouflon

אֶלָּא תֵּשַׁע נְזִירְיוֹת לְחַד גַּבְרָא הֵיכִי מַשְׁכַּחַתְּ לַהּ? בִּשְׁלָמָא שֵׁית מַשְׁכַּחַתְּ לַהּ כִּדְתְנַן,

However, how can you find these circumstances of **nine** sets of **naziriteship in one person? Granted, you find six, as we learned** in the mishna that there are six ways in which the nature of a *koy* can be expressed: It is a non-domesticated animal; it is not a non-domesticated animal; it is a domesticated animal; it is not a domesticated animal; is a non-domesticated animal and a domesticated animal; it is neither a non-domesticated animal nor a domesticated animal. One person could associate his acceptance of naziriteship with all of the above possibilities.

אֲבָל תְּלָת הֵיכִי מַשְׁכַּחַתְּ לַהּ? אָמַר רַב שֵׁשֶׁת: כְּגוֹן דְּאָמַר "הֲרֵינִי נָזִיר וּנְזִירוּת הַכֹּל עָלַי".

However, how can you find these circumstances of the other **three** sets of naziriteship? The statements: If one of you is a nazirite, and: If one of you is not a nazirite, are necessarily expressed by individuals who did not make the initial six statements, as these last three statements address the group of people who made the first six statements. **Rav Sheshet said:** It is possible in a case **where** nine people issued the statements mentioned in the mishna, and someone **said: I am hereby a nazirite and the naziriteship of all of them are** incumbent **upon me.** Since each of the nine people is obligated to observe a term of naziriteship, this last one is obligated to observe nine terms.

הדרן עלך בית שמאי

Summary of **Perek V**

In this chapter, the Gemara explained that with regard to vows of consecration, one's intention is critical in determining whether his vow takes effect. This requirement applies to other vows as well, in accordance with the opinion of Beit Hillel. Consequently, an act of consecration or a vow of naziriteship is worthless if issued in error. This is the case whether the mistake occurred as a result of the language one used to express his purpose, or if the vow was based on a mistaken assumption. A vow might also not take effect if the verbalized statement did not match the speaker's intention.

For example, if someone consecrated an item based on a condition which was subsequently unfulfilled, his vow does not take effect. Likewise, if one designated an offering for a naziriteship, and the vow of naziriteship was then dissolved, his act of consecration is rendered void. Finally, a vow of naziriteship is ineffective if it was undertaken with the belief that the individual possessed animals he could sacrifice, but later discovered that he had no such animals.

A vow can be dissolved by a halakhic authority only when it is determined that it was erroneous from the outset. It cannot be dissolved due to a new situation that arises after the vow was taken.

This chapter also analyzed the obligation of one who takes a vow of naziriteship in unclear or ambiguous circumstances. The Gemara concluded that when someone undertakes to become a nazirite pending a certain condition, the vow takes effect both if the condition is realized and even if there merely exists a possibility that it has come true. The uncertainty of the situation might stem from the individual's being unable to ascertain the truth of the matter, or in a case where the truth cannot be objectively determined.

The Gemara also mentioned a *halakha* unique to the tithing of animals. In the event that an owner counting off his cattle mistakenly labels the ninth or the eleventh animal as the tenth one, those animals become consecrated as well. This ruling is a Torah edict, and therefore it is limited to the domain of animal tithes alone.

Introduction to **Perek VI**

And the Lord spoke to Moses, saying: Speak to the children of Israel, and say to them: When either man or woman shall clearly utter a vow, the vow of a nazirite, to consecrate himself to the Lord, he shall abstain from wine and strong drink: He shall drink no vinegar of wine, or vinegar of strong drink, neither shall he drink any liquor of grapes, nor eat fresh grapes or dried. All the days of his naziriteship he shall eat nothing that is made of the vine, from pits to grape skin. All the days of his vow of naziriteship no razor shall come upon his head; until the days are fulfilled, in which he consecrated himself to the Lord, he shall be sacred, he shall let the locks of the hair of his head grow long. All the days that he consecrated himself to the Lord he shall not come near to a dead body. For his father or his mother, for his brother or for his sister, he shall not become impure for them when they die; because his naziriteship to God is upon his head. All the days of his naziriteship he is sacred to the Lord. And if any man dies very suddenly beside him, and he renders impure his consecrated head, then he shall shave his head on the day of his purification, on the seventh day he shall shave it. And on the eighth day he shall bring two turtledoves, or two young pigeons, to the priest, to the door of the Tent of Meeting. And the priest shall prepare one for a sin-offering, and the other for a burnt-offering, and make atonement for him, for that he sinned by reason of the dead; and he shall hallow his head that same day. And he shall consecrate to the Lord the days of his naziriteship, and shall bring a male sheep of the first year for a guilt-offering; but the former days shall be void, because his consecration was rendered impure.

And this is the law of the nazirite, when the days of his consecration are fulfilled: He shall bring it to the door of the Tent of Meeting; and he shall present his offering to the Lord, one male sheep of the first year without blemish for a burnt-offering, and one female sheep of the first year without blemish for a sin-offering, and one ram without blemish for a peace-offering, and a basket of unleavened bread, cakes of fine flour mingled with oil, and unleavened wafers spread with oil, and their meal-offering, and their libations. And the priest shall bring them before the Lord, and shall sacrifice his sin-offering and his burnt-offering. And he shall sacrifice the ram for a sacrifice of a peace-offering to the Lord, with the basket of unleavened bread; the priest shall also sacrifice its meal-offering, and its libation. And the nazirite shall shave his consecrated head at the entrance to the Tent of Meeting, and he shall take the hair of his consecrated head and put it on the fire which is under the sacrifice of the peace-offering. And the priest shall take the cooked foreleg, and one unleavened loaf out of the basket, and one unleavened wafer, and shall put them upon the palms of the nazirite after he has shaven his naziriteship. And the priest shall wave them for a wave-offering before the Lord; this is sacred for the priest, together with the breast of waving and the thigh of heaving; and after that the nazirite may drink wine. This is the law of the nazirite who takes a vow, and of his offering to the Lord for his naziriteship, beside that for which his means suffice; according to his vow which he takes, so he must do after the law of his naziriteship.

(Numbers 6:1–21)

When his naziriteship term is complete, a nazirite must come to the entrance to the Israelite Courtyard with the following offerings: An unblemished male sheep less than one year old for a burnt-offering; an unblemished female sheep less than one year old for a sin-offering; an unblemished ram, i.e., a male sheep aged more than one year, for a peace-offering; and a basket containing unleavened wheat loaves kneaded with oil, and flat matzot saturated with oil, along with the appropriate meal-offerings and libations. A priest prepares his sin-offering and burnt-offering inside the Temple courtyard, followed by the ram as a peace-offering, along with the basket of unleavened bread. The priest also sacrifices the meal-offering and libation. Meanwhile, the nazirite shaves off the hair of his head at the entrance to the Israelite Courtyard. He then takes this hair and places it on the fire that is under the pot that contains the

peace-offering. After the nazirite has shaved, the priest takes the cooked foreleg of the ram along with one unleavened loaf and one unleavened wafer, and places them on the nazirite's open palms, and waves them. These portions belong to the priest, along with the animal's breast and thigh. Afterward, the nazirite may drink wine.

This chapter discusses the main *halakhot* of nazariteship, what prohibitions apply to a nazirite due to his vow, what the *halakha* is for an individual who willingly or inadvertently violates these prohibitions, and what specific offerings are required of a nazirite.

Three categories of activity are prohibited to a nazirite: First, he may not eat or drink any product of a grapevine. This chapter describes which items are included in this prohibition and the quantity a nazirite must consume to be liable to receive lashes. Second, a nazirite may not shave his hair. The Gemara analyzes the definition of shaving and whether the prohibition is violated only by the use of certain implements. The Gemara also considers the amount of hair that must be cut before one is liable to receive lashes, as well as the amount of hair that must be removed for the obligatory shaving at the end of the term of naziriteship. Finally, a nazirite may not become impure by contact with a corpse. This topic is addressed in general terms here, as its particulars are examined in Chapter Seven.

In this chapter, the three prohibitions of a nazirite are discussed from two perspectives: The Gemara clarifies under what circumstances the fulfillment of a different mitzva overrides each of the restrictions. The Gemara further addresses the issue of whether a nazirite must begin counting some or all of his days again if his term is interrupted.

Certain offerings are brought and certain rituals are performed when the naziriteship term has been fulfilled properly. These offerings and the attendant rituals are called the shaving of purity. Different offerings are sacrificed and rituals are performed if the period is interrupted by ritual impurity. These are known as the shaving of impurity. The Torah lists the offerings a pure and an impure nazirite must bring, and this chapter discusses various details relevant to these rites. The Gemara asks about the primary offering that formally ends the naziriteship term, the exact stage in the ritual when the hair is shaved, and what must be done if one of the sacrificial animals is invalidated.

These are the main issues of this chapter, and they are complemented by other, tangential, topics associated with these *halakhot*.

Perek **VI**
Daf **34** Amud **a**

מתני׳ שְׁלֹשָׁה מִינִין אֲסוּרִין בְּנָזִיר: הַטּוּמְאָה וְהַתִּגְלַחַת וְהַיּוֹצֵא מִן הַגֶּפֶן. וְכָל הַיּוֹצֵא מִן הַגֶּפֶן מִצְטָרְפִין זֶה עִם זֶה. וְאֵין חַיָּיב עַד שֶׁיֹּאכַל מִן הָעֲנָבִים כַּזַּיִת.

MISHNA **Three types** of actions **are prohibited for a nazirite:**[H] The contraction of **ritual impurity** from a corpse, **and the shaving** of one's hair, **and** eating or drinking any substances **that emerge from the vine.** The mishna adds: **And** all products **that emerge from the vine combine**[H] **with one another** to the amount that renders a nazirite liable to receive lashes. **And he is liable only if he eats an olive-bulk of the grapes.**[NH]

NOTES

Only if he eats…of the grapes – עַד שֶׁיֹּאכַל מִן הָעֲנָבִים: In this context, the term grapes clearly includes grape seeds and grape skins as well. Some cite the Gemara's explanation that the reason the mishna specifies grapes is to counter Rabbi Elazar's opinion that the leaves and tendrils of a vine are also forbidden (Commentary on *Nazir*). Others maintain that this is the opinion of Rabbi Akiva alone, as in the continuation of the mishna, whereas the ruling of the initial version of the mishna is that one is liable even from the amount of a quarter-*log* (*Shita Mekubbetzet*). There are also commentaries that maintain the opposite, and maintain that this is in accordance with the initial version of the mishna, as the phrase: Of the grapes, indicates that the amount of an olive-bulk applies only to foods and not to drinks. This is in contrast to Rabbi Akiva's opinion that all substances are combined to the amount of an olive-bulk (Meiri). Yet others contend that in the case of grapes and other edible grape byproducts everyone agrees that a nazirite is liable from the amount of an olive-bulk. They disagree only concerning the amount he must drink to be liable to receive lashes (*Tosafot* on 38b, citing Rabbeinu Tam).

HALAKHA

Three types are prohibited for a nazirite – שְׁלֹשָׁה מִינִין אֲסוּרִין בְּנָזִיר: A naziriteship vow includes three prohibitions: Shaving one's hair, contracting ritual impurity imparted by a corpse, and eating and drinking products of the vine (Rambam *Sefer Hafla'a, Hilkhot Nezirut* 1:1, 5:1).

All products that emerge from the vine combine – כָּל הַיּוֹצֵא מִן הַגֶּפֶן מִצְטָרְפִין: All products of the vine combine to form the requisite amount to violate the nazirite prohibitions. Consequently, if a nazirite combines grapes, raisins, and unripe grapes, along with a grape skin and seed, and together they constitute the volume of an olive-bulk, he is liable to receive lashes if he eats it. He is also liable if he consumes an olive-bulk by eating them one after the other until they amount to an olive-bulk or if he drinks a quarter-*log* of a mixture of wine and vinegar (Rambam *Sefer Hafla'a, Hilkhot Nezirut* 5:3).

Only if he eats an olive-bulk of the grapes – עַד שֶׁיֹּאכַל מִן הָעֲנָבִים כַּזַּיִת: A nazirite is liable to receive lashes if he eats an olive-bulk of an edible product of the vine or drinks a quarter-*log* of the juice of a grape (Rambam *Sefer Hafla'a, Hilkhot Nezirut* 5:2).

Perek **VI**
Daf **34** Amud **b**

מִשְׁנָה רִאשׁוֹנָה אוֹמֶרֶת עַד שֶׁיִּשְׁתֶּה רְבִיעִית יַיִן. רַבִּי עֲקִיבָא אוֹמֵר: אֲפִילּוּ שָׁרָה פִּיתּוֹ בְּיַיִן, וְיֵשׁ בָּהּ כְּדֵי לְצָרֵף כַּזַּיִת – חַיָּיב. וְחַיָּיב עַל הַיַּיִן בִּפְנֵי עַצְמוֹ, וְעַל הָעֲנָבִים בִּפְנֵי עַצְמָן וְעַל הַחַרְצַנִּים בִּפְנֵי עַצְמָן, וְעַל הַזַּגִּים בִּפְנֵי עַצְמָן. רַבִּי אֶלְעָזָר בֶּן עֲזַרְיָה אוֹמֵר: אֵין חַיָּיב עַד שֶׁיֹּאכַל שְׁנֵי חַרְצַנִּים וָזָג.

An initial version of the **mishna**[B] **says** that a nazirite is liable to receive lashes **only if he drinks a quarter-*log*** of **wine. Rabbi Akiva says: Even** if he **soaked his bread**[NH] in **wine and** the two together **contain enough to combine** to the amount of **an olive-bulk,** he is **liable. And** furthermore, a nazirite is **liable** to receive lashes **for** consuming **wine by itself,**[H] **and for grapes by themselves, and for *ḥartzannim* by themselves, and for *zaggim* by themselves,** as each of these is forbidden separately by the Torah. **Rabbi Elazar ben Azarya says: He is liable only if he eats** an olive-bulk that includes at least **two *ḥartzannim*** and one ***zag***, in accordance with the verse "From *ḥartzannim* to *zag*" (Numbers 6:4), where the first term is in the plural and the second in the singular.

אֵלּוּ הֵן חַרְצַנִּים וְאֵלּוּ הֵן זַגִּים? הַחַרְצַנִּים – אֵלּוּ הַחִיצוֹנִים, הַזַּגִּים – אֵלּוּ הַפְּנִימִים, דִּבְרֵי רַבִּי יְהוּדָה. רַבִּי יוֹסֵי אוֹמֵר: שֶׁלֹּא תִּטְעֶה, כְּזוֹג שֶׁל בְּהֵמָה; הַחִיצוֹן זוֹג, וְהַפְּנִימִי עִינְבָּל.

The mishna discusses the meaning of these terms: **Which** parts **are *ḥartzannim*** and which are ***zaggim*? The *ḥartzannim* are the outside** parts, the skin of the grape, while **the *zaggim* are the inner** parts, the seeds. This is **the statement of Rabbi Yehuda. Rabbi Yosei says:** The opposite is the case and this is the mnemonic so **that you should not err:** It is **like a bell** [***zog***][L] worn **by an animal,** in which **the outer** part, which corresponds to the skin of a grape, is called ***zog***,[H] **and the inner** portion of the bell, the clapper, which corresponds to the seeds in a grape, is called ***inbal***.[L]

HALAKHA

Even if he soaked his bread – אֲפִילּוּ שָׁרָה פִּיתּוֹ: Permitted food does not combine with forbidden food to form an amount that would render one liable to receive lashes. Consequently, in the case of one who soaks his bread in wine, he is liable to receive lashes if there was a quarter-*log* of wine, roughly three egg-bulks, in a half-loaf of bread, and the nazirite ate that half-loaf. The *halakha* is in accordance with the opinion of the Rabbis rather than that of Rabbi Akiva (Rambam *Sefer Hafla'a, Hilkhot Nezirut* 5:5; see 37a).

And he is liable for wine by itself – וְחַיָּיב עַל הַיַּיִן בִּפְנֵי עַצְמוֹ: If a nazirite ate an olive-bulk of grapes, and the same amount of seeds, skins, or raisins, and he drank a quarter-*log* of wine, he is liable to receive five sets of lashes, as each of these involves a separate violation of a prohibition. In addition, he is flogged a sixth time for violating the prohibition (Numbers 30:3): "He shall not profane his word" (Rambam *Sefer Hafla'a, Hilkhot Nezirut* 5:8; see 38b).

The outer part is called *zog* – הַחִיצוֹן זוֹג: If a nazirite ate the outer skin of a grape or its seeds he is liable to receive lashes, in accordance with the opinion of Rabbi Yosei (Rambam *Sefer Hafla'a, Hilkhot Nezirut* 5:2).

BACKGROUND

An initial version of the mishna – מִשְׁנָה רִאשׁוֹנָה: This refers to an ancient Mishna that was in existence long before Rabbi Yehuda HaNasi. Some statements of *tanna'im* were formulated even in early generations; some *mishnayot* date back to the early days of the Second Temple. Statements of the initial Mishna are sometimes cited in Rabbi Yehuda HaNasi's Mishna, followed by the version formulated by later Sages. The mention of an initial version of the mishna might be followed by a statement of Rabbi Akiva, as his version of the Mishna and that of his students, e.g., Rabbi Meir, formed the basis of Rabbi Yehuda HaNasi's Mishna. It is often clear in a particular discussion that a mishna is referring to an earlier version of its ruling, as later Sages dispute the explanation and precise formulation of statements they heard from their teachers. Likewise, Beit Shammai and Beit Hillel dispute the meaning of certain initial versions of *mishnayot*.

NOTES

Even if he soaked his bread – אֲפִילּוּ שָׁרָה פִּיתּוֹ: All the commentaries agree that Rabbi Akiva disputes the initial version of the mishna concerning the amount of wine for which a nazirite is liable. According to the initial version of the mishna it is a quarter-*log*, whereas Rabbi Akiva maintains that it is an olive-bulk. However, some maintain that Rabbi Akiva is stating another novel ruling, that a nazirite is liable not only for drinking pure wine but also for a mixture that contains wine, even if there is not enough wine to render him liable on its own (see 37b).

LANGUAGE

Bell [*zog*] – זוֹג: Apparently related to the Persian zang, meaning bell.

Inbal – עִינְבָּל: Apparently from the Greek ἔμβολος, *embolos*, meaning nails or spikes that are inserted into other objects, or a tongue put in a vessel and so forth. There are different versions of this term in the Jerusalem Talmud, e.g., *anbol*, *imbol*, and *imbolot*.

גמ׳ ״שְׁלֹשָׁה מִינִין אֲסוּרִין בְּנָזִיר הַטּוּמְאָה״ כו׳. הַיּוֹצֵא מִן הַגֶּפֶן – אִין, גֶּפֶן עַצְמוֹ – לָא. מַתְנִיתִין דְּלָא כְּרַבִּי אֶלְעָזָר, דְּתַנְיָא, רַבִּי אֶלְעָזָר אוֹמֵר: אֲפִילּוּ עָלִין וְלוּלָבִין בְּמַשְׁמַע.

GEMARA

The mishna taught that **three types of** actions **are prohibited for a nazirite:** Contracting **ritual impurity,** shaving, and consuming products of the vine. The Gemara infers: **That which emerges from the vine, yes,** it is included in the prohibition; however, any part of **the vine itself,** other than its fruit, **no,** this is not forbidden. The Gemara comments: **The mishna is not in accordance with** the opinion of **Rabbi Elazar.** This is **as it is taught** in a *baraita* that **Rabbi Elazar says: Even the leaves and tendrils**[NB] of the vine **are included** in the prohibitions of naziriteship.

אִיכָּא דְּאָמְרִי לָהּ אַסֵּיפָא: אֵינוֹ חַיָּיב אֶלָּא עַד שֶׁיֹּאכַל מִן הָעֲנָבִים כַּזַּיִת. מִן הָעֲנָבִים – אִין, מֵהַגֶּפֶן עַצְמוֹ – לָא. מַתְנִיתִין דְּלָא כְּרַבִּי אֶלְעָזָר, דְּתַנְיָא, רַבִּי אֶלְעָזָר אוֹמֵר: אֲפִילּוּ עָלִין וְלוּלָבִין בְּמַשְׁמַע.

Some say this statement with regard **to the latter clause** of the mishna: **He is liable** to receive lashes **only if he eats an olive-bulk of the grapes.** The Gemara infers: If he eats **from the grapes, yes,** he is liable, but if he eats **from the vine itself, no,**[H] he is not liable. If so, **the mishna is not in accordance with** the opinion of **Rabbi Elazar.** This is **as it is taught** in a *baraita* that **Rabbi Elazar says: Even the leaves and tendrils are included** in the prohibition.

בְּמַאי קָמִיפַּלְגִי? רַבִּי אֶלְעָזָר דָּרֵישׁ רִיבּוּיֵי וּמִיעוּטֵי, רַבָּנַן דָּרְשִׁי כְּלָלֵי וּפְרָטֵי. רַבִּי אֶלְעָזָר דָּרֵישׁ רִבּוּיֵי וּמִיעוּטֵי: ״מִיַּיִן וְשֵׁכָר יַזִּיר״ – מִיעֵט. ״מִכֹּל אֲשֶׁר יֵעָשֶׂה מִגֶּפֶן הַיַּיִן״ – רִיבָּה.

The Gemara asks: **With regard to what do** Rabbi Elazar and the Rabbis **disagree;** what is the basis of their dispute? The Gemara explains: **Rabbi Elazar interprets** the verses employing the hermeneutical principle of **amplifications and restrictions,**[N] while **the Rabbis interpret** them employing the hermeneutical principle of **generalizations and details.** The Gemara clarifies: **Rabbi Elazar interprets** the verses employing the principle of **amplifications and restrictions,** as the phrase: **"He shall abstain from wine and strong drink"** (Numbers 6:3), **restricts** the prohibition to wine and strong drink, and the subsequent phrase: **"Anything that is made of the grapevine"** (Numbers 6:4), **amplifies** the prohibition.

מִיעֵט וְרִיבָּה – רִיבָּה הַכֹּל. מַאי רִיבָּה – רִיבָּה כָּל מִילֵּי, מַאי מִיעֵט – מִיעֵט שְׁבִישְׁתָּא.

The Gemara elaborates: In this manner, the Torah **restricts and amplifies,** which, according to the principles of exegesis, **amplifies** and includes virtually **all** substances. **What** does it **amplify** and include? It **amplifies** and includes **all matters** and substances that come from the vine. **What** does it **restrict?** After all, the phrase "He shall abstain from wine and strong drink" must be excluding something. According to this interpretation, the verse **restricts** only one part of a vine, **the branches.** A nazirite who eats the branches of the vine has not committed a transgression.

וְרַבָּנַן דָּרְשִׁי כְּלָלֵי וּפְרָטֵי: ״מִיַּיִן וְשֵׁכָר יַזִּיר״ – פְּרָט. ״מִכֹּל אֲשֶׁר יֵעָשֶׂה מִגֶּפֶן הַיַּיִן״ – כְּלָל. ״מֵחַרְצַנִּים וְעַד זָג״ – חָזַר וּפָרַט. פְּרָט וּכְלָל וּפְרָט – אִי אַתָּה דָּן אֶלָּא כְּעֵין הַפְּרָט. מַה הַפְּרָט מְפוֹרָשׁ – פְּרִי וּפְסוֹלֶת פְּרִי, אַף כֹּל – פְּרִי וּפְסוֹלֶת פְּרִי.

And conversely, **the Rabbis interpret** the verses employing the principle of **generalizations and details,** as the phrase **"He shall abstain from wine and strong drink"** (Numbers 6:3) is an example of **a detail,** the phrase **"anything that is made of the grapevine"** (Numbers 6:4) is **a generalization,** and when the verse continues: **"From pits to grape skin,"** it has given an example of **a detail again.** This is **a detail, and a generalization, and a detail.** According to this exegetical method, **you may deduce** that the verse is referring **only** to items **similar to the detail: Just as** the items mentioned in **the detail** are clearly **defined as a fruit or fruit waste,** i.e., grape seeds or skins, **so too, everything** forbidden by the generalization is **a fruit or fruit waste,**[H] but not leaves or tendrils, as maintained by Rabbi Elazar.

אִי מַה הַפְּרָט מְפוֹרָשׁ פְּרִי גָּמוּר, אַף כֹּל פְּרִי גָּמוּר! אָמַרְתָּ: אִם כֵּן מַה הִנִּיחַ לְךָ הַכָּתוּב בְּמַשְׁמָעוֹ שֶׁלֹּא אֲמָרוֹ? עֲנָבִים לַחִים וִיבֵשִׁים – הָא כְּתִיבִי, יַיִן וְחוֹמֶץ – הָא כְּתִיבִי! הָא אֵין עָלֶיךָ לָדוּן כְּלָשׁוֹן אַחֲרוֹן אֶלָּא כְּלָשׁוֹן רִאשׁוֹן.

The Gemara asks: **If** so, one can suggest an alternative derivation: **Just as** the items mentioned in **the detail** are clearly **defined as a complete,** i.e., ripe, **fruit, so too, everything** forbidden must be **a complete fruit,** excluding unripe fruit. Why, according to the Rabbis, are unripe grapes included in the prohibition? **You** will **say** the following counterargument: **If so, what has the verse left you to derive from its meaning that it has not stated?** If you say **grapes and raisins,** these are explicitly **written;** if you say **wine and vinegar,** these are also **written.** What, then, does the generalization come to add? Evidently, **you cannot learn in accordance with the last version,** which excludes unripe fruit; **rather,** you must learn **in accordance with the first version,** which includes this fruit and excludes only leaves and tendrils.

NOTES

Tendrils – לוּלָבִין: Most commentaries maintain that this refers to the tops of vine branches when they are still blossoming and soft (see Rabbi Avraham min HaHar). However, some explain that this refers to the soft tendrils that sprout on a vine (Commentary on *Nazir*).

Amplifications and restrictions – רִבּוּיֵי וּמִיעוּטֵי: The difference between these two exegetical approaches is the topic of a lengthy discussion that continues through 35b.

BACKGROUND

Tendrils – לוּלָבִין: This term usually refers to the soft parts of various plants. The tender ends of plants such as the caper bush and grapevine were eaten as a delicacy. Even the tops of palm trees were eaten in this way.

Blossoming caper flowers

HALAKHA

The vine itself, no – הַגֶּפֶן עַצְמוֹ לָא: The leaves of a vine, its sap, and its nascent fruit are all permitted to a nazirite, as they are neither fruit nor fruit waste, but are considered part of the tree (Rambam *Sefer Hafla'a, Hilkhot Nezirut* 5:2).

Fruit waste – פְּסוֹלֶת פְּרִי: A nazirite who ate an olive-bulk of grape skins or seeds, or who drank a quarter-*log* of vinegar, the waste products of the fruit of the vine, is liable to receive lashes (Rambam *Sefer Hafla'a, Hilkhot Nezirut* 5:2).

ומֵאַחַר שֶׁסּוֹפֵינוּ לְרַבּוֹת כׇּל דָּבָר, מַה תַּלְמוּד לוֹמַר "מֵחַרְצַנִּים וְעַד זָג"? לוֹמַר לְךָ: כׇּל מָקוֹם שֶׁאַתָּה מוֹצֵא פְּרָט וּכְלָל – אִי אַתָּה רַשַּׁאי לְמׇשְׁכוֹ וּלְדוּנוֹ כְּעֵין הַפְּרָט,

The Gemara asks: **And as we eventually include everything** that is similar to the detail of fruit and the waste of fruit, **what is the** meaning when **the verse states: "From pits to grape skin"?** This serves **to tell you** a general principle of exegesis that applies throughout the Torah: **Wherever you find** only **a detail and a generalization, you cannot broaden it and learn** that the generalization is limited to be **like the detail,** by saying that the generalization merely clarifies the previous detail.

אֶלָּא נַעֲשָׂה כְּלָל מוּסָף עַל הַפְּרָט, עַד שֶׁיִּפְרוֹט לְךָ הַכָּתוּב כְּדֶרֶךְ שֶׁפָּרַט לְךָ בְּנָזִיר.

Rather, the generalization becomes added to the detail so that it includes all matters, even those dissimilar to the detail, **until the verse specifies**[N] and adds another detail after the generalization, **in the manner that it specified with regard to a nazirite,** by inserting the phrase "from pits to grape skin" after "anything that is made of the grapevine." The exegetical method of: A detail, a generalization, and a detail, means that the generalization includes only something that is similar to the detail. In this particular example, leaves and tendrils are excluded.

אָמַר מָר: מַה הַפְּרָט מְפוֹרָשׁ – פְּרִי וּפְסוֹלֶת פְּרִי, אַף כֹּל – פְּרִי וּפְסוֹלֶת פְּרִי. פְּרִי – עִינְבֵי, פְּסוֹלֶת פְּרִי מַאי הִיא – חוֹמֶץ.

The Gemara analyzes the details of this *baraita*. **The Master said** above: **Just as** the items mentioned in **the detail** are clearly **defined as a fruit or fruit waste, so too everything** forbidden to the nazirite by the Torah is **a fruit or fruit waste.** The Gemara clarifies: **The fruit** mentioned by the Torah is **grapes. What is fruit waste? Vinegar,** as in the verse: "He shall drink no vinegar of wine or vinegar of strong drink" (Numbers 6:3).

"אַף כֹּל פְּרִי" מַאי הִיא – גּוֹהַרְקֵי. "אַף כֹּל" דִּפְסוֹלֶת פְּרִי – מַאי הִיא? אֲמַר רַב כָּהֲנָא: לְאֵיתוּיֵי עִינְבֵי דִּכְרִין. "וְעַד זָג", אֲמַר רָבִינָא, לְאֵיתוּיֵי דְּבֵין הַבֵּינַיִם.

What is the statement: **So too everything** forbidden by the generalization is **a fruit,** serving to include? It serves to include **unripe**[HN] grapes. And **what is** the statement: **So too everything,** forbidden by the generalization is a fruit or fruit waste, stated with regard **to fruit waste,** serving to include? Which fruit waste unspecified by the verse is added by means of this derivation? **Rav Kahana said:** This serves **to include grapes that have become wormy.**[N] With regard to the phrase "from pits **to grape skin," Ravina said:** This serves **to include** the part of the fruit **that is in between**[N] the seeds and the skin.

אֲמַר מָר: [אִי] מַה הַפְּרָט מְפוֹרָשׁ פְּרִי גָּמוּר – אַף כֹּל פְּרִי גָּמוּר! אָמַרְתָּ: אִם כֵּן מַה הִנִּיחַ הַכָּתוּב בְּמַשְׁמָעוֹ שֶׁלֹּא אֲמָרוֹ, עֲנָבִים לַחִים וִיבֵשִׁים – הָא כְּתִיבִי, יַיִן וְחוֹמֶץ – הָא כְּתִיבִי! הָא אֵין עָלֶיךָ לָדוּן כְּלָשׁוֹן אַחֲרוֹן אֶלָּא כְּלָשׁוֹן רִאשׁוֹן. וּמֵאַחַר שֶׁסּוֹפֵינוּ לְרַבּוֹת כׇּל דָּבָר, מַה תַּלְמוּד לוֹמַר "מֵחַרְצַנִּים וְעַד זָג" – לוֹמַר לְךָ: כׇּל מָקוֹם שֶׁאַתָּה מוֹצֵא פְּרָט וּכְלָל – אִי אַתָּה רַשַּׁאי לְמוֹשְׁכוֹ וּלְדוּנוֹ כְּעֵין הַפְּרָט, אֶלָּא נַעֲשָׂה כְּלָל מוּסָף עַל הַפְּרָט, עַד שֶׁיִּפְרוֹט לְךָ הַכָּתוּב

The Gemara continues to analyze the *baraita,* which it cites at length. **The Master said** above: If so, **just as** the items mentioned in **the detail** are clearly **defined as a complete fruit, so too everything** is **a complete fruit. You say: If so, what has the verse left you** to derive **from its meaning that it has not stated? Grapes and raisins,** these are **written; wine and vinegar,** these are **written. You cannot learn in accordance with the last version; rather,** you must learn **in accordance with the first version. And as we eventually include everything, what** is the meaning when **the verse states: "From pit to grape skin"?** This serves **to tell you** that **wherever you find a detail and a generalization, you cannot broaden it and learn** that the generalization is limited to be **like the detail; rather, the generalization becomes added to the detail, until the verse specifies for you**

HALAKHA

Unripe – גּוֹהַרְקֵי: A nazirite who ate unripe grapes is liable to receive lashes, as they are also considered the fruit of the vine (Rambam *Sefer Hafla'a, Hilkhot Nezirut* 5:2).

NOTES

Until the verse specifies – עַד שֶׁיִּפְרוֹט לְךָ הַכָּתוּב: This is a paradigmatic example of the difference between a detail and a generalization, as opposed to a detail, a generalization, and a detail. If there is only a detail and a generalization, then the generalization is the decisive factor, and one includes everything implied by that generalization.

Unripe – גּוֹהַרְקֵי: Most commentaries maintain that this means unripe grapes (see *Tosafot* and Rosh). Others claim that it refers to the small grapes found between the larger ones, but which are too small to reach a fully ripened state (Commentary on *Nazir*; see *Arukh*).

Grapes that have become wormy – עִינְבֵי דִּכְרִין: There are many textual variants of this term. Some commentaries maintain that it refers to grapes that have become wormy (Commentary on *Nazir*; *Tosafot*), whereas others claim that it means grapes that have gone sour (Rabbi Avraham min HaHar; Meiri).

In between – בֵּין הַבֵּינַיִם: Some commentaries explain that this refers to the fruit itself, specifically the part which is neither the skin nor the seeds. Others maintain that it means the small grapes lying between larger ones, as these grapes are unripe (Rabbeinu Tam). Yet others contend that it refers to the portion of the fruit that remains after the grapes have been pressed, which is inedible (Rabbi Avraham min HaHar; Commentary on *Nazir*).

כְּדֶרֶךְ שֶׁפֵּרַט לְךָ בְּנָזִיר ״מֵחַרְצַנִּים וְעַד זָג״. וּלְרַבִּי אֶלְעָזָר בֶּן עֲזַרְיָה, דְּקָא מוֹקִים לְהַאי ״מֵחַרְצַנִּים וְעַד זָג״ לוֹמַר שֶׁאֵינוֹ חַיָּיב עַד שֶׁיֹּאכַל שְׁנֵי חַרְצַנִּים וְזָג, פְּרָטָא מְנָא לֵיהּ? סָבַר לָהּ כְּרַבִּי אֶלְעָזָר, דְּדָרֵישׁ מִיעֵט וְרִיבָּה.

in the manner that it specified with regard to a nazirite: "From pits to grape skin" (Numbers 6:4). The Gemara asks: **And according to** the opinion of **Rabbi Elazar ben Azarya, who establishes this** verse: **"From pits to grape skin"** (Numbers 6:4), as serving **to say that** a nazirite **is liable only if he eats two grape seeds and a grape skin,** if so **from where does he** derive **the detail?**[N] It is unclear how he applies this method of a detail, a generalization, and a detail, as according to his interpretation, the phrase "from pits to grape skin" does not serve to limit the previous generalization but to state a different *halakha*. The Gemara answers: Rabbi Elazar ben Azarya **holds in accordance with** the opinion of **Rabbi Elazar, who interprets** this by saying that a verse **restricts and amplifies.**

וְאִי בָּעֵית אֵימָא: כְּרַבָּנַן. דְּאִי סָלְקָא דַּעְתָּךְ כִּדְאָמַר רַבִּי אֶלְעָזָר בֶּן עֲזַרְיָה – לִיכְתְּבֵיהּ רַחֲמָנָא לְהַאי ״מֵחַרְצַנִּים וְעַד זָג״ גַּבֵּי פְּרָטֵי, לְמַאי הִלְכְתָא כְּתָבֵיהּ בָּתַר כְּלָל – שְׁמַע מִינָּהּ לְמִידַיְינֵיהּ בִּכְלָל וּפְרָט.

And if you wish, say instead that Rabbi Elazar ben Azarya holds **in accordance with** the opinion of **the Rabbis**[N] that this is a case of a detail, a generalization, and a detail. **As, if it should enter your mind** that the verse is merely teaching that **which was stated by Rabbi Elazar ben Azarya, let the Merciful One write this** phrase: **"From pits to grape skin," alongside** the other **details** of wine and vinegar. **For what *halakha*** did the Torah **write:** "From pits to grape skin," **after the generalization? Conclude from it that** you should **derive** this *halakha* **by** means of the method **of a generalization and a detail.**

וְאֵימָא כּוּלֵּיהּ לְהָכִי הוּא דְּאָתָא. אִם כֵּן לִכְתּוֹב אוֹ שְׁנֵי חַרְצַנִּים אוֹ שְׁנֵי זַגִּים אוֹ חַרְצָן וְזָג, לְמַאי הִלְכְתָא כָּתַב רַחֲמָנָא ״מֵחַרְצַנִּים וְעַד זָג״ – שְׁמַע מִינָּהּ לְמִידְרַשׁ בֵּיהּ כְּלָל וּפְרָט, וְאִיכָּא נַמִי לְמִידְרַשׁ בֵּיהּ: עַד שֶׁיֹּאכַל שְׁנֵי חַרְצַנִּים וְזָג.

The Gemara asks: **But** if so, you can **say** that the **entire** phrase **comes** only **for this** purpose, for a generalization and a detail, and Rabbi Elazar ben Azarya should not derive his *halakha*, that a nazirite is liable only if he eats two grape seeds and a grape skin, from this verse at all. The Gemara answers that Rabbi Elazar ben Azarya would say: **If so,** let the Torah **write either two grape seeds**[N] **and two grape skins,** with both terms in the plural, **or a grape seed and a grape skin,** with both terms in the singular. **For what *halakha* did the Merciful One write: "From pits to grape skin"? Learn from it** that one should **interpret it** in the manner **of a generalization and a detail, and** one **can also interpret** from **it** that a nazirite is liable **only if he eats two grape seeds and a grape skin.**

וְרַבִּי אֶלְעָזָר, דְּדָרֵישׁ מִיעֵט וְרִיבָּה, פְּרָט וּכְלָל וּפְרָט מְנָא לֵיהּ?

The Gemara asks: **And Rabbi Elazar, who interprets** by the method of **restriction and amplification** that even tendrils and the leaves of a grapevine are included in the prohibition, **from where does he** derive the method of **a detail, a generalization, and a detail?**

אָמַר רַבִּי אַבָּהוּ: נָפְקָא לֵיהּ מֵהַאי קְרָא: ״וְכִי יִתֵּן אִישׁ אֶל רֵעֵהוּ חֲמוֹר אוֹ שׁוֹר אוֹ שֶׂה״ – פְּרָט; ״וְכָל בְּהֵמָה״ – כְּלָל; ״לִשְׁמוֹר״ – חָזַר וּפָרַט. פְּרָט וּכְלָל וּפְרָט – אִי אַתָּה דָּן אֶלָּא כְּעֵין הַפְּרָט.

Rabbi Abbahu says: He derives it from this verse, which deals with a bailee: **"And if a man deliver to his neighbor a donkey, or an ox, or a sheep,** or any animal to guard, and it dies…the oath of the Lord shall be between them both" (Exodus 22:9). The phrase "a donkey, or an ox, or a sheep" is **a detail; "or any animal"** is **a generalization** that includes all animals; and in the phrase **"to guard"**[N] the Torah **detailed again.** This is **a detail, and a generalization, and a detail.** In this case, **you may deduce** that the verse is referring **only** to items **similar to the detail;** i.e., items that can be guarded.

רָבָא אָמַר: נָפְקָא לֵיהּ מֵהַאי קְרָא ״וְאִם מִן״ – פְּרָט; ״הַצֹּאן״ – כְּלָל; ״כְּבָשִׂים וְעִזִּים״ – חָזַר וּפָרַט.

Rava said: Rabbi Elazar **derives** the method of a detail, a generalization, and a detail **from this verse:** "And if his offering is from the flock, whether of the sheep or of the goats, for a burnt-offering, he shall offer it a male without blemish" (Leviticus 1:10). The phrase **"and if** his offering is **from"** is **a detail,** as it indicates part but not all of something, **"the flock"**[N] is **a generalization** that includes animals that have been used sinfully, and when it stated: **"Sheep," and: "Goats,"** the Torah has **detailed again.**

פְּרָט וּכְלָל וּפְרָט – אִי אַתָּה דָּן אֶלָּא כְּעֵין הַפְּרָט.

This is **a detail, and a generalization, and a detail,** and therefore **you may deduce** that the verse is referring **only** to items **similar to the detail.** The details teach that only animals that copulated with a person may not be brought as offerings.

NOTES

From where does he derive the detail – פְּרָטָא מְנָא לֵיהּ: The Rabbis do not learn a specific *halakha* from the verse "from pits to grape skin" (Numbers 6:4). Rather, they derive from here the general methodology of a detail, a generalization, and a detail.

And if you wish, say in accordance with the Rabbis – וְאִי בָּעֵית אֵימָא, כְּרַבָּנַן: In other words, Rabbi Elazar ben Azarya interprets the verses in the same manner as the Rabbis. However, he maintains that one derives two matters from the phrase "from pits to grape skin." First, he learns the methodology of a detail, a generalization, and a detail, which he derives from the fact that this phrase is written after the generalization rather than alongside the other details. Second, he learns the additional *halakha* that a nazirite is liable for consuming two seeds and a skin eaten together.

Let it write either two grape seeds, etc. – לִכְתּוֹב אוֹ שְׁנֵי חַרְצַנִּים וכו׳: In other words, if the verse was merely teaching that seeds and skins are forbidden parts of the grape, it should have stated both of them either in the plural or the singular. The fact that it states: "From pits to grape skin," indicates that it is referring to a single fruit. Apparently, the Rabbis reject this proof by claiming that the verse is simply speaking of the usual case, as a grape has one skin and several seeds.

Or any animal…to guard, etc. – וְכָל בְּהֵמָה...לִשְׁמוֹר וכו׳: Some commentaries explain that the generalization of "or any animal" refers to all creatures that can be called animals, including undomesticated animals such as bears and lions. The addition of "to guard" teaches that the verse is dealing only with animals that can be guarded, which excludes undomesticated animals (Commentary on *Nazir*; see *Tosafot*). Others maintain, in keeping with alternative versions of the text, that this verse teaches that the oath of the bailee applies only to movable items, not to land.

And if… from the flock, etc. – וְאִם מִן...הַצֹּאן וכו׳: Some commentaries explain this exposition in the following manner: "And if his offering is from," excludes an animal that has been used for a transgression; the generalization "the flock" indicates that the entire flock is included, even an animal that has been used in that manner; and the last detail "whether of the sheep or of the goats" means that the generalization includes only animals similar to the detail, i.e., those which have not been used for a transgression. In other words, the generalization teaches that if the transgression in question does not involve the body of the animal itself, e.g., an animal used for bestiality, but it was merely utilized in the performance of a sin, such as Shabbat desecration, or if it was harnessed for plowing with another animal, it may be sacrificed (Commentary on *Nazir*).

Other commentaries are puzzled by this explanation, as there is no reason to think that the phrase "whether of the sheep or of the goats" refers to animals used for a transgression at all (*Tosafot*; Rosh). They therefore explain that this teaches that a ram, i.e., a male sheep in its second year, can be sacrificed as a burnt-offering as well as a lamb, which generally refers to an animal in its first year. Meanwhile, the detail teaches that one may not sacrifice a blemished animal or a *tereifa*, an animal with a wound that will cause it to die within twelve months (Rabbeinu Azriel, cited in *Shita Mekubbetzet*).

אֲמַר לֵיהּ רַב יְהוּדָה מִדִּיסְקַרְתָּא לְרָבָא: וְלֵילַף מִן הָדֵין קְרָא: "מִן" – פְּרָט; "הַבְּהֵמָה" – כְּלָל; "בָּקָר" וְ"צֹאן" – חָזַר וּפָרַט. פְּרָט וּכְלָל וּפְרָט – אִי אַתָּה דָּן אֶלָּא כְּעֵין הַפְּרָט.

Rav Yehuda of Diskarta said to Rava: And let Rabbi Elazar **derive** the method of a detail, a generalization, and a detail **from this** earlier **verse,** which appears in the same chapter: "From animals, from the herd or from the flock, you shall bring your offering" (Leviticus 1:2), in the following manner: **"From"** is **a detail** that excludes an undomesticated animal; **"animals"**[N] is **a generalization** which includes undomesticated animals (see Deuteronomy, chapter 14); and when it states: **"Herd,"** and: **"Flock,"** the Torah **has detailed again.** This is **a detail, and a generalization, and a detail,** and therefore **you may deduce** that the verse is referring **only** to items **similar to the detail,** i.e., domesticated animals.

אֲמַר לֵיהּ: מִן הַאי לֵיכָּא לְמִשְׁמַע מִינַּהּ, דְּאִי מֵהָתָם הֲוָה אָמֵינָא: "הַבְּהֵמָה"

Rava **said to** Rav Yehuda of Diskarta: One **cannot derive** the method of a detail, a generalization, and a detail **from this** verse, **as if** the source were **from there, I would say** the phrase **"animals"**

NOTES

From is a detail, animals, etc. – מִן פְּרָט, הַבְּהֵמָה וכו׳: Some commentaries explain that the term "from" excludes undomesticated animals, while the inclusion of "animals" teaches that burnt-offerings can be from animals that are older or younger than those specified by the Torah for other offerings (Commentary on *Nazir*). Others maintain that the verse includes a wild ox, which is not kept alongside other domestic animals, and therefore might not be considered part of the herd. Nevertheless, as it is classified as a domesticated animal, it may be sacrificed as an offering.

Perek **VI**
Daf **35** Amud **b**

חַיָּה בִּכְלַל בְּהֵמָה.

is referring even to undomesticated animals, as **an undomesticated animal is included** in the general category of **animal.**[H]

אֲמַר לֵיהּ: חַיָּה בִּכְלַל בְּהֵמָה? הָא כְּתִיב "בָּקָר" וְ"צֹאן", וַהֲוָה לֵיהּ פְּרָט וּכְלָל, וְאִי אַתָּה דָּן אֶלָּא כְּעֵין הַפְּרָט.

Rav Yehuda of Diskarta **said to** Rava: How can you suggest that in this verse **an undomesticated animal is included** in the general category of **animal?** It is **written: "Herd"** and: **"Flock,"**[N] **and this** entire phrase **is a detail, and a generalization,** and a detail, from which **you may deduce** that the verse is referring **only** to items **similar to the detail,** which are herd and flock, not undomesticated animals.

וּמְנָלַן דְּהָכִי הוּא – דְּתַנְיָא:

§ The Gemara asks: **And from where do we** derive **that it is so,**[N] that in the methodology of generalizations and details, the generalizations are similar to the details? It is **as it is taught** in a *baraita*: The verse states with regard to the mitzva to bring money for the second tithe[B] to Jerusalem: "And you shall bestow the money on all that your heart desires, on cattle, on sheep, on wine, and on strong drink, and on whatever your soul requests" (Deuteronomy 14:26).

HALAKHA

An undomesticated animal is included in the category of animal – חַיָּה בִּכְלַל בְּהֵמָה: An undomesticated animal is considered like a domesticated animal with regard to the prohibition against eating blood. However, the blood of repugnant creatures, creeping animals, fish, and grasshoppers, all of which are not categorized as animals, is not included in this prohibition (Rambam *Sefer Kedusha, Hilkhot Ma'akhalot Assurot* 6:1).

BACKGROUND

Second tithe – מַעֲשֵׂר שֵׁנִי: The second tithe was a tenth of the produce that remained after *teruma* had been given to the priests and the first tithe had been given to the Levites. It was separated during the first, second, fourth, and fifth years of the Sabbatical cycle. After the second tithe was set aside, it was brought to Jerusalem to be consumed there by its owner. If the journey to Jerusalem was long, making it difficult to carry all the second tithe there, or if the produce became ritually impure, it could be redeemed for an equivalent sum of money. If the owner redeemed his own produce he had to add one-fifth of its value. This redemption money was brought to Jerusalem, where it could be spent only on food.

NOTES

It is written, herd and flock – הָא כְּתִיב בָּקָר וְצֹאן: In other words, although undomesticated animals are generally included in the term animal, this detail excludes undomesticated animals. Furthermore, if undomesticated animals are excluded by the second detail, they are excluded by the first detail (*Tosafot*).

And from where do we derive that it is so – וּמְנָלַן דְּהָכִי הוּא: Some commentaries explain: How do we know that in the case of a detail, a generalization, and a detail, the verse is referring only to items similar to the detail (Commentary on *Nazir*)? According to this interpretation, the question is in accordance with the opinion of the Rabbis, who derive the verse written concerning the nazirite by the method of generalizations and details (*Tosafot*). However, this explanation entails several difficulties. Why does the Gemara answer by citing a new example, when it has just mentioned several instances of a detail, a generalization, and a detail? Some commentaries answer that the Gemara wanted to cite a case involving a dispute between the Rabbis, who employ a generalization and a detail, and Rabbi Elazar, who interprets the same verse as involving amplifications and restrictions (Rabbeinu Azriel, cited in *Shita Mekubbetzet*; see *Eiruvin* 27b).

Another fundamental difficulty is that the Gemara initially inquires about the method of a detail, a generalization, and a detail, and yet the proof it cites refers to a generalization, a detail, and a generalization. Some say that because these two methods are similar, as they differ only in minor aspects, one can derive one from the other (Rosh; see Meiri and Rid). Rabbeinu Peretz maintains that this entire line of questioning is problematic, as the method of a generalization, a detail, and a generalization is one of Rabbi Yishmael's thirteen principles of exegesis listed in the introduction to *Torat Kohanim*, the Midrash to Leviticus, and it clearly states there that the case of a detail, a generalization, and a detail refers only to that which was specified in the detail. Why, then, is the Gemara puzzled by this exegetical principle? He answers that the Gemara is not addressing the basic assertion that a case of detail, a generalization, and a detail is treated like the detail. Rather, it is referring to a specific feature of this principle: From where we derive that this exposition includes even items that are similar to the detail in only one or two aspects, as stated by the Gemara later.

״וְנָתַתָּ הַכֶּסֶף בְּכֹל אֲשֶׁר תְּאַוֶּה נַפְשְׁךָ״ – כְּלָל; ״בַּבָּקָר וּבַצֹּאן וּבַיַּיִן וּבַשֵּׁכָר״ – פְּרָט; ״וּבְכֹל אֲשֶׁר תִּשְׁאָלְךָ נַפְשְׁךָ״ – חָזַר וְכָלַל.

The *baraita* elaborates: The phrase **"And you shall bestow the money on all that your heart desires"** is **a generalization,** as no particular type of food is specified. The phrase **"on cattle, on sheep, on wine, and on strong drink"** is **a detail,** as specific foods are mentioned. And when the verse concludes: **"On whatever your soul requests," it then generalized** again, as no specific type of food is stated.

כְּלָל וּפְרָט וּכְלָל אִי אַתָּה דָּן אֶלָּא כְּעֵין הַפְּרָט; מָה הַפְּרָט מְפוֹרָשׁ: פְּרִי מִפְּרִי וְגִידּוּלֵי קַרְקַע – אַף כָּל פְּרִי מִפְּרִי וְגִידּוּלֵי קַרְקַע.

Since the verse is formulated as **a generalization, and a detail, and a generalization, you may deduce** that it is referring **only** to items **similar to the detail. Just as** the items mentioned in **the detail** are clearly **defined as the produce of produce,**[H] i.e., not only the produce itself but also items that come from it, such as grapes from a seed, **and** they are also items **grown from the ground,** as all of these items grow from the ground or receive their main sustenance from it, **so too,** the generalization includes **all** items that are **the produce of produce and are grown from the ground.** This includes birds, but it does not include fish, water, or salt.

מִכְּדִי, כְּלָל וּפְרָט וּכְלָל – כְּעֵין פְּרָטָא דָּיְינִינַן, כְּלָלָא בַּתְרָא מַאי אַהֲנֵי? אַהֲנֵי לְאוֹסוּפֵי כָּל דְּדָמֵי לֵיהּ.

§ The Gemara discusses a series of problems with regard to these and other methods of halakhic exegesis: **Now,** in the case **of a generalization, and a detail, and a generalization, one derives** that all items which are **like the detail** are included. However, if that is so, **what purpose does the last generalization** stated in the verse serve? The same conclusion would be reached if the verse had stated merely a generalization and a detail. The Gemara answers: The **purpose** of the last generalization is **to add all that is similar to it,** i.e., even those articles or cases not explicitly listed among the details.

וְתוּ: פְּרָט וּכְלָל וּפְרָט – כְּעֵין הַפְּרָט דָּיְינִינַן, פְּרָטָא בַּתְרָאָה מַאי אַהֲנֵי? אִי לָאו פְּרָטָא בַּתְרָאָה הֲוָה אָמֵינָא נַעֲשָׂה כְּלָל מוּסָף עַל הַפְּרָט.

And furthermore, in the case of **a detail, and a generalization, and a detail, one** again **derives** that all items which are **like the detail** are included. If so, **what purpose does the last detail** stated in the verse serve? The same conclusion would apply if there was simply a detail and a generalization. The Gemara answers: **If** it were **not** for **the last detail, I would say** that **the generalization becomes added to the detail,** which is broadened in all possible ways. Therefore, the last detail limits the generalization to items or cases that are similar to the detail.

וּמִכְּדִי, תְּרֵין כְּלָלֵי וּפְרָטָא, וּתְרֵין פְּרָטֵי וּכְלָלָא – (כְּלָלָא) כְּעֵין פְּרָטָא דָּיְינִינַן, מַאי אִיכָּא בֵּינֵי וּבֵינֵי?

The Gemara continues this line of questioning. **And now** that it has been established that both with regard to **two generalizations and a detail,** i.e., a generalization, a detail, and a generalization, **and two details and a generalization,** i.e., a detail, a generalization, and a detail, **one derives** that all items that are **like the detail** are included, **what** difference **is there between this** method **and that** one? The two methods are apparently identical.

אִיכָּא, דְּאִילּוּ תַּרְתֵּין כְּלָלֵי וּפְרָטָא, אִי אִיכָּא פְּרָטָא דְּדָמֵי לֵיהּ אֲפִילּוּ בְּחַד צַד – מְרַבִּינַן. תְּרֵי פְּרָטֵי וּכְלָלָא, אִי אִיכָּא פְּרָטָא דְּדָמֵי מִשְּׁנֵי צְדָדִין – מְרַבִּינַן, בְּחַד צַד – לָא מְרַבִּינַן.

The Gemara answers: **There is** a difference between them, **as whereas** in a case of **two generalizations and a detail, if there is** another **detail that is similar to** the detail specified in the verse **even in one aspect, one includes** it, due to the two generalizations. By contrast, in the case of **two details and a generalization, if there is** another **detail that is similar to** the one mentioned in the verse **in two aspects, one includes it.** However, if it is similar **in** only **one aspect one does not include** it, as the *halakha* is limited by two details.

מִכְּדִי פְּרָט וּכְלָל – נַעֲשָׂה כְּלָל מוּסָף עַל הַפְּרָט, וְאִיתְרַבֵּי כָּל מִילֵּי, וּמִיעֵט וְרִיבָּה נַמִי – רִיבָּה הַכֹּל וְאִיתְרַבֵּי כָּל מִילֵּי. מַאי אִיכָּא בֵּין מִיעֵט וְרִיבָּה לִפְרָט וּכְלָל?

The Gemara asks another question: **Now,** in the method of **a detail and a generalization, the generalization becomes added to the detail, and all matters are included** by the generalization. **And** the method of **restriction and amplification also amplifies** and includes **everything, and** therefore **all matters are included** in both cases. If so, **what** difference **is there between** the method of **restriction and amplification**[N] and that of **a detail and a generalization?**

HALAKHA

Produce of produce, etc. – **פְּרִי מִפְּרִי וכו׳:** One may use second-tithe money to buy only items that are fit to be eaten by people and that are grown from the ground or that grow from something that grows from the ground. In other words, they must be similar to the examples stated in the Torah (Deuteronomy 14:26): Flock, herd, wine, and strong wine (Rambam *Sefer Zera'im, Hilkhot Ma'aser Sheni* 7:3).

NOTES

What difference is there between restriction and amplification, etc. – **מַאי אִיכָּא בֵּין מִיעֵט וְרִיבָּה וכו׳:** The Rashba claims in his responsa that the text of this entire passage was corrupted, as there are numerous alternative versions of the text, and he goes so far as to say that no two editions of this Gemara include the exact same text here. There are an especially large number of versions of this section because the standard text presents many difficulties. First, it is generally assumed that the method of amplifications and restrictions leads to *halakhot* of a broader scope than do the methods of details and generalizations, whereas the Gemara here indicates the opposite (see *Tosafot*). The Rashba states that this is not difficult, as it results from an essential difference between the two methods. When a verse is interpreted by means of details and generalizations, either the details limit or nullify the generalization, or the generalization includes the details. Either way there is an inherent connection between the clauses. By contrast, if the verse is interpreted by amplifications and restrictions, each clause is distinct. Consequently, it is possible for the method of a generalization and a detail to include more cases.

Another difficulty is that this passage is apparently self-contradictory, as the Gemara here indicates that if the method of amplifications and restrictions is applied, then only tendrils are included, which is the reverse of the earlier statement of the Gemara (34b) that Rabbi Elazar, who derives the verse written concerning a nazirite employing the method of amplifications and restrictions, includes leaves as well. Various answers have been suggested for this difficulty. Some say that the method of amplifications and restrictions does not in fact lead to the inclusion of leaves and that nevertheless, Rabbi Elazar derived this *halakha* from the phrase: "Anything that is made" (Numbers 6:4), as the term "anything" is an inclusion (Commentary on *Nazir*). Others maintain that the Gemara's statement: Tendrils, yes, they are included in the prohibition, whereas leaves, no, they are not included, should not be taken literally, as it simply means that something is excluded, either leaves or branches (Commentary on *Nazir*; Rabbi Avraham min HaHar). Yet others explain similarly that these leaves are not the same as the ones mentioned earlier, but are hard, inedible leaves, like branches (*Tosafot*).

An entirely different version of the text reads: Whereas the one who interprets by amplifications and restrictions includes even leaves, the one who interprets by details and generalizations says tendrils, yes, leaves, no (*Shita Mekubbetzet*, citing Rama). If this version is accepted, the difficulties enumerated are resolved. Yet another alternative reading is: Whereas the one who interprets by details and generalizations includes even branches, the one who interprets by amplifications and restrictions says: Tendrils, yes; branches, no (Rid).

אִיכָּא, דְּאִילּוּ פְּרָט וּכְלָל – מְרַבֵּינַן אֲפִילּוּ עָלִין וְלוּלָבִין, וּמִיעֵט וְרִיבָּה – לוּלָבִין אִין, עָלִין – לָא.

The Gemara answers: **There is** the following difference, **as whereas** in the method of **a detail and a generalization one includes** and renders forbidden to a nazirite **even leaves and tendrils** of the vine, with the method of **restriction and amplification** one includes less, as **tendrils, yes,** they are included in the prohibition, whereas **leaves, no,** they are not included.

אָמַר רַבִּי אַבָּהוּ אָמַר רַבִּי יוֹחָנָן: כָּל אִיסּוּרִין שֶׁבַּתּוֹרָה אֵין הֶיתֵּר מִצְטָרֵף לְאִיסּוּר, חוּץ מֵאִיסּוּרֵי נָזִיר, שֶׁהֲרֵי אָמְרָה תּוֹרָה "מִשְׁרַת".

§ **Rabbi Abbahu says** that **Rabbi Yoḥanan says:** With regard to **all prohibitions that are** written **in the Torah, a permitted** substance **does not combine with a forbidden** substance. If one eats a permitted food with a forbidden food and together they constitute the minimum prohibited measure, he is exempt from punishment for this act of consumption. This principle applies to all *halakhot* **except for the prohibitions of a nazirite,** who is liable for eating a mixture of that kind, **as the Torah said** with regard to a nazirite: "Neither shall he drink anything **soaked**[N] in grapes" (Numbers 6:3). This verse indicates that a nazirite is prohibited from consuming not only wine and vinegar, but also any food that was soaked in these liquids.

NOTES

The Torah said soaked – אָמְרָה תּוֹרָה מִשְׁרַת: Most commentaries accept the textual version and explanation of Rashi in tractate *Pesaḥim* (43b), that this *halakha* is derived from the term "soaked." Rashi explains that something which has been soaked in wine is forbidden to a nazirite despite the fact that it is not entirely wine. Alternatively, the amplification "anything" includes a mixture that is not composed solely of forbidden substances (Rabbi Avraham min HaHar; Rabbeinu Ḥananel).

Perek **VI**
Daf **36** Amud **a**

זְעֵירִי אָמַר: אַף שְׂאוֹר בְּבַל תַּקְטִירוּ. כְּמַאן, כְּרַבִּי אֱלִיעֶזֶר, דְּדָרֵישׁ "כָּל"?

Ze'eiri says: Permitted and forbidden substances combine with regard to **the prohibition against offering leaven** on the altar, **as well,**[H] as it states: "For any [*kol*] leaven and any [*kol*] honey shall be offered as a burnt-offering before the Lord" (Leviticus 2:11). This indicates that one is also liable for sacrificing leaven in a mixture in addition to the liability for sacrificing pure leaven. The Gemara asks: **In accordance with whose** opinion did Ze'eiri issue his ruling? It is **in accordance with** the opinion of **Rabbi Eliezer, who derives** from the term ***kol*** in the verse "You shall eat nothing [*kol*] leavened" (Exodus 12:20) that a mixture with part leaven is forbidden on Passover.

אִי הָכִי, לְעִנְיַן חָמֵץ נַמִּי! אִין הָכִי נַמִּי. אֶלָּא לְאַפּוֹקֵי מֵאַבָּיֵי, דְּאָמַר: יֵשׁ הַקְטָרָה בְּפָחוֹת מִכַּזַּיִת, קָא מַשְׁמַע לַן: אֵין הַקְטָרָה בְּפָחוֹת מִכַּזַּיִת.

The Gemara raises a difficulty: **If so,** then with regard **to the matter of leavened bread** on Passover, one should **also** be liable for eating leaven combined with a permitted substance, e.g., less than an olive-bulk of bread soaked in wine, so that the volume is now an olive-bulk. The Gemara answers: **Yes, indeed it is so. Rather,** when Ze'eiri specifies that the prohibition applies with regard to sacrificing leaven in offerings, he meant **to exclude**[N] the statement **of Abaye, who says: There is** significance to **sacrificing less than an olive-bulk** of leaven on the altar, i.e., one is flogged for sacrificing an offering of that kind. By noting that one is liable due to the fact that permitted substances combine with forbidden substances, Ze'eiri **teaches us** that **there is no** significance to **sacrificing less than an olive-bulk,** and therefore this is not punishable by lashes.

HALAKHA

The prohibition against offering leaven as well, etc. – אַף שְׂאוֹר בְּבַל תַּקְטִירוּ וכו׳: It is prohibited to sacrifice leaven or honey upon the altar. Even a trace amount of these substances invalidates an offering. One who sacrifices an olive-bulk of a mixture containing leaven or honey is flogged (Rambam *Sefer Avoda, Hilkhot Issurei Mizbe'aḥ* 5:1–2).

NOTES

Rather, to exclude – אֶלָּא לְאַפּוֹקֵי: Ze'eiri could have stated the *halakha* that permitted food combines with forbidden food with regard to leaven on Passover, but he preferred to mention the *halakha* of burning leaven on the altar because he wanted to take issue with Abaye's opinion. In Abaye's opinion, there is no need to apply the principle that less than an olive-bulk of leaven can combine with unleavened bread, as one is liable if he sacrifices even half an olive-bulk by itself.

HALAKHA

Thick soup was made with produce that had the status of *teruma*, etc. – מִקְפָּה שֶׁל תְּרוּמָה וכו׳: With regard to thick soup prepared with *teruma* produce and non-sacred garlic and oil, if one who immersed himself that day touches part of it he has disqualified the entire dish (Rambam *Sefer Tahara, Hilkhot Tumat Okhalin* 8:12).

The thick soup was made with produce of non-sacred status – מִקְפָּה שֶׁל חוּלִּין: With regard to thick soup prepared with non-sacred produce and whose garlic and oil were *teruma*, if one who immersed himself that day touches part of it he has disqualified only the spot he touched. If the thick soup was mostly garlic, one follows the majority portion, and it is all disqualified (Rambam *Sefer Tahara, Hilkhot Tumat Okhalin* 8:13).

יָתֵיב רַב דִּימִי, וְקָאָמַר לַהּ לְהָא שְׁמַעְתָּא. אֵיתִיבֵיהּ אַבָּיֵי: הַמִּקְפָּה שֶׁל תְּרוּמָה, וְהַשּׁוּם וְהַשֶּׁמֶן שֶׁל חוּלִּין, וְנָגַע טְבוּל יוֹם בְּמִקְצָתָן – פָּסַל אֶת כּוּלָּן. מִקְפָּה שֶׁל חוּלִּין, וְהַשּׁוּם וְהַשֶּׁמֶן שֶׁל תְּרוּמָה, וְנָגַע טְבוּל יוֹם בְּמִקְצָתָן – לֹא פָּסַל אֶלָּא מְקוֹם מַגָּעוֹ.

§ **Rav Dimi sat and stated this *halakha*** of Rabbi Yoḥanan that a permitted substance does not combine with a forbidden substance except in the case of a nazirite. **Abaye raised an objection to his** opinion from a mishna (*Tevul Yom* 2:3): In a case where **the thick soup**[B] was made with produce that had the status **of *teruma***[HB] **but the garlic and oil** therein were **of non-sacred** produce, **and one** who was ritually impure **who immersed that day** and is waiting for nightfall for the purification process to be completed **touched some of** the contents, **he** has **disqualified all** the contents of the pot from being eaten, as it all is considered *teruma* soup. However, if **the thick soup** was made with **produce of non-sacred** status[HN] **but the garlic and the oil** had the status **of *teruma*** produce, **and one who immersed himself that day touched some of them, he** has **disqualified only** the contents in the **place that he touched.**

וְהָוֵינַן בָּהּ: מְקוֹם מַגָּעוֹ אַמַּאי פָּסוּל? וְאָמַר רַבָּה בַּר בַּר חָנָה אָמַר רַבִּי יוֹחָנָן: מַה טַּעַם – הוֹאִיל וְזָר לוֹקֶה עָלֶיהָ בִּכְזַיִת.

Abaye continues: **And we discussed** this issue: **Why** are the contents in the **place that he touched disqualified?**[N] Since the primary ingredients of the dish are of non-sacred produce, it should not be disqualified by contact with one who immersed himself that day. **And Rabba bar bar Ḥana says** that **Rabbi Yoḥanan says: What is the reason** that the contents become disqualified? It is **due to** the fact that **a non-priest is flogged for** eating **an olive-bulk** of the soup, as anything into which *teruma* is mixed is considered *teruma* by Torah law.

מַאי טַעְמֵיהּ,

Abaye concludes his question: **What is** Rabbi Yoḥanan's **reason** that one is flogged for eating this mixture?

BACKGROUND

Thick soup [*mikpa*] – מִקְפָּה: From the context it can be inferred that a *mikpa* was a thick stew that contained enough liquid that it could still be poured. It was prepared mainly from grits, crushed seeds from various grains, and was seasoned with garlic and oil.

Teruma – תְּרוּמָה: Whenever the term *teruma* appears without qualification, it refers to the command in the Torah that "the first fruit of your grain, of your wine, and of your oil" (Deuteronomy 18:4) be given to a priest (see Numbers 18:12). The Sages extended the scope of this mitzva, which applies only in Eretz Yisrael, to include all produce. After the first fruits have been separated, a certain portion of the produce must be designated as *teruma* and separated for the priests. The Torah does not specify the amount of *teruma* that must be separated; one may theoretically fulfill his obligation by separating even a single kernel of grain from an entire crop. However, the Sages instituted a recommended measure: One-fortieth of the produce for a generous gift, one-fiftieth for an average gift, and one-sixtieth for a miserly gift. One must separate *teruma* before separating the other tithes. *Teruma* is sacred and may be eaten only by a priest and his household while they are in a state of ritual purity (see Leviticus 22:9–15). If *teruma* becomes ritually impure, it may no longer be eaten and must be burned. Nevertheless, it remains the property of the priest and he may benefit from its burning.

Nowadays, *teruma* is not given to the priests, because they can provide no definite proof of their priestly lineage. Although the obligation to separate *teruma* remains, the *halakha* reverts to Torah law, and only a minuscule portion of the produce is separated in practice.

NOTES

Thick soup was made with produce of non-sacred status, etc. – מִקְפָּה שֶׁל חוּלִּין וכו׳: The Commentary on *Nazir* cites two explanations that serve as the basis for a fundamental dispute between the halakhic authorities. One opinion is that the phrase: Touched some of them, refers to part of the garlic and oil (Rabbeinu Tam). Another opinion is that even if one touches part of the contents of the non-sacred dish, it is considered as though he touched *teruma* as it is all mingled in a single soup (Rashi on *Pesaḥim* 44a). These two opinions also offer competing explanations of the first case, concerning a soup made of *teruma* produce. According to the second interpretation it is clear why the entire dish is invalidated, as it is composed mainly of *teruma* produce. However, this case is somewhat difficult for the first opinion; if it is not considered a unified mixture why should the *teruma* produce be disqualified by virtue of the person touching the garlic and oil? Some explain that although he touched only the non-sacred garlic and oil, since they touch the primary elements of the soup, it is as though he touched the *teruma* itself (Rabbeinu Tam).

Why are they…disqualified – אַמַּאי פָּסוּל: There are alternative versions of the text which correspond to the opinions mentioned in the previous note. According to those who maintain that he touched only the garlic and oil (Rabbeinu Tam), the question is as follows: Since food is susceptible to ritual impurity only if it is at least the volume of an egg-bulk, why should the touch of one who immersed himself that day disqualify garlic and oil that are *teruma*, as these items are generally not the volume of an egg-bulk? Others further state that although the garlic is *teruma*, nevertheless it should be nullified by the non-*teruma* dish (*Tosafot* on *Pesaḥim* 44a, citing Ri). Although there is a general principle that *teruma* is nullified only if it is less than one hundredth of the total, this is a decree of the Sages; by Torah law *teruma* is nullified in a simple majority (Rashi on *Pesaḥim*; *Tosafot*). Alternatively, the Gemara is referring to a case where one touched only soup that was not *teruma*, and the question is why produce that is not *teruma* should be disqualified merely by contact (Meiri on *Pesaḥim*).

לָאו מִשּׁוּם דְּהֶיתֵּר מִצְטָרֵף לְאִיסּוּר? אֲמַר לֵיהּ: לָא, מַאי כַּזַּיִת – דְּאִיכָּא כַּזַּיִת בִּכְדֵי אֲכִילַת פְּרָס.

Is it **not due to** the fact **that the permitted** substance **combines with the forbidden** substance? This would mean that this principle applies in other areas of Torah law besides naziriteship. Rav Dimi **said to him: No;** what is the meaning of **an olive-bulk** in this mishna? It means **that there is** enough *teruma* in the mixture so that when one eats from the mixture he will consume **an olive-bulk** of *teruma* in the time it takes **to eat a half-loaf** of bread.[B] In that case one is liable to receive a punishment for eating this olive-bulk, as though he ate the *teruma* alone.

וַאֲכִילַת פְּרָס דְּאוֹרָיְיתָא הִיא? אֲמַר לֵיהּ: אִין. אִי הָכִי, אַמַּאי פְּלִיגִי רַבָּנַן עֲלֵיהּ דְּרַבִּי אֱלִיעֶזֶר בְּכוּתָּח הַבַּבְלִי?

Abaye asked him: **But is** eating an olive-bulk in the time it takes **to eat a half-loaf** of bread prohibited **by Torah law,**[NH] and is one flogged for it? Rav Dimi **said to him: Yes.** Abaye asked in response: **If so, why do the Rabbis disagree with Rabbi Eliezer with regard to** eating **Babylonian** ***kutah,***[B] a dip that contains bread, on Passover? The Rabbis maintain that one is not punished by Torah law for eating a mixture that contains leaven. Although the Rabbis do not derive from the term "nothing [*kol*]," that leaven in a mixture is forbidden, they should nevertheless hold one liable for eating an olive-bulk of a forbidden substance in the time it takes to eat a half-loaf of bread.

אֲמַר לֵיהּ: הַנַּח לְכוּתָּח הַבַּבְלִי, דְּלֵיכָּא כַּזַּיִת בִּכְדֵי אֲכִילַת פְּרָס; אִי דְּקָא שָׁרֵיף לֵיהּ מִישְׁרַף – בָּטְלָה דַּעְתּוֹ אֵצֶל כׇּל אָדָם, אִי מִישְׁטַר קָא שָׁטַר – לָא מַשְׁכַּחַתְּ כַּזַּיִת בִּכְדֵי אֲכִילַת פְּרָס.

Rav Dimi **said to** Abaye: **Leave** aside the case of **Babylonian** ***kutah,*** **as there is no** possibility that one will consume an **olive-bulk** of the leaven in the time it takes **to eat a half-loaf** of bread. **If** he eats *kutah* in its pure, unadulterated form, **by swallowing [*shareif*]**[L] **it** as food, not as a dip, **his intention is** rendered **irrelevant**[N] **by** the opinions of **all** other **people.** It is unusual for a person to eat a pungent dip by itself, and especially so quickly. One receives no punishment for conduct that anomalous. And **if he dips [*shatar*]**[L] other food into the *kutah* and eats it, he will **not** be **found** to have consumed **an olive-bulk in** the time it takes **to eat a half-loaf** of bread. Due to the pungency of the dip, one typically adds only a small portion of it to his food.

אֵיתִיבֵיהּ: שְׁתֵּי מְדוּכוֹת, אַחַת שֶׁל תְּרוּמָה וְאַחַת שֶׁל חוּלִּין, וּלְפָנָיו שְׁתֵּי קְדֵירוֹת אַחַת שֶׁל תְּרוּמָה וְאַחַת שֶׁל חוּלִּין, וְנָפְלוּ אֵלּוּ לְתוֹךְ אֵלּוּ – שְׁתֵּיהֶן מוּתָּרוֹת, שֶׁאֲנִי אוֹמֵר: חוּלִּין לְתוֹךְ חוּלִּין נָפְלוּ, וּתְרוּמָה לְתוֹךְ תְּרוּמָה נָפְלָה.

Abaye **raised an objection to** Rav Dimi from a *baraita*: With regard to **two** spice **mortars, one** used **for** ***teruma*** spices **and one** used **for non-sacred** spices, **before which** were **two pots, one of** ***teruma*** produce **and** the other **one of non-sacred** produce, **and** the contents of **these** mortars **fell into these** pots, but it is unknown which produce fell into which pot, the contents of **both** pots **are permitted;** the pot containing the *teruma* produce is permitted for a priest and the pot containing non-sacred produce is permitted for all. This is **because I say,** with no definitive proof to the contrary, that the **non-sacred** spices **fell into the non-sacred** produce **and** the ***teruma*** spices **fell into the** ***teruma.***

וְאִי סָלְקָא דַּעְתָּךְ כַּזַּיִת בִּכְדֵי אֲכִילַת פְּרָס דְּאוֹרָיְיתָא – אַמַּאי אָמְרִינַן "שֶׁאֲנִי אוֹמֵר"?

Abaye explains his objection: **And if it would enter your mind** to say that eating **an olive-bulk** of a forbidden substance in the time it takes **to eat a half-loaf** of bread is prohibited **by Torah law, why do we say** this principle: **Because I say** that the non-sacred spices fell into the non-sacred produce? If the *teruma* spices fell into the pot containing non-sacred produce, one who eats from the mixture will consume an olive-bulk of *teruma* within the time it takes to eat a half-loaf of bread, and he will thereby violate a Torah prohibition. One is not lenient in a case of this kind.

BACKGROUND

In the time it takes to eat a half-loaf of bread – בִּכְדֵי אֲכִילַת פְּרָס: The time it takes to eat a half-loaf of bread serves as a benchmark in many areas of *halakha*. Later authorities debate whether a half-loaf is the size of three egg-bulks or four. Opinions also vary with regard to the length of time of this measure, especially with regard to foods whose time of consumption is not uniform. Opinions as to the duration of this period range from three to nine minutes.

***Kutah* – כּוּתָּח:** *Kutah* was a dip for bread served as an appetizer. It was made from whey, salt, and bread that had fermented to the point of moldiness. This dip was so sharp that it could be eaten only by the Babylonians, who were accustomed to eating it. In the Mishna, it is referred to as Babylonian *kutah*.

NOTES

Is eating an olive-bulk in the time it takes to eat a half-loaf of bread prohibited by Torah law – וַאֲכִילַת פְּרָס דְּאוֹרָיְיתָא הִיא: The commentaries note that it is explicitly taught in a mishna (*Makkot* 13a) that one who eats an olive-bulk in the time it takes to eat a half-loaf of bread is liable to receive lashes and other applicable punishments (*Tosafot*). However, that mishna can be explained as referring to one who eats an olive-bulk of the forbidden substance alone within this stipulated period. Conversely, here the Gemara is dealing with one who eats a mixture of forbidden and permitted food, in which case he might not be liable by Torah law, even if the entire mixture contains an olive-bulk of a forbidden substance.

His intention is rendered irrelevant – בָּטְלָה דַּעְתּוֹ: As this dip is extremely sharp, and it is rare to eat it by itself, most commentaries maintain that one who eats *kutah* in this manner is exempt, as this is an abnormal way of eating (Commentary on *Nazir*). However, others say that since people do not consume *kutah* in this fashion the Sages did not discuss this case, and one who went ahead and ate it in one sitting is liable (*Tosafot*; see Rabbeinu Peretz and Rabbeinu Todros).

LANGUAGE

Swallowing [*shareif*] – שָׁרֵיף: From the Hebrew root meaning swallow, and similar to the Arabic شرب, *shariba*, meaning drink. It is used to describe the consumption of a thick substance that is swallowed, rather than drunk like water.

Dips [*shatar*] – שָׁטַר: An Aramaic term meaning to smear or anoint. In this context it refers to using the *kutah* as a sort of condiment for the bread.

HALAKHA

In the time it takes to eat a half-loaf of bread by Torah law – בִּכְדֵי אֲכִילַת פְּרָס דְּאוֹרָיְיתָא: One who eats an olive-bulk of forbidden food in the time it takes to eat three egg-bulks, the equivalent of a half-loaf of bread, is liable to receive lashes or to be punished by Heaven. This is the case whether he ate this amount of the forbidden food in a mixture or by itself. The same principle applies to positive mitzvot that involve eating: One who eats an olive-bulk in the time it takes to eat a half-loaf of bread has fulfilled his obligation. Some authorities maintain that a half-loaf of bread is the equivalent of four egg-bulks (Rambam *Sefer Kedusha, Hilkhot Ma'akhalot Assurot* 14:8; 15:3; *Sefer Zemanim, Hilkhot Shevitat Asor* 2:4; *Sefer Zemanim, Hilkhot Ḥametz UMatza* 1:6; *Sefer Hafla'a, Hilkhot Nezirut* 5:4; *Sefer Korbanot, Hilkhot Shegagot* 6:1; 11:1; *Shulḥan Arukh, Oraḥ Ḥayyim* 208:9; 475:6; 612:3).

HALAKHA

Teruma from spices is by rabbinic law – תְּרוּמַת תַּבְלִין, דְּרַבָּנַן הִיא: Tithes and *teruma* are separated from vegetables by rabbinic law (Rambam *Sefer Zera'im*, *Hilkhot Terumot* 2:6).

Two pots, two baskets – שְׁתֵּי קְדֵרוֹת, שְׁתֵּי קוּפּוֹת: If there are two baskets, one containing non-sacred produce and the other *teruma*, and in front of them are two containers, each containing a *se'a* of produce, one of non-sacred produce and the other of *teruma*, and the contents of the baskets fall into the containers, the non-sacred produce remains permitted, as the non-sacred produce is assumed to have fallen into the container of the non-sacred produce. This *halakha* applies only to *teruma* that applies by rabbinic law. In the case of *teruma* that applies by Torah law the permitted substance must be the majority for it to remain permitted.

The same *halakha* applies to two pots, one of which contains permitted food and the other forbidden produce, into which forbidden and permitted substances fall. If the food is forbidden by rabbinic law, the ruling is lenient in all cases; if it is forbidden by Torah law, the *halakha* is lenient only if the permitted food forms the majority (Rambam *Sefer Zera'im*, *Hilkhot Terumot* 13:14; *Shulḥan Arukh*, *Yoreh De'a* 111:1).

אֶלָּא מַאי, הֶיתֵּר מִצְטָרֵף לְאִיסּוּר – אַמַּאי אָמְרִינַן "שֶׁאֲנִי אוֹמֵר"? אֶלָּא, הַנַּח לִתְרוּמַת תַּבְלִין, דְּרַבָּנַן הִיא.

Rav Dimi said to him: **Rather, what** will you say? That the **permitted** substance **combines with the forbidden** substance? But if so, one can still ask **why we say** this principle: **Because I say** that the non-sacred spices fell into the non-sacred produce. After all, it is possible that the second mortar contained slightly less than an olive-bulk of *teruma*, and the permitted substance combined with it to form the amount of an olive-bulk. **Rather, leave** aside the case of ***teruma*** separated **from spices,** which **is** *teruma* **by rabbinic law.**[H] By Torah law one is required to separate *teruma* only from grain, wine, and oil. The Sages are lenient with regard to *teruma* by rabbinic law.

אֵיתִיבֵיהּ: שְׁתֵּי קוּפּוֹת, אַחַת שֶׁל תְּרוּמָה וְאַחַת שֶׁל חוּלִּין, וְלִפְנֵיהֶן שְׁתֵּי סְאִין אַחַת שֶׁל חוּלִּין וְאַחַת שֶׁל תְּרוּמָה, וְנָפְלוּ אֵלּוּ לְתוֹךְ אֵלּוּ – שְׁנֵיהֶן מוּתָּרִין, שֶׁאֲנִי אוֹמֵר: חוּלִּין לְתוֹךְ חוּלִּין נָפְלוּ, תְּרוּמָה לְתוֹךְ תְּרוּמָה נָפְלָה.

Abaye **raised an objection to** Rav Dimi from a similar *baraita*: There were **two baskets, one** filled **with *teruma* and one** filled **with non-sacred** produce, **and before them** were **two** containers each containing **a *se'a*** of produce, **one of non-sacred** produce **and the one of *teruma*, and these,** the contents of each of the baskets, **fell into those,** each of the containers before them. Although it is prohibited for non-priests to eat a mixture of *teruma* and non-sacred produce, and it is possible that the *teruma* fell into the non-sacred produce, the contents of **both** of the vessels are nevertheless **permitted;** the container of *teruma* produce is permitted for a priest and the container of non-sacred produce is permitted for all. This is **because I say** that **the non-sacred** produce **fell into the non-sacred** produce **and the *teruma* fell into the *teruma*.**[H]

וְאִי סָלְקָא דַּעְתָּךְ כַּזַּיִת בִּכְדֵי אֲכִילַת פְּרָס אָסוּר – אַמַּאי אָמְרִינַן "שֶׁאֲנִי אוֹמֵר"?

Abaye explains: **And if it would enter your mind** to say that eating **an olive-bulk** of forbidden food in the time it takes **to eat a half-loaf** of bread is **prohibited** by Torah law, **why do we say** the principle: **Because I say** the non-sacred produce fell into the non-sacred produce? Why are the Sages not concerned that one might eat an olive-bulk of *teruma* in the time it takes to eat a half-loaf of bread, which is prohibited by Torah law?

Perek **VI**
Daf **37** Amud **a**

NOTES

Where there is more non-sacred produce, etc. – כְּגוֹן דִּנְפִישִׁי חוּלִּין וכו׳: A forbidden substance combines with permitted food to render the entire mixture forbidden only if there is at least as much of the forbidden substance as the permitted food. The early commentaries ask: If this is Abaye's opinion, why does he raise a difficulty from the case of non-sacred thick soup, as there too the mixture is mostly permitted food. One answer is that there is a difference between forbidden grain and forbidden spices. Since garlic and oil noticeably affect the taste of a dish they cannot be nullified (Commentary on *Nazir*). Others claim that the Gemara could have refuted Abaye's question from the case of the thick soup in this manner but instead offers a different answer (Rabbi Avraham min HaHar, citing Commentary on *Nazir*).

בִּשְׁלָמָא לְדִידִי דְּאָמֵינָא מִשּׁוּם דְּהֶיתֵּר מִצְטָרֵף לְאִיסּוּר – כְּגוֹן דִּנְפִישִׁי חוּלִּין, אֶלָּא לְדִידָךְ דְּאָמְרַתְּ מִשּׁוּם דְּאִיכָּא כַּזַּיִת בִּכְדֵי אֲכִילַת פְּרָס, כִּי נְפִישִׁי חוּלִּין מַאי הָוֵי?

Granted, according to my opinion, **as I say** that this is **because permitted** food **combines with forbidden** food, I can explain that this is referring to a case **where** there **is more non-sacred** produce[N] than *teruma*, and the combination is assumes the status of the forbidden item or *teruma* only when those are the majority. **However, according to your** opinion, **that you say** this is **because there is an olive-bulk** consumed in the time it takes **to eat a half-loaf** of bread, then even **if** there **is more non-sacred** produce, **what of it?** In any case there is an olive-bulk of *teruma* eaten within the time it takes to eat a half-loaf of bread.

אָמַר לֵיהּ: הַנַּח לִתְרוּמָה בִּזְמַן הַזֶּה דְּרַבָּנַן.

Rav Dimi **said to** Abaye: **Leave** aside ***teruma* in the present,** as it applies **by rabbinic law.**[H] Since the exile of the Jewish people from Eretz Yisrael, the *halakhot* of *teruma* and tithes apply by rabbinic law, not Torah law. This is the basis for the lenient ruling with regard to this mixture.

HALAKHA

Teruma in the present applies by rabbinic law – תְּרוּמָה בִּזְמַן הַזֶּה דְּרַבָּנַן: Most authorities agree that *teruma* in the present applies by rabbinic law, even in those parts of Eretz Yisrael that were settled by those who arrived from Babylonia in Ezra's time, as stated by the Gemara here and elsewhere (Rambam). Some (Ra'avad) maintain that *teruma* nowadays applies by Torah law (Rambam *Sefer Zera'im*, *Hilkhot Terumot* 1:26 and *Sefer Kedusha*, *Hilkhot Issurei Bia* 20:3; *Shulḥan Arukh*, *Yoreh De'a* 331:2).

אֲמַר לֵיהּ אַבַּיֵי: מִמַּאי דְּהַאי ״מִשְׁרַת״ לְהֶיתֵּר מִצְטָרֵף לְאִיסּוּר הוּא דְּאָתָא? דִּילְמָא לִיתֵּן טַעַם כְּעִיקָּר הוּא דְּאָתָא!

Abaye said to him: From where do you derive **that this** verse: "Nor shall he drink anything **soaked** in grapes" (Numbers 6:3), **comes** to teach the principle that **permitted** food **combines with forbidden**[H] food, as stated by Rabbi Yoḥanan (35b)? **Perhaps** instead **it comes to establish** the principle that the legal status of the **flavor** of a forbidden food is **like** that of its **substance.**[HN] This principle states that any food that absorbs the taste of a forbidden item assumes the status of this forbidden item itself.

וּלְאַבַּיֵי, מֵעִיקָּרָא קָא קַשְׁיָא לֵיהּ מַאי דְּקָאָמַר רַב דִּימִי, וְקָא מוֹתִיב לֵיהּ כָּל הָלֵין תְּיוּבְתָּא, הָדַר אָמַר לֵיהּ לִיתֵּן טַעַם כְּעִיקָּר?

The Gemara expresses surprise at Abaye's question. **And according to** the opinion of **Abaye, initially that which Rav Dimi said was difficult for him.** Rav Dimi had cited Rabbi Yoḥanan as saying that permitted food combines with forbidden foods only in the case of naziriteship (36a), due to the term "soaked," **and** Abaye **had objected** with **all these** aforementioned **refutations** to prove that this principle applies in all areas of Torah law. And yet **he then said to him** that one should derive a very different principle from that same verse, that the verse **establishes** the principle that the legal status of the **flavor** of a forbidden food is **like** that of its **substance.**

בָּתַר דְּשַׁנֵּי לֵיהּ אֲמַר לֵיהּ: דִּילְמָא לִיתֵּן טַעַם כְּעִיקָּר הוּא דְּאָתָא.

The Gemara answers: **After** Rav Dimi **resolved** Abaye's difficulties, and Abaye had accepted his answer that the principle that permitted food combines with forbidden food does not apply to the rest of Torah law, **he said** to Rav Dimi that **perhaps** the verse **comes to establish** that the legal status of the **flavor** of a forbidden food is **like** that of its **substance,** with the following application.

לְכִדְתַנְיָא: ״מִשְׁרַת״ – לִיתֵּן טַעַם כְּעִיקָּר, שֶׁאִם שָׁרָה עֲנָבִים בְּמַיִם וְיֵשׁ בָּהֶן טַעַם יַיִן – חַיָּיב. וּמִכָּאן אַתָּה דָּן כָּל אִיסּוּרִין שֶׁבַּתּוֹרָה.

This is relevant **for that which is taught** in a *baraita*: The term **"soaked"** serves **to establish** the principle that the legal status of the **flavor** of a forbidden food is **like** that of its **substance. As, if** a nazirite soaked **grapes in water and** the water **has the taste of wine,** he is **liable** to receive punishment for drinking this liquid, as it assumes the status of wine. **And from here you derive** the *halakha* with regard **to all prohibitions of the Torah;** in all cases, the legal status of the taste of a forbidden food is like that of its substance. The fact that with regard to all other prohibitions, the legal status of the flavor of a forbidden food is like that of its substance, is derived from the *halakhot* of naziriteship.

וּמַה נָּזִיר שֶׁאֵין אִיסּוּרוֹ אִיסּוּר עוֹלָם, וְאֵין אִיסּוּרוֹ אִיסּוּר הֲנָאָה, וְיֵשׁ הֶיתֵּר לְאִיסּוּרוֹ – עָשָׂה בּוֹ טַעַם כְּעִיקָּר, כִּלְאֵי הַכֶּרֶם, שֶׁאִיסּוּרָן אִיסּוּר עוֹלָם, וְאִיסּוּרָן אִיסּוּר הֲנָיָיה, וְאֵין הֶיתֵּר לְאִיסּוּרָן – אֵינוֹ דִּין שֶׁיֵּעָשֶׂה בּוֹ טַעַם כְּעִיקָּר?

The *baraita* explains the derivation: **And just as** with regard to **a nazirite, whose prohibition** against eating grapes **is not a permanent prohibition,** as he will be permitted to eat grapes once his term of naziriteship is over, **and** furthermore **his prohibition is not a prohibition** against deriving **benefit**[N] from wine, **and there is** a way **to permit his prohibition**[N] against eating grape products by requesting from a halakhic authority to dissolve his vow, and nevertheless, in **his** case the Torah **rendered** the legal status of the **flavor** of food **like** that of its **substance.** With regard to a forbidden mixture of **diverse kinds in a vineyard,**[B] i.e., grain seeds sown with grape seeds, **whose prohibition is a permanent prohibition and whose prohibition is a prohibition against deriving benefit, and there is no way to permit their prohibition, is it not right that** the Torah **should render** the legal status of the **flavor** of its forbidden food **like** that of its **substance?**

HALAKHA

Permitted combines with forbidden – לְהֶיתֵּר מִצְטָרֵף לְאִיסּוּר: Permitted food does not combine with forbidden food even in the case of a nazirite. For example, if wine became mixed with honey and the mixture tasted like wine, or if raisins were mixed with dried figs and the mixture tasted like raisins, a nazirite is not liable for eating or drinking the mixture. Rather, he is flogged only if he ate an olive-bulk of forbidden food in the time it takes to eat a half-loaf of bread, i.e., three egg-bulks. Rabbi Abbahu's statement in the name of Rabbi Yoḥanan is in accordance with the opinion of Rabbi Akiva, whereas the *halakha* is in accordance with the opinion of the Rabbis (Rambam *Sefer Hafla'a*, *Hilkhot Nezirut* 5:4).

To establish that the flavor of a forbidden food is like that of its substance – לִיתֵּן טַעַם כְּעִיקָּר: If a nazirite soaked his bread in wine and the mixture contained a quarter-*log* of wine in a half-loaf of bread, then if he ate the amount of a half-loaf of bread he has consumed a quarter-*log* of wine and is flogged (Rambam). The phrase "anything soaked in grapes" (Numbers 6:3) means that a substance into which wine has been mixed is forbidden if it retains the taste of wine. Others (*Halakhot Gedolot*; Rabbeinu Tam) maintain that although one is flogged only if it contained a sufficient quantity of the forbidden food that he would consume an olive-bulk of it in the time it takes to eat a half-loaf of bread, nevertheless the mixture is forbidden by Torah law if the forbidden food imparts taste, unless there is sixty times as much permitted matter as forbidden (Rambam *Sefer Hafla'a*, *Hilkhot Nezirut* 5:4 and *Leḥem Mishne* there; *Tur*; *Beit Yosef*, *Yoreh De'a* 98).

BACKGROUND

Diverse kinds in a vineyard – כִּלְאֵי הַכֶּרֶם: The Torah states: "Do not sow your vineyard with two kinds of seed, lest the fullness of the seed which you have sown be rendered forbidden together with the yield of the vineyard" (Deuteronomy 22:9). The Sages derived from this verse that food crops planted in a vineyard are forbidden and render the yield of the vineyard forbidden as well. The application of this *halakha* depends on the question of which plants constitute a forbidden food crop in a vineyard.

NOTES

The flavor of a forbidden food is like that of its substance – טַעַם כְּעִיקָּר: The commentaries ask what the difference is between the principle: The taste of a forbidden food is like that of its substance, and: Permitted food combines with forbidden food. Some explain that the first principle means that the taste of the forbidden food spreads throughout the permitted food, even if there is an insufficient amount of forbidden substance to cause liability in and of itself (Rashi). Others claim that there must be a requisite amount of forbidden food, although it need not be visible in the mixture (Meiri). Conversely, the principle: Permitted food combines with forbidden food, applies when the permitted and forbidden substances are separate or when the forbidden food is concentrated in one spot, in which case the forbidden item, which forms at least half of the total, combines with the permitted to form a single unit. Many authorities contend that even if the principle: The taste of a forbidden food is like that of its substance, applies by Torah law, one is flogged only if the mixture contains an olive-bulk of food that can be eaten in the time it takes to eat a half-loaf of bread.

And his prohibition is not a prohibition against deriving benefit – וְאֵין אִיסּוּרוֹ אִיסּוּר הֲנָאָה: A nazirite is prohibited only from eating or drinking products of the vine. He may derive benefit from them in all other ways, e.g., selling them or other uses of them.

And there a way to permit his prohibition – וְיֵשׁ הֶיתֵּר לְאִיסּוּרוֹ: There are several explanations of this clause. Some commentaries maintain that the wine a nazirite may not drink is not itself forbidden, as he may consume it at the end of his term (Commentary on *Nazir*). This is similar to the statement that the nazirite's prohibition is not a permanent one, but that statement refers to the person himself, while this statement refers to the forbidden wine. Most commentaries explain that permitting his prohibition refers to the fact that he can have his vow of naziriteship and its attendant prohibitions dissolved by a halakhic authority (Rashi on *Pesaḥim*; *Tosafot*; Rosh). Alternatively, this statement means that his prohibition is permitted in the sense that one is permitted to render wine forbidden to himself by taking a vow of naziriteship (*Tosafot*).

וְהוּא הַדִּין לְעָרְלָה בִּשְׁתַּיִם.

The *baraita* adds: **And the same is true for the prohibition against eating the fruit of a tree during the first three years after its planting [*orla*],[B] on two** of three counts:[N] Although the prohibition of *orla* is not a permanent prohibition, as one may eat the fruit of this tree after three years have passed, it is prohibited to derive benefit from *orla*, and this prohibition cannot be permitted, as the fruits that grow during the first three years remain forbidden. Similarly, all other prohibitions in the Torah are more severe than the case of a nazirite in one of these aspects, and therefore this principle is universal. Abaye is asking Rav Dimi: In any case doesn't this entire derivation presents a difficulty for Rabbi Yoḥanan, who derives a different *halakha* from the term "soaked."

אֲמַר לֵיהּ הַהוּא מֵרַבָּנַן: רַבִּי אַבָּהוּ, כִּי קָאָמַר לְרַבִּי עֲקִיבָא. הֵי רַבִּי עֲקִיבָא? אִילֵימָא רַבִּי עֲקִיבָא דְּהָכָא, דִּתְנַן: רַבִּי עֲקִיבָא אוֹמֵר: אֲפִילּוּ שָׁרָה פִּיתּוֹ בְּיַיִן, וְיֵשׁ בּוֹ כְּדֵי לְצָרֵף כַּזַּיִת – חַיָּיב. וּמִמַּאי? דִּילְמָא הוּא דְּאִיכָּא כַּזַּיִת בְּעֵינָא!

One of the Sages said to Abaye: **When Rabbi Abbahu said** that Rabbi Yoḥanan said that the principle of permitted food combining with forbidden food is derived from the term "soaked," he spoke in accordance with the opinion **of Rabbi Akiva.** The Gemara asks: To **which** statement of **Rabbi Akiva** is the Gemara referring? **If we say** it is referring to the opinion of **Rabbi Akiva of this** mishna, **as we learned** (*Shevuot* 21b) that **Rabbi Akiva says: Even** if **a nazirite soaked his bread in wine, and** the bread and the wine **contain** enough **to combine to** constitute **an olive-bulk, he is liable; but from where** do we know that Rabbi Akiva means an olive-bulk taken from the bread and the wine together? **Perhaps that** ruling applies only **when there is an olive-bulk** of wine **as is,** without the bread?

וְכִי תֵּימָא מַאי לְמֵימְרָא – לְאַפּוּקֵי מִתַּנָּא קַמָּא, דְּאָמַר: עַד שֶׁיִּשְׁתֶּה רְבִיעִית יַיִן.

And if you would say: In that case, **what** is the purpose **of stating** this ruling? What is the novelty of Rabbi Akiva's statement if the mixture contains an olive-bulk of wine? One can say that it serves **to exclude** the opinion of **the first *tanna*, who said** that he is liable **only if he drinks a quarter-*log* of wine.** Rabbi Akiva emphasizes that one is liable even if he drinks the amount of an olive-bulk.

אֶלָּא רַבִּי עֲקִיבָא דִּבְרַיְיתָא, דְּתַנְיָא, רַבִּי עֲקִיבָא אוֹמֵר: נָזִיר שֶׁשָּׁרָה פִּתּוֹ בְּיַיִן, וְאָכַל כַּזַּיִת מִפַּת וּמִיַּיִן – חַיָּיב.

Rather, the reference is to the following statement of **Rabbi Akiva in a *baraita*. As it is taught** in a *baraita* that **Rabbi Akiva says: A nazirite who soaked his bread in wine and ate an olive-bulk of** the mixture of **bread and wine is liable.** This *baraita* indicates that according to the opinion of Rabbi Akiva a permitted substance combines with a forbidden substance.

אֲמַר לֵיהּ רַב אַחָא בְּרֵיהּ דְּרַב אַוְיָא לְרַב אַשִׁי: לְרַבִּי עֲקִיבָא, דְּקָא מוֹקִים לֵיהּ לְהַאי "וְכָל מִשְׁרַת" לְהֶיתֵּר מִצְטָרֵף לְאִיסּוּר, לִיתֵּן טַעַם כְּעִיקָּר מְנָא לֵיהּ? יָלֵיף מִבָּשָׂר בְּחָלָב; לָאו טַעַם בְּעָלְמָא הוּא וְאָסוּר – הָכָא נַמִי לָא שְׁנָא.

Rav Aḥa, son of Rav Avya, said to Rav Ashi: According to Rabbi Akiva, who establishes the verse "**neither** shall he drink **anything soaked**" (Numbers 6:3) as referring **to** the principle that the **permitted combines with the forbidden, from where does he** derive the principle that the legal status of the **flavor** is **like** that of the **substance** itself? The Gemara answers: **He derives** this principle **from** the prohibition of **meat** cooked **in milk.** Is it **not** the case that there is no actual milk present, and it **is merely** the **taste**[H] of the milk absorbed in the meat, **and** yet the mixture **is prohibited? Here too,** in the case of other prohibitions, it **is no different,** and the legal status of the flavor is like that of the substance itself.

וְרַבָּנַן: מִבָּשָׂר בְּחָלָב לָא גָּמְרִינַן, דְּחִידּוּשׁ הוּא.

The Gemara asks: **And** with regard to **the Rabbis,** who disagree with Rabbi Akiva and derive the *halakha* that the legal status of the flavor is like that of the substance itself from the phrase "**neither** shall he drink anything soaked," why do they not derive this principle from the case of meat cooked in milk? The Gemara answers: The Rabbis claim that **we do not derive** other prohibitions **from meat** cooked **in milk, as** that prohibition **is a novelty,** and one does not learn general *halakhot* from unusual cases.

מַאי חִידּוּשֵׁיהּ? אִילֵימָא דְּהַאי לְחוּדֵיהּ וְהַאי לְחוּדֵיהּ שָׁרֵי, וּבַהֲדֵי הֲדָדֵי אָסוּר – כִּלְאַיִם נַמִי, הַאי לְחוּדֵיהּ שָׁרֵי וְהַאי לְחוּדֵיהּ שָׁרֵי, וּבַהֲדֵי הֲדָדֵי אָסוּר.

The Gemara asks: **What is the novelty** of that prohibition? **If we say that** it is unique in **that this** meat **alone and that** milk **alone** are each **permitted, and** yet **together they are forbidden,** that characteristic is not unique to meat cooked in milk. In the case of forbidden mixtures of **diverse kinds too,**[NH] **this** element **alone and that** element **alone** are each **permitted,** and yet **together they are forbidden.**

BACKGROUND

Orla **– עָרְלָה:** It is prohibited to eat or derive benefit from fruit that grows during the first three years after a tree has been planted (Leviticus 19:23). This prohibition applies only to the fruit and not to the other parts of the tree. In addition, the prohibition does not apply to trees planted as a fence for property or as a wind buffer, rather than planted for their fruit.

NOTES

Against *orla* on two counts – לְעָרְלָה בִּשְׁתַּיִם: It is prohibited to benefit from *orla*, and there is no way for this prohibition to be permitted. However, it is not a permanent prohibition, as *orla* lasts for a fixed period of three years (Commentary on *Nazir*; Rosh). Alternatively, it is indeed a permanent prohibition, as the fruit that grew when the tree was forbidden remains permanently forbidden. It is also prohibited to benefit from it, as stated previously. According to this opinion, the exception is that there is a way to permit this prohibition, as although the fruit of the fourth year is also considered *orla*, it can be rendered permitted by being redeemed (*Tosafot*; Rabbeinu Tam). Alternatively, this prohibition is permitted in the sense that one is permitted to cause the prohibition *ab initio*, as one plants trees knowing that their fruit will become *orla* (*Tosafot*; Rabbeinu Peretz).

Diverse kinds too – כִּלְאַיִם נַמִי: The prohibition of diverse kinds includes at least three separate categories: Mixtures of seeds of food crops in a vineyard, the yoking of animals of different species together, and mixtures of diverse kinds of wool and linen.

HALAKHA

Meat cooked in milk…is merely the taste – בָּשָׂר בְּחָלָב...טַעַם בְּעָלְמָא הוּא: One who ate an olive-bulk of meat that had been cooked with milk is flogged. By Torah law, the mixture is forbidden only if the two were actually cooked together; however, the Sages prohibited any mixture of this kind (Rambam *Sefer Kedusha, Hilkhot Ma'akhalot Assurot* 9:1; *Shulḥan Arukh, Yoreh De'a* 87:1).

Diverse kinds too, etc. – כִּלְאַיִם נַמִי וכו׳: One who sows together two different types of seeds in Eretz Yisrael is flogged. If one sowed them with grape seeds he is liable both for the regular prohibition of diverse kinds and for diverse kinds in a vineyard. If one eats an olive-bulk of the produce of seeds in a vineyard, whether of the grapes or the other produce, he is flogged (Rambam *Sefer Kedusha, Hilkhot Ma'akhalot Assurot* 10:7; *Shulḥan Arukh, Yoreh De'a* 296:1, 297:1).

אֶלָּא, דְּאִי תָּרוּ לֵיהּ כּוּלֵּי יוֹמָא בַּחֲלָבָא – שָׁרֵי, וּמְבַשֵּׁיל לֵיהּ בִּשּׁוּלֵי – אָסוּר.

The Gemara answers: **Rather,** the novelty is **that if one soaks** meat **in milk all day,**[H] **it is permitted** by Torah law, despite the fact that the meat certainly absorbed some taste of the milk, whereas if **one cooked** meat in milk even for a short time, the mixture **is forbidden** by Torah law. The novelty is that it is not the fact that they are mixed together that renders meat and milk forbidden, but the act of cooking.

וְרַבִּי עֲקִיבָא נַמִי, בָּשָׂר בְּחָלָב חִידּוּשׁ הוּא. אֶלָּא

The Gemara asks: **And Rabbi Akiva too,** he certainly agrees that the *halakha* of **meat** cooked **in milk is a novelty.** How can he derive a general principle from this case? **Rather,**

HALAKHA

That if one soaks it…all day, etc. – דְּאִי תָּרוּ לֵיהּ כּוּלֵּי יוֹמָא וכו׳: If cold meat was soaked in cold milk, one may rinse the meat and eat it, provided that it was not left in that state for twenty-four hours, which would render it preserved, which has a similar status to cooked. The Torah prohibits only meat and milk that were cooked together (Rambam *Sefer Kedusha, Hilkhot Ma'akhalot Assurot* 9:17; *Shulḥan Arukh, Yoreh De'a* 91:4; see 105:1).

יָלֵיף מִגִּיעוּלֵי גוֹיִם, דְּאָמַר רַחֲמָנָא "כָּל דָּבָר אֲשֶׁר יָבֹא בָאֵשׁ" – לְמֵימְרָא דַּאֲסִירִי גִּיעוּלֵי גוֹיִם; לָאו טַעֲמָא בְּעָלְמָא הוּא וְאָסוּר – הָכָא נַמִי לָא שְׁנָא.

Rabbi Akiva **derives** the principle: The legal status of the flavor of forbidden food is like that of the substance itself, **from** the vessels **of gentiles** that require **purging** [***gi'ulei***],[LH] where the Jews were commanded to purge the non-kosher flavor from the vessels they seized from the Midianites. **As the Merciful One states** in the section of the Torah that deals with the spoils of Midian: **"Every thing that passes through the fire,** you shall make it pass through the fire" (Numbers 31:23). **That is to say that** the vessels **of gentiles** that require **purging are forbidden** to be used until they have been purged through fire and purified. **Isn't** there **mere taste** absorbed in the vessels through the process of cooking? **And** even so, these vessels are **forbidden** if this purging was not performed. **Here, too,** with regard to other matters of Torah law, it **is no different;** and the legal status of the flavor is like that of the substance itself.

וּלְרַבָּנַן נַמִי, תֵּיפּוּק לְהוּ מִגִּיעוּלֵי גוֹיִם! אֲמַר לֵיהּ: הָתָם חִידּוּשׁ הוּא, דְּהָא בְּכָל הַתּוֹרָה כּוּלָּהּ נוֹתֵן טַעַם לִפְגָם מוּתָּר,

Rav Aḥa further suggested to Rav Ashi: **And according to** the opinion of **the Rabbis,** who derive this principle from the verse: "**Neither** shall he drink anything soaked" (Numbers 6:3), **let them also derive** it **from** the vessels of **gentiles** that require **purging,** as does Rabbi Akiva. Rav Ashi **said to him:** The Rabbis maintain that **there** the *halakha* of purging vessels of gentiles **is** also **a novelty.** What is the novelty of this *halakha*? As with regard **to all** dietary laws in the **Torah, anything that gives flavor,** i.e., contributes taste, that renders the food **tainted, is permitted.**[H] If the taste added by the forbidden food does not enhance the permitted food, it does not render that food forbidden.

וְגַבֵּי גִּיעוּלֵי גוֹיִם אָסוּר.

But here, **with regard to** the *halakha* of vessels of **gentiles** that require **purging,** the Torah states that even if they contribute taste that renders the food tainted, nevertheless they are **forbidden.** If twenty-four hours have passed since food was cooked in a pot, the assumption is that the flavor released from the pot will contribute a deleterious taste to any foods subsequently cooked in the pot. Even so, vessels taken from gentiles remain forbidden until they have been purged, despite the fact that the taste they contribute taints the food.

וּלְרַבִּי עֲקִיבָא נַמִי, הָא חִידּוּשׁ הוּא. אֲמַר רַב הוּנָא בַּר חִיָּיא: לֹא אָסְרָה תּוֹרָה אֶלָּא לִקְדֵירָה בַּת יוֹמָא, דְּלָאו נוֹתֵן טַעַם לִפְגָם הוּא.

The Gemara asks: **And according to** the opinion of **Rabbi Akiva too,** the case of vessels of gentiles that require purging **is** apparently **a novelty.** Rabbi Akiva derives this principle from the required purging of the vessels of gentiles. How then does he respond to the previous claim? **Rav Huna, son of Ḥiyya, said: The Torah prohibited** the use of unpurged vessels of gentiles **only in** the case of **a pot** that was used **on that day,**[H] **which is not** a case where the pot **gives flavor** that renders the food **tainted.** Accordingly, it is not a novelty that the vessels were forbidden.

LANGUAGE

Purging [*gi'ulei*] – גִּיעוּלֵי: Apparently, the basic meaning of the verb *ga'al*, with the letter *ayin*, is exude or bring forth. The root *ga'al* with an *alef* also means bring forth. Accordingly, the expression *gi'ulei goyim* means that which exudes from the vessels of gentiles. Similarly, the expression *go'el nefesh*, as in the verse "And My soul shall abhor you [*vega'ala nafshi etkhem*]" (Leviticus 26:30) refers to that which the soul cannot stand, which it exudes and vomits out.

HALAKHA

The vessels of gentiles that require purging – גִּיעוּלֵי גוֹיִם: If a forbidden substance has been cooked in a pot, one may not cook meat in that pot on the same day. If one did so, the meat is forbidden, and if he cooked another food in it, that too is forbidden if the forbidden substance gives a flavor to that food. Consequently, if one buys a utensil from a gentile that had been used for hot dishes, he must clean and immerse it. If he does not, it may not be used (Rambam *Sefer Kedusha, Hilkhot Ma'akhalot Assurot* 17:1–2; *Shulḥan Arukh, Yoreh De'a* 121:2).

That gives flavor that renders it tainted, is permitted – נוֹתֵן טַעַם לִפְגָם מוּתָּר: If a forbidden substance imparts a flavor to a permitted food that improves it, the entire mixture is forbidden. If the forbidden substance taints the taste, whether because the taste of the forbidden food was impaired from the outset or because it interacts poorly with that particular permitted food, the mixture is permitted (Rambam *Sefer Kedusha, Hilkhot Ma'akhalot Assurot* 15:28; *Shulḥan Arukh, Yoreh De'a* 103:1, 122:1).

The Torah prohibited only in the case of a pot that was used on that day – לֹא אָסְרָה תּוֹרָה אֶלָּא לִקְדֵירָה בַּת יוֹמָא: The Torah prohibited the use of only those vessels of gentiles in which something had been cooked that day. Once twenty four hours have passed the pot is no longer forbidden by Torah law. However, the Sages decreed that one should not cook with a pot of this kind *ab initio* (Rambam *Sefer Kedusha, Hilkhot Ma'akhalot Assurot* 17:2; *Shulḥan Arukh, Yoreh De'a* 103:5, 122:2).

BACKGROUND

That the vessel does not slightly taint – דְּלָא פָּגְמָה פּוֹרְתָּא: The tainting, or relative spoiling of the taste, is due to bacteria that break down the food. This process sometimes releases gasses with unpleasant smells. Such bacteria are found everywhere in the air and they begin to grow on food and the remainders of food left in pots as soon as the temperature of the cooked food drops. Since the bacteria will be detected, in the form of spoiled food, only once they have grown a sufficient amount, this happens after some time has passed. However, it will undoubtedly occur within twenty-four hours.

Two verses that come as one – שְׁנֵי כְתוּבִין הַבָּאִין כְּאֶחָד: When a matter that is written in the Torah contains an explicit *halakha* or detail, it is possible, by means of the hermeneutic method of analogy, to use it as an example that teaches about other cases. However, when a detail appears in two cases, and all the more so when it appears in three cases, it does not teach about other cases. In Talmudic parlance this is known as: Two, or three, verses that come together. The fact that it is necessary to mention this detail more than once indicates that this detail is an exception, which is not meant to teach a general principle.

וְרַבָּנַן: קְדֵירָה בַּת יוֹמָא נַמִי, אִי אֶפְשָׁר דְּלָא פָּגְמָה פּוֹרְתָּא.

The Gemara asks: **And** why don't **the Rabbis** derive the *halakha* from there, as it is no longer a novelty? The Gemara answers: They hold that **even** in the case of **a pot** used **on that day, it is impossible that** the vessel **does not slightly taint**[B] the food absorbed in the vessel. Consequently, the *halakha* of purging vessels of gentiles is a novelty, from which general principles cannot be derived.

אֲמַר לֵיהּ רַב אַחָא בְּרֵיהּ דְּרַב אָוְיָא לְרַב אָשֵׁי: מִדְּרַבָּנַן נִשְׁמַע לְרַבִּי עֲקִיבָא; לָאו אָמְרִי רַבָּנַן הַאי "מִשְׁרַת" לִיתֵּן טַעַם כְּעִיקָּר, וּמִכָּאן אַתָּה דָּן לְכָל אִיסּוּרִין שֶׁבַּתּוֹרָה. לְרַבִּי עֲקִיבָא נַמִי, דְּקָא מוֹקֵים לֵיהּ לְהַאי "מִשְׁרַת" לְהֶיתֵּר מִצְטָרֵף לְאִיסּוּר – לֵימָא: מִכָּאן אַתָּה דָּן לְכָל אִיסּוּרִין שֶׁבַּתּוֹרָה!

§ **Rav Aḥa, son of Rav Avya, said to Rav Ashi: From** the opinion of **the Rabbis, we infer** the proper understanding of the opinion of **Rabbi Akiva. Don't the Rabbis say** that the term **"soaked" teaches** that the principle that the legal status of the **flavor** of forbidden food is **like** that of its **substance** applies not only to a nazirite, but that **from here you derive** the *halakha* with regard **to all prohibitions of the Torah? According to Rabbi Akiva as well, who establishes this** term: **"Soaked,"** as teaching that **the permitted** substance **combines with the forbidden** substance with regard to a nazirite, **let us say** that **from here you derive** the *halakha* with regard **to all prohibitions of the Torah.** This explanation runs counter to the opinion of Rabbi Yoḥanan, who applies this principle only to a nazirite.

אֲמַר לֵיהּ: מִשּׁוּם דַּהֲוֵי נָזִיר וְחַטָּאת שְׁנֵי כְתוּבִין הַבָּאִין כְּאֶחָד, וְכׇל שְׁנֵי כְתוּבִין הַבָּאִין כְּאֶחָד אֵין מְלַמְּדִין. נָזִיר – הָא דַּאֲמַרַן, חַטָּאת מַאי הִיא?

Rav Ashi **said to him:** This cannot serve as a proof, **due to** the fact **that** the *halakhot* of **a nazirite and** those of **a sin-offering** are from **two verses that come as one,** i.e., to teach the same matter, **and any two verses that come as one**[B] **do not teach** their common aspect to apply to other cases. The Gemara comments: The derivation that a permitted substance joins together with a forbidden substance in the case of **a nazirite** is **that which we stated,** from the term "soaked." With regard to **a sin-offering, what is** the derivation that a permitted substance combines with a forbidden substance?

דְּתַנְיָא "כֹּל אֲשֶׁר יִגַּע בִּבְשָׂרָהּ יִקְדָּשׁ", יָכוֹל אֲפִילּוּ שֶׁלֹּא בָּלַע – תַּלְמוּד לוֹמַר "בִּבְשָׂרָהּ", עַד שֶׁיִּבְלַע בִּבְשָׂרָהּ.

It is **as it is taught** in a *baraita* with regard to the verse discussing a sin-offering **"Anything that touches in its flesh shall become consecrated"** (Leviticus 6:20). One **might** have thought that non-sacred meat that touched any part of a sin-offering is consecrated **even if it did not absorb** the taste of the sin-offering it touched. Therefore, **the verse states: "In its flesh,"** to teach that this meat is not consecrated **until** the taste of the sin-offering **is absorbed within its flesh.**[H]

"יִקְדָּשׁ" – לִהְיוֹת כָּמוֹהָ, שֶׁאִם פְּסוּלָה הִיא – יִפָּסֵל, וְאִם כְּשֵׁרָה – תֵּאָכֵל כְּחָמוּר שֶׁבָּהּ.

The *baraita* continues: **"Shall become consecrated,"** means that its legal status **becomes like** that of the sin-offering itself; **that** is, **if** the sin-offering **is disqualified,** the non-sacred meat that touched it **will** also **be disqualified. And if** the sin-offering **is valid,** the non-sacred meat that touched it **may be eaten in accordance with the more stringent** standards **of** a sin-offering, with regard to when and where it may be eaten. The principle that a permitted substance combines with a forbidden substance is thereby stated in the case of a sin-offering as well. Consequently, the principle cannot be extended to the entire Torah, as a *halakha* stated in two cases is not applied elsewhere.

HALAKHA

Until it is absorbed within its flesh – עַד שֶׁיִּבְלַע בִּבְשָׂרָהּ: The verse states with regard to a sin-offering: "Anything that touches in its flesh shall become consecrated" (Leviticus 6:20), which means that anything that touches it shares the status of the offering: If the sin-offering was disqualified, the food that touched it is likewise disqualified; if the offering is valid, the food that came into contact with it must be eaten in accordance with the *halakhot* and sanctity of a sin-offering. While this principle applies to all offerings, it applies only with regard to food that absorbed part of the sin-offering; mere touch does not consecrate it. If a sin-offering came into contact with a wafer and part of the wafer absorbed flavor from it, only the spot that absorbed the sin-offering is consecrated (Rambam *Sefer Avoda*, *Hilkhot Ma'aseh HaKorbanot* 8:15–17).

וְרַבָּנַן: צְרִיכִי, דְּאִי כְּתַב רַחֲמָנָא גַּבֵּי חַטָּאת, הֲוָה אָמִינָא: נָזִיר לָא אָתֵי מִינָּהּ, מִשּׁוּם דְּנָזִיר מִקֳּדָשִׁים לָא יָלְפִינַן.

And the Rabbis, who disagree with Rabbi Akiva, would maintain that both these sources **are necessary,**[N] as neither the case of a nazirite nor the case of a sin-offering could be derived from the other. Therefore, this is not a case of two verses that come as one. The Gemara elaborates: **For had the Merciful One written** this *halakha* only **with regard to a sin-offering, I would say** that the case of **a nazirite cannot be derived from it, due to** the fact that **we do not derive** the *halakha* of **a nazirite from** that of **consecrated** items. This is because the prohibitions of naziriteship are unrelated to the Temple and offerings, and therefore it is possible that the *halakha* in question is unique to consecrated items.

וְאִי כְּתַב רַחֲמָנָא גַּבֵּי נָזִיר – הֲוָה אָמִינָא: מִנָּזִיר לָא יָלְפִינַן, מִשּׁוּם דַּחֲמִיר אִיסּוּרֵיהּ, דַּאֲפִילּוּ חַרְצָן אֲסִיר לֵיהּ, הִלְכָּךְ לָא אָתְיָא מִינֵּיהּ.

And conversely, **had the Merciful One written** this *halakha* only **with regard to a nazirite, I would say** that **we do not derive** the *halakha* of a sin-offering **from** that of **a nazirite due to** the fact **that its prohibition is stringent.**[N] In what way? It is stringent **as even a grape seed is forbidden to** a nazirite, although the seeds are not usually eaten. **Therefore,** the *halakha* of a sin-offering **cannot be derived from** the case of a nazirite, which means that this is not a case of two verses that come as one. Consequently, one can derive a general *halakha* from them.

וְרַבִּי עֲקִיבָא אָמַר לָךְ: לְמַאי צְרִיכִי? בִּשְׁלָמָא אִי כְּתַב רַחֲמָנָא חַטָּאת לָא גָּמַר נָזִיר מִינָּהּ, דְּחוּלִּין מִקֳּדָשִׁים לָא גָּמְרִינַן. אֶלָּא לִכְתּוֹב רַחֲמָנָא בְּנָזִיר, וְתֵיתֵי חַטָּאת מִינֵּיהּ, דְּהָא כָּל אִיסּוּרִין שֶׁבַּתּוֹרָה קָא גָּמְרִי מִנָּזִיר.

And Rabbi Akiva could have **said to you,** in rebuttal of this claim: **Why** are these cases both **necessary? Granted, if the Merciful One had written** this principle only with regard **to a sin-offering,** one would **not derive** the *halakha* of **a nazirite from it,** as **we do not derive** *halakhot* of **non-sacred** items **from** those of **consecrated** items. Certain stringencies and strictures apply only to consecrated property. **However, let the Merciful One write** this principle **with regard to a nazirite, and you** could **derive** the case of the **sin-offering from** that of a nazirite, just **as** the application of this principle to **all prohibitions in the Torah is derived from** the *halakha* of **a nazirite.** Since it is not necessary to state this principle in both cases, one cannot derive a general principle from them.

וְרַבָּנַן אָמְרִי לָךְ: חַטָּאת – לְהֶיתֵּר מִצְטָרֵף לְאִיסּוּר, וְחוּלִּין מִקֳּדָשִׁים לָא גָּמְרִינַן.

The Gemara asks: **And the Rabbis,** who maintain that the principle that the legal status of the flavor of a forbidden substance is like that of the substance itself is not limited to these two cases, **would say to you** that both sources are required. The case of **a sin-offering** is necessary **to** derive the principle **that a permitted** substance **combines with a forbidden** substance, **and** this stringency is not extrapolated to other prohibitions, in accordance with the principle that **one cannot derive** the *halakhot* of **non-sacred** items **from consecrated** items.

וּ״מִשְׁרַת״ – לִיתֵּן טַעַם כְּעִיקָּר, מִכָּאן אַתָּה דָּן לְכָל אִיסּוּרִין שֶׁבַּתּוֹרָה.

And the term **"soaked,"** which appears in the context of a nazirite, **teaches** the principle that the legal status of the **flavor** of forbidden food is **like** that of its **substance.** Since both examples are necessary, they are not considered two verses that come as one, and it is therefore possible to derive a general principle from them. **And** consequently, **from here you derive** the *halakha* with regard **to all of the prohibitions of the Torah.**

NOTES

And the Rabbis maintain that both are necessary – וְרַבָּנַן, צְרִיכִי: The early commentaries present many versions of this passage (*Tosafot*; see Commentary on *Nazir*). The main difficulty is that the Gemara indicates that even the Rabbis concede that permitted substances combine with forbidden ones in the case of a sin-offering. No ruling of this kind is stated elsewhere, and it apparently contradicts the earlier statements of both Rabbi Yoḥanan and Ze'eiri (see Rabbeinu Peretz). Some commentaries claim that the Rabbis do accept the principle that the permitted combines with the forbidden with regard to a sin-offering, although they maintain that one does not derive *halakhot* from offerings to other cases. Others contend that the Rabbis disagree with Rabbi Akiva even with regard to this detail, as all their disputes in this discussion are formulated according to Rabbi Akiva's opinion. In other words, they are saying to Rabbi Akiva that even granted his initial assumptions, his final ruling is unreasonable (Meiri).

Some versions of the text explicitly state that the Rabbis learn the principle that a flavor is like the substance itself from the case of a sin-offering. Apparently, the Rabbis derive this principle from both a sin-offering and a nazirite, as, although neither of these two cases can be derived from the other, due to the special circumstances of each, they can teach by means of their common aspects that the flavor of a forbidden food is like the substance itself (Rosh). Some cite a version of the text according to which the Rabbis maintain that even a forbidden substance that taints the taste renders the other food forbidden (Commentary on *Nazir*). However, many commentaries reject this interpretation, as this *halakha* is not stated elsewhere.

That its prohibition is stringent – דַּחֲמִיר אִיסּוּרֵיהּ: Rabbi Akiva evidently does not consider this a special stringency, as the basic concept of a nazirite is that all the products of a vine are forbidden to him (see Rosh).

HALAKHA

Prohibitions of a nazirite…combine with each other – אִיסּוּרֵי נָזִיר…מִצְטָרְפִין: All the forbidden substances of naziriteship combine with each other. Consequently, if a nazirite combined grapes with raisins, or unripe grapes with pressed grapes, and ate an olive-bulk of the mixture, he is flogged (Rambam *Sefer Hafla'a*, *Hilkhot Nezirut* 5:3).

Even one after the other – אֲפִילּוּ בָּזֶה אַחַר זֶה: With regard to a nazirite who combined several products of a vine and ate them one after the other, he is flogged if all together he ate the amount of an olive-bulk. This applies only if he ate them within the time required to eat three, or according to one opinion, four, egg-bulks of bread (Rambam *Sefer Kedusha*, *Hilkhot Ma'akhalot Assurot* 14:8; *Sefer Hafla'a*, *Hilkhot Nezirut* 5:3).

וְרַבִּי עֲקִיבָא: תַּרְוַיְיהוּ לְהֶיתֵּר מִצְטָרֵף לְאִיסּוּר, וְהָווּ לְהוּ שְׁנֵי כְתוּבִין הַבָּאִין כְּאֶחָד, וְכׇל שְׁנֵי כְתוּבִין הַבָּאִים כְּאֶחָד אֵין מְלַמְּדִין.

The Gemara asks: **And** how would **Rabbi Akiva** respond to this claim? The Gemara answers: Rabbi Akiva would say that **both** cases teach the principle **that a permitted** substance **combines with a forbidden** substance, **and they are two verses that come as one,** to teach about the same issue. **And** the rule is that **any two verses that come as one do not teach** their common aspect to apply to other cases.

אֲמַר לֵיהּ רַב אַשִׁי לְרַב כָּהֲנָא: אֶלָּא הָא דְּתַנְיָא ״מִכֹּל אֲשֶׁר יֵעָשֶׂה מִגֶּפֶן הַיַּיִן״ לִימֵּד עַל אִיסּוּרֵי נָזִיר שֶׁהֵן מִצְטָרְפִין זֶה עִם זֶה. לְרַבִּי עֲקִיבָא, הַשְׁתָּא יֵשׁ לוֹמַר הֶיתֵּר מִצְטָרֵף לְאִיסּוּר, אִיסּוּר לְאִיסּוּר מִבַּעְיָא?

§ **Rav Ashi said to Rav Kahana: But** consider **that which is taught** in a *baraita*. The verse "He shall not eat **anything that is made of the grapevine**" (Numbers 6:4) **taught with regard to prohibitions of a nazirite that** these substances **combine with each other.**[H] If a nazirite ate only a small amount of each substance, which together amount to the measure that determines liability, he is liable. **According to** the opinion of **Rabbi Akiva, now** that **one says** that **permitted** substances **combine with forbidden** substances, **is it necessary** to teach that one **forbidden** substance **combines with** another **forbidden** substance? According to Rabbi Akiva's opinion, this derivation is apparently unnecessary.

אֲמַר לֵיהּ: הֶיתֵּר לְאִיסּוּר – בְּבַת אַחַת, אִיסּוּר לְאִיסּוּר – אֲפִילּוּ בָּזֶה אַחַר זֶה.

Rav Kahana **said to** Rav Ashi that this derivation is necessary because the two cases are not identical: **Permitted** substances combine **with forbidden** substances only when they are eaten **simultaneously,** whereas **forbidden** substances **combine with** other **forbidden** substances **even** when eaten **one after the other.**[H] Therefore, according to the opinion of Rabbi Akiva, if a nazirite eats half an olive-bulk of grape skins and then eats half an olive-bulk of grape seeds, he is liable.

וְרַבִּי שִׁמְעוֹן,

The Gemara asks: **And Rabbi Shimon,**

Perek **VI**
Daf **38** Amud **a**

NOTES

Who is not of the opinion that the principle of combination is operative – דְּלֵית לֵיהּ צֵירוּף: Rabbi Shimon maintains that measurements with respect to prohibitions by Torah law apply only to the obligation of an offering, i.e., one must bring an offering if he mistakenly eats that amount. However, with regard to the prohibition itself and the punishment of lashes, one is liable for any amount. Consequently, the phrase: Who is not of the opinion that the principle of combination is operative, means that he has no need for this *halakha*, as one is liable even for the smallest amount. This leads to the question of what Rabbi Shimon derives from the term "soaked." One answer is that he learns the principle that the legal status of the flavor of forbidden food is like that of its substance, as he claims that this principle cannot be derived from the vessels of gentiles that require purging, since the latter is a novel case (see 37b). Alternatively, although Rabbi Shimon said that forbidden foods are prohibited in any amount, this applies only when these foods are by themselves, not when they are mixed with other substances (*Tosafot*; see *Sefat Emet*).

Until he vows naziriteship from all of them – עַד שֶׁיַּזִּיר מִכּוּלָּן: This is the opinion of Rabbi Shimon, as discussed earlier in the Gemara (3b), whereas the Rabbis maintain there that he is a full-fledged nazirite even if his vow included only one prohibition of naziriteship.

דְּלֵית לֵיהּ צֵירוּף: ״מִכֹּל אֲשֶׁר יֵעָשֶׂה״ מַאי דָּרֵישׁ בֵּיהּ? אָמַר לָךְ: הַהוּא מִיבְּעֵי לֵיהּ – לְעוֹלָם אֵינוֹ נָזִיר עַד שֶׁיַּזִּיר מִכּוּלָּן.

who is not of the opinion that the principle of **combination** is operative,[N] as he renders one liable for consumption of forbidden substances of any amount (see *Makkot* 13a), **what does he derive** from the verse "**anything that is made** of the grapevine" (Numbers 6:4)? The Gemara answers: Rabbi Shimon could have **said to you: That** verse is **necessary** to teach that **one is never** considered **a nazirite until he vows naziriteship from all of them.**[N] Rabbi Shimon maintains that if one vows to be a nazirite only with regard to one or two of the prohibitions of naziriteship, the vow does not take effect at all.

אָמַר רַבִּי אַבָּהוּ אָמַר רַבִּי אֶלְעָזָר: כׇּל רְבִיעִיּוֹת שֶׁבַּתּוֹרָה אֵין הֶיתֵּר מִצְטָרֵף לְאִיסּוּר, חוּץ מֵרְבִיעִית שֶׁבְּנָזִיר, שֶׁהֲרֵי אָמְרָה תּוֹרָה ״מִשְׁרַת״. מַאי אִיכָּא בֵּין רַבִּי יוֹחָנָן לְרַבִּי אֶלְעָזָר?

Rabbi Abbahu said that **Rabbi Elazar said:** With regard to **every** *halakha* **that is in the Torah** that involves **a quarter-*log*,**[B] **a permitted** substance **does not combine with a forbidden** substance to complete this measure, **apart from the quarter-*log* of a nazirite.** In the case of a nazirite, permitted liquid combines with wine to render him liable, **as the Torah stated: "Soaked"** (Numbers 6:3). The Gemara asks: **What** difference **is there between** the opinion of **Rabbi Yoḥanan,** who stated (35b) that a permitted substance does not combine with a forbidden one with regard to any prohibition of the Torah apart from that of a nazirite, **and** that of **Rabbi Elazar,** who apparently says the same thing in different terms?

BACKGROUND

Quarter-*log* [*revi'it*] – רְבִיעִית: A unit of liquid measurement, *revi'it* literally means a quarter. Unless indicated otherwise, this term refers to a quarter-*log*. The *log* is a talmudic measurement of volume equal to six egg-bulks, which is equivalent to approximately 346 ml, according to the standard method of converting talmudic measurements of Rabbi Ḥayyim Na'e. Consequently, a quarter-*log* measures approximately 86.5 ml, or about one-third of a cup.

The quarter-*log* is a standard unit of measurement with regard to various halakhic matters. For example, a quarter-*log* is the minimum amount of wine over which *kiddush* may be recited, the minimum amount of wine that a nazirite is punished for drinking, and the minimum quantity of certain edible liquids for which one is liable for violating the prohibition against transferring objects from one domain to another on Shabbat.

אִיכָּא בֵּינַיְיהוּ, דְּרַבִּי יוֹחָנָן מְרַבֵּי אֲפִילּוּ אוֹכָלִין, וְרַבִּי אֶלְעָזָר מַשְׁקִין – אִין, מִידֵּי אַחֲרִינָא – לָא.

The Gemara answers: **There is a difference between them, as Rabbi Yoḥanan amplifies** the *halakha* to include **even foods,** i.e., he renders a nazirite liable for eating an olive-bulk of bread and grapes combined, **and Rabbi Elazar** maintains that with regard to **liquids, yes,**[N] the permitted combines with the forbidden, but for **other matters,** i.e., solids, **no,** the different foods do not combine.

אָמַר רַבִּי אֶלְעָזָר: עֶשֶׂר רְבִיעִיּוֹת הֵן. וְנָקֵיט רַב כָּהֲנָא בִּידֵיהּ: חָמֵשׁ סוּמַּקְתָּא וְחָמֵשׁ חִיוּוֹרְתָּא. חָמֵשׁ סוּמַּקְתָּא: ״נָזִיר וְעוֹשֶׂה פֶּסַח שֶׁהוֹרוּ בַּמִּקְדָּשׁ וּמֵתוּ״.

§ Apropos a quarter-*log*, the Gemara cites a statement that **Rabbi Elazar says: There are ten** applications of the **quarter-*log*** measurement in various areas of *halakha,* **and Rav Kahana held in his hand** the following mnemonic for them: **Five are red and five are white.** The Gemara elaborates: The **five red** ones of wine and blood are listed in the following mnemonic: **A nazirite; and one who performs** the ritual of **the Paschal offering; who instructed; in the Temple; and they died.**

״נָזִיר״ – רְבִיעִית יַיִן לְנָזִיר. ״עוֹשֶׂה פֶּסַח״ – דְּאָמַר רַב יְהוּדָה אָמַר שְׁמוּאֵל: אַרְבַּע כּוֹסוֹת הַלָּלוּ צָרִיךְ שֶׁיְּהֵא בָּהֶן כְּדֵי רְבִיעִית. ״שֶׁהוֹרוּ״ – שָׁתָה רְבִיעִית יַיִן אַל יוֹרֶה. ״בַּמִּקְדָּשׁ״ – שָׁתָה רְבִיעִית יַיִן, וְנִכְנַס לַמִּקְדָּשׁ – חַיָּיב מִיתָה.

The Gemara explains this mnemonic: **A nazirite,** this is referring to the **quarter-*log* of wine for** which **a nazirite**[NH] is liable for drinking. **Who performs** the ritual of the **Paschal offering,** this is **as Rav Yehuda says** that **Shmuel says:** It is a mitzva to drink **these four cups**[H] at the Passover seder and **they must** each **contain** the amount of **a quarter-*log*. Who instructed,** this is referring to the following *halakha*: One who **drank a quarter-*log* of wine may not issue rulings**[H] to others in matters of *halakha,* lest he err. **In the Temple,** this is referring to the *halakha* that one who **drank a quarter-*log* of wine and entered the Temple**[H] **is liable** to receive **the death penalty** (see Leviticus 10:9).

״וּמֵתוּ״ – דְּתַנְיָא: מִנַּיִן לִרְבִיעִית דָּם שֶׁיּוֹצְאָה מִשְּׁנֵי מֵתִים שֶׁהִיא מְטַמְּאָה בְּאֹהֶל, שֶׁנֶּאֱמַר ״וְעַל כָּל נַפְשׁוֹת מֵת לֹא יָבֹא״.

And they died, this is **as it is taught** in a mishna (*Oholot* 2:10): **From where** is it derived with regard **to a quarter-*log* of blood that emerges from two corpses,**[H] **that it renders** people and objects **ritually impure in a tent,** i.e., a house, meaning that one who enters that house contracts ritual impurity imparted by a corpse? **As it is stated,** with regard to the prohibition against ritual impurity for priests: **"Neither shall he go in to any dead bodies"** (Leviticus 21:11). The plural form indicates that the blood of two people joins together to form the minimum amount of a quarter-*log* for ritual impurity in a tent.

NOTES

Liquids, yes, etc. – מַשְׁקִין אִין וכו׳: This differentiation is based on the fact that the Torah mentions soaking, which refers specifically to liquids (Commentary on *Nazir*). Some commentaries suggest that the *halakha* is more stringent with regard to liquids because they become a homogeneous mixture, which is not the case with regard to foods (*Ḥiddushei Batra*). The commentaries disagree with regard to Rabbi Elazar's opinion. Some explain that he agrees with Rabbi Akiva (37a) that bread soaked in wine is forbidden. The difference between them is that Rabbi Elazar accepts the initial version of the mishna, that the prohibited measurement of wine is a quarter-*log* (Rabbeinu Azriel, cited in *Shita Mekubbetzet*). Conversely, others maintain that Rabbi Elazar agrees with the initial version of the mishna in all respects. Just as the initial version of the mishna differentiates between the amounts of food and drink, it likewise maintains that liquids combine only with each other, not with bread, as claimed by Rabbi Akiva (Rabbi Avraham min HaHar, citing Commentary on *Nazir*). It is possible that this dispute depends on whether the term "soaked" refers only to liquids mixed together or whether it includes a mixture of liquids and solids.

A quarter-*log* of wine for a nazirite – רְבִיעִית יַיִן לְנָזִיר: The measure for liability for drinking wine is subject to a dispute, as Rabbi Akiva says it is an olive-bulk. This is problematic, as the Gemara states later that no disputed matters are included in this list. Some commentaries suggest that only the five white quarter-*log halakhot* are unanimous, whereas the five red ones include cases under dispute (*Tosafot*). Others cite in proof the example of a quarter-*log* of blood from two corpses, which is also subject to a dispute (Rabbeinu Azriel, cited in *Shita Mekubbetzet*; see Commentary on *Nazir*).

HALAKHA

A quarter-*log* of wine for a nazirite – רְבִיעִית יַיִן לְנָזִיר: A nazirite who drinks a quarter-*log* of wine or vinegar is flogged (Rambam *Sefer Hafla'a, Hilkhot Nezirut* 5:2).

Four cups – אַרְבַּע כּוֹסוֹת: Each of the four cups of wine on Passover must measure a quarter-*log* after dilution, which is optional (Rema). One must drink all, or at least most, of the cup (Rambam *Sefer Zemanim, Hilkhot Ḥametz UMatza* 7:9; *Shulḥan Arukh, Oraḥ Ḥayyim* 472:9).

One who drank a quarter-*log* of wine may not issue rulings – שָׁתָה רְבִיעִית יַיִן אַל יוֹרֶה: It is prohibited to issue halakhic rulings while drunk, whether from wine or any other intoxicating substance. Some claim that one is permitted to rule on monetary matters; however, most later authorities prohibit this, especially if one is judging the case alone. This *halakha* applies if one drank a quarter-*log* of undiluted wine and did not nap afterward. Some authorities are lenient if he drank no more than a quarter-*log* of modern wine (*Sma*). If one drank a large amount of wine he must wait until the effects have worn off (*Beit Yosef*), and according to some authorities (see *Shakh*), he may not issue halakhic rulings until the following day (Rambam *Sefer Avoda, Hilkhot Biat HaMikdash* 1:3; *Shulḥan Arukh, Yoreh De'a* 242:13 and *Ḥoshen Mishpat* 7:5).

One drank a quarter-*log* of wine and entered the Temple – שָׁתָה רְבִיעִית יַיִן, וְנִכְנַס לַמִּקְדָּשׁ: If a priest who was fit to serve in the Temple drank in one sitting a quarter-*log* of undiluted wine that is at least forty days old, he is prohibited from entering the area of the altar and beyond. If he did so, his service is invalid and he is liable to receive death at the hand of Heaven. However, if he drank less than a quarter-*log* or if he did not drink it all at once, or if the wine was diluted to the extent that it contained less than a quarter-*log* of undiluted wine, or if it had been squeezed less than forty days prior, he is exempt and his service is valid (Rambam *Sefer Avoda, Hilkhot Biat HaMikdash* 1:1).

A quarter-*log* of blood that emerges from two corpses – רְבִיעִית דָּם שֶׁיּוֹצְאָה מִשְּׁנֵי מֵתִים: A quarter-*log* of blood from two corpses is ritually pure, as the quarter-*log* must come from a single corpse to impart impurity. The *halakha* is not in accordance with the Gemara here, as it rules in accordance with Rabbi Akiva, whose ruling is disputed by his colleagues (Rambam *Sefer Tahara, Hilkhot Tumat Met* 4:1).

וְחָמֵשׁ חִיוּוֹרְתָּא: ״חַלַּת נָזִיר וּמְצוֹרָע שֶׁנִּפְסְלוּ בְּשַׁבָּת״. ״חַלַּת״ – רְבִיעִית שֶׁמֶן לְחַלָּה; ״נָזִיר״ – רְבִיעִית שֶׁמֶן לְנָזִיר; ״מְצוֹרָע״ – רְבִיעִית מַיִם לִמְצוֹרָע; ״שֶׁנִּפְסְלוּ״ – דִּתְנַן: וּשְׁאָר כָּל הַמַּשְׁקִין טְמֵאִין פּוֹסְלִין אֶת הַגְּוִיָּה בִּרְבִיעִית.

And the **five white** cases of oil and water are listed in this mnemonic: **The loaf of, a nazirite, and a leper, which were disqualified, on Shabbat.** The Gemara elaborates: **The loaf of,** this is referring to the **quarter-*log* of oil** added **to the loaves**[NH] of a thanks-offering. **A nazirite,** this is referring to the **quarter-*log* of oil for** the wafers of **a nazirite,**[H] which were brought with his offering. **A leper,** this is referring to the **quarter-*log*** of spring **water** into which a bird is slaughtered **for** the ritual purification of **a leper**[H] (see Leviticus 14:5). **Which were disqualified,** this is **as we learned** in a mishna (*Me'ila* 17b): **And all other ritually impure liquids disqualify the body** to the extent that one who drinks them may not eat *teruma*, if one drank the amount **of one quarter-*log*.**[H]

״בְּשַׁבָּת״ – דִּתְנַן: וּשְׁאָר כָּל הַמַּשְׁקִין בִּרְבִיעִית, וּשְׁאָר כָּל הַשּׁוֹפְכִים בִּרְבִיעִית.

On Shabbat, this is **as we learned** in a mishna which lists the minimum amounts of various liquids for which one is liable for violating the *halakhot* of Shabbat for carrying them from one domain to another. At the conclusion of this list, the mishna states (*Shabbat* 76b): **And** the measure that creates liability for carrying **all other liquids,** those not specified in the list, is **a quarter-*log*,**[H] **and** the measure for carrying **all waste water** is likewise **a quarter-*log*.** This completes the list of ten *halakhot* that feature the quarter-*log*.

וְתוּ לֵיכָּא? וְהָאִיכָּא: מֵרְבִיעִית נוֹטְלִין לַיָּדַיִם, לְאֶחָד וַאֲפִילּוּ לִשְׁנַיִם! בִּפְלוּגְתָּא לָא קָא מַיְירֵי.

The Gemara asks: **And are there no more** than ten? **But there is** also the following mishna (*Yadayim* 1:1): **With a quarter-*log*** of water **one can wash the hands**[H] **of one** person before eating bread, **and** this amount can be used **even for two** people, if they do so in the correct manner. The Gemara answers: Rabbi Elazar, who listed ten cases, **does not deal** with *halakhot* that are subject **to a dispute,**[N] and some Sages disagree with the ruling that two people can wash their hands with a single quarter-*log*.

וְהָא אִיכָּא: הָיָה מֵבִיא פַּיְילֵי שֶׁל חֶרֶס וְנוֹתֵן לְתוֹכָהּ חֲצִי לוֹג מַיִם מִן הַכִּיּוֹר, וְרַבִּי יְהוּדָה אוֹמֵר: רְבִיעִית! בִּפְלוּגְתָּא לָא קָא מַיְירֵי.

The Gemara further asks: **But there is** this *halakha* concerning a *sota* (*Sota* 15b): The priest who dealt with a *sota* **would bring an earthenware vessel** [*pailei*][HL] **and place in it a half-*log* of water from the basin** in the Temple, **and Rabbi Yehuda says** it was **a quarter-*log*.** This is another case involving a quarter-*log*. The Gemara answers as before, that Rabbi Elazar **does not deal** with *halakhot* that are subject **to a dispute,** and this quarter-*log* applies only according to the opinion of Rabbi Yehuda.

NOTES

The quarter-*log* of oil added to the loaves – רְבִיעִית שֶׁמֶן לְחַלָּה: The commentaries discuss this issue at length, and conclude that it refers to the quarter-*log* of oil the High Priest uses for his special meal-offering that resembles a wafer [*ḥavitin*], a measure with regard to which there is unanimity among the Sages (Commentary on *Nazir*). However, most commentaries explain that this refers to the amount of oil added to the loaves of the thanks-offering, and there is even a version of the text in which this is explicitly stated (see Commentary on *Nazir*). The half-*log* of oil for the loaves of the thanks-offering is divided into two quarter-*log*, one for the loaves and wafers and the other for the meal-offering prepared in a deep container (see *Menaḥot* 89a).

He does not deal with *halakhot* subject to a dispute – בִּפְלוּגְתָּא לָא קָא מַיְירֵי: This excludes *halakhot* such as washing of the hands, concerning which there are several opinions. Nevertheless, the example of washing hands is problematic, as a quarter-*log* is the basic amount for washing one's hands before bread, and therefore this case should have been included. One answer is that as a quarter-*log* can be used for two people, this case does not involve a full quarter-*log* for each individual (Meiri). Alternatively, Rabbi Elazar includes only those cases in which a quarter-*log* is enough, whereas it is praiseworthy to add more than the minimum amount of water for washing one's hands (*Haggahot Rav Yosef Ḥanina Meizlish*). Yet others suggest that in this context the term dispute does not mean a difference of opinion. Instead, it means: Divided, i.e., various measures apply to the amount that suffices for washing one's hands (*Ḥazon Ish*).

LANGUAGE

Vessel [*pailei*] – פַּיְילֵי: From the Greek φιάλη, *fialē*, and the Latin phiala, meaning a vessel used for cooking and drinking. The *pailei* was made from clay, metal, or other materials, and was apparently shaped like a shallow pan. This is the Aramaic translation of the Hebrew *ke'arot* (Exodus 25:29), which are among the vessels of the Temple. It is possible that there were larger vessels of the same name.

Greek *fialē*

HALAKHA

A quarter-*log* of oil added to the loaves – רְבִיעִית שֶׁמֶן לְחַלָּה: Each of the High Priest's loaves of his special meal-offering resembling a wafer must contain a quarter-*log* of oil, which is measured in the measuring vessel of a quarter-*log* in the Temple. The loaves are first baked with a small amount of oil, before they are fried in a pan with the remainder of the oil (Rambam *Sefer Avoda*, *Hilkhot Ma'aseh HaKorbanot* 13:3).

The loaves brought with a thanks-offering are half of leavened bread and half of *matza*, with the *matzot* divided into three categories: Loaves, wafers, and flour mixed with water and oil. It is a *halakha* transmitted to Moses from Sinai that a half-*log* of oil is used for the various types of *matza*, half of which, i.e., a quarter-*log*, is for the flour mixed with water and oil, while the other half is for the loaves and wafers (Rambam *Sefer Avoda*, *Hilkhot Ma'aseh HaKorbanot* 9:17–21).

A quarter-*log* of oil for a nazirite – רְבִיעִית שֶׁמֶן לְנָזִיר: This refers to the loaves of a nazirite: Ten loaves are *matza*, and ten are *matza* wafers. The quarter-*log* of oil added to them is derived from a *halakha* transmitted to Moses from Sinai (Rambam *Sefer Avoda*, *Hilkhot Ma'aseh HaKorbanot* 9:23 and *Sefer Hafla'a*, *Hilkhot Nezirut* 8:1).

A quarter-*log* of water for a leper – רְבִיעִית מַיִם לִמְצוֹרָע: The purification ritual of a leper includes a new earthenware vessel into which the priest places a quarter-*log* of spring water that is fit to be used for the red heifer. The requirement to use this amount is by rabbinic law (Rambam *Sefer Tahara*, *Hilkhot Tumat Tzara'at* 11:1).

Disqualify the body, of a quarter-*log* – פּוֹסְלִין אֶת הַגְּוִיָּה בִּרְבִיעִית: One who drinks ritually impure liquids is rendered impure only if he consumed a quarter-*log*. All liquids combine to constitute this amount (Rambam *Sefer Tahara*, *Hilkhot She'ar Avot HaTumot* 8:11 and *Hilkhot Tumat Okhalin* 4:3).

All other liquids, is a quarter-*log* – שְׁאָר כָּל הַמַּשְׁקִין בִּרְבִיעִית: A quarter-*log* is the measure that creates liability for carrying on Shabbat any liquids for which no other amount is specified. This is also the measure for all waste water that is poured away (Rambam *Sefer Zemanim*, *Hilkhot Shabbat* 18:2).

With a quarter-*log* one can wash the hands, etc. – מֵרְבִיעִית נוֹטְלִין לַיָּדַיִם וכו׳: One must wash his hands in at least a quarter-*log* of water. However, if two people washed together or successively, one quarter-*log* suffices for both of them, provided that there is no pause in the flow of the water (Rambam *Sefer Tahara*, *Hilkhot Mikvaot* 11:8; *Shulḥan Arukh*, *Oraḥ Ḥayyim* 160:13).

He would bring a…vessel, etc. – הָיָה מֵבִיא פַּיְילֵי וכו׳: A completely new earthenware vessel must be used for the ritual of the *sota*, and it must even have the appearance of a new vessel. This vessel is filled with half a *log* of water from the basin in the Temple, contrary to the opinion of Rabbi Yehuda (Rambam *Sefer Nashim*, *Hilkhot Sota* 3:9).

וְהָאִיכָּא: כַּמָּה מַיִם נוֹתֵן לְתוֹכָהּ – כָּל שֶׁהוּא, רַבִּי זַכַּאי אוֹמֵר: רְבִיעִית! בִּפְלוּגְתָּא לָא קָא מַיְירֵי. וְהָאִיכָּא מִקְוֶה! בַּר מֵהַהִיא, דְּבַטְּלוּהָ רַבָּנַן.

The Gemara continues to ask. **But there is** the following *halakha*: **How much water must one place in** a vessel[H] that contains urine, before he can pray nearby? **Any quantity** is sufficient. **Rabbi Zakkai said: A quarter-***log*. The Gemara again answers that Rabbi Elazar **does not deal** with *halakhot* that are subject **to a dispute.** The Gemara suggests another example: **But there is** the case of a **ritual bath,**[H] as it is taught that one may immerse extremely small vessels in a quarter-*log* of rainwater in the ground. The Gemara answers: His list **excludes that** case, **as the Sages annulled** that *halakha*[H] by ruling that one must use a standard ritual bath of forty *se'a* even for extremely small vessels.

HALAKHA

How much water must one place in it – כַּמָּה מַיִם נוֹתֵן לְתוֹכָהּ: Although it is prohibited to recite *Shema* in the presence of urine, if one places a quarter-*log* of water in a vessel that contains one discharge of urine he may recite *Shema*, provided that the vessel does not emit a foul odor. The *halakha* is in accordance with the opinion of Rabbi Zakkai (Rambam *Sefer Ahava*, *Hilkhot Keriat Shema* 3:10; *Shulḥan Arukh*, *Oraḥ Ḥayyim* 87:1).

But there is a ritual bath – וְהָאִיכָּא מִקְוֶה: If three *log* of drawn water fall into a ritual bath that lacks the requisite forty *se'a*, all its water is invalidated. However, it is not invalidated by a quarter-*log* of drawn water, in accordance with the conclusion of the Gemara (*Shulḥan Arukh*, *Yoreh De'a* 201:15).

Excludes that, as the Sages annulled it – בַּר מֵהַהִיא, דְּבַטְּלוּהָ רַבָּנַן: Although it is permitted by Torah law to immerse vessels in a ritual bath that contains a quarter-*log* of water, the Sages annulled this practice, and insisted that one must use a ritual bath of forty *se'a* for all purification. However, if in the side of the ritual bath there is a hole with a capacity of a quarter-*log*, one may immerse any vessels there that are entirely covered by the water it contains (*Shulḥan Arukh*, *Yoreh De'a* 120:1, 201:57 and *Shakh* there).

Perek **VI**
Daf **38** Amud **b**

״וְאֵינוֹ חַיָּיב אֶלָּא עַד שֶׁיֹּאכַל מִן הָעֲנָבִים כַּזַּיִת״ וכו׳. תַּנָּא קַמָּא לָא מְדַמֵּי לְהוֹן לְכָל אִיסּוּרֵי נָזִיר לִשְׁתִיָּה. וְרַבִּי עֲקִיבָא: כֵּיוָן דִּכְתִיב ״וַעֲנָבִים לַחִים וִיבֵשִׁים לֹא יֹאכֵל״, מָה אֲכִילָה כַּזַּיִת – אַף כָּל אִיסּוּרִין כַּזַּיִת.

§ The mishna taught: **And he is liable** to receive lashes **only if he eats an olive-bulk of the grapes.** The mishna continues by noting that with regard to drinking, the first *tanna* holds that a nazirite is liable for a quarter-*log*, whereas Rabbi Akiva maintains that the amount of an olive-bulk applies to liquids as well. The Gemara explains this dispute: **The first *tanna* does not liken**[N] **all the** other **prohibitions of a nazirite to** the prohibition of **drinking** wine, and therefore the measurements for eating and drinking are the same as for prohibitions in other contexts: An olive-bulk of food and a quarter-*log* of drink. **And Rabbi Akiva** maintains that **since it is written: "Nor eat fresh grapes**[N] **or dried"** (Numbers 6:3), this verse teaches that **just as eating** is measured by the amount of **an olive-bulk, so too, all the prohibitions** of a nazirite are measured **by an olive-bulk.**

[״וְחַיָּיב עַל הַיַּיִן בִּפְנֵי עַצְמוֹ״ כו׳]. תָּנוּ רַבָּנַן: ״וַעֲנָבִים לַחִים וִיבֵשִׁים לֹא יֹאכֵל״ – לְחַיֵּיב עַל זֶה בִּפְנֵי עַצְמוֹ, וְעַל זֶה בִּפְנֵי עַצְמוֹ. מִכָּאן אַתָּה דָּן לְכָל אִיסּוּרִין שֶׁבַּתּוֹרָה: מַה כָּאן, שֶׁהוּא מִין אֶחָד וְהֵן שְׁנֵי שֵׁמוֹת, וְחַיָּיב עַל זֶה בִּפְנֵי עַצְמוֹ וְעַל זֶה בִּפְנֵי עַצְמוֹ, אַף כָּל שֶׁהוּא מִין אֶחָד וְהֵן שְׁנֵי שֵׁמוֹת, חַיָּיב עַל זֶה בִּפְנֵי עַצְמוֹ וְעַל זֶה בִּפְנֵי עַצְמוֹ.

§ The mishna further taught: **And he is liable for** consuming **wine by itself,** and for grapes by themselves, and for grape seeds by themselves, and for grape skins by themselves. **The Sages taught:** The verse: **"Nor eat fresh grapes or dried"** (Numbers 6:3), serves **to render** him **liable for this by itself**[N] **and for that by itself,** i.e., that he need not consume all of the grape products listed in the verses. **From here you derive** the *halakha* with regard **to all prohibitions of the Torah: Just as here there is one type** of food, grapes, **which are** called by **two names,** fresh or dried, **and he is liable for this by itself and for that by itself, so too,** in **all** cases where there **is one type and they are** called by **two names,**[H] **one is liable for this by itself and for that by itself.**

לְאִיתּוּיֵי חַמְרָא חַדְתָּא וְעִינְבֵי.

The Gemara adds that in the case of a nazirite this principle serves **to include new wine,** i.e., grape juice, **and grapes.**[H] Although these are apparently a single type, as the juice, before fermenting, is merely grapes in liquid form, nevertheless one is liable for grape juice and grapes separately, as they have different names.

NOTES

The first *tanna* does not liken – תַּנָּא קַמָּא לָא מְדַמֵּי: There are two basic opinions with regard to the initial version of the mishna. According to one opinion, the dispute is between Rabbi Akiva and the first ruling, i.e., the first *tanna* mentioned here, and concerns only the amount of wine for which a nazirite is liable. The first *tanna* maintains that he is liable for a quarter-*log*, whereas Rabbi Akiva rules that it is an olive-bulk. According to the other opinion, their dispute refers to all the prohibitions of a nazirite: The first *tanna* maintains that the measurement for both drinking and eating is a quarter-*log*, whereas Rabbi Akiva contends that the relevant amount in all cases is an olive-bulk. The standard text of the Gemara follows the first interpretation, that the first *tanna* does not compare all the prohibitions of a nazirite to drinking. Rather, the amount for drinking is a quarter-*log* while that for eating is an olive-bulk (*Tosafot*). Others have a different version of the Gemara, which follows the second opinion: The first *tanna* compares all the prohibitions of a nazirite to drinking in general. In other words, the nazirite's prohibitions with regard to eating are also measured by a quarter-*log*, which is the measure for prohibitions involving drinking in other areas of *halakha* (Rosh).

Nor eat…grapes – וַעֲנָבִים...לֹא יֹאכֵל: Just as one is liable for eating grapes by the amount of an olive-bulk, he is likewise liable for consuming the same amount when the grapes are in a different state, namely a liquid (Commentary on *Nazir*). Others explain that this derivation is based on the term "nor," which connects the adjacent prohibitions: Just as grapes are forbidden by an olive-bulk, so too, the previously stated prohibition, i.e., anything soaked in grapes, also applies by the same amount (*Tosafot*). Some versions of the text cite a different verse: "Anything that is made from the grapevine, from the skins to the seeds, he may not eat" (Numbers 6:4). Since this verse refers to "anything that is made from the grapevine," including wine, an employs the phrase "he may not eat," this indicates that the amount for liability with regard to wine is the same as with regard to grapes (Meiri; see *Sifrei*).

To render him liable for this by itself, etc. – לְחַיֵּיב עַל זֶה בִּפְנֵי עַצְמוֹ וכו׳: The verse could simply have stated: Nor eat grapes. Since it states: "Nor eat fresh grapes or dried," this teaches that one who eats two types is liable to two sets of lashes, as they are considered separate prohibitions.

HALAKHA

All cases where there is one type and they are called by two names – כָּל שֶׁהוּא מִין אֶחָד וְהֵן שְׁנֵי שֵׁמוֹת: A nazirite who drinks a quarter-*log* of wine and a quarter-*log* of vinegar is flogged only once. Some authorities (Ra'avad; see *Migdal Oz*) dispute this ruling (Rambam *Sefer Hafla'a*, *Hilkhot Nezirut* 5:9 and *Kesef Mishne* there).

New wine and grapes – חַמְרָא חַדְתָּא וְעִינְבֵי: If a nazirite ate an olive-bulk of grapes and drank a quarter-*log* of wine or grape juice, he is liable for a separate set of lashes for each. This includes a case where one squeezed a cluster of grapes and drank a quarter-*log* of the juice (Rambam *Sefer Hafla'a*, *Hilkhot Nezirut* 5:8).

אָמַר אַבַּיֵי: אָכַל חַרְצָן – לוֹקֶה שְׁתַּיִם, אָכַל זָג – לוֹקֶה שְׁתַּיִם, אָכַל חַרְצָן וָזָג – לוֹקֶה שָׁלֹשׁ. רָבָא אָמַר: אֵינוֹ לוֹקֶה אֶלָּא אַחַת, שֶׁאֵינוֹ לוֹקֶה אַלָּאו שֶׁבִּכְלָלוֹת.

§ **Abaye says:** A nazirite who **ate a grape seed is flogged twice,** i.e., two sets of thirty-nine lashes, one set for the specific prohibition stated with regard to grape seeds, and the other for the general prohibition "anything that is made of the grapevine" (Numbers 6:4). Likewise, if he **ate a grape skin he is flogged twice.** If he **ate a grape seed and a grape skin he is flogged three** times, for the seed, for the skin, and for the prohibition "anything that is made of the grapevine." **Rava says: He is flogged only once**[NH] if he ate a seed or a skin. He is not flogged for "anything that is made of the grapevine," **because one is not flogged for** violating **a general prohibition.**[H] One is not liable to receive lashes for violation of a single prohibition that includes many items or cases.

מְתִיב רַב פַּפָּא: רַבִּי אֱלִיעֶזֶר אוֹמֵר: נָזִיר שֶׁהָיָה שׁוֹתֶה יַיִן כׇּל הַיּוֹם – אֵינוֹ חַיָּיב אֶלָּא אַחַת. אָמְרוּ לוֹ "אַל תִּשְׁתֶּה" "אַל תִּשְׁתֶּה" וְהוּא שׁוֹתֶה – חַיָּיב עַל כׇּל אַחַת וְאַחַת. אָכַל עֲנָבִים לַחִים וִיבֵשִׁים, חַרְצַנִּים וְזַגִּים, וְסָחַט אֶשְׁכּוֹל שֶׁל עֲנָבִים וְשָׁתָה – לוֹקֶה חָמֵשׁ. אִי הָכִי – לִילְקֵי שֵׁשׁ, אַחַת עַל "מִכֹּל אֲשֶׁר יֵעָשֶׂה"!

Rav Pappa raised an objection to Abaye's statement. **Rabbi Eliezer says: A nazirite who was drinking wine**[H] **all day is liable to** receive **only one** set of lashes. If two witnesses **said to him** in warning: **Do not drink, do not drink, and he** continued **drinking, he is liable for each and every one** of the warnings that was followed by an act of drinking. If he **ate grapes and raisins, grape seeds and grape skins, and squeezed a cluster of grapes and drank** the juice, **he is flogged five** times. The difficulty for Abaye is as follows: **If so,** that Abaye's opinion is accepted, **let him be flogged six** times, to include **one** more **for** transgressing the verse **"anything that is made** of the grapevine" (Numbers 6:4).

תְּנָא וְשִׁיֵּיר. מַאי שִׁיֵּיר דְּהַאי שִׁיֵּיר? שִׁיֵּיר "לֹא יַחֵל דְּבָרוֹ".

Abaye responded: Rabbi Eliezer **taught** certain prohibitions **and omitted** others. He did not include all the prohibitions for which one is liable to be flogged. The Gemara asks: **What** else **did he omit that he omitted this?** He would not have listed all relevant prohibitions less one. The Gemara answers: **He** also **omitted** the additional prohibition of **"He shall not profane his word"** (Numbers 30:3),[H] as the nazirite profaned his word by violating his vow of naziriteship.

אִי מִשּׁוּם הַאי – לָאו שִׁיּוּרָא הוּא, כִּי קָתָנֵי מִידֵּי דְּלָא אִיתֵיהּ בְּדוּכְתָּא אַחֲרִיתִי: "לֹא יַחֵל דְּבָרוֹ" אִיתֵיהּ בִּנְדָרִים.

The Gemara retorts: **If** it is **due to that** verse, this **is not an omission, as when** Rabbi Eliezer **teaches** and lists the lashes which a nazirite is liable to receive, he includes only **matters that are not** found **elsewhere,** i.e., he mentions only prohibitions that apply exclusively to a nazirite. The prohibition **"He shall not profane his word" is** relevant **to vows** in general, and therefore he omitted it. Consequently, Rabbi Eliezer should have mentioned the prohibition "anything that is made of the grapevine," and the fact that he did not do so presents a difficulty for the opinion of Abaye.

אֲמַר לֵיהּ רָבִינָא מִפַּרְזַקְיָא לְרַב אַשִׁי: וְהָא שִׁיֵּיר דְּבֵין הַבֵּינַיִים! אֶלָּא אֲמַר רַב פַּפָּא: לָא תַּנְיָא מִידֵּי חָמֵשׁ. – וְהָא

Ravina from Parzakya said to Rav Ashi: But he omitted the case **of in between.**[N] Rabbi Eliezer could have added that a nazirite is liable not only for the seed and skin of a grape but also for the substances in between them, as the verse: "From pits to grape skin" (Numbers 6:4), comes to include all that is in between the two (see 34b). **Rather, Rav Pappa said:** Actually, Rabbi Eliezer **did not teach anything** about **five** sets of lashes, but merely stated that he is flogged for all those actions, without enumerating the precise number. Therefore, this source does not present a difficulty for Abaye. The Gemara asks: **But**

NOTES

He is flogged only once – אֵינוֹ לוֹקֶה אֶלָּא אַחַת: Two explanations of Rava's opinion are suggested (Commentary on *Nazir*). According to one opinion, even a nazirite who ate seeds and skins together is flogged only once, as Rava maintains that all the details specified by the Torah with regard to a nazirite merely teach what is included in his prohibition. They are not considered distinct prohibitions. It is difficult to explain the mishna according to this opinion, which is rejected by many commentaries. The other interpretation, accepted by most authorities, is that he is flogged only once if he ate a grape seed or skin, because he is not flogged for the prohibition against "anything that is made of the grapevine."

He omitted the case of in between – שִׁיֵּיר דְּבֵין הַבֵּינַיִים: There are various opinions with regard to the meaning of: In between, in this context (see 35a). Some explain that it means the substance of the grape itself, whereas others claim that it refers to small grapes that sprout between the larger ones (Rabbeinu Tam).

HALAKHA

He is flogged only once – אֵינוֹ לוֹקֶה אֶלָּא אַחַת: A nazirite who ate an olive-bulk of grape seeds or skins is flogged twice, once for the seed or skin and once for violating "he shall not profane his word" (Numbers 30:3). However, he is not flogged for violating "anything that is made of the grapevine," as that is a prohibition stated in general terms. The *halakha* is in accordance with the opinion of Rava, as is usual in his disputes with Abaye, especially as here Rav Pappa and others agree with this ruling (Rambam *Sefer Hafla'a*, *Hilkhot Nezirut* 5:8 and Ra'avad and *Kesef Mishne* there).

One is not flogged for a general prohibition – אֵינוֹ לוֹקֶה אַלָּאו שֶׁבִּכְלָלוֹת: One who violates a prohibition stated in general terms is not flogged. A prohibition stated in general terms refers to a single prohibition which applies to various areas of *halakha*, e.g., as it is stated in the verse: "You shall not eat with the blood" (Leviticus 19:26; see *Sanhedrin* 63a). Likewise, if the Torah states prohibitions by the formula: You shall not do this action and that action, without stating a separate prohibition for each of them, these are also prohibitions stated in general terms (Rambam *Sefer Shofetim*, *Hilkhot Sanhedrin* 18:2).

A nazirite who was drinking wine, etc. – נָזִיר שֶׁהָיָה שׁוֹתֶה יַיִן וכו׳: If a nazirite drank wine for an entire day and was warned only once, he is flogged once, although he is liable to be punished by Heaven for each quarter-*log* he consumes. However, if he was warned for each quarter-*log* and he drank regardless, he is flogged for every quarter-*log* (Rambam *Sefer Hafla'a*, *Hilkhot Nezirut* 5:10).

He omitted, he shall not profane his word – שִׁיֵּיר, לֹא יַחֵל דְּבָרוֹ: With regard to a nazirite who transgressed more than one prohibition of naziriteship at one time, e.g., by eating an olive-bulk of grapes and drinking a quarter-*log* of wine or contracting ritual impurity from a corpse, he is flogged for each separate transgression. In addition, he is flogged for violating the prohibition "he shall not profane his word" (Rambam *Sefer Hafla'a*, *Hilkhot Nezirut* 5:8).

אוֹתְבֵיהּ חָמֵשׁ, וּמֵאַחַר דְּלָא תַּנְיָא חָמֵשׁ מַאי טַעְמָא אוֹתְבֵיהּ? אֲמַר רַב פַּפָּא: אֲנָא סָבְרִי לָאו גְּמָרָא הִיא בִּידֵיהּ וַהֲדַר בֵּיהּ, וְלָא יָדַעְנָא דִּגְמָרָא הִיא בִּידֵיהּ וְלָא הֲדַר בֵּיהּ.

Rav Pappa himself **raised** his **objection to** Abaye's opinion based on the premise that the *tanna* taught **five** sets of lashes, **and since** in the *baraita* it **is not taught five** sets of lashes, **what is the reason** that Rav Pappa **raised** his **objection to** Abaye's opinion? **Rav Pappa said: I held**[N] that **it is not a tradition in** Abaye's **hand** that a nazirite is also flogged for "anything that is made of the grapevine," but merely his own opinion, **and** therefore I assumed that were I to cite a *baraita* that explicitly contradicts his opinion **he** would **retract** his opinion. Consequently, I myself changed the wording of the *baraita* to see how Abaye would respond. **But I did not know that** this *halakha* **is a tradition in** Abaye's **hand and** that therefore **he did not** retract his opinion.

״רַבִּי אֶלְעָזָר בֶּן עֲזַרְיָה אוֹמֵר״ כו׳. אֲמַר רַב יוֹסֵף: כְּמַאן מְתַרְגְּמִינַן ״מִפּוּרְצָנִין וְעַד עִיצּוּרִין״ כְּרַבִּי יוֹסֵי.

§ The mishna taught: **Rabbi Elazar ben Azarya says:** He is liable only if he eats at least two *ḥartzannim* and one *zag* that together form the volume of an olive-bulk. The mishna then cites two opinions as to whether *ḥartzan* is a grape seed and *zag* is the skin, or the reverse. **Rav Yosef said: In accordance with whose** opinion do **we translate** the verse "from *ḥartzannim* to *zag*" (Numbers 6:4) as: **From the seeds [*purtzanin*]**[L] **to the skins [*itzurin*]**?[L] He explains: This translation is **in accordance with** the opinion of **Rabbi Yosei.**

מתני׳ סְתָם נְזִירוּת שְׁלֹשִׁים יוֹם. גִּילֵּחַ אוֹ שֶׁגִּילְּחוּהוּ לִסְטִים – סוֹתֵר שְׁלֹשִׁים יוֹם. נָזִיר שֶׁגִּילֵּחַ, בֵּין בְּזוּג בֵּין בְּתַעַר, אוֹ שֶׁסִּיפְסֵף כׇּל שֶׁהוּא – חַיָּיב.

MISHNA A naziriteship of **unspecified** length[H] lasts for **thirty days.** If a nazirite **shaved** his hair during that period, **or if he was shaved by bandits [*listim*]**[HL] against his will, this **negates thirty**[N] **days** of his naziriteship, which he must count afresh. With regard to **a nazirite who shaved**[H] his hair, **whether** he did so **with scissors or with a razor, or if** he **pulled out [*sifsef*]**[L] **any amount,**[N] he **is liable.**

גמ׳ אִיבַּעְיָא לְהוּ: הַאי מַזְיָא, מִלְּתַחַת רָבֵי אוֹ מִלְּעֵיל? לְמַאי נָפְקָא מִינָּהּ – לְנָזִיר שֶׁגִּילְּחוּהוּ לִיסְטִים וְשִׁיְּירוּ בּוֹ כְּדֵי לָכוֹף רֹאשׁוֹ לְעִיקָּרוֹ;

GEMARA A dilemma was raised before the Sages: Does **this hair** that grows on the body **grow from the bottom or from the top?** Which part of the hair is new? The Gemara explains: **What is the difference** between these possibilities? The Gemara answers: It is relevant for the case **of a nazirite who was shaved by bandits** or shaved himself, **but** his head was not entirely shaved. Rather, **they left** part **of it,** so that the hair is long **enough to bend its end**[N] **to its root.**

אִי אָמְרַתְּ מִלְּתַחַת רָבֵי – נְזִירוּת הָא שַׁקְלֵיהּ, אֶלָּא אִי אָמְרַתְּ מִלְּעֵיל רָבֵי – מַאי דְּאַקְדֵּישׁ הָא קָאֵים.

The Gemara explains the two sides of the dilemma: **If you say** that hair **grows from the bottom, he has removed** the hair of **the naziriteship,**[N] which is the hair he vowed not to shave, and therefore he must add extra days to his term of naziriteship to allow for its proper growth. **But if you say that** it **grows from the top, that** hair **which he sanctified still exists** in part. Consequently, he may conclude his naziriteship and perform the mitzva of shaving.

HALAKHA

A naziriteship of unspecified length – **סְתָם נְזִירוּת**: If one vowed to observe a term of naziriteship without mentioning a time period, or if one specified a period of less than thirty days, he is a nazirite for thirty days (Rambam *Sefer Hafla'a*, *Hilkhot Nezirut* 3:1).

If he shaved or if he was shaved by bandits – **גִּילֵּחַ אוֹ שֶׁגִּילְּחוּהוּ לִיסְטִים**: If a nazirite shaved most of his hair, or if he was shaved by others against his will, he negates thirty days of his term to allow for his hair to grow again and afterward starts counting the remainder of his term. For example, if one vowed to observe naziriteship for one hundred days, and shaved off most of his hair after twenty days, he waits thirty days for his hair to grow, at which point he counts the remaining eighty days of his naziriteship (Rambam). However, most early commentaries hold differently, that in this case he does not lose any of the days he counted, as he had at least thirty days left. He loses days only if he had fewer than thirty days of naziriteship left. Either way, he must observe all the *halakhot* of naziriteship during any extra days, including the prohibitions of wine and ritual impurity (Rambam *Sefer Hafla'a*, *Hilkhot Nezirut* 6:1–2).

A nazirite who shaved, etc. – **נָזִיר שֶׁגִּילֵּחַ וכו׳**: A nazirite who removes even a single hair is flogged. This applies only if he cuts it so short that not enough remains for the end of the hair to bend back and touch its root. It does not matter whether he removed the hair with a razor, with scissors, or with his hand (Rambam *Sefer Hafla'a*, *Hilkhot Nezirut* 5:11).

NOTES

I held – **אֲנָא סָבְרִי**: Some commentaries maintain that Rav Pappa's version of the *baraita* did not state: Five sets of lashes. Rather, Rav Pappa deliberately inserted this number himself to see whether Abaye's opinion was based on logic alone, in which case he would retract it, or if he had a tradition to that effect, which would lead him to seek another interpretation of the *baraita* (*Tosafot*). Alternatively, Rav Pappa himself was under the impression that the correct wording of the *baraita* included the phrase: Five sets of lashes. Upon hearing Abaye's answer, he reexamined the matter and discovered that the *baraita* can in fact be read and explained differently (Meiri).

This negates thirty – **סוֹתֵר שְׁלֹשִׁים**: A nazirite's hair must be left to grow for thirty days in order to fulfill the requirement stated in the verse: "He shall let the locks of the hair of his head grow long" (Numbers 6:5), meaning that his hair must be long enough for the nazirite to fulfill the mitzva of shaving at the end of his term (*Shita Mekubbetzet*). Many early commentaries point out that this does not mean that thirty days are always negated, as this full period is required only if he was shaved on the last day of his term. Rather, he negates as many days as necessary for him to have thirty days' hair growth (Rabbeinu Peretz; see Rosh). For example, if he vowed to be a nazirite for sixty days and he was shaved after thirty, he does not lose anything, as his hair will grow enough in the remaining thirty days.

If he pulled out [*sifsef*] any amount – **סִיפְסֵף כׇּל שֶׁהוּא**: Most commentaries explain that this means pulling out even a single hair by its roots. Others maintain that this means that he removed the tips of his hair, as the term *sifsef* is derived from *sof*, meaning end (Commentary on *Nazir*; *Arukh*; Rabbi Avraham min HaHar). This interpretation emphasizes that he is liable if he deliberately removes any hair, even if he does not entirely uproot it.

Enough to bend its end, etc. – **כְּדֵי לָכוֹף רֹאשׁוֹ וכו׳**: The Gemara clarifies that the growth time to yield enough to bend the end of a hair to its root is seven days. This is substantial and significant hair growth, as explained on the next *amud*.

He has removed the naziriteship – **נְזִירוּת הָא שַׁקְלֵיהּ**: In that case, he must grow his hair for thirty days. The early commentaries question this statement in light of the Gemara's ruling later that he loses thirty days only if he shaves most of his hair in a manner similar to shaving with a razor. One answer is that this refers to a nazirite who shaved his entire head, not only most of it, in which case he negates thirty days of his term, even if he did not shave in a manner similar to shaving with a razor (Rabbeinu Peretz).

LANGUAGE

Seeds [*purtzanin*] – **פּוּרְצָנִין**: Ancient Aramaic for a pit of a fruit, the seed of a plant.

Peels [*itzurin*] – **עִיצּוּרִין**: Aramaic for grape skins, the part that remains after the squeezing, *atzira*, of the grapes.

Bandits [*listim*] – **לִסְטִים**: From the Greek ληστής, *lēstēs*, meaning robber or bandit. *Listim* is a shortened form of *listesim*.

Pulled out [*sifsef*] – **סִיפְסֵף**: A doubled root construction from *sof*, meaning end. According to some commentaries, the nazirite removed the hair from its root. According to those who claim that this means he cut the hair somewhat, it might be derived from *safaf*, meaning burned or singed in Aramaic. This hairstyle was practiced in earlier times.

LANGUAGE

Louse [*inba*] – אִינְבָּא: Apparently from the Semitic root *nabu*, meaning lice or fleas, a root that is also used in Aramaic and Assyrian, or from the Syriac *nava*, meaning lice or lice eggs. This word can also refer to lice eggs.

Long hair [*belorit*] – בְּלוֹרִית: Many explanations have been suggested for the source of this term, mostly from Latin or Greek, yet none is entirely convincing. This hairstyle involved letting the hair on the sides and back of the head grow while tying and braiding them in different ways. The hair was later shaved in an idolatrous ritual.

Greek drawing of a man with long hair

NOTES

As the wool becomes loose underneath, and it was taught – דְּרָפֵי עַמְרָא מִלְּתַחַת, וְתַנְיָא: The wool that has been dyed hardens, while the wool underneath it is noticeably looser. Additionally, the dyed part remains at the end, rather than close to the sheep's body.

תָּא שְׁמַע מֵהָא אִינְבָּא חַיָּה דְּקָאֵים בְּעִיקְּבָא דְּבִינְתָא, וְאִי סָלְקָא דַּעְתָּךְ מִלְּתַחַת רָבֵי – בְּרֵישָׁא דְּבִינְתָא בָּעֵי לְמֵיקַם! לְעוֹלָם מִלְּתַחַת רָבֵי, וְאַגַּב חַיּוּתָא נָחֵית וְאָזֵיל אִינְבָּא.

The Gemara suggests: **Come** and **hear** a solution to this dilemma **from** an examination of **this live louse** [*inba*],[L] **which is** always **found in the root of the hair. And if it should enter your mind** that hair **grows from the bottom,** the louse **should be situated on the end of the hair,** as it would be pushed up with the hair's growth. The Gemara rejects this suggestion: **Actually,** one could say that hair **grows from the bottom, and because it is alive the louse continuously descends,** as it is always crawling toward the scalp from where it draws its nourishment.

תָּא שְׁמַע: אִינְבָּא מֵתָה בְּרֵישָׁא דְּבִינְתָא, וְאִי סָלְקָא דַּעְתָּךְ מִלְּעֵיל רָבֵי – בְּעִיקְּבָא דְּבִינְתָא בָּעֵי לְמֵיקַם! הָתָם נַמִי, מִשּׁוּם דְּלֵית בַּהּ חֵילָא – שָׁרוּגֵי שָׁרֵיגָא וְאָזֵיל.

The Gemara suggests another proof: **Come** and **hear** from the fact that **a dead louse is** invariably **found on the end of the hair. And if it should enter your mind** that hair **grows from on top,** it **should be situated on the root of the hair.** The Gemara rejects this: **There too,** one could say that **because it has no strength it is caught** where it was when it died **and goes** up with the growing hair.

תָּא שְׁמַע מִבְּלוֹרִית דְּכוּשִׁיִּים, דְּבָתַר דִּמְגַדְּלִין לַהּ רַפְיָא מִלְּתַחַת. הָתָם נַמִי, אַיְּידֵי דְּקַמְטָא הִיא מִשִּׁיכְבָא דְּרַפְיָא.

The Gemara proposes a different proof: **Come** and **hear from** an examination of **the long hair** [*belorit*][L] **of gentiles,** which is grown for idolatrous purposes, by braiding the ends of the hair. **As, after they braid it, it becomes loose underneath,** which suggests that hair grows from below. The Gemara rejects this: **There too, since it crumples from** the effect of the person who **lies upon it, it becomes loose** underneath.

תָּא שְׁמַע מִסִּקְרְתָא, דְּרָפֵי עַמְרָא מִלְּתַחַת, וְתַנְיָא. וְתוּ, כַּד צָבְעֵי סָבַיָּא דִּיקְנְהוֹן חָוְורָן

The Gemara offers an additional suggestion: **Come** and **hear** from **the dye** used on sheep, **as the** dyed **wool becomes loose underneath.** This shows that hair grows from the bottom. The Gemara adds: **And** this case of dyeing sheep is not merely anecdotal, as it **was taught**[N] with regard to the *halakhot* of animal tithe. **And furthermore, when old men dye their beards,** we see that the beards **turn white**

Perek **VI**
Daf **39** Amud **b**

עִיקְּבֵי נִימְהוֹן, שְׁמַע מִינַּהּ מִלְּתַחַת רָבֵי, שְׁמַע מִינַּהּ.

at **the roots of their hair.** You can **learn from it that** hair **grows from the bottom,** as the new hair is not dyed. The Gemara concludes: Indeed, **learn from it** that it is so.

וְאֶלָּא הָא דְּתַנְיָא: נָזִיר שֶׁגִּילְּחוּהוּ לִסְטִים וְשִׁיְּירוּ בּוֹ כְּדֵי לָכוֹף רֹאשׁוֹ לְעִיקָּרוֹ – אֵינוֹ סוֹתֵר. וְאִי סָלְקָא דַּעְתָּךְ מִלְּתַחַת רָבֵי, לִיסְתּוֹר! כְּגוֹן שֶׁגִּילְּחוּהוּ אַחַר מְלֹאת, וּמַנִּי – רַבִּי אֱלִיעֶזֶר הִיא, דְּאָמַר: כׇּל אַחַר מְלֹאת – שִׁבְעָה סוֹתֵר.

The Gemara asks: **But** what about **this** *halakha* **that is taught** in a *baraita*: With regard to **a nazirite who was shaved by bandits, and they left him** with **enough** hair **to bend**[H] **its end to its root,** this **does not negate** the days of his nazariteship. **And if it should enter your mind** that hair **grows from the bottom, let** it **negate** the days of his naziriteship in that case as well, as the remaining hair grew only after his acceptance of naziriteship. The Gemara answers: This is referring to a case **where they shaved him after the completion** of his naziriteship but before he sacrificed his offerings, **and whose** opinion is expressed in this *baraita*? **It is** the opinion of **Rabbi Eliezer, who says:** With regard to **any** nazirite who became ritually impure **after the completion** of his term, this **negates** only **seven** days.

HALAKHA

They left him enough to bend, etc. – שִׁיְּירוּ בּוֹ כְּדֵי לָכוֹף וכו׳: A nazirite who shaved his hair is liable to receive lashes only if he shaves in a manner similar to shaving with a razor, by uprooting the hair. If he left enough hair to bend the end to the root he is not flogged, as that is not the manner of shaving with a razor. With regard to negating his naziriteship, most of his hair must be shaved by himself or others for this penalty to go into effect. The Meiri notes that although the Gemara establishes the *baraita* in accordance with the opinion of Rabbi Eliezer, and the *halakha* follows the opinion of the Rabbis, this determination is meant as a rejection of the ruling of the *baraita*, as explained later. It makes no difference whether or not the hair he cut was the hair he had at the time of the vow (Rambam *Sefer Hafla'a*, *Hilkhot Nezirut* 5:11 and *Leḥem Mishna* there).

מַאי טַעְמָא דְּרַבִּי אֱלִיעֶזֶר – יָלֵיף תִּגְלַחַת טָהֳרָה מִתִּגְלַחַת טוּמְאָה, מַה תִּגְלַחַת טוּמְאָה שִׁבְעָה – אַף תִּגְלַחַת טָהֳרָה שִׁבְעָה.

The Gemara asks: **What is the reason of Rabbi Eliezer?** The Gemara answers: He **derives** the *halakha* of **the shaving of ritual purity** at the end of his term of naziriteship (see Numbers 6:18) **from the shaving of impurity** (see Numbers 6:9):[N] **Just as with the shaving of impurity,** if he became impure on the day of the completion of his term he must wait **seven** days, at which point he is purified from the impurity imparted by a corpse and shaves his hair, **so too** with the **shaving of purity;** if he was shaved before he brought his offerings, he negates only **seven** days.

וְקִים לְהוּ לְרַבָּנַן: כָּל שִׁבְעָה יוֹמִין אָתְיָא מַזְיָיא כְּדֵי לָכוֹף רֹאשׁוֹ לְעִיקָּרוֹ.

And the Sages, including Rabbi Eliezer, **have an** accepted **tradition** that **every seven days hair grows enough to bend its end to its root.** Consequently, if this amount of hair remained after he was shaved on the day of the completion of his naziriteship, he does not forfeit any days and need not wait any longer.

״נָזִיר שֶׁגִּילֵּחַ בֵּין בְּתַעַר בֵּין בְּזוּג אוֹ שֶׁסִּיפְסֵף כָּל שֶׁהוּא חַיָּיב״. תָּנוּ רַבָּנַן: ״תַּעַר״, אֵין לִי אֶלָּא תַּעַר, תָּלַשׁ מֵירֵט סִיפְסֵף כָּל שֶׁהוּא מִנַּיִן – תַּלְמוּד לוֹמַר ״קָדוֹשׁ יִהְיֶה גַּדֵּל פֶּרַע שְׂעַר רֹאשׁוֹ״, דִּבְרֵי רַבִּי יֹאשִׁיָּה.

§ The mishna taught: With regard to **a nazirite who shaved** his hair, **whether** he did so **with scissors or with a razor, or** if he **pulled out any** amount, he is **liable. The Sages taught:** The Torah states with regard to a nazirite: **"A razor** shall not come upon his head" (Numbers 6:5). **I have** derived **only a razor; from where** do I derive that he is liable if he **tore out, uprooted,**[H] or **pulled out any amount**[N] of his hair? **The verse states: "He shall be holy,**[N] **he shall let the locks of the hair of his head grow long"** (Numbers 6:5). This is **the statement of Rabbi Yoshiya.**

רַבִּי יוֹנָתָן אוֹמֵר: ״תַּעַר״, אֵין לִי אֶלָּא תַּעַר, מֵירֵט תָּלַשׁ סִיפְסֵף כָּל שֶׁהוּא – פָּטוּר. וְהָכְתִיב ״קָדוֹשׁ יִהְיֶה״! מֵימְרָא דְּאִם גִּילֵּחַ לֵיהּ בְּתַעַר קָאֵים עֲלֵיהּ בַּעֲשֵׂה וְלֹא תַעֲשֶׂה.

Rabbi Yonatan says a different interpretation: From **"razor" I have** derived **only a razor,** whereas if he **tore out, uprooted,** or **pulled out** any **amount** of his hair, **he is exempt.** The Gemara asks: **But isn't it written: "He shall be holy"?** The Gemara answers: **That is to say that if he shaved** his hair **with a razor he stands** liable **for** violating both **a positive mitzva and a prohibition.**[N] By shaving with a razor he also transgresses the positive mitzva of: "He shall be holy, he shall let the locks of the hair of his head grow long" (Numbers 6:5).

תַּנְיָא אִידָךְ: ״תַּעַר״, אֵין לִי אֶלָּא תַּעַר, תָּלַשׁ מֵירֵט סִיפְסֵף כָּל שֶׁהוּא מִנַּיִן – תַּלְמוּד לוֹמַר ״לֹא יַעֲבוֹר עַל רֹאשׁוֹ״. וּמֵאַחַר שֶׁסּוֹפֵינוּ לְרַבּוֹת כָּל דָּבָר, מַה תַּלְמוּד לוֹמַר ״תַּעַר לֹא יַעֲבוֹר עַל רֹאשׁוֹ״?

It is taught in **another** *baraita*: From **"razor" I have** derived **only a razor; from where** do I derive that he is also liable if he **tore out, uprooted,** or **pulled out any amount of** it? **The verse states:** "A razor **shall not come upon his head"** (Numbers 6:5), indicating that he may not remove his hair in any manner. The *baraita* asks: **And since we eventually include everything** that removes hair, **what** is the meaning when **the verse states: "A razor shall not come upon his head"?** Why does the verse mention a razor, when other implements are equally forbidden?

לְפִי שֶׁלֹּא לָמַדְנוּ לְתִגְלַחַת הָאַחֲרוֹנָה שֶׁיְּהֵא בְּתַעַר; לְלָמְדוֹ מִמְּצוֹרָע אִי אֶפְשָׁר,

The *baraita* answers: It is **because we have not learned that the last shaving,** i.e., the nazirite's shaving of ritual purity, **must be** performed specifically **with a razor,** as the verse merely states: "He shall shave his head" (Numbers 6:18), without specifying an implement. **It is impossible to learn** this requirement **from the** *halakha* that **a leper** must use a razor (see Leviticus 14:9),

HALAKHA

Tore out, uprooted, etc. – **תָּלַשׁ מֵירֵט וכו׳**: If a nazirite tore out his hair from its roots in any manner, he is flogged. The *halakha* is in accordance with the opinion of Rabbi Yoshiya, as indicated by the Gemara (Rambam *Sefer Hafla'a, Hilkhot Nezirut* 5:11 and *Kesef Mishne* there).

NOTES

He derives the shaving of ritual purity from the shaving of impurity – **יָלֵיף תִּגְלַחַת טָהֳרָה מִתִּגְלַחַת טוּמְאָה**: This refers to ritual impurity after the completion of his term of naziriteship. Since he has concluded his naziriteship at this stage, according to the opinion of Rabbi Eliezer, and he had hair at the decisive point in time, he need not wait by Torah law. However, the Sages decreed that he must wait another seven days, like a regular shaving of impurity, despite the fact that the two cases are not exactly the same (*Tosafot*). Some commentaries simply say that one derives from the *halakha* of regular shaving of ritual impurity that seven days is the time needed for basic hair growth, enough to bend the end of a hair to its root (Rabbeinu Peretz). Others explain that according to the opinion of Rabbi Eliezer a nazirite who became ritually impure on the very day of the completion of his term must add another seven days after he has been purified and shaved. In this case the *halakha* of the shaving of impurity is exactly the same as the shaving of purity (*Keren Ora*).

Tore out, uprooted, pulled out any amount – **תָּלַשׁ, מֵירֵט, סִיפְסֵף**: The commentaries dispute the precise meaning of these terms. Some explain that: Tore out, means that he cut the hair near its root but did not uproot it entirely, whereas: Uprooted, means that he yanked it out from its roots. As for: Pulled out, this refers to the removal of the upper ends of the hair alone (Commentary on *Nazir*). Others assert that: Tore out, means that he tore out one whole hair manually, while: Uprooted, indicates the use of a medicament for the same purpose, and: Pulled out, means that he removed some of the hair from his head while leaving other hairs (*Arukh*). Alternatively, the term: Pulled out, refers to the removal of hair by rubbing (Rosh).

The verse states, he shall be holy – **תַּלְמוּד לוֹמַר קָדוֹשׁ יִהְיֶה**: This verse indicates that a nazirite who removes the hair of his head, even without the use of a razor, violates a positive mitzva, as the Torah commanded a nazirite to grow the locks of his head (*Tosafot*).

He stands liable for violating a positive mitzva and a prohibition – **קָאֵים עֲלֵיהּ בַּעֲשֵׂה וְלֹא תַעֲשֶׂה**: According to this opinion, "he shall let the locks of the hair of his head grow long" is not a separate mitzva, but a positive mitzva that complements the prohibition of "a razor shall not come upon his head." Only a nazirite who uses a razor violates both the positive mitzva and the prohibition. This is a prohibition that stems from a positive mitzva, i.e., a mitzva formulated as a positive command but which is fulfilled by abstaining from action. A prohibition of this kind is classified as a positive mitzva, for which one is not liable to receive lashes (Commentary on *Nazir*).

The early commentaries note that the mishna, which rules that a nazirite who cuts his hair with scissors or pulls it out is liable to receive lashes, represents a third opinion that differs from the opinions of both of these *tanna'im*. According to the opinion of Rabbi Yoshiya, one is not flogged in these cases, although he does violate a positive mitzva, whereas Rabbi Yonatan maintains that he does not transgress even a positive mitzva. Others say that all the *tanna'im* agree that a nazirite who removes all his hair in any manner is liable, and these commentaries explain the mishna accordingly. The dispute is whether or not one who leaves some of his hair has violated the prohibition (*Tosafot*). According to this opinion, the *tanna'im* do not disagree either with the mishna or with the following *baraita* (Rabbeinu Peretz, citing Ri).

שֶׁאֵין דָּנִין קַל מֵחָמוּר לְהַחְמִיר עָלָיו.

as one does not derive a *halakha* in **a lenient** case **from** the *halakha* in a more **stringent** one in a manner that would cause one **to be stringent** in the more lenient case. Since the case of a leper is more stringent than that of a nazirite, as a leper must shave his entire body, one cannot derive from the *halakhot* of a leper that a stringent *halakha* applies to a nazirite. It is therefore necessary for the verse to specify that a nazirite's final shaving must be performed with a razor.

רַבִּי אוֹמֵר: אֵינוֹ צָרִיךְ, הֲרֵי הוּא אוֹמֵר ״תַּעַר לֹא יַעֲבוֹר עַל רֹאשׁוֹ עַד מְלֹאת״. הַתּוֹרָה אָמְרָה: אַחַר מְלֹאת לֹא תְּהֵא תִּגְלַחַת אֶלָּא בְּתַעַר.

Rabbi Yehuda HaNasi **says** that the term "razor" itself **is not necessary** to teach that a nazirite's final shaving must be performed with a razor, as the verse **states: "A razor shall not come upon his head until the completion** of the days that he vowed naziriteship to God" (Numbers 6:5). This full sentence indicates that **the Torah said: After the completion** of his term **the shaving must be** performed **only with a razor.**

וְהָכְתִיב ״תַּעַר לֹא יַעֲבוֹר עַל רֹאשׁוֹ״!

The Gemara comments: Rabbi Yehuda HaNasi claims that the term "razor" indicates that shaving, in this case that of a nazirite after the completion of his term, may be performed only with a razor. If so, the verse should be understood in the same manner with regard to the prohibition of shaving. **But** if one examines the first part of the verse by itself, **isn't it written: "A razor**[N] **shall not come upon his head"** (Numbers 6:5), and the first *tanna*, whose opinion Rabbi Yehuda HaNasi does not dispute, derives from this verse that he is prohibited from shaving by other means as well, notwithstanding the explicit mention of a razor.

לַעֲבוֹר עָלָיו בִּשְׁנֵי לָאוִין.

The Gemara explains that the phrase "shall not come upon his head" teaches that a nazirite may not remove his hair in any manner. As for the mention of razor in this context, it serves to teach **that he will violate two prohibitions for this** action of using a razor, one for removing his hair and one for doing so with a razor.

אָמַר רַב חִסְדָּא: לִלְקוֹת – בְּאַחַת, לְעַכֵּב – בִּשְׁתַּיִם, לִסְתּוֹר – אֵינוֹ סוֹתֵר אֶלָּא בְּרוֹב רֹאשׁוֹ, וּבְתַעַר.

§ Concerning a nazirite who shaves his hair, **Rav Ḥisda says:** With regard **to flogging,** a nazirite who shaved his hair is flogged **for** shaving even **one** hair;[H] with regard **to invalidation,** i.e., the ritual shaving of his hair at the end of his naziriteship, the shaving is **invalidated** if he failed **to** remove **two** hairs;[H] and as **for negating** his naziriteship, shaving during his term **negates** it **only if** he shaved **most of his head.**[H] **And** this applies only if he removed his hair **with a razor.**[N]

HALAKHA

With regard to flogging, for one hair – לִלְקוֹת בְּאַחַת: A nazirite who shaved a single hair off his head during his term of naziriteship is liable to receive lashes (Rambam *Sefer Hafla'a, Hilkhot Nezirut* 5:11).

With regard to invalidation, to remove two hairs – לְעַכֵּב בִּשְׁתַּיִם: A nazirite who shaved his head but left two hairs on his head has not fulfilled the obligation of shaving, and it is as though he has not done anything. This *halakha* applies to the shaving of both a ritually pure nazirite, who shaves at the end of his term of naziriteship, and an impure one, who shaves during his term (Rambam *Sefer Hafla'a, Hilkhot Nezirut* 8:6).

Negates it only if he shaved most of his head – אֵינוֹ סוֹתֵר אֶלָּא בְּרוֹב רֹאשׁוֹ: If a nazirite shaved his head, but left most of the hair of his head intact, this does not negate his naziriteship (Rambam *Sefer Hafla'a, Hilkhot Nezirut* 6:1).

NOTES

But isn't it written "a razor," etc. – וְהָכְתִיב תַּעַר וכו׳: The commentaries debate the meaning of this difficulty. Some explain that the question refers to the opinion of the first *tanna*: How can he claim that the term "razor" refers only to the mitzva of shaving, when the verse is explicitly dealing with the prohibition against shaving (Commentary on *Nazir*, first explanation). Others assert that this difficulty applies to the opinion of Rabbi Yehuda HaNasi as well: How can the basic meaning of the verse be ignored, when it apparently prohibits a nazirite from shaving with a razor during his term (Rabbi Avraham min HaHar, citing Commentary on *Nazir*)?

One possibility is that the Gemara is suggesting an alternative explanation: Perhaps the two types of shaving are not the same, as a nazirite is liable before the completion of his term only if he shaved with a razor, but after its completion he can cut his hair with any implement (Commentary on *Nazir*, second explanation). Yet others explain: Since Rabbi Yehuda HaNasi does not require the term "razor" for the mitzva of shaving, the verse must be teaching that a nazirite is liable during his term only if he uses a razor. This however, is not possible, as Rabbi Yehuda HaNasi does not dispute the ruling of the first *tanna* that the phrase "shall not come upon" teaches that he is liable for any implement that removes hair (*Tosafot*). Alternatively, the difficulty against the opinion of Rabbi Yehuda HaNasi is as follows: If the *halakhot* of the shaving of purity are derived from this verse, why is the term "razor" not stated in that context? The verse should have simply stated: He shall not have a razor come upon his head until the completion, which would have clarified the meaning (Rabbeinu Azriel, cited in *Shita Mekubbetzet*).

Most of his head, and with a razor – בְּרוֹב רֹאשׁוֹ וּבְתַעַר: Some commentaries maintain that the phrase: And with a razor, refers exclusively to the first *halakha*, i.e., he is flogged only if he used a razor. As for negating his naziriteship, the nazirite negates thirty days even if he cut his hair with other implements, provided that not enough hair remains to bend the end to the root (*Tosafot*; see 39b). Others claim that the phrase: And with a razor, refers to all the *halakhot* (Rosh). This dispute depends, among other factors, on the precise text of the *baraita* cited below. Some commentaries read, based on the *Tosefta* (4:3): He is liable if he uprooted or pulled out any amount, from which it may be inferred that the phrase: And with a razor, does not refer to all the earlier *halakhot* but only to negating days of his naziriteship.

בְּתַעַר – אִין, בְּמִידֵּי אַחֲרִינָא – לָא? וְהָקָתָנֵי: מִנַּיִן לְרַבּוֹת אֶת כׇּל הַמַּעֲבִירִין! אֶלָּא אֵימָא: כְּעֵין תַּעַר.

The Gemara asks: This indicates that according to the opinion of Rav Ḥisda, a nazirite who shaved **with a razor, yes,** he negates thirty days, whereas if he did so **with anything else, no,** he does not negate days. **But isn't it taught: From where** is it derived **to include all** implements **that remove** hair, i.e., that a nazirite is liable if he uses any of them? The verse states: "Shall not come upon his head," meaning in any manner. This indicates that a nazirite must add days to his term of naziriteship even if he shaved with an implement other than a razor. **Rather, say** that Rav Ḥisda meant: **In the manner of a razor.**[H] That is, the nazirite negates his naziriteship only if he removes his hair as one does with a razor, without leaving any part of it.

תַּנְיָא נַמִּי הָכִי: נָזִיר שֶׁתָּלַשׁ, מֵירַט, סִיפְסֵף כׇּל שֶׁהוּא – אֵינוֹ סוֹתֵר אֶלָּא בְּרוֹב רֹאשׁוֹ, וּבְתַעַר. רַבִּי שִׁמְעוֹן בֶּן יְהוּדָה אוֹמֵר מִשּׁוּם רַבִּי שִׁמְעוֹן: כְּשֵׁם שֶׁשְּׁתֵּי שְׂעָרוֹת מְעַכְּבוֹת בּוֹ – כָּךְ שְׁתֵּי שְׂעָרוֹת סוֹתְרוֹת בּוֹ.

This opinion **is also taught** in a *baraita* (*Tosefta* 4:3): With regard to **a nazirite who tore out, uprooted,** or **pulled out any amount** of hair, this **negates** days of his naziriteship **only if** he shaved **most of his head, and** only if he did so **in the manner of a razor. Rabbi Shimon ben Yehuda says in the name of Rabbi Shimon: Just as** leaving **two hairs invalidates his** shaving of ritual purity at the end of his term, and the act is considered incomplete, **so too,** leaving a mere **two hairs negates** days of **his** naziriteship, if he shaved during his term.

תְּנַן הָתָם: שְׁלֹשָׁה מְגַלְּחִין וְתִגְלַחְתָּן מִצְוָה: נָזִיר, וּמְצוֹרָע, וּלְוִיִּם. וְכוּלָּן שֶׁגִּילְּחוּ שֶׁלֹּא בְּתַעַר, אוֹ שֶׁשִּׁיְּירוּ שְׁתֵּי שְׂעָרוֹת – לֹא עָשׂוּ וְלֹא כְלוּם.

§ **We learned** in a mishna **there** (*Nega'im* 14:4): **Three** types of people must **shave**[H] their hair, **and their shaving is a mitzva: A nazirite; and a leper,** as it is stated: "And he who is to be cleansed shall wash his clothes, and shave off all his hair" (Leviticus 14:8–9). **And** the third category is **Levites,** when they were first sanctified for their service, as it is stated: "And this you shall do to them to cleanse them: Sprinkle the water of purification upon them, and let them cause a razor to pass over all their flesh" (Numbers 8:7). **And** with regard to **all of them, if they shaved with** an implement **other than a razor,**[H] **or if they left two hairs** uncut, **they have done nothing,** i.e., they have not fulfilled their obligation.

אָמַר מָר: שְׁלֹשָׁה מְגַלְּחִין וְתִגְלַחְתָּן מִצְוָה. פְּשִׁיטָא! מַהוּ דְּתֵימָא: מִשּׁוּם עֲבוּרֵי שֵׂעָר הוּא, וַאֲפִילּוּ סָךְ נָשָׁא – קָא מַשְׁמַע לַן דְּלָא.

The Gemara analyzes this mishna. **The Master said** there: **Three** types of people must **shave** and cut their hair, **and their shaving is a mitzva.** The Gemara asks: This **is obvious;** after all, doesn't the Torah command all three to shave? The Gemara answers: The statement of the mishna is necessary, **lest you say** that the mitzva **is due to** and aimed at the **removal of hair, and** therefore **even one who applied a depilatory** [***nasha***][B] to remove his hair has fulfilled his obligation. The mishna therefore **teaches us that** this is **not** so, as the mitzva must be performed by shaving.

קָתָנֵי: וְכוּלָּן שֶׁגִּילְּחוּ שֶׁלֹּא בְּתַעַר. בִּשְׁלָמָא גַּבֵּי נָזִיר כְּתִיב ״תַּעַר לֹא יַעֲבוֹר עַל רֹאשׁוֹ״, וּגְבֵי לְוִיִּם כְּתִיב ״וְהֶעֱבִירוּ תַעַר עַל כׇּל בְּשָׂרָם״, אֶלָּא מְצוֹרָע בְּתַעַר מְנָלַן?

The mishna further **teaches: And** with regard to **all of them, if they shaved with** an implement **other than a razor,** they have done nothing. The Gemara asks: **Granted, with regard to a nazirite** the source of this *halakha* is clear, as **it is written: "A razor shall not come upon his head"** (Numbers 6:5), which indicates that when he does shave he must do so with a razor. **And** similarly, **with regard to the Levites it is written: "And let them cause a razor to pass over all their flesh"** (Numbers 8:7). **However, from where do we** derive that **a leper** must be shaved **with a razor** for his ritual purification?

וְכִי תֵימָא: תֵּיתֵי מִלְּוִיִּם; מָה לְוִיִּם שֶׁכֵּן טְעוּנִין תִּגְלַחַת וְאֵין תִּגְלַחְתָּן אֶלָּא בְּתַעַר, אַף אֲנִי אָבִיא אֶת הַמְּצוֹרָע, שֶׁהוּא טָעוּן תִּגְלַחַת וְאֵין תִּגְלַחְתּוֹ אֶלָּא בְּתַעַר – אִיכָּא לְמִיפְרַךְ: מָה לִּלְוִיִּם, שֶׁכֵּן טְעוּנִין תְּנוּפָה בְּגוּפָם, תֹּאמַר בִּמְצוֹרָע דְּלָא!

And if you would say that this *halakha* **is derived from** the case of the **Levites,** as, **just as Levites require shaving and their shaving is only with a razor, so too, I will bring** the case of a **leper, who requires shaving and** say that **his shaving** can likewise be performed **only with a razor,** then this comparison **can be refuted. What** is unique **about Levites is that** they have an extra stringency, in that **they require waving of their bodies,** i.e., Aaron was required to pick up and wave the bodies of the Levites as part of the ritual of their sanctification (see Numbers 8:11). Will **you say** the same **with regard to a leper, who does not** require waving?

HALAKHA

In the manner of a razor – כְּעֵין תַּעַר: A nazirite who shaved a single hair is liable even if he cut the hair with scissors or pulled it out. This is the case if he cuts the hair to its root, producing the same result as a razor. If he left enough to bend his hair from the end to the root he is exempt, as this is not the manner of shaving with a razor. However, some commentaries claim that the phrase: In the manner of a razor, means that the hair is entirely uprooted (*Tosafot*). Likewise, if a nazirite shaved most of his hair with a razor or in the manner of a razor, he negates thirty days of his naziriteship (Rambam *Sefer Hafla'a*, *Hilkhot Nezirut* 5:11, 6:1).

Three people shave – שְׁלֹשָׁה מְגַלְּחִין: Although the shaving of a nazirite is not indispensable for his ritual purification, nevertheless it is a mitzva for him to shave, even if he does so much later. Likewise, the shaving of a leper upon his ritual purification is a positive mitzva (Rambam *Sefer Hafla'a*, *Hilkhot Nezirut* 8:6; *Sefer Tahara*, *Hilkhot Tumat Tzara'at* 11:1; and *Sefer HaMitzvot*, positive mitzva 111).

And with regard to all of them, if they shaved with an implement other than a razor, etc. – וְכוּלָּן שֶׁגִּילְּחוּ שֶׁלֹּא בְּתַעַר וכו׳: A nazirite who shaved with any implement other than a razor or who left two hairs uncut has not fulfilled his obligation, whether he was shaving for his ritual purity or after his impurity. The same applies to the two shavings of a leper; they are invalid if he did not use a razor or if he left two hairs (Rambam *Sefer Hafla'a*, *Hilkhot Nezirut* 8:6 and *Sefer Tahara*, *Hilkhot Tumat Tzara'at* 5:3).

BACKGROUND

Depilatory [*nasha*] – נָשָׁא: Some linguists accept the version of this term that appears in the mishna (*Nega'im* 10:10): *Nasham*, and suggest that it is the name of a medicine. Nowadays, various medicinal preparations are used for the removal of bodily hair. These cause a chemical reaction that breaks down the hair so it falls off when rubbed even lightly. Different kinds of sulfur salts were used for this purpose. This depilatory possibly contained a similar material, perhaps mixed with lime. A depilatory removes hair for a certain amount of time; some were strong enough to prevent hair from ever growing back.

אֶלָּא, תֵּיתֵי מִנָּזִיר. מַה לְנָזִיר שֶׁכֵּן קׇרְבָּנוֹ טָעוּן לֶחֶם, תֹּאמַר בִּמְצוֹרָע דְּלָא! אֶלָּא, מֵחֲדָא לָא אָתְיָא, תֵּיתֵי מִתַּרְוַיְיהוּ.

Rather, the *halakha* that a leper must use a razor is **derived from** the case of **a nazirite,** who does not require waving either. However, this comparison can also be refuted: **What** is unique **about the nazirite** is **that his offering requires bread. Will you say** the same **with regard to a leper,** who does **not** require bread as part of his purification process? **Rather,** clearly the *halakha* of a leper is **not derived** from either **one** of the above cases, that of the Levites or the nazirite. Therefore, **let it be derived from the two of them.**

מֵהֵי תֵּיתֵי? תֵּיתֵי מִלְּוִיִּם – מָה לַלְּוִיִּם שֶׁכֵּן טְעוּנִין תְּנוּפָה בְּגוּפָן, נָזִיר יוֹכִיחַ. מַה לְנָזִיר שֶׁכֵּן קׇרְבָּנוֹ טָעוּן לֶחֶם – לְוִיִּם יוֹכִיחוּ.

The Gemara elaborates: As stated previously, **from which** single case **can it be derived?** If you say it **can be derived from** the **Levites, what** is unique **about Levites** is **that they require waving of their bodies.** This suggestion can be countered by saying that the case of **a nazirite proves** that this stringency is not the decisive factor leading to the requirement of a razor, as a nazirite is not waved and yet he must be shaved with a razor. And if you respond: **What** is unique **about the nazirite** is **that his offering requires bread,** one can similarly argue that the **Levites prove** that this stringency does not lead to the *halakha* of shaving with a razor, as the offering of the Levites does not require bread and nevertheless they must be shaved with a razor.

וְחָזַר הַדִּין; לֹא רְאִי זֶה כִּרְאִי זֶה, וְלֹא רְאִי זֶה כִּרְאִי זֶה, הַצַּד הַשָּׁוֶה שֶׁבָּהֶם – שֶׁהֵן טְעוּנִין תִּגְלַחַת וְתִגְלַחְתָּן בְּתַעַר, אַף אֲנִי אָבִיא אֶת הַמְּצוֹרָע שֶׁהוּא טָעוּן תִּגְלַחַת, וְתִגְלַחְתּוֹ בְּתַעַר.

And in this manner **the derivation has reverted**[N] to its starting point. However, at this stage the *halakha* is derived from a combination of the two sources: **The aspect of this** case **is not like the aspect of that** case, **and the aspect of that is not like the aspect of this;** each case has its own special features. **The common denominator is that they require shaving and their shaving is with a razor.** Therefore, **I will also bring** the case of **the leper, who requires shaving, and** say that **his shaving** must be **with a razor.**

אֲמַר לֵיהּ רָבָא מִבַּרְנִישׁ לְרַב אַשִׁי: וְלִיפְרוֹךְ מָה לְהַצַּד הַשָּׁוֶה שֶׁבָּהֶן – שֶׁכֵּן

Rava of Barnish said to Rav Ashi: And let us refute this derivation in the following manner: **What** is the common denominator between the Levites and the nazirite? **Their common denominator is that**

Perek **VI**
Daf **40** Amud **b**

אֵין קׇרְבָּנוֹ בְּדַלּוּת, תֹּאמַר בִּמְצוֹרָע שֶׁקׇּרְבָּנוֹ בְּדַלּוּת!

the **offering** in each case does not include a level **of poverty.** In both cases the offering is fixed, i.e., a poor person does not have the option of bringing a less expensive offering due to his financial straits. Will **you say** the same **with regard to the leper, whose offering** includes a level **of poverty,** as a poor person can bring turtledoves instead of sheep (Leviticus 14:21–22)? Since the Torah was more lenient in the case of a leper than the cases of a nazirite and the Levites, it could also be that the *halakha* is also lenient with regard to his shaving, by not demanding the use of a razor. Consequently, there is no proof that a leper is obligated to shave with a razor.

אֲמַר לֵיהּ רָבָא בַּר מְשַׁרְשְׁיָא לְרָבָא: הַאי תַּנָּא, מֵעִיקָּרָא אָמַר: לְלָמְדוֹ מִמְּצוֹרָע אִי אֶפְשָׁר שֶׁאֵין דָּנִין קַל מֵחָמוּר לְהַחְמִיר עָלָיו, וַהֲדַר אָמַר: נֵילַף מִדִּינָא, וּמִדִּינָא נָמֵי לָא יָלֵיף!

In continuation of this discussion, **Rava bar Mesharshiyya said to Rava: This *tanna* initially said,** with regard to the obligation of a nazirite to shave with a razor (39b): **It is impossible to learn** this requirement **from** the *halakha* that **a leper** must use a razor, **as one does not derive** a *halakha* in **a lenient** case **from** the *halakha* in a more **stringent** one in a manner that would cause one **to be stringent** in the more lenient case. This indicates that it is obvious to the *tanna* that a leper himself must shave with a razor. **And he then said: Let us derive** by means **of an inference** that a leper must use a razor, **and** ultimately **he did not derive** it **from an inference** by analogy **either,** due to Rava of Barnish's objection. What, then, is the source for the *halakha* that a leper must use a razor?

NOTES

And the derivation has reverted – וְחָזַר הַדִּין: This is the standard method of deriving a *halakha* from two cases. When the proof from one case is rejected because it includes a unique aspect, the second case proves that this stringency is not necessary for the *halakha* in question to apply. If the proof from the second source is subsequently rejected because it too contains a special aspect, the Gemara returns to the first case. Ultimately, the *halakha* is derived from the common denominator in both cases, without taking into account the unique stringencies of each.

אָמַר לֵיהּ: הַהוּא – אַלִּיבָּא דְּרַבָּנַן, הָא – אַלִּיבָּא דְּרַבִּי אֱלִיעֶזֶר. דִּתְנַן: וְאֵינוֹ חַיָּיב עַד שֶׁיִּלְקְטֶנּוּ בְּתַעַר, רַבִּי אֱלִיעֶזֶר אוֹמֵר: אֲפִילּוּ לִיקְטוֹ בְּמַלְקֵט וּבִרְהִיטְנִי חַיָּיב.

Rava **said to** Rava bar Mesharshiyya: **That** *baraita*, which states that one cannot derive the *halakha* from the case of a leper, which indicates that it is evident that a leper must shave with a razor, is **in accordance with** the opinion of **the Rabbis.** They derive the *halakha* of a leper's shaving from the prohibition against destroying one's beard. Conversely, **this** source, which attempted to derive the shaving of a leper from that of a nazirite and the Levites, is **in accordance with** the opinion of **Rabbi Eliezer,** who does not derive the *halakha* of a leper's shaving from the prohibition against destroying one's beard. Rabbi Eliezer must therefore derive this *halakha* by analogy from the cases of a nazirite and the Levites. This is **as we learned** in a mishna (*Makkot* 20a): **And** one is **liable** for destroying his beard **only if he removes it with a razor.**[H] **Rabbi Eliezer says: Even if he removed it with** small **tweezers**[B] **or a plane** [*rehitni*][L] **he is liable.** Rabbi Eliezer maintains that one violates the prohibition even by destroying his beard with means other than a razor.

מַאי טַעְמַיְיהוּ דְּרַבָּנַן? דְּתַנְיָא: ״זְקָנוֹ״ מַה תַּלְמוּד לוֹמַר? לְפִי שֶׁנֶּאֱמַר ״וּפְאַת זְקָנָם לֹא יְגַלֵּחוּ״. יָכוֹל אֲפִילּוּ מְצוֹרָע כֵּן, תַּלְמוּד לוֹמַר ״זְקָנוֹ״.

The Gemara asks: **What is the reason of the Rabbis;** how do they derive from this *halakha* that a leper must shave with a razor? **As it is taught** in a *baraita* that the verse states with regard to the shaving of a leper: "He shall shave all his hair off his head and his beard" (Leviticus 14:9). Since the verse states: "All his hair," **what** is the meaning when **the verse states: "His beard"?** It is **because it is stated** with regard to priests: **"Neither shall they shave off the corners of their beards"** (Leviticus 21:5). One **might** have thought that **the same** should **also** apply to **a leper,**[H] i.e. that a leper who was a priest should be prohibited from shaving his beard. For this reason **the verse states: "His beard,"** which emphasizes that despite the general prohibition barring a priest from shaving his beard, a priest who is a leper is obligated to do so.

וּמְנָלַן דִּבְתַעַר – דְּתַנְיָא: ״וּפְאַת זְקָנָם לֹא יְגַלֵּחוּ״, יָכוֹל אֲפִילּוּ גִּילְּחוֹ בְּמִסְפָּרַיִם יְהֵא חַיָּיב – תַּלְמוּד לוֹמַר ״וְלֹא תַשְׁחִית״.

And from where do we derive **that** this shaving of a leper must be performed **with a razor?** It is **as it is taught** in a *baraita*, with regard to the prohibition against a priest shaving his beard in the verse **"Neither shall they shave off the corners of their beards"** (Leviticus 21:5): One **might** have thought that a priest should **be liable even if he shaved** his beard **with scissors. The verse states,** in the general prohibition issued to all Jewish men: **"Neither shall you destroy** the corners of your beard" (Leviticus 19:27). This teaches that one is liable only if he shaves in a destructive manner, by uprooting the hairs entirely, which excludes the use of scissors.

יָכוֹל לִיקְטוֹ בְּמַלְקֵט וּבִרְהִיטְנִי יְהֵא חַיָּיב – תַּלְמוּד לוֹמַר ״וּפְאַת זְקָנָם לֹא יְגַלֵּחוּ״. הָא כֵּיצַד? אֵיזֶהוּ גִּילּוּחַ שֶׁיֵּשׁ בּוֹ הַשְׁחָתָה – הֱוֵי אוֹמֵר זֶה תַּעַר.

One **might** have thought that **even if he removed it with tweezers or planes he** should **be liable. The verse states: "Neither shall they shave off**[N] **the corners of their beards"** (Leviticus 21:5), which indicates that the priests are liable only for removing their beards in a manner of shaving. **How so? What is** the manner of **shaving that involves destruction?**[H] **You must say this is** shaving with **a razor.** The Rabbis learn from here that the implement forbidden to a priest is the same one that must be used for the shaving of a leper, namely a razor.

מִמַּאי? דִּילְמָא לְעוֹלָם אֲפִילּוּ לִיקְטוֹ בְּמַלְקֵט וּבִרְהִיטְנִי נַמִי מִצְוָה קָעָבֵיד, וְהָא קָאָתֵי לְאַשְׁמוֹעִינַן דַּאֲפִילּוּ בְּתַעַר לָא מִיחַיַּיב עֲלֵיהּ!

The Gemara asks: **From where** do we know that this is correct? **Perhaps** if a leper **actually removed it with tweezers or a plane he also performs the mitzva** and thereby fulfills his obligation, **and this** verse **is coming to teach us that even** if the leper shaved **with a razor he is not liable for** destroying his beard. In other words, one might have thought that a leper is prohibited from shaving with a razor, and the verse teaches that this is not correct. If so, there is no proof from here that the shaving of a leper must be performed with a razor.

NOTES

The verse states, neither shall they shave off – תַּלְמוּד לוֹמַר...לֹא יְגַלֵּחוּ: Although it is possible to remove the hair of one's beard or head with tweezers or planes, this is not the manner of shaving, as these implements are generally used for purposes other than cutting hair. There is a difference between shaving, i.e., the removal of hair with scissors or a razor in the usual manner, and destruction, which is the removal of hair by its roots, an action performed in various ways, e.g., uprooting with tongs or with a plane. Only a razor combines the acts of both shaving and destroying.

HALAKHA

If he removes it with a razor – עַד שֶׁיִּלְקְטֶנּוּ בְּתַעַר: It is prohibited to round off the corner of one's head, i.e., to shave the hair until the halakhic corners of the head are level with the forehead. Rather, one must leave the hair that links the head with the cheeks. One violates this prohibition only if he removes hair with a razor (Rambam). Some authorities say that scissors that cut like a razor are also forbidden (Rosh), and the custom is to be stringent in accordance with this opinion (Rambam *Sefer HaMadda, Hilkhot Avoda Zara* 12:6; *Shulḥan Arukh, Yoreh De'a* 181:3).

One might have thought that the same should also apply to a leper – יָכוֹל אֲפִילּוּ מְצוֹרָע כֵּן: A leper must shave all visible hair, including the corners of his head and beard (Rambam *Sefer Tahara, Hilkhot Tumat Tzara'at* 11:1).

Shaving that involves destruction – גִּילּוּחַ שֶׁיֵּשׁ בּוֹ הַשְׁחָתָה: It is prohibited by Torah law for a man to destroy his beard. One violates this prohibition only if he uses a razor, but not if he cuts with scissors (Rambam *Sefer HaMadda, Hilkhot Avoda Zara* 12:7; *Shulḥan Arukh, Yoreh De'a* 181:10, and in the comment of Rema).

BACKGROUND

Tweezers [*malket*] – מַלְקֵט: Rashi indicates that this is a small file used for various types of metal. Others (*Arukh*) state that it is a kind of tweezers used for plucking hair. The Aramaic translation of *melkahayim* (see Isaiah 6:6), tongs or tweezers, is *malket*.

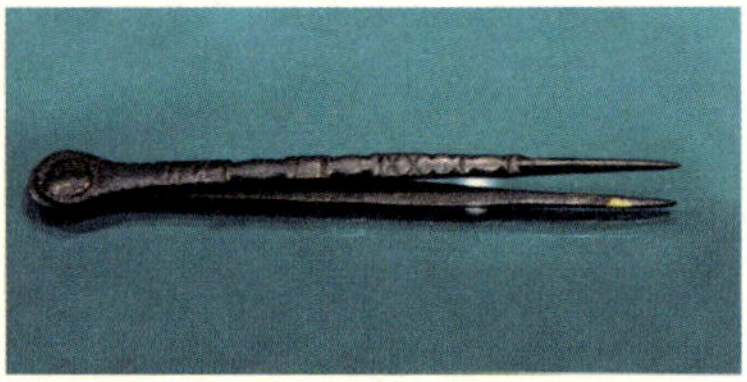

Roman tweezers

LANGUAGE

Plane [*rehitni*] – רְהִיטְנִי: Some suggest the source is the Greek ῥυκάνη, *rhukanē*, meaning plane. Others say it is from ῥίνη, *rhinē*, meaning file.

Hand plane

אָמְרִי: אִי סָלְקָא דַּעְתָּךְ כִּי עָבֵיד נַמִי בְּמַלְקֵט וּבִרְהִיטְנֵי שַׁפִּיר דָּמֵי – לִישְׁתּוֹק קְרָא מִינֵּיהּ, וַאֲנָא אָמִינָא: וּמַה גַּבֵּי נָזִיר, דְּאִיסּוּרָא קָא עָבֵיד – אֲפִילּוּ הָכִי מְחַיֵּיב, הָכָא דְּמִצְוָה – לֹא כׇּל שֶׁכֵּן?

They say in response: **If it should enter your mind that if** a leper **performs** his shaving **with tweezers or a plane too,** it is **well** and he has performed the mitzva, then **let the verse be silent** and refrain **from** the extra phrase, "his beard." **And** I would **say the** following: **And just as with regard to a nazirite, who performs a transgression** by shaving his hair during his naziriteship and who, **even so,** is **deemed liable** for removing hair without the use of a razor, **here** too, in the case of a leper, **where** his shaving is **a mitzva,** does it **not** follow **all the more so** that he should be permitted to shave with any implement?

Perek **VI**
Daf **41** Amud **a**

וְתוּ, אִי סָלְקָא דַּעְתָּךְ כִּי עָבֵיד בְּמַלְקֵט וּבִרְהִיטְנֵי מִצְוָה קָא עָבֵיד, מִדְּלָא כְּתִיב תַּעַר – כְּרֵישׁ לָקִישׁ, דְּאָמַר:

And furthermore, if it should enter your mind that **when he performs** his shaving **with tweezers or a plane he performs a mitzva, from** the fact that the word **razor is not written** he should not be allowed to use a razor at all, **in accordance with** the opinion of **Reish Lakish, who says** a principle in this regard.

כׇּל מָקוֹם שֶׁאַתָּה מוֹצֵא עֲשֵׂה וְלֹא תַעֲשֶׂה, אִם אַתָּה יָכוֹל לְקַיֵּים אֶת שְׁנֵיהֶם – מוּטָב, וְאִם לָאו – יָבֹא עֲשֵׂה וְיִדְחֶה אֶת לֹא תַעֲשֶׂה.

The Gemara cites the relevant principle: **Any place where you find a positive** mitzva **and a prohibition**[H] that clash with one another, **if you can** find some way **to fulfill both,** that is **preferable; and if that is not** possible, the **positive** mitzva **will come and override the prohibition.** In this case the leper can fulfill his duty with tweezers or a plane, and therefore it should be prohibited for him to shave with a razor. Since it was necessary for the verse to say that the positive mitzva for a leper to shave overrides the prohibition against destroying one's beard, this proves that the mitzva can be performed only with a razor.

וְרַבִּי אֱלִיעֶזֶר, מַאי טַעְמָא? יָלֵיף מֵ״רֹאשׁוֹ״. דְּתַנְיָא: ״רֹאשׁוֹ״ מַה תַּלְמוּד לוֹמַר? לְפִי שֶׁנֶּאֱמַר גַּבֵּי נָזִיר ״תַּעַר לֹא יַעֲבוֹר עַל רֹאשׁוֹ״, יָכוֹל אַף נָזִיר מְצוֹרָע כֵּן – תַּלְמוּד לוֹמַר ״רֹאשׁוֹ״.

The Gemara asks: **And Rabbi Eliezer, what is** his **reason?**[N] From where does he derive the *halakha* that a leper must use a razor? He **derives** it **from** the fact that the verse states with regard to a leper: "He shall shave all his hair off **his head** and his beard" (Leviticus 14:9). **As it is taught** in a *baraita*: **Why does the verse state: "His head,"** if it already stated: "All his hair"? It is **because it is stated with regard to a nazirite: "No razor shall come upon his head"** (Numbers 6:5), and therefore one **might** have thought that **the same** should **also** apply to **a nazirite** who is **a leper,** i.e., it should be prohibited for him to shave his head even for the purification ritual for his leprosy. Therefore, **the verse states: "His head,"**[H] to teach that a nazirite who is a leper must shave his head with a razor. Being that a nazirite is prohibited only to use a razor, if a leper could fulfill his obligation to remove his hair using other implements, a nazirite who is a leper would not be permitted to use a razor. Therefore, it can be inferred from the *halakha* of a nazirite who is a leper that the only way for a leper to remove his hair is with a razor.

מִמַּאי? דִּלְמָא לְעוֹלָם אֲפִילּוּ לִיקְּטוֹ בְּמַלְקֵט וּבִרְהִיטְנֵי מִצְוָה קָעָבֵיד. וְכִי תֵּימָא: תַּעַר לָמָּה לִי – לְמֵימְרָא דַּאֲפִילּוּ בְּתַעַר; סָלְקָא דַּעְתָּךְ אָמִינָא: הוֹאִיל וְגַבֵּי נָזִיר כִּי עָבֵיד בְּתַעַר מִיחַיַּיב, גַּבֵּי מְצוֹרָע נַמִי לִיחַיַּיב – קָא מַשְׁמַע לָן דְּלָא!

The Gemara rejects this suggestion: And **from where** do you know that a leper must shave his head with a razor? **Perhaps even** if he **actually removed it with tweezers or a plane he performs a mitzva. And if you would say:** If so, why do I need the verse to teach me that he uses **a razor,** through the derivation of the superfluous term "his hair," as above, one can answer: **That is to say that** he is permitted to shave **even with a razor.** As, **it might enter your mind to say** that **since with regard to a nazirite, when** he **performs** the act of shaving **with a razor** he is **liable** for transgressing the prohibition, **with regard to** a nazirite who is **a leper** as well, he should **also be liable** even if he shaved for his leprosy. The verse therefore **teaches us** that this is **not** the case, but it does not teach that a leper must use a razor.

HALAKHA

A positive mitzva and a prohibition, etc. – עֲשֵׂה וְלֹא תַעֲשֶׂה וכו׳: Whenever a positive mitzva and a prohibition conflict with one another, if they can both be fulfilled this is best. If not, the positive mitzva overrides the prohibition (Rambam *Sefer Ahava, Hilkhot Tzitzit* 3:6 and *Hilkhot Mila* 1:9; *Sefer Hafla'a, Hilkhot Nezirut* 7:15; *Sefer Tahara, Hilkhot Tumat Tzara'at* 10:5; *Sefer Zera'im, Hilkhot Kilayim* 10:32; see *Sefer Nashim, Hilkhot Yibbum* 6:10 and *Hilkhot Na'ara Betula* 3:5; *Shulḥan Arukh, Yoreh De'a* 266:1).

The verse states: His head – תַּלְמוּד לוֹמַר רֹאשׁוֹ: If a nazirite contracted leprosy, from which he was purified during his term of naziriteship, he must shave off all his hair, as the positive mitzva for a leper to shave overrides the prohibition for a nazirite against shaving (Rambam *Sefer Hafla'a, Hilkhot Nezirut* 7:15).

NOTES

And Rabbi Eliezer, what is his reason – וְרַבִּי אֱלִיעֶזֶר מַאי טַעְמָא: In other words, in light of the earlier statement that according to the opinion of Rabbi Eliezer the mitzva of shaving a leper cannot be derived from that of a nazirite, from where does he derive that a leper must use a razor? Some explain that as Rabbi Eliezer renders one liable for removing his beard in any manner, the phrase "his beard" is necessary to permit all types of shaving by a leper, even with tweezers and a plane, as these too entail the violation of the prohibition against destroying one's beard. Therefore, the Gemara asks about the source of his derivation that a leper is obligated to use a razor (*Tosafot*).

אִי סָלְקָא דַּעְתָּךְ כִּי עָבֵיד בְּמַלְקֵט וּבִרְהִיטְנֵי מִצְוָה קָעָבֵיד – מִדְּלָא כְּתַב תַּעַר, כְּרֵישׁ לָקִישׁ.

The Gemara rejects this suggestion: **If it should enter your mind that when a** leper **performs** his hair removal **with tweezers or a plane he performs a mitzva,** then **from** the fact that the verse **did** not explicitly **write: Razor,** it can be inferred that he is not allowed to use one, **in accordance with** the aforementioned principle of **Reish Lakish** that one may not violate a prohibition, even for the sake of a mitzva, if it is possible to perform the mitzva in a different manner. Rather, the verse must be coming to teach that the mitzva of the shaving of a leper can be fulfilled only with a razor.

וְרַבָּנַן, הַאי "רֹאשׁוֹ" מַאי דָּרְשִׁי בֵּיהּ? מִיבְּעֵי לְהוּ לְמִידְחֵי לָאו דְּהַקָּפָה. דְּתַנְיָא: "לֹא תַקִּיפוּ פְּאַת רֹאשְׁכֶם", יָכוֹל אַף מְצוֹרָע כֵּן – תַּלְמוּד לוֹמַר "רֹאשׁוֹ".

The Gemara asks: **And the Rabbis,** with regard to **this** term: **"His head,"** which is referring to a leper, **what do they learn from it?** The Gemara answers: **They require** this term **to override** the **prohibition of rounding** the corners of the head. **As it is taught** in a *baraita* with regard to the verse **"You shall not round the corners of your heads"** (Leviticus 19:27): One **might** have thought that **the same** should **also** apply to **a leper,** that it should also be prohibited for him to round the corners of his head when he shaves. Therefore, **the verse states: "His head,"** with regard to a leper.

לָמָּה לִי לְמִכְתַּב "רֹאשׁוֹ"? וְתֵיפוֹק לֵיהּ מִ"זְּקָנוֹ"! דְּתַנְיָא: "זְקָנוֹ" מַה תַּלְמוּד לוֹמַר? לְפִי שֶׁנֶּאֱמַר "וּפְאַת זְקָנָם לֹא יְגַלֵּחוּ", יָכוֹל אַף מְצוֹרָע כֵּן – תַּלְמוּד לוֹמַר "זְקָנוֹ".

The Gemara asks: **Why do I** need the Torah **to write: "His head"? And let one derive** this *halakha* that the mitzva of shaving overrides that prohibition **from the term "his beard"** (Leviticus 14:9). **As it is taught** in a *baraita*: **Why does the verse state: "His beard"?** It is **because** the verse **states** with regard to priests: **"Neither shall they shave off the corners of their beards"** (Leviticus 21:5), and therefore one **might** have thought that **the same** prohibition against shaving one's beard should **also** apply to **a leper.**[H] Therefore, **the verse states: "His beard."**

לָמָּה לִי לְמִכְתַּב "רֹאשׁוֹ" וְלָמָּה לִי לְמִכְתַּב "זְקָנוֹ"? צְרִיכִי, דְּאִי כְּתַב רַחֲמָנָא "זְקָנוֹ" וְלָא כְּתַב "רֹאשׁוֹ" הֲוָה אָמֵינָא: הַקָּפַת כָּל הָרֹאשׁ לֹא שְׁמָהּ הַקָּפָה, לְהָכִי כְּתַב רַחֲמָנָא "רֹאשׁוֹ".

The Gemara asks: If so, **why do I** need the Torah **to write: "His head," and why do I** need it **to write: "His beard"?** One source should suffice to teach that the shaving of a leper overrides any prohibitions that would be violated by that act. The Gemara answers: Both verses **are necessary. As, had the Merciful One written** only: **"His beard,"** and not **written: "His head," I would say** that **the rounding of the entire head,** i.e., shaving all the hair off one's head and not merely the sides, is **not called** a prohibited **rounding.** If that were so, the shaving of a leper's head would not be prohibited by Torah law. **For this** reason **the Merciful One writes: "His head,"**[N] to teach that the shaving that the leper performs would be considered a prohibited rounding of the head had the Torah not commanded him to shave.

HALAKHA

One might have thought that the same should also apply to a leper – **יָכוֹל אַף מְצוֹרָע כֵּן**: A leper must shave off all his visible hair, including his beard and the corners of his head (Rambam *Sefer Tahara, Hilkhot Tumat Tzara'at* 11:1).

NOTES

For this reason the Merciful One writes, his head – **לְהָכִי כְּתַב רַחֲמָנָא רֹאשׁוֹ**: This verse teaches the novel *halakha*, applicable to everyone, that shaving the entire head is also included in the prohibition of rounding the corners of the head. The very fact that it was necessary for the verse to emphasize that shaving is permitted indicates that the shaving of a leper, which involves the entire head, is considered rounding.

Perek **VI**
Daf **41** Amud **b**

וְאִי כְּתַב "רֹאשׁוֹ" וְלָא כְּתַב "זְקָנוֹ" – הֲוָה אָמֵינָא מַשְׁמַע תַּרְתֵּי; דְּאָתֵי עֲשֵׂה וְדָחֵי אֶת לֹא תַעֲשֶׂה, וּמַשְׁמַע דְּהַקָּפַת כָּל הָרֹאשׁ שְׁמָהּ הַקָּפָה, וְאַכַּתִּי בְּתַעַר מְנָלַן? לְהָכִי כְּתַב רַחֲמָנָא "זְקָנוֹ".

And had the Torah **written** only: **"His head," and not written: "His beard," I would say** that "his head" **teaches two** matters. First, **that a positive** mitzva **comes and overrides a prohibition. And it** also **teaches that rounding the entire head is called rounding.**[H] **And still, from where do we** derive that a leper must shave **with a razor?**[N] **For this** reason **the Merciful One** also **wrote: "His beard,"** and we derive from the prohibition that bars priests from destroying their beards that the removal of the beard involves the use of a razor.

HALAKHA

Rounding the entire head is called rounding – **הַקָּפַת כָּל הָרֹאשׁ שְׁמָהּ הַקָּפָה**: The Torah prohibits the shaving of the corners of the head. A man who shaves the corners of his head and one who shaves his entire head are both liable to receive lashes for violating this prohibition (see 58a), as the corners are removed in both instances (*Shulḥan Arukh, Yoreh De'a* 181:2).

NOTES

And still, from where do we derive that a leper must shave with a razor – **וְאַכַּתִּי בְּתַעַר מְנָלַן**: According to this opinion, the prohibition against rounding the corners of the head is violated by the use of any destructive implement, not only a razor. Consequently, the mitzva for a leper to shave in any case overrides the prohibition against rounding, even if it does not require the use of a razor. Some commentaries derive from here that the prohibition against rounding the corners of the head does not refer to a razor in particular, but includes any destructive act (*Tosafot*). With regard to the *halakha*, some commentaries claim that the *halakha* in practice is otherwise, and the prohibition against rounding the corners of the head applies only to a razor (Meiri, in accordance with the opinion of the Rambam; Rid). This dispute remains undecided, and the *Shulḥan Arukh* cites both opinions.

וְרַבִּי אֱלִיעֶזֶר, דְּאָתֵי עֲשֵׂה וְדָחֵי אֶת לֹא תַעֲשֶׂה מְנָלֵיהּ? יָלֵיף מִגְּדִילִים. דְּתַנְיָא: "לֹא תִלְבַּשׁ שַׁעַטְנֵז",

The Gemara asks: **And Rabbi Eliezer, from where does he** derive the general principle **that a positive** mitzva **will come**[N] **and override a prohibition?** The Gemara answers: He **derives** it **from** the mitzva of ritual **fringes. As it is taught** in a *baraita*: This verse: **"You shall not wear diverse kinds** of wool and linen" (Deuteronomy 22:11),

NOTES

And Rabbi Eliezer, from where does he derive that a positive mitzva will come, etc. – וְרַבִּי אֱלִיעֶזֶר דְּאָתֵי עֲשֵׂה וכו׳: Rabbi Eliezer cannot derive this principle from the fact that the verse states: "His beard," in connection to a leper, as it is possible that this verse is required to teach that even a leprous priest must shave his beard (Commentary on *Nazir*). The commentaries explain that "his beard" is necessary to include priests, as one might have thought that they are not permitted to shave at all, because they are subject to special stringencies (*Tosafot*). Others add that one cannot derive this general principle from the fact that the positive mitzva of shaving a leper overrides the prohibitions of a nazirite or a priest.

In the case of a nazirite, one can say that this is because his vow can be dissolved by a halakhic authority, while the prohibition of a priest is considered a light prohibition, as it does not apply to all people (Commentary on *Nazir*). One suggestion is that the very fact that Rabbi Eliezer interprets "his beard" as referring to priests indicates that he must have an alternative source for the principle that a positive mitzva overrides a prohibition, as otherwise he would have explained that "his beard" comes to permit the shaving of the beard of a regular person, which is a case of one positive mitzva overriding a single prohibition. Evidently, Rabbi Eliezer must have a different proof for the general principle, which is why he derives from "his beard" that the mitzva of shaving a leper overrides both the prohibitions and the positive mitzvot of a priest (*Tosafot*).

Perek **VI**
Daf **42** Amud **a**

הָא "גְּדִילִים תַּעֲשֶׂה לָּךְ" מֵהֶם.

indicates that fringes in the mitzva stated in the adjacent verse: **"You shall make for yourself fringes"**[H] (Deuteronomy 22:12), can be **from them,** wool and linen. By juxtaposing the mitzva of ritual fringes to the prohibition against diverse kinds of cloth, the Torah teaches that the positive mitzva of ritual fringes, which includes dyed blue wool, overrides the prohibition against diverse kinds of cloth, i.e., one may attach woolen ritual fringes to a linen garment. From here one derives the general principle that a positive mitzva overrides a prohibition.

אָמַר מָר: וְכוּלָּם שֶׁגִּילְּחוּ שֶׁלֹּא בְּתַעַר, אוֹ שֶׁשִּׁיְּירוּ שְׁתֵּי שְׂעָרוֹת – לֹא עָשׂוּ וְלֹא כְלוּם. אֲמַר רַב אַחָא בְּרֵיהּ דְּרַב אִיקָא: זֹאת אוֹמֶרֶת רוּבּוֹ כְּכוּלּוֹ מִדְּאוֹרַיְיתָא.

§ The Gemara returns to the mishna that teaches that nazirites, lepers, and Levites must shave their hair. **The Master said** above: **And** with regard to **all of them, if they shaved with** an implement **other than a razor, or if they left two hairs** uncut, **they have done nothing. Rav Aḥa, son of Rav Ika, said:**[N] **That is to say** that the principle: **The majority of** an entity is considered **like all of it,** applies **by Torah law.**

מִמַּאי – מִדְּגַלֵּי רַחֲמָנָא גַּבֵּי נָזִיר "בַּיּוֹם הַשְּׁבִיעִי יְגַלְּחֶנּוּ"; הָכָא הוּא דְּעַד דְּאִיכָּא כּוּלּוֹ, הָא בְּעָלְמָא – רוּבּוֹ כְּכוּלּוֹ.

The Gemara asks: **From where** do we learn this? The Gemara explains: This principle is derived **from** the fact **that the Merciful One revealed** in the Torah and specified **with regard to a nazirite: "On the seventh day he shall shave it"** (Numbers 6:9), despite the fact that the same verse already stated: "And he shall shave his head on the day of his cleansing." This teaches that **it is** only in this case **here** that he does not fulfill the mitzva of shaving **until there is** the removal **of all of it,** i.e., shaving part of his head is insufficient. This shows that **in general the majority of** an entity is **like all of it.**

מַתְקִיף לָהּ רַבִּי יוֹסֵי בְּרַבִּי חֲנִינָא: הַאי בְּנָזִיר טָמֵא כְּתִיב! מְחַכוּ עֲלָהּ בְּמַעֲרָבָא: מִכְּדִי נָזִיר טָמֵא דְּבְתַעַר מְנָלַן – מִנָּזִיר טָהוֹר יָלֵיף, לֵיתֵי נָזִיר טָהוֹר וְלֵילַף מִנָּזִיר טָמֵא: מַה טָּמֵא כִּי שִׁיֵּיר שְׁתֵּי שְׂעָרוֹת – וְלָא כְלוּם עֲבַד! הָכָא נַמִי, כִּי שִׁיֵּיר שְׁתֵּי שְׂעָרוֹת – וְלָא כְלוּם עֲבַד.

Rabbi Yosei, son of Rabbi Ḥanina, objects to this assertion. **This** verse: "On the seventh day he shall shave it," **is written with regard to a ritually impure nazirite,** not a pure one, whereas the *halakha* in the mishna applies even to a pure nazirite. This shows that the above inference is invalid. **They laughed at** this difficulty **in the West,** i.e., Eretz Yisrael: **After all, from where do we** derive the *halakha* that **an impure nazirite** shaves **with a razor?** It is **derived from** the *halakha* **of a pure nazirite.** If so, **let** the case of **a pure nazirite come and derive** the following *halakha* **from** the case **of an impure nazirite: Just as** with regard to **an impure** nazirite, **if he leaves two hairs he has done nothing, here too,** if a pure nazirite **leaves two hairs he has done nothing.**

HALAKHA

You shall make for yourself fringes – גְּדִילִים תַּעֲשֶׂה לָּךְ: By Torah law it is permitted to use woolen ritual fringes in a linen garment, as the prohibition of diverse kinds of cloth does not apply to the mitzva of ritual fringes. However, the Sages decreed that one should not do so, in case he wears the garment at night, when ritual fringes are not obligatory. In that case he would be transgressing the prohibition against wearing diverse kinds of cloth without fulfilling a mitzva (Rambam *Sefer Ahava, Hilkhot Tzitzit* 3:7).

NOTES

Rav Aḥa…said, etc. – אָמַר רַב אַחָא וכו׳: Some early commentaries have a different version of this discussion, which reads as follows. Rav Aḥa said: They taught this only with regard to an impure nazirite, but with regard to a pure nazirite, no, i.e., it is sufficient to shave most of his hair. From where do we learn this? From the fact that the Torah revealed with regard to an impure nazirite: "He shall shave it," which indicates that in the case of a pure nazirite the majority of his head is like all of it. They laughed at it, i.e., this reasoning, in the West. These early commentaries claim that this version is preferable to that of the standard text of the Gemara, which entails several difficulties, not all of which have been resolved satisfactorily.

בְּעֵי אַבָּיֵי: נָזִיר שֶׁגִּילַּח, וְשִׁיֵּיר שְׁתֵּי שְׂעָרוֹת, צָמַח רֹאשׁוֹ וְחָזַר וְגִילְּחָן, מַהוּ? מִי מְעַכְּבִי אוֹ לָא?

On the same topic, **Abaye raised a dilemma:** With regard to a **nazirite who shaved and left two hairs,** which is not considered an act of shaving, if the hairs of **his head grew and he again shaved,** this time those two hairs alone, **what is the** *halakha*? **Do** these hairs **invalidate** the fulfillment of his obligation **or not?** Has he now completed his initial act of shaving, or is the shaving of two hairs from a head full of hair of no significance, and he must now shave his entire head?

בְּעֵי רָבָא: נָזִיר שֶׁגִּילַּח וְהִנִּיחַ שְׁתֵּי שְׂעָרוֹת, וְגִילַּח אַחַת וְנָשְׁרָה אַחַת, מַהוּ? אֲמַר לֵיהּ רַב אַחָא מִדִּיפְתִּי לְרָבִינָא: גִּילַּח שַׂעֲרָה שַׂעֲרָה קָא מִיבָּעֵי לֵיהּ לְרָבָא?

Similarly, **Rava raised a dilemma:** With regard to **a nazirite who shaved and left two hairs,**[H] **and** afterward **shaved one** of them, **and** the other **one fell out**[N] of its own accord, **what is the** *halakha*? Is this considered shaving one's entire head or not? **Rav Aḥa of Difti said to Ravina: Is Rava raising a dilemma** as to whether one can **shave** his head one **hair by** one **hair?** How does this case differ from that of one who shaves his entire head one hair at a time, which is a fulfillment of his obligation?

אֶלָּא אֵימָא: נָשְׁרָה אַחַת וְגִילַּח אַחַת, מַהוּ? אֲמַר לֵיהּ: גִּילּוּחַ אֵין כָּאן, שֵׂעָר אֵין כָּאן. אִי שֵׂעָר אֵין כָּאן – גִּילּוּחַ יֵשׁ כָּאן! הָכִי קָאָמַר: אַף עַל פִּי שֶׁשֵּׂעָר אֵין כָּאן – מִצְוַת גִּילּוּחַ אֵין כָּאן.

Rather, say that the dilemma is as follows: If **one** hair **fell out and he shaved** the other **one,**[N] **what is the** *halakha*? Has he performed the obligation of shaving if there was only one hair left when he came to shave? Ravina **said to him:** In that case **there is no shaving here; there is no hair here.** The Gemara expresses surprise at this expression: **If there is no hair here,** then **there is shaving here,** as no hair remains. The Gemara explains: **This is what he said: Even though there is no hair here,** as only one hair remains, nevertheless **there is no** fulfillment of the **mitzva of shaving here,**[NH] as he failed to shave it all on the first attempt, and the second time he shaved less than the required amount.

מתני׳ נָזִיר חוֹפֵף וּמְפַסְפֵּס, אֲבָל לֹא סוֹרֵק.

MISHNA **A nazirite may shampoo** [*ḥofef*] his head **and separate** [*mefaspes*][NLH] his hairs manually, without concern that hairs might fall out. **However, he may not comb** his hair.

גמ׳ ״חוֹפֵף וּמְפַסְפֵּס״ מַנִּי? רַבִּי שִׁמְעוֹן הִיא, דְּאָמַר: דָּבָר שֶׁאֵין מִתְכַּוֵּין מוּתָּר. ״אֲבָל לֹא סוֹרֵק״ אֲתָאן לְרַבָּנַן.

GEMARA The Gemara clarifies: **Who is** the *tanna* who maintains that a nazirite **may shampoo and separate** his hairs? **It is Rabbi Shimon, who says: An unintentional act is permitted.**[H] Even if hairs do fall out as a result of this action, as he did not intend this to happen the action is permitted. Yet in the latter clause of the mishna, which states: **However, he may not comb** his hair, **we have come to** the opinion of **the Rabbis.** Although this nazirite also does not intend to tear out any hair when he combs it, it is nevertheless prohibited.

רֵישָׁא רַבִּי שִׁמְעוֹן וְסֵיפָא רַבָּנַן?! אֲמַר רַבָּה: כּוּלָּהּ רַבִּי שִׁמְעוֹן הִיא, כָּל הַסּוֹרֵק – לְהָסִיר נִימִין מְדוּלְדָּלוֹת מִתְכַּוֵּין.

This leads to a surprising conclusion, that **the first clause** represents the opinion of **Rabbi Shimon and the latter clause** is the opinion of **the Rabbis. Rabba said:** The **entire** mishna **is** in accordance with the opinion of **Rabbi Shimon,** as he maintains that **anyone who combs** his hair **intends to remove stray hairs,**[N] and therefore this is considered an intentional act.

HALAKHA

A nazirite who shaved and left two hairs – נָזִיר שֶׁגִּילַּח וְהִנִּיחַ שְׁתֵּי שְׂעָרוֹת: If a nazirite left two hairs after shaving, and when the hair on his head grew again either he shaved it all off, including those two hairs, or he shaved one of them and the other fell out, he has fulfilled the obligation of shaving. This is because the Gemara's inquiry with regard to one who shaved those two hairs indicates that if he shaved his entire head he has fulfilled his obligation (Rambam *Sefer Hafla'a*, *Hilkhot Nezirut* 8:7 and *Kesef Mishne* there).

There is no mitzva of shaving here – מִצְוַת גִּילּוּחַ אֵין כָּאן: If there were two hairs left on the head of a nazirite, and he shaved one and the other fell out, he has not fulfilled the obligation of shaving (Rambam *Sefer Hafla'a*, *Hilkhot Nezirut* 8:7).

A nazirite may shampoo and separate, etc. – נָזִיר חוֹפֵף וּמְפַסְפֵּס וכו׳: A nazirite is permitted to wash his hair by hand and rub it with his fingernails, without concern that this might cause a hair to fall off, as he does not have this intention in mind. However, he may not comb or wash his hair with earth, as that will certainly remove some hair. If he did so, he is not liable to receive lashes (Rambam *Sefer Hafla'a*, *Hilkhot Nezirut* 5:14).

An unintentional act is permitted – דָּבָר שֶׁאֵין מִתְכַּוֵּין מוּתָּר: This principle is stated mainly with regard to the *halakhot* of prohibited labor on Shabbat: If performing an action that is permitted on Shabbat might incidentally entail a violation of the *halakhot* of Shabbat, he may perform the permitted action, provided that he does not intend thereby to produce the prohibited outcome, in accordance with the opinion of Rabbi Shimon (Rambam *Sefer Zemanim*, *Hilkhot Shabbat* 1:5).

NOTES

And shaved one and the other one fell out – וְגִילַּח אַחַת וְנָשְׁרָה אַחַת: The two sides of the dilemma are as follows: Since he had two hairs when he came to shave, the removal of the first one constitutes an act of shaving, and when the other one falls out he is considered shaven, thus fulfilling his mitzva. Alternatively, the act of shaving consists of the removal of at least two hairs, and therefore he does not fulfill the obligation by cutting off the first hair.

One fell out and he shaved the other one – נָשְׁרָה אַחַת וְגִילַּח אַחַת: The question here is whether he is considered entirely shaven when one hair falls out, as the remaining hair is not sufficient to give him the status of one who is unshaven. If so, his act of shaving the last remaining hair is of no account, and he has not performed the obligation of shaving, as it was not his action that rendered him as shaven (Commentary on *Nazir*). Other commentaries explain that here too the key factor is the definition of the minimum amount of shaving: Since the act of shaving consists of shaving at least two hairs, if one of them falls out then the removal of the other is of no consequence, and therefore he has not fulfilled the obligation (*Tosafot*; Rosh).

There is no mitzva of shaving here – מִצְוַת גִּילּוּחַ אֵין כָּאן: Some commentaries maintain that he does fulfill the obligation after the fact, although he has not performed it in the proper manner (Commentary on *Nazir*). Several later authorities discuss the possibility that he might have to shave again later to fulfill the mitzva (see *Ḥazon Ish*). There are also those who claim that he must wait seven days for his hair to grow again before he can sacrifice his offerings (Meiri, citing *Tosafot*; see 39b).

Shampoo [*ḥofef*] and separate [*mefaspes*] – חוֹפֵף וּמְפַסְפֵּס: According to some commentaries, the term *ḥofef* means that he can scratch his head (*Arukh*), and others (Rambam's Commentary on the Mishna) add that the term *mefasfes* refers to the use of fingernails or an implement. Alternatively, the term *ḥofef* refers to washing the head of the hair with dirt, whereas the word *mefasfes* means to part hairs manually (*Tosafot*; Rosh).

Anyone who combs intends to remove stray hairs – כָּל הַסּוֹרֵק לְהָסִיר נִימִין מְדוּלְדָּלוֹת מִתְכַּוֵּין: Some commentaries explain that the removal of hair is considered an inevitable outcome of the act of combing, and Rabbi Shimon concedes that an act with an unintended or undesired outcome is prohibited if its outcome is inevitable (see *Ketubot* 6a). However, later authorities point out that Rabba's comments indicate otherwise, as he mentions an actual intention to remove stray hairs. Some commentaries say that Rabba maintains that Rabbi Shimon is lenient in all cases where the outcome is not intended, even if that outcome is inevitable. Consequently, Rabba insists that in this instance the nazirite does have this aim in mind (*Sefat Emet*). Another possibility, which combines elements of the other opinions, is that Rabbi Shimon agrees that one is liable if an unintended outcome is inevitable; however, he maintains that because the removal of hair with a comb is considered an undesired outcome for a nazirite, it is permitted. Rabba therefore states that the nazirite performing this action intends to remove his strands of hair.

LANGUAGE

Separate [*mefaspes*] – מְפַסְפֵּס: From the doubled root *peh*, *samekh*, *peh*, *samekh*, meaning to partition or divide something into parts. Accordingly, *mefaspes* refers to separating entwined hairs.

BACKGROUND

Shampoo – יָחוֹף: In ancient times, when there was no suitable soap available for washing and hygiene, people used various oil-dissolving materials to shampoo their heads and hair. Plants such as aloe, and minerals such as soda carbonate, usually mined from natural deposits of natron, were suitable for this purpose. The coarseness of the minerals and the amount of earth they contained generally led to the removal of some hairs.

Natural natron deposit

מתני׳ רַבִּי יִשְׁמָעֵאל אוֹמֵר: לֹא יָחוֹף בַּאֲדָמָה, מִפְּנֵי שֶׁמַּשֶּׁרֶת אֶת הַשֵּׂעָר.

MISHNA **Rabbi Yishmael says:** A nazirite **may not shampoo**[B] his hair **with earth**[N] **because** this **causes the hair to fall out.**

גמ׳ אִיבַּעְיָא לְהוּ: ״מִפְּנֵי שֶׁהִיא מַשֶּׁרֶת אֶת הַשֵּׂעָר״ תְּנַן, אוֹ דִּלְמָא ״מִפְּנֵי הַמַּשֶּׁרֶת״ תְּנַן? לְמַאי נָפְקָא מִינָּהּ,

GEMARA **A dilemma was raised before** the Sages: What is the precise wording of the mishna? Do **we learn: Because it removes**[H] **hair,** i.e., earth in general removes hair, **or do we perhaps learn: Because of that which removes** hair. In other words, although some types of earth do not remove hair, it is prohibited to use these as well, due to those types that do remove hair. The Gemara inquires: **What is the difference** of this textual question?

כְּגוֹן דְּאִיכָּא אֲדָמָה דְּלָא מַתְרָא; אִי אָמְרַתְּ ״מִפְּנֵי שֶׁהִיא מַשֶּׁרֶת״ תְּנַן, הֵיכָא דְּיָדְעִינַן דְּלָא מַתְרָא – שַׁפִּיר. אֶלָּא אִי אָמְרַתְּ מִפְּנֵי הַמַּשֶּׁרֶת – כְּלָל כְּלָל לֹא. תֵּיקוּ.

The Gemara explains: There is a difference in a case **where there is** a type of **earth that does not remove** hair. **If you say** that **we learned** in the mishna: **Because it removes** hair, then in a case **where we know that it does not remove** hair **it is fine** to shampoo with that substance. **However, if you say** the text reads: **Because of that which removes** hair, this indicates that the Sages prohibited using any type of earth, due to the type that removes hair. If so, a nazirite may **not** shampoo his head with any earth **at all,** not even if it does not remove hair. No answer was found, and the Gemara says that the dilemma **shall stand** unresolved.

מתני׳ נָזִיר שֶׁהָיָה שׁוֹתֶה יַיִן כׇּל הַיּוֹם – אֵינוֹ חַיָּיב אֶלָּא אַחַת. אָמְרוּ לוֹ ״אַל תִּשְׁתֶּה״ ״אַל תִּשְׁתֶּה״, וְהוּא שׁוֹתֶה – חַיָּיב עַל כׇּל אַחַת וְאַחַת. הָיָה מְגַלֵּחַ כׇּל הַיּוֹם – אֵינוֹ חַיָּיב אֶלָּא אַחַת. אָמְרוּ לוֹ ״אַל תְּגַלַּח״ ״אַל תְּגַלַּח״, וְהוּא מְגַלֵּחַ – חַיָּיב עַל כׇּל אַחַת וְאַחַת. הָיָה מִטַּמֵּא לְמֵתִים כׇּל הַיּוֹם – אֵינוֹ חַיָּיב אֶלָּא אַחַת. אָמְרוּ לוֹ ״אַל תִּטַּמֵּא״ ״אַל תִּטַּמֵּא״, וְהוּא מִטַּמֵּא – חַיָּיב עַל כׇּל אַחַת וְאַחַת.

MISHNA **A nazirite who was drinking wine all day**[H] **is liable** to receive **only one** set of lashes. If people **said to him** during the course of the day: **Do not drink,**[H] **do not drink, and** nevertheless **he** continues to **drink, he is liable for each and every** time he was warned. If a nazirite **kept shaving all day,**[H] **he is liable** to receive **only one** set of lashes. **If they said to him: Do not shave,**[H] **do not shave, and he shaves, he is liable for each and every** time he was warned. If he **became ritually impure from a corpse**[H] many times **all day, he is liable** to receive **only one** set of lashes. If **they said to him: Do not become impure,**[H] **do not become impure, and he** continues to **become impure, he is liable for each and every** time he was warned.

NOTES

He may not shampoo with earth – לֹא יָחוֹף בַּאֲדָמָה: Rabbeinu Azriel, cited in the *Shita Mekubbetzet*, presents an alternate version of the text, which reads: He may not even shampoo with earth. He explains that Rabbi Yishmael disagrees with the opinion stated in the previous mishna, and maintains that shampooing is prohibited even if he does not desire the outcome. Others explain that Rabbi Yishmael's reason is that earth inevitably removes hair. This does not contradict the ruling in the previous mishna, and therefore it is possible that there is no dispute here at all (Rambam; see Meiri).

HALAKHA

Because it removes – מִפְּנֵי שֶׁהִיא מַשֶּׁרֶת: A nazirite may not wash his hair with earth, as this will certainly lead to the removal of hair. The *halakha* is in accordance with the first suggested reading of the mishna, which says that only substances that will certainly remove hair are forbidden. This follows the principle that one is lenient with regard to uncertainties involving rabbinic law (Rambam *Sefer Hafla'a*, *Hilkhot Nezirut* 5:14, and *Kesef Mishne* there).

Was drinking wine all day, etc. – הָיָה שׁוֹתֶה יַיִן כׇּל הַיּוֹם וכו׳: A nazirite who kept drinking wine all day long but was warned only once receives a single set of lashes for violating the prohibition against drinking wine, although he is liable to Heaven for each quarter-*log* he drinks. For violating the prohibition in the verse "he shall not profane his word" (Numbers 30:3) he receives an additional set of lashes (Rambam *Sefer Hafla'a*, *Hilkhot Nezirut* 5:10).

They said to him, do not drink – אָמְרוּ לוֹ אַל תִּשְׁתֶּה: If a nazirite was warned against drinking a quarter-*log* of wine multiple times by witnesses who instructed him each time: Do not drink, do not drink, and he drank anyway, he is liable for each quarter-*log* for which he received a warning (Rambam *Sefer Hafla'a*, *Hilkhot Nezirut* 5:10; see *Sefer Kedusha*, *Hilkhot Ma'akhalot Assurot* 14:7).

If he kept shaving all day – הָיָה מְגַלֵּחַ כׇּל הַיּוֹם: A nazirite who shaved his entire head is liable for only a single act of shaving (Rambam *Sefer Hafla'a*, *Hilkhot Nezirut* 5:13).

If they said to him, do not shave – אָמְרוּ לוֹ אַל תְּגַלַּח: If a nazirite was warned for each hair: Do not shave, do not shave, he is liable for each and every hair he shaves (Rambam *Sefer Hafla'a*, *Hilkhot Nezirut* 5:13).

If he became ritually impure from a corpse – הָיָה מִטַּמֵּא לְמֵתִים: If a nazirite became impure from a corpse many times, he is flogged only once, although he is liable to Heaven for each act (Rambam *Sefer Hafla'a*, *Hilkhot Nezirut* 5:16).

If they said to him, do not become impure – אָמְרוּ לוֹ אַל תִּטַּמֵּא: If a nazirite was warned: Do not become impure, do not become impure, and he proceeded to become impure regardless, he is liable for each and every impurity for which he received a warning (Rambam *Sefer Hafla'a*, *Hilkhot Nezirut* 5:16).

גמ׳ אִיתְּמַר, אָמַר רַבָּה אָמַר רַב הוּנָא: מִקְרָא מָלֵא דִּבֵּר הַכָּתוּב ״לֹא יִטַּמָּא״, כְּשֶׁהוּא אוֹמֵר ״לֹא יָבֹא״ – לְהַזְהִירוֹ עַל הַטּוּמְאָה, לְהַזְהִירוֹ עַל הַבִּיאָה. אֲבָל טוּמְאָה וְטוּמְאָה – לֹא.

GEMARA A dispute among *amora'im* **was stated. Rabba said** that **Rav Huna said: The Torah stated** a *halakha* involving a nazirite in **a categorical verse: "He shall not become impure** for his father, or for his mother, for his brother, or for his sister, when they die" (Numbers 6:7). This includes all manners of contracting impurity imparted by a corpse, whether ritual impurity imparted by contact, by carrying, or in a tent, i.e., a corpse under the same roof. **When** the Torah **states: "He shall not come** near to a dead body" (Numbers 6:6), it serves **to warn him with regard to** contracting **impurity** from a corpse in any manner, as above, and **to warn him with regard to entering**[N] an enclosure with a corpse, which is a unique prohibition applicable to a nazirite that is added by the phrase "He shall not come near to a dead body," and he is liable separately for each. **However,** with regard to one contracting **impurity** from a corpse **and** again contracting **impurity** from a corpse, the verse does **not** warn him, and he is liable to receive only one set of lashes.

וְרַב יוֹסֵף אָמַר: הָאֱלֹהִים! אָמַר רַב הוּנָא אֲפִילּוּ טוּמְאָה וְטוּמְאָה. דְּאָמַר רַב הוּנָא: נָזִיר שֶׁהָיָה עוֹמֵד בְּבֵית הַקְּבָרוֹת, וְהוֹשִׁיטוּ לוֹ מֵתוֹ וּמֵת אַחֵר, וְנָגַע בּוֹ – חַיָּיב. אַמַּאי? הָא מִיטַּמֵּא וְקָאֵים! אֶלָּא לָאו שְׁמַע מִינָּהּ, אֲמַר רַב הוּנָא אֲפִילּוּ טוּמְאָה וְטוּמְאָה.

And Rav Yosef says in the form of an oath: **By God! Rav Huna** actually **says** that he is separately liable **even** for contracting **impurity** from a corpse **and** again contracting **impurity** from a corpse, not only if he entered an enclosure with a corpse. **As Rav Huna says:** With regard to **a nazirite who was standing in a cemetery,** who is already ritually impure, **and they extended his corpse,** i.e., the corpse of his relative, **to him, and** similarly if they extended **a different corpse** to him **and he touched it,** he is **liable.** But **why** is he liable; he **has already become impure and is standing** in his state of impurity? **Rather, isn't it** correct to **conclude from** this that **Rav Huna said** he is separately liable **even** for contracting **impurity** from a corpse **and** again contracting **impurity** from a corpse?

אֵיתִיבֵיהּ אַבַּיֵי: כֹּהֵן שֶׁהָיָה לוֹ מֵת מוּנָּח עַל כְּתֵיפוֹ, וְהוֹשִׁיטוּ לוֹ מֵתוֹ וּמֵת אַחֵר, וְנָגַע בּוֹ, יָכוֹל יְהֵא חַיָּיב – תַּלְמוּד לוֹמַר ״וְלֹא יְחַלֵּל״ – בְּמִי שֶׁאֵינוֹ מְחוּלָּל, יָצָא זֶה שֶׁהוּא מְחוּלָּל וְעוֹמֵד.

Abaye raised an objection to Rav Yosef from a *baraita*: With regard to **a priest who had a corpse**[NH] **placed on his shoulder, and they extended his corpse,** i.e., the corpse of his relative, **to him, and** similarly if they extended **a different corpse** to him **and he touched it,** one **might** have thought that **he should be liable** even for this contact. Therefore, **the verse states,** with regard to the prohibition against a High Priest becoming impure: **"And he shall not profane** the Sanctuary of his God" (Leviticus 21:12). This teaches that the prohibition of impurity applies **to one who is not** yet **profaned, excluding this one who is** already **profaned and standing** in that state of ritual impurity.

אֲמַר לֵיהּ: וְתִיקְשֵׁי לָךְ מַתְנִיתִין, דִּתְנַן: הָיָה מִיטַּמֵּא לְמֵתִים כָּל הַיּוֹם – אֵינוֹ חַיָּיב אֶלָּא אַחַת, אָמְרוּ לוֹ ״אַל תִּטַּמֵּא״ ״אַל תִּטַּמֵּא״ – חַיָּיב עַל כָּל אַחַת וְאַחַת. וְאַמַּאי? הָא מִיטַּמֵּא וְקָאֵים.

Rav Yosef **said to him: But** if, as you claim, one is not liable for contracting one impurity after another, **the mishna should pose a difficulty for you. As we learned** in the mishna: If a nazirite **became ritually impure from corpses** many times **all day, he is liable** to receive **only one** set of lashes. **If they said to him: Do not become impure, do not become impure,** and he continues to become impure, **he is liable for each and every** time he was warned. **But why** should this be so? **He has already become impure and is standing** in his state of impurity.

אֶלָּא קַשְׁיָא אַהֲדָדֵי. לָא קַשְׁיָא; כָּאן בְּחִיבּוּרִין, כָּאן – שֶׁלֹּא בְּחִיבּוּרִין.

Rather, the mishna and *baraita* pose **a difficulty for each other.** The Gemara answers: This is **not difficult,** as **here** the *baraita* is referring **to a concurrent** contact with **impurity,**[H] i.e., when he touched the second corpse he was still in contact with the first, so he is not liable for the second impurity. Conversely, **there** the mishna is referring **to** impurity that was **not a concurrent** contact. He touched the second corpse only after he had separated himself from the first, and therefore he is liable for each impurity.

NOTES

To warn him with regard to entering – לְהַזְהִירוֹ עַל הַבִּיאָה: Some commentaries explain that according to the opinion of Rabba, two separate prohibitions are involved here, a general one concerning any ritual impurity imparted by a corpse, and a special warning against entering an enclosure with a corpse. Consequently, if a nazirite entered an enclosure with a corpse after he already came into contact with a corpse, he is liable for the second action as well, despite the fact that he was already impure (Commentary on *Nazir*). Others say that Rabba maintains that if a nazirite was warned with regard to both contracting impurity from a corpse and entering an enclosure with a corpse before he violated both warnings simultaneously by entering an enclosure containing a corpse, he is liable to receive two sets of lashes (*Tosafot*). Yet others interpret this statement as a limitation: Although the mishna rules that he is flogged for each and every impurity, this *halakha* applies only to contracting impurity from a corpse and to entering an enclosure with a corpse (Meiri).

A priest who had a corpse – כֹּהֵן שֶׁהָיָה לוֹ מֵת: Some commentaries maintain that this refers to a High Priest, as indicated by the verse cited in the Gemara (Commentary on *Nazir*). Others read: A nazirite (*Tosafot*). There is no halakhic difference between these two versions, as the *halakhot* of a nazirite is like that of a High Priest with regard to ritual impurity.

HALAKHA

A priest who had a corpse, etc. – כֹּהֵן שֶׁהָיָה לוֹ מֵת וכו׳: If a High Priest unlawfully contracted ritually impurity from a corpse and afterward entered a tent with a corpse, he is liable for this entry as well, if he was warned against it. The *halakha* is in accordance with the opinion of Rabba, as Rav Yosef agrees with his ruling (Rambam *Sefer Shofetim*, *Hilkhot Evel* 3:7).

Here it is referring to a concurrent impurity – כָּאן בְּחִיבּוּרִין: A nazirite is liable to receive lashes for each act of contracting ritual impurity for which he was warned. This applies only if he separated from the corpse between each instance of impurity, or if he carried a corpse or lay over it. However, if he came into contact with one corpse while touching another he is not liable twice, even if he had received a warning with regard to both of them, in accordance with the opinion of Rav Yosef. Some commentaries invoke the principle that *halakha* is generally ruled in accordance with the opinion of Rabba and contrary to that of Rav Yosef. If so, the nazirite is liable only for contracting impurity from a corpse and for entering an enclosure with a corpse in it, as the Gemara's distinction between concurrent impurity in the case of contracting impurity applies only according to the opinion of Rav Yosef (Ra'avad). Others state that the principle that the *halakha* is ruled in accordance with the opinion of Rabba rather than that of Rav Yosef applies only if they engage in a dispute in a specific case itself, whereas here they disagree with regard to the content of Rav Huna's statement. Since Rav Yosef took an oath that he was correct, it can be assumed that he had investigated the matter thoroughly (Rambam *Sefer Shofetim*, *Hilkhot Evel* 3:4 and *Sefer Hafla'a*, *Hilkhot Nezirut* 5:16–17).

HALAKHA

They stated concurrent impurity only, etc. – לא אמרו טומאה בחיבורין אלא וכו׳: By Torah law, one who contracts ritual impurity imparted by a corpse renders someone who touches him impure only until the evening. However, by rabbinic law if the first person is in contact with a corpse at the time, the second is impure for seven days, as though he touched the corpse himself. This rabbinic law is only with regard to *teruma* and offerings, but not with regard to a nazirite or one who performs the ritual of the Paschal offering. The *Mishne LaMelekh* notes that others maintain that by Torah law one who touches a person in contact with a corpse is ritually impure for seven days, and that only a third person who touches the second is impure by rabbinic law (Rambam *Sefer Tahara*, *Hilkhot Tumat Met* 5:2).

וטומאה בחיבורין דאורייתא? הא אמר רב יצחק בר יוסף אמר רבי ינאי: לא אמרו טומאה בחיבורין אלא לתרומה וקדשים, אבל לנזיר ועושה פסח – לא. ואי אמרת דאורייתא, מאי שנא?

The Gemara asks: **And** this *halakha*, that a nazirite is exempt from being flogged for a second contact with a corpse in a case of **concurrent impurity**, does it apply **by Torah law?**[N] **Didn't Rav Yitzḥak bar Yosef say** that **Rabbi Yannai said: They stated** the principle of **concurrent impurity only**[H] **with regard to** partaking of *teruma* **and consecrated** foods, i.e., that one who touches a person who is in contact with a corpse is ritually impure with impurity imparted by a corpse for seven days. **However, with regard to a nazirite,** i.e., the question of whether a nazirite is considered ritually impure and has to bring offerings due to this contact, **and** with regard to **one who performs** the ritual of **the Paschal offering,** this *halakha* does **not** apply. **And if you say** that this *halakha* applies **by Torah law, what is different** between the case of *teruma* and the case of a nazirite?

כאן – בחיבורי אדם באדם, כאן – בחיבורי אדם במת.

The Gemara explains that there are two different types of concurrent impurity. **Here,** where there is a difference between *teruma* and a nazirite, it is referring to **concurrent** contact of one **person with** another **person.**[N] If one touched another while the other was in contact with a corpse, the impurity of the first is by rabbinic law. By contrast, **there** it is referring **to concurrent** contact of **a person with a corpse.**[N] One who is touching a corpse is considered linked to impurity by Torah law with regard to his second contact with a corpse.

אבל טומאה וטומאה לא, דהא מיטמא וקאים.

The Gemara summarizes: The fact that one who is touching a corpse is not liable for contact with a second corpse leads to Rabba's aforementioned ruling: **However,** with regard to contracting **impurity** from a corpse **and** again contracting **impurity** from a corpse, i.e., if a person contracted impurity imparted by a corpse and then touched another corpse while still in contact with the first corpse, he is **not** liable for the second impurity, **as he has already become impure and is standing** in his state of ritual impurity.

טומאה וביאה נמי, הא מיטמא וקאי. אמר רבי יוחנן: כאן בבית,

The Gemara asks: If so, with regard to **impurity and entering** one should say **likewise,** that when he enters an enclosure containing a corpse when he is in contact with a corpse, **he has already become impure and is standing** in his impurity. Why should he be flogged again for entering the enclosure? **Rabbi Yoḥanan said:** In the case of impurity and entering one must again distinguish between two instances: **Here,** where Rav Huna said that one will be liable for both contractions of impurity, it is referring to one who was pure and who went **into a house** that contained a corpse, rendering him liable twice. The entering the house and the ritual impurity imparted by a corpse in a tent, i.e., to that which is under the same roof, occurred simultaneously, and therefore he is liable twice, once for contracting ritual impurity and once for violating the particular prohibition against a nazirite entering an enclosure with a corpse in it.

כאן בשדה.

Whereas **there,** where he is liable only once, it is referring to one who was **in a field.** In other words, if a nazirite touched a corpse in a field and subsequently entered an enclosure with a corpse in it while he was still in contact with the first corpse, he is not liable separately for that entering, as he was already ritually impure.

NOTES

And is concurrent impurity by Torah law – וטומאה בחיבורין דאורייתא: The concept of concurrent impurity involves several different cases. One type is a person who touches a source of impurity while still in contact with another source of impurity. A different category is that of one who touches another who is in contact with a corpse. Apparently, these are two separate concepts which share a common name. The commentaries explain that when the Gemara asks this question it assumes that concurrent impurity is a broad concept which means that whoever holds ritual impurity in his hands is considered like the impure item itself. Consequently, he cannot be become impure again and one who touches him has effectively touched the source of the impurity itself. The answer of the Gemara is that there is a difference between the two issues (Meiri).

Concurrent contact of one person with another person – חיבורי אדם באדם: Some commentaries explain that this refers to one who is touching a corpse while another is touching the first (Commentary on *Nazir*). The first person is ritually impure to the first degree, while the second person is impure for seven days by rabbinic law. Others have a version of the text that reads: Here it is referring to concurrent impurity with regard to vessels. The vessels are ritually impure for seven days because they were touched by a person who was in contact with a corpse (Meiri). Yet others explain that this refers to three people. The first is in contact with a corpse, the second is touching the first, and the third touches the second. It is this third person whose impurity is referred to as concurrent impurity, which lasts for seven days by rabbinic law (*Tosafot*; Rabbeinu Peretz; Rabbeinu Todros).

Concurrent contact of a person with a corpse – חיבורי אדם במת: Some commentaries explain that the one touching the corpse has already become ritually impure, and he is not liable again if he comes into contact with another corpse (Commentary on *Nazir*). If so, he is not considered in contact with a corpse by Torah law. Others maintain that someone in contact with a corpse renders one who touches him impure by Torah law. Only a third person, i.e., one who touches a person who himself is touching a third who is in contact with a corpse, is impure for seven days by rabbinic law (*Tosafot*).

בְּבַיִת נַמִּי, כֵּיוָן דְּאָעֵיל יְדֵיהּ – אִיסְתַּאַב, כִּי עָיֵיל כּוּלֵּיהּ הַאי טָמֵא הוּא!

The Gemara asks: With regard to one who enters **into a house too,** why should he be liable twice? Since one typically enters a place with his hands before his body, **once he inserts his hand**[H] **he** immediately **becomes ritually impure.** This means that **when all** the rest **of him enters, this** person **is** already **impure.**

אֶלָּא אֲמַר רַבִּי אֶלְעָזָר: צֵירֵף יָדוֹ, מִשּׁוּם טוּמְאָה אִיכָּא, מִשּׁוּם בִּיאָה – לֵיכָּא. וְצֵירֵף גּוּפוֹ – טוּמְאָה וּבִיאָה בַּהֲדֵי הֲדָדֵי קָאָתוּ. הָא אִי אֶפְשָׁר דְּלָא עָיֵיל חוֹטְמוֹ בְּרֵישָׁא, וְנָחֵית לֵיהּ טוּמְאָה!

Rather, Rabbi Elazar said: If **he inserted his hand** into the house first, **there is** liability **due to** contracting **ritual impurity;** however, **there is no** liability **due to entering** the enclosure. **But** if **he joined his body** and his hands, i.e., all of him entered at once, contraction of **impurity and entering** the enclosure **occur simultaneously,** and in that case he is liable twice. The Gemara objects: **It is impossible** that **his nose would not enter first, and** once it does, **impurity would descend to it** and thereby to this person immediately, before the rest of his body entered the house.

אֶלָּא אֲמַר רָבָא: הִכְנִיס יָדוֹ, מִשּׁוּם טוּמְאָה – אִיכָּא, מִשּׁוּם בִּיאָה – לֵיכָּא. הִכְנִיס גּוּפוֹ – טוּמְאָה וּבִיאָה בַּהֲדֵי הֲדָדֵי קָא אָתְיָין. וְהָא אִי אֶפְשָׁר דְּלָא עָיֵיל אֶצְבַּעְתָּא דְּכַרְעֵיהּ בְּרֵישָׁא, וְנָחֵית לְהוּ טוּמְאָה!

Rather, Rava said: If **he entered** with only **his hand there is** liability **due to** contracting **ritual impurity,** but **there is no** liability **due to entering** an enclosure with a corpse, as he cannot be considered inside the house. If **he entered** with **his body** by standing upright so that his head would not enter first, contraction of **impurity and entering** the enclosure **occur simultaneously.** The Gemara asks: **But** even so, **it is impossible** that **his toes would not enter first, and** once they do, **impurity would** thereby **descend to them,** causing him to become impure before his entire body enters the house.

אֶלָּא אֲמַר רַב פַּפָּא: כְּגוֹן שֶׁנִּכְנָס בְּשִׁידָּה תֵּיבָה וּמִגְדָּל וּבָא חֲבֵירוֹ וּפָרַע עָלָיו אֶת הַמַּעֲזִיבָה, דְּטוּמְאָה וּבִיאָה בַּהֲדֵי הֲדָדֵי קָאָתְיָין. מָר בַּר רַב אַשִׁי אֲמַר: כְּגוֹן דְּעָיֵיל כְּשֶׁהוּא גּוֹסֵס, וּנְפַק נִשְׁמָתֵיהּ אַדְּיָתֵיב, דְּטוּמְאָה וּבִיאָה בַּהֲדֵי הֲדָדֵי קָאָתְיָין.

Rather, Rav Pappa said: We are dealing with a case **where one entered** into a house **in a chest, a box,**[H] **or a cabinet,** which are not susceptible to ritual impurity and which protect their contents from impurity when they can hold more than forty *se'a,* **and another came and opened the cover**[N] of the vessel **from over him.** In **that** case contracting **impurity and entering** the enclosure **occur simultaneously. Mar bar Rav Ashi said:** It is referring to a case **where one entered** the house **when** someone there **was dying, and** the latter's **soul departed when** he **was sitting** there. In **that** case too, contracting **impurity and entering** the enclosure with a corpse **occur simultaneously.** Since there was no corpse in the enclosure when he entered, he is considered to have entered an enclosure with a corpse at the moment the person died.

תָּנוּ רַבָּנַן: "לְהֵחַלּוֹ" – עַד שָׁעָה שֶׁיָּמוּת, רַבִּי אוֹמֵר: "בְּמוֹתָם יִטַּמָּא" – עַד שֶׁיָּמוּת.

§ With regard to the ritual impurity of a corpse, **the Sages taught:** The Torah states concerning a priest's exposure to ritual impurity imparted by a corpse: "He shall not become impure, a chief among his people, **to profane himself"** (Leviticus 21:4), from which it is derived that the prohibition does not apply **until the time that** the person with whom he comes into contact **dies.** A priest does not become impure or profane his priesthood at any earlier stage. **Rabbi** Yehuda HaNasi **says** that the verse stated with regard to a nazirite: "He shall not become impure for his father, or for his mother, for his brother, or for his sister, when they die" (Numbers 6:7), from which one can infer that **when they die,** one **contracts ritual impurity** from them, i.e., not **until** the other person actually **dies.**

מַאי בֵּינַיְיהוּ? אָמַר רַבִּי יוֹחָנָן: מַשְׁמָעוּת דּוֹרְשִׁין אִיכָּא בֵּינַיְיהוּ. רֵישׁ לָקִישׁ אֲמַר: גּוֹסֵס אִיכָּא בֵּינַיְיהוּ; לְמַאן דְּאָמַר מִ"לְּהֵחַלּוֹ" – אֲפִילּוּ גּוֹסֵס, לְמַאן דְּאָמַר "בְּמוֹתָם", עַד שֶׁיָּמוּת – אִין, גּוֹסֵס – לָא.

The Gemara asks: **What is** the difference **between** these two derivations? They apparently state the same *halakha* from different verses. **Rabbi Yoḥanan says: The interpretation of the meaning** of the verse **is** the difference **between them.** There is no practical difference between them; rather, they derive the *halakha* from different verses. **Reish Lakish said:** The difference **between them** is with regard to **a dying person: According to the one who says** that one derives the *halakha* from "He shall not become impure, a chief among his people, **to profane himself," even a dying person** is included in the prohibition of impurity. **According to the one who says** that it is derived from **"when they die," once he dies, yes** there is impurity, whereas **a dying person, no,** he does not impart impurity.

HALAKHA

Once he inserts his hand, etc. – כֵּיוָן דְּאָעֵיל יְדֵיהּ וכו׳: One is rendered impure if he enters a tent that contains a corpse, even if he enters with only part of his body. Even if he inserts his hand or the tip of his nose, it is as though his whole body has entered, and he is impure (Rambam *Sefer Tahara, Hilkhot Tumat Met* 1:11).

Where one entered in a chest, a box, etc. – שֶׁנִּכְנָס בְּשִׁידָּה תֵּיבָה וכו׳: If a nazirite or a High Priest entered a tent with a corpse in it while he was in a chest, a box, or a cabinet, and another person came and opened its cover with his consent, he is liable to receive two sets of lashes, one for "He shall not come near to a dead body" (Numbers 6:6) and one for "He shall not become impure" (Numbers 6:7). This is because the impurity and his entrance occurred simultaneously. The same *halakha* applies to one who entered a house and stayed there until a dying person passed away, as stated by Rav Pappa and Mar bar Rav Ashi (Rambam *Sefer Hafla'a, Hilkhot Nezirut* 5:18 and *Sefer Shofetim, Hilkhot Evel* 3:6).

NOTES

And opened the cover – וּפָרַע עָלָיו: Some commentaries point out that the person in the box is liable only if he assists the one who opens the cover, as one who does not perform an action is not liable (*Tosafot*; Rosh). Others claim that it is enough if the cover is opened by his instruction or even with his knowledge (Rambam).

HALAKHA

He may become impure from their leprosy or from their gonorrhea-like discharge – מִיטַּמֵּא בְּנִגְעָתָם וְזִיבָתָם: Priests and nazirites are permitted to become ritually impure from other impurities apart from the impurity of a corpse (Rambam *Sefer Tahara, Hilkhot Tumat Okhalin* 16:9).

He renders others impure only when his soul departs from him – אֵינוֹ מְטַמֵּא אֶלָּא עַד שֶׁתֵּצֵא נַפְשׁוֹ: A dying person does not impart impurity until his soul departs, even if his throat was slashed (Rambam *Sefer Tahara, Hilkhot Tumat Met* 1:15).

With regard to profaning, he is profaned – לְעִנְיַן אִיתְחוּלֵי הָא אִיתְחִיל: It is forbidden for a priest to enter a house that contains a dying person, as although this does not render him ritually impure, it does profane his priesthood (*Shakh*). Some commentaries rule in accordance with the opinion of Rabbi Yoḥanan that this is prohibited only if the person is at the point of death. The Rema maintains that it is proper to be stringent, and this is the consensus among the later authorities (*Shulḥan Arukh, Yoreh De'a* 370:1).

וּלְמַאן דְּאָמַר מִ״לְהֵחַלּוֹ״, הָכְתִיב ״בְּמוֹתָם״! מִיבָּעֵי לֵיהּ לְכִדְרַבִּי. דְּתַנְיָא, רַבִּי אוֹמֵר: בְּמוֹתָם אֵינוֹ מִטַּמֵּא, אֲבָל מִטַּמֵּא בְּנִגְעָתָם וּבְזִיבָתָם.

The Gemara asks with regard to Reish Lakish's opinion: **And according to the one who says** that it is derived from **"to profane himself," isn't it written: "When they die"?** What does he derive from that verse? The Gemara answers: **He requires** that verse **for that which** was taught **by Rabbi** Yehuda HaNasi. **As it is taught** in a *baraita* that **Rabbi** Yehuda HaNasi **says** that the verse stresses "when they die," to teach: In a case **when they die he may not become impure; however, he may become impure from their leprosy or from their gonorrhea-like discharge.**[H] A nazirite is prohibited from contracting ritual impurity only if it is from a corpse.

וּלְמַאן דְּאָמַר ״בְּמוֹתָם״, הָא מִיבָּעֵי לֵיהּ לְהַאי סְבָרָא! אִם כֵּן לֵימָא קְרָא ״בְּמוֹת״, מַאי ״בְּמוֹתָם״ – שְׁמַעַתְּ מִינָּהּ תַּרְתֵּי.

The Gemara asks: **And according to the one who says** that the earliest time the prohibition takes effect is derived from the phrase **"when they die," he** also **requires that** verse **for this reason;** how does he derive two *halakhot* from the same verse? The Gemara answers: **If so, let the verse state: When he dies; what is** the reason for the emphasis of **"when they die"? You can learn from** this verse **two** *halakhot*, that one does not impart impurity until he is actually dead, and that a nazirite is prohibited from contracting only the impurity of a corpse.

וּלְמַאן דְּאָמַר ״בְּמוֹתָם״ הָכְתִיב ״לְהֵחַלּוֹ״! ״לְהֵחַלּוֹ״ לְהָכִי הוּא דַּאֲתָא: בְּמִי שֶׁאֵינוֹ מְחוּלָּל, יָצָא זֶה שֶׁמְּחוּלָּל וְעוֹמֵד.

The Gemara asks the reverse question: **And according to the one who says** that the source for the earliest time of the impurity of a corpse is the verse **"when they die," isn't it written: "To profane himself"?** What does he derive from that verse? The Gemara answers: **"To profane himself" comes for this** purpose, that the prohibition against becoming impure apply only **to one who is not profaned, excluding one who is** already **profaned.** There is no prohibition against a ritually impure priest becoming impure from a corpse.

וּלְמַאן דְּאָמַר מִ״לְהֵחַלּוֹ״, הָא מִיבָּעֵי לֵיהּ לְהַאי סְבָרָא! אִם כֵּן לֵימָא קְרָא ״לְהָחֵל״, מַאי ״לְהֵחַלּוֹ״ – שְׁמַעַתְּ מִינָּהּ תַּרְתֵּי.

The Gemara asks: **And according to the one who says** that the source for the commencement of impurity imparted by a corpse is **"to profane himself," he** also **requires that** verse **for this reason;** how does he derive two *halakhot* from the same verse? The Gemara answers: **If so, let the verse state: To profane; what is** the reason for the emphasis of **"to profane himself"? You can learn from** this verse **two** *halakhot*, that a nazirite is prohibited from becoming impure even through contact with a dying person, and that there is no prohibition against contracting impurity a second time for one who is already impure.

מֵיתִיבֵי: אָדָם אֵינוֹ מְטַמֵּא אֶלָּא עַד שֶׁתֵּצֵא נַפְשׁוֹ, וַאֲפִילּוּ מְגוּיָּיד וַאֲפִילּוּ גּוֹסֵס. וּלְמַאן דְּאָמַר מִ״לְהֵחַלּוֹ״ הָא קָתָנֵי דְּאֵינוֹ מְטַמֵּא! לְעִנְיַן טַמּוּיֵי – עַד דְּנָפְקָא נַפְשֵׁיהּ, לְעִנְיַן אִתְחוּלֵי – הָא אִיתְחִיל.

The Gemara **raises an objection** from a mishna (*Oholot* 1:6): **A person renders** others **impure only when his soul departs** from **him,**[H] **even if he has severe lacerations** [*meguyyad*],[L] **and even if** he **is dying. But according to the one who says** that the commencement of the impurity of a corpse is derived **from "to profane himself,"** this *baraita* is difficult, as it **teaches** that a dying person **does not impart impurity.** The Gemara answers: **With regard to imparting impurity,** he does not impart impurity **until his soul departs, but with regard to profaning**[N] the sanctity of the priesthood, a priest **is profaned**[H] by a dying person.

LANGUAGE

Has severe lacerations [*meguyyad*] – מְגוּיָּיד: According to most commentaries, this term is derived from the root *gimmel, vav, dalet* or *gimmel, dalet, dalet*, meaning a slice or a cut (see Daniel 4:11). In this context it means that the individual is mortally wounded. Some suggest that this term is *meguyyar*, from *gira*, an arrow, and that it refers to one who was mortally wounded by an arrow.

NOTES

With regard to profaning – לְעִנְיַן אִתְחוּלֵי: The Gemara is suggesting that the very entrance of a priest or a nazirite to a place where he is likely to contract impurity constitutes a desecration of his sanctity, even if he does not actually become impure.

אָמַר רַב חִסְדָּא אָמַר רַב: נִקְטַע רֹאשׁוֹ שֶׁל אָבִיו – אֵינוֹ מִטַּמֵּא לוֹ. מַאי טַעְמָא – אָמַר קְרָא ״לְאָבִיו״ – בִּזְמַן שֶׁהוּא שָׁלֵם, וְלֹא בִּזְמַן שֶׁהוּא חָסֵר. אֲמַר לֵיהּ רַב הַמְנוּנָא: אֶלָּא מֵעַתָּה, קָאָזֵיל בְּפַקְתָּא דַעֲרָבוֹת וּפְסַקוּהּ גַּנָּבֵי לְרֵישֵׁיהּ, הָכִי נַמִי דְּלָא לִיטַּמֵּא לֵיהּ?

§ **Rav Ḥisda said** that **Rav said: If the head of his father,** or any other relative for whom a priest becomes impure, **was severed, he may not become impure to bury him. What is the reason** for this? **The verse states:** "None shall become impure for the dead among his people, except…**for his father**" (Leviticus 21:1–2),[N] which indicates that this applies **when** his father **is whole, and not when he is lacking. Rav Hamnuna said to** Rav Ḥisda: **If that is so,** then in a case where one **was walking in the valley** [*pakta*][L] **of Aravot,**[B] a place frequented by bandits, **and robbers severed his head,** will you **also** say that his son the priest **does not become impure to** bury **him** because he is not whole?

אֲמַר לֵיהּ: מֵת מִצְוָה קָאָמְרַתְּ? הָשְׁתָּא יֵשׁ לוֹמַר בְּאַחֲרִינֵי מִיחַיַּיב – בְּאָבִיו לֹא כָּל שֶׁכֵּן?

Rav Ḥisda **said to him:** Do **you speak of a corpse with no one to bury it** [***met mitzva***]? This *halakha* certainly does not apply to a case of this kind. For **now** consider, if **one can say** that **to bury others,** i.e., non-relatives, **he is obligated** to become ritually impure, as even priests and nazirites must become impure to bury an unattended corpse, then **with regard to** a *met mitzva* who is **his father** is it **not all the more so** the case that he must become impure to bury him even if his head is severed?

וְהַאי מֵת מִצְוָה הוּא? וְהָתַנְיָא: אֵיזֶהוּ מֵת מִצְוָה – כָּל שֶׁאֵין לוֹ קוֹבְרִין. קוֹרֵא וַאֲחֵרִים עוֹנִין אוֹתוֹ – אֵין זֶה מֵת מִצְוָה. וְהָא אִית לֵיהּ בְּרָא. כֵּיוָן דְּקָאָזֵיל בְּאוֹרְחָא – כְּמִי שֶׁאֵין לוֹ קוֹבְרִים דָּמֵי.

The Gemara asks: **And is this a *met mitzva*? But isn't it taught** in a *baraita*: **Which is a *met mitzva***[H] for whom a priest must become impure? It is **anyone who does not have** people **to bury him** apart from this priest. If the corpse is in a place where if **he would call, others would answer him,**[N] **that is not** considered **a *met mitzva*. And** if this dead father **has a son** who was with him, it means the father is not classified as a *met mitzva*, and therefore his son the priest must ensure that others tend to his burial, without doing so himself. The Gemara answers: **Since** he was **walking along the way, he is considered like one who does not have** people **to bury** him.

מֵיתִיבֵי: ״לָהּ יִטַּמָּא״ – לָהּ הוּא מִטַּמֵּא, וְאֵינוֹ מִטַּמֵּא לְאֵיבָרֶיהָ, לְפִי שֶׁאֵינוֹ מִטַּמֵּא לְאֵבֶר מִן הַחַי שֶׁל אָבִיו. אֲבָל מְחַזֵּיר הוּא עַל עֶצֶם כִּשְׂעוֹרָה.

The Gemara **raises an objection** against Rav Ḥisda's opinion. The superfluous term "for her" in the verse "And for his sister a virgin who is near to him, who has no husband, **for her he becomes impure**" (Leviticus 21:3) teaches that it is **to** bury **her** in her whole state that **he becomes impure,**[H] **but he does not become impure to** bury **her limbs.**[H] If a limb was severed from her during her lifetime he does not tend to it, **because he may not become impure to** bury **a limb** severed **from** one of his **living** relatives, including **that of** his **father. However, he may search for a bone that is a barley-grain-bulk.**[B] If he was already impure from his father's body, he may search for and bury a bone that was detached from the corpse, even if it is large enough to impart impurity itself.

מַאי מְחַזֵּיר הוּא עַל עֶצֶם כִּשְׂעוֹרָה? לָאו לְמֵימְרָא דְּאִי מִיחַסַּר פּוּרְתָּא?

The Gemara asks: **What is the meaning of: He may search for a bone that is a barley-grain-bulk? Isn't this to say that if** the deceased father **is lacking a small part,**[N] i.e., a single bone, his son the priest becomes impure to bury him? This would contradict Rav Ḥisda's statement in the name of Rav that he becomes impure to bury his father only if he is whole.

NOTES

For his father – לְאָבִיו: The derivation is based on the fact that the verse states: "For his father," instead of: For a father. The wording indicates that he becomes impure to bury his father when he is in a whole state (Ramban; see *Keren Ora*).

If he would call, others would answer him – קוֹרֵא וַאֲחֵרִים עוֹנִין: Some commentaries explain that if people would have come to the deceased had he called out, he is not a *met mitzva*. Alternatively, he is not a *met mitzva* if the person at the point of his death asked people to bury him. If they refused to do so, it is a case of *met mitzva* (Meiri). Yet others maintain that this expression means that one who found the body can call upon the assistance of others (see Rosh). Some commentaries point out that the phrase in the Gemara: And he has a son, proves that it is referring to a hypothetical calling out by the deceased himself.

That if he is lacking a small part – דְּאִי מִיחַסַּר פּוּרְתָּא: Some commentaries maintain that he buries any bone that is a barley-grain-bulk, even if it is missing a part, and he certainly buries his father's entire body (Commentary on *Nazir*). Others add that the entire thrust of this *baraita* conflicts with Rav Ḥisda's opinion, as it indicates that a priest buries his father even if he is lacking a bone. What is more, he may even search for the bone itself (*Tosafot*). Alternatively, this source indicates that although he may not bury his father if he is missing a part, he may do so if all the bones are present, even if they are unattached. This contradicts Rav Ḥisda's opinion that a priest may not become impure for his father if his head has been severed from his body, even if it is lying nearby (Rabbi Avraham min HaHar).

LANGUAGE

Valley [*pakta*] – פַּקְתָּא: *Pakta* is a form of the Aramaic term *bakta* or *bikata*, meaning valley or plain. It is known from other sources that the valley of Aravot lacked sources of water, although this did not prevent people from living and working there.

BACKGROUND

Valley of Aravot – פַּקְתָּא דַעֲרָבוֹת: This valley, which was apparently well-known in the Talmudic period, was a desert land which lay along the route taken by caravans. There was no drinking water there, and only in certain isolated places did people sell water brought from rivers. In addition, it was a place prone to attacks by bandits.

A bone that is a barley-grain-bulk – עֶצֶם כִּשְׂעוֹרָה: Most of the bones in an adult human body are much larger than the size of a grain of barley. However, certain small bones are similar in size and shape to a sesame seed. These bones, known as sesamoids, are found in the joints, and the one found in the knee joint is approximately the size of a grain of barley, perhaps slightly larger. Bones even smaller than these can be found in the bodies of infants and fetuses. These smaller bones also cause one who comes in contact to them to become ritually impure.

HALAKHA

Which is a *met mitzva* – אֵיזֶהוּ מֵת מִצְוָה: What is considered a *met mitzva* for whom a priest is commanded to become impure? This category includes any Jew found lying along a path, or in a city populated by gentiles, where he has no one to bury him, and the finder is unable to call upon other Jews to help with his burial. If the priest can call upon others, it is forbidden for him to become impure, and he must ask those others to handle the burial. If he cannot call upon people from where he is, it is forbidden for him to leave that place until the corpse has been buried (Rambam *Sefer Tahara, Hilkhot Evel* 3:8; *Shulḥan Arukh, Yoreh De'a* 374:3).

To bury her he becomes impure – לָהּ הוּא מִטַּמֵּא: A priest is commanded to become impure to bury his father and mother, his son and daughter from a Jewish woman, his paternal brother and unmarried sister, and his lawful wife. If he becomes impure to bury anyone else, he is liable to receive lashes (Rambam *Sefer Tahara, Hilkhot Evel* 2:1, 6–7 and 3:1; *Shulḥan Arukh, Yoreh De'a* 373:4).

But he does not become impure to bury her limbs – וְאֵינוֹ מִטַּמֵּא לְאֵיבָרֶיהָ: A priest becomes ritually impure to bury his deceased relatives only if they are whole, but not to bury one of their bones or for a limb severed from a living relative (Rambam *Sefer Tahara, Hilkhot Evel* 2:14; *Shulḥan Arukh, Yoreh De'a* 373:9).

NOTES

As he does not become impure to bury a limb from one of his living relatives – **שֶׁאֵינוֹ מִיטַּמֵּא עַל אֵבֶר מִן הַחַי**: Some commentaries reject the standard text of the Gemara, in favor of an alternative reading, which is similar to the aforementioned statement of Rabbi Yehuda (Commentary on *Nazir*). Others accept the standard version, and explain that Rabbi Yehuda means that a priest may handle a limb of his dead father when searching for it, i.e., while he is occupied with his father's burial (Commentary on *Nazir*).

לָא, הַהִיא רַבִּי יְהוּדָה הִיא. דְּתַנְיָא, רַבִּי יְהוּדָה אוֹמֵר: לָהּ מִיטַּמֵּא וְאֵינוֹ מִיטַּמֵּא לְאֵבָרֶיהָ, שֶׁאֵינוֹ מִיטַּמֵּא עַל אֵבֶר מִן הַחַי שֶׁל אָבִיו. אֲבָל מִיטַּמֵּא הוּא לְאֵבֶר מִן הַמֵּת שֶׁל אָבִיו.

The Gemara answers: **No,** this presents no difficulty, as **that** *baraita* **is** in accordance with the opinion of **Rabbi Yehuda. As it is taught** in a *baraita* that **Rabbi Yehuda says:** "For her he becomes impure" (Leviticus 21:3), this indicates that **to** bury **her he becomes impure but he does not become impure to** bury **her limbs, as he does not become impure to** bury **a limb** severed **from** one of his **living** relatives,[N] including **that of his father. However, he does become impure to** bury **a limb from his dead father.** Rav Ḥisda disagrees with the opinion of Rabbi Yehuda and rules in accordance with the Rabbis, who maintain that a priest may become impure only to bury his relative's whole body.

וְהָתַנְיָא רַב כָּהֲנָא בְּרַבִּי אֱלִיעֶזֶר בֶּן יַעֲקֹב: לָהּ מִיטַּמֵּא, וְאֵינוֹ מִיטַּמֵּא לְאֵבָרִים – פְּרָט לְכַזַּיִת מִן הַמֵּת, וְכַזַּיִת נֶצֶל, וּמְלֹא תַּרְוָוד רָקָב.

The Gemara asks: **But isn't it taught** in a *baraita* that **Rav Kahana, son of Rabbi Eliezer ben Ya'akov,** said: The words "for her he becomes impure" (Leviticus 21:3) indicate that **to** bury **her he becomes impure** when she is whole, **but he does not become impure to** bury her **limbs.** This serves to **exclude an olive-bulk** of solid material **from a corpse, and an olive-bulk of fluid** from a corpse, **and a full spade of dust** from a corpse.

יָכוֹל לֹא יִטַּמָּא לַשִּׁדְרָה וְלַגּוּלְגּוֹלֶת, וּלְרוֹב בִּנְיָינָהּ וּלְרוֹב מִנְיָינָהּ? כְּתִיב ״וְאָמַרְתָּ אֲלֵיהֶם״ הוֹסִיף לְךָ הַכָּתוּב טוּמְאָה אַחֶרֶת.

One **might** have thought that **he may not become impure for a spine and a skull, or for most of the skeleton or most of the number** of bones from his sister's corpse. Therefore, it is **written** at the beginning of this passage dealing with the impurity of priests: "Speak to the priests, the sons of Aaron, **and say to them**" (Leviticus 21:1). The repetition of "speak" and "say" indicates that **the verse added a different** form of **impurity** permitted to a priest.

Perek **VI**
Daf **44** Amud **a**

יָכוֹל לֹא יִטַּמֵּא לַשִּׁדְרָה וְלַגּוּלְגּוֹלֶת וּלְרוֹב בִּנְיָינוֹ וּלְרוֹב מִנְיָינוֹ שֶׁל אֲחֵרִים? אָמַרְתָּ: מָה אֲחוֹתוֹ מְיוּחֶדֶת, שֶׁגּוּפָהּ תָּלוּי בּוֹ, וּמִיטַּמֵּא לַשִּׁדְרָה וְלַגּוּלְגּוֹלֶת וּלְרוֹב בִּנְיָינָהּ וּלְרוֹב מִנְיָינָהּ – אַף כָּל שֶׁגּוּפוֹ תָּלוּי בּוֹ מִיטַּמֵּא לַשִּׁדְרָה וְלַגּוּלְגּוֹלֶת וּלְרוֹב בִּנְיָינוֹ וּלְרוֹב מִנְיָינוֹ!

One **might** have thought that **he may not become impure to** bury **a spine, or for a skull, or to** bury **most of the skeleton or most of the number** of bones **of other** relatives for whom a priest becomes impure. **You say** in response: **Just as his sister is unique** in **that her body is dependent upon** the brother tending to her burial, **and he becomes impure to** bury **a spine, or to** bury **a skull, or to** bury **most of her skeleton, or to** bury **most of her number** of bones, **so too,** with regard to **every** person **whose body is dependent upon him,** i.e., his other close relatives, **he becomes impure to** bury **a spine, or to** bury **a skull, or to** bury **most of his skeleton, or to** bury **most of his number** of bones. This presents a difficulty for the opinion of Rav that a priest may not become impure to bury any relative whose head has been severed.

הַהִיא נַמִּי רַבִּי יְהוּדָה הִיא. וְרַב דְּאָמַר – כִּי הַאי תַּנָּא, דְּתַנְיָא: מַעֲשֶׂה שֶׁמֵּת אָבִיו שֶׁל רַבִּי יִצְחָק בְּגִינְזַק, וּבָאוּ וְהוֹדִיעוּהוּ לְאַחַר שָׁלֹשׁ שָׁנִים, וּבָא וְשָׁאַל אֶת רַבִּי יְהוֹשֻׁעַ בֶּן אֱלִישָׁע וְאַרְבָּעָה זְקֵנִים [שֶׁעִמּוֹ],

The Gemara answers: **That** *baraita* **also** represents the opinion of **Rabbi Yehuda. And Rav stated** his opinion **in accordance with** the opinion of **this** *tanna***, as it is taught** in a *baraita*: **An incident** occurred in **which the father of Rabbi Yitzḥak** the priest **died in Ginzak,**[B] **and they came and informed him after three years** had passed, **and he came and asked Rabbi Yehoshua ben Elisha and four Elders who were with him** whether he was permitted to become ritually impure by transferring his father's remains to his ancestral grave, as was the custom.

וְאָמְרוּ: ״לְאָבִיו״ – בִּזְמַן שֶׁהוּא שָׁלֵם, וְלֹא בִּזְמַן שֶׁהוּא חָסֵר.

And they said to Rabbi Yitzḥak that the verse states: **"For his father"** (Leviticus 21:2), which indicates a priest may become impure only **when** his father **is whole,**[H] **and not when he is lacking.** After three years the father's body was certainly not whole, and therefore his son, a priest, was no longer permitted to become impure to bury him.

BACKGROUND

Ginzak – **גִּינְזַק**: The Sages identify Ginzak as the biblical Gozan (I Chronicles 5:26); however, the location of the city is unknown. Some explain that this is the ancient city Ganzak which stood south of Lake Urmia. Others hold that it is south of the Caspian Sea, while yet others maintain that it is in the vicinity of Nahrawan. Apparently, this Jewish center was isolated from the primary Jewish centers in Babylonia but was important enough for several noteworthy Sages and leaders to visit.

HALAKHA

When he is whole – **בִּזְמַן שֶׁהוּא שָׁלֵם**: A priest may not become impure to bury his father or any other relative who is missing a limb of any size. He may not gather his bones, even if the spine is intact, as he may become impure only to bury a whole body. The *halakha* is in accordance with the opinion of Rav Ḥisda in the name of Rav, as Rabbi Yehoshua ben Elisha and the Elders were there with him, indicating that this is a widely held opinion. Additionally, the fact that the Gemara notes that the Sages not only maintained this opinion on a theoretical basis, but acted in accordance with this opinion, also indicates that the ruling is in accordance with this opinion. Additionally, there is no record of any *amora* who expressly disagrees with the opinion of Rav Ḥisda (*Kesef Mishne*). Some commentaries (Ramban) maintain that this *halakha* does not apply to one who was missing a limb during his lifetime (Rambam *Sefer Shofetim*, *Hilkhot Evel* 2:15; *Shulḥan Arukh*, *Yoreh De'a* 373:9).

מתני׳ שְׁלֹשָׁה מִינִין אֲסוּרִין בְּנָזִיר: הַטּוּמְאָה, וְהַתִּגְלַחַת, וְהַיּוֹצֵא מִן הַגֶּפֶן. חוֹמֶר בַּטּוּמְאָה וּבַתִּגְלַחַת מִבַּיּוֹצֵא מִן הַגֶּפֶן, שֶׁהַטּוּמְאָה וְהַתִּגְלַחַת – סוֹתְרִין, וְהַיּוֹצֵא מִן הַגֶּפֶן – אֵינוֹ סוֹתֵר.

MISHNA **Three types** of actions **are prohibited for a nazirite:** Contracting **ritual impurity** imparted by a corpse, **and shaving** his hair, **and** eating or drinking any substances **that emerge from the vine.** There is a greater **stricture with regard to** the prohibitions of **impurity and shaving than** that of substances **that emerge from the vine, as impurity and shaving negate**[H] his naziriteship, i.e., he must add thirty days to his term of naziriteship or start it afresh. **But** if he eats or drinks **that** which **emerges from the vine,** this **does not negate**[H] his naziriteship.

חוֹמֶר בַּיּוֹצֵא מִן הַגֶּפֶן מִבַּטּוּמְאָה וּבַתִּגְלַחַת, שֶׁהַיּוֹצֵא מִן הַגֶּפֶן – לֹא הוּתַּר מִכְּלָלוֹ, וְטוּמְאָה וְתִגְלַחַת – הוּתְּרוּ מִכְּלָלָן, בְּתִגְלַחַת מִצְוָה וּבְמֵת מִצְוָה.

Conversely, there is a greater **stricture with regard to** substances **that emerge from the vine than** with regard to **impurity and shaving, as** in the case of products **that emerge from the vine nothing is exempted from its general prohibition**[H] in certain circumstances, i.e., there are no exceptions. **But** with regard to **impurity and shaving** certain cases **are exempted from their general prohibition.** For example, there are the cases **of obligatory shaving,**[H] e.g., a leper who was purified during his naziriteship, **and of a corpse with no one to bury it** [*met mitzva*].[H] A nazirite may tend to the burial of a *met mitzva,* despite the fact that he will thereby contract ritual impurity from a corpse.

וְחוֹמֶר בַּטּוּמְאָה מִבַּתִּגְלַחַת, שֶׁהַטּוּמְאָה סוֹתֶרֶת אֶת הַכֹּל וְחַיָּיבִין עָלֶיהָ קָרְבָּן, וְתִגְלַחַת אֵינָהּ סוֹתֶרֶת אֶלָּא שְׁלֹשִׁים, וְאֵין חַיָּיבִין עָלֶיהָ קָרְבָּן.

The mishna adds: **And** there is a greater **stricture with regard to impurity than** with regard to **shaving, as** a nazirite's **impurity negates all**[H] his days of naziriteship and begins his term afresh, **and he is liable to** bring **an offering for it,** before starting his new term of naziriteship. **But shaving negates only thirty**[H] days at most, **and he is not liable to** bring **an offering for it.**

גמ׳ וְטוּמְאָה לֹא תּוּתַּר מִכְּלָלָהּ, קַל וָחוֹמֶר מִיַּיִן; וּמַה יַּיִן שֶׁאֵינוֹ סוֹתֵר לֹא הוּתַּר מִכְּלָלוֹ, טוּמְאָה שֶׁסּוֹתֶרֶת – אֵינוֹ דִּין שֶׁלֹּא תּוּתַּר מִכְּלָלָהּ?

GEMARA The Gemara asks: **And** perhaps one should say that the **ritual impurity** of a nazirite **should not be exempted from its general prohibition** even for a *met mitzva,* due to **an *a fortiori*** inference **from** the prohibition of **wine: And if wine,** whose prohibition is lighter, **as it does not negate** his naziriteship, **is** nevertheless **not exempted from its general prohibition,** then with regard to **impurity,** which is stringent, **as it does negate** his naziriteship, **is it not logical that it should not be exempted from its general prohibition?**

תַּלְמוּד לוֹמַר ״לְאָבִיו וּלְאִמּוֹ...לֹא יִטַּמָּא״, לְאָבִיו וּלְאִמּוֹ לֹא יִטַּמָּא – אֲבָל מִיטַּמֵּא הוּא לְמֵת מִצְוָה.

The Gemara answers: Therefore, **the verse states,** in addition to the general prohibition: "He shall not come near to a dead body" (Numbers 6:6), that: **"For his father or his mother,** for his brother or for his sister, **he shall not become impure** when they die" (Numbers 6:7). This verse teaches that it is **to** bury **his father or for his mother** that **he may not become impure; however, he becomes impure to** bury **a *met mitzva*.**

וְיַיִן יוּתַּר מִכְּלָלוֹ, קַל וָחוֹמֶר מִטּוּמְאָה; מַה טּוּמְאָה שֶׁהִיא סוֹתֶרֶת הוּתְּרָה מִכְּלָלָהּ, יַיִן שֶׁאֵינוֹ סוֹתֵר – אֵינוֹ דִּין שֶׁיּוּתַּר מִכְּלָלוֹ? אָמַר קְרָא: ״מִיַּיִן וְשֵׁכָר יַזִּיר״ – לֶאֱסוֹר יֵין מִצְוָה כְּיֵין רְשׁוּת.

The Gemara suggests: If so, one can make the reverse argument. **And let wine be exempted from its general prohibition** due to **an *a fortiori*** inference **from** the prohibition of **impurity: If impurity,** which negates naziriteship, is **exempted from its general prohibition;** with regard to **wine, which does not negate** naziriteship, **is it not logical that it should be exempted from its general prohibition** for the sake of a mitzva, e.g., for one who took an oath to drink wine? The Gemara answers: It is for this reason that **the verse states** with regard to a nazirite: **"He shall abstain from wine and strong drink"** (Numbers 6:3). The emphasis on the words "wine and strong drink" comes **to prohibit obligatory wine**[N] **like optional wine.**

וְיַיִן יִסְתּוֹר אֶת הַכֹּל, קַל וָחוֹמֶר מִטּוּמְאָה; מַה טּוּמְאָה שֶׁהוּתְּרָה מִכְּלָלָהּ סוֹתֶרֶת אֶת הַכֹּל, יַיִן שֶׁלֹּא הוּתַּר מִכְּלָלוֹ לֹא כָּל שֶׁכֵּן שֶׁיִּסְתּוֹר?

The Gemara further asks: **And let wine negate all** his days of naziriteship, due to **an *a fortiori*** inference **from** the prohibition **of impurity: If impurity, which is exempted from its general prohibition, negates all** of his naziriteship, then with regard to **wine, which is not exempted from its general prohibition, is it not all the more so** logical **that it should negate** his entire naziriteship?

HALAKHA

As impurity and shaving negate – שֶׁהַטּוּמְאָה וְהַתִּגְלַחַת סוֹתְרִין: A nazirite who becomes impure, whether purposely, by mistake, or even against his will, must negate his entire naziriteship. Likewise, if most of his head was shaved in any manner, even without his consent, he must add thirty days to his term of naziriteship to allow for sufficient hair growth (Rambam *Sefer Hafla'a, Hilkhot Nezirut* 6:1–3).

But that which emerges from the vine does not negate – וְהַיּוֹצֵא מִן הַגֶּפֶן אֵינוֹ סוֹתֵר: A nazirite who eats or drinks any product of the vine does not negate any days of naziriteship (Rambam *Sefer Hafla'a, Hilkhot Nezirut* 6:1).

As in the case of products that emerge from the vine nothing is exempted from its general prohibition – שֶׁהַיּוֹצֵא מִן הַגֶּפֶן לֹא הוּתַּר מִכְּלָלוֹ: A nazirite is permitted to become impure for a *met mitzva*. A nazirite who is a leper must perform the obligatory shaving of a leper. However, a nazirite is prohibited from drinking any type of wine, even for a mitzva. If one took an oath to drink wine and subsequently vowed to be a nazirite, his naziriteship goes into effect and overrides the oath. It is certainly prohibited for a nazirite to partake of wine for *kiddush* or *havdala*, as drinking wine while performing these mitzvot is obligatory only by rabbinic law (Rambam *Sefer Hafla'a, Hilkhot Nezirut* 7:11).

Obligatory shaving – תִּגְלַחַת מִצְוָה: A nazirite must perform obligatory shaving. In other words, if he contracts leprosy and recovers during his period of naziriteship, he is required to shave off all his hair (Rambam *Sefer Hafla'a, Hilkhot Nezirut* 7:15).

A corpse with no one to bury it [*met mitzva*] – מֵת מִצְוָה: A nazirite must become impure to bury a *met mitzva*. If he walks along the way and finds a corpse in a place where no one else is available to bury it, he must become impure and tend to its burial (Rambam *Sefer Hafla'a, Hilkhot Nezirut* 7:14).

As impurity negates all – שֶׁהַטּוּמְאָה סוֹתֶרֶת אֶת הַכֹּל: If a nazirite becomes ritually impure, whether purposely, by mistake, or against his will, he negates his entire naziriteship. He must shave for his impurity and bring the offerings of an impure nazirite (Rambam *Sefer Hafla'a, Hilkhot Nezirut* 6:3).

But shaving negates only thirty – וְתִגְלַחַת אֵינָהּ סוֹתֶרֶת אֶלָּא שְׁלֹשִׁים: If most of a nazirite's head was shaved, he negates thirty days to enable hair growth, even if others shaved him against his will. After this period, he completes his term of naziriteship (Rambam *Sefer Hafla'a, Hilkhot Nezirut* 6:1).

NOTES

To prohibit obligatory wine – לֶאֱסוֹר יֵין מִצְוָה: One who took an oath to drink wine and subsequently undertook a vow of naziriteship may not drink wine, despite the fact that it was previously obligatory for him to do so.

אמר קרא "והימים הראשונים יפלו כי טמא נזרו", טומאה סותרת, ואין היין סותר.

The Gemara answers: Therefore, **the verse states: "But the former days shall be void, for his naziriteship was rendered impure"** (Numbers 6:12). The phrase "for his naziriteship was rendered impure" is apparently redundant, as it is clear from the context that the verse is referring to an impure nazirite. Rather, this teaches that only **impurity negates** his naziriteship, **and wine does not negate** it.

ותגלחת תסתור את הכל קל וחומר מטומאה; ומה טומאה שלא עשו בה מטמא כמיטמא סותרת את הכל, תגלחת שעשו בה מגלח כמתגלח – אינו דין שתסתור את הכל?

The Gemara continues to ask along the same lines: **And let shaving negate all** his naziriteship, due to an *a fortiori* inference **from** the prohibition of **impurity: And if** in the case of **impurity, in which the one who renders** another **impure is not like the one who becomes impure,**[H] i.e., one who renders a nazirite ritually impure does not perform a transgression, as only the nazirite who contracts the impurity has performed a transgression, impurity nevertheless **negates all** his naziriteship; then with regard to **shaving, in which the one who shaves is like the one who is shaved,**[H] as someone who shaves a nazirite also performs a transgression, **is it not logical that it should negate all** his naziriteship?

אמר קרא "והימים הראשונים יפלו כי טמא נזרו" – טומאה סותרת את הכל, ואין תגלחת סותרת את הכל.

The Gemara answers: Therefore, **the verse states: "But the former days shall be void, for his naziriteship was rendered impure"** (Numbers 6:12). The emphasis on the phrase "for his naziriteship was rendered impure" teaches that **impurity negates all, and shaving does not negate all.**

וטומאה נעשה בה מטמא כמיטמא, קל וחומר מתגלחת; ומה תגלחת שאינה סותרת אלא שלשים עשה בה מגלח כמתגלח, טומאה שהיא סותרת את הכל – אינו דין שנעשה בה מטמא כמיטמא?

The Gemara suggests: **But** in that case, one can argue the opposite: With regard to **impurity, let the one who renders** another **impure be like the one who becomes impure,** due to an *a fortiori* inference **from** the prohibition of **shaving: If** in the case of **shaving, which negates only thirty** days, **the one who shaves is like the one who is shaved;** then, with regard to **impurity, which negates all, is it not logical that the one who renders** another **impure should be like the one who becomes impure?**

אמר קרא "וטמא ראש נזרו" – למטמא ראש נזרו.

The Gemara responds: Therefore, **the verse states:** "And if any man dies very suddenly beside him, **and he renders impure his consecrated head"** (Numbers 6:9). This teaches that the prohibition of impurity applies only **to one who renders impure his consecrated head,**[N] but not to others who render him impure.

ותגלחת לא נעשה בה מגלח כמתגלח, קל וחומר מטומאה; ומה טומאה שהיא סותרת את הכל לא עשו בה מטמא כמיטמא, תגלחת שאינה סותרת אלא שלשים יום – לא כל שכן שלא נעשה מגלח כמתגלח?

The Gemara suggests: **But** if so, one can say the reverse: **And** with regard to **shaving, let the one who shaves not be like the one who is shaved,** due to an *a fortiori* inference **from** the prohibition of **impurity: And if** in the case of **impurity, which** is stringent in that it **negates all** his naziriteship, **the one who renders** another **impure** is nevertheless **not like the one who becomes impure;** then with regard to **shaving, which negates only thirty days,** is it **not all the more so** logical **that one who shaves should not be like the one who is shaved?**

אמר קרא "תער לא יעבור על ראשו", קרי ביה: לא יעבור הוא, ולא יעבור לאחר.

The Gemara answers: Therefore, **the verse states: "No razor shall come upon his head"** (Numbers 6:5). Since the verse is written in the passive, **read into** the verse that **he,** the nazirite himself, **shall not** cause a razor to **come upon**[N] his head; **and** read the verse as also referring **to** any **other** person, who **shall not** cause a razor to **come upon** the nazirite's head.

ותגלחת לא תותר מכללה, קל וחומר מיין; ומה יין שאינו סותר לא הותר מכללו, תגלחת שסותרת – אינו דין שלא תותר מכללה? אמר רחמנא "ראשו" ואמר רחמנא "זקנו".

The Gemara asks: **And let shaving not be exempted from its general prohibition** in the case of a leper, due to an *a fortiori* inference **from** the prohibition of **wine: And if wine, which does not negate** naziriteship, **is not exempted from its general prohibition;** then, with regard to **shaving, which does negate** naziriteship, **is it not logical that it should not be exempted from its general prohibition?** The Gemara answers: Therefore, **the Merciful One states** with regard to a leper: "That he shall shave all his hair," and adds: "Off **his head"** (Leviticus 14:9). **And the Merciful One** further **states:** "And **his beard,"** which teaches that he shaves despite the prohibition of naziriteship.

HALAKHA

In which the one who renders another impure is not like the one who becomes impure – שלא עשו בה מטמא כמיטמא: If one causes a nazirite to become impure, and the act was done with the intent of both he and the nazirite, the one who caused him to become impure has violated the prohibition "nor put a stumbling-block before the blind" (Leviticus 19:14), and the nazirite is flogged (Rambam *Sefer Hafla'a, Hilkhot Nezirut* 5:20 and *Sefer Shofetim, Hilkhot Evel* 3:5).

The one who shaves is like the one who is shaved – עשו בה מגלח כמתגלח: If one intentionally, and with the consent of the nazirite, shaved a nazirite or tore out the hair from a nazirite's head, they are both liable to receive lashes (Rambam *Sefer Hafla'a, Hilkhot Nezirut* 5:11).

NOTES

To one who renders impure his consecrated head – למטמא ראש נזרו: The verse does not state: And his consecrated head shall be rendered impure for him, or: And they render him impure for his consecrated head (Rivan; Rabbi Avraham min HaHar), but: "And he renders impure his consecrated head," which indicates that the prohibition refers only to the nazirite himself (Commentary on *Nazir*). Some commentaries maintain that this *halakha* is derived from the phrase "his consecrated head," i.e., his naziriteship in which others have no share (Rosh).

Read into it that he shall not cause a razor to come upon – קרי ביה, לא יעבור הוא: Some commentaries explain that it is as though the verse is read in two different ways, both as: Shall not come upon [*lo ya'avor*], and: Shall not cause to come upon [*lo ya'avir*] (Commentary on *Nazir*). Others explain simply that the verse does not say: A nazirite may not shave, but is written in the passive: "No razor shall come upon," which indicates that the prohibition involves not only the nazirite himself, but anyone who performs the act, as no active party is mentioned (Rosh).

וְתִגְלַחַת לֹא תִּסְתּוֹר כְּלָל, קַל וָחוֹמֶר מִיַּיִן; וּמָה יַיִן שֶׁלֹּא הוּתַּר מִכְּלָלוֹ אֵינוֹ סוֹתֵר, תִּגְלַחַת שֶׁהוּתְּרָה מִכְּלָלָהּ – אֵינוֹ דִּין שֶׁלֹּא תִּסְתּוֹר? בָּעֵינַן גִּידּוּל שֵׂעָר, וְהָא לֵיכָּא.

The Gemara proposes the reverse argument: **And let shaving not negate** naziriteship **at all,** due to an *a fortiori* inference **from** the prohibition of **wine: And if wine, which is not exempted from its general prohibition, does not negate** naziriteship; then with regard to **shaving, which is exempted from its general prohibition, is it not logical that it should not negate** naziriteship? The Gemara answers: **We require hair growth, and there is none** at that point. Consequently, the nazirite must necessarily wait until his hair is of sufficient length to shave.

וְיַיִן יִסְתּוֹר שְׁלֹשִׁים יוֹם, קַל וָחוֹמֶר מִתִּגְלַחַת; וּמָה תִּגְלַחַת שֶׁהוּתְּרָה מִכְּלָלָהּ סוֹתֶרֶת, יַיִן שֶׁלֹּא הוּתַּר מִכְּלָלוֹ – אֵינוֹ דִּין שֶׁיִּסְתּוֹר? מִידֵּי הוּא טַעְמָא אֶלָּא מִשּׁוּם גִּידּוּל שֵׂעָר, גַּבֵּי יַיִן – הָא קָאֵים שְׂעָרוֹ.

The Gemara asks: **And let wine negate thirty days,** due to **an** *a fortiori* inference **from** the prohibition of **shaving: And if shaving, which is exempted from its general prohibition,** nevertheless **negates** thirty days; then with regard to **wine, which is not exempted from its general prohibition, is it not logical that it should negate** thirty days? The Gemara answers: **As that reason** for the *halakha* that shaving causes a nazirite to negate thirty days is **only due to hair growth,** so that he has sufficient hair at the end of his naziriteship to shave, the *halakha* does not apply **with regard to wine,** since **his hair remains** in place. The nazirite himself has not changed, so the fact that he has drunk wine is not sufficient reason to negate any time.

Perek **VI**
Daf **44** Amud **b**

מתני׳ תִּגְלַחַת טוּמְאָה כֵּיצַד? הָיָה מַזֶּה בַּשְּׁלִישִׁי וּבַשְּׁבִיעִי, וּמְגַלֵּחַ בַּשְּׁבִיעִי, וּמֵבִיא קׇרְבְּנוֹתָיו בַּשְּׁמִינִי. וְאִם גִּילַּח בַּשְּׁמִינִי – מֵבִיא קׇרְבְּנוֹתָיו בּוֹ בַּיּוֹם, דִּבְרֵי רַבִּי עֲקִיבָא. אָמַר לֵיהּ רַבִּי טַרְפוֹן: מַה בֵּין זֶה לִמְצוֹרָע?

MISHNA With regard to the **shaving of ritual impurity** performed by a nazirite who became impure during his naziriteship, **how is it performed?**[H] The priest **would sprinkle** the waters of purification on him **on the third and the seventh** days after he contracted his impurity, as performed for all those who contracted impurity imparted by a corpse. **And he shaves** his hair **on the seventh** day **and brings his offerings on the eighth** day. **And if he shaved on the eighth** day **he brings his offerings on that day,** this is **the statement of Rabbi Akiva. Rabbi Tarfon said to him: What is** the difference **between this** ritual **and** that of **a leper?**[N] A leper also shaves on the seventh day and sacrifices his offerings on the eighth. However, if a leper shaves on the eighth day he brings his offerings on the ninth day, not on the day of his shaving.

אָמַר לֵיהּ: זֶה – טׇהֳרָתוֹ תְּלוּיָה בְּיָמָיו, וּמְצוֹרָע טׇהֳרָתוֹ תְּלוּיָה בְּתִגְלַחְתּוֹ, וְאֵינוֹ מֵבִיא קׇרְבָּן אֶלָּא אִם כֵּן הָיָה מְעוֹרַב שֶׁמֶשׁ.

Rabbi Akiva **said to him: The purification of this** impure nazirite **depends on his days,** as he immerses on the seventh day like all those who contract impurity imparted by a corpse, which means he is already ritually pure on the eighth day. **But** with regard to **a leper, his purification depends on his shaving.**[H] Any immersion performed earlier is of no account, and must be repeated. **And** a leper **brings** his **offering only if**[N] **the sun has set** following his immersion. Since offerings are not sacrificed at night, the bringing of his offering is postponed until the following day.

HALAKHA

The shaving of ritual impurity, how is it performed – תִּגְלַחַת טוּמְאָה כֵּיצַד: If a nazirite contracted impurity imparted by a corpse, he is sprinkled with the waters of purification on the third and seventh days of his impurity, he shaves the hair off his head on the seventh day, and he subsequently immerses on the seventh day, after the sprinkling, like anyone who contracts impurity imparted by a corpse. He then waits for sunset, and brings his offerings on the eighth day. If he shaved on the eighth day, he sacrifices his offerings on the same day. These offerings are two turtledoves or young pigeons, one for a sin-offering and the other for a burnt-offering, and a sheep in its first year for a guilt-offering. The *halakha* is in accordance with the opinion of Rabbi Akiva (Rambam *Sefer Hafla'a*, *Hilkhot Nezirut* 6:11).

With regard to a leper, his purification depends on his shaving – מְצוֹרָע טׇהֳרָתוֹ תְּלוּיָה בְּתִגְלַחְתּוֹ: The Rambam explains that the shaving, immersion, and sprinkling of a leper are not interdependent. However, the Ra'avad points out that this ruling is the reverse of the statement of the mishna and of other sources. Therefore, some commentaries explain that although each of these activities does not invalidate the performance of the other parts of the ritual, the leper must shave in order to attain ritual purity (*Kesef Mishne*). The Rambam similarly states in *Sefer HaMitzvot*, positive mitzva 111, that the purification of a leper is complete when he shaves, and it is only at this stage that he ceases to impart impurity to the degree of a dead creeping animal (Rambam *Sefer Tahara*, *Hilkhot Tumat Tzara'at* 11:4).

NOTES

What is the difference between this and a leper – מַה בֵּין זֶה לִמְצוֹרָע: Most commentaries explain that a leper never brings his offerings on the day he shaves, even if it was the eighth day of his purification. Rather, on the following day he immerses and sacrifices his offerings. This is the basis for Rabbi Tarfon's question with regard to the difference between a nazirite and a leper. Rabbi Akiva answers that this difference results from the respective times suitable for their immersions. Since a leper may immerse only after he has shaved, he brings his offerings the next day.

However, other commentaries present an entirely different explanation, based on variant versions of this discussion in the *Torat Kohanim*. According to these commentaries, Rabbi Akiva maintains that even a leper who shaved on the eighth day brings his offerings on that day. Therefore, Rabbi Tarfon is not asking why there is a difference between a nazirite and a leper in this regard. Rather, Rabbi Tarfon is asking whether there is any difference at all between the two cases. Rabbi Akiva answers that there is a relevant difference for *halakha* between the purifications of a nazirite and a leper, with regard to whether this purification is merely tied to the act of shaving, as in the case of a leper, or whether it is also dependent on his days of impurity (Commentary on *Nazir*).

And he brings his offering only if – וְאֵינוֹ מֵבִיא קׇרְבָּן אֶלָּא אִם כֵּן: Some commentaries maintain that the *halakha* that requires waiting until sunset applies only to a nazirite, not to a leper (Commentary on *Nazir*). Other commentaries maintain that this statement is referring to a leper, and it is the continuation of the previous ruling, as it serves to explain why a leper may bring his offerings only on the ninth day if he shaves on the eighth. It has been pointed out that even according to this interpretation one can explain that this clause of the mishna refers even to a nazirite, since a nazirite must also bring his offerings in a state of purity, after having immersed the day before, as indicated by Rava's statement in the Gemara (Rambam).

HALAKHA

In this case a nazirite who immersed on the seventh day – הָא דְּטָבַל בִּשְׁבִיעִי: An impure nazirite who was sprinkled with the waters of purification on the third and seventh days but has not yet immersed must immerse on that day and wait until sunset. He brings his offerings on the following day (Rambam *Sefer Hafla'a, Hilkhot Nezirut* 6:13).

PERSONALITIES

Rav Natan bar Hoshaya – רַב נָתָן בַּר הוֹשַׁעְיָא: A Babylonian *amora* of the second and third generation of *amora'im*, Rav Natan bar Hoshaya, also known as Rav Natan bar Oshaya, was a colleague of Rav Yehuda and Rav Ḥisda. He emigrated to Eretz Yisrael, where he became a disciple of Rabbi Yoḥanan and a colleague of Rabbi Elazar. Apparently, he lived a very long life, at the end of which he returned to Babylonia to study with the Sages of the fourth generation of *amora'im*, including Abaye. The expression: The assembly of Rav Natan, suggests that he was the head of an academy that may have endured even after his passing. Abaye engages in discussion with this assembly here.

גמ׳ קִיבְּלָה מִינֵּיהּ אוֹ לָא? תָּא שְׁמַע, דְּתָנֵי הִלֵּל: גִּילֵּחַ בַּשְּׁמִינִי – מֵבִיא קָרְבְּנוֹתָיו בַּתְּשִׁיעִי. וְאִי סָלְקָא דַּעְתָּךְ קִיבְּלָה מִינֵּיהּ לַיְתֵי קָרְבְּנוֹתָיו בַּשְּׁמִינִי!

GEMARA The Gemara asks: Did Rabbi Tarfon **accept** this claim **from** Rabbi Akiva, **or** did he **not** accept it? **Come** and **hear** an answer to this from **that** which **Hillel** the *amora* **taught:** If a nazirite **shaved on the eighth** day, **he brings his offerings on the ninth. And if it should enter your mind** that Rabbi Tarfon **accepted** the claim **from** Rabbi Akiva, **let** the nazirite **bring his offerings on the eighth** day itself, in accordance with the opinion of Rabbi Akiva. Rather, this *baraita* is certainly in accordance with the opinion of Rabbi Tarfon, who remains steadfast in his rejection of Rabbi Akiva's opinion.

אֲמַר רָבָא: לָא קַשְׁיָא: הָא – דְּטָבַל בַּשְּׁבִיעִי, הָא – דְּלָא טָבַל בַּשְּׁבִיעִי.

Rava said: This is **not difficult,** i.e., it is possible that Rabbi Tarfon accepted Rabbi Akiva's opinion with regard to a nazirite who shaved on the eighth day, and there is a difference between the two statements: In **this** case of the mishna, it is referring to a nazirite **who immersed on the seventh** day,[H] which means that he is entirely pure on the eighth and can therefore bring his offerings on the same day after shaving. By contrast, in **that** case of Hillel's *baraita*, it is referring to one **who did not immerse on the seventh.** Consequently, as he immerses on the eighth day he may sacrifice his offerings only after sunset, on the ninth day.

אֲמַר אַבָּיֵי: אַשְׁכַּחְתִּינְהוּ לְחַבְרֵיהּ דְּרַב נָתָן בַּר הוֹשַׁעְיָא דְּיָתְבִין וְקָאָמְרִין: ״וּבָא לִפְנֵי ה׳ אֶל פֶּתַח אֹהֶל מוֹעֵד וּנְתָנָם אֶל הַכֹּהֵן״, אֵימָתַי הוּא [בָּא]? בִּזְמַן שֶׁהוּא טָבַל וְעָשָׂה הֶעֱרֵב שֶׁמֶשׁ – אִין, לֹא טָבַל וְעָשָׂה הֶעֱרֵב שֶׁמֶשׁ – לָא.

§ **Abaye said: I encountered** the members of **the assembly of Rav Natan bar Hoshaya**[P] **sitting and saying** the following: The verse states with regard to a man who experiences a gonorrhea-like discharge [*zav*] who immerses on the seventh day of his purification: "And on the eighth day he shall take for himself two turtledoves or two young pigeons **and come before the Lord to the entrance of the Tent of Meeting and give them to the priest**" (Leviticus 15:14). **When** does **he come** to the courtyard to sacrifice his offerings? Only **when he has immersed** on the seventh day **and performed** the requirement to wait until **sunset.** In that case, **yes,** he brings his offerings, but if he **has not immersed and** has not **performed** the requirement to wait until **sunset, no,** he may not enter the courtyard.

אַלְמָא קָסָבַר: טְבוּל יוֹם שֶׁל זָב כְּזָב דָּמֵי.

Apparently, this *tanna* **maintains** that **one who immersed himself that day** to release himself from the status **of a** ***zav***[N] **is considered like** an actual ***zav.*** Just as a *zav* is prohibited from entering the Levite camp in his state of impurity, the same applies to him on the day of his immersion, as he must wait until after sunset, when he is entirely pure.

אָמֵינָא לְהוֹן אֲנָא: אֶלָּא מֵעַתָּה, גַּבֵּי נָזִיר טָמֵא נָמֵי, דִּכְתִיב ״(וְהֵבִיא אוֹתָם) אֶל הַכֹּהֵן אֶל פֶּתַח אֹהֶל מוֹעֵד״ אֵימָתַי הוּא [בָּא] – בִּזְמַן שֶׁטָּבַל וְעָשָׂה הֶעֱרֵב שֶׁמֶשׁ;

Abaye adds: Upon hearing this, **I said to** those Sages: **If that is so, with regard to an impure nazirite too, as it is written: And he shall bring them,** referring to the verse "And on the eighth day he shall bring two turtledoves or two young pigeons **to the priest, to the entrance of the Tent of Meeting**" (Numbers 6:10), this can be explained in a similar manner: **When** does **he come** to the courtyard to sacrifice his offerings? **When he has immersed** himself **and performed** the requirement to wait until **sunset.**

NOTES

One who immersed himself that day to release himself from the status of a *zav* – טְבוּל יוֹם שֶׁל זָב: As specified in the alternative versions of the text, a *zav* would come to the Gate of Nicanor, which was an entrance to the Temple courtyard that was not considered part of the camp of the Divine Presence, where one lacking atonement was not permitted to enter, but rather, was part of the Levite camp. One cannot say that the reason this *zav* who had immersed himself is prohibited from entering the Levite camp until sunset is due to the fact that one who immersed himself that day is not completely purified from his impurity, as the *halakha* is that one who immersed himself that day from the more severe impurity of a corpse is permitted to enter the Levite camp (see 45a). Rather, these Sages understood that there must be a particular stringency with regard to a *zav* who immersed himself that day, that he retains the status of a *zav* until sunset. The reason for this is that his impurity does not stem from an external source, but emerges from his own body (*Tosafot*; Rosh).

מִכְּדִי שַׁעֲרֵי נִיקָנוֹר הֵיכָא קַיְימִין – בְּשַׁעֲרֵי לְוִיָּה,

Abaye continues: **Now consider the Gate of Nicanor,**[BN] where all those lacking atonement stand to bring their offerings; **where is it located? In the gates of the Levites.** Three camps are detailed in the verses, each having its own restrictions as to who may or may not enter them (see Numbers, chapter 5). The verses speak of the camps of the Jewish people in the wilderness, and the Sages taught that the statuses of certain areas of Jerusalem corresponded to those camps. The camps in the wilderness were the Israelite camp, the Levite camp, and the camp of the Divine Presence. They correspond to Jerusalem, the Temple Mount, and the Temple itself. The Gate of Nicanor had the status of the Levite camp.

וְהָתַנְיָא: טָמֵא מֵת מוּתָּר לִיכָּנֵס בְּמַחֲנֵה לְוִיָּה, וְלֹא טָמֵא מֵת בִּלְבַד אֶלָּא אֲפִילּוּ מֵת עַצְמוֹ, שֶׁנֶּאֱמַר ״וַיִּקַּח מֹשֶׁה אֶת עַצְמוֹת יוֹסֵף עִמּוֹ״ – מַאי ״עִמּוֹ״? עִמּוֹ בִּמְחִיצָתוֹ, עִמּוֹ בְּמַחֲנֵה לְוִיָּה!

Abaye continues: **But isn't it taught** in a *baraita* (*Tosefta, Kelim* 1:8) that one who is **impure** due to contact with **a corpse is permitted**[H] **to enter the Levite camp; and not only one impure** from a **corpse, but even a corpse itself** may be brought inside the Levite camp, **as it is stated: "And Moses took the bones of Joseph with him"** (Exodus 13:19). The *baraita* explains: **What is** the meaning of **"with him"?** The phrase **"with him"** indicates that Joseph's bones were taken **within** Moses's **boundary, with him in the Levite camp.** This demonstrates that even a corpse may be brought into the Levite camp. If so, certainly a nazirite who was impure from contact with a corpse and who has been sprinkled and immersed may enter there. Consequently, the *halakha* that a nazirite must wait until the eighth day to sacrifice his offerings cannot be due to a prohibition against entering the Gate of Nicanor. One can similarly infer that the *halakha* that a *zav* who has immersed may not bring his offerings before the eighth day is not because he is prohibited from entering the Gate of Nicanor.

אֶלָּא (אָמַר אַבָּיֵי): טְבוּל יוֹם שֶׁל זָב כְּזָב דָּמֵי, וַאֲפִילּוּ הָכִי, כֵּיוָן דִּמְחוּסַּר כַּפָּרָה – לָא עָיֵיל.

Rather, Abaye says:[N] The *baraita* should be understood slightly differently than suggested by the assembly of Rav Natan bar Hoshaya: **One who immersed himself that day** to release himself from the status **of a *zav*,** i.e., a full-fledged *zav*, who experienced three emissions, not merely two, **is considered like a *zav*** with regard to the prohibition against entering the Levite camp. **But** the reason for this prohibition is not that a *zav* who immersed himself that day may not enter the Levite camp. Rather, granted that he is permitted to enter the Levite camp in terms of his impurity, **even so, since** he is **lacking atonement,** as he has yet to sacrifice his offerings, he **may not enter** the Levite camp.

BACKGROUND

The Gate of Nicanor – שַׁעֲרֵי נִיקָנוֹר: The Gate of Nicanor was famous for several reasons, including the splendid copper artistry of its doors and the miracles surrounding their arrival from Egypt (see *Yoma* 38a). This gate, situated at the entrance to the Israelite courtyard of the Temple, was often used as a standing area by people who needed to be as close as possible to the courtyard without actually entering the sanctified area.

Image of the Gate of Nicanor

HALAKHA

One who is impure due to contact with a corpse is permitted, etc. – טָמֵא מֵת מוּתָּר וכו׳: A corpse may be brought onto the Temple Mount, an area that corresponds to the Levite camp in the desert. This is all the more so true for one who was impure due to contact with a corpse; he may enter the Levite camp (Rambam *Sefer Avoda*, *Hilkhot Beit HaBeḥira* 7:15 and *Hilkhot Biat HaMikdash* 3:4).

NOTES

The Gate of Nicanor – שַׁעֲרֵי נִיקָנוֹר: This gate, which was the main entrance to the Israelite courtyard from the women's courtyard in the east, did not have the sanctity of the Israelite courtyard itself. Instead, it had the lesser sanctity of the rest of the Temple Mount. Consequently, it is considered part of the Levite camp. The halakhic statuses in the configuration of the Temple were based on the encampment of the Jewish people in the wilderness, which was composed of three camps. The Israelite camp corresponds to the city of Jerusalem outside the Temple Mount and, according to many authorities, all walled cities in Eretz Yisrael. The Levite camp, the area where the Levites encamped around the Tabernacle, corresponds to the Temple Mount, with its courtyards and structures, up to the main courtyard. The camp of the Divine Presence was the Tent of Meeting in the Tabernacle, and corresponds to the Temple itself in Jerusalem, including the Israelite courtyard.

Rather, Abaye says – אֶלָּא אָמַר אַבָּיֵי: The early commentaries present various versions of this passage, which have significant implications for the passage as a whole. Most commentaries preferred a different version of the text to the one presented here. Many variant versions omit the phrase: Rather, Abaye says, and have instead: Actually (Commentary on *Nazir*), indicating that the statement: One who immersed himself that day to release himself from the status of a *zav* is like a *zav*, is the response of the assembly of Rav Natan bar Hoshaya to Abaye. In their opinion, a *zav* who immersed that day is like a *zav* with regard to all matters, and they also maintain that a nazirite cannot sacrifice his offerings before sunset if he is impure. However, they claim that the reason in both cases is not because he has not yet had the sun set following his immersion, but due to the fact that he lacks atonement. According to this opinion, although ordinary people who have contracted impurity from a corpse may enter the Levite camp, a nazirite is prohibited from doing so, as he lacks atonement until he brings his offerings of purity.

Other commentaries have a version of the texts that reads: Rather, Abaye says that one who immersed himself that day to release himself from the status of a *zav* is not like a *zav*, as he would be permitted to enter if his impurity was merely that of a *zav*. The reason that the *baraita* prohibits him from entering further than the Gate of Nicanor is that this *zav* experienced three emissions. Consequently, he is obligated to bring offerings, which means that he lacks atonement. By contrast, although a nazirite who contracts impurity imparted by a corpse is also obligated to sacrifice offerings, he is not referred to as lacking in atonement, as that term refers only to one whose impurity stems from his own body, e.g., a *zav* or a leper, not one who was rendered impure from an external source (*Tosafot*).

There are commentaries who uphold the version of the text as it stands: Rather, Abaye said, one who immersed himself that day to release himself from the status of a *zav* is considered like a *zav*, and he may not enter the camp of the Divine Presence. They explain, in a somewhat forced manner, that this does not refer to all types of *zavim*, but only to one who saw three emissions and is obligated to bring an offering. The reason that he is prohibited from entering is not his status as a *zav* but the fact that he lacks atonement (*Shita Mekubbetzet*). According to these last two interpretations, Abaye's rebuttal is based on the difference between a *zav* who saw two emissions and one who experienced three, as well as the difference between one whose impurity stems from his own body and one who was rendered impure from an external source, as explained above.

וְאִי בְּמַחֲנֵה לְוִיָּה קָאֵי, אַמַּאי קָא קָרֵי לֵיהּ ״אֹהֶל מוֹעֵד״? לְמֵימְרָא: מָה הָתָם מְחוּסַּר כַּפָּרָה לָא עָיֵיל, אַף לְמַחֲנֵה לְוִיָּה נַמִי – מְחוּסַּר כַּפָּרָה לָא עָיֵיל.

Abaye elaborates: The reason he may not enter is that the Torah states with regard to a *zav*: "And he shall come before the Lord to the entrance of the Tent of Meeting" (Leviticus 15:14), **and if he is standing in the Levite camp,**[N] at the Gate of Nicanor, when he brings his offerings, **why does** the Torah **call it "the Tent of Meeting"?** Rather, this verse must be coming **to say: Just as there,** with regard to the Tent of Meeting itself, i.e., the camp of the Divine Presence, **one who is lacking atonement may not enter** there, **so too,** with regard to **the Levite camp as well, one who is lacking atonement may not enter** there.

וְהָתָם מְנָלַן? דְּתַנְיָא: ״טָמֵא יִהְיֶה״ – לְרַבּוֹת טְבוּל יוֹם. ״עוֹד טוּמְאָתוֹ בוֹ״ – לְרַבּוֹת מְחוּסַּר כַּפָּרָה.

The Gemara asks: **And from where do we** derive that one who lacks atonement may not enter **there,** i.e., the camp of the Divine Presence? The Gemara answers: **As it is taught** in a *baraita*: The Torah states with regard to the prohibition against an impure person entering the Tabernacle: "He shall be impure; his impurity is yet upon him" (Numbers 19:13). The phrase **"he shall be impure"** serves **to include one who immersed himself that day**[H] in the prohibition against entering the Temple. **"His impurity is yet upon him"** serves **to include one who lacks atonement,**[H] who is prohibited from entering the camp of the Divine Presence until he has sacrificed his offerings of purity.

מתני׳ תִּגְלַחַת הַטָּהֳרָה כֵּיצַד? הָיָה מֵבִיא שָׁלֹשׁ בְּהֵמוֹת, חַטָּאת עוֹלָה וּשְׁלָמִים, וְשׁוֹחֵט אֶת הַשְּׁלָמִים וּמְגַלֵּחַ עֲלֵיהֶם, דִּבְרֵי רַבִּי יְהוּדָה. רַבִּי אֶלְעָזָר אוֹמֵר: לֹא הָיָה מְגַלֵּחַ אֶלָּא עַל הַחַטָּאת, שֶׁהַחַטָּאת קוֹדֶמֶת בְּכָל מָקוֹם. וְאִם גִּלֵּחַ עַל אַחַת מִשְּׁלָשְׁתָּן – יָצָא.

MISHNA With regard to a nazirite's **shaving of purity**[H] after the completion of his term of naziriteship, **how is it performed? He would bring three animals:** One for **a sin-offering,** one for **a burnt-offering, and** one for **a peace-offering. And he slaughters the peace-offering**[NH] **and shaves** his hair **after** he slaughters **them.** This is **the statement of Rabbi Yehuda. Rabbi Elazar says: He would shave only after** he slaughtered **the sin-offering, as the sin-offering precedes** the other offerings **in all places,** and therefore he sacrifices the sin-offering first. He shaves his hair after he slaughters this offering. **And if he shaved after** the sacrifice of any **one of the three of them,**[H] **he has fulfilled** his obligation after the fact.

NOTES

And if he is standing in the Levite camp – וְאִי בְּמַחֲנֵה לְוִיָּה קָאֵי: This statement serves to explain why the Gate of Nicanor is called the entrance to the Tent of Meeting, which apparently refers to the camp of the Divine Presence (Commentary on *Nazir*).

And he slaughters the peace-offering – וְשׁוֹחֵט אֶת הַשְּׁלָמִים: Many commentaries maintain that Rabbi Yehuda says that a nazirite first slaughters the peace-offering and then shaves his hair (*Tosafot*; see Commentary on *Nazir*). However, this interpretation raises several difficulties, both with regard to the language of the Torah and the wording of the mishna, and with regard to the *halakha* itself. Others apparently maintain that everyone agrees that the animals are slaughtered in the order stated in the Torah and the mishna: First the sin-offering, then the burnt-offering, and finally the peace-offering. They disagree only over whether the shaving is linked to the sin-offering or the peace-offering (see *Tosefot Yom Tov* and *Melekhet Shlomo*).

HALAKHA

To include one who immersed himself that day – לְרַבּוֹת טְבוּל יוֹם: It is prohibited for one who immersed himself that day to enter the women's courtyard in the Temple. This *halakha* applies by rabbinic law, as by Torah law he may enter that area, which has the status of the Levite camp (Rambam *Sefer Avoda, Hilkhot Beit HaBeḥira* 7:17 and *Hilkhot Biat HaMikdash* 3:6).

To include one who lacks atonement – לְרַבּוֹת מְחוּסַּר כַּפָּרָה: It is prohibited for one who lacks atonement to enter the Israelite courtyard in the Temple, which corresponds to the camp of the Divine Presence in the desert. The reason is that this individual has not yet been completely purified (Rambam *Sefer Avoda, Hilkhot Biat HaMikdash* 3:7).

Shaving of purity – תִּגְלַחַת הַטָּהֳרָה: Upon the completion of his term of naziriteship, the nazirite brings three animals for his shaving of purity: A male lamb for a burnt-offering, a female lamb for a sin-offering, and a ram for a peace-offering (Rambam *Sefer Hafla'a, Hilkhot Nezirut* 8:1).

He slaughters the peace-offering – שׁוֹחֵט אֶת הַשְּׁלָמִים: One who completed his naziriteship in a state of purity first slaughters his sin-offering, then his burnt-offering, and finally his peace-offering, after which he shaves. The commentaries explain that this ruling is a compromise between the opinion of Rabbi Elazar, who maintains that the sin-offering takes precedence, and the opinion of Rabbi Yehuda that he shaves after the peace-offering (*Kesef Mishne*). Some authorities maintain that the two *tanna'im* do not disagree in this regard (Rambam *Sefer Hafla'a, Hilkhot Nezirut* 8:2).

If he shaved after one of the three of them – וְאִם גִּילַּח עַל אַחַת מִשְּׁלָשְׁתָּן: If a nazirite shaved after slaughtering his sin-offering or burnt-offering, without waiting until after he slaughtered his peace-offering, he has fulfilled his obligation (Rambam *Sefer Hafla'a, Hilkhot Nezirut* 8:2).

רַבָּן שִׁמְעוֹן בֶּן גַּמְלִיאֵל אוֹמֵר: הֵבִיא שָׁלֹשׁ בְּהֵמוֹת וְלֹא פֵּירַשׁ, הָרְאוּיָה לְחַטָּאת – תִּקְרַב חַטָּאת, לְעוֹלָה – תִּקְרַב עוֹלָה, לִשְׁלָמִים – תִּקְרַב שְׁלָמִים.

Rabban Shimon ben Gamliel says: If a nazirite **brought three animals without specifying**[H] which of them was for which offering, the one **that is fit for a sin-offering,** i.e., a female sheep in its first year, **is sacrificed as a sin-offering;** that which is fit **for a burnt-offering,** a male sheep in its first year, **is sacrificed as a burnt-offering;** and that which is fit **for a peace-offering,** a ram, i.e., a male sheep over the age of one year, **is sacrificed as a peace-offering.**

גמ׳ תָּנוּ רַבָּנַן: ״וְגִלַּח הַנָּזִיר פֶּתַח אֹהֶל מוֹעֵד״ וגו׳ – בִּשְׁלָמִים הַכָּתוּב מְדַבֵּר, שֶׁנֶּאֱמַר ״וּשְׁחָטוֹ פֶּתַח אֹהֶל מוֹעֵד״.

GEMARA The Gemara first addresses the opinion of Rabbi Yehuda, whose reasoning was not stated in the mishna. **The Sages taught** that when the Torah states: **"And the nazirite shall shave** his consecrated head **at the entrance to the Tent of Meeting"** (Numbers 6:18), **the verse is speaking of the peace-offering,** as the phrase "the entrance to the Tent of Meeting" alludes to a peace-offering, **as it is stated:** "And if his offering is a sacrifice of peace-offering… **and he shall slaughter it at the entrance to the Tent of Meeting"** (Leviticus 3:1–2).

אַתָּה אוֹמֵר בִּשְׁלָמִים הַכָּתוּב מְדַבֵּר, אוֹ אֵינוֹ אֶלָּא פֶּתַח אֹהֶל מוֹעֵד מַמָּשׁ? אָמַרְתָּ: אִם כֵּן דֶּרֶךְ בִּזָּיוֹן הוּא.

Do **you say the verse is speaking of the peace-offering,** i.e., that the nazirite shaves after bringing his peace-offering? **Or** perhaps **it is only** teaching that he shaves at **the actual entrance to the Tent of Meeting,** at the gate to the Sanctuary, as indicated by a literal reading of the verse? **You** can **say** in response: **If so, that is a degrading manner** of service, to shave at the entrance to the Sanctuary.

רַבִּי יֹאשִׁיָּה אוֹמֵר: אֵינוֹ צָרִיךְ, הֲרֵי אָמְרָה תּוֹרָה ״לֹא תַעֲלֶה בְמַעֲלוֹת עַל מִזְבְּחִי״ קַל וָחוֹמֶר לְדֶרֶךְ בִּזָּיוֹן.

Rabbi Yoshiya says: This proof is **not necessary,**[N] **as the Torah states:** "And **you shall not ascend by steps to My altar,** so that you should not reveal your nakedness upon it" (Exodus 20:23). If the Torah is concerned about the disrespect to the altar presented by normal human behavior, then by **an *a fortiori*** inference the Torah prohibits acting **in a degrading manner** by shaving at the entrance to the Sanctuary.

[נ״א בַּמִּדְרָשׁ בְּפָרָשָׁה נָשֹׂא (דַּף מָאתַיִם אַרְבָּעִים וּשְׁנַיִם): ״וְגִלַּח הַנָּזִיר״, רַבִּי יֹאשִׁיָּה אוֹמֵר: בִּשְׁלָמִים הַכָּתוּב מְדַבֵּר, אוֹ אֵינוֹ וכו׳, אִם כָּךְ אָמְרָה תוֹרָה ״לֹא תַעֲלֶה״ וכו׳, קַל וָחוֹמֶר לַדָּבָר שֶׁלֹּא יְגַלֵּחַ פֶּתַח אֹהֶל מוֹעֵד. אֶלָּא בִּשְׁלָמִים הַכָּתוּב מְדַבֵּר.]

A different version of this derivation is stated **in the midrash to the** Torah **portion of *Naso*.** The Torah states: **"And the nazirite shall shave** his consecrated head at the entrance to the Tent of Meeting, and shall take the hair of his consecrated head and put it on the fire which is under the sacrifice of the peace-offering" (Numbers 6:18). **Rabbi Yoshiya says: The verse is speaking of the peace-offering. Or** perhaps **it is only** teaching that he shaves at the actual entrance to the Tent of Meeting? **If so, the Torah said:** "And **you shall not ascend** by steps to My altar" (Exodus 20:23). By **an *a fortiori*** inference with regard **to this matter** it is derived **that he should not shave** at the **entrance to the Tent of Meeting. Rather, the verse is speaking of the peace-offering.**

HALAKHA

If he brought three animals without specifying – הֵבִיא שָׁלֹשׁ בְּהֵמוֹת וְלֹא פֵּירַשׁ: If a nazirite brought three animals without specifying which animal is for which offering, the one that is suitable for a sin-offering is for a sin-offering, the animal suitable for a burnt-offering is for a burnt-offering, and the one that is suitable as a peace-offering is sacrificed as a peace-offering (Rambam *Sefer Hafla'a, Hilkhot Nezirut* 8:1).

NOTES

Rabbi Yoshiya says it is not necessary – רַבִּי יֹאשִׁיָּה אוֹמֵר אֵינוֹ צָרִיךְ: That is, it is not necessary to derive from here that one may not treat the Temple in a degrading manner (Commentary on *Nazir*). Some state that the first *tanna* maintains that this *halakha* is derived solely by logical reasoning, to which Rabbi Yoshiya replies that this is not necessary, as one can learn this by an *a fortiori* inference from an explicit source (Rosh).

Other commentaries maintain that these explanations are forced (*Tosafot*). They prefer the alternative version, which appears in brackets in the text, of halakhic midrash in the *Sifrei*, according to which the first *tanna* himself is Rabbi Yoshiya, who does not say: It is not necessary. Instead, he cites the verse as proof that the Torah prohibited acting in a degrading manner toward the Temple (Rabbeinu Peretz).

HALAKHA

The place where he would cook – מקום שהיה מבשל: Nazirites would generally shave their hair and cook their peace-offerings in a chamber in the southeast corner of the women's courtyard. This chamber is known as the nazirite's chamber (Rambam *Sefer Hafla'a, Hilkhot Nezirut* 8:3).

As the entrance to the Tent of Meeting is not open – שאין פתח אהל מועד פתוח: A nazirite may shave only when the entrance to the Tent of Meeting is open. However, he does not shave at the entrance itself, as this is degrading to the Temple, as stated by Abba Ḥanan (Rambam *Sefer Hafla'a, Hilkhot Nezirut* 8:3).

NOTES

And not a female nazirite – ולא נזירה: Some commentaries maintain that Rabbi Shimon Shezuri's statement is unrelated to those of the previous Sages. Others claim that Rabbi Shimon Shezuri disagrees with the earlier opinions, as he rules that a nazirite must shave at the actual entrance to the Tent of Meeting. He therefore states that a female nazirite does not do so, as it would be immodest for her to shave in a public place.

רבי יצחק אומר: אינו צריך, הרי הוא אומר "ולקח את שער ראש נזרו ונתן על האש" וגו׳ – מי שאינו מחוסר אלא לקיחה ונתינה, יצא זה שהוא מחוסר לקיחה הבאה ונתינה.

Rabbi Yitzḥak says: It is **not necessary** to cite an indirect proof that a nazirite may not shave at the entrance to the Sanctuary, as the verse **states** with regard to a nazirite: **"And he shall take the hair of his consecrated head and put it on the fire** which is under the sacrifice of the peace-offering" (Numbers 6:18). The verse is referring to **one who has not yet** performed **only** the stages of **taking and placing** his shaven hair under the pot of the peace-offering, which is outside the Sanctuary. These two stages are the only ones he lacks; he does not have to do any other action. That **excludes this one,** a nazirite who shaved at the entrance to the Sanctuary, **as he has not yet** performed three actions, **taking, bringing** the hair from one sanctified area to another, **and placing** his shaven hair under the pot of the peace-offering.

איכא דאמרי: רבי יצחק אומר: בשלמים הכתוב מדבר. אתה אומר בשלמים הכתוב מדבר, או אינו אלא פתח אהל מועד ממש? תלמוד לומר "ולקח את שער ראש נזרו" – מקום שהיה מבשל שם היה מגלח.

Some say a different version of this statement. **Rabbi Yitzḥak says: The verse is referring to the peace-offering.** He clarifies his assertion: Do **you say the verse is speaking of the peace-offering, or is** it teaching **only** that he shaves at **the actual entrance to the Tent of Meeting? The verse states: "And he shall take the hair of his consecrated head** and put it on the fire which is under the sacrifice of the peace-offering" (Numbers 6:18). This indicates that in the same **place where he would cook**[H] the peace-offering, outside the courtyard, **there he would shave.**

אבא חנן אומר משום רבי אליעזר: "וגלח הנזיר...פתח אהל מועד" – כל זמן שאין פתח אהל מועד פתוח אינו מגלח.

Abba Ḥanan says in the name of Rabbi Eliezer that the verse **"And the nazirite shall shave** his consecrated head **at the entrance to the Tent of Meeting"** (Numbers 6:18) is referring to the time rather than the place of his shaving, i.e., this verse teaches that **as long as the entrance to the Tent of Meeting is not open,**[H] **he may not shave.** He may shave only during those hours when the entrance to the Sanctuary is open.

רבי שמעון שזורי אומר: "וגלח הנזיר... פתח אהל מועד" – ולא נזירה

Rabbi Shimon Shezuri says: The phrase **"And the nazirite shall shave** his consecrated head **at the entrance to the Tent of Meeting"** does not refer to the place of his shaving. Rather, the masculine form of the word nazirite serves to emphasize that this applies to a male nazirite **and not a female nazirite.**[N] A woman does not shave her head in the Sanctuary,

Perek **VI**
Daf **45** Amud **b**

LANGUAGE

Young priests [*pirḥei khehuna*] – פרחי כהונה: *Kehuna* means pertaining to the priesthood. *Pirḥei* means something young and small in the process of maturation and blooming, similar to *peraḥ*, a flower. The Hebrew word *efroaḥ* and the Aramaic *pirḥata*, meaning chick, are likewise derived from the same root. Accordingly, *pirḥei khehuna* means young priests.

שמא יתגרו בה פרחי כהונה. אמר לו: לדבריך, סוטה תוכיח, דכתיב בה "והעמידה לפני ה׳", ולא חיישינן שמא יתגרו בה פרחי כהונה!

lest the young priests [*pirḥei khehuna*][L] present **will become aroused by her** when she uncovers her hair in their presence. One of the other Sages **said to** Rabbi Shimon Shezuri: **According to your statement,** the case of a ***sota***[B] **will prove** that this is not a concern, **as it is written with regard to her: "And he shall set her before the Lord"** (Numbers 5:16), **and yet we are not concerned** that **perhaps the young priests will become aroused by her** when her hair is uncovered.

BACKGROUND

***Sota* – סוטה:** The Torah describes the procedure governing the *sota*, a woman who is suspected of adultery by her husband (Numbers 5:11–31). First, her husband warns her in the presence of witnesses to not seclude herself with a particular man about whom he is suspicious. If she disobeys this warning and is observed alone with that man, she and her husband can no longer live together as a married couple until she has undergone the following ritual to prove her innocence.

The woman, accompanied by her husband and two Torah scholars, is taken to the Temple in Jerusalem and forced by the priests to stand in a public place while holding the special meal-offering that she is required to bring. There, she is again questioned about her behavior. If she continues to protest her fidelity and takes an oath to that effect, a scroll is brought and the curses mentioned in the Torah with regard to the *sota* are written on it. If she does not admit that she has committed adultery, the scroll is submerged in a clay vessel filled with water taken from the Temple basin and some earth from the Temple floor, and the scroll's writing is dissolved in the water. She is then forced to drink that water.

If the husband's allegation is true, then in the words of the Torah: "Her belly shall swell and her thigh shall fall away" (Numbers 5:27), until ultimately she dies from the water's curse. If she is innocent, the water will bring her the blessing of children and she is permitted to resume normal marital relations with her husband.

אָמַר לָהֶן: זוֹ כּוֹחֶלֶת וּפוֹקֶסֶת, זוֹ אֵינָהּ כּוֹחֶלֶת וּפוֹקֶסֶת.

Rabbi Shimon Shezuri **said to them:** There is a difference between a female nazirite and a *sota*. **This** one, the nazirite, **paints** her eyes **blue [*koḥelet*]**[B] **and applies blush [*fokeset*]**[L] to her face, and therefore there is a concern that young priests might be aroused by her appearance. By contrast, **that** one, the *sota*, **does not apply blue** eye shadow **and** does not **apply blush.** Since a *sota* is not beautified, but is made to appear wretched and looks disheveled, there is no concern that she might arouse the men.

מתני׳ הָיָה נוֹטֵל שְׂעַר רֹאשׁ נִזְרוֹ וּמְשַׁלֵּחַ תַּחַת הַדּוּד, וְאִם גִּילַּח בַּמְּדִינָה – לֹא הָיָה מְשַׁלֵּחַ תַּחַת הַדּוּד. בַּמֶּה דְּבָרִים אֲמוּרִים – בְּתִגְלַחַת הַטׇּהֳרָה, אֲבָל בְּתִגְלַחַת הַטּוּמְאָה לֹא הָיָה מְשַׁלֵּחַ תַּחַת הַדּוּד.

MISHNA After the nazirite shaved off his hair, **he would take the hair of his consecrated head and throw** it **under the pot** in which the peace-offering was cooked, where it would burn. **And if** the nazirite **shaved in** the rest of **the country,**[N] i.e., outside the Temple, **he would not throw**[N] the hair **under the pot. In what** case **is this statement said?** It is said **with regard to the shaving of purity. However, with regard to the shaving of impurity,** i.e., shaving that accompanied his guilt-offering and sin-offering of birds after his term of naziriteship was interrupted by impurity, **he would not throw** his hair **under the pot** in which his offerings were cooked, as the Torah stated this requirement only for a pure nazirite.

רַבִּי מֵאִיר אוֹמֵר: הַכֹּל מְשַׁלְּחִין תַּחַת הַדּוּד, חוּץ מִן הַטָּמֵא שֶׁבַּמְּדִינָה בִּלְבַד.

Rabbi Meir says: Everyone throws his hair **under the pot,** including a pure nazirite who shaved outside the Temple and an impure nazirite, **except for an impure** nazirite **who** shaved **in the** rest of **the country.** In that case **alone** he refrains from throwing his hair to be burned beneath his offering.

גמ׳ ״נוֹטֵל שְׂעַר רֹאשׁ נִזְרוֹ״. תָּנוּ רַבָּנַן: וְאַחַר כָּךְ נוֹטֵל אֶת הָרוֹטֶב, וְנוֹתֵן עַל שְׂעַר רֹאשׁ נִזְרוֹ, וּמְשַׁלֵּחַ תַּחַת הַדּוּד שֶׁל שְׁלָמִים. וְאִם שִׁילַּח תַּחַת הַדּוּד שֶׁל חַטָּאת וְאָשָׁם – יָצָא. אָשָׁם בְּנָזִיר [טָהוֹר] מִי אִיכָּא? אָמַר רָבָא: הָכִי קָאָמַר: וְאִם נָזִיר טָמֵא מְשַׁלֵּחַ תַּחַת הַדּוּד שֶׁל אָשָׁם – יָצָא.

GEMARA The mishna states that he would **take the hair of his consecrated head. The Sages taught: And afterward,** after cooking the peace-offering, **he takes the gravy [*rotev*]**[HL] in which the offering had been cooked, **places** it **on the** shaven **hair of his consecrated head, and throws** the hair **under the pot of** his **peace-offering. And if he threw** his hair **under the pot of the sin-offering or** the **guilt-offering,**[H] **he has fulfilled** his obligation after the fact. The Gemara expresses surprise at this statement: **Is there a guilt-offering** brought **by a pure nazirite?** Only an impure nazirite brings a guilt-offering. **Rava said** that **this is what** the *tanna* **said,** i.e., meant: **And if an impure nazirite threw** his hair **under the pot of the guilt-offering, he has fulfilled** his obligation.

BACKGROUND

Paints her eyes blue [*koḥelet*] – כּוֹחֶלֶת: The eye shadow described here is kohl, apparently a black-blue color that was derived from the mineral stibnite, Sb_2S_3. This was a cosmetic prepared from ground stibnite crystals used by women to accentuate the eyes and make them appear larger.

Stibnite

Ancient kohl tube

Ancient kohl applicator

LANGUAGE

Applies blush [*pokeset*] – פּוֹקֶסֶת: From the Greek φῦκος, *fukos*, meaning red paint or cream, or in this case blush, a red cosmetic. Some claim the Greek term is derived from the Hebrew *pokh*.

Gravy [*rotev*] – רוֹטֶב: *Rotev* refers to the fat or other juices that drip from cooked meat, principally from a roast. Some commentaries explain that the equivalent term *marak* in the Bible does not refer to the sauce that one adds to meat for cooking, but to the liquid that exudes from the meat itself when cooked.

NOTES

And if he shaved in the rest of the country – וְאִם גִּילַּח בַּמְּדִינָה: As previously stated, a nazirite need not shave at the entrance to the Temple. Although it was customary for nazirites to shave and cook their peace-offerings in the nazirites' chamber in the women's courtyard, this is not obligatory. Opinions differ with regard to the meaning of the term: Rest of the country. Some maintain that it refers to anywhere in Eretz Yisrael outside the Temple, including other parts of Jerusalem (*Tosafot*). Others contend that it means only the parts of Jerusalem outside the Temple, as the nazirites were obligated to cook and eat their peace-offerings in the city (Meiri; Rabbi Ovadya Bartenura).

In the rest of the country he would not throw – בַּמְּדִינָה לֹא הָיָה מְשַׁלֵּחַ: The reason for this *halakha* is that if he were to shave outside of Jerusalem he would have to bring his hair to the Temple, and as stated previously (45a) he must perform only two actions, taking and placing, not bringing. Some commentaries explain that this is derived from a straightforward reading of the verses, which indicate that the nazirite must shave and burn his hair in the same place where the peace-offering is cooked. An alternative version reads: Would throw (Rambam; see Jerusalem Talmud). The commentaries explain that according to this version the fact that he does not bring his hair to the Temple is not a problem, as this is not an essential part of the ritual (Meiri).

HALAKHA

He takes the gravy – נוֹטֵל אֶת הָרוֹטֶב: The nazirite cooks or overcooks his peace-offering. After taking gravy from the meat and placing it on the shaven hair, he throws the hair under the pot of the peace-offering (Rambam *Sefer Hafla'a*, *Hilkhot Nezirut* 8:2).

Under the pot of the sin-offering or guilt-offering – תַּחַת הַדּוּד שֶׁל חַטָּאת וְאָשָׁם: If an impure nazirite threw his hair under the pot of his guilt-offering, or if a pure nazirite threw it under the pot of his sin-offering, he has fulfilled his obligation, as stated in the *baraita*, in accordance with the statement of Rava (Rambam *Sefer Hafla'a*, *Hilkhot Nezirut* 6:14; 8:2).

מְנָא הָנֵי מִילֵּי? אֲמַר רָבָא: אָמַר קְרָא ״אֲשֶׁר תַּחַת זֶבַח הַשְּׁלָמִים״ – מִזִּבְחוֹ יְהֵא תַּחְתָּיו.

The Gemara asks: **From where are these matters** derived, that he must pour gravy from the offering over his hair? **Rava said** that as **the verse states:** "And he shall take the hair of his consecrated head and put it on the fire **which is under the sacrifice of the peace-offering**" (Numbers 6:18), this indicates that part **of his sacrifice must be under** the hair.[N]

וְאִם שִׁילַּח תַּחַת הַדּוּד שֶׁל חַטָּאת יָצָא, מַאי טַעֲמָא? אָמַר קְרָא ״זֶבַח״ – לְרַבּוֹת אֶת הַחַטָּאת וְאָשָׁם. וְהָא אַפִּיקְתֵּיהּ לְהַאי ״זֶבַח״ מֵרוֹטֶב! אִם כֵּן לֵימָא קְרָא ״מֵרוֹטֶב הַשְּׁלָמִים״, מַאי ״זֶבַח״ – שְׁמַע מִינָּהּ לְרַבּוֹת חַטָּאת וְאָשָׁם.

With regard to the statement of the *baraita*: **And if he threw** his hair **under the pot of** the **sin-offering he has fulfilled** his obligation, the Gemara asks: **What is the reason** for this? The Gemara answers that **the verse states:** "The **sacrifice** of the peace-offering," when it could simply have stated: The peace-offering. This serves **to include the sin-offering and** the **guilt-offering,** which are also sacrifices. The Gemara asks: **But you have** already **derived** from **this** term **"sacrifice"** that he must pour part **of the gravy** of the peace-offering over his hair. The Gemara answers: **If so, let the verse say** explicitly: **From the gravy of the peace-offering. Why** does it state: **"Sacrifice"? Learn from here** that it serves **to include the sin-offering and** the **guilt-offering.**

וְאֵימָא כּוּלָּהּ לְחַטָּאת וְאָשָׁם הוּא דְּאָתָא! אִם כֵּן לֵימָא ״שְׁלָמִים וְזֶבַח״, מַאי ״זֶבַח הַשְּׁלָמִים״ – שְׁמַע מִינָּהּ תַּרְתֵּי.

The Gemara questions this statement from a different perspective: **And** one can **say** that this verse **comes entirely** to teach **about the sin-offering and guilt-offering,** and it does not refer to the gravy at all. The Gemara answers: **If so, let it state: Peace-offering and a sacrifice;** for **what** reason does it write: **"The sacrifice of the peace-offering"? Conclude two** conclusions **from** the verse.

תָּנוּ רַבָּנַן: הַכֹּל הָיוּ מְשַׁלְּחִין תַּחַת הַדּוּד, חוּץ מִטָּמֵא שֶׁגִּילֵּחַ בַּמְּדִינָה, מִפְּנֵי שֶׁשְּׂעָרוֹ נִקְבָּר, דִּבְרֵי רַבִּי מֵאִיר. רַבִּי יְהוּדָה אוֹמֵר: טְהוֹרִים – כָּאן וְכָאן הָיוּ מְשַׁלְּחִין, טְמֵאִים – כָּאן וְכָאן לֹא הָיוּ מְשַׁלְּחִין. וַחֲכָמִים אוֹמְרִים: הַכֹּל לֹא הָיוּ מְשַׁלְּחִין תַּחַת הַדּוּד, חוּץ מִן טָהוֹר שֶׁבַּמִּקְדָּשׁ, מִפְּנֵי שֶׁנַּעֲשָׂה כְּמִצְוָתוֹ.

§ **The Sages taught** (*Tosefta* 4:6): **All** nazirites **would throw** their hair **under the pot, except for an impure** nazirite **who shaved in** the rest of **the country, because** that one's **hair is buried.**[H] This is **the statement of Rabbi Meir. Rabbi Yehuda says: Pure** nazirites, whether they are **here or there,** inside or outside the Temple, **would throw**[H] their hair under the pot; **impure** nazirites, whether **here or there,**[H] **would not throw** it. **And the Rabbis say: None would throw** their hair **under the pot, except for a pure** nazirite **in the Temple, because** only in that case **is** the mitzva **performed properly,** as commanded by the Torah.

מתני׳ הָיָה מְבַשֵּׁל אֶת הַשְּׁלָמִים אוֹ שׁוֹלְקָן. הַכֹּהֵן נוֹטֵל אֶת הַזְּרוֹעַ בְּשֵׁלָה מִן הָאַיִל, וְחַלַּת מַצָּה אַחַת מִן הַסַּל, וּרְקִיק מַצָּה אַחַת, וְנוֹתֵן עַל כַּפֵּי הַנָּזִיר וּמְנִיפָן, וְאַחַר כָּךְ הוּתַּר הַנָּזִיר לִשְׁתּוֹת יַיִן וּלְהִטַּמֵּא לְמֵתִים.

MISHNA The nazirite **would cook the peace-offering**[H] **or overcook it,**[N] i.e., cook it thoroughly. **The priest takes the cooked foreleg**[H] **from the ram, and one unleavened loaf from the basket, and one unleavened wafer, and places them on the palms of the nazirite and waves them,** as described in the Torah (Numbers 6:19–20). **And afterward the nazirite is permitted**[N] **to drink wine and to contract ritual impurity** imparted **by a corpse.**

NOTES

Part of his sacrifice must be under the hair – מִזִּבְחוֹ יְהֵא תַּחְתָּיו: The derivation is based on the apparently superfluous term "sacrifice," which indicates that a portion of the offering must be under the rest of it, i.e., in the fire beneath the pot (Rosh).

Overcook it [*sholkan*] – שׁוֹלְקָן: There are different opinions with regard to the meaning of this term. Some explain that *shelika* means cooking very lightly (Commentary on *Nazir*; Rabbeinu Todros), whereas others maintain the reverse, that it refers to something cooked more than the usual amount (*Tosafot*; Rosh; Rabbeinu Azriel, cited in *Shita Mekubbetzet*). In any case, everyone agrees that although *shelika* differs from regular cooking, it is still classified as cooking. Consequently, any discussion concerning cooking invariably refers to *shelika* as well.

And afterward the nazirite is permitted – וְאַחַר כָּךְ הוּתַּר הַנָּזִיר: Some commentaries maintain that this ruling, that the nazirite must finish the entire ritual before he may drink wine, is in accordance with the opinion of Rabbi Elazar (*Tosafot*; see 46a). The *Ḥazon Ish* infers from the Rambam that although the nazirite retains his nazirite status until he has completed the ritual, he is permitted in practice to drink wine and become impure from a corpse after the sprinkling of the blood of one of the offerings, as the mishna proceeds to explain.

HALAKHA

Because his hair is buried – מִפְּנֵי שֶׁשְּׂעָרוֹ נִקְבָּר: No benefit may be derived from the hair of an impure nazirite, whether he shaved inside or outside the Temple. Instead, the hair must be buried. If it is burned, its ashes are forbidden, like the ashes of all forbidden items that require burial (Rambam *Sefer Avoda, Hilkhot Pesulei HaMukdashin* 19:11, 13–14).

Here or there they would throw – כָּאן וְכָאן הָיוּ מְשַׁלְּחִין: A pure nazirite throws his hair under the pot, whether he shaved inside or outside the Temple, as maintained by both Rabbi Yehuda and Rabbi Meir, in accordance with the Rambam's version of the mishna (Rambam *Sefer Hafla'a, Hilkhot Nezirut* 8:3 and *Kesef Mishne* there).

Impure nazirites here or there – טְמֵאִים כָּאן וְכָאן: An impure nazirite need not throw his hair under the fire after he shaves, in accordance with the opinion of Rabbi Yehuda and the Rabbis (Rambam *Sefer Hafla'a, Hilkhot Nezirut* 6:14).

Cook the peace-offering, etc. – מְבַשֵּׁל אֶת הַשְּׁלָמִים וכו׳: A nazirite may cook or overcook his peace-offering, as he chooses (Rambam *Sefer Hafla'a, Hilkhot Nezirut* 8:2).

Takes the cooked foreleg, etc. – נוֹטֵל אֶת הַזְּרוֹעַ בְּשֵׁלָה וכו׳: The priest takes the cooked foreleg from the ram of the peace-offering, one unleavened loaf, and one unleavened wafer from the basket and places them on the palms of the male or female nazirite, together with the breast, thigh, and sacrificial parts of the offering. He then places his hands under those of the nazirite and waves the items. After this has been performed, the nazirite is permitted to drink wine and to contract impurity imparted by a corpse (Rambam *Sefer Hafla'a, Hilkhot Nezirut* 8:4 and *Sefer Avoda, Hilkhot Ma'aseh HaKorbanot* 9:9).

רַבִּי שִׁמְעוֹן אוֹמֵר: כֵּיוָן שֶׁנִּזְרַק עָלָיו אֶחָד מִן הַדָּמִים – הוּתַּר הַנָּזִיר לִשְׁתּוֹת בַּיַּיִן וּלְהִיטַּמֵּא לַמֵּתִים.

Rabbi Shimon says: Once the blood of **one** of the offerings **has been sprinkled on** the nazirite's **behalf,**[H] **the nazirite is permitted to drink wine and to contract ritual impurity** imparted **by a corpse.** The rest of the ritual is not indispensable for his purification.

גמ׳ תָּנוּ רַבָּנַן: ״וְאַחַר יִשְׁתֶּה הַנָּזִיר יָיִן״ אַחַר הַמַּעֲשִׂים כּוּלָּן, דִּבְרֵי רַבִּי אֱלִיעֶזֶר. וַחֲכָמִים אוֹמְרִים: אַחַר מַעֲשֶׂה יְחִידִי.

GEMARA **The Sages taught:** It states at the end of the passage dealing with naziriteship: **"And after that the nazirite may drink wine"** (Numbers 6:20), which means **after all the actions,** i.e., after he has sacrificed all the offerings and shaved, thereby completing the entire ritual of a nazirite. This is **the statement of Rabbi Eliezer. And the Rabbis say: After a single action.** He may drink wine after sacrificing one offering, even if he has yet to shave, as shaving is not indispensable for being permitted to drink wine.

מַאי טַעְמַיְיהוּ דְּרַבָּנַן? כְּתִיב הָכָא ״וְאַחַר יִשְׁתֶּה הַנָּזִיר יָיִן״ וּכְתִיב הָתָם ״אַחַר הִתְגַּלְּחוֹ אֶת נִזְרוֹ״, מָה הָתָם אַחַר מַעֲשֶׂה יְחִידִי, אַף כָּאן – אַחַר מַעֲשֶׂה יְחִידִי.

The Gemara clarifies: **What is the reason of the Rabbis? It is written here: "And after that the nazirite may drink wine," and it is written there,** in the previous verse: "And the priest shall take the cooked foreleg…and place it on the palms of the nazirite **after he has shaven his nazariteship"** (Numbers 6:19). It is derived by verbal analogy: **Just as there** the term "after" means **after a single action,** i.e., shaving, **here too,** the term "after" means **after a single action,** sacrificing one offering.

אֵימָא עַד דְּאִיכָּא תַּרְוַיְיהוּ! אִי הָכִי, גְּזֵירָה שָׁוָה לָמָּה לִי?

The Gemara asks: Perhaps one can **say** that a nazirite is not permitted to drink wine **until there are both** actions, i.e., sacrificing an offering and shaving, as implied by a straightforward reading of the verse. The Gemara answers: **If so, why do I** need this **verbal analogy?** It must be teaching that a nazirite can drink wine after the performance of a single action.

אָמַר רַב: תְּנוּפָה בְּנָזִיר מְעַכֶּבֶת. אַלִּיבָּא דְּמַאן? אִילֵימָא אַלִּיבָּא דְּרַבָּנַן – תִּגְלַחַת אָמְרִי רַבָּנַן לָא מְעַכְּבָא, תְּנוּפָה מִיבַּעְיָא?!

§ **Rav said:** The priest's lack of **waving** of the offering **of a nazirite precludes** the release of the prohibitions of his naziriteship. The Gemara asks: **According to whose opinion** did Rav state this *halakha*? **If we say** that he spoke **in accordance with** the opinion **of the Rabbis,** this is difficult, as **the Rabbis say** that even lack of **shaving does not preclude** the completion of his naziriteship. **Is it necessary,** then, to state that **waving,**[H] which is not indispensable in the case of other offerings, is not essential for the ritual of a nazirite?

אֶלָּא אַלִּיבָּא דְּרַבִּי אֱלִיעֶזֶר – פְּשִׁיטָא, הָאָמַר רַבִּי אֱלִיעֶזֶר: אַחַר מַעֲשִׂים כּוּלָּם! מַהוּ דְּתֵימָא: כֵּיוָן דִּלְעִנְיַן כַּפָּרָה שִׁירֵי מִצְוָה הִיא, הָכָא נַמִי לָא תְּעַכֵּב, קָא מַשְׁמַע לַן.

Rather, will you say that it is **in accordance with** the opinion **of Rabbi Eliezer,** who permits a nazirite to drink wine only after he has completed the entire ritual? This **is obvious; didn't Rabbi Eliezer say** that he is permitted to drink wine only **after all the actions** are completed? The Gemara answers that the statement is necessary, **lest you say: Since with regard to** the **atonement** effected by all other offerings, waving **is** considered **a peripheral aspect of the mitzva,** i.e., one achieves atonement even if he did not perform the ritual of waving, **here too** its lack **does not preclude** the release of a nazirite's prohibitions. Rav therefore **teaches us** that according to the opinion of Rabbi Eliezer waving is essential in the case of a nazirite.

HALAKHA

Once the blood of one of the offerings has been sprinkled on his behalf – כֵּיוָן שֶׁנִּזְרַק עָלָיו אֶחָד מִן הַדָּמִים: As soon as the blood of one of a nazirite's offerings has been sprinkled on his behalf, he is permitted to drink wine and to contract ritual impurity imparted by a corpse. His shaving is not an indispensable feature of his ritual, in accordance with the opinion of Rabbi Shimon and the Rabbis (Rambam *Sefer Hafla'a*, *Hilkhot Nezirut* 8:5).

Is it necessary to state that waving – תְּנוּפָה מִיבַּעְיָא: Even if the priest did not place the items on the nazirite's palms and did not wave them, this requirement is peripheral to the mitzva, i.e., it is not essential to the ritual. Consequently, he is no longer bound by the prohibitions of naziriteship as soon as the blood of one of his offerings has been sprinkled (Rambam *Sefer Hafla'a*, *Hilkhot Nezirut* 8:5).

וּמִי מְעַכְּבָא? וְהָתַנְיָא: ״זֹאת תּוֹרַת הַנָּזִיר״ – בֵּין שֶׁיֵּשׁ לוֹ כַּפַּיִם בֵּין שֶׁאֵין לוֹ כַּפַּיִם.

The Gemara raises a difficulty against Rabbi Eliezer's opinion: **And does** a lack of waving **preclude** the performance of the purification ritual of a nazirite? **But isn't it taught** in a *baraita* (*Tosefta* 1:5): The inclusive phrase: **"This is the law of the nazirite,"** (Numbers 6:21) teaches that all nazirites are bound by the same *halakha*, **whether he has palms,**[H] or **whether he does not have palms.** Since one who is lacking palms certainly cannot wave, this indicates that waving is not essential.

וְאֶלָּא הָא דְּתַנְיָא: ״זֹאת תּוֹרַת הַנָּזִיר״ – בֵּין שֶׁיֵּשׁ לוֹ שֵׂעָר בֵּין שֶׁאֵין לוֹ שֵׂעָר, הָכִי נַמִי דְּלָא מְעַכְּבָא? וְהָתַנְיָא: נָזִיר מְמוֹרָט, בֵּית שַׁמַּאי אוֹמְרִים: אֵינוֹ צָרִיךְ לְהַעֲבִיר תַּעַר עַל רֹאשׁוֹ, וּבֵית הִלֵּל אוֹמְרִים: צָרִיךְ לְהַעֲבִיר תַּעַר עַל רֹאשׁוֹ.

The Gemara refutes this proof: **But** what about **that which is taught** in a similar *baraita* (*Tosefta* 1:5): **"This is the law of the nazirite" whether he has hair** or **whether he does not have hair; so too,** will you explain that lack of shaving does **not preclude** the ritual in the case of one who has no hair? **But isn't it taught** in a *baraita* (*Tosefta* 1:6): With regard to an entirely **bald nazirite,**[H] who cannot shave his hair with a razor as required, **Beit Shammai say: He need not pass a razor over his head, and Beit Hillel say: He must pass a razor over his head.**

וַאֲמַר רָבִינָא: מַאי ״אֵינוֹ צָרִיךְ״ לְבֵית שַׁמַּאי – אֵינוֹ צָרִיךְ אֵין לוֹ תַּקָּנָה, הָא לְבֵית הִלֵּל – יֵשׁ לוֹ תַּקָּנָה.

And Ravina said: What is the meaning of the term: **Need not,** stated **by Beit Shammai?** It means that **he need not** shave, and **he has no remedy,**[N] and he has no way to complete his nazariteship. This indicates that **according to Beit Hillel he does have a remedy,** i.e., he can pass a razor over his head and thereby fulfill the mitzva, despite the fact that he does not have any hair. Similarly, one can say that Rabbi Eliezer holds that waving is indispensable, and when the baraita states: Whether he has palms or whether he does not have palms, could mean that waving is indispensable.

וְהַיְינוּ דְּרַבִּי פְּדָת. דְּאָמַר רַבִּי פְּדָת: בֵּית שַׁמַּאי וְרַבִּי אֱלִיעֶזֶר אָמְרוּ דָּבָר אֶחָד.

The Gemara adds: **And this** interpretation, that Beit Shammai and Rabbi Eliezer maintain one who is unable to perform the action mandated by the Torah has no remedy and cannot complete his nazariteship, **is** in accordance with a statement **of Rabbi Pedat. As Rabbi Pedat said: Beit Shammai and Rabbi Eliezer said the same thing,** i.e., they follow the same principle.

מַאי רַבִּי אֱלִיעֶזֶר? דְּתַנְיָא: אֵין לוֹ בֹּהֶן יָד וָרֶגֶל – אֵין לוֹ טָהֳרָה עוֹלָמִית, דִּבְרֵי רַבִּי אֱלִיעֶזֶר. רַבִּי שִׁמְעוֹן אוֹמֵר: יַנִּיחֶנּוּ עַל מְקוֹמוֹ וְיֵצֵא, וַחֲכָמִים אוֹמְרִים: יַנִּיחַ עַל שֶׁל שְׂמֹאל וְיֵצֵא.

To **what** statement of **Rabbi Eliezer** is Rabbi Pedat referring? **As it is taught** in a *baraita*: A leper who **does not have a thumb**[H] or **big toe,** upon both of which he must place the blood and oil of his purification ritual (Leviticus 14:14) can **never** attain **ritual purity.** This is **the statement of Rabbi Eliezer. Rabbi Shimon says:** The priest **puts it on the spot** of the missing thumb, **and** the leper thereby **fulfills** his obligation. **The Rabbis say: Let him put it on the left** thumb **and** thereby **fulfill** his obligation. According to Rabbi Pedat, Rabbi Eliezer and Beit Shammai both maintain that if the ritual cannot be performed in the precise manner delineated, one cannot fulfill his obligation and has no remedy. This is one version of the discussion.

לִישָּׁנָא אַחֲרִינָא אָמְרִי לַהּ, אָמַר רַב: תְּנוּפָה בְּנָזִיר מְעַכֶּבֶת. אַלִּיבָּא דְּמַאן? אִילֵּימָא אַלִּיבָּא דְּרַבִּי אֱלִיעֶזֶר – פְּשִׁיטָא, הָאֲמַר רַבִּי אֱלִיעֶזֶר: אַחַר מַעֲשִׂים כּוּלָּם! אֶלָּא אַלִּיבָּא דְּרַבָּנַן – הַשְׁתָּא יֵשׁ לוֹמַר תִּגְלַחַת אָמְרִי רַבָּנַן לָא מְעַכְּבָא, תְּנוּפָה מִיבַּעְיָא?!

The Gemara cites **another version** of this discussion. **Some say** that **Rav said:** The priest's lack of **waving** of the offering **of a nazirite precludes** the release of the prohibitions of his naziriteship. The Gemara asks: **According to whose** opinion did he state this *halakha*? **If we say** that he spoke **in accordance with the** opinion **of Rabbi Eliezer,** this **is obvious; didn't Rabbi Eliezer say** that he is permitted to drink wine only **after all** his **actions,** including waving? **Rather,** you will say that Rav spoke **in accordance with** the opinion **of the Rabbis.** However, this too is puzzling: **Now** that **one can say** that with regard to **shaving,** a central part of the nazariteship ritual, **the Rabbis say** that its omission **does not preclude** the fulfillment of his ritual, **is it necessary** to state that **waving** is not essential?

HALAKHA

Whether he has palms, etc. – בֵּין שֶׁיֵּשׁ לוֹ כַּפַּיִם וכו׳: If a nazirite lacks palms, or if he was entirely bald, nevertheless he may sacrifice his offerings, despite the fact that he cannot wave or shave, respectively (Rambam *Sefer Hafla'a, Hilkhot Nezirut* 8:5).

An entirely bald nazirite – נָזִיר מְמוֹרָט: An entirely bald nazirite does not have to pass a razor over his head. The *halakha* follows Beit Hillel, in accordance with the *Tosefta* and the Gemara in tractate *Yoma* (Rambam *Sefer Hafla'a, Hilkhot Nezirut* 8:5).

Does not have a thumb, etc. – אֵין לוֹ בֹּהֶן יָד וכו׳: A leper who is missing his right thumb, the big toe of his right foot, or his right ear can never be ritually purified, in accordance with the opinion of Rabbi Eliezer (Rambam *Sefer Korbanot, Hilkhot Meḥusrei Kappara* 5:1).

NOTES

He has no remedy – אֵין לוֹ תַּקָּנָה: In other words, Rabbi Eliezer, who holds that shaving is essential to the ritual, maintains that this nazirite cannot perform the purification rite at all. According to the Rabbis, Beit Shammai mean that he has no way of remedying this particular mitzva of shaving (*Tosafot*).

וּמִי לָא מְעַכְּבָא? וְהָתַנְיָא: ״זֹאת תּוֹרַת הַנָּזִיר״, בֵּין שֶׁיֵּשׁ לוֹ כַּפַּיִם וּבֵין שֶׁאֵין לוֹ כַּפַּיִם! וְאֶלָּא הָא דְּתַנְיָא: ״זֹאת תּוֹרַת הַנָּזִיר״ – בֵּין שֶׁיֵּשׁ לוֹ שֵׂעָר וּבֵין שֶׁאֵין לוֹ שֵׂעָר, הָכִי נַמִי דִּמְעַכְּבָא?

The Gemara asks: **And doesn't** the lack of waving **preclude** a nazirite's ritual? **But isn't it taught** in a *baraita* (*Tosefta* 1:5): The inclusive phrase: **"This is the law of the nazirite,"** teaches that **whether he has palms** or **whether he does not have palms** waving is always required, and a nazirite is not exempted by a lack of palms. The Gemara questions this interpretation of the *baraita*. **But** what about **that which is taught** in the same *baraita* (*Tosefta* 1:5): **"This is the law of the nazirite," whether he has hair or whether he does not have hair; so too,** will you say **that** the lack of shaving **precludes** his ritual?

וְהָתַנְיָא: נָזִיר מְמוֹרָט, בֵּית שַׁמַּאי אוֹמְרִים: אֵינוֹ צָרִיךְ לְהַעֲבִיר תַּעַר עַל רֹאשׁוֹ, וּבֵית הִלֵּל אוֹמְרִים: צָרִיךְ! אֲמַר רַבִּי אָבִינָא: מַאי צָרִיךְ לְבֵית הִלֵּל – צָרִיךְ וְאֵין לוֹ תַּקָּנָה,

But isn't it taught in a *baraita* (*Tosefta* 1:6): With regard to an entirely **bald nazirite, Beit Shammai say: He need not pass a razor over his head, and Beit Hillel say: He must** pass a razor over his head. This *baraita* indicates that even according to the opinion of Beit Hillel a nazirite does not have to actually shave. **Rabbi Avina said: What is** the meaning of: **He must,** as stated **by Beit Hillel?** It means that **he must** shave, and if he fails to do so **he has no remedy,**[N] and can never drink wine.

לְבֵית שַׁמַּאי – יֵשׁ לוֹ תַּקָּנָה. וּפְלִיגָא דְּרַבִּי פְּדָת.

Conversely, **according to** the opinion of **Beit Shammai he has a remedy,** as he does not have to use a razor at all. **And** this interpretation **disagrees** with the opinion of **Rabbi Pedat.** Rabbi Pedat claims that both Beit Shammai and Rabbi Eliezer maintain that if the ritual cannot be performed in the precise manner delineated, one cannot fulfill his obligation and has no remedy. By contrast, Rabbi Avina contends that Beit Shammai exempt the nazirite from this obligation, while Beit Hillel say that he has no remedy.

מתני׳ גִּילַּח עַל הַזֶּבַח וְנִמְצָא פָּסוּל – תִּגְלַחְתּוֹ פְּסוּלָה, וּזְבָחָיו לֹא עָלוּ לוֹ. גִּילַּח עַל הַחַטָּאת שֶׁלֹּא לִשְׁמָהּ, וְאַחַר כָּךְ הֵבִיא קׇרְבְּנוֹתָיו לִשְׁמָן – תִּגְלַחְתּוֹ פְּסוּלָה, וּזְבָחָיו לֹא עָלוּ לוֹ. גִּילַּח עַל הָעוֹלָה אוֹ עַל הַשְּׁלָמִים שֶׁלֹּא לִשְׁמָן, וְאַחַר כָּךְ הֵבִיא קׇרְבְּנוֹתָיו לִשְׁמָן – תִּגְלַחְתּוֹ פְּסוּלָה, וּזְבָחָיו לֹא עָלוּ לוֹ.

MISHNA As taught earlier (45a) the nazirite shaves after having brought one, or all, of his offerings. This mishna discusses what the *halakha* is if the offering was found to be invalid after the nazirite had shaved. If a nazirite **shaved** based **upon the** requisite **offering, and** afterward the offering **was found** to be **invalid**[H] for any reason, **his shaving is invalid and his offerings do not count**[N] toward the fulfillment of **his** obligation. If he **shaved** based **upon the sin-offering, that** was found to have been sacrificed **not for its own sake,**[H] which invalidates the offering, **and afterward he brought his** other **offerings for their own sake, his shaving is invalid and his** other **offerings do not count** toward the fulfillment of **his** obligation. If he **shaved** based **upon the** requisite **burnt-offering**[H] **or** having **brought the** requisite **peace-offering,** and **these** were offered **not for their own sake, and afterward he brought his** remaining **offerings for their own sake, his shaving is invalid and his offerings do not count** toward the fulfillment of **his** obligation.

רַבִּי שִׁמְעוֹן אוֹמֵר: אוֹתוֹ הַזֶּבַח לֹא עָלָה לוֹ, אֲבָל שְׁאָר זְבָחִים עָלוּ. וְאִם גִּילַּח עַל שְׁלׇשְׁתָּן וְנִמְצָא אֶחָד מֵהֶן כָּשֵׁר – תִּגְלַחְתּוֹ כְּשֵׁרָה, וְיָבִיא שְׁאָר זְבָחִים.

Rabbi Shimon says: In the case of one who shaved based upon a burnt-offering or a peace-offering that was sacrificed not for its own sake, **that offering,** which was performed incorrectly, **does not count** toward the fulfillment of **his** obligation; **however,** his **other offerings do count. And** everyone agrees that **if he shaved** based **upon all three of them,**[H] i.e., he brought all three offerings, without specifying which offering he is basing his shaving upon, **and** even **one of them was found valid, his shaving is valid, but he must bring** the **other offerings** in order to fulfill his obligation.

גמ׳ אָמַר רַב אַדָּא בַּר אַהֲבָה: זֹאת אוֹמֶרֶת: קָסָבַר רַבִּי שִׁמְעוֹן: נָזִיר שֶׁגִּילַּח עַל שַׁלְמֵי נְדָבָה – יָצָא. מַאי טַעְמָא – דְּאָמַר קְרָא ״וְנָתַן עַל הָאֵשׁ אֲשֶׁר תַּחַת זֶבַח הַשְּׁלָמִים״, וְלָא כְּתַב ״עַל שְׁלָמָיו״.

GEMARA **Rav Adda bar Ahava said: That is to say** that **Rabbi Shimon maintains** that **a nazirite who shaved** based **upon voluntary peace-offerings has fulfilled** his obligation. A peace-offering that was sacrificed not for its own sake does not count toward the fulfillment of one's obligation but is considered a voluntary gift-offering. It is clear from the mishna that Rabbi Shimon maintains that shaving based upon any valid offering, even a peace-offering of this type, is effective. **What is the reason** for this? It is **as the verse states: "And put it on the fire which is under the sacrifice of the peace-offering"** (Numbers 6:18), **and it is not written: On his peace-offering.** This indicates that he fulfills his obligation with any type of peace-offering.

NOTES

Beit Hillel means that he must and he has no remedy – **בֵּית הִלֵּל, צָרִיךְ וְאֵין לוֹ תַּקָּנָה**: According to this interpretation, the Rabbis agree with Beit Hillel that waving is similar to the indispensable task of shaving. Consequently, one who lacks palms has no way of resolving this issue and completing his naziriteship.

And his offerings do not count, etc. – **וּזְבָחָיו לֹא עָלוּ וכו׳**: Many commentaries explain that even the offerings he sacrifices later do not count toward his obligation, as he is required to observe another term of naziriteship, having shaved before sacrificing any of his offerings. It is as though he has brought the offerings during the middle of his naziriteship term (*Tosafot*). Others maintain that this refers only to the offerings he sacrificed before he became aware of the invalidation (*Shita Mekubbetzet*).

HALAKHA

If he shaved based upon the offering and it was found invalid – **גִּילַּח עַל הַזֶּבַח וְנִמְצָא פָּסוּל**: If a nazirite shaved based upon a peace-offering that was later discovered to be invalid, his shaving is invalid. It is considered as though he shaved during his term of naziriteship, and he must therefore add thirty days to it. Likewise, his offerings do not count toward fulfilling his obligation. He must bring his naziriteship offerings again, after observing the additional thirty days (Rambam *Sefer Hafla'a*, *Hilkhot Nezirut* 8:8, 11).

If he shaved based upon the sin-offering that was sacrificed not for its own sake – **גִּילַּח עַל הַחַטָּאת שֶׁלֹּא לִשְׁמָהּ**: If a nazirite shaved based upon a sin-offering that was later found to have been sacrificed not for its own sake, then even if he subsequently sacrificed the burnt-offering and peace-offering in the proper manner his shaving is invalid and his offerings do not count toward fulfilling his obligation (Rambam *Sefer Hafla'a*, *Hilkhot Nezirut* 8:8, 11).

If he shaved based upon the burnt-offering, etc. – **גִּילַּח עַל הָעוֹלָה וכו׳**: If a nazirite shaved based upon his burnt-offering or peace-offering and later they were discovered to have been sacrificed not for their own sake, then even if he sacrificed the other offerings in the proper manner his shaving is invalid and his offerings do not count toward fulfilling his obligation (Rambam *Sefer Hafla'a*, *Hilkhot Nezirut* 8:9).

If he shaved based upon all three of them – **גִּילַּח עַל שְׁלׇשְׁתָּן**: If a nazirite shaved based upon his three offerings, his shaving is valid even if only one of them was sacrificed for its own sake. However, he must bring his other offerings and sacrifice them in the proper manner (Rambam *Sefer Hafla'a*, *Hilkhot Nezirut* 8:10).

מתני׳ מִי שֶׁנִּזְרַק עָלָיו אֶחָד מִן הַדָּמִים וְנִטְמָא, רַבִּי אֱלִיעֶזֶר אוֹמֵר: סוֹתֵר אֶת הַכֹּל, וַחֲכָמִים אוֹמְרִים: יָבִיא שְׁאָר קָרְבְּנוֹתָיו וְיִטְהַר. אָמְרוּ לוֹ: מַעֲשֶׂה בְּמִרְיָם הַתַּרְמוֹדִית שֶׁנִּזְרַק עָלֶיהָ אֶחָד מִן הַדָּמִים, וּבָאוּ וְאָמְרוּ לָהּ עַל בִּתָּהּ שֶׁהָיְתָה מְסוּכֶּנֶת, וְהָלְכָה וּמְצָאָה שֶׁמֵּתָה, וְאָמְרוּ חֲכָמִים: תָּבִיא שְׁאָר קָרְבְּנוֹתֶיהָ וְתִטְהַר.

MISHNA With regard to **one on whose behalf the blood of one** of his nazirite offerings **was sprinkled** on the altar, **and he became ritually impure** before bringing the rest of his offerings, **Rabbi Eliezer says:** His impurity **negates the entire** tally, and he remains a nazirite. **And the Rabbis say: Let him bring the rest of his offerings and be purified.**[NH] The Rabbis **said to** Rabbi Eliezer: **An incident** occurred **involving Miriam of Tarmod**[L] who was a nazirite, **that the blood of one** of her offerings **was sprinkled on her behalf, and they came and told her that her daughter was mortally ill. And she went and found** that her daughter **was dead,** and thereby contracted impurity. **And the Rabbis said: Let her bring the rest of her offerings and be purified.**

גמ׳ קָתָנֵי: רַבִּי אֱלִיעֶזֶר אוֹמֵר סוֹתֵר אֶת הַכֹּל, וְהָאָמַר רַבִּי אֱלִיעֶזֶר: כָּל אַחַר מְלֹאת – שִׁבְעָה סוֹתֵר! אֲמַר רַב: מַאי ״סוֹתֵר״ נַמִי דְּקָאָמַר רַבִּי אֱלִיעֶזֶר – סוֹתֵר קָרְבְּנוֹתָיו.

GEMARA It **is taught** in the mishna: **Rabbi Eliezer says** that this **negates the entire** tally. The Gemara asks: **But didn't Rabbi Eliezer say** (16b): With regard to **any** nazirite who became ritually impure **after the completion** of his term, this **negates** only **seven days. Rav said: What** does: **Negates, that Rabbi Eliezer said** in the mishna here mean? It means that his impurity **negates** all **his offerings.** Rabbi Eliezer did not mean that the nazirite must count his entire term of naziriteship afresh; rather, he must bring all his offerings a second time, including the one whose blood was sprinkled before he became impure.

הָכִי נַמִי מִסְתַּבְּרָא, דְּקָתָנֵי: וַחֲכָמִים אוֹמְרִים: תָּבִיא שְׁאָר קָרְבְּנוֹתֶיהָ וְתִטְהַר, שְׁמַע מִינָּהּ.

The Gemara comments: **So too, it is reasonable** that this is the meaning of Rabbi Eliezer's statement, **as** the mishna later **teaches: And the Rabbis said: Let her bring the rest of her offerings and be purified. Learn from here** that they disagree only with regard to the offerings, but not the naziriteship itself.

וּמַעֲשֶׂה נַמִי בְּמִרְיָם הַתַּרְמוֹדִית שֶׁנִּזְרַק עָלֶיהָ אֶחָד מִן הַדָּמִים וּבָאוּ וְהוֹדִיעוּהָ עַל בִּתָּהּ שֶׁהָיְתָה מְסוּכֶּנֶת, וְהָלְכָה וּמְצָאָה שֶׁמֵּתָה, וְאָמְרוּ חֲכָמִים: תָּבִיא שְׁאָר קָרְבְּנוֹתֶיהָ וְתִטְהַר, שְׁמַע מִינָּהּ.

The Gemara cites the rest of the mishna, which also indicates that the *tanna'im* disagree with regard to the offerings. **And an incident also** occurred **involving Miriam of Tarmod, that the blood of one** of her offerings **was sprinkled on her behalf, and they came and notified her that her daughter was mortally ill. And she went and found** that her daughter **was dead,** and thereby contracted impurity. **And the Rabbis said: Let her bring the rest of her offerings and be purified.** The Gemara concludes: Indeed, **learn from** the mishna that this is so.

הדרן עלך שלשה מינין

NOTES

And be purified – וְיִטְהַר: In the Jerusalem Talmud this is understood to mean that he brings his offerings after he is purified, an explanation which is accepted by most commentaries. Others conclude that as the Torah requires a nazirite, not a former nazirite, to bring offerings in a state of purity, the nazirite can send his offerings with a messenger who is ritually pure (Rid). According to this opinion, the mishna's statement is straightforward: He brings his offerings and afterward becomes purified.

HALAKHA

Let him bring the rest of his offerings and be purified – יָבִיא שְׁאָר קָרְבְּנוֹתָיו וְיִטְהַר: If the blood of one of a nazirite's offerings was sprinkled on his behalf and he subsequently contracted impurity, he does not negate any of his naziriteship. Instead, he brings the rest of his offerings once he is purified (Rambam *Sefer Hafla'a*, *Hilkhot Nezirut* 6:4).

LANGUAGE

Of Tarmod [*Tarmodit*] – תַּרְמוֹדִית: A Tarmodit, or Tadmorit, refers to someone from the oasis city of Tadmor, also known as Palmyra, located in Syria. The Bible relates that King Solomon built and fortified this city (I Kings 9:18). Apparently there was a Jewish community there from at least the days of the Second Temple and into the talmudic period.

Ruins of Palmyra

Summary of **Perek VI**

In this chapter, the Gemara concluded that a nazirite is liable to receive lashes for eating or drinking any grape product. This includes those parts that are not usually consumed, as well as the main part of the fruit. However, branches, which are never consumed, are excluded. One is liable to be punished for violating the prohibition of eating a grape product if he eats an olive-bulk, while the minimum amount for incurring liability for drinking wine or wine vinegar is a quarter-*log*. Although the ingestion of all grape products is technically a single prohibition, the Torah imposes separate punishments of lashes for the consumption of different items.

With regard to shaving, a nazirite who removes even a single hair is liable to receive lashes. A nazirite is also liable to receive lashes if another person removes a hair from his head, if this was done with his consent. This is the case whether the hair was cut with an instrument or removed manually. Nevertheless, the naziriteship term is negated and considered interrupted only if most of the nazirite's head was shaved with a razor or a similar implement. At the end of his naziriteship term, the individual is obligated to shave his entire head, and the performance of this mitzva is invalid if he leaves even two hairs on his head. This shaving of purity must be performed with a razor, like the shaving of a leper.

The three prohibitions of naziriteship, namely the consumption of products of the grapevine, shaving, and contracting ritual impurity imparted by a corpse, differ with regard to those occasions when they are suspended. For example, a nazirite who becomes a leper must shave for his ritual purification from his leprosy, and he is permitted to contract impurity to tend to a corpse with no one to bury it [*met mitzva*]. By contrast, a nazirite may never drink wine. There are other differences between the three prohibitions: If a nazirite becomes impure, his entire term of naziriteship is negated, and he must bring offerings for his impure naziriteship before starting naziriteship afresh. Conversely, if a nazirite shaves, his term of naziriteship is not negated. However, he must wait thirty days for his hair to grow again, even if he was shaved against his will. Finally, if a nazirite drinks wine, his term continues uninterrupted, although he is liable to receive lashes. This is the case even if he did so intentionally.

Once a nazirite's term has been completed, he brings the offerings of a pure nazirite. If the blood of even one of his offerings has been sprinkled on the altar in the proper manner, his purification is complete after the fact and the prohibitions of a nazirite no longer apply to him. In this case he must still bring the other required offerings.

Other matters discussed in this chapter in connection with these topics include the *halakhot* of permitted food combining with forbidden substances, the principle that a forbidden substance imparts a taste to the permitted food, and the prohibition

against rounding the head in a situation when shaving is required. Additionally, the chapter considered various issues associated with a priest contracting ritual impurity from a corpse, e.g., when exactly he may come into contact with a corpse of a close relative. The Gemara also discussed the differences between various ways of contracting impurity imparted by a corpse: Direct contact, concurrent contact, and ritual impurity imparted by a corpse in a tent.

Finally, the chapter analyzed exegetical principles such as a detail, a generalization, and a detail, and the like.

Image **Credits**

p104 © Ariel Palmon; **p119** © LoggaWiggler; **p132** both images © Walters Art Museum, Baltimore, MD; **p134** © HaRav Menachem Makover, courtesy of *Harenu Bevinyano*; **p155** 1st image © Ross Huggett; **p155** 2nd image © Smichael21; **p162** © Pamla J. Eisenberg; **p178** © Vassia Atanassova (Spiritia); **p182** © Bibi Saint-Pol; **p187** 1st image© Joanbanjo; **p192** © Stefan Thüngen; **p203** © **courtesy of the Temple Institute**; **p207** 1st image © Pascal Terjan; **p207** 2nd image © Walters Art Museum, Baltimore, MD; **p207** 3rd image © Los Angeles County Museum of Art; **p212** © Filip Gierlinski, Filskifoto.

My Notes

My Notes

My Notes